Natur – Kultur

Volkskundliche Perspektiven
auf Mensch und Umwelt

Rolf Wilhelm Brednich,
Annette Schneider, Ute Werner (Hrsg.)

Natur – Kultur

Volkskundliche Perspektiven
auf Mensch und Umwelt

32. Kongreß der Deutschen Gesellschaft
für Volkskunde in Halle vom 27.9. bis 1.10.1999

Waxmann Münster / New York
München / Berlin

Die Deutsche Bibliothek - CIP-Einheitsaufnahme

Natur – Kultur : volkskundliche Perspektiven
auf Mensch und Umwelt / 32. Kongreß der Deutschen
Gesellschaft für Volkskunde in Halle vom 27.9. bis 1.10.1999,
Rolf Wilhelm Brednich, Annette Schneider, Ute Werner (Hrsg.).
– Münster ; New York ; München ; Berlin: Waxmann, 2001
 ISBN 3-8309-1100-9

Herausgegeben mit freundlicher Unterstützung
der Deutschen Gesellschaft für Volkskunde,
des Landesheimatbundes Sachsen-Anhalt e.V. und
des Kultusministeriums von Sachsen-Anhalt

ISBN 3-8309-1100-9

© Waxmann Verlag GmbH, 2001
Postfach 8603, D-48046 Münster
Waxmann Publishing Co.
P. O. Box 1318, New York, NY 10028, U. S. A.

www.waxmann.com
E-mail: info@waxmann.com

Umschlagzeichnung: Annette Sentler
Umschlaggestaltung: Pleßmann Kommunikationsdesign, Ascheberg
Satz: Stoddart Satz und Layout Service, Münster
Druck: Runge GmbH, Cloppenburg
Gedruckt auf alterungsbeständigem Papier, DIN 6738

Alle Rechte vorbehalten
Printed in Germany

Inhalt

Vorwort XI

PLENARVORTRÄGE

Konrad Köstlin (ERÖFFNUNGSVORTRAG)
Kultur als Natur – des Menschen 1

Brigitta Hauser-Schäublin
Von der Natur in der Kultur und der Kultur in der Natur
Eine kritische Reflexion dieses Begriffspaars 11

Andreas Hartmann
Biologie der Kultur 21

Stefan Beck
Reflexible Körper
Anmerkungen zur Transformation von Gesundheitsverständnissen und
Verwandtschaftsverhältnissen durch humangenetisches Wissen 31

Lynn Åkesson
Does Gene Technology Call for a Gene Ethnology?
On the Goals of Knowledge and the Use of Concepts in Interdisciplinary Research 47

Helge Gerndt (ÖFFENTLICHER ABENDVORTRAG)
Naturmythen
Traditionales Naturverständnis und modernes Umweltbewußtsein 57

Reinhard Johler
„Wir müssen Landschaft produzieren"
Die Europäische Union und ihre ‚Politics of Landscape and Nature' 77

Christoph Köck
Bilderbuch-Natur und verrückte Natur
Strategien und Konsequenzen der kulturellen Gestaltung von Jahreszeiten 91

Walter Leimgruber
„Natürliche" und „kulturelle" Faktoren bei der Konstruktion von Minderheiten
Das Beispiel der Jenischen 107

Inhalt

Ullrich Kockel
Protestantische Felder in katholischer Wildnis
Zur Politisierung der Kulturlandschaft in Ulster 125

Henry Glassie
Nature, Culture, and Cosmological Interference 139

Albrecht Lehmann
Landschaftsbewußtsein
Zur gegenwärtigen Wahrnehmung natürlicher Ensembles 147

Dieter Kramer (SCHLUSSVORTRAG)
Symbolwelten und Naturstoffwechsel 155

LANDSCHAFTSKONSTRUKTE I

Bernhard Tschofen
Die Entstehung der Alpen
Zur Tektonik des ethnographischen Beitrags 167

Andreas Martin
Fokussierte Landschaft
Aussichtstürme in der Sächsischen Schweiz 177

Brigitta Schmidt-Lauber
„Auf Pad Gehen"
Reisen in die Natur als Wege der Ethnisierung deutscher Namibier 189

Waltraud Müllauer-Seichter
Der Park. Perzeption von Natur in der Konstruktion der madrilenischen Identität
Situationsanalyse, dargestellt anhand der *Casa de Campo*, Madrid 197

DOMESTIZIERTE NATUR

Siegfried Becker
Die Gestaltung der Kreatur
Tierzucht als Kulturleistung? 205

Friedemann Schmoll
Kulinarische Moral, Vogelliebe und Naturbewahrung
Zur kulturellen Organisation von Naturbeziehungen in der Moderne 213

Helena Ruotsala
Rentiere, die „Rinder des Nordens" im Naturpark
EU und Lappland, Natur und Kultur 229

ZUR KULTURELLEN KONSTRUKTION DES KÖRPERS

Elisabeth Katschnig-Fasch
Selbstbestimmung oder Selbstzerstörung?
Zur Gestaltbarkeit des Körpers 239

Bo Lönnqvist
Die verleugnete Natur
Zur kulturellen Paradoxie des „Fleischkleides" 251

Marita Metz-Becker
Die ‚Mammalia Linnés' oder das Geheimnis der weiblichen Brust 259

Astrid Pellengahr
Von der ‚programmierten' zur ‚natürlichen' Geburt
Zur kulturellen Konstruktion von Geburtsvorstellungen und deren Wandel
in der Gegenwart 269

MUSEALISIERTE NATUR

Nina Gorgus
Natur im Museum
Das Konzept Écomusée auf dem Prüfstand 281

Jutta Buchner-Fuhs
Gebändigte Wildheit im Stadtraum
Zur Geschichte der Zoologischen Gärten im 19. Jahrhundert 291

Arne Steinert
Illusionen statt Belehrung –
Hagenbecks Zookonzept setzt sich durch 305

LANDSCHAFTSKONSTRUKTE II

Norbert Fischer
Modellierte Natur
Zur Modernisierung der Landschaft im 20. Jahrhundert 317

Kirsten Salein
Potentiale der Praxis
Naturkonzepte in Frankfurt am Main und auf Rügen und Usedom 327

Klaus Schriewer
Gegenläufige Naturkonzepte
Über die Naturbegriffe in Jagd und Naturschutz 333

Inhalt

Ludwig Fischer
Das Erhabene und die ‚feinen Unterschiede'
Zur Dialektik in den sozio-kulturellen Funktionen von ästhetischen
Deutungen der Landschaft 347

NATURDISKURSE UND NATURBEWEGUNGEN

Hansjörg Albrecht
Natur der Schule – Schule der Natur
Zur kulturellen Vermittlung von Natur in Schulbüchern des 19. Jahrhunderts 357

Annette Schneider
„Schützt die Natur ..."
Die Themen Natur- und Umweltschutz in der Schulbildung der DDR 365

Dagmar Stonus
Kulturbäume am Straßenrand
Integrationsförderndes Politinstrument im Staatsbildungsprozeß 375

Bernd Wedemeyer
„Zurück zur deutschen Natur"
Theorie und Praxis der völkischen Lebensreformbewegung im
Spannungsfeld von „Natur", „Kultur" und „Zivilisation" 385

NATURBEHERRSCHUNG

Daniel Drascek
Zeitkultur
Zur Rhythmisierung des Alltags zwischen zyklischer und
linearer Zeitordnung um die Jahrhundertwende... 395

Oliva Wiebel-Fanderl
„Herz tot, Patient wohlauf"
Ein Beitrag zur metaphorischen Repräsentation von Transplantationserlebnissen 405

Sigrid Fährmann
Der Göttinger Verschönerungsverein
Ein Beispiel bürgerlicher Schönheitsauffassungen und ihrer Umsetzung
im 19./20. Jahrhundert 415

Adelheid Schrutka-Rechtenstamm
„Die Natur als Vorbild"
Das Kreislaufprinzip und der Umgang mit verbrauchten Dingen 427

HISTORISCHE DISKURSE

Signe Mellemgaard
Nature and Culture – History and Discourses:
On the Study of the Relationship of Man to Nature 435

Gudrun Schwibbe
„... so liegt die schönste Landschaft vor den Augen ausgebreitet ..."
Zur kulturellen Konstruktion von Stadt und Natur in historischen Wahrnehmungen 443

Harm-Peer Zimmermann
Vom Zauber der Natur
Zur Begründung einer kulturellen Sehnsucht wider alle Erfahrung 455

Cornelia Brink
„Ein jeder Mensch stirbt als dann erst, wenn er lange zuvor schon
gestorben zu seyn geschienen hat"
Der Scheintod als Phänomen einer Grenzverschiebung zwischen
Leben und Tod 1750-1810 469

WORKSHOP: VIRTUELLES UND VISUELLES

Beatrice Tobler
Die DNA im Puppenhaus
Bilder des Lebens im Computerspiel 481

Birgit Huber
Inselwelt und Genlabor
Naturbilder in Computerspielen 491

Fritz Franz Vogel
Buchstäblich gegliedert
Menschenalphabete und Mnemotechnik im typografischen Stellungsspiel 507

Namenregister 517

Sachregister 526

Vorwort

Im vorliegenden Band sind die wissenschaftlichen Beiträge zum 32. Kongreß der Deutschen Gesellschaft für Volkskunde dokumentiert, der vom 27. September bis 1. Oktober 1999 an der Martin Luther-Universität zu Halle (Saale) abgehalten wurde. Mit ca. 450 Teilnehmerinnen und Teilnehmern aus dem In- und Ausland sowie zahlreichen Gästen aus benachbarten Disziplinen fand der Kongreß einen außerordentlich großen Zuspruch. Dies hat mehrere Gründe. Vor allem war es wohl das Kongreßthema „Natur und Kultur" selbst, das als Leitthema die Entwicklung der Disziplin Volkskunde seit zwei Jahrhunderten begleitet hat und angesichts abnehmender Ressourcen und wachsenden Umweltbewußtseins noch bzw. wieder von zentraler Bedeutung ist. Es kam hinzu, daß zum ersten Mal seit der 1990 erfolgten Vereinigung der beiden deutschen Staaten ein Kongreß der DGV in einem der neuen Bundesländer stattfand, so daß in der großen Resonanz des Kongresses im Fach und darüber hinaus auch eine Manifestation der inzwischen bestehenden Gemeinsamkeiten gesehen werden kann. Zum dritten war für viele, zumal jüngere Kongreßteilnehmerinnen und -teilnehmer der Kongreßort mit seinem Umland noch weitgehend „terra incognita". Der Kongreß fand im Vorfeld der Weltausstellung zum Thema „Mensch – Natur – Technik" statt. Sachsen-Anhalt fungierte als sogenannte Korrespondenzregion und bot durch die Expo 2000 Sachsen-Anhalt GmbH eine Reihe attraktiver Exkursionsveranstaltungen zur Erkundung der Region an, denen im Kongreßprogramm ein zentraler Platz zugewiesen worden war. Schließlich erwies sich auch das Rahmenprogramm mit der Einbeziehung der Franckeschen Stiftungen und einem öffentlichen Abendvortrag ihres Direktors Professor Dr. Paul Raabe als weiterer Anziehungspunkt.

Die wissenschaftliche Auseinandersetzung mit dem, was die Schöpfung dem Menschen als Anzueignendes und zu Gestaltendes bereitgestellt hat, ist keine Domäne der Naturwissenschaften. Natur erweist sich immer auch als Teil der Kultur, denn alles, was wir von der Natur wahrnehmen und begreifen, ist kulturell determiniert, ist von unseren kulturabhängigen Erfahrungsmustern und Deutungen durchdrungen. Insofern sind bei der Erforschung dieses Leitthemas aller menschlichen Gesellschaften auch die Kulturwissenschaften aufgerufen, deren Anliegen es ist, die Natur in diesem Sinne als das Ergebnis menschlichen Denkens und Handelns zu verstehen und das Verhältnis des Menschen zu seiner historischen und gegenwärtigen Lebenswelt zu thematisieren: Kultur als die zweite, die eigentliche Natur des Menschen. Fragen nach dem Natürlichen in der Kultur und der Kultur in der Natur lassen sich seit der Entdeckung der Naturpoesie durch die Romantik über die Riehlsche ‚Naturgeschichte des Volkes' bis ins 20. Jahrhundert hinein in unserem Fach weiterverfolgen. Zum zentralen Gegenstand eines Volkskundekongresses war das Verhältnis des Menschen zu seiner Umwelt bisher jedoch nicht gemacht worden. Hier war – wenn auch mit Verspätung – eine Lücke zu schließen. Der Kongreßband bestätigt mit seinen 39 Beiträgen – Plenarvorträgen und Sektionsreferaten – auf überzeugende Weise, daß unser Fach bei der Auseinandersetzung mit diesem Thema wichtige Bausteine zu liefern imstande ist.

Zum Abschluß dieses Bandes, der sich in die lange Reihe volkskundlicher Kongreßberichte einfügt, gilt es im Namen der Deutschen Gesellschaft für Volkskunde

Vorwort

Dank zu sagen, zunächst an die Adresse der gastgebenden Institutionen in Halle: dem Institut für Geschichte der Universität Halle, dem Landesheimatbund Sachsen-Anhalt und der Expo 2000 Sachsen-Anhalt GmbH für großzügige ideelle und materielle Förderung. Ferner dankt die DGV den beiden Mitherausgeberinnen des Bandes für die Beteiligung an der Redaktionsarbeit und für die Erstellung der Register. Schließlich ist wiederum dem Verlag für die sorgfältige verlegerische Betreuung des Bandes zu danken.

Rolf Wilhelm Brednich

Konrad Köstlin

Kultur als Natur – des Menschen

Am 3. November 1982 besuchte das Kollektiv ÖZ/ÖIN des „VEB Förderanlagen- und Kranbau Köthen" den Botanischen Garten der Martin-Luther-Universität Halle. Es war, so vermerkt das rote Brigadebuch, „ein trüber Herbsttag, aber es gab doch einiges zu sehen, was uns als Laien interessierte. Zuerst betrachteten wir die mit viel Liebe angelegten Freiflächen [...]. Dann betraten wir das Sukkulenten-Schauhaus, das eine reichhaltige Sammlung der stachligen und dickfleischigen Gesellen hat." Schließlich: „Nach dem interessanten und lehrreichen Aufenthalt im Botanischen Garten stärkten wir uns noch in einer gemütlichen Mocca-Bar, um dann noch einen Stadtbummel zu machen. Als krönenden Abschluß hatten wir eine Tafel im Interhotel ‚Stadt Halle' bestellt. Bei sehr gutem Essen und Trinken in gepflegter Umgebung verging die Zeit wie im Fluge." Die Natur, das soll mit diesem Beispiel gesagt sein, ist als Kultur in den Alltag eingemeindet: die stachligen Gesellen wie die gefiederten Freunde – kaum problematisch in der Verfügung der Menschen, die in einem der populärsten Diskurse überhaupt zudem dekretieren, wo die Natur noch rein, unberührt, gar urtümlich sei. 1999, nach dem Felssturz im tirolischen Schwaz, hat der für den Bergbau zuständige Minister die Schuldfrage angesichts des durchlöcherten Berges geklärt: „Das ist kein Bergwerk mehr, das sind aus der Geschichte zurückgebliebene Löcher, das unterliegt den Naturgewalten."[1]

Unsere Formen der Begegnung mit der Natur sind nicht die Formen der Natur. Die Formen dieser Begegnung sind bereits Kultur; Kultur als das dem Menschen Eigentümliche ist seine zweite Natur, ist die eigentliche ‚Natur' des Menschen, der mit seiner Deutungskompetenz über die Natur verfügt.

Die Volkskunde fungierte schon immer als Todansager: Lieder nahm sie auf „ehe sie verklingen", abgehende Bräuche vor ihrem Verschwinden, alte Häuser kurz vorm Abriß. Vielleicht gilt das auch für den auf dieser Tagung geführten Natur-Kultur-Diskurs. Sieht man das Blumendekor auf dem Abstract-Heft zu diesem Kongress und liest den Hinweis, wir hätten unser Verhältnis zur Umwelt zu bedenken, dann fühlt man sich versetzt in eine Zeit, die Wissenschaft als Sozialarbeit verstand und in der die Klamotten selbstgestrickt waren – dabei hatten wir uns doch die letzten zehn Jahre der sanften Ironie hingegeben, und Kunststoffklamotten sind bei Hennes und Mauritz längst Favoriten.

Aber auch in anderer Hinsicht ist das Thema Natur und Kultur eine alte Leier, die – allerdings – immer wieder angeschlagen sein muß, weil sie unsere Moderne und damit dann auch unser Fach von Anfang an und immer wieder neu bestimmt. Denn seit es diese Moderne gibt, bereden wir uns kontrastiv zur Natur. Und auch bei der „Volkskultur" in alten und neuen Legierungen schwingt als Referenz das Natürliche als Legitimation mit.

Man könnte es sich einfach machen und unser Fach als ein einziges Naturritual deuten. Seine Orientierung verspricht, die verlorene Natürlichkeit wiederherzustellen. Es versteht die Bauern im eigenen Land erst als Naturvolk[2], als Bestandteil der Erdkruste und behandelt sie dann wie eine Stammeskultur auf dem Territorium einer Hochkulturgesellschaft. Erst als sie die Natürlichkeit in die eigene Herkunft hineinsieht, macht sie diese

---

1   Kurier vom 14. 7. 1999.
2   Wolf-Dieter Könenkamp: Natur und Nationalcharakter. Die Entwicklung der Ethnographie und die frühe Volkskunde. In: Ethnologia Europaea 18/1988, S. 25–50.

Fremden im eigenen Land zu den Eigenen. In der „Naturgeschichte des Deutschen Volkes"[3] endlich hat Wilhelm Heinrich Riehl in einer grandiosen Verkehrung von Naturgeschichte geschrieben und doch Kultur gemeint. So sind die Ethnowissenschaften vielleicht nicht gerade das vornehmste Kind der Modernisierung, haben sich aber doch im Umfeld der Spannung von Natur und Kultur ausgebildet. Ihre Aprioris fundieren die Menschen und die Nationen in der Naturhaftigkeit des Ursprungs.

Die Behauptung der Existenz einer Volksseele, dann des Nationalen und die spätere Konturierung der Stämme suggerierten zumindest, daß es in einer Moderne – und an deren Anfang ist die Frage erst denkbar – die Chance der Natürlichkeit gäbe: im Ethnischen, das den Menschen eingraviert sei. Daß derlei Kontinuitäten, die Suche nach tieferen Gravuren, nicht ausdiskutiert sind, zeigt die Rede von der longue durée der französischen Annalisten, die insbesondere am Modell des Mediterranen, das, als kulturökologische Umwelt eingeführt, nun als Aufhänger einer De-Balkanisierung traktiert wird.[4]

Die germanistische Volkskunde, das hatte schon Wolfgang Emmerich gezeigt[5], setzte im germanischen Ursprung die Einheit von Natur, Poesie und Kultur an. Die Überlegungen zur „naiven" und „sentimentalischen" Dichtung, wie sie Friedrich Schiller formuliert hatte, sind zwar die klügere und intellektuellere Variante der Natur-Kultur-Debatte. Aber auch sie zeigen, wie „Natur" erst formulierbar wird, als ihr „Verlust" diagnostiziert wird. Poesie und Sprachdenkmäler stellen im 19. Jahrhundert, dem philologischen Jahrhundert unseres Fachs, eine Verknüpfung von Natur und Kultur dar, die sie mit diesem Ursprung verbindet.

Der Ursprung reiche im Brauchtum in die Gegenwart hinein: Das war auch die Grundannahme, mit der Hans Hahne in Halle – und das gehört zu den Hypotheken unserer Fachgeschichte[6] – von der „Volkheitskunde" schrieb, wie er 1935 „im Vorfrühlingsmorgen unseres Volkes" formulierte[7] und damit „dem Führer in hellere Zukunft" seinen bunten Strauß still darbrachte. Halle mit dem „Unserer Vorzeit"[8] gewidmeten Museum war bereits früh eine Art Epizentrum einer Avantgardebewegung des Völkischen, als sich Hahnes „Volkheitskunde" – jene Mischung aus Ur-und Frühgeschichte, Rassen- und Volkskunde – hier, in einer „Landesanstalt [!] für Volkheitskunde", etablierte und der

---

3 Wilhelm Heinrich Riehl: Die Naturgeschichte des Volkes als Grundlage einer deutschen Social-Politik. Stuttgart 1869.
4 Narodna umjetnost 36:1/1999 (=Tagungsband des Symposions „Where Does the Mediterranian Begin?"). Vgl. auch Konrad Köstlin: Where Does the Mediterranean Begin? Mediterranean Anthropology from Local Perspectives. Zagreb und Krk, 8. bis 11. Oktober 1998. In: Österreichische Zeitschrift für Volkskunde 53:102/1999, S. 382-387.
   Der Graubündner Rätoromantik wurde – mit allen Aspekten ihres Hineinreichens in die Gegenwart – einschließlich des (natürlichen?) Matriarchatsarguments fast zeitgleich mit dem dgv-Kongress auf einem Symposion gehuldigt.
5 Wolfgang Emmerich: Zur Kritik der Volkstumsideologie. Frankfurt/M. 1971.
6 Annette Schneider: Volkskundliche Forschung und Lehre in Halle In: Sachsen-Anhalt. Journal für Natur- und Heimatfreunde 3:3-4/1993, S. 21-25. Völlig zu recht wird diese Hypothek bei der Suche nach dem „Natürlichen", wie es Hans Hahne in den Jahreslaufbräuchen verkapselt sah, in die Geschichte unseres Faches einbezogen. Das erscheint insofern bemerkenswert, als Hahne in der bisher umfassendsten Darstellung der NS- Volkskunde, „Völkische Wissenschaft" keine Erwähnung findet. Vgl. Jacobeit, Wolfgang, Hannjost Lixfeld und Olaf Bockhorn (Hg.): Völkische Wissenschaft. Gestalten und Tendenzen der deutschen und österreichischen Volkskunde in der ersten Hälfte des 20. Jahrhunderts. Wien, Köln, Weimar 1994. Zu Hahne vgl. die Berliner Diss. von Irene Ziehe: Hans Hahne (1875 bis 1935), sein Leben und Wirken. Biographie eines völkischen Wissenschaftlers. Halle (Saale) 1996.
7 Hans Hahne, Heinz Julius Niehoff: Deutsche Bräuche im Jahreslauf. Halle (Saale) 1935, S. 4.
8 So die Inschrift über dem Eingang.

Museumsmann, in dessen Vorträge die Hallenser zu Tausenden geströmt sein sollen, von Rusts Gnaden zum Professor und dann zum Rektor der Universität avancierte.[9] Die von ihm selbst geschriebenen und ab 1919/20 aufgeführten „Hallischen Jahreslaufspiele" wollten dem „selbstverständlichen Erleben des Jahresgeschehens" dienen und sollten sich „aus dem Wieder-Wissen um immer Wiederkehrendes in der Natur und aus der Rückschau auf jahrtausendelangen Erbbesitz" speisen.[10]

Angebote aus dem ethnographischen Musterkoffer, Mischungen aus Natur und Kultur, oft an naturhafte Erdungen und Wurzelbilder der Regionalität geknüpft, lassen sich in Alltagsdiskursen ausmachen. In Berlin-Kreuzberg erschien 1982 ein Buch mit dem Titel „Dörfer wachsen in der Stadt".[11] Die Überschaubarkeit des Dörflichen ist vor allem in den kulturanthropologischen Varianten unseres Faches[12] mehr als einmal zur naturhaften Größe ausgemendelt worden. Gewiß empfindet man angesichts der Rede von der Globalisierung Sympathie für intelligente Versuche der Verlangsamung, für Versuche des Eigensinns und des lokalistischen Ortssinns und auch für Techniken, sich für die Effekte der Globalisierung und überhaupt unerreichbar zu machen. Solch selbstgenügsames und als ubiquitäre anthropologische Konstante angelegtes Dorfmodell hat – leider hochplausibel – Wigwam-Bilder in die Philosophie der Architekten eingespeist, so etwa beim Verwaltungsgebäude der Daimler-Benz in Stuttgart, wo die Zahl von 300 Personen als Grenze der Überschaubarkeit figuriert und in Büro-Architektur umgesetzt worden ist.

Kultur als (zweite) Natur der Menschen: Nietzsche hat den Menschen als „das nichtfestgestellte Tier" bezeichnet, Arnold Gehlen spricht vom „instinktreduzierten Mängelwesen". Der Mensch ist von allem Anfang an – „von Natur aus" – auf Künstlichkeit, auf Kultur und Zivilisation, angewiesen. Er formt und gestaltet – durch Kultur – seine Natur. Nicht, wie die Natur ist, sondern wie sie in historischen und gegenwärtigen Lebenswelten gesehen, verstanden, gedeutet wird, wie sie in Objektivationen und Subjektivationen abgebildet und ausgedrückt wird, kennzeichnet den Horizont unseres Fragens. Dabei mögen Natur und die Biologie, die Gene, als Determinanten der Menschen existieren – ihre Wirklichkeit erhalten sie für uns erst in ihren kulturellen Übersetzungen. Die Biologie als Natur der Menschen zu verstehen, ist in unserer Perspektive ein Akt der Kultur. Die Perspektive wird durch den vorweg gewählten Aspekt bestimmt. Natur gibt es für uns nur aus zweiter Hand, als zweite Natur, hindurchgegangen und sichtbar gemacht durch die Brille des Kulturellen.

Die Menschen veranstalten – längst reflexiv lebend – Natur-Rituale: Innenstädte sind an Markttagen auf eine befremdende Weise ländlich-lebendig. Grüne Lauchstangen lugen aus den Körben der Frauen und Männer. Die Gänge der Menschen über den Markt lassen sich als ritueller Naturtanz beschreiben. Da klingt der Naturlaut Dialekt breiter, und man kommuniziert face to face. Das Einlegen brauner Eier in mitgebrachte Eierkartons, das Dekorieren des Grünzeugs ohne – selbstredend überflüssige – Verpackung in Naturgebinde wie Körbe und einst Jutetaschen, seit einiger Zeit auch in derbe Lederbeutel und in Rucksäcke, wird zur kultischen Handlung. Die Verrucksackung der Deutschen, viel-

---

9 „Volkheit", so hat Herbert Freudenthal mitgeteilt, sei eine Wortschöpfung Goethes, der mit diesem Begriff, analog etwa zu Kindheit, den Begriff „Volkstum" ersetzen wollte.
10 Hans Hahne: Vom deutschen Jahrslauf im Brauch. Jena 1926, S. 9.
11 Klaas Jarchow (Hg.): Dörfer wachsen in der Stadt. Beiträge zur städtischen Gegenkultur. Alpen 1980.
12 Erika Haindl: Soziokulturelle Zentren in der BRD / Stadtteilarbeit und Dorferneuerung. Welche Rolle spielen alte und neue Formen der Volkskultur? In: Münchner Streitgespräche zur Volkskultur. München 1990, S. 38-41.

leicht gar der Welt, und der Aufstieg des Ruckis aus der Jugendkultur ins juvenile Seniorentum wäre eine eigene Studie wert.

Natur ist in der Moderne immer eine erfahrungsgesättigte und damit eine kulturelle Invention. Mit jener Natur, wie sie die tonangebenden Menschen hierzulande mit zunehmender Innigkeit lieben, verhält es sich wie mit der Liebe. Wie die Liebe nämlich, die als „natürliches" Empfinden wahrgenommen und bezeichnet wird, ist, was wir Natur nennen und der offenbar unstillbare Drang zu ihr, eine durchaus junge Erfindung in unserem Gefühlshaushalt. Beide existieren nicht ohne die Menschen und, als „demokratisierte" Attitüde, kaum länger als 250 Jahre: Sie sind seine Idee, also selbst Bestandteil der Kultur der Menschen. Natur dient, seit sie in den Kanon der kulturellen Bilder aufgenommen worden ist, als Metapher und als kulturelles Deutungsmuster unseres Verhältnisses zur Welt und zu uns selbst. Das beginnt – so Kant 1787 – , als der Mensch „(wiewohl nur dunkel) begriff, er sei eigentlich Zweck der Natur [...]. Das erste Mal, daß er zum Schafe sagt: den Pelz, den du trägst, hat dir die Natur nicht für dich, sondern für mich gegeben, ihm ihn abzog und ihn selbst anlegte".[13]

Natur „allein", als apriorisches Substrat, läßt sich nur schwer denken; sie läßt sich aber als Beziehungsgeschichte kulturwissenschaftlich deuten. Die Karriere des Wortes „Entfremdung" ist in der Tat eine Erscheinung, „die an den Nerv der bürgerlich-kapitalistischen Gesellschaftsordnung rührt"[14]. Weg von der Ökonomie zielt die wildgewordene Rezeption des Wortes vor allem auf die Beschreibung der Entfremdung von der Natur. Immer sind es Menschen, die bestimmen, was Natur und damit natürlich sei. Es gibt diese Natur, weil Menschen einen Teil ihrer Umwelt mit diesem Wort bezeichnen. In dieser Erfindungsgeschichte spielen intellektuelle Deutungseliten, Philosophen, Theologen, Künstler, Politiker und Wissenschaftler eine zentrale Rolle. Sie deuten Natur als Gegensatz der von den Menschen gestalteten und gemachten Umgebung, „the manmade part of environment" (Ralph Linton), die sie – und auch das erst seit einiger Zeit – „Kultur" nennen und die sie, wenn sie Norbert Elias als „Zivilisation" bezeichnet, flugs in „Kultur" umverstehen. Kultur ist auch das Denken über „Natur".

In diesem Denken können die Menschen unter Natur das ganz Andere, das Bessere, das Ganze verstehen.[15] Während die Menschen, auch wenn sie sich selbst als Bestandteil der Natur verstehen, immer unvollkommen bleiben, gleicht die „grüne Natur" einem Gesamtkunstwerk. Die Deutenden meinen, wenn sie von Natur reden, das dem Zugriff der Menschen – und damit der Kultur – prinzipiell Entzogene (und – als Imperativ – zu Entziehende): was schon immer und von sich aus da ist. Die Natur oder auch ihre Teile werden häufig als eigene Subjekte verstanden. Deutungen gehen in die Alltagspraxen ein und reichen bis in triviale Zonen: „Mein Freund der Baum ist tot", sang die Schlagersängerin Alexandra, deren Leben an einer holsteinischen Eiche endete. Das geliebte Naturvieh Hund hat, wie die geliebte Natur, populäre Groh-Postkartenpoesie auf sich gezogen: „Daß mir mein Hund viel lieber sei, sagst Du, o Mensch, sei Sünde. Das Tier blieb mir im Sturme treu, der Mensch nicht mal im Winde." Und das rebellische Schwein Old Major in Orwells Farm der Tiere schimpft: „Der Mensch ist unser einziger wirklicher Feind".

Natur lebt als dieses Subjekt (Johann Gottfried Herder: „in Zaubernacht, Mutter Natur, bet ich dich an!") von der definitionsmächtigen Gnade der Menschen, selbst dann,

---

13 Immanuel Kant: Muthmaßlicher Anfang der Menscheitsgeschichte (1787).
14 Joachim Ritter (Hg.): Historisches Wörterbuch der Philosophie Bd. 2. Basel, Stuttgart 1972, Artikel: Entfremdung, S. 295.
15 Freilich auch, wenn es um die Natur der Menschen geht, das unergründete Böse.

wenn Rousseau sie „Maman" nennt. Sie nutzen sie als das Fremde, vor dem sie ihre Identität kontrastiv entwerfen. Gleichzeitig wittern die Menschen in ihr verlorene Transzendenz und den großen Zusammenhang; sie imaginieren in ihr das beständig Anwesende, eine dauerhafte, immer wieder verschüttete Moral und vielleicht auch einen Ersatz für den aufgegebenen Gott. Natur wird heute für viele Menschen – so sagen sie – zum Lehrmeister, zum vernünftigeren Gegenpart der unvernünftigen Menschen: man müsse nur lernen, auf sie zu hören. Die Hinwendung zur „Apotheke Gottes" der Maria Treben – vorwärts in die gute alte Zeit – ist Indiz dafür. Mit der Natur könnten wir eine neue Haltung einnehmen, eine Lerngemeinschaft bilden, hat – gutgemeint – Wolf Lepenies gefordert. Ja, in ihrer Ratlosigkeit sind die Menschen bereit, sich der Natur zu unterwerfen, sie und ihr Gesetz als „Sinn" anzuerkennen. Sie tun das im blinden Vertrauen darauf, daß das, was sie gar nicht erkennen können, ein Heilsplan sei. Nicht mehr ganz neu, Albrecht von Haller: „Hier, wo die Natur allem Gesetze giebet". Gegen das Chaos, in dem wir zu leben glauben, stellen wir in alltäglichen Diskursen die Natur. Denn Natur scheint die Existenz einer Ordnung nicht nur zuzulassen, sondern sogar vorauszusetzen – nicht bloß, indem man, wie der Entomologe Ernst Jünger, Kerbtiere zu Kerbtieren packt und eine Ordnung errichtet – seine Ordnung.[16]

Natur entlastet uns, weil wir in ihr das Gesetz des Lebens vermuten, das wir zwar immer noch nicht genau kennen, von dem wir aber zu wissen glauben, daß es da sei und gut sei und – daß es sich nicht ungestraft stören lasse. Die zum autonomen Subjekt gemachte Natur „wehrt" sich, man zerstört sie nicht ungestraft. Der Fehler wird bei den Menschen gesucht – das gründet in der Angst der Menschen, welche Natur weit überschreitet und eine ganz generelle Angst vor der Unwägbarkeit der Moderne ist. Deshalb wird auch der Diskurs über Kernkraftwerke und Gen-Technologie in dieses Konzept vom illegitimen Traktieren der Natur einbeschlossen und unter Ethik rubriziert. Auch so wird Natur instrumentalisiert.

Man nennt das „Systemdenken" – wenn der Flügelschlag eines Falters in China ein Erdbeben... – oder „Vernetzung". Am Beispiel der Interdependenzkette McDonalds – Regenwald – Rinderzucht – Klima – Dritte Welt ist das plausibel exekutiert worden – und Plausibilität ist in der Moderne wichtig.

Doch heißt Plausibilität auch hier, daß Menschen die eigene Verständnisfähigkeit zum Maßstab für die Natur machen. Die Idee von der Existenz eines Naturgesetzes und der imaginierte Heilsplan sind Menschenwerk, obwohl oder gerade weil sich die Natur als Ganzes der präzisen Bestimmung entzieht. Sie bleibt ein verborgenes und daher wohltätig-heilsames Rätsel. So sind im Begriff Natur sowohl ihr Apriori wie auch schon ihre Interpretation, Vorannahme und gleichzeitig Beschreibung enthalten. Natur wird so zum Ausdruck der Distanz und der Differenz gemacht, die zur Formierung der Identität zu taugen scheint.

Natur ist das Andere, das Fremde: Der entscheidende Akt, kaum mehr als 250 Jahre her, ist die Benennung einer solchen Natur. Sie erfährt ihre scheinbare Steigerung und paradoxerweise auch ihre Präzision durch die Attribution „frei". Im Begriff der „freien Natur" manifestiert sich nicht so sehr die Freiheit der Natur selbst, mit der sie sich von menschlichen Einflüssen freihielte. Es ist vielmehr die ihr zugesprochene Qualität gemeint, den Menschen einen Freiraum ohne Beengung und Behinderung zu offerieren. Natur konturiert damit ihren choreographischen und typologischen Gegensatz, die Nicht-Natur, die geregelte Beengung, das Unfreie, historisch vor allem die Stadt. Natur ist als

---

16 Jean Baudrillard: Das System der Dinge. Frankfurt/M. 1991.

Idee erst denkbar vor der Folie vorgängiger Interpretationen der Sinnstiftungsinstanzen und der durch sie geleiteten Erfahrungen.

Noch in der Neuzeit war die Stadt ein eng bebauter, ummauerter Wohnplatz, in dem kaum Raum für Bäume, für Grün blieb. Selbst die einfachste Kulturtechnik, der weltliche Blumenstrauß, hat in ihr eine kurze, bürgerliche Geschichte, wie Wolfgang Brückner gezeigt hat. In einem atemberaubenden Rollentausch werden im 19. Jahrhundert in einer Romantisierung von Natur und Land die Lebensbedingungen des Landes als „natürliche" wahrgenommen. Als Stadtmauern und Wälle geschleift und Stadttore abgerissen werden, legte man auf ihrem Schutt den Grüngürtel der Stadt an, Anlagenring und Promenaden, ein hochsymbolischer Akt.

Die ausgeschlossene Natur, das war die angstmachende, aber auch faszinierende Wildnis, das waren das platt genannte Land und dann der Wald.[17] Die Märchen und Sagen, deren Handlungsort der Wald oft ist, erzählen uns davon. Im Wald lokalisierte man die „wilden Leute", die oftmals heroischen Vogelfreien, die Robin Hoods, jene zwischen Legende und Wirklichkeit, Projektion und Realität angesiedelten Gesetzlosen, deren Königreiche Wolfgang Seidenspinner[18] kürzlich diskutiert hat. Diesen Vogelfreien neidete man ein unschätzbares Privileg: sie waren frei, man sah sie nicht an die Konventionen gebunden, im Wald, ihr wildes Wesen und ihre lästerlich erotischen, freien Spiele treiben. In der Symbolik der wilden Leute auf den mittelalterlichen Bildteppichen in Regensburg oder Basel bündelten sich Projektionen einer Natürlichkeit, die sich im ummauerten Terrain, heiße es Stadt oder Burg, nicht denken ließ. Adolf Spamer und Friedrich von der Leyen haben das gezeigt.[19]

Das Leben der wilden Leute wurde zum Gegenstand höfischer Spiele. Man spielte naturhafte Wildheit und Triebhaftigkeit an den Höfen, in den Städten, im Karneval,[20] auf den „Bal des Ardents" im Jahre 1384 hat Hermann Bausinger[21] hingewiesen. Im Spiel verwandelten sich Menschen, indem sie sich mit Fellen, Zweigen und Laub vermummten und in der Maske des Fremden, Gesetzlosen und Ungebundenen „aus dem Korsett der Konventionen"[22] zu schlüpfen suchten.

Solche zur Wildheit stilisierte Natur wurde zur Gegenwelt des Höfischen. So verstanden oszillierte Natur – wie alles Fremde, das neben dem Gefühl der Bedrohung der geregelten Lebenswelt immer auch Anwandlungen des Neides auslöst – zwischen Angst und Bewunderung. Natur ist also zuerst das Fremde und Rätselhafte, das nicht Durchschaubare. Sie ist nicht das ursprünglich Vertraute und Transparente, mit dem die Menschen eins waren oder sind. Und: Natur steht für die Sehnsucht der Seßhaften nach der verlorenen, kreativen Wildheit.

Der „Freiraum GmbH", die den Schulen Outdoor-Programme anbietet, „geht es nicht nur um den Adrenalin-Flash, sondern auch um ein Problem, das gemeinsam aufgearbeitet wird". Und der Initiator gibt zu bedenken: „Die Kulisse Natur ist ein Setting, dem man nicht so leicht entfliehen kann wie den Problemen des Alltags". Das „unentrinnbare

---

17 Albrecht Lehmann: Von Menschen und Bäumen. Die Deutschen und ihr Wald. Reinbek bei Hamburg 1999.
18 Wolfgang Seidenspinner: Mythos Gegengesellschaft. Erkundungen in der Subkultur der Jauner. Münster [u.a.] 1998.
19 Friedrich von der Leyen, Adolf Spamer: Die altdeutschen Wandteppiche im Regensburger Rathause. In: Das Rathaus zu Regensburg. Regensburg 1910.
20 Hans-Ulrich Roller: Der Nürnberger Schembartlauf (=Volksleben, 11). Tübingen 1965.
21 Hermann Bausinger: Volkssage und Geschichte (Die Waldenburger Fastnacht). In: Württembergisch Franken 41, N.F. 31/1957, S. 107-130.
22 Norbert Elias: Die höfische Gesellschaft. Untersuchungen zur Soziologie des Königtums und der höfischen Aristokratie (=Soziologische Texte, 54). Neuwied u.a. 1969.

Problem" sei aber überschaubar: „Wenn ich auf einem Berggipfel bin, muß ich wieder herunter."[23]

Wie in einen Wechselrahmen gesteckt, übernimmt die moderne Großstadt geradezu atemberaubend die Eigenschaften des (ehemals wilden) Landes, das nun als Ort der „Volkswelt"[24] zum Hort gesicherter, traditioneller, beständiger Lebensweise und bescheidener, dafür aber überschaubarer Geborgenheit wird. Die Volkskunde hat diese Sicherheit ins „Volksleben"[25] hineingemalt. Die Großstadt gilt seitdem, und bis heute, vielen als verwirrend, krankmachend[26], chaotisch-wild, unübersichtlich, die Menschen gefährdend. In ihr treiben Diebe und Hehler ihr Unwesen, es gibt Prostitution und Verbrechen, und nicht nur in den Slums der Dritten Welt dealen Kinder.

„Stadtluft macht frei" sagte man und meinte die Luft, in der es keine Leibeigenschaft gab; Landluft war die Luft, die die Menschen fesselte: erst durch die Bindung an die Scholle und den Grundherrn, ohne dessen Zustimmung es keine Mobilität gab, dann durch die Bodenideologie, die die Menschen als verwurzelte Wesen interpretierte und Heimat vor allem mit Wurzelmetaphern erklärte, so als ob Menschen Bäume seien und deshalb der Wurzelgefühle im Lokalen bedürften. Menschen aber haben Beine.

Lokalismus allenthalben, und die Ethnowissenschaften sind Stichwortgeber für solche Alltagsgefühle: Über „Eine ferne Heimatkunde" schrieb kürzlich die ZEIT, als sie von einer „Wandersafari durch die Kinderstube der Menschheit"[27] in Afrika berichtete, und lokalisierte einen Ort, dort, wo der aufrechte Gang begonnen habe: Populäre Sonden in die Tiefe, Varianten der Kontinuität – allesamt Versuche, im Meer der Bewegung Anker auszuwerfen: Heimatkunde, Spurensuche, Grabe wo du stehst, longue durée, Mentalität, Regionalität und ihr instrumenteller, oft hochnationalistischer Fundus der Lieux de memoire.

Zusammengefaßt: Natur an sich gibt es für uns nicht. Sie ist immer definiert, domestiziert und zugerichtet, das gilt auch für die Gradierungen ihrer Wildheit als Auslöser für Endorphinausschüttungen. An sich ist die Natur weder gut noch böse. Sie ist immer das, was wir aus ihr machen. Sie läßt sich keine sozialen Regeln abzwingen oder ablauschen. Wer in der Natur ein soziales Gesetz sucht, dem man sich unterwerfen kann, versagt sich die Freiheit, Lebenssinn selbst zu erfinden und zu finden.

Angesichts einer Multioptionsgesellschaft[28], in der wir vorgeblich leben, ist auch richtig, daß die „Verhaltensplastizität" des Menschen nicht unbegrenzt ist.[29] Es mag sein, daß die Vielfalt von Kulturen eine gemeinsame biologische Basis hat. Kultur freilich ist – wie Ernst Schlee einmal gesagt hat – das „Aufrichten einer Ordnung". Die elfte These über Feuerbach besagt: „Die Philosophen haben die Welt nur verschieden interpretiert; es kommt aber darauf an, sie zu verändern". Veränderung geschieht, das erleben wir, durch Interpretation, oder anders: durch die Produktion von geglaubten Wirklichkeiten; es

---

23 Heidi Weinhäupl: Outdoor – die Natur als Kulisse. In: Der Standard (Wien) vom 7. 9. 1999.
24 Josef Dünninger. Volkswelt und geschichtliche Welt. Gesetz und Wege des deutschen Volkstums. Berlin, Essen, Leipzig 1937, S. 543.
25 Konrad Köstlin: „Sicherheit im Volksleben". Phil. Diss. München 1967.
26 Heinrich Hansjakob: Unsere Volkstrachten. Ein Wort zu ihrer Erhaltung. Freiburg 1892.
27 Stefan Schomann: Eine ferne Heimatkunde. Auf Wandersafari in Ostafrika durch die Kinderstube der Menschheit. In. Die ZEIT (Reisen) Nr. 37 vom 9. 9. 1999. Spurensuche auch hier: „Wir wollen für ein paar Tage in ihre Fußstapfen treten."
28 Armin Pongs (Hg.): In welcher Gesellschaft leben wir eigentlich? München 1999 (Dilemma-Verlag!!).
29 Karin Schäffer, Klaus Atzwanger: Individuelle und kulturelle Vielfalt im Verhalten. Eine humanethologische Studie. In: Irene Etzersdorfer, Michael Ley (Hg.): Menschenangst. Die Angst vor dem Fremden. Berlin, Bodenheim b. Mainz 1999, S. 19-32, hier 20.

kommt auch darauf an, die Welt verschieden zu interpretieren und sie dadurch zu verändern. Denn die Menschen sind nicht nur Urheber der Kultur, sondern eben auch Erzähler der Geschichten über die Natur, die ihnen nicht absichtslos einfallen, sondern Bestandteil und Legitimation der Kultur, dieses ihres Soseins, sind.

Der ehemalige Vizekanzler der Republik Österreich, Erhard Busek, als er sich als Kosovo-Beauftragter der EU ins Gespräch brachte: „Ich glaube, daß wir von unserem Genprogramm her dem Balkan etwas näher stehen"[30] – wobei er gewiß eine historisch grundierte kulturelle Nähe Österreichs zum Balkan meinte. Denn gerade, weil die Plausibilität der biologischen Prägung so einleuchtend ist, ist es notwendig, die kulturelle Karte zu spielen. In einem Wiener Frauenhaus sagte eine 56jährige Frau: „Frauen werden erzogen zum Aufopfern", eine 35jährige wiederspricht: „Bei mir war's nicht so. Aber das steckt in jeder Frau drinnen."[31] Die Aggression als natürlich und im Menschen – bzw. im Manne – angelegt; die Männer als raumgreifende Samenstreuer, Treue als genetisch unmöglich – welche Entlastung –, neuerdings emanzipatorisch ausgewogen auch in der Frau angelegt und historisch unterlegt: Die untreue Frau. Was da alles im Wissenstransfer in Zeitgeistmagazine versickert: „Eine steile Karriere von Joschka Fischer als männlicher Ausdruck – den wir Frauen leider allzuoft nachahmen und uns damit unsere eigenen friedlichen Möglichkeiten beschneiden (lassen)", so schrieb eine Leserin zu einem Konflikt bei den Grünen.[32]

Frauen als biologisch ‚andere' Wesen und Männer als kriegerisch, und umgekehrt Mann und Frau als eigentlich gleich – mag alles sein. Aber: Es kommt nicht drauf an, wie wir genetisch gesteuert sind, biologisch prädisponiert oder stammesgeschichtlich (was man den Deutschen zudenkt) verdammt sind. Es kommt darauf an, was wir können, wie sehr wir die Bestimmung durch angeblich unveränderliche Faktoren, die manche Natur nennen, aufheben und überlagern können: durch Kultur, durch das, was den Menschen ausmacht, durch den Zwang zur Reflexion. Und es kommt darauf an, was die Volkskunde kann: das Entstehen und das Leben der Deutungen, an deren Fixierung sie mitgearbeitet hat, kritisch zu de-konstruieren. Das heißt nicht, die Wirklichkeit in Abrede zu stellen. Die Rede von der Konstruktion von Wirklichkeit bedeutet ja nicht, daß die Welt deshalb weniger wirklich wäre. Sie böte aber die Chance, neue Wirklichkeiten zu entwerfen, sie zur Diskussion zu stellen und dabei Gesellschaften und Lebenswirklichkeiten zu verändern. Das ist mehr und schwieriger als Wissenschaft als Sozialarbeit zu betreiben und will keiner vorschnellen Kulturalisierung das Wort reden. Es regt aber an, darüber nachzudenken, wie weit der zu beschreibende Gegenstand eben durch das Schreiben über ihn, durch das Darüber-Reden begründet ist.

Sollte sich in dem, was wir als Kultur interpretierend wahrnehmen, Ethologisches, Stammesgeschichtliches akkumuliert haben, so nehmen wir das zur Kenntnis, aber es wird kein Argument daraus. Denn wir versuchen, den kulturellen Aspekt menschlichen Verhaltens zu klären. Deshalb argumentieren wir auch gegen biologische Prädispositionen – nicht, weil wir glaubten, es gäbe sie nicht –, sondern weil wir von der Auffassung ausgehen, daß Kultur die (zweite) Natur der Menschen sei: Auftrag mithin, mögliche Prädispositionen kulturell zu überformen, neu zu erzählen, zu strukturieren, in eine Narration einzubauen oder auch wegzukultivieren. Das Abstreiten des Biologischen selbst ist – ganz gewiß – ein Stück Kultur, ein Stück Beharrens auf dem Menschsein. Wir

---

30 Interview mit Erhard Busek: Der Balkan muß in die EU. In: Format (Wien) vom 21. 3. 1999, S. 56 f.
31 Claudia Dannhauser: „Es kann nicht sein, daß ein Mann mit einer Frau macht, was er will." In: Die Presse (Wien) vom 24. 9. 1999.
32 Süddeutsche Zeitung vom 24. 9. 1999.

wollen, auch was Menschen an sich selbst für unveränderlich halten, mindestens diskursiv gemacht wissen.

Ich plädiere für das, was wir können – auch, wenn wir ahnen, daß unsere Ausdrucksmittel – Sprache und Kunst – die Welt nicht ganz fassen; wenn wir ahnen, daß in unseren Metaphern Wahrheit und Unwahrheit „unauflöslich verbunden" sind, wie Robert Musils Ulrich im „Mann ohne Eigenschaften" erkennt, etwa wenn der Körper als ein Symbolfeld gesucht wird, an dem sichtbar gemacht werden soll, was sich an sich nicht mehr ausdrücken läßt. Diesen, unseren Part, den wir mit Kultur benennen und den die Menschen ihren Prädispositionen, ihren Trieben und Zwängen – die wir zur Kenntnis nehmen – entgegenhalten, analysieren wir: die Geschichten, die Menschen von ihrem Alltag, ihrem Menschsein, in ihrer Dingwelt wie in ihren Bräuchen erzählen.

Noch einmal: Mag es sein, daß es biologische Triebfedern gibt, die Menschen in Höhlen verschwinden und auf Berge steigen lassen, die Männer voraneilen und sie sichernd den Blick umherschweifen lassen[33], die das Grillen und Angeln bei uns als männliche Angelegenheit zu fixieren scheinen. Wir fragen auch nicht, ob Menschen ein Minimum an Platz brauchen, ohne daß sie – wie die Mäuse – panisch reagieren, und daß sie deshalb das Recht hätten, sich gegen Überfremdung zu wehren: „Das Boot ist voll" – in unserer Sehweise hätte das Boot höchst elastische, „kulturelle" Spanten. Wir nehmen an – und das ist unser Apriori –, daß sich in verschiedenen Kulturen unterschiedliche Bedürfnisse und Raumerfahrungen ausbilden. „Eng" und „weit" sind keine anthropologischen Konstanten, sondern Ausdruck kulturspezifischer Raumwahrnehmung und damit je und je wandelbare Größen, die wir in ihrer kulturellen Imprägnierung zu dechiffrieren suchen, weil sie ohne diese für uns nicht existieren. Wir beschreiben kulturelle Phänomene als in einem historischen Prozeß Erlerntes und je und je Kulturspezifisches. Andererseits: Für uns ist unwichtig, daß Sigmund Freud die Liebe unter Männern als eine erworbene psychische und damit revidierbare Erkrankung gedeutet hat und deswegen irritierende Freunde gewinnt. Wir interessieren uns aber für die Lebenswelten, die sich vor dieser Folie als alltägliche Praxen, als Selbstverständlichkeiten ausgebildet haben.

Schneller Schluß: Die Wissenschaft von den Selbstverständlichkeiten – Volkskunde – verdankt ihre Entstehung dem Ende eben dieser Selbstverständlichkeiten. Wo das Alltägliche zur Ehre der Altäre der Wissenschaft erhoben wird, verliert es, was es ausgezeichnet hat, seine Qualität als unberedete Alltäglichkeit nämlich. Seither beleuchten wir in verkulturwissenschaftlichten Alltagen das Gewöhnliche und erzählen dessen Geschichten. Wo die Alltagswissenschaft ihr Licht hinlenkt, macht sie das Gewöhnliche zu etwas Besonderem. Wo die Wissenschaft das Gewöhnliche ins Licht ihres fragenden Interesses stellt, seien es Rituale oder Thüringer Bratwürste, läuft sie Gefahr, zu zerstören, was sie zu untersuchen vorgibt, eben die Alltäglichkeit des Alltäglichen. Der Alltag, unser Verhältnis zur Natur, verändert sich also, wird um- und neu gedeutet. Das Neue sei das noch nicht Besetzte und noch nicht Vereinnahmte, hatte der so präzise Theodor. W. Adorno[34] am Beispiel der Kulturindustrie geschrieben, aber dabei auch das Vergebliche der Moderne, die immer implizierte Geschichte ihres Vernutztwerdens als ihres Scheiterns gesehen.

Innovation, dieses Zauberwort der Erfolgsmenschen, bleibt davor blaß und versucht, das nie Endende, die Suche nach Authentizität, die Regina Bendix als Ausgangsfrage

---

33 Bernd Jürgen Warneken (Hg.): Der aufrechte Gang. Zur Symbolik einer Körperhaltung. Tübingen 1990.
34 Theodor W. Adorno: Resumé über Kulturindustrie. In: ders.: Ohne Leitbild. Parva Aesthetica. Frankfurt/M. 1967, S. 60-70.

unseres Fachs beschrieben hat[35], zu verschleiern. Reflexivität ist unser Los. Reflexiv darf auch heißen „inszeniert", wenn daran nichts Böses ist, nichts Illegitimes gesehen wird, sondern kulturelle Praxis, wie Gisela Welz[36] gezeigt hat. Etwa auch, wenn das Management-Training wie ein rite de passage[37] nicht nur abläuft, sondern auch gedeutet und beworben wird: als Herauslösen aus der Verantwortung, Entfernung aus der Gruppe, Aufenthalt im Camp bis zur Rückkehr als neuer Mensch.

Menschen müssen sich erst als Menschen selbst entdeckt haben. Das hat – in einer vielleicht prekären, aber unwiderruflichen Demokratisierung – die Moderne als Aufklärung den Menschen aufgetragen und ihnen damit die Herstellung ihrer eigenen Legitimität auferlegt. „Volkskultur" als Chiffre für Kreativität und Autonomie kann dabei eine Rolle spielen. Die Modernisierung der Gesellschaft, welche unser Fach als basso ostinato begleitet und dabei so oft beklagt, obwohl es ihr seine Geburt verdankt, hat auch Gewinne gebracht. Anders wären wir nicht in der Lage, so oder so zu räsonnieren, zu leiden, zu empfinden, und – unter anderem – diese Kulturwissenschaft zu betreiben und schon durch dieses Vergnügen privilegiert zu sein. Oder anders, mit Wilhelm Busch auf der „Kirmes": „Der blöde Konrad steht von fern / und hat die Sache doch recht gern."

---

35 Regina Bendix: In Search of Authenticity. The Formation of Folklore Studies. Wisconsin 1997.
36 Gisela Welz: Inszenierungen kultureller Vielfalt. Frankfurt/M., New York City (=zeithorizonte 5). Berlin 1996.
37 Andreas C. Bimmer: Vom Übergang zu Übergang – Ist Van Gennep noch zu retten? In: Österreichische Zeitschrift für Volkskunde 54:103/2000, S.15-36.

Brigitta Hauser-Schäublin

Von der Natur in der Kultur und der Kultur in der Natur
Eine kritische Reflexion dieses Begriffspaars

„,Kultur' ist ein vom Standpunkt des *Menschen* aus mit Sinn und Bedeutung bedachter endlicher Ausschnitt aus der sinnlosen Unendlichkeit des Weltgeschehens. Sie ist es für den Menschen auch dann, wenn er einer *konkreten* Kultur als Todfeind sich entgegenstellt und ‚Rückkehr zur Natur' verlangt." Was Max Weber, von dem dieses Zitat stammt[1], damit vor bald einmal einhundert Jahren angesprochen hat, ist die Tatsache, daß es sich bei ‚Kultur' um eine „Wertidee" handelt, oder um es moderner auszudrücken: eine kulturelle Konstruktion, die als solche eine gesellschaftsspezifische Bedeutung und Gültigkeit besitzt. Ähnliches gilt für den Begriff der ‚Natur'. Die Aussage, daß wir es bei ‚Natur' und ‚Kultur' mit willkürlich geschaffenen, beliebig veränderbaren Ausschnitten aus einem übergeordneten Ganzen – „der sinnlosen Unendlichkeit des Weltgeschehens" – zu tun haben, möchte ich als Ausgangspunkt für meinen Vortrag nehmen.

Der Begriff ‚Natur' ist mit verschiedenen Konzepten belegt, die zwar alle um die Kernbedeutung von „das ohne fremdes Zutun Gewordene, Gewachsene"[2] kreisen[3], jedoch dennoch auf verschiedene Sinnzusammenhänge verweisen:
- Natur als fundamentale Kraft, welche die Welt bewegt.
- Natur als die Summe der belebten/unbelebten Welt (also Webers „Weltgeschehen").
- Natur als physische Umwelt im Unterschied zur menschlichen Umwelt.
- Natur als Landschaft/Ländlichkeit im Unterschied zu Stadt/Verstädterung (‚wir fahren in die Natur hinaus').
- Wesen, Charakter, Art (‚die Natur einer Sache', ‚die Natur eines Menschen').

Eine ähnliche Vielfalt an Bedeutungen weist auch der Begriff ‚Kultur' auf, so wie er in der Alltagssprache verwendet wird. Ich gehe auf ihn nicht näher ein.

Im folgenden möchte ich den Themenkreis der Tagung „Das Natürliche in der Kultur" von unterschiedlichen Perspektiven aus angehen:
1. Wie entstand das ‚Dilemma' des Menschen zwischen Natur und Kultur?
   Hierbei handelt es sich um eine kulturgeschichtliche Rückblende, die schlaglichtartig aufzeigen soll, wie das Gegensatzpaar von Natur und Kultur entstanden und Teil unseres alltäglichen Denkens geworden ist.
2. Natur und Kultur als Begriffspaar für die kulturwissenschaftliche Analyse?
   Oder: ein Alltagsbegriff wird zum wissenschaftlichen Begriff.
3. Die Demaskierung: Natur und Kultur als Machtbegriffe.
4. Transformationsprozesse: Die kulturelle Appropriation der Natur.

---

1 Max Weber: Die ‚Objektivität' sozialwissenschaftlicher Erkenntnis. In: ders.: Soziologie, Weltgeschichtliche Analysen, Politik. Stuttgart (1904) 1968, S. 186-262; hier: S. 223.
2 Duden Etymologie. Herkunftswörterbuch der deutschen Sprache. Mannheim, Wien, Zürich 1963.
3 Vgl. Marilyn Strathern: After nature. English kinship in the late twentieth century. Cambridge 1992.

Brigitta Hauser-Schäublin

1. Wie entstand das Dilemma des Menschen zwischen Natur und Kultur?

Einen sozial- und geistesgeschichtlichen Meilenstein[4] (von dem sich bekanntlich eine mehr oder weniger direkte Linie zu Lévi-Strauss ziehen läßt) bildet zweifelsohne Jean-Jacque Rousseau (1712-1778) mit seinem „Discours sur l'origine et les fondements de l'inégalité parmi les hommes".[5] Rousseau hat sich darin mit Fragen der Entstehung und Beschaffenheit von Ungleichheit zwischen den Menschen befaßt, wobei dieses Werk als „radikale Kritik der französischen Hofkultur" des 18. Jahrhunderts[6] zu verstehen ist. Nach Rousseau ist zwischen zwei Arten von Ungleichheit zu unterscheiden: „[...] die eine, die ich natürlich oder physisch nenne, weil sie durch die Natur begründet wird, und die im Unterschied der Lebensalter, der Gesundheit, der Kräfte des Körpers und der Eigenschaften des Geistes oder der Seele besteht; und die andere, die man moralische oder politische Ungleichheit nennen kann, weil sie von einer Art Konvention abhängt und durch die Zustimmung der Menschen gegründet oder zumindest autorisiert wird. Die letztere besteht in den unterschiedlichen Privilegien, die einige zum Nachteil der anderen genießen – wie reicher, geehrter, mächtiger als sie zu sein oder sich sogar Gehorsam bei ihnen zu verschaffen."[7]

Die natürliche Ungleichheit steht für Rousseau am Anfang der Menschheitsgeschichte, d.h. existierte im „natürliche(n) Zustand des Menschen," wie dieser „aus den Händen der Natur hat hervorgehen müssen".[8] Diese Menschen befanden sich in einem tierähnlichen Zustand – Rousseau nennt sie ‚Wilde' – sie waren noch keine sozialen Wesen, besaßen noch keine Sprache, sondern nur „den Schrei der Natur",[9] schweiften herum und lebten im Zustand der Promiskuität. Die sogenannten natürlichen Ungleichheiten waren in jenem Urzustand die einzigen, die existierten; sie waren aber, so Rousseau, kaum fühlbar.[10]

Die soziale Ungleichheit entstand in jenem Augenblick, als „der erste, der ein Stück Land eingezäunt hatte und es sich einfallen ließ zu sagen: dies ist mein, und der Leute fand, die einfältig genug waren, ihm zu glauben [...]!"[11] Dies war der Anfang eines Weges, der von der „société sauvage" weg zu einer „société civile" (einer politisch-verfaßten Gesellschaft, der Entwicklung einer souveränen Gewalt mit sie begründenden Gesetzen) führte.

Damit wechselte der wilde Mensch, den Rousseau mit einem Kind verglich, in den zivilisierten Mensch, der sich durch den „esprit humain" (im Unterschied zu dem von Bedürfnissen geleiteten Wesen des Naturzustandes) auszeichnete. Dieser menschliche Geist, das Denk- und Vorstellungsvermögen wurde sozusagen zum Kennzeichen des

---

4 An dieser Stelle kann kein vollständiger historischer Rückblick über Entstehung und Entwicklung des Begriffspaars von Natur und Kultur gegeben werden. Ich werde deshalb zwei, wie ich meine, geistesgeschichtliche Meilensteine herausgreifen, die ich jedoch nicht in historisch-chronologischer Abfolge vorstelle.
5 Jean-Jacques Rousseau: Diskurs über die Ungleichheit / Discours sur l'inégalité [1755]. Paderborn 1984.
6 Kurt Weigand: Einleitung: Rousseaus negative Historik. In: J.-J. Rousseau: Schriften zur Kulturkritik. Hamburg 1995, S. VII-LXXXVII; hier: S. VII.
7 Rousseau: Diskurs über die Ungleichheit (wie Anm. 5), S. 67.
8 Ebd. S. 78.
9 Ebd. S. 123.
10 Ebd. S. 167.
11 Ebd. S. 173.

Kulturzustandes des Menschen.[12] Der Mensch wurde damit auch zu einem sozialen Wesen.

Für Rousseau war die Natur so etwas wie eine große, fast göttliche Mutter, die den unschuldig-wilden Menschen in seinen Anfängen wie eine Mutter nährte. Gleichzeitig unterlagen die Menschen den fast spartanisch harten Gesetzen der Natur, die auf alle (Menschen und Tiere) gleichermaßen Anwendung fanden (z.B. das Prinzip der Selektion). Der Mensch in seinem zivilisierten Zustand dagegen ist, bei aller Verfeinerung seines Verstandes und seiner Lebensart, die ihn auszeichnen, letztlich ein aus dem Paradies Vertriebener.

Eine ähnliche Dichotomie, die jedoch weniger auf die Gegenüberstellung des Menschen im Naturzustand mit dem Menschen der politisch-verfaßten Gesellschaft bezogen war, sondern auf das Individuum, hat Descartes (1596-1650) rund 150 Jahre vor Rousseau vorgelegt: die Opposition zwischen Geist und Körper. Der Körper ist für ihn ‚Natur', die sich genau gleich auch im Körper eines Tieres manifestiert. Die Natur des *Menschen*, die ihn vom Tier unterscheidet, ist jedoch sein Denken.[13] Descartes stellt bekanntlich den Geist über den Körper; er kreiert damit ein hierarchisches Verhältnis zwischen beiden. Tiere sind für Descartes „vernunftlos." Deren Körper funktionieren, so weist Descartes mit seiner auch heute noch fast brutal anmutenden Beschreibung einer Sektion nach, genau gleich wie die des Menschen. „Wenn es Maschinen mit den Organen und der Gestalt eines Affen oder eines anderen vernunftlosen Tieres gäbe, so hätten wir gar kein Mittel, das uns nur den geringsten Unterschied erkennen ließe zwischen dem Mechanismus dieser Maschinen und dem Lebensprinzip dieser Tiere; gäbe es dagegen Maschinen, die unseren Leibern ähnelten und unsere Handlungen insoweit nachahmten, wie dies für Maschinen wahrscheinlich möglich ist, so hätten wir immer zwei ganz sichere Mittel zu der Erkenntnis, daß sie deswegen keineswegs wahre Menschen sind".[14] Denn was ihnen fehlte, ist die Sprache und vor allem die Vernunft.

Im Zentrum steht die These von der Gegensätzlichkeit bzw. der Trennbarkeit von Körper (=Natur) und Geist: „daß wir einen Körper stets als teilbar, einen Geist [die Seele des Menschen] dagegen stets als unteilbar auffassen [...]. Wir erkennen also Körper und Geist dem Wesen nach nicht nur als verschieden an, sondern sogar in gewissem Sinne als einander entgegengesetzt",[15] oder wie er an anderer Stelle[16] sagt: „daß die denkende Natur von der körperlichen verschieden ist." In diesem Fall ist also die tierhafte Natur dem menschlichen Geist – die Vernunft als menschliche Natur – gegenübergestellt, nicht, wie etwa bei Rousseau diachronisch – eine Abfolge und Entwicklung von Zuständen der Menschheit, sondern synchronisch, d.h. im Individuum vereint. In beidem, sowohl im Geist als auch im Körper, erkennt Descartes jedoch eine göttliche Schöpfung wieder: „Als Gott bezeichne ich eine unendliche, unabhängige, allweise, allmächtige Substanz, von der ich selbst und alles, was etwa noch außer mir existiert, geschaffen worden ist."[17]

---

12 Der Begriff der Kultur existierte zur Zeit Rousseaus noch nicht; *culture* verwendet er ausschließlich im Sinne von 'Bildung'; er spricht stattdessen von *état civil*.
13 René Descartes: Discours de la méthode [1637]. Hamburg 1997, S. 54f.
14 Ebd. S. 91-93.
15 Descartes, René: Meditationes de Prima Philosophia./Meditationen über die erste Philosophie [1641]. Stuttgart 1986, S. 55.
16 Descartes: Discours de la méthode (wie Anm. 13), S. 59.
17 Descartes Meditationes de Prima Philosophia/Meditationen über die erste Philosophie (wie Anm. 15), S. 21.

Wie diese beiden Beispiele zeigen, ist die Gegenüberstellung von Natur und Kultur[18] – wenn ich die Oppositionspaare von Descartes und Rousseau auf diesen gemeinsamen Nenner bringen darf – in der Geistesgeschichte unserer Gesellschaft tief verwurzelt.[19]

2. Natur und Kultur als kulturwissenschaftliches Begriffspaar

In der Ethnologie taucht es erstmals im 19. Jahrhundert auf. Und zwar werden nun ‚Natur' und ‚Kultur' dazu verwendet, durch attributive Hinzufügung Gleiches ungleich zu machen: die Aufteilung von Völkern in Naturvölker und Kulturvölker. Der Begriff der Naturvölker wurde zuerst von dem Anthropogeographen Friedrich Ratzel in seiner „Völkerkunde"[20] im Gegensatz zu den „Kulturvölkern" verwendet; erstere würden „mehr unter dem Zwange der Natur oder in der Abhängigkeit von der Natur stehen als die Kulturvölker."[21] An anderer Stelle charakterisiert er den Unterschied prägnanter: „Naturvölker sind kulturarme Völker." [22] Diese Begriffe sind – ganz im Zeichen des historischen Evolutionismus – hierarchisch geordnet, sowohl was ihre Entstehung (im Sinne Rousseaus) betrifft als auch in synchronischer Hinsicht: Europäische Zivilisation als höchste Entwicklungsstufe gegenüber den archaischen Primitiven in den Kolonien.

Die hierarchische Gliederung verschiedener Ethnien und Völker und die entsprechende Bewertung mit „höher" und „tiefer" bzw. „zivilisierter"/„primitiver" durchzieht den ganzen Evolutionismus. Auch in Kulturdefinitionen, die Kroeber und Kluckhohn zusammengetragen haben, taucht – explizit oder implizit – der Gegensatz zwischen Kultur und Natur immer wieder auf bzw. Kultur ist das Künstliche im Unterschied zum Natürlichen bzw. Naturbelassenen; gelegentlich wird Kultur als „menschliche Natur" beschrieben.[23] Mit dieser quasi-menschlichen Eigenschaft wird die Zweiteilung der anthropo-/zoologischen Welt – hier Mensch, dort Tier – vorgenommen und begründet.

Ausgehend von Strukturtheorien in der Linguistik und vom Axiom, daß menschliches Denken (sozusagen als Schnittstelle zwischen der natürlichen und der kultürlichen Seite des Menschen), generell binär aufgebaut ist, hat bekanntlich Lévi-Strauss seine Theorie der strukturalen Anthropologie entwickelt. Natur und Kultur bildeten dabei für ihn zentrale und universelle Denkkategorien – binäre Oppositionen –, die sich im „wilden Denken" der Menschen generell manifestieren. Sie sind von fundamentaler Kraft insofern, als sie sozusagen als Grundmuster für die Klassifizierung einer Vielfalt von Phänomenen dienen. Eine wichtige Rolle spielen dabei weitere binäre Oppositionen wie Mann und Frau, Tag und Nacht, Hell und Dunkel, Gekocht und Roh, Rechts und Links etc. Diese Oppositionen werden denen von Kultur und Natur insofern zu- bzw.

---

18 Zur Zeit von Descartes ist der Begriff der Kultur noch nicht gebräuchlich.
19 Selbstverständlich wäre es nun noch notwendig, hier die weiteren geistesgeschichtlichen Verbindungen zwischen beiden Philosophen und die Übernahme bzw. Weiterentwicklung dieses Begriffspaars bis in dieses Jahrhundert aufzuzeigen. Darauf muß ich aus Zeitgründen verzichten.
20 Friedrich Ratzel: Völkerkunde. Leipzig 1887-1888.
21 Ebd. S. 5.
22 Ebd. S. 10.
23 A. L. Kroeber, Clyde Kluckhohn: Culture. A critical review of concepts and definitions. Papers of the Peabody Museum of American Archaeology and Ethnology, Harvard University, vol. 47,1. Cambridge 1952, S. 185.

untergeordnet, indem sie Reihen bilden, also etwa Natur : Kultur / Frau : Mann / links : rechts, etc. Seine – faszinierende! – Theorie der binären Oppositionen, wie er sie vor allem in seinen Totemismus- und Mythenanalysen vorgeführt hat, hatte weitreichende Wirkungen.

Auch in der Frauenforschung wurde die vermeintlich universelle Opposition von Natur zu Kultur / Frau zu Mann aufgegriffen. Der Aufsatz von Sherry Ortner: „Is female to male as is nature to culture?"[24] bildete dabei den Höhepunkt der Diskussion. In diesem Aufsatz versuchte sie zu zeigen, daß aufgrund ihrer körperlichen Besonderheiten – Menstruation, Schwangerschaft, Gebären und Stillen – Frauen der Natur tatsächlich näher seien; sie würden deshalb in allen Gesellschaften dem häuslichen Bereich zugeordnet. Männer dagegen verkörperten die Kultur und bewegten sich deshalb aufgrund ihrer größeren körperlichen Freiheit im außerhäuslichen Bereich.

Es dauerte immerhin sechs Jahre, bis die notwendige Korrektur erfolgte. In ihrem Buch „Nature, Culture, and Gender"[25] haben MacCormack und Strathern die binären Oppositionen von Natur und Kultur im Sinne von Lévi-Strauss grundsätzlich in Frage gestellt. Zwar haben beide nicht bezweifelt, daß begriffliche Paarbildungen in allen Gesellschaften in der einen oder anderen Form existieren. Gegen (in unserem Zusammenhang wichtige) Grundannahmen bzw. -aussagen von Lévi-Strauss hat McCormack[26] jedoch folgende überzeugende Argumente vorgebracht:
- bei dem, was L.-S. als binäre Oppositionen, also Gegensatzpaare mit hierarchischem Unterton, darstelle, handele es sich in vielen Gesellschaften nicht um (einander sich gegenseitig ausschließende) Gegensätze, sondern um Unterschiede oder Verschiedenheiten eines im Prinzip Gemeinsamen, Gleichen (im Sinn von *same but different*').
- Konzepte und Begriffe von ‚Natur' und ‚Kultur' fehlen in den meisten Gesellschaften.
- Es sei falsch, dem Oppositionspaar von Natur und Kultur generell weitere Oppositionen unterzuordnen, um damit ganze Reihen bilden zu können. In einer Kultur könnte eine Anzahl von Begriffspaaren bestehen, die unabhängig voneinander seien und nicht direkt miteinander in ein Verhältnis gesetzt werden könnte.

Gerade zum letzten Punkt konnte Strathern[27] aufzeigen, daß bei den Hagen-Leuten in Papua-Neuguinea die Kategorisierung von Unterschieden („Oppositionen") etwa von ‚häuslich' bzw. ‚domestiziert' (*domestic*) und ‚wild' (*wild*) zwar existiert, die Zuordnung von Elementen dazu jedoch unserem Verständnis von ‚häuslich' und ‚wild' zuwider laufen. So werden beispielsweise manche Zuchtpflanzen auf beide Kategorien verteilt, während andere überhaupt nicht, weder dem einen noch dem anderen, zugeordnet würden. Zudem werde mit ‚häuslich' und ‚wild' kein hierarchisches Verhältnis ausgedrückt.

Gleichzeitig fehle auch die Vorstellung von ‚der menschlichen Natur' oder gar von einem wilden ‚tierähnlichen Naturzustand', in dem sich die Menschen einmal befunden hätten. MacCormack and Strathern konnten damit überzeugend nachweisen, daß ‚Natur'

---

24 Sherry Ortner: Is female to male as is nature to culture? In: M. Z. Rosaldo, L. Lamphere (Hg.): Women, culture and society. Stanford 1974, S. 67-88.
25 Carol McCormack, Marilyn Strathern (Hg.): Nature, culture and gender. Cambridge 1980.
26 Carol MacCormack: Nature, culture, gender: a critique. In: MacCormack, Strathern (wie Anm. 25), S. 1-24.
27 Marilyn Strathern: No nature, no culture: the Hagen case. In: MacCormack, Strathern (wie Anm. 25), S. 174-222.

und ‚Kultur' keine Universalien und begriffliche Paarbildungen nicht zwingend Oppositionen sind, die den Ausgangspunkt für ein allgemeines und allgemein gültiges Klassifizierungsmuster (Struktur) bilden.

Damit gelange ich zu meinem dritten Punkt:

3. Die Demaskierung: Natur und Kultur als Machtbegriffe

Das bisher Ausgeführte zusammenfassend, können wir festhalten – und das dürfte eigentlich schon aus dem Max Weber-Zitat klar geworden sein –, Kultur und Natur sind Wertbegriffe, die für unsere Gesellschaft typisch und, wie ich bereits gezeigt habe, in ihr entstanden sind: sie haben damit ihre spezifische kulturelle und historische Einbettung und müssen deshalb auch in ihrer Wandelbarkeit betrachtet werden. So hat beispielsweise der Begriff ‚Natur' im Verlauf der vergangenen 200 Jahre eine grundlegende Veränderung erfahren, etwa dadurch, daß die Evolutionslehre die biblischen Idee der göttlichen Schöpfung des Menschen absetzte, indem nun nicht mehr Gott den Mann aus Erde und die Frau aus der Rippe des Mannes geschaffen hatte, sondern – lassen sie es mich salopp formulieren – der Mensch plötzlich vom Affen abstammte,[28] also ein Produkt der Natur sein sollte. Yanagisako und Delaney[29] sprechen in diesem Zusammenhang von einem Einsturz des biblischen Weltbildes. Die Natur, so stellte sich in der Folge heraus, wird nicht von Gott, sondern von Gesetzen regiert. Damit fielen die Qualitäten, die bei Rousseau wie auch bei Descartes vorhanden waren, weg: Die Göttlichkeit der Natur. Gleichzeitig traten neue Herrscher über die Natur in Aktion: ‚Natur'-Wissenschaftler als Schöpfer der Natur-Gesetze.

Was bedeutet dies nun für die Verwendung von ‚Natur' und ‚Kultur' als vermeintlich wissenschaftlich-analytischen Begriffen?

Lassen sie mich noch einen Schritt weiter gehen und folgende Hypothese formulieren: Die Begriffe von Natur und Kultur, wie sie in unserer Gesellschaft als Gegensatzpaare verwendet werden, gehören zu den wichtigsten und mächtigsten Kategorien politischen Denkens und Handelns – und als solche sollten sie von den Kulturwissenschaften betrachtet werden! ‚Natur' wird in der Regel dann ins Feld geführt, wenn es darum geht, soziale Unveränderlichkeiten zu begründen; aus diesem Grund werden sie in einer Natur verankert. Mit ‚Kultur' wird dann argumentiert, wenn Veränderlichkeit, Modifizierbarkeit betont werden soll. Das Gegensatzpaar dient dazu, Ungleichheiten zu schaffen und zu legitimieren.

Was bedeutet dies konkret für die kulturwissenschaftliche Hinterfragung des Begriffspaares?

Die Begriffe von Natur und Kultur und ihre Verwendung im gesellschaftlichen Kontext müßten auf folgende Fragen überprüft werden:

---

28 Marshall Sahlins hat einmal zur Evolutionstheorie bemerkt: „So far, as I know, we are the only people who think themselves risen from savages; everyone else believes they descended from gods." Marshall Sahlins: Culture and practical reason. Chicago 1976, S. 53.
29 Sylvia Yanagisako, C. Delaney (Hg.): Naturalizing Power. Essays in feminist cultural analysis. London 1995, S. 4.

Was bzw. wer wird der einen und was der anderen Kategorie zugeordnet, und was sind die jeweiligen Begründungen dafür?

Dies gilt beispielsweise auch für die ‚wissenschaftliche' Unterteilung in ‚Naturvölker' und ‚Kulturvölker', entstanden in der Zeit des Kolonialismus. Der Begriff der Kulturvölker – mit Europa an der Spitze – legitimierte *wissenschaftlich* die Vorherrschaft der Kulturvölker über die Naturvölker in den Kolonien. Auch der Rassenbegriff gehört hierher: Rasse verankert soziale oder kulturelle Ungleichheit in der Natur und klassifiziert so Menschen auf eindeutige und unverrückbare Weise. Auf die Auswirkungen einer Klassifikation von Menschen in Rassen innerhalb einer Gesellschaft muß ich wohl nicht im einzelnen hinweisen.

Ein weiteres Beispiel wäre etwa die Definition von Gruppenzugehörigkeit über eine ‚gemeinsame' Natur: das gemeinsame Blut als Voraussetzung und ausschlaggebendes Kriterium für gemeinsame Staatszugehörigkeit (Staatsbürgerschaft) und umgekehrt den Ausschluß derjenigen, die dieses kultürlich *nicht* erwerbbare Charakteristikum nicht besitzen!

Kein sozialer Ausschlußmechanismus wirkt so radikal wie gerade dieser!

Ein drittes Beispiel ist die Klassifizierung von Menschen aufgrund ihres als natürlich definierten Geschlechtes in unverrückbare Kategorien und die Stigmatisierung derjenigen, die nicht in diese Kategorien passen.

Zusammengefaßt kann man sagen, daß das Kriterium der ‚Natur' auch die sozialen Kategorien von Kasten, Rassen und Geschlecht miteinander verbindet und in vielen Gesellschaften dazu dient, soziale Ungleichheit unveränderbar zu machen.

Die nächste Frage ergibt sich mehr oder weniger aus dem vorangegangenen Punkt:

- Wem verhilft die Klassifizierung zu Macht und Herrschaft bzw.: Wer wird dadurch in Ohnmacht und Unterwerfung gehalten? D.h. in wessen Dienst oder Interesse steht diese Aufteilung?
- Eine weitere Frage ist die nach den Besitzern der Definitionsmacht: Wer (oder welche Gruppe) definiert und legt die Kriterien fest, die über die Zuordnung von Menschen oder Eigenschaften von Menschen zu einer als ‚natürlich' deklarierten Kategorie entscheiden?
- Handelt es sich bei diesen Kategorien um statische, in jedem Fall unveränderbare Gebilde, oder gibt es Prozesse der Transformierung, d.h. der aktiven Veränderung?

Diese letzte Frage klingt vielleicht schwer verständlich; deshalb möchte ich kurz ein erläuterndes Beispiel anfügen: bei den bereits erwähnten Hagen-Leuten in Papua-Neuguinea, die ja die Konzepte von *domestic* und *wild* besitzen, ist keine Transformation von einem Zustand in den anderen möglich; entweder gehören Dinge der einen oder anderen Kategorie an; Domestizieren oder Naturalisieren als Prozesse der Transformation von einer Kategorie in die andere bestehen, so Strathern,[30] nicht.

Kennzeichen der Kategorien Natur und Kultur in unserer Gesellschaft – und davon gingen schon Rousseau und der historische Evolutionismus aus – ist jedoch nicht ihre prinzipielle Statik, die bloße Aufteilung in fixe Kategorien. Hervorstechendes Merkmal – auf dem Hintergrund eines Kulturvergleichs – ist die Idee von Prozessen der Transformation, mittels derer es teilweise möglich ist, das eine in das andere zu verwandeln.

Der Prozeß der ‚Naturalisierung' bedeutet, dass jemand beispielsweise eine Staatsbürgerschaft erwerben kann, die ihm eigentlich nur aufgrund seiner Geburt offenstünde.

---

30 M. Strathern: No nature, no culture (wie Anm. 27).

Prozesse der Transformation werden von jenen kontrolliert bzw. vorgenommen, die – wie ich dies vorher genannt habe – die Definitionsmacht darüber besitzen, was Natur bzw. Kultur ist: sie sind *gate keepers*. Ich möchte im letzten Teil meines Vortrages der Frage nach solchen Transformationsprozessen jenseits des Staates kurz nachgehen.

4. Transformationsprozesse: Die kulturelle Appropriation der Natur

Wie bisher deutlich geworden sein dürfte, haben sich die Bedeutungsinhalte dieser für unsere Gesellschaft zentralen Begriffe – vor allem jener der Natur –im Verlauf der Zeit gewandelt. Dieser Wandel hängt im wesentlichen mit der Entstehung und Entwicklung *natur*wissenschaftlicher Kenntnis zusammen. Dies bedeutet, um meinen bisherigen Gedankengang weiterzuführen: Natur als von Kultur ehemals distinkter Bereich erfährt eine Transformation, die ich Kulturalisierung der Natur nennen möchte. Das heißt: Kulturelle Prozesse – und solche stellen naturwissenschaftliche Forschungen wohl dar –, verändern das, was bis in jüngste Zeit als Bereich der Natur verstanden wurde; es sind kulturelle – wissenschaftlich legitimierte – Eingriffe in die Natur, was ich als Appropriation bezeichnen möchte. Anders und prägnanter formuliert: ‚Kultur' dringt in ‚Natur' ein. Diese Kulturalisierung der Natur hat ihrerseits fast unbemerkt zu Bedeutungsveränderungen geführt, die ich hier nur stichwortartig aufzählen möchte:

- Die fundamentale Kraft, die der Welt zugrunde liegt und mit ihr die Summe der belebten und unbelebten Welt, ist *Forschungsobjekt* einer wissenschaftlichen Elite geworden, auf das der Entdeckersturm angesetzt hat und dabei je länger je mehr Regeln und Gesetzmäßigkeiten zutage fördert. Diese Elite ist der Beherrscher der Definitionsmacht über Natur.
- Die Natur gilt das Resultat einer systematischen, den oben genannten Gesetzen gehorchenden, graduellen Entwicklung, deren Richtung laufend – von Menschen! – neu definiert wird. Natur ist zur Biologie geworden.
- Die landschaftsmäßige Natur wird zu einer globalen „Umwelt" und zu „Ressourcen" des anthropozentrisch denkenden Menschen.[31]
- Der Schlüssel zur Natur des Menschen, der Tiere und der Pflanzen liegt in Mikroteilchen, d.h. in Genen.

Der Kontext, in welchem diese Art der Beschäftigung mit Natur und Naturen geschieht, ist nicht Religion und auch nicht Wissen um des Wissens willen. Es ist ein globaler ökonomischer Kontext, regiert – frei nach Adam Smith – von der unsichtbaren Hand des Marktes.

Je größer naturwissenschaftliches Wissen und *know-how* sind, desto mehr wächst die Definitionsmacht derjenigen, welche die Wissenschaften bzw. deren Resultate kontrollieren und bestimmen, was – und wie etwas – natürlich ist und was nicht. Definitionsmacht und Kontrolle über Natur, und das habe ich zuvor gezeigt, aber hängen auch mit Macht über Menschen, d.h. mit sozialer Macht zusammen. Haraway dazu: „Science is about knowledge and power."[32]

---

31 Vgl. Philippe Descola, Gisli Palsson (Hg..): Nature and society. Anthropological perspectives. London, New York 1996, S. 13.
32 Donna Haraway: Simians, Cyborgs and women. The reinvention of nature. New York 1991, S. 43.

Lassen Sie mich ein aktuelles Beispiel für Argumentationen geben, die sich der Kategorien Natur und Kultur bedienen:

Für die Legitimation der Anwendung etwa von Reproduktionstechnologien, also die kulturell beherrschte und instrumentalisierte Natur, werden der „natürliche Kinderwunsch" und das „natürliche Recht auf ein eigenes Kind" angeführt. Das bedeutet nichts anderes, als daß für den sozialen Umgang mit z.T. hochkomplizierten Technologien auf Natur rekurriert wird, um sie nicht nur zu rechtfertigen, sondern sie auch zur Anwendung zu bringen – durch eine kulturelle Manipulation von Natur.

Die Erforschung und Eroberung ‚der Natur' hat auch ‚Mängel' der Natur zutage gefördert, die ein Nachbessern wünschenswert machen oder gar verlangen. Dazu gehören die erwähnten Reproduktionstechnologien, aber auch Medikamente wie Viagra, die der männlichen Natur (dem ‚natürlichen Triebleben') auf die Sprünge helfen sollen. Die Idee der Mängel oder gar Fehler in der Natur haben auch zur Neuentwerfung und Umarbeitung der Natur (*redesigning nature*[33]) auf der molekularen Ebene geführt, etwa genetisch veränderte Pflanzen, Tiere – und als weiterer Schritt: Menschen.

Umgekehrt hat das Postulat von der Rückkehr zur Natur, das schon Weber angeführt hat, gerade heute Hochkonjunktur: Unverfälschte Natürlichkeit und Naturbelassenheit werden hochstilisiert, fast mit Religionscharakter belegt. Das ‚natürliche Aussehen', die ‚natürliche Geburt' sind ‚Naturen', die durch Kultur als Wertvorstellung hervorgebracht wurden. Dazu gehören auch Phänomene im Zusammenhang mit der Konsumtion[34], beispielsweise die Naturkostwelle, biodynamisch und wie diese *labels* alle heißen mögen. Wie heiß um diese Wertbegriffe gestritten wird, zeigt die Tatsache, daß etwa vollsynthetische Aromastoffe als „natur-identisch" bezeichnet werden dürfen. Die Konsumtion von Natur und Natürlichem als höchstem Zivilisationsgut!

Einen vierten und letzten Entwicklungszweig möchte ich als ‚Modularisierung' bezeichnen, die Modularisierung von Natur. Damit ist die Austausch- und Ersetzbarkeit von Teilen von Menschen, Tieren und Pflanzen gemeint, nicht nur etwa auf der Mikroebene der Gene und einzelner Zellen, sondern auch auf der Ebene der Körperteile. Dieser Prozeß der Kulturalisierung der Natur wird am deutlichsten im Zusammenhang mit Organtransplantationen, vor allem im Zusammenhang mit Xenotransplantationen, Schweineherzen oder Schweineblut für menschliche ‚Empfänger'. Gerade das Beispiel, die Modulisierung von Organen, die Idee der tierischen Organspender, enthüllt letztlich die vollständige Appropriation der Natur durch die Kultur: die einstigen Grenzen zwischen Kultur und Natur sind damit in der *Praxis*, nicht aber in der Ideologie bereits niedergerissen!

Von all diesen naturwissenschaftlichen und technologischen Entwicklungen wird das Bild des Menschen generell, aber auch sein Körperbild,[35] die Bedeutung des Körpers sowie das subjektive Empfinden betroffen und verändert. Der Leib wird, nicht zuletzt durch die Techniken, die Unsichtbares sichtbar machen,[36] Körper im Sinne eines objektivierten Körpers. Das bedeutet schließlich: durch die kulturelle Kontrolle über

---

33 Vgl. Arturo Escobar: After nature. Steps to an antiessentialist political economy. In: *Current Anthropology* 40:1/1999, S. 1-16; hier: S. 11.
34 M. Strathern: After nature (wie Anm. 3), S. 173.
35 Vgl. Sybille Obrecht: Fremdkörper. Die Darstellung der ersten Herztransplantation in der schweizerischen Boulevardpresse und den Illustrierten: Vermittlung von Inhalten und Bedeutungen. Lizentiatsarbeit an der Philosophisch-Historischen Fakultät der Universität Basel 1996 (unveröffentlichtes Manuskript).
36 Barbara Duden: Der Frauenleib als öffentlicher Ort. Hamburg, Zürich 1991. M. Strathern: After nature (wie Anm. 3).

die und die Veränderung der ‚Natur' wird letztlich Kultur verändert, oder vielmehr: Natur und Kultur fallen zusammen, weil Natur von Kultur in diesem Sinn kein getrennter Bereich mehr ist, sondern das eine vom anderen appropriiert wurde, weil die Natur unter dem Gewicht der neuen Technologie verschwindet[37].

Und nun stehen wir, vielleicht ein wenig benommen, vor der Frage unserer Tagung: Wo also ist das Natürliche in der Kultur?

---

37 A. Escobar: After nature (wie Anm. 33), S. 4.

Andreas Hartmann

Biologie der Kultur

In meinem Beitrag[1] will ich auf eine Suche gehen, die mich ins Grundsätzliche führt, in den Untergrund der Kultur: Das Kongreßthema fordert dazu heraus. Die anthropologischen Basiskategorien Natur und Kultur drängen nämlich darauf, daß wir fragen: Wer sind wir, wie entwerfen, ordnen und bearbeiten wir unsere Welten? Welche Zwänge sind uns auferlegt, welche Gestaltungsräume und Mittel sind uns gegeben? Unser in seinen Selbstbezeichnungen, Gegenständen und Binnenausrichtungen stark auseinanderklaffendes Fach wird letztlich durch Fragen dieser Art zusammengehalten, besteht seine übergreifende Aufgabe doch darin, den Menschen im Spektrum seiner traditions- und kulturgebundenen Lebensvollzüge zu studieren. Und dieses Studium erfordert ein Nachdenken über die Fundamente, die Basiskräfte des kulturellen Verfaßtseins. Da die Verfassungen des Menschen in ausnahmslos allen Facetten des täglichen Lebens, oft zwar versteckt, immer jedoch unhintergehbar und elementar aufgehoben sind, richtet sich die volkskundliche Wißbegier konsequenterweise auf die Gesamtheit, auf sämtliche sozialen und historischen Modifikationen, sämtliche Fächerungen des Alltags: Die Liste der schier endlos stückelbaren Alltagssegmente ist lang, und sie wird mit fast jeder Examensarbeit länger. Um dabei nicht ins bloß Episodische abzugleiten, bedarf unsere Wissenschaft der ständigen Rückbindung ihrer Erträge an die Frage nach dem Bedingungsgefüge, in das der Mensch hineingestellt ist und mit dem er operiert, kurz: an die Frage nach der *Conditio humana*. Sie bildet den unaufkündbaren Bezugspunkt unserer Disziplin, ihr wesentliches Erkenntniszentrum, denn was sollte Volkskunde, immerhin eine Wissenschaft vom Menschen – vom Menschen, wie er leibt und lebt –, ohne diesen Bezugspunkt überhaupt in Erfahrung bringen wollen?

Unser Fach teilt dieses Erkenntniszentrum mit einer ganzen Reihe weiterer Disziplinen. Dadurch eröffnet sich die Möglichkeit zur kulturwissenschaftlichen Beteiligung an fächerüberschreitender humanwissenschaftlicher Grundlagenforschung, etwa zu den Problemen der Kategorienbildung, der Kooperation, der Territorialität, der Partnerwahl oder der Fremdenfeindlichkeit. Außerdem gestattet dies einen Wissenstransfer, der fachfremde Erklärungsansätze und Forschungsergebnisse für die Klärung fachinterner Fragen verfügbar macht, etwa im Rahmen der Brauch-, Symbol-, Regional-, Familien- oder interkulturellen Forschung. Die Disziplinen, deren Einsichten unsere Arbeit und unsere Modellbildungen inspirieren, gehören weitgehend zum Kreis der sogenannten Sozial-, Kultur- oder Geisteswissenschaften. Daneben existieren nun aber auch noch andere Wissenschaften, die sich ebenfalls dem Studium des Menschen widmen und gewichtige Beiträge zur Erforschung der Conditio humana leisten. Sie gehören zum großen Kreis der Naturwissenschaften, der sogenannten exakten und nomothetischen,

---

[1] In Halle fand mein Vortrag ein geteiltes Echo: Zustimmung, aber auch Kritik bis hin zu wütender Anfeindung. Indem ich das Manuskript (ergänzt durch eine Literaturauswahl, die vor allem nicht-volkskundliche Titel berücksichtigt) hier im unveränderten Wortlaut zum Druck bringe, möchte ich meine Zuversicht auf konstruktive Dialogbereitschaft auch seitens der Anhänger der hier kritisierten Dogmen bekunden. Meine eigentliche Hoffnung, die ich mit dem Abdruck verbinde, richtet sich jedoch auf die von den ideologischen Befrachtungen der Vergangenheit unabhängigen Geister im Fach.

d.h. auf die Auffindung und Aufstellung von Gesetzen zielenden Wissenschaften. Innerhalb dieses Kreises stellen sie die Gruppe der Biowissenschaften, der Wissenschaften vom Leben. Mit dem Menschen befassen sich hier z.B. die Verhaltensforschung, die Evolutions- und Soziobiologie, die Neuro- und Molekularbiologie sowie die Human- und Populationsgenetik.

Meines Wissens unterhält die Volkskunde mit diesen letztgenannten Fächern so gut wie keine Beziehungen, nicht einmal diplomatische. Vielmehr scheint eine fast schon gespenstische Einhelligkeit darüber zu bestehen, daß wir für die Bearbeitung sämtlicher unserer Problemstellungen auf humanbiologische Erkenntnisse verzichten können, ja sogar zu verzichten haben, daß sie im Forschungsfeld Kultur unwichtig, ungültig, schädlich oder falsch sind. Worüber beschwichtigen wir uns, was wehren wir ab, was gewinnen wir, wenn wir jegliches Argument aus dem kulturwissenschaftlichen Diskurs ausschließen, das auf die bioevolutionär gegebenen Dispositionen oder die natürliche Ungleichheit der Menschen anspielt? Ich hoffe, niemand unter Ihnen wird sich über das Aussprechen des Sachverhaltes empören, daß wir alle der gleichen, zu den Primaten zählenden und mit artspezifischer Ausstattung versehenen Säugetierart angehören, die mit dem gesamten vergangenen und gegenwärtigen Leben abstammungsverwandt ist, und daß wir alle, die eineiigen Mehrlinge ausgenommen, ein unterschiedliches Erbgut tragen. Was aber ist dann das Ungeheuerliche am Aussprechen der Erwägung, die Implikationen dieser biogenetischen Tatsachen könnten unser Dasein als Kulturwesen durchwalten?

Dreierlei Antworten möchte ich vorschlagen: Erstens bedroht diese Erwägung die tief wurzelnde kulturanthropologische Doktrin, wir Menschen würden in der Art einer Tabula rasa in unsere von Haus aus kulturell gestaltete Welt hineingeboren, weshalb restlos alles, was uns ausmacht und voneinander unterscheidet, dem Zuschnitt der Kultur und unseren sozialen Chancen in der Kultur geschuldet sei. Durch keinerlei empirischen Beweis gesichert, nährt sich die Tabula-rasa-Doktrin unter anderem von der überspannten Befreiungsphantasie einer aufgeklärten Vernunft, die meint, mit der anderen, besseren Gesellschaft auch den anderen, den guten und von allen archaischen Konflikten befreiten Menschen hervorbringen zu können. Dieser Doktrin wohnt nach wie vor die Weltauffassung der frühneuzeitlichen Naturgeschichte inne, welche die große Kette der Wesen als eine erschaffene und noch nicht als eine evoluierte Ordnung konstruierte, als eine lückenlose Ordnung, in der jedes Individuum, jede Art eine vorgegebene Systemfunktion erfüllt. Hier besetzt der Mensch zwar einen Platz auf der Tafel der Lebewesen, aber er teilt mit seinen Mitgeschöpfen noch nicht das Schicksal, Träger eines intentionslos auf Umweltanpassung und Fortpflanzungsvorteile hin selektierten biologischen Erbes zu sein. Dadurch läßt er sich als Tier neben Tieren denken und dank seiner vermeintlich einzigartigen Kultur- und Vernunftfähigkeit zugleich als dem Tierreich vollständig entwachsenes, biologisch geschichtsloses Sonderwesen. Die Bedrohung der zutiefst anthropozentrischen Tabula-rasa-Doktrin kommt also aus der Tiefe der biologischen Zeit, aus einer Historie, die den kulturellen Eigensinn aus einem viel allgemeineren, biotischen Eigensinn – bestehe dieser in der Reproduktion von Genen, Individuen oder Arten – hervorgehen und sie von da an einen unablässigen Handel miteinander treiben sah.

Zweite Antwort: Ich habe den Eindruck, daß nicht wenige Kulturforscher bereits hinter der Frage nach der daseinsrelevanten Bedeutung des Angeborenen, nach seinen Wirkungshorizonten, nach den Spielräumen, die es eröffnet, und den Grenzen, die es zieht, nach seinen individuellen, geschlechtlichen oder populationsgenetisch bedingten Unterschieden – daß sie bereits hinter diesen Fragen die Fratze antihumaner Verwerflichkeit erblicken. Diese Fragen verletzen in der Tat einen moralischen Imperativ, der ein sozialutopisch – abstraktes Freiheits- und Gleichheitspostulat dadurch zu naturalisieren trachtet, daß er apodiktisch jegliche biotische Differenz und evolutionär gegebene Verhaltensprogrammierung bestreitet. Wie ehrenhaft dieser Imperativ auch sein mag, wie philanthropisch, wie gesinnungskorrekt, er erklärt den Menschen nicht, er bekennt sich nur zu ihm, allerdings lediglich partiell. Und das stellt meines Erachtens ein ernsthaftes Problem dar. Denn ein kulturwissenschaftliches Credo allein kann der zynischen Biologisierung von sozial verursachter und durch perfide Vorurteile zementierter Ungerechtigkeit, Ausbeutung und Ausgrenzung keine sachliche Widerlegung, sondern nur eine ohne Zweifel höchst berechtigte und manchmal vielleicht auch wohlfeile Entrüstung entgegensetzen.

Es gibt keinerlei humanbiologische Rechtfertigung von Barbarei und Rassismus, darüber herrscht gottlob Einigkeit bei uns, und auch die von mir konsultierte evolutionsbiologische und humangenetische Literatur gibt einer solchen Rechtfertigung nicht den geringsten Raum. Aber unabhängig davon sehen wir uns z.B. damit konfrontiert, daß es mit großer Wahrscheinlichkeit keine Gesellschaft der Welt jemals vermochte, ein dauerhaftes Dasein ohne Gewalt und ohne Pejorisierung Außenstehender, Fremder, Andersartiger einzurichten. Ein solcher Befund ist ein durch und durch kultureller, und dementsprechend vielgestaltig ist auch das Panorama der Violenz und der Xenophobie. Obwohl dieser Befund kulturell begründbar ist, so kann er doch trotzdem, gerade wenn er universell durchgängige Züge tragen sollte, zugleich auch einen möglichen Anhaltspunkt liefern über uns Menschen in die Wiege gelegte, latente Verhaltensbereitschaften. Ihn auf einen ausschließlich kulturell bedingten Dauerbetriebsunfall unserer noch unerlösten sozialen Welt zu reduzieren, hieße jedenfalls, die kulturell gegebene Verantwortung sträflich vernachlässigen, die uns nicht nur gegenüber unserer sozialen und natürlichen Umwelt, sondern auch gegenüber unserer eigenen, inneren Natur aufgetragen ist.

Die Lehre von dieser Verantwortung ist das genaue Gegenteil von biologischem Determinismus. Zuteil wird sie uns nicht zuletzt durch die Erträge der Verhaltensforschung und der Evolutionsbiologie, die uns vor Augen führen, daß es nicht angeht, das biologische Erbe ex cathedra für belanglos und in bezug auf den in die Kultur eintretenden Menschen für bedeutungsneutral zu erklären. Biologische Bedeutsamkeit schließt als solche noch keinerlei Moralität, keinerlei ethische Norm ein. Weder unsere DNA noch die Eigenschaften, die sie codiert, haben Moral, sie sind, als Evolutionsprodukte, einfach da. In einen Wertungshorizont begibt sich der Säuger Mensch erst mit seiner Kultur. An dieser Unterscheidung ist festzuhalten, weil wir andernfalls dem sogenannten naturalistischen Fehlschluß anheimfallen, der nicht müde wird, physiologische Sachverhalte normativ aufzuladen oder gar gegen die naturwissenschaftliche Feststellung ihrer Existenz empört Sturm zu laufen. Eine überhaupt nicht hilfreiche Folge des naturalistischen Fehlschlusses ist zum Beispiel die Neigung zu einem Pauschalverdacht gegen ethologische, soziobiologische oder humangenetische Forschung, sie würden die biologischen Grundlagen des menschlichen Verhaltens und der Conditio humana aus einer gefährlichen ideologischen Befrachtung heraus studieren. Es soll sogar Leute geben, die hierbei nicht einmal vor der Denunziation zurückschrecken, humanbiologische Forschung habe per se etwas von völkischer Wissenschaft an sich.

Die Frage nach der wechselseitigen Durchdringung des Biotischen und des Kulturellen wirft neben einer Fülle kontrovers zu diskutierender Probleme geradezu zwingend auch ethische Probleme auf. Sollte sich die Volkskunde auf dieses Gelände wagen, wird sie nicht um die Teilnahme an einer interdisziplinär geführten bioethischen Debatte umhin können. Dazu werden wir aber erst dann imstande sein, wenn wir von der offen ausgesprochenen und erst recht von der versteckten Diffamierung der Biowissenschaften vom Menschen abgelassen und die Dämonisierung des Humanbiologischen aufgegeben haben werden. Doch: Sollen wir dieses Gelände überhaupt betreten, sollen wir überhaupt Disziplinen aufsuchen, die sich auf ganz anderen Ebenen mit der Verfaßtheit des Menschen beschäftigen als wir das tun, und angenommen, es fänden sich Verknüpfungen zwischen den augenscheinlich einander fremden Erkenntnisebenen, was hätten wir uns davon zu versprechen?

Damit komme ich zur dritten Antwort: Die Welt, faßbar nur in dem Bewußtsein, das wir von ihr haben, stellt sich unserer Wissenschaft heute selbst als eine von ontologischem Ballast weitgehend befreite Bewußtseinstatsache dar. In weiten Teilen der Forschung hat sich der Fokus von den Dingen und den Menschen, wie sie real beschaffen sind oder beschaffen sein könnten, auf das Imaginäre verlagert, darauf, wie die Menschen sich die Dinge und ihre eigene Existenz vorstellen. Damit wird auch Volkskunde zur selbstreflexiven Bewußtseinsanalyse, deren Gegenstände die kulturellen Konstruktionen des Menschen und der Welt sind. Es scheint ein breiter Konsens darüber zu bestehen, daß auch die – als Oppositionspaar angelegten – Kategorien Natur und Kultur nichts anderes als solche kulturellen Konstruktionen seien. Im semiotischen Prozeß also werde strukturierte Wirklichkeit überhaupt erst erschaffen, das, was wir als Kultur erfahren, sowie das, was wir als Natur erfahren, neben der äußeren auch als unsere eigene, biotische Natur.

Diese Sichtweise ist durchaus bestechend, und sie findet in der Vielfältigkeit der Weltmodelle und der Taxonomien eine zwar naheliegende, allerdings nicht zwingende Rechtfertigung. Allemal aber ist über sie hervorhebend zu bemerken, daß sie die Kulturforschung für zentrale Daseinsmomente sensibilisiert hat: etwa für die Omnipräsenz des Symbolischen, die Macht der Zeichensysteme und der Diskurse oder die kulturelle Bedingtheit von Wahrnehmungs-, Verhaltens- und Denkkategorien. Zugleich weist sie jedoch auch so gravierende Defizite auf, daß sie meines Erachtens nicht akzeptierbar ist. Ein erstes Defizit dieser Sichtweise liegt darin, daß man die Wirklichkeit, um sie als eine ausschließlich konstruierte dekonstruieren zu können, entweder ganz aus der Welt schaffen muß; dann brächten wir sie mitsamt unserer selbst zum Verschwinden, was ich schon aus Privatgründen nicht sehr angenehm finde. Mit der Welt wären auch wir reine Erfindungen – wessen Erfindungen, das bliebe dann die große Frage: unser Geschäft wäre blanke Metaphysik. Oder aber wir müßten annehmen, daß die den Wahrnehmungen, dem Bewußtsein, der Kultur vorgelagerte Wirklichkeit gänzlich bedeutungsblind ist und keinerlei Strukturvorgabe macht, die sich auf die sensuelle, habituelle und kategoriale Weltaneignung auswirkt. Diese vieltraktierte Annahme entbehrt jedes empirisch gesicherten Beweises und ist deshalb, zumindest noch, als reine Spekulation von der Hand zu weisen.

Ein weiteres Defizit dieser Sichtweise liegt darin, daß sie den wissenschaftlichen Anspruch auf verbindliche Tatsachenfeststellung preisgibt. Mit der Verabschiedung bzw. Neutralisierung eines jeglichen Bezugspunktes im Realen begibt sich die Forschung in ein Spiegelkabinett ohne Ausgang und ohne Lichteinfall. Damit nicht Finsternis dort herrsche, muß sie es künstlich illuminieren. So schaut sie in die Spiegel hinein und erblickt das Imaginäre: lauter Abbilder von Abbildern, gezerrt und gebrochen, Abbilder ohne Urbild, Konstruktionen von Konstruktionen von Konstruktionen. Ein drittes Defizit der zweifelsfrei originellen konstruktivistischen Sichtweise besteht darin, daß sie den Relativismus totalisiert. Wenn unsere Daseinskonstruktionen nur auf sich selbst referierten, dann entzögen sie sich auch jeder Möglichkeit einer vergleichenden Gültigkeitsprüfung: *Anything goes*, jeder hat recht, der Kreationismus ebenso wie Darwins Evolutionslehre.

Wirklichkeitsschwund, Unverbindlichkeit, Relativitätsdespotie: Die genannten Defizite machen ein Dilemma sinnfällig, welches – so läßt sich hypothesenhaft formulieren – von dem Umstand herrührt, daß sich das erkenntnistheoretische Axiom von der Unhintersteigbarkeit des erkennenden Bewußtseins zu einem ethnologischen Paradigma umformte, wonach die Welt durch das kulturell determinierte Bewußtsein überhaupt erst strukturiert werde. So weit ich das überblicke, hält dieses ethnologische Paradigma der verhaltens-, evolutions- und neurobiologischen Überprüfung nicht stand. Der Haupteinwand lautet: Wahrnehmungen, Verhalten und Bewußtsein können sich die Welt nicht von ungefähr und nach gänzlich freier Verfügbarkeit schaffen, da sie unaufkündbar an Sinnesorgane, an ererbte Verhaltensdispositionen und an die neurophysiologischen Spielregeln des Bewußtseinswerkzeugs Großhirnrinde gebunden sind, die im Verlauf eines langen und zufallsreichen evolutionären Prozesses selektiert wurden. Das bedeutet: Die biologisch ererbte Ausstattung – die der Menschen ebenso wie die der anderen Lebewesen – korrespondiert mit Eigenschaften und Anforderungen komplex strukturierter Umwelten.

Dieser Anpassungsvorgang vollzog sich nicht in Gestalt willentlicher, zielgerichteter Akte, sondern auf der Grundlage der drei Faktoren Replikation, Mutation und Selektion. Entscheidendes Selektionskriterium war der Überlebens- und der damit verbundene Fortpflanzungsvorteil miteinander konkurrierender Individuen, was die Auslese kooperativen Verhaltens selbstverständlich mit einschloß. Auf der Organisationsebene des Erbgutes ausgedrückt, besagt das nichts Geheimnisvolleres, als daß nur jene Gene in der Welt sein können, denen es gelungen ist, in der evolutionären Reproduktionskette zu verbleiben. Hätte die moderne Hominidenspezies Homo Sapiens, als sie die Weltbühne betrat, kein von ihren Vorfahren übermitteltes biologisches Erbe mitgebracht, das ihr ein Zurechtfinden und Überleben in der Welt sowie die unentbehrliche soziale Organisation des Reproduktionsgeschäftes etwas erleichterte, mit anderen Worten, das sie vor dem Fiasko bewahrte, die Welt mitsamt allen Wahrnehmungs- und Verhaltensroutinen völlig neu und eigenständig erfinden zu müssen – sie hätte nicht lange durchgehalten, sondern wäre nur eine kurzfristige Bereicherung des Speisezettels ihrer natürlichen Freßfeinde gewesen. Das menschliche Genom wäre längst dahin und mit ihm alle menschliche Kultur. Da es aber, dank einer Vielzahl an Adaptationen, etwas günstiger bestellt war um unser Überleben, bekam auch die kulturelle Koevolution ihre Chance. Daß diese sich bis heute zu einem solch immensen Reichtum entfalten konnte, darf uns nicht darüber hinweggehen lassen, daß jeder einzelne von uns die – hier darf man das wohl sagen – uralten biologischen Anpassungen als lebendigen Aktivposten in Gestalt des genetischen Codes in jeder seiner Körperzellen trägt.

Die evolutionsbiologische Daseinsbegründung erzwingt demnach eine Umkehrung der konstruktivistischen Perspektive, denn sie beharrt darauf, daß Natur genuin kein Epiphänomen der Kultur und des Bewußtseins ist, sondern umgekehrt, daß Kultur und Bewußtsein zwar äußerst variable, jedoch nicht willkürlich variable Epiphänomene der Natur sind. Außerdem gibt sie zu verstehen, daß die Verschränkung des Biotischen mit dem Kulturellen weniger eine Frage von Prozentanteilen ist als eine Frage der Akkomodation, d.h. der Abstimmung und der Interaktion zwischen der vom ersten bis zum letzten Lebensmoment ganz und gar biologischen Organisationsstruktur des Menschen mit seiner ebenfalls vom ersten bis zum letzten Lebensmoment ganz und gar kulturgebundenen Existenz. Die biologische Anthropologie zeigt uns den Ausgang aus dem

Andreas Hartmann

Spiegelkabinett des Konstruktivismus und liefert uns zugleich unentbehrliches Wissen für die kulturwissenschaftliche Analyse der biokulturellen Akkomodation. Insofern hat sie, wie der Freiburger Soziologe Günter Dux kürzlich darlegte, für das gesamte Feld der humanwissenschaftlichen Disziplinen – auch für die Soziologie, die Ethnologie und die Volkskunde – Anspruch auf den Titel einer Grundwissenschaft.

Was bedeutet das für die Forschungsarbeit? Ich habe drei immer ausführlicher werdende Antworten auf die Frage angeboten, was das Ungeheuerliche ist an der Erwägung, die Implikationen biogenetischer Sachverhalte könnten unser Dasein als Kulturwesen durchwalten. Nun, diese Erwägung fordert zur Revision dreier kulturwissenschaftlicher apriori-Annahmen heraus, die ich mit den Stichworten Tabula-rasa-Doktrin, naturalistischer Fehlschluß und konstruktivistische Sichtweise benannt habe. Wenn man diese drei Annahmen unter Einbeziehung humanbiologischer Gesichtspunkte prüft, beginnen sie, wie wir gesehen haben, sehr schnell an Tragfestigkeit einzubüßen – als würde das Fundament unterspült, auf dem der radikale Kulturalismus, die moralisierende Anthropologie und der rigorose Relativismus ihre Bauten gründen. In der Vergangenheit haben sich diese drei Spielarten des politisch korrekten Weges ein solches Maß an jeden Widerspruch sanktionierender Unanfechtbarkeit zugelegt, daß sie weitgehend davon entbunden sind, ihren Alleinvertretungsanspruch auf anthropologischen Wahrheitsbesitz durch stichhaltige Empirie legitimieren zu müssen. Stattdessen wird ihre Vormachtstellung mittels Aufrichtung apotropäischer Warntafeln gesichert, auf denen geschrieben steht: Vorsicht! – Biologismus!, Achtung! – Determinist!, Stopp! – Reduktionismus!, Gefahr! – anthropologische Konstante!

Vielleicht ist nun die Zeit gekommen, diese Requisiten aus dem kalten Krieg der Kulturanthropologie beiseite zu räumen und das Gelände hinter den Warntafeln unaufgeregt zu inspizieren. Selbst wenn uns dieses Land hinter den abgebauten Verbotsschildern dann weiterhin fremd und suspekt bleiben sollte, schon die bloße Anerkennung seiner für Volkskundler schwer durchschaubaren Existenz würde uns dazu verhelfen, unseren über alles geliebten Totalkulturalismus weniger saturiert, selbstgerecht und dünkelhaft über die Argumentationsfelder der biologischen Anthropologie zu erheben. Allein damit wäre schon etliches gewonnen, z.B. die von nicht wenigen herbeigesehnte Befreiung aus der Vormundschaft eines kulturwissenschaftlichen Gesinnungswächtertums, das im wesentlichen von der nährstoffarmen Kost des Vorurteils zehrt.

Wenn wir der Soziobiologie, der Verhaltensforschung, der Humangenetik und den anderen Biowissenschaften vom Menschen einen legitimen Ort zuerkennen, sich über die Baupläne und Programmierungen unserer biologischen Natur auszulassen, dann heißt das nicht im entferntesten, wir würden uns von ihnen einfache, monokausale Problemlösungen liefern lassen wollen. Vielmehr bedeutet das lediglich, daß wir bereit sind, den Erklärungshorizont hinsichtlich grundlegender Fragen, die unser Fach bewegen, zu erweitern – beispielsweise bezüglich der folgenden: Wie gestalten und äußern sich Kooperation, Konkurrenz und Abgrenzung in unserer Alltagswelt? Welchen Beweggründen verdanken und welcher Medien bedienen sich soziale Bindung, Fürsorge, Vorausschau und Erinnerung? Wann und wodurch prägt sich Ortsbezogenheit aus, wie setzen wir Sicherheitsbedürfnisse um? Wie werden Status und Hierarchie, wie Überlegenheit und Unterlegenheit kommuniziert? Was heißt und wie funktioniert sozialer Frieden im kleinen und im großen? Warum hauen wir uns gegenseitig übers Ohr oder tauschen Vertrauensbeweise miteinander aus? Welche Aufgaben erfüllen Sympathie und Abneigung, Routine und Ritual? Wie äußern sich Angst, Angriffslust, Attraktivität? Was heißt nach Hause kommen und was fremd sein? Wodurch scheidet sich die Nahwelt von der Fernwelt, das Endogene vom Exogenen? Wie korrespondiert die Ausgestaltung von Tagesläufen mit chronobiologischen Zyklen? Wie sind Generationenfolge, Altern und Tod biologisch eingefaßt, wie rhythmisieren sie die kulturelle Zeit? Würden wir den Erklärungshorizont erweitern, wir wären nicht mehr dazu verurteilt, die Existenz eines jeden dem kulturellen Sektor zugeschlagenen Faktums ausschließlich und selbstreferentiell aus der Kultur heraus begründen zu müssen, und wären gleichzeitig in den Stand gesetzt, den biologischen Sachverhalten aufgrund ihres sozialen Akkomodiertseins kulturelle Aspekte abzugewinnen.

Da sich der Mensch, dessen tägliche Lebensvollzüge, dessen Daseinshandhabung wir ins Auge fassen, nur künstlich, nur aus forschungspraktischen Gründen in nach Disziplinen getrennte Tranchen zerlegen läßt, werden wir wieder und wieder in die Grenzregionen der Kultur aufzubrechen haben. In diesen Grenzregionen halten sich außer den Kulturforschern auch Experten auf, die aus dem Wissenschaftskontinent der biologischen Anthropologie herbeireisen. Hier kreuzen sich unsere Stimmen mit den ihrigen, und da sie alle über den Menschen reden, eröffnet sich die Möglichkeit, sie zur Beförderung einer Synthese des anthropologischen Wissens konstruktiv miteinander zu verknüpfen. Durch eine solche Verknüpfung schließen sich die voneinander separierten Organisationsebenen des Menschendaseins – die genetische, die neuronale, die psychische, die soziale, die traditionsgebundene kulturelle – zu signifikanten Aspekten ein und derselben Realität zusammen. Wir brauchen also nicht unbedingt Biologen zu sein, um Verbindungen zwischen dem kulturwissenschaftlichen und dem biowissenschaftlichen Sprechen über den Menschen herzustellen.

„Biologie der Kultur" – so übertitelte ich diesen Vortrag. Ich behaupte damit nicht, Kultur verlaufe nach biologischen Gesetzen. Vielmehr vertrete ich die These, daß wir – um ein Diktum des zu unrecht verunglimpften Altphilologe und Volkskundlers Albrecht Dieterich zweckzuentfremden – die Sphäre des Biotischen als die „Unterwelt" der Kultur anzusehen haben, und daß uns diese Sphäre schon deshalb nicht gleichgültig sein kann, weil sie als ein machtvolles Unbewußtes in der Kultur zugegen ist. Als eine selbständige Daseinskategorie ist Kultur, auch heutigentags, Teil des evolutionären Gesamtprozesses. Nach wie vor dient sie dem biologischen Überleben. Wenn sie diese Aufgabe nicht meistert, dann wird neben den Arten, die ihr künftig noch zu Opfer fallen werden, auch unsere eigene Spezies von der Erde verschwinden. So einfach ist das. Da es nicht länger vertretbar und auf Dauer auch etwas ermüdend ist, die biologische Natur des Menschen unter gebetsmühlenhaft wiederholten Einschwörungsformeln um jeden Preis aus der Betrachtung der Kultur herauszuhalten, ist es höchste Zeit für eine Generalinspektion und Neuformulierung einiger unserer kulturwissenschaftlichen Fundamentalprämissen. In diese Richtung will ich hier ein unmißverständliches Signal gegeben haben.

Andreas Hartmann

Literatur

Almquist, Ernst: Große Biologen. Eine Geschichte der Biologie und ihrer Erforscher. München 1931.

Ballauf, Theodor: Die Wissenschaft vom Leben. Eine Geschichte der Biologie. Band 1:Vom Altertum bis zur Romantik (=Orbis Academicus. Problemgeschichten der Wissenschaft in Dokumenten und Darstellungen). Freiburg, München 1954.

Barkhaus, Annette, Mayer, Matthias, Roughley, Neil, Thürnau, Donatus (Hg.): Identität, Leiblichkeit, Normativität. Neue Horizonte anthropologischen Denkens. Frankfurt/M. 1996.

Barkow, Jerome H., Cosmides, Leda, Tooby, John (Hrsg.): The adapted Mind. Evolutionary Psychology and the Generation of Culture. New York, Oxford 1992.

Bäumer, Änne: Geschichte der Biologie. Band 1: Biologie von der Antike bis zur Renaissance. Frankfurt u.a. 1991. Band 2: Zoologie der Renaissance – Renaisssance der Zoologie. 1991. Band 3: 17. und 18. Jahrhundert. 1996.

Bien, Günther, Gil, Thomas, Wilke, Joachim (Hg.): „Natur" im Umbruch. Zur Diskussion des Naturbegriffs in Philosophie, Naturwissenschaft und Kunsttheorie (=problemata, 127). Stuttgart – Bad Cannstatt 1994.

Breuer, Georg: Der sogenannte Mensch. Was wir mit Tieren gemeinsam haben und was nicht. München 1981.

Cavalli-Sforza, Luigi Luca: Gene, Völker und Sprachen. Die biologischen Grundlagen unserer Zivilisation. München, Wien 1999.

Dahl, Edgar: Im Anfang war der Egoismus. Den Ursprüngen menschlichen Verhaltens auf der Spur. Düsseldorf, Wien, New York 1991.

Darwin, Charles: Die Entstehung der Arten durch natürliche Zuchtwahl. Stuttgart 1984.

Darwin, Charles: Die Abstammung des Menschen. Wiesbaden 1992.

Dawkins, Richard: Das egoistische Gen. Ergänzte und überarbeitete Neuauflage. Mit einem Vorwort von Wolfgang Wickler. Heidelberg, Berlin, Oxford 1994.

Dawkins, Richard: Der blinde Uhrmacher. Ein neues Plädoyer für den Darwinismus. München 1987.

Dux, Günter: Anthropologie als Grundwissenschaft. In: Freiburger Universitätsblätter 37:139/1998, S. 9-19.

Eibl-Eibesfeldt, Irenäus: Die Biologie des menschlichen Verhaltens. Grundriß der Humanethologie. München, Zürich 1986.

Eigen, Manfred: Was bleibt von der Biologie des 20. Jahrhunderts? (=Schriftenreihe der Ernst-Abbe-Stiftung Jena, 5). Jena 1994.

Eipler, Günter, Moser, Manfred, Thimm, Andreas (Hg.): Zufall. Vorträge von Manfred Eigen, Konrad Jacobs, Bernulf Kantscheider, Hermann Lübbe, Christian Meier, Michael Nerlich, Wolfhart Pannenberg, Erhard Scheibe, J.-Matthias Graf von der Schulenburg, Gerd Zacher. (=Studium Generale der Johannes Gutenberg-Universität Mainz. Mainzer Universitätsgespräche Sommersemester 1994 und Wintersemester 1994/95). O. O., o. J.

Engels, Eve-Marie, Junker, Thomas, Weingarten, Michael (Hg.): Ethik der Biowissenschaften. Geschichte und Theorie. Beiträge der 6. Jahrestagung der DGGTB in Tübingen 1997 (=Verhandlungen zur Geschichte und Theorie der Biologie, 1). Berlin 1998.

Gehlen, Arnold: Der Mensch. Seine Natur und seine Stellung in der Welt. Textkritische Edition unter Einbeziehung des gesamten Textes der 1. Auflage von 1940. Zwei Teilbände (=Arnold Gehlen. Gesamtausgabe, 3,1 u. 3,2). Frankfurt/M. 1993.

Geißler, Erhard, Hörz, Herbert (Hg.): Vom Gen zum Verhalten. Der Mensch als biopsychosoziale Einheit. Berlin 1988.

Gloy, Karen: Das Verständnis der Natur. Erster Band: Die Geschichte des wissenschaftlichen Denkens. Zweiter Band: Die Geschichte des ganzheitlichen Denkens. München 1995 und 1996.

Gräfrath, Bernd: Evolutionäre Ethik? Philosophische Programme, Probleme und Perspektiven der Soziobiologie (=Philosophische Wissenschaft. Transdisziplinäre Studien, 14). Berlin, New York 1997.

Hinde, Robert A.: Individuals, Relationships and Culture. Links between Ethology and Social Sciences. Cambridge u.a. 1987.
Jahn, Ilse: Grundzüge der Biologiegeschichte. Jena 1990.
Jahn, Ilse, Löther, Rolf, Senglaub, Konrad, unter Mitwirkung von Heese, Wolfgang (Hg.): Geschichte der Biologie. Theorien, Methoden, Institutionen, Kurzbiographien. Zweite, durchgesehene Auflage. Jena 1985.
Leisewitz, André: Von der Darwinschen Evolutionstheorie zur Molekularbiologie. Wissenschaftshistorische und -soziologische Studien zur materialistischen Geschichte der Biologie (=Pahl-Rugenstein Hochschulschriften, 105). Köln 1982.
Lem, Stanislaw: Essays (=Werke in Einzelausgaben). Frankfurt/M. 1981.
Lem, Stanislaw: Summa technologiae (=Werke in Einzelausgaben). Frankfurt 1976.
Leroi-Gourhan, André: Hand und Wort. Die Evolution von Technik, Sprache und Kunst. Frankfurt/M. 1984.
Lévi-Strauss, Claude: Strukturale Anthropologie. II. Frankfurt/M. 1975.
Lévi-Strauss, Claude: Les Structures Elémentaires de la Parenté. Paris 1949.
Lovejoy, Arthur O.: Die große Kette der Wesen. Geschichte eines Gedankens. Frankfurt/M. 1985.
Maasen, Sabine, Mendelsohn, Everett, Weingart, Peter (Hg.): Biology as Society, Society as Biology: Metaphors. (=Sociology of the Sciences, Band 18, 1994). Dordrecht, Boston, London 1995.
Mayr, Ernst: Eine neue Philosophie der Biologie. Vorwort von Hubert Markl. München, Zürich 1988.
Meier-Kroll, Alfred: Chronobiologie. Zeitstrukturen des Lebens. (=C. H. Beck Wissen in der Beck'schen Reihe 2010). München 1995.
Mohrmann, Ruth-Elisabeth (Hg.): Argument Natur – Was ist natürlich? Studium Generale Wintersemester 1995/6. Mit Beiträgen von Heinz Holzhauer, Dieter Kuhlmann, Herbert Mainusch, Elisabeth Meyer, Dietrich Palm, Josephus Platenkamp, Ludwig Siep. (=Worte – Werke – Utopien. Thesen und Texte Münsterscher Gelehrter, 7). Münster 1999.
Neuhaus, John Wiliam: Toward a Biocritical Sociology. New York u.a. 1986.
Niemitz, Carsten (Hg.): Erbe und Umwelt. Zur Natur von Anlage und Selbstbestimmung des Menschen. Frankfurt/M. 1987.
Nordenskiöld, Erik: Die Geschichte der Biologie. Ein Überblick. Deutsch von Guido Schneider. Jena 1926.
Promp, Detlef W.: Sozialisation und Ontogenese – ein biosoziologischer Ansatz. Berlin, Hamburg 1990.
Rádl, Emanuel: Geschichte der biologischen Theorien in der Neuzeit. Bd. II: Geschichte der Entwicklungstheorien in der Biologie des XIX. Jahrhunderts. Hildesheim, New York 1970 [zuerst 1909].
Rheinberger, Hans-Jörg: Die Evolution des Genbegriffs. Fragmente aus der Perspektive der Molekularbiologie. In: Junker, Thomas, Engels, Eve-Marie (Hg.): Die Entstehung der synthetischen Theorie. Beiträge zur Geschichte der Evolutionsbiologie in Deutschland 1930-1950 (=Verhandlungen zur Geschichte und Theorie der Biologie, 2). Berlin 1999, S. 323-341.
Schmidt, Horst Dieter: Ein verschwundenes Dorf im Banat. Bevölkerungsbiologische Untersuchungen der böhmer-deutschen Gemeinde Lindenfeld. Langenau-Ulm 1991.
Voland, Eckart: Grundriß der Soziobiologie (=Uni Taschenbücher, 1730). Stuttgart, Jena 1993.
Vowinckel, Gerhard: Verwandtschaft, Freundschaft und die Gesellschaft der Fremden. Grundlagen menschlichen Zusammenlebens. Darmstadt 1995.
Wilson, Edward O.: Sociobiology. The new Synthesis. Cambridge (Mass.), London [3]1976 [zuerst 1975].
Wilson, Edward O.: Die Einheit des Wissens. Berlin 1998.
Wilson, Edward O., Bossert, William H.: Einführung in die Populationsbiologie (=Heidelberger Taschenbücher, 133). Berlin, Heidelberg, New York 1973.
Wuketits, Franz M.: Eine kurze Kulturgeschichte der Biologie. Mythen – Darwinismus – Gentechnik. Darmstadt 1998.

Stefan Beck

Reflexible Körper
Anmerkungen zur Transformation von Gesundheitsverständnissen und Verwandtschaftsverhältnissen durch humangenetisches Wissen

> „Instead of dismantling holistic systems through inappropriate analytical categories, then, perhaps we should strive for a holistic apprehension of the manner in which subjects dismantle their own constructs".[1]

Im Oktober 1996 berichtete die zypriotische Presse landesweit über die Entdeckung einer tödlichen Krankheit in einem Dorf namens Athienou, 30 km südlich der Hauptstadt Nicosia. Der Tenor dieser Meldungen, die im Rundfunk, im Fernsehen und in nahezu allen Zeitungen der Insel an prominenter Stelle plaziert waren, lautete weitgehend identisch: Es handele sich um einen wissenschaftlichen Durchbruch, daß das zypriotische Institut für Neurologie und Genetik in Kooperation mit örtlichen Ärzten in jahrelanger Forschungsarbeit die Ursache mehrerer mysteriöser Todesfälle in diesem Dorf hatte klären können. Ein größerer Teil der Bevölkerung – so die Berichte – sei offenbar von einer Erbkrankheit betroffen, von der bislang vermutet worden war, daß sie in Zypern nicht vorkomme. Um die Gefährdung der Bevölkerung durch Cystische Fibrose, so der Name der Krankheit, genauer abschätzen zu können, hätten die Genetiker in enger Abstimmung mit dem Gesundheitsministerium beschlossen, Speichelproben von allen 170 Schulkindern in Athienou zu nehmen, um festzustellen, welche Kinder Träger des die Krankheit auslösenden Gens seien.

Diese Presseberichte markierten den Beginn einer konfliktreichen Auseinandersetzung zwischen unterschiedlichen Akteuren – Humangenetikern, Medizinern, Gesundheitspolitikern und wissenschaftlichen Laien –, in der um die Geltung wissenschaftlicher Erkenntnisse, die Macht humangenetischer Praxen, aber auch um die Abschätzung der sozialen und kulturellen Folgen humangenetischer Verfahren und Wissensbestände sowie die kollektive Identität der Dorfbewohner gerungen wurde. Ich möchte im folgenden einige Aspekte dieser Auseinandersetzungen aufgreifen, weil ich glaube, daß sich an ihnen eine allgemeine Problemkonstellation aufzeigen läßt.

So kann der angesprochene Fall als exemplarisch für die in der sozialwissenschaftlichen Risikoforschung diagnostizierte Entwicklung angesehen werden, bei der durch die Verfügbarkeit humangenetischen Wissens die drohende *Gefahr*, von einer mysteriösen Krankheit betroffen zu werden, in ein kalkulierbares und beherrschbares *Risiko* transformiert wird.[2] Ein Risiko, dem die Betroffenen *handelnd*, nämlich mit einem Gentest, begegnen können und eine solche Option, nachdem sie bekannt ist, auch nutzen müssen. Gesundheit – so etwa die Soziologin Elisabeth Beck-Gernsheim – werde im

---
1   Marilyn Strathern: Parts and Wholes: Refiguring Relationships. In: Dies.: Reproducing the Future. Essays on anthropology, kinship and the new reproductive technologies. New York 1992, S. 90f.
2   Vgl. zur sozialwissenschaftlichen Diskussion um das Konzept der Risikogesellschaft als Überblick Adalbert Evers, Helga Nowotny: Über den Umgang mit Unsicherheit. Die Entdeckung der Gestaltbarkeit von Gesellschaft. Frankfurt/M. 1987, insbes. S. 32-56.

Zuge der Modernisierung zu einem je individuell, eigenverantwortlich zu realisierenden Projekt.[3] Ich möchte im folgenden diese zypriotische Fallgeschichte als Fokus nutzen, um zu eruieren, ob Gesundheit auch in solchen Gesellschaften zum „Projekt" wird, denen nicht fraglos der Risiko-Status spät- oder postmoderner Industriegesellschaften zugestanden wird. Damit möchte ich zudem eine Frage verfolgen, die vorläufig formuliert etwa lauten könnte: Werden durch die beschleunigte Popularisierung naturwissenschaftlichen Wissens Natur und Kultur in ein neues Verhältnis gebracht? Oder noch grundlegender: Wie kommt die Natur in die Kultur?

Zweierlei Konstruktivismen

Um diese Frage beantworten zu können, scheint vorab eine Klärung und Präzisierung notwendig. In weiten Teilen der Sozialwissenschaften hat sich in den letzten Jahren eine konstruktivistische Interpretationsrichtung durchgesetzt. Zurecht betont wird damit, daß aller Wirklichkeitssinn sozial perspektiviert und kulturell geprägt ist. „Wirklichkeit" wird hier im Sinne der wissenssoziologischen Arbeiten von Peter L. Berger und Thomas Luckmann stets mit Anführungszeichen geschrieben und als Ergebnis sozialer Praxen betrachtet.[4] Doch während sich Berger und Luckmann, angeregt durch die Philosophische Anthropologie Helmuth Plessners, in ihren in den 60er Jahren entstandenen Arbeiten auf den Bereich des konsensuell, in täglichen Interaktionen von Menschen gemeinsam erzeugten Alltagswissens über die Welt bezogen, wurde in den 90er Jahren begonnen, diesen Ansatz auf naturwissenschaftliches Wissen auszudehnen: Besonders in den angloamerikanischen Cultural Studies wurde vor dem Hintergrund einer universalisierten Konstruktivismus-Annahme mit Hilfe literaturwissenschaftlicher Methoden und Theorien versucht, den Objektivitätsanspruch der Naturwissenschaften zu bestreiten.[5]

Dieser Angriff auf die wissenschaftliche Autorität ist denn auch der Kern der momentan in den USA unter dem Stichwort der „science wars" sehr hart geführten – und bisweilen durch Begriffsverwirrungen charakterisierten – Debatten zwischen Natur- und Kulturwissenschaften. Sozusagen mitten auf diesem Kampfplatz, zwischen Objektivitätsansprüchen und Relativismusvorwürfen, entstanden in den letzten Jahren, angeregt durch einige bemerkenswerte Ethnographien wissenschaftlicher Arbeit in

---

[3] In westlichen Industriegesellschaften, die sich zu Risikogesellschaften wandelten, bedeute Gesundheit zunehmend Heilserwartung und Leistungszwang. Vgl. Elisabeth Beck-Gernsheim: Gesundheit und Verantwortung im Zeitalter der Gentechnologie. In: Ulrich Beck, Elisabeth Beck-Gernsheim (Hg.): Riskante Freiheiten. Individualisierung in modernen Gesellschaften. Frankfurt/M. 1994, S. 316-335, hier S. 319. Vgl. zur Situation in den USA Carole H. Browner, Nancy Ann Press: The Normalization of Prenatal Diagnostic Screening. In: Faye D. Ginsburg, Rayna Rapp (Hg.): Conceiving the New World Order. The Global Politics of Reproduction. Berkeley 1995, S. 307-322), die die These aufstellen, daß menschliche Anlagen und Verhaltensweisen – insbesonders negativ bewertete – zunehmend durch ein „Prisma der Vererbung" (ebd., S. 307) gesehen würden, eine Sichtweise, die zusammen mit der Tendenz, daß jede Schwangerschaft als Risiko anzusehen ist, dafür verantwortlich zu machen sei, daß die Bereitschaft zu Pränataldiagnosen erhöht werde.

[4] Peter L. Berger, Thomas Luckmann: Die gesellschaftliche Konstruktion der Wirklichkeit. Eine Theorie der Wissenssoziologie. Frankfurt/M. 1969.

[5] Vgl. etwa Alan G. Gross: The Rhetorics of Science. Cambridge 1990, S. 206f.: „rhetorical analyses show how the sciences construct their specialized rhetorics from a common heritage of persuasion. By means of these, the sciences create bodies of knowledge so persuasive as to seem unrhetorical – to seem, simply, the way the world is."

naturwissenschaftlichen Labors,[6] eine ganze Reihe sozialwissenschaftlicher, ethnologisch vorgehender Studien, in denen herausgearbeitet wurde, mit welchen sozialen Praxen in naturwissenschaftlichen Laboratorien Fakten produziert werden. Wissenschaftliches Handeln im Labor – so das Ergebnis dieser Studien – ist demnach durch einen „realistischen Konstruktivismus" gekennzeichnet, durch einen pragmatischen Wirklichkeitssinn, der sich stets dem Dementi experimenteller Befunde aussetzt.[7]

Angesichts dieser, in ihren Vorannahmen wie Methoden sehr unterschiedlichen Konstruktivismen scheint es mir dringend angebracht, eine Unterscheidung einzuführen, mit der präziser gefaßt wird, was sich wie konstruieren läßt.[8] Am Beispiel der erwähnten Krankheit Cystische Fibrose argumentiert: Betroffene Menschen sterben daran oft schon im Kindesalter, wobei es unerheblich ist, ob ihnen oder irgend einer anderen Person bekannt ist, um was es sich handelt oder nicht. Als *körperliches Syndrom*, bestehend aus einer chronischen Infektion der Atemwege, einer verminderten Nährstoff- und Vitaminaufnahme durch das Verdauungssystem, chronischen Entzündungen der Milz und einem erhöhten Salzgehalt des Schweißes ist diese Krankheit ebenso wie die genetischen Codes, die sie auslösen, unabhängig von der Art, wie sie wissenschaftlich oder sozial konzeptualisiert wird. Cystische Fibrose ist jedoch *als Krankheit* gleichzeitig immer auch ein soziales und kulturelles Phänomen, mit dem je nach verfügbarem Wissen und verfügbaren Verfahren sehr unterschiedlich umgegangen werden kann und muß. In ihrer sozialen Dimension sind Krankheiten wissens-, verfahrens- sowie erfahrungsabhängig und damit stets historisch situiert.

Das Handwörterbuch des deutschen Aberglaubens – obwohl stets nur mit großer Vorsicht zu zitieren – etwa vermerkt, wie zu verfahren war, wenn der Schweiß neugeborener Kinder salzig schmeckte – salziger Schweiß ist eines der Symptome Cystischer Fibrose. Die Mutter sollte dreimal den Schweiß von der Stirn des Kindes

---

6 Vgl. hierzu vor allem die Studie von Bruno Latour und Steve Woolgar: Laboratory Life. The Construction of Scientific Facts. With an Introduction by Jonas Salk and a new postscript by the authors. Princeton 1986 sowie die Arbeiten Karin Knorr-Cetinas (z.B.: Die Fabrikation von Erkenntnis. Zur Anthropologie der Naturwissenschaft. Frankfurt/M. 1984). Neben diesen ethnographischen Pionierstudien waren auch Weiterentwicklungen des traditionsreichen Programmes der Wissenschaftsgeschichte und Wissenschaftssoziologie einflußreich, die den Fokus von Analysen der Theorieentwicklung zunehmend auf die Analyse wissenschaftlicher (Labor-)Praxen verschoben; vgl. hierzu etwa für die Medizingeschichte exemplarisch den Sammelband von Andrew Cunningham, Perry Williams (Hg.): The laboratory revolution in medicine. Cambridge 1992.

7 Interessant ist ein latenter Dissens sowie ein unterschwelliger Konsens innerhalb des sozialwissenschaftlichen „Lagers" zwischen Vertretern der Cultural Studies und Kultur- bzw. Sozialanthropologen, die ethnographische Studien unterschiedlicher Wissenschaftsmilieus vorgelegt haben. Vertreter der erstgenannten, philosophisch und herrschaftssoziologisch orientierten Kritiklinie behaupten, daß in den Akademien gegenwärtig nur noch Wahrheiten, aber keine Wirklichkeiten mehr produziert würden: Geert Lovink, Pit Schulz: Aus den Schatzkammern der Netzkritik. In: Rudolf Maresch, Nils Werber (Hg.): Kommunikation – Medien – Macht. Frankfurt/M. 1999, S. 299-328, hier S. 300, während Vertreter einer ethnographischen Mikroanalyse des Zusammenhanges von Macht- und Wissenssystemen (etwa Donna Haraway, Sharon Traweek, Andrew Pickering und Bruno Latour) eher das Gegenteil propagieren: Es würde Wirklichkeit in den Laboratorien produziert, aber keine Wahrheit. Obwohl sich die erste Position vor allem auf eine Kritik der Sozial- und Geisteswissenschaften, die zweite auf eine Kritik der Naturwissenschaften bezieht, ist beiden Positionen die analytische *Entkoppelung von Wirklichkeits- und Wahrheitsansprüchen* gemeinsam.

8 Vgl. Ian Hacking: Ironiker, Reformer, Rebellinnen oder Was sich sozial konstruieren läßt. In: Neue Rundschau 3/1998, S. 19-43.

ablecken und „nach hinten ausspucken".[9] Aktuelle medizinische Handbücher fordern hingegen ein komplexes „Management" der Krankheit: Mit einer dauerhaften Antibiotika-Behandlung, der Gabe von Verdauungsenzymen und täglich etwa drei Stunden Physiotherapie läßt sich die Lebenserwartung von Patienten mit Cystischer Fibrose oder Mukoviszidose, wie die Krankheit in Deutschland auch bezeichnet wird, auf über 30 Jahre erhöhen. Neben einem andersartigen Wissen werden damit wissenschaftliche Experten, pharmazeutische Substanzen und medizinische Praxen in einem komplexen System in Bewegung gesetzt, um das Leben der Patienten zu verlängern.

Im Fall der modernen Biomedizin sind damit zwei unterschiedliche Arten der Konstruktion angesprochen: einerseits die „objektivierenden" Praxen in den wissenschaftlichen Labors, andererseits die sozialisierenden und kulturierenden Praxen des Medizinsystems. Beide Male handelt es sich um Konstruktionen, wobei dieser Begriff in beiden Fällen im Wortsinne auf das Zusammenspiel eines komplexen Systems aus Wissen, Verfahren und Handlungsoptionen, sozialen Praxen usw. verweist. Aber im ersten Fall werden naturwissenschaftliche Fakten produziert, im zweiten soziale Zusammenhänge. Beide Arten der Konstruktion verbindet, daß sie klassifizieren, doch das Klassifizierte ist unterschiedlicher Qualität: Im Labor wird ein Abschnitt des genetischen Codes als Ursache für ein komplexes Krankheitssyndrom identifiziert, im Medizinsystem werden kranke Menschen als Träger des Gens für Cystische Fibrose diagnostiziert. Eine Diagnose, aus der eine spezifische Behandlung abgeleitet wird, die der intensiven Zusammenarbeit des Kranken bedarf und die gleichzeitig dessen soziale Position definiert: die eines Patienten.

In diesem Zusammenhang ist eine Überlegung des kanadischen Wissenschaftsphilosophen Ian Hacking hilfreich, der vorschlägt, Konstruktionen nach der Art der jeweils zugrundeliegenden Klassifikationen zu unterscheiden. So differenziert er zwischen Klassifikationen der interaktiven Art und Klassifikationen der nicht-interaktiven Art:[10] Naturwissenschaftliche Klassifikationen – etwa subatomarer Teilchen in der Physik – seien nicht-interaktiv, weil das Klassifizierte sein Verhalten oder seine Eigenschaften nicht aufgrund der Klassifikation ändere. Klassifikationen im sozialen Bereich dagegen bezeichnet er deshalb als „interaktiv", weil die Klassifizierten ihr Verhalten entsprechend modifizieren können. Mit dieser Unterscheidung plädiert er dafür, die seit einigen Jahrtausenden in der Philosophie geführte, bislang nicht entschiedene Debatte zwischen objektivistischen oder subjektivistischen Positionen, zwischen Naturalisten und Kulturalisten sozialwissenschaftlich zu umgehen und stattdessen zu fragen, was jeweils wie in Konstruktionen klassifiziert wird, wie diese Klassifikationen zur Geltung gebracht werden und welche (Rückkopplungs-)Prozesse dadurch in Gang gesetzt werden.[11]

---

9 Handbuch des deutschen Aberglaubens Bd. 7, Berlin, Leipzig 1935/36, Sp. 916.
10 Ian Hacking: Was heißt ‚soziale Konstruktion'? Zur Konjunktur einer Kampfvokabel in den Wissenschaften. Frankfurt/M. 1999, insbes. S. 56ff.
11 Speziell der volkskundlichen Theoriebildung ist dieser Zusammenhang, daß wissenschaftliche Klassifikationen bestimmter Praxen etwa als „traditional" oft ungewünschte Rückkopplungen in Gang zu setzen vermögen, seit den 50er Jahren vertraut: er wird im Fach unter dem Stichwort des Rücklaufes diskutiert: vgl. Hans Moser: Vom Folklorismus in unserer Zeit. In: Zeitschrift für Volkskunde 58/1962, S. 177-209; Hermann Bausinger: Zur Kritik der Folklorismuskritik. In: Populus Revisus (=Volksleben, 14). Tübingen 1966, S. 61-75. Diese Problematik, daß wissenschaftliches Wissen speziell in den Sozial- und Kulturwissenschaften oft weniger als *Ab*bild, sondern mehr als *Vor*bild sozialer Praxen dient, wird bis in die Gegenwart vor allem als *Forschungs*problem thematisiert, als eine mögliche Fehlerquelle bei der wissenschaftlichen Beobachtung dieser Praxen. Vgl. als partielle Erweiterung der Argumen-

Wendet man diese Unterscheidung auf einen konkreten Phänomenbereich wie den menschlichen Körper an, so wird deutlich, daß hierbei mit einer Kombination von nicht-interaktiven und interaktiven Klassifikationen zu rechnen ist, die die wissenschaftliche Thematisierung körperlicher Praxen ebenso interessant wie schwierig macht. Vor dem Hintergrund dieser Unterscheidung wird aber auch deutlich, daß die pauschale Rede von der „sozialen Konstruktion des Körpers" nicht sonderlich hilfreich ist, wenn nicht nach unterschiedlichen Konstruktionsdomänen, nämlich interaktiven und nicht-interaktiven, unterschieden wird. Der besondere Vorzug dieser auf einer abstrakt-logischen Ebene angesiedelten Unterscheidung ist zudem, daß mit ihrer Hilfe verdeutlicht werden kann, worin eine besondere Leistung sozialer und kultureller Praxen besteht, nämlich darin, auf der Grundlage dieser Klassifikationen soziale Strategien des Umgangs etwa mit Krankheiten zu entwickeln und gelegentlich auch darin, solche Klassifikationen zu manipulieren.

Ich möchte die einfachste dieser Manipulationsstrategien, das Geheimhalten und Verschweigen einer Krankheit – und damit einer interaktiven Klassifikation –, an einem konkreten Fall aus dem bereits angesprochenen Dorf erläutern und kurz andeuten, welche ernsten Implikationen solche sehr simplen Manipulationen haben können. Bereits dieses einfache, in seinen Macht-Ohnmachts-Relationen sehr eindeutige Beispiel verweist auf die zentrale, in den sozial- und kulturwissenschaftlichen Diskussionen um Konstruktion oder Repräsentation jedoch oft vernachlässigte Frage, wie Konstruktionen zu sozialen Tatsachen werden, d.h. wie sie in soziale Praxen übersetzt werden.[12]

Die Manipulation von Konstruktionen

In den eingangs zitierten Presseberichten war davon die Rede gewesen, daß es den Wissenschaftlern gelungen sei, eine Reihe mysteriöser Todesfälle in dem Dorf aufzuklären. Die Verwirrung und Beunruhigung, die diese Berichte auslösten, waren u. a. auch der Tatsache geschuldet, daß in der Dorföffentlichkeit nichts von Todesfällen bekannt war, deren Ursache als mysteriös galt. Erst durch kollektive Nachforschungen wurde klarer, daß sich die Genetiker auf den Tod zweier Kinder einer angesehenen und wohlhabenden Familie bezogen, Todesfälle, die bereits viele Jahre zurücklagen.[13] Die Eltern hatten

---

tation Martin Scharfe: Böse Geister vertreiben. Volkskundliches Wissen als kulturelle Praxis. Zugleich ein Beitrag zur Brauchforschung. In: Konrad Köstlin, Herbert Nikitsch (Hg.): Ethnographisches Wissen. Zu einer Kulturtechnik der Moderne (=Veröffentlichungen des Volkskundlichen Institutes der Universität Wien). Wien 1999, S. 137-167. Vor dem Hintergrund der Entwicklung hin zur „Wissensgesellschaft" erscheint es hingegen angebracht, diesen „Rücklauf" aus seiner konzeptuellen Engführung zu entlassen und ihn als umfassenden sozialen und kulturellen Prozess zu konzipieren, als *Alltags*problem in verwissenschaftlichten Gesellschaften.

12 Vgl. insbesondere zu den Macht-Aspekten dieser Frage Paul Rabinow: Repräsentationen sind soziale Tatsachen. Moderne und Postmoderne in der Anthropologie. In: Eberhard Berg, Martin Fuchs (Hg.): Kultur, soziale Praxis, Text. Die Krise der ethnographischen Repräsentation. Frankfurt/M. 1993, S. 158-199.

13 Von zweien der fünf Kinder dieser Familie war bekannt gewesen, daß sie eine schwache Gesundheit hatten; beide – ein Mädchen und ein Junge – litten offenbar häufig an Bronchitis und schweren Lungenproblemen, die sie zu häufiger Abwesenheit in der Schule und zu langen Krankenhausaufenthalten zwangen. Mitte der 80er Jahre starb das Mädchen im Alter von zwölf Jahren an einer Lungenentzündung. Der drei Jahre ältere Bruder war trotz seiner Gesundheitsprobleme als fleißiger Arbeiter in der väterlichen Landwirtschaft, vor allem aber

erfolgreich gegenüber der Dorföffentlichkeit geheimhalten können, daß beide Kinder an Cystischer Fibrose erkrankt waren.[14] Aber auch gegenüber den Kranken selbst verschwiegen sie, daß diese chronisch krank waren. Mit ihrer Geheimhaltung gegenüber Kindern und Dorf verfolgten die Eltern das Ziel, den kranken Kindern eine unbeschwerte Kindheit zu ermöglichen und gleichzeitig ihren älteren Geschwistern sowie der Familie insgesamt eine Stigmatisierung zu ersparen. Dazu setzten sie sich über den Rat der behandelnden Ärzte hinweg, die nicht nur die aktive, bewußte Mitarbeit des Patienten voraussetzten, sondern die auch gefordert hatten, daß eines der Kinder, ein 20jähriger Junge, die für seine Gesundheit schädliche Mitarbeit in der Landwirtschaft aufgebe. Diese medizinische Konstruktion des idealen Patienten wurde von den Eltern bestritten, die – um es pointiert auszudrücken – eine Moral, die auf das geglückte Leben der Familie insgesamt gerichtet war, gegen die medizinische Moral der Lebensverlängerung eines einzelnen Patienten in Anschlag brachten.

Eingangs hatte ich die in der neueren sozialwissenschaftlichen Risiko-Debatte gängige Meinung zitiert, daß biomedizinisches Wissen Gefahren, von denen man schicksalhaft betroffen wird, in Risiken verwandelt, denen man handelnd begegnen muß, sobald bekannt ist, daß es Handlungsoptionen gibt, die die Gefahr verringern oder abwenden können. Doch wie dieses einfache Beispiel belegt, gibt es keinen simplen determinierenden Zusammenhang zwischen Wissen und Handeln. Neues Wissen, auch naturwissenschaftliches Wissen, wird von sozialen Akteuren vor dem Hintergrund bestehenden Alltagswissens, normativer Orientierungen, sozialen Praxen und kulturell spezifischen Erzählungen vom glücklichen Leben interpretiert.[15] Neues Wissen wird stets in komplexe Wissensordnungen eingebunden, ein Vorgang, der auch zur Vorsicht gegenüber der Annahme gemahnt, die globale Verfügbarkeit und Durchsetzung naturwissenschaftlichen Wissens wirke auf unterschiedliche Kulturen homogenisierend.

Gerade Fächer wie die Volkskunde können durch ihren dichten Beschreibungsstil die Eigenlogik alltäglicher Praxen rekonstruieren helfen, die eben nicht in der Logik offizieller Diskurse aufgehen. Im Folgenden möchte ich daher nicht die Semantik „offizieller" biomedizinischer Darstellungen und Praxen oder die in veröffentlichten

---

bei der Viehzucht in den Ställen allgemein bekannt. Als er mit 25 Jahren starb, war man im Dorf der Ansicht, Ursache sei ein tatsächlich geschehener Unfall im Stall gewesen.

14 Diese Geheimhaltung gegenüber der Dorföffentlichkeit ist als solche kaum ein kulturspezifisches Phänomen. Jutta Dornheim (Kranksein im dörflichen Alltag. Soziokulturelle Aspekte des Umgangs mit Krebs. Tübingen 1983, insbes. S. 137-154) beobachtete Anfang der 80er Jahre ähnliche Strategien in einem schwäbischen Dorf. Differenzen bestehen jedoch in den jeweiligen Begründungen: Während in Zypern der Grund für die in Gesundheitsfragen gepflegte äußerste Diskretion in der sozialen Organisation von Verwandtschaft und Ehe angelegt ist, wurden Geheimhaltungsstrategien in Süddeutschland in Reaktion auf die Bedrohung durch Tuberkulose entwickelt. Durch Geheimhaltung konnte nicht nur vermieden werden, daß die gesamte Familie eines Kranken gemieden, sondern auch deren gesamte landwirtschaftliche Existenzgrundlage („Tbc im Stall") gefährdet wurde.

15 In einer Studie des britischen Wellcome Trust etwa wurde herausgearbeitet, welche zentrale Rolle hierbei komplexe „Erzählungen" spielen: Wissenschaftliche Laien diskutierten etwa über die Probleme der Klonierung stets fallgebunden am Beispiel spezifischer, konkreter Problemkonstellationen „drawn from narratives of their personal and social lives or from popular culture." (The Wellcome Trust: Public Perspectives on Human Cloning. A social research study, directed by Suzanne King and Ian Muchamore. London 1998, S. 41f.). Insbesondere die Populärkultur dient als Sinnangebot und als „Sinnreservoir" (vgl. Peter L. Berger, Thomas Luckmann, Modernität, Pluralismus und Sinnkrise. Die Orientierung des modernen Menschen. Gütersloh 1995, S. 16), mit dem im Sinne É. Durkheims gemeinsame Wirklichkeitsdeutungen (représentations collectives) und eine gesellschaftliche Moral (conscience collective) entstehen – ein untrennbarer Zusammenhang von *Wissen und Gewissen*.

Darstellungen repräsentierten Konzepte von Natur, Körper oder Gesundheit dekonstruieren, mit denen biomedizinisches oder humangenetisches Wissen popularisiert wird. Statt solcher Dekonstruktionsversuche möchte ich am Beispiel alltäglicher Handlungsstrategien untersuchen, wie konkrete Akteure sowohl diese offiziellen Semantiken als auch hergebrachte Alltagskonzepte praktisch für ihre Zwecke rekonstruieren und sie, indem sie sich an ihnen orientieren, zu sozialen Tatsachen machen. Hierzu ist es erforderlich, eine genügend weite Beobachtungsperspektive zu wählen, um die Komplexität ebenso wie die Folgen dieser Rekonstruktionen in den Blick nehmen zu können.

Verwandtschaft als biologisch „gehärtete" soziale Tatsache

Aus mehreren Gründen möchte ich mich im Folgenden auf „Verwandtschaft" konzentrieren: Einmal moderieren Verwandtschaftsvorstellungen eine Vielzahl unterschiedlicher sozialer Verhaltens- und Handlungsbereiche – Heiraten, Kinderkriegen, Erben, spezifische Solidaritätsvorstellungen. Darüber hinaus steht Verwandtschaft als „soziale Tatsache" (É. Durkheim) für soziale Arrangements zwischen Generationen, zwischen Geschlechtern und zwischen Einzelpersonen, indem mit Hilfe einer präzise definierten Matrix aus Klassifikationen ein System von Macht- und Abhängigkeitsbeziehungen geschaffen wird: So ist etwa nicht nur immer eindeutig geregelt, wer Onkel und wer Neffe ist, sondern auch, welche einklagbaren sozialen Rechte und Pflichten sich aus diesen Positionen im Verwandtschaftsnetz herleiten.[16]

Im Rahmen eines Kongresses unter dem ein Gegensatzpaar suggerierenden Titel „Natur – Kultur" liegt die Anmerkung nahe, daß diese sozialen Tatsachen in europäischen Kulturen regelmäßig durch Rückgriff auf „natürliche Tatsachen" legitimiert und mit Dauerhaftigkeit ausgestattet werden. Wie der Blick auf völkerkundliche Studien von Verwandtschaftssystemen in anderen Kulturen belegt, besteht die „Exotik" europäischer Verwandtschaftskonzepte gerade darin, daß sie sich auf biologisches Wissen über Reproduktion und Vererbung berufen, ein Zusammenhang, der meist mit der Metapher des „gemeinsamen Blutes" thematisiert wird: Verwandtschaftsbeziehungen seien deshalb besondere soziale Beziehungen, weil „Blut" eben nun einmal „dicker als Wasser" sei.[17] Volkskundlich zu erläutern ist jedoch nicht nur, wie diese Selbstevidenz von Verwandtschaftsbeziehungen durch den Kurzschluß völlig unterschiedlicher Domänen hergestellt wird, sondern auch, was die Folgen dieser Rochade der beiden Großkonzepte Kultur und Natur sind.

Verwandtschaft erscheint in europäischen Kulturen als ein „hybrides Konzept",[18] in das interaktive, soziale Klassifikationen, mit nicht-interaktiven, biologischen Klassifikationen untrennbar verwoben sind. Beide Elemente machen Verwandtschaft zu einem

---

16 Verwandtschaft regelt jedoch nicht nur die Beziehungen im definierten „Binnenbereich" der Familie in einem positiven Sinn, sondern es werden gleichzeitig – etwa über das Inzest-Verbot – negative Sanktionen für Beziehungen etabliert: vgl. Brigitta Hauser-Schäublin: Humantechnologien und die Konstruktion von Verwandtschaft. In: Kea. Zeitschrift für Kulturwissenschaften 11/1998: Körperbilder – Körperpolitiken, S. 55-73.

17 Auf die Gründe dieser kulturellen Spezifik, die vor allem auf die Definitionsmacht der christlichen Kirchen zurückgeführt werden, kann hier nicht näher eingegangen werden. Vgl. hierzu insbes. Jack Goody: Die Entwicklung von Ehe und Familie in Europa. Frankfurt/M. 1989; Françoise Zonabend: An Anthropological Perspective on Kinship and the Family. In: André Burguière et al. (Hg.): A History of the Family Vol. 1: Distant Worlds, Ancient Worlds. Cambridge 1996, S. 8-68.

18 Strathern, Parts and Wholes (wie Anm. 1), S. 16.

Konzept, das nicht nur in besonderer Weise geeignet ist, Personen sowohl als Individuen als auch in einem Netz von Relationen zu definieren,[19] sondern diesen Beziehungen auch ihren sozialen und damit stets kontingenten Charakter zu nehmen. Indem der *soziale* Grund der Verwandtschaftsbeziehungen geleugnet wird, ist Verwandtschaft als ein scheinbar vorsozialer, stabilitätsversprechender Integrationsmodus moderner Gesellschaften besonders privilegiert.[20] Diese Essentialisierungsstrategie war kulturell so erfolgreich, daß sie nicht nur auf der Ebene von Familien, sondern auch auf größere soziale Einheiten übertragen wurde. Als „Politik des Blutes", wie Brigitta Hauser-Schäublin diese Ausweitung der Blutmetapher einmal genannt hat,[21] dient sie in komplexen Gesellschaften als einer der Mechanismen, mit dem soziale und nationale Grenzen definiert, institutionalisiert und legitimiert werden. Verwandtschaft – ob im wörtlichen oder im metaphorisch auf Staatlichkeit ausgeweiteten Sinne – stellt auch in komplexen Gesellschaften einen bedeutenden sozialen Integrationsmechanismus dar. Die Intensität der Klage über den Zerfall der Familie, die in industrialisierten, westlichen Gesellschaften seit ihrem Bestehen geführt wird, belegt ihren bleibend zentralen Stellenwert als „intermediäre Institution": Blut erscheint gerade auch in nachmodernen Gesellschaften dicker als Wasser.[22]

Dieses Stabilitätsversprechen wird das Konzept Verwandtschaft auch angesichts der genetischen Herausforderung grundsätzlich behaupten können. Allerdings ist mit bedeutenden Transformationen zu rechnen, weil Verwandtschaft – wie erläutert – in ihrer europäischen Konzeption durch den Rekurs auf Biologie hochgradig von Veränderungen in der biologischen Wissensbasis abhängt. Fortschritte der Genetik können dazu führen, daß statt des Verweises auf gemeinsames Blut auf geteilte Gene verwiesen wird. Dieser Wechsel der Metapher kann jedoch bedeutende Konsequenzen in Bezug auf die Definition von Nähe in Verwandtschaftsnetzen nach sich ziehen. Ich möchte dies erläutern, indem ich am Beispiel des Dorfes Athienou die Auswirkungen genetischen Wissens auf Verwandtschaftsbeziehungen in Aktion beschreibe – beim Arrangement von Ehen und bei Entscheidungen, sich auf den Trägerstatus von Cystischer Fibrose testen zu lassen oder nicht.

Verwandtschaftsbeziehungen „in Aktion"

Die transformative Wirkung neuen Wissens konkurriert mit bedeutenden Modernisierungsprozessen, die in Zypern seit den letzten 30 Jahren etablierte Praxen, normative Orientierungen und alltägliche Lebenswelten stark verändert haben. Ich möchte mich in zwei Schritten der Beantwortung der Frage nähern, welche Auswirkungen genetisches Wissen auf zypriotische Verwandtschaftskonzepte und -praxen haben kann: Zunächst werde ich traditionale Heiratsstrategien und Konzepte der Blutsverwandtschaft, damit

---

19 Marilyn Strathern: Regulation, substitution and possibility. In: Jeanette Edwards, Sarah Franklin, Eric Hirsch, Frances Price, Marily Strathern: Technologies of Procreation. Kinship in the Age of Assisted Conception. Manchester 1993, S. 154.
20 Vgl. Joâo de Pina-Cabral: The primary social unit in Mediterranean and Atlantic Europe. In: Journal of Mediterranean Studies 2:1/1992, S. 25-41.
21 Brigitta Hauser-Schäublin: Politik des Blutes: Zur Verkörperung sozialer Ungleichheit als naturgegebene Verschiedenheit am Schnittpunkt zwischen Geschlecht, Klasse und Rasse. In: Zeitschrift für Ethnologie 20/1995, S. 31-49.
22 Vgl. zur Bedeutung der Familie als einer „intermediären Institution" die Beiträge in Thomas Luckmann: (Hg.): Moral im Alltag. Sinnvermittlung und moralische Kommunikation in intermediären Institutionen. Gütersloh 1998.

verbundene Vorstellungen von biologischer Vererbung und Heiratsverbote skizzieren. Danach möchte ich an empirischem Material beschreiben, wie sich biomedizinisches Wissen auf konkrete Heiratsstrategien und Gesundheitsvorstellungen auswirkt.

Dieses empirische Material ist Resultat einer kulturvergleichend angelegten Forschung, die in der Bundesrepublik und der Republik Zypern der Produktion humangenetischer Fakten in wissenschaftlichen Labors, ihrer Vermittlung etwa durch genetische Beratung und Medien sowie der Rezeption durch Laien nachgeht. Wie schon bisher werde ich im Folgenden die komparatistische Perspektive implizit lassen und mich allein auf die Ergebnisse zweier Feldforschungsaufenthalte in Zypern stützen. Neben teilnehmenden Beobachtungen in Forschungslabors und medizinischen Einrichtungen führte ich Gespräche mit Ärzten, Gemeinde- und Schulvertretern, besonders aber mit Dorfbewohnern in Athienou.

Hintergrund dieser Gespräche war, daß bei dem eingangs erwähnten Screening der Schulkinder eine unerwartet hohe Zahl von Trägern des Gens für Cystische Fibrose entdeckt worden war, weshalb die Gesundheitsbehörden in Zusammenarbeit mit dem Institut für Genetik ein sogenanntes „Präventionsprogramm" initiierten: Alle Dorfbewohner im Alter zwischen 18 und 45 wurden aufgerufen, an einem erneuten genetischen Screening teilzunehmen, um auf dieser Grundlage Entscheidungen für ihr „Reproduktionsverhalten" treffen zu können. Meine Gespräche mit den Dorfbewohnern fanden ca. zwei Monate nach Bekanntgabe der Ergebnisse statt und umfaßten je 15 Personen aus drei Gruppen: Teilnehmerinnen und Teilnehmer des Tests, die nicht als Träger identifiziert worden waren, Personen, die als Träger eines Gens für Cystische Fibrose diagnostiziert worden waren und schließlich Personen, die aus unterschiedlichen Gründen nicht an dem Test teilgenommen hatten. Meine Gesprächspartner waren zwischen 18 und 45 Jahren alt, Männer und Frauen waren in gleicher Anzahl vertreten.

Athienou ist mit knapp über 4.000 ausschließlich griechisch-orthodoxen Einwohnern ein für zypriotische Verhältnisse untypisch großes Dorf. Wegen seiner geographisch günstigen Lage und weil es über genügend eigenes Wasser verfügte, erlebte das Dorf schon seit Mitte des 19. Jahrhunderts eine anhaltende ökonomische Blüte, die für die Bevölkerung eine ausreichende Lebensgrundlage bot und eine starke Abwanderung verhinderte. Das von ausschließlich griechisch-orthodoxer Bevölkerung bewohnte Dorf war historisch von einem Kranz ärmerer Siedlungen mit türkischsprachiger Bevölkerung umgeben, Dörfer, zu denen die Athieniten lediglich lose ökonomische Beziehungen unterhielten. 1974 wurde diese selbstgewählte kulturelle und soziale Isolation des Dorfes vom Umland durch die türkische Invasion, die erst kurz vor der Ortsgrenze Halt machte, in eine Zwangsisolation verwandelt: Seitdem ist Athienou völlig von der Pufferzone zwischen dem türkischen Norden und dem griechischen Süden umschlossen, in der die UN die für Zyprioten beider Seiten unpassierbare Demarkationslinie sichert. Daß es nach 1974 nicht zu einer intensiven Abwanderung aus dem eingekesselten Dorf kam, ist vor allem der Tatsache geschuldet, daß die prosperierende Landwirtschaft ebenso wie weiterverarbeitendes Gewerbe einer größeren Zahl von Athieniten ein gutes Auskommen bot und die Regierung durch Vergabe günstiger Baudarlehen dazu beitrug, daß das Dorf auch für auswärts arbeitende Bewohner ein attraktiver Wohnort blieb. Und nicht zuletzt sorgt Lokalpatriotismus dafür, daß ein Wegzug aus dem Dorf als sozial unangemessenes Verhalten beurteilt wird.

Nahezu alle Ehen in Athienou werden zwischen Personen geschlossen, die im Dorf geboren sind; die neu gegründeten Familien lassen sich im Ort selbst nieder. Diese Heiratsstrategien im Dorf gehen einher mit negativen Sanktionen gegenüber denjenigen, die dieses Endogamie-Prinzip verletzen: Heiratet etwa ein junger Mann aus Athienou eine Frau aus einem anderen Ort, so hat er und seine Familie rufschädigende Kommentare zu fürchten, ob er etwa nicht „gut genug" für eine Ehe mit einer Frau aus Athienou gewesen sei.[23] Was in den Selbstdeutungen der Dorfbewohner damit überwiegend als Ausdruck einer lokalpatriotischen Gesinnung erscheint, ist als soziale Strategie in der agrarischen Knappheitsökonomie verwurzelt und verweist darüber hinaus auf ein komplexes Zusammenspiel unterschiedlicher sozialer und symbolischer Faktoren.

Der Vorrang, der Eheschließungen innerhalb des Dorfes gegeben wurde, ermöglichte, daß das bei der Eheschließung vom Bräutigam eingebrachte Land und das von den Brauteltern auf einem eigenen Grundstück zu errichtende Haus für die künftige Familie eine ausreichende Lebensgrundlage im Dorf boten. Wichtiger Hintergrund ist hierbei, daß bis vor wenigen Jahren Heiraten ausschließlich durch die Eltern, in der Regel ohne Wissen und Zustimmung der Brautleute arrangiert wurden; erst seit den 70er Jahren wurde Männern gelegentlich, später auch Frauen ein Vetorecht eingeräumt.[24] Als Kriterien eines erfolgreichen Ehearrangements wurden der ökonomische, soziale und moralische Status der je anderen Familie angesehen, wobei diese Kriterien stets kreativ gegeneinander ausgespielt werden konnten, um Aufstiegsstrategien zu verfolgen: Ökonomische Handicaps ließen sich etwa durch soziales Ansehen ausgleichen. Heiratsarrangements bedeuteten damit zugleich immer auch eine gegenseitige kritische Überprüfung des sozialen und ökonomischen Status' der beiden Familien, weswegen die Verhandlungen streng geheim und vertraulich geführt wurden: Die Ablehnung eines Heiratsangebotes bedeutete gleichzeitig einen möglichen Gesichtsverlust der ganzen Familie.[25] In der bis vor wenigen Jahren agrarisch geprägten Gesellschaft Zyperns, in der demonstrativer Konsum entweder nicht möglich war oder als unschicklich galt, diente der Heiratsmarkt als *das* Feld sozialer Distinktion.[26]

Bereits im Vorfeld der Heiratsverhandlungen spielte dabei eine zentrale Rolle, ob in der jeweiligen Familie Krankheiten auftraten. Daß sich die Familien im Dorf kontinuierlich daraufhin beobachten, wurde von fast allen meinen Gesprächspartnern geschildert; ein typisches Zitat: „Sie schauen sich die Familienlinie (*gennia*) an. Man weiß, was die anderen in den Häusern haben."[27] Vor dem Hintergrund dieser strikten gegenseitigen Beobachtung verwundert es nicht, daß versucht wird, Gesundheits-

---

23 Diese Einstellung entspricht dem auch von Paul Sant Cassia (Property in Greek Cypriot Marriage Strategies, 1920–1980. In: Man, 17:4/1982, S. 643-663, s. S. 645) beschriebenen Muster in einer anderen Region der Insel: Ehepartner aus Nachbarorten wurden als moralisch suspekt angesehen, weil ihr sozialer Hintergrund niemals vollständig bekannt sein konnte: „They were referred to, jokingly, as shillokualima (a dog brought to the village), and their position was emphasised in a whole series of rituals, the most important being a mock beating of the groom's party ..."
24 Vgl. Peter Loïzos: Changes in Property Transfer among Greek Cypriot Villagers. In: Man 10/1975, S. 503-523, hier S. 511.
25 Vgl. ebd. S. 513f. Diese Vertraulichkeit ist jedoch nicht notwendig mit gegenseitigem Vertrauen gleichzusetzen: Die Geheimhaltung eröffnete gleichzeitig eine offenbar nicht selten auch genutzte Option zum Betrug – oder zumindest zur Behauptung, man sei betrogen worden: etwa durch falsche Angaben zu den Vertrags- und Vermögensgegenständen. Gelegentlich soll sogar die „Vertauschung" von Bräuten vorgekommen sein, ein Fall, der durch die strikte Praxis erleichtert wurde, junge Frauen nicht in die Öffentlichkeit zu lassen; s. hierzu Sant Cassia, Property (wie Anm. 23), S. 655, sowie Loïzos, Changes (wie Anm. 24), S. 508.
26 Vgl. hierzu insbes. die Studie des zypriotischen Sozialanthropologen Vassos Argyrou: Tradition and Modernity in the Mediterranean. The wedding as symbolic struggle. Cambridge 1996.
27 Interview Christalla K. So neutral in der Wortwahl werden indes im Dorf diese Zusammenhänge nicht thematisiert – ein gewöhnlich gewählter Ausdruck ist *kalo ratsa*, eine gute Brut.

probleme von Familienmitgliedern selbst gegenüber der näheren Verwandtschaft zu verbergen. Erschwerend kommt hinzu, daß als Ursache vieler, insbesondere aber erblicher Krankheiten eine Mischung des Blutes unter Verwandten angesehen wurde.[28] Daß diese Vorstellungen immer noch wirksam sind, wird dadurch belegt, daß auf die Frage, was denn die Fälle von Cystischer Fibrose in Athienou hervorgerufen hätten, alle Befragten ohne zu zögern antworteten: durch *eímomiksia*.

Eímomiksia, was annähernd mit Inzest oder Blutschande übersetzt werden kann, wird nach dieser Vorstellung durch Heirat oder Geschlechtsverkehr zwischen Verwandten (*sói*) verursacht. Wer als Verwandter gilt und folglich unter das Inzest-Tabu fällt, ist dabei eigentlich durch das kanonische Recht der griechisch-orthodoxen Kirche abschließend geregelt: Eheschließungen zwischen Personen, die bis zum fünften Grad verwandt sind, sind demnach sündige Beziehungen und verboten. Hieraus ergibt sich etwa, daß ein Cousin zweiten Grades oder der Sohn eines Cousins ersten Grades als Ehepartner nicht in Frage kommen. Diese Regelung ist unstrittig, sie wird jedoch in der Vorstellung von Laien dadurch ausgeweitet, daß auch bei entfernteren Verwandten eine schwache Blutsbeziehung fortbestehe. Auch Verwandte über den siebten Grad hinaus seien durch gemeinsames Blut noch verbunden.[29] Dem entspricht die Vorstellung, daß das Blut von Generation zu Generation mit fremden Blut gemischt werden muß, um sich – quasi durch beständige Verdünnung – zu erneuern. Gefährlich ist es hingegen, wenn entfernte Verwandte heiraten – hierdurch, so die Vorstellung, schließe sich ein Kreis (*kleínei o kyklos*), und das Blut komme zurück (*gyrízei tò eíma*) – mit verheerenden Folgen: Unglück, Tod und die Infizierung der Verwandtschaft (*molynetai tò sói*) seien die Folge.[30]

Erst vor dem Hintergrund dieser Vorstellungen und der traditionell im geschlossenen Zirkel des Dorfes arrangierten Heiraten wird klarer, welche Assoziationen mit der Nachricht von der Entdeckung einer gefährlichen Erbkrankheit in Athienou für die Bewohner verbunden waren: Sie interpretierten dies als eine Folge einer von der Kirche zwar sanktionierten, aber moralisch trotzdem verwerflichen sozialen Praxis. Die wissenschaftlich wohl zutreffenden Erläuterungen der Genetiker verstärkten diese Interpretation sogar noch: Demnach sei die Häufung der Fälle Cystischer Fibrose im Dorf durch einen „founder effect" ausgelöst worden, die langsame Anreicherung eines Gens in der Population durch jahrhundertelange Endogamie im Dorf. Aber auch durch humangenetische Praxen wurde das blutmetaphorische Erklärungsmodell gestützt: Die Genetiker hatten Blut entnommen und Stammbäume gezeichnet, für sie eine Standardprozedur, die auf die Identifizierung von Vererbungswegen gerichtet war. Im Dorf jedoch wurden diese Bluttests als Mittel interpretiert, inzestuöse Beziehungen zu entdecken. Während das populationsgenetische Konzept des Gründer-Effektes eine rein statistische, moralfreie Erklärung eines biologischen Phänomens darstellt, impliziert die anscheinend das gleiche Phänomen erklärende, von den Laien angewandte Blut-Metaphorik starke moralische Werturteile.

Die genetische und die blutmetaphorische Interpretation der Häufung der Erbkrankheit im Dorf gehören hierbei unterschiedlichen *Domänen* an, ein Begriff, mit dem die britische Sozialanthropologin Marilyn Strathern relativ geschlossene Einheiten von Praxen und Wissensbeständen bezeichnet, die unterscheidbare und relativ abge-

---

28 Vgl. hier und im Folgenden Juliet Du Boulay: The Blood: Symbolic relationships between descent, marriage, incest prohibitions and spiritual kinship in Greece. In: Man 19/1984, S. 533-556.
29 Dies wird durch die Ausdrücke *lígo sói* oder *vastáei fléva* ausgedrückt; vgl. ebd. S. 536.
30 Vgl. ebd. S. 543.

schlossene Weisen der Kontextualisierung von Phänomenen und Erfahrungen ermöglichen.[31] Während wissenschaftliche „domaining strategies" durch strikt rationale Denkstile und spezifische Praxen charakterisiert sind, sind für den Alltag gerade kreative Assoziationen oder analoge sowie metaphorische Denkstile typisch, die unterschiedliche Domänen kreativ miteinander verknüpfen – eine Strategie, die Wissenschaftler, insbesondere Naturwissenschaftler, stets sehr beunruhigend finden: Die zypriotischen Humangenetiker waren von den durch die Laien gezogenen moralischen Schlüssen gelinde gesagt irritiert – sie buchten sie unter der Kategorie „Mißverständnisse" ab und schlossen sie so aus dem Bereich ihrer Zuständigkeit aus. Ich denke, diese Inkompatibilität zwischen wissenschaftlichen und alltäglichen Denkstilen, zwischen unterschiedlichen Arten des „domaining" und damit zwischen unterschiedlichen Weisen der Konstruktion von Welt, verweist auf generell bedeutsame Prozesse bei der Vermittlung von Wissen, die bislang kulturwissenschaftlich jedoch zu wenig beachtet wurden.[32] An zwei Punkten möchte ich dies abschließend konkretisieren.

Analoge und digitale Nähe in Verwandtschaftsnetzen

Blut ist in zypriotischen Laienvorstellungen diejenige nicht-interaktive Substanz, die soziale Beziehungen zwischen Verwandten in sehr spezifischer Weise fundiert, indem deren „gemeinsames Blut" kontinuierlich mit fremden Blut gemischt werden muß, ein Prozeß, in dem Blut wie Verwandtschaft über die Generationen hinweg zunehmend eine Art homöopathische Verdünnung erfährt. Blut ist mithin eine Substanz, die „analoge" Eigenschaften hat: je ähnlicher das Blut, desto enger die Verwandtschaftsbeziehungen. Demgegenüber ist die moderne Humangenetik durch ein „digitales" Konzept der Vererbung charakterisiert: Gene werden als *Informationseinheiten* verstanden, die selbst keinerlei substanzhafte Eigenschaften aufweisen.[33] In diesem informationstheoretischen Konzept gibt es kein Vokabular für allmähliche, analoge Übergänge: Genetische Information ist entweder vorhanden oder nicht. Während Blut als Metapher die Kalkulation von gradueller „Nähe" ermöglicht, privilegiert die Populationsgenetik „ferne" Verbindungen – etwa zwischen einer Ausgangsmutation und deren Verbreitung in einer „Bevölkerung".

Ein solches Konzept hat mithin ambivalente Wirkungen auf ein blutsbasiertes Verwandtschaftskonzept. Nahe Verbindungen werden gelegentlich irrelevant, entfernte

---

31 Vgl. Strathern, Regulation (wie Anm. 19), S. 134f.
32 Der hier vorgestellte Ansatz steht damit im Gegensatz zu den in der Medizinvolkskunde lange Zeit vorherrschenden Generalinterpretamenten, die Eberhard Wolff („Volksmedizin" – Abschied auf Raten. Vom definitorischen zum heuristischen Begriffsverständnis. In: Zeitschrift für Volkskunde 94/1998, S. 233-257, s. S. 241) durch die Positionen der „Expansionisten" und der „Elimisten" charakterisiert sieht: Volksmedizinische Konzepte und Praxen, die stets im Gegensatz zur offiziellen Medizin verstanden worden seien, galten in diesen Interpretationen als bedrängt oder bereits verdrängt.
33 Vgl. etwa Evelyn Fox Keller: Das Leben neu denken. Metaphern der Biologie im 20. Jahrhundert. München 1998. Lee Silver, einer der bekanntesten Populationsgenetiker und Verhaltensbiologen der USA, etwa verwirrt seine Studenten in Anfängervorlesungen nach eigenen Aussagen stets mit der Frage, wieviel DNA sie von ihren Eltern geerbt hätten. Die übliche Antwort (je 50%) kontere er dann mit der Aussage: falsch, keine! und dem Hinweis auf den reinen Informationscharakter der Gene: die Sequenzinformation der Gene in Datenbanken, die mittels Computern übertragen werden könne, *sei* das Gen, nicht die jeweilige *Trägersubstanz* – etwa die permanent dem Stoffwechsel unterliegenden DNA-Ketten oder die jeweiligen Festplatten.

können an Bedeutung gewinnen: So empfanden viele der als Träger des Gens für Cystische Fibrose Identifizierten es als verwirrend, wenn ihre Geschwister nicht betroffen waren – Geschwister, mit denen sie doch „eines Blutes" (*eínai aímo*) sind. Gleichzeitig fühlten sie sich veranlaßt, Beziehungen zu anderen, von ihnen bislang als nicht verwandt betrachteten Trägern nachzuspüren oder sogar einen Bezug zu dem von den Genetikern erwähnten imaginären „founder" herzustellen. Eine solche „genetische Selbstkonstruktion" kann damit einerseits individualisierend in Bezug auf das Familienkollektiv wirken und andererseits neue Relationen zu einer abstrakten, zeitlich viele Jahrhunderte umfassenden Population von Trägern des Gens herstellen. Damit wird nicht nur der bislang unschuldige Umgang mit dem alles andere als unschuldigen Konzept des „gemeinsamen Blutes" irritiert, sondern die bislang fraglos gültige biologische Grundlage der sozialen Beziehungen, mit der sich Nähe und Ferne so selbstevident begründen ließ, verliert an Eindeutigkeit.

Die Frage bleibt jedoch, welche Folgerungen aus dieser Verunsicherung der Verwandtschaftskonzepte gezogen werden. Für die meisten meiner Gesprächspartner schienen die Forschungsergebnisse der Genetiker eine allgemeine Weltsicht zu bestätigen: Es gebe, so etwa ein ca. 40jähriger Familienvater, für nichts eine Sicherheit. Als besonders beunruhigend wird dabei empfunden, daß das Endogamie-Prinzip in Bezug auf das Dorf gerade Resultat einer Sicherheitsstrategie ist – nur so könne man einigermaßen sicher beurteilen, wie die andere Familie sozial und ökonomisch dastehe. Doch nun erwiesen sich Heiraten innerhalb des Dorfes auch außerhalb des Verwandtenkreises als riskant. Es mag überraschend klingen, daß hieraus jedoch nicht etwa abgeleitet wurde, daß das Endogamie-Prinzip aufzugeben sei. Schließlich – so die Mehrheit der Gesprächspartner – gäbe es keine Garantie, daß Cystische Fibrose in anderen Gemeinden Zyperns nicht vorkomme; dort hätten nur noch keine Untersuchungen stattgefunden. Der Vorteil Athienous bestehe doch gerade darin, daß die jungen Leute alle einen Test gemacht hätten und so bereits vor der Ehe bekannt wäre, wer Träger sei und wer nicht. Haltungen wie diese interpretiert der britische Anthropologe Charlie Davison als Vorboten einer auf immer mehr Lebensbereiche übergreifenden „measure and manage"-Kultur, der Tendenz, etwa anstehende Entscheidungen auf der Grundlage biomedizinischer Tests möglichst rational nach Chancen und Gefahren abzuwägen.[34] Diese auf den ersten Blick plausible Diagnose impliziert jedoch mehrere problematische Annahmen; um nur drei zu nennen: Alltagsentscheidungen würden traditionell nach weniger rationalen Kriterien getroffen; Wissenschaft stelle demgegenüber rationale Entscheidungsgrundlagen zur Verfügung. Und schließlich, angewandt auf das zypriotische Fallbeispiel: westliche Biowissenschaft rationalisiere nicht-westliche Kulturen.

Gerade traditionale zypriotische Eheschließungsarrangements sind jedoch, wie ich zu zeigen versuchte, durch außergewöhnliche, an ökonomischen Kriterien orientierte Rationalitätsanstrengungen gekennzeichnet. Vor diesem Hintergrund wird die zunehmende Verbreitung des Konzeptes der „romantischen Liebe" bei den unter 20jährigen von deren Eltern als bedrohlicher, zumindest aber irritierender westlicher Irrationalitätsimport angesehen. Während meine älteren Gesprächspartner generell skeptisch waren, ob sich auf einem flüchtigen Gefühl eine lebenslange Partnerschaft

---

34 Charlie Davison: Predictive genetics: the cultural implications of supplying probable futures. In: Theresa Marteau, Martin Richard (Hg.): The Troubled Helix. New York 1996, S. 317-330. Dorothy Nelkin und Laurence Tancredi (Dangerous Diagnostics. The Social Power of Biological Information. New York 1989) sprechen gleichsinnig von einem in westlichen Industriegesellschaften entstehenden „actuarial mind-set", einer Versicherungsmentalität in bezug auf natürliche Prozesse.

aufbauen ließe, zeigten die um 30jährigen immerhin Verständnis für das Bestreben der Jugendlichen, unabhängige Entscheidungen treffen zu wollen. Hintergrund dieser Auseinandersetzung zwischen den Generationen sind jedoch nicht nur symbolische Kämpfe oder Autonomiebestrebungen. In dem sich zur Dienstleistungsgesellschaft umstrukturierenden Zypern zählen klassische ökonomische Kriterien für eine „gute Partie" zunehmend weniger. An ihre Stelle treten Kriterien wie etwa die bevorzugt im Ausland erworbenen Universitätsabschlüsse oder die kulturelle Kompetenz, sich in den rapiden Modernisierungsprozessen zu behaupten. Sicherheit durch Landbesitz oder Wahrung des sozialen Status mögen als Kriterien für Eheschließungen damit an Plausibilität verlieren, zwischen Eltern und Jugendlichen besteht jedoch Einigkeit darin, daß vor der Ehe ein Gentest gemacht werden müsse: Für die Elterngeneration wird mit ihm ein Rest Rationalität gegen die Übermacht der Liebe verteidigt, für ihre Kinder ist der Ausschluß von Gesundheitsproblemen die Voraussetzung eines gemeinsamen, glücklichen Lebens.

Obwohl noch abzuwarten gilt, ob sich „Liebe" als sozial anerkanntes, rationales Ehekriterium durchsetzen wird,[35] ist ein bereits jetzt erkennbarer, nicht unerheblicher Nebeneffekt, daß die zuvor gepflegte Geheimhaltung in Gesundheitsfragen aufgegeben wird: Hatten fast alle Befragten von früher üblichen Betrugsgeschichten gehört, bei denen Eltern Krankheiten der Kinder gegenüber der Familie des Ehepartners verheimlicht hatten, wird nun rückhaltlose Ehrlichkeit gefordert und auch praktisch umgesetzt: Denn nicht mehr die Eltern sind für das Ehearrangement zuständig, sondern die Brautleute sind sich – so verlangt es der Codex der Liebe – direkt moralisch zur Ehrlichkeit verpflichtet.[36]

Schluß

Wie in anderen Gesellschaften läßt sich auch in Zypern gegenwärtig beobachten, wie abstraktes humangenetisches Wissen von sozialen Akteuren für ihre Zwecke angeeignet und auf konkrete soziale Situationen bezogen wird, die keineswegs statisch sind. Parallel zur Durchsetzung dieses sicherlich alles andere als „neutralen" Wissens erfolgt dessen Aneignung vor dem Hintergrund eigener Relevanzsetzungen, kultureller Orientierungen und sozialer Muster, die es verbieten, von einem einfachen linearen, deterministischen Wirkungszusammenhang zwischen Wissen und kulturellen Praxen auszugehen.

Sowohl auf konzeptueller wie auch auf praktischer Ebene stellen humangenetische Verfahren wie Gentests und genetische Konzepte der Vererbung neue Optionen zur Verfügung, die zu einer Transformation der Körperlichkeit beitragen, für die ich zwei hochgradig aufeinander bezogene Begriffe als charakteristisch ansehe: Flexibilität und Reflexivität. *Flexibilität* des Körpers verweist auf dessen Umgestaltbarkeit, indem von

---

35 Junge Zyprioten/innen ziehen inzwischen Liebe als Heiratsgrund vor und räumen statt ererbten Verwandtschaftsbeziehungen gewählten Freundschaftsbeziehungen den Vorrang ein, vgl. Argyrou (wie Anm. 26), insbes. S. 104ff.
36 Dies wurde bereits ab Mitte der 70er Jahre, mit der Durchsetzung des verbindlichen Screening-Programmes für die in Zypern stark verbreitete Blutkrankheit Thalassaemie, allmählich Usus. Auf die zahlreichen, kulturell und sozial folgenreichen Effekte dieses Zwangs-Screenings der gesamten Bevölkerung kann hier jedoch nicht weiter eingegangen werden. Vgl. Michael Angastiniotis, Sophia Kyriakidou, Minas Hadjiminas: How Thalassaemia was controlled in Cyprus. In: World Health Forum 7/1986, S. 291-297.

den Akteuren neue Optionen wahrgenommen und neue Praxen entwickelt werden.[37] Und Körper werden reflexiv, indem dabei zunehmend auf wissenschaftlich hergestelltes Wissen über diesen Körper zurückgegriffen und damit älteres Körperwissen ergänzt, modifiziert oder verdrängt wird. Sowohl kognitiv wie auf der Ebene alltäglicher Praxen wird der menschliche Körper durch die Humangenetik transformiert; er ist am Ende des 20. Jahrhunderts mit den Worten der Medizinanthropologin Nancy Scheper-Hughes zu einer „primary action zone"[38] geworden. Diese Transformation ist jedoch eine Umgestaltbarkeit mit Grenzen: sie stößt ebenso auf unveränderbar Biologisches wie auf etablierte Praxen, hergebrachte Denkstile und andauernde Normativitäten. Das Produkt dieses komplexen Prozesses möchte ich – weil mir momentan bessere Begriffe fehlen – als *reflexiblen Körper* bezeichnen. Dieser Ausdruck scheint mir genauer zu sein als die Rede vom „sozial konstruierten Körper" und hat – in seiner bewußt häßlichen Diktion – den besonderen Vorteil, als Erinnerung und Ansporn dienen zu können, die – wie ich behaupte – neuen Verhältnisse empirisch zu erkunden und auf den angemessenen Begriff zu bringen.

---

37 Vgl. Emily Martins Studie (Flexible Bodies. The role of immunity in American culture from the days of Polio to the age of AIDS. Boston 1994) zur Rekonzeption des Immunsystems angesichts der AIDS-Epidemie in den USA.
38 Nancy: Scheper-Hughes: Embodied Knowledge: Thinking with the Body in Critical Medical Anthropology. In: Robert Borofsky: Assessing Cultural Anthropology. New York 1994, S. 229-239, hier S. 229.

Lynn Åkesson

Does Gene Technology Call for a Gene Ethnology?
On the Goals of Knowledge and the Use of Concepts in Interdisciplinary Research

It is difficult to forecast the future. At a reasonable estimate, only about 20 per cent of predictions and futurological studies come anywhere close to the mark.[1] Even qualified insiders can be seriously wrong. For instance, one of the famous Warner Brothers (H.M.) said that talkies had no future. "Who the hell wants to hear actors talk?", he asked in 1927. Fifty years later, in 1977, Ken Olson, president, chairman and founder of Digital Equipment Corporation, declared that "There is no reason anyone would want a computer in their home." In the light of subsequent technological development, both these statements may be described as being, to say the least, rash. For example, Sweden today has the greatest density of personal computers in the world, with more than 50 per cent of the population aged between 12 and 79 connected to the Internet. And it is impossible to conceive of film without sound, unless it is a question of experimental form or modern nostalgia – the retro phenomenon.[2]

Another vision of the future proceeds from today's bioscience. It concerns the fact that we are now facing a change in our world-view which is just as thoroughgoing as when the idea of a flat earth was abandoned in favour of the round earth we know today. It is as sweeping a change in world-view as the breakthrough for Copernicus' insight that the earth was not the centre of the universe. Metaphors of this kind are put forward by serious scholars. Are they right, or will their statements seem as far from reality as the claim that silent movies would last forever? Whatever we choose to believe about the world-view of the future, it is an undeniable fact that modern biology and genetics provide us with new knowledge about the structure and development of human beings and other living organisms.

We are reminded almost every day in the media about how bioscience is expanding, even exploding, in terms of the speed with which our knowledge is developing. More and more diseases are having their genetic determinants charted. Plants can be given genetic material from animals, and animals can receive human DNA. People who died long ago can speak to us through their fossil DNA. Because of this, we now know that we are not related to the Neanderthals in the way that was formerly believed. That primeval population of Europe was of a different origin. The evidence seems to suggest that we, *Homo sapiens sapiens*, were originally Africans. Next year, five years earlier than expected, it is reckoned that the HUGO project, which aims to map the human genome, will be completed. A corresponding survey of animals, plants, bacteria, and viruses is already done or expected to follow. These and similar insights into the structure and composition of the smallest constituents of life must in the long term affect our self-image and perception of the relationship between nature and culture.[3]

---

1 Schnaars, Steven P.: Megamistakes: Forecasting and the Myth of Rapid Technological Change. New York 1989.
2 A recent example is the film *Juha* by the Finnish director Aki Kaurismäki (1999).
3 There are today essentially two major visions of the future. One is based on biotechnology, while the other (not considered in this text) proceeds from IT. For a discussion of visions of

Lynn Åkesson

Biology and culture

Biological and genetic knowledge is expanding, not just among scientists, but also among lay persons. Explanatory models borrowed from genetics and biology are having an increasing impact on the way people think about themselves. Explanations for both desirable and undesirable behaviours, musicality, or criminality, for example, tend to be sought today in a person's genetic make-up rather than in social and cultural conditions. Popular fiction, films like *Jurassic Park, The Boys from Brazil*, or the many disaster movies on the theme of "Nature hits back" testify to a fascination mingled with terror about what we can achieve with the techniques of modern genetics and biology.

The "bioscience revolution" that is already here may be expected in the near future to further stretch the limits to what we have become accustomed to viewing as natural and self-evident. This is a fact that scholars of culture must also relate to. In this paper I want to discuss how we as cultural scientists can meet the challenge that the development of bioscientific knowledge presents us with. Like Gísli Pálsson and Paul Rabinow,[4] I believe that anthropological and ethnological perspectives are necessary in order to deepen our understanding of the cultural consequences and ethical implications of biotechnology. In other words, it is easy to answer "yes" to the question in my title: „Does gene technology call for a gene ethnology?" But what kind of ethnology do we need to capture the relationship between culture and biology?

There are at least three ways to view this relationship. Two of them – one decidedly biologistic, whereby all culture may be said to derive from biological circumstances, the other decidedly constructivistic, according to which no reality outside that created by human beings is interesting – each represent an extreme. The tension between these outlooks has led to devastating scholarly controversies, especially in the USA, where one can speak of a "scientific war" waged mainly between the natural and the social sciences. Another way to describe the gap between the humanities and the natural sciences is to speak about "the two cultures".[5] These extremes, each in its own way, constitute a fundamentalist blind alley where dialogue and understanding between different scholarly traditions stops.

But there is a third outlook for which I want to argue here. Based on the interdisciplinary research project "Genetics, Gene Technology, and Everyday Ethics", which is in progress at the Department of European Ethnology, Lund University, I want to illustrate feasible ways by which we can learn from each other and carry on research across faculty boundaries. In the project we let humanistic and scientific perspectives contrast with and influence each other. The aim is to be open-minded, so that one can see biology in culture and culture in biology. The approach may be compared with the boundary-transcending thinking that Edward O. Wilson sums up in the term concilience. Concilience arises when scholars from different scientific traditions search together for explanations for human behaviour in its broadest sense.[6]

---

society and IT, see Orvar Löfgren, Magnus Wikdahl: Domesticating Cyberdreams, and Robert Willim: Semi-detached. Computers and Aesthetics of Ephemerality. Both essays in: Susanne Lundin, Lynn Åkesson (eds.): Amalgamations. Fusing Technology and Culture. Lund (in press).
4 Gísli Pálsson, Paul Rabinow: Iceland: the case of a national human genome project. Anthropology Today (in press).
5 Georg Klein: Korpens blick. Stockholm 1999.
6 Edward O. Wilson: Concilience. The Unity of Knowledge. Boston 1998.

Using some concrete examples taken from our work on the project, I want to discuss what our interdisciplinary experiences have yielded. I shall concentrate on how concepts are defined and metaphors are used, and what interdisciplinarity means for epistemological goals and the production of knowledge.

Interdisciplinary research in practice: Background

"Genetics, Gene Technology, and Everyday Ethics" started in 1997.[7] Its original core consists of five scholars, three ethnologists and two geneticists. One of the geneticists is a physician, the other a university researcher. The project has expanded through time. A further two ethnologists have joined, and several doctors with specialities such as transplantation surgery and neurobiology.

The project was initially aimed at human genetics. However, in the encounter with people's ideas about hereditary diseases, biomedicine, and genetic engineering, it became clear that the boundaries between human beings, animals, and plants is fluid. The project was therefore extended to include questions about plant genetics and food. Broadly speaking, our research now covers three main fields which combine the cultural and natural sciences: human genetics and medicine; plant genetics and food, and the role of the media in the debate about biology and genetics.

The reason for starting an interdisciplinary project in which people from different sciences are not just consulted on factual matters but also actively take part in both fieldwork and text production, was a mutual curiosity about the type of knowledge that could be generated in the encounter between different traditions of thought. This collaboration has been highly rewarding, albeit time-consuming and arduous. Many misunderstandings and stumbling blocks must be overcome before conceptual worlds and meanings can be more or less brought into line. We think that we are just at the start of a dialogue between "the two cultures", but despite initial difficulties in understanding each other, our collaboration augurs well for the future.[8]

One problem that must be mastered is the way the different scholarly traditions present their results. In their written form, there is a stark contrast between the ethnologists' literary exposés in essay form and the laconic language that links the diagrams and tables of statistics in scientific articles. The same problem exists in oral presentations at seminars and workshops. Whereas humanists find it tiresome and unnecessary to use overheads and slides which sometimes repeat verbatim what the speaker is saying, natural scientists feel insecure with the free form of lecture used by humanists. How can one know that it is true unless the data are presented in handy diagram form? Susanne Lundin aptly describes how this conflict between disciplinary traditions was illustrated at a lecture she gave to a medical conference. Although she had not used

---

7   The project, financed by the Bank of Sweden Tercentenary Foundation, is led by the ethnologists Susanne Lundin and Lynn Åkesson. It continues an established scholarly tradition at the Department of Ethnology in Lund, where, for instance, the research project „Transformations of the Body" has dealt with the links between nature and culture, health, body, and identity (see Jonas Frykman, Nadia Seremetakis, Susanne Ewert [eds.]: Identities in Pain. Lund 1996, and Susanne Lundin, Lynn Åkesson [eds.]: Bodytime. On the Interaction of Body, Identity, and Society. Lund 1996).

8   The first joint manifestation of the project will appear in the anthology „The Culture of Heritage – Essays on Genetics and Society". Susanne Lundin, Lynn Åkesson, Lynn (eds.): Arvets Kultur. Essäer om genetik och samhälle. Lund (in press).

either overheads or slides, the chairman thanked her with the words "Very interesting indeed. Nice data, and nice slides." The automatic coupling of words and images was later explained to her by a microbiologist: "We need data, you know, to *see* what's going on, otherwise it doesn't feel real".[9]

Another problem is of course the data themselves. Scientific data can be briefly characterised as quantifiable and measurable, and it must be possible to check the results by repeated experiments. Ethnological data often lack this possibility. For easily understandable reasons, for example, an interview cannot be repeated with exactly the same results. These fundamentally different ways of regarding what "facts" are have occasioned surprisingly little worries in our work. At bottom, probably all interdisciplinary research must involve accepting the way the other science defines what data are, in both qualitative and quantitative senses. The selection and interpretation of the data, on the other hand, can always be discussed and tested. On what basic assumptions does the interpretation rest? What are the – frequently unspoken – premises that govern the reasoning? A research team working across disciplinary boundaries has good chances of making visible the things that are taken for granted within a discipline and thereby enabling critical and self-critical reflection.

Interdisciplinary research in practice: The cultural immune system

Ethnologists quickly and readily borrow concepts from other scholarly traditions. The concepts tend to be used metaphorically and with a partly different meaning. One such concept is "immune system". If one is working with the problems of xenotransplantation, as Susanne Lundin is doing, one immediately comes into contact with questions concerning the immune system. Xenotransplantation means that cells or entire organs from animals are transplanted to humans for therapeutic purposes. In recent years a method has been developed whereby transgenic animals are used. This means that the animals are modified genetically with human DNA in order to suit the recipient better. Lundin's case involved following an experiment by which cells from the pancreas of a pig were injected into diabetics who were seriously ill. She interviewed the ten patients who were the subjects of the experiment, in an attempt to understand the personal and existential consequences resulting from the treatment. As with all kinds of transplantation, including transplantation of human organs and tissues, the body's immune system is activated to combat and reject the alien matter introduced into the body. The treatment therefore requires medication to block the immune system.[10]

The immune system is thus the body's frontier defence, which starts to function when the body is threatened by alien intruders. This can apply to cold viruses and to entire organs. This defence is built up of several different immune systems, specialising in specific tasks, such as healing wounds, combating viruses, etc. For ethnologists who work with people's cultural management of the problems of medical gene technology, it is also easy to think in terms of cultural immune systems. By linking a term from cultural science with one from natural science, one invokes the image of how not just a person's body but also his or her way of thinking, contains tools designed to handle the

---

9 Susanne Lundin, Lynn Åkesson: GenEthnology. On the hardships and rewards of interdisciplinary research. (Swedish version: GenEtnologi. Om tvärvetenskapens vedermödor och belöningar. In: *Kulturella Perspektiv 2/1999, 24ff.*).
10 Susanne Lundin: The Boundless Body: Cultural Perspectives on Xenotransplantation. In: Ethnos 64:1/1999, 5-31.

alien. The cultural immune system is thus the complex network of rules and attitudes dictating the ethical and moral boundaries for what should be done with the aid of gene technology. But the patients interviewed by Susanne Lundin had stretched these limits. Many of them were in principle against genetic modification of both plants and animals, but when it came to their own disease, they were prepared to renegotiate their stance. In an individual case, or to cure life-threatening diseases in general, they could renounce their principles of right and wrong. Just as medication suppresses the body's immune system, fear of death suppressed the cultural immune system. Neither the cultural nor the biological immune system was absolute. They could be influenced and adapted.

Despite this knowledge about the patients' ambivalent relationship to gene technology, Susanne Lundin writes that she was for a long time trapped in the conceptual model which is usually summed up in the cultural sciences as "The Other". Its basic assumption is the cultural ethnocentrism that makes people view other people, strangers and deviants –"the Others" – with suspicion and hate, or else idealise them.[11] The idea of "The Other" fits well with the idea of the cultural immune system which rejects the strange and abnormal or defines it out of existence. It was only when she saw with her own eyes the biological immune system in action – in an experiment to transplant pigs' hearts into monkeys – that she realised that the image of the immune system had been too one-sided. It lacked the capacity for adjustment and change. Biological adaptation can happen with the aid of technology when transplant recipients are given drugs to prevent rejection or when tissues are genetically modified. This also takes place on its own when male sperm unite with female eggs. According to the basic principle of the immune system, the foetus would otherwise be rejected since it contains components from the father which are alien to the mother's body.[12]

When transferred to the cultural sciences, the "immune system" is easily transformed into something static and unchanging. Culture can then, in a functionalist spirit, be seen as an organism that protects itself from damage and outside influence. With this meaning, the metaphor of the "cultural immune system" can easily be used for conservative, legitimating purposes. This risk accompanies the borrowing of several concepts from biology, when they are transferred to people's lived reality. The legitimation of gender roles with biological arguments is just one of many well-known examples of what happens when cultural practice is derived from biological difference.

This is far from being the goal of the interdisciplinary research that seeks to explore the complexity rather than to demonstrate simplified links between biology and culture. With a deeper understanding of what the concept of immune system represents in a biological sense, it became possible for us ethnologists to realise not just its boundary-preserving but also it flexible and dynamic cultural potential.

Interdisciplinary research in practice: Kinship and blood ties

As part of my own work on the project I have taken an interest in kinship.[13] In collaboration with the project's clinical geneticist I have followed people who have come to the

---

11 Edward W. Said: Orientalism. Harmondsworth 1985.
12 Lundin, Åkesson (see note 9).
13 Lynn Åkesson: Cloning - Crowning Glory of Creation? In: Niklas Öhrner (ed.): Aspects of Gene Technology. Report from an IVA seminar series 1997-98. Stockholm 1998, 52-57; Lynn Åkesson: Bound by Blood. New meanings of kinship and individuality in discourses of genetic

clinic for genetic counselling. It was clear at an early stage that the interest in kinship was an important link between ethnology and genetics, even though the epistemological goal and the purpose of the interest may differ.

A fascinating detail in the shared interest is the virtually identical way of drawing family trees. The only difference is the male symbol, for which the geneticists use a square, while anthropologists usually have a triangle. The use of a circle for females is the same, as is the way of connecting generations and the custom of drawing a line over deceased relatives. It is not certain whether this similarity is due to a common historical past. In genetic parlance, the kinship systems they draw are called "pedigrees", a concept with such self-evident status among geneticists that it is hardly ever explained. The term comes from the French *pied de grue*, "crane's foot". The metaphor refers to the way the different branches diverge, like a crane's foot.[14] This bird metaphor suggests a popular rather than a scientific origin.

But let us return to the primary epistemological goal of each of these scientific traditions as regards kinship. For ethnologists kinship is important for explaining the complex weave of rights and responsibilities that unite individuals in selected social and cultural contexts. Ethnologists regard kinship systems as specific products of their culture and their era. This means that the rules determining who is related and what this entails can vary considerably. In this sense, blood ties are not necessary for a person to be counted as being related. For example, in-laws are often regarded as relatives. We have learned from anthropological studies that people in some parts of the world count kinsfolk along only one bloodline, mostly the father's. People from the mother's bloodline are thus not relatives. Many more examples of variation could be cited. We can sum them up by saying that the social significance of the kin group is the aim of ethnological knowledge.

For easily understandable reasons, this cannot be the main thing for a geneticist. Only blood links are of interest when charting a hereditary disease. If the biological parents or other close relatives are unknown or impossible to reach, the doctor cannot draw the family tree that is needed to find out whether a certain disease is due to non-hereditary damage to the foetus or if it runs in the family. For a geneticist, kinship is an absolute category based on a genetic inheritance of equal parts from the father and mother. The aim of genetic knowledge is to establish biological bonds between individuals.

The interesting question, then, is whether the goals of knowledge in the two sciences are influenced by interdisciplinary work. Can we learn anything from each other in our view of kinship as mainly biological bonds or as cultural practice? I believe that we can. Two examples may serve to illustrate how the perspectives can enrich each other.

If one is interested as an ethnologist in present-day kinship, one cannot ignore the importance of blood ties. Today we can observe an increased focus on biological ties between people, partly at the expense of social ties.[15] This focus impels adoptive children to seek their biological roots, and childless people try with the aid of technology to have a child with a biological link with at least one of the parents.[16] The inter-

---

counselling. In: Linda Stone (ed.): New Directions in Kinship Studies (in press); Lynn Åkesson: Blodsband som förenar och förskräcker. In: Lundin, Åkesson: Arvets Kultur (see note 8).
14 Steve Jones, Boris Van Loon: Genetics for Beginners. Cambridge 1993.
15 Dorothy Nelkin, Susan Lindee: The DNA Mystique: The Gene as a Cultural Icon. New York 1995.
16 Susanne Lundin: Guldägget. Föräldraskap i biomedicinens tid. Lund 1997.

est in genealogy has increased dramatically since the 1970s, not just in Sweden but in the Western world as a whole.[17] There may very well be some association between the growing interest in biological origin and the fact that knowledge of genetic and biological matters has become deeper and broader, not just among experts, but also among the general public. If ethnologists are to understand why people are obsessed with tracing their ancestry, they must familiarise themselves with the genetic field of knowledge. What is possible when it comes to biological inheritance in a strict scientific sense? How are these scientific facts perceived and reinterpreted when they gain a foothold in people's everyday lives and are interpreted against the background of personal experiences? The biology of kinship is thus important for understanding the cultural practice which means that blood ties are so highly valued today.

On the other hand, clinical geneticists have a great deal to learn from the ethnological perspective of cultural analysis. This does not mean that doctors working with genetic counselling are ignorant of or insensitive to the social significance of kinship. On the contrary, their counselling sessions often bring up the social complications of kinship, and the doctor may face difficult ethical choices.[18] But by understanding the significance of kinship as social practice, seemingly irrational behaviour may become comprehensible. In kinship as practice, closeness and distance are established on other premises than biological ones. It may be a matter of who you like, who you communicate easily with, who you can benefit most from, or who you think you resemble most. Hostility and friendship, for example, can be of crucial importance for the possibility of informing relatives or being allowed to see a relative's medical records. The primary epistemological goal for the doctor – to clarify biological kinship – may thus be facilitated if the doctor is also aware of the cultural potential of kinship.

Kinship is a category that exists at the intersection between nature and culture.[19] It is therefore a good meeting place for the natural sciences and the humanities. The concept of kinship combines biology and culture in a way that opens for communication and discussion across disciplinary boundaries.

* * *

With these examples I have tried to show how interdisciplinary research can work, how different scientific traditions and perspectives can cross-fertilise each other, to use a metaphor taken from plant breeding. It is beyond doubt that ethnology is needed for understanding the cultural consequences that come in the wake of modern bioscience. The strong feelings provoked by genetics, gene technology, and biology are expressed, not least in the media and fiction, showing how fundamental moral and ethical values are challenged by the rapid expansion of biotechnology.[20]

And who would be better equipped to explore the ambivalence that people feel about new technology, new patterns of values, or even the world-views that both pre-

---

17 Lennart Börnfors: Anor i folkupplaga (in press).
18 Ulf Kristoffersson: Sjukdom, arv och ärftlighet. In: Susanne Lundin, Lynn Åkesson (eds.): Arvets Kultur. Essäer om genetik och samhälle. Lund (in press).
19 Marilyn Strathern: After Nature. English Kinship in the Late Twentieth Century. Cambridge1992.
20 Malin Ideland: Understanding Gene Technology through Narratives. In: Susanne Lundin Malin Ideland (eds.): Gene Technology and the Public. Lund 1997, 86-98; Malin Ideland: Från grottmänniska till cyborg. In: Lundin, Åkesson: Arvets kultur (see note 8).

cede technological innovation and are created by them, than humble ethnologists with a mind open to the natural sciences? The knowledge produced in, for example, biology and genetics also involves a challenge to ethnology, its concepts and methods. It is important to take up that challenge.

References

Åkesson, Lynn 1998: Cloning – Crowning Glory of Creation? In: Öhrner, Niklas (ed): *Aspects of Gene Technology. Report from an IVA seminar series 1997-98*. Stockholm: Royal Swedish Academy of Engeneering Sciences.

Åkesson, Lynn (in press): Bound by Blood. New meanings of kinship and individuality in discourses of genetic counselling. In: Stone, Linda (ed): *New Directions in Kinship Studies*. Rowman & Littlefield.

Åkesson, Lynn (in press): Blodsband som förenar och förskräcker. In: Lundin, Susanne & Åkesson, Lynn (eds): *Arvets Kultur. Essäer om genetik och samhälle*. Lund: Nordic Academic Press.

Börnfors, Lennart (in press): *Anor i folkupplaga*.

Frykman, Jonas & Seremetakis Nadia & Ewert, Susanne (eds) 1996: *Identities in Pain*. Lund: Nordic Academic Press.

Ideland, Malin 1997: Understanding Gene Technology through Narratives. In: Lundin, Susanne & Ideland, Malin (eds): *Gene Technology and the Public*. Lund: Nordic Academic Press.

Ideland, Malin (in press): Från grottmänniska till cyborg. In: Lundin, Susanne & Åkesson, Lynn (eds): *Arvets kultur. Essäer om genetik och samhälle*. Lund: Nordic Academic Press.

Jones, Steve & Van Loon, Boris 1993: *Genetics for Beginners*. Cambridge: Icon Books Ltd.

Klein, Georg 1999: *Korpens blick*. Stockholm: Bonniers.

Kristoffersson, Ulf (in press): Sjukdom, arv och ärftlighet. In: Lundin, Susanne & Åkesson, Lynn (eds): *Arvets Kultur. Essäer om genetik och samhälle*. Lund: Nordic Academic Press.

Lundin, Susanne 1997: *Guldägget. Föräldraskap i biomedicinens tid*. Lund: Historiska Media.

Lundin, Susanne 1999: The Boundless Body: Cultural Perspectives on Xenotransplantation. *Ethnos vol. 64:1 1999*.

Lundin, Susanne & Åkesson, Lynn (eds) 1996: *Bodytime. On the Interaction of Body, Identity, and Society*. Lund: Lund University Press.

Lundin, Susanne & Åkesson, Lynn 1999: GenEthnology. On the hardships and rewards of interdisciplinary research. (Swedish version: GenEtnologi. Om tvärvetenskapens vedermödor och belöningar. In: *Kulturella Perspektiv 2/99*).

Lundin, Susanne & Åkesson, Lynn (eds, in press): *Arvets Kultur. Essäer om genetik och samhälle*. Lund: Nordic Academic Press.

Löfgren, Orvar & Wikdahl, Magnus (in press): Domesticating Cyberdreams. In: Lundin, Susanne & Åkesson, Lynn (eds): *Amalgamations. Fusing Technology and Culture*. Lund: Nordic Academic Press.

Nelkin, Dorothy & Lindee, Susan 1995: *The DNA Mystique: The Gene as a Cultural Icon*. New York: W H Freeman & Co.

Pálsson Gísli & Rabinow Paul (in press): Iceland: the case of a national human genome project. *Anthropology Today*.

Said, Edward W 1985: Orientalism. Lund: Nordic Academic Press.

Schnaars, Steven, P. 1989: *Megamistakes: Forecasting and the Myth of Rapid Technological Change*. New York.

Strathern, Marilyn 1992: *After Nature. English Kinship in the Late Twentieth Century*. Cambridge: Cambridge University Press.
Willim, Robert (in press): Semi-detatched. Computers and Aesthetics of Ephemerality. In: Lundin, Susanne & Åkesson Lynn: *Amalgmations. Fusing Technology and Culture*. Lund: Nordic Academic Press.
Wilson, Edward, O 1998: *Concilience. The Unity of Knowledge*. Boston: Little, Brown & Co.

Helge Gerndt

Naturmythen

Traditionales Naturverständnis und modernes Umweltbewußtsein[1]

Nagymaros bezeichnet eine urwüchsige Donaulandschaft in Ungarn. Ein Aquarell des Münchner Malers und Karikaturisten Horst Haitzinger, das diese Landschaft in verfremdeter Form darstellt, zeigt die Reaktion des Künstlers auf eine politische Nachricht vom Mai 1989: die ungarische Regierung verzichtet auf den Weiterbau des im dortigen Naturschutzgebiet geplanten Kraftwerks (Abb. 1).[2] Das technische Großprojekt war durch den Protest der Bevölkerung, wenn man so will, ins Wasser gefallen. Hatte also die Naturliebe dort über die Energiewirtschaft gesiegt? Haitzingers Bild wirkt kaum triumphierend, eher wie eine latente Drohung. Als genüge ein Augenschlag, um knorrige Bäume wieder in Schaufelbagger und einen Reiher in einen Kran zurück zu verwandeln. Kann eigentlich das einmal Gedachte wieder völlig aus der Welt verschwinden? Oder bleiben die menschlichen Zivilisationsvorstellungen als ein inhärentes Abbild der Natur für immer an diese gebunden? Liegt Haitzingers spiegelbildliche Verkoppelung von Natur und Kultur in der Natur der Sache oder ist sie eine Ausgeburt der Phantasie – vielleicht ein Mythos? Sie bildet, scheint mir, zumindest eine bedenkenswerte Metapher.

In Ungarn und überall auf der Welt ist und bleibt die Natur in ihrer mehr oder weniger ursprünglichen Form heute gefährdet. Überall suchen die Menschen ihre Überlebenschancen im technischen Fortschritt, d.h. in immer neuen kulturellen Umformungsprozessen. Wir brauchen Energie, und das verlangt Staudämme, Sägewerke, Chemiefabriken oder Braunkohletagebau. Solche industriellen Aktivitäten verwandeln riesige Naturflächen, schaffen künstlich erneuerte Landschaften und führen immer wieder zu einem hartnäckigen gesellschaftlichen Streit über Gewinne und Verluste in unserer Lebenswelt. Jedenfalls: der Umgang mit der Natur ist uns zum Problem geworden. Die Auseinandersetzung darüber, was naturgemäß ist, also im Hinblick auf das Regelwerk der Natur verantwortbar scheint, und was nicht, wird zum Gradmesser für die Hitze in den Gesellschaftskonflikten unserer Zeit. Die Natur selbst scheint inzwischen mehr und mehr zu verschwinden. Und die Spannweite der Empfindungen darüber reicht von selbstbewußtem Stolz der Innovatoren und Fortschrittspropheten über Gleichmut und schlechtes Gewissen der „Normalbürger" bis hin zu bodenloser Angst junger Mütter und Väter um das eigene Leben und die Zukunft der Kinder. Wie läßt sich diese Verwirrung der Gefühle im Schatten physischer und psychischer Staumauern auflösen oder doch erträglich gestalten? In einer verwissenschaftlichten Welt ist die Wissenschaft gefragt.

Aber halt: Mit welchem Recht dürfen eigentlich *Kultur*wissenschaftler Natur zum Thema machen? Ist das nicht ein Gegenstand, der ganz in die Kompetenz der Naturforscher fällt? Die Antwort darauf wurde auf dem Hallenser Volkskundekongreß 1999

---

1 Der Beitrag wurde als öffentlicher Lichtbildervortrag konzipiert, dessen 36 Bildbeispiele nicht alle charakterisiert und abgedruckt werden können. Die Darstellungsform ist jedoch beibehalten und nur insoweit verändert, wie es das Verständnis eines Lesepublikums erfordert.
2 Horst Haitzinger: Globetrottel. Karikaturen zur Umwelt. München 1989, Abb. S. 55.

Abb. 1

in jedem einzelnen Referat – in immer neuen Varianten spezifisch nuanciert – zu formulieren versucht:[3] Wir können, ja wir müssen Natur *auch* als Kultur verstehen. Natur ist in wesentlichen Aspekten ein kulturwissenschaftlicher Gegenstand. Die Handhabung von Naturdingen, die Ideen und Gedankenbilder über Natur und die Bewertungen dessen, was als natürlich gilt, sind kulturelle Phänomene. Schärfer gesagt: überhaupt alles, was als Natur vorgestellt oder bezeichnet wird, ist Kultur; denn es ist unsere menschliche – im Traditionsprozeß variabel vermittelte – Wahrnehmungslenkung, die ausnahmslos jeden Gegenstand prägt. Noch schärfer gesagt: eine eigenständige Natur jenseits des menschlichen Bewußtseins gibt es gar nicht. Das ist zugegebenermaßen bestreitbar und provoziert die Frage: ist denn Natur nur ein Mythos?

Was Natur ist und bedeutet, zeigt sich darin, wie wir über Natur reden. Auch ohne systematischen Erkenntnisanspruch verständigen wir uns dauernd über Natur. Wir vertrauen im alltäglichen Denken und Handeln in einem kaum beschreibbaren Ausmaß auf

---

3 Vgl. die Beiträge in diesem Band.

eben diese Natur, auch wenn oft genug das Selbstverständliche in einer Serie von Naturkatastrophen zu Schanden wird oder in einem Meer künstlich geschaffener Natursurrogate zu versinken droht. Ganz zweifellos ist Natur im öffentlichen Diskurs heute präsent wie nie zuvor, sie ist ein zentrales, häufig auch polemisch aufgeladenes Thema ersten Ranges.[4]

Die Frage, der ich im Folgenden nachgehen möchte, lautet: ob und inwiefern unser Umgang mit Natur mythische Dimensionen besitzt, wie wir das – gegebenenfalls – einzuschätzen hätten und inwieweit gerade dieser Aspekt für die Volkskunde als Kulturwissenschaft, einschließlich ihrer praktischen Wirksamkeit, von Bedeutung sein könnte.

Konflikte oder: Was bedeutet uns die Natur?

Die Welt, in der wir leben, ist von Bildern umstellt und durchwoben, in denen wir auch Naturerscheinungen in ihren unterschiedlichen Ausprägungen in der Regel zweidimensional wahrnehmen. Urwalddokumentationen im Fernsehen, Bierwerbung an der Litfaßsäule, Landschaftsbilder auf Briefmarken vermitteln deutlich erkennbare Natur-Botschaften: erhaltet die Vielfalt in der Natur; genießt alles, was natürlich ist; seid stolz auf eine naturschöne Heimat! Demgegenüber wurde 1983 in München in einer mit scharfen Kontrasten arbeitenden Fotoausstellung über deutsche Landschaften und Gärten ebenso klar konstatiert: Grün kaputt.[5] Schon die Bildfolge des Katalogumschlags demonstriert exemplarisch, wie erst ein großer Baum verschwindet, dann die restlichen Bäume und Sträucher folgen und schließlich nur eine kahle Fläche übrig bleibt. Noch nie habe – so wird im Katalog begründet – eine Generation „soviel Natur bereinigt, begradigt, planiert, drainiert und zugeschüttet. Und versiegelt und verbaut mit Asphalt und Beton." Wobei nicht die Veränderung an sich deprimiere, sondern „der Abstieg ins Grelle und Banale. Der Verlust an Gestalt. An Geschmack und Qualität."[6] Diesem bissigen Appell an ästhetische Sensibilität und Wertbewußtsein ließ der Ausstellungsmacher, die Gesellschaft für ökologische Forschung in München, sieben Jahre später ein Projekt folgen, das die ästhetische Frage zum existentiellen Problem zugespitzt hat.

1990 ging es um „Sein oder Nichtsein".[7] Anschaulich wurde dargelegt, daß der industrielle Eingriff in die Natur zu dramatischen Transformationen führt. Nicht einzelne Bäume nur sind betroffen, ein ganzer Wald muß fallen, um dem gigantischen Aufmarsch der Strommasten Platz zu bieten. Mit Verve wird dieser „Feldzug gegen die Natur" beklagt, der von langer Hand planvoll vorbereitet scheint, um kurzfristigem Profit nationaler und internationaler Konzerne zu dienen. Die harsche Zivilisationskritik mündete damals in der moralischen Schlußfolgerung: „Wir müssen uns ändern, wenn das Leben auf diesem Planeten weitergehen soll."[8]

---

4 Vgl. z.B. Götz Großklaus, Ernst Oldemeyer (Hg.): Natur als Gegenwelt. Beiträge zur Kulturgeschichte der Natur. Karlsruhe 1983; Gernot Böhme: Natürlich Natur. Über Natur im Zeitalter ihrer technischen Reproduzierbarkeit. Frankfurt/Main 1992; Peter Janich, Chr. Rückhardt (Hg.): Natürlich, technisch, chemisch. Verhältnisse zur Natur am Beispiel der Chemie. Berlin, New York 1996.
5 Dieter Wieland, Peter M. Bode, Rüdiger Disko (Hg.): Grün Kaputt. Landschaft und Gärten der Deutschen. München 1983.
6 Ebd. S. 7 f.
7 Sylvia Hamberger, Peter M. Bode, Ossi Baumeister, Wolfgang Zängl: Sein oder Nichtsein. Die industrielle Zerstörung der Natur. München 1990.
8 Ebd. S. 7.

Doch abermals gut sieben Jahre später wirkt das Ausstellungsteam gelassener und der Zorn gedämpft. „Schöne neue Alpen" heißt das neueste Fotoprojekt von 1998 – eine Ortsbesichtigung, die auf den ersten Blick hoffnungsfroher stimmt.[9] Auf dem oberen Katalogumschlagfoto liegt die Großstadt München unter Nebel oder Smog verborgen und gibt den Blick frei auf die klaren Konturen der Bergwelt am Horizont. Aus der Gegenperspektive im Foto darunter tritt die Verklärung der Alpen noch eindrucksvoller hervor, und in der Ferne darf auch München leuchten. Ist das ein Hinweis auf Versöhnung von Natur und Kultur? Ist das Realität, Vision oder uneinlösbarer Traum? Die jüngste Ausstellung, nach eigenem Bekunden der Autoren eine „Gratwanderung zwischen Alpenmythos und Alpenwirklichkeit",[10] berichtet vom Widerstand gegen die Zerstörung der Alpen und präsentiert neue Konzepte und Modelle für die Gestaltung der Zukunft.

So könnte man im Rückblick auf die drei Projekte zu dem Schluß kommen, daß sie die Fieberkurve des ökologischen Protests durch anderthalb Jahrzehnte nachzeichnen, eine Fieberkurve, die um 1990 ihren Höhepunkt erreicht hatte und die jetzt zur Ruhe gekommen ist. Die Indizien für einen Wandel im gesellschaftlichen Umgang mit der Natur lassen sich gewiß nicht verkennen. Aber man darf in der veränderten Einstellung heute auch den ironischen (oder sarkastischen) Unterton nicht überhören: „Schöne neue Alpen" – das erinnert und gemahnt an Aldous Huxleys „Schöne neue Welt", jenen utopischen Roman von 1932, der vor naivem Fortschrittsglauben und dem manipulativen Mißbrauch der Naturwissenschaften warnt; in dessen Zukunftsgesellschaft es keine Selbstbestimmung, Kreativität und Liebe gibt. Insgesamt verweisen die vorgeführten Bildgeschichten auf ein nuancenreiches, wandelbares Naturverständnis in jüngerer Zeit.

Unser Verhältnis zur Natur ist überdies ambivalent. „Schließlich wollen wir doch alle schnell und bequem in die schöne Natur kommen!" – so schallt uns die Rechtfertigung der Straßenbauer entgegen, die mit ihrer Asphaltschlange Wiesen, Tümpel und Kleingetier niederwalzen, um die Sehnsucht der Stadtbewohner und Autobesitzer nach hautnahem Naturerlebnis zu befriedigen.[11] Das Dilemma liegt im Sachverhalt selbst. Wer die Natur nutzen will, muß sie bis zu einem gewissen Grade zerstören, das gilt besonders für die Massenansprüche einer Massengesellschaft. Aber der Zwiespalt liegt tiefer. Der widersprüchliche Umgang mit Natur ist vielschichtig in den gesellschaftlichen Bedingungen verankert.

Es ist ja keineswegs so, daß heute alle sozialen Klassen die Natur in gleicher Weise nutzen könnten. Da sei das Kapital davor! Auf der anderen Seite aber, wenn es um den Schaden geht, wenn die Schuldigen für die Überstrapazierung der Naturgrundlagen zur Wiedergutmachung gesucht werden, dann sollen *alle* ihre Opfer bringen. Da dient eine Karikatur, die diesen Zusammenhang aufspießt – indem sie das lachhafte Mißverhältnis der Umweltverschmutzung durch die Großindustrie einerseits und die kleinen Privathaushalte andererseits hervorhebt – als ein Ventil, ein harmloses allerdings, das die Zustände verlacht anstatt ändert.[12] Das Verhältnis von Natur und Kultur gerinnt hier zur gesellschaftlichen Groteske. Vielleicht könnte man hinsichtlich der propagierten Gleichheit aller Menschen in der Verantwortung vor der Natur mit Roland Barthes von

---

9   Sylvia Hamberger, Oswald Baumeister, Rudi Erlacher, Wolfgang Zängl: Schöne neue Alpen. Eine Ortsbesichtigung. München 1998. – Weitere Ausstellungen dieser Reihe waren „Alptraum Auto" (1986) und „Kein schöner Wald" (1993).
10 Faltblatt zur Ausstellung.
11 Haitzinger: Globetrottel (wie Anm. 2), Abb. S. 59.
12 Karikatur von Pepsch Gottscheber „Töpfers Offensive", Süddeutsche Zeitung, 24.5.1989.

einem Alltagsmythos sprechen; die Gleichheit der Menschen erscheint quasi „natürlich" gegeben, aber realiter handelt es sich, wie der Karikaturist demonstriert, um eine „falsche Augenscheinlichkeit", um eine gesellschaftspolitische Farce.[13]

Ein dritter Aspekt (neben dem sachbezogenen und dem sozialen), der das ambivalente Verhalten gegenüber der Natur beleuchtet, soll von den problematischen gesellschaftlichen Zusammenhängen keinesfalls ablenken. Er verweist aber auf den letztlich wohl entscheidenden Angelpunkt, durch den die menschliche Existenz als Natur-Kultur-Doppelwesen ihre Maßstäbe gewinnt, nämlich das Individualbewußtsein der Menschen. Auch dieses betrachtet die Natur mit gemischten Gefühlen: die Natur erfreut *und* ängstigt. Die große Liebe zur Natur kann, zumal wenn sie von Sammelleidenschaft (bezüglich aufgespießter Schmetterlinge) oder Konsumwünschen (nach Tigerfellen und Kroko-Handtaschen) beflügelt wird, eine tödliche sein.[14]

Doch in einem noch viel existentielleren Sinne ist das Verhältnis zwischen Natur und Kultur für den Menschen eine Frage von Leben und Tod: wir bedürfen nämlich in unserem irdischen Dasein einer gesunden Naturausstattung ebenso wie der geistigen und materiellen Kulturüberlieferung. Die Grenzübergänge vom natürlichen zum kultürlichen Zustand und wieder zurück bei der Geburt und beim Sterben sind besonders aufschlußreich.[15] Nicht ohne Grund besitzen gerade diese Lebensstadien allegorisches Potential (wir sprechen von „Mutter Natur" und „Gevatter Tod") und sind von Mythen umwoben.

In vielen Facetten ihrer Konkretisierung wird Natur als ein existentielles Problem der Menschen erfahren. Die folgenden Überlegungen sollen sich aber nur auf den Umgang der Menschen mit Manifestationen der *äußeren* Natur – nicht mit ihrem eigenen Körper, so wichtig das Thema auch ist – beschränken. Das jeweilige Naturverständnis – ein Amalgam aus Traditionen, gefiltert durch persönliche Erfahrung – hat sich im Laufe der Menschheitsgeschichte und auch im Lebenslauf der einzelnen Menschen immer wieder verändert.[16] Grob gesprochen könnte man die vor-neuzeitliche Auffassung dahingehend kennzeichnen, daß die *Natur* den Menschen beherrscht und sein Leben bedingt, d.h. die Natur ist ihm sowohl Lebensspender als auch Lebensbedrohung, vor der er sich schützen muß. Die beginnende Neuzeit gebiert dann die Antithese, daß der *Mensch* die Natur prinzipiell beherrschen kann: sie wird ihm in immer gewaltiger ausgenutztem Maße Aneignungsobjekt und Ressource. Im je speziellen Kontext ergibt sich die Bedeutung des Naturbegriffs aus der seines jeweiligen Gegensatzes;[17] das kann die Konvention als menschliche Übereinkunft (gegenüber dem Naturgegebenen) sein, ferner das Abgeleitete (gegenüber dem Natürlich-Ursprünglichen) oder die Kunst und das Künstliche (gegenüber dem Organisch-Gewachsenen). Als ein spezieller Gegenpol der Natur entwickelte sich in der Zeit der Romantik zunehmend die Technik. Doch wie kompliziert die Lage ist, sieht man daran, daß im 19. Jahrhundert durchaus nicht alle Techniker die damals weithin übliche Frontstellung der Naturwissenschaftler gegen die romantische Naturphilosophie eingenommen haben, so daß etwa im Titelbild des

---

13 Roland Barthes: Mythen des Alltags [1957]. Frankfurt/M. 1964, vgl. S. 7.
14 Haitzinger: Globetrottel (wie Anm. 2), Abb. S. 25.
15 Vgl. z.B. in Böhme: Natürlich Natur (wie Anm. 4) die Kap. „Leib: Die Natur, die wir selbst sind", S. 77-93, und „Wie natürlich ist die natürliche Geburt?", S. 94-104.
16 Vgl. z.B. Stefan Heiland: Naturverständnis. Dimensionen des menschlichen Naturbezugs. Darmstadt 1992; Karen Gloy: Das Verständnis der Natur. 2 Bde. München 1995-96.
17 Vgl. Robert Spaemann: Natur. In: H. Krings, H.M. Baumgartner, C. Wild (Hg.): Handbuch philosophischer Grundbegriffe, Bd. 4 (München 1973), S. 956-969.

zweiten Bandes des „Neuen Buchs der Erfindungen" von 1872 eine harmonische Natur- und Technikallegorie – die Natur als Mutter der Technik – dargestellt wird.[18]

Andererseits war zur gleichen Zeit statt des Bildes von der Eintracht auch eine antagonistische Vorstellung verbreitet: daß die Natur sogar als schwächerer Partner vor der technischen Entwicklung und Okkupation zu schützen sei – Nationalparks wurden begründet[19] –, sowie die Vorstellung von der Rache der Natur für das, was der Mensch ihr mit seinen Werkzeugen antut. Auf einer Zeichnung in den Fliegenden Blättern 1852 zersägt der Baum seinen menschlichen Widersacher;[20] in Theodor Fontanes Ballade von der Brücke am Tay (1880) bringt der dämonische Hexensturm ein technisches Wunderwerk zum Einsturz. Doch es kommt immer auf den Einzelfall an, ob die Natur im Zweikampf mit den menschlichen Kulturerzeugnissen siegt oder von diesen bezwungen wird.

Im Falle des touristischen „Geheimtips" (so heißt eines der phantasiebeflügelnden Blätter Haitzingers,[21] von denen wir später noch weitere heranziehen wollen) – einer üppigen Urlaubsinsel – offenbart sich hinsichtlich des Verhältnisses von Natur und Kultur ein neues Vorstellungsmuster des 20. Jahrhunderts: die Vernetzung der Lebensräume.[22] Im ökologischen Verständnis zeigen sich Naturwelt und menschliche Zivilisation aufs engste miteinander verkettet: Die Flut der Verkehrsmittel, die den Urlauber in die Einsamkeit transportiert, schwemmt zugleich dessen Traum von der Natur in einer riesigen Woge hinweg.

Soviel nur kurz als ideengeschichtliche Marginalien zum Wandel des Naturverständnisses im 19. und 20. Jahrhundert. Dem sei noch eine alltagsgeschichtliche Bemerkung aus volkskundlicher Sicht hinzugefügt.

Volkskunde favorisiert die Mikroanalyse und geht von der konkreten Alltagswelt der breiten Bevölkerungsschichten aus, wo aber das Naturverständnis insgesamt nur relativ selten explizit faßbar wird. In einer umfänglichen volkskundlichen Monographie über das ungarische Dorf Átány, z.B., taucht der Begriff „Natur" nicht auf; nur bestimmte Pflanzen, Tiere, der Boden, das Schicksal etc. werden genannt.[23] Auf einer Tiroler Votivtafel von etwa 1830 ist ein gewaltig zuckender Blitzschlag bei Vermessungsarbeiten auf einem Berggipfel dargestellt.[24] Das Naturereignis wird hier in die christliche Weltordnung des Votanten integriert, der sich fromm an ein marianisches Gnadenbild wendet. Etwa zur gleichen Zeit, als dieses Votivbild gemalt und dediziert wurde, begannen Volkskundler die Sagenüberlieferung der ländlichen Bevölkerung zu sammeln und als Reste mythologischer Überlieferungen zu deuten. In den Sagen habe – so meinte man – die gestaltende Einbildungskraft des Volkes „das Naturwahre zu leiblich wirksamen Gottheiten umgebildet."[25] In Blitz und Donner vergegenwärtige sich für Bauern, Jäger und Fischer das Handeln germanischer Götter, aus Zwielicht und Nebel-

---

18 Joachim Radkau: Natur und Technik – eine dialektische Beziehung? In: Richard van Dülmen (Hg.): Die Erfindung des Menschen. Wien 1998, S. 389-408, hier Abb. 224, S. 393.
19 Als erster 1872 der Yellowstone Nationalpark in den USA.
20 Radkau: Natur und Technik (wie Anm. 18), Abb. 223, S. 392.
21 Haitzinger: Globetrottel (wie Anm. 2), Abb. S. 65.
22 Vgl. Frederic Vester: Unsere Welt – ein vernetztes System. Eine internationale Wanderausstellung. Stuttgart 1978.
23 Edit Fél, Tamás Hofer: Bäuerliche Denkweise in Wirtschaft und Haushalt. Eine ethnographische Untersuchung über das ungarische Dorf Átány. Göttingen 1972.
24 Lenz Kriss-Rettenbeck: Ex Voto. Zeichen, Bild und Abbild im christlichen Votivbrauchtum. Zürich, Freiburg/Br. 1972, Abb. 168.
25 Ernst Ludwig Rochholz: Naturmythen. Neue Schweizersagen. Leipzig 1862, S. V. – Vgl. auch Ludwig Laistner: Nebelsagen. Stuttgart 1879.

schwaden träten ihnen dämonische Gestalten entgegen. Ihr Bewußtsein sei durch eine naturmythologische Vorstellungswelt geprägt.[26]

Das erkenntnistheoretische Problem von „Fund und Erfindung" der Gelehrten, von Ursprung und Rücklauf im Volksleben, muß hier außer Betracht bleiben. Daß im 19. Jahrhundert aber da und dort naturmagische und mythische Vorstellungen wirksam waren, läßt sich kaum bestreiten, und daß sich andererseits auch ein vom romantischen Naturgefühl angeregtes, idealisiertes und gleichwohl in sich höchst widersprüchliches Naturverständnis des Bürgertums herausbildete, ist durch präzise volkskundliche Analysen plastisch herausgearbeitet worden.[27] Jedenfalls kann man gewiß nicht von einem *einheitlichen* Naturbewußtsein in den traditionalen Welten, von einem klar bestimmbaren traditionalen Naturverständnis, sprechen. Jede vertiefte Forschung wird neue Differenzierungen und „feine Unterschiede" erkennen. Das heißt freilich nicht, daß Kulturwissenschaft sich nicht auch hier um Generalisierungen, um Gewichtungen und Orientierungslinien kümmern müsse, im Gegenteil: die Reduktion von Komplexität wird in einer von Experten beherrschten Welt immer wichtiger, aber sie muß auch zielgenauer werden. Was das konkret bedeutet, ist gleich noch zu präzisieren.

Beobachtungen oder: Wie behandeln wir die Natur?

Wir wollen zunächst in die Gegenwart springen und einige Beobachtungen, die auf Aspekte des modernen Umweltbewußtseins verweisen, notieren. Daß der tropische Regenwald von einer Allianz der Großkonzerne durch den Fleischwolf gedreht wird, um ihn zu Geld zu „veredeln", mag als plakatives Bild für die schamlose Ausbeutung der natürlichen Ressourcen genügen.[28] Damit ist gewiß ein Grundton der Industriegesellschaft des 19. und 20. Jahrhunderts getroffen. Aber die Natur wird auch noch auf andere Weise instrumentalisiert, manchmal verborgener und oft subtiler, aber auch aufdringlich und hemmungslos.

Die Konsumindustrie bietet in dieser Hinsicht unerschöpfliche Beispiele. In allen Branchen wird Natur zum Vorbild stilisiert; in der Werbung ist Natürlichkeit – beim Wohnen und Kleiden, für Ernährung und Kosmetik – zu einem hohen Wert erkoren und so den Geschäftsinteressen nutzbar gemacht worden.[29] Hier werden die unterschiedlichsten Einstellungen und Assoziationen aktiviert, insbesondere auch ästhetisch-luxuriöse: so wenn z.B. ein Bier als *Perle* der Natur gepriesen wird[30] – was ja allenfalls beim Quellwasser noch einen gewissen Sinn ergäbe.

Um Sinnzusammenhänge geht es freilich nicht. Das Spiel mit Worten ist längst zu einem Spiel mit freiesten Assoziationen und Emotionen geworden, welche in der

---

26 Vgl. z.B. Leander Petzoldt: Dämonenfurcht und Gottvertrauen. Zur Geschichte und Erforschung unserer Volkssagen. Darmstadt 1989, S. 48-51.
27 Vgl. z.B. Orvar Löfgren: Natur, Tiere und Moral. Zur Entwicklung der bürgerlichen Naturauffassung. In: Utz Jeggle, Gottfried Korff, Martin Scharfe, Bernd Jürgen Warneken (Hg.): Volkskultur in der Moderne. Probleme und Perspektiven empirischer Kulturforschung. Reinbek 1986, S. 122-144.
28 Haitzinger: Globetrottel (wie Anm. 2), Abb. S. 69.
29 Vgl. Böhme: Natürlich Natur (wie Anm. 4), Kap. „Künstliche Natur", S. 183-199. – Vgl. allgemein Bärbel Kerkhoff-Hader: Werbewirksam. Medienvermittelte „Volkskultur". In Bayerisches Jahrbuch für Volkskunde 1997, S. 57-76.
30 Werbeanzeigen der Krombacher Brauerei (1999).

modischen Oberflächenbuntheit unseres Alltags jeweils gerade Konjunktur besitzen.[31] Eine Alltagswissenschaft wie die Volkskunde sollte es zwar durchaus registrieren, wenn ein Werbeplakat der Münchner Stadtwerke 1999 „Das kultigste Wasser für die schönste Stadt" verspricht, also das Trinkwasser einer Großstadt – sogar im Superlativ – mit einer sakralen Aura versehen wird, aber es wäre fatal, wollten wir dieses Symptom nun unsererseits überstrapazieren und etwa als Ausdruck religiöser Bedürfnisse in der Gesellschaft werten und bis in die feinsten Verästelungen der Ideengenese zurückverfolgen. Wir müssen vielmehr grundsätzlich fragen, was in einer Welt, in der Informationen für jeden und für jeden Zweck beliebig verfügbar sind, in der Bilder, Ideen und Deutungsmuster ganz nach Belieben ernsthaft, ironisch oder nur eines witzigen Effektes wegen verwendet werden – was in einer solchen Welt eine wissenschaftliche Analyse, die nach Kausalzusammenhängen sucht, noch zu leisten vermag. Kann es überhaupt dauerhaftes systematisches Wissen über den Alltag einer Informationsgesellschaft geben?

Neben der Verwendung der Natur als Mittel zur Optimierung ökonomischen Erfolgs ist in jüngster Zeit häufiger die sanfte Spielart eines partnerschaftlichen Umgangs getreten. Man kann das an der Internationalen Bauausstellung Emscherpark im Herzen des Ruhrgebiets veranschaulichen. Hier wurden in den letzten zehn Jahren die Möglichkeiten zur Kultivierung und Renaturierung einer geschundenen Landschaft erkundet und Visionen für das Zusammenspiel von Natur und Kultur in der Industrie-Folgelandschaft entworfen.[32] Nachdem die Kohle- und Stahlindustrie zu einer brutalen Landschaftsumformung geführt hatte, sie selbst aber dort keine Zukunft mehr hat, wird nun ein angemessenes Verhältnis von Natur und Kultur in der alltäglichen Lebenswelt dieser Region angestrebt. Die Lösungsangebote der Landschaftsplaner zielen auf eine differenzierte Parkgestaltung, ein Geflecht von z.B. Erholungs-, Gewerbe-, Dienstleistungs- und Wissenschaftsparks. Die Tourismusmanager konzipierten eine über 200 km lange Reiseroute, die unter dem Doppelaspekt „Industriekultur – Industrienatur" für eine neue Ferienlandschaft wirbt.[33] „Industriekultur" meint nicht etwa überflüssig gewordene und nun musealisierte Fabriken oder Bergarbeitersiedlungen, sondern für Kunstausstellungen umgenutzte Hochöfen, Fördertürme und Gasometer. Und die paradoxe Wortbildung „Industrienatur"?

„Industrienatur" meint jene spezielle „Natur", die sich auf ehemaligen, dem Verfall preisgegebenen Industrieflächen von selbst ansiedelt und unbeeinflußt entwickelt. „Industrienatur" meint jene Pflanzen- und Tierwelt, die – wie man zu sagen pflegt – die aufgelassenen Zechen „zurückerobert", eine Natur, die die alten Industriestandorte „frißt".[34] Dieses Bild der gefräßigen Natur mag an archaische Naturmythen erinnern. Doch die Projektmanager haben der Natur im Recyclingprozeß vielmehr eine Partnerrolle zugedacht. Andererseits klingt in ihrer Redeweise vom „kontrollierten Verfall", dem die Industriebetriebe ausgesetzt werden, der alte Fortschrittsoptimismus weiter, daß nämlich der Mensch natürliche Vorgänge selbst dort noch beherrschen kann, wo er die Natur scheinbar sich selbst überläßt.

---

31 Vgl. Helge Gerndt: Innovative Wahrnehmung im Tourismus. In: Christoph Köck (Hg.): Reisebilder. Produktion und Reproduktion touristischer Wahrnehmung. (Vorträge einer Tagung in München, April 1999) Münster u.a. 2001, S. 11-20.
32 Andrea Höber, Karl Ganser (Hg.): IndustrieKultur. Mythos und Moderne im Ruhrgebiet. Essen 1999.
33 Katalog der Internationalen Bauausstellung IBA – Emscherpark. Gelsenkirchen 1999.
34 Jörg Dettmar: Die Route der Industrienatur. In: Höber/Ganser: IndustrieKultur (wie Anm. 32), S. 67-70.

Natur hat aber im öffentlichen Handlungsfeld noch eine weitere Rolle gewonnen bzw. zugewiesen erhalten. Die Landschaftsgestaltung der Abraumhalden und die Krönung dieser renaturierten Berge mit künstlerischen Landmarken – wie z.B. dem Tetraeder des Jürgen LIT Fischer auf einer Schlackenhalde bei Bottrop[35] – zeigt die Menschen als „Verbesserer" ihrer naturgeprägten Lebenswelt. Solche Ästhetisierung künstlich-natürlicher Lebensräume wird manchmal als eine geistige Aneignung der Natur verstanden oder auch als ein Dialog mit der Natur gewertet. Sind aber Mensch und Natur hier tatsächlich gleichwertige Partner? Dürfen wir uns mit solchen Aktivitäten tatsächlich einer neu erworbenen, toleranteren Beziehung zur Natur schmeicheln? Oder gilt das nur, solange es auch mit ökonomischem Erfolg verbunden ist?

Eine letzte Facette, die die Instrumentalisierung der Natur durch den Menschen in jüngster Zeit beleuchten soll, führt uns zum Mount St. Helens im Nordwesten der USA. 1980 wurden diesem Vulkanberg, der über 100 Jahre „geschlafen" hatte, in einer gewaltigen Eruption 400 Höhenmeter weggesprengt.[36] Die Auswirkungen der Katastrophe haben alle Erwartungen weit übertroffen. Auf einer Fläche von 230 Quadratmeilen war alles Leben erstorben. Nach Flammensturm, Lavafluß und Aschenregen sowie monatelangen Nachbeben sagten Geologen und Biologen voraus, daß es Generationen dauern müßte, um neues Leben hier wieder heimisch werden zu lassen. Und daß im übrigen ein Vulkanausbruch mit womöglich noch gravierenderen Folgen sich jederzeit wiederholen könne.

Wer sehr schnell und schon bald in vorher nie erreichter Quantität in die trostlose Ödnis zurückgekehrt ist, das waren Wissenschaftler, Straßenbauer und Touristen. Das durch die Naturkatastrophe zerstörte Gebiet wurde 1982 zum Nationalpark erklärt. Eine spektakuläre, 52 Meilen lange, völlig neue Autostraße wurde mit dreistelligem Millionenaufwand bis ins Herz der Zerstörungszone geführt und in regelmäßigen Abständen mit Parkplätzen und fünf imposanten Besucherzentren ausgestattet. In jedem von ihnen gibt es jeweils spezifische Ausstellungs-, Film- und Ranger-Führungsprogramme für täglich viele Tausend von Besuchern. Die Natur selbst in ihrer Macht und Majestät wird hier – in „Nature's Institute of Higher Learning" (wie der Gesamtkomplex benannt ist) – zum Lehrmeister erklärt. Angst und Schrecken des jüngsten Ausbruchs sind in allen nur denkbaren Formen dokumentiert, werden lebendig vermittelt und wissenschaftlich erläutert.

Eine der beeindruckendsten Erfahrungen für alle Besucher ist die Konfrontation mit der Ohnmacht des Menschen gegenüber der Naturgewalt, aber auch die Offenbarung der Ohnmacht naturwissenschaftlicher Prognosen. Jahrzehnte früher als gedacht haben sich schon nach wenigen Jahren Tiere, Bäume, Blumen wieder angesiedelt. Als eine der hervorgehobenen Aussagen in allen Exponaten und Schriften begegnet die Tatsache, wie wenig wir trotz aller Kenntnisse über die Vorgänge in der Natur wissen und wie zerbrechlich alles Menschenwerk gegenüber ihrer Gewalt erscheint. Natur wird ehrfurchtsvoll behandelt und erlebt. Im Krater wächst der Berg wieder, zwar zentimeterweise, aber unaufhaltsam. Es ist als ob ein geheimnisvolles Wesen vor Ungeduld vibrierend schliefe, und es ist die Faszination des Unvorstellbaren, welches unversehens doch erlebt werden könnte, was alle Besucher gefangen nimmt.

---

35 Höber/Ganser: IndustrieKultur (wie Anm. 32), Abb. S. 118. – Vgl. auch Franz-Josef Brüggemeier, Michael Toyka-Seid (Hg.): Industrie-Natur. Ein Lesebuch zur Geschichte der Umwelt im 19. Jahrhundert. Frankfurt/M., New York 1995.

36 Barbara und Robert Decker: Mount St. Helens. National Volcanic Monument. Mariposa, CA 1997.

Die skizzenhafte Umschau zum menschlichen Verhalten gegenüber der Natur läßt insgesamt, denke ich, die These oder Hypothese zu, daß in die Wahrnehmung der Natur und in die Kommunikation über Naturereignisse im Alltag mythische Momente einfließen. Der Begriff des Mythos wird dabei sehr weit verstanden.[37] Es geht um die narrative, bildlich-irrationale Überhöhung realer Vorgänge in eine religiöse oder quasireligiöse Sphäre. Mythen gründen auf archetypischen Erfahrungen; sie erweitern den Horizont des flachen Gegenwartsverstandes. Fragen wir noch, ob Mythen an der Verarbeitung der Naturerfahrungen beteiligt sind.

Eine Zeitungskarikatur von Marie Marcks zeigt einen Lehrer mit seinen Schülern in einer abgeholzten Hügellandschaft vor dem Schild „Waldleerpfad" (mit doppeltem e).[38] Das illustriert nicht mehr als einen Wortwitz. Die Frage des Lehrers allerdings: „Hier ist was falsch – wer merkt's?", scheint die absurde Situation ein wenig zu transzendieren, ohne daß allerdings die mythenbildende Phantasie bereits spürbar aktiviert würde. Oder darf man als hintergründige Bildaussage vermuten, daß – zumal in Deutschland – mit dem Wald auch der Mythos verschwunden[39] und nichts als ein Kalauer übriggeblieben ist? Wir müssen ohnehin darauf gefaßt sein, in unserem postmodernen Alltag statt traditionsbeladenen Götter- und Weltuntergangsgeschichten nur Pseudomythen zu begegnen, d.h. Mythen in der Form von Utopien oder Ideologien als gesellschaftspolitischen Manipulationsinstrumenten.

Eine gewisse mythische Dimension – sowohl in phänomenaler als auch in zeitlicher Hinsicht – läßt sich in einer pointierten Darstellung Haitzingers erblicken.[40] Sie skizziert den Evolutionsweg vom Fisch über die Echse und den Affen zum Menschen und zeigt über diesem einen bedrohlichen Todesgeist, der dem Homo sapiens aus der FCKW-Dose entfleucht ist. Die Endzeit-Mahnung der Nebelgestalt: „Ich würde mich auf den Rückweg machen, hast zehn Jahre Zeit!" erzeugt einen scharfen Kontrast zu den 350 Millionen Jahren festländischer Evolutionsgeschichte. Man kann in dieser Zeichnung auch eine karikierende Verbildlichung des modernen wissenschaftlichen Schöpfungsmythos erblicken.

Vor allem Weltuntergangsthemen – und diese sind seit je mit Mythen besetzt – erweisen sich im bildhaften Sprechen über Natur heute virulent. Die erläuternde Unterzeile eines Haitzinger-Cartoons (Abb. 2) – „Buttje, Buttje in der See, gib uns den Pißpott wieder zurück!" – macht den Bezug eindeutig.[41] Hier wird die Geschichte vom Fischer und seiner Frau (die unter den Märchen der Brüder Grimm zu finden, aber doch nicht eigentlich ein Märchen ist) umerzählt und umgedeutet.[42] Hier beschwört der einsam gewordene Mensch die durch die menschliche Hybris zerstörte Natur (nämlich den vom Abwassergift zerfressenen Karpfen) eindringlich, einen über den Fernsehschirm als Idylle imaginierten Urzustand wieder herzustellen. Die Trostlosigkeit der Situation, in der wir uns befinden, ist unerbittlich, der Untergang unausweichlich, keine Hoffnung in Sicht. Ein winziger Hoffnungsschimmer liegt allerdings – freilich auch einzig und allein

---

37 Vgl. allgemein Karl Kerényi (Hg.): Die Eröffnung des Zugangs zum Mythos. Ein Lesebuch. Darmstadt 1996; Gerhard Isermann: Revitalisierung der Mythen? Gegen den Mißbrauch alter Geschichten für neue Interessen. Hannover 1990.
38 Sammlung des Verf. (zuerst wohl in Süddeutsche Zeitung, um 1990).
39 Vgl. Albrecht Lehmann: Von Menschen und Bäumen. Die Deutschen und ihr Wald. Reinbek 1999.
40 Haitzinger: Globetrottel (wie Anm. 2), Abb. S. 88.
41 Haitzinger: Globetrottel (wie Anm. 2), Abb. S. 105.
42 Vgl. Heinz Rölleke: Fischer und seine Frau. In: Enzyklopädie des Märchens, Bd. 4 (Berlin, New York 1984), Sp. 1232-1240.

Naturmythen

Abb. 2

– im erinnerten Märchen-Mythen-Wissen der Bildbetrachter, daß nämlich die größenwahnsinnigen Antihelden der alten Erzählung, auf die hier angespielt wird, nicht ganz vernichtet wurden, sondern daß ihnen am Ende doch wenigstens der Pißpott geblieben war.

Ein aufmerksamer Umblick kann die Beispiele vermehren; zweifellos lassen sich auch im wissenschaftlich-technischen Zeitalter verschiedene Formen und Grade mythischen Erzählens über die Natur fassen. Was besagt das für die moderne Lebenswelt und über das Selbstverständnis der Menschen in der Gegenwart? Welche Rolle spielt dabei die Wissenschaft? Und was kann sie zum Verständnis beitragen?

Zugänge oder: Wie können wir die Natur verstehen?

Weltentstehungsmythen, also Erzählungen vom Anfang der Welt, sind Trennungsmythen. Die Trennung ist eine Urerfahrung des Menschen, und das Faktum, daß sich sein reflektierendes Bewußtsein von der ihn umgebenden Natur (der er entstammt) geschieden hat, kann als der Beginn aller Wissenschaft gelten. Mit dem Sündenfall der Erkenntnis, der Vertreibung Adams und Evas aus dem Paradies, ging der Garten der Einheit verloren, und der Mythos, der durchaus als ein Naturmythos begriffen werden kann, erzählt, daß seither der Cherub mit dem Flammenschwert (eben dem trennenden

Bewußtsein) vor dem Tor zum Garten Eden steht. Hier liegt der Antrieb für alles Forschen, ob künstlerischer oder wissenschaftlicher Art: aus den Splittern der paradiesischen Einheit wieder ein Ganzes, das Paradies, zu rekonstruieren. Nur sehen wir als Ergebnis dieser Rekonstruktion in der Wissenschaft immer neue Zersplitterung, eine – wie es Wolfgang Frühwald formuliert hat – „immer feinere Ausdifferenzierung von Wertsystemen, welche Einheit versprochen und Trennung geboren haben."[43]

Die moderne Wissenschaft – das ist zuvorderst Natur-Wissenschaft. Sie hat die Entfremdung des Menschen von der Natur auf die Spitze getrieben. Zwei neuere amerikanische Veröffentlichungen konstatieren inzwischen das „Ende der Natur" und den „Tod der Natur", während andererseits z.B. 1997 ein Buch den „Abschied von der Natur" fordert, dessen Autor ganz bewußt die Natur vollständig ersetzen will und schon im Untertitel aggressiv postuliert: „Die Zukunft des Lebens ist Technik."[44] Märchen und Mythen dagegen widerstreiten der Entzweiung. Sie sind der Versuch, durch erzählende Imagination die Trennungen aufzuheben und wenigstens für die Dauer der Erzählung den Zauber der Einheit zu stiften. Den Erzählinhalt freilich bildet oft ein tragischer Konflikt. Horst Haitzinger hat den Menschen als stolzen Drachentöter dargestellt, der der gefährdeten Natur Reservate geschaffen hat und dort für Ordnung sorgt, und dabei durch blinden Scharfsinn gerade das zerstört, was er zu schützen angetreten ist.[45] Der Drache Natur – ist er tatsächlich tot?

Die wissenschaftlich-technische Welt der Menschen hat – um ein anderes Bild zu nehmen – durch Ozonloch und Regenwaldvernichtung die Natur zum Todesbringer gemacht, dessen Keule nun auf alle zurückschlägt (Abb. 3).[46] Die Naturprobleme sind so gewaltig, daß demgegenüber militärisches Imponiergehabe geradezu lächerlich und anachronistisch wird (wie übrigens auch die Karikatur von 1989, die das zum Ausdruck bringt, in ihrem aktuellen Gehalt schon wenige Jahre später, als es den Warschauer Pakt nicht mehr gab, veraltet war). Man kann die Grundkonstellation des Bildes vorsichtig auf andere Konflikte übertragen: dann könnte die Karikatur einen Typ wissenschaftlicher Debatten spiegeln, welche in spezialistischen Detailauseinandersetzungen verharren, ohne zu bemerken, daß inzwischen ein allen gemeinsames, viel größeres Problem herangewachsen ist, vor dem jede Spitzfindigkeit obsolet wird. Ich meine, daß die Wissenschaft selbst ein solches Problem darstellt und daß der Zuschauer im Vordergrund uns zuruft: „Guckt Euch mal um!" Ist die Hintergrundgestalt nicht vielleicht als jener personifizierte Mythos zu verstehen, den die Wissenschaftler – die Mythenjäger, wie Norbert Elias sie charakterisiert[47] – ausgetrieben haben und der sie nun (sich aus seiner Verdrängung ins Unbewußte befreiend) in ihrer Existenz bedroht? Der Mythenbedarf unserer Zeit ist evident. Er manifestiert sich z.B. in der Fülle esoterischer Schriften oder der Märchenerzählkonjunktur. Und auch antike Mythen, wie die vom König Midas, der seine eigene Lebensgrundlage zerstört, erleben – quasi als Naturmythen – eine ökologisch motivierte Renaissance.

---

43 Wolfgang Frühwald: Ideenparadiese – Motivationen und Visionen in der Wissenschaft. In: Gen-Welten [Katalogbuch]. O.O. 1998, S. 186-190, hier S. 187.
44 Bill McKibben: Das Ende der Natur. Die globale Umweltkrise bedroht unser Überleben. München 1992; Carolyn Merchant: Der Tod der Natur. Ökologie, Frauen und neuzeitliche Naturwissenschaft. München 1987; Ben-Alexander Bohnke: Abschied von der Natur. Die Zukunft des Lebens ist Technik. Düsseldorf 1997.
45 Haitzinger: Globetrottel (wie Anm. 2), Frontispiz.
46 Haitzinger: Globetrottel (wie Anm. 2), Abb. S. 89.
47 Norbert Elias: Was ist Soziologie? Weinheim, München 1970, S. 53.

Naturmythen

Abb. 3

In der modernen Naturwissenschaft werden Mythen revitalisiert. Das Gemälde „The State of the Ark" wurde eigens für Lee Durrells Buch „Gaia. Die Zukunft der Arche", 1987, geschaffen.[48] Der Künstler Jonathan Kingdon erläutert sein Bild: „Welt und Arche sind eins, darüber sind die Stämme des Lebens abgebildet. Der Mensch ist eine zentrale, aber mehrdeutige Figur, da er zugleich Kaskaden der Zerstörung auslöst, hier symbolisiert durch grellfarbene Wellen, und sie zu stoppen versucht; er ist außerdem eine Noah-Figur. Die negative Vergangenheit wird durch die stürzenden Figuren Quagga und Dodo – beide ausgestorben – symbolisiert, die positive Zukunft durch die Sandwichgans (Néné), die sich wie ein Phönix aus den Flammen menschlicher Zerstörungswut erhoben hat. Die schwarze, fallende Figur des Gorillas und die des hellen Breitmaulnashorns warnen vor dem unmittelbaren Bevorstehen weiterer Ausrottungen. Die arabische Oryxantilope steht als Symbol für praktischen Umweltschutz in Aktion. Das Gemälde soll mit seiner Struktur an Webstoff oder einen Wandteppich erinnern, als Symbol für eine ganzheitliche Weltsicht."[49]

---

48 Lee Durrell: Gaia – Die Zukunft der Arche. Atlas zur Rettung unserer Erde. Frankfurt/Main 1987 (Englische Originalausgabe London 1986).
49 Ebd. S.16.

Der sachliche Hintergrund ist folgender: Manche Naturwissenschaftler behaupten, daß die physikalische und chemische Beschaffenheit von Erdoberfläche, Atmosphäre und Meeren vom Leben selbst nach seinen Bedürfnissen reguliert wird. Diese sogenannte Gaia-Hypothese – benannt nach der griechischen Erdgöttin Gaia – führte zur Entwicklung einer neuen Systemwissenschaft, deren Untersuchungsobjekt die diversen Beziehungen zwischen den Elementen der Ökosphäre sind. In einem ökologischen Werk wird hier also zur Erklärung von Naturtatsachen ganz bewußt ein alter Mythos herangezogen, freilich der ursprüngliche Schöpfungsmythos in einen endzeitlichen Zusammenhang gesetzt.

Das Motiv der Arche begegnet auch in anderen Bildvarianten. „Diesmal ohne Euch!" rufen Tiere und Pflanzen, die gesamte Natur, auf einem Blatt Haitzingers aus der ablegenden Arche dem herbeieilenden Menschenpaar zu, dessen Zivilisation mit allen Statussymbolen in der selbstfabrizierten Ölpest versinkt.[50] Der Sachverhalt, der dieser Bildglosse zugrunde liegt, besteht in naturwissenschaftlicher Form aus unzähligen Zahlenkolonnen und Kurvendiagrammen, die ein Laie nur schwer entschlüsseln kann. Das Bild in seiner Gestaltung und Motivik transportiert aber ebenfalls Einsichten, welche z.B. aus Analogien zu der mythischen Überlieferung von der Arche Noah herauswachsen. Außerdem läßt sich mit strengen naturwissenschaftlichen Methoden, die an die zweiwertige Logik und klar definierte Betrachtungsobjekte gebunden sind, nicht alles erfassen; z.B. nicht das Atmosphärische einer Abend- oder Abschiedsstimmung, das Physiognomische eines Geborgenheit ausstrahlenden Walmdachs oder die gestische Bewegungsanmutung einer Trauerweide.[51] Auch solche Erfahrungen gehören zur menschlichen Wirklichkeit; hier ist kulturwissenschaftliche Hermeneutik (Deutungskunst) gefordert.

In einem Haitzinger-Bild, das die Arche als Raumschiff darstellt, zeigt sich Karikatur zum Cartoon gereift (Abb. 4).[52] Der Cartoonist ist, anders als der pointierende Karikaturist, ein Erzähler.[53] Jeder Betrachter kann diese Geschichte ausfabulieren, auch dann, wenn der Bildautor nicht eine kurze Sequenz daraus vorformuliert hätte: „... da wartete Noah 4000 Jahre, dann ließ er eine Taube mit Geigerzähler ausfliegen!" Ich möchte dafür plädieren, daß so wie die Kunst auch die Kulturwissenschaft – *mit Bedacht*, versteht sich – die Mythen mobilisiert. Mythen sind vieldimensionale Bewußtseinsgeschichten, die dem Kalkül das Erzählen entgegensetzen. Interpretieren heißt auch erzählen. Das Erzählen evoziert das Bild- und damit das Analogie- und Ganzheitsdenken, verlangt neben dem rationalen auch einen einfühlenden Nachvollzug und bedarf während des abwägenden Denkprozesses einer gewissen Langsam- und Bedachtsamkeit. Daß das Raumschiff „Arche II" nicht nur eine vordergründige nostalgische Naturutopie verwirklicht, kann schon der Hinweis auf ihren Raketenantrieb nahelegen. Die Sachlage ist komplizierter, wie ja auch die moderne Befindlichkeit der Natur gegenüber sehr kompliziert ist. Was Kulturwissenschaft freilich von der Kunst – die ihre Deutungen in der Schwebe läßt – unterscheidet, ist, daß sie ihre Ergebnisse unablässig

---

50 Haitzinger: Globetrottel (wie Anm. 2), Abb. S. 27.
51 Karen Gloy, Vortrag bei einem Kolloquium des Rottendorf-Projektes zum Thema „Sprachherrschaft – Naturherrschaft: Zu einem angemessenen Sprechen von Natur". München, 13.11.1998. Vgl. oben Anm. 16.
52 Haitzinger: Globetrottel (wie Anm. 2), Abb. S. 37.
53 Vgl. Robert Gernhardt: Unsere Erde ist vielleicht ein Weibchen. 99 Sudelblätter zu 99 Sudelsprüchen von Georg Christoph Lichtenberg. Zürich 1999, S. 205 (Nachwort).

Abb. 4

und sorgfältig gegenüber der empirischen Realität abklären und am Ende stets – sei es auch hypothetisch – „auf den Begriff bringen" muß.[54]

Zuweilen wird das Mythenmotiv „Arche" nicht erzählend, sondern symbolisch eingesetzt, wie z.B. in jener Darstellung, die auf dem Titelblatt des WWF-Journals anläßlich des 25jährigen Bestehens des World Wildlife Fund 1986 abgedruckt war (Abb. 5).[55] Wie ist das Bild zu verstehen? Die Natur erscheint als Rettungsboot der Zivilisation, ein unverzichtbares Fahrzeug zum Überleben, wenn der Dampfer in Seenot gerät. Mancher Betrachter könnte aber bei dieser Darstellung, wenn er es aus dem Publikationskontext herauslöst, spontan auch an die sogenannten Orchideenwissenschaften denken, die polemisch als schön, aber nutzlos apostrophierten Kulturwissenschaften, welche von den atomgetriebenen Maschinen der praktischen Wissenschaften – den Natur-, Wirtschafts- und Technikfächern – mitgetragen werden. Aber was oft wie ein überflüssiger Schmuck erscheint, ist eben in ernster Stunde auch die einzige Rettungsmöglichkeit. Freilich: die Bibel berichtet, daß auf der Arche keineswegs jedermann und alle Habseligkeiten gerettet werden konnten.

---

54 Vgl. Helge Gerndt: Studienskript Volkskunde. Eine Handreichung für Studierende. München 1997, S. 195-199 (Nachwort zur dritten Auflage), bes. S. 197.
55 Vgl. Haitzinger: Globetrottel (wie Anm. 2), Abb. S. 29.

Helge Gerndt

Abb. 5

Wen oder was rettet Volkskunde? Ihr geht es nicht etwa um eine sture Bewahrung überlebter Traditionen, sondern um die einläßliche Reflexion und Vermittlung der Bedeutungsgehalte, die das kulturelle Erbe für den je konkreten Alltag besitzt. Sie sorgt sich insbesondere darum, daß die wissenschaftliche Aufarbeitung – nicht zuletzt auch der Mythen – stets an das real erlebbare Alltagsleben rückgekoppelt bleibt – und zwar, sowohl hinsichtlich der Quellenlage als auch der Adressaten. Darauf bezieht sich die Forderung nach Zielgenauigkeit der Komplexitätsreduktion; Zielgenauigkeit ist zeitlich, räumlich und sozial determiniert. Wissenschaftliche Ergebnisse bedürfen z.B. für ihren Transfer in den gesellschaftlichen Diskurs einer jeweils situationsadäquaten Form. Grundsätzlich bleibt der Alltag ebenso wie der Mythos unausschöpflich. Das macht beider Geheimnis aus.

Die Aussagekraft von Mythen – hier also die evozierte Geschichte der Arche Noah – wird offenkundig, wenn man das formal gleiche Bildmotiv vom Beiboot in einem anderen Zusammenhang betrachtet (Abb. 6).[56] Daß die von den Ostseeanrainerstaaten 1988 verabschiedete Ostsee-Deklaration (über die Sauberhaltung dieses Binnenmeers) zwar die Funktion eines Rettungsbootes haben soll, doch nur eine Absichtserklärung ist – unverbindlich wie eine Zeitungsmeldung und unstabil wie ein Papierschiffchen, das schnell versinkt – kann eine Karikatur gut vermitteln. Aber damit sind deren Möglichkeiten oft auch erschöpft: Karikaturen präsentieren dezidierte Meinungen – sie sind häufig plakativ, ohne tiefere mythisch-erzählende Dimension und ohne Geheimnis.

---

56 Haitzinger: Globetrottel (wie Anm. 2), Abb. S. 102 oben.

Naturmythen

Abb. 6

Das Verhältnis von Natur und Kultur jedoch ist geheimnisvoll. Das Logo ihres Hallenser Kongresses deutet an, daß sich die Volkskundler dessen bewußt sind (siehe Umschlagillustration dieses Buches). Wie lassen sich das halbe Schaufelrad und die Blütenblätter verbinden? Wer aufs Ganze schaut, sieht eine Blume – also Technisch-Kulturelles in Natur integriert. Oder ist eher ein Windrad gemeint und sind somit umgekehrt Naturelemente in ein Kulturprodukt einbezogen? Worauf verweisen die Farben – entspricht Kultur dem toten Schwarz und Natur dem lebendigen Rot? Die schwarzen Zähne, überlagern sie getötete Blütenblätter? Und hat das Verhältnis von vier zu drei Zacken etwas zu bedeuten? Soll der schwarze Halbkranz vielleicht auf eine gefräßige Baggerschaufel hindeuten, die nach einer schon halb gefressenen Blume schnappt? Solche Assoziationen bedeuten zunächst nicht mehr als ein Spiel, aber ein Spiel kann ernsthaft werden und Fragen in Bewegung setzen. Volkskunde hat es mit Symbolwelten zu tun. Sie ist – verglichen mit den Naturwissenschaften – ein unexaktes Fach mit weichen, anschmiegsamen Methoden, das immer neue Perspektiven auszuleuchten vermag und das seine Einsichten zu bedenken gibt, anstatt endgültig erscheinende Antworten in die Form von Gesetzen zu gießen. Gewiß, die Ergebnisse der Volkskunde bleiben bis zu einem gewissen Grade offen; aber gerade darin liegt ihre Kraft. Ich will das mit zwei letzten Beispielen noch kurz andeuten.

Abb. 7

Auf einer Haitzinger-Zeichnung sieht man drei Könige vor einer Krippe. Der erste hält einen Blumentopf, der zweite ein Aquarium und der dritte einen Luftballon in der Hand.[57] Jeder erkennt sofort die mythische Geschichte, die hier zugrunde liegt: „Das wirst Du dringender brauchen als Gold, Weihrauch und Myrrhe!" sagen die Heiligen Drei Könige. Zu wem? Zu uns? Nein, zum Christuskind. Wofür aber braucht ausgerechnet Christus „giftfreie Erde", „reines Wasser" und „saubere Luft"? Ja natürlich: Für die Erlösung der Menschen – von ihren neuen Sünden. Dieses Bild erzählt keinen Mythos, sondern ist eher eine allegorische Darstellung, denn sein Sinngehalt liegt relativ klar auf der Hand. Immerhin aber wird hier das Thema der beschädigten Natur in eine mythisch-religiöse Sphäre gerückt und an die Verantwortlichkeit der Bildbetrachter appelliert.

Eine Darstellung aus einer Bible moralise des 13. Jahrhunderts zeigt Christus bei der Weltschöpfung (Abb. 7). Die Abbildung wurde 1998 als Frontispiz für den Katalogband „Gen-Welten" verwendet, der in Deutschland eine eindrucksvolle Wanderausstellung durch vier Städte begleitet hat.[58] In München hieß die Ausstellung „Vom

---

57 Haitzinger: Globetrottel (wie Anm. 2), Abb. S. 83.
58 Gen-Welten (wie Anm. 43), Frontispiz.

Griff nach dem ABC des Lebens", in Mannheim „Leben aus dem Labor?", in Dresden „Werkstatt Mensch?" und in Bonn „Prometheus im Labor?" Also: Die gleichen Inhalte über die natur- und kulturwissenschaftlich-philosophischen Herausforderungen der Gen-Technik unter vier verschiedenen Titeln,[59] in denen drei Mal ein Fragezeichen enthalten ist und einmal Prometheus genannt wird, der mythische Titanensohn, der den Menschen nach seinem Bilde schuf. Vier unterschiedlich akzentuierte Ausstellungen, doch jede stand gewissermaßen unter dem Patronat des Christusbildes. Was alles läßt sich aus dieser mittelalterlichen Miniatur, in der Christus das Universum – Natur – in der einen und einen Zirkel – Kultur – in der anderen Hand hält, über das Verhältnis von Natur und Kultur herauslesen? Wird in diesem Bild ein Naturmythos versinnbildlicht, der die Entzweiung aufhebt? Ist es denkbar, daß unser modernes Umweltbewußtsein von einem traditionalen Naturverständnis zehren kann?

Hier wird, so hoffe ich, deutlich, daß Fragen stärker – und manchmal auch wichtiger – sind als exakte Antworten. Gute Fragen öffnen Horizonte und bündeln Energie, sie motivieren und konzentrieren, schaffen Übersicht und Zusammenhang. Viele Antworten vergehen; was bleibt, sind die Fragen, die uns bewegen; denn jede Entwicklung und jede Perspektive gibt ihnen eine andere Wendung: gebiert sie neu. Die wichtigste Aufgabe der Kulturwissenschaften ist es, vor dem „Problemlösen"[60] die bedeutsamen, lebensrelevanten Fragen zu finden. Hier vermögen gerade auch Mythen (als sprachlich entfaltete Sinnbilder) unorthodoxe Fingerzeige zu geben und dafür zu sensibilisieren, daß, wenn die Frage nicht stimmt, eine Antwort wenig nützen kann. Und schließlich: Fragen am Ende eines Gedankengangs lassen auch der weiterschwingenden Erkenntnissuche des Lesers den notwendigen Raum ...

---

59 Genau genommen sogar fünf, denn die Ausstellung wurde auch in Vevey/Schweiz unter dem Titel „L'alimentation au fil du gène" gezeigt.
60 Vgl. Karl R. Popper: Alles Leben ist Problemlösen. Über Erkenntnis, Geschichte und Politik. München 1994.

Reinhard Johler

„Wir müssen Landschaft produzieren"
Die Europäische Union und ihre ‚Politics of Landscape and Nature'

„Was die Natur betrifft", hat ein längst vergessener Repräsentant der urban-jüdischen Kaffeehausintelligenz der Zwischenkriegszeit gemeint, „genügt mir der Schnittlauch auf der Suppe".[1] Und kaum mehr – so vermittelt zumindest ein erster oberflächlicher Eindruck – bedeuten heutzutage der Europäischen Union die Themen Natur, Umwelt, Landschaft (und wohl auch: Kultur). Die Priorität von Ökonomie, Technik und Fortschritt scheint ihr in die Wiege gelegt zu sein, und bis in die Gegenwart besteht sie im Verständnis einer breiten Öffentlichkeit als bürokratisch unnahbarer, zentralistischer und kalter ‚economic club' – als künstlich hochgezogenes und vor allem technisch konstruiertes „Bauwerk Europa"[2] eben, das „Milchquoten und Getreidepreise" in einem lebensfremden „Brüsseler Verhandlungs-Surrealismus"[3] fixiert. Dies ist die eine Seite, die von kalten „Eurocrats" dominierte, der Natur – und damit letztlich auch dem Menschen – vermeintlich so ferne Seite Europas.

Für die andere, dazu konträre Seite Europas soll an einen Photowettbewerb erinnert werden, der zum „Europatag" 1998 von der „Vertretung der Europäischen Kommission in Österreich" unter dem Motto „Vision Gemeinsames Europa" durchgeführt worden ist. Das dabei prämierte Sujet – ein blau-gelbes, das europäische Wappen darstellendes Blumenarrangement – hatte den Titel „Vereinigung der Natur mit der EU". Das kann als Appell eines EU-Bürgers angesichts vielerorts beklagter Naturdistanz verstanden werden – ein Appell allerdings, auf den die EU-Propaganda und -Rhetorik schon längst eingegangen ist: Seit Beginn der neunziger Jahre verspricht die Europäische Union in ihren politischen Konzepten und in ihren bunten Werbebroschüren dem europäischen Bürger/der europäischen Bürgerin die Erhaltung und Pflege der so vielfältig-vielgestaltigen, doch immer „lebendigen Landschaft" Europas.[4]

Solche Versprechungen mögen ein schlichtes Indiz der politischen Virulenz von Landschaft und Natur im europäischen Einigungsprozeß sein; doch mit gutem Grund kann darin auch eine weit allgemeinere Strategie gesehen werden: Seit Mitte der achtziger Jahre propagiert die Europäische Union nämlich ein „Europa der Bürger"[5]. Und wenn sie seither Landschaft und Natur mit ständig stärker werdendem Engagement zu einem europäischen Verhandlungsgegenstand macht, dann agiert sie nicht nur als ein in

---

1 Die von Friedrich Torberg überlieferte Bemerkung stammt von Rudi Thomas, dem stellvertretenden Chefredakteur des „Prager Tagblatts" (Friedrich Torberg: Die Tante Jolesch oder Der Untergang des Abendlandes in Anekdoten. München 1993., S. 83).
2 Zu solchen Europa-Konstruktionen vgl. Reinhard Johler: Ethnological aspects of „rooting" Europe in a „de-ritualised" European Union. In: Regina Bendix, Herman Roodenburg (Hg.), Roots and Rituals: Managing Ethnicity. 6th SIEF conference (im Druck).
3 Surreale Szenen im Agrarministerrat. In: Frankfurter Allgemeine Zeitung, 28. 5. 1998.
4 Um hier nur ein Beispiel für dieses neue Interesse anzuführen: Europäische Kommission/ Vertretung in Österreich: Landwirtschaft in der Europäischen Union. Wien o. J., S. 6.
5 Cris Shore: Inventing the people's Europe: Critical approaches to European Communities and the construction of Europe. In: Man 28/1993, S. 779-800; Cris Shore, Annabel Black: Citizens' Europe and the Construction of European Identity. In: Victoria A. Goddard, Josep R. Llobera, Cris Shore (eds.): The Anthropology of Europe. Oxford 1994, S. 275-298.

der Landwirtschafts- und Umweltpolitik involvierter politischer Akteur, sondern sie versucht gerade durch das Aufgreifen dieser in vielen Teilen Europas populären und als wichtig empfundenen Themen selbst zu punkten. Anders ausgedrückt: Natur und Landschaft sind für die Europäische Union auch ein Mittel, um sich selbst als ‚natürliche' Institution, als im lebensweltlichen Kontext ihrer Bürger quasi unhinterfragt-alltäglich zu positionieren (und so in Konsequenz als ‚Identitätsstifterin Europas' akzeptiert zu werden).

Das skizzierte Spannungsverhältnis – hier der technokratische Apparat, da die Vision einer ‚natürlichen' bzw. die Strategie einer sich als ‚natürlichen' gerierenden EU – deutet bereits den weit gespannten Rahmen eines Themenfeldes an, das hier im weiteren auf eine konkrete Dimension reduziert werden soll – auf die ‚Landschaft', den ‚ländlichen Raum', wie sie in dem „riesigen Bauernstaat"[6] Europa von kaum zu unterschätzender Bedeutung sind: Denn zum einen wird diese Landschaft, dieser ländliche Raum selbst durch die EU in komplexer Weise verändert; und zum anderen drückt die ins politische Zentrum gerückte Thematisierung von Landschaft dem Prozeß der gegenwärtigen Europäisierung (im institutionellen wie auch im alltäglichen Bereich) ihren Stempel auf.

Ein perspektivischer Überblick, wie er hier versucht wird, ist auch für den Volkskundler sinnvoll; seine weitere Aufgabe aber wird es sein, in ethnographischen Detailstudien Material zur Erhellung der angedeuteten Thematik – und damit vielleicht auch zu deren Analyse[7] – beizubringen.

Europäische Landschaft(en)

„Landschaft in Europa" zu behandeln, ist nicht besonders originär.[8] Und gleichfalls keine neue Strategie ist es, Natur und Landschaft – wie von Seiten der Europäischen Union gerade praktiziert – für die eigene ‚Natürlichsetzung' zu nutzen. Solches gehört vielmehr zum klassischen Instrumentarium der Nationalbewegungen der Vergangenheit.[9] Und diese werden, zumindest indirekt, denn auch zum Vorbild genommen, wenn im gegenwärtigen europäischen ‚nation-building' eine typische europäische Landschaft gesucht wird – und auch bereits gefunden wurde: Die für „Landwirtschaft und ländliche Entwicklung" zuständige „Generaldirektion VI" etwa hat die Ansicht einer leicht hügeligen, von Mischwirtschaft geprägten Landschaft mit Bauernhof als ihr Signet gewählt. Und sie hat damit – ausgesprochen symbolträchtig – gerade jenen Landschaftstypus ins Zentrum ihrer Selbstdarstellung[10] gerückt, auf der auch das von ihr vor noch nicht allzu langer Zeit propagierte – wenn nicht sogar erfundene – „europäische Agrarmodell" in wesentlichen Teilen beruht.

---

6 Die Zeit, 18. 3. 1999.
7 Wolfgang Merkel: Die Europäische Integration und das Elend der Theorie. In: Geschichte und Gesellschaft 25/1999, S. 302-338.
8 Herbert Offner (Hg.): Die Zukunft der Landschaft in Europa. München 1971.
9 Vgl. Eric Kaufmann, Oliver Zimmer: In search of the authentic nation: landscape and national identity in Canada and Switzerland. In: Nations and Nationalism 4/1998, S. 483-510.
10 Aus historischen, topographischen und politischen Gründen wird oft die Toskana als die europäische Landschaft schlechthin genannt. Um dafür nur ein journalistisches Beispiel zu nennen: Heinz-Joachim Fischer: Eine Landschaft auf Leben und Tod. Die Toskana – wo Filme entstehen und Währungen geboren werden. In: Frankfurter Allgemeine Zeitung, 15. 7. 1997.

Abb. 1: Signet und Symbol: die „europäische Landschaft"
(Quelle: Generaldirektion VI - Landwirtschaft, Brüssel)

Diese Wahl einer – freilich kaum bekannten und auch nur wenig akzeptierten – europäischen Landschaft fügt sich in eine ganze Reihe analoger Konstruktionen: Die Konstruktionen einer europäischen Symbolik, einer europäischen Geschichte, einer europäischen Identität, eines europäischen Bürgers – sie alle zielen letztlich auf ein europäisiertes „Euroland"[11]. Doch in der europäischen Öffentlichkeit präsenter und im politischen Alltagsleben dominanter ist ein anderes Konzept: „unity in diversity"[12]. Das ist ein Konzept, mit dem nicht nur die aktuelle Integrationspolitik angeprochen ist – „Einheit in der Vielfalt", so die Annahme, spiegelt auch die Realität Europas und manifestiert sich anscheinend besonders deutlich im Landschaftlichen: Charakteristische – mediterrane, alpine oder arktische – Landschaften signalisieren die als unverwechselbar und charakteristisch beschworene Pluralität Europas – eine Pluralität wie sie in dieser Sichtweise erst durch die Europäische Union als ein Einheitliches repräsentiert wird.

Solche symbolischen Landschaftskonstruktionen gehören zur konkreten EU-Politik. Natur und Landschaft sind dabei innerhalb der Brüsseler EU-Institutionen bei der für „Landwirtschaft und ländliche Entwicklung" zuständigen „Generaldirektion VI", bei der „Regionalpolitik und Kohäsion" bearbeitenden „Generaldirektion XVI" und bei der für „Umwelt" verantwortlichen „Generaldirektion XI" angesiedelt.[13] In diesen Institu-

---

11 Reinhard Johler: Telling a National Story with Europe. Europe and the European Ethnology. In: Ethnologia Europaea 29/1999, S. 67-74.
12 Zu diesem Konzept vgl. aus sozialanthropologischer Sicht: Maryon McDonald: ‚Unity in diversity'. Some tensions in the construction of Europe. In: Social Anthropology 4/1996, S. 47-60.
13 Zur Geschichte der EU-Umweltpolitik vgl. Ute Collier, Jonathan Golub: Environmental Policy and Politics. In: Martin Rhodes, Paul Heywood, Vincent Wright (eds.): Developments in West European

tionen besteht eine originäre Terminologie – „5b-Gebiete" etwa oder „naturbedingte Nachteile" –, sie vergeben mit „Nature 2000", „Life" oder den agrarischen Zielgebietsförderungen (z. B. dem „Leader"-Programm) beträchtliche Geldmittel, und sie verfügen auch über eine eigenständige europäische Informationskultur, wie sie etwa in den Berichten zum „Grünen Europa"[14] nachzulesen ist. Mit dieser groben Auflistung soll angedeutet sein, daß die Europäische Union nicht nur in Bezug auf Deutung und Wahrnehmung von Natur und Landschaft, sondern auch in wirklichkeitsprägender Hinsicht längst ein „fact of life" oder, in den Worten des Mannheimer Soziologen Elmar Rieger, zu einer „sozialen Tatsache" ersten Ranges geworden ist.[15] Ihr monetäres Transfersystem etwa bestimmt nicht nur die landwirtschaftliche Produktion, sondern – direkt damit verbunden – ebenso das Landschaftsbild, oder besser: die Landschaftsbilder in Europa.[16]

Die wichtige Rolle, die das Phänomen ‚Landschaft' im Zusammenhang mit „Europa" (als Begriff und Realität) spielt, kann vor einer Art Negativfolie veranschaulicht werden: Einschlägige EU-Probleme werden nämlich nicht selten mit Landschaftsmetaphern umschrieben – so als würden beispielsweise „Fleisch-, Getreide-, Oliven- und Butterberge" oder „Milch-" und „Weinseen" zur europäischen Topographie gehören.[17] Andererseits kann der Konnex von Landschaft und Europa aber auch positiv hergestellt werden – wie das beispielsweise in der Selbstdarstellung der Europäischen Union gern geschieht: „Land- und Forstwirtschaft, die größten Landnutzer in der Gemeinschaft, müssen bei der Erhaltung und Verwaltung der europäischen Landschaft eine Schlüsselrolle spielen. Zusammengenommen nehmen diese Tätigkeiten bis zu 80 % der Fläche der Europäischen Union in Anspruch."[18] Diese Zielsetzung – sie ist der aktualisierten „Gemeinsamen Agrarpolitik" der Europäischen Union entnommen – ist zunächst als politische Legitimation der Tatsache zu lesen, daß für etwa 5 % der EU-Bevölkerung weiterhin knapp über die Hälfte des EU-Budgets aufgewendet wird. Darüber hinaus aber interessiert sie hier, weil in diesem Programm die „Landschaft" und der „ländliche Raum" anvisiert wird und die europäischen Bauern für „die Bewahrung und Pflege der Natur eine hohe Verantwortung"[19] zugeschrieben bekommen.

Politics. London 1997, S. 226-243; Rüdiger Wurzel: Environmental policy. In: Juliet Lodge (ed.): The European Community and the Challenge of the Future. London 21993, S. 178-199.

14 Die Berichte „Grünes Europa. Mitteilungen zur gemeinsamen Agrarpolitik" sind anfänglich nur in Französisch unter dem Titel „L'Europe verte" publiziert worden. Sie erscheinen im Verlag der „Kommission der Europäischen Gemeinschaft" und werden vom Dienst „Agrarinformation" der „Generaldirektion Landwirtschaft" herausgegeben. Auf eine, obwohl in Bezug auf Darstellung, Inhalt und Symbolik äußerst lohnenswerte Analyse dieser Reihe muß hier verzichtet werden. Hingewiesen sei aber zumindest auf einen Titel: P. Godin (Red.): Umwelt und GAP (=Grüne Berichte, 219). Brüssel 1987.

15 Elmar Rieger: Der Wandel der Landwirtschaft in der Europäischen Union. Ein Beitrag zur soziologischen Analyse transnationaler Integrationsprozesse. In: Kölner Zeitschrift für Soziologie und Sozialpsychologie 47/1995, S. 65-94; vgl. auch ders.: Bauernopfer. Das Elend der europäischen Agrarpolitik. Frankfurt/M., New York 1995.

16 Zur Illustrierung sei nur eine, von der EU gerne kolportierte Zahl erwähnt: Seit 1992 wurden 1,35 Millionen Verträge zwischen den Landwirten und den regionalen bzw. nationalen Behörden abgeschlossen, die von der EU unterstützt wurden (Amt für Veröffentlichungen der Europäischen Gemeinschaften: Die Gemeinsame Agrarpolitik. Förderung der Landwirtschaft und der ländlichen Gebiete Europas: Kontinuität und Veränderung. Luxemburg 1998, S. 14).

17 Diese Begriffe sind ursprünglich entstanden, um die Unfähigkeit der EU-Landwirtschaftspolitik zu brandmarken. Sie sind aber inzwischen längst in die EU-Selbstwahrnehmung übergegangen (Die Gemeinsame Agrarpolitik, wie Anm. 16, S. 3).

18 Ebda, S. 14.

19 Europäische Kommission/Vertretung in Österreich: Landwirtschaft in der Europäischen Union. Wien o. J., S. 20.

Abb. 2: Das Siegersujet des Photowettbewerbs „Vision Gemeinsames Europa" in europäischem blaugelb: „Die Vereinigung der Natur mit der EU"
(Quelle: Vertretung der Europäischen Kommission in Österreich, Wien)

„Euroland": eine ländliche „Euro-Culture"

Es überrascht, daß das hier behandelte Thema – Landschaft und Europa – bislang auf kein großes ethnologisches[20] oder volkskundliches[21] Interesse gestoßen ist. Und noch erstaunlicher ist, daß auch die Europäische Union in der deutschsprachigen Volkskunde/Europäischen Ethnologie bisher kaum behandelt wurde. Wo aber vereinzelt – wie bei Christian Giordano vor geraumer Zeit – „ethno-anthropological aspects of the European Community" angesprochen worden sind, rückt vor allem eine „desintegrierende Integration"[22] in den Mittelpunkt des Interesses.

---

20 Als eines der wenigen Beispiele im deutschsprachigen Raum s. Werner Krauß: „Wir sind nicht die Indianer Europas". Feldforschung, regionale Identität und ökologischer Diskurs am Beispiel eines Landschaftsschutzgebietes im Südwesten Portugals. In: Kokot/Dracklé, (Hg.): Ethnologie Europas. Berlin 1996, S. 95-108.

21 Etwa Thomas Fliege: Bauernfamilien zwischen Tradition und Moderne. Eine Ethnographie bäuerlicher Lebensstile (=Campus Forschung, 760). Frankfurt/M., New York 1998. Allerdings spielt die EU in dieser Studie keine besondere Rolle. Vgl. daher auch die Rezension von Nicholas Schaffner (Schweizerisches Archiv für Volkskunde 95/1999, S. 255-257) und darin besonders folgende Stelle: „Paradox findet der Volkskundler, dass eine supranationale Organisation die Landwirtschaft eines ganzen Kontinents organisieren soll – ein Wirtschaftszweig, der stark auf lokale Verhältnisse abstellt."

22 Christian Giordano: The ‚Wine War' between France and Italy: Ethno-Anthropological Aspects of the European Community. In: Sociologia Ruralis 27/1987, S. 56-66.

Hier soll ein anderer Blick auf die „Europäisierung" Europas geworfen werden – wobei es zwei fachliche Zugänge zu verbinden gilt: Eine ethnographische Perspektive zielt in „short cuts"[23] auf die Beobachtung, Beschreibung und Zusammenschau der verschiedenen symbolischen wie realen Ebenen und handelnden Interessensgruppen; und eine sozialanthropologische Perspektive handelt nicht nur von der bereits mehrfach indirekt angesprochenen – und in dieser Disziplin auch bereits genauer analysierten – „Europeanization"[24], sondern fragt vor allem nach den „politics"[25], in denen jeweils konkret ausgehandelt wird, was ‚Natur', was ‚Landschaft', letztlich aber auch was ‚Kultur' (oder ‚Kulturlandschaft') ist. Und es macht ja wohl auch nur bedingt (volkskundlichen) Sinn, auf der bildlich vorgestellten Waage der Erklärungen die Gewichte – auf der einen Seite ‚Natur', auf der anderen ‚Kultur' – bloß zu verschieben. Interessanter scheint mir doch, die Politik – also die Machtverhältnisse oder den Mechanismus, nach dem der Ausgleich der verschiedenen Interessen ausgehandelt wird – ins Blickfeld zu rücken und so zu klären zu suchen, wie – exemplarisch in Europa – ‚Landschaft' definiert und politisch genutzt wird und wie damit diese ‚Landschaft' zur ökonomischen, kulturellen und ästhetischen Realität wird. Damit ist jener weit über den bekannten Brüsseler Lobbyismus hinausreichende Prozeß eines ständigen Neuaushandelns angesprochen, wie ihn etwa der Agrarsoziologe Marc Mormont im Visier gehabt hat: Mormont hat überzeugend darauf hingewiesen, daß die „rural spaces" in Europa insgesamt neu aufgeteilt werden, daß damit also ein neues (ökonomisches und kulturelles) Raster von Nutzungen und Bedeutungen über die europäische Landschaft gelegt wird.[26] Die Europäische Union ist dabei ohne Zweifel ein einflußreicher und dabei auch innovativ-kreativer Akteur. Was aber sind ihre Ziele?

Einer der zuständigen EU-Repräsentanten, der aus Österreich stammende Agrarkommissar Franz Fischler, hat in einem Interview diese Ziele auf den Punkt gebracht: „Wir müssen Landschaft produzieren."[27] Diese Wortwahl sorgte bei österreichischen Lesern für Irritationen, ist man doch hierzulande gewohnt, Landschaften als ‚gewachsen' wahrzunehmen. Und zudem erinnerte die Rede von der „produzierten Landschaft" nur allzu deutlich an die wenig erfolgreiche EU-Politik der Flächenförderungen und Flächenstillegungen. Doch was Fischler gemeint hat, zielte in eine andere Richtung. Konkret hat er mit der Rede von der „produzierten Landschaft" die Kritik französischer Agrarfunktionäre pariert, die der EU-Landwirtschaftspolitik vorgeworfen hatten, die Bauern zwar auf ihren Höfen halten zu wollen, sie aber dann, wenn nicht nichts, so doch nur zu schlechten Preisen „produzieren" zu lassen. „Wir müssen Landschaft produzieren" spielte so zunächst auf ein Zukunftsprojekt an: auf eine neue Konzeption europäischer Landwirtschaft, wie sie auf dem „Berliner Gipfel" im März 1999 beschlossen worden ist und in der „Landschaft", „ländlicher Raum" und „bäuerliche Kultur" in Europa eine doch weitgehend neue Bedeutung erhalten haben. „Landschaft" zu „produzieren" ist damit zumindest eine mögliche Einkommensalternative für die ‚europäische Landwirtschaft' geworden.

---

23 „Short Cuts" bezieht sich zunächst auf den gleichnamigen Film von Robert Altman. Kjell Hansen und ich sehen in solchen „short cuts" Perspektiven für eine stark gegenwartsbezogene, neue Form der Feldforschung. Eine Veröffentlichung dieses Konzeptes steht in Vorbereitung.
24 John Borneman, Nick Fowler: Europeanization. In: Annual Review of Anthropology 2/1997, S. 487-514.
25 Mit politikwissenschaftlicher Schwerpunktsetzung siehe: James Connelly, Graham Smith: Politics and the Environment. From Theory to Practice. London, New York 1999, S. 217-247.
26 Marc Mormont: Rural Nature and Urban Natures. In: Sociologia Ruralis 27/1987, S. 3-20.
27 Kurier, 10. 2. 1998.

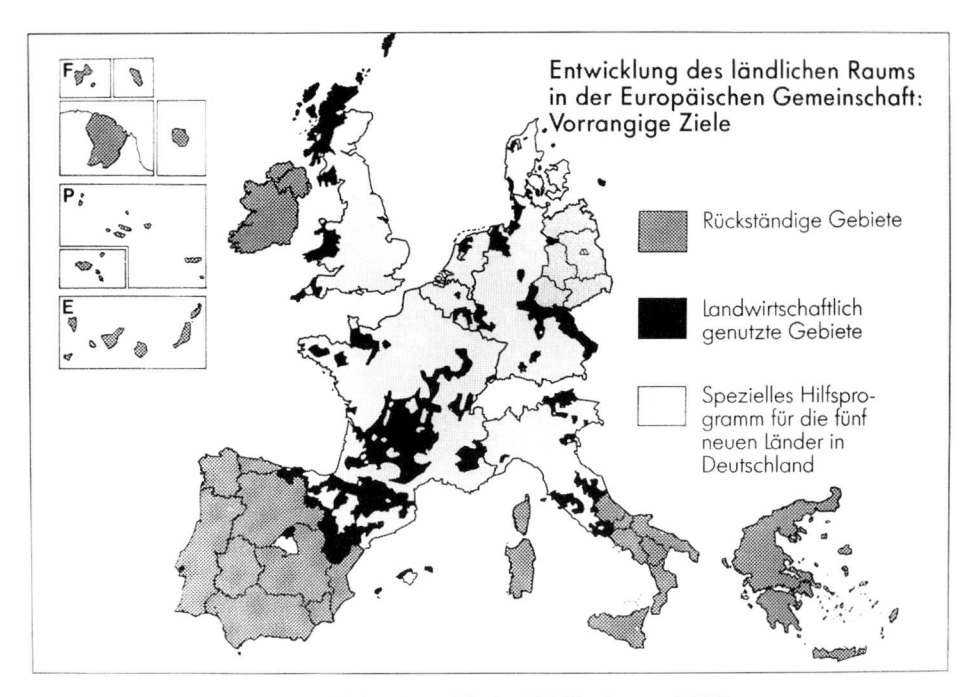

Abb. 3: „Landschaft" und „ländlicher Raum" in der EU-Kartierung (1992)
(Quelle: Amt für Veröffentlichungen der Europäischen Gemeinschaften: Den ländlichen Raum bewahren. Luxemburg 1992)

Zugleich haben die konfliktreichen WTO-, GATT- und „Agenda 2000"-Verhandlungen eine Neuorientierung der „Gemeinsamen Agrarpolitik" (GAP)[28] notwendig gemacht. Damit hat der älteste, symbolisch bedeutsamste, teuerste, am stärksten integrierte, europaweit und global jedoch auch umstrittenste Sektor innerhalb der Europäischen Union eine nachhaltige Umstrukturierung erfahren. In der EU-eigenen Geschichtsschreibung[29] liest sich diese GAP-Neuordnung als ein von der europäischen Politik konsequent beschrittener Weg zum Besseren: Die 1962 ins Leben gerufene „Gemeinsame Agrarpolitik" sorgte erstmals in Europa für stabile Märkte, angemessene landwirtschaftliche Einkommen und eine gesicherte Lebensmittelversorgung. Der Produktivitätsanstieg und das über alle Maßen belastete EU-Budget aber haben Reformen notwendig gemacht, zumal auch die intensivierte Landwirtschaft nachteilige Folgen für das Wohlergehen der Tiere, die Qualität der Produkte und für die Umwelt zeitigte. Entsprechend wurden Landschaft und Umweltschutz 1992 als europäischer Verhandlungs-

---

28 In Auswahl vgl. etwa Simon Harris, Alan Swinbank, Guy Wilkinson (eds.): The Food and Farm Policies of the European Community. Chichester u. a. 1983; Michel Petit (ed.): Agricultural Policy Formation in the European Community: The Birth of Milk Quotas and Cap Reform (=Developments in Agricultural Economics, 4). Amsterdam, Oxford, New York, Tokyo 1987; Guido Thiemeyer: Vom ‚Pool Vert' zur Europäischen Wirtschaftsgemeinschaft. Europäische Integration, Kalter Krieg und die Anfänge der Gemeinsamen Europäischen Agrarpolitik 1950-1957 (=Studien zur Internationalen Geschichte, 6). München 1999.
29 Die EU-kanonisierte Geschichte beginnt hier bei der Konferenz von Stresa (1958), setzt sich mit dem „grünen Europa" und der Inkraftsetzung der GAP fort und endet konsequent bei deren Reform im Zuge der „Agenda"-Verhandlungen. Siehe zur Selbstdarstellung der „Generaldirektion VI" auch deren homepage <http://europa.eu.int/comm/dg06/>.

gegenstand erstmals aufgegriffen, später in der „Erklärung von Cork" vom November 1996 mit der „Erhaltung von lebensfähigen Gemeinschaften unter Wahrung ihrer Kulturen und Traditionen" verbunden und derzeit gerade zu den Fundamenten eines „europäischen Agrarmodells" gemacht.[30]

Diese bei aller Selbstkritik im EU-Verständnis letztlich als Erfolgsgeschichte zu verbuchende „Gemeinsame Agrarpolitik" hat sich in vielfältiger Weise auf die Landwirtschaft und auf die Bauern in Europa ausgewirkt. Der Agrarsoziologe Elmar Rieger zählt etwa einen hohen Etatisierungsgrad der Landwirtschaft zu ihren Folgen, aber auch die Beibehaltung des bäuerlichen Familienbetriebes und damit den Weiterbestand einer sehr heterogenen Agrarstruktur in Europa. Und zugleich ist damit der Typus des von Stützungen und Direktbeihilfen abhängigen bäuerlichen „Agrarmarktbürgers"[31] entstanden. Die (kurze) Geschichte dieses „Euro-Farmers" hat der amerikanische Kulturanthropologe Mark T. Shutes am Beispiel der irischen Milchbauern nachgezeichnet und dabei zu den bereits erwähnten Folgen noch eine weitere hinzugefügt: Die ursprünglich Mischwirtschaft betreibenden irischen Bauern hätten auf eine intensivierte Milchwirtschaft gesetzt.[32] Daß sie damit zu einem Teil der EU-Agrarpolitik geworden sind, ist ebenso offensichtlich, wie die damit verbundene Veränderung der irischen Landschaft – eine Veränderung, die in den anderen Teilen Europas erst noch nachzuzeichnen ist.

Dabei wird man gut daran tun, den Glauben an Automatismen zu verabschieden: Zentrale supranationale Entscheidungen werden auf regionalem oder lokalem Niveau – wie der Sozialanthropologe André Jurjus in seiner niederländische Milchbauern und spanische Olivenpflanzer vergleichenden Studie aufgezeigt hat – in komplexer Weise von „intermediate structures" beeinflußt und verändert, und sie zeitigen so auch höchst unterschiedliche Ergebnisse.[33] In Großbritannien etwa führt die europäische Agrarpolitik zu großräumigen Verschiebungen: Die Milchfarmer des Nordens bauen ihrer Logik entsprechend nun Gerste, Raps oder Weizen an und verkaufen oder verleasen ihre Milchquoten an ihre Kollegen im Südwesten, wo es immer stärker zur Konzentration des grünen Weidelandes kommt.[34] Und ähnlich erfolgreiche Adaptationen sind kürzlich auch für den Hochschwarzwald beschrieben worden: Die dortigen Bauern hatten in den sechziger Jahren zunächst eine extensivere Viehhaltung betrieben, nach der Einführung der Milchquoten 1992 aber eine Diversifizierung ihres Angebotes eingeleitet – also eine Anpassungsfähigkeit gezeigt, die sie in gewisser Weise in Europa bekannt, wenn nicht gar aufgrund ihrer beibehaltenen bäuerlichen Struktur und der Multifunktionalität ihres

---

30 Europäische Kommission/Vertretung in Österreich: Landwirtschaft in der Europäischen Union. Wien o. J., S. 6.
31 Zum Begriff vgl. Rieger (wie Anm. 15), S. 66.
32 Mark T. Shutes: Rural Communities without Family Farms? Family Dairy Farming in the Post-1993 EC. In: Thomas M. Wilson, M. Estellie Smith (eds.): Cultural Change in the New Europe. Perspectives on the European Community. Boulder, San Francisco, Oxford 1993, S. 123-142.
33 André Jurjus: Farming Styles and Intermediate Structures in the Wake of 1992. In: Wilsen/Smith (wie Anm. 32), S. 99-121: „Distinct intermediate structures result in distinct pressures. These structures compromise socioecnomic and political linkages that process higher-level decisions into concrete pressures for change on farmers. Even then actual changes are not determined, since destinct managment styles tend to produce different reactions." Als Fallbeispiel vgl. auch Dorle Dracklé: Europäische Bürokraten und Fisch. Feldforschung in Südportugal. In: Kokot/Drakle (wie Anm. 20) S. 109-127.
34 Reiner Luyken: Rinderpoker. Die massenhafte Tötung britischer Kälber beschert den Landwirten goldene Zeiten. In: Die Zeit, 8. 4. 1999.

Erwerbes zum Vorbild gegenwärtiger europäischer Agrarpolitik – und damit auch des „europäischen Agrarmodells" – gemacht hat.[35]

Ein „europäisches Modell"

Wie bereits erwähnt: Landwirtschaft in Europa ist – ökologisch, historisch, ökonomisch und sozial bedingt – höchst unterschiedlich organisiert und strukturiert.[36] Und Spötter meinen nicht ohne Grund, daß die einzige wirkliche Gemeinsamkeit der europäischen Bauern das ihnen aus Brüssel überwiesene Geld darstellt. Dennoch ist – deutlich von einem politischen und ökonomischen Kalkül getragen – gerade im Umfeld der GATT- und WTO-Verhandlungen verstärkt die Existenz einer spezifischen, von anderen unterscheidbaren und durch besondere Qualitäten ausgezeichneten „europäischen Landwirtschaft" behauptet und dabei, nahezu zwangsläufig, im Gegensatz zur amerikanischen und australischen Agrarindustrie[37] definiert worden – was zu einer Neuinterpretation, anders ausgedrückt: zur „invention" einer deutlich homogenisierten „europäischen Landwirtschaft" geführt hat.

Doch dieses Konzept einer „europäischen Landwirtschaft" hat auch mit einem EU-internen Interessensausgleich – zwischen den verschiedenen Generaldirektionen, zwischen Konsumenten und Produzenten, zwischen den konträren politischen Zielen der Mitgliedsländer – zu tun.[38] Dabei kann in den Verhandlungen diese nur vage ausformulierte „europäische Landwirtschaft" – trotz des Verlustes ihrer ehemaligen volkswirtschaftlichen Bedeutung – mit einer breiten politischen Unterstützung rechnen. Für den ehemaligen Kommissionspräsidenten Jacques Delors etwa – um nur eine typische Stimme zu zitieren – stellt der ländliche Raum und die Landwirtschaft ein Kernstück des „europäischen Gesellschaftsmodells" und ein Herzstück der Europäischen Union dar: „Natur", „ländlicher Raum" und bäuerlich bewirtschaftete „Landschaft" werden dabei sogar zum symbolischen Eigentum aller EU-Bürger aufgewertet.[39]

Agrarsoziologen – und nicht nur sie – staunen regelmäßig über die hohe Akzeptanz solcher Konzepte, deren Gründe sie nicht nur in einem gekonnten Lobbying der bäuerlichen Interessensvertretungen, sondern vor allem auch in einer weit verbreiteten – und

---

35 Vgl. dazu auch: Günther Gillessen: Die zähen Bauern im Hochschwarzwald. Eine Geschichte aus Anpassung und Findigkeit. In: Frankfurter Allgemeine Zeitung, 8. 9. 1998.
36 Um nur ein Beispiel für die Beschreibung dieser Unterschiedlichkeit zu geben: „Ein Problem ist gewiß, daß die europäische Landwirtschaft unter extrem unterschiedlichen Bedingungen produziert – von finnischen Rentierzüchtern im hohen Norden über Bergbauern in den Alpen bis hin zu italienischen und spanischen Oliven-Produzenten am Mittelmeer. Die Folge: Jede Region, jede Betriebsart hat ihre spezifischen Interessen, die in Brüssel berücksichtigt werden sollen." (Süddeutsche Zeitung, 23. 2. 1999)
37 Als entscheidend hat sich dabei in der politischen Rhetorik die Unterscheidung von amerikanischer Agrarindustrie und europäisch-bäuerlicher „Familienbewirtschaftung" gezeigt – vgl. Boguslaw Galeski, Eugene Wilkening (Hg.): Family Farming in Europe and America. Boulder-London 1987.
38 Der EU-Agrarkommissar Franz Fischler etwa sieht in europäischer Agrarpolitik auch einen wichtigen Schritt zu Herausbildung einer europäischen Identität: „Ich habe beim Agrarministerrat davon gesprochen, daß wir bezüglich der Agrarpolitik alle in einem Boot sitzen: Landwirte, Verbraucher, Umwelt- und Tierschützer, Nahrungsmittelindustrie und viele andere mehr. Die Kommission will mit der GAP-Reform das Schiff ‚europäische Landwirtschaft' auf seiner Fahrt ins nächste Jahrtausend auf den richtigen Kurs und erfolgreichen Kurs bringen, gefährlichen Untiefen ausweichen und günstige Strömungen nützen." (Die Presse, 4. 4. 1998)
39 Jacques Delors: Das neue Europa. München-Wien 1993, S. 78-105.

Volkskundlern durchaus vertrauten – Romantik, die mit bäuerlichen Lebensformen und heimeligen Landschaftstypen aufs engste verbunden ist, sehen. Doch zusätzlich ist in Europa – Umfragen zeigen es – ein interessanter Wandel eingetreten: Die Funktion von Landwirtschaft als bäuerliche Nahrungsversorgung ist mittlerweile ein historisches Phänomen, und mit diesem Anspruch wird sie in der breiten Öffentlichkeit auch kaum mehr mit Unterstützung rechnen können; punkten jedoch kann sie mit dem Erhalt und der Pflege der ländlichen Umwelt, die sie für die dominant urbane europäische Gesellschaft erbringt.[40] Kein Wunder also, daß das von der Europäischen Union propagierte „europäische Agrarmodell" diese neue Form der Wertschätzung aufgreift und zum zentralen Bestandteil der eben erst initiierten sogenannten „zweiten Säule" der EU-Agrarpolitik gemacht hat.[41]

Diese „zweite Säule" sieht beträchtliche Direktbeihilfen für Leistungen vor, die von Bauern zwar für die Öffentlichkeit erbracht, vom Markt aber nicht honoriert werden. Denn die „europäische Landwirtschaft" – so die politisch erfolgreiche Argumentation – erzeuge im Unterschied zur amerikanischen Agrarindustrie eben nicht nur Nahrungsmittel. Ihrer multifunktionalen Zielsetzung entsprechend sorge sie darüber hinaus für eine artgerechte Tierhaltung und durch eine weniger intensive Bewirtschaftung auch für Umweltschutz und für gepflegte Landschaften. Damit aber sei der neue „europäische Landwirt" – so ein österreichischer Agrarfunktionär – ein Unternehmer, der auf mehreren Standbeinen stehe: „Er erzeugt Lebensmittel, ist Dienstleister, etwa als Nahversorger, und Produzent öffentlicher Güter, etwa einer offenen Landschaft. Das ist genauso ein Produkt, das durch seine Hände entsteht."[42]

Das im Zitat anklingende Zusammenspiel von Archaik (bäuerliche Hände) und Modernität (das „Produkt" namens „Landschaft") charakterisiert in ihrer vermeintlichen Widersprüchlichkeit recht gut die „zweite Säule" der „europäischen Agrarpolitik". Und mit einer typisch britischen Distanz zur Thematik hat Desmond Dinan dieses Konzept denn auch als teure, doch inhaltlich unklare Mischung von sozialen, ökologischen und ökonomischen Elementen, die deutlich von Romantizismen geprägt seien, bezeichnet.[43] Tatsächlich zeigt sich der romantische Hintergrund dieses Konzeptes nur allzu deutlich: ‚Europäische Landschaft' und ‚ländlicher Raum' werden statisch gefaßt, und sie werden zur homogenisierten ‚Kulturlandschaft' bzw. zur ‚regionalen Kultur' nobilitiert, wie sie künftiger Ausgangspunkt einer Politik des ländlichen Raumes und dessen ökonomischer Entwicklung sein sollen. Anders ausgedrückt: „Europäische" Landschaft wird als ausbaufähiges Kapital – für die Tourismuswirtschaft etwa –, aber auch als nutzbares Aktivierungspotential für eine ländlich-bäuerliche Politik verstanden. Ihr Entstehen,

---

40 Emil B. Haney, Reidar Almas: Lessons on European Integration: Watching Agricultural Policies from the Fringe. In: Sociologia Ruralis 3/1991, S. 99-119; s. dort auch die angegebene weitere Literatur, v. a. Agra Europe: Spare a thought for the environment, Nr. 1384. London 1990; Agra Europe: Agriculture and the environment. Development of European Union agri-environment policy. Tunbridge Wells-Kent 1999.
41 Eine interessante Quelle für die EU-eigene Rhetorik und Symbolik sind neben den von der „Generaldirektion VI" publizierten „Newsletter" vor allem die in großer Zahl erscheinenden, an ein breites europäisches Publikum gerichteten und von der „Europäischen Kommission" herausgegebenen Informationsschriften. Hier ist besonders die Reihe „Europa in Bewegung" zu nennen: Die gemeinsame Agrarpolitik im Wandel. Luxemburg 1996; Den ländlichen Raum bewahren. Luxemburg 1992; Die Zukunft unserer Landwirtschaft. Luxemburg 1993; Wie verwaltet die Europäische Union die Landwirtschaft und die Fischerei? Luxemburg 1997.
42 „Bauern bekommen keine Almosen". In: Salzburger Nachrichten, 7. 7. 1998.
43 Desmond Dinan: Ever Closer Union. An Introduction to European Integration. London 1999, 2. Aufl., S. 333.

ihre Eigenart und Vielfalt wie auch ihren Weiterbestand verdankt sie – in dieser EU-Logik – eigens zu bezahlender bäuerlicher Bewirtschaftung. Landschaft ist damit kulturell zum „bäuerlichen Erbe" und zugleich zu einer nicht zu unterschätzenden Einkommensquelle für zahllose Landwirte in Europa geworden.[44]

Unumstritten ist diese Politik allerdings nicht. Vor kurzem etwa hat die schwedische Agrarministerin politische Bedenken geäußert: Das Konzept der multifunktionalen Landwirtschaft – und damit auch die eben skizzierte neue Bedeutung der Landschaft – verzögere nur die notwendige Liberalisierung der Agrarpolitik und verhindere eine Anpassung der europäischen Landwirtschaft an Weltmarktbedingungen.[45] Daß sie dabei stellvertretend auch für andere Mitgliedsländer gesprochen hat, zeigen die kontroversen Zielvorstellungen europäischer Politik recht deutlich auf. Doch auch inhaltlich ist der geschlossene Kompromiss des „europäischen Agrarmodells" nicht unumstritten – nicht bei Umweltschützern und nicht bei Ökonomen. So hat etwa der Göttinger Agrarökonom Stefan Tangermann die behauptete hohe Bedeutung der Landwirtschaft für die Wirtschaftskraft der ländlichen Räume bezweifelt. Und er hat darüber hinaus in Frage gestellt, was gerne unter dem Schlagwort der „Erhaltung von Kulturlandschaft" dem bäuerlichen Wirtschaften gutgeschrieben wird: Naturschutz könne billiger und tatsächlich umweltschonender betrieben werden als durch eine massiv geförderte Landwirtschaft; die Verödung und Verwilderung der bewirtschafteten Flächen sei keinesfalls so sicher, wie behauptet; und auch der „Wert" und die „Schönheit" der „Kulturlandschaft" sei letztlich doch nur eine ästhetische Kategorie und ein Resultat von kulturell eingelernter Gewohnheit.[46]

Gerade der letzte Aspekt kann durch eine ganze Reihe volkskundlicher Untersuchungen nur bestätigt werden. „Kulturlandschaft" ist – gefördert etwa von der Heimatschutzbewegung[47] – ein „natürlich gemachtes" Konstrukt. Doch ein anderer Aspekt ist hier von größerer Bedeutung: Der Schutz und die Pflege dieser „Kulturlandschaft" – entsprechend dem neuen „europäischen Agrarmodell" mit EU-Direktzahlungen unterstützt – wird von den direkt Betroffenen, den Bauern, vorderhand nur mit Widerwillen wahrgenommen. Sie fürchten wohl nicht zu Unrecht in der identitätsstiftenden agrarischen Produzentenrolle weiter eingeschränkt zu werden und stattdessen als „Landschaftspfleger" oder gar als „Landschaftsgärtner" zu Almosenempfängern zu verkommen.[48]

Der französische Agrarsoziologe Bertrand Hervieu hat diese Veränderung als weiteren Schritt in einer dramatischen Entwicklung der bäuerlichen Welt Europas bezeichnet. Denn zu den bereits bestehenden Zäsuren – etwa zwischen bäuerlicher Wirt-

---

44 Zusammenfassend: Amt für Veröffentlichungen der Europäischen Gemeinschaften: Die Gemeinsame Agrarpolitik. Förderung der Landwirtschaft und der ländlichen Gebiete Europas: Kontinuität und Veränderung. Luxemburg 1998.
45 Frankfurter Allgemeine Zeitung, 15. 9. 1999.
46 Stefan Tangermann: Mit einem Fuß auf dem Gaspedal, mit dem anderen auf der Bremse. Die Landwirtschaft darf nicht ewiger Sonderfall der Wirtschaftspolitik in Europa bleiben. In: Frankfurter Allgemeine Zeitung, 26. 2. 1999; vgl. auch ders. (Hg.): Central and eastern european agriculture in an expanding European Union. Wallingford 2000.
47 Für Österreich etwa dargestellt in: Reinhard Johler, Herbert Nikitsch, Bernhard Tschofen: Schönes Österreich. Heimatschutz zwischen Ästhetik und Ideologie (=Kataloge des Österreichischen Museums für Volkskunde 65). Wien 1995.
48 Der Bauer als Subventionsempfänger. In: Der Standard, 23. 3. 1999; Agenda 2000: Wie die EU den Bauern zum Gärtner macht. In: Die Presse, 3. 4. 1998; Den Milchbauern graust es vor der Agenda 2000. In: Frankfurter Allgemeine Zeitung, 1. 4. 1998.

schaftsform und der bäuerlichen Familie oder zwischen bäuerlichem Wirtschaften und der Nahrungsmittelproduktion – kämen weitere krisenhafte, bäuerliche Unruhen provozierende Diskontinuitäten hinzu. Er nennt dabei vor allem eine Diskontinuität in der ländlich geprägten Lebensform und dem Bruch zwischen bäuerlicher Bewirtschaftung und der diese bis dahin bestimmenden Natur.[49]

Daß analoge Stichwörter bei den großen Bauerndemonstrationen der letzten Zeit schon gefallen sind, mag man auf den ersten Blick als Bestätigung dieser Prognose sehen. Die über 30.000 aus ganz Europa angereisten Bauern etwa, die im Februar 1999 in Brüssel gegen die „Agenda-2000"-Verhandlungsergebnisse protestierten, haben sich zwar in Bezug auf die Stärke der nationalen Beteiligung, aber auch in ihrer Kleidung und in ihrem Protesthabitus deutlich voneinander unterschieden;[50] die vertretenen politischen Forderungen dagegen waren recht einheitlich: Gegen „sterbende Höfe und sterbendes Land" wurde ebenso protestiert wie gegen die fortgeführte „Zerstörung des ländlichen Raumes". Und angesichts eines befürchteten „Endes der Kulturlandschaft" und „Verschwindens der europäischen Bauernschaft" forderten die Demonstranten von der Europäischen Union eine bäuerliche Landschaftserhaltung und damit ein „europäisches Modell der Landwirtschaft".[51]

Daß dieses „europäische Modell der Landwirtschaft" ein erst kürzlich entwickeltes und tatsächlich originäres EU-Modell von Landwirtschaft in Europa ist – und somit sogar in Wahrheit der ausschlaggebende Grund der Konfrontation war – hat die protestierenden Bauern nicht gestört. Denn auch für sie gilt, was der Präsident des „Deutschen Bauernverbandes" anläßlich der Eröffnung der „Grünen Woche" 1999 in Berlin gemeint hat: Das „europäische Modell der Landwirtschaft" sei zwar in aller Munde, werde aber höchst unterschiedlich verstanden.[52] Kurze Zeit später gab er eine inzwischen recht geläufige Präzisierung: Angesichts der bevorstehenden Osterweiterung gelte es, die „europäische Identität der Landwirtschaft" zu wahren.[53]

---

49 Bertrand Hervieu: Discontinuities in the french Farming World. In: Sociologia Ruralis 31/1991, S. 290-299.
50 Die unterschiedliche Bekleidung der protestierenden Bauern wurde von der englischen Zeitung „The Guardian" vom 23. 2. 1999 (Farmers clash with police in protest at CAP reform) auch als Ausdruck divergenter landwirtschaftlicher Interessen, noch mehr aber unterschiedlicher bäuerlicher Kulturen in Europa beschrieben. Tatsächlich würde es sich lohnen, nicht nur die nationale Beteiligung, die eingesetzte Rhetorik und Symbolik oder die konkrete Kampfbereitschaft, sondern auch die in bezug auf Sympathie oder Ablehnung national sehr unterschiedliche Berichterstattung bei diesem „Protestmarsch durch Brüssel" näher zu analysieren. Einen ersten Einblick geben etwa die Berichte „Europas Bauern stürmten Brüssel" (Kurier, 23. 2. 1999); „Frantic farmers in battle for EU cash" (The Times, 23. 2. 1999); „Le paysans européens veulent faire plier Bruxelles" (Le Figaro, 23. 2. 1999); „La guerriglia degli agricoltori" (La Repubblica, 23. 2. 1999); „Zehntausende Bauern fürchten den Ruin" (Süddeutsche Zeitung, 23. 2. 1999).
51 Ein Konzert aus Trillerpfeifen als Antwort der Bauern auf die Vorschläge zur EU-Agrarreform. In: Frankfurter Allgemeine Zeitung, 23. 2. 1999.
52 Agenda 2000 gegen Subventionswettlauf. In: Frankfurter Allgemeine Zeitung, 22. 1. 1999.
53 Frankfurter Allgemeine Zeitung, 7. 1. 2000.

„Rural Europe": Europäische Realitäten

Was mit „europäischer Identität der Landwirtschaft" oder mit dem „europäischen Modell" tatsächlich gemeint ist, muß erst in den komplexen Formen globaler und europäischer ‚politics' ausgehandelt und realisiert werden.[54] Aber erste, wenn auch spezifische Ergebnisse können quer durch Europa im „Rural Europe"-Projektbereich bereits abgelesen werden. In den „Ziel 5b"-Projekten bzw. der „Leader-Regionalförderung" zum ländlichen Raum zeigt sich eine – in Europa allerdings unterschiedlich große – Bereitschaft, „Landschaft" als Prämisse für die regionale Entwicklung zu nehmen. „Dorfentwicklung", „landschaftsbezogenes Bauen" oder „Kulturlandschaftspflege und Erhaltung des ländlichen Raumes" scheinen für viele Projekte aber äußerst interessant zu sein, sorgen sie doch – neben zusätzlichen Geldmitteln – für regionale Unterscheidbarkeit, also für einen hohen, im Tourismus nutzbaren Erkennungswert und die gerade im europäischen Kontext gern eingeforderte Differenzierung durch Kultur.

Bemerkenswert ist, daß die dabei vielfach eingesetzten und propagierten Begriffe „kulturelles Erbe", „regionale Kultur" oder „Kulturlandschaft" sowohl den inhaltlichen Ausgangspunkt und zugleich auch das Ziel dieser EU-Projekte (etwa zur „Kulturlandschaftspflege") bezeichnen.[55] Und die nahezu inflationäre Nennung von „Kulturlandschaft" zeigt darüber hinaus noch ein zweites, das mit einem Rekurs auf Raymond Williams erläutert werden soll, der einmal eine scharfe Trennung von Landschaftsnutzern gezogen hat: Die „Insiders" – die Betroffenen – würden konkret in der Landschaft agieren, während die „Outsiders" – beamtete Funktionäre etwa oder Intellektuelle – von ihr bloß abstrakte Konzepte hätten.[56] Diese Unterscheidung hat – doch das sei hier freilich eher als Frage, denn als Behauptung abgeführt – wohl deutlich an Bedeutung verloren, zumindest dürften sich die Grenzen zunehmend verschieben. Denn es gehört auch zu europäischer Agrarpolitik, daß „Outsider"-Kenntnisse etwa zu Natur oder Landschaft zu Allgemeinwissen mutieren. „Landschaft" wird eben nicht mehr nur von den Brüsseler Eliten, sondern von allen als eine „produzierte" gesehen.

„Produzierte Landschaften" aber sind nicht uninteressanter als scheinbar „gewachsene". Und die Tatsache, daß sie selbst im ‚kalten' Umfeld der Europäischen Union schnell in kulturell ‚warme' Begrifflichkeiten wie „Kulturlandschaft" oder „regionales Erbe" eingebettet werden, verhilft ihnen bruchlos zu erneuter Naturalisierung. Eine solche „Naturalisierung" wird aber auch – und das in ihrem eigenen Interesse – von der Europäischen Union betrieben – etwa wenn sie unter anderem auf in der Bevölkerung derart populäre Themen wie eben Landschaft und Natur setzt.

Der frühere Kommissionspräsident Jacques Santer hat kürzlich in Salzburg die schöne „Kulturlandschaft" und die Qualität der lokalen Spezialitäten als ein Ergebnis erfolgreicher europäischer (Landwirtschafts-)Politik gepriesen. Dieselbe Politik sorgt alljährlich im „Villacher Fasching" – verkörpert durch den blau-gelb gekleideten „EU-

---

54 Zu diesem Aushandeln gehörte es in einer Art ritualisierter Auseinandersetzung auch, daß am Tage der Bauernproteste die EU nicht nur ihren Mitarbeitern in Brüssel frei gab, sondern daß auch, um die angereisten Landwirte nicht weiter zu provozieren, die Europafahnen von den EU-Gebäuden eingeholt wurden.
55 Ich bereite eine umfangreiche vergleichende Studie zu dieser von der EU geförderten Neo-Regionalisierung in Europa vor, vgl. hier als ein Beispiel: Idylle muß zur Marke werden. In: Salzburger Nachrichten, 3. 12. 1998.
56 Raymond Williams: The Country and the City. London 1973. Vgl. auch: Eric Hirsch: Introduction. Landscape: Between Place and Space. In: ders., Michael O'Hanlon (Hg.): The Anthropology of Landscape. Perspectives on Place and Space. Oxford 1995, S. 1-29.

Bauern" und seine Kuh Rosa – für einmütige Lachsalven. Sicher können beide hier beispielhaft angeführten Auftritte keine besondere Bedeutsamkeit für sich in Anspruch nehmen – sie mögen aber zumindest ein ganz allgemeines Zeichen für die Präsenz Europas (und die Reaktionen darauf) sein. Will sagen: Volkskundliche Beobachtung und Analyse sind in der Tat geboten.[57]

Volkskunde, Landschaft und Europa

Simon Schama hat „Landschaft" als „Produkt" unserer „Kultur" bezeichnet, als eine Art „Text", der von den Menschen immer wieder neu zu „schreiben"[58] sei. Dieser Gedanke gehört – wie so manch anderer[59] – zu jenen kulturwissenschaftlichen Allgemeinkenntnissen, zu denen die Volkskunde doch auch einiges hat beitragen können.[60] Diese Volkskunde wird aber auch immer wieder gefordert sein, eine Spezifik ihres Zugangs zu entwickeln. In diesem Beitrag wurde primär eine Perspektive, ein Überblick angestrebt. Dabei wurden ‚Natur', ‚Umwelt', ‚Landschaft', aber auch ‚Kultur' als Ergebnisse komplexer „politics" dargestellt, wie sie nicht zuletzt auch von der Europäische Union mit ausgehandelt werden.

Der „Euro-Culture" hat – darin ist dem Kulturanthropologen Thomas Wilson uneingeschränkt recht zu geben – verstärkte volkskundlich-ethnologische Aufmerksamkeit zu gelten: „Like the people of Europe anthropologists can either make their war or their peace with it, but cannot ignore it."[61] Dies gilt für eine Europäische Ethnologie[62] und auch für die Volkskunde, andernorts[63] und hierzulande. „Landschaft" ist dabei ein signifikantes Thema: Sie unterliegt nicht nur selbst tiefgreifenden Veränderungen im Zuge des Europäisierungsprozesses; sie ist ihrerseits – auf populärem wie wissenschaftlichem Feld thematisiert – ein diesen Europäisierungsprozeß beeinflussender Faktor. „Landschaft" ist derart ein zukunftsweisendes Forschungsfeld – und jene Resignation, mit der sie Heimito von Doderer in seinem „Repertorium" behandelt hat, nur mehr literarischer Topos: „Es wird alles Landschaftliche uns entgegengehalten, als ein Teil des dichten Netzes unserer Befangenheit. Wir müssen es hinnehmen, was bleibt uns auch anderes. Aber allermeist wissen wir doch damit nichts anzufangen."[64]

---

57 Vgl. Reinhard Johler: „Europa in Zahlen". Statistik – Vergleich – Volkskunde – EU. In: Zeitschrift für Volkskunde 95/1999, S. 246-263.
58 Simon Schama: Landschaft und Erinnerung. In: Christoph Conrad, Martin Kessel (Hg.): Kultur & Geschichte. Neue Einblicke in eine alte Beziehung. Stuttgart 1998, S. 242-263.
59 Rolf Peter Sieferle (Hg.): Natur-Bilder. Wahrnehmungen von Natur und Umwelt in der Geschichte. Frankfurt/M. 1999.
60 Utz Jeggle: Landschaft – Landschaftswahrnehmung – Landschaftsdarstellung. In: Detlef Hoffmann (Hg.): Landschaftsbilder, Landschaftswahrnehmung, Landschaft. Loccum 1985, S. 7-29.
61 Thomas W. Wilson: An Anthropology of the European Community. In: Thomas M. Wilson, M. Estellie Smith (Hg.): Cultural Change in the New Europe. Perspectives on the European Community. Boulder-San Francisco-Oxford 1993, S. 1-23; Thomas W. Wilson: An Anthropology of the European Union, from Above and Below. In: Susan Parman (Hg.): Europe in the Anthropological Imagination. Upper Saddle River 1998, S. 148-156.
62 Vgl. etwa Dorlé Drackle, Waltraud Kokot: Neue Feldforschungen in Europa. Grenzen, Konflikte, Identitäten. In: Kokot / Drackle (wie Anm. 20), S. 4-20.
63 Pertti J. Anttonen (ed.): Making Europe in Nordic Contexts. Turku 1996.
64 Heimito von Doderer: Repertorium. Ein Begriffbuch von höheren und niederern Lebens-Sachen. München 1996, S. 143.

Christoph Köck

Bilderbuch-Natur und verrückte Natur
Strategien und Konsequenzen der kulturellen Gestaltung von Jahreszeiten

Jahreszeiten als kulturelle Setzung

Obwohl Hamburg und München über das Jahr betrachtet in etwa gleiche meteorologische Daten aufweisen – also Niederschlagsmenge, Sonnenscheindauer und Temperatur im Durchschnitt ungefähr übereinstimmen[1] – gilt die bayerische Hauptstadt als Sommermetropole Deutschlands. Regelmäßig bereits im Februar zeigen Fernsehbilder aus München gutes Wetter, vollbesetzte Biergärten, bevölkerte Straßencafés und „Nackerte" im Englischen Garten. Die Zelebrierung des Münchner Sommers – hymnisch besungen durch die Spider Murphy Gang und durch Konstantin Wecker[2] – trägt das Image der Stadt und die Alltagspraxis seiner Bewohner ganz wesentlich. München sei die nördlichste Stadt Italiens, propagieren viele Einheimische und auch jene, die als Arbeitsmigranten aus dem vermeintlich so kühlen Norden der Republik in den Süden ziehen.

Neben dem Sommer hat München noch eine andere städtische Saison. Im Winter schottet sich die Stadt radikal gegen die naturalen Phänomene der Jahreszeit, gegen Frost und Schnee, ab. Unmittelbar nach einsetzendem Schneefall rücken städtische Armeen mit Winterbekämpfungsgeräten aus, um die Stadt *frei* zu halten. Liegt der Schnee höher als fünf Zentimeter, werden die Einsatzfahrzeuge begleitet von einer Medienberichterstattung, die kurz darauf ein *Verkehrschaos* oder eine *Winterkatastrophe* diagnostizieren wird. Trotz alledem oder gerade deswegen machen sich viele Bewohner der Stadt allwöchentlich in Scharen auf, um unweit Münchens den Winter mit all seinen Schnee*massen* zu genießen. Nur 60 km von München entfernt befinden sich die Alpen, deren Bewohner den *richtigen* Winter anbieten und gewissermaßen als Bilderbuch-Bühne inszenieren.

Mit dem Verhältnis des modernen mitteleuropäischen Menschen zu den Jahreszeiten scheint etwas in Unordnung geraten zu sein: Wir erfreuen uns daran, wintertags in die heiße Karibik oder nach Mallorca zu fliegen. Wir sind in der Lage, am 1. Mai auf der Zugspitze Snowboard-Kurse zu besuchen, während gleichzeitig und am gleichen Ort – in knapp 3000 Meter Höhe – ein Maibaum aufgestellt wird. Für uns ist es angenehm, in beheizten, glaskuppelüberdachten Einkaufsparadiesen unsere Weihnachtseinkäufe *witterungsunabhängig* zu tätigen; und nur wenig später sitzen wir andächtig zuhörend unter dem Christbaum mit unseren Eltern zusammen, die uns von den Wintern früher erzählen, Winter, die angeblich viel kälter und schneereicher waren, und auch von den Sommern früher, in denen wochenlang und pausenlos die Sonne schien.[3]

---

1 Vgl. die jährlichen Übersichten im Deutschen Meteorologischen Jahrbuch, 1950-1998.
2 Konstantin Wecker: „Wenn der Sommer nicht mehr weit ist" (LP, „Live in München", 1981); Spider Murphy Gang: „Sommer in der Stadt" (LP „Dolce Vita", 1981)
3 Zu autobiografischen Erzählmustern von Jahreszeit-Erinnerungen vgl. Christoph Köck: Historische Perspektiven erzählen. Über den Schnee von gestern und das Milchbehälterexperiment. In: Daniel Drascek u.a. (Hg.): Erzählen über Orte und Zeiten. Festschrift für Helge Gerndt und Klaus Roth. Münster u.a. 1999, S. 287-304.

Christoph Köck

Abb. 1:
Zeitschriftenwerbung für Winterferien auf Mallorca.
Der Spiegel, Nr. 31/1999, 2.8.1999

Jahreszeiten, die seit der Renaissance und stärker noch seit der Romantik in Mitteleuropa als viergliederige Aufteilung des Jahreslaufs gesehen werden, gelten heute als eine quasi-natürliche Zeitordnung des Alltags. In der Vorstellung von den Jahreszeiten verfängt sich etwas Gemeinsames von Natur und Kultur. Jahreszeiten sind eine kulturelle Setzung, die sich zyklisch verändernde naturale Erscheinungen wie Temperatur, Niederschlag, Lichtintensität, Luftfeuchtigkeit, Pflanzenwachstum und Pflanzenniedergang für das Alltagsleben ordnet. Heute sind Jahreszeiten gewissermaßen naturalisiert: Eine andere als die viergliedrige Aufteilung des Jahres können wir uns für unsere Breiten kaum vorstellen, und der Wechsel der Jahreszeiten gehört zum „natürlichen", also *ordnungs-gemäßen* Programmablauf eines Jahres.

Im Folgenden geht es um Jahreszeiten als Ordnungskategorie und Bedeutungsträger in rezenten Lebenszusammenhängen. Dazu werden einige exemplarische empirische Befunde, Auswertungen und Interpretationen aus einem laufenden Forschungsprojekt am Institut für deutsche und vergleichende Volkskunde der Universität München vorgestellt. Die Fragen, die das Projekt beantworten soll, sind:
1. Als welche Form von kultureller Ordnung lassen sich Jahreszeiten beschreiben?
2. Wie und mit welchen Inhalten zeigen sich unterschiedliche Einstellungen zum Ordnungsfaktor Jahreszeiten im 20. Jahrhundert?
3. Welche Konsequenzen für die Organisation des Alltagslebens lassen sich aus diesen Veränderungen herleiten?

Zur Erstellung der Datenbasis dient ein Methodenmix: Verglichen werden Jahreszeitenmuster im städtischen Ballungsraum München mit denen im ländlich-alpinen Raum Tirols. Empirische Grundlagen sind Medientexte aus Zeitungen, Magazinen und Fernsehen, außerdem Beobachtungen und Befragungen. Eine selektive Textanalyse von Schulbüchern aus dem 19. und 20. Jahrhundert dient der Vertiefung von Perspektiven auf Geschichte und auf Enkulturationsvorgänge.

Bezugnehmend auf das Kongreßthema werden Jahreszeiten in diesem Beitrag als Ordnungskategorie im Beziehungsgeflecht von Natur und Kultur fokussiert. Dabei geht es ganz zentral um eine volkskundliche Perspektivierung einer virulenten, öffentlich-wissenschaftlichen Auffassung, wonach sich eine ehedem geordnete Beziehung des Menschen zur Natur im Zuge allgemeiner gesellschaftlicher Auflösungstendenzen stark hin zur Ordnungslosigkeit, zur willkürlichen Handhabung von Natur, verändert habe.

Kulturelle Ordnungen

Als Ausgangspunkt einige Erläuterungen zu Begriff und Konzept „Ordnung": Die Volkskunde hat, wie andere Sozial- und Kulturwissenschaften auch, besonders in den 1970er und 1980er Jahren Alltags-Ordnungen vielfältigster Ausformungen entschlüsselt, ohne den Begriff Ordnung einheitlich zu fassen.[4] Leopold Schmidt, der 1947 die Volkskunde als Wissenschaft vom „Leben in überlieferten Ordnungen" bezeichnete, implizierte damit in erster Linie *traditionale* Formen und Regelsysteme, die für die Alltagsgestaltung Wirkkraft besitzen.[5] Ina-Maria Greverus betonte 1972, daß „kulturelle Ordnungen" nicht nur in überlieferten Prozessen stehen, sondern der Mensch als kreativer Kulturgestalter ständig aktiv an deren Aufbau und Modifikationen beteiligt ist.[6] Strukturalisten wie Mary Douglas haben „Ordnung" in Opposition zu „Chaos" gesetzt und mit beidem als oppositionellem Paar kulturanalytisch operiert.[7] Heute subsumieren wir unter kulturelle Ordnungen ganz selbstverständlich soziale, räumliche und zeitliche Ordnungen, Geschlechterordnungen, religiöse und symbolische Ordnungen oder auch die Ordnung der Dinge. Bei allen handelt es sich gleichsam um kollektive Wert- und Regelsysteme, um bewußte und unbewußte Bindungen, die Alltagspraxis konstituieren, handhabbar machen und die als Grenzen zu anderen Ordnungen gezogen werden.

Kulturelle Ordnungen werden dann in Frage gestellt, wenn sie sehr stark normierend wirken, sie verursachen Konflikte in der Alltagspraxis, sobald sie veränderten Bedürfnislagen nicht mehr entsprechen oder andere Ordnungen in (offene) Konkurrenz zu ihnen treten. Hermann Bausinger beschrieb vor 40 Jahren die Auflösung traditionaler Horizonte in der technischen Welt, als Synonym zum „Horizont" verwendete er dabei

---

4 Vgl. hierzu bes. den (nach diesem Vortrag) publizierten Beitrag von Wolfgang Brückner: Ordnungsdiskurse in den Kulturwissenschaften. In: Österreichische Zeitschrift für Volkskunde 102:4/1999, S. 457-498.

5 Leopold Schmidt: Volkskunde als Geisteswissenschaft. In: Handbuch der Geisteswissenschaften. Band 2, Heft 1, Wien 1948, S. 7-30, hier S. 14.

6 Ina-Maria Greverus: Kulturelle Ordnungen. In: Beitl, Klaus (Hg.): Volkskunde. Fakten und Analysen. Festgabe für Leopold Schmidt zum 60. Geburtstag (=Sonderschriften des Vereins für Volkskunde in Wien, 2). Wien 1972, S. 6-13, hier S. 11.

7 Vgl. z.B. Mary Douglas: Reinheit und Gefährdung. Eine Studie zu Vorstellungen von Verunreinigungen und Tabu. Berlin 1985 (engl. Erstausgabe 1966).

mehrfach den Begriff „Ordnung"[8]. Bausingers Analyse der Ent-Bindung von sozialen, räumlichen und zeitlichen Horizonten kann heute, in der Rückschau, zu den in den 1990er Jahren kontrovers diskutieren Ansätzen spät- oder postmoderner Theoretiker wie Anthony Giddens, Ulrich Beck, Zygmunt Bauman oder Marc Augé in Bezug gesetzt werden. Diese beschreiben tendenziell die Auflösung und den Verfall geschlossener Wert- und Regelsysteme der klassischen Moderne gegen Ende des 20. Jahrhunderts als Abkehr von aufklärerischen Idealen wie Rationalisierung und Emanzipation. Die Pluralität der Werte führt demnach zu einer unendlichen Vielfalt an individuellen Lebensformen, die in einer hochtechnologisierten Gesellschaft nebeneinander und ohne Bezüge zueinander existieren: Verbindungen zu überlieferten Zeit- und Raumordnungen (wie zum Kirchenjahr oder zu einem Heimatort) oder zu sozialen Ordnungen (Nachbarschaft, Vereine) werden zunehmend paralysiert und in der Reflexion ironisiert. Ortlosigkeit und Fragmentierung werden zu Schlagworten, die die postmoderne Existenz beschreiben.[9] Sogar ein Ende des Zivilisationsprozesses durch die Selbstzerstörungskräfte des technischen Fortschritts konstatiert der Hamburger Soziologe Stefan Breuer in dem Buch „Die Gesellschaft des Verschwindens" von 1993.[10]

Die Auflösung der natürlichen Ordnung

In das Blickfeld kulturkritischer Auflösungs-Debatteure gerät seit Mitte der 1970er Jahre auch die sogenannte *natürliche Ordnung*. Ihr Gleichgewicht und ihre zyklischen Kreisläufe seien durch die technische Zivilisation nachhaltig bedroht oder würden gar unwiderruflich zerstört. Der zyklische Klimawechsel, der bei uns durch die vier Jahreszeiten kulturell transformiert wird, gilt als *ein* tragendes Element dieser Ordnung. Klima und Jahreszeiten sind demnach durch Bevölkerungswachstum, industrielle Produktion und konsumorientiertes Verhalten in ihrer derzeitigen Gestalt nachhaltig gefährdet: Die Winter in Mitteleuropa, so heißt es, werden durch anthropogene Einflüsse wärmer, der Sommer regnerischer, der Frühling beginne früher, das Laub des Herbstes falle vergleichsweise eher als vor 30 Jahren. „Treibhauseffekt" ist das Stichwort, das wir alle kennen.[11] Andere Klimatologen sehen das Absterben des Golfstroms und damit mittelfristig eine mögliche Erkaltung Westeuropas voraus. Glaubhaft gemacht und bestritten werden die Prognosen durch Statistiken, die meteorologische Durchschnittswerte unterschiedlichster Reichweite und Computersimulationen gegeneinanderhalten.[12]

---

8   Hermann Bausinger: Volkskultur in der technischen Welt. Frankfurt am Main ²1986 (¹1961).
9   Vgl. u.a. Anthony Giddens: Konsequenzen der Moderne. Frankfurt/M. 1995; Ulrich Beck, Ulf-Erdmann-Ziegler, Wilhelm Vossenkuhl: Eigenes Leben. Ausflüge in die unbekannte Gesellschaft. München 1995; Heinz-Günther Vester: Soziologie der Postmoderne. München 1993; Zygmunt Baumann: Vom Pilger zum Touristen. In: Das Argument 36/1994, S. 389-408; Marc Augé: Orte und Nicht-Orte. Vorüberlegungen zu einer Ethnologie der Einsamkeit. Frankfurt/M. ²1994, S. 92f.
10 Stefan Breuer: Die Gesellschaft des Verschwindens. Hamburg 1995, bes. S. 15-45.
11 Dabei ist „unsere" Debatte um den Einfluß anthropogener Faktoren auf das Weltklima nicht die erste. Bereits zur letzten Jahrhundertwende wurde über dieses Problem – besonders in den Vereinigten Staaten und in Europa – sowohl unter Meteorologen als auch in der politischen Öffentlichkeit gestritten. Vgl. dazu: Nico Stehr, Hans von der Storch: Klima, Wetter, Mensch. München 1999, S. 61ff.
12 Vgl. u.a. Stefan Rahmstorf: Die Welt fährt Achterbahn. In: Süddeutsche Zeitung am Wochenende. 3./4.7.1999, S. I.

Den Niedergang naturadäquaten Verhaltens durch den überzivilisierten Menschen beschrieben und beschreiben populäre Journalisten, Politiker und Wissenschaftler gleichermaßen: mit Horst Stern, Herbert Gruhl, Rudolf Bahro, Hans Jonas oder Konrad Lorenz wären nur wenige der bekannten Vertreter eines Verfalls- oder Auflösungsdenkens zu nennen, deren Ansätze auch in der volkskundlichen Debatte zumindest indirekt reflektiert wurden. Zu Beginn der 1980er Jahre war es Utz Jeggle, der den industrialisierten „Umgang mit Sachen" als Kolonialisierungsprozeß der Natur markierte und die Gefahr des Aussterbens der menschlichen Art – dinosaurierähnlich – bevorstehen sah.[13] 1993, als es beim Volkskundekongreß in Passau um die „Gewalt in der Kultur" ging, verglich Martin Scharfe die modernen Menschen mit Lemmingen, die todestriebinfiziert ihrem eigenen Untergang entgegengehen, deren Stoffwechsel mit der Natur durch den Siegeszug des industrialisierten Wegwerf-Wirtschaftens längst pathologisch und durch „fäkale Produktivität" gekennzeichnet sei.[14] Ein Niedergangsszenario, das ähnlich Scharfes Diagnose den hoch – oder überzivilisierten Menschen als Kranken und Siechenden sieht, findet man unter anderem in der Zivilisationspathologie von Konrad Lorenz.[15] Lorenz konstatiert darin einen in den Industrieländern vor sich gehenden Prozeß der Entmenschlichung, der sich in der Naturzerstörung und dem Verfall der schöpferischen Evolution zeige und der auf einer kollektiven Erkrankung des Geistes beruhe. Degeneration als Werteniedergang, als Verlust von ästhetischem Empfinden und Verlust an zweckfreiem sozialen Handeln erfasse die am höchsten entwickelten und vor allem übervölkerten Lebensformen. Lorenz argumentiert im Unterschied zu Scharfe biologistisch: er geht von fehlangepaßten Instinkten aus, die durch die differentiellen Geschwindigkeiten von biologischer und kultureller Evolution handlungsbestimmend werden.

Als degeneriert erachtet Hans Haid, Mitautor des Münchner Ausstellungskataloges „Schöne neue Alpen", die Handhabung der in ihrem Bestand höchst gefährdeten *alpinen Natur und Kultur*. Der vielzitierte und sich selbst als Volkskundler bezeichnende Ötztalbewohner Haid deklariert darin die „Herden und Horden" der Wintersporttouristen als „Schweine", die heimischen Skilehrer als „Primitive"; er schreibt: „Keine andere 'Kultur' hat die letzten Reste von eigensinniger, von eigenständiger, von intimer Volks-Kultur so schamlos ausgebeutet und deformiert wie die Kultur des Reisens"[16].

Die Argumente der ökologischen Warner sind bei uns spätestens in den 1990er Jahren zum gesellschaftlichen und politischen Programm geworden. *Renaturierung, Ökologischer Rückbau, Naturnaher Landbau, Nachhaltige Entwicklung, Biosphärenreservat, Sanfter Tourismus, Umwelterziehung, Klimaschutzkommission* – viele Schlagworte mehr wären aneinanderzureihen. Der Biologe und Soziologe Detlef Weinich stellt eine Dominanz *biokategorialer* Werte in der öffentlichen Diskussion fest. Die biokategorialen Werte äußern sich besonders in den *ökologischen Idealen* und in den

---

13 Utz Jeggle: Vom Umgang mit Sachen. In: Konrad Köstlin, Hermann Bausinger (Hg.): Umgang mit Sachen. Zur Kulturgeschichte des Dinggebrauchs. 23. Deutscher Volkskunde-Kongreß in Regensburg 1981. Regensburg 1983 (=Regensburger Schriften zur Volkskunde, 1), S. 11-25, hier S. 14.
14 Martin Scharfe: Wie die Lemminge. Kulturwissenschaft, Ökologie-Problematik, Todestriebdebatte. In: Rolf W. Brednich, Walter Hartinger (Hg.): Gewalt in der Kultur. Vorträge des 29. Volkskundekongresses in Passau 1993, Passau 1994 (=Passauer Studien zur Volkskunde, 8), Band 1, S. 271-295, hier S. 280-285.
15 Konrad Lorenz: Zivilisationspathologie und Kulturfreiheit. In: ders: Das Wirkungsgefüge der Natur und das Schicksal des Menschen. München 1978, S. 324-355.
16 Hans Haid: Touristen in der Region. In: Sylvia Hamberger u.a. (Hg.): Schöne Neue Alpen. Eine Ortsbesichtigung. Ausstellungskatalog, München 1998, S. 185-186, hier S. 185.

Imperativen des Überlebens, letztlich in der Strategie, das individuelle Wohl über die Sicherung des Gemeinwohls zu gewährleisten.[17] Weinich meint damit: der moderne Mensch thematisiere zunehmend die eigene Existenzerhaltung vor dem Leitbild des globalen Artenschutzes und des globalen ökologischen Gleichgewichts (erst stirbt der Baum, dann der Mensch). Und dies, obwohl letztlich der Artenschutz selbst als widernatürliche Handlung anzusehen sei, denn es gebe keine ökologische Regel, die etwa die Unantastbarkeit eines Biotops einfordere. In Anlehnung an Arthur Imhof macht Weinich unter anderem den Wegfall des allgegenwärtigen Sterbens und den Wegfall der Jenseitshoffnung in der säkularisierten Welt für die Dominanz biokategorialer Werte verantwortlich. Das Problem sei: durch die Eliminierung der Ewigkeit habe sich das Dasein trotz irdischer Lebensverlängerung für den Einzelnen insgesamt verkürzt. Zukunftsängste und Auflösungsdenken einerseits seien die Folgen und lebensverlängernde Maßnahmen andererseits seien die Strategien, die sich aus diesen Werten ergeben würden.[18] Diese veränderte Einstellung dem Leben und Sterben gegenüber zeigt sich übrigens auch in der *Metaphorik* der Jahreszeiten: Lebenstreppen aus dem 17. und 18. Jahrhundert verwendeten den blühenden Frühlingsbaum als Hintergrundmotiv für das anbrechende Menschendasein und den laublosen Winterbaum für das endende Leben bzw. den Tod.[19] Heute wird dieser „Winter des Lebens" verschwiegen, das Alter wird vielmehr als aktive, „bunte" Zeit des Lebens idealisiert. In einer aktuellen Werbung für Altenwohnungen aus dem Jahr 1999 heißt es „Großes Sommerangebot! Ihr Ruhesitz für den goldenen Herbst des Lebens".[20]

Ein Niedergangsszenario

Ein konkretes Beispiel für ein Niedergangsszenario konnte ich am 24. Februar 1999 eher zufällig als gezielt aus dem Fernsehen aufzeichnen. Der Programmkanal 3Sat übertrug an diesem Tag, wie morgens von 7.00 Uhr bis 9.00 Uhr üblich, die sogenannten *Panoramabilder*. Dabei handelt es sich normalerweise um einen Wechsel von Landschafts-Aufnahmen, die von Schwenkkameras im Umfeld von alpinen Gebirgsstationen erfaßt werden. Fast alle größeren Touristenorte in den Alpen besitzen solche Kameras, die Sendezeiten werden bei den Fernsehanstalten zu Werbezwecken gebucht. Außer 3Sat zeigen auch das Bayerische Fernsehen, das ORF und TV München solche Bilder jeweils frühmorgens, das ganze Jahr über. Eine Krankenschwester, die in einer Münchner Privatklinik arbeitet, berichtete mir, Panoramabilder seien vormittags das mit Abstand beliebteste Programm der Patienten. Dazu trägt zweifelsohne bei, daß die gefilmten Bergansichten von alpenländischer Volksmusik oder Instrumentalpop begleitet werden. Zufrieden sind Touristiker wie Zuschauer, wenn im Winter weiße sonnenbeschienene Schneelandschaften gesendet werden können – eine Variante des Bilderbuchwinters. Zum gefilmten Inventar gehören Skistationen, laufende Liftanlagen und panzerähnliche Fahrzeuge, die die Abfahrtspisten präparieren. Am unteren Bildrand sind einige Daten zu lesen: Tageszeit, Höhe, Außentemperatur, Pistenzustand, kurze Informationen zu touristischen Veranstaltungen.

---

17 Detlef Weinich: Aussterben, Niedergang und Verfall. Der Zivilisationsprozeß in biologisch-soziologischer Sicht. Dettelbach 1997, S. 232 und 290.
18 Vgl. Weinich (wie Anm. 17), S. 349-351.
19 Bildbelege in: Peter Joeriẞen, Cornelia Will: Die Lebenstreppe. Bilder der menschlichen Lebensalter. Ausstellungskatalog Landschaftsverband Rheinland. Köln 1983, S. 116.
20 Werbebeilage von Demos Immobilien zur Süddeutschen Zeitung vom 7.9.1999.

Abb 2: Bilderbuchwinter zum Frühstücksfernsehen:
Panoramabilder im Kanal 3Sat, 13. Februar 1999

Der 24. Februar verschaffte andere Eindrücke. Trotz munterer Morgenmusik zeigte sich die Landschaft wolkenverhangen, es schneite an einigen Stationen so kräftig, daß einige Kameras reinweiße Bilder übertrugen, weil sie vom in der Touristikersprache so genannten „weißen Gold" zugedeckt waren. Ein scharfer Wind fegte über die leeren Pisten, die meisten Lifte standen still. Die anschließenden, nur von einem Werbeblock unterbrochenen Nachrichten um 9.00 Uhr eröffneten die Hintergründe: Es war ein neuerlicher Höhepunkt des von den Medien so genannten *Katastrophenwinters* oder *Jahrhundertwinters*, der in Galtür im Paznauntal (Vorarlberg) hart zuschlug: 31 Tote unter den Lawinen, die völlig unerwartet bis mitten ins Dorf abgingen, dazu viele Verletzte, Erschrockene und – Faszinierte.

Die Fernsehbilder zeigten Verwüstungen von Ortschaften und Gebäuden, Verletzte und Rettungsszenen, Kinder, die aus Lawinen geborgen wurden, Touristen, die mit Hubschraubern aus dem abgeschlossenen Tal evakuiert wurden, oft auch weinende und trauernde Menschen. Tageszeitungen und Nachrichtenmagazine ergänzten in den folgenden Tagen die Berichterstattung. Galtür wurde zum Mittelpunkt des internationalen Medieninteresses, besonders die Augenzeugen und Experten standen zur Auskunft bereit. Zu den Experten gehörten Politiker, die sich um das Wohl der Einheimischen und Gäste sorgten, Polizei- und Militäroffiziere, die für die Evakuierung und für Rettungsmaßnahmen verantwortlich waren, Ärzte, die als Urlauber die medizinische Versorgung übernahmen, Meteorologen, die über Lawinengefahren aufklärten, und Ökologen, die über die Folgen der Ausbeutung der Alpennatur informierten. In Wochenmagazinen wie Spiegel und Focus wurden am 1. März rückblickend „Gefahren-Analysen" und „Bilanzen" veröffentlicht, Tabellen, Schaubilder und Computersimulationen untersuchten die Auswüchse des „Jahrhundert-Winters".

Abb 3: Katastrophenhelfer: Österreichischer Offizier beim Fernseh-Interview. Kanal 3Sat, 24.2.1999

Abb 4:
Der zerstörte
Bilderbuchwinter.
Titelbild des
Nachrichtenmagazin
Focus vom 1.3.1999

Die Folgen der Lawinenabgänge wurden von starken Emotionen begleitet. „Angst" war das zentrale Schlagwort in der Berichterstattung und zweifelsohne auch das vorherrschende Gefühl der Betroffenen vor Ort: „Hunderttausend in der Schneefalle" titelte die Münchner Abendzeitung" vom 25. Februar, „Gefangen mit Leib und Seele" die Süddeutsche Zeitung.[21] Gewürdigt wurden die kollektiven Hilfeleistungen von Einheimischen und Gästen, die schnelle Luftbrücke der Rettungsflieger, die spontanen und spektakulären Rettungsaktionen: eine Notgemeinschaft rückte zusammen.

Der Tenor der Darstellungen änderte sich jedoch rasch: Unmittelbar nach den ersten Würdigungen wurde gegenseitig Schuld zugewiesen. Auf jounalistischen und öffentlichen Anklagebänken saßen plötzlich Tourismusmanager, die Gäste nicht rechtzeitig gewarnt haben sollen, dann Polizeiverantwortliche, die die Talstraße ins Paznauntal zu früh öffneten, und Meteorologen, die den Wetterbericht ohne hinreichende Vorwarnung durchgegeben hätten. Im Zentrum einer generellen Kritik standen Politiker und Landschaftsplaner, die es zuließen, daß einstmals unbesiedelte, aber lawinengefährdete Tal- und Hanglagen bebaut wurden.[22] Auch den Alpentouristen selbst wurde ein Teil einer Gesamt-Schuld zugewiesen. Der Focus vom 1.3.1999 berichtete über den kritischen ökologischen Zustand der Alpen, die bei 100 Millionen „touristischen Invasoren" jährlich zu einem „gigantischen Freizeitpark" mutiert seien.[23] Beargwöhnt wurden auch jene Urlauber, die trotz der Lawinenunglücke in den betroffenen Ortschaften instinktlos weiter skifahren würden oder erst zum Skifahren anreisten: „Lebensgefahr in den Alpen: Aber heute rollt die Blechlawine" titelte die Münchner tz vom 27./28. Februar.

Die Medien berichteten über die verrückte Natur, die gewalttätige Natur, die gnadenlose Natur, die Natur, die zu-, zurück- oder auch um sich schlägt, die Natur, die sich wehrt, die sich für jene Wunden rächt, die ihr die menschliche Invasionsarmee zugefügt hat. Die gute Natur hatte sich also verselbständigt, verteidigt, sich befreit von den Fesseln, die ihr, so der Medien-Tenor, der sich selbst aus der Natur ausgrenzende Mensch anlegte: durch touristische Großprojekte, Liftschneisen, Beschneiungsanlagen und den Ausbau der Verkehrswege bis in die Almregionen hinauf. Jedenfalls: die *natürliche* Moral hatte gegen das Profitdenken der Naturausbeuter und deren Instinktlosigkeit gesiegt.

Der Katastrophenwinter hatte eine etwa zehnjährige Phase von relativ schneearmen nordalpinen Wintern abgelöst, die fast sämtliche Tourismusorte gegen den anfänglichen Protest von Naturschützern aus ökonomischen Gründen dazu veranlaßt hatte, die künstliche Beschneiung voranzutreiben. Die meteorologische Ursache des Katastrophenwinters war in den Medien und von *den Experten* schnell gefunden. Eine durch den Treibhauseffekt entstehende Erderwärmung führe zu häufigeren Westwetterlagen und damit zu erhöhtem Niederschlag. Relativ milde Winter brächten in der Folge viel lawinengerechten Schnee, auch in den nächsten Jahren müsse man verstärkt mit Lawinen rechnen.

Interessant ist: Auch die schneearmen Jahre zuvor wurden von klimatologischer Seite mit dem temperaturerhöhenden Treibhauseffekt erklärt, der in diesem Fall dazu geführt habe, daß sich der Niederschlag reduzierte und die Schneefallgrenze nach oben verschob.[24] Galtür jedenfalls vertraute nach der Katastrophe der ersten Prognose. An

---

21 Süddeutsche Zeitung, 27./28.2.1999, S. 3
22 Vgl. u.a. Wolfgang Roth: „Der Tod im Erlebnispark", Leitartikel, Süddeutsche Zeitung, 1.3.1999, S.4.
23 Focus, 1.3.1999, S. 250.
24 Vgl. dazu die klimageschichtlichen Dokumentationen in Christian Pfister: Wetternachhersage: 500 Jahre Klimavariationen und Naturkatastrophen (1696-1995). Bern, Stuttgart, Wien 1999,

zwei Dorfrandabschnitten wurden neun bis zwölf Meter hohe Lawinendämme – so der Internet-Wortlaut – „harmonisch in die Landschaft eingepaßt". Der Bau der Dämme war neben den noch deutlich sichtbaren Lawinenschneisen des Februars die Touristenattraktion des Sommers 1999.[25] Zum neuen PR-Slogan des Katastrophenortes wurde der Satz: „Galtür, das eigensinnigste Dorf Österreichs".[26] In den österreichischen Wintersportorten insgesamt wurden die Lawinenkommissionen verstärkt, und es ist geplant, nach Schweizer Vorbild ein verbessertes Lawinenfrühwarnsystem einzurichten.

Der zerstörte Bilderbuchwinter als zerstörte Raumzeit

Statistisch gesehen starben im Paznauntal genau soviel Menschen wie täglich im deutschen Straßenverkehr. Was – so wäre aus einer distanzierteren Position heraus zu fragen – veranlaßte die Medien dazu, das Ereignis zu einer internationalen Katastrophe zu machen? Sicherlich rechtfertigte das grenzüberschreitende Interesse allein der Umstand, daß Menschen aus mehreren Nationen beteiligt und betroffen waren. Und auch das ambivalente Verhältnis des modernen Menschen zur Katastrophe, das Paul Hugger zwischen Entsetzen, Resignation und Faszination festgemacht hat, bestätigte sich im Paznauntal.[27]

Und darüber hinaus? Was genau machte das Katastrophale aus? Hypothetisch ist festzustellen: In Galtür wurde eine elementare kulturelle Ordnung – und zwar die natürliche Ordnung – plötzlich und kurzzeitig mit schlimmen Folgen außer Kraft gesetzt: Eine Ordnung, die auf einer *Vorstellung* von einer traditionell richtigen, weil naturgerechten Umwelt basiert. Innerhalb dieser Ordnung bildet der Jahreszeitenzyklus einen, wenn nicht sogar *den* Ankerpunkt. Galtür bedeutete einen elementaren Verstoß gegen die „richtigen" Jahreszeiten, so wie wir sie zum Beispiel aus Bilderbüchern, Schulbüchern, Touristikprospekten, Wetterberichten oder aus Seifenopern wie „Mallorca" kennen. Innerhalb weniger Minuten aufgelöst wurde eine „natürliche" Raum-Zeit-Ordnung, wie sie etwa Rudi Carell im Jahre 1975 einforderte, als über Deutschland in den *eigentlich* sonnigen und warmen Monaten jener wochenlange Regen niederging: „Wann wird's mal wieder richtig Sommer/ ein Sommer wie er früher einmal war?/ so mit Sonnenschein von Juni bis September/ und nicht so naß und so sibirsch wie im letzten Jahr".

Der Bezug zum Früher deutet an: Jahreszeiten haben bei uns Tradition bekommen, sie sind überliefert, gleichsam historisch geworden: Wer erinnert sich nicht an 1978/79, als der Winter drei Monate ununterbrochen *seine* weiße Decke über das Land legte und uns über drei Monate „fest im Griff" hatte; an den Sommer 1968, dessen sechswöchige Hitzeperiode zum „Summer of love" führte; oder an den vielbeschriebenen Rußland-Winter 1941/42, der zur Schicksals-Jahreszeit deutscher Geschichte deklariert wurde. Durch autobiografische Selektion bekommen diese außergewöhnlichen Ausprägungen von Jahreszeiten etwas Ontologisches: so wie es früher war, war es eigentlich.

S. 199f. und S. 265-268. Zum Klimawandel in der Schweiz vgl. Beat Glogger: Heisszeit. Klimaveränderungen und Naturkatastrophen in der Schweiz. Zürich 1998.
25 Zum Katastrophentourismus in Galtür vgl. u.a. Süddeutsche Zeitung, 27.7.99, S. 3. Die Reaktionen vor Ort wurden im Internet unter www.galtuer.at (am 16.9.99 unter dem Link: „Mitteilungen des Bürgermeisters") ermittelt.
26 Süddeutsche Zeitung, 27.7.99, S.3.
27 Paul Hugger: Elemente einer Ethnologie der Katastrophe in der Schweiz. In: Zeitschrift für Volkskunde 86/1990, S. 25-36, hier S.34.

Entscheidend ist: Korrespondierend mit diesen Erinnerungsmustern sind einige wirkmächtige Institutionen und Agenturen daran beteiligt, ein Idealbild von den zyklisch wiederkehrenden, naturgerechten Jahreszeiten anzufertigen. Zu den wichtigsten gehören:

1. Die Enkulturationsagentur Schule
Einen zunehmend größeren Einfluß auf die Vorstellungen von Jahreszeiten nehmen seit dem 18. Jahrhundert allgemein zugängliche populare Text- und Bildmedien. Ein Paradebeispiel für die enkulturierende Bedeutung solcher Medien sind im 19. und 20. Jahrhundert Schulwandbilder. Sie vermitteln neben dem Wissen über die naturalen Bedingungen der Jahreslaufquartale soziale Ordnungen und Rollensstereotype der ländlichen Gesellschaft. Stereotyp verbildlichte Winterfiguren sind etwa der frierende Bettler, die Almosen spendende Bürgerin, der schlittenfahrende „Herr", der Holzschlitten fahrende Waldarbeiter oder die Schneemann bauenden Kinder.[28]

Außer den Wandbildern sind Volksschullesebücher des 2. bis 4. Schuljahres Enkulturationsagenturen ersten Grades, sie werden zum Vermitteln und Erlernen von kulturellen Mustern hergestellt. Eine Auswahl von 35 Lesebüchern (1780-1995), vorwiegend aus den Beständen der Süddeutschen Lehrerbücherei,[29] verdeutlicht einige Tendenzen des kulturellen Wandels: Die Lesebücher repräsentieren seit etwa Mitte des 19. Jahrhunderts zunehmend ein romantisch geprägtes, viergliedriges Jahreszeitenschema. Seit der Jahrhundertwende, stärker noch seit den 1920er Jahren, setzt sich unter dem Einfluß der Reformpädagogik sogar eine inhaltliche Gliederung der Bücher nach den vier Jahreszeiten durch, sie wird zu *dem* strukturgebenden Ablaufschema des Unterrichts. Jahreszeiten werden in den Lesebüchern als konkrete raumzeitliche Umweltausschnitte präsentiert. Bis etwa in die 1960er Jahre hinein stehen die Bilder und Texte deutlich in der Tradition der romantischen Kinder- und Jugendliteratur. Motive, die immer wieder neu reproduziert werden, sind zum Beispiel[30]
– für den Frühling: der kranke Schneemann, das läutende Schneeglöckchen, der wiederkehrende Storch, die aufblühende Natur, der Mairegen.
– für den Sommer: die Veilchenblüte und Kirschenernte, brütende Singvögel, Ausflug zum Badesee, Gewitter, umherfliegende Schmetterlinge
– für den Herbst: Abschied von den Zugvögeln, der Sturmwind, der Erntesegen, die Vorratshaltung der Waldtiere,
– für den Winter: der erste Schnee, die Schlittenfahrt, der feindselige kalte Wind, der daheimgebliebene Sperling, das Vogelfüttern, das Leben in der warmen Stube, weiße Weihnacht.

---

28 Kurt Dröge: Die Schule und der Winter. Bilder und Botschaften, Wünsche und Wirklichkeiten. Begleitbuch zur Sonderausstellung im Nordwestdeutschen Schulmuseum. Zetel-Bohlenbergerfeld 1997; ders: Zwischen Innovation und Relikt: Wilke's Anschauungsbilder. Zur Frühgeschichte des schulischen Wandbilds. In: Beiträge zur Volkskunde und Hausforschung 7/1995, S. 51-94, hier S. 83-84.
29 Die Bestände der Süddeutschen Lehrerbücherei befinden sich als geschlossenes Konvolut in der Münchner Stadtbibliothek am Gasteig. Vom Autor aufgenommen wurden insgesamt 300 Buchausgaben, davon qualitativ selektiert 35 Exemplare.
30 Lesebuch für den 2. und 3. Schülerjahrgang katholischer Volkshauptschulen Bayerns. 9. Auflage Verlag R. Oldenbourg, o.J. o.O. (Eigentümersignatur weist auf Benutzung im Jahr 1925 hin).

Christoph Köck

Der kranke Schneemann

Sonne, laß dein Scheinen!
Sieh, dann muß ich weinen!
Und bei deinem warmen Strahl
fließen Tränen ohne Zahl.

All das Licht, das warme,
macht mir schlapp die Arme.
O, wie ist der Stock so schwer!
Weg damit! Ich kann nicht mehr!

O du böse Hitze!
Wenn ich länger schwitze,
dauert's wirklich nicht mehr lang,
und ich werde schwach und krank.

Pfeife, Hut und Nase
liegen schon im Grase,
und der Rücken wird mir krumm.
Gute Nacht — ich falle um!

Abb 5: Enkulturation von Jahreszeitenbildern. Hessisches Lesebuch. Zweites Schuljahr (1962)

Seit den 1960er Jahren werden die Lesebuchmotive sukzessive alltagsnäher, die Texte werden teilweise und die Bilder insgesamt zeitgerechter, ohne jedoch den Bezug zu den romantischen Vorläufern zu verlieren. Neu sind eher sachgebundene Lesetexte wie „Alle helfen beim Einmachen", „Urlaub ist die beste Jahreszeit" oder „Wir bauen ein Futterhäuschen".

2. Kontrollinstitution Aktuelle Medien
Die Auswertung von tagesaktuellen Medientexten bestätigt die Verfestigung des Jahreszeitenbildes im 20. Jahrhundert. In Abständen von fünf Jahren wurden aus Münchner Tageszeitungen etwa 2000 jahreszeitenrelevante Text- und Bildausschnitte selektiert. Eine erste Bilanz läßt einige tendenzielle Schlüsse zu:

1. Vergleich des Text- und Bildumfangs: In der Tageszeitung nimmt das Thema Jahreszeiten heute einen *relativ* sehr viel größeren Raum ein als vor etwa 30 Jahren und wesentlich mehr Raum ein als noch vor etwa 70 oder 100 Jahren. Vor allem die Häufigkeit von abgedruckten Fotografien ist deutlich gestiegen.

2. Vergleich der Text- und Bildinhalte: Im Verlauf des 20. Jahrhunderts verschieben sich die Inhalte von vorwiegend existentiellen Aspekten (Heizen, Kleidung, Ernährung im Winter, Trockenheit/Wassermangel im Sommer) zu Inhalten, die vor allem den Erlebniswert von Jahreszeit betonen (Badespaß, der erste Schnee, das erste Biergartenwetter, Wintersport, eindrucksvolle Natur- oder Wetterphänomene). Auch die körperliche Befindlichkeit wird zunehmend thematisiert (Maßnahmen gegen Winterdepression, Frühjahrsmüdigkeit, Sonnenallergie etc.). Ein ganz wichtiger Inhalt ist heute der „Kampf gegen den Winter"; es geht dabei um die Aufrechterhaltung urbaner

Mobiltät. Einzelaspekte sind Winterunfälle und Staus, Eisglätte, Schneeblockaden, der einsatzbereite oder auch überforderte städtische Winterdienst.

3. Vergleich der Textsorten: Während zu Anfang und in der Mitte des Jahrhunderts vorwiegend Meldungen (z.B. Hinweise auf Räumpflicht) oder Berichte (z.B. über Verkehrsbehinderungen durch heftige Schneefälle), vereinzelt auch Werbeannoncen, (Tourismus, Kleidungsbranche, Heizungsbranche) das Thema Jahreszeit repräsentieren, sind seit etwa 20 Jahren der selbstreflexive Kommentar bzw. die Glosse die dominierenden Textsorten. Abgedruckt werden die Texte auf Seite 1 des Lokalteils, häufig werden sie mit Fotografien illustriert. Zur Eigenreflexion gehört es, die eigene Befindlichkeit gegenüber bestimmten Jahreszeitphänomenen zu ironisieren (sich zum Beispiel über das herbstliche Laubsaugen auf städtischen Friedhöfen lustig zu machen).

Mit dieser Verschiebung der Textsorten verändert sich auch die Funktion, die der Tageszeitung zukommt: Vom in erster Linie informativen Organ, das berichtet und meldet, wird die Zeitung zur medialen Kontrollinstanz, die auf die Einhaltung der Schulbuch-Jahreszeiten mit Akribie achtet. Wichtig ist dabei die taggenaue Kontrolle des Quartalwechsels: Pünktlich überprüft die Zeitung – in der Regel auf Seite 1 des Lokalteils – , ob die Merkmale der anbrechenden Jahreszeit eingetreten sind. Ist dies nicht der Fall, wird dies als Mißstand thematisiert. Sehr genau wird im Jahreslauf registriert und kommentiert, welche Abweichungen von der Bilderbuchjahreszeit eingetreten sind. Die Abweichungen werden als *Symptome der Unordnung* gewertet: als Schneechaos, Wetterchaos, Katastrophensommer, als verrückt spielende oder Kapriolen schlagende Natur.

Die Medien bereiten ihre Rezipienten gewissenhaft auf die Jahreszeiten vor und *betreuen* sie während der Saison. Seit 1997 veranstaltet die Münchner Abendzeitung ab Mitte Oktober ein Schneelotto, bei dem derjenige Leser gewinnt, der den Zeitpunkt des ersten Schneefalls richtig taxiert. Ungefähr zur gleichen Zeit häufen sich die Ratgeber-Artikel über richtiges Winterreifen- und Schneekettenanlegen, den besten Eiskratzer und die wärmsten Kratzhandschuhe. Werbeannoncen des Autozubehörhandels begleiten die Berichte. Während des Sommers sind andere Ratschläge zu lesen, etwa solche, die darüber aufklären, was gegen Mückenplagen zu tun sei. Auffällig ist, daß mit solchen Ratschlägen verbundenes Alltagswissen immer wieder durch Expertenkommentare akademisiert wird.

3. Konsum-Institutionen (Tourismus, Warenhandel)
Die haptisch erfahrbare saisonale Umweltgestaltung übernehmen neben behördlichen Winterdienst und Gartenbaureferat vorwiegend der Handel und die Tourismuswirtschaft. Ein strenger Ablaufplan gibt im Handel den Saisonverlauf vor. Von Konsumenten wie Handelsbetreibern wird das Azyklische dieses Ablaufs beklagt und gleichsam doch für notwendig befunden. Besonders die nur bedingt jahreszeitgemäße Dekoration von Schaufenstern wird immer wieder diskutiert. Kunstschnee aus Styropor oder Watte liegt bereits ab Oktober in den Auslagen und verschwindet Ende Januar zum Winterschlußverkauf wieder, gerade dann, wenn der naturale Winter meteorologisch gesehen am ehesten seinem kulturellen Ideal entspricht. Unabdingbar für Kundenemotionen und guten Handel ist die Weiße Weihnacht: Stuttgart importierte für seinen Weihnachtsmarkt per 40-Tonner-LKW „Echtschnee" aus dem allgäuischen Balderschwang.[31]

---

31 Vgl. dazu einen Bericht in der Allgäuer Zeitung vom 30.11.1996.

Abb 6: Jahreszeitenkontrolle. Die Abendzeitung, München, 13.7.1999

Abb 7: Ratschläge zur Sommersaison. Die Abendzeitung, München 28.5.1999.
Bildnachweise Alle: Archiv Christoph Köck

Touristische Zentren wie Balderschwang haben ihrerseits einen feststrukturierten Saisongestaltung-Plan entwickelt. In der Tiroler Gemeinde Fieberbrunn[32] beginnt der Winter ordnungsgemäß am ersten Dezemberwochenende mit einem „Saisonopening", z.B. mit einem Snowboardrennen, einem musikalischen Programm o.ä. Die Schneeunterlage für den Winterbeginn wird bereits ab November sorgsam vorbereitet. Sobald die ersten Frostnächte kommen, laufen die Beschneiungsanlagen und sichern fortan die materielle Grundlage der Wintersportler und der Einheimischen. Pistenfahrzeuge bearbeiten von Dezember bis April jede Nacht die Abfahrtsstrecken. Bis Ostern wird der Winter garantiert, an 99 Prozent der Saisontage laufen die Lifte. *Schneegarantie* ist ein feststehender Begriff in der Angebotspalette der Tiroler Gemeinden. Der Betriebsleiter der Fieberbrunner Bergbahnen stellt einen deutlichen Wandel der touristischen Erwartungshaltungen fest: noch in den 1980er Jahren hätte es den Wintersportlern nichts ausgemacht, „auch mal einen schneefreien Wintertag in Fieberbrunn zu verbringen". Heute sei dies nicht mehr verkaufbar, die „Ansprüche der Gäste an den Winter" seien gestiegen, an jedem Urlaubstag müsse man skifahren können. Und auch für ihn habe sich etwas verändert: er könne ruhiger schlafen, seit es die Schneekanonen gäbe. Seit jenem Winter 1993/94 steige der Umsatz der Hotels und der Bergbahnen stetig an, und schließlich hätten die Schneekanonen „in den letzten schneearmen Jahren den Winter gerettet".[33] Anfängliche ökologische Bedenken gegen die technischen Hilfen sind weitgehend verstummt, weil die Beschneiung verhindere, daß schneearme Hänge befahren und der Erosion ausgesetzt werden. Landwirte seien heutzutage sehr darauf erpicht, Weideflächen in Skigebieten ihr Eigen zu nennen, nicht nur weil sie finanziell dafür entschädigt werden, sondern auch, weil ihre Tiere im Sommer lieber auf den zwar später, aber dafür um so kräftiger sprießenden Pistenflächen grasen.

Zusammenschau: Institutionen, Bild-Haftigkeit und Raumzeiten

Was hat nun die Katastrophe von Galtür mit den Lesebüchern aus der Süddeutschen Lehrerbibliothek, mit den Schneekanonen aus Tirol und mit den Eiskratztips aus Münchner Tageszeitungen zu tun? Die empirischen Befunde sind in drei Thesen zusammenzufassen:
1. Das Wesen von Institutionen wie Schule, Medien, Touristik oder Warenhandel ist das Ordnen eines komplexen Alltags. Arnold Gehlen spricht vom Menschen als „Sonderwurf der Natur", als „Mängelwesen", als einem Kulturwesen von Natur aus, das kraft seiner biologischen Ausstattung nicht überleben könne. Institutionen gleichen diese Mangelhaftigkeit aus, Gehlen nennt sie deswegen „Instinktprothesen", die *entlastende* Wirkung haben.[34] Bei aller Vorsicht, mit der diese Theorien behandelt werden müssen, wird deutlich: Institutionen sorgen für Handlungssicherheit, für Entlastung von verunsichernden Umwelteinflüssen. Wenn sich dagegen Institutionen zu normativ ausprägen, sich gewissermaßen als Kontrollinstanz verselbständigen, bremsen sie individuelles Gestaltungsvermögen, sie

---

32 Die folgenden Ausführungen zum Ort Fieberbrunn im Tiroler Pillerseetal (4000 Einwohner/ 4000 Gästebetten) sind Ergebnisse einer Feldforschung im Rahmen von Seminarveranstaltungen im Dezember 1998 und im Februar 1999.
33 Interview mit dem Betriebsleiter der Fieberbrunner Bergbahnen, Franz Fleckl jun., am 12.2.1999.
34 Zur Institutionenlehre Arnold Gehlens vgl. ders.: Urmensch und Spätkultur. Philosophische Ergebnisse und Aussagen. Frankfurt/M., Bonn ²1964.

können einengend und letztlich auch *belastend* wirken.[35] So ist auch unser gegenwärtiges Verhältnis zu den Jahreszeiten beschreibbar: Ein Geflecht aus Vermittlungs- und Ausführungsinstitutionen gestaltet die Bilder von den „richtigen" Jahreszeiten als einer natürlichen Ordnung. Als natürliche Ordnung werden die richtigen Jahreszeiten zu einem biokategorialen Wert. Es ist eine Wertsetzung, die wir mehr und mehr verinnerlichen, einfordern und – besonders in unserer Freizeit – praktisch umsetzen. Das richtige Bild von den Jahreszeiten fixiert uns auf ganz bestimmte Umwelten, die gegeben sein müssen, wenn es gemäß der fixierten natürlichen Ordnung zugehen soll. Der heiß ersehnte Wintersommer auf Mallorca ist also weniger ein Zeichen für eine beliebige oder gestörte Beziehung des Individuums zur Natur, sondern ein Zeichen dafür, daß Menschen versuchen, biokategoriale Werte ideal umzusetzen.

2. Nicht postmodernes Niedergangs- und Auflösungsdenken, eher Norbert Elias' Zivilisationstheorie, die eine sich verdichtende Selbstzwangapparatur und eine gleichzeitige Ästhetisierung des Alltagslebens beschreibt, bestätigt sich anhand der empirischen Befunde. Eine Verengung der alltäglichen Erfahrungshorizonte ist offensichtlich, und an dieser Verengung ist die Allgegenwart von Bildern wesentlich beteiligt. Mit konkreten Vorstellungen von einer traditionellen natürlichen Ordnung befinden wir uns in einer Art *Bild-Haft*: die saisonalen Bilderbuchrealitäten wirken wie ein angenehmes mentales Gefängnis, aus dem wir gar nicht ausbrechen können und auch gar nicht ausbrechen wollen, weil es unser Alltagsleben sichert bzw. uns in unseren Handlungen versichert.

3. Jahreszeiten bilden zusammen genommen eine zeitgebundende Alltagskategorie, die mit ganz spezifischen Raumvorstellungen verknüpft ist. Eine Jahreszeit ist analytisch betrachtet eine *Raumzeit*, für die feste Reglements, Gestaltungsprinzipien und Handlungsanleitungen vereinbart werden.[36] Verunsicherungen, kollektive Ängste oder Katastrophen entstehen dann, wenn die vereinbarten Reglements außer Kraft gesetzt werden. Im Diskurs über den Katastrophenwinter von 1999/2000 zeigen sich diese Symptome der Unordnung ganz besonders deutlich. Die eigentlich gute, historisch gewachsene und historisch modellierte Natur spielt verrückt, sie zerstört das von Institutionen gestaltete Bild einer Ordnung, sie rückt das natürliche, aber verdrängte Sterbenkönnen, das eigene Untergehen, ins kollektive Bewußtsein zurück. In der Konsequenz kann dies für die Beteiligten nur bedeuten: Der die natürliche Ordnung herausfordernde Mensch selbst ist dabei, seinen Niedergang zu forcieren. Daß eine Ursache für die Empfindung des Katastrophalen in den eigenen biokategorialen Werten, in den Imperativen des Lebens und Überlebens, begründet liegt, ist ein Umstand, den die öffentliche Diskussion bislang noch zu wenig reflektiert.

---

35 Vgl. Arnold Gehlen: Anthropologische Forschung – zur Selbstbegegnung und Selbstentdeckung des Menschen. Reinbek 1981, S. 207.
36 Nach Michel de Certeau ist Raum als „ein Resultat von Aktivitäten (zu verstehen, C.K.), die ihm eine Richtung geben, ihn verzeitlichen und ihn dahin bringen, als eine mehrdeutige Einheit von Konfliktprogrammen und vertraglichen Übereinkünften zu funktionieren, ist also ein Ort, mit dem man etwas macht". Siehe ders.: Kunst des Handelns. Berlin 1988, S.218.

Walter Leimgruber

„Natürliche" und „kulturelle" Faktoren bei der Konstruktion von Minderheiten
Das Beispiel der Jenischen

„Abirrungen vom gewöhnlichen Familientypus"

„Vorliegende Studie über die Familie Zero wurde von mir schon im Jahre 1886 begonnen und seither con amore weitergeführt, indem ich die Lebenden verfolgte, den Toten in Urkunden und Gerichtsakten nachstöberte und so Elend über Elend auf den einen Namen häufte." So begründete Josef Jörger seine Studie zur jenischen Familie mit dem sprechenden Decknamen „Zero".[1] Jörger war Direktor der Psychiatrischen Klinik Waldhaus bei Chur im Kanton Graubünden. Im gleichen Kanton lag „Xand" (ebenfalls ein Deckname), der Heimatort der Familie Zero, in einem einsamen Bergtal, von der Umgebung abgeschlossen durch geographische, sprachliche, religiöse und politische Schranken, ein Ort also, „wo sich Rasseneigentümlichkeiten und Rassenreinheit sehr gut entwickeln und erhalten konnten". Die Taleinwohner sind deutschsprachige Walser, Bauern, „arbeitsam, ernst, vorsichtig, religiös, sittenstreng und nüchtern. [...]Familiensinn, Kindes- und Elternliebe, Anhänglichkeit an die heimatliche Scholle und eine durchgehends gute geistige Begabung werden ihnen nachgerühmt."[2]

Ganz anders die Zero. „Sie heiraten fremde Weiber, treiben sich herum, trinken, gelangen nie zu einem nennenswerten oder dauernden Besitze und viele von ihnen betreten die Heimat nur ungern unter Polizeibegleitung."[3] Sie wurden von den anderen deshalb als fremdartig betrachtet. Aber die Zero waren Bürger von Xand, lebten hier lange Zeit als geachtete Familie, die wichtige Ämter innehatte, „durchwegs grosse, kräftige und schöne Menschen".[4] Wie kam die Abweichung von diesem „gesunden und wackeren Familientypus"[5] zustande? „Nach allgemeiner Meinung soll der Hang zum Vagabundieren durch fremde, leichtsinnige, vagabundierende Weiber ins Geschlecht hineingekommen sein und sich durch ebensolche Heiraten weiter erhalten haben. Diese Ansicht ist zweifellos richtig."[6] Die Folgen waren laut Jörger verheerend: „Als Abirrungen vom gewöhnlichen Familientypus führe ich zur vorläufigen Orientierung an: Vagabundismus, Alkoholismus, Verbrechen, Unsittlichkeit, Geistesschwäche und Geisstesstörung, Pauperismus."[7]

Jörgers Aufsatz erschien 1905 im „Archiv für Rassen- und Gesellschafts-Biologie einschließlich Rassen- und Gesellschafts-Hygiene. Zeitschrift für die Erforschung des

---

1 Josef Jörger: Die Familie Zero. In: Archiv für Rassen- und Gesellschafts-Biologie einschliesslich Rassen- und Gesellschafts-Hygiene. Zeitschrift für die Erforschung des Wesens von Rasse und Gesellschaft und ihres gegenseitigen Verhältnisses, für die biologischen Bedingungen ihrer Erhaltung und Entwicklung, sowie für die grundlegenden Probleme der Entwicklungslehre 2/1905, S. 494-559, hier S. 494.
2 Ebd. S. 495.
3 Ebd. S. 496.
4 Ebd. S. 498.
5 Ebd.
6 Ebd.
7 Ebd. S. 494f.

Wesens von Rasse und Gesellschaft und ihres gegenseitigen Verhältnisses, für die biologischen Bedingungen ihrer Erhaltung und Entwicklung, sowie für die grundlegenden Probleme der Entwicklungslehre". Jörger bewegte sich damit in einem breiten Feld von Untersuchungen, welche die „erbliche Minderwertigkeit" von sogenannten Randgruppen zu beweisen suchten. Diese sei aber heilbar durch gezielte „Rassenhygiene", durch Ausmerzung des schlechten Erbgutes oder durch dessen Vermischung mit gutem. Zur Durchbrechung der Vererbung schlug Jörger die Kindswegnahme vor.[8]

Wenn heute von Eugenik und Rassenhygiene die Rede ist, denkt man an die grauenhaften Folgen dieses Ansatzes im Dritten Reich. Dabei übersieht man, daß sich diese Konzepte europaweit und in den USA breitester Zustimmung erfreuten. Alfred Ploetz etwa, der Herausgeber des Archivs für Rassen- und Gesellschafts-Biologie und der eigentliche „Altmeister der Rassenhygiene"[9], war Sozialist und mit Unterstützung von Max Weber und Werner Sombart in den Vorstand der Deutschen Gesellschaft für Soziologie gewählt geworden. Er hielt am 1. Deutschen Soziologentag 1910 in Frankfurt einen Vortrag zum Thema „Die Begriffe Rasse und Gesellschaft und einige damit zusammenhängende Probleme".[10] Trotz harscher Kritik an vielen Argumenten von Ploetz betonte Weber in der anschließenden Diskussion, er könne sich eine sinnvolle rassenhygienische Fragestellung durchaus vorstellen.[11] Ferdinand Tönnies hielt „die Konstatierung eines Konfliktes" durch Herrn Ploetz „unbedingt für verdienstlich", nämlich auf eine „gegensätzliche Tendenz" hinzuweisen: „einmal die Tendenz der Gesellschaft, die sich in der Moral des Altruismus ausprägt, zu helfen und also die Schwachen zu unterstützen; andererseits aber das Interesse der Rasse, der biologischen Dauereinheit, sich zu erhalten. Dieses letztere Interesse fordert Ausmerzung der Schwachen, während die Gesellschaft die Schwachen erhalten will."[12] Sombart hob als Versammlungsleiter die „Interessengemeinschaft" von Soziologie und Biologie hervor und sprach die Hoffnung aus, man werde noch viel mit Herrn Ploetz diskutieren können.[13]

Der führende sozialdemokratische Theoretiker Karl Kautsky stellte ein Kapitel zum Thema „Rassenhygiene" an den Schluß seiner Abhandlung über „Vermehrung und Entwicklung in Natur und Gesellschaft".[14] In der heutigen Gesellschaft mache „diese Entartung der Menschheit rasche und beängstigende Forschritte", stellte er dort fest. Zwei Faktoren machte Kautsky für die Verschlechterung verantwortlich. Einerseits die

---

8 Josef Jörger: Psychiatrische Familiengeschichten. Berlin 1919, S. 83. Dieses Buch galt lange Zeit als ein Standardwerk der psychiatrischen Familienforschung und enthielt neben der bereits früher publizierten Arbeit zu den „Zero" die Fallgeschichte einer weiteren jenischen Familie.
9 Widmung in Robert Ritters Buch „Ein Menschenschlag", Leipzig 1937.
10 Verhandlungen des Ersten Deutschen Soziologentages vom 19.-22. Oktober 1910 in Frankfurt a. M. Tübingen 1911, S. 111-136 (=Schriften der Deutschen Gesellschaft für Soziologie, I. Serie, I. Band).
11 „Man mag die Gesellschaft einrichten, wie man will, die Auslese steht nicht still und wir können nur die Frage stellen: welche Erbqualitäten sind es, die unter der Gesellschaftsordnung x oder y jene Chancen [zu „gewinnen", aufzusteigen, oder [...] sich fortzupflanzen] bieten. Das scheint mit eine rein empirische Fragestellung, die akzeptabel ist für uns. Und ebenso die umgekehrte: welche Erbqualitäten sind die Voraussetzung dafür, daß eine Gesellschaftsordnung bestimmter Art möglich ist oder wird. Auch das läßt sich sinnvoll fragen und auf die existierenden Menschenrassen anwenden." M. Weber, Diskussionsbeitrag, In: Verhandlungen des Ersten Deutschen Soziologentages (wie Anm. 10), S. 153f.
12 Ebd. S. 148.
13 Ebd. S. 165.
14 Karl Kautsky: Vermehrung und Entwicklung in Natur und Gesellschaft. Stuttgart 1910, S. 258-268.

"schlechten Lebensbedingungen der Kulturmenschheit unter dem kapitalistischen Regime", andererseits "die zunehmende Ausschaltung des Kampfes ums Dasein, die wachsende Möglichkeit auch für die Schwächlichen und Kränklichen, sich zu erhalten und fortzupflanzen. [...] Die menschliche Technik zerstört auch hier das Gleichgewicht in der Natur, mindert die Anforderungen des Kampfes ums Dasein und erleichtert damit körperlich und geistig minderwertigen Individuen nicht bloß die Erhaltung, sondern auch die Fortpflanzung."[15] Als Lösung sah er "die Ersetzung der natürlichen Zuchtwahl, die der Kampf ums Dasein bewirkt, durch eine künstliche Zuchtwahl in der Weise, daß alle kränklichen Individuen, die kranke Kinder zeugen können, auf die Fortpflanzung verzichten, ..." Dies solle nicht durch Zwang, sondern durch "die Stimme der öffentlichen Meinung und des eigenen Gewissens" erleichtert werden.[16] In einer sozialistischen Gesellschaft mündiger Bürger sei eine solche Vorstellung nicht mehr utopisch, sondern realistisch. "Wenn dann noch kranke Kinder in die Welt kommen, wird ihr Siechtum nicht mehr als Schuld der sozialen Verhältnisse, sondern einzig als persönliche Schuld der Eltern erscheinen. Damit ist der Boden gegeben, auf dem eine wirksame ‚Sozialeugenik', ein gesellschaftliches Streben nach Wohlgeborenheit entstehen kann. [...] Die Zeugung eines kranken Kindes wird dann mit ähnlichen Augen betrachtet werden wie etwa heute noch die eines unehelichen Kindes."[17] Der Sozialismus schaffe mit einer solchen Politik einen idealen Menschen, frohlockte Kautsky: "Ein neues Geschlecht wird erstehen, stark und schön und lebensfreudig, wie die Helden der griechischen Heroenzeit, wie die germanischen Recken der Völkerwanderung, die wir uns als ähnliche Kraftnaturen vorstellen dürfen, wie etwa heute noch die Bewohner Montenegros."[18]

Das „Hilfswerk für die Kinder der Landstraße"

Auch in der Schweiz war bei den Eugenikern die gesamte Bandbreite politischer Ideen vertreten.[19] Auf dem Hintergrund dieser breiten Akzeptanz eugenischer Konzepte begann die Pro Juventute 1926, jenischen Eltern die Kinder wegzunehmen. Die Pro Juventute ist eine private Stiftung für die Schweizer Jugend, in deren obersten Gremien praktisch die gesamte schweizerische Elite vertreten war: Vertreter der Behörden wie Bundesräte (Regierungsmitglied), eidgenössische Parlamentarier, Regierungsräte oder kantonale und lokale Politiker, aber auch führende Persönlichkeiten aus der Wirtschaft und dem sozialen Bereich. Diese breite Abstützung hatte einerseits zur Folge, daß die Botschaft der Stiftung große Beachtung fand, andererseits eine Kontrolle von außen stark abgeschwächt wurde. Treibende Kraft der Kindswegnahmen war der Romanist Alfred Siegfried, von 1924 bis 1959 Leiter der Abteilung Schulkind der Pro Juventute. 1926 berichtete er in zwei Artikeln in der Neuen Zürcher Zeitung (NZZ) über "Vagantenkinder": "Es gibt in der Schweiz eine ganze Anzahl von nomadisierenden Familien,

---

15 Ebd. S. 261f.
16 Ebd. S. 264.
17 Ebd. S. 266.
18 Ebd. S. 267.
19 So war Auguste Forel, von 1879-1898 Direktor der Psychiatrischen Klinik Burghölzli in Zürich, Hirnforscher und Kämpfer gegen "Entartungen" aller Art, eher sozialistisch eingestellt, sein Schüler und Nachfolger Eugen Bleuler, Direktor derselben Klinik von 1898-1927, Autor eines weitverbreiteten Lehrbuchs der Psychiatrie und Schizophrenieforscher, hingegen bürgerlich.

die, in irgendeinem Graubündner oder Tessiner Dorfe heimatberechtigt, jahraus, jahrein das Land durchstreifen, Kessel und Körbe flickend, bettelnd und wohl auch stehlend, wie es gerade kommt; daneben zahlreiche Kinder erzeugend, um sie wiederum zu Vaganten, Trinkern und Dirnen heranwachsen zu lassen. Vagantentum, Trunksucht, Unsittlichkeit und unbeschreibliche Verwahrlosung sind bei ihnen heimisch; von Zeit zu Zeit erscheint der Name eines oder mehrerer ihrer Glieder unter der Rubrik ‹Unglücksfälle und Verbrechen› in der Tagespresse; Armen- und Polizeibehörden zählen sie zu ihren besten Kunden. [...] Man unterstützt, bestraft, versorgt wohl auch einmal, und daneben lässt man das Unkraut fröhlich weiter ins Zeug schiessen; die Nachkommen müssen auch noch was zu sorgen haben." Siegfried verlangte, „es müsse trotz Geldmangel, trotz Angst vor erblicher Anlage versucht werden, wenigstens die *Kinder* zu retten". In der Folge entstand innerhalb der Pro Juventute das „Hilfswerk für die Kinder der Landstrasse", das von den Behörden, aber auch von privaten Spendern finanziell unterstützt wurde.

Siegfried propagierte die Kindswegnahme als zentrales Mittel zur Lösung des „Vagantenproblems": „Wer die Vagantität erfolgreich bekämpfen will", betonte er, „muss, so hart das klingen mag, die Familiengemeinschaft auseinander reissen".[20] Nicht das Wohl des Kindes stand also im Zentrum der Maßnahmen, sondern gesellschaftspolitische Ziele. Eine nicht genehme Lebensweise oder Kultur mußte zerstört, „überwunden" werden. Ein möglichst großer Teil der heranwachsenden Generation war „an eine sesshafte Lebensweise und an geregelte Arbeit" zu gewöhnen.[21] Und sollte dies scheitern, war wenigstens die Fortpflanzung zu unterbinden: „Denn wenn es schon nicht gelingt, einen halb närrischen, haltlosen Menschen zu einem brauchbaren Arbeiter zu erziehen, so möchte ich doch mit meiner jahrelangen Fürsorge erreicht haben, dass der Unglücksrabe nicht auch noch eine Familie gründet und wer weiss, ein Schärlein ebenso unglücklicher Kinder auf die Welt stellt."[22]

In der Folge wurden den Jenischen Hunderte von Kindern weggenommen, wobei die genaue Zahl bis heute unbekannt ist, weil einerseits eine systematische Aufarbeitung der Aktion aussteht, andererseits überhaupt nicht bekannt ist, wie viele Kinder auch ohne Mitwirken der Pro Juventute das gleiche Schicksal erlitten. Mit seiner systematischen Erfassung stigmatisierte das „Hilfswerk" die Gesamtheit der Fahrenden als Kriminelle, Arbeitsscheue, Verwahrloste und erblich Belastete. Damit einher gingen entsprechende Demütigungen der einzelnen Betroffenen. Man holte Informationen bei Behörden ein, vermaß zeitweise die Köpfe und erstellte Stammbäume, in denen Jenische als „lasterhaft", „sexuell haltlos", „moraldefekte Psychopathen", „mannstoll", „unverbesserliche Alkoholiker", „schizophren" tituliert wurden. Nach der Wegnahme wurden familiäre Kontakte systematisch verhindert, das Hilfswerk scheute keinen Aufwand, um die Eltern fernzuhalten. Er unternahm alles, um die Spuren der Kinder zu verwischen, und plazierte diese bei zu befürchtendem Verwandtenkontakt sofort um. Viele Kinder mußten ihre Plätze mehr als ein Dutzendmal wechseln. Untergebracht wurden sie bei Pflegeeltern, vor allem aber in Waisenhäusern und Erziehungsanstalten. In den Heimen wurden die vom Hilfswerk betreuten Kinder streng erzogen, häufig mißhandelt und zum Teil sexuell mißbraucht. Die Folgen der Traumatisierung durch die Trennung von Eltern und Familie, durch dauernde Um-

---

20 Mitteilungen des Hilfswerkes für die Kinder der Landstrasse Nr. 28, September 1943, S. 4.
21 Alfred Siegfried: Zehn Jahre Fürsorgearbeit unter dem fahrenden Volk (=Kinder der Landstrasse). Zürich 1936, S. 16f.
22 Mitteilungen des Hilfswerks für die Kinder der Landstrasse Nr. 26, September 1941, S. 4.

plazierungen und Mißhandlungen waren entweder Abstumpfung oder Auflehnung. Beide wurden mit der „erblichen Belastung" erklärt, die Zöglinge noch härter bestraft. Am Ende der Spirale erfolgte in vielen Fällen die administrative Versorgung. Manche Jenische saßen ohne Gerichtsurteil jahrelang im Gefängnis. Eine wichtige Funktion im Zusammenspiel der verschiedenen Behörden und Institutionen hatte die Psychiatrie. Bei einem Großteil der Kinder wurden psychiatrische Gutachten erstellt, und viele landeten – mindestens vorübergehend – in psychiatrischen Kliniken. Die jenischen Kinder wurden in der Regel allein aufgrund ihrer Herkunft als "debil" und "schwachsinnig" beurteilt.[23] Die Etiketten Schwachsinn und Debilität begleiteten die Betroffenen das ganze Leben, ja über Generationen hinweg, wenn im Gutachten zur nächsten Generation die erbliche Belastung ohne nähere Untersuchung übernommen wurde.

Es bestand ein reger internationaler Austausch zwischen den Eugenikern; Schweizer wie Auguste Forel und Eugen Bleuler spielten auch international eine wichtige Rolle. Einer der drei Autoren des nationalsozialistischen „Gesetzes zur Verhütung erbkranken Nachwuchses" von 1933 war Ernst Rüdin, schweizerisch-deutscher Doppelbürger, Direktor der Psychiatrischen Universitätsklinik Basel und später einer der einflußreichsten Rassenhygieniker des Dritten Reiches.[24] Und Robert Ritter, Leiter der „Rassenhygienischen und bevölkerungsbiologischen Forschungsstelle" in Berlin und einer der Hauptverantwortlichen für die Vernichtungspolitik gegenüber „Zigeunern" und „nach Zigeunerart Lebenden", hatte auch in der Psychiatrischen Klinik Burghölzli in Zürich gearbeitet.[25] Noch 1964 berief sich Alfred Siegfried auf die Schriften von Ritter und anderen Exponenten der Eugenik im Dritten Reich.[26]

1972 berichtete die Zeitschrift „Der Schweizerische Beobachter" über die „Kinder der Landstrasse" und löste damit ein enormes Echo aus. Die Pro Juventute sah sich gezwungen, das „Hilfswerk" einzustellen. Die Betroffenen begannen sich zu organisieren, ein langsamer Prozeß der Aufarbeitung setzte ein. Heute verstehen sich die Jenischen als ethnische Minderheit. Ihre Dachorganisation wurde 1979 von der Romani-Union als Schweizer Vertreterin anerkannt. Die Romani-Union ist Konsultativmitglied der UNO, wo sie rund 30 nationale Organisationen vertritt.[27] Damit reihen sich die Jenischen ein in die globale Tendenz der Ethnisierung von Minderheiten. Von der Anerkennung als Minorität und von der Zusammenarbeit mit anderen Minderheiten erhoffen sie sich einen besseren Schutz ihrer Kultur und eine größere politische Wirksamkeit. Die eugenischen Theorien der Jahrhundertwende, welche die Jenischen zu Gefangenen ihrer

---

23 Jahresbericht 1959 des Hilfswerkes für die Kinder der Landstrasse, Dr. P. Doebeli, 16. Jan. 1960, Schweizerisches Bundesarchiv (BAR), Bestand J II.187, Dossier 1202. Die Akten des „Hilfswerks für die Kinder der Landstrasse" sind im Schweiz. Bundesarchiv (BAR) in Bern. Der betreffende Bestand J II.187 war bisher erst den Betroffenen und einer vom Bundesrat eingesetzten Kommission zugänglich. Vgl.: Walter Leimgruber, Thomas Meier, Roger Sablonier: Das „Hilfswerk für die Kinder der Landstrasse". Historische Studie aufgrund der Akten der Stiftung Pro Juventute im Schweizerischen Bundesarchiv (=Bundesarchiv Dossier, 9). Bern 1998.
24 Matthias W. Weber: Ernst Rüdin: Eine kritische Biographie. Berlin, Heidelberg, New York 1993; Uwe Henrik Peters: Ernst Rüdin: Ein Schweizer Psychiater als „Führer" der Nazipsychiatrie – die „Endlösung" als Ziel. In: Fortschritte der Neurologie und Psychiatrie 64/1996, S. 327-343.
25 Das bekannteste Werk von Robert Ritter sind die „erbärztlichen und erbgeschichtlichen Untersuchungen über die – durch 10 Geschlechterfolgen erforschten – Nachkommen von ‚Vagabunden, Jaunern und Räubern'", erschienen 1937 in Leipzig unter dem Titel „Ein Menschenschlag".
26 Alfred Siegfried: Kinder der Landstrasse. Zürich, Stuttgart 1964, S. 118f.
27 Maïté Michon: Minorité: Un concept ambigu. In: Tangram 3/1997, S. 17-21.

Abstammung machten, wurden ersetzt durch eine ethnische Definition, ein „natürliches" Konzept durch ein „kulturelles", um die Begrifflichkeit dieses Kongresses aufzunehmen. Der Vererbungsansatz fand sich lange Zeit auch in volkskundlichen Arbeiten. Hercli Bertogg etwa betonte die „Sippenverfassung auf blutsverwandtschaftlicher Grundlage", Robert Schläpfer sprach von der „sippengebundenen Nichtsesshaftigkeit".[28] Der Wandel der letzten Jahrzehnte hat eine Abkehr von Herkunftstheorien gebracht. Die Volkskunde, so erscheint es einem vor allem bei der Lektüre fachhistorischer Arbeiten, hat in diesem Jahrhundert einen eigentlichen Paradigmawechsel vollzogen bei der Betrachtung menschlicher „Vergemeinschaftung": von Natur zu Kultur. Heute bestimmen Merkmale kultureller Zugehörigkeit die Klassifikation. Der Konsens darüber ist offenbar so groß, daß es kaum noch zu Diskussionen kommt, so daß der Bereich der „Volks"-, Ethnie- und Minderheitenforschung auch auf dieser Tagung weitgehend fehlt. Zu fragen wäre aber, ob der Kulturansatz so überzeugend ist, daß er nicht mehr hinterfragt werden muß, und ob Natur- und Kulturansatz tatsächlich in so eindeutiger Opposition zueinander stehen, wie das geltend gemacht wird.

Zwischen Zigeunergen und Volksgeist

Im folgenden wird knapp skizziert, wie diese zwei Linien – Naturlinie, Kulturlinie – die volkskundliche Interpretation von Gruppen wie den Jenischen beeinflußt haben. Naturbezogene Theoreme, insbesondere die Rassenkonzepte, betonen die gemeinsame Abstammung. Die Mitgliedschaft in einer rassisch definierten Gruppe ist nicht frei wählbar, entsprechende Ordnungsvorstellungen erhalten eine deterministische Qualität. Es sind die Gesetze der Evolution, die nach diesem Ansatz Rassen hervorgebracht und hierarchisch gegliedert haben.[29] Rassenhygiene und Eugenik, die sich nicht mit fremden „Völkern", sondern mit Bevölkerungsgruppen der eigenen Gesellschaft auseinandersetzen, heben dieses evolutionäre Element besonders hervor, um Unterschiede innerhalb von äußerlich homogen erscheinenden Gruppen zu erklären.[30] Am folgenreichsten war das Konzept des schon erwähnten Robert Ritter. Er unterschied zwischen „Zigeunern, Zigeuner-Mischlingen und nach Zigeunerart umherziehenden Personen". Unter „Zigeunern" verstand er dabei eine rassisch definierte Gruppe mit Ursprung in Indien. Die gleichen Verhaltensweisen, die in der Kategorie „Zigeuner" als Resultat rassisch bedingter Primitivität galten, ließen sich auch bei gewissen Teilen des deutschen Volkes beobachten.[31] Ritter nannte sie: „Nach Zigeunerart Umherziehende". „Mischlinge" schließlich waren das Resultat der Vermischung der beiden vorhergehenden Gruppen.

---

28 Hercli Bertogg: Aus der Welt der Bündner Vaganten. In: Schweizerisches Archiv für Volkskunde 43/1946, S. 21-48, hier, S. 35; Robert Schläpfer: Jenisch. Zur Sondersprache des Fahrenden Volkes in der deutschen Schweiz. In: Schweizerisches Archiv für Volkskunde 77/1981, S. 13-38, hier S. 13.
29 Werner Conze, Antje Sommer: Rasse. In: Geschichtliche Grundbegriffe. Historisches Lexikon zur politisch-sozialen Sprache in Deutschland. Hg. von Otto Brunner, Werner Conze, Reinhart Koselleck. Bd. 5, Stuttgart 1984, 135-178.
30 Peter Weingart, Jürgen Kroll, Kurt Bayertz: Rasse, Blut und Gene. Geschichte der Eugenik und Rassenhygiene in Deutschland. Frankfurt/M. 1992, S. 67f., 75f.
31 Robert Ritter: Die Asozialen, ihre Vorfahren und ihre Nachkommen. In: Fortschritte der Erbpathologie, Rassenhygiene und ihrer Grenzgebiete 5:4/1941, S. 137-155, hier S. 137.

Ritters Untersuchungen machten gerade bei den Mischlingen, der häufigsten Gruppe, einen „sehr hohen Prozentsatz von Asozialität und Kriminalität" aus.[32] Das stand im Widerspruch zur Rassentheorie der Nationalsozialisten, denn eine Vermischung von Zigeunerblut mit deutschem müßte im Vergleich mit reinem Zigeunerblut zu einer rassischen Verbesserung führen. Aus der entgegengesetzten Tatsache zog Ritter den Schluß, diese angeblich deutschen Erbteile könnten gar nicht deutsch sein. Er versuchte zu beweisen, daß die gesamte Gruppe der „nach Zigeunerart Umherziehenden" einen jahrhundertealten geschlossenen Züchtungskreis bilde.[33] Bei den Menschen dieses jenischen Schlages habe man es also „mit Resten primitiver Stämme" zu tun, die „seit alters her nicht jene Entwicklung mitzumachen vermochten, die die weiße Rasse in ein paar Jahrtausenden [...] durchlief".[34] Einheimische „nach Zigeunerart Lebende", Jenische also, waren mit dieser Konstruktion zu rassisch Fremden geworden.

Diese Linie wurde auch nach 1945 bis in die Gegenwart weiter vertreten. Am bekanntesten sind die in volkskundlichen Reihen häufig anzutreffenden Schriften von Hermann Arnold, zeitweilig Berater der Bundesregierung für Zigeunerfragen. Die Jenischen sind nach Arnold „illegitime" Abkömmlinge des Zigeunervolkes, entstanden aus dessen Vermischung mit Gastvölkern.[35] An Ritter anknüpfend, vermutet er, es könnten selbst unter hoch entwickelten Völkern Reste primitiver Stämme überlebt haben, die den Weg der Zivilisation nicht hätten beschreiben können, weil ein ihnen gemeinsames „Asozialengen" sie daran gehindert habe. 1961 veröffentlichte er diese Hypothese im ‚Journal of the Gypsy Lore Society' unter dem Titel „The Gypsy Gene", das Zigeunergen. Am Ausgang der Steinzeit sei es offensichtlich zu einer genetischen Revolution gekommen, welche die Menschen zu rasantem Fortschritt befähigt habe. An kleinen Gruppen sei diese Entwicklung jedoch vorbeigegangen, so daß sich ihre genetische Anlage zum nichtseßhaften Nomadenleben erhalten habe. Jede Person mit diesem Kennzeichen müsse als Zigeuner betrachtet werden, der äußerliche rassische Typus hingegen sei kaum von Bedeutung.[36] Das ist ein Endpunkt traditioneller Rassenforschung und zugleich eine Überleitung zu modernen genetischen Überlegungen. Die Rasse im ursprünglichen Sinne spielt keine Rolle mehr; die Abhängigkeit der Menschen von ihrer Natur aber bleibt.

Biologistische Vorstellungen sind in der sozial- und kulturwissenschaftlichen Forschung heute weitgehend tabu. Durch Migration entstehende Integrationsprobleme werden vielmehr mit Differenzen in den ethnisch-kulturellen Identitäten begründet. Sprache, Arbeitsethos, Religion, vorindustrielle Herkunftskulturen gelten etwa als heikle Bereiche. Auch wer die Migration nicht als Problem, sondern als Bereicherung sieht, argumentiert mit der ethnischen Identität. Die entstehende bürgerliche Gesellschaft schuf mit der dem Wandel von der „Bevölkerung", die auf einem bestimmten

---

32 Robert Ritter: Mitteleuropäische Zigeuner: ein Volkstamm oder eine Mischlingspopulation? In: Congrès International De La Population Paris 1937, Extrait VIII (=Actualités Scientifiques Et Industrielles, 717). Paris 1938, S. 51-60, hier S. 59.
33 Robert Ritter: Die Bestandsaufnahme der Zigeuner und Zigeunermischlinge in Deuschland. In: Der Öffentliche Gesundheitsdienst. Zeitschrift des Reichsausschusses für Volksgesundheitsdienst e.V., der Staatsakademie des Öffentlichen Gesundheitsdienstes Berlin und der Wissenschaftlichen Gesellschaft der deutschen Ärzte des öffentlichen Gesundheitsdienstes 6:21/1941, S. 477-489, hier S. 480.
34 Robert Ritter: Zigeuner und Landfahrer. In: Der nichtseßhafte Mensch. Ein Beitrag zur Neugestaltung der Raum- und Menschenordnung im Großdeutschen Reich. Hg. vom Bayerischen Landesverband für Wanderdienst. München 1938, S. 71-88, hier S. 83.
35 Hermann Arnold: Randgruppen des Zigeunervolkes. Neustadt/Weinstraße 1975, S. 6.
36 Hermann Arnold: The Gypsy Gene. In: Journal of the Gypsy Lore Society 40/1961, S. 53-56.

Territorium lebte, zum „Volk" den Ausgangspunkt für diese Sichtweise. Als Alternative zu den naturwissenschaftlich eingeteilten „Rassen" benutzte Johann Gottfried Herder ein kulturwissenschaftliches Kriterium, das er in dem einzigartigen „Geist" jedes Volkes entdeckt zu haben glaubte, der alle kulturellen Äußerungen wie Sitte, Sprache und Literatur hervorbringe. Gegen den universalistischen Ansatz der französischen Revolution betonte Herder die Differenz zwischen den Völkern. Erst ihre Unterschiedlichkeit begründe den Anspruch auf Besonderheit und Selbstbestimmung.[37] Diese „Volks"-Konstruktion vernachlässigt soziale und ökonomische Hierarchien zugunsten einer ethnischen Homogenisierung. Und sie konstituiert für diejenigen, die innerhalb der nationalen Grenzen leben oder dorthin einwandern und nicht erforderlichen Homogenitätsmerkmale aufweisen, einen Minderheitenstatus.

Die Jenischen gehören zu diesen Minderheiten. Ausgangspunkt des volkskundlichen Interesses an ihnen waren romantische Sprachstudien. Eine Untersuchung zur „Spitzbubensprache" Rotwelsch wurde von Jacob Grimm rezensiert, der feststellte, daß es sich hier offenbar um eine eigenständische Gemeinschaft handle.[38] Auch Wilhelm Heinrich Riehl teilte diese Bewertung: „In dem hochgesitteten Europa gibt es noch immer eine gleichsam unterirdische Gesellschaft neben jener, die am Lichte lebt. Es ist dies das organisierte Gaunervolk, verbündet durch die gemeinsame negative Arbeit des Raubes, Diebstahls und Betrugs, durch gemeinsame Sitte und Sprache und durch die negative Fratze eines gesellschaftlichen Verbandes, der aber trotzdem fest und dauerhaft ist, furchtbar für die Mitglieder wie für die ehrlichen Leute."[39]

Diese im 18. und 19. Jahrhundert weit verbreitete Vorstellung einer bedrohlichen Gegengesellschaft wurde nach 1945 ins Positive gewendet, etwa von Carsten Küther in seinem Buch „Räuber und Gauner in Deutschland".[40] Küther wendet das überaus populär gewordene Sozialbanditenkonzept von Eric Hobsbawm an. Asozialität und Kriminalität werden hier als Sozialprotest, als archaische Form gesellschaftlicher Auseinandersetzung und des Widerstandes der Diskriminierten gegen die Herrschenden interpretiert.[41] Hobsbawm unterscheidet schroff zwischen Sozialbanditen und gemeinen Räubern, letztere nennt er „Leute, die ‚Verbrecherstämmen und Verbrecherkasten' angehören"[42], während Sozialbanditen bäuerlicher Herkunft und lokal verwurzelt

---

37 Vgl. dazu auch: Eckhard I. Dittrich, Frank-Olaf Radtke: Einleitung. In: Dies. (Hg.): Ethnizität. Wissenschaft und Minderheiten. Opladen 1990, S. 11-40, hier S. 21.
38 Jacob Grimm: Wörterbuch der in Deutschland üblichen spitzbubensprachen von F. L. A. von Grolmann. erster band, die gauner- jenische- oder kochemersprache enthaltend, mit besonderer rücksicht auf die ebräisch-deutsche judensprache. Gießen, bei C.G. Müller, 1822. In: Ders.: Recensionen und vermischte Aufsätze. Erster Theil (=Kleinere Schriften, 4). Berlin 1869, S. 164-169.
39 Wilhelm Heinrich Riehl: Die deutsche Arbeit. Stuttgart 1883, S. 219. Riehl stützte sich übrigens vor allem auf das bekannte Werk von F. C. B. Avé-Lallemant: Das deutsche Gaunerthum in seiner socialpolitischen, literarischen und linguistischen Ausbildung zu seinem heutigen Bestande, 4 Teile in 3 Bänden, Leipzig 1858-62.
40 Carsten Küther: Räuber und Gauner in Deutschland. Das organisierte Bandenwesen im 18. und frühen 19. Jahrhundert (=Kritische Studien zur Geschichtswissenschaft, 20). Göttingen 1976; Robert Jütte: Abbild und soziale Wirklichkeit des Bettler- und Gaunertums zu Beginn der Neuzeit. Sozial-, mentalitäts- und sprachgeschichtliche Studien zum Liber Vagatorum (1510) (=Beihefte zum Archiv für Kulturgeschichte, 27). Köln, Wien 1988, S. 54f.; Wolfgang Seidenspinner: Mythos Gegengesellschaft. Erkundungen in der Subkultur der Jauner (=Internationale Hochschulschriften, 279). Münster 1998, S. 24.
41 Küther (wie Anm. 40), S. 56.
42 Eric J. Hobsbawm: Die Banditen. Frankfurt/M. 1972, S. 44.

seien.⁴³ Bei den Gruppen, die er exemplarisch als Rekrutierungsfeld der Sozialbanditen aufzählt (Männer ohne Hof, Jugendliche, Auswanderer, entflohene Leibeigene, Soldaten, Deserteure, Hirten, Feldwachen, Treiber, Schmuggler, Fuhrleute, Balladensänger etc.)⁴⁴, handelt es sich im Widerspruch zu seiner eigenen klaren Abgrenzung jedoch um Teile der vagierenden Bevölkerung.

Vor allem in Forschungsarbeiten, die deutsche Gebiete betreffen, wird auch heute die Eigenständigkeit der Fahrenden und ein entsprechendes Bewußtsein bereits im 18. Jahrhundert häufig betont.⁴⁵ Robert Jütte meint, wenn es auch nicht leicht sei, Beweise für eine Gegengesellschaft der Fahrenden zu finden, „so deute doch die inhaltliche Analyse des Wortschatzes darauf hin, daß die soziale Organisation zumindest weitgehend durch eigene Begrifflichkeit, die zu derjenigen der Gemeinsprache komplementär, wenn nicht sogar konträr ist, erschlossen wird".⁴⁶ Wolfgang Seidenspinner vertritt in einer vorsichtigen Interpretation die Meinung, die vagierenden Gruppen hätten einen Aggregatzustand erreicht, der die Bezeichnung als Ethnie rechtfertige. Dieser Vorgang könne im 18. Jahrhundert abgeschlossen gewesen sein, zu der Zeit etwa, als auch der neue Begriff ‚Jenisch' auftauchte – der neue Begriff würde so auf einen gesellschaftlichen Formierungsprozeß zurückverweisen.⁴⁷

„... so unübersichtlich"

Die bisher vorgenommene Trennung in „Natur"- und „Kultur"ansätze ist vereinfachend, vielerlei Verbindungen, Überschneidungen und Verästelungen wären einzufügen. Sogar Hobsbawm grenzt die ihm nicht ins Konzept passenden Teile der Banditen mit rassentheoretischen Argumenten ab, wenn er von „Verbrecherstämmen" und „Verbrecherkasten" spricht. Auch die Herderschen Annahmen, die ursprünglich vor allem Sprache, Literatur und Sitten vor Augen hatten, lieferten dem aufkommenden Nationalismus Vorlagen zur Behauptung eines „Nationalcharakters". Die Wertbegriffe verwandelten sich in materielle und bald auch territoriale Ansprüche. Sprache wurde in der Folge zu *einem* Unterscheidungsmerkmal der Völker neben anderen wie Körperbeschaffenheit, Produktionsweisen oder Hautfarbe. Sprachgemeinschaft beruhte in

---

43 Eric J. Hobsbawm: Introduction, In: Gherardo Ortelli (Hg.): Bande armate, banditi, banditismo e repressione di giustizia negli stati europei di antico regime. Rom 1986, S. 13-18, hier S. 13.
44 Vgl. Hobsbawm, Banditen (wie Anm. 42), S. 36.
45 Wolfgang Seidenspinner: Jenische. Zur Archäologie einer verdrängten Kultur. In: Beiträge zur Volkskunde in Baden-Württemberg 1993, 63-95, hier S. 75-79; vgl. zur Herleitung eines Wir-Bewußtseins bei ausgegrenzten Gruppen auch Helmut Reinicke: Gaunerwirtschaft. Die erstaunlichen Abenteuer hebräischer Spitzbuben in Deutschland. Berlin 1983, S. 24; František Graus: Randgruppen der städtischen Gesellschaft im Spätmittelalter. In: Zeitschrift für historische Forschung 8/1981, S. 385-437, bes. S. 425-433.
46 Jütte (wie Anm. 40), S. 125, vgl. auch ebd.: 53-70. Vgl. zu der als „Jenisch" bekannten Sondersprache und zur Etymologie des Begriffs: Schläpfer (wie Anm. 28) und Clo Meyer: „Unkraut der Landstrasse". Industriegesellschaft und Nichtsesshaftigkeit. Am Beispiel der Wandersippen und der schweizerischen Politik an den Bündner Jenischen. Disentis 1988, S. 76-78. Zur Verwandtschaft von Jenisch und Rotwelsch auch: Jütte (wie Anm. 40) und Heiner Boehncke: Rotwelsch, Zinken, Scheinlingszwack – Kommunikation unter Gaunern. In: Harald Siebenmorgen (Hg.): Schurke oder Held? Historische Räuber und Räuberbanden (=Volkskundliche Veröffentlichungen des Badischen Landesmuseums Karlsruhe, 3). Sigmaringen 1995, S. 39-43; ferner Roland Girtler: Randkulturen. Theorie der Unanständigkeit. Mit einem Beitrag zur Gaunersprache. Wien, Köln, Weimar 1995, S. 241-267.
47 Seidenspinner, Jenische (wie Anm. 45), S. 84.

dieser Vorstellung auf Blutsgemeinschaft. Die Differenz zur Rassenkonzeption wurde eingeebnet.[48]

Andererseits kamen die Eugeniker um soziale oder kulturelle Argumente nicht herum. Siegfried, der Leiter des „Hilfswerks für die Kinder der Landstrasse", wehrte sich gegen „eine gedankenlos verallgemeinernde Vererbungstheorie": „Gewiss sind wir die letzten, die nicht rückhaltlos zugeben würden, dass es leider Kinder mit sehr schlechtem Erbgut gibt, bei welchen alle Erziehungsmassnahmen nutzlos zu sein scheinen. Wir könnten aus der Schar unserer Schützlinge eine ganze Reihe aufzählen, die trotz frühen Einsetzens einer vernünftigen, zielbewussten Erziehung einfach keine Früchte zeigen wollen, Kinder, die in einem gewissen Alter die schwerwiegendsten Charakterfehler zeigen, die auf einmal zu stehlen oder in sexueller Beziehung gefährlich zu werden beginnen. Aber ebensogross, ja wir dürfen wohl sagen, erheblich grösser ist die Zahl derjenigen unserer Zöglinge, die trotz übelster Abstammung ihren Weg recht ordentlich machen, die zuverlässig, ehrlich und aufrichtig und auf dem besten Wege sind, tüchtige, brauchbare Menschen zu werden."[49]

Sogar bei Robert Ritter finden sich immer wieder soziale Argumentationen. Die Rückführung der Jenischen auf primitive Urstämme löste zwar sein rassentheoretisches Problem. Seine Schriften zeigen aber, wie schwer er sich tat, die Kompliziertheit der nichtseßhaften Gruppen mit Hilfe biologistischer Herleitungen in den Griff zu bekommen. Und Hermann Arnold beklagte, „das Zusammenwirken von (sozialer) Siebung, (biologischer) Auslese und (kultureller) Prägung, das sich im Nachhinein nicht mehr auflösen läßt, macht die Bevölkerungsprozesse, die jenische Gruppen entstehen ließen, so unübersichtlich".[50]

Die Diskussion der Untersuchungen zu Jenischen vor allem im 17. und 18. Jahrhundert hat gezeigt, daß es eine ganze Reihe von Versuchen gibt, diese als Ethnie zu sehen, die Quellenlage aber problematisch und die Interpretation schwierig ist. Man findet in der Literatur zahlreiche Definitionen, was eine Ethnie ausmache. Ich verzichte darauf, diese ausführlich zu zitieren. Entscheidend dürfte nach heutiger Auffassung neben den jeweils eingeforderten Charakteristika die Frage sein, ob das Bewußtsein einer eigenen ethnisch-kulturellen Identität ausgebildet war. Reichen Merkmale wie die gemeinsame Sondersprache für eine solche Interpretation aus? Wenn als weitere Argumente für die „ethnische Festigung" die Existenz am Rande oder außerhalb der Gesellschaft und die Mißachtung der herrschenden Normen genannt werden, so bleibt auch hier zu fragen, ob diese Negativ-Definition als Ausdruck eines Selbstverständnisses als eigenständige Gesellschaft genügt.[51] Der Begriff „Jenische", der in Wolfgang Seidenspinners Argumentation eine wichtige Rolle spielt, ist zudem bis weit ins 20. Jahrhundert hinein von minimalster Bedeutung.

Die Betonung der Eigenständigkeit ist in den Schriften der Seßhaften wesentlich stärker als in den wenigen Quellen, die über die Fahrenden direkt berichten. Der weitverbreitete, bereits oben erwähnte Topos der Gegengesellschaft ist eine Konstruktion der Herrschenden, die damit auf die Verschärfung des Armutproblems reagierten, um die mißliebige Gruppe auszugrenzen. Die Vorstellung von gut organisierten einheitlichen Gruppen, die der Allgemeinheit gefährlich werden konnten, erlaubte eine

---

48 Dittrich, Radtke (wie Anm. 37), S. 21f.
49 „Der Apfel fällt nicht weit vom Stamm!" In: Mitteilungen des Hilfswerkes für die Kinder der Landstrasse Nr. 22, Oktober 1938, S. 3.
50 Arnold, Randgruppen (wie Anm. 35), S. 16.
51 Uwe Danker: Räuberbanden im Alten Reich um 1700. Ein Beitrag zur Geschichte von Herrschaft und Kriminalität in der frühen Neuzeit. 2 Bde. Frankfurt/M. 1988, S. 329.

zunehmend rücksichtslosere Verfolgung. Die Stilisierung zu einer Gesellschaft im Untergrund kaschierte aber auch offensichtliche behördliche Schwächen im Kampf gegen die Gaunerbanden. Obwohl organisierte kriminelle Banden nur einen kleinen Teil der gesamten nichtseßhaften Bevölkerung ausmachten, propagierten die Behörden das Bild einer geschlossenen, einheitlichen Kultur.[52] In den Quellen wird aber deutlich, daß die Fahrenden sich aus sehr unterschiedlichen Gruppen zusammensetzten, in Zahl und Zusammensetzung stark fluktuierten und an ihren offenen Rändern ständig Zuzug von aus der seßhaften Gesellschaft desintegrierten Menschen bekamen.[53] Manche wurden nach Phasen temporärer Mobilität aber auch wieder seßhaft. Angesichts der hohen Fluktuation müßte daher die sowohl zur rassischen wie zur ethnischen Argumentation gehörende Kontinuitätsprämisse hinterfragt werden. Gerade die hohe Offenheit und Durchlässigkeit, die Bereitschaft zur Aufnahme von Ausgegrenzten und die enge Verflechtung mit der übrigen Gesellschaft scheinen ein wichtiges Element zum Verständnis der Gruppe zu sein. Systematisierung und Ethnisierung verhindern genau diese Einsicht. Wer klare Verhältnisse, definierte Grenzen und geregelte Übergänge liebt, verzweifelt in diesem Forschungsfeld. Die Menschen, die der jenischen Kultur angehören, sind Teil eines übergreifenden Kultursystems. Nur in dessen Rahmen, im Zusammen- und Widerspiel mit der übrigen Gesellschaft, sind ihre kulturellen Ausprägungen zu verstehen. Die Jenischen sind, um einen modischen Ausdruck zu gebrauchen, eine hybride Kultur.[54]

Wo die Herkunft der Jenischen bekannt ist, handelt es sich um Menschen, die sozial ausgegrenzt und aus der Seßhaftigkeit in teilweise oder vollständige Mobilität gedrängt wurden. Gründe dafür sind etwa die durch die Reformation veränderte Haltung gegenüber Armen und Bettlern.[55] Diese wurden zur Inkarnation des Müßiggangs und sollten zur Arbeit gezwungen werden. Sie verließen ihre Heimat, wenn sie hier nicht überleben konnten, oder wurden aus dem Bürgerrecht der Gemeinden verdrängt. Auch konfessionelle Konversion, Ehescheidung, Ehebruch und „Hurey" (uneheliche Beziehungen), Heirat mit einem Heimatlosen oder Solddienst waren Gründe für den Verlust des Heimatrechts, der häufig mit der Aufgabe der Seßhaftigkeit verbunden war.

Die frühe Neuzeit war von Versuchen geprägt, das Problem der Fahrenden durch Vertreibung zu lösen.[56] Um der „Plage" Herr zu werden, wurden eigentliche „Betteljagden" veranstaltet, bei denen Fahrende zusammengetrieben und abgeschoben, im Wiederholungsfall auch abgeurteilt und auf Galeeren verschickt wurden. Körperstrafen, die auch der physischen Markierung der Betroffenen dienten, waren unter anderem die Brandmarkung, das Abschneiden oder Schlitzen von Ohren, Stockschläge, die auf dem Rücken Narben hinterließen, und das Scheren des Kopfhaars.[57]

---

52 Vgl. dazu Katrin Lange: Gesellschaft und Kriminalität. Räuberbanden im 18. und frühen 19. Jahrhundert. (=Europäische Hochschulschriften, Reihe 3, 584). Frankfurt/M. u. a. 1994.
53 Seidenspinner, Mythos, (wie Anm. 40) S. 130, 252, 256-259.
54 Vgl. dazu auch Stuart Hall: Die Frage der kulturellen Identität. In: Ders.: Rassismus und kulturelle Identität. Ausgewählte Schriften 2, Hamburg 1994, S. 180-222.
55 Vgl. Wolfram Fischer: Armut in der Geschichte. Erscheinungsformen und Lösungsversuche der ‚Sozialen Frage' in Europa seit dem Mittelalter. Göttingen 1982; Bronislaw Geremek: Geschichte der Armut. Elend und Barmherzigkeit in Europa. München, Zürich 1988.
56 Meyer, Unkraut (wie Anm. 46), S. 96-98.
57 Vgl. zu den Bettelschüben auch: Robert Jütte: Bettelschübe in der frühen Neuzeit. In: Andreas Gestrich, Gerhard Hirschfeld, Holger Sonnabend (Hg.): Ausweisung und Deportation. Formen der Zwangsmigration in der Geschichte (=Stuttgarter Beiträge zur historischen Migrationsforschung, 2). Stuttgart 1995, S. 61-71.

„... refraktär gegen jede bürgerliche Ordnung"

Die verbesserte Überwachung staatlicher Territorien machte solche freundnachbarlichen Abschiebungen immer weniger praktizierbar. Mit dem Aufkommen des bürgerlichen, als umfassendes Rechtssystem konzipierten Verwaltungsstaates, in der Schweiz vollendet mit dem Bundesstaat von 1848, änderte sich der Umgang mit den Fahrenden. Ein Gesetz über die Heimatlosigkeit von 1850 wies allen Personen, deren Heimatort nicht zu eruieren war, Gemeinden zur Zwangseinbürgerung zu.[58] Statt zur Ausgrenzung kam es nun zur Einschließung.

Die Landesgrenzen bildeten die erste Form der Einschließung. Mit der Bundesverfassung von 1848 und dem „Heimatlosengesetz" wurde die Beschreibung dessen, was fremd sein sollte, erstmals in einem nationalen Sinne definiert. Fremd war nun, wer kein schweizerisches Staatsbürgerrecht besaß. Die Grenze zur Fremdheit war die Grenze des schweizerischen Staates, eine Grenze, die Fahrende vorher nicht beachtet hatten. Plötzlich „ausländisch" gewordene „Vaganten" wurden ausgewiesen, Familien auseinandergerissen, erprobte Wanderrouten versperrt.

Zweitens kam es zur Einschließung in der Gemeinde. Aufgegriffene Fahrende wurden in ihre Heimatgemeinde zurückgeschafft. In den meist armen Gemeinden fehlte aber eine wirtschaftliche Perspektive, um als Seßhafte einen Neustart zu schaffen. Die Sicherung des Überlebens bedeutete daher für viele der Neubürger wiederum „Bettel und Vagantität". Man versuchte, diese erneut delinquent Gewordenen zu erziehen, zu „normalen" Bürgern zu machen; schlug dies fehl, kam es zur dritten Stufe der Einschließung; derjenigen in Anstalten: Menschen, die wegen „Bettel und Vagantität" verurteilt waren, bildeten in der zweiten Hälfte des 19. Jahrhunderts die wichtigste Guppe in den Anstaltspopulationen.[59]

Ausgrenzungsprozesse scheinen für die Konstitution und Stabilisierung soziokultureller Systeme notwendig zu sein.[60] Die Schaffung eines Gemeinschaftsgefühls bedarf eines Feindbildes, von dem man sich positiv abhebt, indem man den anderen diffamiert und stigmatisiert. Dafür boten sich die Fahrenden an, weil Fremdheit „vor allem durch Migrationsbewegungen virulent wird".[61] Die Fahrenden bilden daher in gewisser Weise einen Urtypus des Fremden in der bürgerlich-nationalen Gesellschaft – und speziell in der Schweiz. Die Konstruktion der schweizerischen Identität, die keine sprach-nationale ist, geschah weniger als anderswo als Abgrenzung von einem benachbarten Volk, da jede Sprachregion die enge Verwandtschaft mit den gleichsprachigen Nachbarn sah. Vielmehr dienten Teile der eigenen Gesellschaft, die aus ökonomischen und sozialen Gründen marginalisiert waren, der Abgrenzung und wurden nun systematisch bekämpft. Die Beschreibung der Lebensweise der Fahrenden erscheint als Negativbild bürgerlicher Tugenden: Auf Unstetigkeit, Unkontrollierbarkeit, Disziplinlosigkeit lauteten die Vorwürfe. In ethisch-moralischer Hinsicht fehlte

---

58 Zum Heimatlosengesetz vgl. Thomas D. Meier, Rolf Wolfensberger: „Eine Heimat und doch keine". Heimatlose und Nicht-Sesshafte in der Schweiz (16.-19. Jahrhundert). Zürich 1998. S. 522-540.
59 Ebd. S. 187. Zur Einschließung generell: Michel Foucault: Überwachen und Strafen. Die Geburt des Gefängnisses. Frankfurt/M. 1977.
60 Martin Lindner: Realer oder semiotischer Bürgerkrieg? Zur Praxis der Ausgrenzung. In: Zeitschrift für Semiotik 16/1994, S. 97-103, hier S. 97.
61 Peter J. Brenner: Die Erfahrung der Fremde. Zur Entwicklung einer Wahrnehmungsform in der Geschichte des Reiseberichts. In: Ders. (Hg.): Der Reisebericht. Die Entwicklung eine Gattung in der deutschen Literatur. Frankfurt/M. 1989, S. 14-49, hier S. 26.

ihnen der „religiöse Glaubensunterricht", ihre Körperlichkeit erregte Abscheu und verband sich in der Vorstellung des Bürgertums mit Unsauberkeit und sexuellen Ausschweifungen, ihre angeblich promiskuitiven Konkubinate wurden als „Verbrechen gegen den Staat" gebrandmarkt. Und ihr ökonomisches Verhalten zeichnete sich durch „Faulheit" und „Verschwendungssucht" aus. In einem Bericht von 1843 ist zu lesen: „In Beziehung auf ihren Unterhalt und die Art und Weise des Verdienstes ist der sehr im Irrthum, welcher glaubt, sie müssen besonders sauer, im Schweisse des Angesichtes arbeiten, ihr Leben sei ein Kampf mit Kummer, Angst und Entbehrungen jeder Art. Im Gegentheil, sie führen ein sorgenloseres Leben, frei vom Zwange des Anstandes und der Moral. Ebenso ist ihr Erwerb ein möglichst leichter."[62]

Das Heimatlosengesetz unterstrich den Anspruch der Behörden, Seßhaftigkeit als dominantes Kulturmuster der bürgerlichen Gesellschaft vollständig durchzusetzen. Ein Beamter des Bundes machte um die Jahrhundertwende deutlich, warum die Lebensweise der Fahrenden im Gegensatz zum modernen, bürgerlichen Staat stand: „Sie setzen sich in beständigen und bewussten Widerspruch mit den Gesetzen und Verordnungen des Bundes über das Zivilstandswesen, da sie keine Geburten in die Zivilstandsregister eintragen lassen, keine bürgerliche Trauung eingehen und dadurch jede Fixierung des Personenstandes verunmöglichen. Durch ihre unstete Lebensweise entziehen sie sich jeder zivilstandsamtlichen Kontrolle und damit auch jeder auf die Verletzung der Zivilstandsvorschriften gesetzten Strafe. *Sie sind somit refraktär gegen jede bürgerliche Ordnung und staatliche Autorität und zwar nicht nur theoretisch, wie viele Bekenner anarchistischer Theorien, sondern täglich mit der Tat.*"[63]

Hegemoniale Kultur und marginalisierte Gruppe stärkten in dieser Auseinandersetzung ihr jeweiliges Selbstbild und grenzten es deutlicher vom Fremdbild ab. Die Entstehung dieses Gegenbildes verlief parallel zur Durchsetzung jener Werte und Normen, die in der bürgerlichen Gesellschaft immer mehr Allgemeingültigkeit erlangten. Die Ausprägung und Differenzierung der dominierenden Kultur förderte offenbar die Bildung eines verstärkten Gruppenbewußtseins unter den Ausgegrenzten. Die einsetzende Homogenisierung der Kultur der Fahrenden in der zweiten Hälfte des 19. Jahrhunderts kann in diesem Sinne als Parallelprozess zur Homogenisierung und zur zunehmenden Dominanz der bürgerlichen Kultur der Seßhaftigkeit gesehen werden.

Was Orvar Löfgren auf einer schichtspezifischen Ebene in bezug auf das Verhältnis von bürgerlicher und Arbeiterkultur festgestellt hat, dürfte auch hier Gültigkeit haben: „The attempt by one class to impose its own definition of normality and reality on another can be seen as a way in which one social group tries to transform a competing culture into a subordinate one. Such an attempt to create a new cultural order or hierarchy means not so much a policy of direct enforcement but rather a strategy for establishing a cultural and moral leadership: getting other classes to accept the new definitions of reality as inevitable and natural. In this way ideological expressions are transformed into an all-encompassing world-view, in which previous oppositions have become invisible or less articulated."[64] Allerdings verschwindet die unterlegene Gruppe

---

62 Aktenbericht über eine, gegen mehrere s. g. Heimathlose geführte Polizei-Prozedur, sammt einem Verzeichniss einiger gefährlicher Vaganten. Ein Beitrag zur richtigen Beurtheilung der wahren Verhältnisse dieser Leute. Frauenfeld 1843-44, S. 12.
63 Eduard Leupold, Programm betreffend Bekämpfung der Zigeunerplage, vom 3.10.1911, zit. nach Franz Egger: Der Bundesstaat und die fremden Zigeuner in der Zeit von 1848 bis 1914. In: Studien und Quellen 8/1982, S. 49-73, hier 66f.
64 Orvar Löfgren: On the Anatomy of Culture. In: Ethnologia Europea 12/1981, S. 26-46, Zitat S. 39.

nicht. Vielmehr setzen reziproke Ethnisierungsprozesse ein; in einem langsamen, beide Seiten aufeinander beziehenden Vorgang wachsen kollektive Zugehörigkeitsvorstellungen.[65]

Die mittleren Jahrzehnte des 19. Jahrhunderts bildeten für die Fahrenden eine entscheidende Bruchstelle. Die bisher genutzten gesellschaftlichen, ökonomischen und geografischen Zwischenräume wurden ihnen von der dominanten seßhaften bürgerlichen Kultur definitiv streitig gemacht.[66] Die meisten waren gezwungen, die fahrende Praxis aufzugeben. Die Spuren der bei der Zwangseinbürgerung von 1850 aktenkundig gewordenen Personen und Familien verlieren sich daher in der Regel auf der administrativen Ebene von Kantonen und Gemeinden. Fahrende tauchen erst gegen Ende des Jahrhunderts wieder im nationalen Diskurs auf und werden nun als Problem der Fürsorge unter dem Einfluß rassenhygienischer Theorien thematisiert. Der Kreis schließt sich. Erst durch diese Verfolgung entsteht aus der vielfältigen, offenen Gruppe der Fahrenden eine Einheit, definiert nicht in erster Linie durch die Lebensweise, weil nun auch bereits seßhafte und eigentlich integrierte Familien verfolgt wurden, sondern angeblich durch die Vererbung.

Die Verklammerung von Vererbung und Verfolgung behielt Gültigkeit bis in die 1970er Jahre und wurde dann abgelöst durch den bereits erwähnten Ethnisierungsprozeß von unten. Die von außen aus Gründen der Verfolgung zugewiesene Zugehörigkeit zu einer bestimmten Gruppe sollte, angewendet durch die Gruppe selbst, zum Instrument der Emanzipation werden und die durch die brutale Verfolgung höchst brüchige Identität stärken. Ethnizität wurde strategisch eingesetzt, um die Definitionsmacht der Mehrheit zu relativieren. Ethnisierung heißt aber immer auch Zuweisung einer Sonderrolle. Auch wenn dies in emanzipatorischer Absicht geschieht, besteht dennoch die Gefahr, in der neuen Identität gleichermaßen eingeschlossen zu werden wie in der alten.

Zusammenfassung und abschließende Fragen

1. Die Jenischen sind ein Beispiel für Auseinandersetzungen um Macht und Ausgrenzung, um Normierung und Stigmatisierung. Sie wandelten sich im Spiegel der gesellschaftlichen und wissenschaftlichen Entwicklungen von einer marginalisierten Gruppe, deren Merkmale heterogene Zusammensetzung und offene Ränder waren, zu einer in einem nationalen Kontext eingesperrten und umzuerziehenden, dann zu einer biologisch-rassisch determinierten und verfolgten, schließlich in einem globalen Kontext zu einer ethnisch-kulturell definierten Gruppe. Das Problem des Pauperismus im 18. und in der ersten Hälfte des 19. Jahrhunderts führte zu einem beträchtlichen Anstieg der Zahl der Fahrenden. Ausgrenzung und ungleicher Zugang zu den Ressourcen als wichtigste soziale Fragen wurden damals nicht gelöst, sondern verdrängt, indem die Betroffenen aus der Gesellschaft gedrängt, verfolgt, zugleich aber auch als Gegengesellschaft romantisiert wurden. In Liedern und Geschichten wurde das ungebundene Leben der Fahrenden geschildert, Räuberbanden boten Stoff für ebenso unheimliche wie idyllisierende Geschichten.[67]

---

65 Meier, Wolfensberger (wie Anm. 58), S. 528.
66 Meier, Wolfensberger (wie Anm. 58); Meyer, Unkraut, (wie Anm. 46), S. 123-157.
67 Vgl. dazu etwa Matthias Zender: Schinderhannes und andere Räubergestalten in der Volkserzählung der Rheinlande. In: Rheinisch-westfälische Zeitschrift für Volkskunde 2/1955,

Heute sind die Fremden in der Schweiz und anderswo nicht mehr Menschen aus anderen Kantonen oder aus benachbarten ausländischen Regionen, sondern aus anderen Staaten oder Kontinenten. Die wirtschaftlichen und sozialen Ursachen, die sie bewogen haben, ihre Heimat zu verlassen, gleichen aber häufig ebenso wie die verwendeten Stereotype denjenigen der Fahrenden. Vielleicht kann auch eine Parallele in der gesellschaftlichen Reaktion auf die Wanderungen gesehen werden, indem auch heute Ausgrenzung und ungleicher Zugang zu den Ressourcen verdrängt, nicht als gesamtgesellschaftliche Probleme betrachtet, sondern durch die Ausgliederung einzelner „Teilgesellschaften" „gelöst" werden, in der die unterlegenen Gruppen künstlich homogenisiert, marginalisiert, gleichzeitig aber mystifiziert und ethnisch-kulturell verklärt werden als Farbtupfer und Lieferanten von (multi-)kulturellen Anstößen und neuen Lebensstil-Ideen wie damals die Fahrenden. Das Bild von Gegengesellschaften (wie im 18. Jahrhundert) oder Ethnien (heute) schafft eine Stärke, Souveränität und Einheitlichkeit, die dem Wesen der ausgegrenzten Gruppen widerspricht.

2. Heute dominiert das Ethnie-Modell als Erklärungsansatz sowohl in der Wissenschaft als auch bei den Beteiligten. Die Diskussion, ob und ab wann man bei den Jenischen von einer Ethnie sprechen könne, erinnert strukturell an die Diskussion, ob sie eine Rasse seien. Während in der Auseinandersetzung mit dem Konzept Rasse die Brauchbarkeit der Kategorie selbst als Unterscheidungsmerkmal umstritten ist, wird in der Auseinandersetzung mit dem Nationalismus und der Unterdrückung von ethnisch definierten Minderheiten die Kategorie in ihrer Angemessenheit nicht in Frage gestellt, sondern weiter in Anspruch genommen.[68] Ethnische Identität und ethnisches Bewußtsein sind aber genauso wenig wie rassische Ansätze natürliche Tatsachen, die jenseits historischer Konstruktionen bestehen oder gar konstitutiv für menschliches Leben wären. Das Ethnie-Angebot, insbesondere auch von Ethnologie und Volkskunde gemacht, ist nicht einfach eine Beschreibung, sondern eine Festlegung von Relevanzen. Die Vergangenheit hat gezeigt, daß die Wissenschaft mit ihrer Definitionsmacht zur Problemverursacherin werden kann. Ihre Konstruktionen dringen in den alltäglichen Diskurs ein und legen die zu wählenden Ausschnitte fest. Damit begrenzen sie Wahrnehmung und Handlungsmöglichkeiten. Die Wissenschaft, insbesondere die Volkskunde, sollte diese Wirkung kritisch hinterfragen und ihre Rolle in diesem Prozeß reflektieren. Denn so sehr das Ethnizitäts-Konzept heute positiv konnotiert ist: Die Gefahr der Reisierung und Festschreibung ist vorhanden, genauso wie früher beim Fixieren auf angeblich „natürliche" Merkmale. Solche Identitätszuschreibungen haben sich schon oft als Zwangsjacke erwiesen, aus der sich die Betroffenen nicht mehr befreien konnten.

3. Das positiv konnotierte ethnische oder „kulturelle" Modell darf nicht einfach dem negativ konnotierten „natürlichen" Rassen-Modell gegenübergestellt werden. Dafür bestehen zu viele Querverbindungen und zu viele gleiche oder ähnliche Gefahren. Rassentheorien, Eugenik und Rassenhygiene können nicht bloß als Vorstellung einer irregeleiteten nationalistischen, völkischen oder rassistischen Wissenschaft

---

84-94; L. E. Genin: Die volkstümliche deutsche Räuberdichtung im 18. Jahrhundert als Protest gegen den Feudalismus. In: Weimarer Beiträge. Zeitschrift für deutsche Literaturgeschichte 6/1960, S. 727-746; Hannelore Westhoff (Hg.): Räubergeschichten. Ravensburg ^{5}1991.
68 Dittrich, Radtke (wie Anm. 37), S. 23.

und Politik gesehen werden. Die breite Zustimmung zu diesen Konzeptionen um die Jahrhundertwende sollte bei der Beurteilung heutiger Ansätze mitbedacht werden. Bernd Jürgen Warneken beschreibt in seinem Aufsatz „Völkisch nicht beschränkte Volkskunde" das große und durchaus offene ideologische Spektrum der Volkskunde um 1900, die – überwältigt von der rasanten Industrialisierung und Modernisierung – ihre wesentliche Aufgabe darin sah, die traditionelle Volkskultur zu sichern oder wenigstens zu dokumentieren.[69]

Auch hier ist eine Parallele zu heute erkennbar: Die Globalisierung führt in den Augen vieler zu einer kulturellen Verarmung; der Wunsch, die Differenz, die ethnisch-kulturelle Vielfalt zu retten, prägt die Arbeit mancher Wissenschaftlerinnen und Wissenschaftler. Es stellt sich die Frage, ob der Kampf gegen die als Nivellierung und Zerstörung erlebte Globalisierung mit partikularistischen Waffen zu führen ist. In der Diskussion um Eugenik und Rassenhygiene um die Jahrhundertwende zeigte sich, daß die Verwissenschaftlichung der wahrgenommenen Probleme repressive Lösungsmuster mit politischer Legitimation ausstattete. Besteht allenfalls die Gefahr, daß die Entwicklung heute in eine ähnliche Richtung geht?

4. Sowohl rassische wie auch ethnische Modelle basieren auf einer relativ statischen Sicht der Gesellschaft, Wandel ist nur in den langen Rhythmen der Evolution oder der langwierigen Prozesse der ethnischen Identitätsbildung berücksichtigt. Die Individuen werden auch in der kulturellen Argumentation zu Gefangenen ihrer Herkunftskultur. Diese Sicht wird der Komplexität moderner Gesellschaften nicht gerecht. Offene Ränder, Verflochtenheit, multiple Zuschreibungen, wie sie der jenischen Kultur eigen waren, prägen zunehmend die Gesamtgesellschaft. Angepaßter wären daher Konzepte eines dynamischen, unabgeschlossenen Identitätsbildungsprozesses, in denen es darum geht, die Entwicklung der individuellen Orientierungen mit den sozio-strukturellen Veränderungen zu harmonisieren.[70] Unter „Identität" wäre dann die Kompetenz zu verstehen, neue Herausforderungen, wie sie für die moderne Gesellschaft fast alltäglich sind, zu bewältigen. Eine derartige Konzeption bricht mit Vorstellungen, die von einer einmal festgelegten, substantiellen Ausprägung der Identität durch kulturell geformte Muster ausgehen und dann zwangsläufig Störungen diagnostizieren, wenn neue Situationen eintreten. Zu analysieren wären vermehrt die Mechanismen, die das Bewältigen neuer Situationen verhindern und die eine ethnische Vergemeinschaftung als Reaktion auf Ausgrenzungsvorgänge durch die Mehrheit auslösen.

5. Wie gut positioniert ist die kulturelle Argumentation, wenn uns in den nächsten Jahren die Gentechnologie ein neues Menschenbild vermitteln wird? Gewiß kein kulturelles, aber auch keines, das nach Kriterien wie Volk, Rasse oder Ethnie ordnet. Solches Gruppenidentitätsdenken ist der neuen, utilitaristisch geprägten wissenschaftlichen Ideologie fremd. Aber haben die Eugeniker damals nicht von einer schönen Zukunft mit glücklichen und gesunden Menschen gesprochen? Hören wir ähnliche Versprechungen und Hoffnungen nicht auch heute? Wie werden wir die Kulturwissenschaften verteidigen? Werden wir nachgeben wie

---

69 Bernd Jürgen Warneken: „Völkisch nicht beschränkte Volkskunde". Eine Erinnerung an die Gründerphase des Fachs vor 100 Jahren. In: Zeitschrift für Volkskunde 95/1999, S. 169-196.
70 Vgl. dazu Hall (wie Anm. 54).

unsere fachlichen Ahnen, welche die breit abgestützten Positionen von Rassenkunde und Eugenik übernommen haben, und uns anpassen an die neuen Erkenntnisse der Genetik oder werden wir uns wehren für unsere Sicht der Menschen und ihrer sozialen und kulturellen Organisation und Bedingtheit, aber auch ihrer Freiheit, ihrer Wahlmöglichkeit und vor allem ihrer Entwicklungsfähigkeit? Und mit welchen Argumenten?

Ullrich Kockel

Protestantische Felder in katholischer Wildnis
Zur Politisierung der Kulturlandschaft in Ulster

Der Konflikt in Nordirland wird vor allem von Historikern, Politologen, Soziologen und einigen Geographen ausführlich behandelt.[1] Anthropologische und volkskundliche Studien haben sich überwiegend auf symbolische Konstruktionen von (Gruppen-) Geschichte und politischem Territorium konzentriert, wobei in jüngerer Zeit Studien über den Zusammenhang von (meist gälischer) Sprache und Identität hinzukamen[2]. Identitätsbezogene Landschafts- und Naturdiskurse, die in den letzten Jahren für die Republik Irland eingehend untersucht wurden,[3] sind für Nordirland, mit Ausnahme von Henry Glassies[4] Studie, in der Zeit seit dem Ausbruch der Unruhen 1968 kaum thematisiert worden. Selbst Kulturgeographen, die an sich für derartige Fragestellungen offen sein sollten, verlegen die Auseinandersetzung mittels bisweilen recht fragwürdiger Argumente von der empirischen auf die diskursive Ebene, wo jeder Bezug zum Alltag leicht verloren geht.[5] Allerdings greifen einzelne Gruppen insbesondere auf der protestantischen Seite in den letzten Jahren zunehmend auf ältere geographische Arbeiten zu diesem Themenbereich[6] zurück, um ihren Separatismus zu rechtfertigen.

---

1   Siehe u. a. Jürgen Elvert (Hg.): Nordirland in Geschichte und Gegenwart. Stuttgart 1994; geographische Arbeiten finden sich u.a. in einer Sondernummer der Zeitschrift ‚Political Geography' von 1997.
2   Vgl. hierzu Ullrich Kockel: Mythos und Identität. Der Konflikt im Spiegel der Volkskultur. In: Jürgen Elvert (wie Anm. 1), S. 495-517. Unter jüngeren Studien sind besonders hervorzuheben Gordon McCoy: Rhetoric and Realpolitik. The Irish language movement and the British government. In: Hastings Donnan und Graham McFarlane (eds.): Culture and policy in Northern Ireland. Anthropology in the public arena. Belfast 1997, S. 117-139; Máiréad Nic Craith: Irish speakers in Northern Ireland and the Good Friday Agreement. In: Journal of Multilingual and Multicultural Development 20/1999, S. 1-14; Camille O'Reilly: The Irish language as symbol. Visual representations of Irish in Northern Ireland. In Anthony Buckley (ed.): Symbols in Northern Ireland. Belfast 1998, S. 43-62. Aus volkskundlicher Sicht hat Lars Kabel das Thema irische Sprache und Ethnizität in einem Vortrag auf dem sechsten SIEF-Kongreß 1998 behandelt. Wenig Beachtung fand bislang die sogenannte ulster-schottische Sprachbewegung, über die m.W. erst ein wissenschaftlich fundierter Aufsatz vorliegt (Máiréad Nic Craith: Language or Dialect, Nation or Ethnie? In: Nations and Nationalism, 7:1/(2000), 21-37.
3   Siehe u.a. Patrick Sheeran: Genius Fabulae. The Irish sense of place. In: Irish University Review 18:2/1988, S. 191-206; ders.: The idiocy of Irish rural life reviewed. In: Irish Review 5/1988, 27-33; Luke Gibbons: Synge, Country and Western. The myth of the West in Irish and American culture. In. ders. (ed.), Transformations in Irish culture. Cork 1996, S. 23-35 (Nachdruck aus Chris Curtin, Mary Kelly und Liam O'Dowd (Hg.), Culture and ideology in Ireland. Galway 1984.); Bridget Edwards: How the West was wondered. County Clare and directions in Irish ethnography. In: Folklore Forum 27:2/1996, S. 65-78.
4   Henry Glassie: Passing the Time in Ballymenone. Culture and History of an Ulster Community. Neuauflage Bloomington and Indianapolis 1995 (Erstveröffentlichumg 1982).
5   So erklärt beispielsweise Brian Graham, daß diskursiv erfundene Landschaften keine Identität stifteten, da sie umstritten seien (vgl. Brian Graham: The imagining of place. Representation and identity in contemporary Ireland. In ders. [ed.]: In search of Ireland. A cultural geography. London 1997, S. 192-212). Vermutlich meint Graham hier eine *gemeinsame* Identität aller Konfliktparteien als Sozialutopie. Eine solche Meta-Identität besteht durchaus, hat aber im Alltag, anders als unmittelbare Orts- und Gruppenidentitäten, nur begrenzte Bedeutung.
6   Neben den umfangreichen kulturgeographischen und ethnographischen Arbeiten von Estyn Evans in den 30er, 40er und 50er Jahren ist als besonders einflußreicher Text zu nennen M.W.

Dabei verklären diese Gruppen nicht eine ganz bestimmte, geographisch definierte Landschaft wie etwa die Alpen, sondern die Bewältigung der Natur (einschließlich der barbarischen Eingeborenen) schlechthin durch eine idealtypische „Grenzerkultur".

Anhand zweier Themenbeispiele soll hier erörtert werden, wie in Nordirland die Kulturlandschaft symbolisch und praktisch in den Konflikt einbezogen wird. Dabei kann zwischen zwei gegensätzlichen, wenngleich aufeinander bezogenen Grenzdiskursen – der auf das Diesseits gerichteten Trenngrenze (engl.: *boundary*) und der auf das Jenseits hin orientierten Mischgrenze (engl.: *frontier*) – unterschieden werden.[7] Als Beispiel für die Trenngrenze soll hier der sogenannte Drumlin-Belt dienen, eine Hügellandschaft, die von nordirischen Protestanten vielfach als Scheidelinie zwischen dem britischen Norden und dem irischen Süden der Insel bezeichnet wird. Der Diskurs der Mischgrenze soll anhand der beiden großen volkskundlichen Museen Nordirlands, des Ulster Folk and Transport Museums und des Ulster-American Folk Parks, beleuchtet werden, wobei der Schwerpunkt der Diskussion auf letzterem liegen wird.

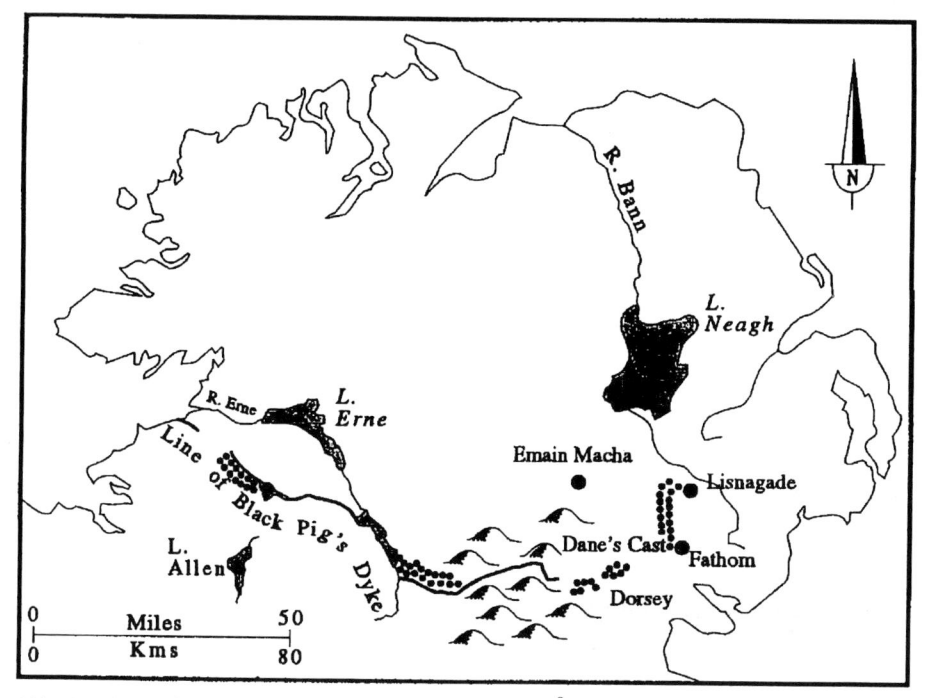

Abb. 1: „Natürliche" und „ethnische" Grenzen in Ulster[8]

Heslinga: The Irish border as a cultural divide. A study of regionalism in the British Isles. Assen 1962.

7   Zur Unterscheidung der beiden Grenztypen, siehe Ullrich Kockel: Borderline cases. The ethnic frontiers of European integration. Liverpool 1999. Die Begriffe „Diesseits" und „Jenseits" sind hier sowohl ganz im Sinne der Alltagserfahrung von Grenzen (als das „Hier" klar definierende Linie und als das „Dort" – im Positiven wie im Negativen – näherbringende Kontaktzone) wie auch im metaphysischen Sinne zu verstehen.

8   Karte gezeichnet von Michael Murphy, University College Cork, und entnommen aus Ullrich Kockel: Borderline cases (wie Anm. 7). Der Vortrag stützte sich auf etwa 30 Lichtbilder und mehrere Grafiken, von denen hier nur eine Auswahl widergegeben werden kann.

Die Entdeckung „natürlicher" Grenzen

Die sich auf Evans and Heslinga[9] berufende Wahrnehmung bestimmter landschaftlicher Grundstrukturen wie Hügel oder Flüsse als „natürliche" und daher von Gott gesetzte Grenzen spezifischer Kulturräume stellt für die Region vor allem den Drumlin-Belt, eine von eiszeitlichen Ablagerungen gebildete Hügellandschaft im Süden der Provinz Ulster, heraus. In dieser Landschaft hielten die Wechselwirkungen physischer, religiöser und ökonomischer Faktoren den Verdacht einer etablierten Grenze wach.[10] Die Mehrheit der Einwohner sind Protestanten. Im Zuge der sogenannten „Plantations", der Besiedlung des Nordens Irlands durch protestantische Kolonisten aus Schottland, England und Wales im siebzehnten Jahrhundert, waren die besten Böden von den Siedlern besetzt worden, die früheres Weideland für den lukrativeren Ackerbau nutzten, während die steinigen Drumlins und die sumpfigen Niederungen katholisch blieben. Evans[11] beschreibt diese Siedlungsstruktur als „protestantische Inseln in einem katholischen Meer".

Das Postulat einer natürlichen Trenngrenze zwischen Norden und Süden, befestigt – wie Reichsmarschen überall und zu allen Zeiten – von treuen Grenzlandsiedlern, stützt sich auf eine recht selektive Interpretation der sehr viel differenzierteren Arbeiten von Evans und Heslinga. Da besiedelte Kulturlandschaften zwangsläufig nur bedingt als symbolische Trenngrenzen taugen, wird die Idee der Trennung historisiert, indem vermeintliche Zeugnisse vor- und frühgeschichtlicher Befestigungsanlagen in der Nähe moderner Grenzen (Abb. 1) hervorgehoben werden. Wie die sanfte Hügellandschaft der Drumlins zur unüberwindlichen Bergkette stilisiert wird, so dienen diese Wehranlagen als Beweis dafür, daß die Insel schon seit grauer Vorzeit geteilt war. Erdschanzen wie der Dorsey sind überall in Irland wie auch andernorts in Europa zu finden und werden von Archäologen eher in lokalen als in überregional-ethnischen Zusammenhängen gesehen. In Nordirland haben sie jedoch eine besondere ideologische Signifikanz. Ohne hier auf inhaltliche Einzelheiten eingehen zu können, soll daher kurz auf die Schriften Ian Adamsons hingewiesen werden.[12] Adamson vertritt die These, daß vor der Ankunft der gälischen Iren der Norden der Insel von den Cruthin besiedelt war. Von den Invasoren bedrängt, hätten sich die Cruthin hinter jenen Befestigungsanlagen verschanzt, aber schließlich doch dem wachsenden Druck weichen müssen und seien nach Schottland geflohen, von wo ihre Nachfahren im 17. Jahrhundert in ihr Stammland zurückgekehrt seien. Von Adamson und anderen wird dieses Geschichtsbild oft als Beitrag zur Versöhnung der Konfliktparteien verstanden, da es beiden Seiten ein historisches Daseinsrecht auf der Insel zuweist. Der völkische Unterton der Cruthin-Theorie macht sie für rechtsradikale Gruppen höchst attraktiv – ungeachtet der Tatsache, daß Archäologen[13] ihr wenig Glaubwürdigkeit beimessen.

---

9 Wie Anm. 6.
10 Estyn Evans: The personality of Ireland. Habitat, heritage and history. Dublin 1992, S. 31.
11 Ebd. S. 30.
12 Zum Beispiel Ian Adamson: The identity of Ulster. The land, the language and the people. Bangor 1982. Die Grundbotschaft seiner zahlreichen Essays ist durchgängig dieselbe.
13 Beispielsweise J.P. Mallory und T.E. McNeill: The archaeology of Ulster: From colonization to plantation. Belfast 1991.

Ullrich Kockel

Der Siedlermythos

Ein historischer Vergleich physikalischer und demographischer Landkarten Irlands zeigt interessante, wenn auch wenig überraschende Parallelen. Die wenig fruchtbaren Berg- und Moorlandschaften der westlichen Provinz Connacht, zusammen mit ähnlichen Gegenden in der südlichen Provinz Munster und im Westen Ulsters, sind weitgehend arm, peripher, im Sinne sozialer und ökonomischer Indikatoren relativ „unterentwickelt", aber zugleich besonders „irisch". Zum Ausdruck kommt dies nicht nur in den gälischen Sprachinseln an der Westküste, sondern vor allem in der „typisch irischen" Landschaft, die fotogen die Seiten der Touristik-Broschüren ziert. Zwar geht diese Assoziation alles „Irischen" mit der wilden Landschaft des Westen auch zu einem erheblichen Teil auf die Romantik der irischen Nationalbewegung im 19. Jahrhundert zurück, aber der historische Einfluß der Kolonisation ist nicht wegzudiskutieren, wie dies gelegentlich in der Kritik des romantischen Irlandbildes versucht wird. Im Zuge der ethnischen Säuberungen vor allem des 17. Jahrhunderts wurden viele Einwohner Irlands (ältere englische Siedler unabhängig von ihrer jeweiligen Religionszugehörigkeit eingeschlossen) vor die Alternative gestellt: „to Hell or to Connacht" – wobei die gnädigere Version der „Hölle" Tod, die weniger gnädige Verschiffung zur Zwangsarbeit in die Neue Welt bedeutete. Ein Ergebnis dieser Politik war die Überbevölkerung der wenigen feuchtbaren Gebiete in Connacht, die demzufolge besonders hart von der großen Hungersnot in den 40er Jahren des 19. Jahrhunderts betroffen wurden.

In Nordirland zeigt ein solcher Landkartenvergleich, daß eine ähnliche ökologische Polarisierung stattgefunden hat. Während die Gesellschaft in der Republik Irland in dieser Hinsicht heute weniger polarisiert erscheint, ist in Nordirland nach wie vor eine weitgehende Kongruenz peripherer, oft als Naturpark ausgewiesener Landschaften mit katholischer Religionsmehrheit, stark nationalistisch/republikanischer Wählerschaft und anderen Merkmalen „irischer" Kultur – wie Sprache oder Musik – festzustellen, während in den wohlhabenderen Landwirtschaftsgebieten die Mehrheit der Einwohner doch eher protestantisch glaubt, unionistisch wählt und sich „britisch" fühlt. Im Bewußtsein vieler Protestanten wird diese Differenzierung zwischen Landschaften der „Siedler" und der „Eingeborenen" anhand von deutlich erkennbaren Naturmerkmalen zu einem Ausdruck der inhaerenten Kulturunterschiede. Wo diese Unterschiede sich nicht eindeutig aus Landschaftsgestalt und Vegetation ablesen lassen, wird mit strategisch plazierten Symbolen – hauptsächlich Flaggen und Girlanden, manchmal auch Paraden, wie sie sonst eher für die Städte typisch sind –, nachgeholfen.

Der Einsatz von Symbolen wird auch deshalb notwendig, weil die scharfe Trennung von „Siedlern" und „Eingeborenen" anhand rein ökologischer Kriterien einer historisch-demographischen Überprüfung nicht standhält.[14] Dennoch hat sich der vermeintliche Gegensatz zwischen der „Kulturlandschaft" der „Siedler" und der „Naturlandschaft" der „Eingeborenen" erhalten als Fortschreibung überkommener Stereotypenvorstellungen. Die Darstellung Irlands als eine von Barbaren bewohnte Wildnis jenseits der zivilisierten Welt geht auf antike Autoren wie Strabo zurück und wurde zur Zeit der normannischen Landnahme insbesondere von Giraldus Cambrensis weiter

---

14 Vgl. hierzu die klassische anthropologische Studie von Rosemary Harris: Prejudice and Tolerance in Ulster. A study of ‚neighbours' and ‚strangers' in a border community. Manchester 1972.

ausgeschmückt, dessen Irlandbild für die folgenden Jahrhunderte definierend wirken sollte.[15]

Zur Charakterisierung Irlands als naturwüchsig im Kontrast mit einem kultivierten England kam im Zeitalter der Reformation die Umdeutung katholischer Kultur als vorzivilisatorisches Heidentum verstärkend hinzu. Damit erlangte die Besiedlung der weiter nach Westen vorrückenden Reichsgrenze eine zweite Dimension neben der historisch-militärischen der strategischen Reichsbefestigung im Diesseits. Sie wurde gleichzeitig auch zu einer Reichsbefestigung ins Jenseits hinein, im Sinne einer mystischen Erlösungshandlung der „Siedler" als Kulturträger an den „Eingeborenen" als heidnisch-wilden Naturmenschen. So wurde die Unterwerfung Irlands mythisch verklärt und, eng verwoben mit der Urbarmachung von Wildnis schlechthin, zum Sinnbild protestantischer Naturbeherrschung.[16]

Im Zuge der Mythisierung wird aus der Übernahme der fruchtbareren Landstriche durch die „Sicdler" die Urbarmachung weiter Teile der Wildnis, und der auf diesen Böden erwirtschaftete Wohlstand wird zum Erfolgsindikator der Zivilisationsleistung, vor allem im Vergleich mit den von „Eingeborenen" bewirtschafteten, deutlich ärmeren Fels- und Sumpflandschaften. Den antiken und mittelalterlichen Darstellungen folgend wird dabei das gesamte Land als ursprünglich aus Fels und Sumpf vorgestellt, denen die Früchte des Feldes in nur für die „Siedler" typischer, harter Arbeit abgerungen wurden. Der protestantische Dichter John Hewitt, Mitbegründer des Ulster Folk Museums und zeitlebens bemüht, ähnlich wie Estyn Evans den „common ground"[17] zwischen den beiden Kulturen zu beschreiben, dekonstruiert den Mythos der Besiedlung Irlands in seinem 1950 enstandenen Gedicht „The Colony"[18] so:

[...]
We took the kindlier soils. It had been theirs,
this patient, temperate, slow, indifferent,
crop-yielding, crop-denying, in-neglect-
quickly-returning-to-the-nettle-and-bracken,
sodden and friendly land. We took it from them.
We laboured hard and stubborn, draining, planting,
till half the country took its shape from us.
[...]
But here and there the land was poor and starved,
which, though we mapped, we did not occupy,
leaving the natives, out of laziness
in our demanding it, to hold unleased
the marshy quarters, fens, the broken hills,
and all the rougher places where the whin
still thrust from limestone with its cracking pods.
[...]

---

15 Doris Dohmen: Das deutsche Irlandbild. Imagologische Untersuchungen zur Darstellung Irlands und der Iren in der deutschsprachigen Literatur. Amsterdam 1994, S. 20-21.
16 Daß darin, ganz untheologisch und doch irgendwie religiös bestimmt, auch und vielleicht vor allem der Geist neuzeitlicher Rationalität zutage tritt, müßte hier eigentlich nicht hinzugefügt werden, fände sich nicht in der umfangreichen Literatur zum Verhältnis zwischen Irland und Großbritannien allzu oft die arg verkürzte Interpretation dieses Vorganges als Blüte eines spezifischen, kulturimmanenten Rassismus. Auf die damit angerissene breitere Thematik kann hier aus Platzgründen nicht näher eingegangen werden.
17 Evans, Estyn: Ulster: The Common Ground. Mullingar 1984.
18 John Hewitt: The Colony. In Alan Warner: The Selected John Hewitt. Belfast 1981.

Hier wird den „Siedlern" durchaus eine Kultivierungsleistung zugestanden, aber auch darauf hingewiesen, daß der Erfolg dieser Kultivierung wenigstens teilweise auf Kosten der „Eingeborenen" erreicht wurde. Aus der Feder der Dichterin des protestantischen Patriotismus, Deirdre Speer, liest sich dieselbe Geschichte etwas anders:[19]

> A thousand yesterdays ago we reached this land,
> The silent forests and the untilled valley soil,
> And from wood and glen we carved a way of life,
> Your land of Ulster bloomed with our first toil.

Im zweiten Vers spricht das Gedicht von der Vertreibung der „Cruthin" durch die Iren („Our Ulster perished in a flash of Gaelic might"), um schließlich in klassischer „Blut- und-Boden"-Manier zu enden:

> So hear our urgent call through centuries of time,
> Hear the Cruthin voice in hours of grief and pain,
> For the blood that ran in our veins runs in yours,
> The land of Ulster will be ours again.

Das Gedicht erscheint unter einem Holzschnitt, der einen Landmann mit Sense bei der Getreideernte darstellt und von den Worten „one flag, one land, one heart, one hand, one nation evermore!" eingefaßt wird. Daneben finden sich ein Artikel über einen Heiligen der frühkeltischen Kirche, die zur römisch-katholischen „in Opposition" stand, und eine Anzeige für einen Ahnenforschungsdienst. Den Verbreitern der im vorigen Abschnitt skizzierten Cruthin-These sollen ihre guten Intentionen keineswegs in Abrede gestellt werden, auch wenn, wie bereits angedeutet, die empirischen Befunde diese These kaum unterstützen. Allerdings läßt sich angesichts der anhaltenden Popularität der These unter rechtsradikalen Gruppierungen ihre Tauglichkeit als Versöhnungs- grundlage doch gründlich bezweifeln.

Die beiden großen volkskundlichen Freilichtmuseen

Dem Mythos protestantischer Naturbeherrschung wurde im Ulster-American Folk Park nahe der Stadt Omagh ein folkloristisches Denkmal gesetzt, dessen landschaftliche Lage – an der Grenze zwischen einem fruchtbaren Landstrich in der Grafschaft Tyrone und der Wildnis der Sperrins mit ihrer Moor- und Heidelandschaft – sich zwar zufällig ergab, aber dennoch selbst schon symbolisch ist und lange Zeit von Menschen in Nordirland auch so verstanden wurde. Im Ulster Folk and Transport Museum, nördlich von Belfast, wird dagegen ganz gezielt ein Umweltdiskurs gefördert, der beiden Traditionen gerecht werden soll. Obwohl beide Freilichtmuseen allein schon aufgrund ihrer volkskundlichen Zielsetzung die Geschichte der Besiedlung Ulsters reflektieren, geschieht dies doch auf deutlich unterschiedliche Weise. Im volkskundlichen Teil des Ulster Folk and Transport Museum wird, den Vorstellungen des Gründervaters Estyn Evans folgend, der Versuch unternommen, über einen mehr oder weniger synchronen „Querschnitt" durch die Region um die Wende vom 19. zum 20. Jahrhundert zu einer

---

19 Deirdre Speer: The Call of the Cruthin. In: Ulster Patriot 4, o.J., S. 12 (Konflikt-Archiv der Linen Hall Library, Belfast).

Darstellung des „common ground" zu kommen, in der die verschiedenen Kulturtraditionen angemessen berücksichtigt sind. Diese Darstellung eines „Ulster wie es war" richtet sich auf das Innere, das Wesentliche „Ulsters" (was immer das sein mag). Dagegen wird im Ulster-American Folk Park, der sich schon in der Namensgebung eher an die in letzter Zeit in Mode gekommenen „theme parks" der Kulturindustrie anlehnt als an die vergleichsweise altmodisch anmutenden traditionelleren Freilichtmuseen,[20] in linearer, diachroner Form die Geschichte einer Entwicklung erzählt. Das Augenmerk ist auf „Ulster wie es wurde" gerichtet, genauer: auf die Menschen von Ulster und was aus ihnen wurde. In der exemplarischen Darstellung einer protestantischen Familie wendet sich damit der Blick auf das Innere, das Wesentliche dessen, was dieses Werden ermöglichte, nämlich die protestantische Utopie.

Ulster Folk and Transport Museum   Ulster-American Folk Park
(volkskundlicher Teil)

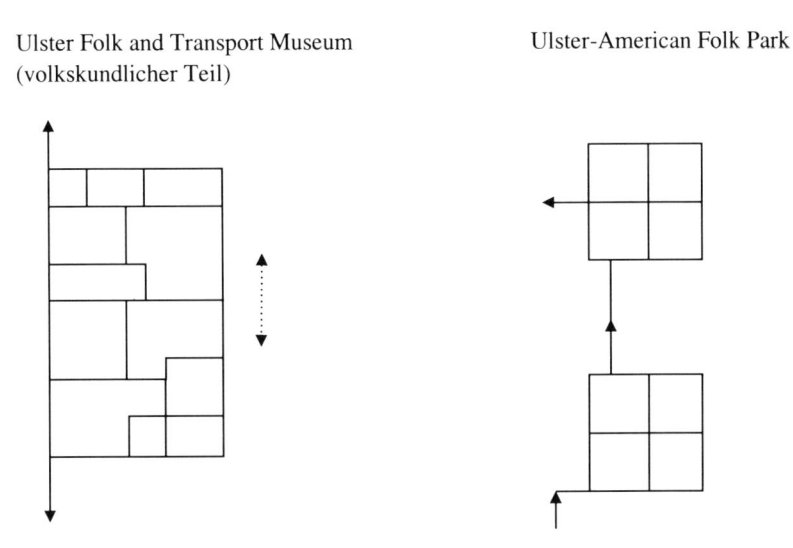

Abb. 2: Schematische Darstellung der möglichen Wege durch das Ulster Folk und Transport Museum und den Ulster-American Folk Park[21]

Diese Geschichte wird durch die Anlage des Museums strukturiert. Während es für das Ulster Folk and Transport Museum trotz geographisch-thematischer Gruppierung der Gebäude keine vorgegebene Ordnung gibt, keinen singulären, spezifisch intendierten Text, wird im Ulster-American Folk Park eine solche Ordnungsvorgabe auf mehreren, zusammenhängenden Ebenen zugleich erzielt. In einer Fallstudie weist David Brett[22] auf das „Nadelöhr" (Abb. 2) hin, das beide Teile des Museums – „Ulster" und „America" – verbindet, und dessen Durchschreiten er einem Initiationsritus vergleicht. Daneben, diese Erfahrung verstärkend, gibt es zumindest eine zweite Ordnungsebene. Laut Brett können Besucher des Museums sich in jedem der beiden Teile frei bewegen, der Übergang von einem Teil zum anderen ist jedoch, wie die Emigration (?), nur in einer Richtung möglich. Diese Bewegungsfreiheit setzt allerdings eine gründliche Kenntnis der Anlage voraus. Im „Ulster"-Teil nämlich ähnelt das Museum einem

---

20 Auf diesen feinen, aber wichtigen terminologischen Unterschied wies mich Henry Glassie nach dem Vortrag hin.
21 Nach David Brett: The Construction of Heritage. Cork 1996, S. 106.
22 Ebd.

Waldlabyrinth, in dem die wenigen, meist versteckten Wegweiser kaum Hilfestellung bieten. In „America" dagegen ist der Weg plötzlich klar, offen und frei, der Ausblick auf die Umgebung eingeschlossen. Darauf wird noch zurückzukommen sein.

Der Rundgang durch den Folk Park beginnt im Ausstellungsgebäude, in dem das Thema „Emigration" durch Schautafeln, geschickt kombinierte Ausstellungsstücke und nachgestellte Szenen schrittweise entfaltet wird. Dabei wird durchaus nicht oberflächlich heroisiert, sondern es werden vor allem die schwierigen Überlebensbedingungen sowohl während der Reise als auch nach Ankunft in der neuen Heimat herausgestellt.

Am Ende der Ausstellung führt ein sanft ansteigender Weg ins Freie, vielmehr in einen dichten Mischwald, mit dem die Naturlandschaft der Region im 17. und frühen 18. Jahrhundert angedeutet ist. Selbst an einem strahlenden Sommertag führt der Weg nun zunächst ins Halbdunkel, aus dem ein Stück weiter erst die Konturen einer einräumigen Kate sichtbar werden (Abb. 3), wie sie für das nahegelegene Sperrins-Hochland in jener Zeit typisch war.

Abb. 3: Typische Kate der katholischen Landbevölkerung im Sperrins-Hochland gegen Ende des achtzehnten Jahrhunderts

An dieser Stelle verlaufen sich viele Besucher im Dickicht, bevor sie den richtigen Weg zum nächsten Gebäude, einer Schmiede, finden. Als nächstes kommt das Haus eines Webers, und langsam weicht der Urwald zurück, der Weg ist damit leichter zu finden. Die Häuser werden größer und ihre Bewohner sichtlich wohlhabender.

Am Rande des Urwaldes liegt das restaurierte Original-Gehöft der Familie Mellon, deren Geschichte das Museum exemplarisch erzählt (Abb. 4).[23] Ein künstlicher

---

23 Nachkommen dieser Familie, die im Jahre 1818 nach Amerika auswanderte, haben die Einrichtung des Museums finanziell unterstützt.

Aussichtspunkt, hinter dem Wohnhaus gelegen, gibt zum ersten und einzigen Mal im „Ulster"-Teil den Blick auf die umgebende Landschaft frei, allerdings nur in eine Richtung. Jenseits des sie noch immer umgebenden Urwaldes sehen die Besucher zunächst ordentliche Felder, dahinter erhebt sich fast drohend die düstere Masse der wilden Sperrins (Abb. 5) – eine Botschaft, die deutlicher kaum sein könnte.

Abb. 4: Das Gehöft der Familie Mellon in der Grafschaft Tyrone

Abb. 5: Blick auf die Sperrins vom Aussichtspunkt hinter dem Mellon-Gehöft

Nach dem Abstieg zurück in den noch immer recht dichten, zunehmend aber von Anbauflächen unterbrochenen Wald folgen weitere ländliche Häuser, bevor der Weg in eine Kleinstadtstraße führt, die Ladengeschäfte und ein Gasthaus aufzuweisen hat. Am anderen Ende dieser Straße befindet sich ein großes Tor, hinter dem die Besucher eine düstere Hafenszene mit Segelschiff erwartet. Die Atmosphäre ist mit bemerkenswertem Fingerspitzengefühl für schaurig-ungemütliches geschaffen worden. Hier müssen die Besucher in den Bauch des wenig einladend riechenden Segelschiffes hinabsteigen, um auf der anderen Seite in den zweiten Teil des Museums, nach „America", zu gelangen.

Abb. 6:
Das Anwesen der Familie Mellon in Pennsylvania

Hier sind die Häuser groß, schön und sauber, vor allem aber auch geradlinig. Es gibt Straßen und feste Wege. Nach Verlassen der Stadt finden sich die Besucher auf einer anmutigen, gerodeten und eingezäunten Farm komplett mit Blockhaus, aus dem ihnen Backdüfte entgegenwallen. Selbst hier, auf dem Lande sozusagen, läßt sich feststellen: dieses „alte Amerika" riecht vertraut, quasi heimisch, nicht so fremd und teils abstoßend wie das „alte Ulster". Durch diese subtil gesteuerte Sinneserfahrung wird der Eindruck der erfolgreichen Kolonisation mit dem heutigen, protestantisch bestimmten Nordirland in positiven Bezug gesetzt. Die frühpresbyterianische Vorstellung von Irland als, wie David Brett[24] es beschreibt, „new-found land", Neuland, das gerodet und rationalen Anbaumethoden unterworfen werden muß, tritt hier wieder zutage. Im Spiel mit den

---

24 Brett (wie Anm. 21), S. 114-115.

Metaphern steht das „Ulster", das verlassen wird, für das „Irland", in dem die „Siedler" einst ankamen wie heute die Besucher im nachgestellten „Urwald". Das „America", in das die Schiffspassage führt, steht für das „Ulster", das die „Siedler" aus Irland gemacht haben oder doch wenigstens gern gemacht hätten. Durch Entbehrungen und harte Arbeit wurde die wilde Natur schließlich bezwungen. Kurz nach der ersten Blockhütte erreichen die Besucher das stattliche neue Anwesen (Abb. 6) der Familie Mellon, deren Spuren die Zeitreise in groben Zügen folgte. Hier, in der säuberlich-geometrischen Ordnung der Neuen Welt, ist das Ziel der Reise erreicht.

Die Formen und Anlagen auf dem Anwesen erinnerten diesen Betrachter an den alten Werbeslogan einer süddeutschen Schokoladenfirma: quadratisch, praktisch, gut. Dies ist auch durchaus das Bild, das hier vermittelt wird, wobei Bretts Einschätzung desselben als in die Architektur der „Siedler" übersetzten Ausdrucks mystisch-religiöser Vorstellungen von der „Heavenly City" oder dem Tempel selbst[25] zwar etwas weit hergeholt sein mag, aber dennoch logisch nachvollziehbar bleibt. Eine eingehendere Beschäftigung mit den relevanten Quellen, als sie hier geleistet werden kann, wäre nötig, um festzustellen, ob der Ulster-American Folk Park tatsächlich, wie Brett am Ende seiner Fallstudie argumentiert, ein philosophischer Garten für eine „protestantische Tradition" ist, der in Anlage und Argumentationslinie die Symbolik aus John Bunyans „Pilgrim's Progress" nachbildet.[26] Aber auch ohne einen eindeutig theologischen Bezugsrahmen lassen sich aus dem hier skizzierten Epos der Naturbewältigung interessante Beobachtungen zur protestantischen Identität ableiten, die Licht auf den kulturellen und politischen Alltag der Region werfen. Dabei ist es im Grunde unwichtig, ob die Geschichte von der Überwindung der Natur durch die (protestantische) Kultur in allen Punkten bewußt, gezielt und äußerst gekonnt so inszeniert wurde, wie sie hier nacherzählt ist. Vielmehr kommt es darauf an, daß es genau diese Geschichte ist, die von Besuchern, in jeweils persönlichen Variationen, erfahren wird. Es mag sein, daß es sich hier lediglich um eine Zufallskonstellation verschiedener voneinander unabhängiger Erzählelemente handelt – dann aber um einen wahrlich genialen Zufall.

Reflexionen

Unabhängig von religiösen Konnotationen suggeriert die Symbolik des Ulster-American Folk Park auch die Ideologie einer Art „innerer Emigration" in Ulster/Nordirland. Dem unbezähmbaren Land wird im metaphorisch geordneten „America" deutlich der Rücken zugewandt. Nicht zuletzt öffnet sich die Lichtung der Mellon-Farm nach Nordosten und gibt den Blick auf die „wilden Sperrins" frei. Wie schon beim Mellon-Gehöft in „Ulster" liegt dieses Hochlandgebiet auch hier hinter dem Haus. Dennoch sorgt die Wegführung dafür, daß es im Bewußtsein der Besucher beim Betreten der Farm gegenwärtig ist als das, was – real wie bildlich – hinter ihnen liegt. Von der Farm führt der Weg zum Ausgang vorbei an einem geometrisch angelegten Kräutergarten, die Sperrins im Hintergrund. Würde die Lichtung sich in entgegengesetzter Richtung

---

25 Ebd. S. 116.
26 Ebd. S. 117. John Bunyans Buch erschien (in zwei Teilen, 1678 und 1684) in einem von Religionskriegen schwer gezeichneten England und stellt bis heute einen Schlüsseltext für Selbstverständnis und Weltbild verschiedener protestantischer Gruppen in Nordirland dar.

öffnen, so könnten die Besucher geordnete, von gepflegten Hecken begrenzte Felder sehen. So aber geht es auf einem leicht abwärts geneigten Weg zurück in den Urwald, der auf die Rückkehr in das „wilde Ulster" unserer Tage einstimmt.

Das Migrations-Epos ist tief verwurzelt im Identitätsbewußtsein der Ulster-Schotten[27] – jener Volksgruppe in Nordirland, die ihren ethnischen Ursprung auf schottische Siedler, und oftmals darüber hinaus auf die Cruthin zurückführt. Im Sinne dieses Bewußtseins wird die private Geschichte der Familie Mellon im Ulster-American Folk Park als Parabel für den Siedlergeist erzählt und über ein attraktiv gestaltetes Bildungsprogramm weitervermittelt. „Ulster" und „America" werden dort gleichgesetzt als paradigmatisches Grenzland an sich, in dem „God's frontiersmen", den Protestanten von Ulster, eine aktive Rolle in Gottes alltäglicher Schöpfung der Welt vorbestimmt ist.

Aus diesen beiden, im Grunde widersprüchlichen Zugängen lassen sich die Probleme der protestantischen Unionisten, den Konflikt zu einem Abschluß zu bringen, verstehend interpretieren. Einerseits steht hier die innere Abkehr von einem als wild und barbarisch empfundenen Land, aus dem es doch kein Loskommen gibt. Dies ist der säkulare Aspekt der im Folk Park erzählten Geschichte: Selbst in der Neuen Welt ist die alte Wildnis im Hintergrund gegenwärtig. Zum anderen ist da das Bewußtsein einer göttlichen Sendung zur Verbesserung der Welt, die sich nicht bessern lassen will. Als Identitätsgrundlage sind die beiden Positionen widersprüchlich, und doch bedingen sie einander in fast schon tragisch zu nennender Weise. Dieser Identität, die sich in dem als Berufung empfundenen Prozeß des „Grenzens" als Teil der göttlichen Schöpfungsarbeit begründet, würde mit der friedlichen Beilegung des Konflikts, die letztendlich für einen solchen Prozeß politisch keinen Raum lassen würde, quasi die Existenzgrundlage entzogen. Um ihre Identität zu erhalten, müßten die Protestanten von Ulster, wie Burghart Schmidt[28] am Beispiel der „Lederstrumpf"-Figur Coopers ausgeführt hat, mit der Grenze weiterwandern. Wo dies nicht möglich ist, muß die Grenze eben als solche, und das Bewußtsein ihrer Existenz im Alltag, erhalten bleiben. In diesem Sinne unterschiede sich die Botschaft des Folk Parks in ihrer ideologischen Erinnerungsfunktion eher graduell als substantiell von der, die alljährlich in Paraden wie der von Drumcree[29] zum Ausdruck kommt. Es bei einer solchen Einschätzung zu belassen, würde jedoch dem Folk Park und seiner zunehmend kulturverbindenden Leistung nicht gerecht.

Am Inhalt der subtilen Botschaft, ob sie nun bewußt so konstruiert wurde oder durch einen genialen Zufall entstand, besteht kaum ein Zweifel. Allerdings hat im Laufe der 90er Jahre eine gewisse Umwertung der „Wildnis" im Bewußtsein auch der Protestanten von Ulster stattgefunden. Was Belinda Loftus[30] noch als zwei gegensätzliche Sichtweisen Nordirlands beschreiben konnte, ist im Grunde zu einer einzigen verschmolzen, und das womöglich schon seit längerer Zeit, ohne daß das von der volkskundlichen Forschung zum Nordirlandkonflikt – die allerdings, wie eingangs angedeutet, noch in den Anfängen steckt – bemerkt worden wäre.[31] Soweit solche

---

27 Vgl. Rory Fitzpatrick: God's Frontiersmen. The Scots-Irish Epic. Chatswood (NSW) 1989. Siehe auch Gerald Dawe und John Wilson Foster (eds.): The poet's place. Ulster literature and society. Essays in honour of John Hewitt, 1907-1987. Belfast 1991.
28 Burghart Schmidt: Am Jenseits zur Heimat. Gegen die herrschende Utopiefeindlichkeit im Dekonstruktiven. Wien 1994.
29 Vgl. Ullrich Kockel: Nationality, Identity, Citizenship: Reflecting on Europe at Drumcree Parish Church. In: Ethnologia Europaea 29:2/(1999) 97-108.
30 Belinda Loftus: Mirrors – Orange & Green. Dundrum 1994.
31 Wobei festgehalten werden soll, daß sich andere Disziplinen bislang ebensowenig zu diesem nicht unwichtigen Punkt geäußert haben.

Verallgemeinerungen zulässig sind, läßt sich feststellen, daß Katholiken in Irland ihre Identität zu einem wichtigen Teil aus der Vorstellung „wilder" Orte[32] und Landschaften beziehen, während Protestanten sich über geometrische Ordnung und die Vorstellung von Bewegung und Mobilität im Sinne von Fortschritt definieren. Insofern hat Belinda Loftus nach wie vor recht, und aus diesen unterschiedlichen Identitätsbezügen erklärt sich unter anderem, wenn auch keineswegs ausschließlich, die traditionell unterschiedliche Bewertung der Auswanderung durch die beiden Gruppen: Was die Katholiken als von der Kolonialmacht verursachtes Unrecht erlitten, galt den Protestanten als Erfüllung göttlicher Vorbestimmung. Diese Stereotypen werden jedoch zunehmend gemeinsam von beiden Seiten als ein kohärentes Muster der Eigen- und Fremdzuschreibung aufrecht erhalten.[33]

Dies kann zur Festschreibung gegenseitiger Feindbilder und damit zur Ausgrenzung dienen, muß es aber nicht. Schon vor dem übereilten Karfreitagsabkommen des Jahres 1998 hat sich vor allem im Bereich der Touristenwerbung eine starke Konvergenz der Bildersprache abgezeichnet. Nordirland, das sich lange über essentiell „englische" Bilder wie Teeparties im Park, Golf und klassizistische Architektur zu vermarkten versuchte, hat sich in den letzten Jahren zunehmend als Teil des „keltischen Randes" touristisch dort verortet, wo es geographisch und, wie immer klarer erkannt wird, auch historisch und kulturell gelegen ist: zwischen Irland und Schottland. Damit wird Nordirland nun in einem positiven Sinne als Teil einer größeren „Wildnis", die als Entwicklungsressource zu erhalten ist, umgewertet. Daß in dieser Umwertung eine neuerliche Peripherisierung Nordirlands implizit angelegt ist, stellt nur einen der Widersprüche dieses Prozesses dar, die letztlich zu einer Verschärfung des Kulturkonflikts führen könnten.

Andererseits liegt in der kulturellen Umwertung der Landschafts- und Naturdiskurse auch das Potential für eine Aufarbeitung des Konfliktes. Nicht nur in den beiden hier angesprochenen Museen hat sich in den letzten Jahren einiges in Richtung auf sogenannte „shared narratives" hin bewegt. Zu nennen wären hier vor allem das Tower Museum in (London-)Derry und das Navan Fort Heritage Centre in der Nähe von Armagh. Im Tower Museum wird versucht, die kontroverse Geschichte der Stadt so aufzuarbeiten, daß beide Seiten sich mit dem Ergebnis identifizieren können; führende Vertreter beider Seiten sind an diesem Projekt beteiligt gewesen. Navan Fort, das am Nordrand der Trenngrenze des Drumlin-Belt gelegene Zentrum der vorgeschichtlichen Provinz Ulster, erzählt von den Ursprüngen in einer Weise, die versucht, beiden Versionen gerecht zu werden und die Mythen der Vorzeit als gemeinsames Kulturerbe zu deuten. Ähnliches wird im Ulster Folk and Transport Museum und, durch das Bildungsprogramm, mittlerweile auch im Ulster-American Folk Park versucht. Die gezielte, an einer Verbesserung der kulturellen Beziehungen innerhalb Nordirlands orientierte Vergabe staatlicher Fördermittel hat wohl das Ihre zu dieser Entwicklung beigetragen. Aber solche „shared narratives" allein werden nicht ausreichen, den Traum zu erfüllen, dem Estyn Evans mit der Gründung eines Ulster Folk Museums Ausdruck verleihen wollte – den Traum von einer „Heimat Ulster", die allen, die in diesem Teil Irlands leben, gemeinsam gehört.

---

32 Vgl. Sheeran (wie Anm. 3).
33 Deshalb wäre Brian Grahams Einschätzung (siehe Anm. 5) zu widersprechen. Vgl. auch Patrick Duffy: Writing Ireland: Literature and Art in the Representation of Irish Place. In: Brian Graham (ed.), In Search of Ireland: A Cultural Geography. London und New York 1997, S. 64-83.

Als unabdingbare Grundlage für ein solches Projekt erscheint es mir notwendig, ein Tiefenverständnis der historischen Kulturzusammenhänge und Identitätsformationen im Alltag zu entwickeln. Doch wer sich darauf einlassen mag, sollte dabei bedenken, daß trotz eines mehrjährigen Friedensprozesses das Thema in der Region nichts von seiner alten Sprengkraft verloren hat. Unter Berücksichtigung des Forschungsstandes in anderen Disziplinen könnte hier eine intensivere, vorurteilsfreie Betrachtung Nordirlands aus der Perspektive einer europäischen Ethnologie durchaus neue Wege weisen.

Literatur

Anderson, Malcolm und Eberhard Bort (ed.): The Irish Border – History, Culture, Politics. Liverpool 1999, S. 159-173.
Clayton, Pamela: Enemies and Passing Friends: Settler Ideologies in Twentieth Century Ulster. London 1996.
Crossman, Virginia und Dympna McLoughlin: A Peculiar Eclipse: E. Estyn Evans and Irish Studies. In: Irish Review 15/1994, S. 79-96.
Morrow, Duncan: Games between Frontiers. Northern Ireland as Ethnic Frontier. In: Jürgen Elvert (ed.): Nordirland in Geschichte und Gegenwart. Stuttgart 1994, S. 334-353.
ders.: Faith and Fervour. Religion and Nationality in Ulster. In: ebd. S. 422-441.
Schama, Simon: Landscape and Memory. London 1996.

Henry Glassie

Nature, Culture, and Cosmological Interference

Like all dualities, nature and culture form a system of antinomy, requiring an idea of difference and acts of relation. Since the world is only mutable and mixed, the idea of difference is not simple. In our tradition, the antinomy of nature and culture hides two varieties of difference.[1]

In one formulation, the anthropological, it subsumes the difference between the human and the nonhuman, culture being the sign of humanity, nature being the name for what is not human. A line divides thought, creating two simultaneous universes – one human, one not – that can be metaphorically joined in comparison and transformation after the manner of Lévi-Strauss. As logically, in a psychological formulation, the line dividing nature from culture bisects the human, begetting inner warfare in the manner of Freud, dividing the willed from the circumstantial.

Serving at once to separate and connect the human and the nonhuman, the willed and the circumstantial, the antinomy of nature and culture is an intellectual proposition that becomes manifest in terms of cosmology. Ultimate explanations of the world provide the ground on which dualities make sense and sense makes art. Schemes dividing nature from culture divide themselves on the basis of whether or not will operates in the nonhuman sphere, whether or not circumstances are willed. Cosmologies can be classed as sacred or scientific – philosophical types that blend in life, giving artistic traditions style and purpose.

In a sacred cosmology, the nonhuman realm, the ambit of circumstance, is permeated with will. If the universe is alive with active, purposive force, the key discrimination is between the divine and the demonic. The human actor has two responsibilities. The first is to seek the divine, becoming one with the positive power in the universe. The task is pictured in the familiar sequence of Zen images. A boy tracks a buffalo; the boy is human force, the buffalo is natural force. The boy finds, ropes, and tames the buffalo, then rides him home and forgets him. The climactic image is a perfect, empty circle. A picture of nature follows it: craggy rocks, bristly trees, an image of circumstance, void of human presence. Will has vanished.[2]

Nature is nature. Culturally, nature exists in opposition to the human. Cosmologically, nature is the higher, grander unity into which the human is absorbed. Peace is found in the rejection of delusive dualities, such as nature and culture.

The Zen circle is repeated in the pure geometry of mystical Islam. The geometrical image expands radially from the center, reaching toward infinity to represent the encompassing will of the one God. There are no pictures of things, no images of bodies. Not because the Holy Koran prohibits such images – it does not – but because the world of difference is trivial. Visible nature is imperfect, bifurcated, transitory. What matters is

---

1   First I must thank Rolf W. Brednich and the entire Deutsche Gesellschaft für Volkskunde for inviting me to Halle and allowing me to participate in the congress. Next I wish to thank Irene Götz and Brigitte Bönisch-Brednich for asking questions at the conference that helped me to refine the written version of this talk.
2   See D. T. Suzuki: Manual of Zen Buddhism. New York: Grove Weidenfeld, 1960, pp. 127-44.

the formless soul in loving reunion with a formless God. The meaningful image is the symbol of unity, found in the impeccable geometry of the art of Islam.[3]

When life is ruled by a sacred cosmology, one course of action culminates in an elimination of the world. Brutal nature is defied, the body abandoned. The will collapses into the soul, the soul is extinguished in mystical bliss.

What is real is invisible. What is real is imaged culturally in transcendent, encompassing geometries – or in visions of terror. The first responsibility is to unite with the divine. The second is to separate from the demonic.

The renowned Winter Ceremonial of the Kwakiutl people of the Pacific coast of Canada provides an instance. Like the Zen sequence, the Ceremony follows a boy into manhood. A boy, immature, incompletely cultured, leaves civilization. In the deep forest (the locus of the demonic for European as well as American cultures), the boy falls in with monsters who perform the most anti-human of acts: cannibalism. In the Ceremony, he returns to the warm, lit, geometric space of the house. Men dance, impersonating bird-like cannibals, wearing beautifully crafted Hamatsa masks. The boy escapes them, freeing himself from the demonic in nature. His father, grateful for the return of his son, grateful for his release from the demonic, for his maturing into a human being, for the triumph of culture, distributes gifts, impoverishing himself in the potlatch, and sealing the social contract. The father's gifts build around his son a human ring of support, of cultural obligation, that will prevent relapses into the demonic.[4]

The placid Zen circle and the terrifying cannibal mask, works of traditional art, demarcate the ends of a spectrum of sacred existence. In sacred life, the responsibility is to employ the gift of will, separating oneself from the demonic in nature, shifting into the protective frame of culture, and then moving away from the dualities of culture, through ardent prayer, toward unity with the divine in nature. The human and nonhuman spheres come into conjunction and then divide, not on the basis of nature and culture, but on the basis of the qualities of good and evil that both spheres share. The need in normal life is not to separate from nature, but to find a place protected from evil where goodness becomes possible.

The Hindu temple is such a place. Ogres on the roof, warriors by the door, gods in the gateway turn evil back, creating a sanctified space. Incense burns and candles flicker, purifying the realm into which an impure actor comes. Protected from evil, safe inside, the devotee seeks unity with the deity. Visual contact is made, gifts are given and received, a channel of communication is opened between the worlds. Kali, the great goddess in rage, is invited into the frail, imperfect body to destroy the demons of desire that lurk within, to purify volition and insure righteous conduct. Inner purity and discipline, gifts of the divine, cancel the demonic, reaffirming the social order. The individual is put on the right path through life. The goal is to die and achieve release from the cycles of reincarnation. The wish is to be launched into a timeless, placeless, eternity of bliss.

---

3   See Titus Burckhardt: Art of Islam: Language and Meaning. Westerham: World of Islam Festival Trust, 1976, chapters 3-4; Henry Glassie: Turkish Traditional Art Today. Bloomington: Indiana University Press, 1993, chapters 5, 17, 18, 23.

4   I base my interpretation on Franz Boas: Kwakiutl Ethnography, edited by Helen Codere. Chicago: University of Chicago Press, 1966, chapters 7-8. The great master of the Hamatsa mask in the twentieth century was Willie Seaweed, for whom see Bill Holm: Smoky-Top: The Art and Times of Willie Seaweed. Seattle: University of Washington Press, 1983, especially pp. 85-120.

For a European instance, come to Ballymenone, the Irish community where I spent a decade in study. The revered tellers of tale – Hugh Nolan, Michael Boyle, and Peter Flanagan – worked toward a place of right relations by setting two narrative genres at tension. To the folklorist, the genres are kinds of legend. Ballymenone's tellers considered the first genre to belong to stories of history, the second to belong to stories of experience.[5]

The historical stories they told about the ancient saints differed in detail, but they were structurally alike. In the early times, a saint comes to this place and changes it, marking it permanently, putting the finishing touches on creation in a display of divine power. The tellers told me that the story's point is that God exists. And since God exists, they continued, the human being must submit to God's law, which is to love your neighbor. Then, catechistically, they concluded that all mankind is your neighbor. Love must govern action on earth, so that the human being can know eternal love in the kingdom of God.

But earthly life is filled with hate and temptation, so Ballymenone's tellers spoke of political violence and they set the tales of the saints, the agents of the divine, against the tales of the fairies, the embodiment of the demonic. The fairies are not twinkly little sprites. They are the fallen angels who followed Satan into defeat in the War of Heaven. They live in forths, circles of undisturbed nature that dot the agricultural landscape, and in traveling from forth to forth they play beguiling, seductive music. When people meet them, the fairies promise great wealth, but they never deliver. The human being in the tale is duped, made to seem an idiot. The tales are admonitions about greed. A sin, greed destroys the soul, divides society, and drives the witchcraft through which people become fellow travelers with the Devil.

Irish stories, told by the elderly to counsel the young, say that one must accept God and His commandment to love, and one must reject the demonic, avoiding fairies and negating the inner impulse to greed. Stories of external events stand for inner conflicts. In the world, saints offer salvation and fairies offer wealth. In the self, one must embrace love and banish greed while leading a life that will carry victoriously beyond life.

When the cosmology is sacred, works of art – statues or stories – express and suppress the relation of nature and culture through depictions of love and revulsion, wonder and terror. The crucial antinomy is not nature and culture, but good and evil.

Distinct, in theory, is the scientific cosmology. It holds that there is no will but human will. The goal is control, and in acts of control the antinomy of good and evil returns subtly. Nature, positively imagined, is nature in control, an aesthetic dimension of culture. Nature, negatively imagined, is all of that which extends beyond will. The responsibility is to expand the realm of will and reduce the realm of circumstance, bringing nature into control, converting the nonhuman into the useful or the ornamental.

The ultimate purpose of a sacred cosmology must bring melancholy, for there will be in this world no perfect union with the divine. So long as the body exists, it will demand food and make a mess. The soul, in hope, awaits release. It is, the Bengali poet says, a caged bird, anxious for flight.[6] (The folklorist shares in this melancholy, for

---

5   See Henry Glassie: Passing the Time in Ballymenone: Culture and History of an Ulster Community. Philadelphia: University of Pennsylvania Press, 1982, chapters 2, 6, 20; Henry Glassie: Irish Folktales. New York: Pantheon, 1985, pp. 51-79, 121-203.
6   Henry Glassie: Art and Life in Bangladesh. Bloomington: Indiana University Press, 1997, pp. 116-19, 126-28.

when the highest end is silence and absence, we find our texts only at the low end, among the demonic.)

The ultimate goal of a scientific cosmology must bring anxiety, for no matter how much is brought under control, there is in this world no possibility of complete control. The mind and body struggle valiantly, but circumstances remain unknowable and bloated with coming calamities. (The folklorist shares in this anxiety because the fraught, fidgeting struggle produces performances that complicate and proliferate beyond the capacity of our theories and indexes to control.)

In the frame of a scientific cosmology, control is attempted by different means. Most conspicuously, control is advanced through acts of intervention and conversion. I return to the Irish farmer, emphasizing as I go the simultaneity of competitive theories in culture. By night, he tells wondrous tales. By day, he calculates and acts rationally, breaking stones, raising walls, and covering them with coats of glittering whitewash. He builds a house that stands in pure separation from the sodden, gray tones of nature.

He hacks the hedges into trim alignment. He digs the furrows along straight, pegged lines. He creates a landscape of culture. But, as he says, no matter how carefully you plan, there is always some snag. The storm clouds gather, the wind whips the garden, nature rolls beyond control. Our antinomy of nature and culture is, in the words of the Irish farmer, the opposition of plans and snags, of the willed (the mind's assertion into nature) and the circumstantial (the realities that condition and thwart all desire).[7]

What cannot be controlled by intervention and conversion, by physical manipulation, might be controlled by representation. The astronomer cannot stop the stars, but he can map them and theorize about them, getting them into order.   The scientific actor makes order by creating landscapes through intervention, and by representing landscapes, let us say by means of cartography or photography. Abstraction and imagination – the key qualities of what is called folk art – are the impulses of a sacred cosmology. The mode is symbolic, transcendent.[8] But realism is the style of a scientific cosmology. It creates images with objective correlatives in the sensate world.

Works of realism – the two-dimensional depiction of a three-dimensional reality or the principled scientific treatise – are always reductions, less than real, doomed to incompleteness. Just as storm clouds gather to wreck the farmer's plans, so there is always more for the scientist to explain. There is no end to describing and theorizing; there is always failure. The more we know, the more we know that beyond the limits of explanation, at the levels of the tiny and vast, there is greater and greater uncertainty. Beyond culture, beyond the human, beyond the willed, there is the uncontrolled, the unknown. Call it nature.

Scientifically speaking, nature is more than pine trees standing around a lake on a sunny day. It is all of that which lies beyond our command – the madness in ourselves, the evil in others, as well as storms and sunsets.

Folklore's genres might be arrayed to tell the tale of the transformation from the sacred to the scientific. In the myth, people interact with gods and demons in a disorderly world, shaping the relations that engender both nature and culture. In the fairytale, people interact with people, shaping the relations that make the social order. Young people submit to their elders and form the alliance of marriage. But their world is enchanted, marbled with the supernatural, the old tone of the myth. In the legend,

---

7   Glassie: Passing the Time (see note 5) chapter 12.
8   See Henry Glassie: The Spirit of Folk Art. New York: Abrams, 1989, pp. 110-84.

people like us live in a world like ours, bespeaking our anxieties by enduring crime and war and wild weather, by witnessing to the bizarre.

The legend is a realm of cosmological combat. It attests to ultimate unknowability by presenting credible experiences that science cannot explain. In the frame of a scientific cosmology, the legend speaks of fairies and ghosts and extraterrestrial beings, forcing the frontiers of science into awareness, tipping us into the unknown.

We live in historical unresolution. Folklore genres mount a display of impurity, of evolutionary incompletion. Different cosmologies and different ideas of nature and culture coexist among us fitfully. Science is confounded by the unpredictable, religion by predictable misery. No system is satisfactory for those who are stuck with life. Dealing with that is the mission of art, of the common creativity called folklore.

And here we are at the end of the millennium. Most of the world's people hold to the sacred view. Life's purpose is to seek the divine and deny the demonic, applying scientific procedures in restricted realms to create cultured landscapes vulnerable to natural violence. For the scientific minority, there is nature. Some of it is nicely confined in beautiful parks, reservations for trees and beasts, where it is not nature at all, but culture. The park is a historical landscape, just as a city is. My nation has a deplorable history of appropriating the land of modest farmers, exiling them into penury, then letting forests grow where the plow once bit and cattle grazed, creating artificial swaths of natural scenery for the pleasure of the prosperous. In the park, the athletically inclined can exercise, making it an open-air gymnasium. In the park, the spiritually inclined can search for something like a god, making it into a new age cathedral.

Some of nature is emparked, framed aesthetically, made cultural, and some of nature lies beyond control, where it is still nature, where it wrecks picnics with rain and kills thousands in epidemics and cyclones and earthquakes. We are still apt to call such episodes of violence acts of God, or of Nature with a capital N. We might even go farther, gendering nature as feminine, in opposition to a deity imagined as male, projecting our little differences upon the cosmos.

With a mother in nature, raging or benign, with a father wrathful or compassionate or aloof in the heavens, we are left with the child's work of technology. If, despite our intentions, myth still orders the universe, here on earth our practice, at least, can be scientific. Between nature and culture, technology is the swing term, the mediator of our antinomy. The vehicle of our scientific desires, technology is the prime domain of creativity for the artist in a world stripped of the sacred.

Technology is the means by which the natural is made cultural. A corollary of human existence, the consequence of our will and the instrument of our extension into space, technology is natural to humankind. But as our wish for control has stretched toward unattainable completeness, technology has elaborated. It has, in functional independence, run beyond control, generating massive disasters in the environment. The passion for control has created new realms of uncontrol.

The priests of the machine speak confidently of the future. The people seem less certain. Some find the machine enchanted, mysterious. Polls in the United States report that the computer produces in some people the obsessive madness of addiction, and in many it produces disturbing anxieties. Nothing could be more natural. Having surrendered so much of the richness of human experience in obeisance to the narrow commands of the machine, people should have gained a jaunty, robust sense of control. But the e-mail messages accumulate, the accessible information spins crazily toward infinity. Things seem out of control, increasingly frenzied, and the people are bewildered, stilled into inaction.

Demons have returned through the machine. It astonishes us with its marvels, but we do not know how it works or what the damn thing will do next. We have entered a new age of magic and fear. So much for technology. As for culture: technology gets us new texts to interpret. They speak of the limits of will and the growing expanse of uncertainty. The evening news of the adult and the films of the teenager overflood with terror.

The antinomy of nature and culture is refined by a sacred cosmology into the opposition of good and evil, and by a scientific cosmology into the opposition of the controlled and the uncontrolled. With, it seems, a purely sacred or a purely scientific existence impossible, striving for, but never accomplishing, true goodness or absolute control, we are cast back upon ourselves, left with our entertaining humanity.

Its theme nature and culture, this excellent congress of the Deutsche Gesellschaft für Volkskunde, provides an occasion for meditation. Nature and culture: one exists only because the other exists. Without nature there would be no culture, no brain in the skull to contrive conceptual orders. Without culture there would be no nature, no concept of nonhuman or circumstantial reality. We can argue that culture is the means that nature uses to know itself, and we can argue that nature is the means that culture uses to know itself. The antinomy transforms into tautology.

The antinomy of nature and culture is too abstract, too powerful. It serves the essayist with a need to pattern facts engagingly, but the ethnographer needs to make it workable, harnessing its power with finer discriminations, delicately attuned to specific situations. For the ethnographer, the folklorist, the realist of the scientific tradition, the first need is for texts, for creations assembled by other people that incarnate artfully their views on our topic. One kind of text is ideological. It presents cultural comment on the nature of the universe. We generally call such texts myths. Some myths are based on a sacred cosmology; they are religious texts, such as the Bible. Other myths are based on a scientific cosmology; they are philosophical texts, such as *Origin of Species*.

Another kind of text is existential. It realizes the nature of the universe through cultural action. If we are serious about investigation of the relation of nature to culture, we should cease neglecting the old study of material culture. Material culture is the yield of technology. The fusion of plans from the head with materials from the world, it is, precisely, the union of culture and nature. Material culture is our prime resource for existential texts. Some are texts of the first order. In the first order, culture is the human, nature is the nonhuman. Human choice converts natural materials into cultural objects through direct intervention.

Consider the potter's work. Potters go upon the innocent earth, ripping it open to discover materials for creation. They mix clay from the ground with water from the sky, then shape this new substance to the mind's vision of form. Forms are dried in the air and hardened by fire, readied for employment. Shaped and burned earth represents a merger of mind and matter. Through natural materials, the pot expresses aesthetic desires. It is an emblem of human self-realization, a work of art, and it is a commodity, sold and bought to unify society, and it is a tool, used to help people control the world, to carry the water and cook the food that sustains human life. At last, broken, the pot returns to the soil. No corner of the problem of nature and culture remains obscure to the nimble analyst of ceramics. Pots, the very earth reworked, exemplify existential texts of the first order. Cathedrals, cities, and whole landscapes are others. In texts of the second order, culture is the willed, nature is the circumstantial. By choice, we convert what others have willed into things that we have willed by means of modification and arrangement.

In acts of the first order, the builder takes stones from nature and makes a house. In acts of the second order, the old house is rebuilt. It is decorated with commodities. It is restored, remodeled, modernized, made to suit our idea of home. In acts of the first order, potters reshape the earth into vessels. In acts of the second, consumers take the potter's creation out of one context and relocate it in another. It has gone from the potter's atelier to a farmhouse, from a farmhouse to an antique shop, from the shop to a shelf in our home where it takes on a new ornamental function. The potter's creation becomes our possession. It is one component in a personal collection of goods. If we arrange the collection for view, we create a new work of art, an exhibition of our values, our interests and taste.[9]

The first order is the creation out of the nonhuman world. People make things out of nature, embodying their view of nature and culture. The second order is the creation out of circumstance. People make things out of the things made by other people, exhibiting a wish for control amid uncontrollable conditions. In both creations, people tame the wild, shaping new things to suit their needs and desires, gesturing to the cosmological, and making texts for us to analyze.

Creators provide us texts – units of intention – to interpret. Out of them, we create texts of the second order. As scholars, scientists and artists, we extend our control to new topics, describing more, theorizing more. Study expands. Through intervention and representation – the techniques of scientific realism – we go as far as will and technology can take us. And there, having expanded and enriched culture, we surrender the rest, defeated by demons.

---

9   See Henry Glassie: Material Culture. Bloomington: Indiana University Press, 1999, pp. 78-86.

Albrecht Lehmann

Landschaftsbewußtsein
Zur gegenwärtigen Wahrnehmung natürlicher Ensembles

„Jedes Jahrhundert hat nicht nur seine eigene Weltanschauung, sondern auch seine eigene Landschaftsanschauung."[1] Wilhelm Heinrich Riehl, der Autor dieses Satzes, hatte, wenn er vom „landschaftlichen Auge" sprach, die prinzipielle Zeitgebundenheit der Landschaftswahrnehmung erkannt. Außerdem hatte er als realistischer Beobachter der Kultur seiner Zeit bemerkt, daß die Entwicklungen, die mit der gerade beginnenden Industrialisierung einhergingen, außer den sozialen Zuständen auch das äußere Erscheinungsbild der Landschaften verändern mußten. Schließlich wußte er, daß die Wahrnehmung und Bewertung der ästhetischen Qualität von Landschaften – das Landschaftsbewußtsein – empirisch zugänglich allein über das Subjekt erfahrbar ist, stets im „Auge des Beschauers" liege.[2] In meinem Vortrag zum „Landschaftsbewußtsein" werde ich vom erlebenden Subjekt ausgehen. Meinen Ausführungen liegen Ergebnisse aus unserem Hamburger DFG-Projekt zum Thema „Wald" zugrunde.[3]

Daß ich die Landschaft in ihrer Wirkung auf Menschen – das Landschaftsbewußtsein – in den Mittelpunkt stelle, findet seine Erklärung quasi aus sich selbst heraus in der Bedeutung der Landschaft für das Naturverständnis im Alltag. Denn unter Natur – dem Thema dieses Kongresses – werden im Alltagsbewußtsein primär die Landschaften verstanden: als Arbeits- und Erholungslandschaften, als Ensembles voller Tiere und Menschen, in ihrer ästhetischen Qualität als Stadtansichten, Flußläufe, Waldbezirke etc.

Worum geht es in der Bewußtseinsanalyse beim Kulturthema „Landschaft?" Nur nebenher geht es um die Frage, wie es um unsere Landschaften tatsächlich bestellt ist, ob die „Natur" einer Landschaft wirklich Natur ist oder Ergebnis menschlicher Arbeit, die Landschaften gegenwärtig „gesund" oder „krank" sind, bebaut oder nicht. Auch nicht primär darum, wie heutige Landschaften als Großstadt-Silhouetten, als Wälder, Flüsse oder Gebirge unter dem Einfluß menschlichen Handelns im Laufe der Zeiten entstanden sind. Statt dessen geht es um die Frage, wie Natur als Landschaft den Subjekten in ihrem Alltag gegeben ist, wie Landschaft erlebt, genutzt, gewünscht oder gefürchtet wird, wie wir uns ihrer erinnern und über sie erzählen und schließlich, welchen kulturell-tradierten Mustern und Maßstäben (z.B. Märchen, Mythen, Gemälde, Sachbücher etc.) diese kollektiven Vorstellungsbilder und Erfahrungsvorgaben einer zu Tage tretenden Ikonologie des Alltags entstammen. Es versteht sich, daß ich nur einzelne Aspekte im folgenden skizzieren kann. Vor allem wird es um die Darstellung des Landschaftsbewußtseins als gespaltenes Bewußtsein gehen; zunächst um das mentale Zu-

---

1 Wilhelm Heinrich Riehl: Das landschaftliche Auge. In: ders.: Kulturstudien aus drei Jahrhunderten. 5. Aufl. Stuttgart 1896 (zuerst 1850), S. 65-91, hier: S. 65.
2 W. H. Riehl (wie Anm. 1), S. 77.
3 Albrecht Lehmann: Von Menschen und Bäumen. Die Deutschen und ihr Wald. Reinbek bei Hamburg 1999; ders.: Erinnerte Landschaft. Veränderungen des Horizonts und narrative Bewußtseinsanalyse. In: FABULA 39/1998, S. 75-82; Klaus Schriewer: Die Gesichter des Waldes. Zur volkskundlichen Erforschung der Kultur von Waldnutzern. In: Zeitschrift für Volkskunde 94/1998, S. 71-90. Zur Bedeutung des Subjekts für die Landschaftswahrnehmung vgl. Hermann Bausinger: Räumliche Orientierung. Vorläufige Anmerkungen zu einer vernachlässigten kulturellen Dimension. In: Nils-Arvid Bringéus u.a. (Hg.): Wandel der Volkskultur in Europa. FS G. Wiegelmann I. Münster 1988, S. 43-52.

sammenspiel von „Bucherfahrung in Rivalität zur Welterfahrung".[4] Außerdem um die Einwirkung der Volksliteratur und der romantischen Literatur in „Rivalität" zum Sachbuch und zu anderen Informationsmedien.

Auf eine aktuelle Landschaftsgeschichte und Ästhetiktheorie will ich – trotz der gebotenen Kürze meines Beitrags – eingehen. Ich nenne hier exemplarisch die Autorennamen Jörg Zimmermann, Rainer Piepmeier, Martin Seel, Rolf Peter Sieferle.[5] Diese Philosophen und Historiker vertreten die in ihrer Grundaussage zweifellos zutreffende Auffassung, die moderne Industriegesellschaft habe einen neuartigen Landschaftstyp hervorgebracht, der im Verhältnis zur biographischen Erfahrung der Bevölkerung nicht mehr – wie während Jahrhunderten davor – durch Konstanz oder Stetigkeit, sondern vor allem durch permanente Veränderung, folglich durch Bewegung charakterisiert sei. Nicht Statik, sondern Dynamik sei für die moderne Landschaft konstitutiv. Diese Landschaft sei zu einer sich fortwährend durch Einwirkungen der Menschen wandelnden „Zwischenlandschaft", zu einer „totalen Landschaft" geworden.[6] Ein wesentliches Ergebnis dieser Entwicklung: Ein Stadt-Land-Unterschied sei in der „flurbereinigten Traktorenlandschaft"[7] der Moderne nicht mehr auszumachen.

Allerdings hätten sich die Sehgewohnheiten der heutigen Bevölkerung auf diese objektiven Gegebenheiten der Landschaftsentwicklung in der Gegenwart noch keineswegs eingestellt. Das populäre Landschaftsbewußtsein verharre statt dessen weiter auf dem Lebensgefühl der europäischen Romantik, d.h. auf dem obsoleten Traum von einer ganzheitlich, in sich geschlossenen, harmonisch-schönen Landschaft. In dieser Weise artikuliere sich vormodernes Bewußtsein. Denn in der Realität unserer aktuellen Moderne sei die natürliche Landschaft als kultureller Erfahrungs- und sozialer Handlungsraum allenfalls noch in „musealen Resten" aufzufinden:[8] „Natur als Naturschutzpark", so das vielzitierte Bonmot Adornos.[9] Der Philosoph Martin Seel bemerkt denn auch in der Praxis der populären Landschaftsauffassung des Alltags ein „nostalgisches Ritual".[10] Weil es nicht das Niveau der modernen Ästhetiktheorie erreiche, transportiere es ein „unnötiges falsches Bewußtsein". Für die kulturwissenschaftliche Analyse der Gegenwart bleibe dieses Landschaftsgefühl jedenfalls belanglos.

Ein anderer Kulturanalytiker konstatiert eine allgemeine „Abwendung der Moderne von der Natur".[11] Als Folge einer „naturgetreuen" Trivialkunst könne sich Sympathie mit der Natur ästhetisch in akzeptabler Weise allenfalls noch verrätselt äußern. „Dem Dasein von Natur scheint keine Sprache mehr angemessen zu sein." Wer dennoch versuche, Natur zu schildern, integriere sie in einen Rahmen kleinbürgerlicher Beschau-

---

[4] Hans Blumenberg: Die Lesbarkeit der Welt. 2. Aufl. Frankfurt/M. 1983, S. 11.
[5] Jörg Zimmermann: Zur Geschichte des ästhetischen Naturbegriffs. In: ders. (Hg.): Das Naturbild des Menschen. München 1982, S. 118-154; Rainer Piepmeier: Das Ende der ästhetischen Kategorie ‚Landschaft'. In: Westf. Forschungen 30/1980, S. 8-46; Martin Seel: Eine Ästhetik der Natur. Frankfurt/M. 1991; Rolf Peter Sieferle: Rückblick auf die Natur. München 1997.
[6] R. P. Sieferle: Rückblick (wie Anm. 5), S. 205 ff.; dazu: A. Lehmann: Erinnerte Landschaft (wie Anm. 3).
[7] R. Piepmeier (wie Anm. 5), S. 34.
[8] Rolf Peter Sieferle: Entstehung und Zerstörung der Landschaft. In: ders. (Hg.): Landschaft. Frankfurt/M. 1986, S. 238-265.
[9] Theodor W. Adorno: Ästhetische Theorie. Frankfurt/M. 1970, S. 107.
[10] M. Seel: Eine Ästhetik (wie Anm. 5), S. 227 ff. – In seiner Auseinandersetzung mit der Ästhetiktheorie Joachim Ritters.
[11] J. Zimmermann: Zur Geschichte (wie Anm. 5), S. 144 f.

lichkeit.[12] „Das Wort ‚wie schön' in einer Landschaft verletzt deren stumme Sprache und mindert ihre Schönheit", hatte bereits Adorno konstatiert.[13]

Was ich skizzenhaft dargestellt habe, ist die manichäische Trennung zwischen Moderne und Vormoderne in der aktuellen Kulturanalyse, ein inzwischen ritualisiertes Muster. Wichtig ist im Kontext meines Beitrages, daß sich die Vorstellung von „vormodern" hier nicht auf magisch-mythische Naturerfahrungen – also nicht auf den Kontext des „Handwörterbuches des Deutschen Aberglaubens" – richtet, sondern ausschließlich auf die ästhetische Qualität, die mit der Vorstellung einer in sich geschlossenen, harmonisch-schönen Landschaft verbunden bleiben will. Diese kulturell obsolete Landschaftsauffassung vermittle einen Blickwinkel, der die „ästhetische Komplexität von Landschaft notorisch" verkenne.[14]

Das sind philosophische Aussagen von einem hohen Grad der Abstraktion. Theoretische Konzepte dieses Charakters kennzeichnen die aktuelle Ästhetiktheorie. Allerdings mangelt es interdisziplinär gesehen weithin an kulturwissenschaftlich-empirischen Untersuchungen zum Naturbewußtsein.[15] Es wäre zum Beispiel untersuchenswert, wie im individuellen und kollektiven Bewußtsein die ästhetische Vorstellung von einer in sich geschlossenen harmonischen Natur mit den Erkenntnissen über ökologische und biologische Tatbestände verbunden wird. Wie könnte das in der Realität eines denkenden und redenden Menschen überhaupt praktizierbar sein? An dieser Stelle ist neben den theoretischen Wissenschaften (vornehmlich der Philosophie) und neben anderen empirischen Wissenschaften auch unsere Wissenschaft, die Volkskunde, gefragt: Ihr Beitrag im Kontext der interdisziplinären Diskussion über Landschaftserfahrung, -bewertung, -genuß etc. muß darin liegen, die gegebenen Formen und Inhalte des Alltagsbewußtseins empirisch zu erforschen, d.h. sie zunächst offen, ohne vorzeitige Qualifizierung und Kritik als gegeben zur Kenntnis zu nehmen.

Das Alltagsbewußtsein von Landschaft will ich zunächst in seiner empirischen Qualität vor der gerade skizzierten ästhetiktheoretischen Bewußtseinsanalyse und Kulturkritik in Schutz nehmen. Wer unbeirrbar behauptet, „das Moment des Hinausgehens" aus der Stadt in die freie Landschaft ließe sich in der Realität Mittel- und Westeuropas heute nicht mehr erleben, weil wir es bei Landschaften fast ausschließlich mit ausgeräumten und vielfach planierten „Traktorenlandschaften" zu tun haben,[16] kann das kaum auf der Basis von Wahrnehmungen sagen; denn wer sich per Auto dreißig Minuten aus einer beliebigen deutschen Kleinstadt oder etwas länger als eine Stunde aus einer Metropole hinaus nach draußen bewegt, findet jene romantisch-schönen, von Landschaftsplanern und Forstästheten gestalteten, ein gutes Stück aber auch immer noch von allein gewachsenen romantischen Wunschlandschaften für Wanderungen in zureichendem Ausmaß vor. Das stellen gerade auch Reisende aus anderen Ländern fest, etwa aus den USA[17]. Hinzu kommt: Sieht man von den weithin bekannten Konzentrationspunkten des Landschaftstourismus ab, sind die Mittelgebirge, z.B. der Harz, selbst am Wochenende weithin menschenleer. Dafür sorgt nicht zuletzt der Ferntourismus, der

---

12 J. Zimmermann: Zur Geschichte (wie Anm. 5), S. 144.
13 Th. W. Adorno: Ästhetische (wie Anm. 9), S. 108.
14 M. Seel: Eine Ästhetik (wie Anm. 5), S. 228.
15 Darauf hat mit Nachdruck hingewiesen: Gernot Böhme: Natur als ein Thema für die Psychologie? In: Hans-Jürgen Seel u.a. (Hg.): Mensch – Natur. Zur Psychologie einer problematischen Beziehung. Opladen 1993, S. 27-39, hier: S. 27.
16 R. Piepmeier (wie Anm. 5), S. 34.
17 Vgl. Klaus Theweleit: Das Land, das Ausland heißt. Essays, Reden, Interviews zu Politik und Kunst. München 1995, S. 14-15.

die Kinder der Naturwanderer von 1960 nun täglich nach Mallorca transportiert. Der Massen-Ferntourismus ist nicht allein wegen der Chance zum Kulturkontakt und -konflikt, sondern auch für die Erhaltung unserer eigenen natürlichen Ressourcen (und der natürlichen Landschaften der Zielgebiete, die in der Regel abseits der „Touristengettos" liegen) eine der erfreulichen Entwicklungen unserer Zeit.

Nun zur empirischen Gegebenheit des heutigen Landschaftsbewußtseins. Es ist vom Subjekt her gesehen gespaltenes Bewußtsein, gespalten zwischen ästhetischem Gefühl und durch Literatur und Massenmedien vermitteltem Wissen. Das meint Anthony Giddens mit seiner Bemerkung. Nicht Trennung, sondern Zusammenspiel von Moderne und Vormoderne sei für das individuelle Bewußtsein der Gegenwart konstitutiv. Wer genauer hinschaue und die Erfahrung einzelner Personen – und zwar die Erfahrungen von Laien wie von Experten – berücksichtige, stoße regelmäßig auf die Aktualität traditioneller Wirklichkeitsbilder in der Gegenwart, besonders wenn es um die Erklärung von Naturphänomenen und um Fragen der Technik gehe.[18]

Natürlich weiß fast jeder Erwachsene heute infolge der unterschiedlichen Bildungseinflüsse, daß der Landschaftsausschnitt, den er draußen gerade genießt, biologisch, mineralisch, ökologisch gesehen, jeweils etwas anderes bedeutet, und daß Berge und Bäume stets mehr sind als ein attraktives Panorama. Das Alltagsbewußtsein ist also durchaus in der Lage, die Komplexität von „Natur" am Beispiel der Landschaft zu erkennen. Die Wissensbestände unterschiedlicher Provenienz leben in der Ästhetik und Ikonologie des Alltags – bei Laien und selbst bei Experten – bei aller Vielfalt der Aspekte in der Regel säuberlich getrennt nebeneinander. Diese Trennung der intellektuellen Ebenen ließe sich sprachlich allenfalls von Künstlern, etwa in Gedichten, überwinden. Wie wird das schwierige kommunikative Problem im Alltagsreden gelöst? Meine These lautet: Wer über Landschaft redet, wechselt im Alltagsdiskurs typischerweise zwischen modernem Argumentieren und vormodernem Nacherleben, d.h. zwischen Argumentieren oder Referieren auf der einen und Erzählen auf der anderen Seite. Wie konkretisiert sich das in der Praxis? Zunächst: Dieses alltägliche Reden über Landschaften ist in seinen formalen Mustern situationsabhängig. Wer über eine harmonische Landschaft in ihrer Totalität oder über einzelne ihrer Ausschnitte redet, bevorzugt als kulturelle Selbstverständlichkeit die Form der Erzählung oder der detaillierten Beschreibung im Stile literarischer Vorlagen. Die Sprachmuster des Sachbuchs können also bei solchen Anlässen quasi „spontan" ignoriert werden. In Alltagssituationen lassen wir uns die kulturell typisierte Stimmung unserer sinnlichen Erfahrung ungern durch den Charme des Biologiebuches nehmen. Um ein Beispiel zu nennen: Wer käme auf die Idee, einen Herbstwald so zu beschreiben, daß er zugleich über die lebhaft differierenden Farbtöne des Laubes und den Abbau des Chlorophylls in den Chloroplasten spricht?

Bei der populären Landschaftsschilderung gibt außerdem ein Bedürfnis nach Harmonie den Ton vor. Man mag es vormodern oder und kitschig nennen oder weniger pejorativ „romantisch". Für die Ästhetik des Alltags ist es jedenfalls bis heute kulturell prägend. Bei aller Dynamik der Veränderung von Landschaften in der Gegenwart und bei aller Dynamik des Lebens in einer hochmobilen Gesellschaft sollte nicht vergessen werden, daß sich die Landschaftswünsche der Einzelnen und der Gruppen immer noch primär auf Kontinuitätsvorstellungen berufen. Landschaften eines Lebens, Flußläufe, Horizonte sollen wiedererkennbar sein, den Einzelnen in seiner Gegenwart mit der

---

18 Anthony Giddens: Konsequenzen der Moderne. Frankfurt/M. 1995, S. 180.

individuellen Erfahrung und mit der kollektiven Geschichte verbinden.[19] Landschaften können in ihrer relativen Statik also durchaus für das Subjekt eine kompensierende Funktion angesichts der Dynamik der Entwicklungen der industrialisierten Gesellschaft erfüllen.[20] Diese lebensgeschichtliche Dimension scheint mir von großer Wichtigkeit zu sein, weil Landschaftserfahrung und Landschaftsbewertung sich in konkreten Situationen immer wieder auf Kindheitserfahrungen berufen. Die Präferenz für bestimmte Landschaftstypen geht auf „Kindheitsmuster" zurück.[21]

Diese Form der Welterfahrung vermittelt uns ein geozentrisches Wirklichkeitsbild, eine Weltauffassung, die auch sonst die Wahrnehmung des Subjekts im Alltag prägt, etwa die Wahrnehmung sozialer Tatbestände. Darauf hat Norbert Elias hingewiesen.[22] Der Einzelne nimmt sich in einer Landschaft, selbst wenn er von diesem Stück Natur in seiner Großartigkeit zunächst „spontan" überwältigt sein mag, schließlich doch im Muster des ptolemäischen Weltbildes als im Mittelpunkt des Geschehens stehend wahr. Dies ergibt sich bereits aus seiner Sinnesausstattung. Vom Ergebnis her bedingt es – so Hans Blumenberg – die „Unheilbarkeit unserer Anthropozentrik".[23] Diese prägt unser Landschaftsbewußtsein mit wechselnden Motiven von der Kindheit[24] durch das Erwachsenenalter. Wer einen Begriff wie „Naturgefühl" oder „Naturgenuß" verwenden will, kann bis heute kaum etwas anderes damit meinen als dieses naive auf eigener Lebenserfahrung und ästhetischen Vorgaben unserer Kultur basierende – „vormoderne" – Wirklichkeitsverständnis. Das kennzeichnet also das Subjektive am Landschaftsgefühl, unser „landschaftliches Auge".

Die Tatsache eines zwischen Welterfahrung und Bucherfahrung gespaltenen Naturbewußtseins ist nicht die exklusive Erkenntnis der Kulturwissenschaften geblieben, sondern in ihren Modifikationen und sozialen Konsequenzen durchaus im Alltagsdenken präsent. Eine Konstanzer soziologische Untersuchung galt den lebensgeschichtlichen Voraussetzungen von Umweltschützer-Karrieren und ihrer „ökologischen Moral".[25] Unsere Hamburger Untersuchungen bestätigen diese an einem größeren Sample von Ökologen durchgeführte Studie: Überzeugte Umweltschützer wissen sehr genau, daß ihr Engagement für Flüsse, Wälder, Feuchtgebiete usw. zunächst eine Nachwirkung der naiven Naturerfahrung ihrer Kindheit und Jugend ist. „Ich habe zwei Blicke", sagte ein 35jähriger Biologe in unserer Hamburger Untersuchung, „einen romantischen und einen wissenschaftlichen. Da trenne ich sauber!" Wer sich mit Bekenntnisökologen über ihr Thema unterhält, bekommt, wie in diesem Statement, einen anschaulichen Eindruck von dieser fast systematisch durchgehaltenen Dichotomie des Naturbewußtseins.

Wie ich sagte, zeigt sich die Polarität – situationsabhängig! – in unterschiedlichen Darstellungsformen der Alltagssprache. Die bürokratisch formalisierte Kommunikation,

---

19 A. Lehmann: Erinnerte Landschaft (wie Anm. 3).
20 Joachim Ritter: Landschaft. Zur Funktion des Ästhetischen in der modernen Gesellschaft. In: ders.: Subjektivität. Frankfurt/M. 1974, S. 141-190; Hermann Lübbe: Der Streit um die Kompensationsfunktion der Geisteswissenschaften. In: Akademie der Wissenschaften zu Berlin (Hg.): Einheit der Wissenschaften. Berlin/New York 1991, S. 209-233.
21 Albrecht Lehmann: Wald als ‚Lebensstichwort'. Zur biographischen Bedeutung der Landschaft, des Naturerlebnisses und des Naturbewußtseins. In: BIOS 9/1996, S. 143-154.
22 Norbert Elias: Über den Prozeß der Zivilisation. 2 Bde., 2. Aufl. Frankfurt/M. 1976, hier: Bd. 1, S. LVII.
23 Hans Blumenberg: Die Vollzähligkeit der Sterne. Frankfurt/M., S. 503.
24 Jean Piaget: Das Weltbild des Kindes. Frankfurt/M. u.a. 1980 (zuerst 1926), S. 140-142.
25 Gabriela B. Christmann: Ökologische Moral. Zur kommunikativen Konstruktion und Rekonstruktion umweltschützerischer Moralvorstellungen. Wiesbaden 1997.

das Referieren und Interpretieren der Baumschutzverordnungen, der ökologische Qualitätsziele und Nutzungspläne ist die eine Seite. Wer würde bestreiten, daß es sich hier um höchst modernes professionelles Denken handelt? Die andere Seite ihres Naturverständnisses nennen die Ökologen ihre „Emotion". Damit meinen sie jenes subjektive romantische Naturgefühl, welches aus den Stimmen und Tönen der Landschaft die „Stimme der Natur" herauszuhören meint.[26] Es bedeutet im Ergebnis oft ein quasi religiöses Naturempfinden. Inwieweit diese romantische Sehnsucht hier ein bürokratisch-rationalisiertes berufliches Alltagsleben kompensiert, bleibt eine offene Frage. Der lebensgeschichtliche und kulturelle Kontext liegt indes auf der Hand. Die von uns befragten Umweltschützer kennen ihr Milieu genau. Sie betonten, die meisten von ihnen seien in einem Dorf oder in einer Kleinstadt aufgewachsen. Am Anfang ihrer Karriere stand fast immer das Leben mit der Natur: Tierbeobachtung, Spiele usw., kurzum, das genußvolle Naturerlebnis in der Kindheit und Jugend. Erst später – sie studierten und lebten längst in einer Stadt – kamen der naturwissenschaftlich-ökologisch-ideologische Impetus und das darauf bezogenen Wissen hinzu.

Das Landschaftserlebnis und das Landschaftsbewußtsein sind, wie sich hier wiederum zeigt, stets Erzeugnis der Erinnerung, der Erinnerung an natürliche Landschaften, d.h. in aktuellen Situationen „selbsterworbene Erinnerung".[27] Das Landschaftsbewußtsein ist außerdem – fast überflüssig, dies nochmals zu erwähnen – Erzeugnis der Erinnerung an gemalte oder fotografierte landschaftliche Ensembles. Wir träumen Landschaften nach dem Vorbild der Maler. Und wenn wir eine „malerische" Landschaft betrachten, erinnert sie uns an Bilder und Bildtypen aus der Hoch- und Trivialkunst, aus der Volksliteratur und dem Fernsehen. Mittlerweile ist diese Erkenntnis, wie der erwähnte Aspekt des „gespaltenen Bewußtseins", der Konflikt zwischen Welterfahrung und Bucherfahrung, Teil eines „gehobenen Alltagsbewußtseins". Mehrere unserer Befragten erzählten uns (ohne sich sonderlich originell vorzukommen), jedes Reh auf einer Lichtung sei für sie seit den 1950er oder 1960er Jahren – seit ihrer Kindheit – bis heute ein Bambi geblieben.[28]

Tatsache ist: Wer das heutige Naturbewußtsein untersucht, wird auch bei Erwachsenen außerhalb der esoterischen Szenerie eine Fülle von Geschichten zu hören bekommen, in denen Naturgefühle, Wahrnehmungsbilder und Stimmungen wiedergegeben werden, die ohne die Wirkung von Kinderbüchern (und ohne den lebensgeschichtlich späteren der Sagen, der Volksmusik und der klassischen Musik, schließlich der Fantasy-Literatur und entsprechender Filme) kaum zureichend zu erklären sind.[29] Gewiß, es äußert sich hier eine stereotype Bilderwelt und Sprache über Natur. Aber dieses Naturverständnis bleibt Bestandteil unserer Alltagskultur, nicht anders als die stereotypenhafte Artikulation des politischen Bewußtseins. Wir müssen dieses Bewußtsein als alltäglich gegeben und auch in seinen politischen Konsequenzen zur Kenntnis nehmen und wissenschaftlich untersuchen.

Über populäre Medien vermitteln sich Stimmungen, die Wahrnehmung der Tageszeiten, die Gefühlsreaktionen auf das, was wir alltagssprachlich ein „Naturschauspiel" nennen. Niemand muß einschlägige Literatur – Eichendorff-Gedichte, die „Nebelsagen"

---

26 J. Ritter: Landschaft (wie Anm. 20), S. 25.
27 Kurt Mannheim: Das Problem der Generationen. In: ders.: Wissenssoziologie, hrsg. von K.H. Wolff. Neuwied 1970 (zuerst 1928), S. 534.
28 Dazu Wilhelm Bode: Vom lieben Bambi, dem edlen Bäumepflanzen und der gefräßigen Killerraupe. Von Märchengestalten im Deutschen Wald. In: ders. (Hg.): Naturnahe Waldwirtschaft. Holm 1997, S. 17-35.
29 A. Lehmann: Von Menschen und Bäumen (wie Anm. 3), S. 213 ff.

von Ludwig Laistner[30], Beethovens Pastorale etc. kennen, um die kulturspezifische Qualität des Schauspiels unverzüglich abzurufen. Zu Volkserzählungen diverser Provenienz kommt der Einfluß von Sachinformationen aus den aktuellen Gebrauchsmedien: aus Landschaftsfotografien aus Büchern, Reiseprospekten, Fernsehsendungen.

Welche Botschaft steht hier, also bei der medienvermittelten aktuellen Landschaftsbeurteilung, im Mittelpunkt? Unsere Erhebungen zeigen: Das Landschaftsbewußtsein, das sich gegenwärtig aus den Printmedien, aus Fernsehen und Filmen speist, vermittelt als zentrale Botschaft popularisierte Informationen und Maßstäbe ökologischer Wissenschaften und ökologischer Moral. Schließlich überlagert dieser Gesichtspunkt, teils ernsthaft ökologisch, teils apokalyptisch thematisiert, im Alltagsbewußtsein die ästhetische Präsenz der Landschaft. Jedenfalls sah das vor etwa drei Jahren, als unsere empirischen Forschungen liefen, so aus. Ja, gelegentlich übernimmt der ökologische Akzent fast vollständig die Stelle der traditionsreichen romantischen Schilderung im Stile der Beschreibung einer harmonischen Natur. Veränderungen der Landschaft werden, zumal in Deutschland, fast ausschließlich als eine soziale und kulturelle Zumutung wahrgenommen, als die Erfahrung eines Verlustes.[31] Das ist die alte, volkskundlich-romantische orientierte Sichtweise; die nostalgische Beschreibung des Verlustes von etwas Erhaltenswertem. Diesem Blickwinkel ist immanent: Sogenannte „natürliche" Landschaften gelten prinzipiell nicht als „verschönerungsfähig". Die Erzählungen über „künstliche" Landschaftsveränderungen artikulieren sich deshalb typischerweise als Verlust- und Restriktionserzählung. Alles, was in der Landschaft älter als die Erzählperson selbst ist, wird in diesem Erinnerungskonzept nicht nur als Teil der eigenen Vorgeschichte, sondern als Ergebnis eines ursprünglichen, natürlichen Zustandes rekapituliert, als Verlust von Landschaft und als Restriktion des Blickes und der freien Bewegung.[32]

In meinem Beitrag ging es um die Frage der Wirkung von Landschaften auf Menschen, um die volkskundlichen Fragen der kulturellen Identität, der Raumbezogenheit unseres Verhaltens und der konkreten Raumerfahrung. Die Frage der Raumbezogenheit und der Raumerfahrung hat die Volkskunde, obwohl sie lange Zeit eines ihrer großen Themen war, seit den 1970er Jahren quasi ad acta gelegt. Inzwischen haben ökologische und kulturökologische Fragestellungen, die Umweltschutzbewegung, die Tourismusforschung, die Mentalitätsgeschichte und die kulturwissenschaftliche Empirie das Landschaftsthema und darüber hinaus den Raum als soziale und kulturelle Erfahrungs- und Handlungsebene wiederentdeckt. Vermutlich hat das auch seine Ursache im allgemein verbreiteten Bewußtsein des Verlustes der Landschaft und der Natur in der Gegenwart.

Ich habe Ergebnisse unserer Hamburger Forschungen der letzten Jahre skizzenhaft referiert. Dabei wollte ich andeuten, wie die volkskundliche Erinnerungsforschung und Erzählforschung über die Beschreibung und Analyse des Alltagsbewußtseins von Landschaft im interdisziplinären Kontext der Ästhetikwissenschaften und der Sozialwissenschaften sowie der Ökologie einen Beitrag leisten kann.

---

30 Ludwig Laistner: Nebelsagen. Stuttgart 1879.
31 G. B. Christmann: Ökologische Moral (wie 25), S. 9.
32 A. Lehmann: Erinnerte Landschaft (wie Anm. 3).

Dieter Kramer

Symbolwelten und Naturstoffwechsel

1. Phasen des Interesses

Während sich die Kulturwissenschaftler mit der Konstruktion von symbolischen Welten auseinandersetzen, arbeiten sich Naturwissenschaftler, Politiker und Umwelt-Historiker an den Formen und Problemen des materiellen (Natur-) Stoffwechsels menschlicher Gesellschaften ab.[1] Zwischen beiden scheint keine Brücke zu bestehen. Ich werde dazu in mehreren Schritten darlegen, was ich an Sackgassen, Bauruinen und bezüglich ihrer Tragfähigkeit zu prüfenden Brückenkonstruktionen gefunden habe.

Die Perioden des Interesses wechseln. Die linguistische und semiotische Wende der Kulturwissenschaften,[2] mit der funktionalistische und materialistische Ansätze der Ethnologie wie die von Marvin Harris z.B. zugunsten von konstruktivistischen Theorien an den Rand gedrängt wurden, ist dem Thema des materiellen Naturstoffwechsels nicht gerade günstig gewesen. Und wenn die Frankfurter Ethnologin Birgit Suhrbier die Verbindung zwischen der musealer Bewahrung der materiellen Kultur und den modernen Theorien der Ethnologie wieder herstellt, dann tut sie dies, indem sie gerade die *symbolische* Bedeutung der Dinge hervorhebt, nicht ihre Rolle im Naturstoffwechsel.[3]

Während meines Studiums war für mich Cassirer nur ein Merkposten in der Ideengeschichte (und meinen Lehrern scheint es kaum anders gegangen zu sein, sonst hätten sie uns deutlicher auf die Implikationen seiner Symboltheorie hingewiesen). Dafür sensibilisierte mich die marxistische Ideologiekritik immerhin für die lebensweltliche Verhaftetheit des Denkens und schützte damit vor einem platten Materialismus.

Aber die modische Phrase *Die Welt ist Text* ist ohne Hinweis auf die Dialektik, die ihr erst Sinn verleiht, genauso borniert und dumm wie der Satz der kritischen Theorie: *Es gibt kein richtiges Leben im falschen*. Wenn solche Sätze nicht als Provokation zum Nachdenken, sondern affirmativ zitiert werden, führt das zum intellektuellen und ethischen Suizid des Denkens: Der Pointe wegen wird die Selbstreflexivität geopfert.

Das kurz aufgeflackerte Interesse der Volkskunde/Europäischen Ethnologie am materiellen Naturverhältnis der Menschen (Naturstoffwechsel sagen andere) war ohne theoretischen Tiefgang. Noch 1986 konnte ich vor einer Berufungskommission in der Europäischen Ethnologie einen Vortrag über die Kultur des Überlebens halten, ohne von einem einzigen Mitglied dieser Kommission darob kritisiert zu werden, daß ich die längst existierende ethnologische Literatur zu diesem Thema nicht berücksichtigt hatte – und sie war mir damals in der Tat noch fremd. Auf viele Vorgängerbauten von Brücken zwischen kulturellen Symbolwelten und den materiellen Welten der politischen Ökologie können wir hier also nicht hoffen.

---

1   Vgl. auch Karl Hermann Tjaden: Mensch – Gesellschaftsformation – Biosphäre. Über die gesellschaftliche Dialektik des Verhältnisses von Mensch und Natur. Marburg 1990.
2   Den *linguistic turn* erwähnte beim Kongreß in Halle auch Signe Mellemgaard aus Kopenhagen, vgl. ihren Beitrag im vorliegenden Band.
3   Birgit M. Suhrbier: Die Macht der Gegenstände. Menschen und ihre Objekte am oberen Xingú, Brasilien (=Reihe Curupira, 6). Marburg 1998.

Dieter Kramer

2. Symbolwelten

Das Referat versucht Brücken zwischen kulturwissenschaftlicher und politischer Ökologie zu schlagen. Zentrale Begriffe meines Textes sind *Symbolwelten* und *Naturstoffwechsel*. Hinter dem Begriff *Symbolwelten* verbirgt sich das ganze Feuerwerk der Kulturtheorie.[4] Statt von symbolbeladener Alltagswelt läßt sich dabei auch nüchterner reden von Kultur und von der durch spezifische Werte und Ziele geprägten Objektwelt, die für diese Kultur zeugt. Mit dem Begriff vom *Naturstoffwechsel* (oder dem außerhalb des Körpers stattfindenden materiellen Stoffwechsel mit der Umwelt) steht nicht nur die physisch-biologische Existenz des Menschen, sondern auch seine Rolle als „geologischer Faktor" (Alexander von Humboldt), als im Rahmen seiner Lebenstätigkeit die Erde verändernde Größe zur Debatte.

Die Ethnologie macht seit ihrer Abkehr vom Funktionalismus darauf aufmerksam, daß dieser Naturstoffwechsel von Gesellschaften überhaupt nicht ausschließlich und alternativlos geographisch oder biologisch oder sonstwie determiniert ist. Kultur als selbstgeschaffenes Bedeutungsgefüge, als System von Standardisierungen folgt nicht, so betont Marshall Sahlins, den Prinzipien der Nützlichkeit.[5] Ungefähr zur gleichen Zeit wie dies in der Ethnologie zum Thema wurde, begann die internationale Diskussion um „globale Probleme", die sich weitgehend unabhängig von den Kulturwissenschaften hielt. Angesichts der Probleme dieses Feldes stellte sich dann allerdings die Frage, wie die normativ-statistischen Paradigmen der naturwissenschaftlich-technischen Forschungen zur Nachhaltigkeit mit ihren Parametern von Stoffströmen und Energiebilanzen sich zu den kulturellen Optionen und ihrer Eigendynamik verhalten: Signalisiert die Kluft zwischen beiden die Unvermeidlichkeit von Krisen für die Biosphäre, oder gibt es Brücken zwischen Kultur als einem autonomen System von Standardisierungen und Symbolbildungen und dem Diskurs über die quantitativen Grenzen des Naturstoffwechsels?[6]

Die jüngere Kulturwissenschaft ist wenig daran interessiert, zu *erklären*. Sie hat kein Interesse mehr an der Erklärung der Unterschiede, sondern begnügt sich mit der Feststellung, *daß* es welche gibt, und in erster Linie beschreibt sie die Symbolwelten, ihre systemischen Zusammenhänge und ihre Kohärenz (während inzwischen die Soziobiologie mit einer Penetranz, die an den Nützlichkeitsfetischismus der aufklärerischen deistischen Philosophie erinnert, hinter jedem Verhaltenszug eines Lebewesens einen Vorteil für das „egoistische Gen" sehen will). Wenn Kultur als eigendynamisches Symbolsystem verstanden wird, geschaffen durch das *animal symbolicum* nach sich selbst fortzeugenden Transformationsregeln, dann interessiert primär das *Wie*, nicht das *Warum* einer Kultur. Auch die materiellen Folgen interessieren dann nicht sehr. Es gibt anscheinend keinen Bedarf an Brücken zwischen den kulturellen Symbolwelten und dem Naturstoffwechsel.

---

4 Wie es uns z. B. vorgestellt wurde von Ralf Konersmann (Hg.): Kulturphilosophie. Leipzig 1996; vgl. Vf.: Beschreibend oder wertend? Kulturbegriffe in Ethnologie und Philosophie. In: Schweizerisches Archiv für Volkskunde 95/1999, S. 1-22.
5 Marshall Sahlins: Kultur und praktische Vernunft. Frankfurt/M. 1981; vgl. unten.
6 Vgl. z. B. Zukunftsfähiges Deutschland. Ein Beitrag zu einer global nachhaltigen Entwicklung. Hg. von BUND und Misereor. Studie des Wuppertal Instituts für Klima, Umwelt, Energie GmbH. Basel, Boston, Berlin 1996, S. 265.

3. Öko-Optimismus

Ermutigt und möglich wird solches Denken heute durch die Krise des naturwissenschaftlich geprägten apokalyptischen ökologischen Denkens. Nachdem die prophezeiten Katastrophen in den Prosperitätsgesellschaften ausgeblieben sind und aus der kritischen Formel von der „reflexiven Modernisierung" das Durchstarte-Programm der „Zweiten Modernisierung" geworden ist, gewinnt Zweckoptimismus wieder an Boden. Derzeit besteht, mindestens für die Mehrzahl der Menschen in unserem Land, auf dem Sektor der Ökologie kein unmittelbarer materieller Leidensdruck. Öko-Optimismus macht sich in den prosperierenden Regionen breit. Aus den bescheidenen Erfolgen des Umweltschutzes und aus der Erfahrung, daß die moderne Lebenswelt außerhalb der Agrarsteppen auch wieder neue Nischen für einige Vertreter der bedrohten Tier- und Pflanzenwelt geschaffen hat, leiten manche einen Öko-Optimismus ab.[7]

Wenn von den Menschen außerhalb der Grenzen der reichen Industriegesellschaften nach der Legitimität unseres ressourcenvergeudenden Wohlstandes gefragt wird, dann geschieht dies oft genug in Sprachen, die wir nicht verstehen oder deren Aussagen wir uns leicht verweigern können, weil sie das Vokabular des Fundamentalismus oder der aus Not und Enttäuschung geborenen Revolte benutzen. In der Tat, die Apokalyptik der Schwarzmaler hilft nicht weiter, sondern verführt zu Resignation und Zynismus. Aber sind deswegen die Grenzen, denen jedes System sich notwendigerweise stellen muß, nur vorstellungsvermittelt?

Die Biosphäre hat uns (vielleicht: noch) weitgehend verschont von direktem Druck, vielleicht deswegen, weil auch bei den Klimaveränderungen die Reichen des Nordens wieder einmal eher zu den Gewinnern als zu den Verlierern zählen. Zur gleichen Zeit müssen sich manche frühen Repräsentanten des Umweltgewissens auch überholen lassen von den einstigen Gegnern: Technik und Industrie sind in der Lage, auf hohen Standards ressourcenschonend zu produzieren (tun es auch vielfach), wären sogar in der Lage, die Energieeffizienzrevolution und den „Faktor vier" bei der Ressourceneffizienzsteigerung umzusetzen.[8] Realisierbar scheint sogar der Traum, daß ökologische Vorreiter-Technologien in den entwickelten Industriestaaten vor allem Europas so gestaltet werden, daß selbst bei einer weltweiten Übertragung der Lebensweise der Industriegesellschaften die Lebenssphäre erhalten werden könnte.

Die Studie „Zukunftsfähiges Deutschland"[9] hat gegen die entmutigende Beschreibung der großen Probleme ein pragmatisches Programm der Machbarkeit gesetzt und mit einem technikgestützten normativen Konzept zwar politisch schwer durchsetzbare, aber prinzipiell gangbare Wege gewiesen. Sie sind freilich mit der sozialkulturellen Lebenswelt kaum vermittelt. Weder beschäftigen sie sich mit der Theorie der Entwicklung der Bedürfnisse noch fragen sie viel nach der symbolischen Bedeutung von Konsumgütern. Strategien der Selbstbegrenzung haben schlechte Karten, wenn Prestige und Selbstwertgefühl an ressourcenaufwendigen Konsum gekoppelt sind. Auch von dieser Seite her gibt es also keine tragfähige Brücke. Gibt es eine Chance zum Bau von Brücken von der anderen Seite? Müßten nicht, gerade auch angesichts des 1999 im

---

7   Michael Miersch, Dirk Maxeiner: Wo bleibt die Party? In: Frankfurter Rundschau v. 14. Mai 1996, S. 6; Michael Miersch, Dirk Maxeiner: Öko-Optimismus. Düsseldorf 1996; dies.: Im Dickicht der Städte. In: Die Zeit v. 26. April 1996, S. 33; vgl. Wolfgang Sachs: Frohmuts-Phrasen. In: Frankfurter Rundschau v. 21.5.1996.
8   Vgl. die in Anm. 6 genannte Studie.
9   (wie Anm.6)

4. Natur/Kultur

Wie mir scheint, ist bereits die Suche nach dem *Natürlichen* in der *Kultur* eine begriffliche Einengung, mit der unzulässigerweise schon im Vorgriff ein Gegensatz bzw. die Trennbarkeit beider unterstellt wird. Wer sagt, die Kultur sei der Menschen „zweite Natur", der tut so, als gäbe es eine davon unabhängige, selbständige „erste" Natur. Eine andere Sichtweise (die mir weiterführender zu sein scheint) wäre es, die Kultur als *die Natur* der Menschen zu verstehen. Kulturfähigkeit, ja die Notwendigkeit zur kulturellen Organisation ist die Eigenschaft, mit der die Menschen sich von anderen Angehörigen der Lebenswelt unterscheiden. Gleichwohl stehen sie mit ihr voll in der Natur: Kultur muß nicht begriffen werden als der Gegensatz von Natur (oder das, was die Menschen dem „Naturzustand" hinzugefügt haben), sondern sie *ist* (ihre) Natur. Die Menschen zeichnen sich dadurch aus, daß (in höherem Maße als bei allen anderen Lebewesen) ihre Handlungen kontingent und daher von kulturbestimmten Auswahlprinzipien geleitet sind; Kultur ist jedem individuellen Lebensvollzug vorgegeben.[10] Menschen können nicht dauerhaft leben und sich in sozialer Gemeinschaft fortpflanzen ohne eine je spezifische Kultur. Die Instinktoffenheit der Spezies wird kompensiert durch die Bestimmungs- und Wahlmöglichkeiten, über die sie verfügt und mit denen sie in unterschiedlichsten Milieus eine flexible und leistungsfähige Kultur als Struktur und Garant der Vergesellschaftung entwickeln. Alle Überlegungen zu den Einschränkungen der Willensfreiheit können dies nicht voll relativieren. Die Menschen verfügen zwar nicht über eine vollständige, sondern nur eine relative Unabhängigkeit von ihrer materiellen Lebenswelt, haben aber außerordentlich große Gestaltungsmöglichkeiten und können viele Nischen dieser Lebenswelt erfolgreich besetzen.

So zu argumentieren bedeutet, die Gestaltung der Lebenswelt und Biosphäre als Teil der Lebenstätigkeit der Menschen aufzufassen: eigenaktiv, vielleicht eigenverantwortlich, auf jeden Fall aber eng gekoppelt mit der Biosphäre. Finden wir hier ein tragendes Element für eine Brücke? Es ist jedenfalls ein Zugang, der mehr verspricht als eine binäre Natur-Kultur-Optik, wie sie z. B. im Strukturalismus verwendet wird.

Das Natürliche in der Kultur z. B. in dem unhintergehbaren Eingreifen der biologisch-physiologischen Disposition in das Kulturgeschehen zu suchen[11], unterstellt die Existenz einer erkennbaren und isolierbaren, *außerhalb* seiner selbst existierenden menschlichen Natur, ebenso wie das Reden von der Biologie der Kultur dies tut (bei der das Wirken von Selektionsmechanismen für menschliche Gesellschaften unterstellt wird, die den in der Biologie gesehenen ähnlich sind).

Anstelle der Kultur die *Biologie der Kultur* (des Konstruktcharakters der biologischen Gestalt) zu diskutieren, wäre immerhin einmal ein anderer Ansatz. Dann stünde nicht mehr die kulturelle Prägung der Fortpflanzungsgenetik,[12] sondern die determinie-

---

10 Vgl. Klaus-Jürgen Bruder: Psychologie und Kultur. In: Klaus P. Hansen (Hg.): Kulturbegriff und Methode. Der stille Paradigmenwechsel in den Geisteswissenschaften. Eine Passauer Ringvorlesung. Tübingen 1993, S. 149-169, hier 159.
11 dgv informationen 108:2/1999, S. 14 (Andreas Hartmann); vgl. den Beitrag im vorliegenden Band.
12 dgv informationen 108:2/1999, S. 14/15 (Stefan Beck); vgl. den Beitrag im vorliegenden Band.

rende Kraft der Gene als „interpretative framework"[13] im Zentrum. Damit verbunden wäre dann allerdings die Gefahr, daß neue determinierende biologische Zwänge postuliert würden. Die kulturelle Prägung des Fortpflanzungsverhaltens samt ihrer genetischen Auswirkungen würde dann bezweifelt, und schnell wäre dann auch objektivierend die Rede von einem „Weltbild", das „wider alle naturwissenschaftliche Erfahrung"[14] steht, obwohl diese selbst – freilich in gewisser Weise und nie total – Teil einer konstruierten Weltauffassung ist.

Ein naturwissenschaftlich-biologischer Objektivismus hebelt zwar das konstruktivistische Denken aus, das sich nicht viel um die materielle Lebenswelt kümmert. Er setzt aber statt seiner einen neuen biologischen Determinismus, der entweder in herkömmlicher Weise die Menschheit einem baldigen Untergang ausgesetzt sieht, oder aber – vermutlich noch folgenreicher – einen Machbarkeitswahn pflegt. Bei ihm wird nicht mehr genügend nachgedacht über die auch dann immer noch vorhandene kulturelle Dimension z. B. der Frage, wer denn über die Ziele der Züchtung entscheidet. Zwangsläufig würden bald unterschiedliche Züchtungsziele miteinander rivalisieren, z. B. eine sanfte Version mit einer High-Tech-Version von Herrschern und Kriegern. Und damit wäre der frühere Zustand rivalisierender Optionen wieder hergestellt: Eine Sackgasse also.

Jüngstes Beispiel für eine solche Vorstellung ist Peter Sloterdijks biologistische Regression, die er unter dem Einfluß einer wohl kaum richtig verstandenen Evolutionsbiologie auch noch als historische Anthropologie anbieten will. Er sagt: „Wir sollten fragen: Wie war es möglich, daß aus einem Wesen, das seiner Biogrammatik nach ein Kleingruppentier, ein Steppen- und Hordenwesen ist, ein politisches und städtisches Tier wurde, ein Globalisierer, ein Hüter des nuklearen Feuers und ein Genetiker?"[15] Ich nenne dies eine Regression, weil es eine Haltung ist, die im Menschen nicht mehr ein Wesen sieht, das aufgrund seiner Natur (die sicher ohne entsprechende Genetik nicht denkbar ist) Konstrukt seiner selbst, seiner Kultur und in seiner von einer speziellen Kultur geprägten Lebensweise (ohne Überheblichkeit) „Schöpfer seiner selbst" wird, wie z. B. in Thomas Metschers marxistisch beeinflußter Kulturphilosophie. Statt dessen wird er biologisch festgelegt, und daher muß konsequent die genetische statt der kulturellen Anpassung favorisiert werden – mit, vermute ich, unvorhersehbaren Folgen und unvermeidlichen Kontroversen über das Ziel.[16] Weder die am Naturstoffwechsel desinteressierte Vorstellung von Natur im konstruktivistischen Kulturverständnis, noch ihre biologistische Negation sind so geeignete Brücken zum Diskurs der politischen Ökologie, bei dem mindestens in Grenzen die Gestaltbarkeit der Welt vorausgesetzt wird.

---

13 dgv informationen 108:2/1999, S. 16 (Lynn Åkesson, Lund); vgl. den Beitrag im vorliegenden Band.
14 dgv informationen 108:2/1999, S. 58 (Harm-Peer Zimmermann); vgl. den Beitrag im vorliegenden Band.
15 „Wir müssen die Geschichte des Menschen anders erzählen". In: Der Tagesspiegel (Berlin) v. 19. Sept. 1999, S. 27.
16 Vgl. zur Kritik biologistischer Ansätze schon früher: Hubert Ch. Ehalt (Hg.): Zwischen Natur und Kultur. Wien, Köln, Graz 1985, mit zahlreichen Beiträgen aus kulturwissenschaftlicher Sicht.

5. Konstruktionen von Welt

Vielleicht wird es interessanter, wenn wir nicht die Opposition Mensch – Natur ins Zentrum stellen, sondern die ganze Lebenswelt ins Auge fassen. „Wie durch den Gebrauch der Sinne Wirklichkeit konstruiert wurde"[17], ist spätestens seit den Diskussionen um Ideologiekritik und Kommunikation bewußt. Daß unsere Sinnesorgane unserer Rezeption der Außenwelt Grenzen setzen und daß die Welt in unserem Kopf entsteht, das wissen wir – eigentlich seit der Antike –, dennoch muß es in seiner Relation und Bedeutung für die Lebenspraxis – glücklicherweise – immer wieder neu diskutiert werden: Dadurch werden Grundsatzfragen offen gehalten, so daß nicht endgültige Antworten Kontingenz und damit Spielräume beseitigen. Einflußreich sind heute jene Varianten, in denen ein entgrenzender Totalitätsanspruch erhoben wird,[18] mit dem jedes Phänomen „vorstellungsvermittelt" erscheint. Wenn die Vorstellungen Tatsachen schaffen und selbst welche sind, endet aller historischer Positivismus, der die Geschehnisse „wie sie waren" beschreiben will.[19]

Common sense ist es in den Kulturwissenschaften, von der kulturellen Konstruktion von Natur zu sprechen.[20] Die verschiedensten Landschaftsdiskurse (sogar protestantische und katholische) können unterschieden werden,[21] und jeder definiert Natur neu und anders. Als Projektionsfläche für die verschiedensten Haltungen wird die Natur verwendet: Die Alpen z.B., Bernhard Tschofen weist darauf hin, sind eine solche Projektionsfläche für den Heroismus im Alpinismus (so wie für die anderen Varianten des Alpenerlebnisses), sie dienen den Ökologen und Vertretern des Sanften Tourismus als intellektueller Experimentierraum (eben weil sie vielen auch Lebensraum sind – auch solcher in neuen Mischungen von Lokalität und Modernität).[22]

„Unberührte Natur" ist ein Begriff der Ästhetik, keiner der Empirie.[23] Das Reden von der „unberührten Natur" evoziert einen Naturbegriff, den Jörg H. Gleiter zurückführt auf einen „Begriff der Ästhetik, wie er von Edmund Burke als Gegenprogramm zur moralisierenden Ästhetik der Aufklärung (Schiller, Kant) formuliert wurde". Er bezieht sich nicht auf eine idealistische, erzieherische Ästhetik, sondern auf eine rein materiell ausgerichtete Rhetorik der Affekte. „Schön ist demnach nicht, was sich im erzieherischen Impetus über uns erhebt und dem wir nacheifern sollen, sondern was sich uns unterordnet; was also als klein, glatt und angenehm empfunden wird. Sinnlichkeit dient nicht mehr der Erkenntnis, sondern einer gefühlsmäßigen Selbstversicherung. Auf anthropologischer Basis entwickelt Burke eine Ästhetik des Erhabenen, das in seiner bedrohlichen Geste bei Burke nur ein Reiz der Sinne ist, der im selbstversichernden Wohlgefallen sich auflöst. Das Erhabene in Form eines Gewitters aus der Sicherheit des Hauses heraus miterlebt erzeugt ein Wohlgefühl, das umso intensiver erfahren wird, je größer der nachlassende Schrecken des Donners ist."[24]

---

17 dgv informationen 108:2/1999, S. 57 (Gudrun Schwibbe); vgl. den Beitrag im vorliegenden Band.
18 Raulff in Hansen (wie Anm. 10), S. 133.
19 Ebda. S. 137, S. 141.
20 Z. B. dgv informationen 108:2/1999, S. 39 (Reinhard Johler); vgl. den Beitrag im vorliegenden Band.
21 dgv informationen 108:2/1999, S. 42 (Ulrich Kockel); vgl. den Beitrag im vorliegenden Band.
22 Bernhard Tschofen: Berg – Kultur – Moderne. Volkskundliches aus den Alpen. Wien 1999; vgl. auch den Beitrag im vorliegenden Band.
23 Jörg H. Gleiter: Exotisierung des Trivialen. In: Voyage. Jahrbuch für Reise- und Tourismusforschung 3/1999, S. 48-66.
24 Ebda. S. 63.

Die Erhabenheit zielt als Genuß-Ästhetik auf die *reine* Anschauung und nicht auf die *praktische*. Sie erinnert damit an den Blick des privilegierten Müßiggängers, der, wie der Flaneur auf den Markt bei Benjamin, Wetter und Jahreszeiten nur noch aus dem Blickwinkel seiner Vergnügungen betrachten kann[25]- ein Verengung der Sicht auf die Dinge wie diejenige, bei welcher der Strom einfach aus der Steckdose kommt. Ein Natur-Diskurs, der nur die kulturelle Definition von Kultur benennt, braucht keine Brücke zum Naturstoffwechsel – er wird auch die apokalyptische Sichtweise noch auf der abschüssigsten Bahn als eine von vielen Möglichkeiten der Interpretation von Welt erklären (und für den Protestanten Hermann Lübbe z. B. ist die Apokalypse ohnehin nicht mehr als die vom Schöpfer der Welt vorgesehene Endzeit-Katastrophe). Da ist mir der Bezug auf Lebenswelt (dem zeitgenössischen Rechtschreibwörterbuch meines Computers ist dieser Begriff noch fremd, er schlägt mir Lebewelt vor), auch in der entwicklungskritischen Literatur immer wieder verwendet, schon interessanter.

6. Grenzen des Konstruktivismus

Der Konstruktivismus betont, das, was wir für Wirklichkeit halten, seien nur „Bilder von uns selbst und der Welt, die wir durch Sprache erschaffen, in Beziehungen zu anderen herstellen und im alltäglichen und wissenschaftlichen Wissen erzeugen"[26]. Wenn und so lange Politik, ja gesellschaftliches Handeln überhaupt als ein Prozeß betrachtet wird, in dem (historische) Erfahrungen verarbeitet werden, wird unser Alltagshandeln Realität anders definieren als der Konstruktivismus, auch wenn man nicht in positivistischer Pragmatik verharrt. Wenn konstruktivistisches Denken sich solchen Provokationen des Alltagslebens nicht stellt, dann verliert es seine Glaubwürdigkeit. Sobald es sich aber damit auseinandersetzt, muß es, so ist zu vermuten, sich relativieren und wird wieder anschlußfähig an andere Denktraditionen.[27]

„Diese Konstrukte sind keine wahren Abbilder einer Realität, die unabhängig von uns existiert". Das wird auch der naivste Positivist oder Realist nicht behaupten. Umgekehrt gibt allerdings auch der Konstruktivist Siegfried J. Schmidt zu, „wir seien nicht frei, völlig beliebig und willkürlich Weltbilder zu erzeugen. Die sozialen Konstrukte müßten sich im menschlichen Miteinander bewähren."[28] Ein Baustein für eine Brücke?

In meiner ersten semiotischen Wende, der des semiotischen, sensibilisierten Marxismus der 60er und 70er Jahre, war immer klar, daß die Welt als eine Konstruktion von Bewußtsein und Denken, damit auch von Sprache, zu sehen ist, aber ebenso klar war auch, daß die verschiedenen Konstruktionen von Welt etwas mit Interessen und Erfahrung zu tun haben. Vielleicht etwas zu leichtfertig sprachen wir damals von der „unabhängig vom Bewußtsein existierenden Außenwelt", die wir auch in der kulturellen Welt mit gesetzesähnlicher Stringenz wirken sahen (eine freilich für die Gesundung von Personen mit psychotischem Wirklichkeitsverlust höchst hilfreiche Annahme). Das

---

25 dgv informationen 108:2/1999, S. 40 (Christoph Köck); vgl. auch den Beitrag im vorliegenden Band.
26 Neuhäuser, Gabriele: Wenn die Neuronen feuern. In: Frankfurter Rundschau v. 12. Mai 1998, bezogen auf ein Referat von Paul Watzlawick bei einer Heidelberger Tagung von Konstruktivisten.
27 Zum Konstruktivismus vgl. auch: Einführung in den Konstruktivismus. München [4]1998 und: Siegfried J. Schmidt (Hg.): Der Diskurs des Radikalen Konstruktivismus (=Suhrkamp Tb. Wiss., 636). Frankfurt/M. 1986.
28 Ebda.

machte eine zweite semiotische Wende nötig, die z. B. durch die Auseinandersetzung mit Marshall Sahlins charakterisiert ist.

Auch das lebensphilosophisch sensibilisierte marxistische Denken z. B. von Antonio Gramsci[29] arbeitet sich mit seiner „Alltagsphilosophie"[30] an den Fragen des Bewußtseins als Teil von Welt ab, indem es die eigene Philosophie selbstreflexiv (und nicht wie bei anderen Marxisten affirmativ-teleologisch) in soziale und historische Zusammenhänge stellte. Dieses Denken hob in der Ideologiekritik die soziale Verhaftetheit des Denkens immer wieder hervor und ging dabei radikaler und vor allem politischer vor als die Wissenssoziologie von Karl Mannheim und anderen. Ihr verdankt es gleichwohl viel, und sie ist, wie mir scheint, dem dekonstruktivistischen Agnostizismus immer noch haushoch überlegen.

Auch Ernst Cassirer[31] hebt gegen die spontaneistische Lebensweltheorie die Notwendigkeit der symbolischen Vermittlung hervor. Bei ihm behält die sinnliche Welt ihre Eigenwürde,[32] auch sein *animal symbolicum* ist eines der Praxis. Die Anerkennung eines „harten Muß der bloßen Sachen"[33] schafft so vielleicht sogar im Denken von Cassirer Brücken zur Analyse des Naturstoffwechsels (von dem dabei nicht bezweifelt zu werden braucht, daß er kulturgeprägt ist). Das Tun der Menschen hat einen Zusammenhang mit der Arbeit für die Gestaltung *zur* Welt[34] – mit Zeichen, die unverzichtbar sind, die aber auch einengen und begrenzen.

7. Konstruktionen und Konstrukteure: Wer ist das Subjekt im Mensch-Naturverhältnis?

Selbstreferentielle autopoietische Systeme wurden zur gleichen Zeit wichtiger, als in der „einen Welt" in den 70ern und 80ern Natur- und Gesellschaftswissenschaften „globale Probleme" entdeckten: Während die einen die Vorstellung vom Konstruktcharakter der Welt kultivierten, erschraken die anderen vor den materiellen Folgen menschlichen Handelns. Alle konstruktivistische Relativierung kann nicht davon absehen, daß menschliche Praxis ein Prozeß mit materiellen Komponenten und Folgen ist. Auch symbolgeleitetes Handeln hat materielle Konsequenzen – seien es die unsichtbaren Strahlenblitze havarierender Nuklearanlagen oder die virtuellen Transaktionen globaler Finanzmärkte.

Wichtiger noch ist zunächst ein anderer Aspekt: Konstrukte bedürfen immer der Konstrukteure. Deren Handeln kann interpretiert werden als systemischen Zwängen geschuldet, dann gibt es keine Kontingenz und keine Spielräume, mithin auch keine Wahlmöglichkeiten. Wieder gibt es dann keine Brücken zum Diskurs der politischen Ökologie, die solche Wahl- und damit Handlungsmöglichkeiten voraussetzt. Es läßt sich aber auch, mit allen Zwischenstufen, unterstellen, daß Konstrukteure mit nachvollziehbaren Motiven und Interessen handeln. Auch dann zeitigt ihr Handeln nichtintendierte Nebenfolgen – z. B. bei der Art und Weise, wie die EU Landschaft kon-

---

29 Antonio Gramsci: Marxismus und Literatur. Ideologie, Alltag, Literatur. Hg. v. Sabine Kebir. Hamburg 1983.
30 Ebda. S. 72, 77, 87.
31 Habermas in Frede (wie Anm. 45), S. 85.
32 Enno Rudolph: Cassirers Rezeption des Renaissancehumanismus. In: Frede (wie Anm. 17), S. 105-121, S. 108.
33 Schwemmer. In: Frede (wie Anm. 35), S.16.
34 Ebda. S. 34.

struiert.³⁵ Dies zu wissen und die eigene subjektive Involviertheit in die Konstruktion von Welt zu berücksichtigen ist das Ende des „Sprechens im Allgemeinen", bei dem zu oft einfach von *uns, den Menschen*, dem *Wir-Subjekt* die Rede ist. Und die Einsicht, daß auch *ich* die Welt gestalte, ist der Anfang des Nachdenkens über die Chancen der Gestaltbarkeit, damit auch der Wissenschaft: Warum und wie wird konstruiert, welche Folgen hat es, und welche Alternativen gibt es?

Wenn bei jeder Konstruktion gefragt wird, wer denn der Konstrukeur und was sein Plan ist, dann erhebt sich auch die in manchen Referaten des Hallenser Kongresses 1999 gestellte Frage nach der Definitionsmacht.³⁶ Sie ist eine Machtfrage, und nicht mehr geht es nur um *den Menschen* oder um *uns*. Sozial, national, aber auch generationenspezifisch z.B. sind Differenzierungen zu treffen. Die Akteure können technokratische und politische Avantgarden sein, die in verschiedenen Mischungsverhältnissen miteinander und mit anderskulturellen Avantgarden (z. B. der ästhetischen Kultur) konkurrieren. Aus dieser Konkurrenz gewinnt Alltagsbewußtsein in verschiedenen Facetten seine Gestalt. *Wir* – das ist jeder von uns und das sind die anderen, und wir sind mittendrin, unvermeidlich folgenreich handelnd, in einem Aspekt vielleicht Avantgarde, im anderen Nachtrab, und umgekehrt, Folgen bedenkend oder sie vernachlässigend.

Unterschiedliche Zukunftsentwürfe, vorgetragen von unterschiedlichen technischen, ökonomischen und kulturellen Avantgarden, konkurrieren heute in einem atemberaubenden Wettbewerb um die Frage, wie wir leben wollen. Sie empfehlen uns abwechselnd High Tech-Welten, Virtuelle Welten, Elastizitäts-Welten, Harmonie-Welten. An solchen Entwürfen partizipiert auch das keineswegs einheitliche Alltagsbewußtsein.

Xyx

Die Wissenschaft sollte sich dabei nicht viel mehr zumuten als die Begleitung dieser Prozesse mit ihrem Handwerkszeug, auf die Motive und Folgen des Handelns hinweisend. Sie sollte sich nicht überfordern und definieren wollen, welche Ziele sich denn die Menschen in ihren jeweiligen Lebenswelten setzen soll – das kann nur im sozialkulturellen Prozeß unter Einschluß aller seiner Facetten entschieden werden. Sie sollte sich aber auch nicht unterfordern. Manches in den Kulturwissenschaften erscheint mir wie der Versuch von Personen, die ohne Kenntnis der verwendeten Werkzeuge und Konstruktionszeichnungen beschreiben wollen, was andere planvoll konstruiert haben. Sie betrachten Städte, Raumplanungen, Marketingstrategien, Konsumgüterentwicklung ohne die Kenntnis von Stadt- und Regionalplanung, von Sozialplanung, ohne das Wissen um Marketingstrategien und Marktforschung usf. Würden sie sich erst dieser Konstruktionsunterlagen vergewissern, so könnten sie mit ihrer sensiblen Wahrnehmung Facetten und nichtintendierte Nebenfolgen entdecken, die den Konstrukteuren entgangen sind und so die Allmachtsphantasien der Planer relativieren.

---

35 dgv informationen 108:2/1999, S. 39 (Reinhard Johler); vgl. auch den Beitrag im vorliegenden Band.
36 Z.B. dgv informationen 108:2/1999, S. 48 (Ludwig Fischer); vgl. auch die Beiträge von Ludwig Fischer und Brigitta Hauser-Schäublin im vorliegenden Band.

8. Zwischenbilanz

An dieser Stelle möchte ich kurz innehalten und rekapitulieren: Wenn es um Brücken zwischen den eigendynamischen kulturellen Symbolwelten und den Diskursen der politischen Ökologie geht, dann dürfen wir sie nicht von dem natur- und sozialwissenschaftlich geprägten Diskurs um Nachhaltigkeit selbst erwarten. Auch die kulturwissenschaftlichen Diskurse um kulturelle Vorstellungen und Konstruktionen von Natur helfen nicht viel weiter, weil die Analyse der kulturellen Konstruktionen von Natur die materiellen Folgen nicht berücksichtigt. Eine biologistische Regression hinwiederum führt entweder in einen unentrinnbaren Determinismus oder zu konkurrierenden Machbarkeitsvorstellungen: Genetische High-Tech statt kulturgeleiteter Selbstbegrenzung.

Nur in der Philosophie der Praxis sehen wir, daß Symbolwelten und Naturstoffwechsel vermittelt über uns alle als Konstrukteure auch materiell zusammenhängen. Sie tun dies auf der Ebene der handlungsleitenden Bilder von Welt, die mit den sozialregulativen Ideen vom guten und richtigen Leben zusammenhängen und in welche auch die Erfahrungen der Lebenspraxis eingehen, so auch Grenz- und Begrenzungserfahrungen und damit solche Vorstellungen von notwendiger Selbstbegrenzung menschlichen Tuns, wie sie für die Strategien der politischen Ökologie und die Programmatik der *Sustainability* (Nachhaltigkeit) unentbehrlich sind.

9. Schluß

Damit lassen sich gleich zwei Brücken zwischen Kulturwissenschaft und der politischen Ökologie schlagen, eine historische und eine zukunftsgerichtete. Zunächst zur historischen: Integrale Bestandteile der historischen bzw. kulturspezifischen Vorstellungen vom guten und richtigen Leben sind *Symbolwelten des Genug*. Sozialregulative Ideen vom guten und richtigen Leben und handlungsleitende Bilder von Welt hängen zusammen. In der historischen Praxis ihrer Vergesellschaftung und in den dafür gefundenen Formeln zeigen Menschen immer wieder, daß sie prinzipiell in der Lage sind, Selbstbegrenzung zu üben, und diese steht auch nicht im Widerspruch zur Demokratie, ja prinzipiell nicht einmal in Widerspruch zur Marktwirtschaft, sobald Ökologie als Langzeitökonomie begriffen wird (und zugestanden wird, daß keine Gesellschaft ohne rudimentäre Regelungen auch des Marktes auskommt).

Die Frage, auf welche Weise die oft erstaunlichen und Bewunderung abverlangenden Elemente und Systeme von Stabilität in Gesellschaften Eingang gefunden haben, beantwortet sich nicht leicht (und mit verschiedenen theoretischen Ansätzen unterschiedlich). War es jener Zufall, der dann auch dafür verantwortlich ist, daß die Gegenwart dank des Überlebens dieser Gesellschaften überhaupt auch Kenntnis von ihnen erhalten hat, während viele andere untergegangen sind? Oder waren es Erfahrungen und praxisgeleitetes Handeln?

In der sogenannten „Volksüberlieferung" finden wir in vielen Gesellschaften die Selbstbegrenzung thematisiert in den Symbolwelten des Genug – nicht nur als herrschaftlich verordnete Zwangsbeschränkung, sondern auch als freiwillig gesetzte und akzeptierte Grenze. Ihnen kontrastiert und korrespondiert oft genug der Exzeß, die bewußte temporäre genußvolle Entgrenzung. Im Wechselspiel beider entsteht Lebensgenuß.

Mit einigen Beispielen kann angedeutet werden, wo genauer nachzuspüren wäre. Subsistenzgesellschaften verfügen über geringeres Devastationspotential als andere. „Untersuchungen bei indigenen Völkern haben gezeigt, daß sparsamer Umgang mit Ressourcen weniger in einer allgemeinen Umweltethik begründet ist als im Wissen um die Knappheit der Ressourcen. Die kulturelle Sicht von Müll muß sich wandeln, um zu einer 'zukunftsfähigen Entwicklung' zu kommen."[37]

Im Alltagsleben praktizieren die Menschen notwendigerweise Selbstbegrenzung – im Widerspruch zur anempfohlenen und vom Markt geförderten Entgrenzung der Bedürfnisse. In diesem Alltagsleben sind die Individuen immer wieder aufgefordert, sich Grenzen zu setzen, und wem dies nicht gelingt, der scheitert im Kaufrausch, im Spielrausch und anderen Formen der –holics wie Workaholic und Alkoholismus. Aus dem Wissen um ein solches Selbstbegrenzungspotential leitet sich das *kulturalistische Konzept der Zukunftsfähigkeit* ab. Es geht davon aus, daß mit der richtigen Kultur der Werte Nachhaltigkeit herstellbar sei. Gesagt wird: In der Gegenwart entscheidet über die ökologische Zukunftsfähigkeit nicht die Technik, die in den meisten Fällen die Voraussetzungen für nachhaltige Technologien geschaffen hat, sondern die Kultur, in der die Frage beantwortet wird, wie wir denn in Zukunft leben wollen. Eine wenig tragfähige Brücke in luftiger idealischer Höhe?

Gesellschaften *können* Zukunftsfähigkeit sichern, aber es ist kein Automatismus. *Daß* sie es können, das freilich ist wichtig zu betonen, denn das befreit aus dem Käfig der unentrinnbaren Zwänge und Automatismen: Weder die Biologie, noch die Geographie, die Wirtschaft, die Erbsünde oder irgendwelche anderen Strukturen verdammen die Menschen, wegen der unentrinnbaren Folgen ihres eigenen Tuns ihren Untergang als Gattung herbeizuführen. Sie sind ihrem Schicksal nicht hilflos ausgeliefert. Sie können auch anders, sie haben Spielräume. Aber weder Spielräume noch Lösungen für anstehende Probleme finden sich im Selbstlauf. Heute hemmungslos zu wirtschaften in der Hoffnung, die Zukunft werde es schon richten und damit zurechtkommen, das reicht nicht aus.

Die dominanten und hegemonialen Vorstellungen (von *Narrativen* spricht Ricardo Petrella) können als (ein letztes Mal sei das Stichwort zitiert) Konstruktionen vom *guten und richtigen Leben* über Nachhaltigkeit und Zukunftsfähigkeit entscheiden. Sie können sich wandeln. Die zeitgenössischen Faktoren und Agenturen des Wandels sind nicht Mythen und Predigtmärlein, sondern eher Moden, Marketingstrategien, soziale Bewegungen, Programme und von diesen Faktoren abgeleitetes Konsumverhalten und die Diskurse der kulturellen Öffentlichkeiten. In den entsprechenden Feldern spielen sich die Kämpfe um Definitionsmacht und Hegemonie ab. Da können auch die handlungsleitenden Bilder entstehen, mit denen eine selbstbegrenzungsfähige und zukunftsfähige Zivilgesellschaft zu enstehen möglich wäre.

---

37 Monika Bathow: Kulturspezifisches Verhalten beim Umgang mit Müll. In: Entwicklungsethnologie 6:1/1997, S. 49-63.

Bernhard Tschofen

Die Entstehung der Alpen
Zur Tektonik des ethnographischen Beitrags

„Bitte beachten, [a]m Sonntag finden die Vorträge und der Vorarlberg Brunch bei guter Witterung auf Bürstegg (alte Walsersiedlung oberhalb von Lech – leichte Wanderung) statt", ließ das Programm des Philosophicums Lech 1999 „Die Furie des Verschwindens. Über das Schicksal des Alten im Zeitalter des Neuen"[1] seine Teilnehmer wissen. Angesichts des deutschen Philosophenstreits um Peter Sloterdijks Elmauer „Menschenpark" – Bezüge dazu gab es genug im Rahmen dieses Kongresses – mag mein Blick auf diese Marginalie banal erscheinen. Mir geht es dabei nämlich nicht um den Inhalt der Auseinandersetzung, sondern um ein Randmotiv der Berichterstattung. War von Peter Sloterdijks Verteidigung gegen die Angriffe des sog. „Paparazzotums" der Philosophie die Rede, dann kam fast durchgängig etwas ins Spiel, was mit der Debatte rein gar nichts zu tun hat, aber der Berichterstattung eine deutlich verschärfende Note zu verleihen half: die alpine Natur.

Nicht in Lech – im „Hotel Gasthof Post" oder im „Fux Bar + Restaurant + Kultur" – habe der Angegriffene zum Gegenschlag ausgeholt, sondern „am Omeshorn"; und schließlich munkelte man (das heißt: mit dem Feuilleton) sogar, nicht das Wetter allein habe den Ausflug nach Bürstegg und den traditionellen Vortrag auf der Alpe vereitelt, sondern Sloterdijk selbst:

> „[…] um eine Parallele zu Nietzsche zu vermeiden. Er wollte nicht abermals, wie jüngst auf einer Fotomontage in der ‚Zeit', mit Nietzsche assoziiert werden und auf den Spuren Zarathustras als Philosoph auf dem Berg erscheinen – 6.000 Fuß über dem Menschenpark."[2]

Wie auch immer, es gibt nicht nur diese Assoziation, sondern auch die Vorstellung, daß sich – wie in Lech seit ein paar Jahren gepflogen – in freier Natur besonders gut philosophieren läßt. So hieß der Bürgermeister der Arlberggemeinde in seinem Grußwort die Teilnehmer „[i]nmitten unserer faszinierenden Berglandschaft" willkommen und betonte, den Ort selbst dem Tagungsthema entsprechend „im Spannungsfeld zwischen Alt und Neu" verortend:

> „Der Erfolg des Symposions, das in diesem Jahr bereits zum dritten Mal stattfindet, bestärkt uns in der Überzeugung, daß die Verbindung von landschaftlicher Schönheit und intellektuellem Diskurs ebenso anregend ist wie auch befruchtend als Ausdruck einer lebendigen und bewußt gelebten Kultur."[3]

Hier ist über eine Affinität zu reden, die wie die verhandelte Vorstellung zu einer Selbstverständlichkeit modernen Denkens geworden ist: Die Alpen und ihre Nähe zu

---

1 16.-19. September 1999, Lech am Arlberg.
2 Ralf Grötker: Ich habe ihm nicht die Hand gegeben. Am Omeshorn verteidigte sich Peter Sloterdijk gegen das Paparazzotum in der Philosophie. In: Berliner Zeitung, 21. Sept. 1999.
3 Ludwig Muxel: Herzlich willkommen in Lech am Arlberg! <http://www.philosophicum.com/Inhalt.html> (24 09 99).

Natur und Kultur, die Alpen und ihre Nähe zu unserer Disziplin und zu dem, was sich diese zum bevorzugten Gegenstand gemacht hat.

Ich habe diesen Ausführungen den Untertitel „Zur Tektonik des ethnographischen Beitrags" gegeben – nicht weil man die gegenwärtige Geläufigkeit des Begriffs angesichts der jüngsten verheerenden Erdbeben als Indiz für die beschleunigte Verwissenschaftlichung der Alltage ins Treffen führen könnte, sondern weil das Bild eines schichtweisen Aufbaus, das Modell aufeinanderdriftender Platten und schließlich die Vorstellung einer ethnographischen Gebirgsbildung oder Orogenese vielleicht hilfreich sein können für das Verständnis des Folgenden.

Die Alpen sind eine besondere Landschaft. Das hat uns die Geschichte unserer Disziplin gelehrt, die in ihnen Modell und Labor gesehen hat. Den volkskundlichen Museen in den Hauptstädten waren die Alpentäler ein unerschöpflicher Fundus für die ästhetische Konturierung sogenannter Volkskunst, und die Forschungen des Faches woben ein dichtes Netz alpiner Brauch-, Trachten- und anderer Kanonlandschaften. Die Vorstellung von der naturräumlichen Prägung alpinen Lebens traf sich mit der von der Volkskultur als einer außerhalb der Zivilisation stehenden und den Läufen der Natur gehorchenden Größe: So haben wir gelernt, die Alpen als gesteigerte Heimat und die einmal als ‚alpin' (ein junger Begriff) ausgemachte Kultur als gesteigerte Volkskultur zu sehen.

Nach dieser Vorstellung wirken die Alpen als Verstärker kultureller Besonderheiten, das gilt als Selbstverständlichkeit und scheint in der ‚Natur' der Sache zu liegen. Die Frage nach Herkunft und Wirkung dieses Bildes wird nicht ausreichend zu beantworten sein, solange sie eine Frage von Naturraum und Wissenschaft bleibt. Sie führt kaum weiter als zu den Befunden, die Richard Weiss – der am meisten mit einer ‚alpinen Volkskunde' verbundene Fachvertreter – bereits in den dreißiger Jahren machen konnte. In seiner Dissertation, von der es hieß „man spürt, dass sie an eigenes Erleben anknüpfen darf"[4], hatte er sich mit dem „Alpenerlebnis in der deutschen Literatur des 18. Jahrhunderts"[5] beschäftigt, und in einer die Studie ergänzenden Anthologie hatte er bereits mit dem Titel „Die Entdeckung der Alpen"[6] signalisiert, daß die Alpenbegeisterung eine Angelegenheit der bürgerlichen Moderne ist. Doch die Rede von der ‚Entdeckung' suggerierte, zumal wenn sie ins Kultürliche gewendet wurde, stets die Polarität moderner Entdecker auf der einen und eines entdeckt Authentischen auf der anderen Seite. Für das ethnographische Alpenbild hatte diese freilich nicht auf Weiss zurückgehende, sondern im kulturkritischen Gestus alpiner (wie anderer) Kulturbilder des 19. Jahrhunderts grundgelegte Sichtweise weitreichende Folgen; sie ließ die Absonderung einer alpinen Kultur jenseits des modernen Interesses an den Alpen zu. Immerhin hat Richard Weiss in seinem berühmten, der Volkskunde erst posthum als Vermächtnis zugänglich gemachten Aufsatz „Alpiner Mensch und alpines Leben in der Krise der Gegenwart" bereits vorsichtig auf die Gleichzeitigkeit der „aufmerksamen Beobachtung und der vaterländischen Hochschätzung des alpinen Menschen" mit dem „ästhetisch zweifelhaften Niederschlag der Alpenromantik" hingewiesen und die Zuge-

---

4 Karl Meuli: Richard Weiss †. 9. November 1907-29. Juli 1962. In: Schweizerisches Archiv für Volkskunde 58/1962, S. 185-199, hier S. 189; zur Erlebnisdimension von Volkskunde vgl. auch Richard Weiss: Volkskundliches Erforschen und Erleben des alpinen Kulturkreises. In: Schweizer Volkskunde 32/1942, S. 41-47.
5 Richard Weiss: Das Alpenerlebnis in der deutschen Literatur des 18. Jahrhunderts. Zürich, Leipzig 1933.
6 Richard Weiss: Die Entdeckung der Alpen. Eine Sammlung schweizerischer und deutscher Alpenliteratur bis zum Jahr 1800. Frauenfeld, Leipzig 1934.

hörigkeit von hier „Alpenverehrung" und der „geistige[n] Kernstücke schweizerischer Existenz" und da „Alphorn- Edelweiss- und Jodelromantik [...] zum gleichen Gefühlskomplex" angedeutet.[7]

Helge Gerndt nimmt noch 1997 in seinem Aufsatz „Die Alpen als Kulturraum" letztlich eine mühsam defolklorisierte Kultur ins Visier, um die Verantwortung der Kulturwissenschaft in Naturdingen postulieren zu können:

> „Wer heute genuine Alpin-Kultur erfassen will, muß zuerst die Kulissenwelt der Kulturindustrie durchdringen und das zum Abziehbild verformte alpine Leben aus dem Netz der Vermarktungsstrategien befreien."[8]

Dieser grundsätzliche Widerspruch scheint solange nicht konsequent auflösbar zu sein, solange ‚Alpin-Kultur' und ‚Kulturindustrie' nicht zusammengedacht werden. Vermißt man indes die Schnittmengen von Diskursen, die bislang meist getrennt oder als konkurrierende Entwürfe gesehen wurden, ergibt sich ein anderes Bild. Dann treten die Korrespondenzen zwischen naturlieber Freizeitnutzung als anerkannt moderner Alpensicht und den Alpen als Natur- und Lebensraum, wofür eine antiquarisch ethnographische Wissenschaft früh ihre Zuständigkeit angedeutet hatte, deutlicher zu Tage.

Recht gleichzeitig betraten die Alpen nämlich das Interessensfeld einer sich institutionalisierenden Volkskunde[9] einerseits und einer zur umfassenden Kulturpraxis entwickelten Bergsteigerei andererseits. Da trugen sie auch bereits das Etikett eines spezifischen Erfahrungsraumes, eines Raumes, in dem das Andere in Natur und Kultur quasi vor der Haustüre auf Entdeckung wartete. Blick und Interesse dafür begannen Bestandteil des Alltags zu werden, es zu finden gestaltete sich zur erlern- und vermittelbaren Kulturtechnik.[10] Das Deutungsparadigma des Alpinen wird in diesem Kontext konkret und populär.

Im Alpinismus (wo sonst?) erlebt auch der Begriff ‚alpin' seine erste Konjunktur, und zwar wenige Jahre, nachdem das Wort im „Deutschen Wörterbuch" der Brüder Grimm noch gar keiner Erwähnung würdig war. Dort fehlt 1854 – kein Jahrzehnt vor Gründung des *Alpine Club* in London und seiner wenig späteren deutschsprachigen Pendants – auch ein Eintrag als Verweis auf ‚die Alpen' heutigen Sprachgebrauchs. Diese klingen lediglich in einigen Komposita an und in der Übersetzung des Singulars ‚Alpe' mit *mons* und *pascuum montanum* sowie in ähnlich lautenden Ausführungen unter dem Eintrag ‚Albe'.[11]

Der organisierte Alpinismus bedient sich des Wortes ‚alpin' hingegen von Anfang an häufig und in zwei unterschiedlichen Bedeutungen: Es zielt einerseits auf das rein Naturräumliche, andererseits auf die kulturelle Praxis der Bergsteigerei und nähert sich

---

7   Richard Weiss: Alpiner Mensch und alpines Leben in der Krise der Gegenwart. In: Schweizerisches Archiv für Volkskunde 58/1962, S. 232-254, hier S. 235f.
8   Helge Gerndt: Die Alpen als Kulturraum. Über Aufgaben und Verantwortung der Kulturwissenschaften. In: Salzburger Volkskultur 21/1997, April, S. 7-22, hier S. 10.
9   Einen aktuellen Überblick über die volkskundliche Alpenforschung gibt Christine Burckhardt-Seebass: Erhebungen und Untiefen. Kleiner Abriss volkskundlicher Alpenforschung. In: Recherche alpine. Les sciences de la culture face à l'espace alpin. Hrsg. von der Académie suisse des sciences humaines et sociales / Schweizerische Akademie der Geistes- und Sozialwissenschaften. Berne/Bern 1999, S. 27-38.
10 David Kaltbrunner: Der Beobachter. Allgemeine Anleitung zu Beobachtungen über Land und Leute für Touristen, Exkursionisten und Forschungsreisende. Zürich 1882 [zuerst frz. 1879].
11 Jacob und Wilhelm Grimm: Deutsches Wörterbuch. Nachdruck der Erstausgabe Leipzig 1854 – Berlin 1954. 33 Bde. München 1971-1984, hier Bd. 1, Lemmata *Albe, Alpen*.

damit der Bedeutung von ‚alpinistisch'. Jedenfalls ist seit den sechziger Jahren von ‚alpinen Fahrten (Wanderungen)' und ‚alpinen Berichten', von ‚alpiner Literatur' und später auch von ‚alpinen Problemen' und ‚alpinen Fähigkeiten' die Rede. ‚Alpine Kränzchen' gibt es, ‚alpine Auskunftsstellen' werden eröffnet und ‚alpine Plaudereien' und ‚Sittenbilder' veröffentlicht, während Berichte von ‚alpinen Unglücksfällen' die Gazetten füllen und ‚Internationale alpine Congresse' abgehalten werden. Daß dann mit der Einführung und Weiterentwicklung des Skilaufs in den Alpen die neue Sportart die Beifügung ‚alpin' zur Unterscheidung vom nordischen Skisport erhalten sollte, ist also nur konsequent.[12]

Gleichzeitig aber gewinnt der Begriff an Kontur zur Kennzeichnung ethnographischer Verhältnisse und vor allem ihrer Objektivationen: 1892 veröffentlichte der Germanist und Nibelungenübersetzer Ludwig Freytag seine „Proben aus der Bibliographie des alpinen Volksthums". Was dort wohl kommentiert zusammengestellt ist, sind folkloristische Sammlungen im besten Sinne des Wortes[13]: also Kollektionen von Sagen und Märchen, von altem Wissen und alten Sprüchen sowie Genreprosa aus der Feder reisender Literaten und Feuilletonisten. Erklärtes Ziel Freytags war es nämlich, den interessierten Alpenreisenden und Bergsteigern, „die ausser ihren fünf Sinnen auch noch ein Gemüth haben", Handreichungen für das kulturelle Verstehen mit auf die Wanderschaft zu geben:

„Alles ist für den Reisenden geschehen und geschieht für ihn – nur in einer Beziehung nicht, und das ist die Kenntnis des gerade in den Alpen vielfach noch so eigenartigen und selbständigen Volksthums."[14]

Wo Schätze vermutet werden und es an den Kräften mangelt, sie zu heben, werden freilich auch Defizite beklagt. Doch könnte man umgekehrt ein Gutteil der sog. alpinen Literatur als ethnographische verstehen; der von der Reiseliteratur geschulte und, ihr folgend, in Reisepraxis geübte ‚kulturelle' Blick meint mithin nicht nur, was als ethnographische Besonderheit ins Auge springt und der Erwähnung würdig ist, sondern auch, was an zuvorderst ‚Natürlichem' kultureller Ordnung unterzogen wird. Denn der Alpenblick verwandelt Tallandschaften, Gesteine, Gletscher und Blumen – Namen, Dinge und Orte.

Aber auch ‚Funde und Erfindungen' aus dem später als ‚Volkskultur' firmierenden Feld selbst wurden mit Poesie – und die folgt hier wie anderswo einem autopoetischen Bedürfnis – angerührt. In seinem 1900 veröffentlichten offenen Brief „Über den

---

12 Georg Bilgeri: Der alpine Skilauf. München 1910 (div. Auflagen). Der Ski-Oberst Bilgeri verweist auf den Kontext der Alpintruppen – ein Begriff, der seit dem Ersten Weltkrieg synonym für Gebirgstruppen verwendet wurde.

13 Ein Überblick bei Eduard Richter: Die wissenschaftliche Erforschung der Ostalpen seit der Gründung des Oesterreichischen und des deutschen Alpenvereins. In: Zeitschrift des Oesterreichischen und des deutschen Alpenvereins (fortan abgek. zit. als ZsDÖAV) 25/1894, S. 1-94. Als Beispiele für Detailstudien vgl. Eduard Magner: Die Hausindustrie in den österreichischen Alpenländern. In: ZsDÖAV 22/1891, S. 195-217; Gustav Bancalari: Die Hausforschung und ihre bisherigen Ergebnisse in den Ostalpen. In: ZsDÖAAV 24/1893, S. 128–174; Josef Pommer: Über das älplerische Volkslied und wie man es findet. Plauderei. In: ZsDÖAV 27/1896, S. 89-131; Richard Strele: Wetterläuten und Wetterschießen. Eine culturgeschichtliche Studie. In: ZsDÖAV 19/1898, S. 123-142; Ludwig v. Hörmann: Vorarlberger Volkstrachten. In: ZsDÖAV 35/1904, S. 57-76.

14 L[udwig] Freytag: Proben aus der Bibliographie alpinen Volkstums. In: ZsDÖAV 23/1892, S. 408-426, hier S. 408.

wissenschaftlichen Betrieb der Volkskunde in den Alpen" formulierte der Grazer Germanist Anton E. Schönbach, wie man sich die Anwendung volkskundlichen Wissens vorzustellen hat: „Was uns in manchen Lebensgewohnheiten kindisch und läppisch däuchte, erhielt durch Grimm's Zauberstab ehrwürdig tiefen Sinn [...]."[15] Die Wendung zielt auf die Vehemenz, mit der volkskundliches Sehen[16] die Alpen in einem anderen Licht erscheinen ließ. Schönbach – sein Name steht hier beispielhaft – sah den Bedarf, die Alpen neu zu erzählen, und er forderte dazu eine Fundierung des wissenschaftlichen Betriebs in den Alpen selbst:

„Junge Leute, dem Lande durch Geburt und Sprache zugehörig" sollten dort ausgebildet werden, sie sollen „wissen, was sie zu suchen haben und was schon gefunden worden ist."[17]

Vielleicht nicht ganz zufällig geschieht dieser Ruf nach alpiner Volkskunde im „Jahrhundertwendeheft" der definitionsmächtigen „Zeitschrift des Deutschen und Österreichischen Alpenvereins", in dem auch selbstbewußt und ausführlich „Der Alpinismus als Element der Culturgeschichte" behandelt und auf seiner „Stelle in der Culturgeschichte des XIX. Jahrhunderts" insistiert wird.[18] Die kulturelle Vermessung der Alpen war von Anfang an Gegenstand der Reflexion und reflexiv betriebener Historisierung.

„Dem Lande durch Geburt und Sprache zugehörig", hatte die auf Schönbach folgende Generation – in der Tektonik des ethnographischen Beitrags die nächste Schicht bildend – die Alpen bereits als angestammtes Gebiet von volkskundlichem Rang vermittelt bekommen. Dies gelangt zu fast sprichwörtlicher Deutlichkeit in einem Text des in Innsbruck lehrenden Adolf Helbok[19], der in Reaktion und Replik auf den viel beachteten Versuch einer „alpenländischen Gesellschaft" des ihm ideologisch eng verwandten Soziologen Adolf Günther die Interessen und Kompetenzen des Faches zu postulieren versucht hatte:

„Der Alpenraum gilt als das Dorado der Volkskunde. [...] Gesehen vom Standpunkte der historisch denkenden Volkskunde ist der Alpenraum eine der bedeutendsten europäischen und die ausgesprochenste deutsche Reliktlandschaft, die stärkste Bewahrerin alter Formen."[20]

---

15 Anton E. Schönbach: Über den wissenschaftlichen Betrieb der Volkskunde in den Alpen. Offener Brief an Herrn Professor Dr. Eduard Richter in Graz. In: ZsDÖAV 31/1900, S. 15-24, hier S. 16. Der vielseitige Grazer Germanist (1848-1911) verkörpert idealtypisch den alpenbegeisterten Sommerfrischeethnographen; er verbrachte 25 Sommer in Schruns im Umfeld des Historikers Hermann Sander und starb hier auch.
16 Konrad Köstlin: Das ethnographische Paradigma und die Jahrhundertwenden. In: Ethnologia Europaea 24/1994, S. 5-20.
17 Schönbach (wie Anm. 15), S. 23.
18 Emil Hogenauer: Der Alpinismus als Element der Culturgeschichte. In: ZsDÖAV 31/1900, S. 80-96, hier S. 80.
19 Zu Helbok (1883-1968) vgl. vor allem die Beiträge von Reinhold Johler in: Wolfgang Jacobeit, Hannjost Lixfeld, Olaf Bockhorn (Hg.): Völkische Wissenschaft. Gestalten und Tendenzen der deutschen und österreichischen Volkskunde in der ersten Hälfte des 20. Jahrhunderts. Wien, Köln, Weimar 1994, S. 449-462 u. 541-548.
20 Helbok, Adolf: Zur Soziologie und Volkskunde des Alpenraumes. In: Zeitschrift für Volkskunde NF III:41/1931, S. 101-112, hier S. 102; vgl. Adolf Günther: Die Alpenländische Gesellschaft als sozialer und politischer, wirtschaftlicher und kultureller Lebenskreis. Jena 1930.

Bernhard Tschofen

Die Alpen als „Dorado der Volkskunde", das setzt eine vormodern orientierte Volkskunde voraus, deren Zuständigkeit in den engen Grenzen einer als traditionell und bäuerlich ausgemachten Kultur gesehen wird, deren Ableitungen aber – mit prospektivem Sinn unterlegt – zum Remedium werden. Wenn eine ihrer zentralen Impulse die Frage ist, „wie stark der Alpenboden auf die Gestaltung des Volkslebens einwirkt"[21], dann ist damit quasi schon die Richtung vorgegeben. Kulturelle „Abwehrkraft" wird behauptet und aus den natürlichen Bedingungen heraus erklärt:

> „Ich möchte sagen, je weiter wir in das bäuerliche Leben der Alpen hinaufsteigen (buchstäblich!), um so mehr gelangen wir in die Region reiner, sich gleich bleibender, vom Wechsel der Jahrtausende dünn berührter Lebensform."[22]

Helbok steht damit nicht allein; auch Hermann Wopfner, sein Kontrahent im Ringen um die Volkskunde an der „deutschen Alpenuniversität" Innsbruck, baut sein monumentales „Bergbauernbuch" auf die Rechnung „Bauer und Berg"[23] ist „urwüchsige Kultur"[24]. Und Karl Ilg, nach dem Krieg seinerseits auf dem umkämpften Lehrstuhl, hat mit seiner derselben Gleichung folgenden Habilitationsschrift über „Die Walser in Vorarlberg"[25] Richard Weiss zu der Äußerung verleitet, daß trotz des Mangels an „eigenartig Walserischem" diese „im besten und eigentlichsten Sinne dilettantische Volkskunde" allein schon durch die Liebe zur Bergbevölkerung an Wert gewinnt.[26]

Die Vorstellung vom Labor Alpen hat freilich auch mit konträren Beweggründen verbunden sein können. So bei Lucie Varga, der 1934 aus Wien emigrierten Historikerin aus dem Umkreis der „Annales", Assistentin und Vertraute Lucien Febvres, der eine Studie von unvergleichlicher ethnographischer Dichte aus dem Montafon zu verdanken ist.[27] Sie wollte etwas über Mentalitäten im „österreichischen Dorf" nach der nationalsozialistischen Revolution in Deutschland erfahren und schlug vor, „eine Zeitlang mit den Methoden der Ethnologen [zu] beobachten", um „etwas über die Beziehungen zwischen Wirtschaft, Gesellschaft und Ideen [zu] erfahren"[28]; und sie studierte das gleichsam im Zeitraffer sich modernisierende Tal, um Erklärungsansätze für die

---

21 Helbok (wie Anm. 20), S. 112.
22 Helbok (wie Anm. 20), S. 108f.
23 Vgl. das mit „Bauer und Berg" überschriebene Kapitel des IV. Hauptstücks „Volkstum und Kultur" bei Hermann Wopfner: Bergbauernbuch. Von Arbeit und Leben des Tiroler Bergbauern Bd. 2: Bäuerliche Kultur und Gemeinwesen IV.–VI. Hauptstück. Aus dem Nachlaß hg. und bearbeitet von Nikolaus Grass (=Schlern-Schriften, 297 / Tiroler Wirtschaftsstudien, 48). Innsbruck 1995, S. 8–26.
24 Vgl. ebd. den II. Teil „Von der eigenwüchsigen Kultur des Tiroler Bauernstandes", vor allem S. 48–66.
25 Karl Ilg: Die Walser in Vorarlberg 2. Teil: Ihr Wesen; Sitte und Brauch als Kräfte der Erhaltung ihrer Gemeinschaft (=Schriften zur Vorarlberger Landeskunde, 6). Dornbirn 1956.
26 Richard Weiss: Rezension von Ilg (wie Anm. 25). In: Schweizerisches Archiv für Volkskunde 52/1956, S. 236.
27 Biographisches bei Peter Schöttler (Hg.): Lucie Varga. Zeitenwende. Mentalitätshistorische Studien 1936-1939. Frankfurt/M. 1991, S. 13-110; vgl. auch Bernhard Purin: Das Früher und das Jetzt. Lucie Vargas Feldforschung im Montafon 1935 und die „nouvelle histoire". In: Bludenzer Geschichtsblätter 13/1992, S. 3-14. Auf die wichtige Rolle von Frauen in der frühen humanwissenschaftlichen Alpenforschung, ihre spezifischen Blicke und Affinitäten hat Christine Burckhardt-Seebass in der Diskussion des Vortrages hingewiesen – eine Fährte, die noch intensiver zu verfolgen wäre. Dazu knapp auch Burckhardt-Seebass (wie Anm. 9), S. 27.
28 Lucie Varga: Dans une vallée du Vorarlberg: d'avant-hier à aujourd'hui. In: Annales d'histoire économique et sociale 8/1936, S. 1-20, dt. Übers. Ein Tal in Vorarlberg – Zwischen Vorgestern und Heute. In: Schöttler (wie Anm. 27), S. 146-169, hier zit. nach der dt. Übers. S. 146.

zeitgeschichtlichen Konstellationen und Konflikte zu finden. Immerhin: Auch hier sind die Alpen Modell, und das sind sie auch bei den *Anthropologists in the Alps*, den ‚Amerikanern in den Alpen', einem inzwischen gut dokumentierten Kapitel kulturanthropologischen Wissens und Interesses.[29] Die Frage, ob die untersuchten Täler und Gemeinden in solcher Perspektive nicht als idealtypisch konstruierte „anthropologische Orte" (um die grundlegende Fachkritik Marc Augés zu übernehmen) anderswo verloren geglaubte Ordnungen in der *alpine society* finden lassen sollten, kann hier zumindest in den Raum gestellt werden.[30] Auch Arnold Niederer (noch ein Alpenwanderer), dem wir hauptsächliche Einsichten in dieses Kapitel verdanken, hat solches eingeräumt und in späteren Texten selbst die Motive und Sehnsüchte dargelegt, die ihn in die Berge und zu den „Untersuchungen zur Gemeinschaftsarbeit in den hochalpinen Regionen der Schweiz"[31] geführt hatten. Zurecht ist darauf hingewiesen worden, wie sich das alpine „Gemeinwerk"[32] – ungeredet der Anleihen Niederers beim russischen Anarchismus[33] – in die schweizerischen Identitätskonstruktionen der Nachkriegszeit fügte.[34] Die Alpen waren ein guter Fundus für die *imagined communities* dieses Jahrhunderts, das österreichische Beispiel haben wir vor einigen Jahren in Wien dokumentiert und in einer Ausstellung präsentiert.[35]

Will man an dieser Stelle eine Bilanz versuchen, so läßt sich aus den Verwerfungen, die das Zusammentreffen von Alpenliebe und ethnographischem Sehen hinterlassen hat, auf eine nur vordergründig als Paradox erscheinende Tendenz schließen: Die durchgängige Anwendung der Vorstellung von der naturräumlichen Prägung alpiner Kultur hat diese weniger nachhaltig naturalisiert, als sie die Alpen kulturalisiert hat. Das liegt

---

29 Allgemein dazu John W. Cole: Gemeindestudien der Cultural Anthropology in Europa. In: Günter Wiegelmann (Hg.): Gemeinde im Wandel. Volkskundliche Gemeindestudien in Europa (=Beiträge zur Volkskultur in Nordwestdeutschland, 13). Münster 1979, S. 15-31; mit alpenländischer Perspektive vor allem Ueli Gyr: Land- und Stadtgemeinden als Lebensräume. Zum Problemstand schweizerischer Ortsmonographien. In: Paul Hugger (Hg.): Handbuch der schweizerischen Volkskultur. Leben zwischen Tradition und Moderne. Ein Panorama des schweizerischen Alltags. 3 Bde. Basel, Zürich, Lausanne, Bellinzona. 1992. Bd. 2, S. 687-706; Norbert Ortmayr: Amerikaner in den Alpen. Historisch-kulturanthropologische Studien über die alpenländische Gesellschaft. In: Karl Kaser, Karl Stocker (Hg.): Clios Rache. Neue Aspekte strukturgeschichtlicher und theoriegeleiteter Geschichtsforschung in Österreich (=Böhlaus zeitgeschichtliche Bibliothek, 22). Wien, Köln, Weimar 1992, S. 131-150. Vgl. zur kulturellen Verortung von Phänomenen und Feld auch das Nachwort von Reinhard Johler in: John W. Cole u. Eric R. Wolf: Die unsichtbare Grenze. Ethnizität und Ökologie in einem Alpental. Mit einem aktualisierten Vorwort der Autoren und einem Nachwort von Reinhard Johler. Wien, Bozen 1995, S. 419-433.
30 Marc Augé: Orte und Nicht-Orte. Vorüberlegungen zu einer Ethnologie der Einsamkeit. Frankfurt/M. 1994, hier vor allem S. 53-89.
31 Arnold Niederer: Aktuelle soziokulturelle und wirtschaftspolitische Prozesse im schweizerischen Alpenraum. In: Ders.: Alpine Alltagskultur zwischen Beharrung und Wandel. Ausgewählte Arbeiten aus den Jahren 1956 bis 1991. Hg. v. Klaus Anderegg und Werner Bätzing. Bern, Stuttgart, Wien 1993, S. 364-376, hier S. 365.
32 Arnold Niederer: Gemeinwerk im Wallis. Bäuerliche Gemeinschaftsarbeit in Vergangenheit und Gegenwart (=Schriften der Schweizerischen Gesellschaft für Volkskunde, 37). Basel 1956.
33 Niederer selbst (wie Anm. 31), S. 365 verweist auf Peter Kropotkin: Gegenseitige Hilfe in der Tier- und Menschenwelt. Leipzig 1923 [zuerst 1904; Neuausgabe Leipzig 1989].
34 Paul Hugger: Volkskunde in der Schweiz seit dem Zweiten Weltkrieg. Zwischen Provinzialismus und Weltoffenheit. In: Österreichische Zeitschrift für Volkskunde XLVIII: 97/1994, S. 97-112.
35 Reinhard Johler, Herbert Nikitsch, Bernhard Tschofen: Schönes Österreich. Heimatschutz zwischen Ästhetik und Ideologie (=Kataloge des Österreichischen Museums für Volkskunde, 65). Wien 1995.

an der langen Einübung in eine theoretische und praktische Zurichtung des Gebirges als Projektionsfläche von Kulturkritik und damit in eine Sichtweise, nach der es unter (oder: zeitlich vor) den kulturindustriell überformt geglaubten Schichten noch eine andere, ‚bessere' alpine Kultur geben müßte. Anders gesagt, die mehr oder weniger massenkulturell organisierten Praxen, die sich die Moderne für die Begegnung mit dem sog. Alpinen geschaffen hat (Alpinismus, Tourismus, Bergfilm, alpin-heimatliche Ästhetisierungen des Alltags), wirkten zugleich wie eine Schule der Kulturkritik. Denn ganz wie in den alpinistischen Diskursen um die Popularisierung alpinen Erlebens neuere Formen stets gegen die „echte Bergsteigerei" abgegrenzt wurden[36], schwingt in der Rede von alpiner Kultur immer das Bewußtsein des Nebeneinanders vermittelter und weniger vermittelter Formen mit. So erscheint auch der häufige Reflex der Folklorismusdebatte und all ihrer Fortführungen auf alpine Beispiele wie der wissenschaftliche Nachvollzug einer umfassenden Alltagspraxis.[37]

In dieser gerne der Durchlässigkeit spätmoderner Wissensproduktion zugeschriebenen Eigenart liegen vielleicht die Gründe der überraschenden Erneuerungsfähigkeit des Alpenbildes, das sowohl die Beschädigungen der Kulturindustrie als auch jene ihrer fundamentalen Kritik wieder und wieder zu überwinden vermag. Trotzdem war nach 1945 und den folgenden kulturkonservativen Versuchen, die alpine Gesellschaft gerade in den „Alpenrepubliken" Schweiz und Österreich zum kernigen Leitbild zu erheben, mit den Alpen bei der kritischen Intelligenz zunächst einmal kein Staat zu machen war. Dazu bedurfte es einer folgenreichen Neuentdeckung, die in der Retrospektive als Neumontage aus alten und älteren Bildern erscheinen muß, deren Etablierung sich aber selbst als revolutionärer Akt verstanden wissen wollte. Nicht zufällig in die zweite Hälfte der sechziger Jahre, als auch international die Entdeckung der populären Widerständigkeit einsetzte, sind daher die ersten Ansätze der vermeintlichen Befreiung des Alpenbildes von seinem bürgerlichen Ballast zu datieren: Eine Gesellschaft, die sich selbst als fragil und unsicher empfand, die sich folgenreichen Veränderungen ausgesetzt sah und diesen ihre eigene Richtung geben wollte (1968!), begann damals in den empfindlichen Überlebensgemeinschaften der Alpen ihre Vorbilder zu erkennen. Ein dynamisches Alpenbild ließ die als alpin gedeutete Kultur in einem neuen Licht erscheinen, Solidarität, Rebellion und Sensibilität für das ökologische Gleichgewicht waren mit einem Mal ihre Hauptmerkmale geworden.[38]

Später dann, deutend begleitet von den populär aufbereiteten Wilderer- und Feuergeschichten eines Roland Girtler und eines Hans Haid, hat der vermeintliche Paradigmenwechsel in der Ausstattung und Wahrnehmung des Erfahrungsraumes Alpen selbst inzwischen seinen Niederschlag gefunden. Der fortgesetzte Transfer ‚kritischer' Natur und Kultur neu vermessender Modelle in die alltagskulturelle Gegenwart des Alpinen hat auch vor touristischem Erleben nicht halt gemacht. Kaum ein Alpental, das seine Gäste nicht auf „alten Schmugglerpfaden"[39] wandern läßt, und kaum ein Wanderbuch-

---

36 Dagmar Günther: Alpine Quergänge. Kulturgeschichte des bürgerlichen Alpinismus (1870-1930). (=Campus Historische Studien, 23). Frankfurt/M., New York 1998, zugl. Florenz, Europ.Univ.Diss. 1996.
37 Thomas S. Kuhn: Die Struktur wissenschaftlicher Revolutionen. Frankfurt/M. 1976.
38 Zur Kulturideologie und ihre Sicht von Natur-Kultur vgl. Zygmunt Bauman: Ansichten der Postmoderne (=Argument-Sonderband, N.F., A.S. 239). Berlin 1995, S. 28ff, hier vor allem S. 32.
39 Bernhard Tschofen: Konterbande in der Freizeitgesellschaft. Ethnographische Notizen zur Grenze und zur Ästhetik kleiner Geschichte. In: Franz Grieshofer, Margot Schindler (Hg.): Netzwerk Volkskunde. Festgabe für Klaus Beitl zum siebzigsten Geburtstag (=Sonderschriften des Vereins für Volkskunde). Wien 1999, S. 667–686.

verlag, der nicht das gesammelte Wissen für das soziale Wandern – auf den Spuren von Kultur und Natur – bereithält: „Grabe, wo Du gehst" – so benennt etwa das Autorenpaar eines solchen Büchleins sein Motto.[40] Gerade ist – graphisch wie inhaltlich bestens gemacht – ein Wegbegleiter für den von den „Naturfreunden Schweiz NFS" lancierten „Kulturweg Alpen" quer durch die Schweiz erschienen[41]. Mit Unterstützung des „Schweizer Bäcker-Konditorenmeister-Verbandes SBKV" (der durch den Verkauf eines eigens kreierten „Alpenbrots – das Brot zum Teilen" das Seine beitragen will) will dieses „Modell für einen nachhaltigen Tourismus" Natur und Tradition in den Alpen neu lesen helfen.

Solches liest sich heute wie ein Panorama aus Widerständigkeit und Bodenständigkeit; mit einer neuen Ästhetik versehen, hat es das runderneuerte ethnographische Wissen über „Land und Leute" zur distinguierten Praxis werden lassen. Dabei gehört gerade bei den alpinen Protestkulturen der Einsatz der tradierten Zeichen des Alpinen zum selbstverständlichen Widerstandsrepertoire. Die ‚besseren Älpler' geben sich gerne besonders trachtlich und sind in grobere Stoffe gehüllt, als ihre Vorfahren sie je trugen; sie singen die ‚echteren' Lieder, halten sich an ‚urigere' Speisegewohnheiten und schüren – wenn ‚Widerstand' not tut – die größeren Feuer.[42] Das Spiel mit historischen Gesten von Widerständigkeit und Rebellion hat das Alpine schließlich auch den Künsten wieder geöffnet, ein lange währendes Abbildungsverbot konnte so im Guten hintergangen werden, indem mit Naturkraft thematisierendem Habitus oder aber mit Reflex auf entlarvte Konstruiertheiten kritisch an älteren Vorstellungen gekratzt wurde.[43] „Der Ursprung des Landes in den Bergen schien schon fast verschwunden", heißt es in einer Besprechung eines neuen Photobandes über Tirol, von dem gesagt wird, der Künstler hätte ihn (den Ursprung) wiederentdeckt.[44] Ähnlich eröffnete sich der Musik ein unerschöpflich erscheinender Fundus für das politisch korrekte *Crossover*.[45] Noch einmal: Kulturkritik als populäre (Alltags)Praxis, als geheimer Kitt der Gesellschaft.[46]

Die „ökologische Krise" hat dem alten Thema Alpen im engeren und weiteren Sinn eine neue Konjunktur beschert. Dabei wurden ohne Zweifel auch die Sensibilitäten für die geschichtliche Dimension einer einstmals als statisch empfundenen Landschaft ge-

---

40 Ursula Bauer, Jürg Frischknecht: Grenzschlängeln. Routen, Pässe und Geschichten. Zu Fuß vom Inn an den Genfersee. Zürich 1995, Vorwort o.S.
41 Herbert Gruber (Red.): Kulturweg Alpen. Zu Fuss vom Lac Léman ins Val Müstair. Hrsg. von den Naturfreunden Schweiz. Zürich 1999.
42 Hans Haid: Feuer in den Alpen. In: Gerlinde, Hans Haid (Hg.): Alpenbräuche. Riten und Traditionen in den Alpen. Bad Sauerbrunn 1994, S. 99-124. Vgl. hierzu Michaela Gindl, Ulrike Tauss: „Pro Vita Alpina". Ein diskursanalytischer Versuch. In: Österreichische Zeitschrift für Volkskunde LII:101/1998, S. 191-220, vor allem S. 204f.
43 Alpenblick. Die zeitgenössische Kunst und das Alpine. Ausstellungskatalog Kunsthalle Wien (=Trans alpin, 2). Hg. von Wolfgang Kos. Wien, Basel, Frankfurt/M. 1997; Die Schwerkraft der Berge. 1774-1997. Ausstellungskatalog Aargauer Kunsthaus Aarau und Kunsthalle Krems (=Trans alpin, 1). Hg. von Stephan Kunz, Beat Wisner, Wolfgang Denk. Basel, Frankfurt/M. 1997.
44 Gerhard Trumler: Bergkristall. Land im Gebirg – Tirol. Mit Vorworten von Hans Haid u. Kristian Sotriffer. Weitra 1998. Vgl. die Vorstellung des Buches: Bergkristall. In: Universum. Das schönste Magazin Österreichs 1-2/Februar 1999, S. 24-32. hier S. 24.
45 Brigitte Bachmann-Geiser: Das Alphorn. Vom Lockinstrument zum Rockinstrument. Bern 1999.
46 Rolf Lindner: Kulturtransfer. Zum Verhältnis von Alltags-, Medien- und Wissenschaftskultur. In: Wolfgang Kaschuba (Hg.): Kulturen – Identitäten – Diskurse. Perspektiven Europäischer Ethnologie (=zeithorizonte, 1). Berlin 1995, S. 31-44.

schärft⁴⁷ und sowohl alltägliche Diskurse als auch die Naturwissenschaften zumindest vordergründig mit neuen Paradigmen in Berührung gebracht.⁴⁸ Damit hängt auch die Entdeckung der klassischen Arbeiten der ‚alpinen Volkskunde' – vor allem von Richard Weiss und Arnold Niederer – durch Geographie und Ökologie zusammen.⁴⁹ Zumal die ökologische Alpenbewegung hat daneben aus dem reichen Schatz der modernen alpinen Mythen geschöpft und diese in Ästhetik und Moral ihres Naturbildes zu integrieren gewußt.⁵⁰ Seltsam nur, wenn aus der Moral der Natur auch eine der Alpenforschung abgeleitet wird: Ein österreichischer Kollege glaubte neulich, aus der Tatsache, daß sich Pierre Nora und Michel Foucault gegenüber den Problemen des Alpenraums so bedeckt gehalten haben, auf die grundsätzliche Inadäquanz diskursanalytischer Verfahren für Alpenthemen überhaupt schließen zu können.⁵¹

Gerade das Beispiel der Alpen – mehr kann es nicht sein – müßte die Notwendigkeit dargelegt haben, im Sinne einer reflexiven Kulturwissenschaft den Anteil mitzudenken, den Wissenschaft als eine Kristallisationsfläche alltäglicher Befindlichkeiten an ihrer (Oro-)Genese genommen hat. Vielleicht wäre es daher hilfreich, Volkskunde in einer umgekehrten Perspektive zu betreiben, nach der das Spätere nicht als fortgeschrieben adaptiertes Überbleibsel des Verdrängten verstanden werden will, sondern die Erzählungen von natürlichen und historischen Schichten als Funktion und Konsequenz der Moderne?⁵²

---

47 Aurel Schmidt: Die Alpen – schleichende Zerstörung eines Mythos. Zürich 1990; Werner Bätzing: Die Alpen. Entstehung und Gefährdung einer europäischen Kulturlandschaft. München ²1991; Peter Glauser, Dominik Siegrist: Schauplatz Alpen. Gratwanderung in eine europäische Zukunft. Zürich 1997.
48 Kurt Jakesch, Herfried Hoinkes, Wolfgang Engelhardt u.a.: Die Alpen. Entstehung der Alpen – Geschichte der Alpen und des Alpinismus – Natur- und Umweltschutzverbände der Alpenländer. Innsbruck 1994.
49 Niederer 1993 (wie Anm. 31).
50 Christa Mutter: Der Pakt mit dem Teufel oder Die Alpeninitiative und die Mythen. In: Sylvia Hamberger; Oswald Baumeister, Rudi Erlacher, Wolfgang Zängl (Hg.): Schöne neue Alpen. Eine Ortsbesichtigung (=Beleitbuch zur Ausstellung der Gesellschaft für ökologische Forschung). München 1998, S. 231f.
51 Elisabeth und Olaf Bockhorn: Über die diskursanalytische Versuchung in der Volkskunde. Anmerkungen zu „Pro Vita Alpina'. Ein diskursanalytischer Versuch" von Michaela Gindl, Ulrike Tauss. In: Österreichische Zeitschrift für Volkskunde LII:101/1998), S. 329-332. Vgl. Gindl/Tauss (wie Anm. 42).
52 In eine ähnliche Richtung argumentiert ausblickend Burckhardt-Seebass (wie Anm. 9), S. 34f. Siehe zu dieser Perspektive und allgemein auch die Druckfassung meiner Dissertation Berg, Kultur, Moderne. Volkskundliches aus den Alpen. Wien 1999, zugl. Tübingen Univ. Diss 1999.

Andreas Martin

Fokussierte Landschaft
Aussichtstürme in der Sächsischen Schweiz

Wenige Kilometer von der sächsischen Landeshauptstadt entfernt liegt das Elbsandsteingebirge. Mit ihren natürlichen Gegebenheiten zieht diese unter dem Namen „Sächsische Schweiz" bekannt gewordene Region seit mehr als 200 Jahren Reisende an. Das Erlebnis der Landschaft, die hier durch hoch aufragende Tafelberge und tief eingeschnittene Täler geprägt ist, steht seit den letzten Jahrzehnten des 18. Jahrhunderts in der besonderen Gunst von Reisenden. Die Entdeckung dieser Landschaft und ihre Erschließung für den Fremdenverkehr waren eng gebunden an den im 18. Jahrhundert beginnenden Wandel in der Wahrnehmung von Natur. Die Gartenkunst der Zeit der Empfindsamkeit beschreibt den Ausgangspunkt dieser Entwicklung. Verschiedene Parkanlagen entstanden in der Umgebung von Dresden: unter anderen das Seifersdorfer Tal, der Plauensche Grund und nicht zuletzt das Borsberggebiet. Das Interesse, in diesen Gartengestaltungen Natur als Kultur zu erleben, wich bald der Sehnsucht nach unberührter, nach „wilder und roher" Natur. Weite Landschaft symbolisierte Ursprünglichkeit. Auf den populären Darstellungen, die insbesondere durch Künstler der Dresdner Akademie am Ende des 18. und zu Beginn des 19. Jahrhunderts geschaffen wurden, sind diese Veränderungen dokumentiert. Standardisierte Sehweisen und das Bemühen, den zunächst nur ästhetisch wahrgenommenen Naturraum auch inhaltlich zu strukturieren, zeigen sich auf späteren Bildern, die als Erinnerungsblätter Verbreitung fanden. Das Sehen war Vergnügen. Es entwickelte sich zur Sucht, zur „Sehsucht". Vielfältige Formen der künstlerischen Darstellung von Panoramen zeugen davon.[1] Häufig bedurfte das Vorhaben des weiten Ausblicks auf Landschaft eines technischen Hilfsmittels. So begleiten Aussichtstürme das Bedürfnis der Menschen nach Überblick. Sie wurden zu einem – auch weit sichtbaren – Zeichen eines besonderen Erlebnisses beim Umgang mit Natur.

Zur Veränderung des Landschaftsbildes an der Wende zum 19. Jahrhundert

Vor allem durch die berühmten Kunstsammlungen der sächsischen Kurfürsten wurde Dresden bereits am Ausgang des 18. Jahrhunderts zu einem Treffpunkt von Künstlern und Bildungsreisenden. Ein Blick auf die bizarre Felsenwelt der sogenannten Sächsischen Schweiz[2] gehörte schon in dieser Zeit zu dem „Programm", das die Reisenden im Zusammenhang mit der Besichtigung der Gemäldegalerie absolvierten. Die unmit-

---

1 Vgl. Marie-Louise Plessen [Hg.]: Sehsucht. Das Panorama als Massenunterhaltung des 19. Jahrhunderts. Ausstellungskatalog. Basel, Frankfurt/M. 1993.
2 Wilhelm Lebrecht Götzinger erklärt in seiner Veröffentlichung „Schandau und seine Umgebungen oder Beschreibung der sogenannten Sächsischen Schweiz" (Bautzen 1804, S. IIIff.), daß die Bezeichnung Sächsische Schweiz bereits seit Mitte der 1780er Jahre häufig genutzt wurde. Die Einwohner der Residenzstadt nannten dieses Gebiet noch bis weit in das 19. Jahrhundert „Hochland" (offiziell – Meißner Hochland).

telbare Verbindung von Kultur und Erlebnissen in der Natur entwickelte sich zur Besonderheit einer Reise in die sächsische Residenzstadt.

Betrachtet man die Landschaftsdarstellungen der in Dresden an der Wende vom 18. zum 19. Jahrhundert tätigen Künstler[3], kann man einen deutlichen Wandel feststellen. Während die meisten der im 18. Jahrhundert geschaffenen Zeichnungen und Drucke ein konkretes Landschaftsdetail – eine Stadt, ein Gebäude, eine Höhle oder ein anderes Felsgebilde – in den Mittelpunkt der Darstellung rückten, wurde zu Beginn des 19. Jahrhunderts immer häufiger die „Weite der Landschaft" zum zentralen Bildthema. Dies war wohl weniger dem künstlerischen Anspruch geschuldet, als vielmehr eine Reaktion auf die Anforderungen des sich entwickelnden Reiseverkehrs. Sehr deutlich zeigt sich dieser Wandel der populären Sichtweisen auf die Landschaft an den Arbeiten von drei, an der Wende vom 18. zum 19. Jahrhundert einander folgenden akademischen Künstlern: Der Schweizer Adrian Zingg (1734-1816)[4], der mit seiner Berufung an die Dresdner Akademie eine eigene Schule der Landschaftsdarstellung[5] begründete (Abb. 1), sein langjähriger Schüler Christian August Günther (1769-1824)[6], der in Dresden als erster landschaftsbeschreibende Texte illustrierte[7], und Adrian Ludwig Richter (1803-1884)[8], der zu Beginn des 19. Jahrhunderts noch immer unter dem Einfluß von Zinggs künstlerisch-technischen Methoden der Landschaftsdarstellung stand[9].

Ludwig Richter wurde durch seine umfangreiche Arbeit an den kleinformatigen Landschaftskupfern zu einem wichtigen Zeitzeugen der Entwicklung des Fremdenverkehrs am Rande der sächsischen Residenzstadt: „Immer wieder mußte ich dem Vater bei leidiger Brotarbeit helfen. Es waren dies gewöhnlich langweilige Prospekt-

---

3 Vgl. Johann Gottlieb August Kläbe: Neuestes gelehrtes Dresden. Dresden 1796 und Heinrich Keller: Nachrichten von allen in Dresden lebenden Künstlern. Leipzig 1788. Bei dieser Betrachtung geht es vor allem um Darstellungen, die als Kupferstiche und kolorierte bzw. lavierte Umrißradierungen in einer größeren Zahl in den Handel gelangten. Unbeachtet bleiben dabei die zu Beginn des 19. Jahrhunderts von den Malern der Romantik gefertigten Zeichnungen und Ölgemälde. Diese Arbeiten repräsentierten kaum die unter weiten Kreisen der Bevölkerung etablierte Art und Weise der Wahrnehmung von Landschaft.

4 Adrian Zingg wurde in Sankt Gallen in der Schweiz geboren. Eine Lehre bei dem Kupferstecher Johann Rudolf Holzhalb (1730-1805) in Zürich und Arbeiten für Johann Ludwig Aberli (1723-1786) in Bern führten ihn 1759 nach Paris. Sieben Jahre arbeitete er hier als Kupferstecher und Landschaftsmaler, vor allem Christian W. Dietrich: Zingg, Adrian: Sieben Ansichten aus Sachsens Schweiz und Erzgebirge, als Blätter der Erinnerung, gestochen von Adrian Zingg, Hamburg, Dresden um 1844 und Sophus Ruge: Adrian Zingg. In: Über Berg und Thal, 1897, nach S. 434.

5 Vgl. Hein-Th. Schulze Altcappenberg: „Le Voltaire de l'Art" Johann Georg Wille (1715-1808) und seine Schule in Paris. Studien zur Künstler- und Kunstgeschichte der Aufklärung, mit einem Werkverzeichnis der Zeichnungen von J. G. Wille und einem Auswahlkatalog der Arbeiten seiner Schüler von Aberli bis Zingg. Münster 1987, S. 370.

6 Christian August Günther war acht Jahre Schüler bei Zingg, wurde 1789 Pensionär, 1810 Mitglied und 1815 außerordentlicher Professor der Dresdner Kunstakademie.

7 Vgl. Karl Müller: Dichterische Schilderungen von den berühmtesten Lustörtern, romantischen Ansichten und mahlerischschönen Gegenden, vorzüglich um Dresden, Meißen und Pirna Heft 1-4. Dresden 1786.

8 Adrian Ludwig Richter war der Sohn von Carl August Richter (1770-1848), einem langjährigen Schüler von Adrian Zingg.

9 Vgl. 70 Mahlerische An- und Aussichten der Umgegend von Dresden, in einem Kreise von sechs bis acht Meilen; aufgenommen, gezeichnet und radiert von C. A. Richter und A. Louis Richter. Dresden o.J. (um 1815, 1822 – 2. Auflage).

Fokussierte Landschaft

Abb. 1: Adrian Zingg (1803-1884): Blick vom Corsberg bei Pillnitz in die sächsische Schweiz. Umrißradierung, Sepia.

radierungen, die mir recht gründlich zuwider wurden."[10] „Nicht nur die Auffassung der Gegenden widerstrebte dem malerischen Gefühl – denn man suchte meistens weite Aussichten, die mehr Landkarten als in malerischen Formen abgeschlossenen Bildern ähnelten – sondern noch widerhaariger war mir die Art der Ausführung"[11] Richters Sorge, als „elender Prospekteradierer zugrunde zu gehen."[12], zeugt von dem großen Verkaufserfolg dieser Arbeiten. In der Kunststadt Dresden hatte sich der Handel mit Landschaftsbildern zu einem stabilen Markt entwickelt. Sicher als Kontrast zur Kleinräumigkeit des städtischen Alltags war zu Beginn des 19. Jahrhunderts das Erleben der anscheinend unbegrenzten Weite von Natur zum zentralen Ziel einer Reise in die Sächsische Schweiz geworden. Auf den Höhen des sächsischen Sandsteingebirges wurde Natur als Freiheit erlebt, als Lösung aus alltäglichen Strukturen.[13] An Aussichtspunkten, die durch ihre Höhe und steil abfallende Wände weite Sichten ermöglichten, entstanden die ersten Versorgungsstationen und Übernachtungsmöglichkeiten für Reisende.

In den zwanziger Jahren des 19. Jahrhunderts begann man die Weite der Landschaft zu strukturieren. Unter den 1823 von Ludwig Richter in Dresden veröffentlichten „30 An= und Aussichten zu dem Taschenbuch für den Besuch der sächsischen Schweiz"

---

10 Ludwig Richter: Lebenserinnerungen eines deutschen Malers, mit Anmerkungen hg. von Erich Marx (=Sammlung Dieterich, 118). Leipzig o.J., S. 50. Diese Arbeiten entstanden vor allem in seiner Kindheit und Jugend.
11 Ebda. S. 54.
12 Ebda. S. 55.
13 Vgl. Roman Höllbacher, Manfred Maximilian Rieder: Die Beliebigkeit der Zeichen. Bemerkungen zur Ästhetik von Landschaft und Architektur im Tourismus. In: Kurt Luger, Karin Inmann (Hg.): Vereiste Berge. Kultur und Tourismus im Hochgebirge. Innsbruck 1995, S. 125ff.

finden sich die ersten datierten Landschaftsdarstellungen, die außerhalb des Bildes Informationen zu einzelnen Details trugen. Damit wurde die komplexe Landschaft gegliedert und in Teilen definiert. Wenngleich diese Beschreibungen zunächst auf natürliche Bestandteile der Darstellung – Berge, Flußläufe u.ä. – begrenzt waren, wurde geographisches Wissen auf diese Weise empirisch realisiert und der Raum touristischen Erlebens spezifiziert.

Im zeitlichen Zusammenhang mit der Herausgabe der ersten wissenschaftlich fundierten Reisekarte durch die Sächsische Schweiz veröffentlichte Otto von Odeleben 1828 eine „Kreis-Umsicht vom Großen Winterberg".[14] Diese Form der Darstellung von Landschaft hatte ihren Ursprung in den seit 1794 in Europa bekannten Panorama-Gemälden.[15] Die perspektivischen Probleme einer solchen Präsentation wurden in einer Begleitpublikation angesprochen. Von Odeleben erfaßte auf seiner Darstellung den Umkreis bis zu einer Entfernung von etwa 70 km. Landschaftsdetails bis zu einer Entfernung von etwa 10 km wurden bezeichnet, ferner liegende Erhebungen lediglich numeriert und als Anhang aufgelistet. Die Rundumsicht (Horizontalpanorama) als perspektivisch nur schwer zu realisierende, aber vergleichbar ideale Kopie des Erlebens naturräumlicher Weite war sehr gefragt. Noch Jahrzehnte nach dem Tode von Odelebens wurde die „Kreis-Umsicht vom Großen Winterberg" neu aufgelegt. Lediglich das Zentralbild, das die Gebäudesituation auf der Bergkuppe zeigt, erfuhr eine der neuen Situation entsprechende Modifizierung. So existierten seit den zwanziger Jahren des 19. Jahrhunderts zwei verschiedene Formen der Landschaftsdarstellung in ihrer Funktion als Informationsträger und als Erinnerung an eine Reise in die Sächsische Schweiz nebeneinander: der Prospekt, d.h. die beschriftete Landschaftsdarstellung in einer Blickrichtung, und das Horizontalpanorama. Auf diese Weise wurde eine Anzahl von Fern-Aussichten durch Bilder festgelegt, die den Standpunkt des Betrachters und die wahrnehmbaren Landschaftsausschnitte beschrieben.

Aussichtstürme zur Überwindung natürlicher Sichthindernisse

Im Vergleich zu anderen deutschen Regionen gab es in der Sächsischen Schweiz eine geringe Anzahl von Aussichtstürmen.[16] Auch innerhalb Sachsens gibt es Gebiete, in denen im Verlaufe des 19. Jahrhunderts mehr Türme zum Zwecke der „schönen Aussicht" errichtet wurden, beispielsweise die Lausitz oder das Erzgebirge. In der Sächsischen Schweiz bot die Form der Sandsteinfelsen, meist Plateaus mit steil abfallenden Wänden, eine Situation, die von vornherein für weite Sichten wie geschaffen war. Zudem zeigen die in der Frühzeit des Fremdenverkehrs geschaffenen Landschaftsdarstellungen nahezu unbewaldete Bergeshöhen. So war das Gebiet der Sandsteinfelsen an der Elbe dazu prädestiniert, den „weiten Blick" über scheinbar unbegrenzten Raum

---

14 Vgl. Ernst Otto Innocenz von Odeleben: Erläuterungen zu dem Cyclorama oder der Kreis-Umsicht vom grossen Winterberge. In einem math.-perspectivischen Verhältnis aufgenommen. Dresden 1828.
15 Daß es sich bei allen Panoramen der Sächsischen Schweiz nicht um neue Erfindungen handelt, verdeutlicht Stephan Oettermann: Das Panorama. Die Geschichte eines Massenmediums. Frankfurt/M. 1980.
16 Vgl. Joachim Kleinmanns: Schau ins Land. Aussichtstürme. Marburg 1999; ders.: Rheinische Aussichtstürme im 19. und 20. Jahrhundert. Diss. phil. Aachen 1985 (Ms.); Sabine Verk: Zur Geschichte der Aussichtstürme im Sauerland. In: Gute Aussicht, hg. von Dietmar Sauermann. Rheda-Wiedenbrück 1990, S. 100-116; Hans Fröhlich: Aussichtstürme im Sauerland und Siegerland (=Technische Kultur-Denkmale in Westfalen, 4). Münster 1985.

in immer neuen Varianten als besonderes Erlebnis zu öffnen. Wollte man verschiedene Sichtachsen realisieren, genügte es hier meist, wenige Schritte zu tun, und ein neuer Ausblick tat sich auf.

Das vermutlich früheste Bauwerk in Sachsen, das allein dem „Seh-Vergnügen" diente, war der „Turm" auf dem bei Pillnitz gelegenen Borsberg. Kurfürst August der Starke ließ um 1720 Schloß Pillnitz errichten, das die kurfürstliche Familie in der zweiten Hälfte des 18. Jahrhunderts zu ihrem ständigen Sommerwohnsitz bestimmte. Unmittelbar hinter der Schloßanlage erhebt sich ein Granitmassiv, auf dessen höchster Erhebung, dem Borsberg, der Hausminister Marcolini 1777 dem Kurfürsten eine Eremitage anlegte. Sie bestand aus einem Raum, der unter einer Anhäufung von Granitsteinen verborgen war. Dieser künstliche Hügel bildete ein Plateau, das man fortan als Aussichtspunkt nutzte. Von dort hatte man einen grandiosen Fernblick unter anderem zu den kaum 10 km entfernten Tafelbergen des sächsischen Sandsteingebirges. Die um diese Anlage gepflanzten Nadelbäume behinderten bald die Sicht. Ein Holzgerüst sorgte dafür, daß man dieses Vergnügen weiterhin uneingeschränkt genießen konnte. Die Eremitage – nun mit Turm – war Teil einer parkähnlichen Anlage, die man 1778 durch einen Wasserfall im Friedrichsgrund und 1788 durch eine Schloßruine, das sogenannte "Raubschloß", erweiterte. Bereits ab 1800 wurde der Turm auf dem Borsberg aufgrund steigender Besucherzahlen bewirtschaftet. Zeitgenossen berichten von hölzernen Zelten, in denen ein Bauer die Fremden versorgte.

Der um 1795 mit dem Landhaus des Fürsten Putjatin gebaute Aussichtsturm lag außerhalb des Gebietes der Sächsischen Schweiz. (Abb. 2) Dennoch soll er hier erwähnt werden, da mit ihm das Erlebnis der „weiten Sicht auf Landschaft" aus dem komplexen Bereich des Landschaftsparks herausgelöst wurde. Das Landhaus des Fürsten befand sich auf der dem Schloß Pillnitz gegenüberliegenden Elbseite im Dorf Zschachwitz. Putjatin war im städtischen Alltag als Sonderling bekannt. Er gehörte nicht zum Hof und stand aufgrund seiner exaltierten Lebensweise häufig im Mittelpunkt öffentlichen Interesses.[17] Der Bau seines Landhauses verdeutlicht, daß er dem „Seh-Vergnügen" in besonderem Maße frönte. Ein Turm mit Aussichtsplattform genügte seinen Ansprüchen nicht. Er stattete zudem die gesamte Dachkonstruktion des Wohnhauses mit Balkonen bzw. Terrassen aus. Putjatin war bemüht, dieses Vergnügen der weiten Sicht auf Landschaft einer breiten Öffentlichkeit zu vermitteln. Vom Turm des Putjatinschen Landhauses reichte der Blick bis weit in das östliche Erzgebirge, über das gesamte Sandsteingebirge und im Norden weit in die Lausitz hinein. Um 1825 erschien ein Horizontalpanorama, das diesen Ausblick beschreibt.

In seiner 1804 erstmals gedruckten „Beschreibung der sogenannten Sächsischen Schweiz" schildert Götzinger die Aussicht von der höchsten Erhebung dieses Gebietes, dem Großen Winterberg, sehr eindrucksvoll: „wie aus den Wolken herab umfaßt der Blick eine sehr große Landfläche, auf welcher sich von allen Seiten in der Nähe und in der Ferne eine solche Menge der schönsten Abwechslungen und Verbindungen zusammendrängt, daß man in Verlegenheit geräth, auf welche man zuerst sehn und was man schöner nennen soll."[18] Doch so sehr das Schauspiel der „Verbindung der ganz wilden und rohen Natur mit der sanften und cultivirten"[19] faszinierte, Natur wurde auch als

---

17 Vgl. Erich Haenel: Das alte Dresden. Leipzig 1934, S. 155 – 158.
18 Götzinger (wie Anm. 1), S. 277.
19 Ebda. S. 282.

Abb. 2: Landhaus des Fürsten Putjatin in Zschachwitz bei Dresden, erbaut um 1795.

Hindernis für das Erleben der ganz spezifischen Sicht auf dieselbe wahrgenommen: „Es ist zu bedauern, daß die Aussicht [...], welche anwachsende Fichten zu decken anfangen, bald noch mehr verdeckt werden wird. – Ein so seltener und schöner Standpunkt sollte wohl einige Bäume werth seyn, die man nicht aufwachsen ließe."[20]

Es dauerte noch 15 Jahre, bevor der erste einfache Holzturm auf dem Großen Winterberg aus öffentlichen Mitteln errichtet wurde. Dieser erste Turm stand nur zwei Jahre, aber er war der Ausgangspunkt für die Entwicklung einer Infrastruktur des Reiseverkehrs in diese immer intensiver besuchte Region Sachsens. Götzinger beschrieb den Buchenwald auf der Kuppe des Großen Winterberges noch als „außerordentlich schön und selten"[21]. Doch war bereits 1818 nur noch ein Rest des Waldes vorhanden[22], der einst die gesamte Kuppe bedeckte, und 1838 konnte Dietrich nur noch sehr alte, halb verfaulte Bäume registrieren[23]. Nach der Zerstörung des ersten Turmes durch Brandstiftung entstanden einige Hütten, die unter den Reisenden als „Sennerhütten" bzw. „Alpendörfel" bekannt wurden. Erst 1836 wurde erneut ein leichtes Holzgerüst mit einer Aussichtsplattform errichtet. Für den anwachsenden Reiseverkehr baute das Finanzministerium, die vorgesetzte Dienstbehörde des Forstwesens, 1848 ein großes Berggasthaus mit integriertem Aussichtsturm im „Schweizerstil". Der Große Winterberg ist Beispiel für eine Entwicklung, wie sie sich seit den zwanziger Jahren des 19. Jahrhunderts auch auf anderen Tafelbergen in der Sächsischen Schweiz vollzog,

---

20 Ebda. S. 282f. (Fußnote).
21 Ebda. S. 276.
22 Vgl. Dresden und Umgebung, nebst einem Wegweiser durch die Gegenden der sächsischen Schweiz. Dresden 1818 (nach Über Berg und Thal <künftig ÜBT>, 1891, S. 229).
23 Vgl. Ewald Victorin Dietrich: Der treue Führer in der Böhmisch-Sächsischen Schweiz, oder Reisetouren durch das Elbehochland von Teplitz bis Dresden. Prag, Leitmeritz, Teplitz 1839.

bestimmt durch die Verbindung von Versorgung, Unterkunft und Aussicht, von Wirtschaft und Erlebnis. So waren es vor allem die Aussichtspunkte, an denen sich – zunächst wenige – Einheimische für einen begrenzten Zeitraum des Jahres einrichteten, um von der Betreuung der Lustreisenden zu leben.

Fernseh-Vergnügen, Information und Erinnerung

Die natürlichen Gegebenheiten in dem Gebiet, das man Sächsische Schweiz nennt, waren und sind für das Fernseh-Vergnügen geradezu wie geschaffen. Auch die wenigen Kilometer, die zwischen den verschiedenen Aussichtspunkten lagen, boten andere Sehenswürdigkeiten, wie Wasserfälle, Felsschluchten oder Bauwerke. Diese Vielfalt der Erlebnisräume führte ab 1830 zur Herstellung von Erinnerungsblättern, die neben einem Zentralbild viele kleine Darstellungen aufweisen. Die Komposition dieser Blätter verdeutlicht erneut, welche Bedeutung dem „weiten Blick über Landschaft" im Rahmen der touristischen Interessen des 19. Jahrhunderts in der Sächsischen Schweiz zukam.

Bei dem vermutlich frühesten Erinnerungsblatt dieses Gebietes, einer Radierung von Ludwig Richter aus dem Jahr 1834 (Abb. 3), wurde der Raum des späteren Zentralbildes noch von zwei Ansichten gehalten: Diese zeigen die „Aussicht auf der Bastei" und die Ansicht „Die Bastei bei Rathen". Oberhalb dieser zentralen Darstellungen findet sich die „Umsicht auf dem Lilienstein" in drei Blickrichtungen: „I. gegen Raten und Stolpen" (Richtung Nordost), „II. gegen Schandau und den Winterberg" (Richtung Südost) und „III. gegen Königstein und Dresden" (Richtung Nordwest). Auf dem linken, dem unteren und dem rechten Rand des Blattes reihen sich 14 kleine Bilder, auf denen die bekanntesten Sehenswürdigkeiten der Region dargestellt wurden: „Das Thor auf dem Neu-Rathen", „Pirna und der Sonnenstein", „Das Gasthaus auf der Bastei", „Die Kuhstall-Höhle", „Der Wasserfall zu Langhennersdorf", „Stolpen", „Der Bielgrund", „Der Brand bei Hohnstein", „Lohmen", „Der Amselfall bei Rathen", „Das Prebischthor", „Schandau und der Lilienstein", „Hohenstein" und „Das Thor im Ottowalder Grunde".[24] Die Anordnung der Motive folgte keiner Wanderroute, und auch die Fernsichten sind hier nicht beschriftet. Die von Ludwig Richter gearbeiteten Ansichten wurden 1860 zergliedert, als Heft gebunden und erneut aufgelegt.[25]

Bei den zeitlich nachfolgenden Erinnerungsblättern, meist Lithographien, die von Dresdner Künstlern gearbeitet und von Dresdner und Leipziger Verlagen herausgegeben wurden, findet sich nur noch ein zentrales Bild. Als Motive in dieser zentralen Position sind die Bastei, das 1848 errichtete Gasthaus auf dem Großen Winterberg und das Gelände der Festung auf dem Königstein bekannt. Da diese Drucke durch ihr großes Format ungeeignet waren, sich auf dem jeweiligen Aussichtspunkt bzw. Aussichtsturm zu orientieren, verzichtete man auf eine beschreibende Erklärung der Landschaft. Trotzdem wurde insbesondere die Orientierung immer deutlicher zum festen Bestandteil der Wahrnehmung von Landschaft. Das Erlebnis der weiten Aussicht verlor ohne Information an Wert.

---

24 Johann Friedrich Hoff: Adrian Ludwig Richter. Maler und Radierer. Verzeichnis seines gesamten graphischen Werkes. Freiburg i. Br.1922, S. 69ff.
25 Ebda. S. 87.

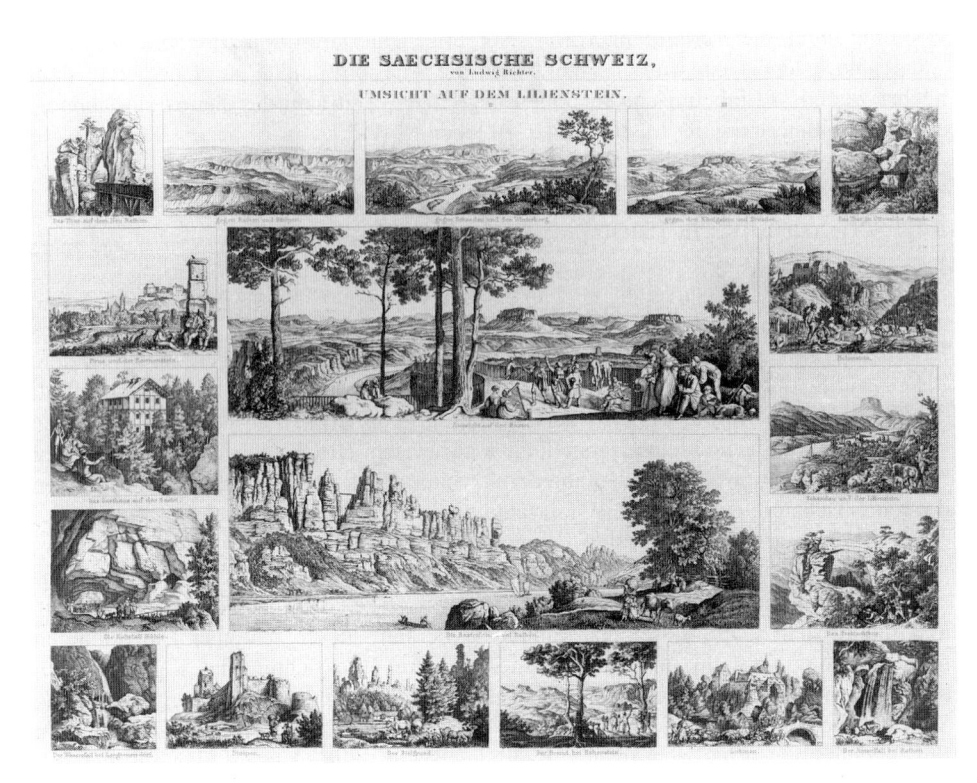

Abb. 3: Erinnerungsblatt an die Sächsische Schweiz von Ludwig Richter. Radierung, 1834.

Neben den frühen Prospekten, den Horizontalpanoramen und den Erinnerungsblättern entstanden neue graphische Formen, die den Reisenden als Erinnerungsstücke dienten. Um 1850 erschienen verschiedene Vertikalpanoramen als Leporello, die einen Felsen oder einen Aussichtsturm als Standpunkt der Erfassung des Blickfeldes aufführten. Die aus der Vogelperspektive dargestellte Landschaft bot entweder einen Gesamtüberblick oder sie stellte den Fluß in den Mittelpunkt der Betrachtung.

Die Entwicklung des Verkehrswesens – Schiffahrt und Eisenbahn – eröffnete neue Möglichkeiten, Landschaft zu erleben. Seit 1839 konnte man mit den neuen Verkehrsmitteln innerhalb eines Tages eine durchgehende Reise von Leipzig auf den Winterberg in der Sächsischen Schweiz erleben. Eine Methode, Bildinformationen detailgetreu zu verbreiten, bot die Entwicklung der Photographie. Hermann Krone (1827-1916) schuf das fotografische Erinnerungsblatt und das Fotoleporello als Souvenir. Real dargestellte Landschaft, unbeeinflußt von künstlerischer Interpretation, wurde verfügbar.[26] So gab es bereits in der Mitte des 19. Jahrhunderts vielfältige grafische Formen, auf denen man die unendliche Weite der Natur als Erinnerung in die räumliche Enge der städtischen Wohnungen mitnehmen konnte.

---

26 Hermann Krone kam 1849 im Alter von 22 Jahren nach Dresden. Nach kurzem, für ihn unerfreulichen Aufenthalt in Leipzig eröffnete er 1852 eine „Photographische Portrait- und Lehranstalt" in Dresden. Im Gebiet der Sächsischen und der Böhmischen Schweiz photographierte Krone ab 1853. Seit 1870 lehrte er am Polytechnikum. Vgl. Hermann Krone. Erste photographische Landschaftstour Sächsische Schweiz. Hg. von Irene Schmidt. Dresden 1997.

Vom Hilfsmittel zum Werbeträger – Aussichtstürme im Gebiet des Gebirgsvereins für die sächsisch-böhmische Schweiz

Der Photopionier Herrman Krone gehörte 1878 zu den Gründungsmitgliedern des Gebirgsvereins für die sächsisch-böhmische Schweiz. Eines der wichtigsten Ziele dieses Vereins bestand in der weiteren Erschließung der Region für den Fremdenverkehr. So gab es zwischen 1880 und der Jahrhundertwende eine Phase, in der finanzielle Mittel des Gebirgsvereins und einiger Mitglieder zur Errichtung verschiedener Aussichtstürme in und am Rande der Sächsischen Schweiz führten.

Häufig waren diese Türme Prestigeprojekte der einzelnen Zweigvereine des Gebirgsvereins für die sächsisch-böhmische Schweiz und ihrer Vorsitzenden. Beispielsweise wurde der Aussichtsturm auf der Götzingerhöhe zu einem großen Teil und der Turm auf dem Unger vollständig von Julius Mißbach, dem Vorsitzenden der Ortsgruppe Neustadt, finanziert. Beide Türme gingen nach Fertigstellung in das Eigentum des Gebirgsvereins über. Mißbach war Buchhändler und Verleger der „Zeitung für das Meißner Hochland". 1878 gründete er die Ortsgruppe und war viele Jahre deren Vorsitzender. Den Bau eines Aussichtsturmes auf dem Lindeberg[27] initiierte er 1882. Dieser Turm sollte dem Pfarrer Götzinger geweiht werden, „der großen Verdienste gedenkend, welche sich Magister Wilhelm Lebrecht Götzinger um die Aufschließung und das Bekanntwerden der sächs. Schweiz erworben hatte."[28] Götzinger hatte viele Jahre als Pfarrer in Neustadt gewirkt. Zunächst wurde der Lindeberg in Götzingerhöhe umbenannt. Der Bau dieses Aussichtsturmes wurde durch den Verkauf von „Aktien" finanziert. Die erzielten Einnahmen ermöglichten die Errichtung eines 25 Meter hohen, „preiswerten" Eisenturmes, der bei der Dresdner Maschinenbaufirma Louis Kühne in Auftrag gegeben wurde. 1883 übergab ihn die Ortsgruppe Neustadt der Öffentlichkeit.[29]

Der steinerne Aussichtsturm auf dem Hohen Unger, ein ebenfalls in unmittelbarer Nähe von Neustadt gelegener Berg, war ein Projekt, das Mißbach, angefangen vom Erwerb des Bodens, über die Projektierung bis hin zum Bau privat finanzierte.[30] 1885 war die Namensweihe des Turmes. Die Königlichen Hoheiten, die Prinzen Friedrich August, Johann Georg, Max und Albert sowie die Prinzessinnen Mathilde und Josepha erschienen persönlich, denn der 18 Meter hohe Turm sollte den Namen Prinz-Georg-Turm tragen. Julius Mißbach begrüßte den hohen Besuch im Namen des Gebirgsvereins. Im Jahr der Eröffnung besuchten 6.000 Personen den Turm. Die Ortsgruppe Neustadt des Gebirgsvereins für die sächsiche Schweiz beschloß im Jahr 1910, Julius Mißbach neben dem Prinz-Georg-Turm einen Gedenkstein mit Inschrift zu widmen.[31]

Der Papststein, ein südlich der Elbe gelegener Sandsteinfelsen, dessen höchster Punkt 338 Meter über dem Fluß liegt, war bereits in der ersten Hälfte des 19. Jahrhunderts Ziel von Gesellschaften aus Königstein. Nachdem 1829 für eine freie Rundumsicht Teile des Plateaus abgeholzt worden waren[32], errichtete die Forstverwal-

---

27 Vgl. Oywina I, S. 112.
28 ÜBT 1883, S. 168.
29 ÜBT 1933, S. 111f.
30 Vgl. ÜBT 1935, S. 84ff.
31 ÜBT 1931, S. 56.
32 Vgl. ÜBT 1883, S. 159.

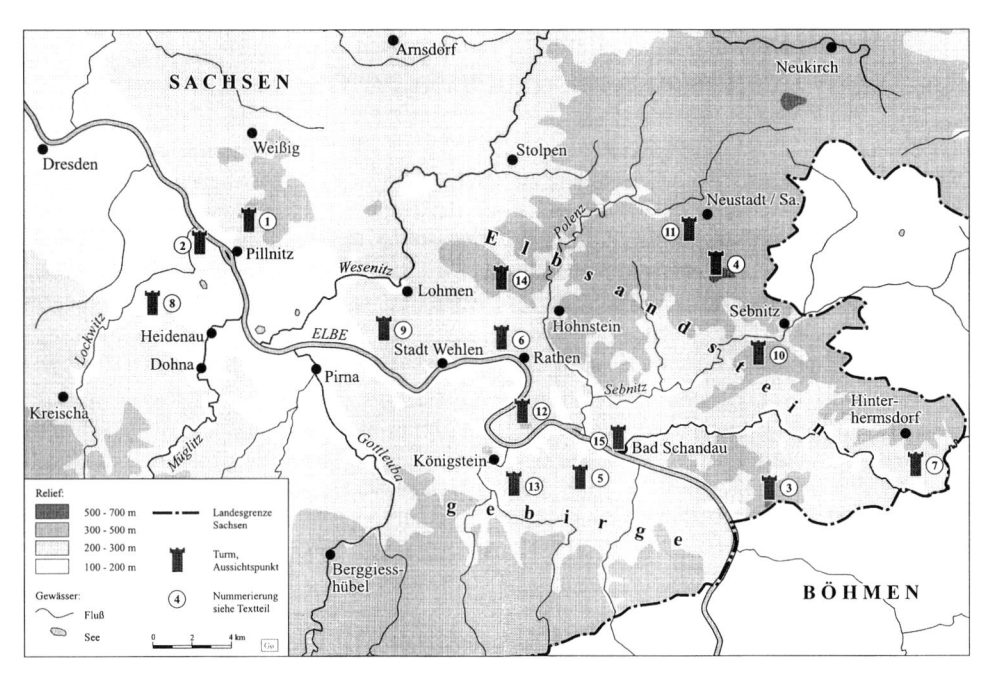

Abb. 4: Karte von der Sächsischen Schweiz mit den in diesem Gebiet im 18., 19. und 20. Jahrhundert errichteten Türmen.

(1) 1777   Borsberg – Eremitage mit Aussichtsgerüst[33]
(2) 1795   Turm an Putjatins Landhaus
(3) 1819   Großer Winterberg – Holzgerüst (1839 Holzgerüst, 1848 Gaststätte mit Turm)
(4) 1846   Unger – Holzturm, (**1885** Steinturm)
(5) 1852   Papststein – Holzpavillon, (**1883** Steinturm, **1937** Holzturm)
(6) 1858   Bastei – Holzturm
(7) **1879**   Königsplatz bei Hinterhermsdorf – Holzgerüst
(8) **1880**   Lugturm bei Niedersetlitz – Steinturm
(9) **1881**   Wehlener Aussichtslinde – Holzgerüst in einem Baum
(10) **1883**   Hochbusch bei Sebnitz – Eisenturm
(11) **1883**   Götzingerhöhe – Eisenturm
(12) 1886   Lilienstein – Holzgerüst
(13) 1899   Pfaffenstein – Holzturm, (1905 Steinturm)
(14) **1932**   Aussichtswarte auf der Höhe der Hohburkersdorfer Linde bei Rathewalde – ebenerdige Anlage mit Steineinfassung
(15) 1904   Aufzug zur Ostrauer Scheibe in Schandau – Eisenturm

---

33 Die Liste bietet den Überblick über alle nachweisbaren Turmbauten in und am Rande der Sächsischen Schweiz. Die fett gedruckten Jahreszahlen kennzeichnen Turmbauten, die durch den Gebirgsverein initiiert und zum Teil finanziell getragen wurden. Gegenwärtig sind nur der Türme 4, 10, 11 und 15 noch zugänglich. Von den Türmen 2, 6, 7, 9 und 12 fehlt heute auch jeder Ruinenrest. Der 1904 am Rand von Schandau errichtete Aufzug ist kein Aussichtsturm im eigentlichen Sinne. Doch wurde und wird er auf Grund seiner offenen Konstruktion häufig zu diesem Zweck genutzt.

tung 1852 hier eine Gaststätte und in deren Nähe einen Aussichtspavillon.[34] Das gesamte Gelände des Papststeins unterstand dem Forstamt. Die Gaststätte wurde verpachtet. Wetterunbilden setzten dem Pavillon auf dem Papststein zu, und er verfiel. 1883 folgte ihm ein zirka fünf Meter hoher Rundbau, der für etwa ein halbes Jahrhundert den Ansprüchen der Mitglieder der Ortsgruppe Königstein des Gebirgsvereins genügte. 1937 errichtete man dann einen neun Meter hohen Holzturm.[35]

Der Bau des einfachen Pavillons beschreibt erneut die Situation, die für die Wahrnehmung von Landschaft in der Sächsischen Schweiz in der ersten Hälfte des 19. Jahrhunderts charakteristisch gewesen zu sein scheint: Obwohl es eine Vielzahl von Möglichkeiten der Fernsicht gab, wurden nur einzelne Punkte beschrieben, von denen man Rund(um)blicke hatte. Durch Bilder, Gebäude (wie Pavillons oder kleine Türme) und Versorgungsstationen wurden die einzelnen Blicksituationen bekannt und damit zum allgemeinen Fokus. Die Einweihung des 1882 und 1883 gebauten Steinturmes verdeutlicht verschiedene neue Gesichtspunkte der zeitgenössischen Bewertung dieser Bauten. In der Zeitschrift des Gebirgsvereins „Über Berg und Thal" wurde dieser Akt unterschiedlich beschrieben. H. Thier, Vorsitzender der Sektion Königstein und damit Vertreter des Bauherrn, begründete das Vorhaben: Neben dem Verfall des alten Pavillons führte vor allem die Tatsache zum Bau, daß sich die Vegetation auf dem Plateau immer weiter entwickelte und dadurch „die herrliche Rundsicht des Papststeins nach und nach verloren[ging]". Der Papststein „war zuletzt nur noch ein einfacher Aussichtspunkt."[36] Der Mediziner Dr. Friedrich Theile, Mitglied des Vorstandes und Delegierter der Sektion Niedersedlitz, entwickelte weiterführende Vorstellungen und beschrieb neue Aspekte der Nutzung. Auch er wertete den Turm in seiner Einfachheit als sehr passend und zweckmäßig. Doch hätte er es gern gesehen, wenn auf der Plattform ein Pavillon errichtet worden wäre, der vor Wind und Wetter schützte. Dabei sollte der Pavillon so angelegt sein, daß durch bautechnische Details gar eine Rahmung der Landschaft zu einem Bild erfolgte.[37] Und noch eine weitere Idee spricht Theile an. Als neue Errungenschaft des Wirtes auf dem Papststein beschreibt er die Anlage eines „kleinen Gärtchens". Seine Idee bestand nun darin, diese Ausgangssituation zu nutzen und durch den Gebirgsverein einen botanischen Garten zu entwickeln, in dem zunächst die im Gebiet der Sächsischen Schweiz vorkommenden Pflanzen präsentiert und später dann ein „Versuch mit eigentlichen Alpenpflanzen" gemacht werden sollte. „Ein solches botanisches Gärtchen mit gehörig etikettierten Pflanzen könnte dem Papststein einen ganz besonderen Reiz verleihen". Damit nicht genug, würde sich der Papststein auch zu einer Wetterbeobachtungsstation eignen.[38] Theile prognostizierte damit eine Vielfalt in einzelnen touristischen Erlebnisräumen, die sich um eine zentrale wirtschaftliche Einheit, die Gaststätte[39], entfalten sollte.

---

34 Wenngleich später auch ausgesagt wurde (vgl. ebenda), daß dieser Pavillon eine Art Schutzhütte darstellen sollte, belegen Zeichnungen, daß es sich um ein nach allen Seiten offenes Gebäude mit einer Plattformhöhe von maximal einem Meter handelte.
35 Da dieser auch als Feuerwachturm genutzt werden sollte, beteiligte sich der Staat an seiner Errichtung. Die Eröffnung wurde zu einem Bekenntnis für „Führer und Vaterland". Vgl. ÜBT 1937, S. 138ff.
36 ÜBT 1883, S. 161.
37 Ebda. S. 159. Friedrich Theile gab hier detaillierte Hinweise zu einem Pavillon, den er bei der Sektion Neurode des Gebirgsvereins der Grafschaft Glatz gesehen hatte.
38 Vgl. ebda. S. 160.
39 Die Gaststätte bot „hübsche Zimmer zum Übernachten", „Tische, Bänke und Stühle, aus seltsam gewachsenen Naturholz und Wurzeln" und eine Bewirtung, die „einfach, gut und trefflich" war. Und außerdem: „Die früheren Preise sind jetzt sehr ermäßigt." Vgl. ebda.

Zu einem Beispiel für die Dominanz wirtschaftlicher Interessen bei der Errichtung eines Aussichtsturmes wurde dann die Anlage auf dem Pfaffenstein. Hier existierte zunächst die Gaststätte. Der Inhaber derselben, der zugleich der Besitzer des Berges war, errichtete 1899 einen 15 Meter hohen hölzernen Aussichtsturm. Sechs Jahre später stellte er den Bau eines historisierenden, 26 Meter hohen Steinturmes fertig. Gleichzeitig beschäftigte er sich mit der Herausgabe eines Führers, in dem er die Sehenswürdigkeiten dieses Sandsteintafelberges beschrieb. Hier wurde der Aussichtsturm bereits in der Realität zu einem, wenn auch wichtigen Detail des um die Gaststätte angesiedelten Erlebnisraumes. Diese Entwicklung vollzog sich vergleichbar auch an den anderen, älteren Aussichtstürmen. Beispielsweise gab es um 1900 auf dem Borsberg eine Gaststätte, die 700 Personen Platz bot und einen Gesellschaftsplatz, den 1400 m^2 großen „Dresdner Platz", der von Schulen und Vereinen zur Veranstaltung von Sommer-, Turn- und Schulfesten genutzt wurde. Der Inhaber der Gaststätte propagierte als Sehenswürdigkeit auch die 1865 zur europäischen Gradmessung errichtete Triangulationssäule und den durch die Ortsgruppe des Gebirgsvereins auf der Westseite des Borsbergs anläßlich des 75. Geburtstages des Königs errichteten „König-Georg-Gedenkstein". Die 1777 für den Kurfürsten erstellte Eremitage wurde zur künstlichen Felsengrotte mit Turmzimmer. Frische Milch aus eigener Landwirtschaft war im Angebot, und der Besuch des Borsberges für Nervöse und Nervenkranken wurde gar „ärztlich empfohlen". So zumindest informiert uns eine Broschüre, die der Besitzer des Berges, der Landwirt Willy Bähr, veröffentlicht hatte.[40]

Die Bedeutung der Aussichtstürme für die Wahrnehmung von Landschaft ging im Laufe des 19. Jahrhunderts zurück. Bereits mit der Eröffnung der Eisenbahnstrecke von Leipzig nach Dresden und der Dampfschiffart auf der Elbe entfalteten sich andere Landschaftskompositionen[41], die in ihrer Vielfalt, ihrer Unterhaltsamkeit und ihrer Weite neue Dimensionen eröffneten. Seit dieser Zeit erhielt die Aussicht von einem Berggipfel in ihrem Erlebniswert Konkurrenz durch die am Fahrzeug vorbeigleitenden Landschaftsbilder. In der zweiten Hälfte des 19. Jahrhunderts griff der Gebirgsverein das Vergnügen der weiten Sicht auf Landschaft nochmals auf, und das Bauwerk „Aussichtsturm" nahm im Vereinsleben kurzzeitig eine zentrale Position ein. Die Planung eines solchen Vorhabens, die Finanzierung und die Umsetzung beschäftigten viele der Mitglieder. Der Bau eines Aussichtsturmes gestaltete sich für viele Zweigvereine, Sektionen oder Ortsgruppen zum Gradmesser der Bedeutung ihrer ehrenamtlichen Tätigkeit. So entwickelte sich Landschaft, die man bis zur Technisierung des Verkehrs meist sehr individuell wahrgenommen wurde, zum kollektiven Erlebnis. Auch die inhaltlich immer vielfältigeren Aktivitäten des Gebirgsvereins, in deren Ergebnis neben touristischen Materialien, wie Wanderheften und Karten, auch Publikationen zu geistes- und naturwissenschaftlichen Themen entstanden, ließ die Faszination der focussierten weiten Landschaft zum Randerlebnis bei der Wahrnehmung von Natur werden.

Bildnachweis:
1 – Staatliche Kunstsammlungen Dresden, Kupferstichkabinett A 131 966
2 – Sächsische Landesbibliothek – Staats- und Universitätsbibliothek Dresden (SLUB), Kartensammlung;
3 – Staatliche Kunstsammlungen Dresden, Kupferstichkabinett A 541/4531
4 – Institut für Sächsische Geschichte e.V. Dresden

---

40 Willy Bähr: Der Borsberg bei Pillnitz, o.O. o.J.
41 Vgl. Dolf Sternberger: Panorama oder Ansichten vom 19. Jahrhundert. Frankfurt/M. 1981, S. 59ff.

Brigitta Schmidt-Lauber

„Auf Pad Gehen"
Reisen in die Natur als Wege der Ethnisierung deutscher Namibier

Das Thema „Natur und Kultur" aus kulturwissenschaftlicher Perspektive zu behandeln, gründet in der heutigen scientific community – das zeigte auch der 32. Kongreß der Deutschen Gesellschaft für Volkskunde in Halle – weitgehend in der Einsicht, daß jedes Denken und Reden über Natur aus einer kulturell bestimmten Wahrnehmung erfolgt. „Landscape is the work of mind" heißt es beim Historiker Simon Schama[1]. Naturverständnis und Naturbilder geben mithin Aufschluß über Deutungsmodelle und Erfahrungswelten derjenigen, die sie formulieren. Am Beispiel einer ethnischen Minderheit in Namibia, deutschsprachiger Namibier nämlich, will ich nun zeigen, daß Naturvorstellungen und Umgangsformen mit der Natur sowohl Rückschlüsse auf die Selbstbilder und Werte als auch insgesamt auf den Prozeß der Ethnisierung erlauben. Denn eine sich als „deutsche Namibier" begreifende Bevölkerungsgruppe ist nicht selbstverständlich vorgegeben, sondern sie ist „gemacht" und bedarf der permanenten Realisierung im Alltag. Dies ist gemeint, wenn von der Konstruktion von Ethnizität[2] die Rede ist. Zu ihr trägt etwa neben den sinnstiftenden Erzählungen über die Vergangenheit oder den Pilgerfahrten nach Deutschland auch eine ritualisierte Reiseform in die Natur bei, die in diesem Beitrag im Zentrum steht. Pointiert ließe sich sagen: Auch der Blick auf die Natur des Landes trägt dazu bei, aus Deutschsprachigen in Namibia *deutsche Namibier* zu machen.

Vorweg nur so viel: Namibia ist ein semiarides Land, das fast zweieinhalb Mal so groß ist wie die Bundesrepublik Deutschland. Noch immer ist der 1990 dekolonisierte Staat durch eine Dreiteilung seiner Fläche geprägt: Erstens gibt es die weitgehend von Weißen bewirtschafteten Farmgebiete, in denen überwiegend extensive Viehzucht betrieben wird, zweitens die ehemaligen „Homelands", kommunal genutzte Ländereien schwarzer Namibier, und drittens die als Naturschutzgebiete ausgewiesenen Regionen, in denen so gut wie keine Menschen dauerhaft leben und die Natur bewirtschaften. Die Bevölkerungsdichte ist in den meisten Landesteilen äußerst gering: Namibia gehört mit ca. 1,9 Millionen Einwohnern zu den am dünnsten besiedelten Ländern der Welt. Stunden-, ja tagelang ohne Gegenverkehr durchs Land zu fahren, zählt folglich zu den immer wieder hervorgehobenen Reiseerfahrungen von Touristen, aber auch von deutschen Namibiern.

Die Tourismusbranche und auch die deutsche Landesbevölkerung präsentieren Namibia als Naturparadies. Hier, so wird argumentiert, böte sich ideales Terrain, um „unberührte Natur", „ursprüngliche", nicht von Menschenhand beeinflußte Flora und Fauna zu erkunden. Genau dieses zu tun, ist Ziel einer besonderen, ritualisierten Form der Raumaneignung und Raumerfahrung, dem sogenannten *Auf Pad Gehen*. So gut wie jeder deutsche Namibier erkundet die Natur seines Landes in Form des *Auf Pad Gehens*. In dieser speziellen Art des Reisens verdichtet sich symbolisch nicht nur die Heimatliebe, sondern auch das Selbstverständnis der ethnischen Minorität.

---

1   Simon Schama: Landscape and Memory. New York 1995, S. 7.
2   Ausführlich hierzu Brigitta Schmidt-Lauber: „Die verkehrte Hautfarbe". Ethnizität deutscher Namibier als Alltagspraxis. Berlin, Hamburg 1998.

Streng genommen meint das afrikaanse Wort „*pad*" einen Weg oder eine Straße und die Formulierung *auf Pad gehen* so viel wie losziehen, aufbrechen, sich auf den Weg machen.[3] Zugleich hat sich dieser Ausdruck zu einer konkreten Formel für eine Reiseunternehmung verdichtet, die bestimmte Assoziationen und Verhaltenserwartungen hervorruft und mit einer speziellen Form der Bewegung verbunden ist: Auf *Pad* zu gehen im hier angesprochenen Sinn bedeutet, Touren im eigenen Land zu unternehmen und dabei für befristete Zeit ein einsames Leben in der Natur zu führen.

Eigenschaften

Während meiner Feldforschungen im Land (1988 und 1994) berichteten Gesprächspartner immer wieder von derartigen Fahrten, zugleich wiesen sie mich zur Vorbereitung eigener Touren in Anforderungen und Besonderheiten einer *Pad* ein. Dabei zeigten die *Pad*-Erzählungen zunächst einmal, daß die Reisen Eigenschaften und Werte vermitteln und bekräftigen, die deutsche Namibier als zentral erachten. Dies gilt ungeachtet sonstiger Unterschiede sowohl für das Gros der in Städten und Kleinstädten lebenden Deutschen als auch für die vergleichsweise isoliert inmitten der Natur lebenden Farmer.

Auch für letztere impliziert eine *Pad* die „Rückkehr zum natürlichen Leben", sie gilt als Kontrast zum „zivilisatorisch" und industriell geprägten Alltagsleben. Schon aus kurzen Gesprächen ließ sich erkennen, daß die *Pad* ein einfaches, rustikales Leben in der Natur ohne besonderen Komfort meint, bei dem Namibia in seiner Vielfalt von Landschaften, spezifischen Problemen (wie Wassernot) und Bedingungen (wie Abgeschiedenheit von Versorgungs- und Hilfseinrichtungen) kennenzulernen ist. Sie führt in menschenleere Gegenden und unendliche Weiten, in denen die Reisenden sich als weitgehend auf sich selbst gestellt erleben. In diesem Zusammenhang tritt immer wieder ein ausgesprochener „Genuß der Einsamkeit" (Ulf Hannerz) zutage, worüber Autonomie und ein starkes Ich-Gefühl erfahrbar sind.

Vergleichbar dem heute international beliebten Trekking-Urlaub verlangt die *Pad* Genügsamkeit und die Bewältigung von abenteuerlichen Strecken und unerwarteten Situationen. Gewöhnlich schläft man unter freiem Himmel und kocht mitgebrachte Konserven am offenen Feuer. Erfindungsreichtum und die Fähigkeit, für eine begrenzte Zeit einen einfachen Lebensstil ohne zivilisatorische Bequemlichkeiten zu erdulden, sind unter Beweis zu stellen. Anders aber als es im europäischen Reiseverhalten der Fall ist, handelt es sich bei diesen Abenteuerfahrten nicht um eine sportliche Mode, die nur spezielle Kreise anspricht, auch ist es kein preiswerter „Campingurlaub", sondern vielmehr eine positiv wertbeladene, schichten- und generationenübergreifende kulturelle Tradition.

Das *Auf Pad Gehen* ist als eine Art Übergangsritual Teil der Sozialisation in die Gesellschaft. Von klein auf lernen „Südwester"-Kinder auf diese Weise den Reiz und die Besonderheiten Namibias wertschätzen und sich „angemessen" zu verhalten. Auch Neuankömmlinge im Land – der Strom an Zuzüglern aus Deutschland reißt nicht ab, auch wenn die Träger der unterschiedlichen Einwanderungswellen sich stark voneinander unterscheiden – können sich der Anziehungskraft der Reisen in die Natur kaum entziehen. Sie eignen sich ausgesprochen schnell diese Reiseform an und werden von „Erfahrenen" eingewiesen.

---

[3] Joe Pütz: Dickschenärie. Ein Wörkschopmänjul für Südwester Deutsch. Windhoek 1982, S. 51f., Stichwort: Pad.

Diese weitverbreitete Suche nach dem einfachen, „primitiven" Leben ist insofern bedeutsam, als deutsche Namibier einen durchaus gehobenen Lebensstandard gewohnt sind, immer wieder betonen, „zivilisierte Europäer" zu sein, und sich so symbolisch von der Majorität schwarzer Namibier abgrenzen. Zur deutschen Kolonialzeit wurde der Begriff des „Verkafferns" geprägt, mit dem die Gefahr gemeint war, sich in diesem „rohen Land" dem als „primitiv" bezeichneten Lebensstil der Afrikaner anzugleichen und die Unterscheidbarkeit als Deutsche aufzugeben.[4] Wenn diese Normen beim *Auf Pad Gehen* für befristete Zeit außer Kraft treten, so sind sie damit jedoch keineswegs in Frage gestellt. Vielmehr erhöht der Ausnahmezustand sogar die Zuschreibung von Kompetenz und Wertigkeit des einzelnen. Es zeigt sich darin eine Afrikanisierung (im Sinne sich als geeignete Bewohner Afrikas zu behaupten), ohne real zu Afrikanern zu werden. Vor diesem Hintergrund erschließt sich die *Pad* als ritualisierte Möglichkeit, beiden Forderungen, der Anpassungsfähigkeit an das afrikanische Land sowie dem „Europäersein" gerecht zu werden. Genau in diesem Spannungsverhältnis zwischen Afrika und Europa bzw. Deutsch- und Namibisch-Sein gründet ein Spezifikum der Ethnizität deutscher Namibier, das einen flexiblen Balanceakt erfordert. Deutsche Namibier erfahren sich am Beispiel der *Pad* also erstens als kompetent im Umgang mit den Landesverhältnissen, sie beweisen ihre Eignung für das „afrikanische Leben". Dies bildet den ersten Baustein in der Konstruktion der Ethnizität „deutscher Namibier".

Heimatbild

Ein zweiter wesentlicher Aspekt der Ethnisierung, der ebenfalls beim *Auf Pad Gehen* vermittelt und erfahrbar wird, ist ein besonderes Bild des als Heimat definierten Raums. Die Fahrten prägen einen speziellen Umgang mit dem eigenen Land und einen besonderen Blick, der eine ausgeprägte Heimatliebe erkennen läßt. In der Vorstellung der meisten deutschen Namibier blickt Namibia auf eine verglichen mit Europa „kurze" Geschichte zurück, die ihrem Verständnis nach erst mit der Kolonisierung durch das Deutsche Reich 1884 so recht begonnen habe. Als vordergründigstes Kennzeichen von „Südwest", wie das Land noch immer von vielen genannt wird, gilt dessen beeindruckende und vielschichtige Natur, die typischerweise als „hart" bezeichnet wird. Die widrigen Lebensumstände mit wiederkehrenden Dürrekatastrophen und die trostlose, menschenunfreundliche Natur – verdichtet im Bild der Wüste Namib – werden auf diese Weise stilisiert. In geradezu pathetischen Ergüssen wie z.B. dem „Südwesterlied"[5] kommt eine innige Liebe zum Land – verstanden als Naturraum – zum Ausdruck.

---

4 Vgl. Deutsches Kolonial-Lexikon. Hg. v. Heinrich Schnee. 3 Bde. Leipzig 1920, hier Band 3, Stichwort „Verkafferung".

5 Das „Südwesterlied" wird seiner Verbreitung und Beliebtheit wegen als inoffizielle Nationalhymne deutscher Namibier bezeichnet. Der Text lautet: „Hart wie Kameldornholz ist unser Land und trocken sind seine Riviere. (Flußbetten) / Die Klippen, sie sind von der Sonne verbrannt und scheu im Busche die Tiere. / Und sollte man uns fragen: was hält euch denn hier fest? Wir könnten nur sagen: wir lieben Südwest!// Doch uns're Liebe ist teuer bezahlt; trotz allem, wir lassen dich nicht, / weil unsere Sorgen überstrahlt der Sonne hell leuchtendes Licht. / Und sollte man uns fragen: was hält euch denn hier fest? Wir könnten nur sagen: wir lieben Südwest!// Und kommst du selber in unser Land und hast seine Weiten geseh'n, / und hat uns're Sonne ins Herz dir gebrannt, dann kannst du nicht mehr gehn. / Und sollte man dich fragen: was hält dich denn hier fest? Du könntest nur sagen: ich liebe Südwest!" Vgl. Gerhard Gellrich: Das Südwesterlied – „Hart wie Kameldornholz". Ursprung und Varianten. In: Afrikanischer Heimatkalender 1986. Windhoek 1985, S. 105-114.

Wie der 25jährige Gesprächspartner Oliver Greve „zugeben muß", kommt es beim *Auf Pad Gehen* kaum zu Kontakten mit Menschen. *Auf Pad Gehen* dient dem Kennenlernen der Natur und Landschaften, aber nur eingeschränkt der Begegnung mit den unterschiedlichen Lebensformen von Namibiern. Allenfalls für das Kaokoland – dem Inbegriff eines abgeschiedenen, unwegsamen Geländes und folglich dem idealen Ziel einer *Pad* – spielt die Begegnung mit den Ovahimba, die als besonders traditionell und einfach lebend gelten, in den Erzählungen von Reisenden eine Rolle. Und selbst hier findet der Kulturkontakt unter dem Blickwinkel der Naturbeobachtung statt, „Zivilisierte" beobachten ein „ursprüngliches Naturvolk" und erfahren sich selbst als Gegenstand der staunenden Betrachtung. So berichtete eine Frau, daß etwa das Gebaren der Reisenden beim Zähneputzen, Kochen oder Frühstücken die Himba befremdlich amüsiert hätte. Indem die Begegnung mit den sogenannten „Stämmen" unter das exotische Naturerleben subsumiert wird, vermittelt sie um so mehr ein Bewußtsein über den eigenen „Zivilisationsgrad". Gerade weil sie auf diese Weise die ganz Anderen bleiben, sind Afrikaner nicht nur Gegenstand der Neugierde, sondern auch der Idealisierung.

Auf Pad Gehen, so viel steht fest, erweist sich vordergründig als ein unpolitischer Vorgang, der deutsche Namibier ungeachtet ihrer Parteizugehörigkeit oder Ideologie eint. Und doch verbirgt sich gerade im selektiven Blick auf Namibia als Naturraum eine politische Aussage. Der gemeinsame Nenner des Heimatbegriffs deutscher Namibier, wie er im *Auf Pad Gehen* sichtbar wird, besteht darin, daß Namibia als „Natur" (und kaum als spezifische Gesellschaftsform oder als Territorium mit einer bestimmten soziopolitischen Geschichte und Realität) wahrgenommen wird. Zur Natur – nicht zu den Menschen in ihren realen Lebensbedingungen – besteht eine innige Verbindung. Die gerade in Namibia offenkundigen sozialen Diskrepanzen wie auch die über 100 Jahre währende politische Fremdherrschaft blieben so auch lange aus dem Heimatverständnis ausgeschlossen.[6] So formuliert der Politologe Manfred O. Hinz: „Indem das Land auf die ›zeitlose Natur‹ reduziert wird, wird das Leben einfach: Die Natur ist schön, man liebt sie, den (großen) Rest sieht man nicht"[7].

Dichotomisches Naturbild

Typischerweise berichteten mir deutsche Namibier so auch von atemberaubend schönen Landschaften, einer Augenweide von grazilen Antilopen oder vom Kreuz des Südens. Die obligatorische Rede vom sternklaren Himmel ruft ein idyllisches Bild von Friedlichkeit und Ruhe hervor. Die *Pad* ist mithin ein erhebender ästhetischer Genuß, der Glücksgefühle weckt. Dennoch unterließen es die Gesprächspartner nicht, auf besondere Gefahren wie das Gebrüll von Löwen um das nächtliche Lager herum oder tödliche Giftschlangen hinzuweisen und mich über die entsprechenden Verhaltensmaßregeln in derartigen Fällen zu unterrichten.

Oftmals zentrieren sich die Erzählungen deutscher Namibier über ihre Erlebnisse auf *Pad* um derartige herausragende und gefährliche Konfrontationen mit der Natur und Tierwelt. Die Naturerlebnisse bieten reichhaltig Stoff für *stories*, Geschichten, die mit Wahr-

---

6   Vgl. Brigitta Schmidt-Lauber: „Die abhängigen Herren". Deutsche Identität in Namibia. Münster, Hamburg 1993.
7   Manfred O. Hinz: Südwestafrikanisch – anti-südwestafrikanisch: Zur namibischen Literatur im Aufriß. In: Helmut Kangulohi Angula: Die zweitausend Jahre des Haimbodi ya Haifiku. Bonn 1988, S. 183-202, hier S. 184.

heitsanspruch behauptet werden und zugleich unwahrscheinlich wirken. Sie künden etwa von einem Elefanten, der sich des Nachts an einem PKW den Rücken reibt, von einem Skorpion im Schlafsack oder Begegnungen mit überfahrenen Schlangen, die nur vermeintlich getötet werden und sich zum Beispiel an den Auspuff des PKW hängen, um sich beim nächsten Stop über den Fahrer zu werfen. Die *Pad*-Geschichten sind etablierter Bestandteil der ohnehin stark ausgeprägten mündlichen Kultur deutscher Namibier, viele liegen aber längst auch literarisch verdichtet in schriftlicher Form vor.[8]

Auf Pad Gehen steht in dieser Hinsicht ganz unter dem Zeichen des Abenteuers und der Gefahr(en), der Entbehrung und der Anpassung an wechselnde Anforderungen. „Der Traum von der Wildnis", der sich nach Simon Schama in vielfältigen, unterschiedlichen Nationalsymbolen manifestiert, verdichtet sich hier in einer besonderen Form, wird als europäischer Traum von den Deutschen der vierten und fünften Einwanderergeneration in Namibia weitergesponnen und läßt sich dem Anspruch nach sogar realisieren.[9] Aus der so gesehenen „harten" Natur erfolgen Ableitungen auf die Menschen, die Derartiges aushalten: „Wir sind selber so hart wie das Land", urteilte der Student Peter Benecke und kontrastierte dies keineswegs ironisch mit den „soften" Bundesdeutschen.

Parallel zur *Pad* als Abenteuer kommt jedoch die zugleich enthaltene Dimension der dekadenten Spazierfahrt zum Ausdruck. Die Illustrationen zeugen nämlich durchaus von Luxus und Bequemlichkeit, wenn etwa eine Cocktailbar und sogar Teppiche zur Ausrüstung der Reisegruppe zählen. Damit ist ersichtlich, wie sehr die Gefahren und Sonnenuntergänge, Löwen und Elefanten eine das Bild abrundende exotische Kulisse bilden.

Dieses Nebeneinander von Naturbildern verdient Beachtung. Es handelt sich hier um ein weiteres Konstruktionselement der Ethnizität deutscher Namibier. Im Schwärmen von der „Schönheit der Natur", den sternklaren Nächten, Springbockherden und der Weite einerseits sowie den kargen, eintönigen, trockenen und widrigen Gegebenheiten andererseits, die stets beide zu den Resultaten einer *Pad* gehören, kommt die dualistische Betrachtung der Natur zum Ausdruck.[10] Die Natur als Gegner wird erfahrbar, zugleich stellt sie einen „wunderschönen" Rahmen dar. Die Spezifik des *Auf Pad Gehens* liegt in diesen Dichotomien von einfachem Leben und Luxus, von der Natur als Augenweide und als Feind.

Analog hierzu ist auch „Afrika" mehr als die Beschreibung eines Kontinents, es ist ein assoziationsbeladener Topos, in dem Bilder vom „dunklen Afrika" und von der „weiten Schönheit" enthalten sind. In ihrer Sozialisation erfahren deutsche Namibier „Afrika" als einen „ursprünglichen" und bedrohlichen Kontinent mit „wilden" Menschen und gefährlichen Tieren, aber eben zugleich als „schöne, harte Natur" und als einzigartiges Land „der Naturvölker". Mit dem so verstandenen „Afrika" können sie sich identifizieren.

In der angesprochenen Polarität verdeutlichen sich wesentliche Charakteristika der Ethnizität deutscher Namibier: Deutsche Namibier lieben die schöne Natur und glorifizieren sie in ihren Beschreibungen, wodurch sie ihre Anwesenheit im Land begründen und bestätigen. Wenn sie zugleich die Gefahren der Natur hervorheben, so bieten diese die

---

8   Siehe Sigrid Schmidt: Erzählungen der Deutschen in SWA. In: Fabula 12/1971, S. 14-17; dies.: Schlangen- und andere Südwester Stories. In: Mitteilungen der S.W.A. Wissenschaftlichen Gesellschaft 14:2/1983, S. 1-9; dies.: Contemporary Legends of Europeans in Namibia. In: Gillian Bennett, Paul Smith, J.D.A. Widdowson (eds.): Perspectives on Contemporary Legends. Sheffield 1987, S. 117-129.
9   Simon Schama: Landscape and Memory (wie Anm. 1). Auf Deutsch erschien das Buch unter dem Titel: „Der Traum von der Wildnis. Natur als Imagination". München 1996.
10 Vgl. Klaus H. Rüdiger: Die Namibia-Deutschen. Geschichte einer Nationalität im Werden. Stuttgart 1993, S. 49ff.

Möglichkeit, die persönliche Eignung für das Land unter Beweis zu stellen. Damit wird offensichtlich, welche Funktionen der dichotomische Naturbegriff zu übernehmen imstande ist: Die idealisierende Überhöhung einer schönen Natur vermag die realen Enttäuschungen zu kompensieren und das Leben in der „Heimat Südwest", das viele für erklärungsbedürftig halten, zu bestätigen. Der Rückgriff auf die Unbilden der Natur dient dagegen der Legitimation des Existenzrechts, der kolonialen Eroberung und des Lebensstandards, als Prüfung der Eignung für das Land, aber auch als Erklärung für Mißerfolge. Die *Pad* kann insofern als komprimierte und stilisierte Form der „Herausforderungen" – ein Schlüsselwort deutscher Namibier – gelten, die das Land an seine Bewohner stellt. Sie vermittelt Kompetenz und Selbstvertrauen, das unter deutschen Namibiern besonders ausgeprägt ist.

Die *Pad* als ritualisierte Stilisierung des „Lebens in afrikanischer Natur" vermittelt also zuerst Werte und Eigenschaften, die deutsche Namibier als zentral für ihre Gruppe erachten. Zweitens macht die *Pad* das Heimatbild – Südwest verstanden als Naturraum und eben nicht als Sozialraum – erfahrbar. Drittens zeigt sich am Beispiel der *Pad* ein dichotomisches Naturverständnis, das Rückschlüsse auf das ethnische Selbstverständnis zuläßt. Auf einer ganz anderen Ebene dokumentiert das *Auf Pad Gehen* viertens die hohe Bedeutung, die Geschichte für deutsche Namibier hat, sowie die historische Dimension des Umgangs und Argumentierens mit Natur.

Geschichte der Pioniere

Denn was auf diesen Touren inszeniert wird, ist zugleich die Geschichte der Pioniere. Das Erkunden der namibischen Landschaften dient auch der symbolischen Wiederholung und Bekräftigung der *deutschen* Geschichte vom „Aufbau" des Landes. Es ist eine Form der Legitimation der europäischen Präsenz im Land. Jeder deutsche Namibier kennt den Tenor in den Berichten der frühen europäischen Einwohner, die sich ihre Fährte durch unwegsames Gelände bahnen mußten, von Durst und Hunger gequält, ohne erreichbare Hilfe erkrankten – kurz: von Umständen, die Helden hervorbringen und fortdauernde Bewährungsproben bedeuten. Bis heute werden die Pioniere von einst als Grundsteinleger für die „Entwicklung" des Landes und der eigenen Existenz gefeiert. Ihre Erkundungsfahrten durch das „Neuland" standen damals unter dem Zeichen der Entdeckung und der Eroberung. Dieses wilde und gefährliche Pionierleben nachzuahmen, ermöglicht heutigen Generationen das *Auf Pad Gehen*. Zugleich legt das Hilfsmittel hierfür, der PKW, den charakteristischen Widerspruch einer *Pad* frei: Es ist eben nicht notwendig, zu darben und unerschlossenes Terrain zu bezwingen, sondern *auf Pad Gehen* ist ein Freizeitverhalten mit Rückzugsmöglichkeiten in die „Moderne".

Natürlich sind die Umstände einer *Pad* damals und heute nicht zu vergleichen: Was heute freiwillig entbehrt wird, was einer regelrechten Inszenierung ähnlich den Camel-Abenteuertouren bedarf, gehörte früher zum allzu unpathetischen Alltag, wie die mitunter verzweifelten Berichte und Tagebücher der Soldaten verdeutlichen.[11] Und doch handelt es sich um keine neue Mode, sondern stellte das *Auf Pad Gehen* als spezifische Grat-

---

11 Dabei zeigten die Tagebücher der Soldaten allerdings schon damals die beschriebene Ambivalenz zwischen Angst- und Glücksgefühlen, sie ließen Bilder von der Natur als erhabenem Genuß und als Feind erkennen. Vgl. Gesine Krüger: Kriegsbewältigung und Geschichtsbewußtsein. Realität, Deutung und Verarbeitung des deutschen Kolonialkrieges in Namibia 1904 bis 1907. Göttingen 1999, S. 82ff.

wanderung zwischen Abenteuer und Spazierfahrt eine selbst zur Kolonialzeit schon gängige Landschaftskonstruktion und Naturerfahrung dar. *Auf Pad Gehen* ist damit eine gesellschaftlich vermittelte, tradierte Form der Aneignung und Erkundung des afrikanischen Lebensraums.

Letztlich – und darauf kommt es hier an – erfordert und dokumentiert die *Pad* nicht allein die Anpassung des einzelnen an die Landesverhältnisse, vielmehr realisiert sie die Ethnizität deutscher Namibier insgesamt. In Abgrenzung zu starren Ethnizitäts-Zuschreibungen gehe ich davon aus, daß Ethnizität in einem dynamischen Prozeß gründet, der einer steten Aushandlung von wechselnden und durchaus widersprüchlichen Identitätsmarkern und der permanenten Wiederholung im Alltag unterliegt. Die *Pad* ist *ein* Beispiel dafür, wie und wodurch sich die Ethnizität deutscher Namibier realisiert. Es sind zwar jeweils individuell durchgeführte, aber von allen unternommene Fahrten durchs Land. In ihnen konkretisieren sich als gemeinsamer Nenner deutscher Namibier das Heimatverständnis und wesentliche Bestandteile des Selbstbildes. Ob der Tendenz nach eher als angenehme Spazierfahrt oder als harte Männertour ausgerichtet, zeigt sich in jedem Fall die Verbundenheit mit dem Land und die Übereinstimmung zentraler Werte sowie die Bindung an die Pioniere von einst. Und ungeachtet sonstiger Meinungsverschiedenheiten bieten Paderfahrungen stets einen willkommenen Gesprächsstoff bei Zusammenkünften, mit denen das Land in seinen zugeschriebenen Charakteristika umrissen und als Heimat bestätigt wird. Mit dieser Form der Ritualisierung der Naturliebe ist die sozial-integrative Bedeutung des *Auf Pad Gehens* angesprochen: *Pad*erfahrungen und -schilderungen bestätigen die Gemeinschaft deutscher Namibier untereinander, die weniger in gemeinsamen als vielmehr in gleichen Erfahrungen gründen. Und wie sich koloniale Berichte über „das Leben auf der *Pad*" als Initiationsreise in die Kolonie lesen lassen[12], wie sich die erste gemeinsame Tour von Vater und Sohn als Übergangsritual ins Mannesalter deuten läßt, so wiederholt sich für jeden deutschen Namibier auf *Pad* das Spezifische des eigenen Landes, die Gültigkeit der ethnischen Sichtweise auf die Heimat und die persönliche Eignung für und Geprägtheit durch die Umstände. Die dabei sichtbare Ideologisierung und Überhöhung der Natur bzw. eines „naturnahen" Lebens findet sich gegenwärtig auch in ganz anderen Ethnisierungsprozessen. So hat Ivan Čolović auf die Rolle der Natur in der zeitgenössischen politischen Mythologie im ehemaligen Jugoslawien aufmerksam gemacht[13]. *Auf Pad Gehen* jedoch ist mehr als ein legitimierender Mythos, es ist Initiationsritus und -gestus zugleich.

---

12 Clara Brockmann: Briefe eines deutschen Mädchens aus Südwest. Berlin 1912, S. 133.
13 Ivan Čolović : Die Erneuerung des Vergangenen. Zeit und Raum in der zeitgenössischen politischen Mythologie. In: Nenad Stefanov, Michael Werz: Bosnien und Europa. Die Ethnisierung der Gesellschaft. Frankfurt/M. 1994, S. 90-103.

Waltraud Müllauer-Seichter

Der Park. Perzeption von Natur in der Konstruktion der madrilenischen Identität
Situationsanalyse, dargestellt anhand der *Casa de Campo*, Madrid

Problemstellung, Stand der Forschung

Der vorliegende Themenkomplex der Untersuchung bezieht sich auf einen bisher noch vernachlässigten Teilbereich innerhalb der Urban-Anthropology-Forschung.[1] Auf den ersten Blick scheint es, als sei in den letzten Jahren eine wachsende Anzahl an Untersuchungen innerhalb dieser Sparte, sowohl im heimischen[2] als auch im gesamteuropäischen[3] Raum, publiziert worden. Bei genauerer Betrachtung stellt die *Stadt* jedoch in einer Mehrzahl der Studien nur den kontextuellen Rahmen bzw. eine Variable dar, welche aber scheinbar keinen direkten Einfluß auf den Ablauf der Geschehnisse sowie auf das Handeln der untersuchten Kollektive hat.

In dieser Studie versuche ich mich dem Phänomen Stadt über den Bereich der öffentlichen Grünflächen, über den Wert, den die Natur in der Identität der Einwohner von Großstädten in Spanien (im konkreten Fall Madrid) einnimmt, zu nähern.[4] Abstrakt ausgedrückt werden Grünzonen von den Städtern als Erholungsgebiete empfunden, die den Kontakt zur Natur (einer künstlich geschaffenen Pseudonatur) ermöglichen. In einer Vielzahl von Untersuchungen wird deren Hauptfunktion in der Erholung und der Ästhetik gesehen, welche der exzessive Protagonismus des Ortes für die visuelle Qualität der Wahrnehmung (Farben, Formen, Licht etc.) wie auch für die restlichen psychischen und sensoralen Empfindungen (Gesuchssinn, Tastsinn, Geräusche, Bewegung, etc.) ausüben. Das städtische Grün bietet sich auch als Quelle für Erklärungsmöglichkeiten über gewisse Notwendigkeiten des urbanen Zusammenlebens, die Herausbildung und Sozialisation verschiedener Gruppen, die den städtischen Raum teilen, an. In diesem Zusammenhang erfüllen sie eine wichtige soziale Funktion, deren Bedeutung bis in die Integrität der Person hinein reicht, indem sie eine Verbindung zur Vergangenheit (historische Gärten) eröffnet. Dank der chronobiologischen Verbindung (Jahreszeitenwechsel, Temperatur, etc.) ermöglicht dies der Person auch eine Positionie-

---

1   Urban Anthropology, als anerkannter Teilbereich der Disziplin, kann als Erbe der sogenannten Schulen von Chicago bzw. Manchester angesehen werden, die ihr Forschungsinteresse auf die einzelnen „Stämme" oder „Clans" aller sozialen Niveaus gerichtet haben, welche in ihrer Vielfalt das Stadtgefüge darstellen. Die daraus resultierenden Untersuchungen, die sich theoretisch auf alle Gruppierungen im städtischen Bereich beziehen sollten, werden in der Literatur oft auch als „Randgruppenforschung" bezeichnet, da man rückblickend sagen kann, daß die hier untersuchten Kollektive zum Großteil der unteren sozialen Schichten zugehörig waren.
2   Mit Beginn der 90er Jahre läßt sich das Interesse für diese Richtung in Arbeiten von Jürgen Friedrichs (1988), Waltraud Kokot (1991), Burkhard Hofmeister (1991), Klaus Wolf (1992), Regina Kubelka (1991) und Elisabeth Lichtenberger (1993) bemerken.
3   Caro Baroja 1966, Williams 1973, Paul-Levy, Segaud 1988, Hannerz 1980, Hallman 1983, Delamont 1995.
4   Es gibt kaum Untersuchungen über dieses Gebiet im spanischen Raum: vgl. Gaviria 1971, Parra 1985, Buxó 1998.

rung im natürlichen System im Zusammenhang mit diesen „lebenden Räumen".[5] Die wichtigsten „Nutzer" der Grünräume, Kinder und inaktive Bevölkerung, finden hier Befriedigung ihrer konkreten Ansprüche (Spiel, Entspannung, Ruhe), während sie gleichzeitig auch Nutznießer der darüber hinausgehenden positiven Effekte sind, welche diese Flächen den urbanen Räumen beisteuern. Für die aktive Bevölkerung stellt das Ausüben diverser sportlicher Tätigkeiten den attraktivsten Reiz dar.

In gewisser Weise entsprechen die Konzepte *Natur* und *Stadt* Idealen, oder – mit anderen Worten – es handelt sich hierbei um erfundene Konzepte. Als Konsequenz daraus ist jener Raum, den wir Natur nennen, bzw. das Bild, das wir von der Stadt haben, sehr weit von diesen Idealen entfernt, welche in der kollektiven Vorstellung bestehen[6]. Die Tatsache, daß diese Konzepte nicht unabhängig voneinander existieren, macht das Herangehen an das Konzept *städtische Natur*, das auf die Gärten und Parks in der westlichen Sphäre der Zivilisation generell angewendet wird, nicht eben einfacher, besonders wenn in der Betrachtungsweise der urbanen Natur keine Reflexion der ländlichen europäischen Grünflächen vorgenommen wird.

Wenn wir uns nun in einem kurzen Streifzug auf die Bedeutung von Gärten und Parks im Laufe der Geschichte konzentrieren, so kann seit der römischen Stadt möglicherweise von ersten Tendenzen gesprochen werden, Stadt und Grün miteinander in Verbindung zu bringen. Die mittelalterlichen Städte sind – immer in Verbindung mit für die Epoche bezeichnenden Aspekten – in großen Teilen Europas vom romanischen Einfluß geprägt. In der Renaissance kann zum ersten Mal vom einer bewußten Verbindung der beiden Konzepte gesprochen werden; hier finden wir erstmals die Präsenz von Alleen und begrünten Plätzen im Stadtbild vor. Das Barock – eine durch absolutistische Monarchien und Kolonialismus gezeichnete Epoche – präsentiert sich mit einem Garten- und Parkkonzept, das im großen und ganzen Macht widerspiegelt und sich immer noch auf Aristokratie und Adel beschränkt. Auf den Übergang vom *privaten Grün* zu *öffentlichen städtischen Grünflächen* müssen wir allerdings noch bis zu Anfang des 19. Jahrhunderts warten, wo erstmals von der Nutzung städtische Grünflächen durch alle Schichten städtischer Bevölkerung gesprochen werden kann.

In Bezug auf die Naturverbundenheit der Städter im europäischen Raum läßt sich ein bemerkenswerter Unterschied in den nördlichen und südlichen Breiten klar erkennen. Frykman & Löfgren[7] beschreiben die Situation der schwedischen Mittelklasse im 20 Jahrhundert etwa wie folgt:

„These stereotoyepes are confirmed in contemporary images of Swedish life: the weekend excursions out into the countryside with coffee and sandwiches, the bands of joggers, skiers, and hunters roaming the forest. One need only look at the extensive hunting-and-gathering economy of berry picking and mushroom collecting out in the woods, or the enthusiastic toil in suburban gardens, or holiday images such as the Friday evening rituals of mass escape to the country cottages or trailer camps, the frantic hunt for sunny hours on the beach or the incessant rain and the complaining children in the rented summer house [...]. this love of the mountains fits nicely with the bourgeois world view, as Roland Barthes has pointed out" (Frykman, Löfgren: 1987, S. 42).

Während im oben zitierten Werk von den Autoren über die Stadtbewohner Schwedens bereits im 19 Jahrhundert die Aussage getroffen wurde: „This was the period of the lonely wanderers, exploring both himself and the wilderness in search of

---

5 Siehe dazu Enrique Salvo 1987.
6 Siehe dazu Rubio Díaz in:Salvo & García Verdugo:1987.
7 Frykman & Löfgren 1987 (Kap. 2: The Nature Lovers).

true nature Artists and authors became the vanguard of the new tourism [...]. the whole of nature that becomes part this new cult [...]. This landscape not only represents the wild and exotic, but also the solitary and aloof, the fresh and pure" (Frykman & Löfgren: 1987, S. 51ff.), lassen sich im spanischen Raum anhand der historischen Texte solche Beobachtungen nicht ableiten.

Im Vergleich mit den nordischen Ländern scheint es, als hätten die Madrilenen kaum Gefallen am Landleben gefunden, oder zumindest läßt sich in ihrem Verhalten zur Natur eine auffällige Zurückhaltung feststellen. Diese eher ambivalente Beziehung zur Natur läßt sich besonders dann gut beobachten, wenn sich die Hauptstädter an den Wochenenden ins „Freie" begeben. Im Gegensatz zum Verhalten in anderen europäischen Breiten, in denen die Menschen ruhige, abgeschiedene Orte aufsuchen, um ihr Picknick im familiären Rahmen zu genießen, ist die spanische Vorgehensweise absolut konträr. In der *Casa de Campo* ist die Szenerie von Menschengruppen, die – bewaffnet mit ausklappbaren Sesseln und Tischen, Kühltaschen, Radio – ihr „Lager" just neben den zum Bersten überfüllten Mülleimern aufschlagen, ein vertrautes Bild. Man bewegt sich für den Grüngenuß kaum zwei Meter von der Fahrbahn weg, den aufgeklappten Kofferraum des Autos immer in greifbarer Nähe. Es hat den Anschein, als ob ein Ort dann an Prestige gewinnt, je mehr Menschen sich an ihm zusammenfinden, obwohl es ja eigentlich die Erholung und Ruhe im Grünen war, die man als Ausgleich zum streßerfüllten Alltag gesucht hat.[8] Die beschriebene Haltung ist jedoch kein Grund für die Annahme, daß der Park im Alltagsleben der Madrilenen keinen hohen Stellenwert besäße. Sein Wert zentriert sich aber immer eher auf den sozialen als auf den natürlichen Aspekt. Diese Aussage ist auch sehr leicht anhand der Quellenlage bezüglich des *Retiro*, des *Campo del Moro* und der *Casa de Campo* zu überprüfen.

Die Hauptfunktion der Madrider Parks war es seit jeher, darin gesehen zu werden; man flanierte und suchte dort das soziale Leben.[9] Der Abgeschiedenheit, Kontemplation oder gar Einsamkeit wegen den Park aufzusuchen, war für die Madrider Gesellschaft äußerst unüblich und ist es auch heute noch – besonders in den zentrumsnahen Grünräumen. Von den erwähnten historischen Quellen ausgehend kann man sagen, daß auch in den vorangegangenen Jahrhunderten – selbst bei den höchsten aristokratischen Gesellschaftsschichten – eine sehr pittoreske und folkloristische Vision des Landlebens – weit entfernt von Vorstellungen unberührter Natur im klassischen Sinne – verbreitet war. Sich im „Landhaus" einzufinden, geschah zu gewissen Gelegenheiten, etwa zur Jagd, als gesellschaftliches Ereignis oder um für kurze Zeit der Hitze bzw. Kälte der Hauptstadt zu entfliehen. Das vitale Zentrum war jedoch immer unbestritten der urbane Wohnsitz. Eine mögliche, plausible Erklärung dafür, warum im europäischen Vergleich erst relativ spät, etwa ab den letzten 15 Jahren, in Spanien verstärkt Tendenzen individualistischer Bewegungen zu bemerken sind, läßt sich in der Franco-Diktatur finden. Die Verhaltensregeln, die bis ins kleinste in einem umfassenden Band der „städtischen Verordnung"[10] tief in die Privat- bzw. Intimsphäre der Bevölkerung eingriffen, ließen wenig Raum für die Entfaltung des Einzelnen. In einer Atmosphäre, die das Leben der Städter bis ins letzte transparent und überprüfbar machen sollte, war jeder Rückzug aus

---

8 Es schreibt schon Gaviria 1971 zu diesem Phänomen, das sich bis heute kaum verändert hat: „Den Spaniern gefällt das Landleben nicht. Sie verhalten sich, als hätten sie Angst vor der Natur. Auf den ersten Eindruck verwundert die herdenmäßige Tendenz, in der sich die Menschen um Getränkekioske, Jausenstationen, Bars oder auch Tankstellen am Fuße der Berge ballen."
9 Vgl. Bordieu 1957, Ariza Muñoz 1994, Tejero Villarreal 1994, Martínez Méndez 1994 u. a.
10 Gaviria 1981, S.21ff.

der „Gemeinschaft" mit dem Dünkel des Unanständigen belegt und somit an der Grenze des Ungesetzlichen.[11]

In dieser Studie soll der Aspekt „Lebensraum", wie er von den unterschiedlichen sozialen Kollektiven in Verbindung mit der temporären und räumlichen Dimension im *öffentlichen Raum* empfunden wird, herausgearbeitet werden. Um eine sinnvolle Arbeitshypothese zu entwickeln, war es in diesem Zusammenhang unumgänglich, eine Analyse der Terminiverwirrung vorzunehmen, die in Bezug auf die Bedeutungen von *Stadt / urbaner, öffentlicher Raum, okkupierter Raum / gelebter Raum, Anthropologie in der Stadt / Stadtanthropologie* etc. in der einschlägigen Literatur vorherrscht.[12]

Als *öffentlicher Raum* dient als zentrales Studienobjekt die *Casa de Campo*, ein multifunktionales Erholungsgebiet im Herzen Madrids, das aufgrund der Varietät der Funktionen, die sie einerseits für die Madrider Bevölkerung, andererseits auch für die Stadt in ihrer Präsentation nach außen (Stadtverwaltung – Comunidad de Madrid) an und für sich, zu erfüllen hat, untersucht wird. Es wird angestrebt, den „Kontext Madrid" mit der Vision seiner Bürger, ihrer sozialen Wahrnehmung über Sinn und Nutzen dieses Stückes kollektiver städtischer Grünfläche in Beziehung zu setzen.[13] Diese lokalen und sehr punktuellen Erfahrungen verschiedener Kollektive zur *Casa de Campo* werden in der Folge im Sinne einer weitreichenderen Konzeption von Urban Anthropology in eine größere räumliche Dimension (lokal, regional, international) des „*öffentlichen Grünraumes*" einzuordnen versucht. Im konkreten Fall werden den bereits erwähnten individuellen Konnotationen die offizielle Darstellung der Untersuchungseinheit sowie anhand zeitgenössischer Quellen (Stadtführern, historischen Karten, Malerei etc) der Stellenwert dieser Grünfläche in der Stadtgeschichte gegenübergestellt. Wichtig für die Darstellung der Polemik, die der Park in den letzten zwei bis drei Jahren innerhalb der Kommunalpolitik ausgelöst hat, sind die Meldungen in den Massenmedien (TV, Radio, Presse) und nicht zuletzt der zeitgenössische spanische Film, in dem die *Casa de Campo* gerne als Drehort verwendet wird, oft als Synonym für die „dunkle Seite" der Stadt im Sinne eines Ortes ungesetzlicher Handlungen, etc. Von dieser Arbeitsstrategie verspreche ich mir in dynamischer Weise eine Annäherung an das Spannungsfeld „städtischer *Grünraum*" und in der Folge ein Herantasten an den Wert eines solchen innerhalb des gesellschaftlichen Systems.

Einer der ausschlaggebenden Gründe für die Studieneinheit *Casa de Campo* besteht darin, daß sie bezüglich der zu untersuchenden Kollektive eine größere Dimension bietet.[14] Sie gibt mir die Möglichkeit, mich dem Phänomen *städtischer öffentlicher Raum* nicht nur über maginalisierte Randgruppen, sondern über einen repräsentativen

---

11 Vgl. dazu Béjar 1990.
12 Dazu wurde die Interpretation der Termini unter anderen bei den Vertretern der Chicago-Schule (R.Park, E.Burgess, R. Mac-Kenzie und L. Wirth), ferner Lefebvre, G. Simmel, E. Goffman, A. Métraux, I. Joseph, M. Augé, M. Merleau-Poty, A. Cardin herangezogen.
13 Kosmopolitische Metropole, Ballungszentrum, ethnischer Schmelztiegel etc.
14 Im Bereich Madrid stellt sich auf den ersten Blick die Frage, warum gerade die *Casa de Campo* und nicht der eher bekannte und historisch sicher besser dokumentierte Retiro – das touristische Ausstellungsstück der Stadt – als Untersuchungseinheit herangezogen wurde. Einer der Gegenaspekte war eben dieses „schöne Bild" des Stadtparks, das von der Comunidad de Madrid konstruiert wurde. Gewisse, für den Ort „natürliche" Dimensionen können hier nicht analysiert werden, da sie „wegretuschiert" oder, anders ausgedrückt, verlagert wurden. Dies ist aber sicher nicht nur ein Spezifikum für Madrid, sondern wird auch in anderen europäischen Städten praktiziert. In der Untersuchung wird im Sinne einer Vergleichseinheit jedoch auch auf den Retiro eingegangen, wenn es gilt, das Kontinuum der Grünflächen im städtischen Bereich zu visualisieren. Hier wird sich aller Wahrscheinlichkeit nach auch eine starke soziale Differenzierung bezüglich der Nutzungsfrequenz zeigen.

Querschnitt der gesamten, im städtischen Bereich vorhandenen gesellschaftlichen Gruppierungen zu nähern. Das Beobachten der Aktivitäten verschiedenster sozialer Schichten bietet die Möglichkeit, aufzuzeigen, wie die sozial differenzierte kollektive Inbesitznahme der einzelnen Segmente des Erholungsgebietes durch die verschiedenen Kollektive abläuft.[15] Die Konnotationen, welche die Informanten an die einzelnen Bereiche knüpfen, spiegeln sehr augenscheinlich diese Okkupation bzw. Dominanz innerhalb des öffentlichen Raumes wieder. Diese räumliche Differenzierung läßt sich in der Folge auch in größeren temporalen Einheiten (Tag/Nacht, Wochenende, Jahreszeiten, Festzyklen, etc.) beobachten. Sie erscheint bereits institutionalisiert, da sie im Prinzip konfliktlos abläuft.[16] Gemessen an den persönlichen Bedürfnissen der Bürger Madrids lassen sich die sozialen Anforderungen an den „espacio público", den *öffentlichen Raum*, schichtweise herausarbeiten: die *Casa de Campo* ist „Lebensraum" (für Obdachlose, Immigranten), Tagesrhythmus (für Langzeitarbeitslose, die über die Krücke Sport versuchen, das Gleichgewicht wiederherzustellen), Zeitvertreib (für Pensionisten, Touristen), Sportplatz (diverse Anlagen: Tennis, Laufen, Radfahren, Schwimmen, etc.), Vergnügungsinsel (Zoo, Parque de Atracciones, Grill- und Picknickplätze, Teich, etc.) wie auch Arbeitsplatz (für Kellner, Angestellte der diversen Vergnügungseinrichtungen, Jugendherberge, Gärtner, Polizei etc).

Die *Casa de Campo* stellt – auch aufgrund ihrer geographischen Lage – eine Grenze zwischen städtischem und ländlichem Raum dar. Sie ist aber nicht nur ein Grenzbereich zwischen *Urbanem* und *Ruralem*, sondern auch ein moralischer. Hier vermischen sich angepaßtes Verhalten mit verbotenem. Dies produziert Angst, die sich nicht nur auf den Raum selbst bezieht[17]; es besteht auch die Angst, die eigenen Limits zu überschreiten, da die moralischen Regeln hier oft nicht so greifen, wie man es in seinem Lebensumfeld gewohnt ist. Der Moralkodex, der uns normalerweise hilft, mit der Umwelt zu kommunizieren und somit Sicherheit vermittelt, kann hier nicht zur Anwendung gebracht werden. Die *Casa de Campo* – schon draußen, aber doch noch innerhalb des Madrider Stadtgefüges – geht somit weit über die Normaleinheit „Park" hinaus. Sie stellt einen Mikroorganismus in der spanischen Hauptstadt dar, in dem das städtische Verhaltensmuster in gewissen Situationen – oder auch nur in bestimmten Zonen – nicht mehr angemessen erscheint[18]. Wenn man nicht über die Eigendynamik des Ortes Bescheid weiß, kann dies im geringeren oder größeren Ausmaß zu Mißverständnissen führen. Der Ort, der sowohl räumlich wie auch moralisch eigenen Gesetzen unterliegt, kann in jenen Menschen, die sich dieser Limit-Situation, in der sie sich bewegen (die sowohl eine Veränderung der Kommunikation als auch der Interaktion der Individuen erfordert), nicht bewußt sind, diffuse Angstgefühle erwecken. Als Basis zur Annäherung an das

---

15 Um ein Beispiel zu geben: die Zone um den Teich etwa wechselt im Verlauf von 24 Stunden mehrfach das jeweils dominierende Kollektiv. Für ein paar Stunden aber ist der Ort durch eben diese Gruppe stigmatisiert, bis er zu einem anderen Zeitraum des Tages durch ein anderes Kollektiv eine völlig konträre Konnotation erhält.

16 Abhängig von den Tageszeiten wird die *Casa de Campo* zur ambivalenten Drehscheibe durchaus positiv konnotierter Aktivitäten, wie schon oben erwähnt – oder aber auch, für einen Teil der Protagonisten dieser Untersuchung, ein harter Boden für den Subsistenzerwerb (Prostituierte, meist Immigrantinnen ohne Aufenthaltsgenehmigung, „Chulos", Drogenhandel, Beschaffungskriminalität).

17 Hier beziehe ich mich auf die Konnotationen, die mit dem Wald in Verbindung gebracht werden: Dunkelheit, Einsamkeit etc.

18 Vgl. hierzu: Oriol Costa, Peréz Tornero, Tropea:1996, S. 59ff.; 168ff.

Phänomen *Grenze* stütze ich mich auf Überlegungen von Foucault[19], Deleuze[20] und Bataille[21]. Vom sozialanthropologischen Standpunkt her dienten großteils die Arbeiten von Delgado (1999), Joseph, Caro Baroja (1966, 1981), Van Gennep (1984) und Cardín (1997) als Orientierung.

Verbunden mit den Aspekten „Grenzsituation" und „Natur" drängt sich aber noch eine weitere interessante Fragestellung auf: Existiert der „Einsamkeitsgenuß" und wenn ja: Welchen Stellenwert haben darin Grünzonen?

Als besonders effizient für die Annäherung an die Konzeption von Einsamkeit[22] in Großstädten scheint mir der Ansatz von Hannerz. Der Autor spricht im Zusammenhang mit den Verhaltensweisen der Großstadtbewohner von vier Modi, für die sich der Städter im urbanen Raum entscheiden kann und die von temporärem Charakter sind. Hannerz greift hier auf Wirth zurück, der zum ersten Mal von einer Variation dieser vier Möglichkeiten städtischen Verhaltens gesprochen hat. Es sind dies: Einkapselung, Segregation, Integration und Einsamkeit. Für die vorliegende Studie möchte ich mich mit dem letzten Modus, der Einsamkeit, detaillierter auseinandersetzen. Ich meine, daß das von Hannerz vertretene Konzept ein hilfreiches Werkzeug ist, um sich Kollektiven wie Emigranten oder den oft in einschlägigen Werken zitierten maginalisierten Gruppen zu nähern. Wir haben jedoch, gerade im Zusammenhang mit dem Park, auch die Konzeption von Einsamkeit, verbunden mit Vorstellungen der persönlichen Abgrenzung, mit Intimität oder mit jenem des Rückzugsgebietes. Obwohl gerade im städtischen Raum die Existenz von Einsamkeit paradox erscheint, liegt es doch auf der Hand, daß man – nur weil man mit anderen Menschen auf engsten Raum lebt – nicht unbedingt auch mit ihnen „zusammenleben" muß.

An diesem Punkt möchte ich mich vom Konzept Hannerz´ distanzieren, da dieser „Einsamkeit" lediglich als Übergangsphase im städtischen Miteinander sieht, die dann endet, wenn „der Ankömmling sich in seiner neuen Umgebung adaptiert hat". Wir haben jedoch im städtischen Bereich neben der von Hannerz beschriebenen Situation eine Serie von Kollektiven, auf die dieser situationale Wandel nicht zutrifft. Ich möchte hierzu nur auf das relativ junge Phänomen der immer größer werdenden Gruppe der Arbeitslosen bzw. Langzeitarbeitslosen hinweisen, welche oft die vom genannten Autor erwähnte soziale Eingliederung nicht mehr erreicht. Weiter sei auf jene Kollektive hingewiesen, die, historisch gesehen, zur Basis des urbanen Geflechts zählen.

In meiner Studie möchte ich die Überlegung überwinden, den Begriff *Einsamkeit* zeitlich einzugrenzen und diesen zusätzlich lediglich für die bereits genannten Kollektive zu reservieren. Weiter sollten auch die durchweg mit dem Begriff verbundenen negativen Konnotationen entfallen. Die Frage, die ich mir in diesem Zusammenhang stelle, ist eben die eingangs erwähnte: Existiert nicht auch ein *Genuß* der Einsamkeit und, verbunden damit, ein privilegierter Raum im städtischen Geflecht, in dem man besonders diesem Genußempfinden nachgehen möchte? Ich glaube, daß in einigen Fällen gerade der Park jenen Raum darstellt, um Erkenntnisse über diese Fragestellung zu erhalten.

---

19 Foucault 1996, S.28ff.; 34, 39, 74ff.
20 „Gespräch zwischen Michel Foucault und Gilles Deleuze" in: Foucault 1996.
21 Bataille 1969
22 Bezüglich „Einsamkeit" meint Hannerz, diese könne man sich auch als „Abgeschiedenheit" vorstellen. Zum Beispiel schlägt er als Vorstellung vom „einsamen Bürger" eine Person mit sehr kleinem, reduziertem Repertoire an Rollen vor. Dazu Hannerz 1980, S. 290.

Literatur

Acero, Antonio: Guía de la Casa de Campo. Madrid 1992.
Alvarez, Antonio; del Rio, Pilar: La vida en el barrio. Estudio sobre formas se vida y modelos urbanos en Sevilla y su casco histórico. Sevilla 1979.
Augé, Marc: Los no-lugares. Espacio del anonimato. Una antropología de la sobremodernidad. Barcelona 1993.
Ballester-Olmos, Jose: El medio ambiente urbano y la vegetación. Estudio de la situación de la ciudad de Valencia. Valencia 1990.
Béjar, Helena: El ámbito íntimo. Privacidad, individualismo y modernidad. Madrid 1988.
Bertram, Hans (Hg.): Gesellschaftlicher Zwang und moralische Autonomie. Frankfurt/M. 1986.
Bourdieu, Pierre: Praktische Vernunft. Zur Theorie des Handelns. Frankfurt/M. 1985.
Bordiu, Juan: Cosas de Madrid. Madrid 1957.
Buxó, Maria José: El aire libre: los jardines en la construcción de la identidad catalana In: Lisón y González Alcantud: *El aire. Mitos y ritos.* Barcelona 1998 (im Druck).
Cardín, Albert: Contra el catolocismo. Barcelona 1997.
Caro Baroja, Julio: La ciudad y el campo. Madrid 1966.
Caro Baroja, Julio: Morfología de las ciudades antiguas. In: Paisajes y ciudades. Madrid 1981, S.63-123.
Caro Baroja, Julio: Los nucleos urbanos de la España cristiana mediaval. In: *Paisajes y ciudades.*, Madrid 1981, S. 141-171.
Carrasco-Muñez de Vera, Carlos: Guía de la Casa de Campo. Madrid 1986.
Cátedra Tomás, Maria: Un santo para una ciudad. Ensayo de Antropología Urbana. Madrid 1997.
Cruces, Francisco, Diaz de Rada, Angel: El intruso en su ciudad. Lugar social del antropologo urbano. In: Malestar cultural y conflicto en la sociedad madrileña. Madrid 1991, S. 155-121.
Delamont, Sara: Appetites and Identities. London 1995.
Duran, Maria Angeles: Espacio urbano y relaciones personales. Valencia 1990.
Escamez, A.M.: La percepción del medio ambiente. Una cuestión hacia la sensibilidad entre la emoción y la indiferencia In: Melilla Hoy (9.12.1989,) S. 14.
Escobar, Francisco: El esquema cognitivo del espacio urbano. In: *Practicas de geografía de percepción y la actividad cotidiana.* Madrid 1992, S. 45-99.
Eslava, R.: La prostitución en Madrid. Madrid 1990.
Folguera, Pilar: La vida cotidiana en Madrid: el primer tercio de siglo a través de las fuentes orales. Madrid 1987.
Foucault, Michel: Von der Subversion des Wissens. Frankfurt/M. 1987.
Foucault, Michel: Die Ordnung der Dinge. Frankfurt/M. 1991.
Frykman, Jonas, Löfgren, Orvar: Culture Builders. A historical Anthropology of middle class life. New Brunswick, London 1987.
García Ballesteros, Juan (Hg.): El uso del espacio en la vida cotidiana. Madrid 1986.
Gaviria, Mario: Campo, urbe y espacio del ocio. Madrid 1971.
Gaviria, Mario: El buen salvaje: de urbanistas, campesinos y ecologistas varios. Barcelona 1981.
Gennep, Arnold Van: Los ritos de paso. Madrid 1984.
Guerra de la Vega, R.: Jardines de Madrid. Madrid 1983.
Hahn, Alois, Kapp, Volker. (Hg.): Selbstthematisierung und Selbstzeugnis: Bekenntnis und Geständnis. Frankfurt/M. 1987.
Hannerz, Ulf: Exploring the city. New York 1980.
Hannerz, Ulf: Transnational Connections. Culture, people, places (sp. Ed.). Madrid 1998.
Joseph, J.: El transeúnte y el espacio urbano. Barcelona 1984.
Kenny, M., Knipmeyer M.: Urban Research in Spain: Retrospect and Perspect In: Kenny & Kertzer: *Urban Life in Mediteranean Europe.* Urbana, Illinois 1983.
Lewis, Priddle, Van Doren: Suelo y ocio. Conceptos y metodos en el ambito de la recreación al aire libre. Madrid 1983.
Lichtenberger, E.: Metropolenforschung. Wien, Prag 1993.

M O P U (Ministerio de Obras Publicas y Urbanismo): Diseño y obtimización funcional de las zonas verdes urbanas. Madrid 1982.
Espacios públicos. Madrid 1990.
Martínez Menéndez, Maria Cristina: Jardines históricos de Madrid. Madrid 1994.
Martínez, Ana: La Gran Via o la etnología de un paseo Unveröff. Diss. Madrid 1997.
Morán Turina, Jose, Checa Cremades, Francisco: Las Casas del rey: casa de campo, cazaderos y jardines siglos XVI y XVII. Madrid 1986.
Mumford, Lewis: The city in History. New York 1961.
Murillo, Soledad: El mito de la vida privada. Madrid 1996.
Navarro Botella, Juan: La incidencia de las drogas en el mundo loboral en la Comunidad de Madrid. Madrid 1998.
Nerín, Maria Jose (Hg.): Volver a ser: modelo de intervención social con transeúntes. Madrid 1996.
Niethammer, Lutz (Hg.): Lebenserfahrung und kollektives Gedächtnis. Die Praxis der Oral History. Frankfurt/M. 1985.
Palmer, S.: El Retiro: parque de Madrid. Madrid 1991.
Parra, Francisco: El naturalista en la ciudad o en la „M 30" florecen los cantuesos. Madrid 1985.
Paul-Levy, F. , Segaud, F.: Anthropologie de l´espace. Paris 1983.
Príde, Pablo: Las calles de Madrid. Madrid 1995.
Pujadas, Juan: Presente y futuro de Antropología Urbana en España. In: Malestar cultural y conflicto en la sociedad madrileña. Madrid 1991, S 45-81.
Pujadas, Juan: Antropología Urbana. In: J. Prat, A. Martínez: Ensayos de Antropología Cultural. Barcelona 1996, S. 241-252.
Ramirez-Montesinos, P. Guia didáctica del zoo de la Casa de Campo. Madrid 1986.
Rivadenyra, Jose Maria: Dictamen sobre los Paseos, Parques y Jardines públicos de Madrid. Madrid 1986.
Rodriguez, Díaz (Hg.): Transeúntes e indigentes: estado de necesidad y respuesta social. Madrid 1980.
Salvo, A.E., García, J.C. (Hg.): Naturaleza urbanizada. Estudios sobre el verde en la ciudad. Malaga 1986.
San Roman, Teresa:Vecinos gitanos. Madrid 1976.
San Roman, Teresa: La diferencia inquientante. Viejas y nuevas estrategias culturales de los gitanos, Madrid 1997.
Sanchez Pérez, Francisco: La liturgia del espacio. Madrid 1990.
Sancho, Juan: Jardines del Palacio. Madrid 1994.
Sarkowicz, H. (Hg.): Die Geschichte der Gärten und Parks. Frankfurt/M. 1998.
Sukopp, Hans, & Werner, P.: Naturaleza en las ciudades. Madrid 1989.
Tejero Villarreal, Beatrice: Casa de Campo. Madrid 1994.
Torremocha, Miguel: Las estaciones del año a través de los sentidos: actividades de la Casa de Campo. Madrid 1989.
Torremocha, Miguel: Madrid en torno al río Manzanares. Madrid 1989.
Torremocha, Miguel: El parque del Retiro. Madrid 1989.
Turner Victor: La selva de los símbolos. Madrid 1980.
Williams, R.: The country and the city. London 1973.
Wirth, L.: El urbanismo como modo de vida In: Leer la ciudad: M. Fernandez Martorell. Barcelona 1996, S 70-78.
Wolf, K. (Hg.). Geographische Stadtforschung: Perspektiven und Aufgaben. Frankfurt/M. 1992.

Siegfried Becker

Die Gestaltung der Kreatur
Tierzucht als Kulturleistung?

Tierzucht als Kulturleistung? – die Frage scheint überflüssig, denn ganz selbstverständlich ist es uns geworden, in einem weiten Kulturbegriff auch die Aneignung und Gestaltung der lebendigen Umwelt einzubeziehen, und selbstverständlich ist damit auch das Halten von Tieren Teil unserer Alltagskultur[1]. Verstehen wir Kultur in ihrer etymologischen Herleitung aus dem lateinischen *cultura* als Kultivierung der Natur, als Pflege, Aneignung und Veränderung eines organischen Naturobjektes auf ein bestimmtes Ziel hin, als Prozeß der Entwicklung, als eine kulturelle Tätigkeit, aus der ein Kulturgebilde hervorgeht, so scheint an der Berechtigung der Deklaration von Tierzucht als Kultur kein Zweifel möglich.

Wenn ich dennoch hinter dem Untertitel ein Fragezeichen gesetzt habe, so sollen damit Zweifel nicht an der kulturellen Tatsache, sehr wohl aber an den Leistungen der Tierzucht in der modernen Gesellschaft angemeldet werden. Leistung ist wenn nicht meßbar, so aber doch bewertbar, und unsere Leistungsgesellschaft hat sich angewöhnt, viele Bereiche der Alltagskultur nach wirtschaftlichen Maßstäben zu bewerten, die freilich längst nicht immer mit moralischen, ethischen, gesundheitlichen Maßstäben korrespondieren. In der Tierzucht – oder, um in der betriebswirtschaftlichen Terminologie zu bleiben, in der Tierproduktion – wird auf Leistung selektiert; der kulturelle Kontext dieser ökonomisch meßbaren Leistung aber sollte durchaus einmal in den Fokus *kulturwissenschaftlicher* Wahrnehmung gerückt werden.

Ich will versuchen, dieses Konfliktfeld anthropo- und biozentrischer Argumente, wirtschaftlicher Interessen der agrarindustriellen Produktion und tierschutzrechtlicher Projektionen an einem kleinen Beispiel zu verdeutlichen, jene Antagonismen in den Naturauffassungen der Gegenwart hinterfragen, die uns vielleicht nirgendwo anschaulicher entgegentreten als im Verhältnis zur belebten Umwelt, zum Tier, das als Mitgeschöpf und Nahrungsmittel gesehen und gebraucht und auch geformt, züchterisch und gentechnisch verändert wird nach menschlichen Ansprüchen und Vorstellungen. Und ich ziehe mit meinem Beitrag auch ein Resümee aus einer jahrzehntelangen intensiven – praktischen und theoretischen – Beschäftigung mit der Tierzucht, in der ich das Glück

---

1   Freilich sind Tiere als Thema kulturwissenschaftlicher Disziplinen im allgemeinen und der Volkskunde im besonderen bislang eher randständig behandelt worden. Vgl. zum kulturgeschichtlichen und volkskundlichen Forschungsfeld etwa: Arne Björnstad (Hg.): Husdjuren och vi (=Fataburen, Nordiska museets och Skansens årsbok 1986). Uddevalla 1986; Siegfried Becker, Andreas C. Bimmer (Hg.): Mensch und Tier. Kulturwissenschaftliche Aspekte einer Sozialbeziehung (=Hessische Blätter für Volks- und Kulturforschung, 27). Marburg 1991; Jutta Buchner: Kultur mit Tieren. Zur Formierung des bürgerlichen Tierverständnisses im 19. Jahrhundert. Münster, New York, München, Berlin 1996; Aubrey Manning, James Serpell (Hg.): Animals and human society. Changing perspectives. London, New York 1994; Paul Münch (Hg.): Tiere und Menschen. Geschichte und Aktualität eines prekären Verhältnisses. Paderborn, München, Wien, Zürich 1998; Burchard Sielmann (Red.): Dünnbeinig mit krummem Horn. Die Geschichte der Eifeler Kuh oder der lange Weg zum Butterberg. Meckenheim 1986; Hilmar Hoffmann: Das Taubenbuch. 2. Aufl. Frankfurt/M. 1982; Bernard Korzus (Hg.): Leben mit Brieftauben. Bielefeld, Dortmund, Münster 1984.

habe, heute wenigstens ansatzweise noch alternative Wege der Subsistenzsicherung gehen zu können[2].

I.

Wenige Jahre nach dem Ende des Zweiten Weltkrieges skizzierte der große Zoologe Georg Steinbacher bereits das Thema der Haustierhaltung als Kulturfrage, in der (unausgesprochenen) Verarbeitung einer Intensivierung der Tierproduktion in der „Erzeugungsschlacht" der nationalsozialistischen Gewaltherrschaft einerseits und der Vorahnung eines kommenden epochalen Umbruchs in der bäuerlichen Landwirtschaft andererseits: „Wir wissen, daß die Kreatur wehrlos in unsere Hand gegeben ist. Wir vergessen zu leicht, daß es ehrlos ist, sich am Wehrlosen zu vergreifen. Unsere Ahnen haben den Wildtieren die Freiheit genommen, wir sind heute für das Schicksal der Haustiere verantwortlich und müssen auch hier zeigen, daß wir den Namen eines Kulturvolkes zu Recht tragen."[3]

Das klingt – wohl auch wegen der damaligen Begrifflichkeit – pathetisch, doch die Realität hat das Pathos sehr bald eingeholt. Heute, fünfzig Jahre später, stehen wir vor nahezu schizophrenen Antagonismen im Umgang mit dem Tier, in der die Voreingenommenheit und Janusköpfigkeit der modernen hochindustrialisierten Gesellschaft – letztlich auch im Umgang mit dem Menschen selbst – in bedrückender Deutlichkeit zum Ausdruck kommt. Tiere werden geliebt und gehaßt, gehätschelt und gegessen[4], und diese Ambivalenz zeigt wie kaum irgendwo sonst die anthropozentrischen und biozentrischen Vorstellungen von Natur in der Gegenwart auf.

Die Modernisierungen und Novellierungen des Tierschutzrechtes legen zwar in nie dagewesener Differenzierung und Reichweite einen moralischen und juristischen Maßstab für diesen Umgang mit dem Tier fest, doch sie zeigen zugleich auch um so deutlicher die Schwächen der bürokratischen Umsetzung, der wirtschaftspolitischen Rücksichtnahmen und der naturwissenschaftlichen Normenbildung auf. Wie nie zuvor häufen sich in den letzten Jahren und Monaten die Schreckensmeldungen über Rinderwahn und Schweinepest, Dioxin in Nahrungsmitteln und Hühnermist im Rindermagen, über tierquälerische Schlachtviehtransporte und Hundekampf-Organisationen. Der Handlungsbedarf ist offensichtlich, die sensibilisierte Medienberichterstattung, die freilich nur die gravierenden Skandale als Spitze des Eisberges an die Öffentlichkeit bringt, nötigt mit ihren Folgen hysterischer Kaufverweigerung von Fleisch-, Milch- und Eierprodukten der Politik Erfolgszwang auf. Sind aber die Antagonismen von anthropo- und biozentrischen Positionen überhaupt zu überwinden, sind sie nicht vielmehr Spiegel tiefgreifenderer gesellschaftlicher Entwicklungen? Und müssen wir nicht auch im Hinterfragen dieser moralischen Wertungen selbst moralische Positionen beziehen?

Am 14. November 1994 legte die damalige Hessische Ministerin für Jugend, Familie und Gesundheit, in deren Ressort die Landestierschutzbeauftragte angesiedelt

---

[2] Da die Frage nach dem konkreten Feld dieser praktischen Erfahrungen in der Diskussion gestellt wurde, sei sie auch hier beantwortet: Sie beziehen sich auf nahezu alle Gattungen der landwirtschaftlichen Nutztiere – Rinder, Schweine, Schafe, Geflügel, Bienen.

[3] Georg Steinbacher: Mensch und Haustier (=Orionbücher. Eine naturwissenschaftlich-technische Schriftenreihe, 12). München 1949, S. 94.

[4] Siegfried Becker, Andreas C. Bimmer (Hg.): geliebt, gehaßt, gegessen. Vom täglichen Umgang mit Tieren (=Das Blättchen zur Ausstellung im Institut für Europäische Ethnologie und Kulturforschung, 1.12.1995-20.1.1996). Marburg 1995.

war, einen Entwurf von Ausführungsbestimmungen zum § 11b Tierschutzgesetz, den sogenannten „Qualzucht-Erlaß" vor. Dieser Erlaß bezog sich auf sogenannte „Fehlentwicklungen in der Haustierzucht", die für Tiere mit bestimmten morphologischen oder physiologischen Merkmalen ein Verbot der Weitervermehrung unter Strafandrohung beinhaltete. Sie konnte sich darin auf Untersuchungen stützen, die im Rahmen eines Forschungsprojektes an der Tierärztlichen Hochschule Hannover durchgeführt und in Studien des Veterinärmediziners Prof. Dr. Wilhelm Wegner und des Zoologen Dr. Thomas Bartels veröffentlicht worden waren.

Bartels hatte Veränderungen im Erscheinungsbild von Haustieren gegenüber den Wildformen untersucht und dabei Zuchtextreme wie Deformationen und Defekte in der Skelettbildung, excessive Vermehrung und Mißbildungen der Haut, der Behaarung und Befiederung, Pigmentierungsanomalien, Verhaltenshypertrophien und zentralnervöse Defekte registriert, in denen er Zuchtmerkmale sah, die für das Tier mit Qualen verbunden seien[5]. Neben unstrittig vorhandenen problematischen Zuchtmerkmalen sind dabei vor allem dominant vererbte Farb- und Formmerkmale berücksichtigt, die bei homozygotem Auftreten letal wirken, also zum Absterben der Embryonen vor oder auch kurz nach der Geburt führen, ferner Anlagen der Scheckungszeichnung als typischem Domestikationsmerkmal, das einer breiten Variabilität unterworfen ist und bei strenger Auslegung der Standardbeschreibungen für die betreffenden Rassen eine hohe Merzungsrate bedingt, was als Töten ohne vernünftigen Grund im Sinne des Tierschutzgesetzes interpretiert wird. Zudem sieht Bartels Rassen, die „nur noch aufgrund aufwendiger Haltungs- und Pflegemaßnahmen bestehen (und) ohne sorgsamen Schutz durch Unterbringung in Volieren, unterstützende Maßnahmen im Rahmen der Fortpflanzung und Ammenaufzucht etc. in ihrem heutigen Erscheinungsbild nicht lebensfähig (wären)", als relevant im Sinne § 11b des Tierschutzgesetzes und ihre Zucht damit als gesetzwidrig an.

Bei solch breiter Auslegung dieses Artikels, wie er in der Bekanntmachung des Bundesministeriums für Ernährung, Landwirtschaft und Forsten vom 25. Mai 1998 in novellierter Fassung vorliegt, ist ein Großteil der gegenwärtig in Mitteleuropa gehaltenen und gezüchteten Haustierrassen mehr oder weniger betroffen, da diese weder ohne besondere Haltungs- und Pflegemaßnahmen noch ohne unterstützende Maßnahmen im Rahmen der Fortpflanzung vermehrt werden können. Neben dem berechtigten Anliegen, extreme morphologische oder physiologische Merkmale in ihrer Ausprägung zu reduzieren, fällt dabei auf, daß unausgesprochen das Erscheinungsbild und die Haltungsansprüche des Haustieres in Relation zur Wildform gesetzt werden: Es handelt sich also um eine ausgesprochen biozentrische Perspektive, die nach Motiven der kulturellen Intentionen in der züchterischen Gestaltung von Haustieren nicht fragt[6].

---

5 Vgl. dazu als neuere zusammenfassende Darstellung: Thomas Bartels, Wilhelm Wegner: Fehlentwicklungen in der Haustierzucht. Zuchtextreme und Zuchtdefekte bei Nutz- und Hobbytieren. Stuttgart 1998.
6 Selbst spezielle haustierphysiologische und -ethologische Literatur wird darin übergangen – vgl. etwa: Gerd Rehkämper, Hartmut Greven (Hg.): Beiträge zur Biologie der Haus- und Nutztiere (=Acta Biologica Benrodis, Suppl. 3). Düsseldorf 1996.

II.

Die Irritationen und Affekte, die der Erlaß auf Seiten der Züchterverbände auslöste und die in einer Vielzahl von Leserbriefen und Stellungnahmen in den einschlägigen Fachzeitschriften zum Ausdruck kommen, sind nicht nur als parteiliche Stellungnahmen zu erkennen, die auf Besitzstandswahrung der erreichten Zuchtziele angelegt sind, sie zeigen vielmehr die Kehrseite in den antagonistischen Perspektiven auf Natur: Neben emotionalen und zuweilen ausfallenden Äußerungen, die es den Forschern in Hannover um so leichter machten, ihre Studien als vermeintlich objektive Wissenschaft zu deklarieren und den Protest der Tierzüchter als Hetz- und Verleumdungskampagne erscheinen zu lassen, stand als gebetsmühlenartig wiederholtes Argument für die Erhaltung der betroffenen Haustierrassen das Stichwort vom „Jahrhunderte alten Kulturgut". Das trifft prägnant den intentionalen Kern der Positionen: In der Argumentation der Züchterverbände wird eine anthropozentrische Perspektive deutlich, die ebenso plausibel eine ganze Reihe der von naturwissenschaftlicher Seite vorgetragenen Einschätzungen zu entkräften vermag.

Es ist wohl leicht nachvollziehbar, daß nach zehntausend Jahren Domestikationsgeschichte die Ansprüche des Haustieres hinsichtlich seiner Unterbringung und Ernährung nicht mehr ohne weiteres mit dem Wildtier verglichen werden können. Eine intensive Betreuung und Versorgung der Haustiere gerade in den inkriminierten Hobbytierzuchten gewährleisten in den allermeisten Fällen optimale Haltungsbedingungen mit hohem Zeitaufwand, ausgewogener Futterversorgung und naturnahen Aufzuchtbedingungen. Wir können hier sicherlich von einer intensiven Mensch-Tier-Beziehung sprechen, wie sie unter den Bedingungen agrarindustrieller Intensivhaltung nie erreicht werden kann[7]. Das Problem des Auftretens von Letalfaktoren bei homozygoten Merkmalsträgern einiger Rassen ist den Züchtern bekannt und wird zur Erzielung ausreichender und gesunder Nachzucht durch Verpaarung spalterbiger Tiere mit Tieren ohne das betreffende Merkmal aufgefangen. Auch die angesprochenen Scheckenzeichnungen mit hoher Fehlfarben- und damit Merzungsrate können den Züchtern sicher nicht als gesetzwidrig angelastet werden: Selbst bei den von Bartels aufgeführten Beispielen handelt es sich um Rassen mit hohem Nutzwert zur Fleischgewinnung, die vorrangig unter subsistenzwirtschaftlichen Gesichtspunkten gehalten und vermehrt werden. Für die Weiterverwendung in der Zucht aber reichen auch die wenigen Tiere mit den gewünschten regelmäßigen Scheckungsabzeichen aus. Es ist also unsinnig, ja diffamierend, hier ein „Töten ohne vernünftigen Grund" im Sinne des Tierschutzgesetzes zu unterstellen, solange der Verzehr von tierischem Eiweiß an sich nicht gesetzlich untersagt wird.

Es dürfte anhand dieser wenigen Beispiele deutlich geworden sein, daß das Nichtverstehen weiterreichende Ursachen hat, daß sich hier gewissermaßen ein Nebenkriegsschauplatz für grundlegendere gesellschaftliche Dissonanzen auftut, ja ein Symptom für das Auseinanderdriften von *Natur* und *Kultur* in nicht mehr zu vereinbarenden Projektionen angezeigt wird.

---

7 Susanne Waiblinger: Die Mensch-Tier-Beziehung bei der Laufstallhaltung von behornten Milchkühen (=Tierhaltung, Ökologie – Ethologie – Gesundheit, 24) Witzenhausen 1996, hat auf die große Bedeutung des Umgangs mit Tieren auch für wirtschaftlich relevante Leistungen in der Tierzucht aufmerksam gemacht, eine Umsetzung unter Intensivhaltungsbedingungen aber dürfte in der Regel an betriebswirtschaftlichen Überlegungen scheitern. Vgl. weiterhin B. A. Baldwien u.a.: Research and Development in Relation to Farm Animal Welfare. (=ebd., 11) Basel, Boston, Stuttgart 1981.

III.

Es fällt auf, daß es sich bei den von Bartels untersuchten wie auch bei den im Qualzucht-Erlaß aufgeführten Rassen ausschließlich um Tiere handelt, die sich in der Hand von Freizeitzüchtern befinden, nicht also um Linien der agrarwirtschaftlichen Tierproduktion. Hier wird die vom Gesetzgeber angelegte strenge Trennung zwischen sogenannten *Nutztieren* (in der Landwirtschaft) und *Heimtieren* (in der Hobbytierhaltung) kritiklos übernommen und damit ein Aufsplitten der Haustierrassen nach ökonomischen Gesichtspunkten weitergeführt, die in der US-amerikanischen Agrarproduktion in den zwanziger Jahren, in Deutschland aber erst durch die rigide Konzentration der Nutztierhaltung auf wenige wirtschaftliche Rassen in der NS-Diktatur begründet worden war. Damit fiel der weitaus überwiegende Teil des bis dahin zu Nutzzwecken gehaltenen breiten Spektrums alter bäuerlicher Landschläge, Neuzüchtungen und sogenannter „veredelter Rassen" des ausgehenden 19. Jahrhunderts aus der förderungswürdigen agrarischen Produktion heraus und blieb dem Traditionsbewußtsein – und dem Idealismus – von Landwirten und Freizeit-Tierhaltern überlassen, beschränkte sich also auf jene „Inseln des Eigensinns", die Burkhard Scherer in seiner kleinen Ethnologie der Hobbywelt mit leiser Ironie beschrieben hat.[8]

Bei vielen dieser alten Haustierrassen[9] sind nun Körper- und Verhaltensmerkmale vorhanden, die ästhetischen Vorstellungen und kulinarischen Vorlieben vergangener Kulturepochen entsprachen und vor allem in Renaissance und Barock an fürstlichen Höfen der Niederlande, Frankreichs oder Italiens, aber auch in Rußland und im Orient kultiviert wurden. Üppige Federhauben und Laufbefiederung, Zwerg- und Riesenwuchs, langhaariges Fell, Kurzbeinigkeit und vor allem verschiedenste Färbungsvarianten sind hier zu nennen, Erscheinungsformen, die sich ikonographisch auf zahlreichen frühneuzeitlichen Gemälden nachweisen lassen. Genetische Nachwirkungen dieser Merkmale sind durch die Verbreitung von Zuchttieren in Europa während des 18. und 19. Jahrhunderts in die bäuerliche Tierhaltung übernommen worden und haben hier rasseprägend gewirkt.

Darin deutet sich ein Gestaltungswille an, der auch in der vorindustriellen agrarischen Gesellschaft eine emotionale Hinwendung zum Tier beinhaltete und die Ausprägung außergewöhnlicher Farben und Formen durch züchterische Selektion beeinflußte. Neben dieser bewußten Förderung von Gestalt- und Leistungsmerkmalen aber wirkte sich unbewußt angesichts der teilweise verheerenden hygienischen Verhältnisse auch ein biologischer (und wir können hier vielleicht sagen: ein kulturell bedingter natürlicher) Selektionsprozeß hinsichtlich der Entwicklung von Krankheitsresistenzen aus. Die Vitalität, die vielfach diese alten Rassen, gerade auch diejenigen mit den sogenannten tierschutzrelevanten Merkmalen, heute noch zeigen, ist als ein Nebeneffekt eines langwierigen Domestikationsprozesses unter den kulturgeschichtlichen Bedingungen extensiver bäuerlicher Tierhaltung zu sehen. Diese genetischen Codierungen sind heute im Pflanzenbau hinlänglich bekannt und werden auch für die Züchtung resistenter Sorten genutzt; sie werden aber – wohl aufgrund der weitaus kostspieligeren

---

[8] Burkhard Scherer: Auf den Inseln des Eigensinns. Eine kleine Ethnologie der Hobbywelt. Mit einem Vorwort von Eckhard Henscheid. München 1995.
[9] Vgl. dazu vor allem Hans Hinrich Sambraus: Gefährdete Nutztierrassen. Ihre Zuchtgeschichte, Nutzung und Bewahrung. Stuttgart 1994, der allerdings die im „Qualzucht-Erlaß" vorrangig behandelten Kleintiere gar nicht aufgenommen hat.

und organisatorisch aufwendigeren Erhaltungszuchten – im Bereich der Tierzucht noch viel zu wenig genutzt, wenn über genetische Ressourcen nachgedacht wird[10].

Ich will damit nur andeuten, daß wir in der Beurteilung einer Haustierrasse und ihrer Existenzberechtigung eben nicht ausschließlich biozentrische oder aber anthropozentrische Perspektiven anwenden können. Das Haustier ist – wie auch der Mensch – Natur- und Kulturwesen zugleich, und die genetischen – und damit biologischen – Anlagen für die Ausprägung von Farb-, Form- und eben auch Vitalitätsmerkmalen sind ohne ihren kulturgeschichtlichen Kontext nicht denkbar. Mit der Ausprägung von Merkmalen im Domestikationsprozeß, die aus biozentrischer Sicht vielleicht als Qual angesehen werden können (was freilich in vielen Einzelfällen noch längst nicht nachgewiesen ist), sind daher nicht nur kulturell geformte ästhetische Vorstellungen umgesetzt, es können durchaus auch besondere genetische Ressourcen ausgebildet worden sein, die es den Tieren ermöglichten, unter spezifischen Umweltbedingungen zu überleben.

IV.

Schauen wir uns nun den Bereich der Haustierhaltung an, der sowohl in § 11b Tierschutzgesetz und im Qualzucht-Erlaß als auch in den Hannoveraner Studien ausgeblendet wurde: die Haltung und Zucht von „Nutztieren", also der so deklarierten agrarindustriellen Tierproduktion, die heute den weitaus größten Anteil in der Erzeugung tierischer Lebensmittelprodukte bestreitet und – wie der Dioxin-Skandal gezeigt hat – uns alle mehr oder minder angeht, ob wir uns nun ein Frühstücksei, Pommes mit oder auch ohne Mayonnaise am Schnellimbiß oder ein Nudelgericht am heimischen Herd gönnen. Moderne agrarindustrielle Tierproduktion muß unter Intensivhaltungsbedingungen erfolgen, weniger wegen der höheren Rendite bei Massenbelegung der Ställe, sondern wegen der hygienischen Verhältnisse, die bei Massentierhaltung eine keimreduzierende Aufstallung und Belüftung notwendig machen, um einer epidemischen Ausbreitung von Infektionen vorzubeugen[11].

Neben diesen kontrollierten hygienischen Bedingungen erfolgt eine strenge Selektion nach Leistungsmerkmalen und deren züchterische Festigung durch Linienzucht, aus der sogenannte Hybridtiere, also die erste Filialgeneration aus Linienkreuzung, als „Endprodukt" für Mast und Fleischgewinnung oder für den einjährigen Umtrieb in der Batteriehaltung von Legehennen hervorgehen. Linienzucht ist eine systematische Form der engen Inzucht. Das ist an und für sich nichts Beunruhigendes, und schon gar nicht dürfen wir hier ethische Normen des Inzest-Tabus eines christlich

---

10 Phänomene der „Retardierung" in arbeiter- und freizeitbäuerlichen Betrieben, die oft als nostalgisches Festhalten am Traditionellen interpretiert worden sind, sollten gerade im Bereich der Tierzucht auch unter diesem Gesichtspunkt betrachtet werden – auch hier wäre also der Aspekt der Romantik als Kultur der Gegenwehr aufzunehmen. Vgl. dazu etwa Hans-Peter Lerjen, Paul Messerli, Eva-Maria Kläy: Vom Arbeiter- zum Freizeitbauern. Neuorientierung im Kontext des agrarischen Zerfalls im Oberwallis. In: Schweizerisches Archiv für Volkskunde 95/1999, S. 23-46; als frühe volkskundliche Studie zum Thema siehe Max Matter: Eine diskontinuierliche Adoption in Lötschental/Schweiz. In: Ethnologia Europea 7/1973/74, S. 48-54.

11 E. von Loeper u.a.: Intensivhaltung von Nutztieren aus ethischer, ethologischer und rechtlicher Sicht. 2. Aufl. Basel, Boston, Stuttgart 1985.

geprägten kulturellen Kontextes[12] anwenden: die Haustierwerdung insgesamt, die Domestikation, ist ohne eine mehr oder weniger geregelte Inzucht nicht denkbar[13].

Enge Inzucht bedingt das Reinerbigwerden bestimmter Merkmale, fördert die Gleichförmigkeit und wirkt damit rassebildend[14]. In der modernen Tierproduktion macht man sich dies zunutze, um bei einer möglichst großen Tierzahl gleiche Merkmale wie Fleischqualität und Legeleistung, Gewichtszunahme und Schlachtkörperbeschaffenheit hinsichtlich der maschinellen Weiterverarbeitung zu erzielen. Für die Gewinnung von Tieren, die für die Verwertung bestimmt sind, werden nun Elterntiere aus zwei unterschiedlichen, blutsfremden Inzuchtlinien verkreuzt. Die Hybriden der Filialgeneration zeigen den sogenannten Heterosiseffekt, sie „luxurieren", d.h. die gewünschten Leistungsmerkmale treten in potenzierter Ausprägung auf; zudem läßt sich hier die Methode der Kennfarbigkeit, das sogenannte Autosexing, nutzen, um das unter wirtschaftlichen Gesichtspunkten unerwünschte Geschlecht, also etwa die Eintagshähnchen, gleich nach der Geburt zu selektieren.[15]

Diese Hybriden sind jedoch für die Weiterzucht untauglich, da die genetischen Informationen wieder aufspalten würden. Vor allem in der Schweine- und Geflügelzucht ist heute die Erzeugung von Hybriden und damit auch die Abhängigkeit der Mäster bzw. der Legefarmen von den großen Vermehrungsbetrieben üblich; die marktwirtschaftliche Bedeutung läßt sich etwa ablesen in der Legehennenhaltung, für die weltweit die Vermehrung in Linienzuchten von nur sieben Großkonzernen erfolgt.

Nun bewirkt das Reinerbigwerden von Merkmalen durch Inzucht auch die Reduktion der genetischen Variabilität. Genetische Informationen, die nicht in der Selektion auf Leistungsmerkmale berücksichtigt werden müssen, können dabei verloren gehen. Das betrifft unter den Umweltverhältnissen der Intensivhaltung, also unter kontrollierten hygienischen und keimreduzierten Bedingungen in geschlossenen Stallungen, vor allem auch die Fähigkeit zur Ausbildung von Resistenzen. In den dreißiger Jahren war die Züchtung leukoseresistenter Linien in der Wirtschaftsgeflügelhaltung aufgrund der noch vorhandenen genetischen Ressourcen möglich; inwieweit solche Ressourcen für andere Infektionskrankheiten nach jahrzehntelanger Intensivhaltung heute noch angelegt sind, ist ungewiß. Ich habe einen Seuchenzug der chronisch verlaufenden aviären Tbc in bäuerlichen Legehennenhaltungen im Freilauf erlebt, der nahezu ausschließlich Hybriden aus großen Vermehrungsbetrieben erfaßt hat, während Tiere aus alten Landrassen keine erkennbaren Symptome zeigten.

Das würde bedeuten, daß mit der Linienzucht in der Tierproduktion eine Einbahnstraße beschritten wurde, aus der ein Umkehren nicht mehr möglich ist. Wenn gegenwärtig der mittelfristige Ausstieg aus der Batteriehaltung gesetzlich geregelt wird, so ist damit lediglich die Umrüstung auf Gitterrost- oder Bodenhaltung in der Intensivhaltung absehbar, zur Freilandhaltung aber wird aus seuchenhygienischen Gründen in breitem Maße wohl kaum mehr zurückzukehren sein. Wir haben hier also eine – nach den von Bartels entwickelten Kriterien – scheinbar absurde Situation, daß Tiere, die im äußeren

---

12 Ion Talos: Inzest. In: Enzyklopädie des Märchens Bd.7. Berlin, New York 1993, Sp. 229-241.
13 Alfred Kühn, Oswald Hess: Grundriß der Vererbungslehre. 9. Aufl. Heidelberg, Wiesbaden 1986.
14 Zum Problemfeld vgl. etwa: Genetische und methodische Probleme bei der Erhaltung alter Haustierrassen in kleinen Populationen. Hg. von der Deutschen Gesellschaft für Züchtungskunde. Bonn 1992.
15 Die Eintagshähnchen werden nach dem Sortieren getötet; eine Weiterverwertung, also etwa zu Futterzwecken für Zootiere, kann nur in eingeschränktem Rahmen bei vorhandenen Absatzmöglichkeiten erfolgen. Hier wäre tierschutzrelevant die Frage nach dem „Töten ohne vernünftigen Grund" anzuwenden!

Erscheinungsbild, in ihrem Phänotyp, wenigstens noch entfernt an die Wildform erinnern, in ihrem Genotyp aber an die Intensivhaltung angepaßt sind und in einer sogenannten „artgerechten" Haltung, mit der ja meist die Auslaufhaltung impliziert wird, möglicherweise gar nicht mehr überleben oder aber ein potentielles Gesundheitsrisiko für den Menschen darstellen könnten[16].

V.

Ich habe dieses Beispiel der Diskussion um § 11b Tierschutzgesetz aufgegriffen, weil es mir symptomatisch zu sein scheint für das Thema unseres Kongresses. In unserer arbeitsteiligen, differenzierten Gesellschaft und damit auch in immer weiter spezialisierten wissenschaftlichen Disziplinen ist offensichtlich eine Verständigung zwischen Natur- und Kulturwissenschaften im besonderen und zwischen den Projektionen auf Natur und auf Kultur im allgemeinen nicht mehr möglich.

Die Kultivierung des Naturhaften hat seit der Aufklärung die Natur als unerschöpfliche Ressource von der Entwicklung des menschlichen Geistes, die Naturwissenschaft von der Geisteswissenschaft und die Kunst von der Technik geschieden – und sie hat damit auch die Schwellen unseres sinnlichen Empfindens geprägt[17]. Diese Positionen kehren wieder in den anthropozentrischen und biozentrischen Argumenten in der Moderne, in denen sich die Dimensionen unseres Naturverständnisses spiegeln. Doch im Konfliktpotential dieser antagonistischen Positionen, das sich zumeist an öffentlich wahrnehmbaren Problemfeldern der Alltagskultur- im konkreten Falle eben an der Freizeittierhaltung – entzündet, wird allzu oft übersehen, was gesellschaftlich von weitaus größerer Relevanz ist, aber hinter verschlossenen Türen der modernen kapitalistischen Systeme verschwindet: Die Profitinteressen der Agrarindustrie etwa, die in der Tierproduktion einen gewaltigen Wirtschaftssektor erschlossen haben, unterlaufen längst die Intentionen, die der Gesetzgeber gerade *den* Tierhaltern aufzwingen will, die sich noch mit dem Tier – als Natur- oder Kulturwesen – beschäftigen.

Das Verhältnis des Menschen zur Natur war – wie Stefan Heiland prononciert herausgearbeitet hat[18] – zu allen Zeiten davon geprägt, in der Auseinandersetzung mit dem Natürlichen für sich das beste herauszuholen. Die menschliche Fähigkeit zur Reflexion aber sollte in der Moderne die Folgen wirtschaftlicher Profitinteressen in der Konsumgesellschaft einschätzen können – dazu aber müßten Natur und Kultur, Natur- und Geisteswissenschaft wieder näher zusammenrücken und auch die Kulturwissenschaften ihre Bereitschaft zur Auseinandersetzung mit naturwissenschaftlichem Terrain erkennen lassen.

---

16 Das Problem der Zoonosen wird in Veterinär- und Humanmedizin zunehmend diskutiert; bei dem oben angeführten Beispiel der aviären Tbc besteht zwar für den Menschen keine lebensbedrohliche Infektionsgefahr, da diese Form bei Säugern und damit beim Menschen in der Regel nicht aggressiv verläuft. Immerhin aber können Infektionen der inneren Organe, etwa der Nieren, auftreten und dort zu Gewebeschädigungen führen. Veterinärämter raten daher häufig, in der Legehennenhaltung im Freilauf einen einjährigen Umtrieb des Bestandes vorzunehmen, um bei der langen Inkubationszeit dieser Infektionskrankheit einen Ausbruch aufzufangen.

17 Bernhard Waldenfels: Sinnesschwellen (=Studien zur Phänomenologie des Fremden, 3). Frankfurt/M. 1999, S. 88ff.

18 Stefan Heiland: Naturverständnis. Dimensionen des menschlichen Naturbezugs. Darmstadt 1992.

Friedemann Schmoll

Kulinarische Moral, Vogelliebe und Naturbewahrung
Zur kulturellen Organisation von Naturbeziehungen in der Moderne

Es geht in diesem Beitrag um das Aussterben von Singvögeln – allerdings nicht um deren Aussterben in der Natur, sondern in der Kultur, genauer über ihr Aussterben in den Kochtöpfen mitteleuropäischer Küchen, also über ein Phänomen der Nahrungstabuisierung, das im 19. und zu Beginn des 20. Jahrhunderts zur Ausscheidung vieler Vogelarten wie Lerchen, Krammetsvögeln, Meisen, Steinschmätzern oder Finken aus bislang selbstverständlichen Nutzungsverhältnissen führte. Die Frage, ob sich wahre Kulturmenschen nicht nur so nützliche, sondern obendrein schöne Himmelsgeschöpfe zum Zwecke der Sättigung einverleiben dürfen, beschäftigte um 1900 nicht nur die sich formierende Bewegung des Vogelschutzes, die Szene des Heimat- und Naturschutzes oder die Kultur- und Lebensreform, sondern weit darüber hinaus eine breite Öffentlichkeit. In seiner „Kulturgeschichte der Nutztiere" konstatierte Ludwig Reinhardt 1912, daß sich das kulturelle Evolutionspotential eines Volkes an dessen Umgang mit Vögeln messen lasse. Die Deutschen als „feinfühlig gewordene Kulturmenschen" würden das Lebensrecht der gefiederten Freunde respektieren. „Anders die gefühlsrohen, noch von der römischen Kaiserzeit an Blutvergießen und Tierquälerei nicht nur keinen Anstoß nehmenden, sondern sich vielmehr noch daran erfreuenden Romanen, die diese kleinen Leichname gerupft, an dünnen Weidenruten aufgezogen, auf den Markt bringen und ihren Volksgenossen gegen geringes Entgelt zum Braten und Verspeisen mit einer Reis- oder Maisspeise verkaufen. [...] Es ist eigentlich eine Schande, daß solche Leckerei in einem sonst so hochstehenden Kulturstaate heute noch geduldet wird."[1] Wenn mit Blick vor allem auf Italien vom Vogelfang die Rede war, dann wurde stets eine pathetische Rhetorik des Barbarisierens bemüht, dann war die Rede von „widerwärtigen Massenmorden"[2], von „Vernichtungskrieg"[3] und von „blutdurstigen ungebildeten Italienern".[4]

Zu dieser Rede um kulturelle Differenz zwischen Romanen und Germanen, Protestanten und Katholiken[5] gehörte allerdings eine gehörige Verdrängungsleistung. Was bei den Vorwürfen welscher Gefräßigkeit und Gefühlskälte nämlich verschwiegen wurde, war der schlichte Sachverhalt, daß Vogelfang und Vogelverzehr um 1900 in Deutschland zwar drastisch in Abnahme waren, jedoch noch immer in größerem Umfang ausgeübt wurden. Noch 1899 – so eine amtliche Erhebung, die sicher nur einen Bruchteil erfaßte – wurden allein in Preußen 1.159.796 Millionen Krammetsvögel im berüchtigten Dohnenstieg gefangen.[6] Hinzu kamen Hunderttausende „Leipziger Lerchen", der legendäre Vogelfang auf Helgoland und allerorten – je nach regionaler

---
1 Ludwig Reinhardt: Kulturgeschichte der Nutztiere. München 1912, S. 656.
2 Heinrich Gätke: Die Vogelwarte Helgoland. Hg. von Rudolf Blasius. Zweite vermehrte Auflage. Braunschweig 1900, S. 379.
3 Christian Ludwig Brehm: Vollständiger Vogelfang. Weimar 1855, S. 49.
4 Alfred E. Brehm: Das Leben der Vögel, dargestellt für Haus und Familie. Glogau 1861, S. 419.
5 Vgl. Reinhard Johler: Vogelmord und Vogelliebe. Zur Ethnographie konträrer Leidenschaften. In: Historische Anthropologie 5/1997, S. 1-35.
6 Vgl. die Ergebnisse in Geheimes Staatsarchiv Preußischer Kulturbesitz, Berlin, I. H.A., Rep. 87 B, Landwirtschaftsministerium, Nr. 19986, „Die infolge des Erlasses vom 11. August 1899 – I. B 5933 – eingegangenen Berichte der königlichen Regierungen, betr. den Krammetsvogelfang, 1899".

Ausprägung – Massenfänge von Finken, Meisen und anderen Piepmätzen. So gestand denn Ludwig Reinhardt auch das Vergehen seiner deutschen Landsleute an den unschuldigen Vögeln ein, und mit besonderer Sorge erfüllte ihn, daß ausgerechnet sein Staatsoberhaupt nicht gerade ein Vorbild an Vogelliebe abgab. Dieser nämlich, so Reinhardt, labe sich gerne an „Lerchen in Aspik" als eine Glanznummer des Frühstücksprogramms". Und weiter: „Der deutsche Kaiser Wilhelm II. ist ein besonderer Verehrer dieser feinen Bissen und die dazu nötigen Lerchen fangen und liefern ihm als besonderes Privileg die Halloren in die kaiserliche Küche. Wenn solches auch bei uns an tonangebender Stelle geschieht, so haben wir keine Ursache, den Romanen ihre Grausamkeit und Herzlosigkeit vorzuwerfen, daß sie solch edle Sänger einem solch schändlichen Lose opfern. Auch die Tatsache, daß die Lerchen gut schmecken, entschuldigt nicht die Brutalität, die in ihrem Verspeisen liegt."[7]

Um 1900 scheint also die Frage des Verzehrs bzw. der Meidung von Singvögeln bestens geeignet, die Menschheit zu teilen in Vogelfreunde und Vogelfeinde, Barbaren und Zivilisierte, Materialisten und Idealisten, Wilde und Gefühlsmenschen. Das kollektive Gedächtnis der protestantischen Mitteleuropäer scheint nicht das allerbeste gewesen zu sein, wurde aus diesem doch allzu bereitwillig getilgt, daß Krammetsvögel, Leipziger Lerchen, Thüringer Meisensuppe oder Helgoländer Drosselsuppe jahrhundertelang fester Bestandteil in bürgerlichen, bäuerlichen und adligen Küchen waren. Singvögel sind zwar zu diesem Zeitpunkt längst nicht mehr „Volksnahrung", sondern zur Delikatesse „hinaufgesunken", dennoch ist es erstaunlich, wie rasch die über Jahrhunderte tradierten Praktiken des Vogelfangs und die kulinarischen Zubereitungsmethoden in diesen Jahrzehnten aus der nationalen Kultur Deutschlands eliminiert wurden. Heute schmecken uns in der Regel weder gebratene Lerchen mit Äpfeln und Korinthen, noch eine deftige Suppe aus Meisen oder Krammetsvogelpasteten à la Rasauvienne,[8] ja mehr noch, heute scheint jeglicher kulturelle Code zur Identifizierung von Singvögeln als Nahrungsquelle verloren gegangen zu sein. Warum aber verliert eine jahrhundertelang tradierte Praxis des Erwerbs, der Zubereitung und Einverleibung von Nahrung ihre Selbstverständlichkeit? Warum und wie kam jeglicher Geschmackssinn zumindest nördlich der Alpen für Lerchen in Aspik oder gebratene Buchfinken abhanden? Mehr noch als die mittlerweile durch Natur- und Umweltschutzgesetze ausgeübten Fremdzwänge scheinen es die sich als Ekel und Abscheu artikulierenden Selbstzwänge zu sein, die Singvögel zu einem unmöglichen Essen machen. Sie indizieren, wie tief und fest die Vorstellung von Singvögeln als bewahrenswerten Geschöpfen kulturell verankert ist. Sie sind „tabu". Tabus weisen in einer Kultur eine sakrale, unantastbare Sphäre aus und trennen das Heilige vom Profanen. Sie sind Wegweiser der sozialen Orientierung, verankern religiöse, soziale oder kulturelle Normen, sie erlauben oder be-

---

7   Reinhardt (wie Anm. 1), S. 657.
8   Rezepte mit Singvögeln finden sich in der Regel auch noch nach dem Ersten Weltkrieg in fast allen gängigen Kochbüchern, wobei im 19. Jahrhundert ein deutlicher Rückgang der Rezepte- und Artenvielfalt festzustellen ist. Mit der Uniformierung der Nahrungsgewohnheiten mehren sich mittlerweile die kulturpessimistischen Stimmen, die kulinarische Moral dem Genuß unterzuordnen. So frohlockte Wolfram Siebeck im „zeit-magazin", daß sich der ehemalige französische Ministerpräsident François Mitterand als letzten Sylvesterschmaus seines Lebens am 31. 12. 1995 in Armagnac gegarte Ortolane (Fettammern) gönnte, bevor wenige Tage später sein irdisches Leben ein Ende finden sollte. Fang und Verzehr dieser seit der Antike als gaumenkitzligste Vogelart rangierende Delikatesse sind nach französischem Recht verboten. Auch in Frankreich spaltet wie in Italien oder Spanien die Angleichung des Jagdrechts an europäische Normen die Nation in Traditionalisten (=Vogelesser) und Modernisten (=Vogelschützer); vgl. Siebeck: Ganz ohne Hemmungen. In: zeit-magazin Nr. 8, 14.2.1997.

grenzen Handlungsmöglichkeiten, setzen fest, was erlaubt ist und was nicht. Hiervon ausgehend soll in diesem Beitrag die Tabuisierung von Sinvögeln rekonstruiert und gefragt werden, was dies für diese Kultur bedeutet, für das Verhältnis der Menschen zu den Vögeln, mehr noch für das Verhältnis der Menschen zu den Tieren und für die Grenzen zwischen Natur und Kultur. Was sagt diese Wanderung der Vögel aus ihren kulinarischen Verwendungszusammenhängen hin zur Unantastbarkeit und „Selbstzwecklichkeit" in einem Naturhaushalt aus über die symbolische Ordnung der Natur, die hier in einem kulturellen Modernisierungsprozeß offenbar neu geregelt wird? Warum wiegt der moralische Gewinn aus dem Verzicht in einer Zeit, da die Möglichkeiten menschlicher Naturbeherrschung ins schier Unermeßliche wachsen, nun plötzlich höher als der materielle Gewinn aus dem Fang und Verzehr? Das Verschwinden der Singvögel aus den Küchen signalisiert grundsätzliche Veränderungen in der Beziehungsgeschichte zwischen Mensch und Tier. Wie in diesem Beitrag zu zeigen sein wird, werden reale und symbolische Naturverhältnisse in der Moderne offenbar so geregelt und organisiert, daß einerseits Tiere als Waren und mechanische Apparaturen nach den Maximen der Industriegesellschaft produziert und getötet werden, während andere, wie die Singvögel, tabuisiert und verheiligt werden. Es geht hier also um die Widersprüchlichkeit moderner Naturverhältnisse, um die Gleichzeitigkeit von Ausbeutung und Anbetung, Verheiligung und Verachtung der Natur.

I. Skizzen zur Geschichte des Vogelfangs

Zum Verständnis des Singvogelfangs scheint zunächst seine jagdrechtliche Sonderstellung grundlegend. Seit der Ausbildung der Jagdregalien, die die Jagd im Zuge der Territorialstaatsbildung zu einem Privileg des Adels werden ließ, stand der Vogelfang als „kleines Weidwerck"[9] im Gegensatz zur mittleren und hohen Jagd potentiell allen Bevölkerungsgruppen offen. Die Jagd auf Vögel mittels Fallen, Netzen, Schlingen, Leimruten, Sprenkeln, mittels geblendeter Lockvögel oder auf dem Vogelherd[10] war somit attraktiv einerseits für den niederen Landadel, andererseits für bäuerliche Schichten, insbesondere in Knappheitsökonomien wie dem Harz, Thüringer Gebirgen, auf Nordseeinseln oder in Ostpreußen. Die Person des Vogelstellers genoß dabei über alle historischen Zeiten hinweg stets einen überaus ambivalenten Ruf. Galt er den einen durch seine Nähe zur Natur, seine intimen Kenntnissen über diese und seinen häufigen Aufenthalt im unbeaufsichtigten und herrschaftsfreien Terrain des Waldes als in der Schule der Natur erfahrungsgesättigter, freier und in sich gefestigter Charakter, geriet er bei anderen aus just denselben Gründen ins moralische Zwielicht. Frühe mittelalterliche Verbote für die Geistlichkeit, der Jagd und dem Vogelfang nachzugehen, zeigen, wie die affektbesetzte Jagd als Gefährdung religiöser Lebensführung von Geistlichen wahrgenommen wurde.[11] Erst mit dem Aussterben des Vogelfangs im 19. Jahrhundert wurde die Figur des Vogelstellers ähnlich wie der Wilderer zum Objekt der Romantisierung. Zuvor hieß es stereotyp über die Vogelfänger, sie seien moralisch unzuverlässig, roh,

---

9 So z.B. bei Johann Conrad Aitinger: Kurzer und einfältiger Bericht vom Vogelstellen. Jetzo auffs new mit Fleiß übersehen und vermehret. Cassel 1653, Vorrede.
10 Zur jagdtechnischen Systematik vgl. Werner Sunkel: Der Vogelfang in Wissenschaft und Vogelpflege. Hannover 1929; Sigrid Schwenk: Zur Terminologie des Vogelfangs im Deutschen. Eine sprachliche Untersuchung auf Grund der didaktischen Literatur des 14. bis 19. Jahrhunderts. Diss. Marburg 1967.
11 Vgl. Kurt Lindner: Die Jagd im frühen Mittelalter. Berlin 1940, S. 411-425.

instinktgeleitet, brutal und erlägen immer wieder der Passion der Jagd, durch die sie ständig in ihrer Selbstkontrolle gefährdet seien: „Sie kennen keine Rücksicht, keine Schonung. Sie lauern ihren Opfern wie durchtriebene Gauner auf, merken ihnen die Neigungen, die schwachen und starken Seiten ab, sie benutzen die Gunst der Jahreszeit, der Witterung, die bethörende Gewalt des Köders; sie bedienen sich der Jungen, deren Hungergeschrei die Eltern zum Erbarmen rührt und ihre eigene Sicherheit vielfach vergessen und die angeborene Scheu und Wildheit überwinden läßt. Kurz, diese handwerksmäßigen Vogelsteller sind listige, durch die Schulung der Erfahrung gewitzigte, mit praktischen Vortheilen zur Ueberlistung der Vögel und zu ihrer Sicherstellung ausgerüstete, mit leidenschaftlicher Hingebung an ihr Handwerk gefesselte Menschen, welche von der Polizei weit schärfer in das Auge gefaßt werden müßten."[12]

Die allgemeine Zugänglichkeit des Vogelfangs bedeutete für den Adel eine permanente Gefährdung der distinktuellen Exklusivität dieser Jagdform, so daß sie für diese soziale Gruppe kontinuierlich an Attraktivität verlor. Tendenziell bildeten sich zwei gänzlich unterschiedliche Jagdkulturen aus: Der bäuerliche Vogelfang, der auf Massenfang zielte, sowie der ostentativ nicht-nützliche Vogelfang des Adels, der stets neu legitimiert werden mußte. „Mancher arme Tagelöhner sucht damit sein Brod zu verdienen, und mancher Reiche verschafft sich dadurch die schönste Gemüthsergötzung", so beschrieb der Landwirt und Ornithologe Johann Andreas Naumann 1789 in seinem „Vogelsteller" diese kulturelle Dichotomisierung.[13] Beim Adel bildeten sich Jagd- und Tötungstechniken aus, die eben genau den ökonomischen Nutzen leugneten und den Vogelfang primär als Lust und Sport verstanden, welche der Kultivierung von List und Raffinesse und dem Vertreiben der Langeweile dienten. In den Jagdbüchern des 17. bis 19. Jahrhunderts finden sich deshalb stets einerseits für Adlige empfohlene oder aber andererseits auf bäuerlichen Massenfang zielende Techniken.

Der Prestigewert des Vogelfangs war freilich gering. Je schwieriger sich die Bejagung eines Tieres aufgrund dessen natürlicher Eigenschaften darstellt, desto größer ist der Prestigewert einer Jagd. Ist die Überlegenheit des jagenden Menschen gegenüber dem bejagten Tier zu groß, bleibt dem Jäger außer dem materiellen Ertrag keinerlei Gewinn an immateriellen Werten. Je gleichwertiger sich umgekehrt das Verhältnis beider darstellt, je ausgeglichener die Verteilung an natürlichen Kräften und Instinkten, desto überzeugender fällt im Falle der gelungenen Jagd der Beleg für den hohen Status des Jägers aus. Also bildete die Aristokratie Jagdtechniken aus, die vornehmlich auf Einzeltiere zielten, auf besonders schwer zu fangende Spezies und obendrein noch mit komplexen Methoden, die Jagd und Tötung zur mit zahlreichen dramatischen Effekten durchsetzten Inszenierung eines Schauspiels werden ließen. Dennoch, so bleibt festzuhalten, verlor der Vogelfang in der Frühen Neuzeit für den Adel kontinuierlich an distinktionellem Wert.

---

12 Adolf und Karl Müller: Die einheimischen Säugethiere und Vögel nach ihrem Nutzen und Schaden in der Land- und Forstwirthschaft. Leipzig 1873, S. 18.
13 Johann Andreas Naumann: Der Vogelsteller oder die Kunst allerley Arten von Vögeln sowohl ohne als auch auf dem Vogelheerd bequem und in Menge zu fangen. Leipzig 1789, S. 3.

II. Die Ordnung des Geschmacks

Nicht alle Singvogelarten wurden gegessen. Ob manche für Nahrungszwecke gemieden wurden oder aber gegessen, lag allerdings nicht an ihnen selbst, sondern an der kulturellen Codierung der Vogelart als Speise. Dies verweist auf die Ordnung des Eßbaren, auf die Frage, welche Vögel in den Kernbereich des kulturellen Geschmacks gehören, welche zur Peripherie, welche möglicherweise zuerst tabuisiert werden können und welche zuletzt. Darüber, wie welche Vögel schmecken, ließ sich der als „Altmeister" der deutschen Ornithologie verehrte Johann Friedrich Naumann 1820 im ersten Band seiner „Naturgeschichte der Vögel Deutschlands" aus, die im Gegensatz zu moderner naturwissenschaftlicher Systematik in einer lebensweltlich-erfahrungsorientierten Tradition steht und naturkundliche Aspekte genauso berücksichtigt wie die praktische Nutzung der beschriebenen Natur – und deshalb auch nicht mit Informationen zum Geschmack der beschriebenen Vögel oder Hinweisen zu Zubereitungsmethoden geizt. Naumann schrieb: „Das Fleisch der allermeisten ist eine wohlschmeckende und nahrhafte Speise. In manchen Ländern verbieten zwar Vorurtheile, Aberglauben und andere Umstände diesen oder jenen Vogel nicht zur Speise zu gebrauchen; auch bei uns haben wir mehrere dergleichen, z.B. die Raubvögel, die meisten Krähenarten und einige andere; indessen finden wir unter denen die wir zu essen pflegen, in Hinsicht der Güte und des Wohlgeschmacks ihres Fleisches, auch einen gar großen Unterschied, und einige hält man so hoch, daß man sie, wie die Schnepfen, sogar sammt den Eingeweiden ißt, und diese ganz besonders wohlschmeckend findet."[14]

Die deutschsprachige Geschmackslandschaft war natürlich heterogen und geprägt von regionalen Geschmacksgewohnheiten, denen jedoch auch Gemeinsamkeiten gegenüberstehen. Der Ortolan etwa galt seit der Antike in allen europäischen Ländern als die wertvollste unter den Vogel-Delikatessen, mit Ausnahme von Helgoland, wo sich trotz des Vorkommens auf dem Zug nie eine Nahrungspraxis entwickelte. An etlichen Höfen hingegen waren eigene Ortolanenjäger bestallt. Umgekehrt gab es Vogelarten, die allgemein tabuisiert waren, und die meisten korrespondierten mit jenen, die auch schon in den alttestamentarischen Speisevorschriften im 3. und 5. Buch Mose vorgegeben waren: Krähen als Aasfresser etwa waren allgemein tabuisiert, allerdings bis auf die Kurische Nehrung, wo sie obendrein auf eine archaische Weise getötet wurden, die die Phantasie bürgerlicher Ethnographen überaus anregte, weil die Verwendung des Mundes, der im Zivilisationsprozeß zunehmend intimen Handlungen vorbehalten war, die Jäger in die Nähe von Tieren brachten: Nachdem die Krähen sich in Netzen verfangen hatten, beendete ein kräftiger Biß des Jägers in ihren Kopf jäh ihr irdisches Dasein.[15] Johannes Thienemann, langjähriger Leiter der Vogelwarte Rossitten, beschrieb den Tötungsakt in seiner Ambivalenz zwischen Humanitätsanspruch und Kannibalismusverdacht: „Der Abend naht heran, der Zug hat aufgehört, und nun tritt der Fänger unter seine gebändigte Schar, nachdem er die kurze Pfeife aus dem Munde genommen hat, ein Anblick, der mich immer an das Bild vom Riesen unter den Liliputanern erinnert. Eine

---

14 Joann Friedrich Naumann: Johann Andreas Naumann's Naturgeschichte der Vögel Deutschlands, nach eigenen Erfahrungen entworfen. Erster Theil. Leipzig 1820, S. 140.
15 Beschreibungen von Fang- und Tötungspraktiken u.a. in: Preußische Provinzialblätter 5/1831, S. 455-464 und 16/1836, S. 98-101; Oscar Schlicht: Die Kurische Nehrung in Wort und Bild. Königsberg 1924, S. 98-100; Friedrich Lindner: Die Preußische Wüste einst und jetzt. Osterwieck 1898; Albert Zweck; Litauen. Eine Landes- und Volkskunde. Stuttgart 1898, S. 429.

Krähe nach der anderen wird hochgenommen, wobei die Rechte die Flügelspitzen, den Schwanz und die Fänge umfaßt, während die Linke den Schnabel festhält; der Kopf wird zwischen die Zähne geschoben, ein leises Knirschen, und schon ist die Krähe blitzartig verendet, um einem neuen Kopfe zwischen den Zähnen Platz zu machen. Nun gebe ich ohne weiteres zu, daß es ästhetischere Anblicke gibt als ein Krähen beißender Nehrungsmensch, aber diese eigenartige Sitte der Eingeborenen ist doch ein Stück Urwüchsigkeit, die der modernen Zeit leider immer mehr verloren geht und die so recht zu unserer rauhen Kurischen Nehrung paßt. Die Hauptsache ist aber, daß sich diese Tötungsart als im höchsten Grade human erweist. Wenn ein Tier für uns sterben muß, dann ist es unsere Pflicht, den Tod möglichst schnell herbeizuführen. Nun, ich muß sagen, daß ich selten ein Tier so schnell habe verenden sehen, wie eine solche gebissene Krähe. Kein Zucken geht mehr durch den Körper, es ist wirklich ein blitzschnelles Sterben. In kürzester Zeit tötet der Fänger auf diese sonderbare Weise mehrere Schock Krähen. Das sollte er einmal mit dem Messer versuchen! Was wäre das für eine Quälerei! Wenn es nach mir ginge, dann müßten unsere Dienstmädchen alle Gänse, Enten und Hühner totbeißen, anstatt mit dem stumpfen Messer loszusäbeln. Ich bitte auch zu bedenken, daß beim Beißen weder Blut fließt noch etwa Gehirn umherspritzt. Nur leicht eingedrückt wird die Hirnschale. Schlimm sieht es allerdings aus, wenn ein alter Nehrunger nur noch zwei Zähne sein eigen nennt, einen im Oberkiefer und einen im Unterkiefer; da heißt es gut abpassen, aber es geht auch. Daß hier der Glaube herrscht, gebissene Krähen schmeckten besser als geschossene, soll nur nebenher erwähnt werden."[16]

Ansonsten informiert das „Handwörterbuch des deutschen Aberglaubens" über Krähen mit großem Interesse an kultureller Differenz: „K.n zu essen war den Juden verboten und wird auch in den ma.lichen Bußbüchern untersagt. In Deutschland gilt K.fleisch als unmögliches Essen, in slavischen Gegenden scheut man sich nicht vor ihr, ebenso ist die K. bei Zigeunern beliebt. [...] Im Kriege 1914/18 hat man Versuche gemacht, das K.fleisch als Nahrung einzuführen, was von den Bauern sehr begrüßt ward, weil dadurch die K.plage etwas eingeschränkt wurde."[17]

Lerchen, Drosseln und Finken dagegen wurden überall gegessen, während umgekehrt Schwalben oder Sperlinge fast überall nicht gegessen, allenfalls zur Arzneiherstellung verwendet wurden. Auch der Kuckuck zählte meistenteils zu den tabuisierten Arten, und wenn er gegessen wurde, genoß er gleich den Rang einer Delikatesse. Warum nun wurden manche Vögel gegessen und andere nicht? Hier stellt sich die Frage, ob sich dahinter eine klassifikatorische Ordnung verbirgt, eine Taxonomie von eßbaren und nichteßbaren Vögeln. Mit Mary Douglas und ihren Studien zu „Reinheit und Gefährdung",[18] in denen sie die These entwickelte, daß es vornehmlich anomale, zwielichtige und gängigen Ordnungsvorstellungen zuwiderlaufende Tierarten sind, die sich zur Tabuisierung eignen, könnte die Tabuisierung der hier genannten Arten erläutert werden. All die aufgezählten Vogelarten sind nicht ganz normal und irgendwie zwielichtig, jedenfalls nicht so, wie dies von normalen wildlebenden Vogelarten erwartet wird. Der Kuckuck etwa weicht in mehrerlei Hinsicht von Normvorstellungen ab: Er ist ein Parasit, der kein normales Familienleben führt, sondern seine Eier in fremde Nester legt. Obendrein sieht er auch noch aus wie ein Greifvogel – er ähnelt dem

---

16 Johannes Thienemann: Rossitten. Drei Jahrzehnte auf der Kurischen Nehrung. Neudamm 1927, S. 211f.
17 Handwörterbuch des deutschen Aberglaubens Bd. 5, 1933, Sp. 370.
18 Mary Douglas: Reinheit und Gefährdung. Eine Studie zu Vorstellungen von Verunreinigung und Tabu. Frankfurt/M. 1988.

Sperber – obgleich er keiner ist.[19] Ähnlich ist der Fall bei den Krähen, die sich gleich mehrfach zur Tabuisierung eignen und nicht nur, weil sie ein schwarzes Gefieder tragen: Sie zählen in der naturwissenschaftlichen Systematik zu den Singvögeln, weil sie anatomisch mit der hierfür notwendigen Muskelapparatur ausgestattet sind, können aber alles andere als singen, sondern verhalten sich wie Raubvögel und fressen obendrein Aas, so daß sie in vormodernen Taxonomien auch den Raubvögeln zugeschlagen wurden. Raubtiere und Aasfresser – dies ist ein universelles Phänomen – eignen sich in allen Kulturen zur Tabuisierung. Auch Schwalben und Sperlinge sind nicht normal, weil sie nicht den gängigen Verhaltensvorstellungen von wildlebenden Vögeln entsprechen. Sie leben als Kulturfolger mit den Menschen in Nachbarschaft: die Schwalben in guter Nachbarschaft, weil sie ihm nützlich sind; die Sperlinge in schlechter Nachbarschaft, weil sie sich als schädliche Parasiten verhalten. Beide jedoch leben mit Menschen in Symbiose, die sie ihm zu nahe werden lassen, um problemlos einverleibt zu werden. Hinzu kommt beim Sperling die bis in die Frühe Neuzeit (und ja auch in unseren aufgeklärten Zeiten nicht wegrationalisierte) Vorstellung, daß sich die Eigenschaften des einverleibten Tieres auf den Esser übertragen. Den Spatzen als den späteren „Proletariern" unter der Vogelwelt wurde nicht nur parasitäres Schmarotzertum, Schädlichkeit und Nichtsnutzigkeit nachgesagt, sondern auch Wollüstigkeit, von der nun befürchtet wurde, daß sie mit dem Fleisch des Vogels einverleibt würde. Wenn dann ausnahmsweise, wie von Zedlers Universal-Lexikon, die Eßbarkeit des Sperlings attestiert wurde, erschien zumindest die Warnung vor drohender Wollust: „Das Sperlingsfleisch ist nicht unangenehm, daher sie bey den Alten, und noch heut zu Tage nicht nur gegessen, sondern auch von einigen vor ein Leckerbißlein gehalten werden: Wiewohl sie andere, als ungesund verachten, weil sie unverdaulich und zur Geilheit reitzen sollen, dergleichen auch dem Hirn und den Eyern zugeschrieben wird."[20] Spatzenfleisch im Kochtopf jedenfalls war ansonsten sozial strengstens codiert und galt, wenn überhaupt, bis ins 19. Jahrhundert nur als Arme-Leute-Mahlzeit.[21]

Nun ist solch ein strukturales Erklärungsmodell wie das von Mary Douglas ein ahistorisches. Mit Blick auf Vogelfang und Vogelverzehr ist jedoch auch ein historischer Wandel der Eßbarkeit bzw. Nichteßbarkeit von Vögeln, also der Klassifikationsordnungen festzustellen. Singvögel schmecken nicht zu allen Zeiten gleich. Meisen etwa tauchen bis ins 18. Jahrhundert als gängige Jagdbeute und gängiges Nahrungsmittel (im Sonderfall Thüringen noch bis um 1900) auf und werden erst problematisch, als mit der Aufklärung und der Ausbildung einer bürgerlichen Gefühlskultur die Frage ihrer Nützlichkeit und zugleich der menschlichen Grausamkeit im Umgang mit Tieren aufgeworfen wird. Jetzt verschwinden Meisen, aber auch andere „nützliche" Vogelarten wie Grasmücken, Nachtigallen und andere Insektenfresser peu à peu vom Speisezettel. Nützlichkeit/Schädlichkeit einerseits und Grausamkeit andererseits sind historisch neue

---

19 Der Forstwissenschaftler Johann Matthäus Bechstein verwies auf Fabeln, die das Geheimnis des Vogelzugs im Falle der Kuckucke dadurch erklärten, daß diese sich im Winter in Raubvögel (meist Sperber) verwandeln würden; vgl. Johann Matthäus Bechstein: Kurze aber gründliche Musterung aller bisher mit Recht oder Unrecht von dem Jäger als schädlich geachteten und getödteten Thiere nebst Aufzählung einiger wirklich schädlichen, die er, diesem Beruf nach, nicht dafür erkennt. Gotha 1792, S. 107f.
20 Zedlers Universal-Lexikon Bd. 38. Leipzig, 1743, Sp. 1514.
21 Vgl. neben Kochbuch- und Jagdliteratur vor allem Johann Philipp Breidenstein: Naturgeschichte des Sperlings teutscher Nation. Gießen 1779. Ganz in aufklärerischer Absicht ist das Buch des Organisten und Kameralwissenschaftlers Breidenstein eine Sammlung gängiger Klischees von den Sperlingen und ein Aufruf zum Vernichtungsfeldzug wider den Schädling.

Parameter, die neue Klassifikationsordnungen von Natur nötig machen und die Frage der Eßbarkeit von Vogelarten neu aufwerfen und neu beantworten.

III. Nützlichkeit

Damit wäre ein erster Aspekt genannt, der die eigentlich selbstverständliche Verwendung der Vögel zu Nahrungszwecken problematisch macht: ihre Nützlichkeit. Wenn es so sein sollte, daß ein lebender Vogel, weil er beispielsweise Insekten vertilgt, dem Menschen materiell vorteilhafter ist, dann muß das Verhältnis zwischen Mensch und Vogel neu überdacht werden, und die Tabuisierung zumindest mancher Vogelarten wird möglich. Tatsächlich setzt mit der Aufklärung ein intensiver Diskurs um die Nützlichkeit von Tieren, insbesondere Vögeln ein, in deren Verlauf viele Vogelarten zu Partnern, Gehilfen, ja Freunden des Menschen werden – ein Status, der ihre Eßbarkeit kulturell unmöglich macht.

Nach den Erfahrungen der Holzknappheit im 18. Jahrhundert hatten in der Forstwirtschaft Rationalisierungsschübe eingesetzt, die zum Abschied von traditionellen Bewirtschaftungsformen zugunsten intensiv genutzter Monokulturen führten. Eine Folge war deren Anfälligkeit und die Erfahrung verheerender Waldschäden. Diese Erfahrung beförderte nun den aufklärerischen Diskurs um die Nützlichkeit und Schädlichkeit von Tieren. Insektenfressende Vögel wie Meisen, so die Vorstellung, könnten die aus dem Gleichgewicht geratenen Natursysteme stabilisieren. Nicht nur mechanistische Naturbilder der Aufklärung entwarfen ein Bild der Natur, die stets zu einem harmonischen Gleichgewicht tendiere. In dieser Natur habe der Mensch als Haushalter zu regulieren und könne negative Entwicklungen durch Gegenmaßnahmen steuern. Auch religiös geprägte Naturvorstellungen, etwa aus der Physikotheologie, sahen in der Natur einen harmonischen Plan verwirklicht, der stets zum Gleichgewicht strebe. Der Forstwissenschaftler Johann Matthäus Bechstein sah jedoch, daß sich der Mensch in der Natur nicht instinktiv, sondern mit den Mitteln der Kultur zu behaupten habe, und schrieb 1792: „Der kultivierte Mensch aber hat mit den Fortschritten seiner Kultur seine Herrschaft über die Erde unabsehlich erweitert, und erlaubt sich in Hinsicht seines eigenen Interesses jenes Gleichgewicht zu störhen." Insofern habe er entsprechende Maßnahmen zu bewerkstelligen, die durch Kultur gestörte Harmonie wiederherzustellen, und so fragt sich Bechstein: „In wie fern habe ich [...] in den Naturgang zu Gunsten meines Interesses einzugreifen, an jener Uhr zu drehen und zu stellen?"[22] Mit Blick auf die Vogelwelt hieß dies, daß nun z.B. insektenfressende Vögel als Erfüllungsgehilfen des Menschen nicht mehr gegessen, sondern geschont werden sollten, da sie sich lebend dem Menschen nützlicher erwiesen als gebraten in der Pfanne. Und tatsächlich wird nun in der Forstwissenschaft und in der „angewandten Aufklärung" verstärkt darüber nachgedacht, wie der Schutz von Vögeln als biologische Schädlingsbekämpfung auf eine systematische Grundlage gestellt werden könne. Ihre Nützlichkeit wäre also ein historisch erster Grund, Vögel nicht zu essen, sondern zu schonen. Diese neue Maxime wird beispielsweise deutlich in den Anmerkungen, mit denen der Ornithologe Johann Friedrich Naumann in den 1820er Jahren die Beschreibung einer Reihe von Vögeln – in diesem Fall der Blaumeise – versieht: „Ihr Fleisch ist eine angenehme Speise; allein sie werden uns durch Vertilgung einer ungeheuren Menge von schädlichen Insekten so

---

22 Bechstein (wie Anm. 19), S. 4f.

außerordentlich wohlthätig, daß es sündlich ist, um eines so kleinen wohlschmeckenden Bissens willen, ein so nützliches Vogelleben zu tödten."[23]

IV. Grausamkeit

Tatsächlich verschwinden nun um 1800 – natürlich mit regionalen Unterschieden – zunächst vor allem nützliche Vogelarten wie Meisen vom Speisezettel. Und ein zweiter Diskurs setzt in diesem Zeitraum ein, der die mögliche Tabuisierung von Vögeln zusätzlich begünstigt. Das Bürgertum als diejenige soziale Gruppe, die selbst nicht am Vogelfang partizipiert, redet immer mehr von Grausamkeit im Umgang mit Tieren, was auf das Stichwort der wachsenden Affektdämpfung und auf eine symbolische Kritik des Bürgertums am bäuerlichen Utilitarismus und an adliger Langeweile und Gefühllosigkeit verweist. Das Töten bzw. die Frage des angemessenen Tötens wird zum moralischen Problem. Christian Cay Laurenz Hirschfeld, der Theoretiker der Gartenkunst, problematisierte 1775 in seiner „moralischen Betrachtung" „Der Winter" die Gewalt gegen Tiere am Beispiel des Vogelfangs, und hier erscheint nun als moralisches Postulat ein Verhältnis von Mensch und Tier, das beide als gleichwertige Subjekte ausweisen will. Hirschfeld schilderte die Folgen einer Vogeljagd. Dabei attestierte er den Opfern all jene Leidenschaften und Affekte, die der Mensch gemeinhin für sich in Anspruch nimmt: „Nichts schützt die wilden Geschlechter der Thiere gegen die Gewalt der Menschen; selbst die Rauhigkeit der Lüfte hält ihre Feinde nicht zurück, und der Schnee, der ihre Nahrung verschließt, wird auch ein Verräther ihrer Spuren. [...] Da liegt nun das Mänchen bei seinem Weibchen, durch einen blutigen Tod vereint; sie, die wenn sie einander von belaubten Zweigen ihre Liebe entgegensangen, oft den Dichter zu frohem Gefühle reitzten, oder dem stilhorchenden Mädchen einen zärtlichen Seufzer entlockten; da liegen sie nun, ein Opfer des menschlichen Zeitvertreibs oder der Habsucht, und kein Frühling wird ihre verliebten Melodien wieder hören. Oft, wenn das Paar getrennt wird, und indem eins todt auf den Boden fält, das andere dem Schusse entflieget; in welcher ängstlicher Verwirrung flattert es dann nicht von Baum zu Baum, sinnlos und betäubt vom überraschenden Knall, suchet vergebens den geraubten Gatten, und zwitschert den ganzen Winter hindurch in lauter Trauertönen. Warum verfolgen wir oft mit so vielem Bemühen und mit so vieler Wuth diese Völkerchen, die uns niemals geschadet, und die ein so unerheblicher Gewinn für uns sind? Ist der Tod ein Lohn für ihre holden Lieder und für die angenehmen Empfindungen, die sie uns dadurch erweckten? Wie wenig befürchteten sie von uns, da sie sich oft über die Nähe des Menschen freuen schienen, und desto fröhlicher sangen? Und wie wenig solten sie auch den scheuen, dem sie einen Theil des Jahres verschönern? Bringen wir uns nicht selbst um unser Vergnügen, wenn wir dem Walde seine Sänger rauben? Wenn wir da, wo sie uns oft in Menge entzückten, bei der Zurückkunft des Frühlings nur wenige Stimmen hören, müssen wir uns alsdann nicht selbst unsere Raubsucht vorwerfen und den Geist der Verwüstung, mit dem wir in den Wäldern umherstrichen?"[24] Und Hirschfelds

---

23 Johann Friedrich Naumann: Johann Andreas Naumann's Naturgeschichte der Vögel. Vierter Theil. Leipzig 1824, S. 74.
24 Christian Cay Laurenz Hirschfeld: Der Winter. Eine moralische Betrachtung. Leipzig 1775, S. 85f.

Erörterung gipfelt in der Kardinalfrage: „Und kan das Tödten der Thiere eine des Menschen würdige Ergötzung sein?"[25]

Das Töten der Tiere sollte von Affekten und Leidenschaften befreit werden, was dadurch möglich wird, daß dem Vogel der Status eines Subjektes zuerkannt wird. Ihm werden nun Leidensfähigkeit, Schmerz, Trauer, Angst und andere Eigenschaften zugewiesen, die gemeinhin eher zur Beschreibung der Differenz von Mensch und Tier und der Monopolstellung des Menschen im Reich der Natur herangezogen wurden. Insofern bedarf es einer grundlegenden Änderung gängiger Verhaltensstandards: Wenn all jene Begierden, Freuden und Lüste, die das Töten der Vögel bereiteten, unzulässig werden, ist die Voraussetzung für die stärkere Kontrolle der menschlichen Affekte eine gleichzeitige Aufwertung des Vogels als eine dem Menschen ähnliche Kreatur. An die Stelle des Lustgewinns beim Töten tritt ein anderer Lustgewinn, der bei der Begegnung mit Vögeln erfahren wird. Die Schönheit ihres Gesangs oder ihr soziales Verhalten bei der familiären Fürsorge lassen den Vogel keinesfalls als mechanische Apparatur erscheinen, sondern als Wesen, dem mit quasi-menschlichen Normen zu begegnen ist. Die Ent-Emotionalisierung des Tötens scheint nur durchsetzbar, weil die Vogelwelt gleichzeitig eine emotionale Aufwertung erfährt, welche umgekehrt vom Tötenden neue Verhaltensstandards und den Umbau seiner Triebnatur abverlangt. Tatsächlich läßt sich seit dem 18. Jahrhundert eine sukzessive Eliminierung von grausamen Tötungstechniken beobachten. Problematisch wird etwa das Blenden von Lockvögeln durch glühende Eisendrähte, der Fang mit Leimruten und Schlingen oder die Verwendung von Lockvögeln, denen Flügel oder Beine gebrochen wurden, damit sie durch stärkeres Flattern mehr Aufmerksamkeit der anzulockenden Artgenossen auf sich ziehen – es ging darum, die Leidenszeit der Vögel beim Fang zu verkürzen und ihren Tod rasch und schmerzlos zu gestalten. So gibt etwa Johann Breidenstein 1779 in seiner „Naturgeschichte des Sperlings teutscher Nation" die Maxime aus: „Doch ein Vernünftiger martert sie nicht durch einen langsamen Tod, weil das allemal ein grausames Herz anzeiget."[26] Es geht also hier nicht nur um eine bessere Behandlung von Tieren um der Tiere willen, sondern auch darum, bessere, nämlich vernünftige Menschen zu werden und damit um die Versittlichung der zivilisierten Menschheit. Wer grausam ist zu Tieren, so die in pietistischen und philantropischen Milieus kultivierte und bis heute stereotyp wiedergekäute Idee, wird dies auch gegenüber Menschen sein.

Im Laufe des 19. Jahrhunderts wurde der Vogelfang immer bedeutungsloser, und begünstigt wurde dieser Prozeß durch Strukturveränderungen in der Landwirtschaft. Stallhaltung, Mechanisierung und Chemisierung führten zu einer drastischen Verbesserung der Fleischversorgung, so daß der ökonomische Stellenwert des Vogelfangs immer geringer wurde. Leipziger Lerchen, Krammetsvögel oder Ortolane wurden immer stärker in gesellschaftliche Randbezirke abgedrängt – in obere soziale Gruppen als Delikatessen und in bäuerliche Unterschichten, wo sie zur Nahrungsversorgung nur noch regionale Bedeutung hatten.

---

25 Ebda.
26 Breidenstein (wie Anm. 21), S. 121.

V. Die kulinarische Moral des Vogelschutzes

Somit war die Tabuisierung von Singvogelfleisch längst mitten im Gange, als sich der seit den 1860er Jahren immer stärker in Vereinen formierende Vogelschutz zu Wort meldete. Schon Anfang der 1870er Jahre diagnostizierte der Ornithologe Ferdinand von Droste-Hülshoff unmißverständlich, daß längst die Vogelschützer die kulturelle Dominanz über die Vogelfänger erlangt hätten und damit die Naturschützer über die Naturnützer triumphierten. Er schrieb im Rückblick auf romantisch verklärte Vogelfangvergangenheit: „Jetzt ist es anders geworden. In Stadt und Land muss man die altväterlichen Vogelsteller mit der Diogeneslaterne suchen. Sie ziehen nicht mehr vor dem Morgengrauen dutzendweis mit Garnen und Lockvögeln beschwert zum Stadtthore hinaus, und wenn sie es thäten, sie würden doch nicht, wie ehedem, mit reicher Beute heimkehren. An ihrer Stelle versammeln sich allmonatlich allerlei gelehrte Herrn und joviale Stammgäste um einen langen Tisch und rathschlagen bei einem Glase Bier mit angemessenem Ernste, ob dieser oder jener Spatzenfamilie ein Haus gebaut werden müsse. Es sind die Herren des städtischen Vogelschutz-Vereines, die immerfort thätigen Pflegeväter aller Vögel. Ausser ihnen gibt es dann noch die Thierschutz- und Antithierquäler-Vereinler mit ihren wohlwollenden Gefühlen, welche ja eher einen Gassenbuben hängen, als einen Spatz hungern lassen würden. Auch die Regierungen nehmen sich der Vögel kräftigst an, indem sie von Zeit zu Zeit geharnischte Verfügungen in Erinnerung bringen, worin das Tödten, Fangen und Nesterausnehmen einer grossen Zahl von Vögeln untersagt wird. Die Zeiten haben sich eben geändert, sehr viel geändert."[27]

Es ist klar, daß Vogelfang und Vogelverzehr zu großen Themen der Vogelschutzbewegung wurden, berührten sie doch die ganze Komplexität der Frage der Bewahrung der Natur gegenüber einer nicht nur technisch immer entfesselteren Moderne. In dieser Frage sind Aspekte enthalten wie Fragen nach biologischer Vielfalt, der Ethik, der Ästhetik, ja überhaupt die grundsätzliche Frage nach den Grenzen der menschlichen Naturaneignung. Zwar waren es ausgerechnet die Vogelsteller, die bereits Ende des 18. Jahrhunderts einen Rückgang der Vogelwelt nicht nur beobachteten, sondern auch beklagten. Und wie sie stellten auch die Ornithologen des 19. Jahrhunderts unmißverständlich fest, daß es vor allem die Rationalisierung der Landwirtschaft und Nutzungsintensivierungen von Natur waren, die für den Rückgang von Vogelpopulationen verantwortlich seien – die Monotonisierung der Landschaft, das Verschwinden von Mooren, naturnahen Gewässern, Hecken und Bäumen. Allerdings ist dies kein Befund, der in der öffentlichen Diskussion emotionale und moralische Dynamik hätte entfalten können. Und so gerieten eher Konflikte wie der Vogelfang oder die Verwendung von Gefiedern und Vogelbälgen in der Mode[28] zu den großen Themen des Vogelschutzes. Die Naturschutzbewegung interpretierte dabei die Liebe zu den Vögeln gerne als das Ergebnis einer moralischen Evolution, als deren Impulsgeber und Träger sie sich selbst verstanden.

Die Vogelschutzvereine – zunächst die lokal und regional organisierten, dann seit 1875 der „Deutsche Verein zum Schutze der Vogelwelt" und seit 1899 der „Bund für Vogelschutz" gehörten nicht nur zu den mitgliederstärksten Vereinen des sich um 1900 organisierenden Naturschutzes, sondern als früheste auch zu dessen Avantgarde. In

---

27 Ferdinand Baron von Droste-Hülshoff: Die Vogelschutzfrage. Ein Referat. Münster 1872, S. 37.
28 Vgl. Friedemann Schmoll: Vogelleichen auf Frauenköpfen. Ein Streitfall aus der Geschichte des Vogelschutzes. In: Rheinisch-westfälische Zeitschrift für Volkskunde 44/1999, S. 155-169.

dieser Bewegung wurden etliche Traditionsstränge gebündelt, was ihre Anziehungskraft zu erläutern vermag. Da war der Utilitarismus der späten Aufklärung, der in den Vögeln Instrumente zur Verbesserung der Forst- und Agrikultur sah. Traditionsstränge gab es aber auch in der ethischen Bewegung des seit den 1830er Jahren in Vereinen organisierten Tierschutzes, in den Vereinen der Vogelliebhaberei, in der amateurwissenschaftlichen Ornithologie und der Naturkunde. Die Leistung des Vogelschutzes in seiner Popularisierungsphase bestand vor allem darin, solche unterschiedlichen Traditionsstränge zu integrieren in eine ganzheitliche Bewegung, in der Wissenschaft und Emotion, Utilitarismus und Ästhetik gleichberechtigt Raum hatten. Die Naturvorstellungen des Vogelschutzes überwanden so die Grenzen zwischen scientifischer Auseinandersetzung und ästhetischer Naurbewunderung und versöhnten Wissenschaft und Leben in der Praxis neuer Vereinstypen, die dem Utilitarismus der Moderne das harmonische Bild einer Versöhnung von Mensch und Natur entgegenhielten. Insofern war es längst auch im Vogelschutz Konsens, daß die Vögel um ihrer selbst willen geschützt werden sollten, wie dies Ernst Hartert pointiert formulierte: „Überhaupt ist die Frage, warum wir eigentlich den Vögeln Schutz gewähren wollen, nicht so leicht zu erledigen, wie es meist geschieht. [...] Haben wir doch den Mut zu sagen, daß wir die Vögel selbst wollen, daß wir sie schützen wollen um ihrer selbst willen, daß wir nicht wollen, daß die ganze Natur um unseres Geldbeutels und unserer ‚Entwickelung' wegen einseitig werde. Gestehen wir nur ein, daß wir die Vögel aus ‚ethischen' Gründen schützen wollen, und daß wir selbst solche, die ‚schädlich' sind, nicht ganz missen wollen."[29]

Die Vogelschutzbewegung bekämpfte den Vogelfang mit allen ihr in der wilhelminischen Monarchie zur Verfügung stehenden Mitteln. Mit dem Reichsvogelschutzgesetz von 1888 wurden etliche Fangtechniken – allerdings nicht der berüchtigte Dohnenstieg – verboten, Schonzeiten eingeführt und der Fang etlicher Arten ganz untersagt. Gesetze und Verordnungen der einzelnen Bundesstaaten gingen sehr viel weiter, und mit der Novellierung des Reichsvogelschutzgesetzes 1908 wurde denn auch der berüchtigte Krammetsvogelfang auf dem Dohnenstieg untersagt und etliche bislang als „schädlich" klassifizierte Vogelarten wie etwa einige Raubvogelarten unter Schutz gestellt. Zum Ende des Kaiserreichs waren Vogelfang und Vogelverzehr bis auf etliche regionale Ausnahmen also fast ausgerottet, kulturell und rechtlich zumindest in den Bereich des Illegitimen abgedrängt. Nahrungstabus werden in Krisen- und Notzeiten stets gelockert, und so wurde auch der Vogelfang während der schlechten Ernährungslage des Ersten Weltkriegs wieder weitgehend freigegeben. Danach allerdings sollte er während des 20. Jahrhunderts keine Rolle mehr spielen – das Tabu schien kulturell fest verankert.

VI. Vögel und ihr kultureller Lebensraum in modernen Gesellschaften

Singvögeln war also ein neuer kultureller Lebensraum zugewiesen worden, in dem sie Schutz genossen. Was aber prädestinierte nun ausgerechnet Vögel dazu, in der bürgerlichen Gesellschaft nicht nur zu Indikationsobjekten zu werden, die etwa als Bioindikatoren Auskunft geben konnten über die Verfaßtheit der Natur, sondern auch zu Identifikationsobjekten? Orvar Löfgren hat in einem Beitrag zur Genese bürgerlicher Naturauffassung aufgezeigt, was ausgerechnet Vögel für das Bürgertum so anziehend macht,

---

29 Ernst Hartert: Einige Worte der Wahrheit über den Vogelschutz. Neudamm 1900, S. 20f.

und seine Überlegungen sollen weitergesponnen werden.[30] Zunächst sind Vögel in der ökonomischen Logik moderner Gesellschaften nicht allzu gewichtig, so daß der Verzicht auf ihre materielle Nutzung relativ leicht fällt. Insbesondere nach der drastischen Verbesserung der Fleischversorgung durch die Modernisierung der Landwirtschaft im 19. Jahrhundert werden sie verfügbar für die Besetzung mit immateriellen Bedeutungsüberschüssen. Das Studium der Vögel ist kein Feld für Spezialisten, sondern auch für Laien problemlos möglich. Die Ornithologie erweist sich als zugänglich für Amateurwissenschaftler und Autodidakten und ermöglicht einen Brückenschlag zwischen wissenschaftlicher Auseinandersetzung und emotionaler bzw. ästhetischer Beschäftigung. Somit sind Vögel prädestiniert als Projektionsfeld für kulturelle Werte und Bedeutungen. Durch das Fernglas des Ornithologen besehen verkörpern sie das Ideal der bürgerlichen Gesellschaft. Vögel sind reinlich und sauber. Sie pflegen ein diskretes Sexualleben, wobei die physischen Dimensionen der Geschlechterliebe nahezu vernachlässigbar werden gegenüber der emotionalen Ausgestaltung der Liebe in hingebungsvoller Balz und gefühlvollem Gesang, was bestens korrespondiert mit der emotionalisierten bürgerlichen Idealliebe. Gute und normale Vögel führen eine von harmonischem Familiensinn und aufopferungsbereiter Kinderliebe erfüllte soziale Existenz. Ihr Verhältnis von Individualität und kollektiver Gruppenzugehörigkeit korrespondiert überhaupt mit dem Bezug, zu dem in der bürgerlichen Gesellschaft Individuum, Familie und Nation zueinander stehen: Der Kernbereich ihres sozialen Lebens macht die geschützte Sphäre des Familiären aus, während in Krisenperioden des Vogelzugs oder im Winterhalbjahr Gruppenbindung und Solidarität mit Artgenossen gut funktionieren. Und Vögel verfügen noch über weitere Fertigkeiten, die sie geradezu zu Übermenschen werden lassen: Vögel bauen ihre Nester kunstfertiger als Architekten ihre Häuser und singen schöner als die schönsten Opernsänger.

Mit all diesen Eigenschaften kommen Vögel in den Besitz einer doppelten Staatsbürgerschaft. Sie sind Angehörige der Sphären Natur und Kultur zugleich. Sie sind einerseits wild und als Bewohner des Himmels unabhängig; gleichzeitig eignen sie sich wie kaum andere Tiere zur Vermenschlichung. Vögel sind Tiere, und doch entbehren sie all jener animalischen Eigenschaften und Attribute – Fleischlichkeit und Schmutz etwa oder das unregulierte und unkontrollierte Ausleben von Affekten – die Tiere animalisch, fremd, unzivilisierbar, mithin nicht der Sphäre des Kulturellen zugehörig erscheinen lassen. Sie sind – und dies scheint die Tabuisierung ihrer Nutzung zu befördern – genau auf der Grenze zwischen Natur und Kultur beheimatet, in jedem Falle sind sie für den Menschen ambivalent, einerseits nah und ähnlich und andererseits doch nicht greifbar.

VII. Zwischen Anbetung und Ausbeutung – Mensch und Tier in der Moderne

Was nun bedeutet diese Wanderung der Vögel aus den Kochtöpfen mitten hinein in die Herzen der Menschen, in einen neuen kulturellen Lebensraum, in dem sie nicht mehr als Nahrung und Rohstoff definiert werden, sondern ihrer Selbstzwecklichkeit wegen

---

30 Orvar Löfgren: Natur, Tiere, Moral. Zur Entwicklung der bürgerlichen Naturauffassung. In: Utz Jeggle, Gottfried Korff, Martin Scharfe, Bernd Jürgen Warneken (Hg.): Volkskultur in der Moderne. Probleme und Perspektiven empirischer Kulturforschung. Reinbek bei Hamburg 1986, S. 122-144.

bewahrt? Warum wurden moderne Menschen durch Tötung und der Einverleibung wildlebender Vögel derart emotional aufgewühlt, während gleichzeitig andere Tiere, Nutztiere der Fleischproduktion etwa, zur Ware reduziert wurden, deren Umgang von den Gesetzen der Mechanik und industrialisierten Verarbeitung diktiert wurden? Natürlich behandeln Menschen Tiere nicht nach Gleichheitsgrundsätzen, was keineswegs befremdet, denn Tiere sind keine homogene Gruppe von Lebewesen mit identischen Merkmalen und Eigenschaften. Es ist im Gegenteil gerade die Differenz der Tiere, die sie in allen Kulturen dazu prädestiniert, Operatoren zur symbolischen Ordnung der Welt zu werden. Dennoch scheint die Widersprüchlichkeit von instrumentellen und nicht-instrumentellen Tierbeziehungen, das scheinbare Paradoxon zwischen Anbetung und Ausbeutung, den Umgang der europäischen Moderne mit Natur präzise zu kennzeichnen. Dieses Projekt Moderne weist seit dem 18. Jahrhundert zwei gegenläufige und doch untrennbar aneinander geknüpfte Prozesse auf, die eine eigentümliche Doppelstruktur moderner Naturverhältnisse ausbilden ließen: Mit dem Prozeß fortschreitender Rationalisierung und Entzauberung von Natur wachsen auch die wiederverzaubernden Gegenbewegungen, die den dominanten Zweckverhältnissen das Andere der Natur entgegensetzen: ihre Geheimnisse, ihren Zauber, ihre Schönheit. Mit dem Wachsen von Herrschaftswissen und den technischen Möglichkeiten der Naturbeherrschung wächst auch die Moralisierung der Natur und ihre sympathetische Besetzung.[31]

Insofern ist der ambivalente Umgang der Moderne mit Tieren nicht zufällig, sondern Ergebnis historischer Systematisierungsprozesse, die eine klassifikatorische Ordnung der Tierwelt ausbildeten, in welcher das Reich der Tiere geschieden wird in Wesen mit Objektstatus, die problemlos industriell genutzt, getötet und weitgehend mechanisch behandelt werden, und in solche mit Subjektstatus, zu denen emotionale und sympathetische Beziehungen aufgebaut werden können. Diese Prozesse drängen auf eine Polarisierung möglicher Mensch-Tier-Beziehungen zwischen Personalisierung des tierischen Gegenübers, der Aufnahme einer Du-Beziehung einerseits und seiner Reduzierung auf eine Ware und sachliche Nutzung andererseits.[32] Mehrdeutige Beziehungen dagegen, die Nutzung und Emotion, Gebrauch und ästhetischen Genuß gleichzeitig ermöglichen würden, scheinen nicht möglich. Die Logik dieser Prozesse drängt auf Eindeutigkeit, auf eine präzise Ordnung klarer Weltbilder, auf die Scheidung der Welt in Freunde und Feinde, reine und unreine Naturen, Bösewichter und Helden, mechanische und beseelte Natur. Tiere werden dabei beständig klassifiziert, und diese Klassifizierung dient der Klärung der Beziehungen zwischen Menschen und Tieren. Die Arbeit des Klassifizierens dient der Ordnung und Systematisierung der Welt. Klassifizieren bedeutet einschließen und ausschließen, permanent entstehen auf der Grundlage von Klassifikationsmustern Grenzen, die Handlungsmöglichkeiten erlauben und andere ausschließen.

Die Moderne erträgt in der Beziehung zwischen Mensch und Tier keine Ambivalenzen und Vieldeutigkeiten, keine offenen Beziehungsmuster und vagen Einstellungen. Nutzung, die in der Moderne auf permanente Radikalisierung von Effizienz zielt, erträgt nichts, was diese gefährden könnte, also keine Emotion. Emotion zielt umgekehrt auf Zweckfreiheit und läßt nichts zu, was diese beeinträchtigen könnte. Um die Eindeutig-

---

31 Vgl. Keith Thomas: Man and the Natural World. Changing Attitudes in England 1500-1800. London 1983.
32 Vgl. Heinz Meyer: Der Mensch und das Tier. Anthropologische und kultursoziologische Aspekte. München 1975; Rainer Wiedenmann: Die Fremdheit der Tiere. Zum Wandel der Ambivalenz von Mensch-Tier-Beziehungen. In: Paul Münch (Hg.): Tiere und Menschen. Geschichte und Aktualität eines prekären Verhältnisses. Paderborn 1998, S. 351-382.

keit von Naturverhältnissen zu sichern und damit unzweideutige Handlungsmöglichkeiten zu gewährleisten, bedarf auch die Moderne der regulierenden Kraft der Tabus, die Orientierungshilfen liefern und verbindlich verankern, was möglich ist und was nicht. Im Falle der Vögel ging es also darum, die Mehrdeutigkeit der Beziehungen zwischen Nutzung und Liebe aufzulösen und sie einer eindeutigen kulturellen Sphäre zuzuweisen.

Erstaunlich bleibt die Geschwindigkeit, mit der sich die Tabuisierung von Singvögeln durchsetzte. Grundlage der Etablierung dieses Nahrungstabus, das ja auf keinerlei religiösen Traditionen fußt, war auch das Auslöschen dieser Jagd- und Nahrungspraxis aus dem eigenen kulturellen Gedächtnis. Erst das Vergessen des eigenen, über lange Zeiträume hinweg tradierten Umgangs mit Vögeln ließen Fang und Verzehr der Lerchen, Drosseln und Finken bei anderen Völkern barbarisch erscheinen. Stimmen, wie jene, die um die Jahrhundertwende daran erinnerten, daß Vogelfang und Vogelverzehr auch in Mitteleuropa eine gebräuchliche Form der Naturnutzung darstellten, waren jedenfalls rar: „Wieviel Tinte, wieviel Druckerschwärze, wieviel Worte verschwendet man alljährlich in Deutschland zu Gunsten des Vogelschutzes. Wie entrüstet man sich über den grausamen Italiener, nein, über den Romanen überhaupt. Denn das steht fest, dass Grausamkeit gegen Tiere Charakterzug des katholischen Romanen ist. Und wir? Nun, wir schimpfen – und morden lustig weiter."[33] Mittlerweile freilich ist die moralische und kulturelle Evolution noch ein bißchen weiter vorangeschritten: Jetzt diktieren die von der Psyche regulierten Magensäfte mitteleuropäischer Menschen endgültig und definitiv, daß Singvögel keine Mahlzeiten, sondern „gefiederte Freunde" darstellen.

---

33 A. Hammer: Zur Vogelschutzfrage. In: Aus der Heimat. Organ des Deutschen Lehrer-Vereins für Naturkunde 14/1901, S. 1.

Helena Ruotsala

Rentiere, die „Rinder des Nordens" im Naturpark
EU und Lappland, Natur und Kultur

In Lappland, Sápmi, an der nördlichen Grenze der EU lebt ein Teil der Bevölkerung immer noch von der Naturalwirtschaft. Hierbei handelt es sich schon vom finnischen Standpunkt aus betrachtet um einen marginalen Teil, von der Sicht der EU ganz zu schweigen. Das Rentierzuchtgebiet macht 37 % der Gesamtbodenfläche Finnlands aus. Die Natur bietet seit eh und je die nötigen Voraussetzungen für eine Existenz. Die Rentierzucht gehört zum wichtigsten Teil der Naturalwirtschaft und ist ein bedeutendes und sichtbares Symbol des Saamentums. Eine weitverbreitete Annahme ist, daß nur die Sámi Rentierbesitzer seien. Im Gegensatz zu Schweden und Norwegen machen in Finnland jedoch die Finnen – ethnisch gesehen – einen Großteil der Rentierbesitzer aus. Die Rentierwirtschaft ist also ein wichtiger Erwerbszweig für die in Lappland lebenden Finnen. Generell betrachtet stellt die Natur ein wichtiges Element der nordischen Identität dar, nicht nur für die Saamen, sondern auch für die übrige finnische Bevölkerung. Heutzutage wird die Natur Lapplands nicht nur von den Einheimischen, sondern auch von anderen Gruppen genutzt, deren Interessen maßgebend für die Nutzungsweise der lappländischen Natur und ihren Wert sind. Die Umweltressourcen werden unter anderem von der Forstwirtschaft, der Landwirtschaft und dem Tourismus genutzt. Als eines der letzten „Wildnis"-Gebiete Europas kommt Lappland auch international gesehen eine wichtige Bedeutung für den Tourismus und den Umweltschutz zu. Momentan fallen 29,5 % der Gesamtfläche Lapplands in unterschiedliche Schutzprogramme, wobei das „Natura 2000"-Programm der EU den größten Teil ausmacht: insgesamt 2,9 Millionen Hektar. Verschiedene Naturschutzgebiete haben heute eine sehr entscheidende Bedeutung für die Rentierwirtschaft.

Der Staat ist der größte Landbesitzer in Lappland, er eignet drei Fünftel der lappländischen Wälder. Die Forstverwaltung ist hierbei das Organ des Staates. Die Aufgabe der Forstverwaltung ist zweigeteilt; zum einen ist sie für die Naturschutzgebiete zuständig, und zum anderen soll sie dem Staat Erträge bringen, unter anderem durch Abholzen sowie durch Grundstücksverkauf und -verpachtung. Bis heute verfolgen diejenigen, die von der Naturalwirtschaft leben, insbesondere die Rentierzüchter und die Naturschützer dasselbe Ziel. Rentierzüchter und Naturschutzorganisationen haben gemeinsam bewirkt, daß einer der letzten, freifließenden Flüsse Lapplands, Ounasjoki, bis heute wasserbaulich nicht ausgebeutet worden ist. Verschiedene Naturschutzgebiete, abgesehen von sogenannten Naturparks, standen der Rentierwirtschaft immer zur Verfügung und haben sich zunehmend als lebenswichtiger Zufluchtsort erwiesen, da die Weidelandfläche aufgrund intensiver Forstwirtschaft, verschiedener Bergbauprojekte und des stets wachsenden Tourismus immer kleiner wird.

Im Folgenden möchte ich zwei Beispiele anführen, um jene kontroverse, paradoxe Situation zu erläutern, mit der die Rentierzüchter in Finnland heute fertig werden müssen. Einerseits werden ihre Kultur und ihre Lebensart den Touristen oder Ehrengästen politischer Institutionen als exotisches Programm vorgeführt. Andererseits werden die Problematik ihres Gewerbes bzw. die eigentlichen Bedürfnisse, die aus ihrer Lebensart resultieren, jedoch vergessen, sobald die Festreden verklungen sind.

Helena Ruotsala

Im ersten Beispiel geht es um die Definition des Rentiers durch die Europäische Union; im zweiten Beispiel um einen Fall, der sich im Sommer 1999 ereignet hat und in dem die Rentierzucht und der Naturschutz miteinander in Konflikt geraten sind. Abschließend will ich die Gründe für die dargestellten Interessenskonflikte erwägen.[1]

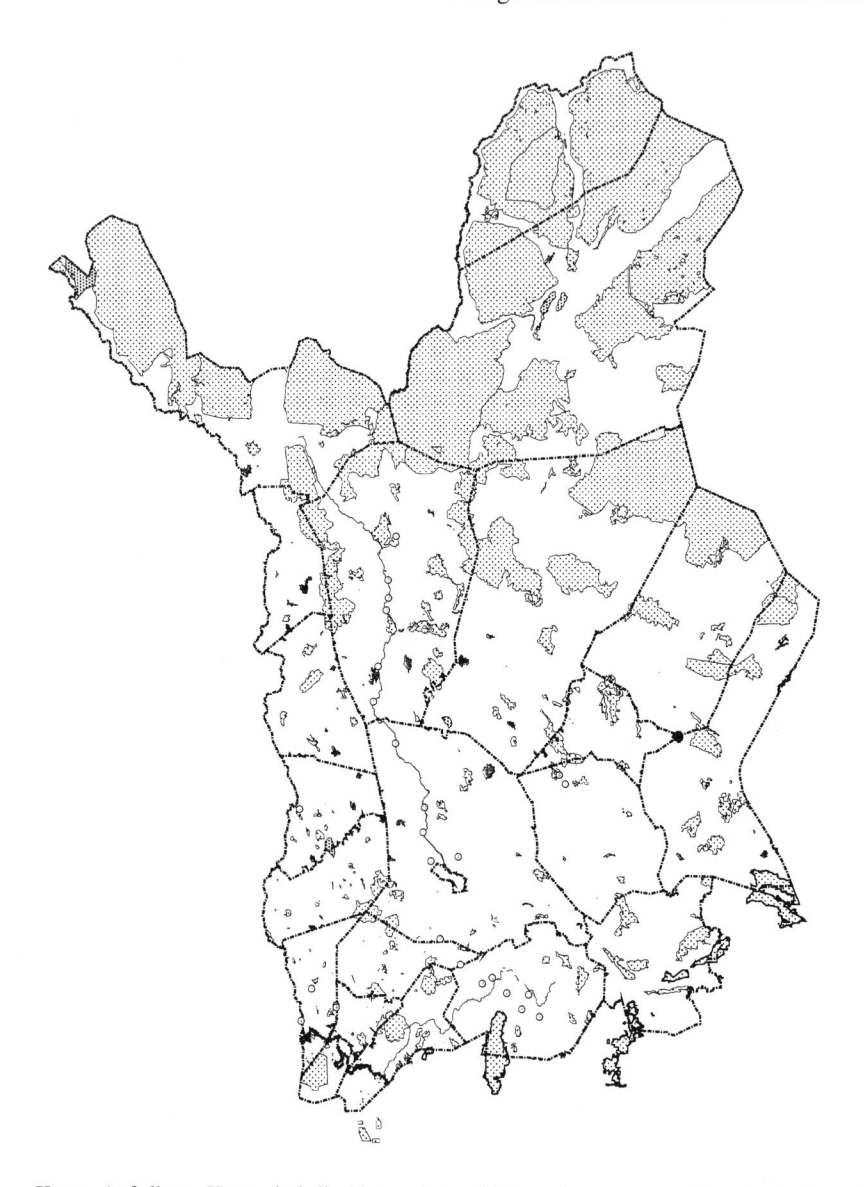

Karte: Auf dieser Karte sind die Naturschutzgebiete und -programme Lapplands dargestellt. Fast ein Drittel (29,5%) der Gesamtfläche sind Nationalparks, Wildnisgebiete, Moorschutzgebiete etc. Von den nördlichsten Gemeinden fallen sogar 50%-70% unter Naturschutz. (Lapin Ympäristökeskus, Rovaniemi)

---

1 Dieser Vortrag basiert zum Teil auf meiner Dissertation „Muuttuvat palkiset", die von der Umwandlung und Integration der Rentierwirtschaft in die Marktwirtschaft und den globalen Markt handelt.

Die Rentierzucht in Lappland zu Zeiten der EU

Rentierzucht ist eine Naturalwirtschaft, die administrativ der Landwirtschaft untergeordnet ist. Das Rentier kann jedoch weder als Haustier noch als Wild angesehen werden, wenngleich es Privateigentum ist. Das ist das Problem für die EU-Klassifizierung. Das vom nordeuropäischen Ren abstammende Rentier lebt in der Natur und ernährt sich durch natürliches Weiden – zumindest sollte es so sein. In den 90er Jahren sind besonders in Südlappland immer mehr Rentiere auf Gehege-Ernährung umgestellt worden, das heißt sie werden in Freigehegen gehalten und bekommen zeitweise zusätzliches Futter. Dies ist die Konsequenz aus einer Tragfähigkeitsbelastung über das eigentliche Naturweidenpotential hinaus. Es gibt viele Gründe dafür, daß die Größe der Weidelandfläche abnimmt: die Anzahl der Rentiere ist gestiegen, denn heutzutage werden mehr Rentiere benötigt, um den Lebensunterhalt einer Familie zu sichern, als dies noch vor 60er Jahren, vor der Technologisierung und dem Übergang der Rentierzucht in die Geldwirtschaft, der Fall war. Zum Beispiel: mein Onkel hatte früher nur 230 Rentiere; heute muß sein Sohn 500 haben, um seine Existenz zu sichern. Aber der Staat kontrolliert, wie viele Rentiere man heute haben kann. Das ist natürlich abhängig von der ökologischen Tragfähigkeit. Weitere Gründe sind zum Beispiel die zunehmende Besiedlung und Freizeit-Bebauung, die Ausweitung der Infrastruktur, der Bergbau, die hydrotechnische Nutzung der Gewässer, eine intensive Forstwirtschaft sowie der explosionsartig anwachsende Tourismus, der große Feriendörfer inmitten der Weideländer hervorbringt. In Gemeinden mit 5.000 Einwohnern kann man heute über 12.000 Gästebetten antreffen.

Der EU-Beitritt Finnlands (1995) hat für die Rentierzüchter neue Probleme geschaffen. Die EU-Problematik hat Finnland zweigeteilt. Der Norden war gegen den EU-Beitritt, unter anderem, weil nun die Entscheidungen in Fragen des Erwerbs und der Naturnutzung von zu weit entfernter Stelle getroffen werden. Schon als es um den Beitritt zur EWR (Europäischer Wirtschaftsraum) ging, dem Vorgänger der EU, haben sich Finnland, Schweden und Norwegen zusammengeschlossen, und es heißt, daß es Schweden infolgedessen gelungen sei, sich in den Verhandlungen durchzusetzen. Da das Halten von Haustieren in Schweden staatlich subventioniert wird, wollte Schweden das Rentier als Haustier definieren. Gerade die Zahlungen zur Unterstützung der gewerblichen Rentierzucht machen einen Teil der Subventionen aus, die der schwedische Staat an die Saamen zahlt. Finnland und Norwegen dagegen wollten das Rentier anders definieren, und zwar als ein „Naturtier". Plötzlich wurde aus dem Rentier ein mit dem Rind vergleichbares Haustier, dessen Verwertung für die Fleischproduktion gemäß einer EU-Direktive[2] zu geschehen hatte, wobei sich diese Direktive eigentlich jedoch auf Gehegewildbret und Kaninchen bezieht. Das Rentier, das in Finnland in den Wäldern und auf gebirgigen Tundraflächen relativ frei lebt, gehört demnach in die gleiche Kategorie wie die aus Afrika stammenden Strauße, die man heutzutage auf Bauernhöfen in Südfinnland sehen kann.

Oberflächlich betrachtet kann einem die Direktive über Gehegewildbret als Lappalie erscheinen. Praktisch gesehen ist ihre wirtschaftliche und kulturelle Auswirkung jedoch von großer Bedeutung. Die Rentierschlachtung findet traditionell im Frühwinter statt, und zwar in der unmittelbaren Nähe der Gehege unter freiem Himmel bei mindestens –15° Grad Celsius. Die Direktive aber gibt vor, daß die Tiere nun Hunderte von Kilometern lebendig transportiert und in sogenannten Exportschlachthöfen geschlachtet

---

2 EU-Direktiv-Nummer 91/495/ETY.

werden müssen, deren Kriterien wiederum besser zu einem wärmeren Klima als zum lappländischen Winter passen. Die geforderten Schlachtbedingungen begünstigen zudem das Bakterienwachstum. Der Transport bedeutet für die Rentiere außerdem Stress, der sich zudem negativ auf die Fleischqualität auswirkt. Das sogenannte Bambi-Syndrom läßt sich bereits erkennen; so kann man zum Beispiel britischen Wintertouristen kein Rentierfleisch mehr auftischen, da es einige unter ihnen stets mit Rudolph the Rednose, dem auch in Großbritannien und Nordamerika bekannten Leittier des Weihnachtsmannes, in Verbindung bringen.

Auch kulturell gesehen hat die zentral organisierte Schlachtung große Auswirkungen. Traditionell wurden möglichst alle Teile des Rentiers verwertet, das heißt das Fell, das Geweih, die Innereien, das Blut usw. Sie wurden entweder zu Nahrung verarbeitet oder fanden als Rohmaterial für Hauswirtschaftsprodukte Verwendung. Heutzutage geht die Verwendung von Blut und Innereien zurück. Auch die Felle, Geweihe und Knochen werden immer teurer und schwieriger zu verarbeiten, da sie von den Schlachthöfen wieder zurücktransportiert werden müssen.

Das erklärt den Titel meines Vortrags: Rentiere, die „Rinder des Nordens". Nach der EU-Direktive sind Rentiere mit den Rindern vergleichbare Tiere. Auch die Subventionspolitik ist so geplant, daß man Rentiere wie Kühe züchten sollte. Das heißt: mehr Arbeit, mehr Bürokratie, mehr Kosten, weniger natürliche Weiden, aber mehr Gehege und zusätzliches Futter, nur Fleischproduktion ohne Berücksichtigung der kulturellen Werte.

Rentierzucht gegen Naturschutz

Mein anderes Problemfeld ist die Rentierzucht versus Naturschutz. Wie anfangs bereits erwähnt, haben Naturschutzgebiete eine entscheidende Bedeutung für die Rentierzucht, was auch die Rentierbesitzer selbst betonen. Dies wird auf regionaler Ebene daran sichtbar, daß die Instandhaltungs- und Nutzungsplanung für die Nationalparks durch finnische Behörden auf die traditionellen Gewerbezweige abgestimmt wird. So ist zum Beispiel der Schutz der Vegetation auf der einen Seite wie auch der Schutz der Voraussetzungen für eine fortlebende Rentierzuchtkultur auf der anderen Seite eines der Hauptziele des Nationalparks Pallas-Ounastunturi. Dort gilt die erfolgreiche Rentierzucht als eines der Hauptverdienste des Nationalparks, und zwar trotz der Tatsache, daß durch das Weiden der Rentiere hier und da sichtbare Spuren an der Pflanzendecke entstehen[3]; so geht zum Beispiel der natürliche Nachwuchs der Birke langsamer vor sich, gleichzeitig aber düngen die Rentiere den Wald.

Unabhängig von den Grundbesitzverhältnissen dürfen Rentiere überall frei weiden – in den Sommermonaten bewegen sie sich unbeaufsichtigt über kilometerweite Strecken – mit der Ausnahme des Naturparks Malla, der im entlegensten Winkel Nordwest-Lapplands liegt[4]. Dieser Naturpark wurde im Jahr 1938 auf den Ländereien des Saamendorfes Kovva-Labba gegründet (das Gebiet wurde bereits 1916 unter Naturschutz gestellt). Da der Naturpark primär für Forschungszwecke eingerichtet wurde, ist

---

3 Lassi Loven: Kestävyyden periaate kansallispuiston käytön suunnittelussa – ongelma-analyysi. In: Pertti Sepponen (toim.): Lapin metsien kestävä käyttö. Metsäntutkimuslaitoksen tiedonantoja 587. Helsinki 1995, S. 49-60, hier S. 50.
4 Eine gesetzliche Ausnahmebestimmung zum Weideverbot für Rentiere ist zuletzt 1981 erlassen worden.

das Weiden der Rentiere dort gesetzlich untersagt. Dieser Naturpark fällt in die höchste Rangklasse der IUCN[5], der Internationalen Union zur Erhaltung der Natur und der natürlichen Hilfsquellen. Trotz dieses Verbotes sind in den letzten drei Jahren immer mehr Rentiere in das Schutzgebiet eingezogen. Ein von den Rentieren als Sommerweideplatz bevorzugtes Gebiet Salmivaara ist für die Bebauung von Ferienhäusern vorgesehen worden, wobei die staatliche Forstverwaltung die Grundstücke verkauft und verpachtet. Die für den Park zuständige staatliche Behörde hat nun geplant, den Naturpark einzuzäunen, um die Rentiere fernzuhalten. Nach den in diesem Naturpark tätigen Botanikern stellt das Zertreten von geschützten Pflanzen, wie zum Beispiel eine nordische Arnica-Art (*arnica angustifolia*), den größten von den Rentieren verursachten Schaden dar. Die Botaniker befürchten außerdem, daß eine seltene Schmetterlingsart aussterben könnte, die von dieser Pflanze abhängig ist.[6] Bei dieser Diskussion wird außer Acht gelassen, daß auch das Rentier durch seinen natürlichen Dung einen wichtigen Platz in der ökologischen Nahrungskette einnimmt. Von daher ist es problematisch die zunehmende Rentierzahl als einzige Ursache für das Überweiden in Betracht zu ziehen. Es muß auch bedacht werden, daß vor allem Winterweideplätze fehlen. Früher wurden Weideplätze auf natürliche Weise immer dann geschont, wenn in besonders harten Wintern viele Rentiere verendeten; heutzutage jedoch können solche Naturkatastrophen durch zusätzliches Futter vermieden werden.

Motorisierung, Abnutzung von Weideland und Überweidung sind ein Bestandteil des heutigen Rentierzuchtdiskurses. Man kann von einer Art Weidezirkel sprechen; die Überlastung der Weiden und der daraus resultierende Schaden für die Rentiere, also das Verhungern und Sterben der Kälber, bedeuten keine Reduzierung, sondern führen im Gegenteil zu einer bewußten Erhöhung der Rentierzahl. Die Verluste in der Fleischproduktion müssen wie auch immer kompensiert werden, damit die Einkünfte gleich bleiben. Die Verwissenschaftlichung und Technologisierung der Rentierwirtschaft, das heißt: bessere Auswahl des Schlachtviehs, effektivere Parasitenbekämpfung und zusätzliche Fütterung und anderes können zur Steigerung der Fleischproduktion auf Kosten des ökologischen Naturgleichgewichts führen. So könnte der Rentierzüchter zum Schwarzfahrer der Natur werden.[7] Man muß also das empirische Wissen des Rentierzüchters von der Umwelt (ecological knowledge) von seinem tatsächlichen ökologischen Verhalten (ecological behaviour) getrennt betrachten, wobei zwischen dem letzteren und der Tragfähigkeit der Natur eine Diskrepanz bestehen kann.[8]

Einem Mitarbeiter des finnischen Umweltministeriums zufolge[9] haben Rentierzüchter im vergangenen Sommer eine Rentierherde in das Gebiet des Naturparks getrieben und so die Einzäunung des Parks provoziert, um als Gegenmaßnahme wiederum eine gerichtliche Klage einreichen zu können. Die Gegenseite, die Rentierzüchter jedoch berichteten, die Tiere seien bei kräftigem Nordwestwind von selbst in den Naturpark eingedrungen, da Rentiere gern bevorzugt im Gegenwind wandern. Die Rentierzüchter hätten erfolglos versucht, die Herde über den Fluß aus dem Naturpark

---

5   IUCN = International Union for Conservation of Nature and Natural Resources.
6   Jaakko Tahkolahti: Mallan luonnonpuisto aiotaan aidata poroilta. Metlan ja poromiesten välit kireänä. In: Helsingin Sanomat (Zeitung) 15. 7. 1999; Rauni Partanen: Poroelo pidettävä poissa Mallan luonnonpuistosta. Mielipidekirjoitus. In Helsingin Sanomat (Zeitung) 30. 7. 1999.
7   Siehe zum Beispiel Garrett Hardin: The Tragedy of the Commons. In: Science 162/1968, S. 1243-1248.
8   Igor Krupnik: Arctic Adaptations. Native whalers and reindeer herders of northern Eurasia. New York 1994, S. 192.
9   E-Mail an die Autorin am 18.5.1999. TYKL/Forschungsarchiv 1.6.17/Korrespondenz.

hinaus zu treiben, doch die Herde sei immer wieder umgekehrt und habe dabei die Vegetation am Flußufer zertrampelt.[10] Wäre es möglich gewesen, in Ruhe auf eine Windrichtungsänderung zu warten, so hätte die Rentierherde, ohne der Vegetation Schaden zuzufügen, aus dem Park getrieben werden können. Hier steht das traditionelle Umweltwissen der Rentierbesitzer gegen das westliche akademische Wissen.

Warum ist dies geschehen? Das Wissen eines Rentierzüchters von seiner Umwelt bildet den Kern seiner Arbeit. Die Rentierzucht basiert einerseits auf weitreichenden Naturkenntnissen, andererseits auf der intensiven Nutzung von großen Landflächen. Ein Rentierzüchter hat gelernt, sich nach dem von der Jahreszeit abhängigen Lebensrhythmus und den angeborenen Instinkten des Rentieres zu richten; er kennt das jeweilige Verhalten des Rentieres je nach Gelände und Wetter. Dazu gehören unter anderem das Zurückkehren an traditionelle Plätze, wo die Rentiere im Frühjahr kalben, ihre Neigung, gegen den Wind zu wandern, sowie der Drang, eine Herde zu bilden, um sich vor Insekten zu schützen. Es ist mit den wissenschaftlichen Mitteln einer biologischen Forschung nicht vollständig zu erklären, weshalb eine Herde mit der Insektenplage besser fertig wird als ein einzelnes Tier, es stellt jedoch einen wichtigen Bestandteil des traditionellen Umweltwissens dar, auf dessen Grundlage die Rentierzüchter ihren Beruf ausüben.

Um wessen Lappland geht es?

Es stellt sich nun die Frage, weshalb Rentierzucht und Umweltschutz trotz gemeinsamer Ziele aneinander geraten sind? Warum wird den Rentierzüchtern unablässig Umweltzerstörung vorgeworfen? Lassen sich die Antworten in Kultur- oder Sprachunterschieden im allgemeinen bzw. in den unterschiedlichen Auffassungen von Kultur und Natur im besonderen finden? In ein und derselben Wildnis wandern Menschen, ohne sich auf mentaler Ebene jemals wirklich zu begegnen.

In Tourismus- und Naturforschungskreisen wird oft das Wort Wildnis im Zusammenhang mit Lappland benutzt. Als solches jedoch fehlt das Wort in der samischen Kultur. Die Abgrenzung der Kultur von der urwüchsigen, ungezähmten Wildnis ist charakteristisch für die Art und Weise, in der der Begriff Wildnis von den Anderen gedeutet wird. Auf Samisch heißt die Wildnis *meacchi* oder *meahcciguovlu*, ins Deutsche übersetzt *Wald* oder *Waldgebiet*. Nach einem einsprachigen, finnischen Nachschlagewerk bedeutet *erämaa* – das finnische Wort für Wildnis – eine unbewohnte, bewaldete Gegend.[11] Das Wort Wildnis wird traditionell auch mit der einstigen Jagd, der Fischerei und der Rodung durch Siedler verknüpft.

Wir Sámi kennen diese definierte Bedeutung des Wortes nicht, denn in unseren Augen gehören diese Gebiete seit jeher zu den Ländereien der alten Sámidörfer. Für uns ist die „Wildnis" im Gegensatz zur Auffassung der „Anderen" nicht unbewohnt, sondern sie stellt ein Kulturmilieu dar, in dem die Spuren des Menschen nicht unbedingt sichtbar sind. Der Begriff „Wildnis" findet erst seit dem sogenannten Wildnisgesetz von 1981 allgemeine Verwendung. Provozierend formuliert kann man daher behaupten, der

---

10 TYKL/Forschungsarchiv 1.6.27/Notizen. Die Information basiert auf der Aussage eines Forschers, der das Geschilderte miterlebt hat.
11 Suomen kielen etymologinen sanakirja I. Lexica Societatis Fenno-Ugricae 12, 1. Helsinki 1978, S. 41; Tuomo Tuomi et al. (toim.): Suomen murteiden sanakirja, toinen osa: emaalihavuvasta. Kotimaisten Kielten tutkimuslaitoksen julkaisuja 36. Helsinki 1988, S 134; Matti Sadenniemi et al. (toim.): Nykysuomen sanakirja, osa I A-I. Helsinki 1992, S. 134.

westliche Wildnis-Begriff sei weitgehend durch Eroberung und Unterwerfung der Wildnis geprägt worden sowie durch die strikte Trennung von Kultur und Natur entstanden – nicht jedoch durch das Leben in oder von der Wildnis.[12] Eine romantische Auffassung vom jungfräulichen, unbewohnten Niemandsland hat der Eroberung Vorschub geleistet.[13]

In diesem Sinne ist die Wildnis immer ein externes Gebiet. Will man sie erleben, muß man einen räumlichen Wechsel vollziehen, zum Beispiel von Süden nach Norden. Touristen suchen in der Wildnis Erlebnisse, extreme Erfahrungen unter härtesten Bedingungen. Der sogenannte Survival-Tourismus, bei dem die eigenen Grenzen gesucht und die Natur erobert oder besiegt werden sollen, hat im Nordwesten Lapplands an Bedeutung gewonnen. Mehr als die Hälfte der Touristen fühlt sich gestört, wenn sie in der Wildnis auch andere Menschen treffen oder insbesondere auf Motorfahrzeuge wie Motorschlitten oder auch auf Hubschrauber stoßen.[14] Die Besucher vollziehen aber auch einen zeitlichen Wechsel, denn Lappland bedeutet für viele die Vergangenheit in der Gegenwart. Die Reise in die Wildnis Lapplands ist eine nostalgische Rückkehr in die Vergangenheit. Der technisierte Rentierzüchter der modernen Zeit paßt heute nicht mehr in dieses Bild, da er nicht mehr in einem Zelt, sondern in einem mit jedem Komfort ausgestatteten Einfamilienhaus lebt. Des weiteren trägt er keine traditionelle Tracht mehr, sondern Goretex-Kleidung und fährt ein Geländefahrzeug. Eine Begegnung mit einem solchen modernen, in der Wildnis lebenden „Nomaden" kann also enttäuschend sein, denn obwohl er seinen Lebensunterhalt aus der Natur bezieht, paßt seine heute allgemein übliche wenig romantische Lebensweise nicht in das Bild der Anderen. Mitteleuropäer, die in Landschaft mit einer extremen Bevölkerungsdichte leben, mögen dies als Lappalie ansehen. Wir sind aber andere Raum-Erfahrungen gewohnt. In Lappland leben nur zwei Menschen und zwei Rentiere pro Quadratkilometer. Mensch und Tier brauchen diese Gebiete zum Leben, nicht nur für das Abenteuer oder die Freizeit.

Einige Naturwissenschaftler werfen den Sámi sogar vor, durch Wohlfahrtsmaßnahmen des Staates zu bequem geworden zu sein: Geld und Technik hätten den Rentierzüchter verdorben, nach der traditionellen Art seiner Vorfahren die Rentierzucht zu betreiben sei ihm kaum noch möglich. Aus unserer Sicht erscheint dies unglaubwürdig, doch ihrer Logik entsprechend seien die Ablehnung von Wohlstand und Modernisierung sowie die museumsgerechte Konservierung der Sámikultur eine berechtigte Konsequenz aus der Sorge um die Natur.[15] Hier geht es nicht nur um die Natur, es gibt auch eine folkloristische Komponente, auf die ich hier nicht weiter eingehen kann.

---

12 Jarkko Saarinen: Erämaa muutoksessa. In: Jarkko Saarinen (toim.), Erämaan arvot: retkiä monimuotoisiin erämaihin. Metsäntutkimuslaitoksen tiedonantoja 733, Helsinki 1999, S. 77-93, hier S. 84; Roderich Nash: Wilderness and the American mind. New Haven 1982, S. 233.
13 Pekka Aikio: Myyttiset erämaat. In: Raili Huopainen (toim.): Selviytyjät. Lapin Maakuntamuseon julkaisuja 7. Rovaniemi 1993, S. 14-19, hier S. 19.
14 Liisa Kajala: Perinteet ja nykyaika – erämaasuunnittelun haasteita Käsivarressa. In: Jarkko Saarinen (toim.) 1999, S. 115-122, hier S. 118.
15 Antero Järvinen, der Leiter der Forschungsstation Kilpisjärvi der Universität Helsinki, gibt dem Wohlfahrtsstaat und den „nutznießerischen" Sámi die Schuld an der Überweidung, siehe Antero Järvinen: Pohjoinen ekologia ja ympäristön muutokset. In: Ulla-Maija Kulonen et al (toim.): Johdatus saamentutkimukseen. Tietolipas 131, Helsinki 1994, S. 43-52, hier S. 47, 49-51; Partanen (wie Anm. 6). Siehe auch Jukka Nyyssönen: Luonnonkansa metsätalouden ikeessä? Saamelaiset ja tehometsätalous. In: Heikki Roiko-Jokela (toim.): Luonnon ehdoilla vai ihmisen arvoilla? Polemiikkia metsänsuojelusta 1850-1990, Jyväskylä 1997, S. 99-127, hier S.122.

Helena Ruotsala

Rentiermarkierung im Nationalpark Pallas-Ounastunturi, 1995. (Foto: H. Ruotsala)

In den Augen der Sámi bilden Natur und Kultur eine Einheit, und es macht keinen Sinn, die beiden Elemente voneinander zu trennen. Die Naturwissenschaften dagegen trennen Natur und Kultur und betonen ihre Unterschiede. Die Tragweite dieser Trennung wurde zum Beispiel beim kräftigen Widerstand gegen das „Natura 2000" –Programm der EU deutlich, da in diesem Programm statt von Kulturlandschaft von Naturlandschaft die Rede war. Ein weiterer Grund soll der politische Charakter des Programms gewesen sein, wobei hier die in den südfinnischen Städten ansässigen Naturlandschaftsverehrer einerseits und der Zentralverband für Landwirtschaft und Forstwesen andererseits aufeinander prallten. Der Zweck des „Natura 2000"-Programms war aus naturwissenschaftlichen Gründen die Erhaltung von bioökologischer Diversität, wie zum Beispiel verschiedenen Landschaftstypen, Flora und Fauna usw. Die Tatsache, daß sich die Landschaften und die Vegetation aus der konkreten Wechselbeziehung zwischen Natur, Mensch und Viehzucht gebildet haben, wurde kaum beachtet. Unberührte Naturlandschaft ist also ein völlig imaginärer Begriff; es handelt sich eigentlich um Kulturlandschaft und Kultur.[16]

Ein Mitarbeiter der Umweltschutzbehörde hat in einem Interview den Unterschied der Anschauungen wie folgt zusammengefaßt: „Wir, die wir aus Südfinnland kommen, sehen die Sache als reinen, klassischen Umweltschutz an, bei dem irgendein Gebiet vor dem Menschen geschützt werden soll. Die Leute aber, die ihren Lebensunterhalt aus der Natur beziehen, sollten mit der Umwelt so umgehen, daß sie auch in Zukunft von ihr leben können."[17]

---

16 Ole Rud Nielsen: Et procespersektiv på Natura 2000. In: Kurt Genrup et al. (red.): Etnografi på hemmaplan. Etnologiska institutionen vid Åbo Akademi, rapport 8. Åbo 1998, S. 151-163, hier S. 160.
17 TYKL/Forschungsarchiv 1. 6. 27/Interviews.

Hungrige Rentierkälber bei der Rentiermarkierung, die eine ganze helle Sommernacht lang dauert. (Foto: H. Ruotsala)

Zusammenfassend möchte ich noch einmal betonen, daß die Umweltschützer und Naturforscher die Spuren der Rentierzucht in der Natur Lapplands zunehmend kritisieren. So möchten zum Beispiel Botaniker Rentiere aus vereinzelten Gebieten regelrecht vertreiben, selbst da, wo sie bereits seit Jahrhunderten wandern und weiden. Botaniker sehen Naturparks und Schutzgebiete als Reservate an und betrachten sie als eine Art von Naturlabor, in dem sie im Sommer praktische Forschungen betreiben können. Spuren des Menschen dürfen nicht sichtbar sein. Soziologen und wir Kulturwissenschaftler wiederum betonen, daß eine fortwährende Entwicklung der Umwelt auch soziale und kulturelle Dimensionen beinhalten muß. Das heißt, die Entwicklung geschieht im Einklang mit den kulturellen Auffassungen der beteiligten Menschen, sie bedeutet mehr Kontrolle für den Menschen über sein Leben. Es sollte ebenso berücksichtigt werden, daß auch diejenigen Auffassungen von Natur und Ökologie, die wie naturwissenschaftliche Fakten dargestellt werden, stets kulturverbunden und dementsprechend wechselnd sind. Was als Umweltproblem definiert wird, hängt natürlich von den objektiven Veränderungen der Umwelt, aber auch von der Atmosphäre und Politik einer Gesellschaft sowie von den Wertmaßstäben der Menschen ab.[18]

---

18 Pertti Rannikko: Eläjänä elonkehän reunalla. In: Pertti Rannikko, Nora Schuurman (toim.): Elämisen taika taigalla. Ihminen ja luonto Pohjois-Karjalan biosfäärialueella. University of Joensuu, Publications of Karelian Institute No. 120. Joensuu 1997, S. 141-162, hier S. 144-147.

Es gibt Konflikte der Rentierzüchter mit der EU und mit dem extremen Naturschutz. Rentierbetriebe befürchten, daß die Rentiere aus der Natur Lapplands verjagt werden, falls sich die Forderungen der Umweltschützer und Naturforscher durchsetzen, d.h. wenn die die Kultur und Natur trennende Tendenz anhält. Die Konflikte beruhen vor allem auf einem unterschiedlichen Verständnis von Natur und Kultur und der Nutzung der „Wildnis"-Gebiete.

Um wessen Lappland geht es? Eigentlich müßte es möglich sein, daß die Parteien, so unterschiedlich ihre Interessen auch sind, Verständnis füreinander zeigen. Oder ist es nur Politik und Rhetorik? Die Schaden, der durch die Sámi-Kultur angeblich angerichtet wird, ist eine Angelegenheit, über die auf internationalen Foren über Menschenrechte und Urbevölkerungen sowohl rhetorisch als auch politisch ausgezeichnet kontrovers diskutiert werden kann.[19] Die Naturschützer haben Nutzen davon gehabt, ausländische Medien einzuschalten und Organisationen wie zum Beispiel Greenpeace zu aktivieren, besonders in Fragen des Natur- und Forstschutzes. Würde jedoch der Naturschutz stärker den Bedürfnissen der Urbevölkerung Rechnung tragen, so könnten auch die Sámi und nicht zuletzt die Rentierzüchter eher von den positiv gemeinten Naturschutzmaßnahmen profitieren. Haben Rentierzucht bzw. die Sámi Kultur in Finnland noch eine gleichberechtigte Position? Aus unserer Sicht geschen kann ein extremer Schutz der Wildnis die wahren Bedürfnisse und die Lebensweise der örtlichen Bevölkerung zerstören. So gesehen treiben der Umweltschutz und der Wildnistourismus den ökologischen Kolonialismus nur voran. Im Sinne der Bewohner Lapplands bleibt demnach zu wünschen, daß ihre Bedürfnisse in Zukunft stärker Gehör finden werden.

(Deutsch von Marja Warsitz)

---

[19] Laut Jukka Nyyssönen (s. Anm. 15, S. 111) sei die Art und Weise neu, in der die Saamen ihre Lebensweise mit ihrer Kultur und mit der Sicherung des Rentierzuchtgewerbes verbinden, und die Forstwirtschaft stelle eine Bedrohung all dessen dar.

Elisabeth Katschnig-Fasch

Selbstbestimmung oder Selbstzerstörung?
Zur Gestaltbarkeit des Körpers

Geht man davon aus, daß Natur nichts anderes ist als die Beziehung der Menschen zu ihr, dann bringt sie sich nirgends so deutlich zum Ausdruck, wie an der Beziehung der Menschen zu sich selbst, an der Beziehung zum Körper. Diese Beziehung stilisiert sich seit den 70er Jahren zu einer kulturellen Leitvorstellung, die sich in verschiedensten Körperbildern und Körperpraktiken zum Ausdruck bringt. Entsprechend dazu ist der Körper seit den 80er Jahren auch in das Spannungsfeld unterschiedlichster Theorien geraten und zum heiß umkämpften Fokus unterschiedlichster Disziplinen geworden. Das Phänomen der auffallenden Zentrierung der Aufmerksamkeiten auf den Körper – ob im wissenschaftlichen Feld oder in der Alltagspraxis – verdankt sich dem Zusammenlaufen unterschiedlichster Strömungen und Entwicklungen. Nur einige Stichwörter dazu: Feminismus, wissenschaftlicher Paradigmenwechsel und Konstruktivismus einerseits, Gewahrwerden der Gefährdung der Natur, Entdeckung des Körpers durch den Markt, Individualisierung andererseits.

Wie alle Natur wurde der Körper in der Zivilisationsgeschichte zunehmend objektiviert und instrumentalisiert oder ideologisiert und seine lebensweltliche Selbstverständlichkeit, seine Leiblichkeit, seine Kreatürlichkeit (seine Natürlichkeit) durch die sukzessive technische Aneignung verdrängt. Es gibt bekanntlich keinen zentraleren Ort, auf dem sich die „durchgehende" Geschichte des Fortschritts und der Zivilisation besser eingeschrieben hätte als am Körper der Menschen – bis er aus Mangel an reiner Luft zum Atmen, durch Allergien und Lärmschäden auffällig und wahrgenommen wurde. Diese Erfahrung am eigenen Körper hat Betroffenheit ausgelöst und eine Reflexion eingeleitet, die schließlich zu neuen Formen des Natur- und Körperbewußtseins führen sollte, hinter denen die Sehnsucht nach einem authentischen Körper ebenso wie der Wunsch nach einem gesunden, einem fitten, einem perfekten Körper steht. Die Erfordernisse einer individualisierten und flexibel gewordenen Gesellschaft unterstützen ihrerseits das Bild von einem dringend verbesserungsbedürftigen Körper. Wie die Natur ist der Körper nicht mehr selbstverständlich – er kann oder muß nun (wieder-)hergestellt werden. Eine solche Körperbeziehung entspricht, so Gernot Böhme, dem Phänomen der Naturbeziehung im Zeitalter der technischen Reproduzierbarkeit.[1]

Die Zivilisation raubte dem Körper die Leib-Seele-Einheit und damit das Vertrauen, die Eingebundenheit in die Natur der traditionellen Lebensvollzüge. Stattdessen setzte sie das Wissen um seine Konditionen und das Bild vom funktionierenden Maschinenkörper. Seine erste Geschichte scheint am Ende der Moderne zu verschwinden, seine zweite hat als Synthese von DNA-Sequenzen, als Datenkörper, als funktionalisierter Mensch im gendigitalen Maschinenpark – wie die Horrorvisionen zur spätmodernen Körperbefindlichkeit der Spezies Mensch, die nur noch den bereits abgeschafften Menschen zu erkennen glauben, lauten – bereits begonnen. Im gleißenden Licht des technologischen und wirtschaftlichen Fortschritts scheint der Körper nur durch Prothesen am Leben zu halten, sei es durch Körperplastifizierung wie Bodybuilding oder

---

1 Gernot Böhme: Natürliche Natur. Über Natur im Zeitalter ihrer technischen Reproduzierbarkeit. Frankfurt/M. 1992, S.77.

Schönheitschirurgie, durch Interventionen im genetischen Code, sei es durch Drogen oder andere innere Inhaltsmaschinen – oder als Ersatzteillager.

Angesicht dieser Befunde mag der Versuch einer Ethnographie der gegenwärtigen neuen Körpertrends, Körperpraktiken und Körperbilder reichlich überholt erscheinen. Gerade jetzt ist er jedoch notwendig, will man unser Fach auch als einen Seismographen von gesellschaftlichen Entwicklungen verstehen und betreiben.[2] Die Frage ist, welche Bedeutung den unterschiedlichen spätmodernen Körpergestaltungen zuzumessen ist: dem Körper zwischen Selbstbestimmung und Selbstzerstörung. Oft wird vermutet, daß das neue Körperbewußtsein und die neue Körpergestaltung nur noch peinlich absichtsvoll auf sich selbst und auf die Beliebigkeit und die Beziehungslosigkeit der modernen Individualisierung verweisen, nur noch selbsterlogene Ikonen von Abwehrträumen seien, Trugbilder nur von Körperlichkeit, eingepaßt in den Rahmen spätmoderner Selbstinszenierung. Gerade angesichts der Diskurse um den Verlust des Körpers einerseits und der gleichzeitig diagnostizierten „Wiederkehr des Körpers"[3] andererseits, ist die Frage nach der Bedeutung dieser unterschiedlichen Diagnosen, wie die Frage nach den Körperbeziehungen, den Körperpraktiken und den Körperbildern für eine empirische Kulturwissenschaft besonders lohnend. Bezeichnet das Schlagwort von der Wiederkehr des Körpers auch die Wiederkehr seiner Natürlichkeit, der Gefühle, Lust und Leid, das Geborenwerden und das Sterben, oder bezeichnet es nur noch die Ressource Körper im Zeitalter der Biotechnologie? Oder meint es den zentralen Mythos im Cyberspace, der vergessen kann, daß Leiblichkeit einmal auch mit den bedrohenden Erfahrungen der Hinfälligkeit, der Verletzbarkeit und der Sterblichkeit assoziiert war? Was hat es mit dem neuen Körperbewußtsein auf sich, das sich doch immer auch als Kraft zu einem besseren Leben, einem spürbareren individuellen Sein verstanden wissen will – hedonistisch und asketisch zugleich –, als ein reflektiertes „Humanum", das sich als Schauplatz gerade jenen Bereich gesucht hat, der in den Lebensweisen der industriellen und bürgerlichen Moderne zur Hinterbühne verkommen ist?

Daß der menschliche Körper immer die von der Gesellschaft bereitgestellte Erfahrungs-, Empfindungs- und Handlungsform des Einzelnen ist und nie „Natur pur", nie ohne menschliches Zutun quasi eine selbständige Geschichte schreibt, ist unbestritten. Er bringt Kultur zum Ausdruck und er ist selbst Antwort auf strukturelle und kulturelle Gegebenheiten.[4] Darin spiegelt sich kulturelle Befindlichkeit als erfahrener und gemeinter Sinn, darin finden kollektive Vorstellungen, Werte und Orientierungen ihren symbolischen Ausdruck. So gesehen sind auch die gegenwärtigen Transformationen des Körperbewußtseins und der Körperverhältnisse Antworten auf gesellschaftliche Erfahrungen, und zwar Antworten auf Erfahrungen, die sie selbst provozierten.

Mit der Aufkündigung der inneren Natur des Menschseins, mit der Betrachtung seiner Natur von außen und mit der von Elias beschriebenen Domestizierung, seiner Einpassung in soziale Umgangsformen und der Emanzipation zum selbstbestimmten Menschen spaltete sich die Leibbeziehung (wie die Naturbeziehung) zunehmend ab; der moderne Mensch hat sich einen Körper kreiert, dem die innere Natur, das Selbst nicht mehr selbstverständlich ist. Seit der Neuzeit ist der Körper als Stück Natur selbst nur noch etwas, was sich vom Willen und vom Geist des einzelnen unterscheidet, eine

---

2 Exemplarisch dafür Michi Knecht: Körperpolitik und Geschlecht in der Gegenwartskultur. Das Beispiel der Lebensschutzbewegung. In: KEA 11. Körper Bilder Körper Politiken, Bremen 1998, S. 157-174.
3 Dietmar Kamper und Christoph Wulf (Hg.): Die Wiederkehr des Körpers. Frankfurt/M. 1982.
4 Entsprechend der prägnanten Formulierung von Mary Douglas „Kulturen denken durch den Körper". In: Dies.: Ritual, Tabu, Körpersymbolik. Frankfurt/M. 1974, S. 106.

Gegeninstanz – wie dies etwa Hegel formuliert; also ein Ort, der von außen je nach der kulturellen und sozialen Absicht und Macht bestimmt wird. So verhielt sich die Wissenschaft dem Körper des Menschen gegenüber, jene Wissenschaft, die den Körper bis heute und mehr denn je nur als etwas zu Überwindendes sieht. In einer Zeit, in der das wissenschaftliche Wissen immer deutlicher den Alltag beherrscht, hat das seine Rückwirkungen. In der so betrachteten, bewerteten und verwalteten „Natur" wurde der Mensch heimatlos.[5] Der Körper als Ort der sozialen Identität und der Erfahrung der Leiblichkeit und Kontingenz wurde den Menschen entfremdet. Nicht mehr die Selbsterfahrung zählte, sondern allein die Fremderfahrung: der Körper nur noch als Apparat. Daß dieser Prozeß in einem engen Zusammenhang mit der patriarchalen Konstruktion der westlichen Gesellschaften steht, die die Frau ebenso wie den Fremden der Natur zuordnete und damit zur Projektionsfläche der „allzumenschlichen" Wesenszüge machte, den aufgeklärten Mann hingegen dem Bereich der Kultur, des Denkenden, des Unabhängigen zuordnete, das hat auch in der Zeit der neuen Gestaltbarkeiten, der Flexibilität und der Entgrenzung der Geschlechterdichotomien seine Gültigkeit nicht verloren. Ganz im Gegenteil. In gewissem Sinne hat diese Zuschreibung gerade dadurch aufs Neue naturalisierende und zugleich hierarchisierende Markierungen erfahren.

Körpergeschichte ist immer auch eine Geschichte der Körpersymbolik. Solange der Körper jedenfalls Ort der Geschichte seiner sozialen Einbettung war, solange war er auch Ort der soziokulturellen Repräsentation. In der Spätmoderne, der Zeit des Zusammenbrechens traditioneller sozialer Ordnungsstrukturen und der Vorherrschaft der Kommunikationstechnologien, scheint nun seine soziale Repräsentationsfunktion bereits der Simulation zu weichen. Der Körper als Ort der sozialen Zurichtung hat sich zum Fluchtpunkt von wie auch immer motivierten Begehrlichkeiten und zum Ort der individuellen Reproduktion und Gestaltung gewandelt. Unübersehbar ist es, daß der Körper nunmehr Projektionsfläche von unterschiedlichen und konkurrierenden Bildern geworden ist, die sich heute, bedingt durch neue Kommunikationstechnologien, einer immer schnelleren Geschwindigkeit und einer enormen Enträumlichung verdanken. Zwar verläuft diese Entwicklung in den verschiedenen Milieus unterschiedlich dicht und rasch und ist noch von unterschiedlichen Traditionsgeschwindigkeiten, die eine unterschiedliche Verarbeitung und Rezeption nach sich ziehen, oder von zur Verfügung stehenden Ressourcen abhängig, von den Möglichkeiten, an den Gütern der technischen Revolution teilzuhaben. Insgesamt aber verdankt sie sich dramatisch, so scheint es, der Intention der Normierung und der Optimierung körperlichen Funktionierens. Dies mag im Sinne gesellschaftlicher Erfordernisse geschehen und den Verlockungen des medial verbreiteten Techno-Körpers entsprechen. Und doch ist die Sehnsucht und das Begehren nach einem eigenen Selbst, nach einem selbstdefinierten Ich der eigentliche Motor der Transformation der Selbstwahrnehmung des Körpers.

Während die einen Körperbilder als ästhetisch bzw. chirurgisch geformte, in Maßstäben kalorien- und gesundheitsbewußter Körper auftreten, vermitteln sich andere über spirituelle Einholungsversuche der verlorengegangenen Leib-Geist-Einheit, die in vormodernen Ritualen und Mythen das in den Alltag gebettete neue Selbstbewußtsein zelebrieren und auf ihre Weise das Besondere versprechen; andere konterkarieren gerade geltende Schönheitsideale und Geschlechterrollen mit kunstvollen Bemalungen und eingestochenen und eingebrannten Präsentationen auf der malträtierten Haut, ähnlich jenen, die sich in den ekstatischen Bewegungen der Technokultur realisieren

---

5 Helmuth Plessner: Unmenschlichkeit. In: Ders.: Diesseits der Utopie, Frankfurt/M, 1974, S. 221-229.

wollen. Was bedeuten diese unterschiedlichen Körperbilder und Körperpraktiken nun tatsächlich? Sind sie insgesamt Ausdruck eines in der Moderne aus dem Blick und aus der Wahrnehmung geratenen Verhältnisses zur eigenen Leiblichkeit? Oder entsprechen sie einer Inszenierung eines selbstbestimmten Seins, auch einer ins Bewußtsein genommenen Beziehung des eigenen Körpers zur Natur? Oder sind diese Formen der neuen Körperlichkeit nur noch Reaktionen auf soziale und technische Veränderungen, deren Ausgang zwischen Zerstörung und Selbstbestimmung völlig offen ist? Sind sie doch nur weitere Beweisstücke der Zurichtung, quasi die nächste Stufe der Geschichte des zivilisierten Kultur-Körpers, Resultate technischer und individueller Machbarkeit? Sind sie bereits Zeichen der Flucht vor der letzten Natur des Körpers, Flucht vor der körperlichen Hinfälligkeit – sind sie Dokumente der endgültigen Spaltung zwischen Imagination und Realität? Vielleicht sind sie alles zugleich. Nicht bloß im Sinne eines postmodernen „*anything goes*", sondern als Tatsächlichkeit komplexer kultureller Möglichkeiten in den widersprüchlichen Bezügen des sozialen Lebens, Ausdrucksformen von Künstlichkeit und Natürlichkeit, Bejahung und Verneinung zugleich. Eine Simultaneität, die sich in den schrillen Körpern der New Wave-Generation paradoxer nicht zeigen kann, wenn sie sich ihre Faszinationskraft aus exhibitionistischen Körperpräsentationen holt, beträchtlichen Schmerz nicht scheut und damit Natur und Kunst zugleich zu sein beansprucht.

Das jedenfalls – das Neue in Bezug auf den Körper entspricht nicht nur der Janusköpfigkeit der Moderne, sondern der Vieldeutigkeit der Spätmoderne, in der sowohl das Ende des natürlichen Körpers durch seine endgültige Eroberung (Virilio)[6] signalisiert wird als auch gleichzeitig die Befreiung zur selbstbestimmten Gestaltung des eigenen Körpers. Skeptiker und Skeptikerinnen vermuten, daß die Wiederkehr des Körpers wie sein Verschwinden im Zeichen der prothetischen Substitution des „natürlichen" Körpers stehen.[7] Der empirische Blick entdeckt hingegen einen kulturellen Wandel zur prinzipiellen Paradoxie, einen Wandel, der die einmal getroffene Trennung von Kultur und Natur, von Maschine und Körper aufzuheben scheint. Die neuen Körperbeziehungen entpuppen sich als vieldeutiges materielles und symbolisches Zusammenspiel von Mensch, Gesellschaft und Natur; sie sind Möglichkeiten und Visionen zugleich, jenseits aller bisher gelebten Konstellationen alltäglicher Körpererfahrungen.

Selbstzerstörung oder Selbstbestimmung, welche Möglichkeit auch immer gesehen wird, es ist der Körper, der gemeint ist, der neu geschrieben wird, der neu gestaltet und transformiert wird, jener Bereich des menschlichen Daseins, der in der Moderne radikal verdrängt wurde, auf dessen Kosten Menschheitsgeschichte, Zivilisationsgeschichte geschrieben wurde. Was in allen Formen der neuen Körperlichkeit verbindlich anders ist, das ist Selbstwahrnehmung, Selbstbeobachtung und Selbstgestaltung in einer neuen Selbstbezogenheit. Damit verändert sich der Imperativ des Handelns und des Raumes. Nicht was man zu sein hat, ist entscheidend, sondern wie man sich in der Welt fühlt ist Handlungsmaxime. Die Bilder werden eingesetzt, um verlorene Leiberfahrung wiederzugewinnen. Damit transportiert sich auch ein neues soziales, räumliches und zeitliches Selbstverständnis. Und dies ist nicht nur eine private Angelegenheit oder eine postmoderne Modewelle geänderter „Gefühlssemantiken", eine bloß hedonistisch reduzierbare Wahrnehmung und Gestaltung. Diese „neue Körperlichkeit" impliziert vielmehr

---

[6] Paul Virilio: Die Eroberung des Körpers. Vom Übermenschen zum überreizten Menschen. München 1994.

[7] Elisabeth List: Platon im Cyberspace. Technologien der Entkörperlichung und Visionen vom körperlosen Selbst. In: Ilse Mogelmog, Edit Kirsch-Auwärter (Hg.): Kultur in Bewegung. Freiburg 1996, S. 83-111.

auch grundlegende Werteverschiebungen und Haltungen, die nicht nur in bestimmte Milieus reichen, sondern in Teilaspekten tief in die Gestaltung und Ausrichtung der alltagskulturellen Wirklichkeit traditioneller Schichten dringen, wo sie schließlich auch deren kulturellen Wandel provozieren.

Die paradoxe Wiederkehr durch die Reinszenierung des Natürlichen

Die gegenwärtige alltägliche Aufmerksamkeit für den Körper läßt sich auf einige markante Entwicklungsstränge zurückführen. Zum einen ist es jener, der vor 25 Jahren im jungen intellektuellen Alternativmilieu mit der theoretischen Reflexion Wilhelm Reichs und von Michel Foucaults „Sorge um sich" einen sozialen und kulturellen Generationenkonflikt eingeleitet und um die Egalisierung des Körpers und der Gefühle, der Subjektivität und der freien Sexualität gerungen hat.[8] Damit begannen die Mauern einer jahrhundertelangen Tabuisierung und Geschichte zunehmender Normierung und Körperfeindlichkeit zu bröckeln. Das Erbe dieser Protagonisten, die den Körper als politische Projektionsfläche in das Zentrum der Szene einbrachten, setzt sich bis heute in einem Körperbezug fort, der die individuelle Befreiung aus den Fesseln traditioneller Tabus einer körperlichen Verleugnung und Zurichtung als neuen Lebensstil inszeniert. In alternativen, postalternativen und feministischen Milieus sucht man den in Verlust geratenen natürlichen, den authentischen Körper einzuholen. Die Hinwendung zur eigenen Körperlichkeit, „die als Transformation kein Hinterland kennt"[9], bindet das transformierte alltägliche Sein in ein Netzwerk von Gleichgesinnten ein und wähnt sich gleichzeitig eins mit der gesamten Schöpfung. Der eigene Körper versteht sich in erster Linie als Dokument des Selbstseins, das als Teil der Umwelt in die Gesamtheit des Kosmos eingebettet ist. „Der Weg ist das Ziel" und der Körper das Mittel, das es mit ekstatischen und mythischen Erfahrungsritualen in seiner materiellen Gebundenheit zu überwinden und von seiner historischen und sozialen Zurichtung zu befreien gilt. Die Rückbeziehung auf die eigene Naturgebundenheit ist gleichzeitig Befreiung von aller Erdenschwere. In unterschiedlichsten synkretistischen Formen wird die eine und die andere Anleihe aus traditionellen Beständen, aus fernöstlichen Philosophien und Einsichten oder aus der Naturmystik genommen und im Namen einer Reinszenierung des Natürlichen zu einer alltagsweltlichen Bricolage verwandelt. Wenn Handlungen und Nahrungsmittel den Stellenwert eines „natürlichen Symbols" zurückerhalten, könne die Welt, so hat man den Eindruck, in ritualisierten Körperpraktiken ein kleines Stück geheilt und ihr wieder der Sinn des Ganzen verliehen werden.[10]

Die Frage ist, ob selbst diese sinnstiftenden Körper[11] einer spirituellen Mensch-Natur-Beziehung den Boden der Realität nicht längst in der Magie des Bildes vom

---

8   Utz Jeggle hat bereits 1980 die Defizite der Intellektuellen als Auslöser für den Körperdiskurs der späten 70er Jahre haftbar gemacht: Ders.: Im Schatten des Körpers. In: Zeitschrift für Volkskunde 76/1980, S. 169-188.
9   Marylin Ferguson: Die sanfte Verschwörung. Persönliche und gesellschaftliche Transformation im Zeitalter des Wassermanns. Basel 1982, S. 472.
10 „Natürliche Symbole" seien der zivilisierten Welt längst verlustig gegangen, so Mary Douglas (wie Anm. 4).
11 Henri Lefèbvre kritisiert den im modernen Alltag aufgetretenen Verlust des „Stils", den er nur noch bei Gesellschaften orten konnte, wo er den gesamten Lebensvollzug umfaßt, „wo die alltäglichen häuslichen Gegenstände noch nicht in die Prosa der Welt gefallen waren", sondern noch einer Poesie entsprechen, einer verdichteten, sinngebenden, schöpferischen Gestaltung

heilen Ganzen verloren haben und nur noch einer Sinnsubstitution aus dem Gefühl der verlorenen Leiblichkeit entsprechen. Die Vermutung, daß sie vielleicht bloß historischen Reminiszenzen angesichts einer aus den Fugen laufenden sozialen Welt und der gefährdeten Natur entsprechen, drängt sich auf. So gesehen entpuppt sich die Rede von der Wiederkehr der Körper bloß als eine Verschiebung der Entfremdung. Es ist nicht mehr zu leugnen, daß der Alltag der Körperbegeisterten bereits durch ein ganzes Arsenal von technischen Hilfsmitteln und Apparaten vermittelt wird und der eigene Körper wie die Natur durch Bilder und Phantasien hergestellt werden kann.[12] Und doch – so zeigt uns die empirische, am Alltag der Menschen orientierte Erfahrung – ist die Transformation insgesamt als Versuch und Möglichkeit zu werten, mit einer zurückerobernden Leibbezogenheit zu denken und zu handeln und mit einer autonom gewählten Lebensform eine Lebenswelt zu gestalten.

War bis vor kurzem diese Reinszenierung des Natürlichen noch an relativ gebildete Milieus gebunden, deren Bewertung der Natürlichkeit versus Künstlichkeit politisch motiviert war und deren Verständnis von Technik an männliche Herrschaft über den Körper, über Menschen und über Natur gebunden war, so wurde diese ehemals subkulturelle und feministische Widerstandskultur erfolgreich vom Markt einverleibt. Der Gedanke an einen verantwortungsvollen Umgang mit ökonomischen Ressourcen, einen bewußten Umgang mit der Umwelt wurde zum Bio-Slogan, der den Markt boomen läßt. So sind bereits in der ersehnten Erfahrung eines sinnlichen, lebendigen und ganzheitlich eingebetteten autonomen Körpers, die immer gleichzeitig auf eine Bewußtseinsveränderung zielt, jene Fäden zu entdecken, die sich heute mittels Bio- und Medientechnologien zu einer unglaublich suggestiven und weniger unschuldigen Entwicklung verknüpfen. Ausgerechnet in den esoterisch-ekstatischen Qualitäten dieser Körperpraktiken und Körper-Natur-Bilder zur Wiedereinholung der „Leiblichkeit" verbirgt sich ein maßgebliches Motiv zu einer Entwicklung, die künstliche Wahrnehmungswelten und künstliches Leben erschließt und nun zur weltweiten Realität wird, die ganz anderes meint, als die bloß unschuldige Reinszenierung der Natur.[13] Der unschuldig entstandene Körperboom ist so unschuldig also nicht, da er in seiner spätmodernen Transformation das Verschwinden des „natürlichen Körpers, des leidenden, bedrohten, des alten „arbeitenden" Körpers in einer regelrechten Körperindustrie besiegelt.

Seit den 80er Jahren tritt dieser Strang immer deutlicher als Apotheose der grenzenlosen Machbarkeit zutage. Der Körper wurde zum Schauplatz und Bühne der Gestaltbarkeit. Jetzt ist freilich nicht mehr die innere Rückkehr zur Natur und die Überschreitung der alltäglichen Realität in Mythen und in die Vorstellungswelt eines kosmischen Ganzen angesagt, sondern die Überwindung der Körper-Natur durch ihre äußere Modellierung zu einem ästhetischen Körper nach Maß: Der Körper nun als Objekt wissenschaftlicher und marktwirtschaftlicher Begierde, Fetisch der Selbstgestaltung und Kapital zugleich. Jean Baudrillard ortet darin einen gezielten Narzißmus, der den Körper wie ein unberührtes Land behandelt, „zärtlich erforscht wie ein Rohstofflager, das ausgebeutet werden muß, um das Erscheinen des sichtbaren Glücks, der Gesundheit, der Schönheit, des triumphierenden Körperlichen auf dem Modemarkt zu ermög-

---

eines menschlichen Kosmos. Henri Lefèbvre: Das Alltagsleben in der modernen Welt. Frankfurt/M. 1992, S. 277.
12 Elisabeth List (wie Anm. 7).
13 Elisabeth List sieht jedenfalls gerade in der „Virtual Reality" esoterische Elemente, die die Visionen der Technologien durchaus als historisch angelegte patriarchale Mythen der Verdrängung der Erfahrung von Leiblichkeit und körperlicher Kontingenz interpretieren lassen (wie Anm. 7).

lichen".[14] Die technisierte und medialisierte Gegenwart hat die Hinfälligkeit und die Unzulänglichkeit der Körper-Natur ans Tageslicht befördert, und alle zur Verfügung stehende Technologie wird eingesetzt, um ihn zu verbessern.

Noch vor einigen Jahren beschränkte sich die Begierde nach einer künstlichen Körperlichkeit auf eine dünne Gesellschaftsschicht, eine, die über entsprechende ökonomische Ressourcen verfügt und über den Zugang zu medial verbreiteten Bildern. Heute realisieren sich diese Bilder in allen Milieus und bringen damit einen ästhetisierten Norm-Körper in den Alltag, der wie ein schillernder Fluchtpunkt identische Bilder vom einem neuen Selbst produziert, das den Menschen über Fitneßstudios, Solarien an allen Ecken, Wellness-Diätprogramme und Trainingsprogramme oder chirurgische Korrekturen erreichbar scheint. Diese neuen Körperbilder korrespondieren eindeutig mit den Errungenschaften der biotechnischen Revolution, die den natürlichen Körper nicht mehr braucht und geschlechtslose, androgyne Körper ebenso wie Körper in Superman und Superfrau-Ausstattung (noch allemal gibt es Brüche und Rückschläge) vermitteln. Hinter den verlockenden Visionen formiert sich eine von Bio- und Teletechnologien und Marktwirtschaft mächtig vorangetriebene Körperpolitik in alter Hierarchie. „Der Mensch als Bild ist im Auge, aber das Auge ist an den Blick verloren" (Baudrillard). Das Bild wurde zum Körper, der Körper zum Material.[15] An Stelle der Verschiebung scheint nun der Ersatz getreten, das Bild von einer Körper-Natur, die die Realität des Natur-Körpers überspringt. Menschliche Körperteile werden durch künstliche ersetzbar, während technogene Wahrnehmungsprothesen entwickelt werden, um Erfahrungen und Gefühle der Sinnlichkeit und des Spürens zu mobilisieren. Der perfekte künstliche, gestylte und getrimmte Körper als Garant des Selbstwertes und der Jugendlichkeit, Gesundheit und Sinn zugleich. Wer kennt nicht die pessimistischen Erfahrungen von den in Verlust geratenen Sicherheiten in einer virtuellen, technologisierten und kolonialisierten, enttraditionalisierten und individualisierten Gegenwart? Sie greifen sich als letzten Zufluchtsort den Körper als Versicherung. Ewige Jugend und patriarchale Schöpfungsmythen bringen um den Preis einer endgültigen Simulation die realen, vor allem die hinfälligen, die zu „natürlichen" Körper der Menschen erneut zum Verschwinden.[16]

Die Emanzipation des Menschen von seiner Kreatürlichkeit hat damit jedenfalls den Höhepunkt einer langen Entwicklung der Dialektik von Körper und Natur erreicht. Der spätmoderne autonome Mensch soll sich, so suggeriert das Zusammenspiel von Wissen und Macht, bereits jenseits und gegen die Verfallenheit des Körpers konstituieren. Man will nicht mehr Teil der Natur sein, sondern selbst Natur bestimmen. Das verspricht das Ende der sozialen Zuschreibungen und eine andere Möglichkeit für Anerkennung als existentielle Qualität[17]. Der Körper wird zum Instrument, zum Ausdruck des Willens: Nicht allein des eigenen Willens, vielmehr wird er wiederum erneut zum Objekt der

---

14 Jean Baudrillard: Der schönste Konsumgegenstand. Der Körper. In: Claudia Gehrke (Hg.): Ich habe einen Körper. München 1981, S. 93-128.
15 Eindrucksvoll dokumentiert von Sibylle Fritsch: Der eroberte Körper. In: PROFIL, 26. Jg. vom 12.6.1995, S. 83.
16 Michi Knecht analysierte dieses Doppelspiel von De- und Rekonstruktion in dem Beitrag zur Körperpolitik und Geschlecht in der Gegenwartskultur (wie Anm. 2).
17 Ich beziehe mich dabei auf Victor Turners duale Gesellschaftsmodelle: Das eine Modell ist das einer Struktur rechtlicher, politischer und wirtschaftlicher Positionen, Ämter, Status und Rollen, in denen Rollen vorherrschen; das andere Modell als einer aus konkreten, idiosynkratischen Individuen bestehenden Communitas – Individuen, die sich unterscheiden, jedoch als gleich betrachtet werden. Victor Turner: Das Ritual. Struktur und Antistruktur, Frankfurt/M. 1989, S. 169 ff.

Manipulation und Inszenierung, zum Objekt einer Körperpolitik, die die innere Natur im Schein des äußeren Seins, der Meinungen, der diätetischen Moden und Versprechungen des Marktes oder ideologischer Interessen zum Verschwinden bringt. Mit der Gestaltbarkeit der Körper gerät jedenfalls die mühsam erreichte Reflexion der Leiblichkeit an jenen absolut destruktiven Punkt, an dem die Naturbeziehung zusammenzubrechen droht und sich der Eigensinn wieder an einen Fremdsinn verliert. Die kulturspezifische „Zwangsapparatur Körper", von der noch Foucault sprach, scheint zwar aufgehoben, aber sie schlägt zurück, denn die identitätsproduktive Körperumarbeitung wird jetzt zur „Selbstzwangsapparatur", ein letztes Aufgebot der gesellschaftlichen Reputation, gegen die Adornos Klage über die Kulturindustrie nachgerade harmlos anmutet, wie dies auch Böhme sieht.

Der empirischen Kulturwissenschaft stellt sich jedoch noch eine andere Frage, die nach dem kulturellen Gestaltungspotential. Bindet die Fülle der alltäglichen Rituale und Praktiken, die der Herstellung und der Erhaltung der Vorstellung vom ästhetischen Körper gewidmet sind, nicht noch anderes, etwas, was den pessimistischen Diagnosen entgeht? Haben sie die Werte, die Denkgewohnheiten und Visionen von einem besseren Leben tatsächlich bereits verloren? Schließlich geht es doch diesem Körperbewußtsein darum, sich selbst endlich wahrzunehmen und wahrgenommen zu werden. Ich denke besonders an jene Erkennungsmale, die den jugendlichen Körper, der heute nicht mehr an ein empirisches Alter gebunden ist, seit den 90er Jahren in besonderer Weise zum Sprechen bringen: an künstlerischen Gravuren, Tätowierungen, Piercings, Brandings (Brandwundenmuster), Scarifications (Narben) oder Implants (das Einsetzen von Gegenständen), die sich unter der Haut abzeichnen. Diese manieristischen Verschönerungspraktiken sind – vor allem Piercing – heute längst nicht mehr auf eine provozierende Punkszene beschränkt, sondern wie alle anderen Formen selbstgestalteter Körper in alle Gesellschaftsschichten vorgedrungen. Wenn diese Ausdrucksformen der Jugendlichen auch als Zeichen der Abgrenzung gegenüber der Erwachsenenwelt fungieren, so signalisieren sie gleichzeitig die geänderte Körperbeziehung als Massenphänomen: Der Körper als Schauplatz der ästhetischen Ausgestaltung und als Schauplatz des lustvoll erlittenen Schmerzes. Diese Formen der expressiven bildlichen Schmuckgestaltung in archaischen, ethnisch-exotischen oder subkulturellen Rückgriffen sind zeichenhafte und symbolträchtige Präsentationen der Verletzung, wobei selbst die bisher als tabuisiert geltenden Körperbereiche (z.B. der Schambereiche) nicht ausgenommen sind.[18]

„Styling" ist das Zauberwort der Möglichkeit, ein Original zu sein. Ähnlich auch das Phänomen der Technokultur[19], im speziellen des Rave, in dem die jungen Menschen die Grenzen der physischen Körper-Natur im unaufhörlichen, ekstatischen Tanz überschreiten: Eine Tanzform, die ein Gegenüber nicht mehr braucht, sondern das Spüren der eigenen Existenz nur im sozialen und körperlichen Aufgehen, im Rausch des Ganzen zu finden vermeint. Der über die körperlichen Grenzen gehende Tanz erzeugt Nähe zum Körper.

Ganz abgesehen vom kreativen Vergnügen, sich selbst zum Kunstwerk zu machen, bleibt da noch die Lust, die Codes einer körperfeindlichen Gesellschaft am eigenen Körper ad absurdum zu führen und eine neue Wirklichkeit herzustellen. Kritisch gesehen ist allerdings zu fragen, ob nur noch der mit Schmerzen hergestellte eigene

---

18 Dazu auch Otto Penz / Wolfgang Pauser: „Schönheit des Körpers". Ein theoretischer Streit über Bodybuilding, Diät und Schönheitschirurgie. Wien 1995.
19 Christa Höllhumer: Zwischen Subkultur und Life-Style. Jugend im Diskurs der Postmoderne. Diplomarbeit Graz 1995. Gabriele Klein: Electronic Vibration. Pop Kultur Theorie. Hamburg 1999.

Körper die ersehnte Unvermitteltheit und das Gefühl des In-der-Welt-Seins garantieren kann. Das Verbindliche und Wesentliche ist, daß sich in den schmerzlichen Körperritualen die Zeichen des Überganges und gleichzeitig des Endgültigen, der Entgrenzung und zugleich des Bekenntnisses verdichten.

Ob Tattooing, Piercing oder Raving – die aktuellen Praktiken entschlüsseln konsequent den „point of no return", das Ende alles Vorangegangenen. Das was war, ist nicht mehr gültig, soll nie mehr gültig sein. Das Bild am Körper – eingeritzt, eingebrannt, durchstochen oder ertanzt – will gegen den spürbaren Verlust der Körperlichkeit bis zum Ende aller Tage ein neues Selbst garantieren; als Zeichen einer Identität, die sich nun nur noch auf sich selbst bezieht. „Ich bin und das Tabu zieht mich an. Hauptsache ich hänge daran. Hauptsache, ich bin zur Sache gekommen. So laufe ich über den Schmerz." [20] Auch wenn Schmerzrituale dieser Art ein anderes Ziel als ihre Originale verfolgen, die Magie dieser atavistischen Praktiken hat nicht an Kraft verloren. Sie liegt in der Imagination. Die „Ästhetik des Schmerzes" eliminiert jene bisher gewohnte Körperbeziehung, die den Körper zum „Alter Ego" gemacht hat;[21] das Ritual des Schmerzes verspricht – im Angebot des freien Marktes (!) – ein Körperbewußtsein durch die Selbstvergewisserung der „eigentlichen bzw. eigenen Natur".[22] Der Schmerz ist die Schwelle, der Übergang zum gelobten Land. „Wir erreichen die Ekstase nicht, wenn wir nicht – und sei es nur in der Ferne – den Tod, die Vernichtung vor Augen haben" (Georges Bataille). Die Verschmelzung des Bildes mit dem Selbstbild, der äußerlichen Körperlichkeit und eines inneren Bewußtseins wird in animistischer Weise hergestellt im Schmerz: für immer zu einem.

Die Bilder verschränken sich

Die Gestaltbarkeit des Körpers – ob als spirituelle Einbettung in das kosmische Ganze, ob trainings- oder chirurgisch geformt oder als Körperformen des „New Tribalism" – sie ist das untrüglichste Zeichen einer neuen Körper- und damit auch einer neuen Natur-Beziehung, die eine gestaltete, eine technisch hergestellte, eine künstliche oder kunstvoll inszenierte Natur meint. Gerade weil der Körper gestaltbar geworden ist, weil er selbstbestimmbar geworden ist, ist er Zeuge eines Endpunktes seiner Geschichte als selbstverständlicher, als (ob habituell oder biologisch) schicksalsbestimmter Körper. Dieser spätmoderne Gebrauch des Körpers scheint noch einmal auf die Spitze zu treiben, was der Moderne als Projektion des Machbaren vorgehalten wird. Wir gehorchen der Logik des Marktwertes wie nie zuvor, wenn wir mittels einer auf Trimmgeräten selbstgestrickten Muskulatur der ungeliebten Körpernatur zu entkommen versuchen, um uns in das indifferente Bild eines neuen, eines glänzenden Körpers zu verlieben, oder wenn wir auf spirituellen Wegen und zusammengebastelten Mythen den

---

20 Sabine Scholl: Schmerz sucht Frau. In: Kursiv. Eine Kunstzeitschrift aus Oberösterreich. Schmerzgrenzen 1, Linz 1995, S. 40-42.
21 Konrad Köstlin sieht darin eine Reaktion auf die Interpretation unserer Erfahrung mit der zweiten und dritten Wirklichkeit, die die Körper zum „natürlichen" Alter Ego konstruierte. Konrad Köstlin: Körper-Verhältnisse. In: Hessische Blätter f. Volks- und Kulturforschung NF 31/1996, S. 9-21.
22 Das Theorem „Schmerz hat die Kraft eines ontologischen Beweises" findet in jeder kriegerischen Auseinandersetzung in der Herstellung des eigenen „Volkskörpers" durch den Schmerz, dem man dem Anderen zufügt, seine dramatische Bestätigung. Slavoj Zizek: Wozu Schmerz? In: Kursiv. Eine Kunstzeitschrift aus Oberösterreich. Schmerzgenzen 1. Linz 1995, S. 8-11.

sozialen und kulturellen Unbilden ebenso wie der körperlichen Realität und der habituellen Lebenskonzeption entkommen wollen. So verschieden die Körperbeziehungen und die neuen Körperpraktiken auch sind, sie verschränken sich hinter dem Rücken einer „selbstvernichtenden Machbarkeit" auch zu anderem: ihr gemeinsames Ziel ist nämlich auch die Inszenierung einer Beziehung zum eigenen Körper. Die Machbarkeit ist die verbindende Klammer, ihr Imaginäres ist das Idealbild des Körpers, der alle Endlichkeit und Bedeutungsverluste, alle Fremd- und Selbstzwänge durch Selbstbestimmtheit hinter sich zu lassen verspricht. Wenngleich die Künstlichkeit der Natur, die Umbewertung von Künstlichkeit und Natürlichkeit in unserer Kulturgeschichte nicht neu sind, so ist ihre Gleichzeitigkeit heute entscheidend. Wenn die einen zur Herstellung des neuen Körperbewußtseins natürliche Materialien und Attribute brauchen, bevorzugen andere gerade die Künstlichkeit, Tele- oder Bio-Technologien oder Kunst, um Natürlichkeit zu suggerieren. Ihr gemeinsames Merkmal ist, daß ihre Körper-Natur immer eine „künstliche Natur"[23] meint und damit sofort auf den prekären Status des Körpers zwischen Selbstbestimmung und Selbstvernichtung verweist. Die Natur des Körpers muß mit Mitteln und Anreizen stimuliert werden.[24] Einmal im Sinne eines Re-Naturalisierungsprojektes, wie der lauftrainierte Naturkörper oder der spirituell eingebundene, einmal als De-Naturalisierungsprojekt, wie der maßgestaltete Körper oder der technisch reproduzierte, mit künstlichen Organen ergänzte Körper oder der künstlich befruchtete. Immer orientieren sich die neuen Körperpraktiken an einem Bild von Natur, die wiederzufinden, zu haben oder herzustellen für den rationalen, übertechnisierten Menschen so wesentlich ist, weil ihm Natur so ferne geworden ist. Nur vor diesem Hintergrund und vor dem komplexen Situationsgefüge des Fraglichwerdens aller „Selbstverständlichkeiten" durch die sozialen und technologischen Veränderungen sind die Prozesse, so dialektisch oder auch zusammengebastelt sie in Symbolik und Absicht auch immer sind, als kulturelle Transformationen von Körperverständnissen zu begreifen.

Wendet man sich den Handlungslogiken der Menschen zu, läßt man sich auf ihre „innere Logik" ein, dann kollidieren die pessimistischen Einschätzungen mit den empirischen Erfahrungen. Die neuen Körperbilder und Körperpraktiken formieren sich insgesamt nach Vorstellungen, die zwar dem Markt wie nie zuvor unterworfen sind, ihm aber gleichzeitig eben nicht mehr ausschließlich gehorchen. Das Interesse am Selbst wird in allen neuen Milieus anspruchsvoller und anfälliger zugleich und gerät in paradox anmutende Verhaltensweisen. Die Suche nach dem Selbst und damit nach einer neuen Körper-Beziehung ermöglicht die gesteigerte Wahrnehmung der eigenen Befindlichkeit und unendliche Strategien zur Intensitätssteigerung. Dies führt zu Vereinnahmung und Verwaltung im Sinne einer obsessiven Erlebnis- und Leistungsgesellschaft[25], kann aber durchaus auch im Sinne einer geglückten Partnerschaft zwischen Leib und Natur unter dem prinzipiellen Postulat der beidseitigen Anerkennung gelingen.[26] Das souveräne Ich verspricht am Ende der Moderne gegenüber der ersten

---

23 Dazu auch Gernot Böhme (wie Anm. 1), S. 181 ff.
24 Stefan Beck spricht in diesem Zusammenhang von einer „essentiell unessentiellen und inauthentischen" Repräsentation von Natur. In: Stefan Beck: Der Körper als hybride Verlaufsform. Technologisches „body building", Grenzregimes und Autotopographie. In: Tübinger Korrespondenzblatt 47/1996, S. 38-55, hier S.42.
25 Gerhard Schulzes Thesen zur Erlebnisgesellschaft greifen aus der Sicht der Kulturwissenschaft jedenfalls viel zu kurz. Ders.: Die Erlebnisgesellschaft. Kultursoziologie der Gegenwart. Frankfurt/M. / New York 1993.
26 Siehe Gernot Böhme (wie Anm. 1), S. 92.

Geschichte von Natur zu gelingen. Das mag berechtigte Angst machen und marktorientierten technologischen Spekulationen Tür und Tor öffnen. Aber es stellt damit auch Ressourcen für neue Formen der Mensch-Natur Beziehung bereit. Dies deutet zaghaft darauf hin, daß die utilitaristische Beziehung durch eben die Konstellation, die sie hervorgebracht hat, auch überwunden werden kann.[27]

Jetzt lassen sich Körperbeziehungen entdecken, die sich nicht mehr auf die gewohnten Strategien reduzieren lassen. Scheinbar ausschließende Orientierungen gehen mitten durch ein und dieselbe Person oder Bewegung hindurch. Abwehr und Aneignung von Natur sind gleichzeitige und ineinander kämpfende Impulse. Unbestreitbar ist, daß eben dieser Prozeß, der auf eine sukzessive Entkörperlichung zurückzuführen ist, eine neue Körperlichkeit, eine neue Körper-Natur-Beziehung schafft. Die Abwesenheit bedingt erst die neue Anwesenheit. Und dies heißt, daß sich Körperlichkeit als ein ganzes Netz von zeitgebundener und prozessualer Repräsentation und Bedeutung heute jeder Verallgemeinerung verweigert. Die Epiphänomene rund um die ins Bewußtsein genommenen Körperbilder der Menschen und der Handlungen sind auch als Indizien für eine Mimesis[28] zu deuten, als Antworten auf eine Wirklichkeit, die mit neuen symbolischen Ausdrucksformen neu gedeutet wird. In den Vorstellungen und den Handlungen um eine neue Körperlichkeit ist Material von Sinnkonstruktion zu entdecken. Hier sind Spontaneität, Emotion, Sinnlichkeit, Kreativität und Erlebnisfähigkeit spürbar, hier sind Selbstdeutungen zu entdecken, die zum Angelpunkt eines neuen Welt- und Gesellschaftsbildes werden könnten. Wenn sich diese Epoche auszeichnet, dann vor allem in ihrer Verführung, deren Ausgang offen ist. Mimetische Vorgänge sind immer ambivalent: Sie konkurrieren mit der gewaltsamen Verdinglichung und Entfremdung, wie uns dies Adorno vor Augen führte. Mit der Wiederkehr der Körper ist gleichzeitig ihr Verschwinden in der Machbarkeit möglich geworden. So mag der Eindruck entstehen, daß die Menschen dem Glauben an die grenzenlose Machbarkeit vielleicht zum letzten Mal erliegen. Es sollte jedoch nicht vergessen werden, daß im spätmodernen Menschen auch ein Bewußtsein für Maßlosigkeit wieder wachgeworden ist und in die Verantwortung und Entscheidung der Personen getreten ist. Vielleicht wird zumindest der Frevel der Anmaßung in der Spätmoderne erkennbar, der der Moderne zu erkennen verloren gegangen ist – weil, wie dies Helmut Plessner formuliert, ein Maß nur dann anerkannt werden kann, wo Vermessenheit sein kann.

So unterschiedlich die Ausdrucksformen auch sind, sie markieren in ihrer Ambivalenz jedenfalls Liminalität, eine „Grenzhaftigkeit" der Übergangsphase, die mit der charismatischen Qualität des Besonderen ausgestattet ist, einerseits weil sie die Codes des soziokulturellen Gefüges aufzuheben versprechen, anderseits in einer bereits chaotisch und unüberschaubar gewordenen Welt, neue Wirklichkeiten schaffen wollen.

---

27 Dies bestätigt etwa Helmut Berking: Solidarischer Individualismus. Ein Gedankenspiel. In: Im Dschungel der politischen Gesellschaft. Ulrich Beck in Diskussion. Ästhetik und Kommunikation Jg. 23, Nr. 85-86/1994, S. 37-50.
28 Auf die Bedeutung der Mimesis in der Popkultur verweist Gabriele Klein (wie Anm. 19), S. 264 ff.

Bo Lönnqvist

Die verleugnete Natur
Zur kulturellen Paradoxie des „Fleischkleides"

Wo und wie verläuft die Grenze zwischen Natur und Kultur in der Einstellung des westlichen Menschen zur Beleibtheit? Inwieweit begegnet man der Beleibtheit des Mannes als einem Kampf gegen die Natur, als Versuch, den Körper so zu gestalten, dass seine zeitliche, räumliche und gesellschaftliche Eingrenzung schwindet?

Welche Interpretationen können wir vom historisch-anthropologischen Gesichtspunkt zu den Diskussionen über die Gefahren der Beleibtheit anbieten?

Besonders in den letzten zehn Jahren wurde in Finnland eine ständig wiederauflebende öffentliche Diskussion über die zunehmende Fettsucht der Finnen, besonders der finnischen jungen Männer geführt. Der Schmerbauch des finnischen Mannes erhöht die Gefahr der Herz-, Kreislauf- und Krebserkrankungen, und das wird mit der Zeit auch für den Staat zu teuer. „Wir essen zu viel. Wir essen uns zu Tode. Auch die Gesellschaft muß Beleibtheit abwehren", lauteten einige Überschriften. Dickleibigkeit ist bereits eine Volkskrankheit, über 700.000 Finnen haben Probleme mit dem Gewicht.

Ca. 20 % der Menschen im mittleren Alter haben markantes Übergewicht. Besonders unter den jüngeren Männern zwischen 25 und 35 Jahren hat die Beleibtheit in den letzten zwei Jahrzehnten schnell zugenommen. Man hat dies in Verbindung mit veränderten Lebensbedingungen gebracht: Die jungen Männer bilden eine Familie, kaufen ein Auto und bewegen sich weniger, sie schauen abends Fernsehen und trinken Bier.

Die Ärzte sehen den Grund dieses Verfalls im zunehmenden Bierkonsum und in der verminderten Bewegung. Der arbeitsfähige Finne hat 60 Stunden Freizeit pro Woche. Auch die Attitüden der Umgebung sind tolerant: Die Frauen passen zwar auf ihr Gewicht auf, aber sie mästen die Männer, und finnische Männer sind an ihrem eigenen Aussehen nicht interessiert. Man solle, so der öffentliche Diskurs, der Beleibtheit vorbeugen und männliche Interessen auf andere Dinge als auf das Essen richten. Man benötige mehr Informationen und eine grundsätzliche Einstellungsänderung.

Eine 1997 veröffentlichte Untersuchung über die Einstellungen gegenüber dem Essen und der Bewegung unter finnischen Zimmermännern und Waldarbeitern zeigte, daß sich die Männer der Wichtigkeit der Bewegung bewußt sind, aber daß sie zu müde sind, um sie auch zu befolgen. Mit dem Aussehen hatte das nichts zu tun. „Warum laufen, wenn niemand jagt?" Freiwillige Bewegung ist etwas für Leute, die nicht körperliche Arbeit leisten, es ist ein Oberklassenphänomen, eine Spielerei.

Noch in den 60er und 70er Jahren wurde der dicke Bauch des jungen Mannes, als Resultat modischen Bierkonsums, mit einem humoristischen Anstrich dargestellt, und die finnische Sprache wurde um spaßhafte Wörter und Redensarten über diese Erscheinung erweitert. Aber in den 80er Jahren sprach man schon von einer negativen Gesundheitskarriere. 1997 publizierten vier Ärzte das erste medizinische Buch zum Thema „Das Problem der Beleibtheit und seine Behandlung". Hier wurden neben den physiologischen Aspekten auch psychologische Faktoren diskutiert.

In der modernen westlichen Zivilisation entsteht durch Normierung, Intervention und Zugriff auf einzelne die Gleichsetzung von Männlichkeit mit einem beherrschten, aber starken Körper. Der Körper wird – durch Disziplinierung, Klassencodes, Tabus, Schönheitsideale – perfektioniert, der Individualismus ist selbstgefällig. Der Mann ist ein Gesellschaftskörper. Gleichzeitig ist aber der beleibte Mann in verschiedene Subkulturen ausgewichen, in denen sich gerade Körper und Natur begegnen; dort ist er ein Symbol volkstümlicher Freiheit. Auch der Körper dieses „wilden" Mannes repräsentiert Kraft, aber in einer gesellschaftlich nicht akzeptierten Form.

Die heutige Situation, die Beleibtheit als eine Krankheit zu betrachten, ist also neu. Noch in den 50er Jahren hielt sich die vorindustrielle Auffassung, Fettheit als ein Zeichen für Gesundheit anzusehen. Die vorindustrielle Gesellschaft lebte saisonweise zwischen Hunger und Überfluß, man war der Meinung, der Mensch solle Essen im Körper einlagern, ihn sich als Vorrat einverleiben. Dicke Leute waren nicht nur reich, sondern auch gesund – das kennen wir vom „Struwwelpeter". Die europäischen Volkssagen enthalten, wie Robert Darnton gezeigt hat, das Essen und Fressen als dominantes Thema. Die körperliche Not während und nach dem Zweiten Weltkrieg hat die vorindustrielle Attitüde konserviert, obwohl die materielle Lage sich sehr schnell geändert hat. Aus der üblichen, normalen Kultur wurde eine versteckte Subkultur.

Doch neben dem schlanken, Gesundheit und Schönheit vermittelnden Ideal der Frau steht der starke Mann, der Bär. Junge Männer legen sich durch Bodybuilding und anabole Steroide Muskeln zu. In einigen Subkulturen, z.B. stark macho-betonenden Motorradfahrer-Kulturen und in der homosexuellen Körperkultur sind Muskeln, Bauch und Beleibtheit Symbole für „body and power". In Amerika existieren als homoerotische Subkulturen Männerverbände, die sich Bären nennen. Andere Schwulengruppen erheben besonders den großen Bauch und das grenzenlose Fressen als Ideal in ihren Mitgliedsblättern „Big Ad" und „Heavy Duty", welche auch Erzählungen über den unendlichen Zuwachs des Körpers als Phantasien enthalten.

In der finnischen Bierkultur gibt es auch Wettbewerbe mit dem Ziel, einen Bierkönig zu wählen. „Dieser Wettbewerb ist ein herrlicher Gegenpol im alltäglichen Elend", sagte der Sieger, ein 43-jähriger arbeitsloser Mann mit einem Gewicht von 92 kg, dessen Bauch mit schönen Tatowierungen geschmückt ist. „Die Festigkeit des Bauches ist ein Triumph, ich trainiere Gewichtheben". Der Dualismus in der Einstellung zur Beleibtheit ist auffallend. Ein wohlgestalteter männlicher Schauspieler, der in einer Lebensmittelreklame mitwirken möchte, wurde wegen seiner Schlankheit nicht akzeptiert. „In finnischer Reklame wünscht man den Körper mit Speck, Fettpolstern und großem Bauch", sagte er enttäuscht.

Die verleugnete Natur

Pois tiältä, mahaa tuarahan! (EP)

Eine Studie unter Männern im Alter zwischen 20 und 50 Jahren zeigt eine ambivalente Einstellung gegenüber der Beleibtheit. Positive und negative Urteile sind situations-, klassen-, alters- und nationalitätsgebundene Faktoren, die auch mit individuellen Verhaltensmustern und kulturellen Gesellschaftsidealen korrespondieren.

Es wäre nicht schwer, die oben referierten dualistischen Lebensmuster als eine Form volkstümlichen Widerstandes und Freiheitsgefühls zu interpretieren (vgl. Bachtin 1987). In verschiedenen Kulturen wird – wie bekannt – auch Fruchtbarkeit in schwellenden Formen ausgedrückt. Sich unter Gesundheitspropaganda und Schlankheitsideale einzuordnen, wird zu einer Bedrohung der individuellen Persönlichkeit und der privaten Freiheit. So entspricht der Besitz eines großen Bauches einerseits dem modernen Individualismus, andererseits aber widerspricht er gewissermaßen dem modernen Ideal, den Körper ständig verfügbar zu halten. Beide Attitüden entspringen dem modernen Bedarf nach ständiger Verwandlung.

Bo Lönnqvist

Dallas Bears, March '96.

Man-To-Man Personals

Illustration by Ali, Toy Bear Studios

BEAR 38 • **74**

GIRTH & MIRTH - BELGIUM IS AN EUROPEAN
CLUB WHOSE WISHES IS TO GET
TOGETHER BIG MEN AND
ADMIRERS FROM
ALL OVER
THE
WORLD

BIG IS BEAUTIFUL!

Die verleugnete Natur

Eine vertiefte Perspektive auf diesen Dualismus zwischen dem freien, aber unzivilisierten und dem normierten, zivilisierten Körper, bekommen wir durch eine Anknüpfung an die westlichen Vorstellungen über „den wilden Menschen" und „den edlen Wilden", eine Mythe mit Wurzeln in Antike und Mittelalter. Diese kulturellen Konstruktionen, deren Funktion eine Form von Selbst-Authentizität ist, enthalten eine Polarisation zwischen echt und unecht, Zivilisation / Menschlichkeit und verwildert / tierisch. In kulturellen Prozessen der Unsicherheit treten solche stipulierenden Funktionen hervor mit Hilfe von Negationen. Diese Negationen referieren Eigenschaften, als wären diese in bestimmten Menschengruppen oder in den Kulturen inkarniert. Solche „Symbolkomplexe" wandeln sich in Relation zu historischen Situationen (vgl. White 1985).

Im Mittelalter bildeten Verrücktheit, Ketzerei und Sünde Symbolkomplexe des „Verwilderten". Wenn noch im Mittelalter das Unbekannte, Wilde, Barbarische physisch in der Peripherie der Zivilisation lebte, so ist heute – ich referiere hier den Historiker White (1985) – durch Kenntnis und Kartierung die Despatialisierung abgewehrt. Ein Kompensationsprozeß hat dagegen das Wilde in jedem modernen Menschen „interieurisiert". Der moderne Mensch enthält sowohl das Echte / Wilde / Natürliche wie das Unechte / Barbarische / Unnatürliche. In dieser neuen Mythe ist die Grenze zwischen dem Physischen und dem Mentalen verschwunden. Die moderne Auffassung der Körper ist ein Beispiel dafür.

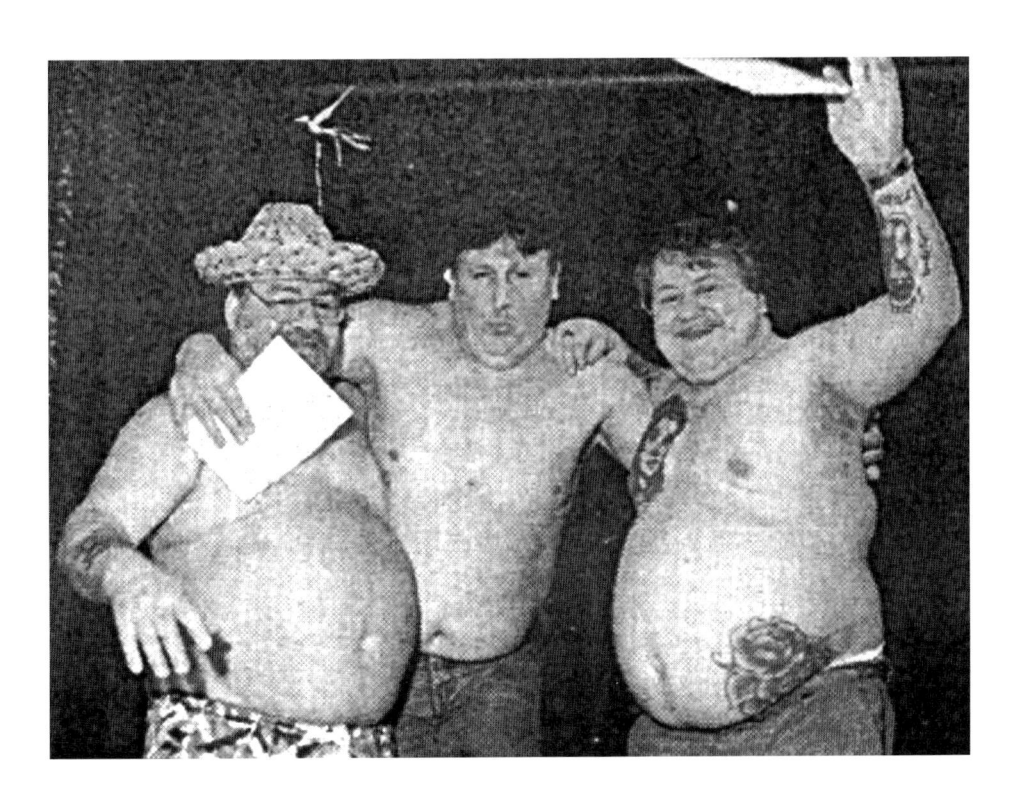

Paradox ist nun, daß die Fettheit des westeuropäischen Menschen als unnatürlich / unecht / verwildert – die medizinische Kontrollkultur – und gleichzeitig als natürlich / echt / wild – die Subkulturen, betrachtet werden. So trägt der Körper, trotz oder infolge der Medikalisierungsprozesse vom 16. bis zum 20. Jahrhundert, den Dualismus zwischen Natur und Kultur mit dem kulturellen als dominierendes Zivilisationsmuster weiter. Das Körperbild ist ein Januskopf.

Wie sollen wir nun den medizinisch-gesellschaftlichen Kummer über die Beleibtheit der jungen Männer erklären? Hier muß die moderne Wildheit-Mythe durch einen moralischen Aspekt ergänzt werden. Der hängt mit der jüdisch-christlichen und der antiken Tradition zusammen, wo der innere, spirituelle Status des Menschen als abhängig von der äußeren, physischen Kondition betrachtet worden war, wie viele Beispiele aus dem Alten Testament bestätigen.

Der Kampf gegen das Verwilderte ist eine natürliche, wünschenswerte Handlung, weil alles, was gemischt ist, unnatürlich und destruktiv ist. Im Buch Genesis (6) wird diese unnatürliche Mischung und Wildheit durch ein für unser Thema interessantes Detail komplettiert: Gigantismus, wilde, schwarze Riesen (oder Zwerge). Die Wildheit ist zusätzlich Hirten- und Jäger-Leben, Wüste, unverständliche gemischte Sprache, Sünde, ist mit Farbe und Größe komplettiert. In einer moralisch geordneten Welt ist der Wilde irrational, unstrukturiert, los, er ist falsch, unzuverlässig, er ist schwer, unerträglich und lästig, destruktiv und zu Krankheiten verurteilt. Die physischen Attribute des Monstrums sind in sich selbst Zeugnisse ihrer schlimmen Natur. So wird in christlich-mittelalterlicher Tradition der Wilde eine „Destillation" (White 1985) dreier spezifischer Ängste des Lebens: der Sexualität, des Brotes und der Erlösung. Der Wilde steht nicht nur außerhalb dieser Institutionen, er braucht auch nichts von diesem Angebot: Er kann alle seine Lüste frei ausleben: Promiskuität, Fressen und Perversität, physische Kraft.

Es ist zu konstatieren, daß dieser Symbolkomplex im Spätmittelalter allmählich eine positive Qualität bekommt, die in der Neuzeit weiterlebt. Der Wilde wird bewundert als ein Symbol von Freiheit und echter Kultur in der Bedeutung einer verlorengegangenen Natürlichkeit. In der frühen Neuzeit ist die Wildheit in den Begriff Primitivität integriert (in diesem Kontext steht auch die Wiege unserer Wissenschaft: die Ethnographie). Der Wilde wird nobilitiert.

So wird der kulturelle Dualismus immer stärker etabliert: Einerseits steht der Wilde als Antitypus der wünschenswerten Menschlichkeit, – eine Warnung –, anderseits als Antitypus vor dem sozialen Dasein. Eine im Raum und Zeit etablierte Zwischenposition, gleichzeitig gewünscht und bestraft, zwischen Repressionen und Sublimation. Was aber früher eine Form des physischen, ursprünglichen Menschen war, ist heute in einer psychologischen Landschaft plaziert, wo Beleibtheit nicht nur eine Krankheit ist, sondern ein Hindernis der Teilnahme am normalen, geordneten, sozialen Gesellschaftsleben überhaupt. Und für dieses bieten die Ärzte und Ernährungsberater, die Bewegungstherapeuten und Gesundheitsratgeber die Rettung.

Ist der junge Mann, der mit seinem dicken Bauch zufrieden ist, zu bekehren? Wenn der Bierkönig von Freiheit spricht, ist das nicht eine unbewußte Feststellung. Durch die Sprache wird seit Jahrhunderten, in Redensarten, Witzen und Benennungen, der „natürliche" Körper in allen Formen tradiert. Das sprachliche Repertoire kann man nicht mit rationellen Argumenten ausrotten. Es dient als eine Schatzkammer, aus deren Motivationen und Entschuldigungen ständig geschöpft werden kann. Dies gilt für Freiheit wie für Normativität. Die Körperkontrolle kann nicht ohne Beleibtheit existieren. Der physische Körper im Prozeß von Verwandlung und Stabilität verkörpert die kulturelle

Kommunikation zwischen Kultur und Natur. In dieser Hinsicht lebt der vorindustrielle, auch der mittelalterliche Körper weiter.

Literatur

Darnton, Robert: Stora kattmassakern och andra kulturhistoriska bilder från fransk upplysningstid. Stockholm 1987 (The Great Cat Massacre, 1984).
Bachtin, Michail M: Rabelais und seine Welt. Volkskultur als Gegenkultur. Frankfurt/M. 1987.
White, Hayden: Tropics of Discourse. Essays in Cultural Criticism. Baltimore, London 1985.

Marita Metz-Becker

Die ‚Mammalia Linnés' oder das Geheimnis der weiblichen Brust

Als der an der Universität Uppsala wirkende schwedische Arzt und Naturforscher Karl von Linné (1707-1778) im Jahr 1735 den ersten Band seines umfangreichen Werkes „Systema naturae" vorlegte, wurde ihm nicht nur wohlwollende Zustimmung zuteil. Linnés Ziel bestand darin, die Arten und Gattungen der Pflanzen systematisch zu erfassen, wozu er die binäre Nomenklatur einführte und damit eine botanische Fachsprache schuf. Die Gattungen wiederum vereinigte er in Klassen und Ordnungen. Dabei war sein System auf Unterschiede in den Geschlechtsorganen der Pflanzen aufgebaut. Nun stieß insbesondere dieses ‚Sexualsystem' auf Ablehnung, denn es enthielt anthropomorphe Umschreibungen der „pflanzlichen Hochzeiten", wie beispielsweise für die Klasse ‚Polyandra', bei der – so Linné – „20 Männer und mehr in demselben Bett mit einer Frau"[1] verkehrten. „Die Blütenblätter", fährt Linné fort, „dienen als Brautbett, das der Schöpfer so glorreich hergerichtet, mit den feinsten Bettvorhängen geschmückt und mit vielen zarten Wohlgerüchen erfüllt hat, damit Bräutigam und Braut ihre Hochzeit dort besonders prächtig feiern können. Ist nun das Lager dergestalt bereitet, wird es Zeit, daß der Bräutigam seine geliebte Braut umfängt und ihr seine Geschenke macht".[2] Solche Ausführungen Linnés brachten seine Schrift auf den päpstlichen Index verbotener Bücher. Noch mehr als acht Jahrzehnte später ereifert sich Goethe über Linnés System: „Wenn unschuldige Seelen, um durch eigenes Studium weiter zu kommen, botanische Lehrbücher in die Hand nehmen, können sie nicht verbergen, daß ihr sittliches Gefühl beleidigt sei; die ewigen Hochzeiten, die man nicht los wird, wobei die Monogamie, auf welche Sitte, Gesetz und Religion gegründet sind, ganz in vage Lüsternheit sich auflöst, bleiben dem reinen Menschensinn unerträglich".[3] Paradigmatisch an dieser Sexualisierung der Flora war allerdings nicht die gelegentlich lüsterne Metaphorik, sondern die Festschreibung der Geschlechterkomplementarität durch die Pflanzensystematik. Galt bis zur Frühzeit der Aufklärung das weibliche nach Aristotelischer Lesart als Verkümmerung des männlichen Prinzips, wurde nun – wie im Folgenden noch zu konkretisieren sein wird – die bürgerliche Arbeitsteilung der Geschlechter (das männliche für Politik und Wirtschaft, also für die Öffentlichkeit, das weibliche dagegen für Haus und Herd, also für die Privatsphäre) durch die natürlich vorgegebene, schon im Pflanzenreich auffällige Geschlechterentsprechung gerechtfertigt.

Die Fortschreibung der Geschlechterkomplementarität läßt sich auch in Linnés zoologischen Klassifizierungen finden. Linné teilt die Tiere in sechs Klassen ein: Mammalia (Säugetiere), Aves (Vögel), Amphibia (Amphibien), Pisces (Fische), Insecta (Insekten) und Vermes (Würmer). Bei diesen zoologischen Hauptklassen rückt er mit dem Terminus „Mammalia" Fortpflanzungsorgane ins Zentrum „und lenkt den Blick auf ein primär mit dem weiblichen Geschlecht assoziiertes Merkmal".[4] Der 1758 eingeführte Begriff Mammalia (=die Brüste betreffend) verdrängte die frühere Bezeichnung

---

1   Ilse Jahn: Grundzüge der Biologiegeschichte. Jena 1990, S. 238.
2   Zit. nach Londa Schiebinger: Am Busen der Natur. Stuttgart 1995, S. 42.
3   Zit. nach Karl Mägdefrau: Geschichte der Botanik. Leben und Leistung großer Forscher. Stuttgart, Jena, New York ²1992, S. 71.
4   Schiebinger (wie Anm. 2), S. 70.

Quadrupedia (Vierfüßler), weil ihm endlich auch die Wale eingegliedert werden konnten.[5] Dem klassifizierenden System Linnés stand der mehr naturgeschichtliche Ansatz Georges Buffons (1707-1788) gegenüber. Buffon zählte zu den Kritikern Linnés, denn er sah „die Aufgabe des Naturkundlers darin, von jedem Lebewesen – seiner Fortpflanzung und Ernährung, seinem Verhalten und Lebensraum – eine genaue Beschreibung zu geben, statt den Reichtum der Natur in künstliche Klassen mit unverständlichen griechischen oder lateinischen Namen aufzuteilen".[6] Insbesondere kritisierte Buffon, daß Linné mit dem Begriff Mammalia der weiblichen Brust einen so zentralen Stellenwert einräumte, denn auch die Behaarung hätte als Unterscheidungsmerkmal eingeführt werden können, da alle Säugetiere ein Haarkleid trügen. Der Göttinger Anatom Albrecht von Haller, gleichfalls eher ein Kritiker Linnéscher Taxonomie und Nomenklatur, nannte diesen spöttisch einen „zweiten Adam", denn Gott habe die Natur zwar geschaffen, aber erst Linné habe Ordnung in sie gebracht.[7]

So hielt also der Begriff „Mammalia" – eine Wortschöpfung Linnés – in die internationale wissenschaftliche Kommunikation Einzug[8], und es sollen deshalb im folgenden Überlegungen dazu angestellt werden, warum sich ausgerechnet der aus dem Lateinischen mammae abgeleitete Begriff durchsetzte, mit dem sich Linné auf Brust, Zitze und die damit verbundene milcherzeugende Funktion bezieht, wo er auch andere Begriffe wie beispielsweise Pilosa (für Behaarung) hätte wählen können, da in seinem System die Behaarung denselben Unterscheidungswert hat wie die Brüste.

Die zoologische Nomenklatur ist freilich – wie Sprache überhaupt – bis zu einem gewissen Grad willkürlich, aber sie ist auch historisch bedingt, „geht aus spezifischen Zusammenhängen, Konflikten und Verhältnissen hervor".[9] Es wird deshalb zunächst der Frage nachzugehen sein, ob Linnés Entscheidung für die weibliche Brust eine Reaktion auf allgemeinere zeitgenössische kulturelle und politische Entwicklungstrends war.[10]

Ein kurzer Rückblick in die Kulturgeschichte der Brust macht deutlich, daß sie schon in der Antike als machtvolles Emblem galt. Wir kennen die Darstellungen der vielbrüstigen Diana von Ephesus – hier einmal mit vier und einmal mit 28 Brüsten dargestellt[11] (Abb. 1) – oder den einbrüstigen sagenhaften Amazonen. Auch dem christlichen Mittelalter mit seinen unzähligen säugenden Mutter-Gottes-Figuren[12] war die weibliche Brust nicht fremd, galt sie doch als „metaphysische Verkörperung der mütterlich-nährenden Kirche"[13]. In der Renaissance wurden noch gern königliche Mätressen oder Huren barbusig dargestellt, wie z. B. die Mätresse Henris IV. (1572-1610). Im Hintergrund stillt eine vollbusige Amme eines der drei Kinder, die aus der Liaison hervorgingen[14] (Abb. 2). Als erotisch galt hier der kleine feste, jungfräulich anmutende Busen, nicht der der milchspendenden Amme.[15] Unter ästhetischen Gesichtspunkten stellte bis ins 18. Jahrhundert nur die jungfräuliche Brust Schönheit und Vollkommen-

---

5 Vgl. Jahn (wie Anm. 1), S. 249.
6 Schiebinger (wie Anm. 2), S. 76.
7 Vgl. ebda. S. 70.
8 Vgl. Jahn (wie Anm. 1), S. 249.
9 Schiebinger (wie Anm. 2), S. 84.
10 Vgl. ebda. S. 85
11 Ebda. S. 94; Foto Marburg „Artemis von Ephesos", Archiv-Nr. 134.988.
12 Marilyn Yalom: Eine Geschichte der Brust. München, Düsseldorf 1998, S. 79: „Vision des Heiligen Bernhard", flämisch, ca. 1480.
13 Vgl. Schiebinger (wie Anm. 2), S. 93.
14 Yalom (wie Anm. 12), S. 113.
15 Vgl. ebda. S. 161.

Abb. 1:
Vielbrüstige Diana von Ephesus.
Archiv Foto Marburg, Archiv-Nr.
134.988.

heit dar, verkörpert in den weiblichen Gestalten der Mythologie und in der stillenden Christusmutter. Linnés Fixierung auf die weiblichen Brüste war insofern nicht unbedingt etwas Neues, sondern vielmehr zu seiner Zeit ein schon tief verwurzeltes Phänomen. Zu keiner Zeit in der Geschichte aber wurde eine so allumfassende öffentliche Kampagne um den weiblichen Busen geführt wie im 18. Jahrhundert. Linnés Favorisierung der mammae fügte sich lückenlos in das Rousseausche Diktum ‚Zurück zur Natur' mit seiner besonderen Betonung des Nährens an der Brust ein. So argumentiert Rousseau in seinem Emile[16] (1762) seitenlang gegen das französische Ammenwesen und legt seine Vorstellungen von der Frau dar, „als einer von Natur aus gebenden, liebenden, selbstaufopfernden" Person,[17] die, sobald sie das Selbststillen als ihre ureigene Aufgabe erkannt habe, über die Schaffung einer intensiven Familienbande die Basis für eine gesellschaftliche Erneuerung legen könne. Ein Kupferstich von Claude Le Grand (1765-1850) aus dem Jahr 1785, betitelt ‚Jean Jaques Rousseau oder der natürliche Mensch' (Abb. 3), zeigt eine in einer ländlichen Idylle stillende Mutter. Rousseau zeugt ihr mit einem Strauß Blumen Anerkennung dafür, daß sie ihrem ‚natürlichen Instinkt' folgt gleich dem säugenden Schaf zu seinen Füßen. Sein „Konzept von der weiblichen ‚Natur' als soziales Heilmittel für die Defizite der absolutistischen Gesellschaft setzte die fürsorgliche Pflege des Kindes durch die Mutter als Grundbedingung

---

16 Vgl. J. J. Rousseau: Emile oder über die Erziehung (1762). Paderborn [8]1987.
17 Yalom (wie Anm. 12), S. 169.

seiner Entwicklung zum ‚natürlichen Menschen' voraus"[18]. Vor diesem Hintergrund entfachten Philosophen, Ärzte und Wissenschaftler eine nie dagewesene Stilldebatte, deren Argumentationsbasis auf dem grundlegend Guten der Natur beruhte. Damit war auch das, was am menschlichen Körper natürlich und gut war, „prinzipiell gut für den Staatskörper"[19]. Der weibliche Busen spielte in dieser Metaphorik eine zentrale Rolle und wurde in zwei Kategorien eingeteilt: „Die ‚korrumpierte' oder ‚vergiftete' Brust, die mit dem Ammenwesen assoziiert wurde, und die ‚natürliche' Mutterbrust, die für familiäre und gesellschaftliche Neuerung stand"[20]. In einer Abbildung von Marguerite Gérard[21] aus dem Jahr 1800 wird deutlich, daß die milchgebende Brust nun die Erotisierung erfuhr, die in der Renaissance nur dem kleinen festen jungfräulichen Busen gegolten hatte. Die schwellende Mutterbrust war salonfähig geworden, und wer selbst stillte, gab damit gewissermaßen eine Erklärung zugunsten des neuen Regimes ab, wie etwa die als Girondistin 1791 hingerichtete Madame Roland (1754-1791), eine enthusiastische Rousseau-Anhängerin, die in ihren Memoiren festhielt: „Ich war eine Mutter und eine Amme"[22]. Selbst im Preußischen Landrecht von 1794 schlug sich der breit angelegte Stilldiskurs nieder: „Eine gesunde Mutter ist ihr Kind selbst zu säugen verpflichtet" (II.2. § 67). „Wie lange sie aber dem Kinde die Brust reichen soll, hängt von der Bestimmung des Vaters ab" (§ 68).[23]

Abb. 2:
Die Maitresse Henris IV., frühes 17. Jahrhundert. Chantilly, Musée Condée.

---

18 Karin Görner: Mutterschaft. In: Sklavin oder Bürgerin? Französische Revolution und neue Weiblichkeit 1760 bis 1830, hg. von. Viktoria Schmidt-Linsenhoff. Frankfurt/M. 1989, S. 716-738, hier S. 721f.
19 Yalom (wie Anm. 12), S. 162.
20 Ebda. S. 162.
21 Marguerite Gérard: „Die ersten Schritte oder die währende Mutter", um 1800. In: Yalom (wie Anm. 12), S. 183.
22 Zit. nach Gérard (wie Anm. 21), S. 172.
23 Doris Adler: Im „wahren Paradies der Weiber"? Naturrecht und rechtliche Wirklichkeit der Frauen im Preußischen Landrecht. In: Sklavin oder Bürgerin (wie Anm. 18), S. 206-222, hier S. 208.

Abb.3:
Jean Jacques Rousseau oder der natürliche Mensch, um 1785. Kupferstich von Augustin Claude Le Grand, 1765-1815. Coburg, Kunstsammlungen der Veste Coburg.

In der Ikonographie der Französischen Revolution wimmelt es fortan nur so von barbusigen Frauen. „Die Natur als gerechte Mutter" symbolisiert 1790 die französische Nation als großzügige Mutter, die all ihre Kinder stillt, auch die befreiten westindischen Sklaven – hier als schwarzes Kind dargestellt[24] (Abb. 4). Ein anderer Kupferstich von 1793 zeigt unter dem Titel „Freiheit und Gleichheit von der Natur vereint" die ägyptische Fruchtbarkeitsgöttin Isis, die zwei ihrer zahlreichen Brüste ausdrückt (Abb. 5). Rechts und links von ihr stehen Porträtbüsten römischer Staatsmänner. Vor ihren Augen schließen Freiheit und Gleichheit ein Bündnis. Unübersehbar ist in der Zeichensprache die Gegenüberstellung „nährender weiblicher Brüste" und „männlicher Köpfe". Natur ist weiblich, Politik und Geschichte sind männlich. Die in den Altar eingemeißelten Worte Vaterland, Freiheit, Gleichheit, Brüderlichkeit, Menschlichkeit, Opferbereitschaft stehen für Rationalität und Prinzipien der Republik.[25] Die Brust avancierte zum Zeichen der Republik schlechthin, sie wurde zum nationalen Emblem. Das Leitbild der ‚republikanischen Mutter' trat um 1800 seinen kulturellen Siegeszug an. Am ersten Jahrestag der Republik am 10.8.1793 wurde das Fest der Einheit und Unteilbarkeit der Republik in Paris gefeiert. Man errichtete auf den Trümmern der Bastille, die den Zusammenbruch des maroden Ancien Régime darstellten, einen „Brunnen der Erneuerung". Die monumentale Figur der ägyptischen Fruchtbarkeitsgöttin Isis gab der ‚Natur' die allegorische Gestalt. Sie preßte aus ihren mütterlichen Brüsten die Milch der nationalen Erneuerung. Jeder der 86 Kommissare der Urwählerversammlungen trank einen Becher. Dieser feierliche Akt war der Höhepunkt des Festes, den ein Stich von Helman/Monnet dokumentiert.[26]

---

24 Yalom (wie Anm. 12), S. 178.
25 Vgl. Schmidt-Linsenhoff (wie Anm. 18), S. 422-501, hier S. 489f.
26 Vgl. ebda. S. 451f. und Yalom (wie Anm. 12), S. 179.

Abb. 4:
Die Natur als gerechte Mutter,
1790. Paris, Musée Carnavalet.

Die Wahrung der Mutterpflichten war zur vordringlichen Staatsangelegenheit geworden, wobei auch – nicht zuletzt aus merkantilistischen Erwägungen – eine Steigerung der Geburtenrate intendiert war und die Säuglingssterblichkeit gesenkt werden sollte. Ein weit ausholender Medikalisierungsprozeß setzte ein, akademisch geleitete Gebärhäuser wurden gegründet, die Hebammenausbildung sollte verbessert und eine Aufklärung der Mütter in Form von Gesundheitsratgebern – allen voran den moralischen Wochenschriften – angestrengt werden.[27] Mit der großen Kampagne gegen die Übel des Ammenwesens, an der auch Linné 1752 maßgeblich mit der Schrift „Nutrix noverca" (etwa mit ‚Stiefamme' oder ‚unnatürliche Mutter' zu übersetzen) beteiligt war[28], wuchs der Frau nun ihre natürliche Rolle als Gattin, Hausfrau und Mutter zu, fortan auf Heim und Herd verwiesen, während die Staatsbürgerrechte Männern vorbehalten blieben. Pierre-Kaspard Chaumette, Prokurator der Pariser Commune, stellte denn auch, als Frauen Anspruch auf politische Macht erhoben, die empörte Frage:

„Seit wann ist es jemandem verstattet, das eigene Geschlecht aufzugeben? Seit wann ziemt es sich für Frauen, die frommen Pflichten des Haushalts und die Wiege ihres Kindes im Stich zu lassen und sich in die Öffentlichkeit zu begeben und auf Versammlungen und im Senat Reden anzuhören? Hat die Natur die häuslichen Besorgungen etwa den Männern übertragen? Hat sie uns Brüste gegeben, um unsere Kinder zu nähren?"[29]

---

27 Vgl. Görner (wie Anm. 18), S. 716-738; vgl. Marita Metz-Becker: Der verwaltete Körper. Die Medikalisierung schwangerer Frauen in den Gebärhäusern des frühen 19. Jahrhunderts. Frankfurt/M., New York 1997.
28 Carl Linnaeus: „Nutrix noverca" (1792), These von S. Lindberg, in: Amoenitates academicae Bd.3, Erlangen 1787; vgl. auch Yalom (wie Anm. 12), S. 165f.
29 Zit. nach Schiebinger (wie Anm. 2), S. 109.

Abb 5:
„Freiheit und Gleichheit von der Natur vereint". Kupferstich von Louis Charles Ruotte, 1754-1806. Paris, Bibliothèque Nationale.

Im gleichen Tenor äußerte sich Rousseau im Emile: „Am meisten kommt es auf die erste Erziehung an, die unbestreitbar Sache der Frauen ist. Wenn der Schöpfer gewollt hätte, daß sie Sache der Männer wäre, er hätte ihnen Milch gegeben, um die Kinder zu stillen"[30]. Daß sich die leidenschaftlich geführte Diskussion über die Mutterschaft in bürgerlichen Kreisen direkt niederschlug, belegen folgende Briefzitate: Der Professor, Weltumsegler und Jakobiner Georg Forster (1754-1794), der später zu einem der brillantesten Köpfe der Mainzer Republik avancierte, betonte in einem Brief an seinen Freund, den Kasseler Anatomen Samuel Thomas Soemmerring, wie froh er darüber war, daß seine Frau Therese selbst stillte: „Das Unglück eines andern Professors", schrieb er 1786 aus Wilna, „dessen Frau vier Tage später als Therese entbunden ward, dessen Kind aber schon vor etlichen Tagen gestorben ist, weil die Amme es durch ihre Gefräßigkeit hingerichtet hat, läßt mich doppelt fühlen, welch ein Glück es ist, daß Therese selbst stillt. [...] Mein kleines Mädchen hat auch schon seit den ersten paar Tagen ihres Lebens, neben der Muttermilch, Kuhmilch mit Wasser verdünnt bekommen, womit noch täglich fortgefahren wird, zumal nachmittags, weil es nicht gut ist, daß die Mutter das Kind stillt, während der Verdauung"[31].

---

30 Rousseau (wie Anm. 16), S. 9.
31 Forster 1786 an Soemmerring. In: Georg Forster: Briefwechsel mit Samuel Thomas Soemmerring, hg. v. Hermann Hettner. Braunschweig 1877, S. 340.

Abb. 6:
„La France Républicaine".
Paris, Musée Carnavalet.

Der Göttinger Professor und Hainbündler Gottfried August Bürger (1747-1794) ereiferte sich zur gleichen Zeit über die Erziehungsvorstellungen seiner dritten Frau Elise, von der er sich auch alsbald scheiden ließ. Sie gab sich, statt das gemeinsame Kind zu stillen, „lärmenden Vergnügungen"[32] hin, wie Bürger 1791 notierte. Das Kind habe ihr nicht die mindeste Beschwerde machen und ihren „hundert Frivolitäten nicht den mindesten Abbruch tun" dürfen[33], klagte er. „Schon in den ersten 8 oder 14 Tagen", fährt Bürger fort, wurde es „wider meinen und aller vernünftigen Ärzte Willen mit Brei gestopft, diesem infamen Buchbinder-Kleister, den Gott verdammen wolle. [...] Die Folge von jenem Verfahren war, dass das von einer kerngesunden Mutter kerngesund und stark geborene Kind nach 3 bis 4 Monaten ein elender Schwächling war und blieb, und Runzeln hatte wie ein alter Mann"[34]. In seiner Strafpredigt an Elise mahnte er auch: „Selbst gute und billige Personen, die Dir alle Deine übrigen Thorheiten zu übersehen geneigt sind, können Dir doch *das* nicht verzeihen, dass Du Dein erstes und einziges Kind so Deiner unerhörten Eitelkeit, so Deinem übermässigen Hange zu schwärmenden und lärmenden Vergnügungen aufzuopfern im Stande warst. [...] Warum sagtest Du mir denn nicht früher, dass Du Deinem Kinde auch nicht einen elenden Walzer aufopfern könntest? Ich würde dann mit Gewalt auf eine Amme bestanden haben, um doch nun ein gesundes und wohl genährtes Kind vor mir erblicken zu können, anstatt dass nun-

---

32 Wolfgang von Wurzbach: Gottfried August Bürger. Sein Leben und seine Werke. Leipzig 1900, S. 304.
33 Ebenda, S. 305.
34 Ebenda, S. 305.

mehr der Anblick des armen Wurmes mein Herz verwundet. Denn entweder stirbt der arme Junge vor der Zeit hin, und darum möchte ich schier Gott bitten, oder er erwächst zu einem immer siechen und kränkelnden Leben"[35].

Bei Forster und Bürger wird deutlich, wie weit der aufgeklärte Stilldiskurs in der zweiten Hälfte des 18. Jahrhunderts in die bürgerliche Familie Einzug gehalten hatte und wie klar konturiert das mitgelieferte Frauenbild war: Die Amme stand für ‚Gefräßigkeit' und richtete Kinder hin; die gute Mutter aber kommt ihrer natürlichen Aufgabe des Selbststillens nach und gibt sich nicht, wie Elise Bürger, ‚lärmenden Vergnügungen hin' – oder sie läuft Gefahr, Mörderin an ihrem Kind zu werden.

Nicht nur im philosophischen, sondern auch im medizinischen Diskurs der Aufklärung nahm das Stillen einen zentralen Stellenwert ein. So wurden zwar beispielsweise im Kasseler Findelhaus Ammen gemietet, um die hohe Säuglingssterblichkeit einzudämmen, doch war man sich gleichzeitig darüber im klaren, daß die Ammen die Schuld am Tod so vieler Säuglinge trugen. Dem legendären Göttinger Professor und Geburtshelfer Friedrich Benjamin Osiander (1759-1822) galt das Findelhaus gar als „Mördergrube, aus welcher höchst selten ein Kind mit dem Leben entrann. [...] Viele Kinder", schreibt er, „mußten an den Brüsten und unter den Händen dieser Ammen bald siech werden. Der grösseste Theil dieser Ammen war selbst siech, und hatte Mangel an guten Säften. [...] Athem, Kleidung, Bett, alles hatte einen faulen Geruch; und weder öfteres Räuchern war im Stand, die Luft dieser Zimmer zu reinigen, noch vermochte die strengste Aufsicht, die unreine Lebensart dieser Ammen zu verbessern".[36]

Ammen, so wird auch bei Osiander deutlich, entsprachen nicht dem neuen Weiblichkeitsideal, das der Mutterrolle eine zentrale Bedeutung beimaß. Ammen wurden im zeitgenössischen Diskurs als Ernährerinnen und Pflegerinnen zurückgewiesen, und es wurde an die „instinktive Mutterliebe"[37] appelliert. „Der Stich nach einem Gemälde von J. B. Greuze führt das Elend von Kindern vor Augen, die in die Hände von nachlässigen, schlecht ernährten Ammen gegeben wurden. Sieben lethargische Kinder unterschiedlichen Alters werden von zwei hohläugigen ‚Entwöhnerinnen' mehr schlecht als recht in einer trostlosen, heruntergekommenen Scheune betreut".[38] Das Blatt richtete sich als moralischer Appell an die Mütter und kontrastiert ein weiteres Gemälde von Greuze zum ‚häuslichen Glück'. Hier wird das schiere Glück geschildert, Mutter und Gattin, Vater und Ehemann zu sein. Der von der Jagd heimkehrende Vater findet seine sechsköpfige Kinderschar in liebkosender Vereinigung mit der brustentblößten, also stillenden Mutter. Die moralisierenden Elemente der Greuzeschen Malerei – dies nur nebenbei – fanden nicht nur Zustimmung. So sprach etwa Madame Geoffrin ironisch von einem ‚fricassée d'enfants' (Kinderfrikassee).[39] Ein ähnliches Familienidyll findet sich in der Darstellung des deutschen Räuberhauptmanns Schinderhannes. An seinem rechten Arm sind noch die Ketten sichtbar – der Außenseiter steht kurz vor seiner Hinrichtung, wird aber als sorgendes Familienoberhaupt mit stillender Frau und Kind in Szene gesetzt.[40] Die Darstellungen dieser intimen Dreiheit werten die frühkindliche

---

35 Ebenda, S. 306.
36 Friedrich Benjamin Osiander: Beobachtungen, Abhandlungen und Nachrichten, welche vorzüglich Krankheiten der Frauenzimmer und Kinder und die Entbindungswissenschaft betreffen. Tübingen 1787, S. 44-51.
37 Vgl. Elisabeth Badinter: Die Mutterliebe. Geschichte eines Gefühls vom 17. Jahrhundert bis heute. München [4]1991, S. 113-158.
38 Görner (wie Anm. 18), S. 722f.
39 Vgl. ebda. S. 725f.
40 Görner (wie Anm. 18), S. 712.

Pflege zu einer elementaren Glückserfahrung auf, die der Mann teilt. Auch das Selbstbildnis des Malers Johann Friedrich August Tischbein aus dem Jahr 1788 mit seiner Frau Sophie und der Tochter Betty[41] versinnbildlicht diesen Entwicklungstrend, wobei es freilich auch nicht an satirischen Darstellungen fehlte, die die neue Mode des „Selbststillens" persiflierten.

Die Abbildung aus England aus dem Jahr 1796 zeigt eine elegante Dame, der man anmerkt, daß sie sich zum Stillen genötigt sieht. Das Hausmädchen hält ihr den Säugling an die Brust. Vor dem Fenster wartet bereits die Kutsche, mit der sie offenbar zu wichtigeren Unternehmungen aufzubrechen im Begriff ist.[42]

In der zeitgenössischen Kleidermode schlägt sich diese neue Aufgabe und Stellung der Frau ebenfalls nieder. Die Nährerin mit lebensspendenden Brüsten im Revolutionszeitalter als politisches Emblem, wie hier „La France Républicaine" (Abb. 6), die ihre Brust den Bürgern anbietet (der Hobel unterhalb des Busens symbolisiert die Gleichheit)[43] oder die Frau als Mittelpunkt familiären Glücks, wie eine Inszenierung aus dem Jahr 1811[44] – weibliche Figuren präsentierten sich fortan nach klassischem Vorbild in Tuniken, die die Brust in besonderer Form freigaben. Weit weg von Korsett und Krinoline zeigte sich die Frauenkleidung in der revolutionären Periode inspiriert vom allgemeinen klassizistischen Trend, und das politisch korrekte Hemdkleid wurde zum Kennzeichen einer neuen egalitären Gesellschaft.[45] Im Bürgertum, im Adel und sogar am preußischen Königshof hielt es Einzug, wo die immerzu schwangere Königin Luise (1776-1810) diese neue Mode aufgriff, war sie doch auch für die Bequemlichkeit einer schwangeren und stillenden Frau ideal.[46]

Stillen war – soviel sollte klar geworden sein – keine Privatangelegenheit mehr, sondern „eine kollektive Manifestation staatsbürgerlicher Pflichterfüllung".[47] Nicht nur der sich entfaltende Rousseauismus mit seiner Polarisierung der Geschlechtscharaktere, sondern auch Linnés Begriffsbildung Mammalia können als ein Beitrag zur Legitimation der Umstrukturierung der europäischen Gesellschaft gelesen werden. Seine Nomenklaturen wie auch Taxonomien sind weniger ordnungsstiftende Abbilder der Natur als vielmehr Abbilder der angespannten Geschlechterverhältnisse im Zeitalter der bürgerlichen Aufklärung gewesen. „Mit seiner Systematik zielte Linné zwar auf einen allgemeinen Begriff von der Natur, doch die von ihm erdachten Kategorien infiltrierten die Natur mit bürgerlich-europäischen Geschlechterstereotypen".[48] Damit gibt der 1758 geprägte Terminus Mammalia nicht nur Auskunft darüber, „wie man den Wal zusammen mit seinen landlebenden Artverwandten in ein und derselben Tierklasse unterbringen kann",[49] sondern auch über den Platz von Mann und Frau innerhalb der europäischen Kultur.

---

41 Foto Marburg, Dia-Nr. 41/4, Neue Galerie Kassel.
42 Vgl. Yalom (wie Anm. 12), S. 175.
43 Ebenda, S. 178.
44 J. Abel, Maria Theresia Josepha Reichsgräfin von Fries mit ihren ältesten Kindern, 1811, Farbtafel, in: Sklavin oder Bürgerin (wie Anm. 18), S. 414.
45 Vgl. Almut Junker: Revolution in der Mode. In: Sklavin oder Bürgerin (wie Anm. 18), S. 520-582, hier S. 575f.
46 Ingeborg Weber-Kellermann: Frauenleben im 19. Jahrhundert. Empire und Romantik, Biedermeier, Gründerzeit. München 1983, S. 17; vgl. zur Revolutionsmode auch dies., Die langen Hosen der Revolution. In: Hans Joachim Neyer (Hg.): Vive la Révolution. Freiheit, Gleichheit, Brüderlichkeit. Berlin 1989, S. 86-93.
47 Yalom (wie Anm. 12), S. 177.
48 Schiebinger (wie Anm. 2), S. 110f.
49 Ebda. S. 111.

Astrid Pellengahr

Von der ‚programmierten' zur ‚natürlichen' Geburt
Zur kulturellen Konstruktion von Geburtsvorstellungen und deren Wandel in der Gegenwart

Im Mittelpunkt meines Beitrages stehen verschiedene Vorstellungen von Geburt, die in den letzten 30 Jahren Einfluß auf das Gebären und die geburtshilfliche Praxis genommen haben. Durch die Gegenüberstellung so unterschiedlicher Geburtskonzepte wie der ‚programmierten Geburt' und der ‚natürlichen Geburt' und deren Genese will ich aufzeigen, daß es sich bei Geburt nicht nur um einen physiologischen Vorgang handelt. Meine These ist, daß auch kulturelle Werte und Verhaltensnormen sowie Körperbilder den Geburtsvorgang maßgeblich beeinflussen. Meine Ausführungen basieren auf der Inhaltsanalyse medizinischer Lehrbücher und entsprechender wissenschaftlicher Fachliteratur, der Auswertung populärer Ratgeberliteratur für Schwangere, auf teilnehmender Beobachtung bei Informationsabenden für werdende Eltern in zehn Münchner Entbindungskliniken sowie auf Interviews mit elf Hebammen, sowohl freiberuflichen als auch in Kliniken tätigen.[1]

Einleitung

Geburt gilt als primär physiologischer Vorgang. In der Alltagsvorstellung hat Geburt jedoch wenig mit dem zu tun, was wir gemeinhin als ‚programmierbar' bezeichnen würden. Dort wird eher ihre Bedeutung als biographisches Ereignis herausgestellt, auf das sich die werdenden Eltern heute intensiv vorbereiten und das im Idealfall in einem ‚Geburtserlebnis' gipfelt. In unseren Köpfen vorherrschend ist ein Bild von Geburt, bei dem die Gebärende auf dem Rücken liegend vom Arzt entbunden wird. Hebammen kommen darin nicht mehr vor oder haben lediglich eine untergeordnete Bedeutung. Diese Vorstellung, die kennzeichnend für unseren modernen, von der Klinik dominierten Geburtsablauf ist, hat jedoch wenig mit der Realität eines Kreißsaals zu tun. Sie hängt u.a. zusammen mit dem Konzept der ‚programmierten Geburt', das Ende der 1960er bis etwa Anfang der 1980er Jahre in die geburtshilfliche Praxis umgesetzt wurde. ‚Programmierte Geburt' bedeutete, daß am errechneten Geburtstermin – sollten die Wehen noch nicht spontan begonnen haben – die Geburt durch die Gabe wehenfördernder Medikamente eingeleitet wurde. Die Frau wurde zur passiven, manipulierbaren Gebärmaschine. Gebären heißt heute hingegen, folgt man dem Konzept der ‚natürlichen Geburt', im Vertrauen auf den eigenen Körper der Natur ihren Lauf zu lassen, das Geschehen aktiv zu gestalten und insbesondere bewußt zu erleben. Binnen 20 Jahren hat also ein scheinbar radikaler Wandel stattgefunden. So hört man heute von ärztlichen Geburtshelfern allerorts, Geburt sei keine Krankheit, sondern ein natürlicher Prozeß, doch darf dies nicht darüber hinwegtäuschen, daß die Entbindung für die Medizin ein potentiell pathologischer Vorgang ist: Ein Vorgang also, der selbstver-

---

1 Die Ausführungen in diesem Aufsatz stellen einen Auszug aus meiner Magisterarbeit dar, die sich mit dem Wandel der Geburtshilfe in der Bundesrepublik Deutschland zwischen 1960 und 1995 befaßt.

269

ständlich in die Klinik gehört. Gerade diese Selbstverständlichkeit macht es so schwer, den Blick auf die kulturellen Aspekte der Geburtsvorstellungen zu lenken. Daher möchte ich mich zunächst aus kulturwissenschaftlicher Perspektive dem Körper nähern und Geburt als kulturelles Phänomen zu fassen versuchen.

Annäherung an den Körper – oder: Was haben Geburtsvorstellungen mit Volkskunde zu tun?

Dem Körper, als einer Erfahrungsebene menschlichen Lebens, ist in der volkskundlichen Forschung erst in den letzten Jahren mehr Beachtung geschenkt worden. Die Beschäftigung mit der „Geschichte des Körpers" kann Auskunft geben über die Körperlichkeit als „die von einer historisch konkreten Gesellschaft bereitgestellte Erfahrungsform des Körpers."[2] Zwar forderte Utz Jeggle bereits 1980 in einem Aufsatz in der Zeitschrift für Volkskunde eine „Ethnologie der Körperlichkeit",[3] die den Zusammenhang von Körper, Kultur und sozialem Leben aufzeigt, da die Zurichtung des Körpers und das Verhältnis zu ihm nicht losgelöst von kulturellen Wertvorstellungen und Normensystemen erklärbar sind. Bei den in den folgenden Jahren entstandenen kulturwissenschaftlichen Studien stand jedoch nicht so sehr der Körper selbst, sondern die ‚Überformung' seiner Physis als kulturelles Produkt im Mittelpunkt.[4] Thematisiert wurden u.a. die aktuellen Diskurse der Natürlichkeit, die beispielhaft für eine neue Wahrnehmungs- und Erlebnisqualität des Körpers stehen. Ihr Äquivalent finden sie in den Veränderungen in der Geburtshilfe der letzten Jahre, insbesondere in dem eingeforderten ‚Geburtserlebnis'.

Der Körper wird von Ethnologinnen wie Mary Douglas als Träger von Symbolen, als Darstellungs- und Herstellungsmittel von sozialen Beziehungen verstanden. Douglas unterscheidet zwischen „sozialem Körper" und „physischem Körper", wobei die Wahrnehmung von letzterem durch das Soziale geprägt wird.[5] Claude Lévi-Strauss hat darauf hingewiesen, daß eine Gesellschaft in verschiedenen Zeiten in ihrem körperlichen Verhalten zwischen einer Bandbreite möglicher Ausdrucksformen variieren kann. „Die Schwelle der Erregbarkeit und die Grenze der Widerstandsfähigkeit sind in jeder Kultur

---

2   Utz Jeggle: Im Schatten des Körpers. Vorüberlegungen zu einer Volkskunde der Körperlichkeit. In: Zeitschrift für Volkskunde 76/1980, S. 169-188, hier S. 172
3   „Körperlichkeit soll dabei keine neue Basiskategorie bilden, aber sie könnte als zusätzliche Erfahrungsebene in die volkskundliche Analyse eingehen; neben der Erfahrung von und in Raum, von und in Zeit, wäre parallel zu der Erfahrung von gemachten Dingen und Gegenständen (eben in Raum und Zeit) die Erfahrung von (und als) lebendigen Körpern zu setzen. Diese Körper erfahre ich nur in Ausnahmefällen als bloße Natur oder ein Stück Fleisch, noch tiefster Schmerz, Krankheit und auch die Bildung von biologischen Vorgängen wie Altern und Sterben sind von kulturellen Lebenswelten vorgegeben." Jeggle (wie Anm. 2), S. 171f.
4   Vgl. z.B. das Kapitel „Körperkultur" in der von Utz Jeggle u.a. hg. Festschrift für Hermann Bausinger „Volkskultur in der Moderne". Reinbek 1986. Der Körper in der Industriegesellschaft wurde auf dem 28. Deutschen Volkskunde-Kongreß „Der industrialisierte Mensch" in Hagen thematisiert. Die Zurückdrängung des Körpers aus öffentlichen und alltagsweltlichen Zusammenhängen in der Industriegesellschaft wurde unter dem Begriff „Entkörperlichung" zu fassen versucht, die Wiederkehr des Körpers, seine Betonung in bestimmten sozialen Systemen wie der Freizeitkultur, u.a. unter dem Blickwinkel der „Vollkommenheitsideale" betrachtet.
5   Mary Douglas hat darauf hingewiesen, daß die Bewertung einer sozialen Beziehung oder Situation mit der Distanzierung von Körperfunktionen korreliert; vgl. Douglas, Mary: Ritual, Tabu und Körpersymbolik. Sozialanthropologische Untersuchungen in Industriegesellschaft und Stammeskultur. Frankfurt/M. 1986, S. 3.

verschieden. Die Anstrengung, die ‚über unsere Kräfte geht', der ‚unerträgliche Schmerz', die ‚unsagbare Lust' sind weniger individuelle Besonderheiten als Kriterien, die durch kollektive Billigung bzw. Mißbilligung sanktioniert werden."[6] Die objektiv physiologischen Grenzen sind bei der Festlegung körperlicher Ausdrucksformen demnach irrelevant, da die Grenzen der zulässigen Ausdrucksformen kulturell definiert sind.

Geburt wird in der sozial- und kulturwissenschaftlichen Fachliteratur oft als Kreuzungspunkt von Natur und Kultur betrachtet: Einerseits wird sie als biologisches Ereignis verstanden, andererseits wird ihr sozialer bzw. kultureller Charakter herausgestellt.[7] Sehr oft führt die Diskussion jedoch auf Abwege und endet in der Suche nach der ‚wahren' Natur der Frau und der ihr angemessenen, d.h. ‚richtigen' Form des Gebärens. Wichtig ist, daß nicht nur alle Objektivationen rund um die Geburt als kulturell determiniert verstanden werden, sondern auch der Akt an sich bereits kulturell geprägt ist, also nicht allein von seinem biologischen Ablauf her erklärt und verstanden werden kann. Körpererfahrung als Ergebnis der Enkulturation, des Erlernens kultureller Techniken und Sichtweisen, muß auf der Grundlage der vermittelten Körperbilder betrachtet werden. Barbara Duden hat in ihren Untersuchungen zur Körpergeschichte auf die Schwierigkeit hingewiesen, ‚sich in die Leibhaftigkeit vergangenen Erlebens einzufühlen. Wissenschaft und Technik filtern und gestalten, was wir an uns selbst wahrnehmen."[8] Für mich bestand diese Schwierigkeit auch im Hinblick auf das gegenwärtig vorherrschende medizinisch-biologische Verständnis des Körpers; eines Körpers, der mir in der Art und Weise, wie ihn die Medizin darstellt, vertraut und selbstverständlich ist – oder, wie Barbara Duden es ausdrückt, der „vielleicht wie kein anderer Teil meines Denkens mir zur ‚Natur' geworden ist."[9]

Geburt wird im folgenden als Ausdrucksform verstanden, die kulturellem und sozialem Wandel unterliegt. Zugrunde liegt ein Verständnis des Körpers, das über die ahistorische biologische Interpretation hinausgeht, indem die Dimension der Körperwahrnehmung und -erfahrung berücksichtigt und die Funktion des Körpers als ein Ausdrucksmittel sozialer Zusammenhänge begriffen wird. Es geht also bei der nun folgenden Betrachtung des Wandels in der Geburtshilfe der letzten 30 Jahre darum, die moderne medizinische Geburtsvorstellung als historisch geworden zu begreifen – nicht im Sinne einer Medizingeschichte, die die ‚Entdeckung' körperlicher Vorgänge aneinanderreiht, sondern im Sinne einer „Archäologie des ärztlichen Blicks", wie Michel Foucault sie vorgelegt hat.[10] Auf diese Art und Weise lassen sich die Auswirkungen sich ändernder Geburtsvorstellungen auf die geburtshilfliche Praxis erfassen.

---

6 Claude Lévi-Strauss: Einleitung in das Werk von Marcel Mauss. In: Marcel Mauss: Soziologie und Anthropologie Bd. 1. Frankfurt/M. 1989, S.7-41, hier S. 10.
7 Vgl. z.B. Ann Oakley: Women confined. Towards a Sociology of Childbirth. Oxford 1980; Barbara Ehrenreich, Deidre English: For Her Own Good. 150 Years of the Experts' Advice to Women. New York 1978.
8 Barbara Duden: Die „Geheimnisse" der Schwangeren und das Öffentlichkeitsinteresse der Medizin. Zur sozialen Bedeutung der Kindsregung. In: Karin Hausen, Heide Wunder (Hg.): Frauengeschichte – Geschlechtergeschichte (=Geschichte und Geschlechter, 1). Frankfurt/M., New York 1992, S. 117-128, hier S.117.
9 Barbara Duden: Geschichte unter der Haut. Ein Eisenacher Arzt und seine Patientinnen um 1730. Stuttgart 1987, S.13.
10 Vgl. Michel Foucault: Die Geburt der Klinik. Eine Archäologie des ärztlichen Blicks. München 1973.

Astrid Pellengahr

Das Bild der Geburt in der modernen Schulmedizin

Die Kulturanthropologin Emily Martin konnte bei ihrer Analyse der Metaphorik in Medizinlehrbüchern eine Analogie von Geburt und Industrieproduktion feststellen. Die Metapher vom Körper als Maschine, die Grundlage medizinischen Denkens ist, setzt sich fort in der Vorstellung von der Geburt als Produktionsprozeß. So ist beispielsweise die Rede von der sog. ‚Wehenarbeit'. Die Darstellungen in Standardlehrwerken lesen sich wie Bewegungsablaufstudien aus der Industrie zur Perfektionierung des Arbeitsablaufs. „Wehen sind Arbeit; die Mechanik lehrt, daß die Arbeit die Erzeugung von Bewegung unter Überwindung eines Widerstands ist. Die in den Wehen wirkenden Kräfte sind die des Uterus und des Abdomens [Bauchdecke], die auf die Austreibung des Fötus hinarbeiten, die den Widerstand des Gebärmutterhalses gegen seine Erweiterung überwinden müssen wie auch die Enge und Reibung des Geburtskanals während des Hindurchtretens des vorangehenden Körperteils."[11] Ein komplexer und von vielen Wechselwirkungen abhängiger Prozeß wird in einfachste mechanische Arbeitsvorgänge zerlegt. Es werden effektive und nichteffektive Kontraktionen der Gebärmutter unterschieden, die nach dem Kriterium des Fortschritts in einer bestimmten Zeitspanne definiert werden. Der Geburtsvorgang und damit der Körper wird entsprechend den Prinzipien moderner Industrieproduktion einem bestimmten Effizienzbegriff unterworfen und einem bestimmten Zeittakt. Er wird damit zu einem weitgehend meßbaren Akt. Geburt heißt aus diesem Blickwinkel, daß der Uterus ein für sinnvoll erachtetes Tempo einhält und die gewünschten ‚Fortschritte' macht innerhalb der verschiedenen Phasen, in die die ‚Wehenarbeit' eingeteilt ist. Kontrolliert wird die Regelmäßigkeit der ‚Wehenarbeit' durch den Wehenschreiber, der die Wehenstärke aufzeichnet und erlaubt, sie in mathematischen Einheiten zu erfassen, die wiederum für die verschiedenen Wehenphasen genau definiert sind.[12]

Auch wenn diese Darstellung etwas befremdlich klingt, ist sie uns von den Prinzipien der Logik und der Art der Darstellung her vertraut und genauso einsichtig wie die ‚Tatsache', daß Computer Viren haben können. Martin betont jedoch, „daß der Befund, Gebärmutterkontraktionen seien unwillkürliche Bewegungen, keine eindeutige und endgültige Feststellung, sondern eine kulturbedingte Deutung von Erfahrungen ist."[13]

Neue Technologien und neue Fragestellungen

Die Darstellungsweise körperlicher Vorgänge wird beeinflußt vom Stand der technologischen Entwicklung und dem dadurch bereitgestellten Wissen. Die Vorstellung, Geburt sei ‚programmierbar', ist erst denkbar geworden aufgrund verschiedener neuer Technologien, die seit den 1950er Jahren entwickelt wurden. Sie haben neue Fragestellungen aufgeworfen und neue Vorstellungswelten ermöglicht. Die wohl größten Auswirkungen gingen von der Nutzbarmachung des Ultraschalls für die medizinische

---

11 Pritchard u.a. 1985, S. 311; zitiert nach Emily Martin: Die Frau im Körper. Weibliches Bewußtsein, Gynäkologie und die Reproduktion des Lebens. Frankfurt/M., New York 1989, S.80.
12 Vgl. Heinrich Schmidt-Matthiesen (Hg.): Gynäkologie und Geburtshilfe. Ein Kurzlehrbuch für Studium und Praxis mit Berücksichtigung des Lernzielkatalogs. Stuttgart, New York [6]1985, S. 292f.; Eduard Gitsch, H. Janisch. (Hg.): Geburtshilfe. Wien u.a. [4]1991, S.165ff.
13 Martin (wie Anm. 11), S. 26.

Diagnostik aus. Seit 1958 wird Ultraschall in der Schwangerschaftsdiagnose eingesetzt und macht Aussagen bezüglich des genauen fötalen Wachstums möglich. Während der späten 60er und frühen 70er Jahre wurde u.a. die endoskopische Untersuchung des Fruchtwassers möglich, so daß z.B. seit 1971 dem Fruchtwasser Informationen über die Geburtsreife des Fötus entnommen werden können. Durch verschiedene technische Neuerungen wurde nicht nur der Fötus ein Bekannter in der Medizin, sondern die Schwangere wurde als Vermittlerin, als notwendige Informantin über die Aktivitäten ihres Kindes suspendiert. Es wurde möglich, in direkteren Kontakt mit dem Fötus zu treten und bereits detaillierte Kenntnis über sie oder ihn zu besitzen, bevor das Kind geboren war. Mutter und Kind bzw. „uterines Versorgungssystem" und „Fötus" sind spätestens seit der Einführung des Ultraschalls zu zwei getrennt voneinander denkbaren Tatsachen geworden.

Das veränderte Wissen über die Vorgänge in der Gebärmutter hat die Praxis der Geburtshilfe verändert. Die neuen Kenntnisse über den Fötus ließen etwa Mitte der 60er Jahre die Frage nach dem optimalen Geburtstermin zum Thema wissenschaftlicher Diskussion und Spekulation avancieren. Die technischen Neuerungen boten auch neue Kontrollmöglichkeiten während des Geburtsverlaufs. Bereits in den 50er Jahren wurde der Herzton-Wehen-Schreiber entwickelt, ein Gerät, das mittels Schallköpfen, die auf der mütterlichen Bauchdecke angebracht werden, die kindlichen Herztöne elektronisch ableitet und aufzeichnet und die Wehenstärke mißt. Die Überwachung der kindlichen Herztöne während der Geburt wurde in den 60er Jahren üblich. Dadurch wurde die Frage, wann es dem Ungeborenen schlecht geht und wann medizinisch eingegriffen werden muß, objektiviert.[14] Die Bereitschaft, schneller einzugreifen und den normalen, selbsttätigen Verlauf einer Geburt in Zweifel zu ziehen, sind die Folge.

Die ‚programmierte Geburt' – Auswirkungen eines neuen Geburtskonzepts auf die Gebärpraxis

1966 wurde an einigen bundesdeutschen Universitätskliniken ein invasives Konzept medizinischer Geburtshilfe entwickelt, das unter Bezeichnungen wie ‚programmierte' oder auch ‚terminierte' Geburt in Fachkreisen bekannt wurde. Uns dürfte diese Zeit in Erinnerung geblieben sein als die Zeit, in der es kaum noch Sonntagskinder gab. „Programmierte Geburt beinhaltet [...] die vollständige Durchplanung des Geburtsablaufs [...] mit dem Ziele der zeitgünstigsten aktiven Geburtsleitung."[15] Man wollte mit der künstlichen Geburtseinleitung den möglichen Risiken einer Spontangeburt zuvorkommen, da man am Leistungsvermögen des Körpers zweifelte. Entsprechend wird die Weheneinleitung am Geburtstermin als ‚prophylaktische Indikation' bezeichnet, als ‚Optimierung der Entbindung'. Aufgrund der neuen technischen Möglichkeiten ging man davon aus, daß die Medizin in der Lage sei, den Geburtstermin präzise festzulegen und das geburtshilfliche Leistungsvermögen zu verbessern. Ersichtlich meßbar wurde dies in der verkürzten Geburtsdauer, die im Durchschnitt bei Erstgebärenden zwei Stunden weniger betrug. Die künstliche Einleitung der Geburt zog weitere Routinemaßnahmen nach sich wie die Sprengung der Furchtblase, die Dauertropfinfusion, die

---

14 vgl. Oakley (wie Anm. 7), Kap. 7.
15 Hans Günther Hillemanns: Problemstellung, Historisches, Terminologie. In: ders., H. Steiner (Hg.): Die programmierte Geburt 1. Freiburger Kolloquium, September 1976: Stuttgart 1978, S. 1.

Dauerüberwachung der kindlichen Herztöne und der Wehentätigkeit durch entsprechende Geräte sowie die Gabe von Schmerz- und Narkosemitteln. Diese medikamentös forcierten Geburten mußten oftmals vaginal-operativ mit einer Saugglocke oder einer Geburtszange beendet werden. Dieses von einigen Fachärzten auch verharmlosend als ‚aktivere Geburtshilfe' bezeichnete Eingreifen hat „zu einer Kumulierung der Entbindungen zwischen acht und 16 Uhr geführt. In diesem Zeitraum von acht Stunden finden 50% der täglichen Entbindungen statt. Die mittlere Geburtsdauer beträgt 4,5 Stunden."[16] Sollte die ‚Programmierung' einmal mißlungen sein und der Geburtsverlauf nach über zwölfstündiger Wehentätigkeit noch nicht über die sog. Eröffnungsphase, in der sich der Muttermund vollständig öffnen muß, hinaus gekommen sein, so wurde ein Gegenmittel gespritzt, das zum Wehenstillstand führte. Nach einer Pause von zehn bis 14 Stunden wurde die Wehentätigkeit dann erneut stimuliert.

Die wissenschaftliche Hypothese, daß dank der programmierten Geburt Risiken für Mutter und Kind vermeidbar seien, ließ sich ebenso wenig verifizieren wie die Vorstellung, den günstigsten Geburtstermin exakt ermitteln zu können. Psychologische, soziale und insbesondere organisatorische Aspekte rückten daher in den Vordergrund der Argumentation. Ein Zitat aus dem Jahr 1978 soll dies veranschaulichen: „Die organisatorische Planung einer Geburt schafft ohne Zweifel optimalere Bedingungen für den Einsatz des gesamten ärztlichen Teams [...]. Ein aktuelles Thema unserer Zeit stellt der Strassenverkehr dar, eine der wichtigen Indikationen zur [programmierten Geburt – A.P.], da das Problem der großen Distanzen sowohl von der Patientin bei Geburtsbeginn als auch von Ärzten auf ihrem Weg zur Klinik einfach bewältigt werden mußte. Das konnte durch die Indikation der Geburt vor Wehenbeginn gelöst werden... Auch diese Alltagsvorfälle sind eine dringliche Indikation zur Programmierung einer Geburt."[17] Da die exakte Terminierung der Geburt eine unerreichbare Wunschvorstellung blieb und die in der Fachdiskussion vorgebrachten Zahlenwerte in ihrem Aussagewert angezweifelt wurden, kamen einige Ärzte zu dem Schluß, daß die Ergebnisse der Spontangeburt denen der ‚programmierten' nicht nachstehen. Im Fachjargon der Zeit hieß dies, daß „die biologische, autochthone ‚soft-ware' unserer vorgesehenen Programmierung überlegen"[18] war. Konsens schien jedoch weitgehend darin zu bestehen, daß eine Programmierung der Geburt aus organisatorischen Gründen als durchaus legitim erachtet wurde und sicherlich einer der Gründe war, weshalb sich dieses Geburtskonzept durchsetzen konnte und bis Mitte der 80er Jahre in vielen Kliniken praktiziert wurde.

Die programmierte Geburt setzte sich in einer Zeit durch, als sich die Geburtshilfe gänzlich ins Krankenhaus verlagert hatte und die Freiberuflichkeit von Hebammen dem Ende zu ging. Schwangerschaftsvorsorge, Geburt und Nachsorge fielen in den Zuständigkeitsbereich ganz unterschiedlicher Personen. Durch die Technisierung der Geburtshilfe veränderten sich das Tätigkeitsfeld und die Untersuchungsmethoden von Hebammen, wie auch die soziale Beziehung zwischen Gebärender und Hebamme. Die persönliche Betreuung, das gemeinsame ‚Warten' auf das Kind, das in den Aussagen ehemaliger Hausgeburtshebammen im Vordergrund stand, wurde in der Klinik durch die Überwachung der Kreißenden verdrängt, wobei zur neuen effizienten Kreißsaal-

---

16 Diether Langnickel: Kreißsaalorganisation. In: Hillemanns / Steiner (wie Anm. 15), S. 79-87, hier S. 79
17 Hillemanns, Hans Günther: Auswahlkriterien: Organisation der Geburtshilfe als Indikation. In: Hillemanns / Steiner (wie Anm. 15), S. 19-21, hier S.21.
18 H. Bräutigam, P. Woldt: Auswahlkriterien. In: Hillemanns / Steiner (wie Anm. 15), S. 17-19, hier S. 19.

Organisation auch das Einsparen von Hebammen gehörte. Um dennoch eine adäquate Überwachung des Geburtsverlaufs zu gewährleisten, wurden alle Frauen während der Dauer der gesamten Geburt an den bereits erwähnten Herzton-Wehen-Schreiber angeschlossen. Dieses Gerät ermöglicht es der Hebamme, gleichzeitig vom Hebammenzimmer, dem sog. ‚Stützpunkt' aus eine beliebige Anzahl an Kreißsälen zu überwachen, ohne mit den Frauen direkt Kontakt aufnehmen zu müssen. Die Frauen schränkte dies über Stunden in ihrer Bewegungsfreiheit erheblich ein.

Die programmierte Geburt war die logische Weiterführung jener für die medizinische Geburtshilfe grundlegenden Vorstellung der Geburtsmechanik.[19] Ergebnis der programmierten Geburt war eine Distanzierung vom Körper. Der Geburtsvorgang wie auch die gebärenden Frauen sollten normiert und standardisiert werden. Der Körper wurde dahingehend vom Geschehen ausgeschlossen, als er dank Schmerzmitteln in seiner Unmittelbarkeit und dank Wehenmitteln in seiner Unzulänglichkeit nicht mehr zum Ausdruck kam bzw. kommen sollte. Dieser Zustand der Geburtshilfe, die als entkörperlicht bezeichnet werden kann, stieß in den späten 1970er Jahren auf zunehmenden Widerstand seitens der Frauen.

Die ‚natürliche' Geburt

Von ‚programmierter Geburt' redet gegenwärtig niemand mehr, auch wenn einige der damals eingeführten Routinemaßnahmen bis heute in Entbindungskliniken üblich sind. In aller Munde ist heute vielmehr auch unter ärztlichen Geburtshelfern die ‚natürliche' Geburt. Betrachtet man die Fülle an Ratgeberliteratur, die zu diesem Thema auf dem Markt ist, so wird deutlich, daß unter diesem Schlagwort ganz unterschiedliche Ansätze zusammengefaßt werden. Viele dieser ‚alternativen' Vorstellungen von Geburt werden als neue Möglichkeiten des ‚wahren', weil ‚natürlichen' Gebärens aufgefaßt, schreiben aber den Schwangeren und Gebärenden auch neue Verhaltensmaßnahmen vor, wie beispielsweise die richtige, d.h. vertikale Gebärhaltung. Am Beispiel des Geburtsschmerzes soll gezeigt werden, wie diese alternativen Geburtskonzepte durch Umdeutungen Veränderungen in der medizinisch-geburtshilflichen Praxis bewirkten.

Auf den Zusammenhang von Kultur und Schmerzempfinden bei der Geburt wies bereits in den 1930er Jahren der britische Geburtshelfer Grantly Dick-Read hin. Er glaubte festgestellt zu haben, je weiter eine Kultur entwickelt sei, also je zivilisierter sie sei, desto stärker werde die Geburt als schmerzhafte und gefährliche Angelegenheit dargestellt. Er war der Meinung, daß die Geburt als eine natürliche Funktion des weiblichen Körpers angesehen werden sollte und nicht als Krankheit, wie dies zu seiner Zeit in der Medizin üblich war. Entsprechend stellte er die Zweckmäßigkeit der Natur in den Vordergrund seiner Überlegungen.[20] Schmerzen gehörten demnach nicht notwendig zur Geburt. Er ging davon aus, daß Schmerzen unter der Geburt durch Muskelverspannungen entstehen, die wiederum der körperliche Ausdruck der Angst vor der Geburt seien. Demnach hat Schmerz zwar eine physiologische Komponente, doch ob diese

---

19 Ebenso wie die Vorstellung der Geburt als ein mechanischer Prozeß mit der physikalischen Lehre der Mechanik und der technologischen Entwicklung von Maschinen zusammenhängt, steht die Vorstellung von der Programmierung der Entbindung in Zusammenhang mit den in der zweiten Hälfte des 20. Jahrhunderts sich entwickelnden neuen Technologien, insbesondere dem Einsatz von Computern.
20 Vgl. Gernot Böhme: Wie natürlich ist die natürliche Geburt? In: ders.: Natürlich Natur. Über Natur im Zeitalter ihrer Reproduzierbarkeit. Frankfurt/M. 1992, S. 94-104, hier S. 94.

als Schmerz empfunden wird und wie stark, hängt von psychologischen Aspekten ab. Durch Aufklärung der Schwangeren über die körperlichen Vorgänge bei der Geburt sollte die Angst genommen und gleichzeitig Wissen vermittelt werden, wie die Frau sich entspannen könne, um ihre Geburt schmerzarm zu machen. Er veröffentlichte 1933 das Buch „Childbirth without Fear. The Principles of Natural Childbirth", das fälschlicherweise unter dem Titel „Mutterwerden ohne *Schmerz*. Die natürliche Geburt" [Hervorhebung A.P.] 1950 in Deutsch erschien. Die deutsche Übersetzung seines Buches stieß offensichtlich auf reges Interesse, denn 1963 lag sie bereits in zwölfter Auflage vor, was sicherlich auch mit dem vielversprechenden Titel erklärt werden kann. Nicht nur die Schmerzfreiheit, die dann insbesondere in den 70er Jahren medizinisch machbar wurde, kam in die Diskussion, sondern auch die Frage nach der ‚Natürlichkeit' der Geburt wurde einem breiteren Publikum nähergebracht. Der französische Frauenarzt Fernand Lamaze führte 1952 in Paris die sog. Psychoprophylaxe ein, eine Methode der Schmerzlinderung, die auf Atemtechniken beruht und rasch in Europa und den USA bekannt wurde. Sie basiert auf der Lehre von den bedingten, d.h. erlernbaren Reflexen. Je stärker die Gebärmutterkontraktionen unter der Geburt werden, desto schneller und flacher soll die Frau atmen. Beide Ansätze gehen von der Annahme aus, daß man den Frauen das Gebären lehren müsse. Eine neue Einrichtung, in der Frauen sich entsprechend ‚konditionieren' lassen konnten, war die frühe Schwangerschaftsgymnastik, in der das ‚Hecheln' nach Lamaze erlernt wurde.

Das auf diese Überlegungen letztlich zurückgehende Konzept der ‚sanften Geburt' entstand als Reaktion auf die Folgen des ‚Programmierens' und markiert einen Wendepunkt im Denken über Geburt. In Ratgeberbüchern mit so wohlklingenden Titeln wie „Geburt ohne Gewalt", „Die sanfte Geburt" oder „The Experience of Childbirth" wurde das Augenmerk stärker auf die Bedeutung gelegt, die die Geburt für Mutter und Kind hat. Ein würdiger Empfang des Kindes bei gedämpftem Licht und Stille wurde gefordert, um den Übergang in unsere Welt für das Neugeborene so sanft wie möglich zu gestalten. Die sterile OP-Situation der Kreißsäle wurde kritisiert, da sie nicht im geringsten der „Natur der Geburt" entspräche. Michel Odent, einer der bekanntesten Vertreter einer ‚sanften Geburt', stellte beispielsweise die Gemeinsamkeit des Menschen mit den Säugetieren heraus, um die Vorgänge während der Geburt besser verständlich zu machen. Im Gegensatz zur Auffassung der medizinischen Geburtshilfe, die im Eingreifen eine Verbesserung und effizientere Gestaltung des Geburtsvorgangs sieht, wendet sich Odent bewußt gegen die störenden Eingriffe in die Natur. Gerade Odent, der als einer der wenigen das Anderssein von Frauen während der Geburt sprachlich positiv auszudrücken vermag, bedient sich einer altbekannten Dichotomie, die Frauen als der Natur zugehörig versteht. Odent verlangt radikale Veränderungen der Räumlichkeiten. Nicht der klassische, gekachelte High-Tech-Kreißsaal kann die für eine Geburt notwendige Intimität herstellen, sondern ein Raum, der in ansprechenden Farben gehalten ist, der eine gemütliche Beleuchtung hat, in dem das nötige Maß an Unordnung herrscht, der normal möbliert ist, kurz: ein Raum, der von der Gebärenden vereinnahmt werden kann. Diese sog. Geburtszimmer, die Odent in seiner Klinik als erster einrichtete, sind mittlerweile vielfach nachgeahmt worden. „Mitte der 70er Jahre war es vollkommen neu, ein Geburtszimmer in einem Krankenhaus farblich vorwiegend in Braun- oder Creme-Tönen zu gestalten, und es war unvorstellbar, daß es keine medizinischen Apparaturen im Raum geben würde und auch kein Entbindungsbett, das eine ganz bestimmte Gebärhaltung vorschreibt."[21] Die Frage, wo wir uns wohl fühlen, hat

---

21 Michel Odent: Geburt und Stillen. Über die Natur elementarer Erfahrungen. München 1994, S. 30.

jedoch weniger mit unserer Natur zu tun als vielmehr mit unserer kulturellen Lebenswelt, mit dem „Arrangement der Empfindungen", wie Utz Jeggle es ausgedrückt hat, das auch zu einem gewissen Grad der Mode unterliegt. Kerzenlicht als ein Faktor, der in unserer Kultur Intimität herzustellen vermag, taucht nicht zufällig in Abbildungen und Beschreibungen von ‚schönen' Geburten in Zeitschriften wie ELTERN auf.

In den Mittelpunkt der Betrachtung rückt in diesen alternativen Vorstellungen auch die Bedeutung des Geburtserlebnisses für die Frau. Geburt wird als Grenzerfahrung verstanden, neue Vollkommenheitsideale des natürlichen Frauseins und neue Normen des richtigen Gebärens werden aufgestellt. Diese Geburtsvorstellungen gehen einher mit der Neuentdeckung von Natur im allgemeinen und dem Körper im besonderen, die Ende der 70er Jahre einsetzten und „im Rahmen derer [...] Körpererfahrungen kultiviert werden."[22] Volker Rittner hat diese neue Wahrnehmungs- und Erlebnisqualität von Natur und Körper als „Formen der Authentizitätssuche" bezeichnet, die, so meine These, bezogen auf die Geburt im ‚Geburtserlebnis' kumulieren. Der Versuch, Geburt als intimes, individuelles Ereignis zu begreifen und zu erleben, steht also im Widerspruch zur entkörperlichten Klinikgeburtshilfe der 60er und 70er Jahre, die sich vom physiologisch Ursprünglichen distanzierte. Nach Aussagen von Hebammen waren es die Gebärenden selbst, die nach der Lektüre der Ratgeberliteratur mit neuen Erwartungen und Vorstellungen in die Kreißsäle kamen und die medizinische Geburtshilfe zu Veränderungen zwangen. Heute reklamieren nicht nur die Vertreter und Vertreterinnen einer ‚alternativen' Geburtshilfe die Natürlichkeit für sich, sondern auch die ärztlichen Geburtshelfer.

Wie natürlich ist die natürliche Geburt?

Abschließend möchte ich daher der Frage nachgehen „Wie natürlich ist die natürliche Geburt?", eine Frage, die der Philosoph Gernot Böhme bereits 1968 ins Zentrum seiner Auseinandersetzung mit den Vorstellungen Grantly-Dick-Reads gerückt hat. Auf den ersten Blick scheint die Forderung eines Geburtshelfers, „daß gerade die programmierte Geburt so natürlich wie möglich, unter dem eben nötigen Einsatz an Analgetika ablaufen sollte",[23] ein Anachronismus zu sein. Gerade eine Disziplin wie die technisierte Geburtshilfe der 70er Jahre, die sich in der Lage glaubte, den natürlichen Geburtsvorgang zu beherrschen und ersetzen zu können, die glaubte, die Geburt „besser terminieren zu können als die Natur",[24] sollte, so denkt man, auf die Natur nicht mehr angewiesen sein. Selbstverständlich ist sie zunächst einmal Grundlage der Medizin als einer Naturwissenschaft, doch nahezu unbemerkt verschieben sich aufgrund der Forschungen z.B. im Bereich der Gen- und Reproduktionstechnologien und ihrer praktischen Umsetzung durch die Medizin die Grenzen dessen, was als ‚Natur' sozial akzeptabel scheint und was zur ‚Unnatur' wird.[25] Welche Funktion haben also die Metaphern Natur bzw.

---

22 Volker Rittner: Körper und Körpererfahrung in kulturhistorisch-gesellschaftlicher Sicht. In: Jürgen Bielefeld (Hg.): Körpererfahrung. Grundlage menschlichen Bewegungsverhaltens. Göttingen u.a. 1986, S. 125-155, hier S. 142.
23 D. Richter: Psychohygienische Aspekte bei programmierter Geburt. In: Hillemanns / Steiner (wie Anm. 15), S. 22-24, hier S. 22.
24 Hillemanns / Steiner (wie Anm. 15), S. 138.
25 Eine sehr detaillierte Kritik zu den Auswirkungen der immer bedeutsamer werdenden pränatalen Diagnostik auf die Vorstellungen davon, welches „Leben" überhaupt noch geboren werden darf, hat Eva Schindele vorgelegt (vgl. Eva Schindele: Gläserne Gebär-Mütter. Vorge-

Natürlichkeit? Sie sollen „flüchtige Phänomene mit dem Schein des Ewigen und Endgültigen [...] versehen"[26] und somit bestimmte Vorgehensweisen rechtfertigen. Von zentraler Bedeutung ist die Frage, ob „es überhaupt beim Menschen so etwas wie eine unveränderlich zugrundeliegende Natur"[27] gibt. Utz Jeggle hat dafür plädiert, die Kultur hinter dem scheinbar Natürlichen aufzuzeigen.[28] Auch Mary Douglas ist der Ansicht, „daß es überhaupt keine ‚natürliche', von der Dimension des Sozialen freie Wahrnehmung und Betrachtung des Körpers geben kann",[29] womit aber noch nicht gesagt ist, daß die Grundlage, der Körper nämlich, nicht doch pure Natur ist. Gerade diese Sichtweise hat aber Barbara Duden kritisiert, die fordert, den Körper nicht als anatomischphysiologisches Organbündel zu betrachten, das kulturell unterschiedlich überformt werden kann, sondern auch das Körperinnere als historisch, und somit kulturell geworden zu begreifen. Konkret bedeutet dies, daß zwischen dem körperlichen Empfinden einer Gebärenden in der ersten Hälfte dieses Jahrhunderts und dem bewußten Erleben einer ‚natürlichen Geburt' in den 90er Jahren ein Unterschied besteht. Dieser Unterschied hat weniger mit der Umgebung, also dem zu Hause im ersten Fall und dem ‚Geburtszimmer' einer Klinik im zweiten zu tun, als vielmehr mit den Vorstellungen, die wir uns von den Vorgängen im Körper bei einer Geburt machen. Diese Vorstellungen werden schon durch die geburtsvorbereitenden Möglichkeiten wie z.B. Ratgeberliteratur, Kurse oder Infoabende heute andere sein als zu Beginn dieses Jahrhunderts, als in einem solch öffentlichen Rahmen kaum über konkrete körperliche Vorgänge der Geschlechtlichkeit geredet wurde. Sowohl aufgrund der technischen Möglichkeiten, das Geschehen in der Gebärmutter sichtbar und kontrollierbar zu machen, als auch aufgrund der spezifischen Sichtweise, die bei Infoabenden, Geburtsvorbereitungskursen etc. vermittelt wird, lernt eine Schwangere heute, ihren Körper und seine Veränderungen bei Schwangerschaft und Geburt in einer bestimmten Art und Weise zu interpretieren und zu empfinden.

Der Begriff der Natur, der von den verschiedenen Vertretern der natürlichen Geburt benutzt wird, umfaßt zwei Aspekte: 1. das Gegebene, die normalen Vorgänge der Geburt, in die möglichst nicht eingegriffen werden soll. 2. das Ursprüngliche, die Gemeinsamkeit von Mensch und Tier, die beim Menschen durch seine Zivilisation überlagert worden ist; Prototypen des seiner Natur gemäß lebenden Menschen finden sich unter den sog. ‚Naturvölkern'. Anders ausgedrückt treten uns hier zwei altbekannte Dichotomien gegenüber, nämlich Natur versus Technik, und Natur versus Kultur. Gernot Böhme, der sich in verschiedenen Aufsätzen zur Verwendung des Naturbegriffs geäußert hat, stellt fest: „Die beschriebenen Entgegensetzungen [...] sind noch heute wirksam als Unterstellungen, wo immer man sich auf Natur beruft. Es könnte aber sein, daß diese Unterstellungen nicht mehr legitim sind, weil die genannten Dichotomien und Entgegensetzungen nicht mehr greifen. Der Naturbegriff erhält dadurch etwas Unbestimmtes, die Berufung auf Natur wird zur Ideologie, im wörtlichen Sinne zum falschen Bewußtsein. Man beruft sich auf Natur als etwas Selbstverständliches gerade in dem

---

burtliche Diagnostik – Fluch oder Segen. Frankfurt/M. 1990). Die „natürliche Reproduktion" zerbröckelt angesichts der Möglichkeiten der Genanalyse in einzelne Segmente, die von einer neuen Grenze durchzogen werden, entlang derer momentan mögliche Krankheitsrisiken des Ungeborenen aus der Welt geschafft werden dürfen, während das Geschlecht (noch?) nicht zu den Kriterien der Wahl gehört.

26 Olivia Harris: Households and their boundaries. In: History Workshop 13/1982, S. 143-152; zit. nach Duden (wie Anm. 9), S. 36.
27 Böhme (wie Anm. 20), S.96.
28 vgl. Jeggle 1980, wie Anm. 2
29 Douglas (wie Anm. 5), S.106.

Moment, wo Natur sich nicht mehr von selbst versteht. Es ist unklar geworden, was Natur ist, was wir darunter verstehen, ob, was wir als Natur ansehen, überhaupt Natur ist, und schließlich, welche Natur wir wollen."[30]

Wenn heute in der medizinischen Geburtshilfe von natürlicher Geburt die Rede ist, dann ist gemeint, daß die Geburt auf der Grundlage des Körpers und damit auf der Selbsttätigkeit der Organe beruht, die zwar von der Medizin nachgeahmt, aber nicht besser als von der Natur vorgesehen hervorgebracht werden kann. Diese Idee der normalen Vorgänge der Geburt als etwas Gegebenes, in dessen Ablauf möglichst nicht eingegriffen werden sollte, bekommt, in unterschiedlich starker Ausprägung, eine andere Perspektive in alternativen Geburtskonzepten. Unter Natur verstehen sie das Ursprüngliche, das von der Zivilisation überlagert, verzerrt oder gar verschüttet sein kann. Anliegen ist es, den Frauen durch Aufklärung ihre ursprüngliche Natur unter der Geburt bewußt erlebbar zu machen. Der Weg dorthin sieht je nach Ansatz ganz unterschiedlich aus: Schmerzlinderung dank erlernter Techniken ist hier ebenso zu nennen wie die individuelle Bedeutung des Geburtserlebnisses. Andere wenden sich dagegen vehement gegen eine Wissensvermittlung von außen, die die Frauen davon abhält, die Bewußtseinsebene zu erlangen, in der sie die ‚wahre' Bedeutung der Geburt begreifen. Odent geht noch weiter, indem er die menschliche Geburt auf eine Stufe stellt mit der Geburt in der Tierwelt.

Abschließend läßt sich sagen, daß die ‚natürliche Geburt' aufgrund des Wissens und des Bewußtseins, die zu ihrer erfolgreichen Durchführung vonnöten sind, ein kulturelles Produkt ist. „Das Natürlichkeitserlebnis ist eine wertende Interpretation."[31]

---

30 Böhme (wie Anm. 20), S. 15.
31 Rittner (wie Anm. 22), S. 133; Barbara Duden ist der Meinung, daß der Einfluß der Wissenschaft, insbesondere der Gentechnologie, nicht nur die Wahrnehmung körperlicher Befindlichkeiten verändert, sondern auch einen spezifischen „Alltags-Denkstil" geschaffen hat, mit dem es uns möglich geworden ist, uns in „bio-energetischen Allgemeinplätzen" auszudrücken. Das Charakteristikum dieses Denkstils bezeichnet sie als „bio-bias". Duden (wie Anm. 8), S. 120.

Nina Gorgus

Natur im Museum
Das Konzept Écomusée auf dem Prüfstand

Wenn man in Frankreich Urlaub macht, dann stolpert man regelrecht über Hinweisschilder, die zum Besuch des einen oder anderen Écomusée auffordern. Diese Museen preisen die unterschiedlichsten Themen an: sie widmen sich etwa dem Bäckerhandwerk, dem Leben im Elsaß oder einer Industrieregion. Die Vielfalt, die sich hinter dem Begriff verbirgt, ist ebenso programmatisch wie problematisch. Das Konzept Écomusée war in den 1960er und 1970er Jahren mit dem Impetus entwickelt worden, eine interdisziplinäre Institution zu schaffen, die den Lebensraum des Menschen eines bestimmten Gebiets in Zeit und Raum deutet: Ein Museum ohne Wände gewissermaßen, in dem die dort wohnende Bevölkerung Teil ist und Teil hat an den musealen Inszenierungen. Solchen Museen liegt ein weiter Kulturbegriff zugrunde, das natürliche Erbe wie das Kulturerbe stehen im Zentrum des Interesses.

Die Idee enthält innovative Potentiale, sie wurde geradezu als revolutionär gehandelt, da sie progressive museologische Strömungen bündelte und das klassische bürgerliche Museumskonzept des 19. Jahrhunderts aufbrach.[1] Da sich die Écomusées in erster Linie nicht auf einer musealen Sammlung begründeten, stießen sie in offiziellen Museumskreisen zuerst auf Ablehnung. Mittlerweile hat sich der Museumstyp innerhalb des Museumswesens Frankreichs etabliert. Auch wenn sich die Ansprüche geändert haben und mehrere Generationen von Écomusées erprobt wurden, hat das Konzept in der Gegenwart offenbar nichts an seiner Aktualität verloren.[2] Vor allem in den frankophonen Ländern wird das Écomusée immer noch als Vorbild für die Museumspraxis herangezogen, wenn es um die Beschäftigung mit Alltagskultur geht. Sein überall beschworenes progressives Potential ist jedoch nahezu gänzlich verlorengegangen. Im folgenden werde ich versuchen, der Vielfalt mit zwei Beispielen aus der Praxis Kontur zu verleihen. Zuvor gehe ich kurz auf die mittlerweile 30 Jahre umfassende Geschichte des Écomusée ein.[3]

---

1   Einen guten Überblick über die international geprägten Diskussionen, die Vorbilder für das Écomusée und seine Weiterentwicklung bietet die Anthologie von André Desvallées (Hg.): Vagues. Une anthologie de la nouvelle muséologie. 2 Bde. Maçon, Savigny-le-Temple 1992.
2   Ich finde es interessant zu beobachten, daß in Deutschland das Écomusée, das vor allem in den 1980er Jahren rezipiert wurde (s. Literaturauswahl in Anm. 3) zur Zeit eine Renaissance erfährt, wie etwa auf Tagungen. Die Betreiber kleinerer Museen in Grenzgebieten benutzen oftmals den Namen Écomusée kompatibel zu Freilichtmuseum.
3   Vgl. stellvertretend dazu: Découvrir les Écomusées. Rennes 1983; Territoires de la mémoire. Thonon-les-Bains 1992; Wassilia von Hinten: L'écomusée. Ein museologisches Konzept zur Identität von und in Räumen. In: Zeitschrift für Volkskunde 78/1982, S. 70-76; dies.: Zur Konzeption des Écomusée in Frankreich. In: Helmut Ottenjann (Hg.): Kulturgeschichte und Sozialgeschichte in Freilichtmuseen. Cloppenburg 1985, S. 88-101; Gottfried Korff: Die Ecomusées in Frankreich – eine neue Art, die Alltagsgeschichte einzuholen. In: Die Zukunft beginnt in der Vergangenheit. Museumsgeschichte und Geschichtsmuseum. Frankfurt/M. 1982, S. 78-88; François Hubert: Das Konzept Ecomusée. In: Gottfried Korff, Martin Roth: Das historische Museum. Labor, Schaubühne, Identitätsfabrik. Frankfurt/M., New York 1990, S. 199-214.

Nina Gorgus

Von der Erfindung zur Umsetzung

Das Wort Écomusée wurde im Frühjahr 1971 vom Museumsexperten Hugues de Varine und dem Berater des französischen Umweltministers, Robert Poujade erfunden. Als der Minister selbst im gleichen Jahr während einer Tagung in Grenoble den Begriff lancierte, gab es eigentlich noch gar kein Museum diesen Namens. Das Wort Écomusée pointierte jedoch bereits bestehende Bestrebungen von Volkskundlern, Landschaftsarchitekten, Naturwissenschaftlern und Politikern, die ländlichen Regionen Frankreichs und ihre Kultur aufzuwerten. Als Folge davon richtete die französische Regierung Naturparks ein. Für diese Parks plante man Museen, in denen in erster Linie die ländliche Architektur im Mittelpunkt stehen sollte.

Die Museumsidee ist insbesondere Georges Henri Rivière zuzuschreiben, dem charismatischen Gründer und langjährigen Leiter des Pariser Volkskundemuseums, der hier seine langjährigen internationalen Erfahrungen bei ICOM mit einbringen konnte.[4] Rivière entwickelte eine Serie von Definitionen des Écomusée[5], die auch heute noch den meisten Museen – vor allem denen, die in dem 1988 gegründeten nationalen Verband „Fédération des écomusées et des musées de société"[6] zusammengeschlossen sind – als gemeinsamer Nenner dient. Rivière sah das Écomusée als Spiegel einer Bevölkerung, der dazu diente, soziale und historische Zusammenhänge zu begreifen und die eigene Identität zu verstehen. Der Mensch, so Rivière, wird in seinem natürlichen Milieu in Zeit und Raum interpretiert. Mit „natürlichem Milieu" meinte er Landschaft sowie die von der traditionellen und der industriellen Gesellschaft veränderte Umwelt.

Das Écomusée widmet sich vier Kategorien von Anschauungsobjekten: erstens der Natur, wie einer bestimmten Landschaftsform, zweitens Tieren und Pflanzen, drittens Baudenkmälern und viertens beweglichen Objekten wie Mobiliar. Als Hüter des lokalen Gedächtnis sollte das Écomusée in erster Linie eine Institution sein, die als Schule, Forschungslabor und Ort der Bewahrung zugleich wirkt. Das Écomusée entsteht erst durch die Zusammenarbeit mit der Bevölkerung, was zu der Bemerkung von Hugues de Varine führte, das Museum habe keine Besucher, sondern Bewohner.[7]

Das Präfix „éco" oder „öko" bezog sich in den Anfängen mehr auf Ökologie im Sinne von natürlicher Umwelt. Stellten die Parkmuseen die erste Generation der Écomusées, so rückte später dann die Auseinandersetzung mit den industriellen Überresten bei manchen Museen in den Vordergrund, als in den 1980er Jahren zunehmend Industriebetriebe schlossen. Das Präfix „éco" wurde nun mit „Ökonomie" in Verbindung gesetzt. Prominentes Beispiel dafür ist das Ecomusée Le Creusot-Montceau-les Mines im Burgund. In diesem durch Kohleabbau und Eisenverhüttung geprägten Kom-

---

4   Zu Rivière vgl. Isac Chiva: Georges Henri Rivière. Un demi-siècle d'ethnologie de la France. In: Terrain 5 1985, S. 76-83; La Muséologie selon Georges Henri Rivière. Paris 1989; Nina Gorgus: Der Zauberer der Vitrinen. Zur Museologie Georges Henri Rivières. Münster u.a. 1999; Geneviève Breerette, Fréderic Edelmann: Le musicien muséographe qui inventa aussi les écomusées. Une rencontre avec Georges Henri Rivière. In: Le Monde 8./9. 7. 1979, S. 16.
5   Rivières Definitionen sind unter dem Titel: L'écomusée, un modèle évolutif (1971-1980) abgedruckt in: André Desvallées (wie Anm. 1), S. 440-445.
6   In der Fédération sind über 150 kulturhistorische Museen zusammengeschlossen. Die Fédération bemüht sich, eine Lobby für die Écomusées und ein gemeinsames Label für die Écomusées zu schaffen. Vgl. dazu auch den Tagungsband Musées et Sociétés. Actes du colloque Mulhouse-Ungersheim Juin 1991. Paris 1993.
7   Hugues de Varine: Le musée éclaté: Le Musée de l'Homme et de l'Industrie. In: Museum 23/1973, S. 242-249, hier S. 244.

munenverband bindet das Museum die Reste der Industrialisierung aus dem 19. und 20. Jahrhundert mit ins Konzept ein.[8]

Während das von Richard Keller vorgestellte Écomusée in Ungersheim eher dem klassischen Typ eines Freilichtmuseums entspricht, wie wir ihn auch in Deutschland kennen, zeichnen sich die meisten anderen Écomusées durch eine ganz besondere Art und Weise des Aufbaus aus. Die Museen haben eine Zentrale, die den Ausgangspunkt bildet für weitere Außenstellen und Lehrpfade, sogenannte Antennen. Hier ist die Dauerausstellung untergebracht – das Museum der Zeit –, hier befindet sich die Verwaltung und oft auch noch ein Dokumentationszentrum. Die „Zentralen" bieten das nötige Rüstzeug für die Erkundung eines Parks oder Kommunenverbands, das Museum des Raumes. Um dies zu illustrieren, stelle ich zwei typische Beispiele vor.

Das Écomusée de la Bresse bourguignonne

Am östlichen Rand des Burgunds hat sich 1981 das Écomusée der Bresse bourguignonne in einer Region etabliert, deren Zusammenhalt zwar nicht auf politischer oder administrativer Ebene tradiert war, aber sich durch die geographische Lage als Durchgangsstation zwischen Nord und Süd ergab. Die Bezeichnung Bresse bourguignonne ist eine Wortschöpfung, die sich in der Region mittlerweile als Markenzeichen durchgesetzt hat.[9] Das Museum etablierte sich in einer Zeit, als starke Veränderungen wie Landflucht, Wirtschaftskrise und Veränderung der Landwirtschaft anstanden. Das Écomusée hat der Region zu einem neuen Aufschwung verholfen, der sich auf die museale Inszenierung von Tradition und Modernität stützt.

Abb. 1: Écomusée de la Bresse bourguignonne, Pierre-de-Bresse (Foto: N. Gorgus)

---

8   Le Creusot schrieb sich die Mitbestimmung regelrecht auf die Fahnen: Die Leitung des Museums sollte ein Komitee bestehend aus Benutzern, Wissenschaftlern und Verwaltungsexperten übernehmen. Die Institution nannte sich erst in einer späten Phase Écomusée, um von staatlichen Subventionen zu profitieren. Gegenwärtig wird die Dauerausstellung, an der de Varine und Rivière maßgeblich mitgewirkt haben, umgestaltet.
9   Écomusée de la Bresse bourguignonne. Guide découverte. Textes de Christine Helferich und Dominique Rivière. Écomusée de la Bresse bourguignonne 1993.

Nina Gorgus

Sitz des Écomusée ist das Schloß aus dem 17. Jahrhundert im Ort Pierre de Bresse. Hier sind die Dauerausstellung zur Region, die den Bogen spannt von der Vergangenheit bis in die Gegenwart, sowie eine Ausstellung zur Geschichte des Gebäudes untergebracht. Es ist eine Art modernes Heimatmuseum, in dem man zeigen möchte, wie und wovon der Mensch in dieser üppigen Teich- und Heckenlandschaft lebte. Im Schloß finden regelmäßig Wechselausstellungen und kulturelle Veranstaltungen statt, die dem Museum eine große Anziehungskraft in dem 70.000 Einwohner zählenden Einzugsgebiet verleiht. Sechs Antennen sowie zwei Rundgänge erweitern das in der Dauerausstellung erworbene Wissen. Die Bresse, bei uns gemeinhin als Zuchtort von rundlichen Hühnern bekannt, hat noch viel mehr zu bieten. Das Écomusée schafft keine künstlichen Welten, legt keine neuen Teiche oder Hügel an, sondern führt die Besucher zu den Orten, die von den Museumsmachern als identitätsstiftend betrachtet werden. Auf der Rundfahrt durch das Gebiet erhält man Einblick in die Tätigkeiten, die einst eine wichtige Rolle für den Broterwerb spielten. Der Landwirtschaft (Abb. 2), dem Korbflechten und der Holzverarbeitung sind eigene Museen gewidmet. Nach dem Besuch einer Ziegelei, die bis in die 30er Jahre des 20. Jahrhunderts in Betrieb war, erkennt man überall Bauwerke aus diesem Material. Auch ein Verlagshaus, in dem man über 100 Jahre regionale Zeitungen verfaßte und druckte, ging nach seiner Auflösung mit all seinen Räumlichkeiten in den Besitz des Écomusée über (Abb. 3). Ein Waldlehrpfad, der mit Unterstützung von Schulen, der lokalen Bevölkerung und Forstleuten entwickelt wurde, vermittelt spielerisch eine umfassende Vorstellung vom Wald und von der Forstwirtschaft.

Abb. 2:
La Maison du blé et du pain, Verdun sur le Doubs
Écomusée de la Bresse bourguignonne
(Foto: N. Gorgus)

Abb. 3:
L'Atélier d'un journal,
Louhans
Écomusée de la Bresse
bourguignonne
(Foto: N. Gorgus)

In Frankreich, in dem es keine so breite ökologische Bewegung gibt wie in Deutschland, erfüllt das Écomusée eine wichtige Funktion beim Umweltschutz: So hat das Écomusée einen „Grünen Plan" eingeführt, um ein Umweltbewußtsein zu schaffen und die Bevölkerung für Themen wie Mülltrennung oder ökologisches Bauen zu sensibilisieren. Regelmäßig findet darüber hinaus ein großer Bio-Markt statt, bei dem die Biobauern der Bresse ihre Produkte anbieten.

Das Écomusée Mont Lozère

In einem schroffen Beton-Bau, der aussieht wie eine alpine Schutzhütte, ist das Écomusée Mont Lozère untergebracht. Das Écomusée in Pont-de-Montvert befindet sich in einem 1970 gegründeten Nationalpark, der insgesamt über 300 km^2 Landschaft umfaßt. Seit 1985 steht er unter besonderem Schutz der UNESCO. Mit der Einrichtung des Parks wurde auch das Écomusée konzipiert, eines der ersten Parkmuseen in Frankreich. Das Museum bezieht sich auf das Gebiet des von Granitgestein bedeckten Bergmassivs Mont Lozère, das jahrhundertelang als Sommerweidegebiet genutzt wurde.

Die Dauerausstellung entspricht auch heute noch dem Konzept Rivières, der beim Aufbau beteiligt war: erst werden die geologischen, geographischen und demographischen Aspekte veranschaulicht, bevor ein chronologischer Gang durch Geschichte, Tradition und Alltagskultur folgt.

Nina Gorgus

Abb. 4: Écomusée du Mont Lozère, Pont-de-Montvert (Foto: N. Gorgus)

Nach dieser Einführung wird man dann ins Feld entlassen. Karten und Informationen liegen bereit, um die Antennen zu erreichen, die in situ abgelegt in bergigen Höhen liegen. Im „Ferme de Troubat" empfängt eine Museumsmitarbeiterin die Besucher und erzählt ausführlich über die letzten Bewohner des bäuerlichen Anwesens, über Wohnverhältnisse, Tätigkeiten und Lebensgewohnheiten. Der Innenraum ist spärlich möbliert; es ist gerade soviel vorhanden, um sich eine grobe Vorstellung von der Anordnung des Mobiliars machen zu können. Man möchte nicht rekonstruieren. Vielmehr vermittelt die aktuelle Wechselausstellung zum Thema „Mensch und Tier", wie der Lebensunterhalt der Menschen in den Bergen bestritten wurde und wie der Alltag ausgesehen haben könnte.

Eine weitere Antenne, der Hof „Mas Camarguais" (Abb. 5), bildet den Ausgangspunkt für eine Wanderung, die mit einer Karte in Eigenregie oder in Begleitung eines Führers unternommen werden kann.[10] Der interessierte Wanderer kann dabei genausoviel über Flora und Fauna erfahren – im Park findet man über 2000 Tierarten – als auch über die Strategien der Bewohner, sich die Berglandschaft zu erschließen. Der Besucher wird auf die charakteristischen Punkte der Landschaft aufmerksam gemacht: auf Granitblöcke (Abb. 6), aus dessen Gestein alle Bauwerke der Gegend gebaut wurden, oder auf den Fluß Tarn und seine Absperrungen aus dem 19. Jahrhundert, welche ein künstliches Bassin für die Fischzucht schufen. Zählte man auf dem Mont Lozère Anfang des Jahrhunderts bis zu 100.000 Schafe, die dort auf Sommerweiden grasten, sind es heute nur noch einige Tausend. Zum Thema Tiere im Écomusée sei kurz erwähnt, daß diese nicht eigens angeschafft oder gar alte Rassen gezüchtet werden. Das Écomusée versucht indessen, lokale Viehzüchter in ihrer Arbeit zu unterstützen.

---

10 Écomusée du Mont Lozère. Sentier d'observation de mas Camargue. Florac 1982.

Natur im Museum

Abb. 5: Mas Camarguais, Écomusée du Mont Lozère (Foto: N. Gorgus)

Abb. 6: Granitblöcke und Landschaft, Écomusée du Mont Lozère (Foto: N. Gorgus)

Mittlerweile gehören zum Museum fünf Lehrpfade, die das Ziel haben, die Verbindungen und die Verbundenheit des Menschen mit der Natur zu erklären. Das Museum übernimmt zusammen mit der Parkverwaltung eine Aufsichtsfunktion. Beide geben Richtlinien vor im Sinne eines „sanften Tourismus", bei dem Naturschutz im Vordergrund steht. Die Koppelung von Natur und Kultur – inzwischen haben noch zwei weitere Écomusées im Park eröffnet – hat die Attraktivität der Cevennen als Urlaubsregion nochmals gesteigert und dem Park 1995 den europäischen „Grand prix" für Tourismus und Umwelt eingebracht. Es kommen jährlich ca. 800.000 Menschen in den Park – freilich besucht davon nur ein Bruchteil die Ausstellung in Pont-de-Montvert. Das Écomusée hat inzwischen die Auseinandersetzung mit dem Tourismus in die Dauerausstellung integriert und zeigt anhand von drei Modellen drei mögliche Szenarien, die Tourismus in einer schwachen, gemäßigten und ausufernden Form zur Folge haben könnte.

Was bleibt?

Das Konzept Écomusée steht für eine Institution, die das kollektive Gedächtnis für die Zukunft verwalten möchte. Das Écomusée konstruiert nicht neu, sondern geht verloren gegangenen Spuren nach, bezieht bereits Vorhandenes mit ein. Das Écomusée versucht, den Menschen für seine nähere Umgebung zu interessieren, um einen differenzierteren Blick auf das Eigene zu bekommen. Der Blick in die Vergangenheit soll identitätsstiftend für die Zukunft wirken. Doch gerade in letzter Zeit hat sich gezeigt, daß dies idealtypische Vorstellungen sind.

Dazu möchte ich drei Überlegungen formulieren
1. Natur wird im Écomusée restriktiv erfahrbar gemacht: im Naturpark etwa gibt es klare Reglementierungen, was gestattet ist und was nicht. Das Écomusée stützt sich auf eine Kulturlandschaft, die nicht sogleich erkannt wird, da sie unberührt erscheint. Das Écomusée liefert, wie es Konrad Köstlin in seinem Einführungsvortrag in einem anderen Zusammenhang formuliert hat, gewissermaßen die kulturelle Brille dazu.

2. Das Écomusée, einst mit dem Impetus angetreten, gängige hierachische Strukturen zu vermeiden, geht immer mehr in dem institutionalisierten Gefüge des französischen Museumswesens auf. Darüber hinaus orientieren sich die Écomusées zunehmend an marktwirtschaftlichen Kategorien und erweisen sich als wichtiger Faktor für die Vermarktung einer Region. Dies steht im Trend der Zeit, da von Museen heute gefordert wird, wie ein Dienstleistungsunternehmen zu arbeiten. Jedoch bleibt dann von der anfänglichen Idee, in erster Linie eine Institution für die Bevölkerung zu sein, nur noch wenig übrig.

3. Für innovativ und beispielhaft halte ich den Ansatz des Konzepts, daß Wissenschaftler in Zusammenarbeit mit der Bevölkerung versuchen, die für die Region wichtigen Aspekte herauszuarbeiten und die dafür adäquaten Vermittlungsstrategien zu entwickeln. In der Praxis funktioniert dies freilich nur ansatzweise. Die Entstehungszeit bleibt die wichtigste Phase des Écomusée. Steht einmal die Dauerausstellung, sind die Antennen etabliert, kehrt oftmals eine Phase der Ruhe, um nicht zu sagen, Lethargie ein. Man müßte das Écomusée dann eigentlich schließen, wie verschiedene französische

Wissenschaftler es überspitzt formulierten.[11] Das Prinzip, die Bevölkerung aktiv am Konzept zu beteiligen, hat sich jedoch in abgewandelter Form an anderen Museen durchgesetzt.[12]

So kann der Bogen zum Anfang wieder geschlossen werden – das Écomusée hat vor allem für die Auseinandersetzung mit Alltagskultur viele Anstöße gegeben, verkrustete Strukturen aufgebrochen und neue Wege aufgezeigt, die heute weiter beschritten werden.

---

11 Vgl. dazu etwa Henri Pierre Jeudy: Erinnerungsformen des Sozialen. In: Korff, Roth: (wie Anm. 3), S. 107-145, hier. S. 143; Patrick Blandin: Die Zukunft der Beziehung Mensch-Natur. Die Entwicklung der Begriffe „Naturerbe" und „Kulturerbe". In: Museumskunde 61:1 /1996, S. 4-9.
12 Ich denke dabei an das in jeder Hinsicht vorbildliche Musée Dauphinois in Grenoble, das wie ein Écomusée wirkt. Das Museum hat mittlerweile im gesamten Departement 15 Außenstellen und versucht, in diversen Ausstellungen zu einzelnen Bevölkerungsgruppen aus Grenoble das Konzept der Mitwirkung umzusetzen.

Jutta Buchner-Fuhs

Gebändigte Wildheit im Stadtraum
Zur Geschichte der Zoologischen Gärten im 19. Jahrhundert

Zoologische Gärten waren kurz nach der Jahrhundertwende ein typisches Merkmal einer Großstadt. Rund 30 Prozent der Städte mit über 100.000 Einwohnern besaßen eine solche parkähnliche und mit wilden Tieren ausgestattete Anlage. Die frühen Zoos hatten vornehmlich eine Bildungsfunktion und wollten zur Verbreitung naturkundlicher Kenntnisse beitragen, indem einheimische und exotische Wildtiere in nicht selten speziell ausgestatteten Tierunterkünften zur Schau gestellt wurden. Im Folgenden geht es um das wilde Tier im städtischen Raum. Es wird zu zeigen sein, daß auch der Umgang mit dem zoologischen Wildtier, also mit dem Tier, das durch menschliche Eingriffe nicht geformt wird, ein wichtiger Teil unserer Kultur ist.[1]

1. Der erste deutsche Zoologische Garten zu Berlin

„Wer Berlin kennen lernen will, [...], darf es nicht unterlassen, die hier in möglichster Freiheit gehaltenen Tiere ferner Zonen zu besuchen: er lernt dann zugleich die Berliner kennen. Es gibt nichts Interessanteres als die Freude, den Jubel der kleinen Welt, die vor dem Affenhause stundenlang die närrischen Sprünge und Grimassen betrachtet; es gibt nichts Pikanteres als die sogenannten blödsinnigen Bemerkungen der Großen. Von einem dichten Laubdach geschützt, durchwandert man mit ausschweifendem Wohlbehagen den ungeheuren Park; nach jedem Paar Schritten fesselt unsre Aufmerksamkeit irgendein Stück Naturgeschichte. Hier spreizt einem mit Gerassel das mißgestaltete Stachelschwein seinen Rücken voll gepflegter Stahlfederhalter entgegen; dort ziert sich auf beschattetem Fluß der schwarze Schwan. Hier sind die kottretenden Büffel, die stinkenden Böcke, das Hochwild der Fremde, die Tiere der Wüste und vor allem die Bärengrube, wo Petz und Martin für ein Stück Brot die halsbrecherischsten Kletterübungen anstellen."[2]

Diese einladende Beschreibung des ersten deutschen Zoologischen Gartens, am 1. August 1844 eröffnet, stammt von Ludwig Loeffler, der in seinem zeitgenössischen Reiseführer „Berlin und die Berliner" aus der Mitte des letzten Jahrhunderts für den Besuch der Anlage warb. Das Affenhaus, vom Oberbaurat und Schinkelschüler Heinrich Strack entworfen,[3] schilderte Loeffler als eine besondere Attraktion, wir erfahren von

---

1 Das Wildtier steht im Gegensatz zum Haustier, also zu dem Tier, das aus wirtschaftlichen Nutzzwecken oder aus Liebhaberei gezüchtet und gehalten wird. In den Zoologischen Gärten gab es einheimische und exotische, ungezähmte und gezähmte Wildtiere – zu denken ist etwa an den Reitelefanten, der als ‚Arbeitstier' selbstverständlich auch einen wirtschaftlichen Nutzen erbrachte. Auf die Veredelung von Haustieren und die Akklimatisierung von fremdländischen Tieren, was ebenfalls von tiergärtnerischem Interesse war, wird im Beitrag nicht eingegangen.
2 Ludwig Loeffler zit. in Adolf Heilborn: Zoo Berlin 1841-1929. Zur Geschichte des Zoologischen Gartens zu Berlin. Mit zahlreichen Abbildungen. Berlin 1929, S. 22. – 1841 ist das Gründungsdatum des Zoologischen Gartens.
3 Vgl. hierzu Heinz-Georg Klös, Hans Frädrich, Ursula Klös: Die Arche Noah an der Spree. 150 Jahre Zoologischer Garten Berlin. Eine tiergärtnerische Kulturgeschichte von 1844-1994. Berlin 1994, S. 36. – Heilborn erwähnt dagegen, daß Strack die ersten Tiergebäude des Gartens

dem ‚närrischen' Affentreiben, den Beobachtungsfreuden der Zuschauer und – mit dem kleinen satirisch-kritischen Seitenhieb auf die großen Besucher – auch etwas von der Nähe zwischen Affe und Mensch. Der frühe Zoo wird als Park gepriesen, was durchaus als Programm zu verstehen war, da der königliche Gartendirektor Peter Joseph Lenné die Planung der Anlage durchgeführt hatte. Die Naturgeschichte, die durch die lebenden Tiere in einer seinerzeit neuen Form ausstellbar wurde, war – will man dem Autor Glauben schenken – in einer Weise spannend, die wir uns heutzutage kaum noch vorstellen können.

Man darf sich jedoch den frühen Berliner Zoologischen Garten nicht vorstellen wie einen heutigen Zoo, in dem sich ein Tiergehege an das andere reiht. Berichte aus den Anfangsjahren des Zoos machen deutlich, daß die Anlage mit ihren geschwungenen Wegen zu einer „Parklandschaft im englischen Stil"[4] geformt worden war. Zwar hatte König Friedrich Wilhelm IV. einen großen Teil der Tiere von der Menagerie auf der Pfaueninsel an den Zoologischen Garten übergeben;[5] unter ihnen waren zum Beispiel drei Känguruhs, fünf Braunbären, ein Löwe (der vermutlich nicht lange überlebte, da er im ersten Verzeichnis des Zoologischen Gartens von 1845 nicht mehr erwähnt wird[6]), eine „Tigerkatze aus Brasilien", Tauben und Hühner, aber die Anlage war recht weitläufig und von Tieren wohl nur in Ansätzen bewohnt. Kurz nach der Eröffnung des Zoologischen Gartens berichtete jedenfalls im November 1844 das „Cottaische Morgenblatt für die gebildeten Stände":

„Wirklich ist die Parkanlage in den ehemals dem Publikum verschlossenen Räumen eine der anmutigsten [...]. Die Tiere hausen unter uralten, dichtgedrängten Bäumen [...], und der Raum ist so großartig, so verschlungene Partien umfassend, daß man sich verwundert fragt, wie das alles innerhalb des wohlbekannten alten Bretterzaunes Platz gefunden, über den freilich die alten herrlichen Baumwipfel geheimnisvoll herüberrauschen. Die wilden Tiere verschwinden bis jetzt in den schönen Anlagen und haben zum Teil auch noch sehr dürftige Wohnungen. Indes ist alles noch im Werden."[7]

Standen zunächst die landschaftlichen Aspekte im Vordergrund, die die positiven Gefühle zum frühen Zoologischen Garten weckten, stellte Heilborn in seiner Chronik des Berliner Zoos aus dem Jahre 1929 die Tiere in den Mittelpunkt seiner Betrachtung. In seiner Rückschau kritisierte er die geringe Anzahl der Tiere in den Anfangsjahren, indem er davon sprach, daß zum Beispiel in einem Teich „ein paar Schildkröten und Goldfische" gewesen sein sollen, und von einem Gemsenberg schrieb er, daß dort „eine einsame Gemse ihr Leben fristete".[8] Durch die Aufzählungen einzelner Tiere machte der Zoochronist deutlich, daß sich die Anlage erst zu einem modernen Zoo entwickeln mußte. In diesem Zusammenhang kann auch festgehalten werden, daß in den Grün-

---

in Gemeinschaft mit Cantian und Herter entwickelt habe. Vgl. Adolf Heilborn: Zoo Berlin (wie Anm. 2), S. 18.

4 Annelore Rieke-Müller, Lothar Dittrich: Der Löwe brüllt nebenan. Die Gründung Zoologischer Gärten im deutschsprachigen Raum 1833-1869. Köln, Weimar, Wien 1998, S. 68.

5 Vgl. das Inventar der Menagerie von 1842 abgedruckt in Klös, Frädrich, Klös (wie Anm. 3), S. 35. – Zur Menagerie Friedrich Wilhelms III. auf der Pfaueninsel vgl. auch Heilborn (wie Anm. 2) S. 6-8.

6 Das erste Verzeichnis des Tierbestandes stammt vom Juni 1845. Vgl. den Abdruck in Klös, Frädrich, Klös (wie Anm. 3), S. 51.

7 Zit. nach ebd. S. 49.

8 Heilborn (wie Anm. 2), S. 18f.

dungsjahren „Großwild, namentlich Elefanten, Nashörner und Giraffen"[9] noch nicht in Berlin gehalten wurde.

Es sollte jedoch nicht mehr lange dauern, bis der Berliner Zoo seinen Tierbestand erweitern und neue Attraktionen dem Publikum bieten konnte.[10] Neu errichtete Tierhäuser – wie das im maurischen Stil gebaute Antilopenhaus – waren sogar etwas so Besonderes, daß der Zoo im Jahr 1872 zum Treffpunkt von Kaiser Wilhelm, Kaiser Alexander II. von Rußland und Kaiser Franz Joseph von Österreich-Ungarn avancierte.[11]

Im Folgenden geht es um die Geschichte der Zoologischen Gärten. In Abgrenzung zum Naturkundemuseum und zur Wandermenagerie gilt es, die Inszenierung der Exotik und Wildheit im zivilisierten Stadtraum näher zu betrachten. Wie wurde mit dem Ungezähmten und Wilden umgegangen?

Vier Punkte möchte ich im weiteren ausführen:
1. Wildtiere und internationaler Handel
2. Zoologische Gärten in Abgrenzung zum Naturkundemuseum
3. Die Präsentation von Wildtieren in den frühen Zoos und in der Wandermenagerie
4. Wildtiere in einer bürgerlichen Bildungs- und Wirtschaftseinrichtung

2. Wildtiere und internationaler Handel

Die Zoogeschichte war von Beginn an eine internationale, wobei der Schwerpunkt zu Anfang des 19. Jahrhunderts in den westeuropäischen Staaten zu finden war. Die Gärten etwa in London, Paris, Wien oder Antwerpen wurden von den Zooexperten besucht, Erfahrungen wurden eingeholt, die sowohl bei der Neueinrichtung einer Anlage als auch beim täglichen Umgang mit den Zootieren relevant waren. Veröffentlichte Berichte über Zoos anderer Länder gaben Auskunft etwa über die Gestaltung der Anlage, die Anzahl der Tiere oder die Art der Unterkünfte.

London kommt in der Zoogeschichte eine besondere Bedeutung zu.[12] Die Stadt an der Themse war als Umschlagplatz für exotische Tiere bekannt, und in Deutschland wurde ganz parallel die Hafenstadt Hamburg zum zentralen Ort der Tierhandelsgeschäfte.[13] Der Tierfang in Nordostafrika hatte seit dem Ende der 1840er Jahre dazu

---

9 Klös, Frädrich, Klös (wie Anm. 3), S. 50. – Zu den ersten Zoojahren, den Besuchern, zur Geldknappheit und zu den Tierverlusten vgl. ebd. S. 52-58.
10 Leider ist es aus Platzgründen nicht möglich, auf die Geschichte des Berliner Zoos näher einzugehen. Neben den bereits erwähnten Veröffentlichungen sei noch verwiesen auf Heinz-Georg und Ursula Klös (Hg.): Der Berliner Zoo im Spiegel seiner Bauten 1841-1989. Eine baugeschichtliche und denkmalpflegerische Dokumentation über den Zoologischen Garten Berlin. Berlin ²1990.
11 Vgl. hierzu und zum Besuch des Schahs von Persien die zeitgenössische Darstellung von Richard Béringuier: Geschichte des Zoologischen Gartens in Berlin. Berlin 1877, hier S. 34-36.
12 Der Zoologische Garten in London war der erste Zoo, der nicht aus der Tiersammlung einer fürstlichen Menagerie hervorging. Vgl. auch Jutta Buchner: Kultur mit Tieren. Zur Formierung des bürgerlichen Tierverständnisses im 19. Jahrhundert. Münster u. a. 1996, S. 148. Zur Position, daß die Menagerie des Museum d'Histoire Naturelle im Jardin des Plantes in Paris der erste moderne Zoologische Garten sei vgl. dagegen Rieke-Müller, Dittrich (wie Anm. 4), S. 18.
13 Jacob Gerhard Gotthold Jamrach, er war Kommandeur der Hamburger Hafenwache, hatte in den 1820er Jahren einen kleinen Naturalienhandel geführt, der sich zu einem regen Tierhandelsgeschäft entwickelte. Jamrach hatte über familiäre Beziehungen gute Kontakte zum

geführt, daß zum Beispiel Giraffen und Flußpferde gelegentlich in Europa zum Kauf angeboten wurden. Um 1850 existierten in Alexandrien und Khartum Tiermärkte.[14] Australien wurde durch den regelmäßigen Dampfschiff-Linienverkehr in den 1860er Jahren zum Exportland für Beuteltiere und begehrte Vögel[15]. Insgesamt gesehen war der Fernhandel mit wilden Tieren, also der professionelle Tierhandel, ein reges und einträgliches koloniales Geschäft. Es waren hohe Gewinnspannen möglich: Ein Elefant zum Beispiel, der in den 1870er Jahren für 80 bis 400 Mark in Afrika erworben werden konnte, wurde in Europa für 3.000 bis 6.000 Mark wieder verkauft. Ein Löwe, der jung acht bis 80 Mark kostete, brachte in Europa 600 bis 2.400 Mark. Für die Tiere war der Transport äußerst strapaziös und auch häufig lebensgefährlich: In der Regel starben – wie ein zeitgenössischer Experte zur Rechtfertigung der hohen Gewinnspannen einräumte – „ein Drittel, die Hälfte, zuweilen auch zwei Drittel"[16] aller gefangenen Tiere.

Annelore Rieke-Müller und Lothar Dittrich weisen darauf hin, daß bereits in den 1850er und 1860er Jahren nicht nur Wildfänge, sondern auch Nachzüchtungen in den Zoos gezeigt wurden: Nachgezogene Tiere waren als Handelsobjekte von hohem Interesse und nicht zuletzt deshalb „begehrt, weil sie sich bereits an die Haltungsbedingungen in einem Zoo gewöhnt hatten".[17]

3. Zoologische Gärten in Abgrenzung zum Naturkundemuseum

Auffallend ist es, daß in der Phase der Zoogründungen häufig der Stellenwert dieser neuen städtischen Anlagen diskutiert wurde. Zoologische Gärten mußten sich einen eigenen Platz im Umfeld städtischer Einrichtungen sichern, was im Grunde an zwei Fronten geschah: einmal durch die Abgrenzung zu den seinerzeit bekannten Formen der Tierausstellungen in den Naturkundemuseen und auf der anderen Seite zu den Tierdarbietungen umherziehender Menagerien.

In den Anfangsjahren standen die Befürworter Zoologischer Gärten unter dem legitimatorischen Druck, die Ausstellung lebender Tiere begründen zu müssen. Zwar gab es am Anfang engste Verbindungen zwischen den Naturkundemuseen und den Zoologischen Gärten; bekannte Beispiele sind etwa die entsprechenden Einrichtungen in Paris[18] und Berlin[19], aber die (kostspielige) Haltung lebender Tiere war dennoch

---

    Londoner Tierhandel. Hierzu und zu den Anfängen des Tierhandels sowie zu den Tierhändlern vgl. Rieke-Müller, Dittrich (wie Anm. 4), S. 201-210.
14 Vgl. auch Emin Effendi: Der Thiermarkt Khartum's. In: Der Zoologische Garten 17/1876, S. 113-116.
15 Der Wellensittichfang zum Beispiel hatte gegen Ende des Jahrhunderts solche Ausmaße angenommen, daß die australische Regierung 1896 ein Exportverbot erließ. Vgl. hierzu Helmut Pinter: Handbuch der Papageienkunde. Die Arten, Haltung in Käfig und Voliere, Pflege und Zucht. Mit 108 Farbfotos. Stuttgart 1979, S. 36.
16 J. Menges: Bemerkungen über den deutschen Thierhandel von Nord-Ost-Afrika. In: Der Zoologische Garten 17/1876, S. 229-236.
17 Rieke-Müller, Dittrich (wie Anm. 4), S. 210.
18 In Paris gab es zum Beispiel das Forschungsinstitut Museum d'Histoire Naturelle und die im Jahre 1794 gegründete Menagerie im Jardin des Plantes. Die Menagerie, auch institutionell eingebunden in das Museum, war als Ergänzung des Museum d'Histoire Naturelle gedacht und entwickelt worden.
19 Der erste Berliner Zoodirektor, Martin Hinrich Lichtenstein, war gleichzeitig noch der Direktor des naturkundlichen Museums – eine Personalunion, die für die weitere Entwicklung des Zoos nicht mehr charakteristisch ist. Lichtenstein war von Haus aus Arzt (wie übrigens auch seine

erklärungsbedürftig. Die Zoos mußten auf zwei Feldern bestehen: Zum einen mußten sie ihren wissenschaftlichen Wert nachweisen (warum lebende und keine ausgestopften Tier präsentiert wurden), und zum anderen mußten sie sich ein städtisches Besucherpublikum erobern und es auf Dauer halten, um überleben zu können.[20]

Kuriositäten- und Raritätenkabinette, die versuchten, die Vielfältigkeit der Welt zu ordnen, waren bereits aus der Renaissance bekannt, und Ordnungsversuche bestimmten auch die weitere Entwicklung der Naturgeschichte. Unzählige Tierpräparate bevölkerten im 19. Jahrhundert die naturkundlichen Museen.[21] Das Naturstudium im Zoo war dagegen mit einem neuen Bildungsauftrag verbunden: Das lebende Tier sollte mit wissenschaftlichem Interesse betrachtet werden. Entsprechende Forderungen ließen sich bereits bei der revolutionären Pariser Menagerie im Jardin des Plantes finden. 1793 hatte sich Bernadin de Saint-Pierre vehement gegen das Naturstudium anhand von Büchern und Präparaten ausgesprochen: „Tote Tiere, so gab er zu bedenken, selbst wenn sie hervorragend präpariert seien, könnten nicht mehr als ein ausgestopftes Fell, ein Skelett, die Anatomie insgesamt zur Anschauung bringen. Das Entscheidende, das Leben aber fehle."[22] Für die lebendige Anschauung wurde das unter wissenschaftlichen Gesichtspunkten ‚gesammelte' gebändigte Wildtier zentral. Es sollte nicht mehr statisch betrachtet werden, sondern in Bewegung, was – das kann hier aber nur angedeutet werden – auch Auswirkungen auf die Tiermalerei hatte: Tiermaler besuchten die frühen Zoos und betrieben dort ihre Studien.[23]

Der Museums- und Zooexperte Philipp Leopold Martin formulierte in seiner wichtigen Schrift „Naturstudien" aus dem Jahr 1878 die Kritik an den verbreiteten naturkundlichen Sammlungen, indem er die „Museen alten Styls" als „Kirchhöfe ganzer Generationen" bezeichnete. Er sprach von „Leichensteinen" und vom „Todtengräber", der die Tiere beschriftet an ihrem vorgesehenen Platz aufstelle.[24] Martin kritisierte damit die verbreitete naturkundliche Tierpräsentation, bei der die Tiere eng aneinander, in Reih und Glied auf weißen Brettern ausgestellt wurden. Für die entstehende Biologie sowie für die Zoologischen Gärten bekamen zunehmend, was uns heutzutage nicht mehr wundert, aber seinerzeit noch die Gemüter weckte, die lebenden Tiere Bedeutung. Die Verwissenschaftlichung der Lebendtierhaltung definierte den Zoologischen Garten als wissenschaftlich eigenständige Einrichtung gegenüber den naturkundlichen Museen.

---

beiden Nachfolger Hartwig Peters und Heinrich Bodinus) und später der erste Professor auf dem Lehrstuhl der Zoologie der Friedrich-Wilhelm-Universität.

20 In der ersten Nummer der zentralen Zeitschrift „Der Zoologische Garten" führte David Friedrich Weinland die naturkundlichen Museen an, die zwar für das „Studium der leblosen Naturgegenstände" ausreichten, aber ein „wahrer Naturforscher" könne seine Studien nicht nur in Herbarien und Zoologischen Museen treiben. Vgl. D. F. Weinland: Was wir Wollen. In: Der Zoologische Garten 1/1859, S. 2.

21 Eine einführende Darstellung in die „geschichtliche Entwicklung des Naturkundemuseums" findet sich bei Andrea Plamper: Von der Kulturlandschaft zur Wunschlandschaft. Die visuelle Konstruktion von Natur im Museum. Münster u. a. 1996, S. 83-93.

22 Diese Darstellung stammt von Kai Artinger: Von der Tierbude zum Turm der blauen Pferde. Die künstlerische Wahrnehmung der wilden Tiere im Zeitalter der zoologischen Gärten. Berlin 1995, S. 130.

23 Vgl. ebd. S. 132-135. Zu frühen fotografischen Bewegungsdarstellungen von Tieren vgl. Marlene Schnelle-Schneyder: Photographie und Wahrnehmung am Beispiel der Bewegungsdarstellung im 19. Jahrhundert. Marburg 1990.

24 Vgl. Philipp Leopold Martin: Naturstudien. Die botanischen, zoologischen und Akklimatisationsgärten, Menagerien, Aquarien und Terrarien in ihrer gegenwärtigen Entwickelung, nebst Vorschlägen und Entwürfen für die Anlegung von Naturgärten in kleineren Verhältnissen und grösserer Centralgärten für Natur- und Völkerkunde. Weimar 1878, S. 20.

Dennoch dürfen Zoo und Museum nicht getrennt voneinander gesehen werden. Die Verflechtungen waren vielfältig. Martin ging gar soweit, die ausgestellte Tieranzahl des Amsterdamer und Londoner Zoos mit den Tiersammlungen der Museen zu vergleichen. Er kritisierte die „Ueberfüllung mit Thieren" in den Gärten, was zum Teil „von der Gewohnheit der Unersättlichkeit aus den Zoologischen Museen"[25] komme. Zoologische Gärten aber sollten gegenüber den Museen mehr Wert auf die Tierunterbringung legen.

4. Die Präsentation von Wildtieren in den frühen Zoos und in der Wandermenagerie

Die frühen Zoos grenzten sich – wie bereits erwähnt – mit ihrer Art des Tierumgangs nicht nur gegenüber den Museen, sondern auch gegenüber den Wandermenagerien ab. Diese Menagerien zogen umher, priesen Tiere sowie auch von der Norm abweichende Menschen als Sensationen an.[26] Bären, Schlangen, Löwen und andere Tiere, die das Publikum anzogen, wurden ausgestellt, vorgeführt, wobei bereits mit der bloßen Präsentation auch immer die Herrschaft über die gefangenen, zum Teil für die Menschen gefährlichen Tiere dargestellt wurde.

Der Zoo sollte im Unterschied zu den lärmenden Attraktionen der Tierbuden zivilisierter sein. Die Tiere sollten nicht in ihrer Wildheit, sondern als Teil einer befriedeten, parkähnlichen Landschaft ausgestellt sein. Hier zeigt sich im Zoologischen Garten des 19. Jahrhunderts eine deutliche Abkehr von der Tierpräsentation in den fürstlichen Menagerien. Für den Pariser Jardin des Plantes war die kreisförmige Anlage der Menagerie Ludwig des XIV. von Bedeutung. Die Tiere waren, das hat auch Michel Foucault[27] beschrieben, in einem Rondell untergebracht, dessen einzelne Segmente von einem Pavillon aus einsehbar waren. Eingegliedert in den Park, aber davon getrennt in engen Käfigen konnten die Tiere von einem zentralen Punkt aus betrachtet werden. Diese aristokratische Tierhaltung stieß auf teilweise heftige Kritik. Hans-Christian und Elke Harten[28] weisen nach, daß sich um 1800 ein neues Tierverständnis verbreitete. Ausgelöst durch die Wogen der Französischen Revolution, wurde auch für die Tiere ein Anspruch auf Freiheit und Würde formuliert.[29] Die Zoos des 19. Jahrhunderts, die uns heute sehr vergittert erscheinen, sind paradoxerweise bereits Ausdruck eines Tierverständnisses, das die Tiere aus den engen Käfigen der Menagerien befreien wollte.[30]

---

25 Ebd. S. 11.
26 Vgl. hierzu die eindrucksvollen Beschreibungen von Julius R. Haarhaus (Hg.): Unter Kunden, Komödianten und wilden Tieren. Lebenserinnerungen von Robert Thomas, Wärter im Zoologischen Garten zu Leipzig. Leipzig 1905.
27 Ihm geht es um die „analytische Aufteilung des Raumes", durch die eine dauerhafte Sichtbarkeit gewährleistet wurde, wobei er Vergleiche zum Panopticon zieht. Vgl. Michel Foucault: Überwachen und Strafen. Die Geburt des Gefängnisses. Frankfurt/M. ²1977, S. 261.
28 Vgl. Hans-Christian und Elke Harten: Die Versöhnung mit der Natur. Gärten, Freiheitsbäume, republikanische Wälder, heilige Berge und Tugendparks in der Französischen Revolution. Reinbek bei Hamburg 1989, hier S. 64-73.
29 Hier geht es auch um die Verbindung zwischen Tier und Mensch: „Eine befreite Natur ist [...] eine befriedete Natur, die Gewalt, ‚Herrschaft' und Grausamkeit abgestreift hat und auf diese Weise zum pädagogischen Modell für den Menschen wird." Ebd. S. 68.
30 Heutzutage wird vielfach heftig und sehr emotionsgeladen über den Sinn und Zweck von Zoos gestritten. Kritiker wie Stefan Austermühle brandmarken die Gefangenhaltung der Tiere und plädieren für die Schließung der Zoos. Dagegen stehen tiergärtnerische Positionen, die gerade angesichts zunehmender Naturbedrohung und -zerstörung die arterhaltenden Aufgaben der Zoos unterstreichen. Internationale Artenschutzprogramme zeugen von den Bemühungen und

So verwundert es nicht, daß auch bei den umherziehenden Menagerien die Enge der Tierhaltung kritisiert wurde. Die Tiere waren auf dem Transport in Käfigwagen untergebracht,[31] was gebildete Betrachter des 19. Jahrhunderts als Zellenhaft der Tiere empfanden. Wandermenagerien, so heißt es in einem Artikel aus der Gartenlaube von 1865, die übrigens regelmäßig über Menagerien und Zoologische Gärten informierte, könnten sich ohne die „Vorführung von Zahmheitsproductionen", also Tierdressuren, „kaum noch halten"[32]. Die wilden Tiere, die Bestien sollten zur Schau gestellt und zur Unterhaltung des Publikums gebändigt werden. Die Demonstration der absoluten Herrschaft über das Tier wurde in der Regel inszeniert, also wie ein Bühnenstück aufgeführt,[33] und der scheinbar spielerische Umgang mit der potentiellen Todesgefahr war für die Anziehungskraft dieser Tierbuden ein wichtiges Moment.

Hier deutet sich auch die Nähe der Wandermenagerien zum Zirkus an. Daß sich bei allen Unterschieden auch Verbindungslinien zwischen Zoologischen Gärten, Wandermenagerien und dem Zirkus ziehen lassen, zeigt sich in Bezug auf den Umgang mit dem wilden Tier und nicht zuletzt an konkreten Personen, die auch im Zoo als Tierbändiger tätig waren. So wird von Claire Heliot, die am 3.2.1866 in Halle[34] geboren wurde, berichtet, daß sie als junges Mädchen ihre ganze freie Zeit im Leipziger Zoo verbracht hatte. Dort machte sie im Löwenkäfig ihre ersten Erfahrungen mit der Tierdressur.[35] Der Leipziger Löwe Nero war durch ihre Dressur „so zutraulich, daß sie ihm das Gesicht in den Rachen legen konnte, und Sascha ließ sich von ihr wie eine riesige Pelzboa nach jeder Vorstellung aus der Manege tragen".[36] Gerade Frauen als Bändigerinnen gefährlicher Wildtiere konnten Phantasien hervorrufen, die in erotischer Weise die Grenze zwischen Mensch und Tier verschwimmen ließ: die Frau, durch deren

---

Erfolgen der Nachzucht von Tieren, deren Bestände so reduziert sind, daß sie unter ‚natürlichen' Bedingungen aussterben würden. Vgl. hierzu Colin Tudge: Letzte Zuflucht Zoo. Die Erhaltung bedrohter Arten in Zoologischen Gärten. Aus dem Engl. übers. von Andreas Held. Mit einem Vorwort zur dt. Ausg. von Gunther Nogge. Berlin, Heidelberg, Oxford 1993; Dieter Poley (Hg.): Berichte aus der Arche. Nachzucht statt Wildfang; Natur- und Artenschutz im Zoo; Menschen und Tiere; die Zukunft der Zoos. Stuttgart 1993; Gunther Nogge: Über den Umgang mit Tieren im Zoo. Tier- und Artenschutzaspekte. In: Paul Münch in Verbindung mit Rainer Walz (Hg.): Tiere und Menschen. Geschichte und Aktualität eines prekären Verhältnisses. Paderborn u. a. 1998, S. 447-457. Stefan Austermühle: „.... und hinter tausend Stäben keine Welt!". Die Wahrheit über Tierhaltung im Zoo. Mit einem Vorwort von Ilja Weiss (Bund gegen Mißbrauch der Tiere e. V.). Hamburg 1996.

31 Es gab auch stationäre Menagerien, die kommerziell betrieben wurden und Tiere in engen Käfigen zur Besichtigung ausstellten. Verbreitet in Menagerien waren auch Dressurvorführungen. Vgl. hierzu Rieke-Müller, Dittrich (wie Anm. 4), S. 15-17 sowie die dort angegebene weiterführende Literatur.
32 L. (d. i. Leutemann): Menageriebilder. Nr. 8: Vom Morgen bis zur Nacht. In: Die Gartenlaube 1865, S. 75f., hier S. 76.
33 Vgl. auch Pierre Hachet-Souplet: Die Dressur der Tiere mit besonderer Berücksichtigung der Hunde, Affen, Pferde, Elefanten und der wilden Tiere (1898). Mit einer Einführung von Roland Weise. Leipzig 1988.
34 In Halle wurde übrigens erst kurz nach der Jahrhundertwende (am 23.5.1901) der Zoologische Garten eröffnet. Herrn Ludwig Baumgarten, der die Festschrift zum 100jährigen Bestehen des Zoos vorbereitet, gebührt mein besonderer Dank für seine Informationen zur Zoogeschichte der Stadt Halle.
35 Vgl. Stuttgarter Zeitung vom 3.7.1951 und vgl. Rudolf Geller: Das neue Artisten-Lexikon. (Unveröffentl. Manuskript: Buchstabe H, S. 53.). Herr Geller, der Gründer des Marburger Circus-, Varieté- und Artisten-Archivs, hat mir freundlicherweise nicht nur sein Manuskript, sondern auch diverse Artikel über Claire Heliot zur Verfügung gestellt. Darüber hinaus möchte ich ihm für seine Auskünfte zum Thema „Frauen und Tierdressur" herzlich danken.
36 Stuttgarter Zeitung vom 16.8.1951.

Hände und auch Peitsche die ungebändigte Wildheit, also das männliche Tier, und zwar auch der König der Tiere, gezähmt wird. Sexuelle Bezüge speziell zwischen Frauen und Wildtieren finden sich ebenfalls; darauf hat jüngst Kai Artinger hingewiesen, in den seinerzeit wohlbekannten Menageriebildern von Paul Meyerheim. Artinger spricht von der „Faszination an der naturhaften und erotischen Frau, und dem gleichzeitigen, ebenso mächtigen Abgestoßensein, der Angst vor ihrer Herrschaft".[37]

Im Zoologischen Garten allerdings wurden die ungezähmten Wildtiere auffallend ungefährlich präsentiert. Während die Wandermenagerie die Dramatik suchte, lebte der Zoo eher von der Paradiesvorstellung. Tierdressuren im Zoo wurden vergleichsweise selten vorgeführt. Die eingesperrten Raubtiere sollten in ihrer Natürlichkeit friedlich und ohne Angst zu betrachten sein, sie stellten für die Besucher keine Gefahr dar. An den Menschen lag es, ob sie die Gefangenhaltung der Tiere dazu benutzten, sich auch über solche Tiere zu stellen, die in der freien Wildnis dem unbewaffneten Menschen hätten gefährlich werden können. Die Käfighaltung bändigte auch die wildesten Tiere. Während die Besucher vor den Tieren geschützt wurden, waren die eingesperrten Tiere durch die Käfige überraschend ungeschützt. Durch die Gitter war es möglich, mit den Tieren Kontakt aufzunehmen, was lebensbedrohliche Folgen für die Tiere haben konnte, da die Wildtiere durch unkontrollierte Fütterungen seitens der Besucher den Tod finden konnten. Lichtenstein beschwerte sich vor dem Pfingstfest 1851 über die „rohen Ausbrüche von Tierquälerei", die angesichts des Besucherstroms zu erwarten seien, und erwähnt als konkrete Beispiele, daß der Tapir herangelockt werde, um ihn auf den Rücken zu schlagen, und den Affen brennende Zigarren in die Hände gesteckt würden.[38] Während die Zoobesuchenden sich in einem geschützten Raum aufhielten, konnte für das Zoopersonal der Umgang mit den Tieren selbstverständlich eine Gefahr darstellen. Die Zooarchitektur bot den Tierpflegern vielfach noch nicht genügend Sicherungsmöglichkeiten, so daß Todesfälle von Pflegern in die Geschichte der Zoologischen Gärten eingegangen sind.[39]

Das Zootier war im Unterschied zu den im 19. Jahrhundert in bürgerlichen Kreisen beliebten Haustieren und zu den Nutztieren der Landwirtschaft ein ungeformtes Tier. Zootiere waren Wildfänge, das heißt, sie wurden in ihren meist exotischen Herkunftsgebieten in freier Wildbahn gefangen und im heimischen Stadtraum ausgestellt.[40] Der Stadtraum aber, das sollte man sich vergegenwärtigen, war in der zweiten Hälfte des 19. Jahrhunderts noch von Tieren bevölkert. Pferde zogen Kutschen und Wagen, Viehtransporte gehörten zum Alltag, und besondere Regelungen betrafen „bösartige Ochsen und Kühe", die mit „Augenblenden, Nasenringen und Nasenzangen"[41] durch die Straßen geführt werden mußten. Das Wissen um den Umgang mit gefährlichen Tieren war nicht nur auf dem Land, sondern auch im städtischen Raum ein Teil des Alltags. Vor der Einführung und Verbreitung des Automobils gehörte es in einer Pferdegesellschaft zu den Selbstverständlichkeiten, mit Tieren umzugehen.

Die Zoomauern schufen einen eigenen Raum. Das Zootier mußte keinen direkten Nutzen durch Arbeits- oder Schlachtleistungen erbringen, sein ideeller, aber auch materieller Wert bestand in erster Linie darin, daß es angeschaut werden konnte.

---

37 Artinger (wie Anm. 22), S. 152.
38 Vgl. Klös, Frädrich, Klös (wie Anm. 3), S. 58.
39 Vgl. Heinz-Georg und Ursula Klös (wie Anm. 10), S. 73.
40 Anzumerken ist, daß sich in den frühen Zoos auch einheimische Tiere und Nutztiere fanden. Vgl. Anm. 1.
41 Vgl. hierzu die entsprechenden Hinweise bei Buchner (wie Anm. 12), S. 78f.

Stephan Oettermann[42] spricht von der Schaulust, die die Tiere auslösten. Gleichwohl gab es Zootiere, die ebenfalls zu Tätigkeiten herangezogen wurden. Der berühmte Elefant Jumbo, der 1865 in den Londoner Zoo kam, soll in den 16 Jahren, die er in der britischen Hauptstadt verbrachte, „ca. 1 250 000 Millionen Kinder auf seinem Rücken durch den Park" getragen haben, „darunter" – wie es heißt – „Theodore Roosevelt, Winston Churchill und beinah jeden Prinzen und jede Prinzessin der europäischen Fürstenhäuser".[43]

Der Umgang mit dem nicht-domestizierten Wildtier im Zoo, zu dem auch die Errichtung spezieller Tierhäuser bis hin zur Entwicklung der gitterlosen Freianlagen und in gewissen Fällen die Dressur der Tiere gehörte, ist eine kulturelle Leistung. Auf Hagenbecks bahnbrechendes Konzept der gitterlosen Freianlagen, die vor allem den Menschen zu angenehmen Gefühlen verhalfen, weil sie die Tiere in scheinbar freier Natur beobachten konnten, kann hier nicht weiter eingegangen werden.[44] Ich beziehe mich im folgenden auf die Tierhäuser. Sie ließen eine Welt, gerne eine exotische Welt im Kleinen entstehen.[45] Im Unterschied zu den Käfigwagen der Wandermenagerien konnten in den Zoologischen Gärten Tierhäuser mit ihren Insassen als besondere Attraktionen besichtigt werden. Hatte bereits zum Beispiel das Antilopenhaus im Berliner Zoo vergoldete Minaretts und ein glasüberdachtes Palmenhaus, so glänzte das Elefantenhaus mit farbigen Mosaiken, orientalischen Zinnen, Gold- und Silberflächen[46], mehreren Türmen, von denen die beiden Haupttürme 20 Meter hoch waren.

Es habe zunächst als „Heidentempel" in der „christlichen Stadt" die Gemüter erregt, bis bekannt gewesen sei, daß es sich um eine Tierunterkunft handelte: Nicht den Tieren, sondern dem „Publikum" zuliebe sei „der Neubau so reich ausgestattet" worden, betonte seinerzeit (1873) die Illustrirte Zeitung.[47] Das Äußere und Innere des Dickhäuterhauses stellten eine Phantasiewelt dar. Als exotischer Stilbau konzipiert, hat das Gebäude imaginierte Bilder von der indischen Heimat der Elefanten zu Stein und Ausschmückung werden lassen. Solche Häuser brachten zum einen ein Stück Exotik in den Stadtraum, zum anderen entführten sie die Besucher in eine märchenhafte Fremde. Die Wildtiere waren Teil dieser Inszenierung des Fremden in der heimischen Lebenswelt geworden.

Brigitta Hauser-Schäublin hat sich vor einigen Jahren im Rahmen des Volkskunde-kongresses in Frankfurt mit der „Rolle der Völkerkundemuseen bei der Vermittlung von Fremdbildern"[48] beschäftigt und auf einen Tatbestand verwiesen, der auch im hiesigen Zusammenhang mit der sogenannten Berliner Elephantenpagode von Bedeutung ist. Gemeint ist die Frage, wie das Bedürfnis nach Exotik – als solches läßt sich das prächtige Dickhäuterhaus verstehen – im heimischen Stadtraum zu deuten, zu erklären ist. Allein die Feststellung, daß sich im Zoo und in der Zooarchitektur ein Bedürfnis

---

42 Die Schaulust am Elefanten. Eine Elephantographia Curiosa. Frankfurt/M. 1982.
43 Ebd. S. 185. Zur spannenden Geschichte Jumbos vgl. ebd. S. 184-190. Vgl. auch Wilfrid Blunt: The Ark in the Park. The Zoo in the Nineteenth Century. London 1976, S. 178-188.
44 Vgl. zu Hagenbeck auch Arne Steinert in diesem Band.
45 Zur Vielfalt der Zoobauten vgl. Rieke-Müller, Dittrich (wie Anm. 4), S. 213-223.
46 Zu ihrer Herstellung seien echt vergoldete oder versilberte Stanniolplättchen verwendet worden. Vgl. die Ausführungen der Architekten in Heinz-Georg und Ursula Klös (wie Anm. 10), S. 71.
47 Zit. nach Werner Kourist: 400 Jahre Zoo. Bonn 1976, S. 126.
48 Brigitta Hauser-Schäublin: Die Rolle der Völkerkundemuseen bei der Vermittlung von Fremdbildern. In: Ina-Maria Greverus, Konrad Köstlin, Heinz Schilling (Hg.): Kulturkontakt, Kulturkonflikt. Zur Erfahrung des Fremden. 26. Deutscher Volkskundekongreß in Frankfurt vom 28. September bis 2. Oktober 1987 (=Notizen, 28). Teil 2. Frankfurt/M. 1988, S. 555-561.

nach einer fremden, märchenhaften Welt in vertrauter Umgebung ausdrückte, ist noch keine Erklärung, vielmehr ein Symptom. Was könnte sich also hinter der exotischen Zoowelt verborgen haben?

„Die frühen Ausstellungen der Museen", also der Völkerkundemuseen, „die zugleich Schau- und Studiensammlungen waren, vermittelten dem Besucher Fremdbilder, die er in ein Kontinuum einordnen konnte. An dessen Spitze stand er selbst, als Vertreter einer europäischen Zivilisation, eindeutig und indiskutabel höher als all das Fremde um ihn herum. Das Verhältnis zwischen ihm und dem Fremden war, entsprechend den durch den Kolonialismus geschaffenen Bedingungen, das zwischen Herrschern und Untertan [...]."[49] Hauser-Schäublin vermutet im Anschluß, daß der Museumsbesucher den Ort der ausgestellten Fremde „mit gestärktem Selbstwertgefühl wieder verlassen" habe. Dieses Selbstwertgefühl des Herrschens über die vereinnahmte Fremde war vermutlich erst recht gegeben, wenn man sich als zivilisierter Betrachter weit über die gefangenen Tiere anderer Kontinente erheben konnte. Tiere, und zwar auch die potentiell für den Menschen gefährlichen Wildtiere, waren eingebunden in die Inszenierung der beherrschten Fremde im einheimischen Stadtraum. Es wäre sicherlich eine eigene Untersuchung wert, den Umgang mit exotischen Wildtieren nicht nur in Beziehung zu den Völkerkundemuseen, sondern zum Beispiel auch zu den seinerzeit beliebten Völkerschauen zu setzen. Das Zootier im 19. Jahrhundert wäre dann gleichzeitig einzureihen in die Geschichte der territorialen Expansion der europäischen Staaten. Hier aber soll diese Ausweitung des Themas bewußt unterbleiben, da sie sehr schnell die Konsequenz hätte, sich vom Tier und seiner kulturellen Bedeutung zu entfernen. Untersuchungen zum Mensch-Tier-Kontakt sollten das Tier nicht vorschnell aus den Augen verlieren.

5. Wildtiere in einer bürgerlichen Bildungs- und Wirtschaftseinrichtung

Wenn man von Bildungs- und Wirtschaftseinrichtungen in Bezug auf die frühen Zoos spricht, dann muß man sich die gesellschaftlichen Bedingungen vergegenwärtigen, unter denen diese neue Institution entworfen, eingerichtet und weiterentwickelt wurde. Die Zoos sind – neben vielem anderen – auch Ausdruck eines neuen Selbstbewußtseins der städtischen Bürger und eines größeren Handlungsspielraums der Kommunen seit Mitte des 19. Jahrhunderts. Die Zoos waren eng mit der Industrialisierung verbunden. Dies betrifft die Beschaffung der Tiere durch den Welthandel, ihre Unterbringung, die Finanzierung der Gärten, aber auch die Entstehung eines interessierten und zahlungsfähigen Publikums. Zahlreiche Studien haben in den letzten Jahren auf die Bedeutung des Bürgertums im Prozeß der Industrialisierung hingewiesen.[50] Um die massiven gesellschaftlichen Umbrüche und die Entwicklung des beschleunigten technischen Fortschritts zu erklären, wurde unter dem Blickwinkel der Modernisierung nach den Akteuren gefragt, die in der Wissenschaft, in der Industrie oder Wirtschaft an den Veränderungsprozessen beteiligt waren. Das Bürgertum wurde als eine wichtige soziale Gruppe erkannt, deren Handlungsmöglichkeiten zwar politisch weitgehend

---

49 Ebd. S. 557.
50 Zur kulturwissenschaftlichen Sicht vgl. Hermann Bausinger: Bürgerlichkeit und Kultur. In: Jürgen Kocka (Hg.): Bürger und Bürgerlichkeit im 19. Jahrhundert. Göttingen 1987, S. 121-142.

eingeschränkt war, dessen kulturelle Formen aber vielfältigste Gestalt hatten. Als eine Form bürgerlicher Kultur läßt sich der Zoologische Garten verstehen. Die frühen Zoos sind Ausdruck einer kulturellen Präsenz des Bürgertums im städtischen Raum, wobei die Bemühungen der Bürger um die Gründung von Zoologischen Gärten in eine Zeit fallen, in der das Bürgertum nach dem Scheitern der Nationalversammlung weiterhin nicht an der Ausübung politischer Macht teilhaben konnte.

Die Entstehung einer städtischen Tierhaltungsform, die sich gegen die aristokratische Menagerie abgrenzte, kann mit dem ‚kulturellen Aufstieg' des Bürgertums und dessen Abgrenzung zum Adel gesehen werden. Zwar hatte die Wildtierhaltung eine lange Tradition, die eng mit dem Adel verknüpft war, aber mit dem Aufkommen der Zoologischen Gärten wurden neue Wege beschritten. Bürgerliche Zooexperten bestimmten zunehmend diese Art der Tierhaltung, indem sie zum Beispiel die Zielvorstellungen der Einrichtungen, die wissenschaftlich und zugleich populär sein sollten, formulierten und das relevante Wissen über den Zoo-Alltag publizierten.

Unter den Zoogründern, die in Deutschland bis zur Mitte der 1860er Jahre tätig wurden, finden sich vor allem Angehörige „des naturwissenschaftlich gebildeten Bildungsbürgertums" und des „Wirtschaftsbürgertums wie Großkaufleute und Ärzte".[51] Das hieß aber nicht, daß Adlige von den Zoologischen Unternehmungen ausgeschlossen waren: Im Gegenteil, die Bürger suchten mit ihren Projekten oftmals die Nähe und Unterstützung von Adligen. Im Frankfurter Garten war zum Beispiel ein Graf Ehrenmitglied, und ein wichtiger Bestandteil aller Zoos waren die Tiergeschenke adliger Gönner und auch Gönnerinnen. Insgesamt läßt sich sagen, daß bei den Zoologischen Gärten stets wirtschaftliche Interessen zum Tragen kamen, die eine Kompromißbereitschaft in der Zusammenarbeit mit Adel und Monarchie befördert haben.

Die Diskussion um die Bedeutung des Bürgertums für die Zoos ist sehr vielschichtig und muß mit Bedacht geführt werden. Es ist Annelore Rieke-Müller und Lothar Dittrich zuzustimmen, die in ihrer grundlegenden Arbeit zur Zoogeschichte davor warnen, „die Zoogründungen des 19. Jahrhunderts insgesamt ohne weitere Differenzierung summarisch als Ausdruck bürgerlicher Kultur zu interpretieren".[52] Eine genaue Analyse der unterschiedlichen Zoologischen Gärten als Bildungs- und Wirtschaftseinrichtung ist daher nötig. Aus kulturwissenschaftlicher Sicht ist jedoch dieser Ansatz der differenzierten Betrachtung der Zoogeschichte um die Untersuchung weiterer Formen des Mensch-Tier-Kontaktes zu erweitern. Wenn man mit Hermann Bausinger „Bürgerlichkeit als Kultur"[53] begreift, dann lohnt es sich – über die unterschiedlichen sozialen Gruppen hinweg – die alltäglichen Formen des Umgangs mit Tieren in den Blick zu nehmen. Was bedeuteten Tiere in bürgerlichen Lebensverhältnissen? Am Zoo läßt sich ablesen – ebenso wie etwa an der Züchtung von Rassehunden oder, um ein extremes Beispiel zu nehmen, an der Errichtung von städtischen Schlachtanlagen –, wie sich im 19. Jahrhundert in bürgerlichen Kreisen bekannte Formen unseres heutigen Tierverständnisses herausbildeten und etablierten.[54] Nur vor dem Hintergrund der bürgerlichen Kultur, dem Zusammenspiel von bildungsmäßigen, wirtschaftlichen und sozialen Ressourcen sowie politischen Interessen ist es verständlich, daß sich das Phänomen Zoo als Teil städtischer Kultur verbreiten und behaupten konnte.

---

51 Rieke-Müller, Dittrich (wie Anm. 4), S. 224.
52 Ebd. S. 7.
53 Bausinger (wie Anm. 50), S. 121. („als" ist im Original hervorgehoben.)
54 Vgl. Buchner (wie Anm. 12).

Die Haltung von Tieren mit dem Zweck, sie zu besitzen und anzuschauen, bedurfte eines gewissen materiellen Reichtums, zumal wenn es sich um exotische Tiere handelte, die mittels Expeditionen von anderen Kontinenten herbeigeschafft werden mußten. Zoologische Gärten waren keine kostengünstigen Einrichtungen. Die Bildung von Aktiengesellschaften – sie bezeichnet der Historiker Hans-Ulrich Wehler als eine der „folgenreichsten sozialen Erfindungen und Rechtskonstruktionen des neuzeitlichen Wirtschaftslebens"[55] – sollten daher helfen, genügend Kapital zusammenzubringen.[56] Die wirtschaftliche Bedeutung der Aktiengesellschaften darf jedoch nicht zu hoch eingeschätzt werden; bei den Zoologischen Gärten handelte es sich eher „um eine ‚kulturelle Investition' der Bürger".[57] Kleine Leute waren von der Teilhabe an solchen Unternehmungen ausgeschlossen. Das ‚Volk' sollte den Zoo nicht gestalten, sondern an den Tagen, an denen verbilligte Eintrittspreise galten, belehrt werden und von dieser Einrichtung naturhistorische Kenntnisse erhalten.

Zur wirtschaftlichen Seite der Zoologischen Gärten gehörten auch Attraktionen wie die Völkerschauen; zum Beispiel wurde in Frankfurt im Herbst 1878 Carl Hagenbecks Nubier-Karawane gezeigt oder andere spektakuläre Programmpunkte wie Ballonfahrten und Seiltanz, die ein reges Publikumsinteresse versprachen.[58] Doch solche kommerziellen Versuche wurden nicht vorbehaltlos befürwortet, da sie den Zoologischen Garten in die Nähe der Wandermenagerien rückten. Dies aber widersprach in weiten Teilen dem Zookonzept als Bildungseinrichtung.

Die Bildung, die durch die frühen Zoos vermittelt werden sollte, betraf zunächst das biologische Wissen, worunter vor allem das Kennenlernen lebender, klassifizierter Tiere zu verstehen war. Fremde, exotische, aber auch einheimische besondere Tiere waren nicht selten zum ersten Mal mit eigenen Augen zu sehen.[59] Darüber hinaus war mit Bildung auch die sittliche Veredelung des Menschen durch sein Interesse an der niedrigeren Tierwelt gemeint. Durch die Tierbeobachtung könne man sich – das legte zum Beispiel Professor H. E. Richter aus Dresden in der Gartenlaube dar – in den Tieren „spiegeln" und von ihnen „lernen".[60] Es ging beim Zoo des 19. Jahrhunderts immer auch um den Menschen, der sich im Verhältnis zum wilden Tier definierte. Es ging damit unausgesprochen auch um die eigene Wildheit, um das, was Sigmund Freud später als das unbewußt Triebhafte im Menschen erkennen sollte.

Richter schrieb seine Gedanken zur sittlichen Betrachtung der Tiere im Jahr 1860, es ist noch – das kann man heute rückblickend sagen – die allerletzte Ruhe vor dem großen Sturm. Darwins Werk zur Erklärung der Entstehung der Arten war ein Jahr zuvor im englischen Original erschienen, 1860 wurde es erstmals übersetzt, wenngleich

---

55 Hans-Ulrich Wehler: Deutsche Gesellschaftsgeschichte Bd. 2: Von der Reformära bis zur industriellen und politischen „Deutschen Doppelrevolution" 1815-1845/49. München 1987, S. 103.
56 Bereits die Existenz von Aktienvereinen, die für die Zoogeschichte im 19. Jahrhundert charakteristisch sind, ist ein Hinweis auf den Zoo als Ausdruck bürgerlicher Kultur. Vgl. hierzu Buchner (wie Anm. 12), S. 153f . Vgl. auch Rieke-Müller, Dittrich (wie Anm. 4), S. 7f. sowie die entsprechenden Ausführungen in den Abschnitten, die einzelnen Zoos gewidmet sind.
57 Buchner (wie Anm. 12), S. 154.
58 Zu den Völkerschauen vgl. Adelhart Zippelius: Der Mensch als lebendes Exponat. In: Utz Jeggle u.a. (Hg.): Volkskultur in der Moderne. Probleme und Perspektiven empirischer Kulturforschung. Reinbek bei Hamburg 1986, S. 410-429.
59 Zum ersten Orang-Utan im Kölner Zoo im Jahre 1863 vgl. Johann Jakob Häßlin, Gunther Nogge: Der Kölner Zoo. Köln 1985, S. 73f.
60 Vgl. H. E. Richter: In: Die Gartenlaube. Illustrirtes Familienblatt Jg. 1860, S. 379-382, hier S. 381.

zahlreiche Hinweise zum „genealogischen Arrangement des natürlichen Systems"[61] bereits vorlagen. Gedanken zur Entwicklung finden sich selbstverständlich schon vor Darwin und Lamarck.[62] Unabhängig von dem ‚neuen Blick' auf den Affen, der den Menschen in seiner Einzigartigkeit entthronte, war der Affe für das Zoopublikum von großem Interesse. Affen gehörten – wie schon eingangs erwähnt – zu den Publikumslieblingen, wobei die Ähnlichkeit zwischen Affe und Mensch ein beliebtes Thema war.

„Und in der That", ist über die Beliebtheit des Berliner Affenhauses zu lesen, „selbst wer das Treiben dieser Gauner hundertmal gesehen, wer sich vorgenommen, gar nicht hinzusehen, wird doch [...] unwillkürlich ihnen einige Blicke zuwenden, und wohl schwerlich ein Lächeln unterdrücken können. [...] Nur einige Minuten braucht man sich am Affenhaus aufzuhalten, um fast immer Zeuge komischer Scenen zu sein. Das eine Mal herrscht vielleicht allgemeiner Hader und Flucht der schwächeren Partei, oft erregt auch nur ein Einzelner durch arrogantes Benehmen das Mißfallen der Andern, und rächt sich dafür, wenn er sich fühlt, durch entschiedenes Mißhandeln derer, welche er erreicht. Spaßhaft ist es, wenn ein Langgeschwänzter an dem verlängerten Theile seines werthen Ichs erfaßt und erbarmungslos daran herumgezerrt wird; er hat oft Ursache genug, die Verzierung hinwegzuwünschen." Eine einzelne Gruppe habe schon „viel Komisches", aber der „Anblick dieses ganzen Vereins" sei „in der That höchst lachenerregend. Gewiß ist es", resümiert der Autor, „nicht das Ebenbild, sondern die furchtbarste Caricatur des Menschen bleibt der Affe!"[63]

Ein Zoobesuch sollte – das läßt sich abschließend sagen – immer auch vergnüglich sein, Ablenkung vom Tagesgeschäft und Erholung im städtischen Raum bieten. Der Zoo war und ist eine Einrichtung der Begegnung zwischen Mensch und Tier. Er ist Ausdruck unseres historisch gewandelten, kulturellen Umgangs mit dem Tier. In diesem Sinne sollte er auch nicht isoliert betrachtet, sondern im Kontext mit anderen Formen des Mensch-Tier-Verhältnisses untersucht werden. Zu denken ist hier generell an die Bedeutung, die wir den Tieren und Pflanzen in unserer technisierten Welt zugestehen. Daß zur Kultur aber immer auch der konkrete Umgang mit Tieren gehört, ist eine Erkenntnis, die selbst in unserem Fach nicht unbedingt selbstverständlich ist.

---

61 Wolf Lepenies: Das Ende der Naturgeschichte. Wandel kultureller Selbstverständlichkeiten in den Wissenschaften des 18. und 19. Jahrhunderts. Wien 1976, S. 38. Er bezieht sich hier auf Kant (Kritik der Urteilskraft).
62 Vgl. auch den Ausstellungskatalog von Bodo-Michael Baumunk, Jürgen Rieß (Hg.): Darwin und Darwinismus. Eine Ausstellung zur Kultur- und Naturgeschichte. Berlin 1994.
63 Ein Besuch im zoologischen Garten zu Berlin (Erster Artikel.). In: Die Gartenlaube 1858, S. 672-676; hier S. 674.

Arne Steinert

Illusionen statt Belehrung –
Hagenbecks Zookonzept setzt sich durch

„Hamburg hat keinen Zoo, Hamburg hat Hagenbeck" – dieser in der Hamburger Fremdenverkehrswerbung oft verwendete Satz ist treffender, als man dies bei einem solchen Marketing-Slogan zunächst annehmen möchte. Hagenbecks Tierpark, der im Jahr 1907 im heutigen Hamburger Stadtteil Stellingen eröffnet wurde, unterschied sich grundsätzlich von den bis dahin etablierten Zoologischen Gärten. Zum ersten Mal wurden Wildtiere nicht mehr nur in Gehegen und Käfigen, sondern in gitterlosen, noch dazu panoramaartig angeordneten Freisichtanlagen gezeigt. Doch Hamburg verfügte – auch wenn dies in der Stadt heute beinahe in Vergessenheit geraten ist – viele Jahre lang eben auch über einen klassischen Zoologischen Garten. Er war 1863 eröffnet worden und gehört damit noch zur ersten Gründungswelle von Zoos in Deutschland. Im Folgenden werden die Geschichte, die Ansprüche und die Konkurrenzsituation beider Einrichtungen vorgestellt. Auszüge aus zeitgenössischen Hamburger Tageszeitungen werden deutlich machen, warum sich die bei Hagenbeck gebotenen Bilder von Natur als attraktiver erweisen sollten.

Der Hamburger Zoologische Garten war in vielen Dingen typisch für seine Zeit.[1] Seine Gründer waren Kaufleute, Bankiers und Politiker, die ab 1860 für das Projekt Aktienkapital und Spenden beim wohlhabenden Bürgertum einwarben. Der Zoo sollte nicht nur ein Repräsentationsobjekt für die Welthandelsstadt Hamburg und aufgrund seines Parkcharakters ein Erholungsort sein, sondern zugleich eine gemeinnützige Bildungsstätte und Forschungseinrichtung. Der Hamburger Staat stellte der Zoologischen Gesellschaft und ihrer Betriebs-AG eine innenstadtnahe Brachfläche vor dem Dammtor zur Verfügung, die zu einer hügeligen Parklandschaft mit Seen, einem Bachlauf und markanten Erhebungen umgestaltet wurde. Die Finanzierung von Gehegen und Parkelementen lag vielfach in der Hand prominenter Einzelspender. Bei der Eröffnung im Mai 1863 war Hamburg damit nach Berlin, Frankfurt am Main, Köln und Dresden die fünfte deutsche Stadt, die einen Zoo besaß.

Die neue Einrichtung wurde sofort zum Besuchermagneten: Im ersten Halbjahr zählte man 225.000 Besucher, weit mehr als die Hälfte davon an Sonntagvormittagen, der Zeit des verbilligten Eintrittspreises. Als erster Direktor war der Zoologe Alfred Edmund Brehm gewonnen worden, der spätere Autor des „Illustrirten Thierlebens". Die Tiergärten mit ihrer Beobachtungsmöglichkeit galten Brehm als „Hochschule der Wissenschaft".[2] Ausdrücklich wurden die Hamburger Zoodirektoren als Wissenschaftler berufen, deren Verträge z.B. auch die Publikationstätigkeit für Fach- und Publikumszeitschriften vorsahen. Schon wenige Monate nach seiner Eröffnung zeigte

---

1 Vgl. Annelore Rieke-Müller, Lothar Dittrich: Der Löwe brüllt nebenan. Die Gründung Zoologischer Gärten im deutschsprachigen Raum 1833-1869. Köln, Weimar, Wien 1998, S. 141-157; Herman Reichenbach: A Tale of Two Zoos. The Hamburg Zoological Garden and Carl Hagenbeck's Tierpark. In: New Worlds, New Animals. From Menagerie to Zoological Park in the Nineteenth Century. Baltimore, London 1996, S. 51-62, hier S. 52/53; Lothar Schlawe: Aus der Geschichte des Hamburger Tiergartens. In: Der Zoologische Garten N.F. 41:3-4/1972, S. 168-186, passim.

2 Alfred Edmund Brehm: Unsere Bären. In: Der Thiergarten 1/1864, S. 4-7 u. 29-32, hier S. 4.

der Zoo etwa 300 verschiedene Tierarten. Er verfügte über das erste Aquarium in Deutschland und sollte z.B. bei Tapiren, Giraffen oder Antilopen erstmalige Zuchterfolge erzielen.[3] Seine ersten Bauten spiegelten die verschiedensten Formen der Zooarchitektur wider:[4] Huftiere waren in rustikalen Stallungen aus natürlichen Materialien untergebracht, als Bärenzwinger gab es eine historisch-symbolhafte Burg, Großkatzen wurden in den engen Käfigen einer „Raubthiergallerie" gehalten (Abb. 1), und mit einem ägyptisch anmutenden Stelzvogelhaus war auch immerhin einer jener sog. Stilbauten vertreten, deren architektonischer Exotismus im ausgehenden 19. Jahrhundert häufig als selbstverständliche Umgebung vieler Zootiere angesehen wurde.[5]

Abb. 1: Großkatzenhaltung in den engen Käfigen des Hamburger Zoologischen Gartens.
Quelle: Heinrich Bolau: Führer durch den Zoologischen Garten zu Hamburg. Hamburg 1868, S. 53.

Somit wird der Hamburger Zoologische Garten durchaus jenes Bild der „Welt im Kleinen" geboten haben, das die frühen Zoogründer zu schaffen beabsichtigten.[6] Für weitere Bauten wurde jedoch die reine Zweckmäßigkeit maßgebend. Brehms Nachfolger, Dr. Heinrich Bolau, stand voll hinter dem sich darin ausdrückenden wissenschaftlichen Konzept des Parks; das wird deutlich, wenn er betonte, daß am 1881 fertiggestellten neuen Dickhäuterhaus „alles überflüssige Beiwerk an Malereien und

---

3 Vgl. Schlawe (wie Anm. 1), S. 173ff.
4 Vgl. z.B. die Abbildungen in Heinrich Bolau: Führer durch den Zoologischen Garten zu Hamburg. Hamburg 1868. Allgemein zur Zooarchitektur vgl. Lothar Dittrich: Zoobauten als Ausdruck geistiger Zeitströmungen. Bemerkungen zum Verständnis der historischen Bausubstanz deutscher Zoos. In: Der Zoologische Garten N.F. 68:6/1998, S. 325–331, passim.
5 So hieß es unter Hinweis auf einen Zeitschriftenaufsatz in den HAMBURGER NACHRICHTEN Nr. 523 vom 27. Juli 1904 über das Stelzvogelhaus: „Das Gebäude ist sehr passend im kleinen einem ägyptischen Tempel nachgebildet. [...] Da muß den Vögeln vom Roten Meer und vom Nil doch gewiß wohl sein!" Ausführlich zum Thema „Stilbauten" vgl. Stefan Koppelkamm: Zoologische Gärten: Exotismus und Belehrung. In: ders.: Der imaginäre Orient. Exotische Bauten des achtzehnten und neunzehnten Jahrhunderts in Europa. Berlin 1987, S. 176-179.
6 Vgl. Rieke-Müller, Dittrich (wie Anm. 1), S. 224ff.

sonstigen Verzierungen [...] sorgfältig vermieden worden [ist]; jede unnütze Ausgabe nach dieser Richtung hin", so Bolau weiter, „entspricht nicht den Zwecken eines Zoologischen Gartens und hindert die gedeihliche Fortentwicklung eines derartigen Institutes".[7]

Schon zum Zeitpunkt der Zoogründung waren in Hamburg seit langem exotische Tiere in einem völlig anderen Umfeld zu sehen gewesen – nämlich in den Menagerien und Kuriositätenschauen des Vergnügungsviertels in der Vorstadt St. Pauli. Eher zufällig begann hier 1848 auch der Fischhändler Gottfried Claes Carl Hagenbeck mit sechs Seehunden, die seinen Fischern als Beifang ins Netz gegangen waren, die Schaustellung und den Handel mit Tieren[8]. Sein Sohn Carl Hagenbeck Jr. übernahm schon im Alter von 15 Jahren diesen Geschäftszweig von seinem Vater und wurde als wahrer Selfmademan zum wichtigsten Tierhändler für zoologische Gärten und Zirkusse in aller Welt. Seinen zweiten Geschäftssitz nannte er 1874 erstmals „Thierpark":[9] Auf einem Hofgrundstück am Neuen Pferdemarkt entstanden zahlreiche architektonisch anspruchsvoll gestaltete Käfigbauten, ein Teich für Wasservögel sowie eine Dressurhalle. Dabei blieb Hagenbeck in erster Linie Tierhändler. Der „Thierpark" war immer auch eine Verkaufsschau und offerierte einen wechselnden Tierbestand. Schon dies unterschied ihn deutlich vom Zoologischen Garten. Überhaupt wird Hagenbecks Kreativität hinsichtlich neuer Formen der Tierschaustellung durch den Umstand angeregt worden sein, daß er sein Geschäft weitgehend „unbelastet" von wissenschaftlichen Ansprüchen betrieb.

In den folgenden Jahren wurde die für das Unternehmen Hagenbeck so kennzeichnende Diversifizierung betrieben, die es ermöglichen sollte, Mißerfolgsphasen in einzelnen Sparten zu überbrücken. Neben dem Tierhandel waren es im wesentlichen vier Geschäftsfelder, die den Namen Hagenbeck weltberühmt und schließlich zum Synonym für exotische Unterhaltung machen sollten:
– die „Völkerschauen", das Zurschaustellen von Menschen fremder Kulturen bei exotisch erscheinendem Umgang mit Tieren, bei scheinbaren Alltagstätigkeiten oder mit circensischen Darbietungen,[10]
– die auf Geduld und Belohnung setzende „zahme" Tierdressur,[11]
– die Gründung eines eigenen Zeltzirkus'[12]

---

7   Heinrich Bolau: Das neue Dickhäuterhaus im Zoologischen Garten zu Hamburg. In: Der Zoologische Garten 22:10/1881, S. 289-297, hier S. 290.
8   Vgl. Matthias Greztschel, Ortwin Pelc: Hagenbeck. Tiere, Menschen, Illusionen. Mit Beiträgen von Ernst Günther, Gisela Jaacks, Günther Nogge und Arne Steinert (Begleitbuch zur Ausstellung „Tiere, Menschen, Illusionen – 150 Jahre Hagenbeck" im Museum für Hamburgische Geschichte, 11. Juni bis 15. November 1998). Hamburg 1998, S. 10ff.; Lothar Dittrich, Annelore Rieke-Müller: Carl Hagenbeck (1844-1913). Tierhandel und Schaustellungen im Deutschen Kaiserreich. Frankfurt/M. u.a. 1998, S. 13ff.
9   Vgl. Dittrich, Rieke-Müller (wie Anm. 8), S. 25ff.; Gretzschel, Pelc (wie Anm. 8), S. 34ff.
10 Ausführlich zum Thema „Völkerschauen" vgl. Hilke Thode-Arora: Für fünfzig Pfennig um die Welt. Die Hagenbeckschen Völkerschauen. Frankfurt/M., New York 1989; dies.: Herbeigeholte Ferne. Völkerschauen als Vorläufer exotisierender Abenteuerfilme. In: Hans Michael Bock, Wolfgang Jacobsen, Jörg Schöning (Hg.): Triviale Tropen. Exotische Reise- und Abenteuerfilme aus Deutschland 1919-1939. München 1997, S. 18-33; Adelhart Zippelius: Der Mensch als lebendes Exponat. In: Utz Jeggle u.a. (Hg.): Volkskultur in der Moderne. Reinbek 1986, S. 410-429.
11 Vgl. Dittrich, Rieke-Müller (wie Anm. 8), S. 34ff.; Gretzschel, Pelc (wie Anm. 8), S. 48ff.
12 Vgl. Ernst Günther: Die Zirkusse der Hagenbecks. In: Gretzschel, Pelc (wie Anm. 8), S. 54ff.

– und schließlich die Entwicklung jener Tierparkkonzeption, die – wie Hagenbeck in seinen Lebenserinnerungen formulierte – eine Tierpräsentation „in größtmöglicher Freiheit und einem der freien Wildbahn angepaßten Gehege"[13] vorsah.

Mit Tierschauen und Dressurvorführungen beteiligte sich Hagenbeck an Gewerbeschauen und Weltausstellungen. Eine wichtige Etappe auf dem Weg zu einem neuen Tierparkkonzept war die Realisierung von mobilen Freisichtanlagen[14]. In ihnen sollten Tiere in einem ihrem natürlichen Lebensraum kulissenartig nachempfundenen Ambiente und vom Betrachter lediglich durch Gräben und nicht durch Gitter oder Zäune getrennt präsentiert werden. Angesichts der aufwendigen Bau- und Inszenierungspraxis im Ausstellungswesen des 19. Jahrhunderts waren solche Projekte keineswegs unrealistisch, zumal Hagenbeck aufgrund seiner Dressurpraxis das Sprungvermögen von Tieren ermitteln und damit die Sicherheit gewährleisten konnte. Anfang 1896 meldete Hagenbeck diese Präsentationsform unter der Bezeichnung „Panorama" zum Patent an.

Nun ist der Ausdruck „Panorama" eigentlich für großformatige Rundgemälde geläufig, und es kann als sicher gelten, daß sich Hagenbeck von diesem Medium inspirieren ließ, zumal eines der drei in den 1880er Jahren in Hamburg gezeigten Panoramen über ein sog. „Faux terrain" verfügte, die Illusion also mit realen Objekten vor der bemalten Leinwand steigerte[15]. Gemeinhin gilt der Film als das Nachfolgemedium des Panoramas; Hagenbeck jedoch wollte bewegte Bilder nicht durch den Einsatz von Projektionstechniken erschaffen, sondern durch die tatsächliche Verlebendigung einer naturalistisch modellierten, von Kulissenmalerei begrenzten Szenerie.

Noch im Jahr der Patentierung, 1896 also, wurde ein erstes sog. Eismeerpanorama fertiggestellt und erstmals auf der Gewerbe- und Industrieausstellung in Berlin-Treptow gezeigt[16]. Auf einer Fläche von 60 mal 25 Meter, mit einer 800 qm großen bemalten Leinwand rückwärtig abgeschlossen, wurden nicht weniger als 25 Seehunde, elf Eisbären und eine Vielzahl von Vögeln gehalten. Ein Graben trennte die Eisbären von den Seehunden, ein Wassergraben vor dem Seehundsbassin bildete die Barriere vor den Zuschauern. Drei Eskimos, die sich in einer Hütte innerhalb des Panoramas aufhielten, die Tiere beaufsichtigten und einen vermeintlichen Eismeer-Alltag verlebten, sorgten für ein zusätzliches Völkerschau-Element. Den Berichterstatter des HAMBURGISCHEN CORRESPONDENTEN überzeugte die gesamte Darstellung, „da sie bisher noch niemals in so vollendeter Naturtreue zur Geltung kam"[17].

Nach der Premiere in Berlin ging das Eismeerpanorama auf Tournee durch verschiedene deutsche und europäische Großstädte, bis es 1904 noch auf der Weltausstellung in St. Louis zu sehen war. Eine als „Paradis-Panorama" bezeichnete Präsentation, in der nach gleichem Prinzip die verschiedensten Raubkatzen und Bären sowie Huftiere und Vögel in einer südländischen Szenerie gehalten wurden, war 1897 in Mailand und 1898 in Berlin zu sehen.[18] Der Begriff „Paradies" betitelt dann auch

---

13 Hier zitiert aus der Jubiläumsausgabe von 1948: Carl Hagenbeck: Von Tieren und Menschen. Erlebnisse und Erfahrungen. Leipzig, München 1948, S. 213.
14 Vgl. Dittrich, Rieke-Müller (wie Anm. 8), S. 178ff.; Gretzschel, Pelc (wie Anm. 8), S. 51f.
15 So hieß es darüber im ALLGEMEINEN DEUTSCHEN KUNSTBLATT: „Die Täuschung wird durch die wirklichen Gegenstände, die man ringsumher vor dem Panorama als Staffage angebracht hat, wie ausgekohlte Ruinen, zerbrochenes Fuhrwerk, zerstreute Waffen sowie Trümmer jeglicher Art, wesentlich erhöht" (1882, S. 141; zit. Nach Stephan Oettermann: Das Panorama. Die Geschichte eines Massenmediums. Frankfurt/M. 1980, S. 198).
16 Vgl. Dittrich, Rieke-Müller (wie Anm. 8), S. 183ff.
17 HAMBURGISCHER CORRESPONDENT Nr. 405 vom 11. Juni 1896.
18 Vgl. Dittrich, Rieke-Müller (wie Anm. 8), S. 191ff.

eine Zeichnung, die Hagenbeck zu dieser Zeit als Darstellung eines Zoos der Zukunft anfertigen ließ (Abb. 2). Hier zeigt sich der Bruch mit bisher geübter tierhalterischer Praxis: Beheizte Tierhäuser und Käfige sowie kleine Gehege sollten von stationären, weitläufig gestaffelten Freisichtanlagen abgelöst und ganzjährig von akklimatisierten Tieren bevölkert werden.

Abb. 2: Carl Hagenbecks Zoo-Vision im Jahr 1896. Quelle: Hagenbeck-Archiv.

Schon vor der Jahrhundertwende hatte Hagenbeck mit Landkäufen im Hamburger Umland begonnen, nicht zuletzt auch um Huftiere, die er als jagdbares Wild in Deutschland heimisch machen wollte, zu akklimatisieren. Im zu Preußen gehörenden Dorf Stellingen nördlich von Hamburg fand sich 1897 ein Grundstück, auf dem die gesamten Tierparkideen mit umfangreichen Bau- und Landschaftsgestaltungsmaßnahmen umgesetzt werden konnten.[19] Anstelle von Kulissen sollten im stationären Panorama künstliche Felsen von bis zu 30 m Höhe die Panorama-Ansichten begrenzen. Tragende Holzgerüste, inzwischen durch Metallkonstruktionen ersetzt, wurden dazu mit Maschendraht überzogen und verputzt (Abb. 3).

---

19 Vgl. Dittrich, Rieke-Müller (wie Anm. 8), S. 196ff.; Gretzschel, Pelc (wie Anm. 8), S. 60ff.

Abb. 3: Im Norden Hamburgs entstand Hagenbecks Tierpark mit den künstlichen Felsen des Zentralpanoramas (Foto von 1905). Quelle: Hagenbeck-Archiv.

Im Mai 1907 wurde „Hagenbecks Tierpark" eröffnet. Zwar kam man auch hier ohne Käfige und Gehege nicht aus, doch die Kernstücke des Parks waren das Nordland- sowie das Zentralpanorama. Letzteres bestand aus einem Teich für Wasservögel, der sog. Heufressersteppe, der Raubtierschlucht und dem Hochgebirge. Diese vier Abteilungen waren durch vertiefte Spazierwege, die vom zentralen Betrachtungsplatz aus nicht eingesehen werden konnten, voneinander abgegrenzt; Gräben trennten wiederum die Wege von den Gehegen. Den besten Überblick, von dem aus die einzelnen Gehege zu einer gestuften Phantasielandschaft verschmolzen, hatte man vom Vorplatz eines schon damals bestehenden Restaurants (Abb. 4). Auf dem weiteren Rundweg lagen u.a. das einer Fjordlandschaft nachempfundene Nordlandpanorama sowie eine mit fernöstlichen Architekturzitaten ausgestattete japanische Teichland- schaft. Bis 1914 wurde der Tierpark u.a. um ein Südpolar-Panorama, einen nach realem Vorbild gestalteten Affenfelsen, eine „Urweltlandschaft" mit Saurierplastiken sowie einen vornehmlich für Völkerschauen genutzten Geländeteil erweitert. Diese Völker- schauen erlebten im Stellinger Tierpark einen vorher nicht gekannten inszenatorischen Aufwand. Mit einer Mischung aus Natürbühnen-Theater und folkloristisch verleben- digtem Freilichtmuseum wurde die Illusion, tatsächlich eine Reise in ein exotisches Land zu unternehmen, immer weiter perfektioniert.

Doch bereits die 1907 fertiggestellten Anlagen fanden enorme Resonanz. Zeitungen und Zeitschriften berichteten ausführlich und z.T. beinahe überschwenglich positiv über den Tierpark. Die Hamburger Presse zeigte sich schon in der Eröffnungs-Vorbericht- erstattung begeistert von der Großzügigkeit der Anlagen und würdigte die neue Form der Tierpräsentation als einzigartig. Dabei wurde die Formulierung „Tierparadies" in beinahe jeden Bericht übernommen; oft war sie auf den gesamten Tierpark, zumindest jedoch auf das Zentralpanorama bezogen. Der Anschein paradiesischer Zustände im Tierpark wurden durch das HAMBURGER ECHO am ausführlichsten gewürdigt:

> „Das Tierparadies Hagenbecks ist nun etwas, was ganz allein auf der Welt dasteht. […] Im Tierparadies ist es so friedlich, wie einstmals im Garten Eden; nur daß nicht ein Allmachtswort den Frieden schuf, sondern der Scharfsinn Hagenbecks […]. Diese hunderte von Tieren sind frei, durchaus frei; nur ist jedem oder vielmehr jeder Kategorie eine ‚Interessensphäre' angewiesen. Die jüngeren Herren Hagenbeck erläuterten dem durch den Anblick nicht wenig erstaunten Publikum, in wie einfacher und gerade darum so sinnreicher Weise durch ein System von Gräben, die nach dem Sündenfall der Menschen aufgekommene Bestialität der Tiere unschädlich gemacht worden ist. Kein Zoologischer Garten kann ein ähnliches Bild bieten. Wer einmal mit Mitleid und Bedauern die engen Gelasse sah, in denen trübsinnig die schönen Tiere aus allen Zonen ihre fünf Schritte machen, wie der Gefangene in seiner Zelle, der wird sich des ‚Hagenbeckschen Systems' von Herzen freuen."[20]

Und im HAMBURGER FREMDENBLATT hieß es:

> „Unter dem blauen, warmen Himmel, im ersten jungen Grün, mit seinen spielenden Gewässern, seinen imposanten Gebirgsformationen mit kletternden Gemsen, Ziegen, Steinböcken gewährte der Park einen märchenhaften Eindruck. In diesem Garten […] – tatsächlich einem ‚Tierparadies' – sieht man alle Tiere jetzt in einer Freiheit und Fülle, wie sie bis jetzt kein Zoologischer Garten gewähren konnte."[21]

Die HAMBURGER NACHRICHTEN hatten am Tag zuvor tatsächlich ein „Tiermärchen" mit dem Titel „Im Paradies der Tiere" veröffentlicht.[22] In dieser Geschichte ließ der Löwe als König der Tiere seinen versammelten Untertanen den Brief einer seiner Brüder verlesen, den dieser aus Hagenbecks Tierpark geschrieben hatte. Die Tiere, so riet er, mögen doch ihren Haß auf die Menschen aufgeben, da sie bei ihnen „unter gewissen Verhältnissen" auch Freunde finden könnten. „Der uns dieses Paradies geschaffen hat, ist einer unserer allergrößten, möge er uns noch lange erhalten bleiben, unser Carl Hagenbeck." Die Erzählungen vom Leben im Tierpark begeisterten die Tiere, und – so das Ende des Märchens – „als das Drängen stürmischer und sehnender ward, gab der Löwe nach, und alles Getier zog gen Norden..."

Wenngleich es zu *diesem* Ansturm auf Hagenbecks Tierpark nicht gekommen ist, so waren die Besucherzahlen doch – wie auch in den Presseberichten, aus denen zitiert wurde, vorausgesehen – erheblich: Noch im Eröffnungsjahr, in dem auch bereits die Straßenbahnanbindung des Tierparks fertiggestellt wurde, kamen 800.000 Besucher nach Stellingen, 1910 wurde dann erstmals die Millionengrenze überschritten.[23] So „naturnah" sich die Tierparkanlagen den Presseberichten zufolge auch ausnahmen, muß doch eines betont werden: Hagenbeck war keineswegs so modern, daß er seinen Besuchern Ausschnitte aus Ökosystemen vor Augen führen wollte – dies wäre nach

---

20 HAMBURGER ECHO Nr. 105 vom 7. Mai 1907 (Sperrung im Original).
21 *HAMBURGER FREMDENBLATT* Nr. 106 vom 7. Mai 1907.
22 *HAMBURGER NACHRICHTEN* Nr. 315 vom 6. Mai 1907.
23 Vgl. Dittrich, Rieke-Müller (wie Anm. 8), S. 205.

damaligem tiergärtnerischen Verständnis auch eine noch größere Innovation gewesen.[24] Vielmehr ging es ihm um die Inszenierung lebender, exotischer Bilder, die zudem eine Harmonie ausstrahlen sollten, wie sie in tatsächlich freier Wildbahn nicht anzutreffen gewesen wäre. Schon die Skizze des „Zoologischen Paradieses" zeigte ja ein friedliches Zusammensein von Tieren – und Menschen – ganz unterschiedlicher Lebensräume.

Dem Publikum wurde mit diesem Idealbild von Natur natürlich auch das Unbehagen an der Gefangenschaft der Tiere genommen, das sich – wie es der ECHO-Bericht deutlich machte – bei der Betrachtung konventioneller Zootier-Haltung durchaus bereits einstellen konnte. Die Veröffentlichung jenes Märchens, in dem sich die Tiere ganz von selbst auf den Weg in Hagenbecks neuen Park machten, ist ein Beleg für dessen überaus positives Image. Ein Ausflug in den Tierpark sollte also zu einem unbelasteten und rundherum angenehmen Erlebnis werden. Zu diesem Zweck sorgte man von Beginn an auch für Spielplätze, Gastronomie, Konzertveranstaltungen etc. Ponys, Elefanten, Esel und Dromedare dienten auch als Reit- und Zugtiere für Kinder und waren damit „Tiere zum Anfassen". Mit den Parkerweiterungen der Folgejahre wurden auch solche Angebote immer vielfältiger, wurde der Tierpark mithin zu einem großen Freizeitpark.[25]

Die Art und Weise, auf die damit Unterhaltungsbedürfnisse und Schaulust befriedigt wurden, stieß in der etablierten Fachwelt auf ein ambivalentes Echo. Zoodirektoren und Zoologen lehnten es ab, daß „die ganze theatralische Art der Anlage",[26] wie es ein internationaler Zooführer von 1914 ausdrückte, zum Vorbild aller künftigen Zooarchitektur werden solle, erkannten jedoch an, daß den Tieren die Haltung in größeren Gruppen und auf größerer Fläche gut bekomme. Generell kritisierte man einen geringen wissenschaftlichen Wert des Tierparks, was damit begründet wurde, daß nur eine kleine Anzahl unterschiedlicher Tierarten gehalten werde und der Bestand zudem wechsle – nach wie vor diente der Tierpark nämlich auch dem Tierhandelszweig des Unternehmens Hagenbeck.[27]

Der 1909 berufene neue Hamburger Zoodirektor Julius Vosseler verfolgte genau wie seine Kollegen in anderen Städten die Medienresonanz auf Hagenbecks Aktivitäten. Positive Artikel machten unter den Direktoren die Runde, und man versuchte, ggf. seine Gegenpositionen zu plazieren oder die Redaktionen im eigenen Sinne zu beeinflussen.[28] Die unterschiedlichen Ansprüche brachte im Jahr 1909 der Frankfurter Zoodirektor Kurt Priemel auf den Punkt: Während die klassischen Zoos auf Artenvielfalt und Systematik setzten, ergebe sich für die Besucher in Stellingen lediglich ein „kaleidoskopisches Bild".[29]

Gleichwohl übte dieses Bild eine starke Anziehungskraft aus und sorgte damit zunächst für einen deutlichen Besucherschwund im Hamburger Zoologischen Garten. Seit 1908 war die Betreiber-AG auf jährliche Subventionen durch den Hamburger Staat angewiesen.[30] Insgesamt war der Zoo mit einer Einstellung geführt worden, die dem agilen Unternehmer Hagenbeck, der ja stets die Wünsche seines Publikums zu bedienen

---

24 Vgl. Dittrich (wie Anm. 4), S. 326.
25 Vgl. Gretzschel, Pelc (wie Anm. 8), S. 64.
26 Friedrich Knauer: Der Zoologische Garten. Leipzig 1914, S. 162f.
27 Vgl. Dittrich, Rieke-Müller (wie Anm. 8), S. 243ff.
28 Vgl. den erhaltenen Schriftverkehr: Staatsarchiv Hamburg, Firmenarchiv 621-1 Fa. Zoologischer Garten Vol. 1-7.
29 Kurt Priemel: Die heutigen Aufgaben der Tiergärten. Eine Erwiderung. In: Der Zoologische Garten 50/1909, S. 363; zit. nach Dittrich, Rieke-Müller (wie Anm. 8), S. 247.
30 Vgl. Dittrich, Rieke-Müller (wie Anm. 8), S. 236f.

bzw. solche überhaupt erst zu wecken verstand, fremd gewesen sein dürfte. Nach einem Presserundgang durch den Zoo mit dem 1909 neu berufenen Direktor Dr. Julius Vosseler hieß es dazu in den HAMBURGER NACHRICHTEN:

> „Seit langen Jahrzehnten ist der wohnliche Teil des Gartens [...] derselbe geblieben. Es war ja alles ‚ganz schön so' und versprach ‚noch lange zu halten', ohne vom Winde umgeblasen zu werden. Aber die Zeit eilt und die Ansprüche wachsen. Heute macht das Ganze, was den baulichen Teil angeht, einen verwitterten und unansehnlichen Eindruck; und auch die Bewegungsflächen für manche Tiere sind nach heutigen Begriffen unpraktisch und unbiologisch."[31]

Außerdem geriet in die Kritik, daß der Zoo seinen Besuchern vergleichsweise wenige zusätzliche Unterhaltungsangebote machte. Ein Ausschuß der Bürgerschaft mahnte Anfang 1909 vorsichtige Korrekturen an dessen Aufgaben an:

> „Wenn auch der Zoologische Garten seinen vornehmen Charakter zu bewahren und in erster Linie der Wissenschaft und der Belehrung zu dienen habe, so sei andererseits nicht außer acht zu lassen, daß er vielen Bewohnern unserer Stadt zu Erholung und zum Vergnügen diene. Im Interesse der finanziellen Sicherstellung sei diese Bedeutung des Gartens von besonderer Wichtigkeit, die mehrere Verbesserungen als wünschenswert erscheinen lasse".[32]

Die von verschiedenen Seiten geäußerten Verbesserungsvorschläge zielten alle auf eine Senkung der Eintrittspreise, ein abwechslungsreicheres Konzert-, Ausstellungs- und Veranstaltungsprogramm, weiterhin auf Modernisierung und Neubau von Gehegen und Tierhäusern sowie eine in jeder Hinsicht verbesserte Infrastruktur.[33] Wirklich konsequent umgesetzt wurden diese Vorhaben trotz einzelner Maßnahmen indes nicht. Zum einen fehlte es an Planungssicherheit, da der Hamburger Staat der Zoologischen Gesellschaft das Gelände nicht mehr langfristig kostenlos überlassen wollte, zum anderen hielt Direktor Vosseler letztlich am akademisch-lehrhaften Konzept fest. Über seine Haltung hieß es im Brief eines Journalisten an den Aufsichtsratsvorsitzenden der Zoo-AG:

> „Von Herrn Prof. Vosseler wird das berühmte Wort zitiert, er sei Direktor eines Tiergartens und nicht eines Biergartens. Man kann ihm als Wissenschaftler es natürlich nicht übel nehmen, wenn er den ihm unterstellten Garten in erster Linie von dem Standpunkte eines Gelehrten aus leitet und ihm ständig eine gewisse wissenschaftliche Höhe erhalten möchte. Damit aber kann er schwerlich die Konkurrenz bekämpfen [...]."[34]

---

31 HAMBURGER NACHRICHTEN Nr. 315 vom 7. Juli 1909.
32 HAMBURGISCHER CORRESPONDEnT Nr. 617 vom 5. Januar 1909 (Sperrung im Original).
33 Vgl. Julius Vosseler: Vorschläge zur Hebung des Zoologischen Gartens. Hamburg, 1909; Martin Haller: Betrachtungen über die Zukunft des Zoologischen Gartens, des Botanischen Gartens und der ehemaligen Begräbnisplätze vor dem Dammthor. Hamburg 1909.
34 Staatsarchiv Hamburg, Firmenarchiv 621-1 Fa. Zoologischer Garten Vol. 1-7; hier Vol. 6, Brief der FREMDENBLATT-Schriftleitung an Prof. Dr. Pfeiffer vom 30. Oktober 1925.

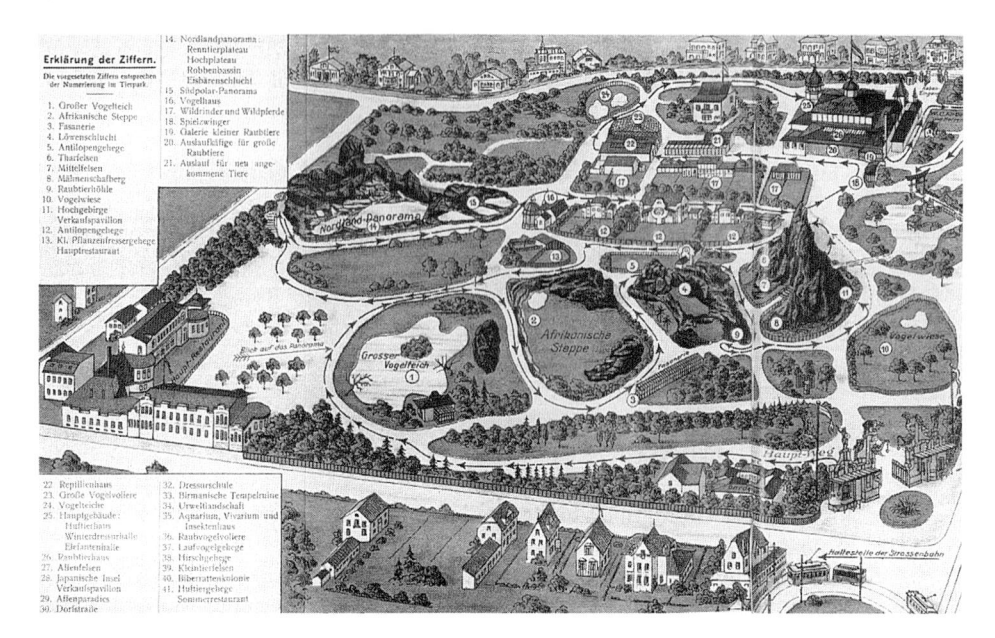

Abb. 4: „Blick auf das Panorama" – die „Gebrauchsanweisung" im Tierparkführer von 1929 (Ausschnitt aus dem Lageplan). Quelle: Hagenbeck-Archiv.

Konkurrent Hagenbeck konnte seinen Kritikern inzwischen entgegenhalten, daß mit der Verwirklichung weiterer Bauabschnitte der Stellinger Park an Artenreichtum nur noch vom Berliner Zoo übertroffen wurde. Außerdem wurde ein modernes System von Beschriftungstafeln mit farbig gezeichneten Tierdarstellungen eingeführt.[35] Die öffentliche Meinung erkannte zwar die Mängel des Zoologischen Gartens, war ihm aber als traditionsreicher Einrichtung durchaus gewogen, zumal Tiere wie der jahrzehntelang dort lebende Elefantenbulle Anton eine ähnliche Popularität besaßen, wie heute Hagenbecks Walroß Antje, das Maskottchen des Norddeutschen Rundfunks. Auch die Besucherzahlen des Zoos stabilisierten sich wieder. In der Wirtschaftskrise nach dem Ersten Weltkrieg vermochte der Staat seine jährlichen Zuschüsse jedoch nicht mehr zu zahlen. Die gestiegenen Lohn-, Betriebs- und Futterkosten waren von der Aktiengesellschaft nicht mehr aufzubringen, so daß der Park kurzzeitig geschlossen und die AG Anfang 1921 liquidiert werden mußte.[36] Aus den Reihen der Hamburger Bürgervereine gründete sich eine neue Aktiengesellschaft, die den Zoo bei äußerst niedrigen Eintrittspreisen noch einige Jahre geöffnet hielt, der jedoch die Kraft zu größeren Investitionen fehlte. 1930 kam schließlich das endgültige Aus[37], nachdem im Jahr zuvor noch etwa 440.000 Besucher zu verzeichnen gewesen waren. Ein Teil des Zoos wurde zu einem Volkspark, im anderen Teil wollte man mit dem Konzept „Vogelpark" noch eine Nische im Freizeitangebot der Stadt finden. Doch auch dieses Vorhaben scheiterte bereits im Folgejahr; das Fazit im *HAMBURGER ECHO* lautete wie folgt:

---

35 Dittrich, Rieke-Müller (wie Anm. 8), S. 243ff.
36 Vgl. Reichenbach (wie Anm. 1), S. 61.
37 Vgl. Reichenbach (wie Anm. 1), S. 61; Schlawe (wie Anm. 1), S. 186.

„Das Volk, namentlich die Kinder, wollten Affen und Bären haben, die gefüttert werden konnten, sich an den ungeschlachten Elefanten erfreuen und mit Gruseln die großen Raubtiere betrachten! So lehrreich die Vögel waren, sie boten der großen Masse nicht genug Anziehungskraft."[38]

Das ehemalige Zoogelände wurde für die 1935 stattfindende „Niederdeutsche Gartenschau Planten un Blomen" sowie für zahlreiche weitere Gartenbauausstellungen in der Nachkriegszeit grundlegend umgestaltet. Außer der Bezeichnung „Tiergartenstraße" am Bahnhof Dammtor erinnert nichts mehr an den Zoologischen Garten. In der in Hamburg faktisch bestandenen Zoo-Konkurrenz hat sich Hagenbeck mit seinem Tierpark durchgesetzt und sollte weiterhin Besuchererfolge verbuchen.

Wenngleich die Firma Hagenbeck schon bald nach der Eröffnung des Stellinger Parks an der Gestaltung zahlreicher Zoos im In- und Ausland beteiligt war, wurde in Deutschland doch nur noch eine weitere Panorama-Anlage verwirklicht, nämlich im Zoo von Wuppertal-Elberfeld. Zoologische Gärten mit wissenschaftlichen Traditionen und Ansprüchen haben die Panorama-Präsentation in ihrem Sinne adaptiert, indem das Prinzip der gitterlosen Freisichtanlage bei Einzelgehegen zum Standard wurde.[39] Solche Lösungen wären durchaus auch im Hamburger Zoo denkbar gewesen, doch da seine Anlagen lange auf Verschleiß genutzt wurden und sein Standort nicht als investitionssicher angesehen wurde, fehlten, zumal angesichts der Nachbarschaft zu Hagenbeck, die Voraussetzungen für eine zeitgemäße Umgestaltung.

Die kolossalen Rundgemälde in den Panoramarotunden des 19. Jahrhunderts sind als „etwas groß geratene Symbole einer beherrschbaren Welt" bezeichnet worden[40] – eine Einschätzung, die zweifellos auch für die belebten Panoramen Hagenbecks zutreffend ist. Sie waren gleichsam plastischer Ausdruck dafür, daß es möglich wurde, jeden beliebigen Teil der Erde nachzubilden oder als Klischeelandschaft zu inszenieren und ihn damit zu einem mit der Straßenbahn erreichbaren Ziel eines Sonntagsausflugs werden zu lassen. Und mehr noch: Der Mensch war scheinbar in der Lage, die Natur zum Paradies zu ordnen. Welch ein Unterschied zu den Menagerien oder Zoologischen Gärten, deren Käfige deutlich machten, daß die exotischen Wesen in ihnen hatten *bezwungen* werden müssen!

Im Unterschied zum gemeinnützig-belehrenden, bestenfalls durch konventionelle Veranstaltungen unterhaltenden Zoologischen Garten bot der Stellinger Tierpark erlebnisorientierte Illusionen, wie sie wahrscheinlich nur ein kommerziell arbeitendes Unternehmen inszenieren konnte. Ohne Kompromisse wurde eine exotisch-natürlich scheinende Gegenwelt zum Alltag der Großstadt geschaffen, welcher für die Dauer des Besuchs möglichst vollständig ausgeblendet werden sollte. Als in den 30er Jahren wieder einmal die Umgestaltung eines Teils des Tierparks geplant wurde, hieß es in einem Zeitungsbeitrag:

„Grundregel der Neuordnung ist, alle Freianlagen in den Mittelpunkt und die notwendigen Häuser und Stallungen möglichst unsichtbar an den äußeren Rand zu legen. Bei allen Freianlagen aber wird dafür gesorgt, daß beim Beschauer keine

---

38 HAMBURGER ECHO Nr. 191 vom 14. Juli 1931.
39 Vgl. Dittrich (wie Anm. 4), S. 329.
40 Wolfgang Kemp: Die Revolutionierung der Medien im 19. Jahrhundert. Das Beispiel Panorama. In: Monika Wagner (Hg.): Moderne Kunst. Das Funkkolleg zum Verständnis der Gegenwartskunst Bd. 1. Reinbek 1991, S. 75–93, hier S. 83.

Bauten störend in das Blickfeld treten und daß selbst das nicht immer schöne Stadtbild verdeckt wird."[41]

Die Käfigwelten eines ohnehin sichtbar angejahrten Zoologischen Gartens hatten zu diesem Zeitpunkt längst ihre Attraktivität verloren, da sie keine Alternative mehr zu einem „nicht immer schönen Stadtbild" darstellten, sondern den Großstadtmenschen beinahe einen Spiegel vorhielten. Der Stellinger Tierpark machte es seinen Besuchern vergleichsweise leicht: Sie brauchten kein Mitleid mit eingepferchten Tieren zu haben, konnten sich trotz der infolge von Verstädterung und Industrialisierung selbst erlebten bzw. absehbaren Naturzerstörung in Sicherheit wiegen und gewannen Eindrücke fremder Lebenswelten, an denen die sich entwickelnden Massenmedien, die Expeditions- und Kolonialbegeisterung oder Hagenbecks Werbefeldzüge das Interesse geweckt hatten.

Für den Zoo blieben letztlich nur verklärte Erinnerungen. Seine endgültige Schließung im Jahr 1930 wurde geradezu zum Symbol für den Wandel der Stadt; so schwelgte in einem Rückblick für den HAMBURGER ANZEIGER der Autor noch einmal in Jugenderinnerungen:

„Damals lebte auch Anton noch, der alte wirkliche Anton, dem Gras auf seinem bemoosten Rücken wuchs." Dieser populäre Elefantenbulle vollführte kleine Kunststücke, wie es „vielleicht die jetzigen Elefanten auch [tun], aber sie haben kein Gras auf dem Rücken, sondern sind am ganzen Körper fein glatt, sauber – modern. [...] Dahin! Jetzt wird der Zoo abgebaut und die Tiere verkauft, der alte Zoo ist nicht mehr, ebensowenig wie das alte Hamburg! Dat gode kümmt nich wedder!"[42]

Das einzelne exotische Schaustück im Zoo galt, noch dazu wenn es selbst mit Patina versehen war und damit den Zustand der gesamten Anlage widerspiegelte, als altmodisch. Den Schau- und Freizeitwert ausgestellter Tiere bestimmte nicht mehr nur das einzelne lebende „Exponat", sondern eine Gesamtinszenierung. Hagenbecks Tierpark bediente Natursehnsüchte, denen Wunschbilder von Exotik, Ästhetik und Harmonie zugrundelagen. Damit war Hagenbeck im doppelten Sinne modern: einerseits, indem er die „kleinen Fluchten" aus der Moderne ermöglichte, wie sie sich in der Millionenmetropole Hamburg widerspiegelte, und andererseits, indem er dazu alle technisch-organisatorischen Mittel der Moderne einsetzte. Daß ein Teil der im Tierpark erhaltenen Landschaftsbauwerke, Tierhäuser und Denkmäler 1997 in die Denkmalliste der Freien und Hansestadt Hamburg eingetragen wurde[43], gibt der Geschichte des auf Fortschrittlichkeit und stets neue Attraktionen setzenden Unternehmens eine durchaus ironische Wendung.

---

41 VÖLKISCHER BEOBACHTER (Berlin) Nr. 258 vom 15. September 1937.
42 HAMBURGER ANZEIGER vom 8. März 1930 (Tiefdruckbeilage).
43 Vgl. Carl Hagenbecks Tierpark. In: Denkmalpflege-Hamburg, Nr. 15, Juni 1997.

Norbert Fischer

Modellierte Natur
Zur Modernisierung der Landschaft im 20. Jahrhundert[1]

1. Die Ausdifferenzierung des Raumes

„Modellierung" und „Natur", „Modernisierung" und „Landschaft" sind Begriffe, die auf den ersten Blick nicht zusammenzupassen scheinen. Ihre hier gleichwohl vollzogene Verknüpfung erklärt sich aus einem funktionalen Wandel der räumlichen Strukturen. Dieser entfaltete sich in den Jahrzehnten nach dem Zweiten Weltkrieg und war eng verbunden mit einem Modernisierungsschub für zuvor ländlich-agrarisch geprägte Regionen. Es war jene Periode zwischen 1950 und 1970, die von Regionalsoziologen mit dem Stichwort „fordistische Modernisierung" umschrieben wird.[2] Dabei handelte sich um einen allgemeinen Prozeß, der zunächst eine den Gesetzen des Marktes folgende wirtschaftliche Eigendynamik zeigte, in deren Folge ländliche Regionen von gewerblich-industrieller Massenproduktion und ihren Folgeerscheinungen wie Masseneinkommen und -konsum überformt wurden. Zugleich war dieser Modernisierungsprozeß mit dem politischen Ziel verknüpft, durch eine Verbesserung der Infrastruktur ländliche Lebensformen den städtischen Standards anzugleichen – also das Wohlstandsgefälle zwischen Stadt und Land zu mildern und tendenziell aufzuheben.

In diesem Zusammenhang wurden auch die räumlichen Strukturen verändert und funktional ausdifferenziert. Die „Modernisierung des Raumes"[3] verlief allerdings regional unterschiedlich. In großstadtnahen Räumen vollzog sie sich besonders rasch und anschaulich. Dies gilt für das Hamburger Umland[4] im allgemeinen und den schleswig-holsteinischen Landkreis Stormarn im besonderen, dem die folgende Studie gilt. Im Hamburger Umland unterlag der Modernisierungsprozeß frühzeitig dem Instrumentarium der Regionalplanung. Es lenkte den räumlichen Wandel, in dessen

---

1 Der Beitrag basiert auf Teilergebnissen eines Forschungsprojektes (1997-1999) zur Regionalgeschichte im Hamburger Umland in der zweiten Hälfte des 20. Jahrhundert. Die Ergebnisse des Projektes werden im Frühjahr 2000 publiziert: Norbert Fischer: Die modellierte Region – Zur Regionalgeschichte Stormarns und des Hamburger Umlandes 1945-1980. Neumünster 2000. Einige Zwischenergebnisse wurden in einem Aufsatz veröffentlicht: Norbert Fischer: Die modellierte Region. In: Norbert Fischer, Franklin Kopitzsch, Johannes Spallek (Hg.): Von ländlichen Lebenswelten zur Metropolregion – Regionalgeschichte am Beispiel Stormarn. Neumünster 1998, S. 153-174.
2 „Fordistisch", benannt nach dem US-Industriellen Henry T. Ford; in verstädterten Zonen ist der Beginn der „fordistischen Modernisierung" erheblich früher anzusetzen. Siehe zum Begriff Detlev Ipsen: Das Verhältnis zwischen Stadt und Land im historischen Wandel. In: ders. (Hg.): Stadt und Region – StadtRegion. Kassel 1995, S. 7-23, hier S. 16-20.
3 Dazu allgemein am Beispiel hessischer und bayerischer Regionen Detlev Ipsen, Thomas Fuchs: Die Modernisierung des Raumes. In: 1999 – Zeitschrift für Sozialgeschichte des 20. und 21. Jahrhunderts 6:1/1991, S. 13-33. Als regionale Fallstudie zu Hessen siehe Thomas Fuchs: Macht euch die Stadt zum Bilde! Über die Modernisierung des ländlichen Raumes. Pfaffenweiler 1996.
4 Unter „Hamburger Umland" werden im folgenden die vier schleswig-holsteinischen Randkreise Pinneberg, Segeberg, Stormarn und Herzogtum Lauenburg sowie die zwei niedersächsischen Randkreise Harburg und Stade verstanden.

Verlauf zuvor ländlich-agrarische Gebiete funktional neu strukturiert und systematisch aufgegliedert wurden, in Wohn- und Gewerbeflächen, Verkehrsachsen, Freizeit- und Naherholungsflächen, Landschafts- und Naturschutzgebiete. Es ging um – wie es aus fachspezifischer Perspektive heißt – die raumplanerische „Bereitstellung von Nutzflächen für ausgewogene Befriedigung menschlicher Bedürfnisse".[5]

Im Rahmen dieser räumlichen Ausdifferenzierung des Hamburger Umlandes erhielten auch Natur und Landschaft eine neue Rolle zugewiesen. Sie wurden – wie im folgenden zu zeigen sein wird – zum kompensatorischen Äquivalent innerhalb eines sich gewerblich-industriell verdichtenden und zunehmend verstädternden Raumes. Gerade weil man die Natur aus dem allgemeinen Strukturwandel ausgliederte, gleichsam „stillstellte", wurde sie auf dialektische Weise zum unauflöslichen Bestandteil dieses Wandels. Natur und Landschaft[6] wurden ebenso zum funktionalen Element einer neuen, modernen Topographie wie Wohnblocks, Gewerbeflächen und Verkehrsachsen.

Im Hamburger Umland ragen dabei zwei Aspekte hervor, die im folgenden ausführlicher betrachtet und analysiert werden: 1. Naherholung und 2. Naturschutz. Als Ergebnis entstand jene „modellierte Natur", die vor allem auf den Einfluß der Raumplanung zurückgeht und selbst in ihrer scheinbar unberührten Form – dem Naturschutzgebiet – noch auf planerische Direktiven verweist. Diese modellierte Natur war zugleich Ausdruck einer neuartigen Beziehung zwischen Mensch und Natur. Sie brachte auch landschaftlich jene „Nicht-Orte" hervor, wie sie der französische Ethnologe Marc Augé beschrieben hat: als Räume, die nur in „bezug auf bestimmte Zwecke"[7] bedeutsam sind. Sie konstituieren keine festen Lebenszusammenhänge mehr, sondern sind flüchtige, funktionale Stationen und damit Ausdruck einer zunehmend mobileren Gesellschaft.

2. Die Steuerungsinstrumente: Regionalplanung im Hamburger Umland

Regionalplanerisch beruht die räumliche Ausdifferenzierung des Hamburger Umlandes auf dem sogenannten Achsenkonzept. Dieses im Prinzip bereits im frühen 20. Jahrhundert entwickelte, aber erst seit den 50er Jahren praktizierte Konzept zielt darauf, die bevölkerungsmäßige, gewerblich-industrielle und verkehrstechnische Verdichtung auf sogenannte Entwicklungs- bzw. Aufbauachsen zu konzentrieren, die in bänderförmiger Tiefengliederung von Hamburg aus radial ins Umland führen.[8] Das Pendant zu diesen

---

5 Benno Werlen: Landschaft, Raum und Gesellschaft – Entstehungs- und Entwicklungsgeschichte wissenschaftlicher Sozialgeographie. In: Geographische Rundschau 47:9/1995, S. 513-522, hier S. 517.
6 Landschaft wird hier verstanden als „historische Momentaufnahme anthropogener Einflüsse in Wechselbeziehung zur biotischen Umwelt", wie Gerhard Lenz im Anschluß an L. Burckhardt definiert; Gerhard Lenz: Verlusterfahrung Landschaft. Über die Herstellung von Raum und Umwelt im mitteldeutschen Industriegebiet seit der Mitte des 19. Jahrhunderts. Frankfurt/M., New York 1999, S. 10.
7 Marc Augé: Orte und Nicht-Orte – Vorüberlegungen zu einer Ethnologie der Einsamkeit. Frankfurt/M. 1994, S. 110.
8 Zur Relevanz des Achsenkonzeptes für die Raumplanung im Hamburger Umland siehe Landesplanung in Schleswig-Holstein, Heft 5: Erster Raumordnungsbericht der Landesregierung Schleswig-Holstein und die einführende Rede des Ministerpräsidenten Dr. Helmut Lemke im Landtag am 25. Oktober 1965. Kiel 1965; des weiteren Georg Keil: Raumordnung zwischen Hamburg und Schleswig-Holstein. Ein Beitrag zum Stadt-Umland-Problem. In: Raumforschung und Raumordnung 17:1/1959, S. 1-7; ders.: Die Raumordnungsvorstellungen

Achsen – und das ist hier von besonderem Interesse – bilden die sogenannten Achsenzwischenräume. Diese Achsenzwischenräume sollen von gewerblich-industrieller Entwicklung, verdichtetem Wohnungsbau und großen Verkehrsstraßen im wesentlichen freigehalten werden. Einerseits soll ihre bisherige land- und forstwirtschaftliche Nutzung wenn möglich beibehalten werden. Andererseits sind sie als „landschaftliche Reservate" gedacht – oder, ein später verwendeter Begriff, als „ökologische Ausgleichsflächen".[9]

Im ersten Raumordnungsbericht der schleswig-holsteinischen Landesregierung hieß es 1965 über diese Achsenzwischenräume: „Die Freihaltung und landschaftliche Verbesserung der Achsenzwischenräume im Hamburger Umland, der Zusammenschluß der bisher isolierten Landschaftsschutzgebiete zu größeren Einheiten bei Verbesserung der landschaftlichen Struktur [...] sind eine vordringliche Aufgabe."[10] Die Ausdifferenzierung der Achsenzwischenräume floß danach auch in den sogenannten Regionalplan I ein, der in den späten 60er und frühen 70er Jahren ausgearbeitet wurde und die Zielvorstellungen der schleswig-holsteinischen Landesplanung für die Umlandkreise formulierte. Dieser Regionalplan I bezeichnete das Naherholungsbedürfnis der großstädtischen Bevölkerung als einen wesentlichen Planungsfaktor.[11]

Naherholung sowie Landschafts- und Naturschutz sind die beiden Hauptziele, unter denen die Natur im Hamburger Umland zum Objekt der Planung wurde. Um diese Ziele konsequent durchzusetzen, wurde die kommunale Planungshoheit stärker als zuvor in die grenzüberschreitende Regionalplanung eingebunden. Zu den wichtigsten Steuerungsinstrumenten für das Hamburger Umland zählten:
1. Die Gemeinsame Landesplanung zwischen Hamburg und Schleswig-Holstein einerseits, Hamburg und Niedersachsen andererseits (seit 1955 bzw. 1957)
2. Die Arbeitsgemeinschaft der schleswig-holsteinischen Hamburg-Randkreise (1960)
3. Der Verein Naherholung im Hamburger Umland e.V., gegründet 1972 von Hamburg und den sechs Umlandkreisen (siehe dazu unten Abschnitt 3).

---

    für das schleswig-holsteinische Umlandgebiet von Hamburg. In: Raumordnung an der Niederelbe. Methoden und Ziele. Kiel, Hamburg, Hannover 1968, S. 29-39; Otto Sill, Peter Möller: Ziel und Aufgaben der Raumordnung aus der Sicht Hamburgs. In: Ebd., S. 51-61; Wennemar Haarmann: Die Hamburg-Rand-Planung aus der Sicht der schleswig-holsteinischen Kreise. In: Ebd., S. 79-93. Aus Hamburger Sicht zusammenfassend Gerhard Bahr: Die Achsenkonzeption als Leitvorstellung für die städtebauliche Ordnung in Hamburg. In: Zur Problematik von Entwicklungsachsen. Veröffentlichungen der Akademie für Raumforschung und Landesplanung. Forschungs- und Sitzungsberichte 113. Hannover 1976, S. 201-239. Zum Achsenproblem in der schleswig-holsteinischen Landesplanung bis Mitte der 70er Jahre siehe Til P. Koch: Grundsätze für die Verwendung von Achsen in der Landesplanung auf Grund von Erfahrungen in Schleswig-Holstein. In: Ebd., S. 181-194, speziell zum Hamburg-Randgebiet ebd., S. 182-184 und 189-193.

9 Georg Keil: Grundlagen und Ziele der gemeinsamen Landesplanung. In: Gemeinsamer Landesplanungsrat Hamburg/Schleswig-Holstein: Leitgedanken und Empfehlungen. Hamburg, Kiel 1960, S. 21; Landesplanung in Schleswig-Holstein, Heft 11: Regionalplan Planungsraum I. Kiel 1975.

10 Landesplanung, Heft 5 (wie Anm. 8), S. 48.

11 Regionalplan für den Planungsraum I des Landes Schleswig-Holstein. Kreise: Herzogtum Lauenburg – Pinneberg – Segeberg – Stormarn. Bekanntmachung des Ministerpräsidenten – Landesplanungsbehörde – vom 16. April 1973. In: Amtsblatt für Schleswig-Holstein, Ausgabe A, Nr. 22, 28. Mai 1973, S. 379ff.

4. Spezielle Förder- und Aufbaufonds, die der Finanzierung regionalplanerischer Maßnahmen dienten.[12]

3. Modellierte Natur I: Die Naherholungslandschaften

Als Mitte der 50er Jahre die länderübergreifende Regionalplanung für das Hamburger Umland einsetzte, wurde auch der Bereich der Naherholung einbezogen. Hamburg erkannte, daß sich das großstädtische Freizeit- und Erholungsbedürfnis nicht ohne das Umland erfüllen ließ. Erst recht entstand nach der Konsolidierung der wirtschaftlichen und sozialen Rahmenbedingungen in der Bundesrepublik ein gesteigertes Interesse an Naherholung. In wechselseitigen Beziehungen mit wachsendem Wohlstand, gestiegener Freizeit und Mobilität, die sich unter anderem im PKW-Boom der 60er Jahre äußerten, wurde der Aktionsradius stetig erweitert. Laut einer empirischen Studie suchte bereits Mitte der 60er Jahre rund vier Fünftel der Hamburger Bevölkerung mindestens einmal pro Jahr ein Naherholungsziel auf. Eine deutliche Verdichtung lag dabei im 40 km-Radius um Hamburg, der von knapp der Hälfte der Ausflügler bevorzugt wurde. 86% aller Befragten wünschten einen „ruhigen" bzw. einen „ruhigen, aber nicht zu einsamen" Zielstandort.[13] Dabei hatte sich der Naherholungsverkehr im Hamburger Umland zunächst auf Zielgebiete ausgerichtet, deren Auswahl „weitgehend ohne planerische Vorsorge" geschah – maßgeblich waren landschaftliche Schönheit, Erreichbarkeit und die Möglichkeit zur aktiven Betätigung.[14]

Auf der anderen Seite waren die Gemeinden des Hamburger Umlandes den daraus resultierenden Forderungen an die Infrastruktur häufig nicht gewachsen. Unterhalt und Pflege der Naherholungseinrichtungen bedeuteten eine starke finanzielle Belastung. Darüber hinaus fürchteten viele Gemeinden den anschwellenden automobilen Naherholungsverkehr.[15] So wurde der Anfang der 60er Jahre aus der gemeinsamen Landesplanungsarbeit hervorgegangene Förderungsfonds (Hamburg/Schleswig-Holstein) bzw. Aufbaufonds (Hamburg/Niedersachsen) auch zu Teilfinanzierungen der Naherholungs-Infrastruktur herangezogen.

Zusätzlich gründeten Hamburg und die vier schleswig-holsteinischen sowie die zwei niedersächsischen Umlandkreise im Jahr 1972 den oben bereits erwähnten „Verein Naherholung im Hamburger Umland e.V."[16] In der Vereinssatzung wird in § 2 der

---

12 Kurt Struve: Die Aufbaufonds – Finanzielle Hilfe für die Infrastruktur in Verdichtungsräumen. In: Raumordnung an der Niederelbe – Methoden und Ziele. Kiel, Hamburg, Hannover 1968, S. 103-121.
13 H. Makowski: Entwicklung des Naherholungsverkehrs im Einzugsbereich von Hamburg. In: Landespflege im Raum Hamburg. Stellungnahme des Deutschen Rates für Landespflege und Berichte von Sachverständigen über die Probleme und Aufgaben des Naturschutzes und der Landschaftspflege im Raum Hamburg. Bonn 1973, S. 19-21, hier S. 20-21.
14 H. O. Meyer: Ziele und Aufgaben des Vereins „Naherholung im Umland Hamburg e.V." In: Landespflege im Raum Hamburg (wie Anm. 13), S. 45-47, hier S. 45.
15 Frank Tidick: Geschichte und Aufgabenstellung des Vereins Naherholung im Umland Hamburg e.V. In: Fünfundzwanzig Jahre Naherholungsförderung im Umland Hamburgs 1972-1997. Hg. vom Verein Naherholung im Hamburger Umland e.V. Bad Segeberg 1997, S. 4-5, hier S. 4.
16 Tidick (wie Anm. 15), S. 4. Als Vorbild diente eine ähnliche Einrichtung im Großraum München. Die Geschäftsstelle wurde bei der AG Hamburg-Randkreise in Bad Segeberg eingerichtet. Die Förderungsmaßnahmen des Vereins erstreckten sich auf die Unterhaltung von Naherholungseinrichtungen im Gesamtgebiet. Bei Neuinvestitionen im Gebiet der gemeinsamen Landesplanungen erfolgt die Finanzierung dagegen aus den besser ausgestatteten Förde-

Zweck des Vereins mit der „Förderung der Naherholung im Gebiet der Mitgliedskreise" definiert. Weiter heißt es: „Der Verein erfüllt seine Aufgabe durch a) die laufende Unterhaltung von Naherholungsanlagen und die Anpachtung von Grund und Boden für Zwecke der Naherholung im gesamten Gebiet der Mitgliedskreise, b) die Einrichtung von Naherholungsanlagen in den Gebieten, in denen Investitionen nicht mit Mitteln des gemeinsamen Förderungsfonds Hamburg/Schleswig-Holstein bzw. Aufbaufonds Hamburg/Niedersachsen gefördert werden können; dazu kann auch die Anpachtung von Grund und Boden gehören." Als Naherholungsanlagen werden insbesondere „Wanderwege, Parkplätze, Spiel- und Liegewiesen, Badestellen, Anlagen für den Wassersport bezeichnet.[17] Als in den 70er Jahren der Umwelt- und Naturschutzgedanke zunehmend an gesellschaftlicher Bedeutung gewann, erweiterte der Verein Naherholung sein Handlungsfeld. Neben die Naherholung trat jetzt auch satzungsmäßig die Förderung von Maßnahmen des Naturschutzes und der Landschaftspflege.[18] Flankierend wirkte das von der gemeinsamen Landesplanung Hamburg/Schleswig-Holstein 1971 vorgestellte erste „Schwerpunktprogramm Naherholung", das in der Folgezeit kontinuierlich überarbeitet wurde.[19]

Damit sind die Rahmenbedingungen skizziert, unter denen die Modellierung der Natur vollzogen wurde. Wie dies im einzelnen geschah, soll nun am Beispiel des schleswig-holsteinischen Landkreises Stormarn erläutert werden – das Quellenmaterial entstammt Landes- und Kommunalarchiven. Stormarn beherbergt einige wichtige Naherholungsgebiete des Hamburger Umlandes: Die Stormarner Schweiz um den Großen- und Lütjensee, den Bredenbeker Teich und – teilweise – das Gebiet Sachsenwald/Billetal und den Oberalsterraum.[20] Auch hier war eine „Überflutung" durch den Naherholungsverkehr zu konstatieren. Diese mußte, so meinten die Regionalplaner, kanalisiert und gelenkt werden, um den zuvor herrschenden „Wildwuchs" einzudämmen, wie er sich in wildem Zelten und wildem Parken gezeigt hatte.[21] „Ordnung" sollte geschaffen werden. Bei den entsprechenden Finanzierungsmaßnahmen wurde programmatisch immer wieder auf die Notwendigkeit lenkender Maßnahmen hinge-

---

rungsfonds Hamburg/Schleswig Holstein bzw. Aufbaufonds Hamburg/Niedersachsen. Tidick (wie Anm. 15), S. 4. – 1980 trat auch der Landkreis Lüneburg, 1991 der Landkreis Hagenow (heute Ludwigslust) dem Verein bei.

17 Satzung des Vereins „Naherholung im Umland Hamburg e.V.", § 2. In: Niederschrift der Kreistagssitzung am 16. November 1971, Vorlage zu Tagesordnungspunkt 8. In: Kreisarchiv Stormarn, Bestand B 02, Kreistagsprotokolle 1971.

18 Tidick (wie Anm. 15), S. 5. Zum zeitgenössischen Verständnis des Begriffs „Landschaftspflege" siehe die entsprechenden Passagen unter dem Stichwort „Landespflege" im Handwörterbuch der Raumforschung und Raumordnung, wo es unter anderem heißt: „Die *Landschaftspflege* erstrebt die Ordnung, den Schutz, die Pflege und die Entwicklung von Landschaften, die nachhaltig leistungsfähig, ökologisch vielfältig, schön und für den Menschen gesund sind. Sie soll insbesondere Schäden im Landschaftshaushalt und im Landschaftsbild vorbeugend verhindern und bereits eingetretene Schäden ausgleichen oder beseitigen." Handwörterbuch der Raumforschung und Raumordnung. Hg. von der Akademie für Raumforschung und Landesplanung. Hannover ^{2}1970, Sp. 982.

19 Reiner Schwark: Ausbau und Unterhaltung der Naherholungsinfrastruktur im Umland Hamburgs. In: Fünfundzwanzig Jahre Naherholungsförderung (wie Anm. 15) S. 5-7, hier S. 6.

20 Siehe dazu die Grafik „Naherholungsziele und Wochenendverkehr der Hamburger Bevölkerung" bei H. Makowski: Entwicklung des Naherholungsverkehrs im Einzugsbereich von Hamburg. In: Landespflege im Raum Hamburg (wie Anm. 13), S. 19-21 (Grafik auf vorangehender S. 18).

21 Zur Naherholung im Seengebiet der „Stormarner Schweiz" in den 50er Jahren siehe Norbert Fischer: Überleben – Leben – Erleben. Stormarn in der Nachkriegszeit und den fünfziger Jahren. Neumünster 1996, S. 123-124.

wiesen. So hieß es beispielsweise für eine Stormarner Gemeinde: „Das Gebiet der Gemeinde Tremsbüttel stellt einen attraktiven Naherholungsbereich dar, der sich auf Grund seines landschaftlichen Abwechslungsreichtums in Verbindung mit den vorhandenen gastronomischen Einrichtungen und den bestehenden guten Verkehrsverbindungen seit Jahren als Ausflugsziel ständig steigender Beliebtheit erfreut. Durch die geplanten Naherholungsmaßnahmen soll die Erschließung dieses Bereiches verbessert werden, um so den steigenden Naherholungsverkehr im Interesse der Erhaltung der Erholungsfunktion der Landschaft *in geordneten Bahnen* zu halten [Hervorhebung vom Verf.]."[22]

Um dieses Ziel zu erreichen, begann eine regelrechte „Möblierung" der Landschaft: Es ging um die Anlage von Wander-, Rad- und Reitwegen und deren Beschilderung, um die Anlage von Park- und Rastplätzen, Zäunen, Brücken und Spielplätzen, ja auch um die Aufstellung von Ruhebänken. Landschaftlich besonders reizvolle Räume, wie das Oberalstertal, wurden mit einem systematischen, der Landschaft behutsam angepaßten Netz von Wanderwegen überzogen. In Wilstedt wurde eine Kiesabbaugrube in einen Badesee umgestaltet, in Jersbek die Sanierung eines historischen Barockgartens zu einem wichtigen Objekt des Vereins Naherholung.[23] In der äußeren Form ähnelten sich die meisten der durchgeführten Maßnahmen. Die „Möblierung" der Naherholungszonen folgte immer demselben Muster. Damit waren die verschiedenen Wald-, Seen-, Park- oder Moorlandschaften des Hamburger Umlandes für jeden Besucher bald gleichmäßig vertraut – Natur wurde zur „Konfektionsware".

Aufschlußreich ist, daß man in jenen Gebieten ein besonderes Interesse an der Schaffung naturnaher Erholungsräume zeigte, in denen die Suburbanisierung rasch vorangeschritten war. Ein typisches Beispiel ist Glinde – ein ehemaliges Gutsdorf, das rasch verstädterte und dessen Ortskern in den 60er und 70er Jahren cityähnlich verdichtet wurde.[24] Im Bereich eines Wasserlaufes und Mühlenteiches wurden weitläufige, naturnah gestaltete Naherholungseinrichtungen geschaffen. Sie wurden ausdrücklich als Gegengewicht zur suburbanen City-Bildung betrachtet. Allein für die „Modellierung" dieser Glinder Naherholungszone, die im Flächennutzungsplan als durchlaufende Grünfläche ausgewiesen war, wurden Finanzmittel in Millionenhöhe bereitgestellt.[25]

---

22 Vorlage für die Kreistagssitzung am 19. August 1976 betr. Zuwendungen aus dem Kreisfonds: Gemeinde Tremsbüttel – Naherholungseinrichtungen –, S. 1. In: Kreisarchiv Stormarn, Bestand B 02, Kreistagsprotokolle 1976. – Auch im Falle der Stormarner Gemeinde Witzhave wurden die landschaftlichen Vorzüge, aber auch die Notwendigkeit von planenden und lenkenden Maßnahmen betont: „Um das erheblich Pkw-Aufkommen im Interesse der Erhaltung der Landschaft und der Erholungseigenschaft der Landschaft von dem Erholungsgebiet fernzuhalten, sind im Vorfeld des Naherholungsbereiches ‚Sachsenwald' ordnende und lenkende Maßnahmen notwendig." Vorlage für die Kreistagssitzung am 17. Dezember 1976 betr. Zuwendungen aus dem Kreisfonds: Gemeinde Witzhave – Naherholungseinrichtungen –, S. 1. In: Kreisarchiv Stormarn, Bestand B 02, Kreistagsprotokolle 1976. – Auch Vertreter von Naturschutz und Landespflege forderten planende und lenkende Eingriffe in die Gestaltung der Landschaft. Wörtlich hieß es: „Landespflege darf niemals isoliert betrachtet werden. Sie hat konstruktive Beiträge zur Raumordnung zu leisten. Dabei geht es weniger um die Erhaltung bestimmter Landschaftstypen als vielmehr darum, einen Beitrag zur Durchsetzung raumgerechter Ordnung zu leisten." W. Hoffmann: Naturschutz und Landschaftspflege in Hamburg und seinem Umland. In: Landespflege im Raum Hamburg (wie Anm. 13), S. 15-18, hier S. 16.
23 Fünfundzwanzig Jahre Naherholungsförderung (wie Anm. 15), S. 13-14.
24 Siehe zur Suburbanisierung Norbert Fischer: Zwischen Stadt und Land: Zur Topographie des Suburbanen. In: Olaf Bockhorn, Gunter Dimt, Edith Hörandner (Hg.): Urbane Welten. Referate der österreichischen Volkskundetagung 1998 in Linz. Wien 1999, S. 121-141.
25 Unter anderem wurde es der betroffenen Gemeinde damit ermöglicht, das erwähnte Mühlenteichgelände ebenso zu erwerben wie ein angrenzendes Waldstück. Niederschrift über die

Manchmal entstanden auf diese Weise Naherholungsreservate, die imaginierten Naturlandschaften nachempfunden waren. Das zeigte sich in geschwungener Wegeführung, künstlichen Wasserflächen und „landschaftlich" gestalteter Architektur. Letzteres nahm gelegentlich kuriose Züge an, etwa wenn Ausflugslokale des Hamburger Umlandes wie alpine Sennhütten gestaltet wurden. Diese Naherholungslandschaften bildeten einen klaren Kontrast zu jenen schachbrettartigen Wohnblocks und Gewerbeflächen, die in derselben Periode im suburbanisierten Gürtel um Hamburg entstanden waren.[26] Ihre landschaftlich geschwungenen Wege waren das kompensatorische Äquivalent zum rechten Winkel des am Reißbrett geplanten Neubaugebiets.

4. Modellierte Natur II: Die Naturschutzgebiete

Ihre konsequente Zuspitzung fand die Modellierung der Natur in der Ausweisung von Naturschutzgebieten.[27] Der Landkreis Stormarn beispielsweise verfügte über eines der ersten und größten schleswig-holsteinischen Naturschutzgebiete.[28] Die meisten der heute existierenden Naturschutzgebiete wurden dann seit den 70er Jahren angelegt, so das Brenner Moor,[29] das Wittmoor und das Ahrensburger Tunneltal mit immerhin rund 340 Hektar. In dem ehemaligen Bauerndorf Hoisdorf wurden mit den „Hoisdorfer Teichen" allein 30 Hektar innerörtlicher Fläche als Naturschutzgebiet ausgewiesen, die inmitten neuer dörflicher Wohnsiedlungen lagen.[30] All diese Flächen sind von jeder Bebauung ausgespart geblieben und werden nur von wenigen Spazier- und Wanderwegen durchzogen.

Auch wenn es auf den ersten Blick paradox wirkt: Die Naturschutzgebiete bilden einen ebenso „künstlichen", modellierenden Eingriff in die Landschaft wie reißbrettartig geplante Wohnblocks und Gewerbegebiete. Hansjörg Küster hat in seiner Landschaftsgeschichte Mitteleuropas darauf hingewiesen, daß letztlich alle hiesigen Räume von menschlichem Einfluß geprägt worden sind[31], auch die Flora und Fauna der Natur-

---

Sitzung des Kreistages am 30. August 1979, S. 8; Vorlage betr. Zuwendungen aus dem Kreisfonds: Stadt Glinde – Erwerb einer Waldfläche –, S. 1-2. In: Kreisarchiv Stormarn, Bestand B 02, Kreistagsprotokolle 1979.

26 Dazu allgemein Norbert Fischer: Die modellierte Region. In: Fischer, Kopitzsch, Spallek (wie Anm. 1), S. 153-174.
27 Die Ausweisung als Naturschutzgebiet bedeutet juristisch u.a. das Verbot von nicht unerheblichen, nicht nur vorübergehenden Beeinträchtigungen, wie Ablagerung von Bodenaushub, Veränderung von Gewässern, Drainagen, Rodungen, Tötung oder Fang von Tieren, Beschädigung oder Entfernung von Pflanzen.
28 Gemeint ist die Hahnheide bei Trittau. Siehe Karte „Schleswig-Holstein – Natur- und Landschaftsschutzgebiete". In: Landesplanung 5: Erster Raumordnungsbericht (wie Anm. 8), Anhang; siehe zum Stand der Naturschutzgebiete Mitte der 60er Jahre dort auch S. 46-47.
29 Beim 24 Hektar großen, nordwestlich an die Kreisstadt Bad Oldesloe grenzenden Brenner Moor mit seinen Salzquellen, die Lebensraum für Salzpflanzen und entsprechend angepaßte Tierwelt bieten, handelt es sich um die größte binnenländische Salzstelle von Schleswig-Holstein. Es grenzt teilweise an die Trave und wird von einem Wanderweg durchzogen. Naturschutzgebiet Brenner Moor. Faltblatt. Hg. vom Kreis Stormarn – Umweltamt – Untere Naturschutzbehörde. O. O. 1993.
30 Landesverordnung über das Naturschutzgebiet „Hoisdorfer Teiche" vom 20. November 1987. In: Gesetz-und Verordnungsblatt für Schleswig-Holstein 25/1987, S. 348-351. Siehe auch Hans Ewald Brennecke: Das Naturschutzgebiet „Hoisdorfer Teiche". In: Naturschutz und Landschaftspflege im Kreis Stormarn (=Stormarner Hefte, 16). Neumünster 1991, S. 151-173.
31 Hansjörg Küster: Die Geschichte der Landschaft in Mitteleuropa. München 1995, insbes. S. 366-371.

schutzgebiete. Bekanntlich zieht die Ausweisung als Naturschutzgebiet einschneidende Restriktionen nach sich, was Zutritt und Nutzung anbelangt.[32] Damit repräsentiert sie in besonderem Maß eine modellierte Natur – sie konserviert einen als „natürlich" betrachteten Zustand. Mehr noch als die Naherholungslandschaften zeigt diese „stillgestellte" Natur einen kompensatorischen Charakter angesichts jener Suburbanität, die sich im Hamburger Umland im selben Zeitraum zunehmend entfaltete.

Aufschlußreich ist, welch große Rolle der Naturschutz im Hamburger Umland auch auf politischer Ebene spielte. Ein beispielhafter Fall, der Mitte der 70er Jahre Aufsehen erregte, betraf das in Stormarn gelegene Nienwohlder Moor. Dabei ging es um den Widerstreit zwischen wirtschaftlichen Interessen und Zielen des Naturschutzes. Das Nienwohlder Moor gehörte der Schleswig-Holsteinischen Landgesellschaft, die es jedoch 1951 verpachtet hatte. Der Pächter hatte in dem 110 Hektar großen Kerngebiet zunächst nur Torfabbau im Handstich vorgenommen, bereitete jedoch Mitte der 70er Jahre einen maschinellen Großabbau vor, der das Moor unwiederbringlich zerstört hätte. Verhandlungen über eine Auflösung des Pachtverhältnisses hätten erhebliche Schadenersatzforderungen nach sich gezogen, die das Land Schleswig-Holstein nicht zu leisten bereit war. Eine bereits 1972 ins Auge gefaßte Ausweisung als Naturschutzgebiet war am Widerstand des Kieler Wirtschaftsministeriums gescheitert. Laut schleswig-holsteinischem Gesetz- und Verordnungsblatt unterlag das Nienwohlder Moor zwar seit Ende 1972 der „einstweiligen Sicherstellung" per Landesverordnung, die Torfgewinnung im Handstich war jedoch genehmigt worden.[33] 1975 schlug die oberste Landschaftspflegebehörde – das Kieler Ministerium für Ernährung, Landwirtschaft und Forsten – in einer Kabinettsvorlage vor, den weiteren Torfabbau gemäß § 12 des Schleswig-Holsteinischen Landschaftspflegegesetzes von 1973 zu untersagen. Danach durften Eingriffe in Moore, Sümpfe und Brüche nicht vorgenommen werden, Ausnahmen durfte lediglich die oberste Landschaftspflegebehörde erteilen.[34]

Wie aus einem Aktenvermerk der Kieler Staatskanzlei hervorgeht, betrieb die Landesregierung nun zielstrebig die Ausweisung des Nienwohlder Moores als Naturschutzgebiet, um ein Verbot des Torfabbaus durchzusetzen und die Ablösung des Pachtvertrages in Verhandlungen mit dem Pächter zu erreichen.[35] Auf einer Sitzung der Interministeriellen Raumordnungskonferenz (IROK) vom 23. September 1975 wurde dieses Ziel bestätigt. Einwände, die auf die wirtschaftliche Lage des Torfbetriebs, dessen bisher getätigte Investitionen sowie die zu befürchtenden Entschädigungszahlungen zielten, fanden nur insofern Gehör, als man sich um Ersatzflächen bemühen wollte.[36] Ende 1977 schließlich erwarb die schleswig-holsteinische Landesforstverwaltung das Nienwohlder Moor, um es zum Naturschutzgebiet auszuweisen.

---

32 Vgl. Anm. 27.
33 Gesetz- und Verordnungsblatt für Schleswig-Holstein 1973, Nr. 1: Landesverordnung zur einstweiligen Sicherstellung des Nienwohlder Moores vom 28. Dezember 1972. In: Landesarchiv Schleswig-Holstein (LAS) Abt. 605, Nr. 3714.
34 Kabinettsvorlage (Entwurf) des Ministeriums für Ernährung, Landwirtschaft und Forsten betr. § 12 des Schleswig-Holsteinischen Landschaftspflegegesetzes, hier: Nienwohlder Moor im Kreis Stormarn, 31. Juli 1975, S. 2-7. In: LAS (wie Anm. 33).
35 Staatskanzlei – StK 170a – Vermerk betr. Sitzung der IROK am 23. September 1975, hier: „Nienwohlder Moor im Kreis Stormarn" vom 15. September 1975, S. 1-4. In: LAS (wie Anm. 33).
36 Auszug aus dem Protokoll über die Sitzung der IROK vom 23. September 1975 betr. Nienwohlder Moor im Kreis Stormarn, S. 3-5. In: LAS (wie Anm. 33).

5. Eine Landkarte modernisierter Räume

Wie lassen sich die beschriebenen Entwicklungen zusammenfassend einordnen? Zunächst zeigen die Fallbeispiele, daß sich Räume und Landschaften nicht von selbst entwickeln, sondern unter äußeren, von Menschen diktierten Einflüssen und Interessen. Gerhard Lenz schreibt in seiner historischen Studie über eine mitteldeutsche Industrielandschaft: „Der kontinuierliche Prozeß landschaftlicher Veränderung offenbart in seiner historischen Dimension die massive ideologische Einflußnahme mehrerer politisch-kultureller Systeme".[37] In der Zeit nach dem Zweiten Weltkrieg war es die sogenannte fordistische Modernisierung, die den regionalen Strukturwandel politisch und kulturell prägte. Die Industriegesellschaft erfaßte nun auch bisher ländliche Regionen und überformte sie. Unter dem Einfluß einer immer stärker eingreifenden Raumplanung entfalteten sich im Hamburger Umland „modernisierte" räumliche Strukturen. Es entstand ein regelrechtes Patchwork von funktionalen Einzelflächen.

Die modellierte Natur bildet einen Teil dieses Patchworks, sie ist Element einer „Modernisierung des Raumes". Unter den Aspekten Naherholung und Naturschutz erfüllt sie eine kompensatorische Funktion innerhalb einer Region, die sich verstädterte und gewerblich-industriell verdichtete. Gerade weil man die Natur aus diesem allgemeinen Strukturwandel ausgliederte und gleichsam stillstellte, war sie auf dialektische Weise zugleich unauflöslicher Bestandteil des Strukturwandels. Der höchste Ausdruck dieses „Stillgestellt-Seins" ist das Naturschutzgebiet. Es ist das kompensatorische Äquivalent zu den suburbanisierten Lebenswelten des Hamburger Umlandes.

Zugleich konstituiert die Modernisierung des Raumes eine neuartige Beziehung zwischen Mensch und Umwelt. Diese neue Beziehung läßt sich mit dem Charakter jener eingangs erwähnten „Nicht-Orte" vergleichen, wie sie der Ethnologe Marc Augé definierte. Es sind Räume, die nur in „bezug auf bestimmte Zwecke [...] konstituiert"[38] worden sind. Sie stehen – so Marc Augé – im Gegensatz zum Organisch-Sozialen der sogenannten anthropologischen Orte, wie sie sich in den dörflichen Lebenszusammenhängen der Vormoderne zeigten. Demgegenüber bringen die neuen „Nicht-Orte" eine „solitäre Vertraglichkeit" zwischen Mensch und Umwelt hervor. Der Mensch geht zu ihnen eine nur mehr flüchtige Beziehung ein.[39] Diese funktionalen Nicht-Orte konstituieren keine festen Lebenszusammenhänge mehr, sondern sind Durchgangsstationen. Marc Augé beschrieb sie als Teil einer Welt, „in der die Anzahl der Transiträume und provisorischen Beschäftigungen [...] unablässig wächst."[40]

Die Nicht-Orte sind damit Ausdruck jener mobilen Gesellschaft, in der eine besondere emotionale Bindung an bestimmte Orte keinen Sinn mehr hat. „Die von uns bewohnten Orte sind nur vorübergehende Stationen," schrieb der Sozialwissenschaftler Zygmunt Bauman.[41] Das Vergängliche und Flüchtige wird zum Selbstverständlichen, welches alles Dauerhafte allmählich überformt.

---

37 Lenz (wie Anm. 6), S. 10.
38 Augé (wie Anm. 7), S. 110.
39 Augé (wie Anm. 7), S. 111.
40 Augé (wie Anm. 7), S. 92-93. Weiter heißt es dort: „eine Welt, in der sich ein enges Netz von Verkehrsmitteln entwickelt, die gleichfalls bewegliche Behausungen sind [...] eine Welt, die solcherart der einsamen Individualität, der Durchreise, dem Provisorischen und Ephemeren überantwortet ist."
41 Zygmunt Bauman: Tod, Unsterblichkeit und andere Lebensstrategien. Frankfurt/M. 1994, S. 282.

Hier fügen sich die „modernisierten" Räume mit ihrem Patchwork einzelner Funktionsflächen ein, deren Bilder sich überall immer mehr ähneln. Hervorgebracht in der Ära der fordistischen Modernisierung, haben sie sich zum funktionalen Element auch nach-moderner Zeiten entwickelt. Sie formen die Landkarte neuer, partikularisierter Lebenswelten: Wohnen in verstädterten Siedlungszonen, Arbeiten und Einkaufen im Gewerbegebiet, Freizeit und Erholen im Grünen. Verkehrstraßen bilden die Scharniere zwischen diesen Teilwelten, die im Alltag der mobilen Gesellschaft immer wieder neu miteinander kombiniert werden.

Auch die „modellierte Natur" gehört auf diese Landkarte der modernisierten Räume. Nur äußerlich zeigt sie sich als radikales Gegenbild zur urbanen Verdichtung. In ihrer kompensatorischen Rolle aber ist die „modellierte Natur" unauflösliches Element jenes Patchworks funktionaler Einzelflächen, das die modernen – und erst recht die nach-modernen – Lebenswelten prägt.

Kirsten Salein

Potentiale der Praxis
Naturkonzepte in Frankfurt am Main und auf Rügen und Usedom

Mich interessierte immer die *Vermittlung*, das Aufeinandertreffen von verschiedenen Sphären, von Idee und konkretem Raum, von Begriff und Leben. Die Moderne, die doch mit dem Versprechen angetreten war, sich um des Glückes aller willen dem Ganzen anzunehmen, zeitigt bis heute in ihren dominanten Tendenzen immer feinere Zerstückelungen. Für diese gibt es Institutionen, Disziplinen, die ihre eigene exklusive Zuständigkeit verantworten. Inzwischen bemächtigen sich Experten der Klüfte, nehmen sich Mediatoren dem scheinbar Unüberbrückbaren an und entledigen sich damit professionell der – als dialektischen unpopulären – Einsicht, daß die Mediation den Bruch stiftet, die Grenze von dem gesetzt wird, der sie überschreitet. Wo dennoch nach Vermittlung gefahndet wird, rückt das zivile, kommunikative „Allianzpotential" konkreter Situativität und Ungleichzeitigkeit ins Blickfeld und mit ihr eine praxeologische Perspektive.[1] Praxis, die als alternativer theoretischer Ansatz in der Anthropologie seit den 80er Jahren an Bedeutung gewinnt,[2] löst durch ihre situative Komponente die praktizierten Geschehnisse aus ihrer habituell-schicksalhaften Zwangsläufigkeit – dies *ermöglicht* potentiell Vermittlung als qualitativ verändernde, erzwingt sie jedoch nicht *notwendig*. Praxis kommt ohne aus und macht trotzdem Sinn. Ob, wie und wodurch tatsächlich eine Vermittlung *verschiedener* Praxen stattfindet, die eigenwillig erfahrene Situation den Habitus bestätigend stabilisiert oder ihm qualitativ Neues anzutun vermag, möchte ich betrachten.

Meine Ausführungen beziehen sich auf Forschungen in Konstellationen, in denen „Natur" zentraler Referenzpunkt der Entwicklungsplanung war. Zum einen ging es um ein „grünes Städtebauprojekt" in und um Frankfurt am Main,[3] zum anderen um den künftigen Umgang mit „Natur" auf den Ostsee-Inseln Rügen und Usedom.[4] Aus Sicht des Faches stehen gemeinhin Alltagspraxen derer im Mittelpunkt des Interesses, die einesteils als listige, taktisch virtuose *Akteure* begriffen,[5] andernteils als *Betroffene* aufgefaßt werden – betroffen von Struktur und Autorität, Institutionen, Plänen, Begriffen, Risiken und Folgen. So ergibt sich die Vorstellung von machtvollen starren Gittern und – wenn nicht ohnmächtigen, so doch ungleich weniger mächtigen – Zwischenräumen.

---

1 Als erste und zentrale Arbeit für diese Perspektive ist zu nennen: Pierre Bourdieu: Entwurf einer Theorie der Praxis auf der ethnologischen Grundlage der kabylischen Gesellschaft. Frankfurt/M. 1976. Eine ausführliche Aufarbeitung und Einordnung praxistheoretischer Ansätze bietet die Arbeit von Stefan Beck: Umgang mit Technik. Kulturelle Praxen und kulturwissenschaftliche Forschungskonzepte. Berlin 1997.
2 Vgl. Sherry B. Ortner: Theory in Anthropology since the Sixties. In: Comparative Studies in Society and History 26/1984, S. 126-166.
3 Der Versuch der diskursiven und konkreten Etablierung des „Grüngürtels Frankfurt/Main" in den sozialen Raum der Stadt seit Anfang der 90er Jahre war Gegenstand meiner veröffentlichten Magisterarbeit: Kirsten Salein: Natur im Kopf. Stadtentwicklung zwischen Plan und Vermittlung. Das Projekt Grüngürtel Frankfurt. Frankfurt/M. 1996.
4 Zusammen mit Ina-Maria Greverus leitete ich von 1995-1997 ein studentisches Forschungsprojekt, das sich dem Alltagsleben der beiden ostdeutschen Inseln widmete. Vgl. Ina-Maria Greverus, Kirsten Salein (Hg.): Auf Inseln leben. Rügen und Usedom. Frankfurt/M. 1998.
5 Vgl. Michel de Certeau: Kunst des Handelns. Berlin 1986

Wenn das Gelände einmal dergestalt kartiert ist, läßt sich die Position des Faches folgendermaßen skizzieren: Wir stehen, so die amerikanische Fachkollegin Mary Hufford, „mit einem Fuß fest in den offiziellen Räumen der Universität, der Regierung und des privaten Sektors, [mit dem ...] anderen im ´Zwischendrin´ eines ständig neu entstehenden Alltagslebens".[6] Hier im Alltagsleben ist Provinz, Straßenrand, hier wird „umsichtig gestöbert", geborgen und Präsenz reklamiert, um Machtungleichheit und ungleichen Repräsentationschancen – vermittelnd – entgegenzutreten. Soweit ich es übersehen kann, scheint es hingegen eher unpopulär, einem mit Macht ausgestatteten Raum wie beispielsweise „Planung" Aufmerksamkeit zu schenken und diese obendrein unter dem Aspekt ihrer ermöglichenden Potentiale zu betrachten. Wer Dezernenten zitiert, macht sich verdächtig.

Grüngürtel, das war Anfang der 90er Jahre *das* ideologisch hochprozentige Vorzeigeprojekt der neuen rot-grünen Regierung in Frankfurt am Main. Nach zwölf Jahren christdemokratischer Regentschaft machte man sich – geeint und bewegt von Häuserkampf, Lichterketten und Sitzstreiks gegen die Startbahn West – demokratisch legitimiert und gesellschaftlich etabliert an die Arbeit. Im Grüngürtelprojekt sollte sich ein Gutteil des propagierten „sozialökologischen Umbaus" übersetzen. Es ging immerhin um 8.000 Hektar Stadtgebiet, etwa ein Drittel der Frankfurter Gemarkung, für die das schöne Wort „Grün-Erwartungsland" gefunden wurde. Anknüpfend an den sozialreformerischen Ansatz der sogenannten ersten Moderne in den 20er Jahren sollte die Stadt, wie die Verantwortlichen formulieren „vom Freiraum her gedacht" und gestaltet werden. Im Namen der Natur wurde Stadt aus der Sicht dessen betrachtet, was sie genuin *nicht* zu sein schien, von einem *Außen*, das sich nicht mit der Zweidimensionalität der Stadtkulisse begnügt, von einem *Anderen* her, das nicht komplementär assimiliert werden kann. Freiraum/Natur wird hier zum Politikum, in dessen Namen „Bestand" sich einbeziehen und bewegen läßt. Vermittlung wird programmatisch ins Zentrum gerückt. Die zentrale Idee: Begehrte, aber als solche „wertlose" Planungsgegenstände wie Natur lassen sich nur über eine nachhaltig zu begeisternde Bevölkerung langfristig sichern.

Dieser Ansatz versetzte jene, die ihn ersonnen hatten, in poetisch-tatkräftige und gemeinsam geteilte Euphorie. Zum Frühlingsanfang 1990 startete das Projekt offiziell mit einer Fahrradtour. „Die Jahreszeiten waren uns wichtig", betonte ein Planer, „das Projekt war im ersten Jahr in vier Phasen eingeteilt, so richtige Zyklen, wie die Jahreszeiten". Natürlich brauchte das Kind einen Namen, den seine „Väter" erwählten, um nun andere mit seiner namentlich markierten Existenz zu konfrontieren. Taufspruch mit Hölderlin: „Komm! Ins Offene, Freund." Auch ein Signet wurde entwickelt – fragmentarisch, skizzenhaft hingeworfen im Gestus reklamierter Offenheit. „Steinbeißer", sagten die Mitarbeiterinnen und Mitarbeiter liebevoll – Kosename für das, was die eigene tätige Existenz in der Welt rechtfertigt. Es folgten Entwürfe, Konzepte, Pläne, Vorträge und Diskussionsveranstaltungen; ein Ideenwettbewerb für Frankfurter Bürgerinnen und Bürger wurde seine 333 ausgelobten Fahrräder mangels Beteiligung nicht los. Ein großformatiger Band erschien;[7] eine Grüngürtel-Verfassung inklusive einer Charta als selbstbindende Erklärung wurde im Stadtparlament einstimmig angenommen. Nach einem Jahr intensiver, sinnvoller Planungspraxis wurde es ruhiger um

---

6   Mary Hufford: Working in the Cracks: Public Space, Ecological Crisis, and the Folklorist. In: Journal of Folklore Research 36:2-3/1999, S. 157-166, hier S. 157; der Beitrag von Mary Hufford barg viele anregende Gedanken für den hier vorliegenden Text.
7   Tom Koenigs (Hg.): Vision offener Grünräume. Grüngürtel Frankfurt. Frankfurt/M. 1991.

das Projekt. Das politische Klima kühlte sich ab, die materiale Basis dünnte sich zunehmend aus. Gerangel um eine „querliegende" Institutionalisierung klagte die Grenzen der politisch-administrativen Hoheitsgewässer ein. „Moderation" lautete entsprechend zahm der Auftrag für die neue städtische Grüngürtel-Gesellschaft, bar jeglicher investiver Mittel: Eine ideale Angriffsfläche für jene, die die Welt in effiziente, weil rasch produktive, und uneffektive – langsame und unproduktive – Praxen wertend aufteilen. Getrieben von Legitimierungszwang und eigenem Programm hat die moderierende Praxis inzwischen einige Kooperationspartner – Kindergärten, Werkstätten, Betriebe, Hochschulen, Vereine und Verbände – und den Schreibtisch, wie es heißt, „auf die Wiese" gestellt. Es fanden, teils umrahmt von Musikgruppen, Karussell, Grillwurst und buntem Programm Begehungen, Radtouren und Diskussionen statt, wo es ungeschieden um Fragen der Wegeführung und -verbesserung, um Kinderspielplätze und Verkehrsberuhigung, um Hunde und Frösche, um Müll und Blumen, um Nahverkehrsanbindung, Liegestuhlverleih und Regionalvermarktung ging. Mit öffentlich plazierter Skepsis wurden die Aktivitäten in Amtsstuben und Plenarsälen verfolgt – mal als „uneffektiv" angeprangert, mal als „rührend" bespöttelt. In wissenschaftlichen Kreisen erregte das Ganze „integrationsideologischen Verdacht".[8] Die neueste Grüngürtelveröffentlichung ist ein Tourenführer mit Karte, handlich, praktisch, liebevoll im Detail. Nachdem es nun absehbar nichts mehr zu prunken gab, zogen sich die Gallionsfiguren aus Politik und Wissenschaft zurück. Andere Herausforderungen warteten auf sie – wie eine Universitätsprofessur oder die Leitung eines Renommeeinstituts. Ein kleiner Kreis verstreuter Mitarbeiterinnen und Mitarbeiter praktiziert heute eine „pointillistische", unauffällige lokal orientierte Projektarbeit.[9] Ansonsten bewährte sich das Projekt Grüngürtel mit seinem vermittelnden Ansatz „Schutz durch Identifikation" als Modellbeispiel für umweltverträglichen Städtebau, vorgestellt und ausgezeichnet auf der UN-Konferenz Habitat II.

Auf den zur einstigen DDR gehörenden Ostseeinseln Rügen und Usedom stand ebenfalls Natur auf dem Programm. Landschaftsschutz und Naturpark waren hier die Arbeitstitel für grundsätzliche Positionsbestimmung und Weichenstellung. Nach Wende und Anschluß fand man sich – umgeben von Ruinen, Baustellen und Privatgrundstücken, brachliegenden Feldern und Betrieben – inmitten begehrter Naturschönheit wieder, die sich „der Abwesenheit typisch marktwirtschaftlicher Erscheinungen, wie Bodenspekulation und Steuerabschreibungsmöglichkeiten" verdankte, nebst dem „durch zentrale Steuerung, Kapital-, Baustoffmangel gebremsten Ausbau der touristischen Infrastruktur".[10] Das war einmal. Unter neuen Bedingungen wurde diese vergleichsweise intakte Naturausstattung zum wichtigsten Kapital, das vor allem die Insel Rügen zeitweilig zu einer der teuersten Immobilien der Republik machte. Die politische Antwort angesichts des immensen Investitionsdrucks: Ausweisung von Landschaftsschutzgebieten und Naturparks. Eine Vermittlung dieser formal-technischen Konzepte ist nicht vorgesehen, ihre Bestimmung bleibt – praktisch – unbestimmt und stiftet Sinn und Unsinn erst dort, wo andere sie – praktikabel für eigene Zwecke – illustrieren. Landschaftsschutz und Naturpark halten gleichsam still, während sich an ihrem Gerippe

---

8 Matthias Gather, Petra Unterwerner: Die grüne Weltstadt? „Grüne" Politik in Frankfurt am Main. In: Geographische Zeitschrift 80:2/1992, S. 106-120.
9 Peter Lieser: Grüngürtel Frankfurt. Neue Strategie oder letztes Gefecht für Natur in der Stadt? In: Martin Wentz (Hg.): Stadtentwicklung. Die Zukunft des Städtischen Bd. 9. Frankfurt/M. 1996, S. 232-238.
10 Malte Helfer: Tourismus auf Rügen. Chancen und Risiken der Umstrukturierung infolge der deutschen Einigung. Saarbrücken 1993, S. 66f.

entlang alter Dichotomien alte Lager formieren: „Autopiste versus Lurche", Ökonomie gegen Ökologie, Kultur gegen Natur, Rechts gegen Links, Ost gegen West:

Ginge die Landschaftsschutzverordnung durch, dürfe „kein Deich, kein Strand, keine Wiese mehr betreten werden", log der damalige Oppositionschef auf Rügen. „Niemand werde auch nur eine Fahne aufstellen können oder ein Trockenklo im Schrebergarten [...] den Menschen [...] verblieben nur noch die ausgewiesenen Dorf- und Stadtkerne, in denen sie sich nach Art von Ureinwohnerreservaten aufhalten dürften."[11] Sie hätten nicht vor, die Urlauber „im Schilfröckchen zu empfangen", ließ man uns wissen, oder gar, so eine andere Stimme, „zusammen mit ein paar Auerochsen herumzuspringen und hier und da mal 'ne Wiese zu mähen." Das sei das, mutmaßte einer, „was die Wessis vielleicht wollen: so ungefähr wie wieder zurück in den Urwald, und wir machen dann hier so´n bißchen was vor."

Die neuen – absatzfähigen – Repräsentationen in Prospekten und Ölgemälden vermitteln, daß solche Sorgen berechtigt sind: Menschen in Trachten, netzflickende Fischer, wettergegerbte Bauern. Das Küren der Kohlkönigin auf der Halbinsel Wittow, einst *das* Anbaugebiet für Kohl, spricht die gleiche Sprache. Nichts gegen Kohlfeste, die gab es auch früher, doch feierten die Wittower selbst, stolz auf ihren über nationale Grenzen hinaus exportierten Beitrag zur Sicherung der Volksernährung. „Fremde anzulocken", so ein Wittower, hatte man hier nicht nötig. Heute liegt ein Großteil der Felder brach, die Arbeitslosigkeit lag 1996 bei offiziell 27,2 Prozent. Wo Natur für andere Zielgruppen definiert und geplant wird, wächst sie der heimischen Bevölkerung rasch über den Kopf. Aus Allmende, Commons werden Gärten[12]. Ehemals praktisch-konstitutiv beteiligt an Gestalt und Regeln des konkreten räumlichen Gemeinguts, bleibt ihr nur mehr, zwischen der Rolle des Außenstehenden oder der des Statisten zu wählen. Die Schönheit des Gartens bestreitet Geschichten und Praxen aus anderen Sphären. Seine Natur mediatisiert im Gestus dessen, was „von allem Gewordenen verlassen" zu sein beansprucht.[13]

Der Vermittlung in Sachen Natur, Landschaftsschutz, Naturpark nehmen sich – unaufgefordert – einzelne kenntliche Personen an. Sie haben sich im Laufe der Jahre über engagiertes Arbeiten und Leben vor Ort Achtung und Vertrauen erworben – jenseits alter Grenzlinien und Systeme bzw. über diese hinaus. Zum Beispiel ein ehemaliger LPG-Vorsitzender, dem seine früheren Genossinnen und Genossen systemunabhängige menschliche Integrität attestierten. Ein offener Gesprächspartner; informierter Experte nur im Kreise derer, die mit einem solchen zu tun haben wollen. Kaum eine Debatte zum sehr fragilen, einst trockengelegten Thurbruchgebiet, bei der er nicht um Teilnahme und Einschätzung gebeten wurde[14]. Auch eine vor fünf Jahren aus Bremen angereiste Pastorin hat mit dem von ihr ins Leben gerufenen Grundtwighaus Raum geschaffen für Begegnung und Vermittlung.[15]

Sie sind nicht delegiert und schlagen aus ihren vermittelnden Aktivitäten kein Kapital. Sie beziehen Position, aber weil ihr Wissen der Erfahrung, dem Teilen der Zeit mit anderen und damit heterogenen Realitäten entstammt, wissen sie es nicht *besser*. Ihre Praxen vermitteln nicht Landschaftsschutzgebiet und Naturpark, keine Konzepte,

---

11 In: Bocknanger Zeitung vom 18.11.1995.
12 Vgl. Hufford (wie Anm. 6).
13 Arbeitskreis Naturqualität: Andere Ansichten der Natur. Hrgg. von Bloch, Jan R.; Daxner, Michael; Schmidt, Burghart. Münster 1981, S. 234
14 vgl. Oberfrank, Monika: Leben im Thurbruch. In: Greverus, Salein (Hg.), a.a.O., S. 329-381
15 vgl. Nebel, Bettina: „Einer Gemeinschaftsidee spinn' ich nach". Gedanken rund um das Grundtvighaus in Sassnitz. In: Greverus, Salein (Hg.), a.a.O., S. 53-102

Pläne oder Programme. Sie beharren vielmehr auf der Notwendigkeit der Vermittlung selbst und erinnern ans Thema: den Umgang mit Natur.

Wie stand es also mit – vermittelnden – Praxen in Frankfurt am Main und auf Rügen und Usedom?

Die elementare Sinnhaftigkeit, die Praxis als Stoffwechsel, als Auseinandersetzung mit Natur und In-der-Welt-Sein innewohnt, muß aus anthropologischer Perspektive habituell rückgebunden werden. Sinn macht es, Eigenes ins Spiel zu bringen. Die Planung von Natur im Grüngürtel erwies sich vorrangig als eine Praxis, die ich als „bürgerlich-idealistische Praxis" bezeichne und im Weberschen Sinne idealtypisch zuspitze:

Gleichwohl partikular, beansprucht solche Praxis, das Gemeinwohl im Auge zu haben. Dies befugt sie – unabhängig von demokratischer Legitimation – , für einen größeren Kreis von Mitmenschen Verantwortung zu beanspruchen. Das Wirken selbst ist zweidimensionalen, diskursiven Sphären, Sprache und Bild, verhaftet. Von einer hinsichtlich der kapitalen Ressourcen ebenso geerdeten wie unhinterfragten Ausgangsposition erhebt diese Praxis ihre Stimme, entwirft ihre Pläne und Szenarien von Natur und projiziert sie in einen zur Zukunft geöffneten Horizont. Natur konstituiert sich am Schreibtisch, in Konferenzräumen, Bibliotheken, auf Disketten und Bildschirmen. Es sind sichere, reine, anerkannte Orte, luxuriös, insofern sie die Zeit aussperren und mit ihr die Welt, die draußen, stets betrogen, saust, wie Eichendorff dichtete. Hier nun nehmen Gedanken und Phantasie *Form* an, stiften Sinn und drängen ans Licht der Welt. Sich zu veröffentlichen, gehört zum Habitus, dicht gefolgt von dem Gefühl, nicht verstanden, nicht genug beachtet oder gar angefeindet zu werden. Dies sowie die vermeintliche „Verunreinigung", die solcher Praxis entronnene Ideen als im-Lauf-der-Zeit gesellschaftlich vermittelte erfahren, gilt ihr wiederum als Beweis für die redliche Trefflichkeit ihres Dichtens und Trachtens, was der Kränkung einen heroischen Schimmer verleiht. So weiß man sich – abgelehnt und vergesellschaftet – als rationales Menschenwesen mit Macht im Recht.

Die von einzelnen Akteuren getragenen, vermittelnden Praxen auf Rügen und Usedom interpretiere ich als „alltagsweltlich-materialistische Praxis". Ihr ist der kontemplativ-repräsentative Gestus fremd. Hier geht es existentieller und zeitlicher zu, denn es gibt anzuerkennende lebensnotwendige Rahmenbedingungen, an denen sich Ideen, Pläne und Methoden messen lassen müssen. Natur konstituiert sich handelnd in der Gegenwart als eigentlicher Quelle der Zeit auf Basis historisch investierter Erfahrungen der Vergangenheit am eigenen Leib. Eine solche Praxis vertritt nicht, spricht für sich und – nur „gelegentlich" für und im Namen von jemand anderem, und für keine andere Zeit als die, in der sie sich vollzieht. Gewohnt mit anderem umzugehen, ohne es sich anders als in der Praxis vorübergehend zu eigen, gefügig zu machen, bleibt auch „Natur" unbestimmt, wird nicht definitionsmächtig und kategorisch verfaßt, um in ihrem Namen einen eigenen Ort einzuzäunen.

Ob Vermittlung möglich wird, ist jedoch keine Frage der einen oder anderen Praxis. Es ist meines Erachtens vielmehr eine Frage der Anerkennung. Sobald nämlich die für ihre jeweiligen Akteure sinnvolle Praxis ihr angestammtes Terrain verläßt, wird sie verdächtigt, mißtrauisch beäugt: „Da kann doch was nicht stimmen!" Anerkennung, Beförderung gibt's nur unter seinesgleichen. Die – praktisch – in Frage gestellten Strukturen und Ordnungen werden von ihren Vertretern und Günstlingen angemahnt. So wird Neues, Sich-Veränderndes mit Bekanntem betrogen, mit alten Werkzeugen in alte Formen gezwungen, die dann als „altbewährt" gelten dürfen. Mit den zurückgepfiffenen Praxen kehrt auch das, was sie verhandelt und konstituiert haben, wieder zurück ins

Kirsten Salein

Glied. Natur erweist sich im Scheitern der Vermittlung einmal mehr als reine Machtfrage, und daran beteiligen sich auch jene, die fruchtbare Vermittlung eigentlich nur dort wahrnehmen möchten, wo sie selber oder in Zwischenräumen beheimatete Akteursgruppen taktisch handelnd am Werk sind.

Klaus Schriewer

Gegenläufige Naturkonzepte
Über die Naturbegriffe in Jagd und Naturschutz

„Kein Kettensägenmassaker im Kellerwald"[1] titelte die Tageszeitung kürzlich und meldete, daß die hessische Forstverwaltung einen Bestand alter Buchen im Kellerwald entgegen ihrer früheren Planung nun doch nicht ernten werde – zumindest vorläufig. Hartnäckige Proteste der Umweltschutzverbände[2] hatten den zuständigen hessischen Minister bewogen, von seinen Plänen Abstand zu nehmen. Besondere politische Brisanz erhielt diese Auseinandersetzung durch die Tatsache, daß die alten Bäume noch vor kurzer Zeit – unter einer anderen Landesregierung – als Kern eines Nationalparks vorgesehen waren und vor der forstlichen Nutzung geschützt werden sollten.

Die Kontroverse um den Kellerwald ist kein Einzelfall. Um die geplanten und um die bereits existierenden Nationalparke wird heftig gestritten. Im ältesten Nationalpark Deutschlands – 1970 im Bayerischen Wald eingerichtet – wurden Auseinandersetzungen wegen starken Insektenbefalls geführt. Die Betreiber des Nationalparks argumentierten, daß es sich um einen natürlichen Prozeß handele und wollten nicht eingreifen. Die Waldbesitzer, deren Eigentum an das Schutzgebiet angrenzt, sahen ihre Wälder bedroht; viele Anwohner meinten, ihr Wald werde der Verwahrlosung preisgegeben. Im Harz fühlen sich Ortsansässige aus dem Wald des Nationalparkgebietes ausgesperrt und in ihren traditionellen Rechten beschnitten, weil sie nur bestimmte Wege betreten dürfen. Mittlerweile hat sich sogar ein bundesweit agierender „Verband der Betroffenen der Nationalparke" gegründet.[3] Einen ersten Erfolg konnten die Gegner verzeichnen, als der Nationalpark Elbtalaue aufgrund eines richterlichen Urteils aufgelöst werden mußte.[4]

Es sind vor allem die Konflikte um die Nationalparke, die in den Massenmedien publik werden, aber sie bilden lediglich die Spitze eines Eisberges vielfältiger Kontroversen über den vermeintlich richtigen Umgang mit dem Wald. Als ähnlich brisant erweist sich gegenwärtig die sogenannte Flora-Fauna-Habitat-Richtlinie der Europäischen Union, kurz FFH.[5] Diese Richtlinie ist als rechtliches Instrumentarium gedacht, um ein flächendeckendes Netz typischer Ökosysteme in ganz Europa auszuweisen. Die Umsetzung ist in verschiedenen Bundesländern auf Kritik gestoßen. Naturschützer bemängeln, daß zu wenige Gebiete benannt werden, und fordern eine konsequentere Auslegung, während vor allem die Waldbesitzer von unzulässigen Eingriffen in das Eigentumsrecht sprechen. Für weiteren Konfliktstoff sorgt neuerdings auch die

---

1   Tageszeitung, 21. August 1999, Artikel: Moratorium für den Kellerwald.
2   Federführend war der WWF Deutschland mit seiner Internetaktion „Rettet die Riesen-Buchen des Kellerwaldes" (wwf.de), die sich gegen den Einschlagserlaß des hessischen Ministers Dietzel richtete.
3   Frankfurter Allgemeine Zeitung, 27. Mai 1997, Artikel: »Nationalparkbetroffene« formieren sich.
4   Frankfurter Allgemeine Zeitung, 23. Februar 1999, Artikel: Einrichtung des Nationalparks Elbtalaue rechtswidrig. Es handelt sich um das Urteil des Oberverwaltungsgerichts Lüneburg mit dem Aktenzeichen 3K 2630/98.
5   Die FFH-Richtlinie ist Bestandteil des Natura 2000 Programms. Siehe: Martin Gellermann: Natura 2000. Europäisches Habitatschutzrecht und seine Durchführung in der Bundesrepublik Deutschland. Berlin, Wien 1998.

Zertifizierung von Forstbetrieben. Welchen Kriterien ein Öko-Label – wie es aus der Landwirtschaft bekannt ist – folgen soll, wird kontrovers eingeschätzt.[6] Neben diesen übergeordneten Auseinandersetzungen sind es nicht zuletzt viele lokale Streitigkeiten, die davon zeugen, daß die Vorstellungen von einem sinnvollen Umgang mit dem Wald weit auseinanderklaffen.[7]

In den letzten Jahren konnte ich die Konflikte um den Wald in unterschiedlichen Zusammenhängen studieren. Zum einen war ich als Mitarbeiter in einem Forschungsprojekt über die kulturelle Bedeutung von Wald tätig, das am Hamburger Institut für Volkskunde durchgeführt wurde.[8] In diesem Projekt wurde ein umfangreicher Materialfundus über das subjektive Erleben von Natur und Landschaft erhoben, dessen Kern mehr als 100 themenorientierte, oft mehrstündige Interviews bilden. Ergänzt werden sie durch archivalische, literarische und viele andere Quellen. Die Analyse dieses Materials erlaubt tiefreichende Einblicke in das gegenwärtige Naturbewußtsein und seine Varianten. Eindrückliche Erfahrungen, die weitere Erkenntnisse über die Kultur des Waldes erlauben, sammle ich seit einigen Jahren, wenn ich als „local expert" bei der Zertifizierung von Forstbetrieben für den Weltforstrat (FSC) tätig bin. Die Kriterien des FSC sehen vor, daß die drei Säulen der Nachhaltigkeit im Sinne der Umweltkonferenz von Rio im Jahr 1992 berücksichtigt werden: Ökonomie, Ökologie und Soziales. Als Gutachter für den dritten Aspekt – kulturelle und sozioökonomische Fragen – konnte ich im empirischen Feld immer wieder verfolgen, welche Formen des Wald- und Naturbewußtseins unter Forstleuten, Naturschützern, Waldbesitzern, Jägern und anderen Waldfreunden verbreitet sind.

Erklärt werden können die Kontroversen um den Wald aus kulturwissenschaftlicher Sicht nur, wenn die These zugrunde gelegt wird, daß hier verschiedene, grundsätzlich widersprüchliche Naturkonzepte aufeinandertreffen. Erstaunlicherweise wird die Notwendigkeit einer systematischen Differenzierung in der Forschung zum modernen Naturbewußtsein bislang nur selten verfolgt. Statt Kontraste zu erforschen, wird der Blick eher auf Gemeinsamkeiten gerichtet. Dabei werden entweder einzelne Umgangsweisen isoliert betrachtet und als Ganzheiten gesehen oder es wird versucht, verallgemeinernd zeittypische Muster herauszuarbeiten, die für eine gesamte Gesellschaft oder zumindest für weite Bevölkerungsteile gelten. Bei der isolierten Betrachtung wird eine Umgangsweise mit Natur und Wald wie das Wandern herausgestellt, gerne am Beispiel eines Vereins oder Verbandes.[9] Selten berücksichtigt wird bei solchen Untersuchungen, daß eine Umgangsweise ihre spezifische Form aus der Abgrenzung zu anderen erwirbt und sich nicht nur aus sich selbst konstituiert. Die Versuche, zeittypische Muster zu beschreiben, wiederum verabsolutieren eine – und wenn sie gelungen sind die dominierende – Art und Weise des Naturbewußtseins. Sie ordnen einer Gesellschaft oder historischen Ära jeweils eine spezifische Art der Naturwahrnehmung zu und lassen

---

6   Hier stehen sich das von vielen Umweltverbänden befürwortete Verfahren des Weltforstrates, FSC (Forest Stewardship Council), und das von den Waldbesitzern initiierte PEFC (Pan-European Forest Certification) mit ihren unterschiedlichen Ansätzen, Anforderungen und Interpretationen gegenüber.
7   In Hamburg beispielsweise haben Bürger aus dem Stadtteil Wohldorf in den letzten Jahren gegen die turnusmäßige Durchforstung eines Buchenwaldes protestiert, eine Initiative, die deutliche Parallelen zu Aktionen in vielen anderen Regionen aufweist.
8   Publikationen, die im Rahmen des Projekt veröffentlicht wurden, sind am Ende dieses Beitrages aufgeführt.
9   Der am besten erforschte Verein dürften die Naturfreunde sein. Siehe etwa Jochen Zimmer (Hg.): Mit uns zieht die neue Zeit. Die Naturfreunde. Zur Geschichte eines alternativen Verbandes in der Arbeiterkulturbewegung. Köln 1984.

unberücksichtigt, daß möglicherweise andere Formen zeitgleich existieren. Unterschiede arbeiten sie allenfalls in einer diachronen historischen Perspektive heraus, nicht aber in synchroner. Eine solche Betrachtungsweise legt selbst der französische Sozialwissenschaftler Serge Moscovici in seiner bedeutenden Untersuchung über die menschliche Geschichte der Natur an. Er vertritt hier die These, daß der Mensch vom Neolithikum bis zur Renaissance in einem organischen Verhältnis zur Natur stand, dem ein mechanistisches folgte, das im 20. Jahrhundert schließlich durch ein kybernetisches abgelöst wurde.[10] Eindimensionale Betrachtungen wie diese bleiben dem klassischen Epochendenken verhaftet, das mit scharfen Einschnitten arbeitet und die Ablösung eines vorherrschenden Musters durch ein anderes vorsieht.[11] Problematisch an einer solche Perspektive ist nicht, daß die Existenz allgemeingültiger kultureller Muster vorausgesetzt wird. Die Vereinnahmung des „deutschen Waldes" etwa für die Symbolik einer nationalen Identitätsstiftung dürfte ein Phänomen sein, das in weiten Bevölkerungsteilen Deutschlands zu finden ist.[12] Diese auf übergeordnete kulturelle Phänomene abhebende Darstellungsweise hat ihre Berechtigung, erfaßt aber nur einen Teil der Kultur des Waldes: Wenn die Kontroversen um den Wald und ihre kulturellen Hintergründe erklärt werden sollen, bieten sich weder eine isolierte noch eine verallgemeinernde Darstellungsweise, die Gemeinsamkeiten herausstellt, als Werkzeuge an, denn sie vernachlässigen die Existenz mehrerer, möglicherweise gegensätzlicher Formen.

Eine Analyse, die darauf abzielt, die Kontroversen um den Wald zu erklären, muß die Unterschiede im gegenwärtigen Naturbewußtsein herausarbeiten. Dies bedeutet, daß nicht eine Umgangsweise für sich genommen betrachtet wird, sondern das Gefüge der verschiedenen kulturellen Systeme, die vom Wald handeln. Sie bedingen einander, und in ihnen entwickeln sich in der Auseinandersetzung miteinander unterschiedliche Strategien und Lösungsansätze für die jeweilige Problematik. Am Beispiel von Naturschutz und Jagd, die in den Konflikten um den Wald häufig als Widerpart aufeinandertreffen, soll im Folgenden erläutert werden, wie groß die Differenzen im gegenwärtigen Vorstellungskomplex von Natur sind. Im Naturschutz wird das Konzept einer bedrohten Natur vertreten. In der Jagd hingegen zeigt sich die Vorstellung einer zu regulierenden Natur. In diesem Beitrag kann lediglich dargelegt werden, wie wesentliche Merkmale dieser Zugangsweisen ausgeformt sind. Wie sich diese Konzepte im subjektiven Bewußtsein und in einer lebensgeschichtlichen Perspektive zeigen, kann hingegen nur an einigen kurzen Beispielen erläutert werden. Für die zukünftige theoretische Arbeit stellt die Ausarbeitung des Verhältnisses vom empirisch zu erforschenden Individuum und theoretisch abzuleitender Praxis – zwischen Jäger und Jagd etwa – eine wesentliche Herausforderung dar.

---

10 Serge Moscovici: Versuch über die Geschichte der Natur. Frankfurt/M. 1982.
11 Ähnlich verallgemeinernd auch Wolfgang Marschall: Entwurf einer Kulturgeschichte der Natur. In: Miljar Svilar (Hg.): Kultur und Natur. Bern, Frankfurt 1992, S. 11-28. Stefan Heiland: Naturverständnis. Dimensionen des menschlichen Naturbezugs. Darmstadt 1992. Orvar Löfgren: Natur, Tiere und Moral. Zur Entwicklung der bürgerlichen Naturauffassung. In: Utz Jeggle, Gottfried Korff, Martin Scharfe, Bernd-Jürgen Warneken (Hg.): Volkskultur in der Moderne. Tübingen 1986, S. 122-144.
12 Auf die Bedeutung der nationalistischen Interpretationstradition in der Volkskunde hat Albrecht Lehmann hingewiesen. Albrecht Lehmann: Wald. Über seine Erforschung aus volkskundlichen Fachtraditionen. In: Zeitschrift für Volkskunde 92/1996, S. 32-47.

Klaus Schriewer

1. Das Konzept des Naturschutzes

Die Brisanz der aktuellen Kontroversen um den Wald ist nur zu verstehen, wenn man die Entwicklung der letzten knapp 30 Jahre betrachtet. Bis in die späten 1960er Jahre waren Naturschützer zwar in vielen einzelnen Projekten aktiv, ihr Einfluß aber blieb gering; selbst in Fragen der Landschaft und ihrer Gestaltung.[13] Der Bericht des Club of Rome und die Wirtschaftskrise haben Ende der 1960er Jahre dazu beigetragen, den Fortschrittsoptimismus in der Bundesrepublik in Frage zu stellen – so lautet die einhellige Einschätzung von Umwelthistorikern und anderen Experten.[14] Der Umweltschutz wurde innerhalb kürzester Zeit zu einem Maßstab, an dem sich seither privates und öffentliches Handeln messen lassen müssen. Im Rampenlicht der öffentlichen Debatte stand zwar die Nutzung der Kernenergie, in ihrem Schatten aber mauserte sich der Naturschutz. Das Buch „Der stumme Frühling" von Rachel Carsson[15] über Umweltdelikte und Artensterben in den USA, das 1976 in deutscher Sprache erschien und auf hiesige Waldfreunde wie ein Schock wirkte, ist Ausdruck für die – auch international – wachsende Bedeutung des Naturschutzes. Wer sich heute mit dem Wald beschäftigt, kommt nicht umhin, die ökologischen Aspekte seines Handelns zu reflektieren und zu legitimieren. Ob Naturschützer, Jäger, Waldbesitzer, Wanderer oder Imker, alle sehen sich heute mit der Notwendigkeit konfrontiert, ihren Umgang mit dem Wald in den Kontext des Naturschutzes zu stellen und sich vor diesem Hintergrund zu rechtfertigen.[16] Auch die Verbände dieser Gruppen heben immer wieder hervor, daß ihre Mitglieder einen effektiven Naturschutz betreiben; allerdings legen sie dabei unterschiedliche Interpretationen dieses Begriffes zugrunde.

Aus den im Waldprojekt geführten Interviews mit ehrenamtlichen Naturschützern geht hervor, daß sie sich auf verschiedene Weise für den Wald engagieren. Drei Aktivitätsbereiche sind dabei zu unterscheiden: 1. Mit praktischen Pflegearbeiten setzen sich viele Aktivisten für den Erhalt kleinerer Ausschnitte der Wälder ein. Sie legen Feuchtbiotope an und halten sie instand, schützen Kröten und Frösche oder legen sogar neue Wälder an, wie etwa im Harz oder in den Alpen. Besonders aktiv sind in dieser Hinsicht die vielen lokalen Ableger des Naturschutzbundes Deutschland, kurz NABU. Es dürfte nicht zuletzt die Tradition der Ornithologen für praktische Schutzinitiativen sein, die im Engagement der Mitglieder dieser aus dem Deutschen Bund für Vogelschutz hervorgegangenen Organisation zum Ausdruck kommt.[17] 2. Einige Naturschützer kontrollieren das Verhalten von Waldbesuchern. In Hamburg beispielsweise unterstützen Mitglieder des Naturschutzbundes die Forstverwaltung bei ihren hoheitlichen Aufgaben. Mit großem Eifer patrouillieren sie im Schutzgebiet Fischbecker Heide und weisen Spaziergänger, die ihre Hunde frei laufen lassen, oder Pilzsammler, die im Naturschutzgebiet ihrem Hobby nachgehen, auf ihre Vergehen hin. 3. Ein großer Teil der Naturschützer

---

13 So bildet die Errichtung von Naturparken, für die im Vergleich zu reinen Naturschutzgebieten und heutigen Nationalparken recht geringe Auflagen gelten, einen Schwerpunkt naturschützerischer Arbeit in den 1950er und 1960er.
14 Jost Hermand: Grüne Utopien in Deutschland. Zur Geschichte des ökologischen Bewußtseins. Frankfurt/M. 1991. Rolf-Peter Sieferle: Fortschrittsfeinde? Opposition gegen Technik und Industrie von der Romantik bis zur Gegenwart. München 1984.
15 Rachel Carsson: Der stumme Frühling. München 1976.
16 Die zunehmende Bedeutung des Naturschutzes läßt sich etwa daran erkennen, daß die Ratgeberliteratur diesen Begriff seit einigen Jahren explizit aufgreift und mit ihm wirbt. So findet sich – um nur ein Beispiel zu nennen – auf dem Buch „Imkern als Hobby" von Irmgard Diemer (Stuttgart 1995) der ergänzende Hinweis „Aktiver Naturschutz durch Bienenhaltung".
17 Dirk Cornelsen: Anwälte der Natur. Umweltschutzverbände in Deutschland. München 1991.

konzentriert sich auf die politische Arbeit. Sie engagieren sich einerseits in der Öffentlichkeitsarbeit und versuchen andererseits Einfluß auf die Landschaftsplanung, die forstliche Planung und andere behördliche Vorhaben zu gewinnen.[18]

Das praktische Engagement von Naturschützern – in der Pflege, in Kontrolle, Öffentlichkeits- und planerischer Arbeit – gründet auf der Vorstellung, daß die Natur durch den Menschen bedroht ist. Er verfügt dieser Auffassung nach nicht nur über die technischen Möglichkeiten, Pflanzen, Tiere, Landschaften und schließlich auch sich selbst zu zerstören, sondern ist auch im Begriff, dies in die Tat umzusetzen. Diese Einschätzung bildet die grundlegende Voraussetzung des naturschützerischen Kalküls.[19] Gemeinsam ist den Naturschützern, daß sie sich vor diesem Hintergrund als Anwälte der Natur verstehen und die ethische Forderung vertreten, daß der Schutz der Natur die oberste Maxime bilden muß, während ökonomische Interessen zurückgestellt und technische Möglichkeiten nicht notwendigerweise ausgeschöpft werden sollen. Das Handeln soll sich primär an den möglichen Konsequenzen für eine Besserung der natürlichen Umwelt orientieren. In Frage stellen sie das anthropozentrische Weltbild, dem sie ein biozentrisches entgegenstellen, das der Umwelt einen intrinsischen Wert beimißt und die Verwertungskriterien außer acht läßt.[20] All dies impliziert der Begriff vom Schutz der bedrohten Natur, mit dem ich versuche, das Prinzip des Naturschutzes zu erfassen.

Die unterschiedlichen Fraktionen innerhalb der Naturschutzbewegung und die einzelnen Naturschützer haben in den jeweiligen gesellschaftlichen Kontexten aus ihren Präferenzen heraus verschiedenartige Lösungsstrategien innerhalb dieser Problematik entworfen. Die traditionelle Form des modernen Naturschutzes, seit seiner Etablierung am Ende des 19. Jahrhunderts, war der Artenschutz, der sich auf ausgewählte Pflanzen und Tiere konzentrierte. In den letzten Jahrzehnten wächst die Bedeutung des Prozeßschutzes, der darauf abzielt, Natur als ganzheitliches System zu erfassen.[21] Auch bei der Frage, wie konsequent naturschützerische Forderungen durchgesetzt werden können, lassen sich unterschiedliche Einschätzungen und Vorgehensweisen unter Naturschützern erkennen. Gerade in den letzten Jahren scheint es, daß sich ein Naturschutz etabliert, der auf eine verstärkte Kooperation mit anderen Naturverbänden und -nutzern setzt und striktere Forderungen, die keine Kompromisse mit lokalen Nutzern suchen, als wenig erfolgversprechend bewertet.[22]

Abgesehen von diesen Differenzen, die für eine eingehende Analyse des Naturschutzes genauer zu betrachten wären, lassen sich über die grundlegende Einschätzung zur Bedrohung der Natur hinaus einige weitere Aspekte eines naturschützerischen Bewußtseins benennen. Beispielsweise sind unter Naturschützern spezifische ästhetische Maßstäbe und ein korrespondierendes Konzept für den Waldbau verbreitet. Als ästhetisch reizvoll gelten Waldbilder, die von Laubbäumen dominiert werden. Sie symbolisieren die Vorstellung von einer intakten Natur, während Nadelholz und besonders die Fichte als Ausdruck einer verarmten und künstlich überformten Natur ver-

---

18 Das Bundesnaturschutzgesetz unterstützt diese Arbeit. In § 29 wurde ein Anhörungsrecht bei Planungsvorhaben für die bedeutenden Verbände in Naturschutz und Landschaftsnutzung verankert.
19 Diese Einschätzung bildet auch bei Rolf Peter Sieferle den Ausgangspunkt der Überlegungen: Rolf Peter Sieferle: Rückblick auf die Natur. München 1997, S. 24.
20 Dieter Birnbacher (Hg.): Ökophilosophie. Stuttgart 1997.
21 Stefan Heiland: Voraussetzungen erfolgreichen Naturschutzes. Individuelle und gesellschaftliche Bedingungen umweltgerechten Verhaltens, ihre Bedeutung für den Naturschutz und die Durchsetzbarkeit seiner Ziele. Landsberg 1999. H. Plachter: Naturschutz. Stuttgart 1991.
22 Evangelische Akademie Baden (Hg.): Land nutzen – Natur schützen. Von der Konfrontation zur Kooperation. Karlsruhe 1995.

standen werden. Diese Einschätzung entspricht der in weiten Bevölkerungskreisen verbreiteten Vorliebe für Laubwälder und Abneigung gegen Nadelwälder.[23] Allerdings spielt bei Naturschützern der Gedanke des Naturwüchsigen und Ursprünglichen eine besondere Rolle. Laubgehölze stufen sie – unterstützt durch biologische Untersuchungen – als die in unseren Breiten „potentiell natürlichen" Baumarten ein. Vor allem die Buche gilt als die Baumart, die in Mitteleuropa nicht nur standortgerecht, sondern standortgemäß sei.[24] Zu dieser Vorstellung eines naturwüchsigen Laubwaldes gehört auch das sogenannte Totholz, abgestorbene Bäume, die teilweise umgestürzt sind und nun am Boden zerfallen oder teilweise noch verdorrt als „Skelette" stehen und vielfach Spechtlöcher aufweisen oder von Baumpilzen besetzt sind. Dazu eine typische Aussage eines Naturschützers, die nicht nur dieses Ensemble beschreibt, sondern auch die „Widernatürlichkeit" des Eingriffs durch Menschen thematisiert:

> „[...]in einem sehr schönen Wald [...], wo überall Baumleichen rumliegen und alte Bäume, [...] da blühen ganz viele krautige Pflanzen und was weiß ich was alles, irgendwo klopft ein Specht. Und wenn ich dazwischen immer sehe, daß überall nur alte Baumstümpfe sind und nicht so abgebrochene Dinger, sondern daß der Mensch die mal abgesägt hat, da stört mich das schon ein bißchen. Das ist schon so."[25]

Das Idealbild eines Waldes, das auch in diesem Zitat als Vorbild dient, ist der Urwald. Weil dieser Waldtyp „nicht allein aus einem seit jeher vor jeder Holznutzung geschonten Waldbestand (besteht), sondern aus einem in jeder Hinsicht natürlichen Wald-Beziehungsgefüge"[26], dürfte die Suche nach Urwäldern in Deutschland wenig erfolgreich verlaufen. Immerhin sind einige kleinere Waldgebiete zu finden, die seit mehreren Jahrhunderten nicht bewirtschaftet werden und in der Alltagssprache gerne als Urwälder bezeichnet werden: zum Beispiel der „Urwald" im hessischen Reinhardswald oder die sogenannten heiligen Hallen bei Feldberg in Brandenburg. Weitaus bedeutender als diese Kleinodien sind in der Debatte über den Schutz der Wälder allerdings die künstlich geschaffenen „Urwälder von morgen", die Nationalparke. Diese Gebiete – besonders im Bayerischen Wald und im Harz – besitzen einen hohen symbolischen Stellenwert innerhalb des Naturschutzes, denn hier wird eine ihrer Maximen konsequent umgesetzt: Der Ausschluß des Menschen aus der Natur. Aufgeteilt sind die Parke in verschiedene, gerne konzentrisch organisierte Zonen, die die wirtschaftliche Nutzung immer strenger reglementieren und in der Kernzone gänzlich untersagen, wo selbst das Betreten eingeschränkt oder gänzlich unterbunden wird.

---

23 Klaus Schriewer: Die Wahrnehmung des Waldes im Wandel. In: Vokus 8:2/1998, S. 4-17
24 Diese Unterscheidung spielt in der Zertifizierung eine entscheidende Rolle. Die Fichte wird zwar in einigen Regionen Deutschlands als standortgerecht bezeichnet, weil ihre Anforderungen an Boden, Klima etc. abgedeckt werden und sie gut gedeiht, sie gilt aber nur in wenigen Höhenlagen der Gebirge als standortgemäß, weil sie nur hier vor der künstlichen Anpflanzung durch den Menschen weiter verbreitet war. Der ideologische Gehalt in dieser Frage wird im Falle der Douglasie deutlich, die im 19. Jahrhundert aus Amerika eingeführt wurde und als „Fremdart" gilt, obwohl sie vor der Eiszeit hier heimisch war. Welche besondere Bedeutung der Frage der Neophyten im Naturschutz zukommt, hat kürzlich Uta Eser eingehend beschrieben: Uta Eser: Der Naturschutz und das Fremde: ökologische und normative Grundlagen der Umweltethik. Frankfurt/M., New York 1999.
25 Interview mit einem Biologiestudenten (Nr. 16), 30 Jahre, waldfern lebend.
26 Hans Leibundgut: Europäische Urwälder. Wegweiser zur naturnahen Waldwirtschaft. Bern, Stuttgart, Wien 1993, S. 12.

Abb. 1: Ein schöner Wald im Sinne des Naturschutzes. Der Text zu diesem Bild gibt die Maxime des Naturschutzes formelhaft wieder: „Nationalparke schützen Naturlandschaften, wo die Natur sich nach ihren eigenen Gesetzen dynamisch entwickelt und in die der Mensch weder lenkend, pflegend oder nutzend eingreift." Quelle: Nationalpark 71/1991, S.7.

Allerdings machen die Nationalparke nur einen verschwindend geringen Anteil an der gesamten Waldfläche Deutschlands aus. Im weitaus größten Teil legt der Mensch weiterhin Hand an. Für diese Wirtschaftswälder fordern Naturschützer den sogenannten „naturnahen Waldbau" – ein Bewirtschaftungskonzept, das aus der Auseinandersetzung zwischen forstwirtschaftlichen und naturschützerischen Interessen resultiert, sich an natürlichen Prozessen im Ökosystem Wald orientiert und ein behutsames und selektives Eingreifen des Menschen vorsieht. Vor etwa einem Jahrzehnt ist es zur Richtschnur der deutschen Forstwirtschaft geworden. Die verschiedenen Varianten des Konzeptes vom naturnahen Waldbau sehen im wesentlichen die Umwandlung der Fichtenforsten in Wälder mit höherem Laubholzanteil vor und messen dem Totholz eine besondere Bedeutung bei. Der Plenterwirtschaft wird gegenüber der Kahlschlagswirtschaft der Vorrang eingeräumt, ebenso wie die künstliche Verjüngung gegenüber der natürlichen zurücktreten soll.[27] Wie diese Vorgaben konkret realisiert werden können, wird von Forstleuten, Naturschützern, Waldbesitzern und Jägern unterschiedlich beurteilt. Der Anteil des Totholzes etwa ist ebenso wie die Zusammensetzung der Baumarten umstritten, und die Möglichkeiten einer natürlichen Verjüngung des Waldes hängt neben waldbaulichen vor allem von jagdlichen Bedingungen ab. Der naturnahe Waldbau ist ein Kompromißkonzept, die Nationalparke hingegen können mit der hier praktizierten „Stillegung" als Idealbilder betrachtet werden, die einen zentralen Aspekt des Naturkonzeptes im Naturschutz erkennen lassen. Den Wald aus der Bewirtschaftung zu nehmen und sich selbst zu überlassen, bedeutet, ihn vor einer Einflußnahme durch den Menschen zu verteidigen. Dies impliziert, daß der Mensch nicht als Bestandteil dieses Ökosystem begriffen wird. Der moderne Mensch stellt für den Naturschutz einen Fremdkörper in der Natur dar.

Diese Interpretation des Verhältnisses des Menschen zur Natur läßt sich auch im Geschichtsbild vieler Naturschützer wiederfinden. Die Zeit vor einer nennenswerten Besiedlung durch den Menschen gilt als Vergleichsmatrix für eine intakte Natur. Die Landschaft wurde noch nicht durch den Menschen geprägt; zu dünn war die Besiedlung, zu gering die technischen Fertigkeiten. Schon das Aussterben des Mammuts allerdings führen einige Naturschützer auf den Einfluß des Menschen zurück; eine von Biologen aufgestellte These. In einer Aussage eines Naturschutzaktivisten über die potentiell natürliche Vegetation, die Ausrottung des Mammuts durch den Menschen und die Gestaltung der Landschaft durch diese Vertreter der Megafauna kommt der tiefgreifende Einfluß des Menschen selbst im späten Pleistozän zum Ausdruck:

> „Da sagt man, das ist ein geschlossener Buchenwald, daß ein Eichhörnchen vom Ural bis zum Mittelmeer, ohne auf den Boden zu kommen von Baum zu Baum springen kann. Das wird als potentiell natürliche Vegetation bezeichnet. Ich habe dann gesagt, das ist Blödsinn, weil man, wenn der Mensch nie dagewesen wäre, aus dieser dann entstehenden Landschaft auch im Grunde nicht die Megafauna ausblenden dürfte, die wir ja selber im Grunde vernichtet haben. Die wäre dann noch da. Und die würde dann Landschaft gestalten, das Eichhörnchen könnte nicht von Baum zu Baum hüpfen."[28]

In dieser Aussage wird der tiefgreifende Einfluß des Menschen geschichtlich sehr früh angesetzt. Der jagende Mensch rottete das Mammut aus und schuf damit die Voraussetzung dafür, daß sich die Landschaft grundlegend veränderte – die heute als potentielle Vegetation angenommene Pflanzenwelt entstand. Andere Naturschutzaktivisten setzen eine tiefgreifende Veränderung und Bedrohung der Natur in der Zeit an, als der Mensch seßhaft wurde und effektive Verfahren entwickelte, um seine Umwelt zu bearbeiten. Mit der industriellen Revolution schließlich wurde der naturschützerischen Interpretation zufolge ein Stadium erreicht, das den Menschen befähigt, sich und seine Umwelt gänzlich zu zerstören. Und in den letzten Jahrzehnten sei der Prozeß der Zerstörung rapide vorangeschritten. Deshalb müßten nun möglichst große Flächen ganz vor dem Eingriff des Menschen bewahrt werden.

---

27 Programmatisch wirkte u. a. Wilhelm Bode, Martin von Hohnhorst: Waldwende. Vom Försterwald zum Naturwald. München 1994. Wilhelm Bode (Hg.): Naturnahe Waldwirtschaft. Prozeßschutz oder biologische Nachhaltigkeit. Holm 1997.
28 Interview mit einem Studenten der Landschaftspflege (Nr. 94), 32 Jahre, waldnah lebend.

2. Das Naturkonzept der Jagd

In der Jagd hat sich ein deutlich anderer Umgang mit dem Wald und ein gegenläufiges Naturkonzept entwickelt. Ebenso wie die verbreitete Jagdliteratur beginnen Jäger ihre Version der Geschichte gerne mit den Jäger- und Sammlergesellschaften. Schon hier zeige sich die natürliche Disposition des Menschen zur Jagd. Und ebenso wie Naturschützer konstatieren sie, daß der Mensch einen stetig wachsenden Einfluß auf die Natur gewonnen hat. Allerdings kommen sie zu einer anderen Schlußfolgerung. Sie meinen, daß die Natur durch das Wirken des Menschen so verändert wurde, daß ein künstlich erzeugtes Gleichgewicht entstand. Nun sei der permanente Eingriff notwendig, um es aufrecht zu erhalten. Gerne wird aus der Jagdliteratur in diesem Zusammenhang erwähnt, daß Raubtiere wie Bär oder Wolf in Mitteleuropa seit einigen Jahrhunderten ausgerottet sind und der Mensch nun ihre Aufgabe übernehmen müsse, den Wildbestand in Grenzen zu halten. Die Jagd handelt folglich – um es im Begriff festzuhalten – von der zu regulierenden Natur.

Abb. 2: Der Mensch tritt an die Stelle der Raubtiere Bär, Luchs und Wolf und muß ein künstliches Gleichgewicht in der Natur erhalten. Quelle: Wilhelm Bode, Elisabeth Emmert: Jagdwende. Vom Edelhobby zum ökologischen Handwerk. München 1998, S. 27.

In der traditionellen Form der Jagd, wie sie bis heute von der Mehrheit der etwa 250.000 Jäger betrieben wird, ergänzen sich Hege und Bejagung. Welche Bedeutung der Hege zukommt, läßt sich aus einer Aussage eines der bekanntesten Jagdautoren, Walter Frevert, ablesen: „Es gehört zu den Pflichten des Waidmanns, sein Wild zu hegen und in Notzeiten zu füttern".[29] Zur Hege gehört im klassischen Verständnis die Fütterung des Wildes im Winter. Gefüttert werden die Tiere aber auch in anderen Jahreszeiten, wenn es darum geht, sie an bestimmte Standorte zu locken und von anderen fernzuhalten. Um Wildschweine etwa von Feldern fernzuhalten, wird Mais im Wald ausgebracht – in der ausgeprägten Jägersprache wird es als Ankirren bezeichnet. Das Zufüttern begründen Jäger damit, daß die Tiere im Wald und in den Feldern sonst übermäßigen Schaden anrichten würden, da sie in unserer Kulturlandschaft schlechte Nahrungsbedingungen vorfinden.

Zu genau festgelegten Jahreszeiten dürfen dann die einzelnen Wildarten bejagt werden. Einzeln vom Hochsitz aus oder in größeren Gruppen bei Gesellschaftsjagden stellen die Jäger dem Wild nach. Der Akt des Schießens bildet einen Höhepunkt. Es kann deshalb nicht verwundern, wenn die im Rahmen des Waldprojekts interviewten Jäger alle ausführlich über ihren ersten Schuß auf ein Stück Wild berichteten. Er scheint von besonderer lebensgeschichtlicher Bedeutung zu sein. Unübersehbar bleibt auch später das Interesse der Jäger am Schuß auf ein besonderes Tier. Ein männliches Tier mit möglichst imposanter Trophäe zu erlegen, ist das Bestreben vieler Jäger. Folgerichtig gilt die Trophäe als wesentliches Kriterium bei der Auslese des Wildes.

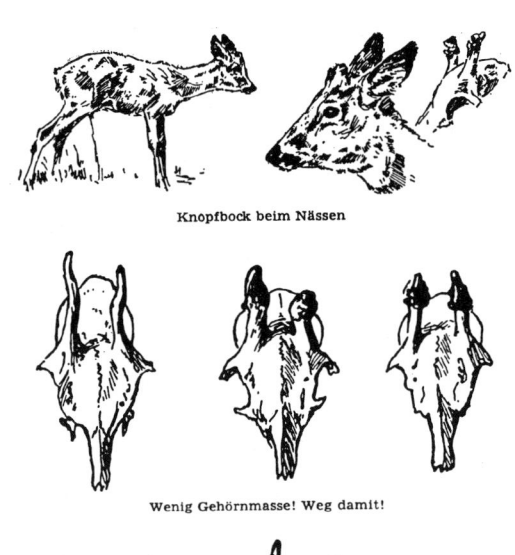

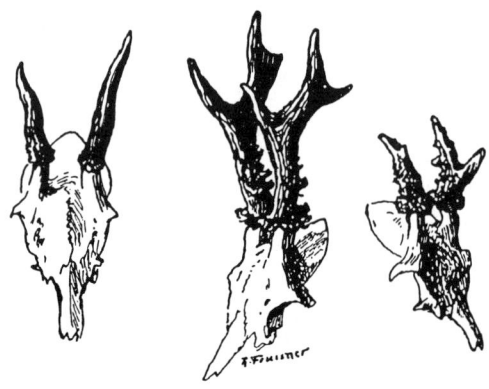

Knopfbock beim Nässen

Wenig Gehörnmasse! Weg damit!

Abb. 3:
Die Trophäe dient in der traditionellen Jagd als entscheidendes Auslesekriterium. Heute wird diese Vorstellung in Frage gestellt.
Quelle: Richard Blase: Die Jägerprüfung. Melsungen 1973, S. 160.

---

29 Walter Frevert: Das jagdliche Brauchtum. Hamburg 1995, S. 143.

In den letzten Jahren ist die traditionelle Jagd in die Kritik geraten. Tier- und Naturschützer wenden sich gegen die Methoden der Jäger, einige Gruppen lehnen die Jagd ganz ab. Radikale Gegner organisieren Störaktionen bei Gesellschaftsjagden oder zerstören Hochsitze. Unter Jägern wird intensiv diskutiert, wie auf die verbalen und handfesten Angriffe zu reagieren sei. Legitimierung und Öffentlichkeitsarbeit sind zu wichtigen Stichworten geworden,[30] und immer wieder ist von den sogenannten „schwarzen Schafen" in den eigenen Reihen die Rede. Wie sehr sich die Jäger unter Rechtfertigungszwang sehen, zeigt sich auch daran, daß viele Jäger ihre Passion in den Projektinterviews unaufgefordert verteidigten. Illustrieren kann dies auch ein Blick auf die private Internetseite eines Jägers, der sich folgendermaßen präsentiert:

> „Die Jagd ist sicherlich ein ungewöhnliches Hobby und auch in der Bevölkerung umstritten. Ich habe selbst anfänglich Schwierigkeiten gehabt, mich mit dieser Freizeitbeschäftigung zu identifizieren, bin aber inzwischen ein begeisterter Jagdanhänger."[31]

Auch unter Jägern wird mittlerweile Kritik an der traditionellen Form der Jagd geübt. In mehreren Bundesländern haben sich ökologische Jagdverbände gegründet. Sie treten mit ihren Vorstellungen gegen den Deutschen Jagdverband an, in dem die große Mehrheit der Jäger organisiert ist. In meiner Arbeit als Gutachter für das forstliche FSC-Zertifikat weisen mich immer wieder Jäger aus dem Spektrum der ökologischen Fraktion auf jagdliche Gepflogenheiten hin, die sich ihrer Auffassung nach für den Wald als Ganzes nachteilig auswirken. Winterliche Fütterungen, die Notwendigkeit, junge Waldbestände einzuzäunen und die vielfachen Schäden an Bäumen seien Indizien für einen zu hohen Wildbestand. Sie fordern eine deutliche Reduzierung des Wildes und effektive Jagdmethoden. Außerdem kritisieren sie die Auslesepraxis, die sich allein an der Trophäe des Wildes orientiert.[32]

Trotz dieser Unterschiede unter Jägern bleibt die gemeinsame Voraussetzung ihrer Vorstellungen vom Umgang mit Wald und Natur, daß der Mensch das Gleichgewicht der Natur regulieren muß. Ob das mit winterlichen Fütterungen oder mit einem erhöhten Abschuß des Wildes erreicht wird, ist lediglich eine Frage nach dem Niveau, auf dem sich die Waagschale einpendeln soll. Aus der Perspektive der Jagd muß ein Naturschutz, der die Natur sich selbst überlassen möchte, ineffektiv erscheinen. Er läßt das Gleichgewicht wissentlich aus dem Lot geraten, was zur Folge haben kann, daß sich eine Tier- oder Pflanzenart übermäßig vermehrt und das System außer Kraft setzt. Wirklichen Naturschutz ermöglichen aus dieser Perspektive nur Umgangsweisen mit der Natur, die – wie die Jagd – auf eine sinnvolle Regulierung abzielen.

Daß Jagd und Naturschutz in vielen der Kontroversen um Wald gegensätzliche Positionen markieren, kann angesichts der Verschiedenartigkeit der mit ihnen verbundenen Naturkonzepte kaum erstaunen. Spezifische Vorstellungen vom Verhältnis des Menschen zur Natur, unterschiedliche Interpretationen der Menschheitsgeschichte, verschiedenartige ästhetische Vorstellungen – um nur einige Aspekte zu nennen – stehen sich gegenüber und dienen als Grundlage der Argumentationen. Sie bilden den kulturellen Hintergrund der Streitigkeiten um Wald und Natur.

---

30 Exemplarisch für diese Debatte: Adolf Adam: Ethik der Jagd. Paderborn 1996.
31 Dieser Text findet sich gegenwärtig im Internet unter: http://home.t-online.de/home/dirk.hartkopf/jagd.htm.
32 Stellvertretend ist hier zu nennen: Wilhelm Bode, Elisabeth Emmert: Jagdwende. Vom Edelhobby zum ökologischen Handwerk. München 1998.

Fazit und Ausblick

Naturschützer und Jäger dienten hier als Beispiele für die Verschiedenartigkeit gegenwärtiger Naturkonzepte. Für andere Gruppen, in deren Aktivitäten der Wald einen zentralen Platz einnimmt, lassen sich typische Naturkonzepte aufzeigen. Der Waldbau etwa handelt von der formbaren Natur. In diesem Konzept wird als Selbstverständlichkeit vorausgesetzt, daß der Mensch die Natur nach seinen Vorstellungen bearbeitet und gestaltet. Unter dieser Prämisse hat sich in Deutschland die Idee der Nachhaltigkeit entwickelt, und sie spiegelt sich bei vielen Waldbesitzern in dem zentralen Gedanken, daß sie den Wald von den vorherigen Generationen übernehmen und für die folgenden bewirtschaften.[33] In die Imkerei ist die Vorstellung einer gütigen Natur eingeschrieben. Im Selbstverständnis der Bienenzüchter ist fest verankert, daß sie lediglich den Überschuß abschöpfen, den die Natur produziert. Sie nehmen für sich in Anspruch, sorgsam mit der Natur umzugehen; mit ihr zu kooperieren, statt gegen sie zu arbeiten.[34] Beim Wandern steht die imposante und ästhetische Natur im Zentrum. Panoramen zählen hier neben der Freude an Detailbetrachtungen von Pflanzen und Tieren zu den besonderen Erfahrungen. Die Lust am weiten Blick auf die Landschaft hat dazu geführt, daß auf kaum einer bedeutenden Anhöhe der Aussichtsturm fehlt.[35]

Daß auch in anderen Zusammenhängen verschiedenartige Naturkonzepte differenziert werden müssen, haben die Soziologen Georg Kneer und Dieter Rink dargelegt.[36] Aus der Analyse von Interviews mit Schrebergärtnern folgerten sie, daß die unterschiedlichen Nutzungs- und Bedeutungsformen nur zu erklären sind, wenn von unterschiedlichen Naturvorstellungen ausgegangen wird. Sie entwarfen ein ähnliches Spektrum, zeigten allerdings nicht die kulturelle Ausformung der Naturkonzepte.

Eine Differenzierung des Naturbewußtseins in verschiedene Naturkonzepte ermöglicht es, die Diskurse über Natur und Wald in ihrem Facettenreichtum zu erfassen. Sie konstituieren sich aus einer Vielfalt gegensätzlicher Standpunkte und Strategien, in die auch übergeordnete Aspekte des Naturverständnisses einfließen. Mit einem theoretischen Modell, das bewußt auf kulturelle Unterschiede abzielt und sie zu systematisieren sucht, können die Kontroversen um den Wald erklärt werden. Die Konkurrenzen zwischen den verschiedenen Waldinteressierten lassen sich auf diese Weise ebenso erklären, wie es möglich ist, die wachsende oder schwindende Bedeutung einzelner Naturkonzepte zu verstehen. Die Ungleichzeitigkeit des Gleichzeitigen verliert in diesem Kontext ihren disqualifizierenden Charakter, denn es wird keine als weniger oder mehr zeitgemäß eingestuft, auch wenn eine von ihnen vorherrschend ist. Die Konjunktur des Naturschutzes seit den 1970er Jahren und seine gegenwärtige Dominanz gegenüber anderen Vorstellungsmustern müssen dann nicht bedeuten, daß andere Prinzipien unmöglich werden oder der Zeit nicht entsprechend wären. Sie bilden statt dessen den notwendigen Gegenpol, an dem sich der Naturschutz mit seiner Natur-

---

33 Albrecht Lehmann: Wald als Lebensstichwort. Zur biographischen Bedeutung der Landschaft, des Naturerlebnisses und des Naturbewußtseins. In: Bios 9:2/1996, S. 143-154.
34 Klaus Schriewer: Imker im Widerstreit mit dem modernen Naturschutz. Zur kulturellen Relativität ökologischen Handelns. In: Dieter Hofmann, Kaspar Maase, Bernd-Jürgen Warneken (Hg.): Ökostile. Kulturelle Voraussetzungen ökologischen Handelns. Marburg 1999, S. 203-221. Siegfried Becker: Der Bienenvater. In: Hessische Blätter für Volks- und Kulturforschung N.F. 27/1991, S. 163-194.
35 Joachim Kleinmanns: Schau ins Land – Aussichtstürme. Marburg 1999.
36 Georg Kneer, Dieter Rink: Milieu und Natur. In: Hofmann, Maase, Warneken (wie Anm. 34), S. 121-144.

konzeption orientieren und bewähren muß. Die verschiedenen Strömungen innerhalb der Naturschutzbewegung sind als Lösungsstrategien für diese Herausforderungen zu verstehen. Gleichzeitig ergibt sich aus dem wachsenden Stellenwert des Naturschutzes für die Jagd, den Waldbau, das Wandern etc. die Notwendigkeit, tradierte Konzeptionen zu überdenken und gegebenenfalls neue Wege zu beschreiten. Durch die Auseinandersetzung mit dem Naturschutz sind hier in den letzten Jahrzehnten neue Handlungsmuster und Strategien entstanden, wie die Auseinandersetzung zwischen traditioneller und ökologischer Jagd erkennen läßt.

Wie eine differenzierende Analyse mit einer Perspektive auf Gemeinsamkeiten verbunden werden kann, ist im Fach bislang wenig reflektiert worden. Das Hamburger Waldprojekt ist über die konkreten Ergebnisse zur Kultur des Waldes hinaus als Versuch zu verstehen, eine empirisch fundierte Forschung durchzuführen, in der der Blick auf kulturelle Unterschiede mit dem Blick aufs kulturelle Ganze planmäßig verbunden wird.[37] Neben der Umsetzung in der empirischen Forschung stellt sich in Zukunft vor allem die Aufgabe, die theoretischen Voraussetzungen eines Modells zu erkunden, das ein Zusammenspiel beider Perspektiven nicht nur einfordert, sondern auch tatsächlich einlöst.

Veröffentlichungen aus dem Hamburger Forschungsprojekt „Lebensstichwort Wald"

Albrecht Lehmann: Von Menschen und Bäumen. Die Deutschen und ihr Wald. Hamburg 1999.
Albrecht Lehmann, Klaus Schriewer: Der Wald – Ein deutscher Mythos? Berlin 2000
Albrecht Lehmann: Wald. Über seine Erforschung aus volkskundlichen Fachtraditionen. In: Zeitschrift für Volkskunde 92/1996, S. 32-47.
Albrecht Lehmann: Wald als Lebensstichwort. Zur biographischen Bedeutung der Landschaft, des Naturerlebnisses und des Naturbewußtseins. In: Bios 9:2/1996, S. 143-154.
Albrecht Lehmann: Natur. In: Enzyklopädie des Märchens Bd. 9. Berlin, New York 1999, Sp. 1255-1261.
Albrecht Lehmann: Erinnerte Landschaft. Veränderungen des Horizonts und narrative Bewußtseinsanalyse. In: Fabula 39/1998, S. 291-301.
Albrecht Lehmann: Der deutsche Wald. In: Hagen Schulze, Etienne Francois (Hg.): Deutsche Gedächtnisorte. München (im Druck).
Albrecht Lehmann: Alltägliches Waldbewußtsein und Waldnutzung. Der Wald aus kulturwissenschaftlich-volkskundlicher Sicht. In: Albrecht Lehmann, Klaus Schriewer (Hg.): Der Wald – Ein deutscher Mythos? Berlin 2000.
Albrecht Lehmann: Landschaftsbewußtsein. Zur gegenwärtigen Wahrnehmung natürlicher Ensembles. Im vorliegenden Band.
Albrecht Lehmann, Klaus Schriewer: Oh, du schöner deutscher Wald. In: forschung. Das Magazin der Deutschen Forschungsgemeinschaft. 1999, Heft 3-4, S. 20-23.
Klaus Schriewer: Die Deutschen und der Wald. In: Schmelz, Bernd (Hg.): Drache, Stern, Wald und Gulasch. Europa in Mythen und Symbolen. Bonn 1997, S. 1-17.
Klaus Schriewer: Die Gesichter des Waldes. Zur volkskundlichen Erforschung der Kultur von Waldnutzern. In: Zeitschrift für Volkskunde 94/1998, S. 71-90.
Klaus Schriewer: Die Wahrnehmung des Waldes im Wandel. In: Vokus, 8:2/1998, S. 4-17.
Klaus Schriewer: Imker im Widerstreit mit dem modernen Naturschutz. Zur kulturellen Relativität von Naturschutz. In: Michael Hofmann, Kaspar Maase, Bernd-Jürgen Warneken (Hg.): Ökostile. Zur kulturellen Vielfalt umweltbezogenen Handelns. Marburg 1999, S. 203-221.

---

37 Deutlich wird dieser Versuch in der aus dem Projekt heraus entstandenen Monographie: Albrecht Lehmann: Von Menschen und Bäumen. Die Deutschen und ihr Wald. Hamburg 1999.

Klaus Schriewer: Landschaftswahrnehmung, Waldbenutzung und Naturschutz. In: Land-Berichte. Halbjahresschrift für ländliche Regionen 1999/I., S. 93-105.

Klaus Schriewer: Aspekte des Naturbewußtseins. Zur Differenzierung des „Syndroms deutscher Wald". In: Albrecht Lehmann, Klaus Schriewer (Hg.): Der Wald – ein deutscher Mythos? Berlin 2000.

Helga Stachow: Botanik, Ökologie und Esoterik. Zu drei Erfahrungsformen von Wald. In: Albrecht Lehmann, Klaus Schriewer (Hg.): Der Wald – Ein deutscher Mythos? Berlin 2000.

Ludwig Fischer

Das Erhabene und die ‚feinen Unterschiede'
Zur Dialektik in den sozio-kulturellen Funktionen von ästhetischen Deutungen der Landschaft

‚Landschaft' meint heute nicht nur umgangssprachlich, sondern auch in den einschlägigen wissenschaftlichen Fachsprachen einen wahrnehmbaren Ausschnitt der uns umgebenden Lebenswelten.[1] Begriffsgeschichtlich ist detailliert nachgewiesen, daß dieses dominante Verständnis auf eine Umdeutung der älteren, politisch-räumlichen Bedeutung von ‚Landschaft' zurückgeht.[2] Dabei ist entscheidend, daß diese Umdeutung von innovativen ästhetischen Konzepten der frühen Neuzeit ausgeht: von der bildlichen Präsentation zentralperspektivisch konstruierter, idealtypisch fingierter oder referentiell ‚wiedergegebener' Lebensraum-Ausschnitte. Bekanntlich stammt der erste deutschsprachige Beleg für diese neuartige Verwendung des Wortes ‚Landschaft' von Albrecht Dürer, der damit eben auf die ‚Kunst' verweist, eine visuell definierte Einheit von wahrgenommener Umwelt im zweidimensionalen Bild darzustellen. Die Anfänge einer abendländisch-neuzeitlichen Subjektbildung, die dem zentralperspektivischen Konstruktionsprinzip von Weltwahrnehmung und -darstellung eingeschrieben sind, lassen sich auch in der Geschichte des Landschaftsbegriffs aufspüren.[3] Dem kann und will ich

---

1 Dies gilt auch für den – abgeleiteten – Landschaftsbegriff der empirisch ausgerichteten Geographie, der einen ‚charakteristischen physischen Ausschnitt der Erdoberfläche' meint. Vgl. Gerhard Hard: Zu den Landschaftsbegriffen der Geographie. In: Alfred Hartlieb von Wallthor, Heinz Quirin (Hg.): ‚Landschaft' als interdisziplinäres Forschungsproblem. Münster 1977, S. 13-23, hier S. 14
   Gerhard Hard hat aufs genaueste gezeigt, daß auch in der Geographie die leitenden Vorstellungen selbst bei einer ‚harten' geographischen Definition auf die vorrangig visuell-mentale Konstituierung zurückgehen (Gerhard Hard: Die ‚Landschaft' der Sprache und die ‚Landschaft' der Geographen. Bonn 1970, S. 25ff.; vgl. S. 168ff.) Immer wieder hat dies in der Geographie zur Folge gehabt, daß über Landschaft ‚mit philosophischem Einschlag' oder gar mit literarischen Ambitionen gehandelt wurde (vgl. z.B. Herbert Lehmann: Essays zur Physiognomie der Landschaft. Hg. v. Anneliese Krenzlin und Renate Müller, Stuttgart 1968). Das Bemühen in der Geographie und den angrenzenden Disziplinen, die ‚physische Landschaft' vom wahrgenommenen ‚Landschaftsbild' zu unterscheiden, läuft Gefahr, die bewußtseinsgeschichtliche Grundlegung des Landschaftskonzepts zu verkennen bzw. zu negieren (vgl. etwa die Diskussion bei Christoph Schwahn: Landschaftsästhetik als Bewertungsproblem. Zur Problematik der Bewertung ästhetischer Qualität von Landschaft als Entscheidungshilfe bei der Planung von landschaftsverändernden Maßnahmen. [=Beiträge zur räumlichen Planung, 28]. Hannover 1990, S. 27ff., und die dort erörterte Literatur.
2 Dazu Gunter Müller: Zur Geschichte des Wortes Landschaft. In: Wallthor / Quirin (wie Anm. 1), S. 4-12; Rainer Gruenter: Landschaft. Bemerkungen zur Wort- und Bedeutungsgeschichte. In: Germanisch-Romanische Monatsschrift 34/1953, S. 110-120.
3 Den unauflösbaren Zusammenhang der Ausbildung abendländisch-neuzeitlicher Subjektivität mit der Anschauung von Natur als ‚Landschaft' erörtert, in der Aufnahme einer reich entfalteten Tradition, Matthias Eberle: Individuum und Landschaft. Zur Entstehung und Entwicklung der Landschaftsmalerei. Gießen.1986, S. 8ff., S. 21ff., S. 33ff.
   Die Wahrnehmung von Landschaft ist eine ‚Leistung des Subjekts an der Natur': Das Heraustrennen eines Ausschnitts aus der grenzenlosen Vielfalt und Kontinuität der ‚erscheinenden Natur' erfordert nicht nur Begrenzung, sondern auch Herstellung einer Einheit. Diese sinnliche Anschauung der Einheit in dem ausgegrenzten Teil der (zunächst als ‚natürlich' wahrgenommenen) Phänomene – also die ‚partielle Totalität' – wird erkenntnis- und subjekttheoretisch als ‚Abbild' der ganzen, sinnlich nicht erfaßbaren Natur in einer begrenzten, bildhaften Ganzheit

an dieser Stelle nicht weiter nachgehen[4], auch nicht den hochinteressanten, neuen Versuchen in der Kulturgeographie, zu einer politisch und kulturell wegweisenden Rückgewinnung des identitätsbezogenen alten Landschaftsbegriffs anzuregen.[5]

Aus der für unsere heutige Vorstellung von wahrgenommener Natur so entscheidenden Geschichte der mentalen Konzeptionierung von Landschaft will ich hier nur zwei aufs engste miteinander verbundene Momente herausgreifen: die Funktion, die die visuell-ästhetische Definition von Landschaft für die sozio-kulturelle Distinktion von Anfang an hatte, und auf die ‚Prozeßenergie', die den Distinktionswerten des axiomatisch ästhetischen Landschaftkonstrukts innewohnt. Ich erläutere diese Aspekte an einem ganz aktuellen Beispiel, das eine mentalitätsgeschichtlich und kulturhistorisch weit fortgeschrittene Phase der zu behandelnden Dialektik repräsentiert, aber erstaunlich direkte Rückbezüge auf einen 250 Jahre zurückliegenden Entstehungszusammenhang erlaubt.

Im Spätherbst 1997 erschien in der Bundesrepublik ein neues Buch von Reinhold Messner, dem weltweit bekannten Extrembergsteiger, der als bislang einziger Mensch alle Achttausender auf der Erde ohne Sauerstoffgerät und fremde Hilfe bestiegen hat, der als bisher einziger die Südwand des Nanga Parbat, „die höchste Wand der Welt[6]", allein durchkletterte, der die Antarktis auf Skiern durchquerte und Grönland in ganzer Länge durchmaß.[7]

Der Titel des Buches lautet ‚Berg Heil – Heile Berge? Rettet die Alpen'. ‚Berg Heil' galt lange als Grußformel unter Bergsteigern in den deutschsprachigen Alpen, wirkt

---

gedeutet. (Vgl. Eberle [wie Anm. 3], S. 8f., im Rekurs auf Hellpach, Lützeler, Lehmann u. a.). Maßgeblich hat Georg Simmel dies in seiner ‚Philosophie der Landschaft' ausformuliert: „Dies scheint mir die geistige Tat zu sein, mit der der Mensch einen Erscheinungskreis in die Kategorie ‚Landschaft' hineinformt: eine in sich geschlossene Anschauung als selbstgenügsame Einheit empfunden, dennoch verflochten in ein unendlich weit erstrecktes, weiter Flutendes, eingefaßt in Grenzen, die für das darunter, in anderer Schicht wohnende Gefühl des göttlichen Einen, des Naturganzen nicht bestehen" (Georg Simmel: Brücke und Tor. Essays des Philosophen zur Geschichte, Religion, Kunst und Gesellschaft. Hg. v. Michael Landmann. Stuttgart 1957, S. 141-152, hier S. 142). Simmel versteht diese „geistige Tat" an der grenzenlosen Fülle des Natürlichen bezeichnenderweise als „ein Kunstwerk in statu nascendi" (ebda. S. 147). Darin reflektiert sich ungewußt die Realgeschichte der Landschaftsanschauung: Sie ist untrennbar gebunden an die Entwicklung der Zentralperspektive – also die abstrakt-konstruktive Vereinheitlichung des abgebildeten Raumes auf der zweidimensionalen, durch den ‚Rahmen' begrenzte Fläche.

Zur bildnerischen Zentralperspektive und ihren Stellenwert als Modell für Welt-Anschauung vgl. Albrecht Koschorke: Die Geschichte des Horizonts. Grenze und Grenzüberschreitung in literarischen Landschaftsbildern. Frankfurt/M. 1990, S. 49f.; Bernd Busch: Belichtete Welt. Eine Wahrnehmungsgeschichte der Fotografie. München 1989, S. 61f.; Ludwig Fischer: Perspektive und Rahmung. Zur Geschichte einer Konstruktion von ‚Natur'. In: Harro Segeberg (Hg.): Die Mobilisierung des Sehens. Zur Vor- und Frühgeschichte des Films in Literatur und Kunst. München 1996, S. 69-96. Die konzeptionelle Bedeutung der perspektivischen Abbildung speziell für das ‚mentale Konstrukt', Landschaft zu erörtern, muß einer ausführlichen Studie vorbehalten bleiben.

4 Ich verweise auf die grundsätzlichen Überlegungen in meinem Aufsatz „Die Ästhetisierung der Nordseemarschen als Landschaft". In: Ludwig Fischer (Hg.): Kulturlandschaft Nordseemarschen. Bredstedt / Westerhever 1997, S. 201-232.

5 Vgl. dazu insbesondere Kenneth R. Olwig: Recovering the Substantive Natur of Landscape. In: Annals of the Association of American Geographers 86:4/1996, S. 630-653.

6 Der Mensch erfindet den Sinn des Lebens. Reinhold Messner über Ein- und Aus-, Auf- und Absteiger, seine Ängste und – den Yeti. In: Frankfurter Rundschau Nr. 279, 1.12.1997, S.7.

7 Der Text folgt hier partienweise einem Referat, das ich auf der Permanent European Conference for the Study of the Rural Landscape, 18th Session, in Trondheim and Røros, 7.-11. Sept. 1998 gehalten habe [demnächst im Tagungsband].

aber heute ausgesprochen altväterlich und mit falschem Pathos aufgeladen. Und ‚heile Berge' spielt ganz bewußt mit der Wortverwandtschaft von ‚heil' mit ‚heilig'. Die Provokationen des Buches werden mit dem Untertitel angedeutet: ‚Rettet die Alpen'. Provokationen waren mit dem Buch geplant, und sie gelangen. Eine effektive PR-Strategie führte dazu, daß bereits vor Erscheinen des Bandes der Autor Reinhold Messner von einer Talk-show zur nächsten gereicht wurde und die meisten überregionalen Zeitungen große Interviews oder Diskussionsbeiträge brachten.

Auf eine vereinfachte Formel reduziert, bestand die zentrale Provokation Messners mit seinem Text und seinen Medienauftritten darin, daß er eine politisch-gesellschaftliche Initiative forderte, um zumindest die ‚extremen' Regionen der Hochalpen in eine Art Reservat für ‚naturnahe' Hochleistungs-Bergsteiger zu verwandeln, für solche Kletterer also, die ohne die technischen Installationen der vielbegangenen, populären Routen ‚ihre Kräfte am Berg messen'.

Er propagierte eine auch ökologisch unterlegte Verzichts-Ethik des elitären Alpinismus der Spitzen-Kletterer[8]: Nur die höchsten Herausforderungen eines fast schon professionalisierten Bergsteigens, dem keine sekundären Hilfsmittel das tödliche Risiko zu nehmen suchen[9], könnten noch Erfahrungen ermöglichen, für die die Hochgebirgsregionen gewissermaßen eigentlich da sein: jene Grenzerfahrungen, die den Menschen ‚zu sich selbst' kommen lassen. „Wenn wir die Werte der Berge retten wollen – Einsamkeit, Ruhe, Erhabenheit und Größe –, dann müssen wir die Erschließung stoppen."[10]

Es geht also Messner nach seinem eigenen Verständnis nicht um die Privilegierung der wenigen als ‚Könner' ausgewiesenen Bergsteiger, die eine weltweite Gemeinschaft der Kletterer-Elite bilden.[11] Zur Debatte steht für ihn der „Wert der Berge", d. h. ihre kulturelle Bedeutung. Eben diese Bedeutung sieht er durch einen hochtechnisierten, aggressiv vermarkteten Kletter-Tourismus aufs stärkste gefährdet, der inzwischen für Preise zwischen 10.000 und 40.000 Dollar auch eine geführte Besteigung des Mount Everest biete, inklusive Helikopter-Anflug zum Basislager und Seilsicherung in schwierigen Partien. Wenn Messner die „Werte der Berge" vor ihrer endgültigen, tourismusindustriellen Zerstörung bewahren will, argumentiert er nach Kriterien eines ‚Menschheits-Erbes'. Der ‚Rettung' der Alpen bedeutet die Rettung der „Berge der Welt".[12] So wie die Ozeane nicht nur in ökologischer, sondern auch in kultureller Hinsicht von der UN zu einem ‚Gemeinerbe der Menschheit' erklärt worden sind[13], sieht Messner in den nur unter schwierigsten Bedingungen zugänglichen Hochgebirgsregionen ein unverzichtbares Natur-Erbe für alle Menschen – daß diese Regionen aber nur wenigen, hochtrainierten Bergsteiger-Artisten für eine Real-Erfahrung offen stehen

---

8   Messner prägt denn auch das Wort von der „Verzichtalpinistik": „Die Lust oder Sehnsucht, einfach auf einen Berg zu steigen, über welche Fußwege, Wände oder Kanten auch immer, wird im Menschen nur dann lebendig bleiben, wenn er den Berg nicht zum präparierten Sportobjekt degradiert. Deshalb ist das ‚Wie besteige ich einen Berg?' nicht primär ein sportliches, sondern ein ökologisches Postulat. Wie hinterlasse ich ihn als Medium für den nächsten Erfahrungssucher?" Reinhold Messner: Berg Heil – Heile Berge? Rettet die Alpen. München 1997, S. 40.
9   „Der Einsatz künstlicher Hilfsmittel im Hochgebirge – ob am Berghang oder in der Felswand – muß also unterbleiben oder verboten werden." Ebda. S. 38.
10 Der Mensch erfindet ... (wie Anm.6), S. 7.
11 Vgl. ebda. „Es gibt unter den klassischen Bergsteigern eine stillschweigende Rangliste..."
12 Messner, Berg Heil (wie Anm.8), S. 38 u.ö..
13 Vgl. Elisabeth Mann Borghese: Die Zukunft der Weltmeere. Wien, München, Zürich 1981, bes. S. 61f., 145.

sollen, ist eine bezeichnende Paradoxie, auf die ich zurückkomme. Die Wertsubstanz, der Gehalt dieses Menschheitserbes besteht laut Messner in der Möglichkeit, die „verloren gegangene Bindung zur Natur" wiederzubeleben, und zwar „in unserem Empfinden, in unseren Instinkten"[14]: Indem der Extremalpinist unter schwierigsten Bedingungen ein Ziel (zumeist den Gipfel) zu erreichen sucht, begibt er sich in eine elementare Auseinandersetzung mit der Natur, in der nicht nur bei tödlicher Gefahr die ‚instinktiven Fähigkeiten' entscheiden.[15] Diese im wahrsten Sinne abenteuerliche Auseinandersetzung ist für Messner gekennzeichnet durch Nutzlosigkeit: „Jeder meiner Abenteuer ist ein Einsatz wider die Nützlichkeit."[16] Und die Erfahrungen, auf die es bei solchen Abenteuern ankomme, resultierten daraus, daß man sich der überwältigenden Größe und Gefährlichkeit des Hochgebirge aussetze.[17]

Mit diesen Schlüsselbegriffen – Nutzlosigkeit, überwältigende Größe, Gefährlichkeit – liefert Messner die unmittelbaren Verweise auf die ideengeschichtliche Tradition, aus der heraus er argumentiert: Es ist die Ästhetik der Erhabenheit. Diese Ästhetik hatte im 18. Jahrhundert einer kulturellen Elite ermöglicht, den bis dahin abschreckenden und häßlichen Bergen, den ‚Schrunden auf dem Antlitz der Welt' eine, neue, hochwertige Erfahrung abzugewinnen: diejenige des „delightful horror", des ‚enthusiastic terror' und ‚terrible joy'. Die Geschichte dieser Umwertung der heilsgeschichtlichen und ästhetisch ‚minderwertigen' Hochgebirge ist inzwischen detailliert geschrieben.[18] Ich will gar nicht den Versuch machen, den mentalitätsgeschichtlich sehr komplexen und aufschlußreichen Umschwung kurz zusammenzufassen. Pointieren möchte ich lediglich, daß bereits am Ende des 18. Jahrhunderts die Erhabenheitsästhetik so ‚populär' geworden war, daß erste Klagen über einen beginnenden Hochalpen-Tourismus laut wurden:[19] Die ‚exklusive' Erfahrung einiger weniger hatte sich als neue ästhetische Norm durchgesetzt und der normierenden Elite damit einen hohen Zuwachs an ‚Definitionsmacht', als kultureller Legitimationskraft erbracht. Aber eben die angestrebte Verallgemeinerung der Norm schwächte deren distinktive Kraft entscheidend. Es läßt sich also schon um 1780 die gleiche Dialektik erkennen, auf die Reinhold Messner über 200 Jahre später eine paradoxe Antwort zu geben versucht: Wenn die angeblich elementaren, für die Selbstwahrnehmung des Menschen so zentralen Erfahrungen des Erhabenen von der ‚Masse' gesucht werden – und damit auch zwangsläufig den Verwertungsinteressen des ‚Marktes' unterworfen werden –, dann geht ihnen der entscheidende, auszeichnende Charakter verloren.

Worin besteht denn nun, auf den Anschauungsgegenstand Hochgebirge hier einmal eingeschränkt, dieser essentielle, kulturell distinktiv verstandene Charakter der Erhabenheitserfahrung? Schon bei Edmund Burke (‚A Philosophical Enquiry into the Origin of our Ideas of the Sublime and the Beautiful', 1757), dann schärfer noch bei

---

14 Messner, Berg Heil (wie Anm. 8), S. 38.
15 „Die Fähigkeiten, die am Berg entscheiden, sind instinktive Fähigkeiten und weniger intellektuelle. Der Verstand ist nicht schnell genug, zu entscheiden, wenn die Lawine kommt. Warum ich bisher immer das Richtige getan habe, weiß ich nicht." Der Mensch erfindet ... (wie Anm. 6), S. 7.
16 Messner, Berg Heil (wie Anm. 8), S. 132.
17 Vgl. Ebda. S. 130ff.; Der Mensch erfindet ... (wie Anm. 6), S. 7.
18 Vgl. nur als einen der jüngeren Beiträge Ruth Groh, Dieter Groh: Von den schrecklichen zu den erhabenen Bergen. Zur Entstehung ästhetischer Naturerfahrung. In: dies.: Weltbild und Naturaneignung. Zur Kulturgeschichte der Natur. Frankfurt/M. 1991, S. 92-141. Dort weitere Literaturhinweise.
19 Vgl. Franz Stanzel: Das Bild der Alpen in der englischen Literatur des 17. und 18. Jahrhunderts. In: GRM 14/1964, S. 121-138.

Immanuel Kant ('Kritik der Urteilskraft', 1790) hat die Erhabenheits-Ästhetik ihre bis heute prägende Struktur in einem Zweischritt, einem inneren Spannungszustand: einem elementaren Schrecken angesichts der Unendlichkeit oder Übermacht der Natur und der darauf folgenden ‚Lust' der erneuerten Selbstgewißheit und Subjektmächtigkeit.[20] Auch bei Kant kann sich das ‚angenehme Grauen'[21], die außerordentlich stimulierende und bereichernde Freude am Schrecken nur einstellen, wenn das Angst-Erlebnis, jenes plötzliche Gewahrwerden von Gefahr, Ohnmacht und Überwältigtsein, sich als ein ‚Irrtum' erweist: „Kühne, überhangende, gleichsam drohende Felsen, am Himmel sich auftürmende Donnerwolken, mit Blitzen und Krachen einherziehend, Vulkane in ihrer ganzen zerstörenden Gewalt, Orkane mit ihrer zurückgelassenen Verwüstung, der grenzenlose Ozean in Empörung gesetzt, ein hoher Wasserfall eines mächtigen Flusses u. dgl. Machen unser Vermögen zu widerstehen in Verbindung mit ihrer Macht zur unbedeutenden Kleinigkeit. Aber ihr Anblick wird desto anziehender, je furchtbarer er ist, wenn wir uns nur in Sicherheit befinden; und wir nennen diese Gegenstände gern erhaben, weil sie die Seelenstärke über ihr gewöhnliches Mittelmaß erhöhen und eine Vermögen zu widerstehen von ganz anderer Art in uns entdecken lassen, welches uns Mut macht, uns mit der scheinbaren Allgewalt der Natur messen zu können".[22] Die bis heute richtungweisende, noch das moderne ‚Technisch-Erhabene'[23] einschließende Fassung jener ästhetischen Theorie, die ein Höherwertiges gegenüber dem nur ‚Schönen' ausgemacht hatte, setzte also im zweiten, unabdingbaren Schritt des Erhabenheitserlebnisses das Gewahrwerden einer leibhaft erfahrenen oder aber in der (Selbst)- erkenntnis realisierten Sicherheit bzw. Gewißheit voraus.

An dieser Stelle nun kann man erkennen, daß 200 Jahre ideengeschichtlicher ‚Verschleiß' der Erhabensheits-Ästhetik durch künstlerische und touristische Popularisierungen für Reinhold Messner eine Verschiebung der erlebnistheoretischen Grundlagen erfordern: Für ihn muß sich der Extrembergsteiger immer wieder und eigentlich ständig in wirklicher Todesgefahr befinden, wenn er der wertvollen, der aufwühlenden und bereichernden Erhabenheitserfahrungen noch teilhaftig werden will. Denn das ist ja der Kern seiner Polemik: Das touristische Arrangement des ‚abgesicherten Risiko-Alpinismus' zerstöre gerade das kulturelle Potential, das in dem ‚echten Risiko' des naturnahen Kletterns liege. Für Messner ist eine der Kantischen, lustvollen Selbstvergewisserung vergleichbare Erfahrung nur noch an der ‚Todesgrenze' möglich.[24] „Ich

---

20 Vgl. dazu Christine Pries: Einleitung. In: dies. (Hg.): Das Erhabene. Zwischen Grenzerfahrung und Größenwahn. Weinheim 1989, S. 1-30; auch Klaus Poenicke: Eine Geschichte der Angst? Appropriationen des Erhabenen in der englischen Ästhetik des 18. Jahrhunderts. Ebda. S. 76-90; Maria Isabel Peña Aguado: Ästhetik des Erhabenen. Burke, Kant, Adorno, Lyotard. Wien 1989.
21 Carsten Zelle: „Angenehmes Grauen". Literarhistorische Beiträge zur Ästhetik des Schrecklichen im achtzehnten Jahrhundert. Hamburg 1987.
22 Immanuel Kant: Kritik der Urteilskraft. Hamburg 1990, § 28, S. 107.
23 Klaus Bartels: Über das Technisch-Erhabene. In: Pries, Das Erhabene (wie Anm. 20), S. 295-316.
24 Aus dem Buch über den Alleingang durch die Nanga-Parbat-Westwand: „Es ist nicht so, daß ich allein gegen den Rest der Welt unterwegs bin. Auch habe ich mich nicht mit der Natur verschworen gegen alles übrige. Ich sitze hier, als sei ich Bestandteil dieses Berges [...]. Ich bin wie der Schnee, der da liegt, und ich habe auch Empfindungen von Fels und Schnee und Wolken. Kein Bedürfnis mehr nach Philosophie. Einverständnis mit allem, auch mit dem Tod" (Reinhold Messner: Alleingang. Nanga Parbat. München 1979, S. 161). Die für nachkantianische Ästhetik axiomatische Distanzgewinnung zwischen Gegenstand der Erfahrung und erkennendem Subjekt scheint in einer solchen Deutung getilgt – aber die (durchaus literarisch aufgeladene) schriftliche ‚Nacharbeit' stellt eben die Distanz wieder her, die jeder Form der

bin auf einem Weg, der nie ganz aufhört, den ich immer suchen muß, auch wenn er mir klar vorgezeichnet erscheint. Der Tod gibt ihm die Richtung.[25] Die geradezu zwanghaft gesuchte Gefahr in einer übermächtigen Natur enthält – in der Selbstdeutung Messners – die unüberbietbare Erhabenheitserfahrung in einer Art Verschmelzungsphantasie: ‚Werden wie die Naturelemente'. Wäre diese Selbstauslegung richtig, würde sie allerdings ein essentielles Element der belehnten Erhabenheitsästhetik tilgen, die unerläßliche Distanzgewinnung und Überlegenheitswahrnehmung des Subjekts suspendieren.[26] Mir scheint aber, daß diese ‚Überschreitung' der klassischen Erhabenheitsvorstellungen in dem Augenblick wieder ein entscheidendes Stück zurückgenommen wird. Wo sie – wie in Messners zitierten tourismuspolitischen Thesen und Forderungen – zur Legitimierung einer ‚stellvertretenden' Erfahrung beim Risikobergsteigen herangezogen wird. Das im einzelnen nachzuzeichnen, fehlt hier die Zeit. Aber zweifellos bedeutet Messners Rekurs auf die Erhabenheitsästhetik eine markante Verschiebung gegenüber der maßgeblichen ideen- und mentalitätsgeschichtlichen Tradition.

Man kann und muß diese Verschiebung des Erhabenheitspostulats, diese ins wahrhaft Extreme vorangetriebene Ästhetik des riskanten Naturerlebnisses auch soziokulturell interpretieren, wie ich es bereits anzudeuten versuchte. Reinhold Messner vertritt, obwohl er nicht eigentlich ein Intellektueller ist, eine kulturelle Elite, für die es immer schwieriger wird, sich über eine normsetzende Kompetenz zu definieren und abzugrenzen. Wo – wie Messner dem hochalpinen Tourismus vorwirft – für Geld

---

    Lektüre dieser Erlebnisdarstellung zugrundeliegt. Auf das Problem der Textförmigkeit kann ich hier nicht eingehen, will nur pointieren, daß Messner seine ‚Extremerfahrungen' ja nicht nur der unerläßlichen Vermarktung wegen beschreibt, sondern er beabsichtigt sehr wohl einen (indirekt normativ angesetzten) Nachvollzug. Das Postulat der eigentlichen, unübertreffbaren, ‚das Höchste' markierenden Selbsterfahrung durchzieht fast alle seine Texte.

25 Ebda. S. 231.

26 In der Begriffs- und Vorstellungsgeschichte von ‚Landschaft' haben viele Autoren auf den „optischen Kern" des Landschaftskonzeptes hingewiesen. (Zitat: Lehmann, Physiognomie [wie Anm.1], S. 183). Weniger häufig wird aber reflektiert, was diese primär visuelle Konstitution von Landschaft für das Naturverhältnis bedeutet, das den zentralen Erfahrungsgehalt der Landschaftswahrnehmung ausmacht: Grundlegend ist die Distanz, die den mit vielen Sinnen wahrnehmbaren ‚Nahraum' erst zu einer vorrangig visuell ‚komponierten', ästhetisch verstandenen ‚Fernbedienung' macht und die deshalb immer eine ‚kontemplative' Haltung voraussetzt. (Dazu, im Bezug auf J. G. Granö, eingehend Lehmann, wie Anm. 1, S. 183f.) ‚Natur' in einem bestimmten Ausschnitt als ‚Landschaft' wahrnehmen zu können, muß daher als ästhetische Entsprechung zu dem Distanz- und Objektverhältnis verstanden werden, das mit den wissenschaftlichen und technologischen Natur-Konzepten der abendländischen Neuzeit durchgesetzt wird. (Dazu etwa Eberle, Individuum [wie Anm. 3], S. 40ff.). Nur so erklärt sich ja auch, daß im Bild der ‚Natur' als Landschaft die abstrakt-geometrischen, ‚objektiv wissenschaftlichen' Regeln der Zentralperspektive wirksam sind. Die Problematik dieses in der Vorstellung von Landschaft enthaltenen Naturkonzepts lassen sich hier nicht weiter erörtern.
Hinweisen will ich aber noch auf die Kulturgeschichte der lebenspraktischen Installierung von Distanz in der Wahrnehmung von Natur als Landschaft. Sie erfolgt sowohl über Apparate, über Abbildungsmaschinen (vgl. Fischer, Perspektive [wie Anm. 3]; ausführlich Koschorke, Horizont [wie Anm. 3] und Busch, Belichtete Welt [wie Anm. 3], wie auch durch räumliche Arrangements – vom Landschaftsgarten bis zur touristischen Infrastruktur der Aussichtspunkte u. ä. Zu diesen kultur- und mentalitätsgeschichtlichen Verfestigungen von Naturwahrnehmungen, über die strategische Kanonisierung und räumlich-konkrete Fixierung bestimmter ‚Blicke'. Beispielhaft und mustergültig anhand des Gletscher-Blicks vom Montanvert vgl. Monika Wagner: Das Gletschererlebnis – visuelle Naturaneignung im frühen Tourismus. In: Götz Großklaus, Ernst Oldemeyer (Hg.): Natur als Gegenwelt. Beiträge zur Kulturgeschichte der Natur. Karlsruhe 1983, S. 235-264.) Eine Analyse der Chiffrierungsvorgänge kommt ohne die Berücksichtigung der sozialstrategischen Funktionen, die das Durchsetzen bestimmter Bilder und Blicke im Relationengefüge der gesellschaftlichen Fraktionen hat, keinesfalls aus.

nahezu jede ‚Grenzerfahrung' scheinbar risikolos zu haben ist, gilt es für diejenigen, die sich über die authentischen Grenzerfahrungen soziokulturell auszuzeichnen suchen, nur zwei Möglichkeiten: entweder es gelingt ihnen, diese Erfahrungsmöglichkeiten für sich zu ‚reservieren' (über Zugangsregelungen, Verbote, Prüfungen usw.), oder sie müssen noch extremere, nur ganz wenigen überhaupt mögliche Grenzerfahrungen suchen. Das zweite hat Messner jahrelang mit großem Öffentlichkeitseffekt praktiziert – und damit eben zur Vermarktung der Extremerfahrungen beigetragen. Jetzt sieht er eine Perspektive nur in der restriktiven Politik einer elitären Ausgrenzung.

Messners durch und durch ambivalente Argumentation führt also die grundlegende Dialektik der ‚symbolischen Kämpfe' des bürgerlichen Zeitalters noch einmal beispielhaft und in aller Schärfe vor: Jene politisch und ökonomisch ohnmächtigen Fraktionen der (im weitesten Sinne) bürgerlichen Schicht, die sich allein über ihre kulturelle Kompetenz auszeichnen können und sich stets neu über das ‚Besondere' ihrer (vor allem ästhetischen) Urteilsvermögen definieren, können diese soziale Position nur einnehmen, wenn ihnen die Verallgemeinerung ihrer normativen Setzungen gelingt. Eben diese Verallgemeinerung tilgt aber den sozial auszeichnenden Charakter der Normen. Messner zeigt, wie die industriell abgestützte Popularisierung des zunächst wenigen vorbehaltenen, riskanten Hochalpinismus einerseits einen ungeheuren ‚Erfolg' des Extrem-Kletterers bestätigt und andererseits zugleich sein sozio-kulturelles ‚Reservat' zerstört, die Exklusivität des ‚Höchstwerte' setzenden Umgangs mit gefährlicher, werthaltiger Natur. Die Aggressivität, mit der Messner sich gegen all die „Hanswurste" wendet[27], die auch auf die Achttausender hinaufklettern wollen und die den ‚Wert der Berge' nie erfahren, gibt unmißverständlich zu erkennen, daß es bei diesen Auseinandersetzungen um das ‚Menschheitserbe' des Hochgebirges auch um soziale Abgrenzung und kulturelle Distinktion geht[28]. Gelegentlich tritt die Markierung des Abstands unverhohlen zutage: „Ich plädiere für Mut, nicht für Größenwahn, für Selbstforderung, die adelt, und nicht für jene hehren Phrasen, mit denen sich eine Berg-Heil-Gesellschaft beweihräuchert. Für diese ‚elitäre' Lebenshaltung erwarte ich keinen Applaus."[29] Der Sohn eines Dorfschullehrers, zum weltbekannten Extrem-Bergsteiger und Leistungs-Abenteurer aufgestiegen, demonstriert uns mit seinen Forderungen zur ‚Rettung der Alpen', wie die Setzung exklusiver Werte einer Landschaftsästhetik zugleich den Anspruch auf eine anerkannte soziale Position enthält – in diesem Fall die Position eines gefeierten Bergsteiger-Stars, der die Zugangsregeln für die wirklich werthaltigen Erfahrungen im Hochgebirge zu formulieren beansprucht. Wenn man allerdings, im Sinne der kultursoziologischen Theorien und Analysen Bourdieus, die hier angedeutete Positionierung Messners genauer bestimmen wollte, geriete man in beträchtliche Schwierigkeiten. Ich habe die These aufgestellt, daß sich Messner mit seinen Äußerungen und seinen Aktivitäten in eine ‚Stellvertreterrolle' für jene kulturel-

---

27 Der Mensch erfindet ... [wie Anm.6], S. 7.
28 Auf diese ‚Logik der Distinktionen', die als ein entscheidender ‚Motor' in mentalitäts- und sozialgeschichtlichen Prozessen angesehen werden kann, vermag ich hier nicht genauer einzugehen. Den avanciertesten Theorie-Rahmen für derartige Betrachtungen hat Pierre Bourdieu angeboten. (Vgl. nur zum hier berührten Problem: Die feinen Unterschiede. Frankfurt/M. 1982, S. 221ff.) Die inzwischen weit ausdifferenzierte Debatte zu Bourdieus soziokulturellen Deutungen soll hier nur mit dem Verweis auf drei Titel angedeutet werden: Klaus Eder (Hg.): Klassenlage, Lebensstil und kulturelle Praxis. Theoretische und empirische Beiträge zur Auseinandersetzung mit Pierre Bourdieus Klassentheorie. Frankfurt/M. 1989; Markus Schwingel: Analytik der Kämpfe. Macht und Herrschaft in der Soziologie Bourdieus. Hamburg 1993; Bridget Fowler: Pierre Bourdieu and Cultural Theory. Critical Investigations. London 1997.
29 Messner, Berg Heil (wie Anm. 8), S. 133.

len Eliten begibt, die ihre Position indem jeweils noch genauer zu bestimmenden
‚sozialen Raum'[30] mehr oder weniger ausschließlich durch ihre (ästhetische) Urteils-
kompetenz, also durch die Behauptung und Durchsetzung der sog. legitimen Einstellung
definieren. Die ganze relationale Komplexität dieser nahezu ausschließlich mit
inkorporiertem ‚kulturellen Kapital'[31] eingenommenen Position kann ich natürlich hier
nicht skizzieren. Nur so viel, auf die historische Genese der Erhabenheitsästhetik
bezogen: Sie wird mit den entscheidenden Schritten lanciert von Vertretern der
englischen ‚Kulturträger' im ‚müßiggehenden' Kleinadel und Großbürgertum, und zwar
am Alpen-Erlebnis von der bereits kanonisierten Praxis der *Grand tour* nach Italien aus.
Zu den wesentlichen Positionsbestimmungen dieser kulturellen, nicht nur ästhetik-
theoretisch innovativen Avantgarde gehören eine weitgehende politische Entmächti-
gung, eine relativ günstige Verfügung über ererbtes materielles Kapital, eine Beglau-
bigung auszeichnender Bildung (nicht nur durch Institutionen und Titel, sondern auch u.
a. durch die *Grand tour*), eine Suspendierung von ‚praktischen' Aufgaben (was sich
dann im Syndrom der ‚Langeweile' äußert).[32] Die Lancierung der neuen Ästhetik durch
diese Fraktion muß auch als der gelungene Versuch gedeutet werden, einen erheblichen
Distinktionsgewinn aus der Propagierung eines neuen, gegenüber der traditionellen
Dominanz des ‚Schönen' höherwertigen Wahrnehmungs- und Urteilsschemas zu
erzielen. Ging es damals, zwischen 1670 und 1720, um die Legitimierung und
Anerkennung der neuen Norm als einer erfolgreichen Strategie in den ‚symbolischen
Kämpfen' (sowohl im akademischen und literarischen Feld selbst als auch im Verhältnis
zum ‚Feld der Macht'), so befindet sich Messner, wie gesagt, in der Situation, der seit
über 200 Jahren immer universeller und marktkonformer durchgesetzten Norm durch
eine radikale Uminterpretation neuen distinktiven Wert abgewinnen zu müssen.

Aber wie sieht denn seine Position des näheren aus, die sozusagen durch die Usur-
pation eines radikalisierten ästhetischen, auf Naturerfahrung bezogenen Wahr-
nehmungs- und Urteilsvermögens die qualitative Differenz auch der sozialen Stellung

---

30 Zu Bourdieus Füllung des Begriffs s. Pierre Bourdieu: Sozialer Raum und ‚Klassen'. Leçon sur
la leçon. Frankfurt/M. 1985. Für die diffizielle und kontroverse Debatte um die ‚klassentheore-
tischen' bzw. stratifikatorischen Aspekte vgl. nur Jens Eder (Hg.) Klassenlage, Lebensstil und
kulturelle Praxis. Theoretische und empirische Beiträge zur Auseinandersetzung mit Pierre
Bourdieus Klassentheorie. Frankfurt/M. 1989; darin insbes. ders.: Jenseits der nivellierten
Mittelstandsgesellschaft. Das Kleinbürgertum als Schlüssel einer Klassenanalyse in
fortgeschrittenen Industriegesellschaften, S. 341-392; weiterhin Hans-Peter Müller: Kultur,
Geschmack und Distinktion. Grundzüge der Kultursoziologie Pierre Bourdieus. In: Friedhelm
Neidhardt (Hg.): Kultur und Gesellschaft. In: Kölner Zeitschrift für Soziologie und Sozial-
psychologie, Sonderband 27, Opladen 1986, S. 163-190; Ingo Mörth, Gerhard Fröhlich (Hg.):
Das symbolische Kapital der Lebensstile. Zur Kultursoziologie der Moderne nach Pierre Bourdieu. Frankfurt/M., New York 1994.
31 Zu den Kapitalsorten bei Bourdieu und den Positionsbestimmungen im ‚Feld' über die Zusammensetzung und Größe der mobilisierten Kapitalien s. Pierre Bourdieu: Sozialer Raum (wie
Anm. 30); ders.: Die verborgenen Mechanismen der Macht. Hamburg 1992, S. 49f.; ders.:
Praktische Vernunft. Zur Theorie des Handelns. Frankfurt/M. 1998; Markus Schwingel: Bourdieu zur Einführung. Hamburg 1995, S. 77ff.
32 Für eine genaue Bestimmung der Positionen dieser ‚Schule' im ausgehenden 17. und beginnenden 18. Jahrhundert ist noch viel Arbeit zu leisten, trotz der eingehenden Studien zur
ideengeschichtlichen Entwicklung und den ‚Profilen' der wichtigsten Beteiligten. Beiträge und
Hinweise dazu bei Christian Begemann: Furcht und Angst im Prozeß der Aufklärung. Zu
Literatur und Bewußtseinsgeschichte des 18. Jahrhunderts, Frankfurt/M. 1983, S. 92ff., und
Zelle, Angenehmes Grauen (wie Anm. 21), S. 75-202; ders.: Schönheit und Erhabenheit. Der
Anfang doppelter Ästhetik bei Boileau, Dennis, Bodmer und Breitinger. In: Pries, Das
Erhabene (wie Anm. 20), S. 55-75.

markieren soll? Läßt sich die ‚Laufbahn' des zum Medienstar avancierten Sprößlings aus ländlichem Kleinbürgertum wirklich auf die Positionierungen der ‚angestammten' kulturellen Eliten beziehen?

Die selbstgestellte, aber notwendige Frage kann ich hier, nach Maßgabe einer Laufbahn- und Feldanalyse, nicht stringent beantworten. An der Positionierung Messners fällt aber, so viel darf man behaupten, eine starke Homologie zu Stellungen der beglaubigten intellektuell-künstlerischen Avantgarden auf: Auch er placiert sich in einem Gegensatz zum ‚ambitionierten Durchschnittsmenschen'. Ja sogar zum durchaus potenten Vertreter eines Pols der (hier touristischen) Massenkultur, wie ganz entsprechend in dem von Bourdieu besonders eingehend untersuchten künstlerisch-literarischen Feld.[33] Auch Messner konstruiert seine Stellung zu den ‚Banausen' und vermögenden Möchte-gern-Gipfelstürmern aus dem proklamierten Verzicht auf Eigennutz, Einträglichkeit, ja auf Zweckhaftigkeit seines Tuns. Auch Messner beansprucht emphatisch universelle, buchstäblich weltweite Geltung seiner Wahrnehmungs- und Urteilsprinzipien. Auch an ihm ließe sich die Stilisierung zum selbstlosen ‚Liebhaber des nicht nur Schönen, sondern des Großen' explizieren – von seinem ökologisch sensibilisierten Verhältnis zur ‚Natur' bis hin zu seinem uneigennützigen Rettungsakt für ein verfallenes Südtiroler Schloß, das er bewohnt.

Diese Andeutungen müssen genügen. Hier und heute konnte es nur darum gehen, ein Tableau zu entwerfen, das die grundlegende Dialektik in den Positionierungsstrategien der ‚ästhetischen Eliten' sichtbar macht, zu denen vielleicht – mit einer forcierten Transformation klassischer touristischer Praktiken – auch ein Mann wie Messner gehört, der sich zur ‚Rettung' eines nur in existentieller Gefährdung erfahrbaren, letztlich aber ästhetisch definierten Naturensembles aufgerufen fühlt. Es mußte aber auch darum gehen, noch einmal zu betonen, daß jede ‚Naturaneignung', auch und gerade die ästhetische, ein Mittel und Medium in den unhintergehbaren Positionierungskämpfen, im dynamischen ‚System der Distinktionen' ist.

Reinhold Messner versteht seine Argumentation, die entscheidend an die Tradition der Erhabenheits-Ästhetik anschließt, auch – wie erwähnt – als eine ökologisch-normative. Die Verzichts-Ethik einer elementaren „Auseinandersetzung" mit dem Berg[34] soll ebenso sehr, wie sie die Maßstäbe für tiefe Selbsterfahrung im Naturerlebnis setzt, auch ein ökologisch verantwortliches Handeln anleiten – keine Müllhalden mehr am Mount Everest, kein Zertrampeln der empfindlichen Hochgebirgsfauna und nicht zuletzt Respekt vor den Bewahrern der Kulturlandschaft in den alpinen Regionen, vor den traditionell wirtschaftenden Bergbauern also.[35] Von den entsprechenden „Richtlinien", die Messner in seinem Buch auflistet, ist es nicht weit etwa zu den Vorschriften für ein Naturschutzgebiet oder einen Nationalpark. Auch jene ‚ökologischen Eliten', die den ‚Wert' eines landschaftlichen Erbes definieren und u. U. politisch in Vorschriften und Restriktionen umsetzen, markieren mit ihren Deklarationen der ökologischen Bedeutung eines bestimmten Natur-Ensembles zugleich ihre sozio-kulturelle Position. Es ist gegenüber den autochthonen Bewohnern der jeweiligen Regionen meistens eine hegemoniale, eine beherrschende Stellung. Wenn die Auseinandersetzungen, die sich allenthalben in Europa um Nationalparks in ökologisch ‚wertvollen' Gebieten abspielen, eine aufschlußreiche Wahrheit enthalten, dann diese: Der soziale Gehalt des beanspruchten

---

33 Dazu Pierre Bourdieu: Die Regeln der Kunst. Frankfurt/M. 1999. Vgl. Joseph Jurt: Das literarische Feld. Das Konzept Pierre Bourdieus in Theorie und Praxis. Darmstadt 1995; Louis Pinto, Franz Schulheis (Hg.): Streifzüge durch das literarische Feld. Konstanz 1997.
34 Vgl. Messner, Berg Heil (wie Anm. 8), u. a. S. 130.
35 Z.B. ebda. S. 36ff., 168, 187.

‚ökologischen Urteilsvermögens' ist eine Frage von Macht, von Definitionsmacht und politischer Macht. Die Dialektik der symbolischen Kämpfe sieht auf dem Felde der Ökologie etwas anders aus als auf dem Felde der Ästhetik. Aber es ist überhaupt nicht verwunderlich, daß z. B. Naturschützer vor einem strukturell gleichen Problem stehen wie Reinhold Messner mit seinen Forderungen zur Rettung der Alpen: Den proklamierten ‚Wert' eines Natur- und Landschaftsareals zu erhalten, kann im Extremfall ebenso das ‚Aussperren' der Massen von Naturgenießern bedeuten, wo doch der Wert dieses Stücks Natur für alle erhalten werden soll. Und sind dann etwa die wissenschaftlich arbeitenden Ökologen, die das Reservat noch betreten dürfen, vergleichbar jenen legitimen Extrembergsteigern, denen Messner die Hochgebirgsregionen vorbehalten will? Diese Frage soll ja auch darauf hinweisen, daß wir Wissenschaftler keineswegs von der Logik der symbolischen Kämpfe suspendiert sind, deren Dialektik am Umgang mit der Landschaft ich Ihnen durch das freilich ‚abseitige' Beispiel Reinhold Messner anzudeuten versuchte.

Die Geschichte von Landschaften ist auch und in hohem Maße eine Geschichte von symbolischen Kämpfen. Die Absichten und Argumentationen Reinhold Messners verdeutlichen nur auf eine besonders krasse Weise, daß es unweigerlich um soziale Distinktionen, um gesellschaftliche Macht geht, wo die kulturelle Bedeutung, der ‚Wert' einer Landschaft zur Debatte steht. Die Frage einer politischen oder administrativen Verfügung über eine Landschaft – von der ökonomischen oder rechtlichen Verfügung ganz zu schweigen –, etwa durch Schutzmaßnahmen und Zugangsregelungen, ist dann sozusagen sekundär, ist nur Effekt eines Kampfes um Definitionsmacht. Die Geschichte der ästhetischen und kulturellen Werturteile über die Alpen kann den Sachverhalt in einer besonders zugeschärften Weise illustrieren, daß die Beanspruchung des ästhetischen und symbolischen Werturteils immer auch die Beanspruchung einer hegemonialen gesellschaftlichen Position ist – selbst dann noch, wenn man wie Reinhold Messner ehrlich der Überzeugung ist, für die Interessen der ökonomisch ausrangierten Bergbauern und der touristisch kolonialisierten Einwohner Shangri Las zu sprechen.

Hansjörg Albrecht

Natur der Schule – Schule der Natur
Zur kulturellen Vermittlung von Natur in Schulbüchern des 19. Jahrhunderts

Wenn Schulbücher in der Volkskunde als Quellen herangezogen werden, geschieht dies überwiegend in der Erzählforschung und in der Lesestoffforschung. Das Hauptaugenmerk der Erzählforschung liegt bis heute auf der Untersuchung erzählender Texte, ihrer Tradierungs- und Verbreitungsformen, dem Spektrum ihrer Motive, ihrer spezifischen Stellung im Spannungsfeld zwischen mündlicher Überlieferung und schriftlicher Verbreitung usf.[1] Die Lesestoffforschung ihrerseits problematisiert zum einen Verbreitungs- und Diffusionsprozesse schriftlicher Medien und zum anderen die Entwicklung und Verbreitung der Kulturtechnik Lesen.[2] In diesem Zusammenhang kommt dem Schulbuch dreifache Bedeutung zu: als Lesestoff, als Unterrichtsmedium zur Erlernung des Lesens und als Sammlung volkskundlich relevanter Textgattungen im Sinne der Erzählforschung.

Die hier vorgestellte Arbeit[3] versucht das Textmedium Schulbuch innerhalb seiner bildungstheoretischen und -politischen sowie innerhalb seiner sozialhistorischen Kontexte zu verorten und seine spezifischen pädagogischen Zwecke zu berücksichtigen. Die hierfür herangezogenen Quellen sind Realienbücher, Fibeln und Erstlesebücher aus der schulgeschichtlichen Sammlung der Erziehungswissenschaftlichen Fakultät an der Universität Kiel. Fibeln dienen der Erlernung des Lesens; sie sind in der Regel zweigeteilt. Der erste Teil vermittelt zunächst die Lesetechnik. Der zweite Teil beinhaltet kleine Lesestücke[4]; erste naturkundliche Kapitel erscheinen in dem untersuchten Bestand ab 1816. Mit der stärkeren Gewichtung des Realunterrichts und der Reduzierung der Religionswochenstunden in den 1860er Jahren kommen verstärkt kombinierte Fibel-Lesebücher auf. Realienbücher behandeln naturkundliche und naturgeschichtliche Themen sowie die nationale Geschichte und die Weltgeschichte.[5] Bis zum Ende des 18. Jahrhunderts. waren sie vor allem als Handreichungen für Lehrer geschrieben. Erste Schülerausgaben gab es meines Wissens ab Mitte der 1820er Jahre. Ausgaben für

---

1   Vgl. Lutz Röhrich: Erzählforschung. In: Rolf W. Brednich (Hg.): Grundriß der Volkskunde. Einführung in die Forschungsfelder der Europäischen Ethnologie. Berlin ²1994, S. 421-448, in Bezug auf Schulbücher S. 426.Das Schullesebuch als Quelle für die Erzählforschung hat vor allem Ingrid Tomkowiak erschlossen. Vgl. dies.: Lesebuchgeschichten. Erzählstoffe in Schullesebüchern 1770-1920. Berlin, New York 1993, hier S. 3ff.
2   Vgl. Rudolf Schenda: Leser- und Lesestoff-Forschung. In: Rolf W. Brednich (Hg.): Grundriß der Volkskunde. Einführung in die Forschungsfelder der Europäischen Ethnologie. Berlin ²1994, S. 449-465. Vgl. ders.: Volk ohne Buch. Studien zur Sozialgeschichte der populären Lesestoffe 1770-1910. Frankfurt/M. 1970.
3   Der Vortrag präsentiert ein Dissertationsprojekt an der Christian-Albrechts-Universität zu Kiel.
4   Vgl. Hermann Helmers: Geschichte des deutschen Lesebuchs in Grundzügen. Stuttgart 1970.
5   Vgl. Gerd Friederich: Das niedere Schulwesen. In: Karl-Ernst Jeismann, Peter Lundgreen: Handbuch der deutschen Bildungsgeschichte Bd. III: 1800-1870. Von der Neuordnung Deutschlands bis zur Gründung des Deutschen Reiches. München 1987, S. 123-152, hier S. 131f. Vgl. auch Helmers (wie Anm. 4), S. 105ff.

Schüler der oberen Volksschulklassen datieren zu einem großen Teil auf die Zeit nach 1860.

Der Titel dieses Vortrags ist mit Bedacht gewählt. Er rekurriert auf zweierlei: Die Formulierung – *Natur der Schule* – verweist auf didaktische Ansprüche der Pädagogik, wie sie im 18. Jahrhundert formuliert und im 19. Jahrhundert auf breiterer Basis wirksam wurden.[6] Sie verweist auch auf zeitgenössische Naturbegriffe und ihre kulturelle Relevanz, die sich als Bildungsziele manifestieren. Die Formulierung *Schule der Natur* spiegelt diese Prinzipien und zielt darauf ab, daß Kenntnisse von der Natur und über die Natur notwendig und nützlich seien, kurz: daß aus der Natur etwas zu lernen sei. Die bei der Sichtung der Quellen leitenden Fragen waren folgende: Wie wird Natur in Schulmedien vermittelt? Welche Naturbilder werden in Schulbüchern entworfen? Lassen sich anhand von Schulbüchern Rückschlüsse auf zeitspezifische Naturvorstellungen ziehen? In welchen Kontexten stehen die vorgefundenen Naturvorstellungen, und welche didaktischen Zwecke haben sie? Zwei Thesen soll im folgenden nachgegangen werden.

Die erste These ist die, daß bei der Vermittlung von Natur vor allem eine volksaufklärerische Absicht im Vordergrund steht, die aber eine kritische Position zu den Ideen und Erkenntnissen des großen Programms der Aufklärung bezieht. Sie kann als Beanspruchung von Natur zur Vermittlung religiöser Werte bezeichnet werden.

Die zweite These: Natur dient als Anschauungsstoff, aus dem verbindliche Richtlinien für soziales Verhalten abgeleitet werden. Die Natur dient hierbei als ethisch-moralisches Referenzsystem.

1. Teleologie der Natur

Die „Allgemeine Schulordnung für die Herzogtümer Schleswig und Holstein" von 1814 räumte der Vermittlung von Natur einen bescheidenen Platz im Unterricht ein: neben dem primären Unterricht im Lesen, im Schreiben, im Rechnen sowie der Religionslehre und Religionsgeschichte hieß es an sechster Stelle: „Das Gemeinnützliche aus der Naturlehre und Naturgeschichte, vaterländischen Geschichte und Geographie, Seelen- und Gesundheitslehre ist nicht systematisch, sondern gelegentlich in Unterredungen, bey den Verstandesübungen, durch Vorschriften u.s.w. mitzutheilen."[7] Dementsprechend finden sich Verweise auf Natur als Unterrichtsstoff hauptsächlich in Schulbüchern, die für die Hand des Lehrers gedacht waren: In ihnen begegnet man den großen Klassifikationssystemen des 18. Jahrhunderts. Diese spiegeln in klar gegliederter Weise den Stand der Naturwissenschaften der Zeit wider.[8] Ihre Darstellungen gehen

---

6 Friederich (wie Anm. 5), S. 139. Vgl. auch Michael Freyer: Wechselbeziehungen zwischen Methodenverbesserung und Kulturentwicklung am Beispiel der Didaktik Fr. E. von Rochows. In: Lenz Kriss-Rettenbeck, Max Liedke (Hg.): Erziehungs- und Unterrichtsmethoden im historischen Wandel. (=Schriftenreihe zum Bayerischen Schulmuseum Ichenhausen, Zweigmuseum des Bayerischen Nationalmuseums; 4). Bad Heilbrunn 1986. S.164-184, hier S. 170f.

7 Allgemeine Schulordnung für die Herzogthümer Schleswig und Holstein. § 66. Zit. nach F.M. Rendtorff: Die schleswig-holsteinischen Schulordnungen vom 16. bis zum Anfang des 19. Jahrhunderts. Texte und Untersuchungen zur Geschichte des Schulwesens und des Katechismus in Schleswig-Holstein. Kiel 1902 (=Schriften des Vereins für schleswig-holsteinische Kirchengeschichte 1, 2), S. 172f.

8 Vorbilder sind die naturwissenschaftlichen Klassifikationssysteme von Buffon, Linné und Blumenbach. Vgl. hierzu Andreas Schmidt: „Wolken krachen, Berge zittern, und die ganze Erde weint..." Zur kulturellen Vermittlung von Naturkatastrophen in Deutschland 1755-1855. Münster, New York, München, Berlin 1999, S. 80f.

vom großen Ganzen aus, unterteilen die bekannte Welt in immer kleinere Subsysteme und geben dem Menschen schließlich seinen – von Gott bestimmten – exponierten Platz: Sie beginnen mit der Messkunst und der Naturlehre, was im 18. Jahrhundert die physikalische Lehre von den Körpern und den Gesetzen der Bewegung bezeichnete. Daran schließt die Naturgeschichte an. In ihr sind die Reiche der organischen und der nichtorganischen Natur systematisch beschrieben. Die nichtorganische Natur umfaßt das Mineralreich. Die organische Natur zerfällt in die zwei Reiche der organisierten Lebewesen, die der Pflanzen und der Tiere, in die auch der Mensch eingeordnet wird, wenn auch mit aller theologischer Vorsicht. Wozu aber, fragt man sich, derart umfassende Systeme in der Hand eines Dorfschullehrers? Ihr pädagogischer Impetus liegt in der Darlegung der Vollkommenheit und Zweckmäßigkeit der göttlichen Schöpfung, die ihren höchsten Ausdruck in der Gesetzmäßigkeit sowohl im Größten als auch im Kleinsten findet. Als Beispiel sei hier Johann Christian Wilhelm Nicolais „Unterweisung in gemeinnützigen Kenntnissen der Naturkunde zum ersten Unterricht der Jugend" von 1785 genannt. Der Autor schließt seine Betrachtung des astronomischen Weltgebäudes mit folgenden Worten: „Welten rollen sich um Welten, und Sonnen um Sonnen, und alle sind wahrscheinlich Wohnplätze der Glückseligkeit, wo Geschöpfe verschiedener Art ihres Daseyns sich freuen, und wo vernünftige Bewohner den anbeten, der alles so herrlich gemacht hat."[9]

Es ist das frühaufklärerische Programm der Physikotheologie, in dessen Tradition sich Nicolai mit einem Verweis auf den Astronomen Derham stellt. Die Physikotheologie schließt von der wissenschaftlichen Erklärbarkeit der Naturphänomene mittels Naturgesetzen auf Gott als deren Ursache.[10] Diese Argumentation weist dem Menschen eine besondere Funktion zu. Indem er sich von der mechanistischen Vollkommenheit der Welt überzeugt, wächst ihm die Verantwortung zu, sich in dieser Welt entsprechend zu verhalten. Sein Verhalten zur bewiesenermaßen göttlichen Natur wird unmittelbarer und bekommt bindenden Charakter. Die ihm durch seine Einsicht in die Zusammenhänge des Kosmos gegebene exponierte Position weist ihn als Nutznießer aus und gibt ihm das Recht, ja die Pflicht, die Naturgesetze für seine Zwecke zu gebrauchen. Umgekehrt, wenn sich Gott in Natur-Gesetzen, also nur mittelbar, zu erkennen gibt, sind alle unmittelbaren, nicht den Naturgesetzen folgenden Erklärungsansätze ein Sakrileg oder schlicht Aberglaube. Genau an dieser Stelle setzt die Etablierung der Naturwissenschaften in einem stark kirchlich geprägten Unterricht ein. Das Ziel ist es, den Aberglauben zu bekämpfen und eine bessere Nutzung der Natur durch Einsicht in ihre Zusammenhänge zu bewirken. Wohlgemerkt: Natur ist dabei nicht der eigentliche *Zweck* pädagogischer Bemühungen, sondern *Mittel*. In Johann Heinrich Helmuths „Volksnaturlehre zur Dämpfung des Aberglaubens", die 1785 erstmals erschien und in den Folgejahren mehrere Auflagen erlebte, heißt es:

„Die Naturwissenschaft befördert [...] 1) die Ruhe und Zufriedenheit der Menschen. Denn sie befreiet uns 2) von aller unnötigen Furcht, in welche die Unwissenheit die Menschen stürzet, und giebt ihm völligen Sieg 3) über den schändlichen Aberglauben, wovon so viele tausend Menschen gefesselt werden. [...] Wer wird beim Säen und Pflanzen, bei der Ausbrütung des Federviehes und bei dem Abgewöhnen der Kälber darauf sehen, ob der Mond (nach dem Ausdruck des gemeinen Mannes) über oder unter

---

9 Johann Christian Wilhelm Nicolai: Unterweisung in gemeinnützigen Kenntnissen der Naturkunde zum ersten Unterricht der Jugend. Eilfte Auflage. Halle und Berlin 1819, S. 27.
10 Vgl. Ruth Groh, Dieter Groh: Weltbild und Naturaneignung. Zur Kulturgeschichte der Natur. Frankfurt/M. 1991, S. 50ff.

der Erde stehe, ob er zu- oder abnehme, ob es Neu oder Vollmond sey, wenn er überführt ist, daß der Mond bei allen diesen Verrichtungen nichts wirke? Es ist also gewiß, daß die Unterweisung in der Naturlehre das einzige und beste Mittel sey, die Menschen von allem Aberglauben zu befreien."[11]

Diese Denk- und Argumentationszusammenhänge stelle ich deshalb so ausführlich dar, weil sie m. E. das Fundament für weitere Entwicklungen sind. Ihr Erfolg liegt in ihrer zweifachen Wirkung begründet. Einerseits erhalten sie den Vertretern theologischer Standpunkte ihre soziale Rolle. Sie erhält den Menschen *den* Gott, der durch den Rationalismus in der reinen Naturwissenschaft bereits zur bloßen Idee herabgewürdigt ist. Andererseits profitiert bei der maßvollen Vermittlung nützlicher Lehren auch die weltliche Obrigkeit. Ein in Maßen aufgeklärtes Volk stellt die besseren Untertanen. Zufriedener ist – gerade auch mit seiner sozialen Rolle! – wer keine Angst vor Naturerscheinungen hat, die Zweckmäßigkeit der Welt erkennt und sie sich zunutze macht. Auf diesen physiokratischen Mehrwert naturwissenschaftlicher Kenntnisse weisen Vorworte in Realienbüchern aus dem ersten Drittel des 19. Jahrhunderts immer wieder hin.[12]

Im Laufe des 19. Jahrhunderts verändert sich die Anordnung der Texte. Anstatt vom Großen auszugehen, wird die Welt vom Menschen her erschlossen. Die kosmologische Dimension wird – wenn überhaupt – erst ganz zum Schluß abgehandelt. Ab den 1860er Jahren werden die naturgeschichtlichen Klassifikationssysteme detailreicher und besonders auf die geographische Umgebung abgestimmt. Naturphänomene werden dagegen knapper abgehandelt bzw. in literarisierter Form dargestellt. In den Vordergrund tritt die Behandlung von Naturzusammenhängen: „Was die Natur zusammengefügt hat", heißt es 1899 im Vorwort eines Realienbuchs für einfache Schulverhältnisse, „soll, wenn möglich auch im Unterricht beieinander bleiben."[13]

2. Subjektivierte Natur als Referenzsystem für soziales Verhalten

Im 19. Jahrhundert setzen sich durch einen veränderten Subjektbegriff didaktische Ansprüche durch, die einen Blick auf die Unterrichtsmethoden erfordern. Die bürgerliche Wertschätzung des Kindes und der Kindheit zeitigt entscheidende Veränderungen in ihrer Unterrichtung. Die Verfeinerung didaktischer Methoden hat im 19. Jahrhundert fast ausschließlich im Bereich des sogenannten niederen Schulwesens stattgefunden.[14] Davon unmittelbar betroffen ist auch die Vermittlung von Natur. Waren naturkundliche

---

11 Johann Heinrich Helmuth: Volksnaturlehre zur Dämpfung des Aberglaubens. Braunschweig 51803, S. 4f.
12 Vgl. Helmuth (wie Anm. 11), S. 3. Vgl. auch Friedrich Kries: Lehrbuch der Naturlehre für Anfänger. Nebst einer Einleitung in die Naturgeschichte. 7. sorgfältig durchgesehene und verbesserte Auflage. Gotha 1836, S. 4. Besonders Rudolf Schenda hat verschiedentlich darauf hingewiesen, daß der Grat zwischen der philanthropischen Motivation, das Volk aufzuklären, und dem utilitaristischen Hintergedanken, das Volk zu besseren Untertanen heranzuziehen, meist recht schmal war. Vgl. ders.: Alphabetisierung und Literarisierungsprozesse in Westeuropa im 18. und 19. Jahrhundert. In: Ulrich Hermann (Hg.): „Das pädagogische Jahrhundert". Volksaufklärung und Erziehung zur Armut im 18. Jahrhundert in Deutschland (=Geschichte des Erziehungs- und Bildungswesens in Deutschland, 1). Weinheim, Basel 1981, S. 154-168, hier S. 159.
13 G. Debus, K. Finkh, J. Warnecke (Hg.): Realienbuch für einfache Schulverhältnisse. 2. vermehrte und verbesserte Ausgabe. Schleswig 1899, S. III.
14 Vgl. Friederich (wie Anm. 5), S. 139f.

und naturgeschichtliche Themen anfangs stark *objekt*orientiert, treten jetzt mehr und mehr *subjekt*bezogene Vermittlungsansätze in den Vordergrund: Einen Anfang stellte bereits die Katechese als Methode dar, die schon im 18. Jahrhundert praktiziert wurde. Sie diente der mechanischen Einübung von Lehrinhalten in einem vom Lehrer gesteuerten systematischen Frage- und Antwortspiel.[15] Eine entscheidende Weiterentwicklung war das bereits erwähnte, von Pestalozzi initiierte Prinzip des Anschauungsunterrichts, das darauf abzielt, die sinnliche Wahrnehmung zu entwickeln. Es geht von der unmittelbaren Umgebung aus und erarbeitet sich die Welt des Kindes in konzentrischen Kreisen.[16] An die Stelle von naturwissenschaftlichen Klassifikationsystemen treten quasi-organische Erklärungsansätze. Oder anders, um mit Christoph Köcks Worten (siehe Christoph Köcks Beitrag im vorliegenden Band) zu sprechen: Wert- und Regelsysteme ändern sich, und zwar nach reformpädagogischen Prämissen. Wachstumsprozesse und Veränderungen der Natur im Jahreslauf werden zur Matrix der Naturvermittlung. Der Schnee beispielsweise ist nicht mehr nur ein Wetterphänomen, das einer naturwissenschaftlichen Erklärung seines Entstehens bedarf, sondern wird metaphorisch abgehandelt: Ich zitiere Seminarlehrer Schurig aus Münsterberg, der folgenden Dialog, für die Behandlung des Winters vorschlug:

„Wie nennt man das Kleid, was man den Todten in den Sarg anzieht? Wie sieht es aus? – Gerade so wie das Schneekleid der Erde. Die ist im Winter auch wie todt: Sie bringt keine Blumen hervor – die Bäume sind wie todt – die Vögel singen nicht: Alles ist still in der Natur draußen, wie auf dem Gottesacker. Seht, die Erde im Winter gleicht einer Leiche und das Schneekleid kann man ihr Sterbekleid nennen. Aber im Frühlinge, wenn die Sonne wieder warm scheint, da bekommt die Erde wieder Leben. Wie so? – Sie zieht dann das Sterbekleid aus [...]. Und so wird auch einmal der Tag kommen, wo die Todten auf dem Gottesacker wieder lebendig werden. Da wird der Herr die Decke wegnehmen von ihren Gräbern und wird wie zu den Blumen im Frühlinge sagen: ‚Ihr Schläfer, Ihr Schläfer nun alle erwacht!'"[17]

Von der Versinnlichung zur Versinnbildlichung ist es also nur ein kleiner Schritt. Natur wird nicht mehr nur über ihre Gesetzmäßigkeit erklärt, sondern sie wird in Analogien, Metonymien und Metaphern umgesetzt. Hier geht es nicht mehr primär darum, die Existenz Gottes zu beweisen. Hier geht es darum, Naturzusammenhänge in Beziehung zu menschlichen, genauer gesagt kulturellen Zusammenhängen zu setzen.

„Die grüne Stadt" ist ein in Fibeln und Erstlesebüchern überaus häufig anzutreffendes Lesestück, stellvertretend sei hier die Neue Fibel von 1866 aus den Francke'schen Stiftungen zu Halle angeführt:

„Ich weiß euch eine schöne Stadt,
die lauter grüne Häuser hat;
die Häuser, die sind groß und klein,
und wer nur will der darf hinein.
Die Straßen, die sind freilich krumm,
sie führen hier und dort herum;
Die Wege, die sind weit und breit
mit bunten Blumen überstreut;

---

15 Vgl. Freyer (wie Anm. 6), S. 168ff.
16 Vgl. Friederich (wie Anm. 5), S. 136.
17 Zit. nach: B. Schlotterbeck: Sinnenbildung. Versuch einer historisch-kritischen Darstellung des Anschauungsunterrichts, nebst Aufstellung eines Lehrganges für denselben auf Grundlage der Sinnenbildung. Glogau 1860, S. 56.

> das Pflaster, das ist sanft und weich,
> und seine Farb' den Häusern gleich.
> Es wohnen viele Leute dort,
> und alle lieben ihren Ort;
> ganz deutlich sieht man dies daraus,
> daß jeder singt in seinem Haus.
> Die Leute, die sind alle klein,
> denn es sind lauter Vögelein,
> und meine ganze grüne Stadt
> ist, was den Namen Wald sonst hat".[18]

Die grüne Stadt, das ist der Wald – und die Vögel sind seine friedlichen Bewohner. Wohlgemerkt: Bewohner! Bis in das Astwerk der Semantik reichen die Analogien: Bewohner des Waldes. Auf Konrad Köstlins Intervention bezüglich des Ausdrucks „In der Heimaterde *verwurzelt* sein" (siehe Konrad Köstlins Beitrag im vorliegenden Band), wo der Mensch doch nur Füße hat, um darauf zu stehen, sei an dieser Stelle noch einmal nachdrücklich hingewiesen. Andersherum stellt sich dann auch die Frage, wie es denn bestellt ist mit all den gefiederten Gesellen, Königen der Tiere, mit dem Blätter*kleid* der Bäume, mit dem Feder*kleid*, mit dem Blätter*dach*, mit der Schnee*decke*, dem Himmels*zelt*? Vielleicht ist damit bereits der wichtigste Aspekt bei der Auseinandersetzung mit Schulbüchern angesprochen: Anschauungsunterricht ist zunächst ein elementarer Sprachunterricht[19] und die Anschauung der nächstgelegenen Natur[20] somit ein Problem der Benennung: Tieren und Pflanzen werden konkret menschliche Eigenschaften zugesprochen. Auf natürliche Zusammenhänge werden gesellschaftliche Kategorien projiziert. Man denke nur an den sprichwörtlichen Fleiß der Bienen und Ameisen, die verschlagene Schlauheit des Fuchses und dergleichen Zuschreibungen mehr. Umgekehrt wird negativ Konnotiertes emphatisch gegen Vorurteile verteidigt. Der Esel beispielsweise ist eben nicht nur ein stures, dummes und wegen seiner langen Ohren häßliches Tier, sondern auch – genauso wie der Mensch – Gottes Geschöpf und verdient deswegen Beachtung. Disteln sind kein Unkraut, sondern dienen den Finken als Nahrung und der kleinen Sophie, dem kleinen Wilhelm und wie sie alle heißen, zur väterlichen Belehrung.[21]

Ethisch-moralische Imperative wie „Quäle nie ein Tier zum Scherz, denn es fühlt wie Du den Schmerz" bezeichnen die Abkehr von der mechanistischen Auffassung der Natur. Anstatt der Descartes'schen Auffassung vom Tier als Maschine[22] greifen

---

18 Neue Fibel. Zunächst für die deutschen Schulen in den Francke'schen Stiftungen zu Halle. Halle 1866, S. 53.
19 Vgl. Schlotterbeck (wie Anm. 17), S. 11ff.
20 Der naturkundliche Anschauungsunterricht wurde von W. v. Türk initiiert: Vgl. Nowak, Paust, Sieber und Steinweller (Bearb.): Der Unterricht in den Realien. Eine methodische Anweisung mit Lehrproben für die verschiedenen Zweige des realistischen Unterrichts in der Volksschule. Zugleich eine Anleitung zur Benutzung von F. Hirts Realienbuch Teil I: Geographie von H. Nowak. Breslau 1890, S. 71.
21 Im Ton dieser Belehrungen lebt Friedrich Eberhard von Rochows „Kinderfreund" (1776/1779) fort, das vielfach als das erste Lesebuch für Landschulen bezeichnet wird. Zu dessen Rezeption und Wirkungskraft vgl. Michael Freyer: Rochows „Kinderfreund" Wirkungsgeschichte und Bibliographie. Bad Heilbrunn 1989.
22 Im „Traité de l'homme" (1662) entwickelte Descartes anhand der damaligen Erkenntnisse der Physiologie die Vorstellung des tierischen und des menschlichen Körpers als einer – wie ein Uhrwerk – selbständig funktionierenden Maschine. Vgl. hierzu Karen Gloy: Das Verständnis der Natur Bd. 1: Die Geschichte des wissenschaftlichen Denkens. München 1995, S. 168ff.

Erklärungen, die den heutigen ökologischen Naturauffassungen durchaus ähnlich sind. Natur wird zum menschlichen Gegenüber, wird Projektionsfläche des Menschlichen. Dem theologisch und naturwissenschaftlich fundierten Primat der Vollkommenheit und Zweckmäßigkeit der Natur ist eine anthropomorphisierte Natur zur Seite gestellt, die eine mystisch-spekulative Nähe zu Gott verheißt: Eine Nähe, die – so scheint es – *nur* noch in der Natur möglich ist. Natur fungiert als Mittel zur Etablierung von sozialen Werten und wird selbst sozialer Wert. Telos dieses Vermittlungsansatzes ist aber nicht wie in der ersten These primär Gott, sondern der Mensch, der sich als Teil der Natur erkennen und sich an ihr ein Beispiel nehmen soll. Anthropomorphisierung der Natur bedeutet also auch: Naturalisierung des Menschen.

Diese Verschränkung lässt sich, wie bereits angesprochen, bis in die Semantiken einzelner Wissensbereiche hinein verfolgen.[23] Mit der Metaphorisierung, der Analogiebildung und mit der Metonymisierung ist das sprachliche Programm zu einer ästhetischen Umwertung der Natur gegeben. Das mittelalterliche „Legere in libro naturae" findet seine Fortsetzung in einer Verschriftlichung der Natur nach ästhetischen oder besser: ästhetisierenden Gesichtspunkten. Dies ist die Voraussetzung für die Etablierung literarischer Naturtexte in den Lesebüchern. Die Naturphänomene, deren wissenschaftliche Erklärung zu Beginn des 19. Jahrhunderts das Primärziel war, finden jetzt vermehrt Eingang in Lieder und Gedichte. Verkürzt ausgedrückt rollen hier nicht mehr Welten um Welten, sondern die Schüler singen „Weißt Du wieviel Sternlein stehen...?" Oder wie es das Motto des Ersten Schul- und Bildungsbuches von Heinrich Burgwardt aus dem Jahr 1851 mit E. V. Zehme. formuliert:

> Siehe, welch ein schönes Ziel! –
> Suche nicht der Regeln viel.
> Nur das Beispiel führt zum Licht;
> vieles Reden thut es nicht.[24]

Mit diesem Sprüchlein, das bitte *nicht* als Paraphrase auf den empirischen Anspruch der Volkskunde verstanden werden möge, möchte ich zum Schluß kommen, allerdings nicht ohne noch einige konterkarierende quellenkritische Anmerkungen zu machen: Schulbücher spiegeln nicht die Unterrichtswirklichkeit. Ebenso wenig darf man darauf hoffen, die Unterrichtswirklichkeit in pädagogischen Diskursen und Rezensionen des 19. Jahrhunderts zu finden. Diejenigen, die für die pädagogischen Journale schrieben und jene, die diese Journale lasen, sind mit Sicherheit nicht repräsentativ für die Mehrheit der Lehrer. Unterrichtsprotokolle sind selten und schwer auffindbar. Außerdem muß davon ausgegangen werden, daß die Protokollanden u.U. daran interessiert waren, ihren Unterricht besser darzustellen, als er in Wirklichkeit war. Betrachtet man also die sozialhistorische Dimension des Volksschulwesens, ergibt sich ein ganz anders Bild: Schlecht ausgebildete Lehrer mußten in räumlicher Enge große Klassen handhaben, mehrere Altersstufen wurden parallel unterrichtet...[25] Außerdem zielte der politische

---

23 Andreas Göbel hat diese Verschränkung anhand der Rezeption naturwissenschaftlicher und naturphilosophischer Terminologien in romantischen Gesellschaftstheorien aufgezeigt. Vgl. ders.: Naturphilosophie und moderne Gesellschaft. Ein romantisches Kapitel aus der Vorgeschichte der Soziologie. In: Athenäum. Jahrbuch für Romantik. 5/1995, S. 253-286.
24 Heinrich Burgwardt (Bearb.): Erstes Schul- und Bildungsbuch. Zweiter Theil. 27. Auflage. Altona 1864, S II.
25 Vgl. Friederich (wie Anm. 5), S. 141. Zur Quellenproblematik vgl. auch Schmidt (wie Anm. 8), S. 73.

Anspruch der Volksbildung nicht auf systematischen Erwerb von Wissen ab, sondern auf eine elementare Bildung des Verstandes: Ein Volksschullehrer hat dies 1870 auf den folgenden ernüchternden Nenner gebracht: „Ziel des Unterrichts in der Volksschule soll nicht Anhäufung großer Wissensmassen sein, nicht Gedächtniskultur, sondern Verstandeskultur, und soll vorzüglich darin gesucht werden, die Kinder zu religiös-sittlichen, charakterfesten Menschen heranzuziehen, in denen auch der Trieb zur Fortbildung geweckt worden ist. Die Vielseitigkeit des Lehrplans bewirkt ein mancherlei; verwirrend für den Kopf, leerlassend das Herz, unterhaltend nur die Phantasie, nährend nur die Eitelkeit und den Dünkel. Energische Beschränkung des Stoffes ist die Hauptforderung an den Lehrplan."[26]

Also noch einmal: Natur der Schule – Schule der Natur? Meines Erachtens lassen die Struktur und der Inhalt der Quellen unter Berücksichtigung ihrer spezifischen Zwecke durchaus Aussagen zu: Mit der pointierten Gegenüberstellung von objektivistischer, physikotheologischer Naturerklärung und subjektivistischer Anschauung der Natur wird klar, daß sich in Schulbüchern zwei grundlegende Denkmodelle begegnen und durchdringen: Zum einen das in der Tradition Bacons, Newtons und Descartes' stehende mechanistische Weltbild. Natur wird zum Thema, weil sie in ihrer Zweckmäßigkeit der sichtbare Beweis für die Existenz Gottes ist. Das andere – romantische – Modell trägt die Logik des ersten bereits in sich, wendet sich aber dem Menschen zu, sucht das Menschliche in der Natur und das Natürliche im Menschen und findet und erfindet beides immer wieder neu.

---

26 Zit. nach Friederich (wie Anm. 5), S. 131.

Annette Schneider

„Schützt die Natur ..."
Die Themen Natur- und Umweltschutz in der Schulbildung der DDR

Alle DDR-Schüler lernten in der Schule folgendes Lied:

> „Unsre Heimat, das sind nicht nur die Städte und Dörfer,
> unsre Heimat sind auch all die Bäume im Wald.
> Unsre Heimat ist das Gras auf der Wiese, das Korn auf dem Feld
> und die Vögel in der Luft und die Tiere der Erde
> und die Fische im Fluß sind die Heimat.
> Und wir lieben die Heimat, die schöne, und wir schützen sie,
> weil sie dem Volke gehört, weil sie unserem Volke gehört."

„... und wir schützen *sie*" (die Natur wird hier mit dem Begriff „Heimat" gleichgesetzt), „weil sie dem Volke gehört." Das ist die Kernaussage der DDR-Umweltpolitik gewesen. Dieses Lied entstand 1951[1] mit anderen Liedern in einer Sammlung mit dem Thema: „Unser Gesetz". Gemeint sind damit die Pioniergesetze (orientiert an den Zehn Geboten), von denen eines zum Schutz der Natur aufrief. "Die Natur gehört allen, sie muß deshalb geschützt werden, dafür ist jeder verantwortlich!" sind Aussagen, die jedem Schüler so vermittelt wurde. Damit ist schon gesagt, daß es in der DDR den Bereich des Natur- und Umweltschutzes gab, der aber auch die Entwicklungen der DDR-Politik widerspiegelte.

Bereits vor, aber vor allem nach der Wende wurde seitens der Medien häufig behauptet, daß Umweltschutzerziehung und -bildung in der DDR keine Rolle gespielt hätten und die wenigen kritischen Stimmen durch das Staatssicherheitssystem zum Verstummen gebracht worden wären. Wie sonst hätten „Silbersee" in Wolfen und Abgase in Buna so hingenommen werden können. Nach wie vor wird behauptet, daß Umweltprobleme im Osten Deutschlands weit eher geduldet werden als im Westen. Diesem Widerspruch zwischen scheinbar geringerer Akzeptanz von Umweltproblemen in den östlichen Bundesländern einerseits und doch vorhandener Umwelterziehung in der DDR andererseits möchte ich nachgehen.

Da allen Bereichen des Bildungswesens in der DDR zumindest seit den 60er Jahren eine einheitliche Planung (d.h. Bildung und Erziehung von der Krippe bis zur Hochschule) zugrunde lag, kann man aus der Analyse der Lehrpläne, Schulbücher und Unterrichtshilfen des Verlages Volk und Wissen Berlin (der einzige Schulbuchverlag der DDR) erkennen, inwieweit die Entwicklung von Umweltbewußtsein bzw. die Behandlung von Umweltfragen in der Schulbildung eine Rolle spielten. Ich habe mich dabei auf die Fächer Biologie, Geographie (Klasse 5-10) und Heimatkunde (Klasse 3-4) konzentriert, da hier die meisten Aussagen zu erwarten waren. Allerdings behaupte ich

---

1 Musik von Hans Naumilkat, Text von Herbert Keller.

damit im Unterschied zu Behrend/Benkert/Hopfmann/Maechler[2], die 1993 die Wurzeln der Umweltbewegung in der DDR untersuchten, nicht, daß die Themen Natur- und Umweltschutz nur in diesen Fächern eine Rolle spielten. Im Chemie-, Physikunterricht, aber auch im Literatur-, Musik- und Kunstunterricht wurden diese Themen in den Lehrbüchern angesprochen. Allerdings war die Art und Weise des Umgangs damit in allen Fächern gleich (Es galt ein einheitliches Bildungs- und Erziehungsziel). Bei dieser Analyse bleibt natürlich das persönliche Engagement von Lehrern unberücksichtigt, deshalb habe ich mit Biologie- und Erdkundelehrern Interviews geführt, um die Analyse durch Informationen über die Kommentierung von Schulbüchern, Reaktionen auf Schülerfragen und der Möglichkeiten zusätzlicher Informationen durch den Lehrer zu ergänzen.

Mit dem Erscheinen der ersten Lehrbücher Anfang der 50er Jahre wird im Erdkundebuch der Klasse 5 vom Naturschutz gesprochen[3], und zwar bezogen auf den Böhmerwald mit Foto: „Sie (Reste des Urwaldes) stehen heute unter Naturschutz, dürfen also von den Bewohnern nicht verändert werden. Wild wachsen hier die Bäume auf. Neben jungen Fichten stehen gewaltige Baumriesen. [...] Wahllos liegen am Boden die Bäume durcheinander, die vom Sturm gefällt oder vom Blitz getroffen wurden. Sie bleiben liegen, bis sie vermodert sind. [...] Nur mühsam kann man sich durch diese Wildnis einen Weg bahnen. Die nicht unter Naturschutz stehenden Waldflächen des Böhmerwaldes werden von Forstleuten gehegt und gepflegt."

Diese, eine eher negativ klingende Beschreibung eines Naturschutzgebietes mit wahllos liegenden Bäumen und mühsamer Wegbahnung im Vergleich zu den gepflegten Waldflächen, ist gleichzeitig auch die einzige Erwähnung eines Naturschutzgebietes im gesamten Lehrbuch. Demgegenüber steht lediglich ein positives Beispiel für den Naturschutz, der hier nicht einmal als solcher benannt wird, im Biologiebuch von 1951[4], nämlich der Anbau von Wald zur positiven Klimabeeinflussung in der Sowjetunion, welche als Vorbildland galt.

Erst in den 60er Jahren tauchten konkretere Aussagen zu Natur- und Umweltschutz in den Lehrbüchern auf. Dies hat folgenden Grund: Bis 1949 war Naturschutz ein Aufgabenfeld der Natur- und Heimatvereine. Diese wurden auf Grund einer Verordnung von 1949[5] in eine Massenorganisationen überführt, das war der „Kulturbund zur demokratischen Erneuerung Deutschlands". Innerhalb des Kulturbundes gab es zunächst verschiedene Kommissionen, z.B. 1950 die Landeskommission „Geschichte und Naturkunde" in Sachsen-Anhalt, die sich allerdings auf die Neugestaltung der Heimatmuseen konzentrierte. Bereits im gleichen Jahr wurde die Zentrale Kommission „Natur- und Heimatfreunde" in Dresden gegründet, deren Aufgaben von der Natur- und Landschaftspflege über die Heimatkunde und Anfertigung von Ortschroniken bis hin zur Botanik und Geologie reichte. 1951 entstanden dann überall Landeskommissionen. Die Vereine und später die Kommissionen verstanden unter Naturschutz vorwiegend den Kampf gegen die weitere Zerstörung der Natur durch wirtschaftliche Eingriffe. Dadurch

---

2   Hermann Behrend, Ulrike Benkert, Jürgen Hopfmann, Uwe Maechler: Wurzeln der Umweltbewegung. Die „Gesellschaft für Natur und Umwelt" (GNU) im Kulturbund der DDR. Marburg 1993.
3   Erdkundeunterricht der Klasse 5. Berlin 1953, S. 121.
4   Vgl. Biologiebuch Kl. 7. Berlin 1951, S. 62.
5   Vgl. Verordnung der Deutschen Wirtschaftskommission „Verordnung zur Überführung von Volkskunstgruppen und volksbildenden Vereinen in die bestehenden demokratischen Massenorganisationen" (12.01.1949), veröffentlicht im Zentralverordnungsblatt Nr. 7, 10. Febr. 1949, S. 67f.

mußte es zur Frontstellung zwischen dieser Auffassung als historisch-konservierendem Naturschutz und den Vorstellungen der Wirtschaftsplaner kommen. „Was nützt es, einen Wasserfall zu erhalten, wenn gleichzeitig ganze Flußsysteme barbarisch verreguliert werden?" war eine der Fragen, die damals gestellt wurden.[6] Die Antwort darauf war 1954 die Verabschiedung des Naturschutzgesetzes[7], das nun als gesetzliche Grundlage für den Naturschutz in der DDR galt; u.a. wird hier auch das Landschaftsschutzgebiet als neue Kategorie eingeführt. Die in diesem Gesetz enthaltene Aussage, wir schützen die Natur nicht *vor*, sondern *für* den Menschen, hatte entscheidende Bedeutung auch für die künftige Vermittlung in den Schulen. Das heißt, man strebte eine Synthese zwischen Natur und Technik an, bei der die Nutzung für den Menschen den Vorrang hatte. In diesem Sinne dienten Naturschutzgebiete nicht als Erhaltungs-, sondern als Forschungsräume.

In den Lehrbüchern der Zeit wird auf dieses Gesetz entsprechend eingegangen: Im Biologiebuch der Klasse 8 von 1965 findet sich eine Erläuterung des Gesetzes im Sinne der Erhaltung des biologischen Gleichgewichtes als „Voraussetzung für eine gesunde *Produktionslandschaft"* (sic!). Begriffe wie Ökologie als Grundlagenwissenschaft, Biotop usw. werden hier bereits eingeführt. Bei der Erläuterung des biologischen Gleichgewichts macht man allerdings auf Probleme des Naturschutzes in der Praxis aufmerksam: „Da viele unserer Gewässer, besonders in den dicht besiedelten Industriegebieten, nur noch Abwasserkanälen gleichen, in denen fast alles Leben ausgestorben ist, muß gerade der Abwässerreinigung von seiten der Industriebetriebe ganz besondere Beachtung geschenkt und das Wassergesetz genau befolgt werden. In entsprechender Weise muß auch für die Reinigung der Abgase gesorgt werden, die bei der Kohleverbrennung und der Verarbeitung anderer Materialien entstehen und vor allem in der Nähe von Großstädten und Industrieanlagen Rauch- und Ätzschäden an Pflanzen, insbesondere an Bäumen, verursachen."[8] Tatsächlich war in den 60er Jahren die Regenerierung von Naturressourcen für die DDR-Bevölkerung ein offensichtliches Problem; so wurde das 1963 erlassene Wassergesetz auch in der Schule behandelt.[9]

Dabei wurden die damaligen Maßnahmen der Regierung in Form von Eingriffen des Menschen in die Flußsysteme (Stauseen, Deiche) als positive Problemlösungen geschildert. Bei Vernachlässigung solcher Maßnahmen wies man auf deren Folgen anhand der Überschwemmungen des Mississipi hin. Die Bezugnahme auf Negativbeispiele in Amerika und Westeuropa ist in den 60er und 70er Jahren häufig. Das heißt, der Eingriff des Menschen in die Natur wird nicht geleugnet, aber er ist im Sozialismus positiv und im Kapitalismus negativ. Die zunehmende Ideologisierung wird auch im Lehrplan von 1964 deutlich. Hier heißt es: „Den Schülern muß bewußt werden, daß der mit der höheren Entwicklung der Gesellschaft zunehmende Einfluß der Menschheit auf diese Vorgänge den Menschen in der sozialistischen Gesellschaft in immer stärkeren Maße zum Beherrscher der Natur werden läßt."[10] Dieser Leitsatz zieht sich ebenfalls durch alle künftigen Lehrbücher. Schließlich geht es um die „Herausbildung und Festigung eines wissenschaftlichen Weltbildes der Schüler". Was damit gemeint ist, wird im Lehrplan für Geographie 1969 konkret gesagt: „Die Schüler sollen begreifen,

---

6 Reimar Gilsenbach: Wohin gehst Du, Naturschutz? In: Natur und Heimat, Teil III, 10 (1961), H.7, S. 350.
7 Gesetz zur Erhaltung und Pflege der heimatlichen Natur vom 4.August 1954, Gesetzblatt S. 695.
8 Biologie Lehrbuch Kl. 8. Berlin 1965, S. 122.
9 Vgl. Lehrplan für den Erdkundeunterricht Kl. 9. Berlin 1964.
10 Wie Anm. 9, S. 28.

daß die sozialistische Gesellschaftsordnung der kapitalistischen bei der Nutzung und Gestaltung der Geosphäre überlegen ist. [...] Die Schüler sollen ihre Verpflichtung erkennen, als Staatsbürger die Umwelt entsprechend den Bedürfnissen der Gesellschaft zu nutzen und gemäß unserer sozialistischen Verfassung die Landschaft zu schützen und zu pflegen."[11] (Der Naturschutz war 1968 dementsprechend in der Verfassung als Artikel 15 verankert worden). In den Gesprächen mit Lehrerinnen und Lehrern betonten diese immer wieder, wie sehr sie durch den Technik- und Fortschrittsglauben jener Zeit auch vom staatlichen Versprechen der Problemlösung überzeugt waren und wie sie dies auch so an ihre Schüler weitergaben.

Als wichtiger emotionaler Faktor galt die Erziehung zur „Heimatliebe", was sich in allen Schulbüchern der unteren Klassen 1 – 4 widerspiegelt. (Der Heimatkundeunterricht war 1955 eingeführt worden). „Die systematische Erweiterung des Erfahrungsbereiches der Schüler dient nicht nur der sachlichen Betrachtung der Umwelt; sie soll die Schüler auch befähigen, ihre Heimat (die Natur, die Menschen und ihre Arbeit) zu erleben und echte Heimatliebe zu empfinden."[12] Im Musikunterricht wurden Lieder wie das eingangs zitierte eingeführt.

Werden auch im Biologiebuch, Kl. 8 von 1969 noch Probleme bei der industriellen Abwasserbeseitigung benannt und von der Verunreinigung der Luft durch die „Abgase der Kraftwerke und Industrieanlagen, Heizungsanlagen und Auspuffgase der Straßenfahrzeuge mit Benzin und Dieselmotoren" gesprochen, sind die Verfahren der Entstaubung und Abgasreinigung „noch nicht immer ökonomisch und wirksam genug", so werden diese Probleme in den Lehrbüchern der siebziger Jahre zunehmend tabuisiert. Zwar hatte man von staatlicher Seite zu Beginn der 70er Jahre tatsächlich auf die Lösung der Probleme durch den zunehmenden Ersatz von Braunkohle durch Erdgas gehofft, machten dies die Ölkrisen von 1973/74 und 79 zunehmend wieder zunichte, und es mußte weiterhin auf die heimische Braunkohle gesetzt werden, d.h. man konnte auf eine baldige Problemlösung im industriellen Bereich nicht hoffen und versuchte nun, in den Schulbüchern der 70er Jahre zunehmend auf die Eigenverantwortung jedes einzelnen Bürgers bei der Beseitigung von Umweltproblemen zu setzen. „Ansammlungen von Abfallprodukten an ungeeigneten Orten ziehen Ratten und andere Schädlinge an. Jeder Bürger muß deshalb selbst mit für Ordnung und Sauberkeit in den Städten und Gemeinden sorgen."[13] Die Lösung aller Probleme verlangte „wissenschaftliche Planung und Mitarbeit aller Bürger".[14]

Hier nun ist ein kleiner Exkurs zur Entwicklung der staatlichen und ehrenamtlichen Arbeit im Umweltbereich notwendig.[15] Man muß davon ausgehen, daß in jedem Kreis der DDR ca. 40 bis 120 Bürger als Naturschutzbeauftragte ehrenamtlich tätig waren, organisiert in den Kommissionen für Natur- und Heimatfreunde. Staatlicherseits gab es erst ab 1975 eine stabile Leitungsstruktur für den Naturschutz bei den Räten der Bezirke, allerdings war dies nie mehr als eine Person. Ein Problem zeigt sich darin, daß bei den häufigen Streitfällen zwischen Naturschutz und Landwirtschaft ein für beides Verantwortlicher entscheiden mußte. Daher war die Bedeutung der ehrenamtlichen Tätigkeit groß. 1953 war das Institut für Landesforschung und Naturschutz (ILN) in Halle mit fünf Außenstellen (Dessau, Greifswald, Potsdam, Jena, Dresden) gegründet worden, das in der DDR eine wichtige Schlüsselfunktion bei der Ausbildung und Be-

---

11 Lehrplan für Geographie Kl. 9. Berlin 1969, S.5.
12 Präzisierter Lehrplan für den heimatkundlichen Deutschunterricht Kl. 3. Berlin 1966, S.48.
13 Biologiebuch Kl. 8. Berlin 1969, S.140.
14 Lehrplan für Geographie Kl.10. Berlin 1979, S.211.
15 Vgl. Hugo Weinitschke (Hg.): Naturschutz und Landnutzung. Jena 1987, S.248 ff.

treuung ehrenamtlicher Naturschützer hatte. Dem Institut angegliedert wurde nämlich eine Zentrale Lehrstätte (Müritzhof), in der pro Jahr ca. 20 Lehrgänge für Journalisten, Lehrer, Naturschutzhelfer, Umweltschutzbeauftragte und Mitarbeiter des Feriendienstes des FDGB stattfanden.[16] Einige Lehrerinnen haben mir von den „phantastischen Weiterbildungsmöglichkeiten" erzählt. Die Aufgabe des ILN bestand u.a. in der Erfassung, Bewertung und wissenschaftlichen Betreuung von Naturdenkmalen, Naturschutzgebieten, Landschaftsschutzgebieten usw. und einer entsprechenden Gutachtertätigkeit. Erst 1990 wurde dieses Institut aufgelöst.

Der Kulturbund organisierte seit 1956 den Wettbewerb „Das schöne Dorf", später hieß es „Schöner unsere Städte und Gemeinden", 1957 „Naturschutzwochen", seit 1964 die „Woche des Waldes", seit 1973 die „Woche der sozialistischen Landeskultur und Landschaftstage".[17] Eine große Anzahl der Natur- und Heimatfreunde arbeitete hauptamtlich als Lehrer. Die DDR-Schulpolitik betrachtete Erziehung und Bildung als ganztägigen Prozeß. Deshalb wurde der außerunterrichtlichen und außerschulischen Tätigkeit, wie Arbeitsgemeinschaften, Hortbeschäftigungen, Pionier- und FDJ-Nachmittagen, eine große Bedeutung beigemessen.

1. So waren allein im Bezirk Magdeburg im Schuljahr 1974/75 109 Arbeitsgemeinschaften zu Landeskultur und Naturschutz tätig.
2. Es fanden bei Schulveranstaltungen Schülerwettbewerbe in Form von Wissensstraßen u.ä. statt.
3. Es gab Klubnachmittage (für die Unterstufe auch in Zusammenhang mit dem Schulhort) z.B. zu Themen wie: Vogelhege im Winter, Naturschönheiten in unserem Heimatkreis, Meine Begegnung mit Tieren usw.
4. Man konnte ein Abzeichen „Junger Tourist" erwerben.
5. Zu Wandertagen, Exkursionen und in den Ferien hatten Schüler die Möglichkeit, an Spezialistentreffen teilzunehmen, die meist in den Stationen Junger Naturforscher und Techniker (vergleichbar den Schullandheimen) stattfanden.
6. Auf den „Messen der Meister von Morgen" konnten Schüler der oberen Klassen neue Ideen in Naturwissenschaft und Technik vorstellen. Zur Vorbereitung gab es Kommissionen für „Naturwissenschaft und Technik" in den Schulen.[18]

Außerdem waren Pionier- und FDJ-Vorhaben als gesellschaftlich nützliche Arbeit hoch anerkannt und wurden u.a. auch im Zeugnis vermerkt. Dazu gehörten Arbeitsaufträge für die Dauer eines Schuljahres zur Pflege von Parkanlagen, Gehölzpflanzungen, Aufräumaktionen u.ä. Von den Natur- und Heimatfreunden wurden gemeinsam mit Schülern Naturlehrpfade angelegt, es gab Aktionen „Sauberer Wald" u.ä.

Bereits im Statut der Pionierorganisation, in welcher die meisten Kinder Mitglied waren, lautete Gesetz 8: „Wir Thälmann-Pioniere machen uns mit der Technik vertraut, erforschen die Natur und lernen die Schätze der Kultur kennen."[19] Zur Propagierung dieser Gesetze war 1951 das anfangs gehörte Lied entstanden (ursprünglicher Titel: Junge Pioniere lieben die Natur). Hier zeigt sich, daß auf eine erlebnisorientierte Erziehung, wenn dies auch unter entsprechend politischen Prämissen erfolgte, außerordent-

---

16 Der Mitbegründer der Lehrstätte Kurt Kretzschmann hat das Naturschutzsymbol der DDR, die Naturschutz-Eule, entworfen. Das Symbol in der BRD war der fliegende amerikanische Weißkopfseeadler, den es nicht in Europa gibt.
17 Wie Anm. 2
18 Vgl. Günther Natho: Naturschutz und organisierte außerunterrichtliche Tätigkeit der Schüler. In: Naturschutz und naturkundliche Heimatforschung in den Bezirken Halle und Magdeburg 1. Halle 1977, S. 8-16.
19 Lehrbuch Heimatkunde Kl. 3. Berlin 1970.

lich großer Wert gelegt wurde. In den bisherigen Untersuchungen zur Umweltgeschichte der DDR ist gerade dieser Bereich übersehen worden.[20]

Zurück zur Analyse der Lehrbücher. 1970 war in der DDR das sog. „Landeskulturgesetz" (Gesetz über die planmäßige Gestaltung der sozialistischen Landeskultur in der DDR)[21] verabschiedet worden. Naturschutz wurde nun als Teil der sozialistischen Landeskultur definiert. Bei der Behandlung dieses Landeskulturgesetzes werden nun fast ausschließlich negative Beispiele aus westlichen Ländern angeführt; so geht es etwa im Zusammenhang von Maßnahmen gegen die Zunahme radioaktiver Strahlung um Aktionen gegen Atombombenversuche, beim Thema Anwendung von Insektiziden und Herbiziden mit ihren schädigenden Nebenwirkungen ist als einziges Beispiel der Einsatz von Herbiziden als Kampfstoff durch die USA in Vietnam angeführt. Dem gegenübergestellt werden positive Beispiele der Planung und Verwirklichung einer sozialistischen Landeskultur am Beispiel der Anlage und Pflege von Erholungsgebieten in Zusammenhang mit der Rekultivierung von Halden (zum Beispiel der Knappensee in der Lausitz).

Ein beliebtes Beispiel für die Planung und Verwirklichung sozialistischen Landeskultur war bei Exkursionen Hallescher Lehrer mit ihren Schülern die Besichtigung und Erläuterung der Plattenbausiedlung Halle-Neustadt, einer neuen Stadt, die vor allem für die Familien der Buna und Leuna-Arbeiter gebaut worden war. Die Lehrer hoben hier vor allem die positiven Aspekte des Lärmschutzes mit Umgehungsstraße, Lärmschutzmauer und Erdwall sowie die Begrünungsanlagen hervor, ohne daß auf die naheliegenden industriellen Abgase verwiesen oder diese gar untersucht wurden. Auch in den 80er Jahren vermittelte man den Schülern das Bild vom Aufgehobensein in der sozialistischen Gesellschaft.

„Die sozialistische Gesellschaft fördert das Leben des einzelnen und der gesamten Menschheit. Sie schützt vor drohenden Gefahren, gleich ob es sich um schädliche Bakterien und Viren oder um lebensvernichtende Atom- und Neutronenwaffen handelt. Der Mensch *und* die Erhaltung der Umwelt stehen im Mittelpunkt aller Bemühungen."[22] Aber nun wird im Unterschied zu den 70er Jahren nicht mehr davon ausgegangen, daß durch das sozialistische System die „natürlichen Ressourcen [...] erhalten werden können"[23], sondern daß „weiterhin komplizierte Aufgaben zu lösen sind."[24] Das heißt, in gewisser Weise wird auch in den Schulbüchern wieder offener von ungelösten Umweltproblemen gesprochen. Zwar ist keine staatliche Selbstkritik damit verbunden, aber es gibt genauere Informationen mit konkreteren Aufrufen zum eigenverantwortlichen Handeln; unter dem Kapitel „Vorbildliche Leistungen für das Wohl des Volkes" heißt es z. B.: „Um 100 kg Papier produzieren zu können, müssen 20 Fichten abgeholzt werden, die mindestens 60 Jahre alt sind."[25] „Jede Tonne Altpapier ersetzt einen Teil des kostbaren Rohstoffes Holz. Flaschen und Gläser können wieder verwendet werden. So werden Material, Arbeitszeit und Geld eingespart. Auch Alttextilien sind ein wichtiger Rohstoff für die Industrie, der zum Beispiel bei der Herstellung von Dachpappe Ver-

---

20 Wie Anm. 2, S. 130.
21 Vgl. Stephan Supranowitz u.a. (Autorenkollektiv): Landeskulturgesetz, Kommentar zum Gesetz über die planmäßige Gestaltung der sozialistischen Landeskultur in der Deutschen Demokratischen Republik vom 14. Mai 1970. Berlin 1973.
22 Biologiebuch Kl. 8. Berlin 1982, S. 7.
23 Lehrplan Biologie Kl. 9 und 10. Berlin 1970, S. 28.
24 Lehrplan Kl. 5-7. Berlin 1989, S. 6.
25 Lehrbuch Heimatkunde Kl. 4. Berlin 1985, S. 136f.

wendung findet."²⁶ „Auch du kannst durch Altstoffsammlungen einen Beitrag zum sparsamen Umgang mit Bodenschätzen leisten."²⁷ Eine Schüleraufgabe dazu lautete: „Überlegt, wie ihr in der Schule und im Haushalt Material und Energie sparen könnt!"

Das System der Sekundärrohstoffgewinnung war nicht erst in den 80er Jahren ein wichtiges Moment im schulischen Bereich. Im Interview berichteten die Befragten, daß bereits in der Unterstufe die Klassen am Nachmittag gemeinsam mit Handwagen loszogen, um Flaschen, Gläser und Altpapier in den umliegenden Straßen zu sammeln und zu den SERO-Annahmestellen zu bringen. War auch der Anreiz ein ökonomischer (pro Flasche 20 Pf. und so manche Klassenfahrt konnte aus diesem Geld finanziert werden), so verbanden Lehrer auch andere erzieherische Aspekte damit, z.B. das Gemeinschaftserlebnis und die Hilfe für ältere Bürger, die nicht mehr selbst zu den SERO-Annahmestellen gehen konnten.

Für die zunehmende Hinwendung und Beschäftigung mit Umweltfragen und z.T. auch -problemen in den Unterrichtsbüchern gab es mehrere Gründe. Ende der 70er Jahre bildeten sich erste Umweltgruppen unter dem Dach der evangelischen Kirche. Häufig versammelten sich hier Menschen, die bereits Kritik gegen ihre Umweltbedingungen in Form von Eingaben an staatliche Ämter geübt hatten, aber sich für sie keine Erfolge abzeichneten. So gab es z.B. keine einzige ZK-Tagung zu Umweltproblemen. Die in umweltbelastenden Betrieben Arbeitenden bekamen umfangreiche finanzielle Leistungen, die sog. „Schmutzzulage". Umweltvergehen wurden bestraft, aber Umweltvergehen der Wirtschaft fanden wiederum keinen Eingang in die Gerichtspraxis. 1989 gab es nur einen Staatsanwalt in der DDR, der für Umweltvergehen zuständig war. Festgelegte Grenzwertbestimmungen der DDR erfuhren international hohe Wertschätzung und wurden auch durch die „Staatliche Hygieneinspektion" kontrolliert, Betriebe hatten bei Grenzwertüberschreitung Strafgelder zu leisten.

Aber 1982²⁸ wurde die „Anordnung zur Sicherung des Geheimnisschutzes auf dem Gebiet der Umweltdaten" durch den Ministerrat der DDR erlassen, so daß kein Zugang zu örtlich konkreten Belastungswerten für die Bevölkerung mehr möglich war. Mit der „Verordnung über den Katastrophenschutz"²⁹ unterlagen nunmehr Angaben über Havarien, Katastrophen und Daten zu Umweltvergehen strengen Geheimhaltungsbedingungen (Katastrophenschutz wurde Bestandteil der Zivilverteidigung, damit gehörte dies zur Nationalen Volksarmee).

In den Interviews mit Lehrern, die in den 80er Jahren Geographie oder Biologie unterrichteten, wurde deutlich, daß bestimmte Lehrbuchstellen auch zu provokanten Äußerungen von Schülern anregten, da sie Behauptungen darstellten, die sich für jeden Bürger und ihre Kinder aus eigener Anschauung als unwahr zeigen mußten: „Jeder Bürger unserer Republik trägt große Verantwortung dafür, daß Verschmutzungen des Wassers vermieden werden. Die Betriebe zum Beispiel müssen das von ihnen benutzte Wasser in Reinigungsanlagen von Rückständen befreien, bevor sie es wieder in die Flüsse zurück leiten."³⁰ 1. Bürger der DDR hatten wenig Möglichkeiten gegen industrielle Abwässer mit rechtlichen Mitteln vorzugehen, 2. waren die Flüsse, wie die Saale, so verschmutzt, daß man es nicht nur sehen, sondern auch riechen konnte. Fast wie Hohn klingt es, wenn im Lehrbuch über Buna und Leuna steht: „die Betriebe [...] unternehmen gemeinsam Anstrengungen zur weiteren Verbesserung der Arbeits- und

---

26 Wie Anm. 24, S. 101.
27 Wie Anm. 24, S. 15.
28 Am 16.11.1982.
29 15.5.1982 hier im Paragraph 1 Abs. 1.
30 Wie Anm. 24, S. 157.

Lebensbedingungen und des Umweltschutzes".[31] Es war unvermeidlich, daß Schüler hier nach dem offensichtlichen Mißverhältnis zur Realität fragten. Die Reaktion seitens der Lehrer darauf, so beschrieben es die Befragten, war ein „ohnmächtiges Gefühl", „ein Schulterzucken", denn solche Lehrbuchstellen konnten weder vom Lehrer noch vom Schüler ernst genommen werden. So ist es erklärlich, daß sich vor allen Dingen in Gebieten mit offensichtlichen Umweltproblemen kirchliche Gruppen bildeten (Dresden, Wittenberg, Berlin, Leipzig).

Wahrscheinlich auch als staatliche Reaktion darauf war 1980 die „Gesellschaft für Natur und Umwelt" (GNU) unter dem Dach des Kulturbundes gegründet worden. Aber dafür gab es noch andere Gründe. Mit dem Wahlerfolg der Grünen in Westdeutschland bestand in der DDR die Notwendigkeit, eine Organisation zu schaffen, die mit westlichen und östlichen Organisationen in Kontakt treten und umweltpolitische Aktivitäten kanalisieren konnte. In der GNU waren 1990 etwa 60.000 Mitglieder organisiert, sie war demzufolge die größte Organisation des ehrenamtlichen Naturschutzes in der DDR. Unter dem Dach der GNU wurde auch Kritik an staatlich Verantwortliche herangetragen, zum Teil mit Erfolg; z.B. wurden die Pläne zur Begradigung des Flusses Unstrut nicht durchgeführt. Im Jahr 1989 arbeitete man schon wieder an einem neuen Lehrplanwerk für Geographie. In diesem Lehrplan wollte man der besorgniserregenden Einstufung der Umweltproblematik Rechnung tragen, die auf einem im Juli 1988 stattgefundenen Treffen von Vertretern der Teilnehmerstaaten des Warschauer Vertrages vorgenommen worden war.[32] Im neuen Lehrplan hieß es: „Es darf nicht übersehen werden, daß schwerwiegendes gesellschaftliches und individuelles Fehlverhalten, vor allem bei der Mißachtung ökologischer Erfordernisse in der Wirtschaft, gerade auch die sozialistischen Länder ökologisch schwer belastet. Insofern sind Umweltbelastungen in manchen sozialistischen Ländern gravierender als in kapitalistischen Staaten und stellen sehr ernste politische und gesellschaftliche Probleme dar."[33] „Es ist eine Tatsache, daß die DDR [...] mit erheblichen Umweltproblemen zu kämpfen hat. Es wäre nicht nur wahrheitswidrig, das zu bestreiten, weil damit die Größe und die Tragweite der noch zu lösenden Aufgaben bagatellisiert würden. [...] Es gibt in der DDR so gut wie alle bekannten Umweltprobleme."[34] Hier ist zu erkennen, daß man gewillt war, entsprechenden Fragen von Schülern mit Benennung der Tatsachen zu begegnen. Lösungsvorschläge werden hier allerdings auch nicht genannt. Im Herbst 1989 war dann die Forderung nach einer „ökologischen Wende" allerorten zu hören, an vielen „Runden Tischen" wurde über Umweltprobleme diskutiert.[35]

Worin liegen nun die Probleme, wenn in den Medien ein Ost-West-Vergleich im Bereich Umwelt gezogen wird?

1. *Müllbeseitigung und -trennung*: Verpackungsmaterial war in der DDR rar, Einwegflaschen gab es kaum, Plastiktüten (meist aus den Westpaketen) wurden aus

---

31 Lehrbuch Geographie Kl. 5. Berlin 1989, S.142.
32 Vgl. Paul Hauck: Die Aufgaben der Umwelterziehung bei der Weiterentwicklung des Geographieunterrichts im Lehrplanwerk 1989-1991. In: Umwelterziehung im Geographieunterricht der DDR und der ĈSSR. Greifswald 1989, S.11.
33 Wie Anm. 31, S. 15.
34 Alfred Kosing u.a. (Autorenkollektiv): Sozialistische Gesellschaft und Natur. Berlin 1989, S. 149.
35 Vgl. Beschluß zur Information über die Ergebnisse der 10.Sitzung des Runden Tisches zu ökologischen Fragen sowie über die Bildung des Grünen Tisches der DDR und Vorschläge zur Erarbeitung des langfristigen Umweltprogramms. Beschluß des Ministerrates der DDR 13/5/90 vom Febr. 1990, Berlin, und Informationen zur Entwicklung der Umweltbedingungen in der DDR und weiterer Maßnahmen. Material für Beratung am Runden Tisch. Berlin, Jan.1990.

Raritätsgründen mehrfach verwendet. Das SERO(*Se*kundär-*Ro*hstoffe)-System der DDR, mit dem jeder Schüler umzugehen lernte, wurde abgeschafft. Die Müllflut kam mit den Westprodukten und ihren Verpackungen; das Aufstellen von entsprechenden Containern zur Mülltrennung verlangte ungewohnte bürokratische Wege.
2. *Abgase durch Straßenverkehr*: Da in der DDR verhältnismäßig wenige Familien ein Auto hatten, war ein Verzicht auf das Auto kaum zu fordern, Fahrgemeinschaften waren allerdings selbstverständlich.
3. *Umgang mit Wasser und Energie*: Zum sparsamen Umgang mit Wasser und Energie im Haushalt wurde durch die Schule aufgerufen und erzogen. Allerdings lagen hier die primären Umweltprobleme im Industriebereich mit veralteten Anlagen und fehlenden Devisen für Investitionen, auf die der Einzelne keinen Einfluß hatte.
4. *Information über Umweltbelange*: Außerhalb der Schule war eine Information über Umweltbelange nur sehr sparsam in den Medien zu finden, diese deckten sich mit den Lehrbuchinhalten. Informationen wurden aber auch über das Westfernsehen aufgenommen (allerdings konnten dies nicht alle empfangen). Erzählungen aus dem Umweltbereich waren ein beliebter Gesprächsstoff in der DDR-Bevölkerung, so z.B. die Aufnahme westdeutscher Abfälle auf DDR-Deponien, über den Umgang mit Filteranlagen in den Schornsteinen von Chemiebetrieben oder ehemalige verseuchte Gebiete, die heute unter Naturschutz stehen.
5. Durch die Wende blieben viele Probleme im Umweltbereich bestehen, wie in der Landwirtschaft mit der Fortsetzung der Großraumwirtschaft unter marktwirtschaftlichen Bedingungen oder es entstanden neue im Verteilungskampf um Grund und Boden, um Gebäude und Anlagen und mit dem Aufbau einer westgleichen Dienstleistungs- und Verkehrsinfrastruktur ohne Garantie auf nachfolgende produktive Investitionen (Gewerbegebiete). Deshalb wurde und wird Natur- und Umweltschutz oft als Behinderung oder Verzögerung des „Aufschwung Ost" empfunden.

Zusammenfassung

Aus den Lehrbuchanalysen und Befragungen zeigt sich, daß es in der DDR abhängig von den politischen und ökonomischen Prämissen (Natur als ausbeutbares Gut) eine Erziehung zum umweltgerechten Verhalten als Produkt schulischer Bildung gab. Dies blieb auch nicht im Stadium des theoretischen Ansatzes stecken, wie dies Behrend/Benkert/Hopfmann und Maechler in ihrer Analyse der Kulturbundarbeit behaupten, denn aus den vielen Aktivitäten, die sich bei weitem nicht auf den Unterricht beschränkten, zeigt sich, daß Schüler und Lehrer auch in der Umweltpraxis tätig waren. Dabei wurde auf eine emotionale Beziehung zur Natur gleich Heimat gesetzt. Das Umweltbewußtsein der DDR-Bevölkerung war allerdings auch geprägt von der Mangelwirtschaft der DDR und konnte nicht ohne finanzielle Anreize auskommen. Wurden einerseits im Unterricht gravierende Umweltprobleme verharmlost, so wurde andererseits den Schülern immer wieder suggeriert, daß umweltgerechtes Verhalten vom Einzelnen abhängt und auf industrielle Umweltprobleme kein Einfluß zu nehmen sei bzw. diese völlig tabuisiert waren. Aufgrund dieser schulischen Erziehung waren viele überzeugt, sich umweltgerecht zu verhalten und standen nach der Wende den neuen Umweltproblemen hilf- und machtlos gegenüber.

Insofern ist der Grad der Aufgeschlossenheit für Umweltprobleme in den neuen Bundesländern heute entgegen verbreiteter Anschauungen im privaten Bereich relativ hoch, während globale Probleme weniger wahrgenommen werden, wie eine vom Umweltinstitut Leipzig durchgeführte Ost/West-Vergleichsstudie von 1993 bestätigt.[36]

---

36 Aus: Weiterbildungsmarterialien für den Biologielehrer, Bericht von 1993.

Dagmar Stonus

Kulturbäume am Straßenrand
Integrationsförderndes Politinstrument im Staatsbildungsprozeß

1. Einleitung

„Im Namen seiner Durchlaucht" des bayerischen Kurfürsten Max IV. Joseph erging am 18.April 1804 folgende Verlautbarung: „Die in der Cultur sich so sehr auszeichnenden Bürger von Ingolstadt wurden durch wiederholte Frevel bei ihren schönen Fruchtbaumalleen sehr niedergeschlagen; da belebte der sehr thätige Polizei=Commissär daselbst ihren Muth wieder dadurch, daß er die einschlägigen Gesetze in schnelle Anwendung brachte, und die treffende Gemeinde Feldkirchen zu allen Ersatz anhielt. Dies hatte sogleich die gute Folge, daß einer Person dieser Gemeinde, die von dem Frevel zufällige Wissenschaft hatte, das Gewissen gerührt wurde, und, um die Gemeinde nicht unschuldig in Kosten zu stürzen, den Frevler anzeigte.

Dieser ist ein Bürger von Kösching, der Nachtszeit auf der Strasse fuhr, und seine Bosheit so weit trieb, daß er 38 Stück Bäume zu Grund richtete. Dieser Frevler unterliegt nun einer nachdrücklichen körperlichen Strafe, und hat große Ersatzzahlungen zu leisten, zugleich bedeckt ihn auch Schande in der ganzen Gegend, weil dies allgemein bekannt gemacht wurde.

Wenn alle Ortsobrigkeiten ihre Pflichten erfüllen, und nach den Gesetzen gegen alle Frevel streng verfahren, werden bald alle Bäume sicher seyn, und die Nation nicht nur allgemein auch hier ihre Sittlichkeit behaupten, sondern auch durch diese allgemeine thätige Cultur der Fruchtbäume zu einem hohen Wohlstand gelangen. München, am 18. April 1804. Churfürstliche Landes=Direction in Bayern."[1]

Was war hier geschehen?
Wie war es möglich, daß von einer einzigen Person gewissermaßen im Vorbeifahren 38 Bäume zerstört wurden, wofür dann die anliegende Gemeinde haftbar gemacht worden wäre, hätte nicht ein Gemeindemitglied den eigentlichen Täter, der aus dem Nachbarort stammte, denunziert? Weshalb wurde diese Tat als derart empörend empfunden, daß eine öffentliche und nachhaltige Bestrafung des Täters angewandt wurde?

2. Pomologie in der Landeskultur

Die „Kultivierung der Obstbäume" stand während der 2. Hälfte des 18. Jahrhunderts in einem direkten Zusammenhang mit der sog. „Landeskultur", d.h. den landesherrlichen Maßnahmen zur Förderung der Agrarökonomie[2]. Die merkantilen Bestrebungen im

---

1   Georg Döllinger (Hg.): Sammlung der im Gebiete der innern Staats-Verwaltung des Königreichs Bayern bestehenden Verordnungen, aus amtlichen Quellen geschöpft und systematisch geordnet. 20 Bde. München 1835-40, Bd.16/2, S.784, §564. In Folge abgekürzt als DÖ.
2   Das erste im Sinne des merkantilen Absolutismus formulierte Kulturmandat in Bayern datiert vom 30.07.1723. Es beinhaltet die Urbarmachung und Kultivierung von Öd- und Brachflächen. In: DÖ 14/2, S. 105-109 §1. Vgl. auch Hans-Günther Bohte: Landeskultur in Deutschland. Ent-

absolutistischen Herrschaftssystem waren daran interessiert, durch die Steigerung der agrarischen Produktion letztendlich zu einer Steigerung der produktiven Bevölkerungsanzahl zu gelangen. Das erste Edikt zur Förderung der Baumkultur in Bayern datiert 1750. Kurfürst Max III. Joseph (1745-1777) forderte hierin seine Untertanen auf, zum nicht näher bestimmten „Besten Nutzen ihnen selbst, dann ihren Erben und Gemeinden" mehr Obstbäume in ihre Gärten und gegebenenfalls auch auf Wiesen und Felder zu pflanzen. Mittelbares Ziel waren 16 Fruchtbäume pro Vollbauernhof. Eine im Rahmen der Feuerbeschau jährlich durchzuführende Visitation sollte der Verordnung ebenso zur Durchführung verhelfen wie die Strafandrohung in Höhe von 15 kr.[3] Kurfürst Karl Theodor (1777-1799) nannte drei Jahrzehnte später, 1780, die Pflege der Baumkultur ein geeignetes Mittel „zu Verbesserung der Landes=Industrie" und rückte so den ökonomischen Aspekt dieser Maßnahme deutlich in den Vordergrund[4]. Beschädigungen an frisch gepflanzten Obstbäumen „durch liederliches Gesindel, und boshafte Leute" veranlaßten ihn, die Baumkulturverordnung seines Vorgängers durch den Zusatz zu erweitern, daß künftig sowohl private als auch gemeindlich-öffentliche Baumschulen anzulegen seien. Darüber hinaus müßten auch wild wachsende Obstbäume besser gepflegt werden, wozu insbesondere deren Veredelung zählte. Die Schultheißen selbst hatten jährlich Bericht über die vorgenommenen Kulturmaßnahmen zu erstatten[5].

Seit der 2.Hälfte des 18.Jahrhunderts stellte somit die Pomologie als praktizierte Naturkultivierung ein der elitären klösterlichen Gärtnerei sowie der ideologisch überfrachteten Hausväterwirtschaft entrissenes und der Allgemeinheit zugeführtes natürliches Instrument zur Hebung der Landeskultur dar. Darüber hinaus ist die Pomologie als naturwissenschaftlicher Forschungszweig per se kulturelle Errungenschaft. Das bedeutet für die Klärung des Verhältnisses Natur-Kultur in diesem speziellen Fall eine inhaltliche Kongruenz dieses Begriffspaares im Sinne von „Kultur" als legitimem Fortschritt: der wilde, fruchttragende „Natur"baum wird durch das kulturell vermittelte und praktizierte Wissen um dessen Veredelung zum „Kultur"baum in der Landes"kultur". Daß diese Entwicklung nicht ohne Folgen für die „Volkskultur" geblieben ist, kann bereits zu diesem Zeitpunkt vermutet werden.

Eine seit 1760 stetig wachsende Anzahl von Monographien[6] und Zeitschriften zeichnete verantwortlich für den pomologischen Popularisierungsprozeß. Rezipiert wurde das Material überwiegend seitens der geistlichen und weltlichen Gelehrtenkreise, die sich gegen Ende des 18. Jahrhunderts in „Pomologischen Gesellschaften" zu engagieren begannen[7]. Ihre Aufgaben bestanden in der detaillierten Beschreibung, Systematisierung

---

wicklung, Ergebnisse und Aufgaben in mehr als 250 Jahren (=Berichte über Landwirtschaft. Zs.f. Agrarpolitik u. Landwirtschaft, Sonderheft. NF 193). Hamburg, Berlin 1976.

3 Amberg, 6.4.1750: DÖ 14/2, S. 429ff., §265 mit Bezugnahme auf ein Generalmandat vom 15.02.1727.
4 Neuburg, 12.10.1780, DÖ 14/2, S. 431ff., §266.
5 Ebd.
6 Vgl. Holger Böning: Die Genese der Volksaufklärung und ihre Entwicklung bis 1780. In: ders., Reinhart Siegert: Volksaufklärung. Bibliographisches Handbuch zur Popularisierung aufklärerischen Denkens im deutschen Sprachraum von den Anfängen bis 1850. Stuttgart 1990. Böning nennt Monographien zur Baumzucht seit 1666: Nr.6 (1666), Nr.22 (1702), Nr.236 (1753), Nr.268 (1754), Nr.349 (1758/59), Nr.532 (1764/73), Nr.891 (1771), Nr.1014 (1773), Nr.1073 (1774), Nr.1079 (1774), Nr.1382 (1779), Nr.1445 (1784). Ein ausführlicher pomologischer Quellenbericht findet sich bei: Silvio Martini: Geschichte der Pomologie in Europa. Wädenswil 1988.
7 Die erste Gesellschaft wurde 1794 in Hildesheim gegründet, es folgten weitere: 1803 in Altenburg, 1805 in Guben. Vgl. Günther Franz (Hg.): Geschichte des deutschen Gartenbaues (=Deutsche Agrargeschichte, 6). Stuttgart 1984, S. 146.

und Klassifizierung der Obstsorten[8]. Eine der bedeutensten pomologischen Reihen war das von Johann Volkmar Sickler in 22 Bänden von 1794 bis 1804 herausgegebene Gartenmagazin „Der teutsche Obstgärtner" beim „Landes=Industrie=Comptoir" von Friedrich Justin Bertuch (1747-1822) in Weimar, das auch die Grundlage bildete für das sog. Bertuchsche „Pomologische Kabinett": einer außergewöhnlichen Wachsmodellsammlung von zuletzt über 300 Obstsorten[9]. Eine interessante Begegnung zwischen Bertuch und dem Fürstbischof der Bistümer Würzburg und Bamberg, Franz Ludwig von Erthal (1730-1795), fand 1793 in Bad Kissingen statt[10]. Nicht nur die Gründung des Bamberger Naturalienkabinetts (1791/1794) zeugt vom Natur-/Kultur-Sinn des aufgeklärten Verwaltungs- und Sozialreformers Erthal[11], als Beleg des wechselseitigen pomologischen Interesses mag auch das 1794 entstandene „Portrait einer Birne" von Eustachius Nickels dienen, das an Erthal adressiert worden war. Es trägt die Aufschrift: „Anno 1794 den 1ten September hat Iodocus Aquilius Schmitt M.D. auss seinem Garten diese Birn so ein Pfund wog Sr. Hochfürstl. Gnaden Franz Ludwig nach Kissingen zur Tafel geschickt. Sie ist mit höchster Gnade aufgenommen worden."[12]

3. Obstbaumalleen

3.1 Erste Phase ab 1790: Staatliche Regulierung

Die Obstbaumallee stellt eine besondere Form pomologischer Kultivierungsmöglichkeiten dar und wurde in Bayern ab 1790 realisiert[13]. Die Reihung der Bäume entlang der Straßen war dabei nicht nur eine Ergänzung zu der bislang relativ willkürlich und ungeordnet auf freien Plätzen erfolgten Pflanzweisen. Die Kulturbaumallee kann vielmehr als eine Weiterentwicklung der seit der Mitte des 18. Jahrhunderts vornehmlich zu Repräsentationszwecken angelegten Laubbaumallee[14] interpretiert werden. Zusätzlich stehen die Alleen in einem direkten Zusammenhang mit dem wirtschaftlich motivierten Ausbau des Verkehrs und damit des Straßenwesens seit dem Ende des 18. Jahrhunderts[15].

---

8   Eine der frühen hierzu erarbeiteten Schriften war die dreibändige „Pomona Franconia" (1776-1801) des Würzburger Hofgärtners Johann Meyer (1737-1804), der den Obstbestand des fürstbischöflichen Obstgartens beschrieb. Vgl. Franz (wie Anm. 7), S. 146.
9   Uta Lohwasser, Matthias Mäuser: Schöne Früchtchen. Begleitheft zur Sonderausstellung im Naturkunde-Museum Bamberg. Bamberg 1998, S. 38ff.
10 Siglinde Hohenstein: Friedrich Justin Bertuch (1747-1822) – bewundert, beneidet, umstritten. Katalog zur Ausstellung. Gutenberg-Museum Mainz. Mainz 1985, S.85. Zur Anwesenheit Erthals in Bad Kissingen vom 6.8. bis 9.8.1793 vgl. Daniela Nieden: Itinerar des Fürstbischofs Franz Ludwig von Erthal. In: Renate Baumgärtel-Fleischmann (Hg.): Franz Ludwig von Erthal. Fürstbischof von Bamberg und Würzburg 1779-1795. Handbuch zur Ausstellung. Bamberg 1995, S. 362-376, hier S. 375.
11 Matthias Mäuser: Zur Gründung des Bamberger Naturalienkabinetts durch Fürstbischof Franz Ludwig von Erthal. In: Baumgärtel-Fleischmann (wie Anm. 10), S. 235-244.
12 Zit. nach Lohwasser, Mäuser (wie Anm. 9), S.37. Das Bild befindet sich im Henneberg-Museum Münnerstadt. Tatsächlich weilte Erthal vom 22.7.-3.9.1794 in Bad Kissingen. Vgl. Nieden in: Baumgärtel-Fleischmann (wie Anm. 10), S. 376.
13 (München) 31.05.1790: DÖ 16/2, S. 729, §511.
14 Z.B. Nymphenburger Allee und die Allee auf den Ramports um München. Vgl. Verordnung München 14.08.1758: DÖ 14/2, S.750f., §525 + DÖ 16/2, S.781, §559.
15 Vgl. Gottfried Hartung: Die bayerischen Landstraßen. Ihre Entwicklung im 19. Jahrhundert und ihre Zukunft. Eine historisch-kritische Studie aus dem Gebiete der bayerischen Verkehrspolitik (=Wirtschafts- und Verwaltungsstudien mit besonderer Berücksichtigung Bayerns, 16). Leipzig 1902.

Die Alleen dienten zu „Nutzen und Zierde"[16] des Landes und wiesen damit explizit auf einen gestalteten Naturen überhaupt eigentümlichen ambivalenten Charakter hin, der ästhetische Vorstellungen mit utilitaristischen Zielen verband. Der „Nutzen" bezog sich beispielsweise auf ihre erfrischende Schattenwirkung an heißen Sommertagen[17] und die Klärung der Wegeführung bei Schnee, der bei fruchttragenden Bäumen künftig noch durch den Obstertrag erhöht werden sollte. Die Ästhetik war bestimmt von einer zeitgenössischen gärtnerisch-künstlerischen Richtung, die die optische Gliederung von Landschaften mittels geeigneter natürlicher Versatzstücke propagierte. Die Allee kombinierte in der regelmäßigen Pflanzweise der Bäume die streng ordnende Symmetrie des Barockparks mit der – scheinbaren – lockeren Freiheit des englischen Landschaftsgartens[18] in der schwungvollen Wegeführung.

Um bei den kulturellen Bestrebungen die Untertanen „von der in andern Ländern so allgemein anerkannten Nutzbarkeit"[19] der Obstbäume zu überzeugen, wurden die Obstbaumalleen zunächst auf Staatskosten gepflanzt und anschließend drei Jahre lang gepflegt. Jedoch erkannte man bald, daß diesem Projekt nur unter aktiver Beteiligung der Bevölkerung dauerhafter Erfolg beschieden sein würde, zumal eine staatliche Kontrolle der Baummengen unmöglich zu realisieren gewesen wäre. Die Einbeziehung der Bevölkerung gelang aber erst im Zuge des staatspolitischen und gesellschaftlichen Reformprogramms unter Max IV. Joseph (1756-1825), der 1799 die bayerische Herrschaftsnachfolge antrat.

3.2 Zweite Phase ab 1803: Bürgerliche Verantwortlichkeit

Der Regierungswechsel im Jahr 1799 leitete in Bayern eine neue Epoche ein. Die territorialen Veränderungen und inneren Reformen führten zu einem Abbau der überkommenen Strukturen und Institutionen in Staat, Wirtschaft und Gesellschaft. Ein umfangreiches Reformwerk des Ministers Maximilian Joseph Freiherr von Montgelas (1759-1838)[20] führte das vom aufgeklärten Absolutismus bislang weitestgehend unberührt gebliebene Fürstentum in ein fortschrittliches, modernes Staatsgebilde mit monarchischer Würde[21]. Parallel zur territorialen Unierung des zersplitterten Herrschaftsgebiets, den Staats-Bildungs-Prozeß unterstützend, sollte auch ein „einheitliches Staatsbewußtsein"[22] in der Bevölkerung gebildet werden. Diesem politisch wie gesellschaftlich bedeutsamen Bildungsauftrag standen unterschiedliche Erziehungs- und Disziplinierungsmittel zur

---

16 Sulzbach, 18.11.1782: DÖ 14/2, S. 752ff., §528 + DÖ 16/2, S. 782f., §561.
17 (München) 31.05.1790: DÖ 16/2, S. 729, §511.
18 Hermann Bauer: Idee und Entstehung des Landschaftsgartens in England. In: Barbara Baumüller (Hg.): Inszenierte Natur. Landschaftskunst im 19. und 20 Jahrhundert. Stuttgart 1997, S. 18-37: Der Englische Garten in München z.B. wurde ab 1789 angelegt.
19 (München) 31.05.1790: DÖ 15/2, S.729, §511. Tatsächlich wurde im Herzogtum Württemberg bereits 1663 verordnet, daß die Landstraßen mit Obstbäumen eingefaßt werden sollten. Die Verordnung des Wiener Hofes für die Vorderösterreichischen Lande vom 7.12.1781 sah ebenfalls die Anpflanzung der Chausseen mit Obstbaumalleen vor. Vgl. Rupprecht Lucke u.a.: Obstbäume in der Landschaft. Stuttgart 1992, S. 21.
20 Michael Henker u.a. (Hg.): Bayern entsteht. Montgelas und sein Ansbacher Mémoire von 1796. Katalog zur Ausstellung des Hauses der Bayerischen Geschichte in Zusammenarbeit mit dem Bayerischen Hauptstaatsarchiv in Ansbach und München 1996/97 (=Veröffentlichungen zur Bayerischen Geschichte und Kultur, 32/96). Augsburg 1996.
21 Am 1.1.1806 erfolgte die Proklamation zum Königreich.
22 Eberhard Weis: Die Gründung des modernen bayerischen Staates unter König Max I. (1799-1825). In: Max Spindler (Hg.): Handbuch der bayerischen Geschichte Bd.IV/1. München 1974, S. 3-86, hier S. 8.

Verfügung, so z.B. die Einführung der allgemeinen Schulpflicht (1802), der allgemeinen Wehrpflicht (1805) und auch die allgemeine Pflanzung von Obstbäumen insbesondere als Alleen, wobei der Baumschule als „Schul-Garten" ein besonderer pädagogischer und kultureller Erziehungsauftrag zukommen sollte.

Die Überlegungen von Georg Friedrich Freiherrn von Zentner zum bayerischen Gemeindeedikt von 1818 stehen exemplarisch für das Programm der Regierungszeit Max I. Joseph: „Jedem Gemeinde-Gliede muß ein ihm angemessener Grad von Teilnahme an den gemeinsamen Angelegenheiten zugestanden werden; wenn der einzelne sich dadurch selbst als unmittelbares Glied eines Ganzen, einer öffentlichen Gemeinschaft empfindet, so hört er auf, sein Selbst allein zum Zwecke zu nehmen, es wird ein Sinn für das Öffentliche, ein Gemein-Sinn [...] entstehen"[23].Die „Gemeinnützigkeit"[24] der anstehenden Aufgaben wurde zum argumentativen Schlagwort in der „Umerziehung" des Volkes. Die Analyse der Bedeutungs- und Wirkungsgeschichte von Obstbaumalleen ist dabei geeignet, diesen bürgerlich-nationalen Integrations- und Identifikationsprozeß exemplarisch darzustellen. Der Kulturbaum als Hilfsmittel zur Volkserziehung erhellt schlaglichtartig und ausschnitthaft einen staatspolitisch motivierten, kulturell wie gesellschaftlich folgenreichen Evolutionsschritt.

Max IV. Joseph erließ 1803 eine umfangreiche Verordnung zur Förderung der Obstbaumzucht: „Um die nothwendige und gemeinnützige Obstbaumzucht zu befördern, ist wiederholt das Hauptaugenmerk auf die Chausseen gerichtet, und für die Zukunft anbefohlen, daß sie frei, und auf jeder Seite mit einer einfachen Obstbaum=Allee für den Fußpfad bepflanzt sein sollen. Dies erfordert sowohl die öffentliche Sicherheit als Gastfreundschaft der Nationen, besonders da die Nachbarschaft mit diesem schönen Beispiele meist schon vorausgegangen ist." Im Abstand von 20 Schuh, das waren etwa 6 m, wurden die Eigentümer jeweils angrenzender Gründe verpflichtet, die Obstbäume selbst und auf eigene Kosten unter Androhung einer Strafe von 24 Talern zum Schulfond des jeweiligen Gerichtsbezirks zu setzen[25]. Die Rechnung ergab, daß für die zum Verordnungszeitpunkt 670 Stunden Chausseen[26] die Gesamtanzahl von 762.180 Bäumen benötigt wurde, wobei kein Anlieger mehr als 20 bis 30 Bäume zu pflanzen hätte. Die Baumschulen des 18. Jahrhunderts[27] sollten den Bedarf an Setzlingen decken, auch könnten veredelte Wildpflanzen als kultivierte Naturbäume Verwendung finden. Ergänzt durch Lieferungen aus der Bamberger Gegend, wo es einen „wahren Ueberfluß an Bäumen" gäbe, „wie auch jährlich eine Menge Bamberger und Würtemberger Baumhändler nach Hunderten und Tausenden Bäume das Stück zu 4, 6, 12 kr. im Lande absetzen", bestünde kein Grund für „Einwendung und Aufzögerung" der gemachten Vorschrift[28].

Das bedeutet für das eingangs zitierte Strafexempel, daß die Obstbaumallee in der Gemarkung des Dorfes Feldkirchen im März des Jahres 1804 gesetzt worden war, dem – klimatischen und gärtnerischen Überlegungen folgend – frühest möglichen Zeitpunkt nach Erlaß der kurfürstlichen Verordnung im Oktober 1803. Es dürfte daher im April 1804

---

23 Zit. nach Weis in: Spindler (wie Anm. 22), S. 70f.
24 Vgl. München, 03.10.1803: DÖ 14/2, S.434ff., § 268 Punkt 2.
25 München, 17.08.1803: DÖ 14/2, S. 649, §454 und München, 03.10.1803: DÖ 14/2, S. 434ff., §268.
26 Laut Verordnungstext ist 1 Wegstunde = 12.703 Schuh; nimmt man 1 Schuh = 30 cm, so ist 1 Wegstunde = 3,8 km, d.h. 670 Stunden = 2.546 km. Vgl. Hermann Hoffmann: Münzen, Maße, Gewichte, Preise und Löhne in Bayern. In: Mitteilungen für die Archivpflege in Bayern 1/1955, S. 16-21.
27 Vgl. Neuburg, 12.10.1780: DÖ 14/2, S. 431ff., §266.
28 München 26.10.1803: DÖ 14/2, S. 436ff., §269: Nachtrag zum Mandat vom 3.10.1803.

durchaus noch möglich gewesen sein, die frisch gesetzten Bäume ohne übermäßige Kraftaufwendung zu entwurzeln, zu knicken oder umzureißen.

Darüber hinaus enthielt das Mandat die Anordnung, daß künftig jeder neue Gutsmaier und jeder Neubürger in Städten und Märkten dazu verpflichtet war, zwei Obstbäume zu pflanzen, entweder auf eigenem Grund oder auf „öffentliche Unterhaltungsplätze und Spaziergänge". Vier Jahre betrug ihre Aufsichtspflicht über die „mit dem Namen des Eigenthümers und dem Jahre der Setzung auf einem kleinen Schilde" ausgezeichneten Obstbäume[29]. Dieses Mandat von 1803 verdeutlicht die identitätsbildende Funktion des Reformprogramms, indem die Übergabe der Kulturmaßnahmen aus den Händen des Staates in die Verantwortung des Einzelnen erfolgte. Der Einzelne definiert sich dabei als Teil des Ganzen, als Mitglied einer Gemeinschaft, und muß als solches sowohl emotional als auch rational Loyalität gegenüber seiner Umgebung, d.h. gegenüber Gesellschaft und Staat, entwickeln. Neu war aber dabei nicht nur diese Definition des Einzelnen als Vollmitglied der staatlichen Gemeinschaft, sondern vielmehr noch dessen Erhebung zum Individuum, das sich mit eigenem Namensschild am Obstbaum manifestieren durfte. In der Kombination von individuellem Selbstbewußsein mit „kollektivem Bewußtsein", das Solidarcharakter trägt, liegt der radikal-moderne Ansatz des bayerischen Reformprogramms zu Beginn des 19. Jahrhunderts.

Die Kulturbäume halfen, das Einüben von kollektiven Verantwortlichkeiten zu trainieren: der Solitär mit Namensschild auf öffentlichem Raum war hierzu ebenso geeignet wie der Eigenanteil an Bäumen in einer Allee. Die Bevölkerung wurde angehalten, sich bei der Anlage der Obstbaumalleen gegenseitig je nach Wissensstand zu unterstützen, denn bei einem „so vaterländischen Unternehmen" dürfe es keinen „Eigennutz" geben, weshalb hoffnungsvoll einem „allgemeinen warmen Zusammenwirken entgegen gesehen" werde[30]. Das aufgeklärte Menschenbild des bayerischen Regenten vertraute in der Umsetzung dieses pädagogischen Politprogramms vorzüglich auf Freiwilligkeit und die Aussetzung von Prämien sowie auf öffentliche Belobigungen. Dies hatte den günstigen Nebeneffekt, daß besonders fleißige und fähige Kulturförderer den Gemeinden bekannt wurden und bei Schwierigkeiten als Ratgeber fungierten[31].

Basierend auf dieser historischen Kurzanalyse kann nun folgende These formuliert werden: Die Rezeption der begrifflichen Bedeutung von „Eigentum" stellt die Grundlage jeglichen Verantwortungsbewußtseins dar. Dann ist das individuelle Verantwortungsbewußtsein die Grundlage jeglichen Gemeinschafts-, dann Nationalgefühls, auch „Vaterlandsliebe" oder Patriotismus genannt. Der Schutz von Obstbaumallen ist soziale Normierung, d.h.: die Obstbaumallee trainiert eine neue Norm zum Schutz des Einzelnen, dann der Gemeinschaft und der Nation. Der Obstbaum ist für die Realisation dieser mentalen Befindlichkeit ebenso geeignet wie jedes andere immobile „Eigentum", er hat jedoch den Vorteil, zusätzlich die wirtschaftliche Prosperität zu fördern. Der immaterielle Nutzen der Obstbaumalleen besteht dagegen im internationalen Vergleich in der Repräsentation des Kultivierungsgrades von Land und Leuten in einem „modernen" Staat mit einer „modernen" Gesellschaft. Eine intakte Ostbaumallee gilt als Zeugnis der Landeskultur und ist zugleich Zeichen für ein funktionierendes kollektives Verantwortungsbewußtsein.

---

29 München 3.10.1803: DÖ 14/2, S. 434ff., §268 Punkt 8: „Überhaupt haben die Städte und Flecken für solche öffentliche Unterhaltungsplätze zu sorgen, weil dieß den geselligen Ton und die Bildung erhöht."
30 München 26.10.1803: DÖ 14/2, S. 436ff., §269.
31 München 3.10.1803 DÖ 14/2, S. 434ff., §268: Verteilung von Verdienstmedaillen. // Neuburg 31.10.1803: DÖ 14/2, S. 441ff., §271 Punkt 3+5: Belobigungen. // München 20.2.1804: DÖ 14/2, S. 754f., §532: Betonung von Freiwilligkeit und öffentlicher Belobigung.

Die Bedeutsamkeit dieses Unternehmens begründete die 1803 gefallene Entscheidung, das Schulwesen in den pomologischen Erziehungsprozeß mit einzubinden, zumal zur flächendeckenden Realisation des Kulturprogramms dringender Bedarf in der Vermittlung gärtnerischer Grundkenntnisse bestand. Nachdem 1802 eine allgemeine sechsjährige Schulpflicht[32] eingeführt worden war, deren Finanzierung im übrigen über einen aus Mitteln der Säkularisation gebildeten Schul- und Studienfond[33] erfolgte, an den auch – wie oben erwähnt – die Strafzahlungen der Kulturfrevler[34] zu erfolgen hatten, wurde ab 1803 die Anlage von Schulgärten propagiert: „in jeder Schule muß der Unterricht über die Baumzucht vorgetragen, und zugleich practisch gezeigt werden"[35]. Schulgärten stellten dabei prinzipiell kein Novum in der Volkserziehung dar; bereits seit dem 17. Jahrhundert gab es erste Überlegungen zur naturkundlichen Schulung mittels Anschauungsunterricht. So realisierte August Hermann Francke (1663-1727) schon um 1700 in den Halleschen Stiftungen einen Schulgarten[36]. Die Schule in Kösching jedenfalls, von hier stammte der eingangs erwähnte Kulturtäter, war bei der Umsetzung der Verordnung zwar um zwei Jahre verspätet, aber dafür um so eifriger bei der Sache: 1805 wurden 200 Obstbäume im Schulgarten gepflanzt. Ein Baumfrevel im darauffolgenden Jahr führte zur Zerstörung von 127 der gesetzten Bäume[37].

Die Einführung der Schulpflicht unterstrich die Bedeutung des häufig geistlichen Lehrpersonals als Aktivposten im Kulturwesen. Aus der Kopplung des pomologischen mit dem schulischen Unterricht erklärt sich darüber hinaus der Umstand, daß in Bayern während des 19. Jahrhunderts besonders häufig Schullehrer und Geistliche als begeisterte Pomologen begegnen. Bereits in der Landeskulturbewegung des 18.Jahrhunderts war die Geistlichkeit gewissermaßen zwangsweise für das Thema interessiert worden, insofern ein Bruchteil ihres Zehnten aus den gemeindlichen Obsterträgen bestritten werden sollte[38]. Auch erhielt das in die Obstkultivierung eingebundene Forstpersonal 1803 den Rat: „In jeder Gegend werden dieselben einen Pfarrer, Priester, Schullehrer, Gärtner, oder sonst sachverständigen Oeconomen finden, welcher ihnen besonders in der Obstbaumzucht die Hand zu reichen sich willig zeigen wird."[39] Als Pädagogen hätten diese „die schöne Bestimmung, das Volk zu belehren, zu unterrichten, und über seinen wahren Vortheil aufzuklären", „ihre Gärten sollen die Schule des Beispiels und des Unterrichts sein. – Dort sollen sie die verschiedenen, dem Clima angemessenen Obstsorten nachziehen, veredlen, und in die Gärten ihrer Gemeinde übertragen und verpflanzen."[40] Man hoffte für die Anlage der Schul-Baumgärten, daß „der Pfarrer aus eigenem Antriebe und aus Zuneigung für diese angenehme und gemeinnützige Beschäftigung in seinem Garten einen Platz

---

32 Die Verordnung vom 23.12.1802 basierte auf der bereits einen allgemeinen Schulzwang formulierenden Verordnung vom 3.9.1770 und führte diese erst allgemein zur Realisation. Vgl. Albert Reble: Das Schulwesen. In: Max Spindler (Hg.): Handbuch der bayerischen Geschichte Bd.IV/2. München 1975, S.949-965, hier S.952 u. 955.
33 Henker (wie Anm.20): Kat.-Nr.78, S. 133f.; Kat.-Nr.158, S. 195; Kat.-Nr.159, S. 195f.
34 Vgl.: München 3.10.1803 DÖ 14/2, S. 434ff., §268 // Neuburg 31.10.1803: DÖ 14/2, S. 441ff., §271.
35 Neuburg 31.10.1803: DÖ 14/2, S. 441ff., §271 Punkt 2.
36 Michael Simon: Schulgärten. Wirkung und Nutzen einst und jetzt. In: Mensch und Umwelt. Ein Thema volkskundlicher Forschung und Präsentation? (=Schriften des Bergischen Freilichtmuseums, 4). Köln 1993, S. 19-31, hier S. 22.
37 Ernst Ettel: Das Schulwesen in Kösching von den Anfängen bis 1850 und die Knabenschule von 1850 bis 1900. In: Sammelblatt des Historischen Vereins Ingolstadt 83/1974, S. 7-168, hier S. 53.
38 Neuburg, 12.10.1780: DÖ 14/2, S. 431ff., §266 Punkt 6.
39 Neuburg, 31.10.1803: DÖ 14/2, S. 439f., §270 Punkt 8.
40 Neuburg, 31.10.1803: DÖ 14/2, S. 441ff., §271 Punkt 1.

anbietet, oder selbst hiezu verwenden will."[41] Auch waren es die Pfarrer und Schullehrer, die über eine 1803 erlassene Verordnung betreffend die Obstbaumpflanzungen durch neue Gutsmaier ein Attest anzufertigen hatten[42].

4. Strafverfolgung

Die kurfürstlichen Anordnungen wurden aufgrund mangelnder Bereitschaft zur Überwindung überkommener Verhältnisse und des hierzu nötigen Energieaufwands und Finanzbedarfs zumeist nur widerwillig umgesetzt. Häufig kam es auch als Ausdruck des Unwillens zu „muthwilligen" Schäden an den Kultureinrichtungen. In die Zeit der Landeskultur während der 2. Hälfte des 18. Jahrhunderts datieren die Anfänge der Pönalordnungen für Kulturfrevler. Ein Baumfrevel an der Nymphenburger Allee bei München gab 1758 Anlaß, dergleichen Täter der „exemplarischen Correction" zuzuführen, die in einer öffentlichen Vorstellung und einer dreijährigen Arbeitshausstrafe bestand. Hinweise, die zur Ergreifung von Tätern führten, sollten mit 20 fl. belohnt werden[43]. Obstbaumfrevel wurde nach der Pönalordnung vom 20.03.1773 bestraft[44]. Die Strafe des Handabschlagens wurde 1781 dahin geändert, daß künftig neben der öffentlichen Ausstellung eine Leibzüchtigung und ein Jahr Arbeitshaus oder drei Jahre Militärdienst verhängt wurden. Der Grund für diese Humanisierung des Strafwesens lag dabei einzig in der Tatsache, daß „der Frevler nicht dadurch gebessert, sondern nur zu weiteren Diensten und Arbeiten untüchtig, mithin für das Publicum ganz unbrauchbar und überlästig wird", und nicht etwa weil die Strafe „zu scharf und excessiv" gewesen sei[45]. Die Öffentlichkeit der Strafe intendierte selbstverständlich eine abschreckende Wirkung, wie hiermit auch ein öffentliches Interesse signalisiert werden konnte. Im Jahr 1783 wurde die Denunziationsbelohnung zur Ergreifung der Täter von 20 auf 30 fl. erhöht[46], selbstverständlich unter Zusicherung der Anonymität für den Denunzianten[47]. Ein 1772 zur schnellen Entschädigung der Betroffenen bei mutwilligen Zerstörungen neu kultivierter Flächen (Feld- und Gartenfrevel) ergangenes Generalmandat wurde 1791 auf Baumfrevel ausgeweitet. Hierin war die sofortige Kostenerstattung der Geschädigten ohne Prozeß durch die jeweilige Gemeinde oder bei Ergreifung durch den Täter selbst festgeschrieben[48].

Die folgenreiche Verordnung von Max IV. Joseph von 1803 wiederholte die überkommenen Regelungen zur Bestrafung des Obstbaumfrevels[49], was einer rechtlichen Übernahme gleichkam. Damit hätte, um zu dem Exempel vom Anfang zurückzukehren, die Gemeinde Feldkirchen für den Schaden haften und Ersatz leisten müssen, wäre der Täter nicht anonym gegen Belohnung denunziert und derart überführt worden.

---

41 Ebd. Punkt 2.
42 Ebd. Punkt 6. Zur Verordnung vgl. München 03.10.1803: DÖ 14/2, S. 434ff., §268 Punkt 8.
43 Neuburg 12.10.1780: DÖ 14/2, S. 431ff., §266.
44 Ebd.
45 München 26.01.1781: DÖ 14/2, S. 751f., §526 anläßlich eines aktuellen Gerichtsfalles. Als Gesetzesänderung: München 06.02.1781: DÖ 14/2, S. 751f., §527 + DÖ 16/2, S. 781f., §560.
46 München 23.12.1783: DÖ 14/2, S. 753, §529 + DÖ 16/2, S.783, §562.
47 München 12.10.1791: DÖ 14/2, S. 753, §530 + DÖ 16/2, S.783f., §563.
48 München 05.06.1772: DÖ 14/2, S. 349-352, §195 Punkt 4. München 30.05.1791: DÖ 14/2, S. 647, §452.
49 München 03.10.1803: DÖ 14/2, S. 434ff., §268.

5. Schluß

Die instabilen außenpolitischen Verhältnisse der napoleonischen Zeit, die damit verbundenen Chancen, aber auch Risiken sowie eine vom vernunftbegabten Menschen überzeugte aufgeklärte Geisteshaltung begründeten das staatspolitische und gesellschaftliche Engagement des Kurfürsten und späteren Königs Max I. Joseph von Bayern. Ein pädagogisches Programm zur schrittweisen Erziehung der vom Untertan zum Bürger avancierten Bevölkerung hin zur nationalen Gesellschaft war elementar in der Realisation seines umfangreichen Reformwerks. Der Obstbaum ist mithin instrumentalisiertes Paradigma im Reformprozeß: als „veredelter Naturbaum" ist er „Kulturbaum" und steht somit synonym für „landes-kulturelle Entwicklung". „Landeskultur" meint dann nicht mehr nur ökonomische Optimierung natürlicher Potentiale, nämlich die Steigerung agrarischer Produktivität, sondern „Landes-Kultur" wird zur „National-Kultur", wobei „Nation" staatspolitisch definierte „Gesellschaft" meint. Dies bedeutet folglich quantitativ wie qualitativ: viel kultivierte Natur (Obstbaumallee) repräsentiert einen hohen Grad von gesellschaftlichem Bewußtsein. Gesellschaftliches Bewußtsein aber ist nur möglich unter Anwendung kollektiv determinierter Sozialnormierung. Die Zerstörung des Kulturbaums – zumal in 38facher Wiederholung – verletzt diese Norm, weshalb das Delikt mit dem Ausschluß des Täters aus der Gemeinschaft durch öffentliche Rufschädigung geahndet werden muß. Kann der Täter aber nicht ermittelt werden, dann trägt der kleinste gemeinsame Nenner der Gemeinschaft, die Gemeinde, die kollektive Verantwortlichkeit. Der kultivierte Obstbaum ist somit Zeichen solidarer, da gemeinschaftlich getragener „Volks-Kultur".

Bernd Wedemeyer

„Zurück zur deutschen Natur"
Theorie und Praxis der völkischen Lebensreformbewegung im Spannungsfeld von „Natur", „Kultur" und „Zivilisation"

Gegen Ende des 19. Jahrhunderts entstand als Teilströmung der breiten sozialreformerischen Bewegung im Wilhelminismus die bürgerliche zivilisationskritische Lebensreformbewegung, die gegen Industrialisierung, Technisierung und Urbanisierung, gegen Modernisierung, Wirtschaftsliberalismus und Kapitalismus sowie gegen wissenschaftliche Denkweise, Fortschrittsbegeisterung und rationale Weltauffassung protestierte und deren Programm eine Art rückwärtsgewandte Reform des gesamten kulturellen, religiösen und sozialen Lebens beschwor. Nach Ansicht der Lebensreform war die moderne Gesellschaft nicht nur kulturell, psychisch und physisch krank, sondern fungierte darüber hinaus auch als Krankheitserreger, der die noch gesunden Teile zu infizieren drohte. Die einzige Möglichkeit zur Gesundung dieser unnatürlichen Gesellschaft schien nur ein konsequentes „Zurück zur natürlichen Lebensform" zu sein.[1] Die Lebensreformer praktizierten Naturheilkunde, Vegetarismus und Reformernährung und mieden Zivilisationsgifte wie Alkohol und Tabak.[2] Sie propagierten eine neue Kleidungsreform und führten Körperübungen wie Gymnastik, Ausdruckstanz, Freikörperkultur, fernöstlich orientiertes Yoga oder Atemgymnastik durch.[3] Sie neigten alternativen Religionen und Weltanschauungen wie Monismus, Buddhismus, Theosophie oder Neuheidentum zu.[4] Dabei glaubten die Lebensreformer, die von ihnen angestrebte Gesellschaftsreform

---
1 Vgl. Joachim Raschke: Soziale Bewegungen. Ein historisch-systematischer Grundriß. Frankfurt/M. 1988, S. 32-50; grundlegend zur Lebensreform sind Wolfgang R. Krabbe: Gesellschaftsveränderung durch Lebensreform. Strukturmerkmale einer sozialreformerischen Bewegung im Deutschland der Industrialisierungsepoche. Göttingen 1974; Ulrich Linse: Das „natürliche" Leben: Die Lebensreform. In: Richard van Dülmen (Hg.): Die Erfindung des Menschen. Köln 1998, S. 435-458 sowie zuletzt Diethart Kerbs, Jürgen Reulecke (Hg.): Handbuch der deutschen Reformbewegungen 1880-1933. Wuppertal 1998, in dem einige der hier nachfolgend besprochenen Aspekte überblicksartig behandelt werden und als Einstieg dienen.
2 Vgl. Karl E. Rothschuh: Naturheilbewegung, Reformbewegung, Alternativbewegung. Stuttgart 1983; Cornelia Regin. Selbsthilfe und Gesundheitspolitik. Die Naturheilbewegung im Kaiserreich (1889 bis 1914). Stuttgart 1995; Judith Baumgartner: Ernährungsreform. Antwort auf Industrialisierung und Ernährungswandel. Frankfurt 1992; Judith Baumgartner: 100 Jahre Eden. Eine Idee wird zur lebendigen Philosophie. Oranienburg 1993; Eva Barlösius: Naturgemässe Lebensführung. Zur Geschichte der Lebensreform um die Jahrhundertwende. Frankfurt/M. 1997 konzentriert sich trotz des umfassenden Titels nur auf den Vegetarismus.
3 Vgl. Sabine Welsch: Ein Ausstieg aus dem Korsett. Reformkleidung um 1900. Darmstadt 1996; Gabriele Klein: FrauenKörperTanz. Eine Zivilisationsgeschichte des Tanzes. München 1994; Karola von Steinaecker-Kurt: Wegbereiterinnen der Atem- und Leibpädagogik 1900 bis 1933 im Kontext von Reform- und Jugendbewegung. Berlin, unveröff. Diss. phil. 1998; Karl Toepfer: Empire of Extasy. Nudity and Movement in German Body Culture, 1910-1935. London 1997 behandelt Ausdruckstanz, Rhythmische Gymnastik und Freikörperkultur; zur Freikörperkultur selbst erschien zuletzt Michael Grisko (Hg.): Freikörperkultur und Lebenswelt. Kassel 1999; die Rezeptionsgeschichte fernöstlicher Körperübungen ist ein Desiderat, vgl. dazu Bernd Wedemeyer: Der Athletenvater Theodor Siebert (1866-1961). Eine Biographie zwischen Körperkultur, Lebensreform und Esoterik. Göttingen 1999, S. 113-149.
4 Zur bildungsbürgerlichen Religionskrise um 1900 vgl. Thomas Nipperdey: Deutsche Geschichte 1866-1918 Bd.1. München 1990, S. 507-528, der das Thema als einer der ersten

nicht über eine Revolution, sondern nur über den inneren Weg einer Selbstreform verwirklichen zu können. So war ihr bevorzugtes Vorbild ein selbstbestimmtes Leben in kleinen Siedlungsgemeinschaften auf dem Lande, ein „Zurück o Mensch zur Mutter Erde", das für sie gelebte Reform bedeutete und in denen sie ihr komplettes Reformprogramm umsetzen konnten.[5]

Die Lebensreformbewegung, die sich als antimoderne Reaktion auf den sozioökonomischen Wandlungsprozeß des 19. und 20. Jahrhunderts verstand, ihre eigenen modernen Elemente bzw. ihren Anteil am Prozeß der Moderne aber ignorierte, stand unter dem vielzitierten Schlagwort „Zurück zur Natur".[6] Dieses Klischee, das bereits in der Aufklärung bürgerliche Naturverklärung und Zivilisationsflucht kombinierte, griff das von John Frank Newton im Jahre 1811 geprägte „Return to nature" auf und lehnte sich an die Naturvorstellungen von Jean-Jacques Rousseau an.[7] Dabei meinte das Motto „Zurück zur Natur" natürlich nicht die unrealistische Wiederherstellung eines imaginierten paradiesischen Zustandes jenseits allen menschlichen Daseins und damit eine von menschlichen Artefakten freie Umwelt, sondern favorisierte ein mehr oder weniger – die Meinungen differierten da – sogenanntes organisches Leben, das möglichst die natürlichen Ressourcen schonte und das den Menschen im, wie es hieß, „Einklang" mit der ihn umgebenen und – wie die Lebensreformer glaubten – natürlichen Umwelt brachte. Es muß dabei wohl kaum noch darauf hingewiesen werden, daß ein derartiger Naturbegriff überhaupt nur in industriellen Gesellschaften entwickelt werden konnte und er keine überhistorische Gegebenheit, sondern eine gesellschaftlich variable Denkfigur war. Schon der Publizist Egon Friedell schrieb 1927: „Lyrische Naturbegeiste-

---

breiter behandelte. Eine Religionsgeschichte der Alternativbewegung existiert aber bisher nicht; Aspekte finden sich bei Stefanie von Schnurbein: Religion als Kulturkritik. Neugermanisches Heidentum im 20. Jahrhundert. Heidelberg 1992; Norbert Klatt: Theosophie und Anthroposophie. Neue Aspekte zu ihrer Geschichte. Göttingen 1993; Martin Baumann: Deutsche Buddhisten. Geschichte und Gemeinschaften. Marburg 1995, S. 43-67; eine Übersicht findet sich in Ulrich Linse: Asien als Alternative? Die Alternativkulturen der Weimarer Zeit: Reform des Lebens durch Rückwendung zu asiatischer Religiosität. In: Hans Kippenberg, Brigitte Luchesi (Hg.): Religionswissenschaft und Kulturkritik. Marburg 1991, S. 325-364.

5 Vgl. Harald Szeemann (Hg.): Monte Verità. Berg der Wahrheit. Mailand 1978; Ulrich Linse: Zurück o Mensch zur Mutter Erde. Landkommunen in Deutschland 1890-1933. München 1983; Klaus Bergmann: Agrarromantik und Großstadtfeindschaft. Meisenheim 1970; Ulrich Linse: Antiurbane Bestrebungen in der Weimarer Republik. In: Peter Alter (Hg.): Im Banne der Metropolen. Göttingen 1993, S. 314-344; Ortrud Wörner-Heil: Von der Utopie zur Sozialreform. Jugendsiedlung Frankenfeld im Hessischen Ried und Frauensiedlung Schwarze Erde in der Rhön 1915 bis 1933. Darmstadt 1996.

6 Während die Forschung die Alternativbewegung anfangs noch als antimodernen Gegenpol zur Gesellschaft aufgefaßt hatte, werden seit den letzten Jahren zunehmend ihre modernen Elemente in den Vordergrund der Interpretation gerückt; vgl. zur älteren Interpretation neben Wolfgang Krabbe (wie Anm. 1) noch Janos Frecot: Die Lebensreformbewegung. In: Klaus Vondung (Hg.): Das wilhelminische Bildungsbürgertum. Göttingen 1976, S. 138-152, oder Rolf Peter Sieferle: Fortschrittsfeinde? Opposition gegen Technik und Industrie von der Romantik bis zur Gegenwart. München 1984; zu neueren Überlegungen etwa Ulrich Beck: Risikogesellschaft. Auf dem Weg in eine andere Moderne. Frankfurt/M. 1986, S. 30-37 und 264ff.; einzelne Aspekte in Eugen König: Körper-Wissen-Macht. Studien zur Historischen Anthropologie des Körpers. Berlin 1989, S. 105-117; Thomas Alkemeyer: Sport, die Sorge um den Körper und die Suche nach Erlebnissen im Kontext gesellschaftlicher Modernisierung. In: Jochen Hinsching, Frederik Borkenhagen (Hg.): Modernisierung und Sport. St.Augustin 1995, S. 29-64; zusammenfassend zum Forschungsstand Bernd Wedemeyer (wie Anm.3), S. 19-22.

7 Vgl. Thomas Koebner: Zurück zur Natur. Ideen der Aufklärung und ihre Nachwirkung. Heidelberg 1993.

rung kann immer nur von städtischen Kulturen ausgehen. Der erste ‚Vorgarten' entstand gleichzeitig mit den Städten der anbrechenden Neuzeit (und) der ‚englische Park' mit dem Aufstieg Londons zur Großstadt". Und auch der Philosoph Gunter Gebauer fragte angesichts der „Zurück zur Natur"-Bestrebungen der Alternativbewegung vor kurzem einmal treffend und völlig zurecht: „Zurück zu welcher Natur"?[8]

Die Naturdefinitionen sind nicht nur von den Auffassungen der jeweiligen zeitlich, kulturell und politisch differierenden Industriegesellschaften abhängig; sie variierten auch in den einzelnen Strömungen der ohnehin schon äußerst heterogenen Lebensreformbewegung. Eine ausgesprochen nationale Naturdefinition und Reformpraxis vertrat dabei die völkische Variante der Lebensreformbewegung, deren Motto man mit „Zurück zur deutschen Natur" umschreiben könnte. Sie griff die sozial ausgerichtete Naturvorstellung und die allgemein auf die Industrieländer bezogene Gesellschaftskritik der übrigen Lebensreformer auf, verband sie mit Versatzstücken völkischen Denkens und verengte sie zu einem national ausgerichteten Naturkonzept, das organizistisch und damit sozial und gesellschaftlich determiniert angelegt war. Dabei wurden die zeitgenössisch breit diskutierten und mit diametralen Wertungen versehenen Begriffsgegensätze wie Natur und Kultur, Kultur und Zivilisation, Volk bzw. Nation und Staat, Gemeinschaft und Gesellschaft, Land und Stadt, aber auch Begriffspaare wie Mystik und Ratio, Gefühl und Logik oder Rhythmus und Takt, die vom Ansatz her zunächst als soziale bzw. gesellschaftliche Dichotomien aufgefaßt wurden, in völkische und teilweise rassistische und antisemitische Kategorien überführt. Für die Völkischen etwa galten Ratio und Logik als ausländisch und Gefühl und Mystik als deutsch, städtischer Kapitalismus und Liberalismus als amerikanisch und artifiziell und ländliches bäuerliches Leben als deutschvölkisch und organisch, Christentum als jüdisch und artfremd, heidnisch-esoterische Naturreligion als germanisch, Naturheilkunde als ganzheitlich und völkisch und Schulmedizin als zergliedert, seelenlos und undeutsch.[9] Miteinander verbunden wurden all diese Ansätze durch ein geschickt ineinander greifendes Definitionsraster um die Begriffe Natur, Kultur und Zivilisation, wobei, wie ich vorausschicken muß, die Terminologie nicht immer einheitlich verwendet und definitorisch scharf voneinander abgegrenzt wurde, sondern häufig gefühlsmäßig und nach dem zeitgenössischen völkischen Meinungsbild geformt worden ist; das Ziel war ja keine wissenschaftliche Begriffsdefinition, sondern eine politische Agitation.[10]

---

8   Egon Friedell: Kulturgeschichte der Neuzeit. München 1969, S. 1412; Eugen König (wie Anm. 6), S. 1; vgl. auch die aus den 20er Jahren stammenden Äußerungen des völkischen Satirikers Wilhelm Stapel: Stapeleien. Hamburg 1939, S. 284f.: „Durch eine weltanschaulich begründete Lebensreform kann man niemals die Unschuld vergangener Zeiten zurückerwerben. Das Paradies bleibt unzugänglich. Der Großstädter kann nicht hinter die Großstadt zurück".

9   Als typisches Beispiel dieser Ausrichtung sei hier der völkische Naturarzt und ehemalige Buddhist Carl Strünckmann erwähnt, der als einflußreicher völkisch-lebensreformerischer „Systembauer" galt und in dessen Schriften sich die gesamten Merkmale komprimiert wiederfinden; vgl. Carl Strünckmann: Die deutsche Rolle im Weltenspiel. Flarchheim 1928 sowie zuletzt Bernd Wedemeyer: Völkische Körperkultur in Niedersachsen in der Weimarer Republik. Das Beispiel Dr. Karl Strünckmann. In: Hans Langenfeld, Stefan Nielsen (Hg.): Beiträge zur Sportgeschichte Niedersachsens Teil 2: Weimarer Republik. Göttingen 1998, S. 175-184.

10 Die Literatur zur völkischen Bewegung und ihrer Denkweise ist Legion; vgl. dazu immer noch George Mosse: Die völkische Revolution. Frankfurt/M. 1991; grundlegend ist Uwe Puschner, Walter Schmitz, Justus H. Ulbricht (Hg.): Handbuch zur „Völkischen Bewegung" 1871-1918. München 1996, das einige Aufsätze zur völkischen Lebensreform (FKK, Siedlungsbewegung) enthält (S. 397-435); vgl. zur völkischen Lebensreform noch Jost Hermand: Der Schein des schönen Lebens. Studien zur Jahrhundertwende. Frankfurt/M. 1972, S. 55-127; ders.: Grüne Utopien in Deutschland. Zur Geschichte des ökologischen Bewußtseins. Frankfurt/M. 1991, S.

Als Beispiel für eine derartige Definition steht dabei ein Beitrag des völkischen Publizisten Curt Schwantes, der 1917 in der völkischen Zeitschrift „Der Vortrupp" des Schriftstellers Hermann Popert einen zeitgenössisch typischen Artikel zum allseits beliebten Thema „Kultur und Zivilisation" veröffentlichte, der alle damals bekannten und akzeptierten Klischees um den Diskussionsgegenstand aufgriff. Für Schwantes war dabei Zivilisation „etwas Äußerliches, darum erlernbar wie ein Handwerk; Man kann sie einem anderen Volke absehen und nachahmen", Kultur dagegen erschien ihm als „etwas Innerliches, Angeborenes, Ererbtes [...] aber sie ist nicht zu erlernen und nicht nachzuahmen". Zivilisation war so für Schwantes nicht nur etwas Oberflächliches und Flüchtiges, sondern auch etwas, was unterschiedliche Staaten miteinander gemeinsam haben konnten, während Kultur bei ihm als individueller und authentischer Ausdruck einer Gruppe von Menschen erscheint, die vom ihm als Volk bezeichnet wurden. Wenn auch Schwantes dabei der Ansicht war, daß Kultur „nach der Rasse und schon nach der besonderen Art des Volkes verschieden sein (muß), wenn sie echt und natürlich sein soll", so liegt in dieser Aussage jedoch zunächst keinerlei qualitative Wertung bzw. Abwertung anderer Kulturen vor, obgleich der Autor sich damit als Denker ausweist, der eindeutig in völkischen Bahnen argumentiert, da er die autarke Existenz von nach Rasse, Blut und Geographie getrennten und organisch gewachsenen Völkern als historische Tatsache annahm. Da Schwantes die Zivilisation als physische Leistung, also als etwas Künstliches einstufte, Kultur aber als Seele und damit als etwas Natürliches, Organisches charakterisierte, konnte er den Kulturbegriff dem Naturbegriff annähern: „Kultur umfaßt", so Schwantes, „die Art des Verkehrs mit der Natur". Dabei definierte er die Kultur eines Volkes als Ersatzhandlung für die verlorengegangene Natur: „Mehr und mehr haben wir uns [...] von der Natur abgewandt; wir leben nicht mehr mit Wald und Heide und Wiese und Acker [...]; wir haben dafür die Kunst und die Wissenschaft, wir haben unsere Technik und unsere Bücher und Zeitungen".[11]

Für die völkischen Lebensreformer dagegen ging diese Art der völkischen Kultur-Natur-Auffassung noch nicht weit genug. Der völkische Lebensreformer und promovierte Biologe Willibald Hentschel, der sich um 1900 als Theoretiker der arischen Menschenzüchtung einen mehr als zweifelhaften Namen machte, gehörte dabei zu den extremen Verfechtern und galt gleichzeitig als Vordenker der völkischen Lebensreformer. Die Kultur bezeichnete er als „Totengräberin der Menschheit", da sie erstens durch medizinische Hygiene und technischen Fortschritt in der Lage sei, sogenanntes „lebensunwertes Leben" – damit meinte er Behinderte, Kranke und Schwache – am Leben zu erhalten, zweitens damit die Rasse zu verschlechtern und ihre „konstitutive Tüchtigkeit" zu verringern, und drittens dadurch Kulturerscheinungen wie Selbstmörder, Geschlechtskranke, Alkoholabhängige oder Schwindsüchtige zu produzieren. Für Hentschel war somit die Natur die einzige Instanz, die eine gesunde Regulierung des Lebens und damit das, was er „Erneuerung" nannte, gewährleisten konnte. Nur diejenigen, die unter natürlichen Bedingungen, d.h. unter Ausschluß jeglicher Zivilisation mit Technik, Schulmedizin, staatlicher Versorgung und Wissenschaft über ein „vollkommenes Regenerationsvermögen" verfügten, seien, so Hentschel, die wahren

---

82-117; Aspekte finden sich auch in Hubert Cancik (Hg.): Religions- und Geistesgeschichte der Weimarer Republik. Düsseldorf 1982.

11 Curt Schwantes: Kultur und Zivilisation. In: Der Vortrupp 1917, S. 171-177, hier S. 174. Die völkisch-bündische Zeitschrift „Der Vortrupp" wurde von Hermann Popert und Hans Paasche, dem Autor des bekannten zivilisationskritischen Buches „Lukanga Mukara" herausgegeben und ging 1921 nach der Ermordung Paasches durch die Schwarze Reichswehr im „Kunstwart" von Ferdinand Avenarius auf.

Träger der menschlichen Rasse. Nur die Natur könne „die strengeren Ansprüche des Lebens [...] aus dem Rassenprozeß" ausschalten und alle „lebensfälschenden Sitten und Bräuche" ersticken. Nur die Natur führe den Menschen, „wenn auch auf gewundenen Wegen und unter größten Opfern, zur Vollkommenheit". Dabei galt der „arisch-germanische Mensch", wie könnte es anders ein, als „Meisterstück" der Natur, das einstmals die größte Anpassung an die Natur vollzogen habe und das sich nicht nur der Rasseschwärmer Hentschel wieder herbeisehnte.[12] Die konsequente Umsetzung dieses Konzeptes bewirkte, daß alle Erscheinungen, die diesem völkischen Naturverständnis entgegenstanden, automatisch undeutsch und nichtarisch, weil unnatürlich sein mußten und somit nur von artfremden Nationen stammen konnten, die die Natur ablehnten und Zivilisation und Kultur förderten. Als Feind der völkischen Lebensreformer, der die „körperlich-sittliche Wiedergeburt des deutschen Volkes", wie sich der völkische Schriftsteller Richard Ungewitter ausdrückte, verhinderte, galt das gegenwärtige „Zeitalter" mit „seiner kosmopolitisch-demokratisch-kapitalistisch-industriellen Entwicklung". Personifiziert wurde dieses Zeitalter im jüdischen Menschen, der für internationalen Kapitalismus – hier wird die angedichtete Wurzel- und Heimatlosigkeit der Juden angesprochen –, für Industrie und technischen Fortschritt, d.h. für Naturfeindlichkeit, sowie für Rationalität, d.h. für fehlende spirituelle Tiefe verantwortlich gemacht wurde.[13]

Die völkisch-lebenreformerische Denkfigur, die Menschheit in organisch gewachsene Rassen und Völker einzuteilen und den authentischsten – sozusagen „rassereinsten" – von ihnen ein Stück adäquate Natur als adäquaten Lebensraum zuzuweisen, führte dazu, daß Natur nicht gleich Natur war, sondern eine bestimmte geographische Landschaft immer auch mit einem entsprechenden Volk gekoppelt werden mußte, dessen innere Einstellung und äußeres Erscheinungsbild als Fortsetzung der ihm natürlich entsprechenden Umgebung gelesen wurden; mit anderen Worten: die Eigenschaften der jeweiligen Natur entsprächen den Eigenschaften des jeweils zugehörigen Volkes. In seiner Konsequenz bedeutete dieses rassisch intendierte Naturkonzept, daß ein multikultureller Zustand eine unannehmbare, ja geradezu widernatürliche Sache sein mußte und Völker, die sich sozusagen widerrechtlich auf völkisch fremden Boden aufhielten, zu verschwinden hätten.

Die völkische Literatur sprach dabei dem Deutschen mystische, spirituelle, tiefreligiöse, schwermütige und tiefgründige Eigenschaften zu, die gekoppelt wurden mit seinem angeblichen – und nur oberflächlich gesehen entgegengesetzten – Sinn für Zielstrebigkeit, Ausdauer, Durchhaltevermögen, Härte und Eroberungswillen. Der

---

12 Willibald Hentschel: Erneuerung. In: Aufsteigendes Leben 4/1914, S. 2-6, hier S.2. Die Zeitschrift „Aufsteigendes Leben" war das Hausblatt des bekannten völkischen Freikörperkulturisten Richard Ungewitter und seiner „Loge für aufsteigendes Leben"; vgl. auch Willibald Hentschel: Vom aufsteigendem Leben. Ziele der Rassenhygiene. Leipzig 1913, vor allem S. 51-92; zu Hentschel vgl. Dieter Löwenberg: Willibald Hentschel. Seine Pläne zur Menschenzüchtung, sein Biologismus und Antisemitismus. Mainz 1978.

13 Richard Ungewitter: Was wir wollen. In: Aufsteigendes Leben 4/1914, S. 1. Eine Biographie über Ungewitter und seine Rolle in der völkisch-lebensreformerischen Bewegung wäre ein dringendes Desiderat; vgl. zu Ungewitter etwa Giselher Spitzer: Der deutsche Naturismus. Idee und Entwicklung einer volkserzieherischen Bewegung im Schnittfeld von Lebensreform, Sport und Politik. Ahrensburg 1983, S. 81-89; Uwe Schneider: Nacktkultur im Kaiserreich. In: Grisko (wie Anm. 3), S. 69-114, hier S. 85-88, dieser Beitrag ist ein Wiederabdruck aus Puschner, Schmitz, Ulbricht (wie Anm.10), S. 411-435; Bernd Wedemeyer: „Zum Licht". Die Freikörperkultur in der wilhelminischen Ära und der Weimarer Republik zwischen Völkischer Bewegung, Okkultismus und Neuheidentum. In: Archiv für Kulturgeschichte 81/1999, S. 173-198, hier S. 185-190.

nordische Mensch sei ein „Helldunkelmensch", wie sich Julius Langbehn in seiner völkischen Bibel „Rembrandt als Erzieher" ausdrückte, geprägt von der Sonne bzw. vom Sonnenzyklus als Lebenssymbol schlechthin und von der tiefen Dunkelheit der Erde und des Nebels der ihn umgebenden Natur: Einflüsse, die sich, so Langbehn, etwa in seiner Gestalt, der breiten Brust, der hellen Augen und dem blonden Haar sowie in seiner zergrübelten dunklen Seele widerspiegelten.[14] Als adäquate Umgebung für den nordischen Menschen galt die nordische Landschaft mit ihrer abwechslungsreichen Geographie von Bergen, Tälern, Wäldern, Seen, Flüssen, Meeren und Karst- und Heidegebieten, die als mystisch, dunkel und abgründig, aber auch als verläßlich, ertragreich und potent empfunden wurde. Diese als authentisch betrachtete Beziehung zwischen nordischem Mensch und nordischer Umwelt konnte dabei zusätzlich noch geschichtlich legitimiert werden, wobei man sich völlig unkritisch und ahistorisch auf die Germania von Tacitus bezog – und zwar vor allem auf die tendenziösen Übersetzungen bzw. Interpretationen des völkischen Schriftstellers Ludwig Wilser –, auf im 19. Jahrhundert angefertigte Edda-Übersetzungen stützte oder andere, ideologisch ähnlich dehnbare Quellen benutzte.[15] Notfalls phantasierte man sogar erfundene historische Traditionen herbei, die man „Erberinnerungen" nannte und die mit der Legitimation begründet wurden, die spirituelle Beziehung zwischen Mensch und Natur sei eben so tief und emphatisch, daß sich einzelne seherisch Begabte einfach nur an historische Tatsachen zu erinnern brauchten.[16]

Die völkischen Lebensreformer setzten diese angeblich authentische Beziehung zwischen nordischem Menschen und nordischer Natur um, in dem sie alle kulturellen, d.h. artfremden Einflüsse aus ihrem Leben möglichst fernzuhalten – wozu natürlich auch andere Völker gehörten – und ein „artgemäß" natürliches Leben zu führen versuchten. Dazu gehörte etwa die „natürliche Leibeszucht", die, wie sich der völkische Maler Fidus 1922 ausdrückte, aus „Nacktheit, Pflanzenkost und Nüchternheit" bestehen sollte. Der Vegetarismus sei dabei die beste Gewähr gegen „jedes unvernünftige und maßlose Genußleben", wie sie den Menschen der Industriekultur kennzeichne. Auch erhöhe die konsequente Pflanzenkost die mystische Beziehung des nordischen Bauern zu seiner Ernte, d.h. zu seinem Boden, vom dem er ja abstamme.[17] Und schließlich

---

14 Julius Langbehn: Rembrandt als Erzieher. Von einem Deutschen. Weimar 1922, S.246 und 266; die erste Auflage erschien 1890 in Leipzig. Die Wirkungsgeschichte dieses Buches, das die gesamte völkische und konservative Bewegung von dem einflußreichen Verleger und Kulturkritiker Eugen Diederichs bis hin zu bekannten völkischen Gymnastikern wie Rudolf Bode prägte, ist noch nicht annähernd ausgeleuchtet; vgl. dazu den Überblick bei Bernd Behrendt: August Julius Langbehn, der „Rembrandtdeutsche". In: Puschner, Schmitz, Ulbricht (wie Anm. 10), S. 94-114, hier S. 105-112.

15 Vgl. Langbehn (wie Anm.14), S. XII-XV; Ludwig Wilser: Herkunft und Urgeschichte der Arier. Heidelberg 1899; ders.: Die Germanen. Beiträge zur Völkerkunde. Eisleben 1904; ders.: Rassentheorien. Stuttgart 1908; zu Wilser vgl. Ingo Wiwjorra: Die Deutsche Vorgeschichtsforschung und ihr Verhältnis zu Nationalismus und Rassismus. In: Puschner, Schmitz, Ulbricht (wie Anm. 10), S. 186-207; zur mystischen Bedeutung des Waldes vgl. Bernd Weyergraf (Hg.): Waldungen. Die Deutschen und ihr Wald. Berlin 1987.

16 Die Praxis der Erberinnerungen wurde besonders von völkischen Ariosophen angewandt. Vgl. dazu etwa Guido List: Die Bilderschrift der Ario-Germanen. Wien 1910, S. 24-34; ders.: Deutsch-Mythologische Landschaftsbilder. Wien 1891, S. 2-24; Carl Reinhold Petter: Die siegende Sonne. Danzig 1924, S. 9 gibt ein Beispiel angewandter „Erberinnerung" beim Anblick eines angeblich germanischen Dorfes bei Breslau; vgl. zur Ariosophie Nicholas Goodrick-Clarke: The Occult Roots of Nazism. London 21992; eine deutsche Übersetzung ist 1997 erschienen; zusammenfassend zum Ganzen auch Mosse (wie Anm.10), S. 53-98.

17 Fidus: Natürliche Leibeszucht. In. Aufsteigendes Leben 1-3/1922, S. 2-3; zu Fidus vgl. Janos Frecot, Johann Friedrich Geist, Diethart Kerbs: Fidus 1868-1948. Zur ästhetischen Praxis

gewährleiste die vegetarische Ernährung die spirituelle nationale Liebe zwischen „Mensch, Tier und Pflanze"; den „Schatz reiner Menschenliebe", wie der völkische Theoretiker Christian Dußel diesen „Höhepunkt arischen, germanischen Seelenlebens" bezeichnete, das mit seiner Pflanzenverehrung und seinem Tierschutz schwerer wiege als „sozialdemokratischer Weltverbrüderungswahnsinn".[18] Die Freikörperkultur habe dagegen nicht nur den Vorteil, den arischen Menschen gesund, wetterfest, muskelstark und schön, mit einem Wort „natürlich" zu machen und eine gezielte Rassenauslese zu fördern, da sich die schönsten Arier so automatisch zusammenfänden, sondern sei auch gleichzeitig die beste Methode, körperlich Deformierte, Geschlechtskranke und Alkoholabhängige erkennen und vor allem die Juden, und hier natürlich vornehmlich die männlichen, besser aussortieren zu können. Ohnehin habe der „Mischling" die Neigung, seinen durch widernatürliche und unsittliche Gedanken hervorgerufenen „unharmonisch gebauten bis häßlichen Körper" zu zeigen, wohingegen das „rassische Zusammengehörigkeits-Gefühl" des Ariers durch den Anblick nackter Gleichgesinnter nicht nur gehoben, sondern durch das Erkennen der übereinstimmenden „blutmäßig bedingten Seelenbeschaffenheit" sittlich vervollkomment werden könne. Nackt sein wurde damit nicht nur mit Natürlichkeit gleichgesetzt, sondern auch gleichzeitig mystisch überhöht; mystisches Erleben galt ja ohnehin als urdeutsch und arisch. Außerdem konnte germanische keusche Nacktheit historisch „durch die von Tacitus uns übermittelten Lebensgewohnheiten unserer Vorfahren" begründet werden, wie Richard Ungewitter 1924 schrieb.[19]

Die germanische natürliche Nacktheit war einer der Grundpfeiler für die vielverzweigte Argumentation gegen die christliche Religion und für die Propagierung einer eigenen Naturreligion, die selbstverständlich wiederum historisch begründet werden konnte. Dabei galt die „römische Kirche" aufgrund ihrer feindlichen Einstellung zur Nacktkultur als widernatürlich, unsittlich, rasseverschlechternd und damit undeutsch. Schlimmer allerdings wog, daß das Christentum über den Einfluß des Römischen Reiches für die Vernichtung der Germanen und damit der Vorväter verantwortlich gemacht wurde; Rom wurde generell als unmoralische Großstadt und damit als Inbegriff allen widernatürlichen Übels eingestuft. Als Handlanger Roms galt der Frankenkönig Karl, von den Christen als „Karl der Große", von den Völkischen dagegen als „Karl der Sachsenschlächter" apostrophiert, der nicht nur „fremdes Glaubentum und fremde Moral den hochstehenden Germanen aufnötigte und sie dadurch in den Wurzeln ihrer Kraft angriff", sondern durch die Zerstörung des arteigenen Glaubens und ihrer heiligen Stätten, wie etwa des mystischen Irminsulheiligtums, die Deutschen von ihrer ureigenen Tradition und Identität abschnitt und eine widernatürliche Periode des rassischen Verfalls einläutete.[20] Beinahe noch schlimmer allerdings war, daß das Christentum,

---

bürgerlicher Fluchtbewegungen. München 1972. Eine „erweiterte Neuauflage" erschien Hamburg 1997, wobei es sich aber lediglich um einen Reprint der 1972er Ausgabe handelt, der um ein Vorwort und eine Übersicht zu neuerer Forschungsliteratur ergänzt wurde; vgl. zuletzt auch Marina Schuster: Fidus. Maler keuscher Nuditäten. In: Michael Grisko (wie Anm. 3), S. 207-238.

18 Christian Dußel: Kultur und Zivilisation. In: Aufsteigendes Leben 1-3/1922, S. 5-11, hier S. 9.
19 Richard Ungewitter: Nacktkultur und Nordrasse. In: Die Sonne. Monatsschrift für nordische Weltanschauung und Lebensgestaltung 27/1924, S. 568-571, hier S. 569; diese Äußerungen lehnen sich stark an die Formulierungen des völkischen Ariosophen Jörg Lanz-Liebenfels an, zu dem Ungewitter Kontakt besaß.
20 Richard Ungewitter (wie Anm. 19), S. 569. Die rom- bzw. christenfeindliche Einstellung durchzieht die gesamte völkisch-lebensreformerische Literatur; vgl. beispielhaft Gustav Adolf Küppers: Körperkultur in der Siedlung. In: Die Freude. Monatshefte für deutsche Innerlichkeit

zumindest was das alte Testament anging, in seinen Wurzeln als jüdisch angesehen und damit als artfremd bezeichnet wurde. Der christliche Gott galt bei den völkischen Lebensreformern als abstrakter und intellektueller Gott, zudem sei die christlich-jüdische Religion monotheistisch; dies passe vielleicht zu einer Geographie wie der palästinischen kargen Wüste und zu einem Volk wie den Juden, die ebenfalls abstrakt, intellektuell und rational seien, aber doch wohl kaum in eine Natur, die wie die nordische lebendig, mystisch und gefühlsnah sei. In eine derartige Gegend gehörten ein bunter Polytheismus und konkrete vielgestaltige Götter, die Wald, Feld, Wasser und Flur repräsentierten.[21] Infolge dieser Einstellung gründeten sich völkisch-lebensreformerische Glaubensgemeinschaften, die eine Mischung aus selbstentworfenen Weltanschauungen und religösen Versatzstücken darstellten, die wiederum der Edda und der Germania entnommen wurden. Ihre Anhänger, die der völkischen Freikörperkulturbewegung nahe standen, sind teilweise bis heute bzw. wieder aktiv.[22]

Alles wurde nun „germanisch" gedeutet, und es wurde nach einem natürlich-germanischen Lebensstil verfahren. Man errichtete, vorwiegend in den 20er Jahren, sogenannte „germanische" Siedlungen in der Natur und praktizierte „germanisches" Bodenrecht und „germanische" Sitten; die bekanntesten und einflußreichsten, jedoch kurzlebigen und personell gering besetzten Gründungen waren die Siedlung „Breithablik" bei Danzig, die Siedlungen „Hellauf" und „Vogelhof" bei Stuttgart und die Gründung „Donnershag" bei Sontra in Hessen.[23] Mehr und mehr gingen die völkischen Lebensrefomer dazu über, eigene germanische Jahres- und Monatszählungen zu etablieren und eigene germanische Feste zu feiern. Dabei wurde als Ausgangspunkt für die jeweilige Jahreszählung z.B. die Errichtung des südenglischen Stonehenge, die Aufstellung der Irminsul, die von Völkischen auch heute noch bei den Externsteinen vermutet wird, oder etwa die Schlacht im Teutoburger Wald festgelegt. Auch die Monatsnamen wurden „germanisiert", wobei z.B. statt Januar, Februar, März usw. die zumeist erst im 19. Jahrhundert erfundenen Begriffe Hartung, Hornung, Lenzing usf.

3/1925, S.81-87 oder den 16 Seiten starken Traktat von Carl Reinhold Petter: Der Armanismus als Zukunfts-Religion der Teutonischen Arier. Danzig 1919; vgl. auch Ekkehard Hieronimus: Zur Religiosität der völkischen Bewegung. In: Cancik (wie Anm.10), S.159-175; Stefanie von Schnurbein: Göttertrost in Wendezeiten. Neugermanisches Heidentum zwischen New Age und Rechtsradikalismus. München 1993, S. 77-87.

21 Ungewitter (wie Anm. 19), S.569; Petter (wie Anm. 20); vgl. etwa auch Klaus von See: Barbar Germane Arier. Die Suche nach der Identität der Deutschen. Heidelberg 1994 sowie Mosse (wie Anm. 10), S.52-53 und 82-86.

22 Vgl. Germanische Glaubens-Gemeinschaft (Hg.): Das deutsche Buch. Leipzig 1923; die ideologische und personelle Verzahnung zur FKK-Bewegung zeigt sich in Aufsätzen der FKK-Zeitschrift Licht-Land 1/1914, S. 1-7 oder 5/1924, S. 69-73; vgl. auch Hubert Cancik: „Neuheiden" und totaler Staat. Völkische Religion am Ende der Weimarer Republik. In: ders. (wie Anm. 10), S. 176-214; Ulrich Nanko: Die deutsche Gaubensbewegung. Eine historische und soziologische Untersuchung. Marburg 1993 sowie besonders die Studien von Stefanie von Schnurbein (wie Anm. 3 und 20).

23 Vgl. dazu zuletzt Ulrich Linse: Völkisch-rassische Siedlungen der Lebensreform. In: Puschner, Schmitz, Ulbricht (wie Anm. 10), S. 397-411. Die Siedlung Breithablik wurde von dem schon erwähnten Carl Reinhold Petter gegründet; vgl. zu Petter auch Bernd Wedemeyer: Antiurbane Welten. Historische Aspekte von Stadtflucht und ländlichen Siedlungstätigkeit in der Moderne. In: Olaf Bockhorn, Gunter Dimt, Edith Hörandner (Hg.). Urbane Welten. Referate der Österreichischen Volkskundetagung 1998 in Linz. Wien 1999, S. 213-227, hier S. 219-220; vgl. auch den Aufruf „Rassische Siedlungen" des lebensreformerisch-völkischen „Bund für rassische Siedlung" in: Kraft und Schönheit 9/1918, S. 212-214 und 10/1918, S. 225-228, zum Bund gehörten Carl Strünckmann, der Gründer der Siedlung „Donnershag" Ernst Hunkel, der antisemitische Verleger Theodor Fritsch und der völkische Verleger Erich Matthes.

verwandt wurden. Jahresfeste waren nun nicht mehr Ostern und Weihnachten, sondern Sonnwendtag und Julzeit; auch „germanische" Hochzeiten und Kindweihen wurden abgehalten.[24] Als Höhepunkt der innigen Verschmelzung mit der deutschen Natur und den germanischen Vorfahren galt bei vielen die Anwendung der Runengymnastik. Dabei wurde der nackte Körper in Form einer entsprechenden Rune positioniert und der jeweilige Runenname „geraunt". Dadurch glaubten die völkischen Lebensreformer, den spirituellen Kontakt zu den Vorfahren aufnehmen zu können; durch diese sogenannte „ganzheitliche" Verschmelzung konnten zudem Krankheiten geheilt und neue spirituelle Kräfte geschöpft werden.[25]

Wenn gerade die letzten Ausführungen absurd klingen und möglicherweise zu phantastisch erscheinen, als daß man sich ernsthaft wissenschaftlich damit auseinandersetzen könnte, so sollte doch nicht vergessen werden, daß derlei Praktiken nicht nur bis heute im sogenannten „Untergrund des Abendlandes" munter weiter verbreitet werden, sondern gerade auch durch die momentan wiedererstarkte ökologisch-esoterische und antichristliche Welle mehr und mehr ins öffentliche Bewußtsein gerückt sind. Dabei werden frühere völkische Kultbücher, wie etwa runengymnastische Werke, wieder neu aufgelegt und die germanisch-rassistischen Vorstellungen einer arteigenen Natur unkritisch verbreitet.[26] Wie die Forschung in den letzten Jahren verstärkt feststellen mußte, stießen die völkischen Naturvorstellungen bereits seit den 80er Jahren auf die

---

24 Vgl. Justus H. Ulbricht: „Heil Dir, Wittekinds Stamm". Verden, der „Sachsenhein" und die Geschichte völkischer Religiosität in Deutschland. In: Heimatkalender für den Landkreis Verden 1995 und 1996. Verden 1994 und 1995, S. 69-113 bzw. S. 224-267; Karlheinz Weißmann: Irminsul und „Großer Wagen". In: Albrecht Götz von Olenhusen (Hg.): Wege und Abwege. Beiträge zur europäischen Geistesgeschichte der Neuzeit. Freiburg 1990, S. 247-260; zur Praxis einer Hochzeit der Germanischen Glaubens-Gemeinschaft vgl. den Bericht in Licht-Land 4/1924, S. 69-73 und die kritische Studie des Theologen Alfred Müller: Die neugermanischen Religionsbildungen der Gegenwart. Bonn 1934, S. 57-61. Die Zählungen waren nie eindeutig, die Ungewitter-Zeitschrift „Aufsteigendes Leben" setzte den Beginn der Zeitrechung bezeichnenderweise mit 113 v. Chr. an, dem Überfall der Germanen auf Rom; „germanische" Monatsnamen wurden sogar von dem ansonsten eher liberalen FKK-Verbandsblatt „Licht-Land" verwendet.

25 Die Runengymnastik bestand aus einer Kombination von Spannungs- und Halteübungen, Atem- und mantraähnlichen Stimmübungen; übungstechnisch gesehen ähnelte sie stark dem seit dem Ende des 19. Jahrhunderts in Mitteleuropa rezipierten Yoga; vgl. Friedrich Bernhard Marby: Runenschrift, Runenwort, Runengymnastik (=Marby-Runen-Bücherei, 1/2). Stuttgart 1932, die Übungen auf S. 71-77. Die Marby-Runen-Bücherei umfaßte in den 30er Jahren vier Doppelbände sowie die Zeitschriften „Hag-All" (ab 1930) und „Der eigene Weg" (ab 1924). Die Konkurrenten von Marby waren Siegfried Adolf Kummer: Heilige Runenmacht. Hamburg 1932, der ab 1927 eine Licht-Luft-Runenschule bei Dresden besaß, sowie Gustav Engelkes: Runenfibel. Mit Anleitung zum Runenturnen. Langensalza 1935; vgl. dazu Wedemeyer (wie Anm.13), S. 194-195; von Schnurbein (wie Anm. 20), S. 72, Goodrick-Clarke (wie Anm. 16), S. 160-162 und 175, der aber dort fälschlicherweise behauptet, in der Ariosophischen Schule von Herbert Reichstein sei Runengymnastik praktiziert worden.

26 Schon Helmut Möller, Ellic Howe: Merlin Peregrinus. Vom Untergrund des Abendlandes. Würzburg 1986 warnen in ihrem Schlußsatz davor, aufgrund der angeblich fehlenden wissenschaftlichen Relevanz des Themas „Untergrund des Abendlandes" zu ignorieren, was dazu führe, daß esoterische Traditionen nicht erkannt und sie deshalb als neuartige Erscheinung angesehen werden. Die Runengymnastik von Marby wird seit den 80er Jahren im Spieth-Verlag Stuttgart-Berlin in der „Reihe altgermanische Weltschau" als „Nachdruckangebote für Forschungszwecke" wiederaufgelegt, wie es im Impressum heißt. Im Verlagsprospekt vom 1.3.1990 bezeichnet sich der Spieth-Verlag als „ehemals Marby-Verlag von 1923", was auf die völkischen Wurzeln des Spieth-Verlags hindeutet. Runengymnastik ist in der Szene verbreitet: Unter www.kondor.de/runes/runengymnastik bekennt sich ein „Schamane" als praktizierender Runengymnast, wobei er Runenübungen mit Tai Chi und Qi Gong verbindet.

neuen Ökologiekonzepte eines umweltfreundlichen Umgangs mit der Natur und näherten sich ihnen an. So konnte rechtes Gedankengut mit seinem angeblichen Naturschutz teilweise ungehindert in die Ökologiebewegung einfließen. Die Frankfurter Rundschau schrieb 1993 angesichts dieses Trends, aus einer „Öko-Nische nur für die Deutschen", könne leicht eine „Öko-Diktatur für alle werden". Dabei verstünde die heutige Ökologieszene der Rechten, die „Völker [...] als Teil der Natur, als gewachsene Einheiten" und propagiere von diesem Standpunkt aus die alte völkische Ansicht, daß sich „die stärksten Anstrengungen im Umweltschutzbereich [...] heute bei den Völkern finden, die einen größeren Anteil nordischer Rasse haben", vor allem, da schon „die Germanen wegen ihrer Naturverbundenheit eine pflegliche Einstellung zur Natur hatten".[27] Eine profunde Kenntnis der Geschichte des völkisch-lebensreformerischen Naturverständnisses könnte uns heute helfen, derlei Ideen nicht „auf den Leim zu gehen". Nur so ließe sich verhindern, daß Umweltschutz zum Schutz des arteigenen Lebensraumes verkommt, daß der Schutz von Mensch und Umwelt sich zur Pflege des arteigenen deutschen Bodens verengt und daß national ausgerichtete ökologische Politik dazu führt, daß wieder einer ökologisch bedenklichen Überbelegung deutschen Bodens durch zuziehende Ausländer das Wort geredet wird.

---

27 Frankfurter Rundschau vom 21.12.1993, S. 6. Mittlerweile liegen zum Thema eine Reihe Veröffentlichungen vor, vgl. etwa die Bemerkungen von Ulrich Nußbeck: Karl Theodor Weigel und das Göttinger Sinnbildarchiv. Eine Karriere im Dritten Reich. Göttingen 1993, S. 190-192, von Stefanie von Schnurbein (wie Anm. 3 und 20) und vor allem von Justus H. Ulbricht: Heimatschutz ist Umweltschutz. Das Netzwerk der Neuen Rechten mit seinem neovölkischen Grundmuster. In: Grüner Weg 4/1994, S. 7-21; ders.: Die Heimat als Umwelt des Volkes. Ökologische Denkfiguren in Ideologie und Programmatik „neurechter" Organisationen. In: Richard Faber, Hajo Funke, Gerhard Schoenberner (Hg.): Rechtsextremismus. Ideologie und Gewalt., Berlin 1995, S. 221-240.

Daniel Drascek

Zeitkultur
Zur Rhythmisierung des Alltags zwischen zyklischer und linearer Zeitordnung um die Jahrhundertwende

Nicht die Dampfmaschine, sondern die Verbreitung der linearen Uhrzeit, so der amerikanische Sozialhistoriker Lewis Mumford,[1] gilt heute vielfach als Paradigma der Neuzeit, als Chiffre für die industrialisierte, urbane Welt und als Sinnbild menschlicher Herrschaft über die Natur.[2] Dabei wird über die Zeit häufig so gesprochen, als handle es sich bei ihr um ein Grundübel, das die menschliche Natur knebelt.[3] Ohne den zeitlichen Streß durch Uhren und Kalender, so scheint es, verliefe unser Leben viel entspannter und glücklicher.

Bei der Diskussion der Frage nach einer dem Menschen adäquaten Zeitordnung werden zumeist zwei unterschiedliche Vorstellungen von Zeit gegeneinander ausgespielt: Die der zyklischen Wiederholung von Zeit und die eines ständig in eine Richtung fließenden linearen Zeitstroms.[4] Während das zyklische Zeitverständnis allgemein als natürlich eingeschätzt wird, gilt das lineare Zeitverständnis als künstlicher Versuch, sich zum Beherrscher der Natur aufzuschwingen. Dieser idealtypische Gegensatz kaschiert allerdings, daß es sich bei der Zeit stets um eine kulturelle Ordnungsleistung des Menschen handelt.[5] Zwar könnte man die Zeit spontan für eine natürliche physikalische Größe halten, doch ist die dem Leben und der Natur innewohnende Bewegung an für sich noch keine Zeit.[6] Vielmehr bestimmen wir erst „durch die Zeit unser Verhältnis zu den verschiedenen Prozessen in uns selbst, zu den Abläufen der Natur, zur Vergangenheit, zur Gegenwart und zur Zukunft von Gesellschaften und sozialen Gemeinschaften".[7] Es kann deshalb nicht um die Unterscheidung in eine natürliche oder künstliche Zeitordnung gehen, sondern allenfalls um den Aspekt des Natürlichen in der Zeitkultur.

Über Jahrhunderte hinweg bestimmte der zyklische Wechsel von Tag und Nacht und der Jahreszeiten, aber auch der zu Fuß zurückgelegte Weg oder die an einem Tag bewältigbare Arbeit das Gefühl für Zeiteinheiten.[8] Erst die Erfindung der Räderuhr mit

---

1 »The clock, not the steam-engine, is the key-machine of the modern industrial age.« Lewis Mumford: Technics and Civilization. New York 1934, S. 14.
2 Vgl. Eberhard K. Seifert: Ursprünge und Folgen der Ökonomisierung von Zeit. In: Johannes Fromme, Walburga Hatzfeld, Walter Tokarski (Hg.): Zeiterleben – Zeitverläufe – Zeitsysteme. Forschungsergebnisse zur Zeittheorie und Zeitökonomie mit ihren Konsequenzen für Politik, Planung und Pädagogik. Bielefeld 1990, S. 51-68, hier S. 57.
3 Vgl. Rudolf Wendorff: Der Mensch und die Zeit. Ein Essay. Opladen 1988, S. 7.
4 Vgl. Gerhard Schmied: Zyklische Zeit – lineare Zeit. In: Rudolf Wendorff (Hg.): Im Netz der Zeit. Menschliches Zeiterleben interdisziplinär. Stuttgart 1989, S. 118-127.
5 Vgl. Jürgen P. Rinderspacher: Neue Zeiten für eine neue Welt? In: Fromme, Hatzfeld, Tokarski (wie Anm. 2), S. 167-180, hier S. 167.
6 Zur aktuellen Zeittheorie vgl. Mike Sandbothe: Die Verzeitlichung der Zeit. Grundtendenzen der modernen Zeitdebatte in Philosophie und Wissenschaft. Diss. Bamberg. Darmstadt 1998.
7 Karlheinz A. Geißler: Zeit leben. Vom Hasten und Rasten, Arbeiten und Lernen, Leben und Sterben. Weinheim, Berlin [6]1997, S. 21.
8 Vgl. Nina Gockerell: Zeitmessung ohne Uhr. In: Klaus Maurice, Otto Mayr (Hg.): Die Welt als Uhr. Deutsche Uhren und Automaten 1550-1650. München, Berlin 1980, S. 133-145.

mechanischer Hemmung in der Zeit um 1300 bildete die technische Basis für die Verbreitung jener modernen linearen Zeitvorstellung, der zufolge die Zeit absolut gleichmäßig und kontinuierlich fortschreitet.[9] Mit der Emanzipation von natürlichen oder zyklischen Zeitvorstellungen habe sich der Mensch in den letzten fünf Jahrhunderten „zum Herrn der Zeit" aufgeschwungen.[10] Allerdings legen großräumige neuere Untersuchungen nahe, daß die Zahl und Bedeutung sowohl öffentlicher als auch privater Uhren für die zeitliche Strukturierung des Alltags noch bis weit in der Neuzeit gering war.[11]

Wann und wie sich die lineare Zeitauffassung in der breiten Bevölkerung verbreitete und inwiefern sich deren Alltag dadurch veränderte, erfuhr in der volkskundlichen Forschung bisher kaum Aufmerksamkeit.[12] Untersucht worden sind primär Aspekte wie die Entwicklungsgeschichte der Uhr,[13] die Geschichte der Arbeitszeit und die Herausbildung der Freizeit[14] sowie divergierende Zeitvorstellungen in unterschiedlichen Kulturen[15]. Dabei handelt es sich bei der Aneignung jener modernen subjektdistanzierten Zeitvorstellung, die Niklas Luhmann als Folge fortschreitender gesellschaftlicher Diffe-

---

9   Vgl. Gerhard Dohrn-van Rossum: Schlaguhr und Zeitorganisation. Zur frühen Geschichte der öffentlichen Uhren und den sozialen Folgen der modernen Stundenrechnung. In: Wendorff (wie Anm. 4), S. 49-60; Gerald J. Whitrow: Die Erfindung der Zeit. Aus dem Englischen von Doris Gerstner. Hamburg 1991; Gerhard Dohrn-van Rossum: Die Geschichte der Stunde. Uhren und moderne Zeitordnungen. München 1995.

10 Vgl. Wendorff (wie Anm. 3), S. 30.

11 Für die Zeit von 1300 bis 1450 konnte Dohrn-van Rossum europaweit gerade einmal „knapp 500 ortsbezogene Daten mit den ersten Erwähnungen öffentlicher Uhren ermitteln". Dohrn-van Rossum (wie Anm. 9), S. 150-151; Igor A. Jenzen (Hg.): Uhrzeiten. Die Geschichte der Uhr und ihres Gebrauches. Frankfurt/M. 1989, bes. S. 50-66.

12 Vgl. Klaus Laermann: Alltags-Zeit. Bemerkungen über die unauffälligste Form sozialen Zwangs. In: Kursbuch 41/1975, S. 87-105; Andreas Kuntz-Stahl: Volkskundliche Reflexionen zum Thema „Zeit". In: Ethnologia Europaea 16:2/(1986), S. 173-182; Monika Kania: Zeitvergleich. Aspekte zur Zeitwahrnehmung und zum Umgang mit Uhren. In: Jan Carstensen, Ulrich Reinke (Hg.): Die Zeit vor Augen. Standuhren in Westfalen (=Schriften des Westfälischen Freilichtmuseums Detmold, 17). Münster 1998, S. 179-193.

13 Zur Uhr vgl. u.a. Ursula Elixhauser, Helmut Krajicek: Die Uhr im Bauernhaus (=Schriften des Bauernhausmuseums Amerang des Bezirks Oberbayern, 3). Amerang 1992; Richard Mühe: Die Historische Uhrensammlung Furtwangen. Die Geschichte der Zeitmessung. Die Entwicklung der Schwarzwälder Uhr. Führer durch die Historische Uhrensammlung Furtwangen. Furtwangen 1967; Richard Mühe, Helmut Kahlert, Beatrice Techen: Kuckucksuhren. München 1988; Siegfried Wagner: Ein gescheiterter Versuch, die Uhrmacherei im Schramberger Umland anzusiedeln. In: Schwäbische Heimat 40/1989, S. 329-341; Iris Kühnberger: Die Giraffe auf dem Zifferblatt. Die Uhr als soziokulturelles Phänomen. In: Beiträge zur Volkskunde in Baden-Württemberg 7/1997, S. 139-146. – Zu den Weckern vgl. Reinhold Krämer: Amerikanische Wecker aus dem Schwarzwald (=Schriften des Stadtmuseums, 9). Schramberg 1991; Gisela Lixfeld, Reinhold Krämer (Hg.): Hamburg-Amerikanische Uhrenfabrikation in Schramberg (= Schriften des Stadtmuseums Schramberg, 7). Schramberg 1989; Richard Mühe, Helmut Kahlert, Beatrice Techen: Wecker. München 1991. – Jüngst rückte noch die Standuhr ins Blickfeld volkskundlicher Forschung. Vgl. Carstensen, Reinke (wie Anm. 12).

14 Vgl. Eberhard K. Seifert: Arbeitszeit in Deutschland. Herausbildung und Entwicklung industrieller Arbeitszeiten von der frühen Industrialisierung bis zum Kampf um die 35-Stunden-Woche. Diss. Wuppertal 1985; Stefan Beck: Nachmoderne Zeiten. Über Zeiterfahrung und Zeitumgang bei flexibilisierter Schichtarbeit (= Studien & Materialien, 13). Tübingen 1994.

15 Vgl. Edward T. Hall: Monochronic and Polychronic Time. In: Larry A. Samovar, Richard E. Porteri (Hg.): Intercultural Communication. A Reader. Belmont ⁷1994, S. 264-271; Klaus Roth: Zeit, Geschichtlichkeit und Volkskultur im postsozialistischen Südosteuropa. In: Zeitschrift für Balkanologie 31:1/1995, S. 31-45; Robert Levine: Eine Landkarte der Zeit. Wie Kulturen mit Zeit umgehen. Aus dem Amerikanischen von Christa Broermann und Karin Schuler. München, Zürich 1998.

renzierung versteht und Norbert Elias durch eine Zunahme individueller Autonomie gegenüber natürlichen Einflüssen geprägt sieht, um eine grundlegende Kategorie kultureller Alltagsordnungen.[16] Sicher gibt es letztlich so viele verschiedene zeitlich strukturierte Alltage, wie es Menschen gibt. Aber Alltagshandlungen verlaufen, so Alfred Schütz, nicht zufällig, sondern folgen Ordnungsprinzipien, und da ist zuvorderst die zeitliche Strukturierung zu nennen.[17]

Im Folgenden geht es um die Unterordnung natürlicher oder naturbezogener Rhythmen unter den die innere und äußere Natur des Menschen ignorierenden gleichförmigen Rhythmus von Uhr und Kalender als dominierendes Ordnungsprinzip unserer Alltagswelt. Da die Durchsetzung der linearen Zeitordnung innerhalb der breiten Bevölkerung aufs engste mit der Verstädterung und der Industrialisierung verbunden ist, rücken das späte 19. und frühe 20. Jahrhundert ins Zentrum der Untersuchung. Für eine Annäherung an die Frage, inwiefern an der Natur orientierte Zeitordnungen durch lineare verdrängt wurden, dient ein Quellenspektrum, das besonders Tagebücher, Briefe und literarische Zeugnisse aus dem Münchner Raum umfaßt.

Die Gleichzeitigkeit divergenter Zeitordnungen

Daß sich der Umschwung von einer an der Natur orientierten Zeitordnung hin zu einer linearen Zeitordnung keineswegs schlagartig vollzogen hat, möchte ich am Beispiel einer Erzählung von Lena Christ (1881-1920) verdeutlichen, die 1919 unter dem Titel „Die närrische Zeit" erschienen ist.

> „Es ist noch gutding nächtig in der Schlafkammer vom Einödbauern und seiner Hausfrau. [...] Da fängt's von der fernen Pfarrkirch her zu läuten an. Die Einödbäuerin schreckt in die Höh. ‚Chrischtoff! – Laitn tuat ma! – Mitten bei der Nacht!' Der Bauer hört zu schnarchen auf und sagt schlaftrunken: ‚Werd scho an[dern]orts wo brinna!' Und dreht sich um und will weiterschnarchen. Aber es hört nicht auf zu läuten, ja – es mischen sich frei auch noch die Kapellenglöckel ringsum darein. Die Einöderin setzt sich horchend auf. Draußen kreischen und zirpen die Vögel verschlafen; eine Amsel pfeift aufschreckend. Die Bäuerin reibt sich die Augen. ‚Jetz kann ma do no net früahlaitn! – He, du, Chrischtoff!' Der Bauer schnarcht wieder. ‚Du! Chrischtoff! – Moanst, daß ma scho's Gebet lait't?' Der Einöder fährt tappend mit dem Arm durch die Luft: ‚Hat der Gockl scho kraht?' ‚Naa...' ‚Nacher läut't ma aa's Gebet no net.' Er wirft sich brummend wieder herum. Aber es klingt und läutet von überall her, so daß er endlich scheltend aus dem Bett springt und nach der Wanduhr schaut. Die schlägt grad im selben Augenblick: eins – zwei – drei. ‚Dees versteh i net', sagt der Einöder kopfschüttelnd; ‚was die um drei in der Nacht zum laitn ham.' Und er will sich wieder hinlegen. Aber da kommt die alte Großmutter über die Stiegen herabgeschlurft, klopft an die Kammertür und knerrt: ‚Ha, daß's denn gar net aufstehts! – Jetz is's scho viere! – Allweil no fäuler werds! [...] Die Einöderin legt

---

16 Vgl. Niklas Luhmann: Handlungstheorie und Systemtheorie. In: Kölner Zeitschrift für Soziologie und Sozialpsychologie 30/1978, S. 211-227; Norbert Elias: Über die Zeit. In: Merkur 36/1982, S. 841-856, 998-1016.
17 Alfred Schütz, Thomas Luckmann: Strukturen der Lebenswelt Bd. 1. Frankfurt/M. 1979, S. 73-86.

seufzend Kittel und Spenzer an und geht in den Stall zum Melken. Aber – da liegt das Vieh alles noch schlafend auf der Streu und erhebt sich nur widerwillig und brummend auf ihr grantiges: ‚He! Auf da, ös Ranka!' [...]. Unterm Kaffeetrinken gibts noch eine Zwistigkeit zwischen ihm [dem Einöder] und der alten Großmutter. Es läutet grad wieder; da sagt die Alt: ‚Da! – Jetz lait't ma scho in d'Kirch! – So guatding spat aufgstanden seids wieder!' Der Bauer aber erwidert grob: ‚An Fried will i habn! [...] Die Alte brockt zornig ein. ‚Du brauchst mi gar net so hart z'reden! I hab mi meiner Lebtag nach'm Gebetlaitn gricht't, – und i tua's heut no.«[18]

Den Hintergrund für diese Zeitsatire bildet die Einführung der Sommerzeit im Ersten Weltkrieg (1. Mai 1915). Vorgeführt wird die Konfusion miteinander konkurrierender Zeitinstanzen und Zeitrhythmen. Für die alte Großmutter bildet das kirchliche Gebetläuten die oberste Zeitinstanz, an der sie sich zeitlebens orientierte und zu orientieren gedenkt. Die vom Gebetläuten in ihrem natürlichen Zeitempfinden irritierte Bäuerin vertraut schließlich darauf, daß der Hahn noch nicht gekräht hat und das Vieh noch schlaftrunken im Stall liegt. Der Einödbauer aber gewinnt durch einen Blick auf die Wanduhr die definitive Überzeugung, daß die Großmutter irrt. Dasselbe bäuerliche Milieu führte also nicht zwangsläufig zu einem an natürlichen Rhythmen orientierten Zeitempfinden. Zudem kann von der Annahme, daß die ältere Generation stärker zu natürlichen Rhythmen neigte, weder in unserem Beispiel noch in den untersuchten Tagebüchern die Rede sein.

Bleiben wir zunächst bei der bäuerlichen Bevölkerung, die um 1900 mit rund 40 Prozent immer noch den mit Abstand größten Anteil an der Gesamtbevölkerung ausmachte.[19] Im ländlichen Raum ist zumindest bei der Einteilung der Arbeit eine deutliche Orientierung an natürlichen Vorgängen feststellbar. Das periodische Hell- und Dunkelwerden, die Wachstumszyklen, der damit verbundene saisonale Arbeitsanfall und die Bedürfnisse des Viehs bestimmten den Alltag. Eine Tag für Tag gleichförmige, minutiös unterteilte Arbeitszeit war weitgehend unbekannt und eine strikt lineare Zeitplanung für die Bewältigung anstehender Arbeiten keineswegs erforderlich. Für eine Reihe von Arbeiten war gerade zeitliche Flexibilität wichtiger als eine starre Orientierung an einem linearen Zeitplan. Eine Anknüpfung der von natürlichen Bedingungen geprägten Arbeitszeit an die mechanische Uhrzeit gewährleistete als zeitliche Zentralinstanz die Kirchturmuhr, die für die meisten Aktivitäten vollauf genügte. Das zyklische Gebet- oder Angelusläuten am Morgen, Mittag und Abend bildete zumeist den zeitlichen Bezugsrahmen zur Gestaltung des Tagesablaufs.[20]

---

18 Lena Christ: Die närrische Zeit. Aus: Bauern. Bayerische Geschichten. In: Lena Christ. Gesammelte Werke. Mit einem Nachwort von Johann Lachner. München [9]1988, S. 854-857.
19 Der Anteil der bäuerlichen Bevölkerung an der Gesamtbevölkerung lag in Bayern im Jahre 1882 bei 51,1 %, im Jahre 1907 bei 41,4 %. Vgl. Michael Henker, Evamaria Brockhoff, Hans Geisler u.a. (Hg.): Bauern in Bayern. Von der Römerzeit bis zur Gegenwart (=Veröffentlichungen zur Bayerischen Geschichte und Kultur, 23/92). Regensburg 1992, S. 272.
20 Vgl. Theodor Schnitzler: Angelusläuten. In: Lexikon für Theologie und Kirche Bd. 1. Freiburg 1986, Sp. 542-543; Alain Corbin: Die Sprache der Glocken. Ländliche Gefühlskultur und symbolische Ordnung im Frankreich des 19. Jahrhunderts. Aus dem Französischen von Holger Fliessbach. Frankfurt/M. 1995, S. 158-199; Hans-Peter Boer: Das Glockenläuten im Dorf. Historische Läuteformen und Läutebrauchtum am Beispiel der Stifts- und Pfarrkirche St. Martinus zu Nottuln. In: Rheinisch-westfälische Zeitschrift für Volkskunde 41/1996, S. 101-142.

Zeitkultur

Abb. 1:
Münchner Laternenanzünder der Jahrhundertwende.
Aus: Eugen Roth: München so wie es war. Düsseldorf ³1985, Abb. 109.

Doch wie sah es in den rasch wachsenden Großstädten aus? Betrachtet man beispielsweise München, so lebten dort im Jahre 1900 etwa 500.000 Einwohner, von denen allerdings fast zwei Drittel nicht in München zur Welt gekommen waren und die deshalb über eine noch vorwiegend ländliche Zeitsozialisation verfügten.[21] So gesehen bedarf die gängige Vorstellung, daß eine an der Natur orientierte Zeitordnung per se in der Stadt nicht zu finden sei, der Reflexion. Im Bereich der Arbeit existierten immer noch zahlreiche Handwerksbetriebe, in denen der Meister den Arbeitsrhythmus in Abhängigkeit von den zu bewältigenden Aufträgen und von natürlichen Gegebenheiten weitgehend nach seinem Ermessen bestimmen konnte. Anders sah es für die zahlreichen

---

21 München hatte 1854 durch die Eingemeindung mehrerer Vororte die Zahl von 100.000 Einwohner überschritten und war dann bis 1900 auf etwa 500.000 Einwohner angewachsen. Vgl. Hans F. Nöhbauer: München. Eine Geschichte der Stadt und ihrer Bürger Bd. 2. München 1992, S. 68-69.

mobilen Bauhandwerker aus, die, falls es die Witterung zuließ, über relativ feste Arbeitszeiten verfügten und selbst dafür Sorge zu tragen hatten, pünktlich zu den wechselnden Arbeitsorten zu gelangen. Weitgehend unabhängig von natürlichen Faktoren war dagegen die Fabrikarbeit, die häufig einem minutiös geregelten Zeitplan unterlag. Während der städtische Berufsalltag vielfach schon von der linearen Zeit bestimmt wurde, orientierte sich der Tagesablauf von älteren Menschen und Kindern dagegen häufig noch an traditionellen Taktgebern. Autobiographische Erinnerungen belegen, daß für Kinder das Dunkelwerden, Gebetläuten oder Erscheinen des Laternenanzünders zumeist »das unwidersprochene Zeichen, sofort heimzugehen«[22] war.

Wenn man also Kinder und Erwachsene, Handwerker und Fabrikarbeiter, städtische und ländliche Bevölkerung danach untersucht, inwiefern sie sich an natürlichen Rhythmen orientierten, so ist um die Jahrhundertwende eine komplexe Verflechtung von zyklischen und linearen Zeitorientierungen feststellbar.

Die Folgen einer linearen Zeitorientierung

Wie wirkte sich also die im Alltag immer häufiger werdende Konfrontation mit der linearen Zeit auf die Menschen aus? Zunächst einmal war das Leben nach einer abstrakten Zeitordnung, die Gewöhnung an den gleichförmigen Rhythmus der Uhr und die Erziehung zur Pünktlichkeit ein mühseliges Unterfangen. Die unüberschaubaren Folgen dieser Entwicklung können nur angedeutet werden.

Kurz nachdem Bertolt Brecht (1898-1956) 1917 an der Universität München zu studieren begonnen hatte, übermittelte er einem Freund folgenden Eindruck: „Lieber Heinz [Hagg], ich muß Dir doch einmal schreiben. Obwohl hier [in München] nichts los ist. Es wäre schrecklich wenn ich Zeit hätte darüber nachzudenken. Aber ich bin ins Rennen geraten. Von 8-11, von 12-1; von 3-½7; von 7-10½ im Laboratorium, Univers. und Theater. [...] Hier komme ich aus einem System von Verspätungen nie heraus. Früh um 6 Uhr [eigentlich 8 Uhr] habe ich schon nz [nahezu] 24 Stunden Verspätung. Nachts 11 Uhr, 24 + 15 Std. Usw. Nächstens stehe ich in der Frühe einfach nicht mehr auf. Basta."[23] Brechts Postkarte bringt etwas von jener Atemlosigkeit des neuen Stundentakts zum Ausdruck, der an Universität und im Berufsleben Einzug gehalten hatte. Eingesetzt hatte eine zeitliche Verdichtung des Tages- und Jahresablaufs. Besonders in der städtischen Bevölkerung machte sich zunehmend das Gefühl von Hektik und Atemlosigkeit bemerkbar. Entstanden war jenes von Brecht artikulierte Gefühl der permanenten Verspätung.

---

22 Johanna Daisenberger: Kinderwelt. In: Landeshauptstadt München (Hg.): Jugendbilder. Kindheit und Jugend in München. Geschichtswettbewerb 1987 (=Lesebuch zur Geschichte des Münchner Alltags). München 1989, S. 78.
23 Zit. nach Werner Frisch, K. W. Obermeier: Brecht in Augsburg. Erinnerungen, Texte, Fotos. Eine Dokumentation. Frankfurt/M. 1976, S. 118.

Zeitkultur

Abb. 2: »Berliner Tempo«. Zeichnung von Karl Arnold (1883-1953) aus: Simplicissimus 26:1/1921, S. 14.

Zeit ist Geld und umgekehrt. Doch nicht jeder konnte sich zeitsparende Hilfsmittel leisten, weshalb mancher Ärmere unter Zeitdruck geriet. So wurde Josefa Halbinger (*1900), die eine Lehre als Modistin (Hutmacherin) absolvierte, von ihrer Meisterin an Berufsschultagen nach Unterrichtsende sofort im Geschäft erwartet.[24] Da Halbinger aber über kein Geld für die Trambahn oder gar ein eigenes Fahrrad verfügte, mußte sie möglichst schnell in das Geschäft ihrer Meisterin laufen, um dort pünktlich zu erscheinen. Allenthalben machten sich im Alltag Synchronisationsprobleme bei der Organisation des Tagesablaufs bemerkbar. Egal ob es um die stundenweise Aufteilung der gemeinschaftlich genutzten Waschküche, die minutiös geregelte Duschzeit in öffentlichen Brausebädern oder das familiäre Mittagessen ging, das zu einem genau bestimmten Zeitpunkt auf dem Tisch zu stehen hatte.

Der Tag vom Aufstehen bis zum Abend gehörte der Arbeit, der Abend und die frühe Nacht wurden individuell gestaltbare Freizeit.[25] Gasbeleuchtung und elektrisches Licht förderten nächtliche Aktivitäten, sei es zu Hause oder auch außer Haus, wo eine Fülle neuer Freizeitmöglichkeiten lockten.[26] Damit bildete die Nacht nicht mehr eine natür-

---

24 Josefa Halbinger, Jahrgang 1900. Lebensgeschichte eines Münchner Arbeiterkindes, nach Tonbandaufzeichnungen zusammengestellt und niedergeschrieben von Carlamaria Heim. München ^{5}1987, S. 24.
25 Vgl. Wolfgang Nahrstedt: Raubt uns die Freizeit den letzten Schlaf. Freizeitpädagogik rundum-die-Uhr? In: Fromme, Hatzfeld, Tokarski (wie Anm. 2), S. 9-25, hier S. 15-16.
26 Vgl. Wolfgang Schivelbusch: Lichtblicke. Zur Geschichte der künstlichen Helligkeit im 19. Jahrhundert. Frankfurt/M. 1986, S. 131-148; Jan Ganert: Über die Kulturgeschichte der Beleuchtung und des Dunkels. In: Historische Anthropologie 5:1/(1997), S. 62-82.

liche Begrenzung des Tagesablaufs, und die Jahreszeiten wurden zunehmend nivelliert. Eingebunden ist diese Entwicklung in einen Prozeß der Relativierung des natürlichen Zeitgefühls durch technische Innovationen wie Automobil und Telefon. „Tempo, Tempo! Das ist das Losungswort unserer Zeit geworden"[27], schrieb der Nationalökonom Werner Sombart (1863-1941). Tempo und Rekord wurden zum Ausdruck eines auf Steigerung bezogenen linearen Zeitgefühls. In der Pünktlichkeit manifestierte sich gewissermaßen die Respektierung der linearen Zeit.

Abb. 3: Radrennbahn am Münchner Schyrenplatz im Jahre 1894. Aus: Thomas Guttmann (Hg.): Giesing. Vom Dorf zum Stadtteil. München 1990, S. 269.

Das System der linearen Zeit mit seiner Möglichkeit einer zukunftsorientierten Planbarkeit und Kontrollierbarkeit technischer und sozialer Prozesse hat im Alltag der breiten Bevölkerung die an der Natur orientierten Rhythmen abgeschwächt.[28] Dadurch verstärkte sich das häufig artikulierte Gefühl, immer weniger Spielraum für die Befriedigung persönlicher Bedürfnisse zu besitzen. Viele machten die Erfahrung, daß die Stunden im Wirtshaus viel zu schnell vergingen, während die Arbeitsstunden nicht enden wollten. Entstanden war ein konfliktträchtiges Spannungsfeld zwischen der immer feinmaschigeren linearen Zeiteinteilung des Alltags und dem Spielraum für eine der menschlichen Natur angemessenen Gestaltung von Lebenszeit.

---

27 Zit. nach Wendorff (wie Anm. 3), S. 140.
28 Vgl. Geißler (wie Anm. 7), S. 29.

Die Suche nach einer natürlichen Zyklizität im Alltag

Die von mehr und mehr Menschen geteilte Erfahrung eines wachsenden Zeitdrucks lenkte das Augenmerk auf kontrastive, vor allem an natürlichen Rhythmen orientierte Zeitordnungen. So läßt Thomas Mann, von Nietzsche beeinflußt, in seinem Roman »Der Zauberberg« (1924) Hans Castorp die Erfahrung machen, daß seine Sanatoriumsmitbewohner über unvergleichlich viel Zeit verfügen. Da Tage und Jahre gleichförmig ablaufen, hat sich deren Zeitbegriff von der Erfahrung einer unendlichen linearen Zeitabfolge hin zur Vorstellung einer Zeitverkürzung und Zeitaufhebung durch die Wiederkehr des alltäglich Gleichen entwickelt. In die Zeit um die Jahrhundertwende fällt die Entdeckung menschlicher »Biorhythmen«[29] und das Erlebnis natürlicher Rhythmen, beispielsweise die in natürlicher Regelmäßigkeit an das Meeresufer heranrollenden Wellen wurden zum positiven, mitunter ideologisch überhöhten Gegensatz einer linearen Zeit stilisiert.

Dabei speiste sich die zyklische Zeit keineswegs nur aus dem Bezug zur Natur. Man denke an die Großmutter aus Lena Christs Zeitsatire, die sich am zyklischen Gebetläuten orientierte oder an das Kirchenjahr mit seinen Festen. Zwar ist die religiöse Festentwicklung seit der Aufklärung durch Reduktion und Säkularisierung gekennzeichnet, doch erfuhren die verbliebenen Feste, vor allem Weihnachten, eine sukzessive Aufwertung. Auch für die säkulare Festkultur hatte der Bezug zur Natur keine größere Bedeutung. Die Vorstellung vom Beginn eines neuen Zeitkreises wird besonders an Silvester und an Geburtstagen deutlich, die es erlauben, sich von den Erlebnissen des durchmessenen Zeitabschnittes zu trennen und den Druck der zu erwartenden neuen Anforderungen für einen Moment abzuwerfen. Alter und neuer Zeitzyklus sind auf diese Weise voneinander getrennt, und die dem linearen Zeitgedanken zugehörige Kontinuität wird dadurch unterbrochen.

Es gab um die Jahrhundertwende allerdings auch Individualisten und kleinere Gruppen, die bewußt allen linearen Zeitzwängen den Rücken kehrten und möglichst nach natürlichen Rhythmen zu leben suchten. Sektiererische Naturphilosophen, Lebensreformer und Barfußapostel hatten Konjunktur. Wen der Weg nicht auf den Monte Verità führte, besaß die Möglichkeit, sich durch meditative Übungen, die Erfahrung von Stille oder durch die Betrachtung von natürlichen Phänomenen wie Wolken mindestens zeitweise aus dem linearen Zeitfluß zu isolieren.

Vom Umgang mit Zeit und Natur

Betrachtet man zusammenfassend die verschiedenen Alltagsbereiche, so ist um die Jahrhundertwende eine Verschränkung von linearen und zyklischen Zeitstrukturen auf unterschiedlichsten Ebenen zu beobachten. Das Vordringen einer subjektdistanzierten linearen Zeitorientierung führte gleichsam als Gegenbewegung zur Aufwertung zyklischer Zeitvorstellungen, die sich allerdings nur bedingt an der Natur orientierten. Im alltäglichen Umgang mit der linearen Zeit wuchs die Sensibilität für eine an der inneren und äußeren Natur des Menschen orientierten Zeitkultur. Von einem unangefochtenen Siegeszug der linearen Zeit oder gar Triumphgefühlen, die Natur domestiziert und in lineare Bahnen gelenkt zu haben, ist nicht die Rede. Verbreitet war dafür

---

29 Zur Chronobiologie vgl. Till Roenneberg, Martha Merrow: Die innere Uhr. In: Aus Politik und Zeitgeschichte. Beilage zur Wochenzeitung Das Parlament, B 31/99 (30.7.1999), S. 11-17.

Daniel Drascek

das Gefühl, daß der Mensch in ein zeitliches Dilemma zwischen linearer Zeitordnung und zeitlichem Spielraum für die Befriedigung seiner natürlichen Bedürfnisse geraten ist.

Die Suche nach einer der menschlichen Natur angemessenen Zeitkultur ist bis heute nicht abgeschlossen. Man denke beispielsweise an die Hippiebewegung der 1960er Jahre, den Trend, durch time-management eine quasi zyklische Orientierung in den linearen Zeitfluß zu bringen oder die Tourismusbranche mit ihren Versprechungen kontrastiver Zeiterfahrungen durch die Begegnung mit fremden Kulturen oder unwirtlichen Naturräumen. Schließlich sei an Sten Nadolnys 1983 publizierten Roman »Die Entdeckung der Langsamkeit« erinnert, in dem der Protagonist zeitlebens in der Bewegung und Wahrnehmung langsam bleibt. Was dieser aber einmal begriffen hat, reflektiert er gründlich bis hin zu einer Philosophie der Bedächtigkeit. Der Titel des Buches hat sich mittlerweile verselbständigt und ist zu einer gegenwärtig beliebten, wenn auch umstrittenen Metapher[30] für eine andere Art von »natürlichem Zeitverständnis« geworden.

---

30 Nicht nur Beschleunigung, Zeitplanung und Zeitkontrolle, sondern auch die Verlangsamung sind, so Michel Baeriswyl, zu Dogmen der Industrie- und Zeitkontrolle geworden, weshalb er fordert: „Das Leben wird letztlich jedoch nur gelingen, wenn wir den Dingen ihre individuelle Zeit zurückgeben." Michel Baeriswyl: Von der Frage nach den rechten Zeitmaßen. Jenseits von Beschleunigung und Verlangsamung. In: Politische Ökologie 17. Jg. (Januar/Februar 1999), Heft 57/58, S. 14-20, hier S. 14. – Zur aktuellen – vor allem ökologisch orientierten – Diskussion der Frage nach dem richtigen Zeitmaß vgl. Martin Held, Karlheinz A. Geißler (Hg.): Ökologie der Zeit. Vom Finden der rechten Zeitmaße. Stuttgart 1993; Martin Held, Karlheinz A. Geißler (Hg.): Von Rhythmen und Eigenzeiten. Perspektiven einer Ökologie der Zeit. Stuttgart 1995; Barbara Adam, Karlheinz A. Geißler, Martin Held (Hg.): Die Nonstop-Gesellschaft und ihr Preis. Vom Zeitmißbrauch zur Zeitkultur. Stuttgart, Leipzig 1998; Sabine Hofmeister, Meike Spitzner (Hg.): Zeitlandschaften. Perspektiven öko-sozialer Zeitpolitik. Stuttgart 1999; Manuel Schneider, Karlheinz A. Geißler (Hg.): Flimmernde Zeiten. Vom Tempo der Medien. Stuttgart 1999.

Oliva Wiebel-Fanderl

„Herz tot, Patient wohlauf"
Ein Beitrag zur metaphorischen Repräsentation von Transplantationserlebnissen

1. Problemaufriß

Der Titel „Herz tot, Patient wohlauf" zeigt einen typischen Modellfall der Sensationspresse in der Berichterstattung über Herztransplantationen. Er ist ein Muster für eine Entdramatisierungsgeschichte, die auf einen Wandel und neue Welten der Körperlichkeit verweist. Das Herz als Zentrum des Lebens hat ausgedient. Die zitierte Überschrift aus dem Wochenmagazin „DIE ZEIT" vom 26. März 1998 bestätigt folgendes Bild aus einer Broschüre, die für Organspenden wirbt.

Abb. 1:
Verlagsbeilage im
journalist/prmagazin April 1994.

Das Bild zeigt einen Menschen als Puzzle zusammengesetzt. Ein Teilchen fehlt und muß ersetzt werden. Für die Transplantationsmedizin setzt sich der Mensch analog einer Maschine aus vielen funktionierenden Teilen zusammen. Ist ein Teilchen kaputt, kann es ausgewechselt werden. Krankheit wird auf diesem Bild auf einen Materialschaden, die Organe auf ihren Funktionswert für den Körper reduziert. Darstellungen dieser Art sollen der Einsichtsförderung dienen und haben eine Angstentlastungsfunktion. Gleichzeitig zeigen sie das Bewußtsein, daß der Eingriff in die Natur des Menschen eine Verunsicherung und einen Zusammenbruch kultureller Sicherheiten bedeuten kann, da

Körperteile Träger symbolischer Bedeutungen sind, an deren Veränderung gearbeitet werden muss und Organtransplantationen einen Traditionsverzicht bedeuten.[1]

Im Folgenden soll den Fragen nachgegangen werden: Wo und wie begegnet uns Naturbeherrschung und Technik in der alltäglichen Kommunikation? Welche Wissensbestände, Deutungen, Handlungsformen und Probleme kennzeichnen lebensgeschichtliche Erzählungen der Objekte der Medizintechnik, der Transplantierten? Werden die von den Medien, aber auch von den Verwaltern und Förderern moderner Medizintechnik, zur Verfügung gestellten Muster angenommen?

2. Quellen und Methoden

Empirische Grundlage folgender Ausführungen, die ein Ergebnis aus einem DFG-Projekt mit dem Titel „Der herztransplantierte Mensch zwischen kulturellen Traditionen und medizinisch-technischem Fortschritt" vorstellen, sind sog. „narrative Interviews"[2] mit 109 herztransplantierten Menschen und deren Ehepartnerinnen bzw. -partnern in Bayern und der ehemaligen DDR, Gespräche mit medizinischem Personal, schriftliche Berichte von Patienten in den BDO-Blättern[3] und Erzählungen aus der Betroffenheitsliteratur.[4] Die Methode war also die Erhebung multiperspektivischer Erzählungen, um möglichst vielen Facetten der Denk- und Erzählweisen auf die Spur zu kommen.

Um die Wirklichkeit in und unter den Geschichten zu sehen, wurden als Orientierungs- und Kontrastfolien der Erzählungen in Arztpraxen allgemein zugängliche Zeitschriften wie beispielsweise „Der Stern", „Der Spiegel", „Bunte Illustrierte", „Psychologie heute", Tages- und Wochenzeitungen sowie Fernsehfilme[5] zum Thema Herztransplantation durchgesehen. Diese Methode sollte die öffentliche Einschätzung von Herztransplantationen aufdecken und zeigen, in welcher Hinsicht sich Erzählungen von Erlebenden und Berichtenden unterscheiden, aber auch welche kulturellen Formen und Muster Patienten und Patientinnen beeinflussen und mitprägen. Um das historische Gedächtnis in den Erzählern und Erzählerinnen zu fassen, wurden für die Interpretation verschiedener Erzählpassagen kulturgeschichtliche Quellen und Analysen über das Symbol Herz gesichtet.[6] Datenerhebung und Auswertung fanden parallel zueinander

---

1 Vgl. Bildteil im Anhang.
2 Das „narrative Interview" ist ein Erhebungsverfahren, das nicht einem stirkten Frage- und Antwort-Schema folgt, wie beispielsweise Fragebögen, sondern die Geschichte eines Erlebnis- und Gegenstandsbereichs in einer „Stegreiferzählung" (Fritz Schütze) darstellen läßt. Das lat. narrare, das im Deutschen erzählen bedeutet, bezieht sich auf ausholende Schilderungen, während das Wort Interview auf eine kurze, prägnante Frage-Antwort-Methode verweist.
3 BDO ist die Abkürzung für Bund Deutscher Organtransplantierter.
4 Vgl. dazu beispielsweise Bernd Ullrich, Herzverpflanzung. Ein Tagebuch. Ein Arzt erlebt die Transplantation als Patient, Friedrichshafen 1985; Peter Cornelius Claussen, Herzwechsel. Ein Erfahrungsbericht, München 1996; Hans-Rudolf Müller-Nienstedt, Geliehenes Leben. Tagebuch einer Transplantation, Zürich 1996; Ursula Drumm, Zaungasterinnerungen. Geschichte einer Herztransplantation, Edingen 1995; Rosita Appel, Lebenswille. Der Weg durch die Hölle zu einem neuen Herzen. Erfahrungsbericht einer Herztransplantierten, Frankfurt a. M. 1995.
5 Beispielsweise ein Fernsehfilm vom 14. 10. 1998 mit dem Titel „Die Fremde in meiner Brust", der um 20.15 im RTL ausgestrahlt wurde. In diesem Film bekommt die herzkranke Sarah das Herz eines verunglückten Mädchens transplantiert. Der Vater der Verunglückten nimmt mit ihr Kontakt auf und Sarah muß eine furchtbare Entdeckung machen. Ihr Herz fühlt den Inzest des Mannes mit seiner Tochter.
6 So beispielsweise Albert Walzer, Das Herz im christlichen Glauben, Biberach a. d. Riss 1967; Winfried Hover, Der Begriff des Herzens bei Blaise Pascal: Gestalt, Elemente der Vorge-

statt. Im Laufe der Datenerhebung kristallisierte sich der theoretische Bezugsrahmen heraus, der schrittweise modifiziert und vervollständigt wurde. Einen ersten theoriegenerierenden Interpretationsschritt stellte die Entwicklung zentraler Themen dar. Dazu wurden alle gesammelten Erzählungen, sowohl mündliche wie schriftliche, mit Schlüsselwörtern beschlagwortet.

In einem weiteren Schritt wurden die Erzählungen hinsichtlich ihres sozialen und kulturellen Wissens analysiert und dabei der Wandel von Vorstellungswelten und Denkweisen ins Auge gefaßt. Dies ist jedoch nicht möglich ohne eine hypothetische Vergegenwärtigung des Vergangenen, denn die Erzähler handeln und interpretieren das Erlebte auf der Grundlage eines durch Sozialisation und Erfahrung erworbenen und innerhalb ihrer Kultur gesellschaftlich weitgehend geteilten Vorwissens, das ihnen jeweils ein mehr oder weniger bewusstes Repertoire von typischen Bedeutungen, Handlungen und Auslegungen zur Verfügung stellt, wie H.-G. Soeffner bereits 1989 festgestellt hat.[7]

Die lebensgeschichtlichen Erzählungen über das Erlebnis einer Herztransplantation wurden also unter der theoretischen Perspektive untersucht, dass sie einen Schnittpunkt zwischen individuellen Handlungen einerseits wie geschichtlichen und gesellschaftlichen Handlungsbedingungen andererseits darstellen. Es galt zu recherchieren, wie Menschen, hineingeboren in eine historisch und zeitgeschichtlich geprägte wie vorgedeutete Welt, diese Welt erleben, deuten und verändern. Umgekehrt wurden die kulturellen Muster durch viele konkrete Erzählungen erfaßt und belegt.

3. Metaphern als Bildungshintergrund von Erzählstrukturen

Das Problem der Vermittlung von Krankheitserlebnissen gehört nicht nur zu den methodologischen Herausforderungen der Erzählforschung, sondern gilt ebenso für diejenigen, die ihre Geschichte in Erzählungen wiedergeben. Als ein Problemlösungsergebnis der Erzähler und Erzählerinnen zeigte sich quer durch alle sozialen Schichten eine auffallende Prägung vieler Wirklichkeitsinszenierungen durch Metaphern. Das Wort Metapher kommt aus dem altgriechischen Verbum *metaphérein* und bedeutet: übertragen. Es steht für Worte, die aus ihrem gewöhnlichen Verwendungszusammenhang herausgenommen und auf einen anderen Sachverhalt angewendet werden. Metaphern arbeiten folglich mit Hilfe von Assoziationen, indem sie zwei Dinge vergleichen. Das alte Herz wird als Schrott geschildert, das neue Herz als Fremdkörper, Motor oder Pumpe bezeichnet, die Herztransplantation mit der ersten Mondlandung, dem christlichen Kreuzweg, einem Hundeleben oder Schiffbruch verglichen, die Tatsache als Mann nun ein Frauenherz zu haben als Zwitterdasein definiert, um nur einige Beispiele aufzulisten.

Die Lebenswelt wird also mit Hilfe von kulturell überlieferten und sprachlich organisierten Vorräten an Deutungsmustern repräsentiert und zeichnet sich dabei durch die Gültigkeit einer intersubjektiv geteilten Vorstellungswelt aus. Die genannten Metaphern erfüllen Modellfunktionen und fordern eine Analyse, denn jede Erkenntnistheorie

---

schichte und Rezeption im 20. Jahrhundert, Fridingen a. D. 1993, S. 48-75; Alfred Hermann, Das steinharte Herz. Zur Geschichte einer Metapher, in: Jahrbuch für Antike und Christentum 4 (1961), S. 77-107; Peter Sloterdijk, Sphären. Mikrosphärologie Bd. 1, Frankfurt a. M. 1998.

7   Hans-Georg Soeffner, Auslegung des Alltags – Der Alltag der Auslegung. Zur wissenssoziologischen Konzeption einer sozialwissenschaftlichen Hermeeutik, Frankfurt a. M. 1989, S. 141.

und Erkenntniskritik muss sich mit dem Problem auseinandersetzen, dass die Sprachwahl ein wichtiger transzendaler Faktor in Erkenntnis- und Denkprozessen ist. In der Metaphernbildung realisiert sich die symbolische Transformation von Wirklichkeitserfahrungen in die Welt der Zeichen mit Hilfe von Kategorisierungsprozessen. In diesen wird einzelnen Zeichen oder Zeichenkombinationen nach wechselnden Kriterien und Interessen ein Sinn zugeordnet.

Die vorgestellten Metaphern aus meinen empirischen Erhebungen zeigen, neben der Verwendung traditioneller Sprachbilder, häufig eine bewusste Identifizierung mit den Sprachbildern medialer und medizinischer Provenienz, welche die Technisierung des Alltags zum Ausdruck bringen. Beispiele dieser bewußten Übernahme ärztlicher Interpretationen und der Veralltäglichung von Technik sind Sätze wie: „Der Motor muß halt seitdem immer wieder zum TÜV." oder „Die Pumpe verlangt jetzt regelmäßige Wartung."

Diese Beispiele zeigen Krankheit und Gesundheit werden primär unter einem Leistungsaspekt gesehen. Der wichtigste Gesichtspunkt, der die Metaphern der Technik mit der Lebensgeschichte verbindet, ist das Prinzip der Machbarkeit. Die einzelnen Organe des Menschen werden, wie in der Werbung vorgestellt, Maschinenteilen gleichgesetzt, die wie die Teile eines Autos in regelmäßigen Abständen auf Defekte und Funktionstüchtigkeit überprüft und im Bedarfsfalle ausgewechselt bzw. retransplantiert. In dieser Vorstellung verwandelt sich der Körper in ein Produkt der technisch-industriellen Welt, das von den Naturwissenschaften beherrscht und wie eine Maschine beliebig manipulierbar und reparierbar wird.

Pumpe und Motor als Schaubilder sollen das Herz entmythologisieren und entemotionalisieren, denn beim Herzen gibt es in der Gleichsetzung des Körpers zur Maschine erheblich größere Probleme als bei anderen Organen, da die Funktionen dieses Organs im Bewusstsein mehrdeutig sind. Viele Debatten über die Rechtmäßigkeit von Herztransplantationen zeigen, dass das Herz immer noch eine Vormachtstellung im Körper einnimmt und als Gefühlsorgan, als Sitz der Seele und des Lebens präsent ist, auch wenn René Descartes bereits im 17. Jahrhundert Herz und Kreislauf als hydraulisch getriebenes Pumpen- und Röhrensystem beschrieb und erklärte, dass Gefühle in der Herzgegend illusionäre Projektionen seien, die durch einen Nerv verursacht würden, der vom Hirn ins Herz hinabreiche.

4. Zur Bedeutung dieser Metaphern

Die vorgeführten Metaphernbeispiele zeigen, dass sich autobiografische Erzählungen über die Erlebnisse von Körperdefekten und Organtransplantationen vielfach in gesellschaftlich vorgegebenen und kulturell bereits vorhandenen Mustern der Erzähl- und Erfahrungsorganisation auslegen. Die genannten Narrationsmuster sind Beispiele für die Nutzanwendung von Geschichte und Geschichten im Alltagsleben. Sie zeigen, dass die Menschen bei der Suche nach Orientierungen, der Frage nach der ethischen Rechtfertigung ihrer Handlungen, plötzlich um überlieferte Wirklichkeitsmodelle ringen. Für Patienten und Patientinnen, die einen Lebensbruch mit weltanschaulichen und soziokulturellen Krisensituationen hinter sich haben, bietet das umfassende Feld der Narrationsmuster besonders wichtige Anhaltspunkte bei der Identitätssuche. Das Bahnbrechende, völlig Neue, wird mit Unterstützung überlieferter Erzählungen und Sprachbilder zu bewältigen versucht. Lebensgeschichtliche Erzählungen mit Bildern der Geschichte verknüpft, entlasten und bieten Sicherheit, weil der Mensch seine Erlebnisse in eine Reihe vergangener und gesellschaftlicher Erfahrungen rückt. Die untersuchten lebensgeschichtlichen Erzählungen zeigen eindrucksvoll, daß Erfahrungen an Fremdartigkeit verlieren können, wenn der erlebende Mensch strukturale Entsprechungen in der Geschichte findet. Die verwendeten Bilder kollektiv geteilter Ordnungsprinzipien sind dabei als Organisationsmuster mit komplexen Informationsstrukturen zu begreifen.

Um Metaphern in ihren spezifischen Bedeutungsgehalten zu verstehen, bedarf es eines interpretativen Prozesses. Metaphorik in Erzählungen setzt immer auch Kenntnisse beim Zuhörer voraus, deren Ausmaß jedoch unterschiedlich sein kann. Metaphern wie „mir ist das Herz in die Hose gefallen" sind zumindest in unserem Kulturkreis quer durch alle Schichten eindeutig verstehbar. Schwieriger werden die explizierbaren Bedeutungsgehalte metaphorischer Sprechweise schon, wenn ein Erzähler konstatiert: „Es war ein Hundeleben" oder „Ich habe einen Kreuzweg hinter mir". Hier setzen die Vorstellungen Kenntnisse der Sozialisation, Konfession und Region bzw. des Lebensumfeldes voraus. Wenn Kommunikation funktionieren soll, müssen alle Teilnehmer nicht nur die gleiche Sprache sprechen, sondern auch über die gleichen Bildwelten verfügen. Um beim Beispiel des vielfach genannten Hundes zu bleiben, muß man wissen, daß Hunde auf dem Land oft an der Kette gehalten werden oder nur einen begrenzten Auslauf haben und nur einmal am Tag fressen dürfen. Allerdings dürfen Hunde im Unterschied zum Herzkranken beliebig Flüssigkeit aufnehmen.[8]

Metaphern sind also immer kulturspezifisch. Sie vermitteln die Geschichte im Individuum wie das Individuum in der Geschichte und die daraus resultierenden Wahrnehmungen, Denk- und Erzählweisen. Die Metaphern vom Motor oder der Pumpe zeigen die Übernahme naturwissenschaftlicher Ansichten über die Welt, sind also ein Teil der gesellschaftlichen Produktion von Bedeutungssystemen und gleichzeitig ein Hinweis auf das Bedürfnis von Rechtfertigung. Metaphern sind daher ein idealer Weg der Erschließung von Gefühlen[9] und besitzen eine Brücken- bzw. Vereinfachungsfunktion.

Wenngleich Patienten und Patientinnen[10] immer wieder betonen, daß niemand außer demjenigen, der das Gleiche erlebt hat, nur annähernd verstehen könne, was sie durchgemacht hätten, versuchen sie, mit Hilfe von bekannten Bildwirklichkeiten Vorstellungen über ihr Selbst- und Wirklichkeitsverständnis in der jeweiligen Situation zu erzeugen. Dabei verwenden sie Bilder und Sprachfloskeln, die einen doppelten Sinn haben, aber gleichzeitig schnelle Verbindungen beider Ebenen zulassen. Die Analyse von Metaphern in den gesammelten Erzählungen zeigte, daß Metaphern Erfahrungen in

---

8 Herzkranke auf der Warteliste für eine Organtransplantation dürfen nicht mehr als einen Liter Flüssigkeit pro Tag zu sich nehmen, Obst und Suppen eingerechnet, und leiden in der Regel unter quälendem Durst. Angekettet wie ein Hund fühlten sie sich, weil sie sich seit der Einverständniserklärung zur Herztransplantation, nicht mehr außer Reichweite des Telefons wagten, sofern sie zu Hause und nicht im Krankenhaus auf den Organwechsel warteten. Die Ausstattung mit einem „Europiepser" war zu Beginn der Herztransplantationen noch nicht üblich. In der ehemaligen DDR war das Warten auf ein Herz noch schwieriger, da nicht jeder Haushalt über ein eigenes Telefon verfügte. Hier mußte z.B. seitens der Transplantationsklinik zuerst die Polizeidienststelle informiert werden, die dann die Nachricht an den Patienten oder die Patientin übermittelte. Um eine Sicherheit zu haben, daß man einen Patienten in den OP bekam, bestellte die Klinik vorsorglich oft zwei Patienten für ein Herz. Derjenige der schneller in der Klinik war, bekam das Herz. Das sog. „Probeliegen" wird von den Erzählern als besonders grausame Extremsituation der Krankengeschichte geschildert.
9 Vgl. zu „Emotionen als symbolisch-soziale Konstrukte" Jürgen Gerhards, Soziologie der Emotionen. Fragestellungen, Systematik und Perspektiven, München 1988, S. 166-189.
10 Die Frauen sind weltweit circa mit 10 Prozent unter den herztransplantierten Menschen vertreten.

das Alltagwissen hereinholen. Das Ergebnis der Verwendung von Metaphern, bzw. der Fixierung des individuellen Erlebens in einem allgemeinen theoretischen Horizont und in allgemeine Bilder, bringt jedoch Ergebnisse mit sich, welche die Erzähler keinesfalls intendieren, nämlich: erstens eine Entindividualisierung ihrer Erfahrungen beim Zuhörer und zweitens eine Enthumanisierung der Medizin innerhalb der gesundheitsfördernden Institutionen.

Wenn man von der These ausgeht, daß Metaphern Wirklichkeiten konstruieren[11] und Interaktionen steuern, verführen die Sprachbilder „Pumpe" und „Motor" Mediziner leicht dazu die Nachsorge auch rein „maschinell" durchzuführen. So hilfreich das technoide Körperverständnis zur Aufhebung der erlebten Destabilisierung für die Lebensqualität des einzelnen Patienten einerseits ist, so notwendig erweist sich andererseits die Dekonstruktion metaphorischer Sprache. Denn die empirischen Erhebungen zeigen den Arzt als wichtigste soziale Figur im Krankenhaus, von der sich der Patient erwartet, daß sie sich wie ein guter Vater um alle anfallenden Probleme, angefangen von den körperlichen, organischen Beschwerden bis hin zu Problemen im Familienverband und den Erbschaftsangelegenheiten kümmert. Die Gewährspersonen betonten oft, sie wollten keine Ärzte um sich haben, die lediglich Verwalter technischer Geräte wären. Obwohl viele Patienten zum Arzt sagen: „Ich bringe meinen Motor zum TÜV", erwarten sie mehr als eine Kontrolle ihres Transplantats. Hier zeigen sich also große Diskrepanzen zwischen der Sprache des Patienten und seinen Erwartungshaltungen. Die Patienten wollen nicht nur durchleuchtet, biopsiert[12] und überwacht werden wie ein Maschinenmotor, sondern erwarten neben der mechanischen Behandlung menschliche Fürsorge.

Ein kranker Mensch bringt ins Krankenhaus nicht nur kranke Organe, die der Überholung, der Wartung, des Austausches bedürfen, auch wenn er in der Medizin ein Reparaturhandwerk mit Wartungsdienst sieht. Daneben will er seine Psyche, die in Biographie und Geschichte verwurzelte Emotionalität, mitbehandelt haben. Im Zimmer des Arztes muß sich im Spiegel der Erzählungen Technisches und Humanes abspielen. Viele Gewährspersonen forderten vehement, daß Arzt-Patienten-Begegnungen mehr als „geschäftliche Situationen" zwischen dem Subjekt Arzt und dem Objekt Patient sein müssen. Ein überaus wichtiges „Pharmakon", das der Arzt seinen Patienten und Patientinnen im Spiegel der untersuchten Erzählungen geben kann, ist seine eigene Zeit. Die Überzeugung vieler Patienten und Patientinnen deckt sich hier mit einer Weisheit, deren Festlegung Paracelsus zugeschrieben wird: „Die beste Arznei ist die Liebe."[13] Je mehr Ärzte die Zuwendung mit dem Fortschritt der Technisierung der Medizin verkümmern lassen, desto mehr verlieren sie von ihrer charismatischen Kraft und schaffen dadurch Bedarfslücken, die in zunehmendem Maße von der sog. Außenseitermedizin abgedeckt werden.[14]

---

11 Vgl. dazu Senta Trömel-Plötz, Frauensprache: Sprache der Veränderung, Frankfurt a. M. 1982.
12 Unter Biopsie versteht man eine Gewebeprobe, die aus der rechten Herzkammer entnommen wird. Dabei wurde unter örtlicher Betäubung eine Kanüle in eine Halsvene eingeführt. Über diese Kanüle wird eine Sonde unter Röntgenkontrolle über die große obere Hohlvene, den rechten Vorhof, in die rechte Herzkammer vorgeschoben. Mit einer kleinen Zange, die an der Spitze der Sonde angebracht ist, werden kleine Gewebeteilchen abgezwickt, die dann von einem Pathologen feingeweblich untersucht werden. Anhand dieser Gewebeproben kann festgestellt werden, ob und welcher Grad der Abstoßung des fremden Herzens vorliegt.
13 Zitiert nach Rüdiger Dahlke, Krankheit als Symbol. Handbuch der Psychosomatik, München 3. Aufl. 1996, S. 7.
14 Auch Menschen, die sich vom Fortschritt der Medizintechnik bzw. einer Herztransplantation überzeugen ließen, gehen zum Heilpraktiker und zum Gesundbeter.

In diesem Zusammenhang ist auch der Gebrauch von Metaphern kritisch zu reflektieren, da er Erwartungen zwischen Arzt und Patient überdeckt. Der Patient will als Individuum behandelt werden und nicht nur zur Pumpenkontrolle kommen, suggeriert dem Arzt aber Gegenteiliges, wenn er beim Betreten des Behandlungsraumes sagt: „Hallo, hier bin ich wieder einmal zur Pumpenkontrolle." Die Vielschichtigkeit des Sprechens über den Motor ist wohl den wenigsten Patienten bewußt, insbesondere nicht das Verhängnisvolle, daß sie sich dabei selbst aussperren und den Blick auf das Ganze verhindern. Ihre Leiden werden bei dieser Art von Kommunikation mit dem Arzt nicht sichtbar. Die Sprache führt hier zu einer Negierung der Tatsache, daß die Medizin durch die Entfernung von körpereigenen Organen, selbst wenn sie heilt, ihre Patienten gleichzeitig auf mehreren Ebenen verletzt. Die empirischen Untersuchungen ergaben: Leiden im Kontext eines Herzwechsels haben vier unterschiedliche Dimensionen, nämlich eine physische, eine psychische, eine soziale und eine kulturelle.[15]

Kranksein bedeutet mit zunehmendem Fortschritt der technisierten Hochleistungsmedizin mit einer Krankheit oder einer Behinderung jahrelang leben zu können, aber eben auch sich eine neue Identität, und zwar die Identität eines Kranken, eines Versehrten und Behinderten aufbauen zu müssen. Infolge der oft mit einer Herztransplantation verbundenen Stigmatisierung, bleibt dieser Identifikationsprozeß voller Unsicherheiten und Mehrdeutigkeiten. Vor diesem Hintergrund ist nicht nur ärztliches Handeln gefordert, sondern menschliche Zuwendung verbunden mit kulturellem und sozialem Verständnis. Um den Menschen nicht nur als biologisches Konstrukt, sondern als Kulturwesen[16] sehen zu können, sind die Naturwissenschaften auf die Kulturwissenschaften angewiesen.

5. Bilanz

Zusammenfassend ist festzuhalten, daß dem Phänomen der metaphorischen Konzeptualisierung und Strukturierung des Lebens in der Biographieforschung mit Ausnahme einiger Arbeiten über die Bedeutung von Metaphern für therapeutische Prozesse bislang zu wenig Beachtung geschenkt wurde. Denn gerade die Analyse von Sprachbildern kann einen wichtigen Beitrag zur Erfahrung biographisch einschneidender Lebenswenden und der damit verbundenen Entwicklung und Formierung des Denkens, Fühlens und Handelns von Menschen liefern. Die in diesem Beitrag vorgestellten Wirklichkeitsmodelle sind nicht nur eine Angelegenheit der herztransplantierten Menschen im kommunikativen Alltagsleben, sondern auch eine Aufgabe volkskundlicher Erzählforschung um Professionen, Institutionen und Organisationen auf metaphorische Interventionen zwischen Brauch und Mißbrauch sowie andere Fehlentwicklungen aufmerksam zu machen, um damit humanes Handeln zu fördern.

---

15 Ein Beispiel für den kulturellen Vertrautheitsschwund sind Bemerkungen, wie: „Herzliche Grüße kann ich ja nun auf keine Urlaubskarte mehr schreiben. Mein Herz haben sie mir ja weggenommen." Durch die Krankheit einer Herzmuskelentzündung sah sich der Mensch erst den Kräften der Natur hilflos ausgesetzt. Im Anschluß daran folgen zusätzlich die Probleme mit den Wirkungsweisen der Kultur. Deshalb führt die Entlastung vom Negativen, der Krankheit, in der Folge oft zur Negativierung des Entlastenden.

16 Vgl. dazu Nils-Arvid Bringéus, Der Mensch als Kulturwesen. Eine Einführung in die europäische Ethnologie, Würzburg 1990.

Oliva Wiebel-Fanderl

Anhang

Den Menschen zwischen Traditionen und medizinisch-technischen Fortschritt zeigen beispielsweise folgende Bilder:

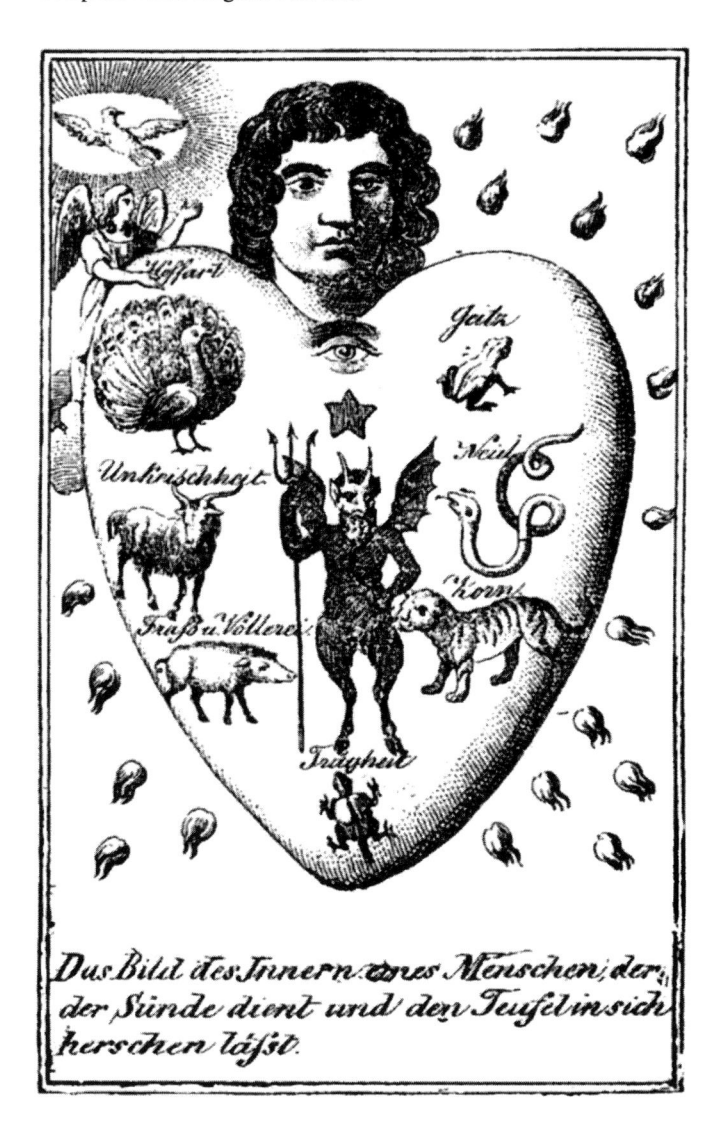

Abb. 2:
Aus Frank Nager, das Herz als Symbol, Basel 1993, S. 85

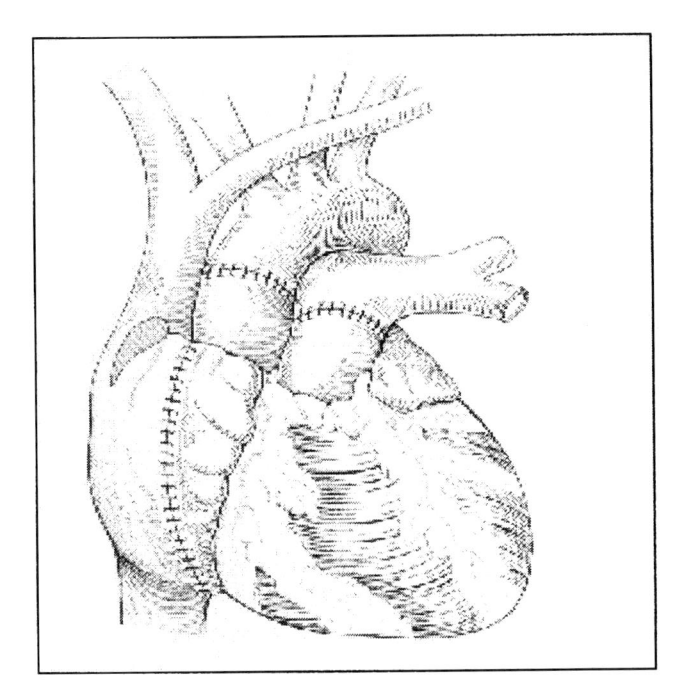

Abb. 3: Orthotope Herztransplantation (nach Shumway).

Sigrid Fährmann

Der Göttinger Verschönerungsverein
Ein Beispiel bürgerlicher Schönheitsauffassungen und ihrer Umsetzung im 19./20. Jahrhundert

Im folgenden möchte ich der Frage nachgehen, wie die Vorstellungen von Naturschönheit und Schönheit überhaupt in Verschönerungsvereinen, einem in historischer und volkskundlicher Vereinsforschung nur marginal berücksichtigten Zusammenschluß, am Ende des 19. und zu Beginn des 20. Jahrhunderts diskutiert und umgesetzt wurden. Verschönerungsvereine waren und sind Teil des bürgerlichen Vereinswesens und wurden – im allgemeinen in Abhängigkeit von der Stadtgröße[1] – seit Mitte des 19. Jahrhunderts mit der Absicht gegründet, stadtnahe Erholungsgebiete, also Parks, begehbare Wallanlagen und Waldgebiete zu schaffen bzw. umzugestalten, mit Ruhebänken, eingefaßten Quellen, schattigen Alleen und ähnlichem zu versehen, mit Wegmarkierungen zu erschließen sowie Aussichtstürme und Denkmäler zu errichten. Es handelte sich dabei um gemeinnützige Vereine, deren Mitglieder zur bürgerlichen Schicht der Orte zählten, also z. B. Honoratioren, Mitglieder der Stadtverwaltung, Lehrer höherer Schulen und Geschäftsinhaber. Die Projekte der Vereine dienten sowohl den eigenen Freizeitbedürfnissen als auch der Steigerung städtischer Attraktivität für den Fremdenverkehr. Die Vereine standen in Konkurrenz zu Gartenbauvereinen (z. B. bei der Durchführung von Balkonschmuckwettbewerben), zu Fremdenverkehrsvereinen und zur städtischen Gartenverwaltung, in der sie dann in vielen Fällen ab Ende des 1. Weltkrieges aufgingen bzw. sich auflösten. In den 20er Jahren des 20. Jahrhunderts prägten die Vereine nur noch selten das Bild der Städte, Wiedergründungen nach dem 2. Weltkrieg gab es kaum.

Im Zentrum meiner Untersuchung mit dem Arbeitstitel „Verschönerungsvereine als Ausdruck stadtbürgerlicher Mentalität", aus der hier ein Teilbereich vorgestellt wird, steht der Göttinger Verschönerungsverein, gegründet 1876 auf Initiative des damaligen Oberbürgermeisters Merkel. Der Verein existiert heute immer noch, ist allerdings selten präsent. Der Göttinger Verschönerungsverein dient in meiner Untersuchung als Exempel, an dem sich zeigen läßt, was – mit kleinen Differenzen – für viele Vereine dieser Art gilt.[2] Zu den Quellen meiner Arbeit zählen Protokollbücher, Korrespondenzen mit der Stadtverwaltung, die in einer Tageszeitung abgedruckten Jahresberichte und eine Festschrift zum 100. Geburtstag 1976. Den Umgang des Vereins mit dem Begriff der Naturschönheit möchte ich anhand dieser Quellen aufzeigen, werde aber vorweg ein paar allgemeine Bemerkungen zum Schönheitsbegriff machen und möchte

---

1 Ermittelt wurden folgende Gründungsjahre: 1841 Erfurt, 1843 Wiesbaden (Neugründung 1854/56), 1845 Naumburg, 1853 Mainz, 1859 Bonn (kurzzeitig bereits 1825), 1861 Stuttgart, 1863 Tübingen, 1873 Zürich, 1874 Bielefeld, 1874 Würzburg, 1876 Göttingen, 1884 Colmar, 1884 Bayreuth, 1886 Stade, 1887 Lüneburg, 1888 Celle, 1894 Brakel, 1896 Bad Driburg.

2 Zum Vergleich herangezogen werden in der Provinz Hannover die Verschönerungsvereine von Lüneburg und Celle und aufgrund seiner Vorbildfunktion bei der Gründung des Verschönerungsvereins Mainz. An dieser Stelle kann darauf hingewiesen werden, daß die Gründung von Verschönerungsvereinen oft auf direktem Vorbild in regionaler Nachbarschaft beruhte. In den Quellen des Celler Verschönerungsvereins findet sich z. B. eine Anfrage an den Verein in Lüneburg zur Gründungsphase sowie die Bitte, Statuten zugesendet zu bekommen. So erklärt sich auch die zeitliche Nähe der Vereinsgründungen in Mainz und Wiesbaden.

dabei den Verein auch in zeitgenössische Diskurse über Verschönerung und Natur im letzten Jahrhundert einbetten.

Ästhetik und Geschmack

Bemüht man sich um die Definition von Schönheit, ergeben sich sowohl individuell-psychologische, soziale als auch historische Aspekte. Ab Mitte des 18. Jahrhunderts wurde die Suche nach vermeintlich objektiven Schönheitskriterien zugunsten der sich durchsetzenden Auffassung des Engländers Hume aufgegeben, daß Schönheit keine einem Gegenstand eigene Qualität sei, sondern nur in der Wahrnehmung des Betrachters existiere.[3] Geschmacksurteile waren und sind einem permanenten Wandel unterworfen und werden kulturell vermittelt. Das Schöne ist, nach Borgeest, oft das Schöne der herrschenden Schicht, woraus sich die pädagogische Absicht, andere Gesellschaftsschichten zu einem bestimmten Geschmack zu erziehen, ergibt.[4] Dies funktioniert unabhängig vom allgemein bekannten Sprichwort, über Geschmack lasse sich nicht streiten. Mit einem Geschmacksurteil läßt sich also soziale Anerkennung bzw. Ausgrenzung vermitteln.[5] Mit dem Urteil ‚schön' verbinden sich oft noch andere Werte wie das Moralische, das Wahre oder das Nützliche. Besonders im 20. Jahrhundert ist der Schönheitsbegriff sehr eng an Funktionalität gekoppelt. So hält Gudrun M. König in ihrer Untersuchung über Geschmackserziehung um 1900 die bürgerliche Denkweise fest, nach der Geschmack „nicht in erster Linie als individuelle ästhetische Größe, sondern vielmehr als moralische und ethische Kategorie [gilt]. In engem Zusammenhang mit bildungsbürgerlichen Vorstellungen verband sich ‚schlechter Geschmack' mit Halbbildung, und gegen beide wurde sowohl in den eigenen Reihen als auch in kleinbürgerlichen Kreisen intensive Aufklärungsarbeit betrieben. Wer gebildet sei, unterwerfe sich den wechselnden Moden nicht."[6]

In seiner kultursoziologischen Untersuchung zur Herausbildung unterschiedlicher Lebensstile zeigt Bourdieu, daß Geschmacksbildung im Elternhaus, Bildungsniveau und sozialer Status zur Übereinstimmung in ästhetischen Fragen bzw. zur Distinktion von anderen Schichten führen.[7] Hinsichtlich der Mitgliederstruktur eines Verschönerungsvereins, einem Verein dessen Interessenfeld von ästhetischen Fragen dominiert wird, könnte sich daraus ergeben, daß sich nur ein kleiner Kreis zusammenfindet, der die gemeinsamen Vorstellungen realisiert und wenig Außenwirkung hat. Wie weit die verschiedenen sozialen Milieus in einem Verein dieser Art repräsentiert werden bzw. ob sie sich überhaupt repräsentieren lassen oder ob gar keine Absicht dazu bestand, muß, sofern es aus historisch-archivalischen Quellen ablesbar ist, untersucht werden. Während Bourdieu die typischen Kulturinstitutionen analysiert, bleibt die Naturauffassung unberücksichtigt.

---

3   David Hume: On the Standard of Taste (1757), vgl. in Claus Borgeest: Das sogenannte Schöne. Ästhetische Sozialschranken. Frankfurt/M. 1977, S. 47-48.
4   Borgeest (wie Anm. 3), S. 74-76.
5   Vgl. Thorstein Veblen: Die Theorie der feinen Leute. Eine ökonomische Untersuchung der Institutionen. München 1971 (Original: The theory of leisure class. New York, London 1899), S. 100-116.
6   Gudrun M. König: Der gute schlechte Geschmack. Konsumkritik um 1900. In: Universitas 53/1998, S. 129-139, hier S. 130.
7   Pierre Bourdieu: Die feinen Unterschiede. Kritik der gesellschaftlichen Urteilskraft. Frankfurt/M. [11]1999.

Naturschönheit und besonders die Landschaft als Gegenstand ästhetischen Genusses wurden erst mit der Malerei der Renaissance entdeckt. Die Wahrnehmung von Landschaft setzt die Trennung von Stadt und Land voraus, wobei es der Städter ist, der sich so weit von der Natur entfernt hat, daß er sich ihr genießend zuwenden kann.[8] Seit dem 18. Jahrhundert entspricht die Vorstellung von Naturschönheit dem Ideal des englischen Landschaftsgartens, d. h. einer vordergründig freien Schönheit, die ohne Zwang und strenge Regelmäßigkeit ist, also natürlich erscheint. Sieferle faßt diese bis heute gültige Auffassung mit den Worten zusammen: „Traditionell gilt nur diejenige Natur als schön, die den Schrecken der Wildheit verloren hat. Schön kann nur sein, was nützt, was kultiviert ist. Die schöne Landschaft ist daher die gartenähnliche".[9] Beim englischen Landschaftsideal handelte es sich um eine idealisierte Landschaft, die kleinräumig verschiedene Landschaftsbilder verwirklichen sollte und durch Ruinen, künstliche Felsen, Einsiedeleien u. ä. verschiedene Motive der zeitgenössischen Landschaftsmalerei aufgriff. Die erste Realisierung in Deutschland war der Englische Garten in München zu Beginn des 19. Jahrhunderts. Auch der Wörlitzer Park in der Nähe von Dessau entsprach diesem Gartenideal, das den architektonischen (französischen) Garten des Barock ablöste.[10]

Idealbilder der Natur sind meist rückwärtsgewandt und beziehen sich auf einen vorindustriellen Zustand, was dazu führt, daß „der Wunsch nach Konservierung der natürlichen Landschaft weit verbreitet und eher wachsend ist."[11] Die Wandelbarkeit landschaftlicher Präferenzen diagnostizierte bereits Wilhelm Heinrich Riehl 1850 in seinem Aufsatz „Das landschaftliche Auge", in dem er an zahlreichen Beispielen aus der Kunstgeschichte die unterschiedlichen Landschaftsmotive und ihre Darstellung dokumentierte und seiner Analyse die Worte vorausschickte: „Denn jedes Jahrhundert hat nicht nur seine eigene Weltanschauung, sondern auch seine eigene Landschaftsanschauung."[12] Aus der zeitgenössischen Literatur des letzten Jahrhunderts ergibt sich, daß Natur- und Gesellschaftsideal in einen engen Kontext gestellt wurden, daß also die gesellschaftlichen Umbrüche als Folge der Industrialisierung als Bedrohung empfunden und abgelehnt wurden. So verband beispielsweise Ernst Rudorff seine Idealvorstellungen des Landlebens mit regelrechter Technikfeindlichkeit, als er 1904 schrieb, der Bauer „thut viel besser daran, die Leere mancher Stunde des langen Winters mit dem Ausdreschen seines Korns auszufüllen, wobei die Energie seiner Muskeln frisch erhalten wird, als vor langer Weile nach der nächsten Eisenbahnstation zu troddeln, um städtische Vergnügungen aufzusuchen."[13] Es wird daher zu untersuchen sein, ob sich diese Gesellschaftskritik auch in den Äußerungen der Verschönerungsvereine wiederfindet oder ob nicht die Tätigkeit im Verschönerungsverein selbst schon als Gesell-

---

8 Vgl. Joachim Ritter: Landschaft. Zur Funktion des Ästhetischen in der modernen Gesellschaft. Münster 1963, S. 18.
9 Rolf Peter Sieferle: Entstehung und Zerstörung der Landschaft. In: Manfred Smuda (Hg.): Landschaft. Frankfurt/M. 1986, S. 238-265, hier S. 238.
10 Vgl. aus der Perspektive um 1900 Ernst Hallier: Grundzüge der landschaftlichen Gartenkunst. Eine Aesthetik der Landschaftsgärtnerei, den Gärtnern und Gartenfreunden gewidmet. Leipzig 1896.
11 Sieferle (wie Anm. 8), S. 260; an dieser Stelle ist anzumerken, daß Sieferle diesen Trend erst für die 80er Jahre des 20. Jahrhunderts diagnostiziert, seine Gültigkeit aber schon im 19. Jahrhundert belegt werden kann.
12 Wilhelm Heinrich Riehl: Das landschaftliche Auge. In: ders.: Culturstudien aus drei Jahrhunderten. Stuttgart 1859, S. 57-79, hier 57.
13 So zitiert Andreas Knaut: Der Landschafts- und Naturschutzgedanke bei Ernst Rudorff. In: Natur und Landschaft 65/1990, S. 114-118, hier 117.

schaftskritik und Beharren an bereits vergangenen Landschafts- und Gesellschaftsformen aufgefaßt werden kann.

Die Landesverschönerungsbewegung und der Heimatschutz

Zum besseren Verständnis der Gründungswelle von Verschönerungsvereinen im städtischen Umfeld im 19. Jahrhundert müssen zwei weitere Diskurse kurz angeschnitten werden, nämlich die Landesverschönerungsbewegung und der Heimatschutz. Erstere hatte ihren Schwerpunkt in Bayern in den 20er Jahren des 19. Jahrhunderts und wurde von ihrem Hauptvertreter, dem Architekten Gustav Vorherr, durch die Zeitschrift „Monatsblatt für Bauwesen und Landesverschönerung" verbreitet. Vorherr beabsichtigte, „Acker-, Garten- und Hochbaukunst [also Agrarwissenschaften und Architektur] als ein Ganzes in der Anwendung so [... zu] vereinigen, daß ihr gemeinschaftlicher Zweck: Nützlichkeit, Reinlichkeit, Ordnung, Harmonie, mit Vereinigung des Schönheitsgefühls oder doch ohne wesentliche Verletzung desselben dauernd erreicht werde."[14] An erster Stelle dieser spätaufklärerischen Bestrebungen stand immer die Durchsetzung von Ordnung und Reinlichkeit; die Umsetzung bestimmter Schönheitsvorstellungen war zweitrangig bzw. der Schönheitsbegriff definierte sich zu einem wesentlichen Teil aus den Kategorien Ordnung, Reinlichkeit und Nützlichkeit. Der Wert von Naturschönheit war von nachgeordneter Bedeutung, und die Schönheit der Natur wurde als unvollkommen aufgefaßt: „Das Land der Erde ist in seiner Art eigenschön, ja unendlich schön; aber es soll [...] seine Naturschönheit vollendet, die schönbildende Natur soll von ihren eigenen Hindernissen, Schranken und Unglücksfällen befreit werden."[15] Der Mensch wird von den Vertretern der Landesverschönerung als Helfer bzw. als Vollender der Natur aufgefaßt. Solche Eingriffe zur Vollendung der Naturschönheit konnten beispielsweise im Trockenlegen von Feuchtgebieten liegen: „Hierher gehört auch die Austrocknung der Sümpfe und Moose [i. e. Moore], das Urbarmachen der Einöden und Wüsteneien. Die Natur selbst bedarf zuweilen von dem Menschen eine Unterstützung, und wenn er diese mit ihren übrigen Schönheiten zu verbinden weiß, so wird eine solche Nachhülfe, oft mit wenig Kosten verbunden, sehr viel zur Verschönerung einer Gegend beitragen."[16] Den Auftrag des Menschen zur Verschönerung seiner Umgebung begründeten die Vertreter der Landesverschönerung mit dem göttlichen Gebot, sich die Erde untertan zu machen: „Der Mensch soll sich die Erde zu einem Paradiese umschaffen, er soll sie zu einem Schauplatz der Weisheit und Güte Gottes gestalten, und je schöner ein Volk sein Land herstellt, desto mehr hat es den Absichten des Schöpfers entsprochen, desto gesitteter, gesünder, gefälliger, heiterer und lebensfroher sind die Menschen, die es bewohnen."[17] Ihren Aktionsraum begriff die Landesverschönerungsbewegung eher auf dem Land als in der Stadt, verschloß sich aber auch dort nicht neuen Ideen, sondern schlug bereits die Anlegung angenehmer und bequemer schattiger Spazierwege vor, die der Gesundheit und Erholung der Stadtbewohner dienen

---

14 So zitiert Pr. –: Ueber Landesverschönerung, ihr Wesen und die wichtigsten Hindernisse, welche ihrer Verwirklichung und allgemeinen Verbreitung im Wege stehen. In: Monatsblatt für Bauwesen und Landesverschönerung 6/1826, S. 37-44, hier S. 38.
15 Karl Christian Friedrich Krause: Die Wissenschaft der Landesverschönerkunst. Aus dem handschriftlichen Nachlasse des Verfassers. Leipzig 1883, S. 33.
16 Eduard Pötzsch: Meine Ansicht über Landesverschönerung. In: Monatsblatt für Bauwesen und Landesverschönerung 8/1828, S. 9-12, hier S. 11.
17 Heinrich von Nagel: Landesverschönerung und Landesverbesserung. München 1831, S. 1.

sollten.[18] Bemerkenswert ist außerdem, daß die Vertreter der Landesverschönerungsbewegung die Umsetzung ihrer Ideen nicht von der Regierung verordnet und finanziert sehen wollten, sondern von örtlichen Führungspersönlichkeiten (Gutsherren, Pfarrern, Lehrern), die die Bevölkerung in einem Verein zusammenführen sollten.[19] Die Wirkung dieser Bewegung war allerdings lokal beschränkt, und es sollte in ihr nicht ein direkter Vorläufer städtischer Verschönerungsvereine gesehen oder gar eine Kontinuität angenommen werden.

Die Zugehörigkeit der städtischen Verschönerungsvereine zur Heimatschutzbewegung muß als ambivalent betrachtet werden, da die von den Vereinen durchgeführten Projekte der Naturauffassung, vor allem zu Beginn der Heimatschutzbewegung, als man bewahren und nicht erschließen wollte, eher zuwiderliefen. Man verurteilte den neu entstehenden Tourismus, zumindest den Massentourismus breiter Bevölkerungsschichten.[20] Andererseits deckte sich aber das im Heimatschutz propagierte, auf die Vergangenheit gerichtete Landschaftsideal einer bäuerlich und handwerklich geprägten Umwelt, wie Ernst Rudorff es 1880 beschrieb: „Die Mühle, die Schmiede wird zum malerischen Motiv in der Landschaft. Die Fabrik ist und bleibt [...] nüchtern und häßlich."[21] In der Phase der Institutionalisierung der Heimatschutzbewegung nach der Gründung einer nationalen Dachorganisation, dem Bund Heimatschutz 1904 (ab 1914 Deutscher Bund Heimatschutz), wurden, auch mit Blick auf die Realisierbarkeit der Ideen und der Schwierigkeit, breite Unterstützung zu finden, Zugeständnisse hinsichtlich des anzustrebenden Landschaftideals gemacht. Da sich die Industrialisierung und Zersiedlung nicht mehr aufhalten ließen, sollten ihre Folgen wenigstens nicht so sichtbar werden, so daß man beispielsweise vorschlug, Staumauern zu begrünen.[22] Neben den Bewahrungsgedanken trat dann auch die Idee zur Neugestaltung.[23]

Aus der Perspektive der Heimatschutzbewegung wurden die Verschönerungsvereine als „Verschandelungsvereine" tituliert, und Robert Mielke, der erste Geschäftsführer des Bundes Heimatschutz, umriß ihre Tätigkeiten 1908 wie folgt: „Zu schwer auch war er [der Ausdruck Verschönerung] belastet mit den Sünden vieler Verschönerungsvereine, die verschnörkelte Bänke aus Gußeisen und Aussichtstürme errichteten, wo sie nicht hingehörten, die künstliche Ruinen und Grotten bauten, jeden frisch sprudelnden Quell fein säuberlich in Kunststein faßten, Pavillons mit bunten Scheiben errichteten und jeden Baum, jede Lichtung mit Namen tauften, die das Entzücken aller Mädchenpensionate waren."[24] An dieser Stelle offenbart sich ein veränderter Zeitgeschmack. Die an Sachlichkeit und Funktionalität orientierten neuen Ideen in Architektur und Städte-

---

18 Vgl. Pötzsch (wie Anm. 16), S. 10.
19 Vgl. von Nagel (wie Anm. 17), S. 104.
20 Vgl. Silke Göttsch: Frühe Tourismuskritik in der Heimatschutzbewegung. In: Burkhard Pöttler/Ulrike Kammerhofer-Aggermann (Hg.): Tourismus und Regionalkultur. Referate der Österreichischen Volkskundetagung 1992 in Salzburg. (=Buchreihe der Österreichischen Zeitschrift für Volkskunde, 12). Wien 1994, S. 25-40.
21 Ernst Rudorff: Ueber das Verhältniß des modernen Lebens zur Natur. In: Preußische Jahrbücher 45/1880, S. 261-276, hier S. 269.
22 Andreas Knaut: Zurück zur Natur! Die Wurzeln der Ökologiebewegung. (=Supplement zum Jahrbuch für Naturschutz und Landschaftspflege, 1). Bonn 1993, S. 214-217, 415.
23 Im Bund Heimatschutz spiegelt sich diese Veränderung in der Polarisation von Ernst Rudorff, dem Vertreter der älteren Auffassung, und Paul Schultze-Naumburg (vgl. Anm. 22).
24 Robert Mielke: Heimatschutz und Landesverschönerung. In: Die Gartenkunst 10/1908, S. 143-145, 156-160, 182-186, hier S. 156.

bau, die besonders durch Paul Schultze-Naumburg[25] popularisiert wurden, gehörten dann im Bund Heimatschutz, der Teil der Reformbewegung war und dessen Mitglieder auch Leser der Zeitschrift des Dürerbundes, des „Kunstwarts" von Ferdinand Avenarius, waren, zur gängigen Schönheitsauffassung.[26]

Aus der Perspektive der Verschönerungsvereine betrachtete man sich allerdings der Heimatschutzbewegung zugehörig, wie Otto Kölner, langjähriger Vorsitzender des Verschönerungsvereins Innsbruck, betonte: „Heimatschutz zu üben und zu betreiben, dazu sind gerade die Verschönerungsvereine berufen. Ihnen obliegt ja die Pflege des Schönen, die Vereinstätigkeit schreibt ihnen dies vor. Das Schöne, wo es nur angeht, wo es sich vorfindet, gegen Verunstaltung und Zerstörung zu schützen, ist Aufgabe des Heimatschutzes. Es kann Heimatschutz geübt werden, indem der Verein verhindert, daß ein Wäldchen niedergeschlagen wird, oder indem er verhindert, daß eine schöne Feldpartie durch aufdringliche Reklame verunstaltet wird."[27]

Der Umgang mit Naturschönheit und dem Schönheitsbegriff im Göttinger Verschönerungsverein

Die folgende Annäherung an das Schönheitsverständnis im Göttinger Verschönerungsverein erfolgt in zwei Schritten. Zunächst soll eine Wortanalyse zeigen, wann in den Quellen überhaupt von Schönheit die Rede ist. Aus dem hier vorweg genommenen Ergebnis, daß mit dem Schönheitsbegriff insgesamt sehr sparsam umgegangen wurde, ergab sich die Hinwendung zu den geplanten und ausgeführten Vereinsprojekten, die in ihrer Durchführung, entsprechend dem Zeitgeschmack, die Schönheitsauffassung indirekt zum Ausdruck bringen.

Untersucht man also das Auftreten des Wortes ‚schön' und anderer Begriffe aus seinem semantischen Umfeld in den Quellen des Göttinger Verschönerungsvereins, zeigt sich recht schnell, daß landschaftliche Schönheit oder die Schönheit bestimmter Objekte nicht bzw. nur selten thematisiert werden. Da das Lexem ‚schön' im Vergleich mit anderen Begriffen dieser Bedeutung am häufigsten erscheint, soll sein Erscheinen genauer analysiert werden. Es wird in den meisten Fällen als Adjektiv verwendet, um bestimmte Areale zu charakterisieren, so in den Wendungen „ein schöner Promenadenweg", „ein schöner Übergang von Park zu Wald", und erscheint besonders oft in Kombination mit ‚Aussicht' („schöne Aussicht"). Außerdem tritt häufig die Negation ‚unschön' auf. Ansonsten dient ‚schön' – beispielsweise im Wort ‚Verschönerungen' –

---

25 Der Architekt und Maler Paul Schultze-Naumburg (1869-1949) war erster Vorsitzender im Bund Heimatschutz von 1904-1913. Seine neunbändige Reihe Kulturarbeiten (erschienen 1901-1917) erreichte eine weite Verbreitung, was sicher auch durch ihre eingängige Umsetzung in der Gegenüberstellung von Fotos mit guten und schlechten Beispielen zu den Themen Hausbau, Gartengestaltung, Städtebau und Landschaftsgestaltung u. a. zu begründen ist. Auch der Göttinger Verschönerungsverein verschenkte die Bände nach und nach an den Stadtgärtner als Weihnachtsgabe, so 1917 und 1918 – vgl. Stadtarchiv Göttingen: Depositum 35, Protokollbuch Nr. 5. Nach dem gleichen Konzept war schon der 1909 in München in 3. Auflage erschienen Band „Die Entstellung unseres Landes" von Schultze-Naumburg gestaltet.
26 Vgl. Norbert Borrmann: Paul Schultze-Naumburg 1869-1949. Maler – Publizist – Architekt. Vom Kulturreformer der Jahrhundertwende zum Kulturpolitiker im Dritten Reich. Essen 1989; Gerhard Kratzsch: Kunstwart und Dürerbund. Ein Beitrag zur Geschichte der Gebildeten im Zeitalter des Imperialismus. Göttingen 1969.
27 Otto Kölner: Der Verschönerungsverein. Wesen und Zweck der Verschönerungs- und ähnlich gemeinnütziger Vereine. München 1907, S. 55.

als Sammelbegriff, der nur in seltenen Fällen mit konkreten Inhalten gefüllt ist. Das Wort ‚Naturschönheit' erscheint in den analysierten Quellen[28] nur zweimal: „Göttingen, an Naturschönheiten durchaus nicht reich" und „Aufschließung der Naturschönheiten der Göttinger Umgegend". Insgesamt fällt die Verwendung des Lexems aber häufig mit Gegenständen aus Flora und Fauna zusammen: „die Vogelschutzanlage am Wall trägt erheblich zur Verschönerung des Stadtbildes bei", „[die] Anpflanzung blühender Wald- und Feldpflanzen würde den Reiz unserer schönen städtischen Anlagen erhöhen". Eine Verwendung von ‚schön' im Kontext von Ordnung und Reinlichkeit, wie sie in der Landesverschönerungsbewegung erfolgte, ist eher selten. Ein Beispiel wäre der „unschöne Anblick des umherliegenden Papiers".

Gehäuft tritt das Lexem ‚schön' in Quellen auf, die öffentlichkeitswirksam waren. Eine ungewöhnliche Häufung findet sich im Jahresbericht für das Jahr 1886 im Abschnitt über einen zu planenden Aussichtsturm: „Wie einstimmig der Vorstand die Errichtung dieses Thurmes als eine der schönsten Aufgaben des Vereins erkannte, da der Thurm an geeigneter Stelle und in passender Ausführung eine schöne Zierde der Landschaft bieten und andererseits die Schönheiten der Umgebung unserer Stadt in weiterem Maße erschließen wird"[29]. In diesem Zitat zeigt sich die Mehrschichtigkeit des Begriffs, mit der auch erklärt werden könnte, wieso Aussichtstürmen, die – so die Vereinsauffassung – gleichzeitig eine Schönheit bilden und Schönheiten sichtbar werden lassen, in allen Vereinen so eine große Bedeutung zukommt. An anderer Stelle wird von der Schönheit der Hainberganlagen, einer an den Wald angrenzenden Parkanlage, insbesondere in der vom Verschönerungsverein organisierten Protestversammlung gegen eine geplante Straße und die in Folge befürchtete Randbebauung, geschwärmt: Man fürchtete, daß die „schöne Einheitlichkeit des prächtigen Naturparks" beeinträchtigt werde und forderte, „die Herrlichkeit der Anlagen" zu erhalten und den Hainberg als „sakrosankt" zu erklären. Ein Diskussionsteilnehmer hatte eine Fotomontage vorbereitet: „Herr Honig läßt eine Photographie von Hand zu Hand gehen; auf dieser sollte sichtlich sein, wie häßlich es aussehen würde, wenn mehrere Villen den Blick auf die Hainholzanlagen beeinträchtigen würden. Herr Honig hatte in die Photographie des Hainbergs einige Zeichnungen villenartiger Häuser einkleben lassen. Dies Bild machte allerdings einen recht häßlichen Eindruck." Ein anderer Diskussionsteilnehmer betonte, „daß man nur im Osten Göttingens Anlagen habe", und daher müsse man „um so ernsthafter darauf [...] halten, daß es dieser mit feinem Verständnis angelegte Naturpark im Osten nicht verunziert werde". Aber auch die Befürworter des Projekts, die allerdings in der Minderheit waren, benutzten das Wort „schön": „[Hotelier] Schmidt weist auf andere Städte hin, auf Cassel und Eisenach. Hier gebe die Bebauung der Höhen mit Villen manch schönes Bild."[30]

In den alltäglichen Projektberichten der Sitzungsprotokolle fällt das Wort „schön" fast nie. Diese Beobachtung läßt sich in den meisten Fällen auch auf die alljährlich in der Zeitung abgedruckten Jahresberichte des Vereins übertragen. Dort heißt es beispielsweise 1905, daß „manche Naturschönheit in gar nicht weiter Entfernung von

---

28 Per Suchbefehl wurden in den Sitzungsprotokollen des Vereins und den Akten der Stadtverwaltung in den ersten 15 Vereinsjahren und im Zeitraum von 1905-1919 25 verschiedene Begriffe aus dem Wortfeld „schön" (z.B. hübsch, Schmuck, idyllisch, zweckmäßig, prächtig, häßlich, Verunstaltung) geprüft und in ihren Kontexten analysiert.
29 Göttinger Zeitung vom 11.3.1887.
30 Stadtarchiv Göttingen: Depositum 35, Protokollbuch Nr. 5, Außerordentliche Mitgliederversammlung vom 19.1.1906.

unserer Stadt noch der Erschließung harrt."[31] Auch im Briefverkehr mit den städtischen Ämtern erscheinen häufiger Begriffe wie ‚hübsch', ‚Zierde' oder ‚Schmuck' als in den Vereinsprotokollen. Insgesamt zeigt sich, daß das Wort ‚schön' eine Argumentationshilfe für den Verein nach außen darstellt, obgleich selten ausgeführt wird, worin die Verschönerungsabsicht besteht. An dieser Stelle offenbart sich auch die unterschiedliche Aussagekraft der Vereinsquellen. Intern dienten die Ergebnisprotokolle der Sitzungen der Dokumentation der Vereinsarbeit, nach außen mußte man argumentativ vorgehen, um seine Ideen durchzusetzen und Unterstützung zu gewinnen.

Fragt man nach dem Auftreten des Lexems ‚schön' in den Vereinsstatuten, so ergibt sich seine Erwähnung ebenfalls nur selten. Beispielsweise wird in den ersten Göttinger Statuten von 1876 als Vereinszweck die „Anlage, Erhaltung und Verbesserung von Spaziergängen, die Verschönerung öffentlicher Plätze und öffentlicher Bauwerke jeder Art" angegeben. Auch hier erfolgte keine Erläuterung, wie diese Verschönerung im einzelnen aussehen könnte. Eine stärkere Gewichtung auf die Erschließung von Naturschönheiten läßt sich in den revidierten Statuten von 1918 nachweisen, nach denen beabsichtigt war, „die Arbeiten der Staats- und Gemeindebehörden sowie Privater zur Verschönerung der Stadt und deren Umgebung [...] zu fördern und Einrichtungen zu treffen, welche geeignet sind, die Annehmlichkeiten und Schönheiten der Stadt Göttingen [...] zu erhöhen, insbesondere auch dem wandernden Naturfreunde Bequemlichkeiten, Freude und Befriedigung zu gewähren und den Sinn für die Reize der Natur in weiteren Kreisen anzuregen und zu beleben." Hier wird also die Verschönerungstätigkeit sehr viel stärker auf die Natur als auf die Stadt gerichtet als noch 1876. In den Statuten anderer Vereine wird der landschaftlichen Umgebung schon in den 70er Jahren des 19. Jahrhunderts mehr Platz eingeräumt, so in Kalkberge-Rüdersdorf, dessen Statuten ein Vorbild für die Abfassung der ersten Göttinger Statuten gewesen sind: „Der Verein hat die Aufgabe, jede Gelegenheit zu benutzen, um den hiesigen Ort und seine Umgebung durch Anpflanzungen von Bäumen und Sträuchern, sowie durch Anlegung von Promenaden zu heben und dadurch der landschaftlich schönen Lage Geltung zu verschaffen."[32] Dieser Vereinszweck spiegelt auch die durchaus öfter vertretene Meinung wider, daß die vorgefundenen Gegebenheiten ja bereits schön seien, aber durch den Verein noch verbessert und aufgewertet werden könnten. Der Vergleich mit den Statuten anderer Vereine ergibt auch dort eine geringe Aussagekraft hinsichtlich der Arbeitsfelder und zeigt, daß in den Statuten eher die formalen und rechtlichen Aspekte des Vereins dokumentiert werden.

In einem Handzettel des Göttinger Verschönerungsvereins zur Mitgliederwerbung 1904 (Abb. 1) gab der Vorstand nur die Hinweise darauf, daß man beabsichtige, die „Annehmlichkeiten der ganzen Gegend [...] zu heben", und man besonders „im Sinne aller Naturfreunde" wirke, im Hinblick auf die Zielsetzungen des Vereins. Konkrete Angaben zu einzelnen Projekten fehlen in diesem allgemein gehaltenen Text, so daß sich die Annahme, Schriften mit Außenwirkung böten Aussagen zum Schönheitsbegriff, hier nicht bestätigt. Die Vermutung, daß der Verein dadurch eine Offenheit für neue Ideen unter Beweis stellen könnte, läßt sich aufgrund der Sitzungsergebnisse, in denen beispielsweise Initiativen an unüblichen Standorten abgelehnt wurden, nicht belegen.

Auch wenn es aufgrund der Statuten nicht so wirken mag, konzentrierten sich die Vereinsaktivitäten von Anfang an auf die landschaftliche Pflege und die Ausstattung der Göttinger Umgebung mit Bequemlichkeiten und Anreizen für Spaziergänger, was sich

---

31 Verschönerungs-Verein zu Göttingen: Jahresbericht für das Jahr 1905 (ersch. 1906), S. 2.
32 Stadtarchiv Göttingen: AHR II A 16, Nr. 1, Bd. 1.

auch in der geringen Anzahl innerstädtischer Projekte zeigt. Das Hauptareal der Vereinstätigkeit lag in der nächsten Umgebung der Stadt unweit einer sich ausbreitenden Villengegend. Da die Mehrzahl der Vereinsmitglieder der Einwohnerschaft dieser Gegend und den Geschäftsleuten der Göttinger Innenstadt entstammte,[33] liegt die Vermutung nahe, daß sich die Vereinstätigkeit sehr stark nach den eigenen Bedürfnissen der Mitglieder richtete und die weniger ansehnlichen Stadtgebiete nicht wahrgenommen und auch nicht verschönert wurden. Sieferle erklärt diese Orientierung mit psychischen Konsequenzen der Industrialisierung auf die Betroffenen: „Auf der Verliererseite standen andere [...], die ästhetisch sensibilisiert waren, von materieller Not und physischer Arbeit befreit und denen durch die Industrialisierung die vertrauten Fluchträume in der Natur, in Stille und Beschaulichkeit genommen wurden."[34]

Verschönerungsvereine waren, auch bedingt durch ihre finanzielle Situation, weit davon entfernt, Natur zu schaffen oder Landschaften umzumodellieren, sondern beschäftigten sich mit der „Aufwertung" bestimmter Anlagen nach ihrem ästhetischen Verständnis. Das heißt für Göttingen konkret: Es wurden zahlreiche Ruhebänke aufgestellt, Waldwege geplant und planiert, Schutzhütten errichtet, schattige Alleen und Vogelschutzgehölze gepflanzt, ein Netz markierter Wanderwege eingerichtet, Brücken gebaut und ein Teich der alten Stadtbefestigung eingezäunt, mit einem Schwanenhaus versehen und mit Schwänen besiedelt. Darüber hinaus wurden Quellen eingefaßt, eine davon auch mit einer Skulptur versehen, die an eine Lokalsage erinnern sollte. Selbstverständlich wurden auch Aussichtstürme gebaut, der größte davon, der Bismarckturm, durch einen eigens dazu gegründeten Bauverein. Der Verein setzte sich und seinen verdienten Mitgliedern Denkmäler, sowohl in Form von Gedenksteinen als auch durch die Benennung von Wegen.[35]

Schon der erste umfangreichere Jahresbericht des Vereins für das Jahr 1877, der in der Göttinger Zeitung abgedruckt wurde, beweist, daß der Verein bereits knapp zwei Jahre nach seiner Gründung ein breites Spektrum seiner Tätigkeit erreicht hatte: Erfolgt waren das Aufstellen von Naturbänken als Ruheplätze im Wald, das Setzen von Wegweisern zu wichtigen Sehenswürdigkeiten in der Umgebung der Stadt, die Errichtung eines sog. Borkenhäuschens und einer Laube, das Anpflanzen von Bäumen, „um Unschönes zu verdecken"[36], die Initiative zur Einrichtung eines Ausflugslokals im Wald, und es wurde bereits über Baumfrevel und Zerstörungen an den aufgestellten Objekten berichtet. Darüber hinaus hatte man sich intensiv der Gestaltung einer stadtnahen Grünanlage gewidmet und diese mit einer Fontäne und einer Grotte ausgestattet.

Obwohl die Schönheitsauffassung im Verein nicht offen diskutiert wurde bzw. nicht in den Ergebnisprotokollen und nur selten in der Argumentation der Korrespondenz erschien, muß es einen Konsens über die Ausgestaltung bestimmter Projekte gegeben haben, der entweder schon bestand oder Teil der nicht niedergeschriebenen Sitzungsergebnisse war. Es blieb also das ungenannt, worüber sich alle einig waren. Wenn in diesem Fall von „allen" die Rede ist, muß darauf hingewiesen werden, daß die Vereinsarbeit immer nur von einem kleinen Gremium, dem Vorstand, geleistet wurde, wäh-

---

33 Vgl. die Mitgliederliste im Anhang zum Jahresbericht 1905.
34 Sieferle (wie Anm. 8), S. 254.
35 Zu einem Gesamtüberblick über das Tätigkeitsprofil vgl. Walter Nissen: Bürgersinn. 100 Jahre Göttinger Verschönerungsverein e.V. Auszüge aus den Protokollen der Vorstandssitzungen des Vereins aus den Jahren 1876-1975. Göttingen 1976.
36 Göttinger Zeitung vom 16.2.1878.

rend das Gros der Mitglieder lediglich den Jahresbeitrag entrichtete und nur ein kleiner Kreis zur Jahreshauptversammlung erschien.

Die Analyse des Wortfeldes ‚schön' zeigt demnach, daß die Schriften des Göttinger Verschönerungsvereins nicht abstrakte Diskussionen über Naturschönheit oder Lamentos über die Verunstaltung der Stadt beinhalten, sondern konkrete Forderungen und Projektbeschreibungen aus der Vereinspraxis. Dies hängt sicher auch mit der Intention der einzelnen Schriftstücke zusammen, die als Forderungskatalog an die Verwaltung gedacht waren oder die interne Vereinsarbeit dokumentierten. Versucht man aus den Projektbeschreibungen eine Schönheitsauffassung zu eruieren, so scheitert man an den meist fehlenden inhaltlichen Details und muß sich mit oberflächlichen Auskünften, wie den Standorten von Ruhebänken, Wegmarkierungen u. ä. zufrieden geben.

Zum Schluß sollen an dieser Stelle anhand des 1907 erschienen Buches von Otto Kölner „Der Verschönerungsverein. Wesen und Zweck der Verschönerungs- und ähnlich gemeinnütziger Vereine" die Dimensionen des Schönheitsbegriffs noch einmal aufgegriffen werden. Das Werk hatte quasi die Funktion einer Gebrauchsanleitung. Auch wenn Kölner davon ausgeht, daß Verschönerungsvereine allein dem Fremdenverkehr dienen und er dies an der guten Stube verdeutlicht, zu der auch nur der Besuch Zutritt bekäme, behandelte er die für Verschönerungsvereine typischen Projekte. In seiner Definition des Schönheitsbegriffs, der einzigen in der Literatur über Verschönerungsvereine, wird besonders die Wandelbarkeit der Inhalte betont: „Verschönern heißt, ein Ding derartig umzuändern, daß es dadurch dem zeitgenössischen ethischen Begriffe des Schönen nahe gebracht ist."[37] Kölner stellte sich auch der Frage, ob die Natur überhaupt einer Verschönerung bedürfe: „Werke der Natur können nie verschönert werden, sie können höchstens dem Utilitätsprinzip unterstellt oder der Geschmacksrichtung ihrer Zeit angepaßt werden. Nur Werke aus Menschenhand, sofern sie nicht Kunstwerke sind, können verschönert werden."[38] An dieser Stelle bleibt allerdings offen, wo der Unterschied zwischen „verschönern" und „der Geschmacksrichtung ihrer Zeit angepaßt" liegen soll. Die grundsätzliche Idee, seine Umgebung überhaupt verändern zu wollen, macht Kölner von einer ausreichenden ökonomischen Basis abhängig: „Wenn die Not nicht mehr gebieterisch zu befehlen braucht, dann erwacht der Schönheitssinn, der Sinn für Formen und Farbe."[39] Den Auslöser für das gemeinnützige Engagement sieht Kölner in ausgeprägtem Heimatbewußtsein, Lokalstolz und Identifikation mit dem Lebensumfeld: „Aber dem Fremden, der den Ort besucht, will man zeigen, daß man auch etwas Schönes habe, etwas, was er vielleicht noch nie gesehen hat. Man will ihn mit Neid auf den Ort blicken lassen, der einem als Heimatort das Teuerste auf Erden ist. Und darum verschönert man, hilft nach, wo Mutter Natur spärlich mit ihren Gaben auftrat, und trachtet im Wettstreit mit anderen Orten, es diesen zuvor zu tun."[40] Wie weit durch das Engagement im Verschönerungsverein allerdings erst eine Verortung in einer neuen Heimat vollzogen wurde, insbesondere weil ein bedeutender Teil der Mitglieder aus Neubürgern einer Stadt bestand, wird an anderer Stelle zu klären sein.

---

37 Kölner (wie Anm. 27), S. 3.
38 Kölner (wie Anm. 27), S. 4.
39 Kölner (wie Anm. 27), S. 1.
40 Kölner (wie Anm. 27), S. 3.

Anhang

Der Verschönerungsverein hat sich die Aufgabe gestellt, aus freiwilligen Beiträgen in der Stadt Göttingen sowie in ihrer näheren Umgebung Einrichtungen zu treffen, welche geeignet sind, die Annehmlichkeiten der ganzen Gegend oder einzelner Örtlichkeiten zu heben oder zu vermehren.

Der Verein wirkt lediglich im gemeinnützigen Interesse, insbesondere im Sinne aller Naturfreunde.

Hat der Verein auch schon manches geschaffen, was die Anerkennung unserer Mitbürger fand, so bleibt ihm doch noch ein großes Feld für seine Tätigkeit übrig. Er wird um so mehr zu leisten vermögen, je mehr er freudige Mitarbeiter in der Bevölkerung der Stadt findet und je mehr ihm für seine Zwecke die so nötigen Geldmittel zugewendet werden.

Jeder Beitrag wird dankend entgegengenommen, da er das Interesse bekundet, welches der Geber für die Zwecke des Vereins hegt, und ihn nach seinen Kräften mitschaffen läßt an dem, was allgemeiner Freude zu dienen bestimmt ist. Der geringste Beitrag eines Mitglieds ist drei Mark.

Um Ihre Mitwirkung bei unserem gemeinnützigen Unternehmen bittend, ersuchen wir Sie um Ausfüllung und Unterzeichnung der beiliegenden Postkarte und Einwerfen derselben in einen Postkasten. Die Abholung des Geldes wir demnächst erfolgen. Wir ersuchen um Benutzung der Postkarte auch in dem Falle, wenn Sie uns eine Absage zukommen lassen wollen.

Göttingen, im April 1904.

Der Vorstand des Verschönerungs-Vereins.

Murray, Geh. Baurat, Vorsitzender. **Ruprecht G.**, Verlagsbuchhändler, Stellvertreter.
 Dr. Platner, Sekretär.   **Abich**, Kanzleirat, Kassierer.
Calsow, Ober-Bürgermeister.   **Jenner**, Stadtbaumeister.   **Borheck**, Senator.
Dr. Eckels, Justizrat.   **Gerber**, Baurat.   **Lehmann**, Oberstleutnant a. D.
Pauer L., Rechnungsrat.   **Dr. Voigt**, Geh. Reg.-Rat u. Professor.

Abb. 1: Werbezettel des Göttinger Verschönerungsvereins, 1904

Adelheid Schrutka-Rechtenstamm

„Die Natur als Vorbild"[1]
Das Kreislaufprinzip und der Umgang mit verbrauchten Dingen

„Die Natur hat gelernt, ihren Abfall in neue Nährstoffe zu verwandeln – ganz ohne Rückstand. Nur so konnten über Jahrmillionen hinweg natürliche geschlossene Kreisläufe entstehen. So wie ein Baum Blätter produziert, sie im Herbst abwirft und sie über den Boden als Nährstoffe zur Bildung neuer Blätter wieder aufnimmt – so funktioniert im Prinzip auch das Glasrecycling."[2]

Dieses Zitat aus einer Broschüre zum Glasrecycling vermittelt die Vorstellung, daß in der Natur nichts verschwendet wird und alles seine Wiederverwendung erfährt. Dadurch entstehen Begriffspaare wie: „natürlich ist gleich Wiederverwenden und unnatürlich ist Wegwerfen." Es handelt sich dabei um kulturell geprägte Bilder, die symptomatisch für ein weit verbreitetes positives Naturbild und diesbezügliche Wertungen stehen. Der Kreislauf der Jahreszeiten oder der Kreislauf des Wassers dienen als Vorbild, bei denen eine vollständige Metamorphose zu beobachten ist und bei der alle Bestandteile ihre Funktion und Bedeutung haben.

Diese Bilder werden im öffentlichen Diskurs auf den Umgang mit Dingen, auf Produktzyklen, umformuliert: es entsteht eine Bewertungskette: wiederverwenden = natürlich = positiv; Linear = negativ, zyklisch = positiv. Auf dieser Basis werden ökonomische Systeme wie das Duale System, aufgebaut, die sich diese Werthaltungen nutzbar machen; auch das Kreislaufwirtschaftsgesetz, vormals Abfallgesetz, argumentiert auf ähnliche Weise. Unter Bezugnahme auf den öffentlichen, politischen und rechtlichen Diskurs werden im folgenden Veränderungen im gesellschaftlichen Bewußtsein im Umgang mit Verbrauchsgütern thematisiert. Dabei spielt einerseits die Mikroebene der einzelnen Individuen bzw. Haushalte eine Rolle, auf der eine ökologisch sinnvolle Aufbereitung von Wertstoffen in der Regel wirtschaftlich nicht rentabel ist. Andererseits ist auch die Makroebene, der industrielle Umgang mit Ressourcen, von dieser Entwicklung beeinflußt, was sich darin zeigt, daß die verstärkte Entwicklung von integrierten Produktionsverfahren immer mehr an Bedeutung gewinnt und diese im Unterschied zu ersteren sehr wohl von ökonomischem Erfolg gekennzeichnet sind.

Die Schonung der Natur ist momentan in westlichen Kulturen moralisch hoch besetzt und geht mit der Bewußtwerdung der „Endlichkeit" von Natur einher. Schonung der Natur bedeutet auch Schonung von Ressourcen, und dies geschieht u.a. durch Konzepte der Wiederverwertung von Verbrauchtem. So wird die Trennung des Hausmülls als positiver Beitrag zum Erhalt und Schutz von Natur und Umwelt gewertet. Daß dabei die ökologische, geschweige denn die ökonomische Sinnhaftigkeit nicht immer gegeben ist, tut dem Engagement für die „gute Sache" keinen Abbruch, läßt aber den interkulturellen Vergleich und die Frage der begrenzten Gültigkeit ökologischer Konzepte zur kulturwissenschaftlichen Forschungsaufgabe werden.

Kultureller Wandel findet seinen Ausdruck auch in der Anpassung der Sprache. Umwelt selbst hat im heutigen Sprachverständnis nicht mehr nur die Bedeutung der

---

1   Zit. in der Broschüre: Glasrecycling – Ein Kreislauf für die Umwelt. Hg. Von der Gesellschaft für Glasrecycling und Abfallvermeidung. O.O.u.J.
2   Ebda.

neutralen Umgebung des Menschen, so wie der Terminus in der Kulturanthropologie Verwendung findet. Vielmehr wird mit Umwelt die natürliche Umwelt, also die Natur, und ihre Beeinflussung durch den Menschen als schützenswertes Gut interpretiert, Umweltzerstörung und Umweltschutz schwingen implizit mit. Den Bedeutungswandel bzw. die Anpassung der Sprache an veränderte äußere Bedingungen hat der Soziologe Ludolf Kuchenbuch am Beispiel des Begriffes Abfall nachgezeichnet. Erst gegen Ende des 19. Jahrhunderts wurden allmählich „Abfälle" als Rückstände, die bei Produktion und Konsum entstehen, definiert. Zuvor war Abfall in der Bedeutung von Lossagung von Gott oder dem Staat geläufig. Müll taucht in den Lexika, laut Kuchenbuch, erstmals Ende des 19. Jahrhunderts auf.[3]

Die Kultur sucht für neue Phänomene neue Wörter bzw. wertet diese um, wie bei der geradezu euphemistischen Sprache der modernen Abfallwirtschaft zu beobachten ist, wofür der Terminus „Wertstoffe" für Müll ein markantes Beispiel darstellt, der Müllumladeplatz wird zum Altstoffsammelzentrum, Verbrennung wird zum thermischen Recycling: Es sind Indizien für einen damit einhergehenden Wertewandel, der im weiteren Verlauf des Vortrages thematisiert wird.

Von volkskundlicher Seite steht die Beschäftigung mit Rohstoffen, mit Müll, der Wiederverwertung von stofflichen Materialien oder Ressourcen bis heute erst in den Anfängen.[4] Ganz so neu ist vielleicht das Thema für die Volkskunde aber auch wieder nicht, wenn man an die vielen volkskundlichen Museen denkt, die oft gerade das sammelten und retteten, was von den Eigentümern nicht mehr als aufhebenswert angesehen und so vor der Entsorgung bewahrt wurde. Was als Wegzuwerfendes angesehen wird, ist also subjektiv. Mittlerweile sind auch umgekehrte Tendenzen zu beobachten. Die Museen können sich oft der Flut von Objekten, die ihnen angeboten wird, gar nicht mehr erwehren.

Ein Blick in die Geschichte zeigt die Relativität der Bilder und der Veränderlichkeit der mit verbrauchten Dingen verbundenen Werthaltungen.[5] Die Geschichte des Wegwerfens ist gleichzeitig auch die Geschichte der Produktion, des Umgangs mit den Objekten und des Umgangs mit Ressourcen. Man kann diese Punkte nicht losgelöst voneinander betrachten. Der Umgang mit dem, was als Ressource bezeichnet wird, was als wertvoller Rohstoff bezeichnet wird, hängt von ihrer erwarteten Nützlichkeit, vom Zweck, den man ihm zugedacht hat, ab. Dieser verändert sich im zeitlichen Verlauf. So war z.B. Uran lange Zeit völlig uninteressant, bis man die Kernkraft entdeckte. Ob eine Substanz als Ressource wahrgenommen wird, entbehrt also nicht der subjektiven, zeit- und kulturspezifischen Einschätzung sowie der daraus resultierenden ökonomischen Bedeutung. Aus ökonomischer Sicht hat die Umwelt im wesentlichen zwei Funktionen. Einerseits stellt sie erneuerbare und nicht-erneuerbare Ressourcen bereit, die in Produktions- und Konsumtionsprozesse eingehen. Andererseits dient sie als Aufnahmemedium für Rückstände und Reststoffe aus diesen Prozessen. In diesem Sinne inter-

---

3   Ludolf Kuchenbuch: Abfall. Eine Stichwortgeschichte. In: Hans-Georg Soeffner (Hg.) Kultur und Alltag (=Soziale Welt, Sonderband 6). Göttingen 1988, S. 155-170.
4   Zu nennen sind hier u.a. Martin Scharfe: Müllkippen. Vom Wegwerfen, Vergessen, Verstecken, Verdrängen und vom Denkmal. In: Kuckuck. Notizen zu Alltagskultur und Volkskunde 3/1988, S. 15-20; Gudrun Silberzahn-Jandt: Die Allgegenwart des Mülls. Ansätze zu einer geschlechtsspezifischen Ethnographie von Müll und Abfall. In: Zeitschrift für Volkskunde 92/1996, S. 48-65; Herbert Wittl: Recycling. Vom neuen Umgang mit Dingen. Regensburg 1996.
5   Vgl. dazu ausführlicher Adelheid Schrutka-Rechtenstamm: Vom Wegwerfen zum Recycling. Über den symbolischen Umgang mit Ressourcen. In: Bayerisches Jahrbuch für Volkskunde 2000, Sp. 86-98.

pretiert der Wirtschaftwissenschaftler G. Ihde die Weiterentwicklung der Abfallwirtschaft zu einer Kreislaufwirtschaft im Hinblick auf die Grenzen der Ressourcenverfügbarkeit und der Assimilationsfähigkeit des ökologischen Systems als entscheidenden Schritt zur nachhaltigen Sicherung der Umweltfunktionen. Gleichzeitig weist er jedoch auf die (umweltressourcen-) aufwendige Kreislaufführung von Rückständen hin, deren Organisation über eine mögliche Verbesserung der Umweltbilanz entscheide.[6]

Historisch gesehen ist der Umgang mit Ressourcen nicht immer schonend, auch wenn man den Eindruck hat, daß Umweltzerstörung und Raubbau Phänomene der jüngeren Vergangenheit sind. Stark umweltschädigende Wirtschaftssysteme existierten praktisch zu jeder Zeit und beeinträchtigten – zumindest kleinräumig – die Landschaft. Sie entsprachen bei weitem nicht den heutigen Forderungen nach Nachhaltigkeit und den weit verbreiteten Vorstellungen von einer heilen Umwelt in der Vergangenheit. Gottfried Zirnstein hat in seiner fundierten historischen Beschäftigung mit Umwelt und Ökologie eine Fülle an einschlägigen Materialien gesammelt.[7] Dieter Kramer stellt diesen Entwicklungen das Beispiel des ressourcenschonenden Gemeinwerkes gegenüber, das gleichzeitig auch für soziale Stabilität sorgt. Gemeinsames Verfügen über die Ressourcen und gemeinsame Kontrolle zur Stützung und Absicherung des Wertesystems bezeichnet er als einen funktionierenden Stoffwechsel mit der Natur.[8] Beide dargestellten Sichtweisen sind historisch parallel existent. Die kulturökologische Beschäftigung mit dem Menschen und den Veränderungen, die er in seiner Umwelt hervorruft, bezieht gerade aus der Ambivalenz obiger Sichtweisen ihren Spannungsbogen.

Die meisten Rohstoffe waren im historischen Kontext teuer und knapp und wurden z.T. unter großen Mühen und enormen Einsatz aufbereitet. Deshalb wurden die Produkte auch immer wieder verwendet. Sekundäre Nutzungen von Objekten stellten bis in die 50er Jahre des 20. Jahrhunderts eigentlich die Norm dar. Sie wurden allerdings weniger recycelt, was ja einschließt, daß sie aus dem Kreislauf sozusagen draußen waren, sondern die Objekte wurden weitergegeben, umgestaltet oder umgeformt. Die Bonner Volkskundler Hildegard Mannheims und Peter Oberem haben in einem Forschungsprojekt zu Versteigerungen, der „Kulturgeschichte der Dinge aus zweiter Hand im 19. Jahrhundert", sekundäre Nutzungen untersucht und in der 2. Hälfte des 19. Jahrhunderts eine Fülle von Gewerbetreibenden in diesen Tätigkeitsfeldern festgestellt: Althändler, Altkäufer, Antiquare, Kleiderhändler, Lumpenhändler – sie alle sorgten für eine lange Lebensdauer der einzelnen Produkte, und der Handel mit gebrauchten Gütern lief nicht schlecht, angesichts von beispielsweise fast 20 Althändlern in Bonn um 1900. Es wurde praktisch alles gesammelt und verwertet, und offensichtlich war dies ein lukratives Geschäft, da, wie erwähnt, die Rohstoffe knapp und teuer waren.

Die Bedeutung der Wiederverwendung von Gebrauchtem und die damit verbundene Schonung von natürlichen Ressourcen dauerten in Westdeutschland noch bis in die unmittelbare Nachkriegszeit; man kennt das Schlagwort „vom Stahlhelm zum Kochtopf" und hat von Brautkleidern aus Fallschirmseide gehört, Improvisation und Kreativität im

---

6   Gösta B. Ihde: Kreislaufwirtschaft als logistische Aufgabe. In: Peter Eichhorn (Hg.): Ökologie und Marktwirtschaft. Probleme, Ursachen und Lösungen. Wiesbaden 1996, S. 123ff.
7   Gottfried Zirnstein: Ökologie und Umwelt in der Geschichte. Marburg 1996.
8   Dieter Kramer: Die Kultur des Überlebens. Kulturelle Faktoren beim Umgang mit begrenzten Ressourcen in vorindustriellen Gesellschaften Mitteleuropas. Eine Problemskizze. In: Österreichische Zeitschrift für Volkskunde 89/1986, S. 209-226.

Zeichen der Notkultur.⁹ Nicht unbedeutend waren auch die staatlichen Maßnahmen in der NS-Zeit zur Sammlung von Altmaterial und Altstoffen.

Wesentlich änderte sich diese Situation, als plötzlich in den 60er Jahren Rohstoffe im Überfluß zur Verfügung standen. Die vermehrte Verwendung von Erdöl war sicherlich ein, wenn nicht der eigentliche Schlüsselfaktor dieser Entwicklung. Sie bezieht sich einerseits auf die stoffliche Nutzung des Erdöls in Form z.B. von Kunststoffen, die qualitativ immer besser und quantitativ immer mehr produziert werden konnten. Andererseits wurde Erdöl der wichtigste Energielieferant, was wiederum den großräumigen Transport anderer Rohstoffe wie Eisen oder Aluminium ermöglichte. Verbunden mit der Öffnung der Märkte in der westlichen Welt standen somit erstmals Rohstoffe geradezu unbegrenzt zur Verfügung – zumindest dachte man dies oder denkt es zum Teil heute noch. Diese Entwicklung führte insbesondere in der Bundesrepublik Deutschland zur sogenannten Wohlstandsgesellschaft und in der Folge zur Wegwerfgesellschaft.

In den 70er Jahren wurden erste mahnende Stimmen laut – ich erinnere an den ersten Bericht des „Club of Rome" – die die Grenzen des Wachstums thematisierten. Wegwerfen wurde allmählich mit anderen Werten besetzt. Ein neuerlicher Wertewandel zeichnete sich ab. Neue Begrifflichkeiten lauteten Recycling, das seit Anfang der 80er Jahre im deutschen Sprachraum üblich wurde¹⁰, und das Wiedereinführen in den Produktions-Kreislauf wurde zu einem wichtigen Thema, wie noch zu zeigen sein wird.

Als Recycling wird gemeinhin die Wiederverwendung von Abfällen, Nebenprodukten oder (verbrauchten) Endprodukten der Konsumgüterindustrie in Form von Rohstoffen für die Herstellung neuer Produkte bezeichnet.¹¹ Beim Recycling wird eine Zirkulation der Wertstoffe zwischen Produktion und Konsum unter Einbeziehung von Verwendungs- und Verwertungskreisläufen angestrebt. Dabei werden folgende Recyclingarten unterschieden: Wiederverwendung im Sinne wiederholter Benutzung, wie dies z. B. bei den Pfandflaschen der Fall ist; Weiterverwendung in einem neuen Anwendungsbereich, wenn z. B. Altpapier als Dämmaterial Verwendung findet; Wiederverwertung, d.h. Rückführung in ein Produkt, wie dies im einleitenden Zitat am Beispiel von Glas beschrieben wurde; Weiterverwendung in einem neuen Anwendungsbereich, wenn z. B. Stahl aus Schrott hergestellt wird. Recycling hat zwei Zielrichtungen: zum einen die Reduzierung des Rohstoffverbrauchs und zum anderen die Verminderung der zu entsorgenden Abfälle. Die Befürworter der Müllverbrennung sprechen außerdem vom Energierecycling, was nichts anderes als die Verbrennung der anfallenden Materialien bedeutet.

Das Wegwerfen wird in den 80er Jahren plötzlich zum Thema, und zwar unter negativer Konnotation. Es steht für Umweltverschmutzung, und die Umwelt selbst wird zum schonenswerten Gut. Im Gegenzug dazu bedeutet das Schlagwort vom Recycling: Umweltschonung und steht für die Konservierung der verbrauchten Dinge im Produktionszyklus. Der Begriff Recycling als Wiederrückführung in den Kreislauf impliziert die Nähe zum natürlichen Kreislauf des unveränderlich immer Wiederkehrenden, wie auch das Eingangszitat am Beispiel des Baumes dokumentiert.

---

9   Ernst H. Segschneider, Martin Westphal: Zeichen der Not. Als der Stahlhelm zum Kochtopf wurde. Detmold 1989.
10 Vgl. Gudrun Silberzahn-Jandt: Zur subjektiven Wortbedeutung von Müll und Abfall – narrative Skizzen. Vortrag auf der Tagung der Kommission Frauenforschung in der DGV, 2.-4.Juni 1998.
11 Vgl. dazu u. a. die Ausführungen in den gängigen Konversationslexika wie z.B. Brockhaus Enzyklopädie in vierundzwanzig Bänden. Bd 18, Mannheim 1992, S. 165-167.

Technische Voraussetzung für das Recycling ist jedoch die Trennung des Mülls. Für viele Menschen hat das Trennen des Mülls einen hohen moralischen Wert und bedeutet, gleichsam etwas für die Umwelt, also etwas Gutes zu tun. Der Abfall wird ja nicht weggeworfen, sondern etwas Neues wird daraus gemacht. Es wird suggeriert, daß man sogar beim Kaufen sinnvoll handeln kann: „Wenn ich Produkte mit dem grünen Punkt kaufe, mach' ich was für die Umwelt", konnte man nach Einführung des Dualen Systems in Gesprächen hören, was nichts anderes bedeuten würde, als daß man durch den Kauf von Einwegverpackungen die Umwelt schonen würde. Umweltbewußtsein wird durch eben solche sozialen Anreize und die Verbindung mit moralischen Werten beeinflußt, wie beispielsweise der Soziologe Andreas Dieckmann belegt.[12] Die unglaubliche Akzeptanz der freiwilligen Verpflichtung zur Trennung des Mülls zeigt die Ventilfunktion, die ihr zukommt, besonders angesichts der Tatsache, daß nur 5-10 Prozent des anfallenden Mülls aus dem Privatbereich stammen.[13] Die freiwillige Verpflichtung vermindert die Ohnmachtsgefühle angesichts der Risiken, die weltweit präsent sind, da der Einzelne mit der Trennung des Mülls aktiv werden kann.

Was Müll ist und was nicht, ist somit Definitionssache. Und hier gibt es durchaus widersprüchliche Ansichten, wie das folgende Zitat aus der Zeitschrift „Wirtschaftswoche" zeigt: „Wir wollen mit unserer Trennmanie eine schöne Umwelt schaffen und verschandeln dabei gleichzeitig das Erscheinungsbild unserer Innenstädte mit 600 000 potthäßlichen Containern. Damit weniger Restmüll auf den Deponien landet, verwandeln sich deutsche Küchen in stinkende Zwischenlager und heimelige Vorgärten in schwelende Komposthaufen."[14] Der deutsche Wirtschaftsjournalist Bernd Ziesemer lebte lange Zeit im Ausland und formulierte seine Irritationen folgendermaßen: „Seit einem Dreivierteljahr wohne ich nun wieder in Deutschland und habe große Schwierigkeiten, mich in einen Ökokreislauf einzuordnen, den meine Nachbarn für völlig normal halten, obwohl er unverkennbar wahnhafte Züge aufweist."[15] Wenn man sich gegen die gängigen Wert- und Normvorstellungen hinsichtlich des Wegwerfens stellt, so sieht man sich einer sozialen Kontrolle ausgesetzt, die Zuwiderhandeln maßregelt. Rund um die Mülltonnen haben sich nahezu ritualisierte Handlungen gebildet, die unter dem Gesichtspunkt der nachbarschaftlichen Kommunikation sicherlich einmal des genaueren Blickes wert wären.

Vergegenwärtigt man sich die Diskussion um das Kreislaufwirtschaftsgesetz, das Duale System und die hohen Subventionen der Wiederverwertung und damit die Kritik an der Ökonomie des peniblen Abfallgesetzes, wird die dem Wegwerfen und Recycling innewohnende Symbolik noch deutlicher. Schon der Terminus „Kreislauf" impliziert, daß der Müll ohne Verlust in den Produktionskreislauf rückgeführt werden kann. Seit Ende der 80er Jahre wurde in Deutschland eine veränderte Abfallpolitik vertreten, die schließlich im Jahre 1996 zur Einführung eines Kreislaufwirtschafts- und Abfallgesetzes führte und für die gesamte Wirtschaft durch das Grundprinzip der Produktverant-

---

12 Andreas Diekmann: Homo ÖKOnomicua. Anwendungen und Probleme der Theorie rationalen Handeln im Umweltbereich. In: ders., Carlo C. Jaeger (Hg.): Umweltsoziologie (=Kölner Zeitschrift für Soziologie und Sozialpsychologie, Sonderheft 36). Opladen 1996, S. 89-118.
13 Irmgard Schultz: Umweltforschung, Frauenpolitik und die Gestaltungsmacht der Frauen. In: dies., Ines Weller (Hg.): Gender & Environment. Ökologie und die Gestaltungsmacht der Frauen. Frankfurt/M. 1995, S. 189-204.
14 Bernd Ziesemer: Volk der Sammler und Sortierer. In: Wirtschaftswoche 49/1989, S 36-41.
15 Ebda.

wortung neue Maßstäbe setzte. Die angestrebte Selbstverantwortung und postulierte Privatisierung gelangten dabei nur unzureichend zur Ausführung.[16]

In der Abfall- und Entsorgungswirtschaft zeichnet sich insgesamt in den 90er Jahren ein grundlegender Strukturwandel ab, und zwar ging der Trend weg von der kommunalen Entsorgungswirtschaft hin zu einer privatisierten Kreislaufwirtschaft. Als oberstes Ziel des Kreislaufwirtschafts- und Abfallgesetzes wurde die Schonung der natürlichen Ressourcen und die Sicherung der umweltverträglichen Beseitigung von Abfällen gefordert. Damit soll der Weg in eine nachhaltige Stoffstromwirtschaft mit möglichst geschlossenen, abfallarmen Kreisläufen beschritten werden. Unter dem Terminus Kreislaufwirtschaft wird konkret die Summe der unter technischen, ökonomischen und ökologischen Gesichtspunkten gegebenen Möglichkeiten der Vermeidung von Rückständen und der stofflichen und energetischen Verwertung von Sekundärrohstoffen verstanden.[17] Erste Priorität hat das Vermeiden, gefolgt von dem vieldiskutierten Verwerten und schließlich dem umweltverträglichen Beseitigen als der schlechtesten Lösung. Die Produktverantwortung der Wirtschaft ist nach dem umweltpolitischen Verursacherprinzip geregelt. Ökonomisch interessant sind dabei laut Auskunft von Experten der Chemiebranche vor allem die anlageninterne Kreislaufführung von Stoffen und die dementsprechend abfallarme Produktgestaltung, da sie tatsächliche Kosteneinsparungen brächten, bei denen der Umweltfaktor quasi ein „Nebenprodukt" darstelle.

Im öffentlichen Diskurs wird die Möglichkeit von Produktkreisläufen sehr vereinfacht dargestellt, wie das folgende Zitat aus einer Broschüre des Informationszentrums Weißblech oder auch das anfängliche Beispiel zum Glasrecycling belegt: „Aus dem Alltag einer Weißblech-Dose: einmal Haushalt und zurück. In früheren Leben hatte sie schon andere Jobs. Sie war Auto, Brückenpfeiler, Brummkreisel, Türschloß, Tresor, Zahnrad – und zwischendurch immer wieder Stahlschrott. Diesmal kam sie als Weißblechverpackung auf die Welt."

Beim Recycling von Kunststoffen und Metallen sind es immer wieder Nischenprodukte, die die Aufmerksamkeit auf sich ziehen; gleichsam moderne Metamorphosen mit hohem moralischen Wert: die Parkbank aus Joghurtbechern ist bekannt, kennen Sie aber auch die ReWatch – die Uhr aus der Dose?[18] Noch unglaublicher klingt es, daß die amerikanische Firma Patagonia, der Kultschneider für Extremkletterer und sonstige Outdoor-Fans, aus Müll Mode macht; aus 25 Plastikflaschen einen Fleecepullover – die neue Einheit von Mülltrennung und Lifestyle, die ökologische Sinnhaftigkeit bleibt sekundär.[19]

Die Weiterentwicklung der Abfallwirtschaft zu einer Kreislaufwirtschaft wird im Hinblick auf die Grenzen der Ressourcenverfügbarkeit und der Assimilationsfähigkeit des ökologischen Systems als entscheidender Schritt zur nachhaltigen Sicherung der Umweltfunktionen gesehen. Dabei wird suggeriert, daß dies ohne Aufwand möglich sei. Dies widerspricht allerdings dem zweiten Hauptsatz der Thermodynamik, demzufolge

---

16 Cornelia Clemens: Wege in die Kreislaufwirtschaft. Umsetzung des Kreislaufwirtschafts- und Abfallgesetzes (=IW-Umwelt-Service-Themen, 1). Köln 1999, S. 2; vgl. auch Roda Verheyen, Joachim H. Spangenberg: Die Praxis der Kreislaufwirtschaft. Ergebnisse des Kreislaufwirtschafts- und Abfallgesetzes. Gutachten im Auftrag der Friedrich-Ebert-Stiftung. Bonn 1998.
17 Clemens (wie Anm. 16), S. 3.
18 Zit. aus Postwurfsendung der Firma OBI, 1999: „Das ökologische Konzept hinter der Uhr – Aluminiumrecycling – war einfach so gut, daß OBI die Uhr als Symbol für seine ganzheitlich ökologische Firmenphilosophie aufnahm."
19 Markus Götting: Alles fließt. Die Modemarke Patagonia, die in diesem Winter so angesagt ist, fertigt ihr Gewebe aus einem besonderen Material: aus Müll. In: Süddeutsche Zeitung Magazin, 8.1.1988.

bei derartigen Prozessen ein großer Aufwand betrieben werden muß, was meist auf eine hohe Energiezufuhr hinausläuft. Die Kreislaufkette selbst stellt eine Wertekette dar, mit der ein Ressourcenverzehr einhergeht (Sammel-, Transport-, Behandlungs- und Aufbereitungstätigkeiten)[20]. Die Alternative liegt darin, daß eine Verringerung der Qualität des recycelten Produktes in Kauf genommen werden muß. Kritiker sprechen deshalb vom Downcyceln und schlagen vor, doch eher das Bild einer Spirale und nicht eines Kreises zu verwenden.[21] Das Bild vom Kreislauf, das ich eingangs aus einer Recyclingbroschüre zitiert habe, ist zwar mit positiven Werten besetzt, allerdings vergißt man im Bild vom Baum, der seine Blätter wieder als Nährstoffe verwendet, ebenso wie beim Glas aus Glasabfällen, daß das System nicht in sich funktioniert. Der Kreislauf kann nur durch Energiezufuhr von außen funktionieren: sei es die Sonne als Energielieferant oder sei es Energie, die beim Sammeln oder den Produktionsvorgängen benötigt wird.

Einige Naturwissenschaftler halten die aufwendige Recyclingwirtschaft inzwischen aber auch für ökologisch verfehlt. So haben britische Umweltforscher darauf hingewiesen, daß man Papier eigentlich besser verbrennen als wieder aufbereiten sollte, wenn man die Natur wirklich schonen will. In ihren bisherigen Ökobilanzen hatten die Müllverwerter schlicht den erheblichen Treibstoffverbrauch beim Einsammeln von Altpapier unterschlagen. Wie enorm der energetische Aufwand des Transportes bei der Produktion von Kulturgütern ist, wurde am Beispiel des Erdbeerjoghurts von einem Umweltinstitut recherchiert und erregte vor ein paar Jahren großes Aufsehen. Kulturwissenschaftlich sind dabei die Bilder, die im Zusammenhang mit der Popularisierung von naturwissenschaftlichen Forschungsergebnissen zur Umweltthematik in der Bevölkerung existieren, interessant. Der Bewertungsmaßstab ist gesellschaftlich und politisch geprägt, da es nicht von vorn herein klar ist, welchen Interpretationen und welchen naturwissenschaftlichen Positionen von öffentlicher Seite der Vorzug gegeben wird.

Nicht unerwähnt soll bleiben, daß das Thema Müll auch eine explizit geschlechtsspezifische Dimension hat. Das duale System verlagerte die Mülltrennung ins Haus. Die Frage ist nun, wer ist für diese unbezahlte Arbeit verantwortlich, wer engagiert sich beim Sammeln der unterschiedlichen Abfälle, die im Haushalt anfallen. Irmgard Schultz vom Frankfurter Institut für sozial-ökologische Forschung prägte die These von der Feminisierung der Umweltverantwortung: In den meisten Familien sind es nach wie vor die Frauen, die einkaufen, kochen und für die Entsorgung der Abfälle sorgen.[22] Dies ist auch das Ergebnis einer der wenigen einschlägigen volkskundlichen Untersuchungen. Gudrun Silberzahn-Jandt thematisierte darin den Umgang mit der Organisation des Mülls im Haushalt, indem sie besonders die räumliche Symbolik der Standorte der Abfallbehältnisse hervorhob.[23] Auch die privatwirtschaftliche Reorganisation der Abfallwirtschaft vollzieht sich nicht geschlechtsneutral, wie die Untersuchungen von Schultz zeigen; sie geht in ihrer Kritik jedoch darüber hinaus: „Dieser immanente Widerspruch zwischen einem privatwirtschaftlichem Interesse, das auf Mehrverkauf und Mehrverbrauch ausgerichtet ist, und einer privatistischen Ökomoral, die Umweltverantwortung entkontextualisierend in die Haushalte verschiebt, muß als Quelle neuer Umweltprobleme erkannt werden. Aufs Ganze der Gesellschaft gesehen kann diese Form der Abfallwirtschaft, der Energiewirtschaft, der Wasserwirtschaft nicht funk-

---

20 Vgl. Ihde (wie Anm. 6).
21 Vgl. Wittl (wie Anm. 4), S. 42f.
22 Irmgard Schultz: Umwelt- und Geschlechterforschung – eine notwendige Allianz (=ISOE Diskussionspapiere, 2). Frankfurt/M. 1998.
23 Silberzahn-Jandt (wie Anm. 4).

tionieren, da sie – um in einer Analogie zu sprechen – „zugleich aufs Gas und auf die Bremse tritt."²⁴

Das Verhältnis von Mensch und Ding erhält vor dem Hintergrund der Ressourcen- und Abfalldiskussion eine neue Forschungsdimension. Interessant ist dabei auch die Mikroebene, auf der Konsumgüter eingekauft und entsorgt werden. Generell scheinen die Dauerhaftigkeit und die Qualität der Produkte eine neue Qualität zugeordnet zu bekommen. An dem Motto „es gibt sie wieder, die guten Dinge" manifestieren sich neue Werthaltungen gegenüber den Objekten. Auch von politischer Seite wird die Langlebigkeit von Produkten forciert.²⁵ Bisherigen quantitativen Untersuchungen wird vorgeworfen, daß sie nicht das tatsächliche Verhalten, sondern das Reden darüber analysieren. Lohnend wäre es aber auch, gerade diesen Spannungsbogen von vorgegebenem und tatsächlichem Verhalten zu untersuchen. In diesem Sinne postulierte Martin Scharfe, daß das Müllproblem eine neue Bedeutung als der wahre Gradmesser unseres Kulturstandes gewinnen kann.²⁶ Nicht zu vernachlässigen ist in diesem Sinne auch der Blick auf den öffentlichen Diskurs und Fragen nach der positiven Besetzung von wirtschaftlich und politisch opportunen bzw. nicht opportunen Methoden und Verfahrensweisen.

Das Ausmaß und die Dringlichkeit der ökologischen Krise schwanken mit der intra- und interkulturellen Wahrnehmung und Wertung, wodurch die Thematik sich auch als kulturwissenschaftlich äußerst relevant erweist. Dabei soll jedoch keiner Verharmlosung der Problematik im Sinne konstruktivistischer Konzepte Vorschub geleistet werden, die behaupteten, daß zwischen den Gefahren der Frühzeit und der Hochzivilisation kein substanzieller Unterschied bestehe, außer in der Art der kulturellen Wahrnehmung und wie diese weltgesellschaftlich organisiert sei.²⁷ Es gilt vielmehr die verschiedenen Wirklichkeitskonstruktionen zu unterscheiden und zu fragen, wie die Menschen mit den selbstfabrizierten Unsicherheiten umgehen und wie sich diese auf ihre Alltagskultur, ihr Normen- und Wertegefüge auswirken. Die Frage richtet sich aber auch nach den Bildern, mittels derer wirtschaftlich und politisch opportune naturwissenschaftliche Ergebnisse positiv besetzt werden, wie dies anhand des Phänomens „Kreislauf" exemplifiziert wurde.

---

24 Schultz (wie Anm. 12, S. 21.
25 Vgl. Pressezentrum des Deutschen Bundestages (Hg.): Forschungsergebnisse in Produkte umsetzen. In: Deutscher Bundestag, H. 14, 6.9.1995.
26 Scharfe (wie Anm. 4).
27 Ulrich Beck: Weltrisikogesellschaft. Weltöffentlichkeit und globale Subpolitik. Ökologische Fragen im Bezugsrahmen fabrizierter Unsicherheiten. In: Andreas Diekmann, Carlo C. Jaeger (Hg.): Umweltsoziologie (=Kölner Zeitschrift für Soziologie und Sozialpsychologie, Sonderheft 36). Opladen 1996, S. 119-147, hier S. 122.

Signe Mellemgaard

Nature and Culture – History and Discourses:
On the Study of the Relationship of Man to Nature

The history of the relationship of man to nature is multifarious and complex, but it is an interesting and important history. The multiform nature of the very concept and the complex cultural history of nature have come to the fore during the past one or two decades. It has become obvious that what we deal with, when investigating our relations to nature, are historical discourses. We deal with *discourses* in the sense that our experience of things is formed by certain gazes at them, or to put it differently: it is through discourse that discursive objects are created. Discourses are *historical* in the sense that they are not the result of one clear-cut and linear development, but of several complex and contingent historical processes. In this article, based primarily on the history of Danish ethnology, I will attempt to give an outline of the historiography of our relationship to nature, centring round the question of complexity as well as that of discourse.

I

The environmental crisis that made itself felt from the late 1960s and early '70s stressed the fragility of man's relation to nature, thereby invigorating nature as a topic in cultural research in a whole range of subject areas. A keen interest emerged in exploring the historical roots of the present crisis – the unrestricted misuse of resources and the lack of respect for nature's complex processes.

In the Danish tradition of ethnology, however, the relationship of man to nature has played a far from inconsiderable role. From its early start in the later half of the 19th century, this tradition, devoted to material culture, had to look to the human metabolism with nature. And having the term 'folk' as one of its central notions urged ethnology to investigate the way that these "primary producers" elicited nature's goods and resources. In its first years as an university subject in the mid 20th century, ethnology provided a pronounced focus on agricultural, fishing, and craft technologies. Ethnologists took vivid interest in the history of agricultural methods, tools and tilling, the organisation of production, and the reaction of nature to the cultivation. In a way, technology became a sort of mediator between man and nature, although this was not due to an interest in that particular relationship but rather to the fact that technology was suitable as a pivotal point for an approach based on mapping features of material culture.

Even before that, in some pioneering works, a handful of cultural historians had described the landscape forms of pre-industrial Denmark.[1] Nor had ethnology been able to totally disregard the bodily existence in man; man's own nature, as it were. Even before the turn of the century, the German historian Dietrich Schäfer, criticizing Danish cultural history in the shape of T.F. Troels-Lund's mammoth book, would remark that this form of historiography contrary to the political history had confined itself to deal with the more brutish parts of human nature: "Nicht die politischen und religiösen

---

1   Cf. H. Hugo Mathiesen: Det gamle Land. København 1942.

Überzeugungen und Leidenschaften der Völlker stehen im Vordergrunde des kulturgeschichtlichen Interesses, sondern ihre alltäglichen Gewohnheiten und Gepflogenheiten, nicht jene geistigen und sittlichen Regungen, die als göttliches Erbteil im Menschen leben, sondern die Formen der Befriedigung jener niedrigeren Bedürfnisse, die im animalen Teile des menschlichen Seins ihren Ursprung haben".[2] The response at that time given by Troels-Lund was that the only genuine development occurs on the level of cultural history, i.e. the growth of man's knowledge and cultivation of himself and the Earth, which he inhabits.[3] Admittedly, Danish ethnology has seldom explicitly addressed the topic of the human bodily nature, but with its interests in things coming close to the body: dwellings, clothes, utensils, man's bodily existence could not be totally ignored.

In historical research more generally, nature first of all became topical in connection with agricultural history. In Denmark, very much identified by its inhabitants and others as an agricultural society, the agricultural history was ascribed to an important position. Not least was there an interest in the transition to a modern way of farming through the agricultural revolution of the 18th and 19th centuries, resulting in the establishment of a modern agricultural society in the late 19th century. The transition outlined by agricultural historians was not only one of technology, but one of the total social organisation with a clear connection between the liberation of peasants from feudal structures in the late 18th century and the appearance of educated and politically active farmers in the 19th century. Thus, the liberation of peasants went hand in hand with a technological development offering the material preconditions for the establishment of a highly developed and effective farming, resulting in thorough changes in land utilization and landscapes. It can be argued that agricultural history has tended to be written as a history of progress made possible by a more effective domination of nature. In a fairly recent article, the historian E. Hedegaard suggests that agricultural history has seen nature domination – in this particular case the domestication of animals – as a necessary and in fact natural element of the development. One of his examples he picks from a Danish standard work in agricultural history. Here the fact that cattle and horses were kept under open sky all year round is seen as a sign of poor and primitive farming. The fact that beasts went about far away from the farm, left to themselves in the open, is presented as almost contrary to their nature, and domestication consequently as a sort of natural breeding. This case illustrates how progress in this tradition is often seen as lying in the more efficient control of nature.[4]

II

With the environmental crisis of the early 1970s and onwards, a renewed and somewhat different interest appeared into the relationship between man and nature. Among the things that particularly attracted the attention of scholars was the emerging of the rough domination of nature that was seen as a central feature of modern, capitalist Western society. A need was felt to understand how the conditions for the crude exploitation of

---

2 Dietrich Schäfer: Das eigentliche Arbeitsgebiet der Geschichte. Jena 1888, p. 6.
3 Troels Frederik Troels-Lund: 'Om kulturhistorie'. In: Dagligt Liv i Norden i det sekstende Aarhundrede. København, Kristiania 1908, esp. p. XVIII.
4 Cf. Esben Hedegaard: Kongens stutteri på Hesselø – hestekur eller vild velfærd? In: Søren Baggesen, Thomas Møller Kristensen, Ide Hejlskov Larsen (eds): Naturen som argument. Odense 1994, pp. 49-61.

nature had come into existence and thus to obtain a fuller understanding of the transition to modern society. Generally, it was thought that this transition was made possible not only by new and effective technologies, but also by a certain attitude towards nature – a view on nature that transformed it to a sheer field of resources, without any respect for Nature per se.

Hence, within a number of subject areas the scholarly interest was intensified in the transition to a modern attitude and exploitation of nature that could be dated to somewhere between the 17th and the 20th century. The period before the transition was often thought of as a time of more or less harmonic coexistence with nature, characterised by awe and respect – a magical and religious worldview, representing a sort of sustainable use of nature. Usually, the conclusion was that there had been a development in the course of the centuries from an organic, natural, and cyclical understanding of nature and a corresponding use of it – to a mechanical, objectifying view, dissociating and alienating man from nature. On the level of the history of ideas, a development had long been identified; in which the scientific revolution was ascribed to the role of transforming the image of nature to a lifeless machine, at man's disposal[5]. This scheme was sometimes repeated on the level of the history of mentalities, resulting in the conclusion that in early modern times, a view on nature was established that dissociated man from nature and allowed for a view on it as a more or less infinite field of resources.

Indeed, the lack of suitable sources made studies of ordinary people's view on nature very few. Peasant diaries that, at first sight, could seem an obvious source material for such analyses tend, as is often stated, to be written by peasants with a sort of rational and future-oriented mentality rather than a traditionalistic, a fact that would place them in the midst of the transition if anything.[6] None the less, one study by a Danish historian, using diaries, popular books and almanacs, concluded that there had been a similar transition in peasants' outlook on life *from* a cyclical view on nature, a traditional life close to nature, where in most activities man was intimately connected to it, and through a microcosm perspective thought of himself as a part of nature – *to* a linear perception of time, with man's activities somehow detached from nature and dominated by rational-utilitarian and economical considerations.[7]

Following this line, it is fair to say that there was a tendency either to write a history of decline regretting the modern nature domination, like the one I very briefly referred to, or to tell one of progress as agricultural historians would tend to do, in which the more efficient exploitation of nature was seen as a means of progress.

---

5   E.g. R. G. Collingwood: The Idea of Nature. Oxford 1945.
6   Karen Schousboe: Om bondedagbøger og -regnskaber. In: Bondedagbøger – kilder til dagliglivets historie. Brede 1980; Bjarne Stoklund: Bäuerliche Tagebücher aus Dänemark als ethnologische Quelle. In: Helmut Ottenjann, Günter Wiegelmann (Hg.): Alte Tagebücher und Anschreibebücher. Münster. 1982. Cf. Esben Hedegaard: Change in peasant's perception of nature: the role of the diary. In: Bo Larsson, Janken Myrdal (eds): Peasant diaries as a source for the history of mentality. Stockholm 1995, pp.74-79.
7   Axel Agesen Nielsen: Tid, natur og arbejde i bondens tilværelsesforståelse. In: Thomas Bloch Ravn (ed): Staten og civilisationen. Århus 1983, pp. 28-48.

III

In Danish ethnology, the growing environmental consciousness around 1970 had somehow other effects. Here, too, the relationship to nature began to occupy a new place in historiography at a time when structural-functionalism, greatly delayed, stroke roots in Scandinavian ethnology. In the community studies of functionalism or approaches coloured by functionalism, ecology – meaning the forms of human coexistence with nature – became a concept that cleared the way for detecting the interdependence of the elements in a particular community. It was to give the community study its functionality, and it was put into use especially in historical local studies where the notion of ecology became a turning point – not as determinism, but analysed as an interaction between man and nature. The aim was not to describe the pattern of cultural uses of natural resources merely as a simple function of the local natural geography. It was rather to analyse uses of nature and the resulting landscape as culturally conditioned. Just as in 19th biology, the concept of ecology referred to the links between different forms of life and to the way these different elements were preconditions for each other by analogy with the ecosystems of biology. 'Ecology' pointed to the preconditions of different forms of life in a synchronous context, thus permitting the understanding of communities in terms of interdependence and adaptation rather than diffusion and evolution. This gave the notion welcome possibilities of systematic explanations of cultural phenomena and differences. A series of ideal-typical different 'eco-types' were worked out in order to describe the diversity in Danish peasant society.[8]

Thus, Danish ethnology, by giving a higher priority to diversity than to linear development, did not really accept the idea of a general transition from coexistence with nature to nature domination. One of the reasons for this may have been the fact that, through their daily work for the conservation of landscapes, practising ethnologists were made aware of that former landscapes were also cultural, and that the conservation of them needed constant human intervention.

IV

A new image of the human relation to nature appeared when the English historian Keith Thomas, as one of several authors, took up the theme. In his seminal book on *Man and the Natural World* (1983), which must still be considered central to the theme, he showed that the modern domination of nature had always been accompanied by tender feelings and sentimental attitudes towards nature. Whereas well into the 18th century, there was what Thomas termed a 'breathtaking anthropocentric spirit' in the fact that man would see the world as created for his sake, people in the next two centuries developed a sensibility towards the natural world. Animals and plants were seen as fellow creatures, not only soulless things supplying man with resources. According to Thomas, though, the history of attitudes could not be written as a linear development,

---

8   Åke Daun, Orvar Løfgren (eds): Ekologi och kultur. NEFA 1971. Orvar Löfgren: Peasant Ecotypes. Problems in the Comparative Study of Ecological Adaptation. In: Ethnologia Scandinavica 1976, 100-115. The works by Bjarne Stoklund were seminal, see e.g. Bjarne Stoklund: Ecological Succession. Reflections on the Relation between Man and Environment in Pre-industrial Denmark. In: Ethnologia Scandinavica 1976, 84-99. Or his: Economy, Work and Social Roles – Læsø ca. 1200-1900. In: Ethnologia Europaea 15/1985, S. 129-163.

for coexisting with the learned notions of nature and Creation there were always undercurrents of opposing popular attitudes.

However, what Thomas also showed was that the modern sensibility towards the natural world could exist only because of the appearance of a greater divide between town and countryside, making people in towns long for the country life. Only a more secured economical position and a lesser direct dependency of agricultural production, permitted middle class people to cultivate an interest in the conservation and use of wild landscapes. The cultivation of special areas for recreational and sentimental purposes in terms of gardens, sanctuaries etc. was possible only because of a more effective cultivation of the landscape outside the garden – which in turn made the need for recreation greater. Even the compassion for animals was only possible by a certain procedure of privileging some species that remained close to man, maybe even growing closer to him during the 19th century – as was the case with hounds, cats, and horses. By contrast, live stock animals were increasingly moved away from human dwellings, especially those of townspeople. In this way, Thomas describes the history of changing attitudes neither as a history of decline, nor one of progress. In his book, nature domination and nature worshipping becomes mutual preconditions.

Correspondingly, there has been a greater recognition of the tangle of culture and nature. For a long time now, cultural historians have pointed to the fact that what we used to think of natural, original and unspoilt landscapes, often placed under the auspices of nature conservation, at least in a highly cultivated land as Denmark were in fact most often culturally formed landscapes, results of long processes of human intervention. The EU policy on marginal lands has made topical the discussions on restoring landscapes and pin-pointed the problem of which of several possible natures to recreate and which authenticity to create.

Ever since A.O. Lovejoy's famous enumeration of the many senses of nature in the 18th century,[9] philosophers and historians of ideas have stressed the complexity of the concept of nature. The two main meanings of the word 'nature' – either nature as the essence of things or nature as a physical space outside civilisation – are by no means precise nor complete. The concept of nature always gets some of its meaning by its contrast to 'culture' – as something beyond the control of man, something outside culture and civilisation. Culture and nature are, however, always embedded in each other. Nature exists in our very bodies, however cultivated they may be. And yet, we cannot act non-culturally with our natural bodies. Culture is always nature in the sense that cultural phenomena could always be studied as natural phenomena. And nature is always culture, at least in the sense that we can not conceive of nature without our culturally formed instruments, practices, or notions.

To argue that the concept of nature could be separated from that of 'culture' becomes even more difficult in what the German philosopher Gernot Böhme has termed 'das Zeitalter ihrer technischen Reproduzierbarkeit'[10]. Culture invades what was formerly thought of as pure nature, and nature interferes with what we thought was culture. Opposite to what is often taken for granted, society now is no more separated from nature than it was before: we are as dependant on it as ever. Natural disasters have

---

9   Arthur O. Lovejoy: 'Nature' as Aesthetic Norm. in: Essays in the History of Ideas. New York 1948.
10 Gernot Böhme: Natürlich Natur. Über Natur im Zeitalter ihrer technischen Reproduzierbarkeit. Frankfurt/M. 1992.

testified to that, but we are reminded of it daily not only through mass media, but through our bodily existence, too.

V

It was on the background of the present environmental crisis and the need to come closer to an understanding of the complexity of the human relationship to nature that the Danish Council for Research in the Humanities and the Danish Ministry of the Environment in 1992 joined forces to establish the research centre *Man and Nature* at the University of Odense for a five year period. The aim of the centre was on the one hand to throw light on landscapes and the use of nature in a historical perspective, yet on the other to get a better understanding of ideas of nature as expressed in arts and literature. The idea was that there is a close connection between the concrete use of nature and the idea of it. Among the declared purposes was to focus on pluralities and contrasts within the views on nature.[11] The reason for the Ministry of the Environment to grant a considerable amount of money for the purpose of encouraging humanistic research was that new attitudes towards nature were seen as a prerequisite for the implementation of new environmental policies. The Ministry recognised the necessity of being interested in views on nature as well as in the landscape itself. However, during its first years, a critique was voiced – among others from the Ministry – that the centre leaned too much towards a literary analytical approach. It was argued that the research at the centre had focused too much on forms of mentality, literature, and arts and too little on the actual use of nature.[12]

A similar 'linguistic turn', i.e. a focus on meanings, representations, discourses, and the role of languages as constituting reality, is detectable in studies in the relationship between man and nature within Danish ethnology of today. This could be exemplified by a course on heritage and landscapes run by the department in Copenhagen in collaboration with that of ethnology in Lund, Sweden, in the spring term of 1999. Here, the focus was on the identity making properties of landscapes and places, implying that their mental roles as places of memory and landscapes of adventures were stressed rather than the concrete, physical character of the places. The modes of subjection produced in the interaction with landscapes were dealt with as well: how landscapes and gardens (which can be seen as the expression of the ideal landscape) were in the 18th century emotionalized and after the turn of the century (1800) nationalized. The outer nature thus became an instrument for the gaining of knowledge of the inner nature of man.

Recently, the theme has been elaborated in an article by Tine Damsholt on the patriotic, respectively the national gaze on landscapes as expressed in the travel account of his home country by the young historian Christian Molbech (1811-14).[13] The two gazes not only construct two different ideal landscapes, but altogether make two different landscapes visible for the spectator. I have myself looked closer on the role of some special elements, particularly the bridge, in the landscape garden of the late 18th

---

11 Bol og By. Landbohistorisk Tidsskrift 1992:1-2 and Erland Porsmose: Menneske og Natur (=Arbejdspapir, 6). Odense 1992. – I was myself lucky enough to be among the scholars of the first few years.
12 Cf. "Midtvejsevaluering af Humanistisk Forskningscenter, Menneske og Natur". Marts 1995.
13 Tine Damsholt: En national turist i det patriotiske landskab. In: Fortid og Nutid, marts 1999, pp. 3-26.

century. According to the aesthetic discourse of the day, they had qualities that were linked not only to 'the beautiful', but also to 'the sublime' as they served the self-fulfilment and self-knowledge of the spectator.[14] In short, the gaze on nature fundamentally forms the experience of nature.

VI

Nature as a historical concept through and through has thus been acknowledged still more in the past decades. Nature is the product of historical discourses. This is not to say that there are no bounds on human experience and existence, but to point to the fact that we cannot comprehend nature without historical bounded concepts and practices. There has been a growing focus on the gaze that makes nature become nature and endows it with special qualities according to the context. The role that nature has achieved as representing certain values or as serving as an argument for certain outlooks on life have come into focus.[15] My own work on the idea of nature in health literature of the past two or three centuries comes within this approach to the study of the relationship between man and nature.[16]

In the late 18th century, for the first time a genuine health literature as such emerged, dealing not only with treatment of illnesses but with the preservation of health. Books and magazines on health advocated moderate, regular, and simple habits that would ensure a longer, healthier, and happier life. From the very beginning, nature was assigned the authority to point out what was healthy. The general idea was that God had created man in a state of absolute health and had provided him with everything needed for a healthy existence. Nature was a great, harmonious order into which man would fit if he would just keep to the determination of nature. Appetites and tendencies were nothing more than ties between man and the rest of Creation, ensuring that man would get what he needed.

The notion was that civilisation had blurred these instincts and made them unnatural. Man had moved too far away from his original and healthy state and had indulged in opulent foods and drinks, in keeping too late hours, in different sorts of excesses, and unnatural costumes. Hence he had become prone to illnesses and weaknesses. Certain ideals of healthy life were presented in this literature: children still not corrupted, savages living beyond civilisation, our own past before degeneration had its effects, and not least the hard-working peasants living in healthy simplicity.

The role that nature could assume as an argument for health was conditioned by a change in the concept of nature. In medicine, until the late 18th century, nature meant whatever was specific to the individual being, his or her specific tendencies according to his or her temperament and what was called at the time 'humour'. In fact the heterogeneous natures of different people would make general dietetics impossible. In the course of the 18th century, however, nature came to mean also an outer nature, an original state that man had moved away from. Only by this change could nature be generalised, valorised, and thus transformed to a binding norm of life. Nature became an argument for a new, moderate, simple way of life – a sort of bourgeois simplicity –

---

14 Signe Mellemgaard: Bridges in a Sublime Landscape. Unpubl. ms. København Aug.1999.
15 Cf. Baggesen, Kristensen, Larsen (see note 4).
16 Signe Mellemgaard: Kroppens natur. Sundhedsoplysning og naturidealer i 250 år. København 1998.

which turned health enlightenment and its idea of nature into a sort of bourgeois self-education in terms of what could be called a 'natural ethics'.

It seems as if nature has been linked to 'the healthy' ever since the late 18th century. It even seems as if each 'fin-de-siècle' has it own obsession with health, each time featuring nature in prominent roles. In the late 19th century version, some of the well-known key elements were sports, outdoor life and 'Lebensreform'. What is important to notice, however, is that it was never the same perception of nature and never the same concept of health that were linked. Paradoxically, nature is as changeable as society.

VII

For centuries, views on nature can be said to extend from the domination to the worshipping of nature. This goes for the human body as well as the 'outer' nature. The tendencies have been to demand control and regulation of the body, based on a rational knowledge of it, at the same time as insisting on its spontaneity and impulses, and the will to let the body exist and act on its own conditions. One of the clearest examples of this is the way in which some people, belonging to the official class or the aristocracy in the late 18th century, Denmark would get sentimental about the wild and beautiful or sublime nature in gardens, uncultivated areas and magnificent landscapes: Namely the very persons who worked for establishing the geometrical and orderly landscapes of the agrarian reforms. It does not suffice to include the two ideas under different periods of time as is often done: a rationalistic, secular, sensible, nature dominating period in the late 18th century, and a romantic, sensitive, nature worshipping period of the early 19th century. Even though the exact relative strength between the two has changed with time, they have been coexisting and even interdependent.

To stress coexistence and interdependence between different views of nature is not to say that everything is always the same. On the contrary: it is to say that we are dealing with historical phenomena in the sense that they are contingent processes that have effects. As noted, when studying the relationship of man to nature, we deal with discourses, too, in the sense that discourse forms our very experience of nature. The importance of a knowledge of the concrete, physical processes in the relationship to nature should not be understated, though; indeed, with its special history, ethnology in that respect seems to have good opportunities to combine those two levels.

Gudrun Schwibbe

„... so liegt die schönste Landschaft vor den Augen ausgebreitet ..."
Zur kulturellen Konstruktion von Stadt und Natur in historischen Wahrnehmungen

„Traurig war der Anblick der Stadt, man mochte sich ihr nähern, von welcher Seite man wollte. In der Nähe und Ferne trat das Bild einer wohlbefestigten Festung dem Wanderer entgegen."[1] Der Wanderer, der sich hier der Stadt Göttingen nähert, bestimmt als wahrnehmendes Subjekt selbst den Standpunkt, von dem aus er die Stadt betrachten will. Unabhängig jedoch, von welcher Seite – aus der Ferne oder der Nähe – er sie wahrnimmt, er sieht sie als geschlossenes, abgegrenztes, stillstehendes Objekt, als Bild.

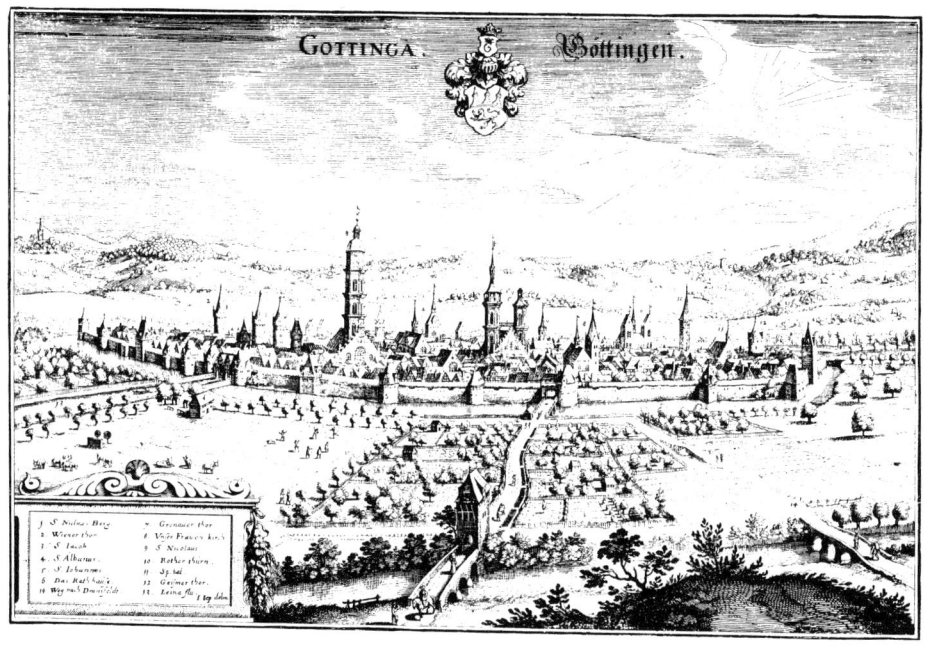

Abb. 1: Göttingen von Westen (nach J. Jeep, vor 1641)[2]

---

[1] Heinrich Veldeck: Göttingen und seine Umgebungen. Ein Taschenbuch vorzüglich für Studirende und Reisende. 2 Bde. Göttingen 1824, S. 257. Der Autor bezieht sich in seiner Beschreibung auf die erste Hälfte des 18. Jahrhunderts, als die kleine Ackerbürgerstadt Göttingen noch von Befestigungsanlagen umschlossen war. Wälle und Außenwerke markierten für die Bewohner des Umlandes und für Reisende optisch den Gegensatz zwischen Land und Stadt und definierten zugleich für die Stadtbewohner eine umgrenzte Fläche, einen Rahmen, innerhalb dessen sich das tägliche Leben organisierte und vor feindlichen Übergriffen geschützt war.

[2] Verlegt von Hans-Heinrich Himme, Göttingen.

Mit der Metapher des „Bildes" nimmt der Verfasser der zitierten Beschreibung Bezug auf ein typisches Wahrnehmungsmuster des 18. Jahrhunderts, die sogenannte Rahmenschau. Von einem fixierten Beobachtungspunkt aus betrachtet das wahrnehmende Subjekt wie durch ein Fenster ein arrangiertes, unbewegtes Objekt. In der Rahmenschau lernt der Betrachter, seine visuellen Eindrücke so zu strukturieren, daß sie sich unter die Ordnung des Verstandes subsumieren lassen. „Stillstellung" des Gegenstandes, „Absonderung" und „Zusammenschau" sind die wesentlichen Prinzipien dieser Sehweise.[3] Im hier beschriebenen Fall wird die Wahrnehmung einer geschlossenen Form vor dem Hintergrund der Umgebung offenbar noch dadurch erleichtert, daß sich das Göttinger Stadtareal durch einen Befestigungsring von der Umgebung abgrenzt.

Die einleitend zitierte historische Beschreibung eines Blicks auf die Stadt Göttingen macht deutlich, daß Wahrnehmen mehr ist als die bloße Abbildung einer gegebenen Außenwelt, mehr als die Transformation „objektiver" Sinnesdaten in „subjektive" Vorstellungen. Wahrnehmen ist ein komplexer Prozeß der aktiven Orientierung. Wahrnehmung bedeutet Auseinandersetzung mit der Lebenswirklichkeit, ist selektives, konstruktives und handlungsleitendes Medium der Wirklichkeitskonstitution und als solches soziokulturell und historisch bedingt.

Wirklichkeit wird dabei konstituiert durch die Auswahl der zu verarbeitenden Informationen aus einem sensorischen Überangebot, im einleitenden Beispiel also durch die Fokussierung des Blicks auf die Stadt. Die Entscheidung, ein Objekt wahrzunehmen oder zu ignorieren, wird dabei nur zum Teil durch dessen jeweilige sensorische Qualität bestimmt. Wichtiger sind vielmehr zugrundeliegende kognitive Strukturen, sogenannte „kognitive Schemata", in Form von Gedächtnisspuren früherer Wahrnehmungen, d.h. von Erfahrungen und Wissen. Kognitive Schemata bestimmen als gesellschaftlich vermittelte und gesellschaftstypische „normative Infrastruktur" darüber, welche Bereiche der Außenwelt der Erfassung durch die Sinne zugänglich sind oder sich ihr sogar aufdrängen,[4] und welche Bereiche verdrängt oder tabuisiert sind und sich somit der Wahrnehmung entziehen.[5] Wirklichkeit wird aber auch konstituiert durch spezifische Wahrnehmungsmuster. Sie sind das Ergebnis kulturspezifischer Regeln, die den Gebrauch der Sinne bestimmen.

Ich möchte im folgenden an einigen ausgewählten Beispielen die kulturelle Konstruktion von Stadt und Natur im Prozeß der visuellen Wahrnehmung nachzeichnen. Ich beziehe mich dabei auf Darstellungen historischer Wahrnehmungen aus dem 18. und beginnenden 19. Jahrhundert, die in Form topographischer Beschreibungen der Stadt Göttingen vorliegen. Diese Publikationen – Topographien, Studienschriften, Reiseberichte, Tagebücher, Briefe etc. – sind als auto-ethnographische Darstellungen der städtischen Lebenswelt zugleich eingebettet in die bestimmenden politisch-gesellschaftlichen und wissenschaftlichen Diskurse ihrer Zeit. Für die im folgenden zu rekonstruierenden historischen Blicke auf Stadt und Natur werde ich unterschiedliche Beobach-

---

3 Vgl. Bernd Busch: Belichtete Welt. Eine Wahrnehmungsgeschichte der Fotografie. München, Wien 1989; August Langen: Anschauungsformen in der deutschen Dichtung des 18. Jahrhunderts. Rahmenschau und Rationalismus. Darmstadt 1968 (Neuauflage der Ausgabe von 1934).

4 Vgl. dazu z. B. die Untersuchung von Corbin zur Geruchssensibilität im Kontext veränderter Hygienevorstellungen. Alain Corbin: Pesthauch und Blütenduft. Eine Geschichte des Geruchs. Frankfurt/M. 1990.

5 Vgl. dazu z. B. die Untersuchungen von Elias, der im Zusammenhang mit einer zunehmenden Affektkontrolle historische Veränderungen im Verhältnis zwischen dem Wahrnehmbaren und dem Nicht-Wahrnehmbaren beschrieben hat. Norbert Elias: Über den Prozeß der Zivilisation. Soziologische und psychogenetische Untersuchungen. 2 Bde. Frankfurt/M. ^{15}1990.

tungspunkte einnehmen: einen Standort außerhalb, einen zweiten innerhalb und einen dritten oberhalb der Stadt.

Der Blick von außen auf Stadt und Natur

"Den günstigsten Eindruck macht Göttingen wohl auf den nahenden Fremden, wenn er von Cassel aus über das romantische Münden die Chaussee entlang, von der Höhe bei Ellershausen herab das freundliche Thal mit seinen abwechselnden Naturschönheiten und seinem reichen, anmuthigen Kreise von Gärten und wohlbestelltem Gartlande, der sich in vielfachen Windungen um die Stadt schlingt, überblickt."[6] Anders als im einleitenden Beispiel konstituiert sich hier im Blick des Reisenden ein Wahrnehmungsobjekt, das zugleich das „freundliche Thal", den Kreis von „wohlbestelltem Gartlande" sowie die Stadt selbst umfaßt. Diese Form der „Zusammenschau", der Verbindung von Stadt und Natur, steht im Kontext verschiedener zeitgenössischer Diskurse, die hier als wahrnehmungsleitende kognitive Schemata fungieren können.

Da ist zum einen der medizinische Diskurs, der über die Lage und Umgebung einer Stadt Rückschlüsse auf die dort herrschenden Gesundheitsbedingungen zieht.[7] Berge und Täler, Flüsse oder Sümpfe geben dem kundigen Betrachter Hinweise auf das Klima und somit auf Krankheiten, die eventuell aus diesem resultieren. Die Fruchtbarkeit der Gegend weist unmittelbar auf die Ernährungssituation und damit ebenfalls auf die gesundheitlichen Bedingungen in der Stadt hin. Im Rahmen des aufklärerischen Diskurses der Nützlichkeit werden Lage und Umgebung der Stadt primär unter ökonomischem Aspekt wahrgenommen: „Göttingen liegt nicht nur an dem Fuße eines sanft abhangenden Berges, sondern auch in einem fruchtbaren, überall angebauten, und offenen Thale, das eine, oder einige Stunden breit, und mehrere Meilen lang ist. Die Fruchtbarkeit, und Kultur unsers Thals, und der unser Thal umgebenden Berge kann man allein daraus abnehmen, daß sich in dem Umkreise einer Meile mehr als 60 Flecken und Dörfer, und in dem Umkreise von vier bis fünf Meilen 26 zum Theil beträchtliche Städte finden."[8] Angesichts der häufig problematischen Versorgungslage einer ständig ansteigenden Stadtbevölkerung[9] gewannen Wahrnehmungskriterien und Beschreibungscharakteristika wie Fruchtbarkeit des Bodens, reiche Vegetation oder intensive Bewirtschaftung ihre besondere Bedeutung. Der wahrnehmungsleitende Diskurs der Nützlichkeit beinhaltet ebenso wie der medizinische Diskurs die Aufforderung zur Kritik und zur Beseitigung von Mißständen und zielt somit auf praktisch-aufgeklärtes Handeln. Im diesem Rahmen sind Stadt und Natur gemeinsamer

---

6   Veldeck (wie Anm. 1), S. 11.
7   Vgl. Gudrun Schwibbe: Von der Lage, der Luft und dem Wasser. Umwelteinflüsse und Gesundheit im Göttingen des 18. und 19. Jahrhunderts. In: Regina Löneke, Ira Spieker (Hg.): Reinliche Leiber – schmutzige Geschäfte. Körperhygiene und Reinlichkeitsvorstellungen in zwei Jahrhunderten. Göttingen 1996, S. 15-34.
8   Christoph Meiners: Kleinere Länder= und Reisebeschreibungen. 3. Bändchen: Kurze Geschichte, und Beschreibung der Stadt Göttingen und der umliegenden Gegend. Berlin 1801, S. 216.
9   Vgl. Hans-Jürgen Gerhard: Göttingens Verfassung, Verwaltung und Wirtschaft in der ersten Hälfte des 18. Jahrhunderts. In: Göttingen im 18. Jahrhundert – Eine Stadt verändert ihr Gesicht. Texte und Materialien zur Ausstellung im Städtischen Museum und im Stadtarchiv Göttingen, 26. April bis 30. August 1987. Göttingen 1987, S. 7-24.

Gegenstand einer kritisierenden, räsonierenden und rezensierenden Beobachtung des Bestehenden und Geschehenden.[10]

Am Beispiel einer weiteren zeitgenössischen Beschreibung möchte ich diesen Diskurs der Nützlichkeit kontrastieren mit dem ästhetischen Diskurs. „Vielleicht kann man auch unter die Fehler der Göttingischen Gegend diesen rechnen, daß sie mehr für die Haußhaltung, im geringsten aber nicht für die Ergötzlichkeit bebauet ist. Denn nicht zu gedencken, daß kein einiger öffentlicher Garten anzutreffen sey; so sind auch die Gärten der privat Persohnen mehr für die Küche als für das Auge eingerichtet, und der Zugang in selbige sehr schwer, ungeachtet kein einiger darunter ist, den man nur mittelmäßig nennen kann."[11]

Nach Ansicht des Verfassers gereicht es der Stadt also zum Nachteil, daß ihre unmittelbare Umgebung eher nach wirtschaftlichen als nach ästhetischen Gesichtspunkten gestaltet ist. Schönheit und Nützlichkeit werden hier zu konkurrierenden Prinzipien im Hinblick auf die gestaltete Natur. Natur ist dabei einerseits Ressource, Ausgangsbedingung und Objekt eines gesellschaftlich bestimmten Produktionsprozesses im Sinne von Naturbearbeitung, und andererseits Gegenwelt, ein eigenständiger, quasi vorkultureller Bereich, der dem Menschen bestimmte sinnliche Erfahrungen in Form von Naturgenuß ermöglicht.[12] Da aber dieser Naturgenuß sinnlich vermittelt ist, resultiert er nicht nur aus der jeweiligen Beschaffenheit der Natur, sondern setzt ganz bestimmte Wahrnehmungsbedingungen voraus. Diesen Zusammenhang möchte ich am Beispiel zweier Sehweisen auf die Natur verdeutlichen und nehme dazu jeweils Beobachtungspunkte in der Stadt ein.

Der Blick aus der Stadt auf die Natur

1765 wurden im Zuge der Entfestigung der Stadt an einer Stelle der Wall abgetragen und die Stadtmauer durchbrochen: „Es ist mit Abtragung des Walles bey der Allée so weit gediehen, daß die hinter demselben befindliche Stadt-Graben-Mauer mehr und theils nach Maasgabe der Allée-Straßen-Breite frey stehet, und wenn solche Mauer nunmehro durchbrochen wird, so gewint zwar das Auge dadurch eine freye Aussicht nach der Westen-Seite der Stadt, und durch eine ununterbrochene communication mit der auf der Masch vor dem Thore anzulegenden Weyden-Allée einen freyen Fortgang auf den Elligehauser Berg und das in der Nähe befindliche grüner Holtz, allein es scheint theils zur Befriedigung der Stadt, und theils zur sonderbaren Verschönerung des Prospects gereichen zu wollen, wenn ein eisernes Gitter ... gleichsahm einen kleinen Stillstand zur veränderten Augenweyde mit einflechtet."[13] Aus der hier vorgenommenen, min-

---

10 Vgl. Rudolf Vierhaus: Deutschland im 18. Jahrhundert. Politische Verfassung, soziales Gefüge, geistige Bewegungen. Göttingen 1987, S. 185.
11 Johann Georg Bärens: Kurtze Nachricht von Göttingen entworfen im Jahre 1754. In: Jahrbuch des Geschichtsvereins für Göttingen und Umgebung 1/1908, S. 55-117, hier S. 56.
12 Damit ist ein dialektisches Verhältnis zwischen Gesellschaft und Natur beschrieben, in dem Veränderungen der einen Natur stets Veränderungen der anderen nach sich ziehen. Vgl. Gert Janssen, Jürgen Strassel: Naturgestaltung und Naturbegriff. In: dies. (Hg.): Neuere Naturinszenierungen. Ein Studienprojekt. Oldenburg 1997, S. 7-24.
13 Bericht Göttingen 1765, März 4; StadtAGö AA Bauwesen, Nr. 123; zit. nach Jens-Uwe Brinkmann: „Der gantzen Stadt zur Zierde und Annehmlichkeit." Die öffentliche Bautätigkeit. In: Göttingen im 18. Jahrhundert (wie Anm. 9) S. 255-324, hier S. 287.

Zur kulturellen Konstruktion von Stadt und Natur

Abb. 2: Die Allee (Heinrich Grape, 1804)[14]

destens partiellen Entgrenzung folgt also eine Verlängerung der Sichtachse, eine optische Annäherung zwischen dem städtischen Raum und der umgebenden Natur.

Die beschriebene Allee war im Jahre 1738 quasi in einen künstlichen Naturraum umgestaltet worden:[15] Das Erscheinungsbild der Straße wurde bestimmt durch ein längs verlaufendes Rasenstück, gesäumt von einer Doppelallee und eingezäunt gegen Vieh und Fuhrwerke: ein „ambulacrum in urbe" war entstanden.[16] Mit dieser Natur in der Stadt korrespondierte nun die ländliche Umgebung außerhalb und wurde so zum Teil einer ästhetischen Inszenierung. Dabei besaß das Gitter am Ende der Straße besondere Symbolkraft. Es trennte das innerstädtische Territorium, das vom zweckbestimmten Handeln aufklärerischer Vernunft dominiert wurde, vom Nicht-Städtischen, Nicht-Künstlichen. Die jenseits der Begrenzung liegende Natur wurde nun zum Objekt freier genießender Anschauung, zur Landschaft. Als Erweiterung des Prospects der Allee erinnert die „schöne Natur" dabei an den Landschaftsgarten im englischen Stil.[17]

Natur als Landschaft, wie sie hier beschrieben wird, gewann erst im Verlauf des 18. Jahrhunderts an Bedeutung. Sie setzt ein Subjekt voraus, das Natur in einem besonderen

---

14 Aus Rolf Wilhelm Brednich (unter Mitarbeit von Klaus Deumling): Denkmale der Freundschaft. Die Göttinger Stammbuchkupfer – Quellen der Kulturgeschichte. Friedland 1997, Nr. 055 / S. 29.

15 Vgl. Brinkmann (wie Anm. 13).

16 Dieses Gestaltungsmittel wurde zeitgleich auch in London (z.B. Bedford Square, 1775) und Paris (z.B. Place de la Concorde, 1755 bis 1792) eingesetzt, wobei auch hier durch die Anlage mit Rasen besäter eingezäunter Flächen der Versuch unternommen wurde, Fußgänger und Fahrzeuge voneinander zu trennen und sie zugleich zusammenzubringen. Vgl. Richard Sennett: Civitas. Die Großstadt und die Kultur des Unterschieds. Frankfurt/M. 1991, S. 12.

17 Allerdings wurde bei der Anlage Englischer Gärten im 18. Jahrhundert bewußt auf sichtbare Abgrenzungen des eigentlichen Gartenbereichs von der anschließenden Naturlandschaft verzichtet, um die Illusion einer ungebändigten Natur zu erhalten. Waren jedoch Abgrenzungen notwendig, z.B. weil Weidevieh aus dem Garten ferngehalten werden sollte, so wurden Zäune derart errichtet, daß sie auf der Sohle von Gräben oder Bodensenken verliefen und daher aus der Entfernung nicht sichtbar waren. Vgl. Sennett (wie Anm. 16).

Akt des Sehens erst zur Landschaft macht, den bürgerlichen oder höfischen Menschen, der nicht mehr direkt vom Ertrag des Bodens lebte. Obwohl sich Landschaft auf denselben Naturraum bezieht, den sich der Mensch durch wissenschaftliche Forschung oder praktisches Handeln aneignet, öffnete sich das „landschaftliche Auge" erst, als das Wilde der Natur gezähmt war. So wird die Naturbeherrschung zur Voraussetzung für den Naturgenuß. Der „umhegte Raum", der Hain, das idyllisch überschaubare Tal gehörten dabei im 18. Jahrhundert zu den bevorzugten Landschaftsbildern.[18]

Noch trennte das Gitter am Ende der Allee Stadt und Natur. Aber an einem anderen topographischen Ort war diese Trennung bereits abgeschwächt: Auf der Promenade um den Wall, gleichzeitig Grenze und Schwelle, hatte der städtische Bürger die Möglichkeit, „draußen" an der Natur selbst teilzuhaben, ohne das städtische Areal wirklich verlassen zu müssen:[19] „Göttingen ist sehr schön gelegen, von einem Wall umgeben, auf welchem sich eine sehr schöne Promenade befindet. [...] Langsam schlendernd kann man in einer Stunde ganz herumgehen, und er ist so hoch, daß man beim Spaziergang auf die ganze Stadt hinunterschauen kann."[20]

Im Gehen befreit sich der Landschaftsbetrachter von der Einengung durch die Begrenzung der Rahmenschau; die festgelegte Blickrichtung wird aufgehoben, und der frei schweifende Blick wählt aus, was ihm wichtig erscheint. Diese Form der visuellen Wahrnehmung wird in der folgenden Darstellung deutlich: „Der Umkreis der Stadt zeigt das Bild einer nicht ganz regelmäßigen Kreislinie. Rings um dieselbe zieht sich auf der Höhe des Walles neben niedrigern Hecken von Hainbuchen, eine Doppelreihe von Linden, deren Kronen von beiden Seiten sich fast berührend, ein schattiges Laubdach bilden. Zwischen ihnen entwickeln sich allmählig vor dem Auge, wie in einem Rundgemählde, die Umgebungen der Stadt von Gärten, Feldern, Angern, Lusthäusern, Dörfern, grünen Hügeln und fernen blauen Bergen."[21]

Genau diese Befreiung des Blicks, die Loslösung vom Halt des Gewohnten ist das zentrale Merkmal des hier als Metapher verwendeten „Rundgemähldes", des zu Beginn des 19. Jahrhunderts populär gewordenen Panoramas.[22] Diese neue Kunstform, die von

---

18 Vgl. Monika Ammermann: Gemeines Leben. Naturbegriff und literarische Spätaufklärung. Lichtenberg, Wezel, Garve (=Abhandlungen zur Kunst-, Musik- und Literaturwissenschaft, 239). Bonn 1978; Utz Jeggle: Landschaft – Landschaftswahrnehmung – Landschaftsdarstellung. In: Detlef Hoffmann, Karl Ermert (Hg.): Landschaftsbilder, Landschaftswahrnehmung, Landschaft. Die Rolle der Kunst in der Geschichte der Wahrnehmung unserer Landschaft. Dokumentation einer Tagung der Evangelischen Akademie Loccum vom 6. bis 8. Januar 1984 (=Loccumer Protokolle, 3/1984). Rehburg-Loccum 1985, S. 7-29; R. Piepmeier: Landschaft (Teil III). In: Joachim Ritter (Hg.): Historisches Wörterbuch der Philosophie Bd. 5. Basel, Stuttgart 1980, S. 15-28.

19 Zum Zusammenhang zwischen Spaziergang und Naturauffassung sowie zu den vielfältigen kulturellen Motiven des Spazierengehens vgl. Gudrun M. König: Eine Kulturgeschichte des Spaziergangs. Spuren einer bürgerlichen Praktik 1780-1850 (=Kulturstudien, Sonderband, 20). Wien 1996. Zum Spaziergang als bürgerlichem Vergnügen vgl. auch Katharina Oxenius: Vom Promenieren zum Spazieren. Zur Kulturgeschichte des Pariser Parks (=Untersuchungen des Ludwig-Uhland-Instituts der Universität Tübingen, 79). Tübingen 1992.

20 Fogarasi 1796/97, zit. nach István Futaky (Hg.): „Selige Tage im Musensitz Göttingen." Stadt und Universität in ungarischen Berichten aus dem 18. und 19. Jahrhundert. Göttingen 1991, S. 15.

21 Karl Friedrich Heinrich Marx: Goettingen in medicinischer, physischer und historischer Hinsicht geschildert. Göttingen 1824, S. 16f.

22 Vgl. Stephan Oettermann: Das Panorama. Die Geschichte eines Massenmediums. Frankfurt/M. 1980; ders.: Das Panorama – Ein Massenmedium. In: Kunst- und Ausstellungshalle der Bundesrepublik Deutschland (Hg.): Sehsucht. Über die Veränderung der visuellen Wahrnehmung (=Schriftenreihe Forum, 4). Göttingen 1995, S. 72-82; Marie-Louise Plessen (Hg.): Aus-

ihrem englischen Erfinder Robert Barker ursprünglich als „la nature à coup d'oeil" (also: „die Natur auf einen Blick") bezeichnet worden war, avancierte schnell zu einem Massenmedium, das die Wahrnehmungsgewohnheiten radikal beeinflußte. Es wurde zu einer Schule des Blicks, zum optischen Simulator, in dem dieser ungewohnte Sinneseindruck immer wieder geübt werden konnte, bis er zum selbstverständlichen und alltäglichen Bestandteil menschlichen Sehens wurde.[23]

Das ursprünglich also in einem künstlichen Medium eingeübte neue Wahrnehmungsmuster, der panoramatische Blick, wurde in der Folge auch in der Natur in Form von Rundumsichten gesucht. Allerdings stellte sich das in der oben zitierten Textpassage beschriebene „Rundumgemählde" nur durch die kontinuierliche Bewegung des Betrachters auf seinem Weg um die Stadt her. Erst von einem erhöhten Beobachtungsort aus bot sich das gewünschte Panorama auf einen Blick. Damit leite ich über zum dritten Beobachtungsstandpunkt und dem Blick von oben auf die Stadt.

Der Blick von oben auf die Stadt

Als Muster visueller Wahrnehmung hatte sich der Blick von oben erst im Verlauf des 18. Jahrhunderts etabliert; Voraussetzung dafür war die sinnliche und emotionale Erfahrung des Horizonts, d.h. das Erleben der Begrenztheit des eigenen Gesichtskreises. Diese aufregende und frappierende Entdeckung wurde zum Schlüsselerlebnis einer gesamten Epoche: Man setzte sich bewußt der neuen Erfahrung einer visuellen Begrenzung aus und begann auch, mit dem Horizonterlebnis zu experimentieren.[24] Einen relativ frühen Beleg für diese neue Wahrnehmungserfahrung liefert die topographische Beschreibung des Göttinger Stadtphysikus Cyriacus Heinrich Ebel, der seine Leser nicht nur durch die Straßen und Gassen der Stadt führt, sondern auch auf einen der beiden Türme der Johannis-Kirche. Er schreibt:

„Wer Vergnügen an einer vollenkommenen schönen Aussicht findet, muß sich die Mühe nicht verdrießen lassen, diese 200. Stuffen, und was etwan noch darüber ist, hinauff zu steigen."[25]

---

stellung Sehsucht. Das Panorama als Massenunterhaltung im 19. Jahrhundert. Basel, Frankfurt/M. 1993; Hans J. Scheurer: Zur Kultur- und Mediengeschichte der Fotografie. Die Industrialisierung des Blicks. Köln 1987; Dolf Sternberger: Panorama oder Ansichten vom 19. Jahrhundert. Frankfurt/M. 1974.

23 Vgl. Oettermann 1980 (wie Anm. 22). Zugleich wurde diese neue Seh-Erfahrung allerdings durch die Kunstform des Panoramas selbst eingegrenzt: Während die Form der Rezeption ebenso wie die Art und Weise der Vermittlung frei waren, blieb der Inhalt vorgeschrieben: Vgl. Scheurer (wie Anm. 22) S. 55.

24 Ähnlich wie die Zentralperspektive stellt auch der Horizont als „Augenende" nicht etwa eine natürliche anthropologische Konstante dar, sondern eine kulturell bestimmte Erfahrung, die z.B. den Menschen im Mittelalter noch fremd war. Seit der frühen Neuzeit war der Horizont (deutsch: Gesichtskreis) als terminus technicus zunächst nur als Element technisch-mathematischer Konstruktionen bedeutsam, als malerische oder mathematische Linie z.B. auch im Rahmen nautischer Positionsbestimmungen.

25 Cyriacus Heinrich Ebel: Von der Gegend und Feld=Marck der Stadt Göttingen etc. In: Johann Daniel Gruber (Hg.): Zeit= und Geschicht=Beschreibung der Stadt Göttingen Bd. 2. Hannover, Göttingen 1734, S. 18-120, hier S. 74f.

Gudrun Schwibbe

Abb. 3: Blick vom Johanniskirchturm – Panorama von Göttingen (Friedrich Besemann)[26]

Die Nutzung als Aussichtspunkt kennzeichnet zugleich einen wichtigen Funktionswandel des Kirchturms: Die Kirchtürme dienen nicht mehr der Ehre Gottes, indem sie den gläubigen Blick nach oben lenken, sondern der Befriedigung der Sehsucht des Menschen, der nun – selbst gottähnlich geworden – von oben herabblickt.[27] Der Blick von oben verband sich dabei zunehmend mit dem Blick von außen; denn neben Kirchtürmen[28] wurden für die neue Sehkultur des Ausblicks erhöhte Standorte in der Natur genutzt. In der unmittelbaren Umgebung Göttingens war es vor allem der Hainberg,[29] der den gesuchten Panorama-Blick ermöglichte:

„Ist man zum Thore hinaus, und ersteigt man nach Osten zu den Heimberg ganz, wozu beinahe eine halbe Stunde nöthig ist, so genießt man oben die herrlichste Aussicht. Nach Osten zu sieht man nichts als Holzung; stellt man sich aber so, daß das Gesicht nach Westen gekehrt ist, so liegt die schönste Landschaft vor den Augen ausgebreitet.

---

26 Aus: Hans-Heinrich Himme (Hg.): Stichhaltige Beiträge zur Geschichte der Georgia Augusta in Göttingen. 220 Stiche aus den ersten 150 Jahren der Göttinger Universität zusammengetragen und mit Texten versehen anläßlich ihres 250-jährigen Jubiläums. Göttingen 1987, S. 86/87.
27 Vgl. Oettermann 1980 (wie Anm. 22) S. 11.
28 Vor allem im letzten Drittel des 19. Jahrhunderts wurden an vielen Orten Aussichtsplattformen errichtet, die – ohne weitere Funktionen – allein dazu dienten, das inzwischen allgemein gewordene Bedürfnis nach Aus- und Überblicken zu befriedigen. Vgl. Oettermann 1980 (wie Anm. 22).
29 In zeitgenössischer Schreibweise auch Heimberg.

Abb. 4: Göttingen vom Hainberg (Friedrich Besemann, um 1830)[30]

Am Fuße des Berges erblickt man *Göttingen*, dessen drei hohe Thürme über den Häusern, die jeden freundlich einzuladen scheinen, weit emporragen. Der Wall, der sich mit seinen regelmäßig gepflanzten Bäumen um die Stadt herumzieht, und vom Heimberge herab von einem Zirkelbogen begränzt zu werden scheint, so wie die um die Stadt liegenden Gärten, mit den dazwischen liegenden größtentheils artigen Gartenhäusern, geben ihr ein recht romantisches Ansehen. [...] Doch meine Schilderungen werden, so sehr ich mich auch bemühte, nie die Natur erreichen; man muß die Aussicht selbst genießen, wenn man sich einen vortheilhaften Begrif von der Lage *Göttingens* machen will."[31]

Mit der Ersteigung des Hainbergs hat sich der Betrachter den in der Stadt selbst auf vielfältige Weise wirksamen sinnlichen Eindrücken entzogen; seine Beziehung zur Stadt ist jetzt fast ausschließlich visuell bestimmt. Der Wahrnehmungsstandort außerhalb und oberhalb der Stadt ermöglicht es dem Betrachter, die wachsende Unübersichtlichkeit optisch zu bewältigen.[32]

---

30 Aus: Brednich / Deumling (wie Anm. 14) Nr. 013, S. 8.
31 Moses Rintel: Interessante Bemerkungen über Göttingen als Stadt und Universität betrachtet. Für Jünglinge, die dort studiren wollen, aber auch für andere zur Belehrung. Von einem Freunde der Wahrheit und des Guten. Glückstadt 1801, S. 19-21 (Hervorhebungen im Original).
32 Vgl. Burkhard Fuhs: Bilder aus der Luft. Anmerkungen zur Konstruktion einer Perspektive. In: Zeitschrift für Volkskunde 89/1993, S. 233-250.
„Ist dieses gewaltige Textgewebe, das man da unten vor Augen hat, etwas anderes als eine Vorstellung, ein optisches Artefakt? So etwas Ähnliches wie ein Faksimile, das Raumplaner, Stadtplaner oder Kartographen durch eine Projektion erzeugen, welche in gewisser Weise

Der Anblick der Stadt Göttingen, die von den Betrachtern üblicherweise auf ihre Funktion als Sitz der Universität reduziert wurde, löste dabei – wie die folgenden Textbeispiele belegen – sehr unterschiedliche Bewertungen aus. Für den Jurastudenten Ludwig Wallis wurde der Hainberg zum Ort des Staunens. Aus seiner Beschreibung sprechen Gefühle der ehrfürchtigen Verbundenheit und des Stolzes: „Göttingen liegt dem Betrachtenden so tief unter den Füßen, daß man den ganzen Umfang der Stadt sieht, nebst dem ringsumlaufenden Walle. Es ist ein sehr schöner herzerhebender Anblick, so von oben herab eine Stadt zu überschauen, die in ihren Mauern die größten Gelehrten Deutschlands, die vortrefflichsten academischen Anstalten, und so viele hoffnungsvolle Jünglinge umfaßt."[33]

Völlig gegensätzliche Empfindungen schildert Justus Conrad Müller, der Verfasser einer 1790 erschienenen Studienschrift: „Wir bleiben stehen – unser Auge öffent sich, und ein gewaltiger Horizont breitet sich plötzlich vor demselben aus. – Wie es nun da liegt – so unrühmlich! – in Nebeln verschleiert das berühmte Lein-Athen! Wir werffen nur noch einen mitleidigen Blick auf dasselbe herab, denn wir fühlen uns über das nichtsbedeutende Getümmel der akademischen Welt erhaben! – Diese Aussicht ist eben so selten als gros."[34] Mit dem Erlebnis der Aussicht, der fast als rauschhaft beschriebenen Erfahrung der Horizonterweiterung[35] kontrastiert der Verfasser das „nichtsbedeutende Getümmel der akademischen Welt", von dem er sich durch seinen Aufstieg offenbar nicht nur räumlich enthoben fühlt. Für die Stadt, Symbol der alltäglichen Lebensbezüge, hat er nur einen mitleidigen Blick.[36] Für Müller bildet der Hainberg somit mehr als einen Aussichtspunkt, der einen Rundblick auf die im Tal liegende Stadt ermöglicht: Er wird zum Fluchtort aus der Gesellschaft. So ist der harmlose Spaziergang auf eine Anhöhe vor der Stadt zugleich ein Hinaustreten ins andere, in ein anderes Wahrnehmen, das sich vom kleinsten Detail rühren läßt und eine gefühlshafte Durchdringung der Natur anstrebt.[37]

Distanz herstellt. Die Panorama-Stadt ist ein 'theoretisches' (das heißt visuelles) Trugbild, also ein Bild, das nur durch ein Vergessen und Verkennen der praktischen Vorgänge zustandekommt". Michel de Certeau: Walking in the city. In: Simon During (Hg.): The Cultural Studies Reader. London, New York 1993, S. 151-160, hier S. 159.

33 Ludwig Wallis: Der Göttinger Student oder Bemerkungen, Ratschläge und Belehrungen über Göttingen und das Studentenleben auf der Georgia Augusta. Göttingen 1813. Unveränderter Nachdruck Göttingen 1981, S. 29.

34 Justus Conrad Müller: Versuch einer kurzen mahlerischen und charackteristischen Beschreibung, der berühmten Universität Göttingen und derselben benachbarten Oerter. Göttingen 1790, S. 9.

35 „Wer wirklich sieht, sieht mit ganzem Körper. In der plötzlich erblickten Totalität einer Landschaft ist alles Auge. Der Körper ist dessen Gefäß: „Das Gefühl rezeptiver Weitung des Leibes korrespondiert dem Bild der Landschaft." Hartmut Böhme: Natur und Subjekt. Frankfurt/M. 1988, S. 238.

36 Anhand literarischer Textbeispiele belegt Hauser die Verbindung zwischen dem panoramatischen Blick und einer sozialkritischen Distanz gegenüber der Stadt. Vgl. Susanne Hauser: Der Blick auf die Stadt. Semiotische Untersuchungen zur literarischen Wahrnehmung bis 1910 (=Reihe historische Anthropologie, 12). Berlin 1990.

37 Vgl. Helmut J. Schneider: Naturerfahrung und Idylle in der deutschen Aufklärung. In: Peter Pütz (Hg.): Erforschung der deutschen Aufklärung (=Neue wissenschaftliche Bibliothek, 94). Königstein/Ts. 1980, S. 289-315. In einem ganzheitlichen Akt der Teilnahme verbinden sich verschiedene Sinneseindrücke zu einer Gesamtwahrnehmung: die Aussicht, die Geräusche der Natur oder auch die Stille im Gegensatz zum Lärm der Stadt, der Duft der Blüten und Kräuter sowie das Gefühl von Wind, Sonne oder Regen auf der Haut.

Schlußbemerkung

Die hier vorgestellten Beispiele historischer Wahrnehmungen des 18. und beginnenden 19. Jahrhunderts belegen auf vielfältige Weise, daß und wie sich im Akt des Wahrnehmens die kulturellen Konstrukte Stadt und Natur konstituiert haben. Eingebunden in den medizinischen Diskurs oder den Diskurs der Nützlichkeit und damit geleitet von der Absicht praktisch-aufgeklärten Handelns macht der kritisch-kontrollierende Blick Stadt und Natur in der Zusammenschau zum gemeinsamen Gegenstand. Eingebunden in den ästhetischen Diskurs sucht der Blick nach Übergang und Austausch zwischen dem Künstlichen, der Stadt, und der sie umgebenden Natur, die jetzt als Landschaft wahrgenommen wird. Im Blick von oben vollzieht sich schließlich die Trennung zwischen Stadt und Natur: Der Betrachter, der sich in die Natur hinausbegeben hat, macht im distanzierenden Blick die Stadt zum optischen Artefakt. Zugleich sucht er im panoramatischen Blick auf die unter ihm liegende wie auf die ihn umgebende Natur einen ganzheitlichen Akt der sinnlichen Teilnahme.

Harm-Peer Zimmermann

Vom Zauber der Natur
Zur Begründung einer kulturellen Sehnsucht wider alle Erfahrung

Wer vom ‚Zauber der Natur' spricht, der sollte von der ‚Entzauberung der Welt' nicht schweigen. Wir leben in einer Gesellschaft, die auf der einen Seite die Natur technisch zu beherrschen und ökonomisch auszubeuten trachtet, die aber auf der anderen Seite sentimentale Bilder von der Schönheit der Natur entwirft, sich in Naturemphasen ergeht bis hin zur Euphorie oder zur Larmoyanz. Diesem Zusammenhang von Entzauberung und Zauber möchte ich nachgehen. Gefragt wird: Warum und worin besteht dieser Zusammenhang? Wie wirkt er sich aus? Und schließlich: Können wir unter entzauberten Verhältnissen überhaupt noch vom Zauber sprechen? Macht das Sinn? Hat das Verstand? Ich möchte in sechs Schritten vorgehen. Zuerst geht es um den Begriff ‚Entzauberung' und dann um den ‚Zauber' und seine prototypische Kritik: ‚Zauber als Weltflucht'. Im dritten bis sechsten Teil geht es um einen ‚blinden Fleck', um zwei ‚schöne Zustände' und um ‚magischen Idealismus'. Für dieses Programm ließe sich eine ganze Reihe theoretischer Referenzen angeben. Ich möchte jedoch nur einer Spur folgen, und das ist die ästhetische bzw. naturästhetische mit den Stationen: Weber, Ritter, Kant, Schiller und Schlegel.

1. Entzauberung der Welt (Weber)

Der Zauber der Welt, das war einmal das schleierhafte, aber dichte Gewebe, worin das magisch-religiöse Denken die Welt geborgen hatte.[1] Dieser alte Schleier ist zerrissen. Die Naturwissenschaft hat die äußere Natur entzaubert, und herausgekommen ist eine seelenlose Materie, ein mechanisches Getriebe an sich sinnloser Quantitäten. Die Ökonomie hat die innere Natur, die Kultur, entzaubert, und herausgekommen ist ein materialistisches Getriebe, eine zweckrationale Sozialmechanik. „Entzauberung" heißt, so Max Weber, daß die Vorgänge der Welt mehr und mehr „ihren magischen Sinngehalt verlieren, nur noch ‚sind' und ‚geschehen', aber nichts mehr ‚bedeuten'".[2]

Weber hat den Prozeß der Entzauberung jedoch nicht unbedingt pessimistisch beurteilt; im Gegenteil, erst durch Entzauberung wird der soziale Raum eröffnet für freie und bewußte Sinngebungen. Entzauberung heißt nicht, daß die Welt allen Sinn und Verstand verliert. Nur die alten Bedeutungen gehen dahin, der religiös gesicherte, traditionale, sozusagen kanonisierte Zauber, der sich nötigenfalls mit Weihwasser und Weihrauch seiner Aura zu versichern wußte. Die quasi automatische Wirksamkeit, die fraglose Gültigkeit bestimmter Zauberformen und Sinngehalte ist es, die destruiert wird. In dem Maße aber, in dem die Welt ihre alten Bedeutungen verliert und gleichsam zur tabula rasa wird, entsteht die Möglichkeit, ihr neuen Sinn und Zweck zu verleihen. Je weiter die „*Entzauberung* der Welt" fortschreitet, schreibt Weber, „desto dringlicher

---

1 Vgl. Max Weber: Die protestantische Ethik I. Eine Aufsatzsammlung. Hg. von Johannes Winckelmann. Gütersloh ⁸1991, S. 123 [zuerst 1905]; Max Weber: Wirtschaft und Gesellschaft. Grundriss der verstehenden Soziologie. Tübingen ⁵1985, S. 308 [zuerst 1922].
2 Weber 1985 (wie Anm. 1), S. 308.

erwächst die Forderung", daß die Welt „bedeutungshaft und ‚sinnvoll'" neugeordnet werde.[3] Somit entsteht die entzauberte Welt durchaus als geordnete Welt, voller Sinn und Bedeutung, unvergleichlich viel voller übrigens als die alte Zauberwelt, nämlich so mannigfaltig, wie es handelnde Menschen gibt, und so vielschichtig und pluralistisch, wie es konkurrierende Interessen gibt. Aber ließe sich diese Neuordnung der Welt nicht als Neubezauberung oder Wiederverzauberung auffassen? Wird nicht lediglich der eine Zauber durch einen anderen ersetzt? Wieso sollte den neuen Bedeutungen nicht eine ähnliche Zauberkraft innewohnen wie den alten?

Eine solche Ausweitung des Zauberbegriffes hat Weber nicht zugelassen. Vom Zauber kann nur die Rede sein, insofern magisch-religiöse Weltbilder zugrunde liegen.[4] Schon die analytische Klarheit verlangt die präzise Trennung der Sphären: Moderne Sinngebungen beruhen auf individuellen Interessen und Wertpräferenzen und die haben mit Zauber nichts mehr gemein. Moderne Sinnhorizonte berufen sich nicht auf Wesen oder Geister, die sich hinter den Naturobjekten oder Artefakten verbergen und eine Wirkung ausstrahlen, sondern moderne Sinnhorizonte haben ein anderes Selbstverständnis. Sie verstehen sich (im Idealfall) als frei gewählte, zweckrational kalkulierte und regelgerecht vereinbarte Ordnungen.[5]

Was besagen dann aber diejenigen modernen Theorien, die dennoch am Zauber festhalten? Steht nicht unter dem offenen Himmel der entzauberten Welt jedem einzelnen Menschen frei, ein Interesse etwa auch für den Zauber der Natur zu entwickeln? Oder wäre es sogar denkbar, daß der alte Zauber zurückkehrte, womöglich als Schrecken, als paradoxer Aufhocker des Entzauberungsprozesses?

2. Zauber als Weltflucht (Weber)

Unter den vielfältigen neuen Sinngebungen befindet sich in der Tat eine, sagt Weber, die trotz allem auf Zauber schwört, und das ist die moderne Naturästhetik, wie sie vor allem auf Rousseau und die Romantik zurückgeht. Weber sieht darin nicht etwa eine ‚Ungleichzeitigkeit', ein Hineinragen historisch überlebter Bestände in die Gegenwart, sondern bei dieser Richtung handelt es sich durchaus um eine *moderne* Form der Sinngebung. Weber holt dann jedoch zu einer Kritik aus, die als prototypisch angesehen werden kann: Wer vom Zauber der Natur spricht oder von einem vergleichbaren Fluidum, etwa vom Erdgeruch der Heimat, von der Urkraft des Volkes, der betreibt das Geschäft „weltflüchtiger Romantik", „apolitischen Intellektualismus" und „Irrationalismus".[6] So unzweideutig hat nicht einmal die volkskundliche Ideologiekritik nach 1968 gegen die Naturromantik polemisiert. – Webers Kritik läßt sich auf drei Ebenen verdeutlichen: wissenssoziologisch, diskurstheoretisch und erkenntnistheoretisch.

Wissenssoziologisch begründet ist das Verdikt „Weltflucht": Interessen oder Sinnpräferenzen sind prinzipiell frei wählbar, aber diese Wahl steht stets in sozialen Zusammenhängen, im Kontext bereits etablierter Sinnstrukturen und in Konkurrenz mit anderen Interessen. Diese soziale Realität und Relativität aber ist es, die die Naturromantik nicht wahrhaben will. Sie flieht vor dieser Erkenntnis und ihren Konsequenzen

---

3 Vgl. Weber 1991 (wie Anm. 1), S. 123; Weber 1985 (wie Anm. 1), S. 308.
4 Vgl. Weber 1991 (wie Anm. 1), S. 123; Weber 1985 (wie Anm. 1), S. 246, 308.
5 Vgl. Weber 1985 (wie Anm. 1), S. 1-13, 124. Zum Magie-Begriff Webers vgl. ebda. S. 246.
6 Vgl. Weber 1985 (wie Anm. 1), S. 308, 497.

in eine Sphäre pseudoreligiöser Gewißheiten.[7] So erlauscht sie etwa des murmelnden Baches ewige Botschaften und kultiviert doch nichts als Furcht und Blindheit vor den Herausforderungen und Gegensätzen der Welt.

Diskurstheoretisch begründet ist das Verdikt „apolitischer Intellektualismus": In der entzauberten Welt hängt die Geltung sozialer Ordnungen nicht mehr von Traditionen und Vorbildern ab, sondern von Gesetzen und Verfahrensweisen. Moderne Sinnschöpfung geschieht aus Interessen und Konflikten heraus, aber erst die legale Art und Weise des Interessenausgleichs und der Konfliktregelung, man könnte auch sagen, die prozedurale Gerechtigkeit ist es, durch die ein sozialer Sinn rational legitimiert wird. Die Naturromantik aber hintergeht diesen Standard, indem sie behauptet, ihre Vorstellung vom Zauber der Natur besäße Gültigkeit ganz unabhängig von allen weltlichen Interessen, Konflikten und Entscheidungsprozeduren. Solche Berufung auf die Natur ist vor allem aus drei Gründen apolitisch und irrational: 1. weil sie die Rolle des sinnstiftenden Subjekts ignoriert, 2. weil sie eine rational nicht zu kontrollierende Naturadresse angibt, 3. weil sie ihre Einsichten dem rationalen Diskurs zu entziehen trachtet.[8]

Erkenntnistheoretisch wird das Verdikt „Irrationalismus" bekräftigt: Einen Sinn in der Natur zu erkennen, das mag angehen, sagt Weber, an Kant anknüpfend[9], aber das ist sozusagen ein geliehener Sinn, eine Sinnzuschreibung, die aus bestimmten Interessen heraus geschieht. Ob die Natur an sich selbst einen Sinn besitzt, das können wir nicht wissen. Die Naturromantik aber mißachtet diese kritische Grenze, indem sie vom Zauber spricht statt von Interessen. Zusammengefaßt lautet Webers Urteil: Naturromantik ist eine „spezifische Intellektuellenweltflucht": realitätsfremd in ihrer Wahrnehmung, apolitisch in ihrer Performanz, irrational in ihren Axiomen und Analysen. Ist also aller Zauber verloren? Und ist, wer dennoch davon spricht, immer nur ein apolitischer Spinner oder ein blöder Reaktionär? Das möchte ich bestreiten, allerdings ohne Webers Konzept zu verabschieden; lediglich ein blinder Fleck darin soll kenntlich gemacht werden.

3. Der blinde Fleck (Ritter)

Die Soziologie hat sich einseitig auf die Seite der Entzauberung geschlagen, schreibt Joachim Ritter 1962 in seinem Aufsatz über Naturästhetik, und das liest sich wie ein Kommentar auf Weber.[10] Aus dem soziologischen Blick geraten ist aber nicht irgend-

---

7   Vgl. Weber 1985 (wie Anm. 1), S. 308.
8   Vgl. Weber 1985 (wie Anm. 1), S. 124, 396, 497.
9   Im Gegensatz zu seinen neukantianischen Lehrern Windelband und Rickert unterscheidet Weber nur tendenziell zwischen erklärender Naturwissenschaft und verstehender Kulturwissenschaft. Das sind typische Richtungen, aber keine unumstößlichen Scheidelinien. Prinzipiell kann jede Wissenschaft auf beide Ansätze zurückgreifen. So gibt es also auch ein naturwissenschaftliches Sinnverstehen. Vgl. dazu Peter-Ulrich Merz: Max Weber und Heinrich Rickert. Die erkenntnistheoretischen Grundlagen der verstehenden Soziologie. Würzburg 1990, S. 270.
10 Vgl. Joachim Ritter: Landschaft. Zur Funktion des Ästhetischen in der modernen Gesellschaft. In: ders.. Subjektivität. Frankfurt/M. 1974, S. 172-190, hier S. 163 [zuerst 1962]. Ritter verwendet jedoch nicht den Begriff ‚Entzauberung', sondern er spricht von „Entfremdung" durch Rationalisierung, bestärkt durch eine Soziologie, „die die Zivilisation allein als die artifizielle Wirklichkeit rationeller Institutionen begreift". Wenngleich Weber in diesem Zusammenhang nicht ausdrücklich zitiert wird, ist Ritters Kritik zweifellos auch auf Webers Soziologie gemünzt. Deshalb erscheint es berechtigt, die Rittersche Kritik in Webersche Begrifflichkeiten umzusetzen und weiterhin von „Entzauberung" zu sprechen. Das geschieht außerdem im

eine Nebensächlichkeit, sondern eine ganze Hälfte des Lebens, nämlich die Hemisphäre der Ästhetik im weitesten Sinne. Wie ist das zu verstehen? Und was bedeutet das für den Zauber der Natur? Zunächst ist festzustellen: Im Ansatz stimmt Ritter mit Weber überein: Naturbegeisterung wird als ein genuin modernes Phänomen aufgefaßt. Wer vom Zauber der Natur spricht, der reagiert auf die Entzauberung der Welt, der schafft neue Bedeutungen für einen sinnverlorenen Ort. Was an altem Zauber verschwindet, das kommt an neuem Sinn herein. Aber damit trennen sich die Wege: Weber geht mit Kant, Ritter mit Hegel.

Es klingt sogleich wie eine neohegelianische Antwort auf den Neukantianer Weber, wenn Ritter schreibt: Naturästhetik hat nichts „mit illusionärer Flucht oder dem [tödlichen] Traum zu tun, in den Ursprung als in eine noch heile Welt zurückzugehen".[11] Auch ist Naturästhetik nicht „bloßes Spiel" oder nur ein kompensatorisches Freizeitvergnügen für Bildungsbürger. Naturästhetik hat eine ganz andere Tragweite; sie repräsentiert nicht weniger als die andere Seite der Moderne. Die eine Seite der Moderne, das ist die technische, ökonomische und soziale Entzauberung der Welt, wie sie Weber analysiert hat. Hier geht es um das *Wie* des Lebens, nämlich darum, wie die Natur beherrscht, die Gesellschaft organisiert werden kann. Die Soziologie aber, so ließen sich Ritters Argumente verlängern, ist selbst Teil und sogar Triebfeder dieses Entzauberungsprozesses, insofern sie lediglich nach dem Wie des Sozialen fragt, etwa nach rationalen Diskursen und legalen Institutionen. Die Soziologie bildet sogar gleichsam den Gipfelpunkt des Entzauberungsprozesses, nämlich den Punkt, von dem aus das ganze Panorama der entzauberten Welt überschaubar und die Entzauberung selbstbewußt zum Prinzip erhoben wird.

Ritter stellt diese Seite der Moderne nun durchaus nicht zur Disposition, wie es bei konservativen Gemütern so oft der Fall ist. Den Entzauberungsprozeß und auch seine sozialwissenschaftliche Krönung zurücknehmen zu wollen, das wäre allerdings falscher Zauber. Der Weg der Entzauberung muß bis zum Ende abgeschritten werden, das ist unausweichlich und notwendig zum Vorteil der Menschheit. Hier hören wir nun die Nachtigall Hegel recht kräftig durchschlagen, denn mit Hegel ist die „Entzauberung der Welt" im Zweifelsfall immer als „List der Vernunft" salviert. So auch bei Ritter. Es handelt sich sogar um eine dreifache List oder, wenn man so will, um die Dialektik des Entzauberungsprozesses.

Die erste List besteht darin, daß Entzauberung zur Befreiung des Menschen aus der Umklammerung der Natur führt. Entzauberung ist mit Freiheit im Bunde, insofern auf diese Weise Instrumentarien und Institutionen entstehen, mit deren Hilfe sich der Mensch „endgültig aus der Macht der Natur befreit und sie als Objekt seiner Herrschaft und Nutzung unterwirft". „Aus dem Sklaven der Natur wird [...] ihr Gesetzgeber'", zitiert Ritter Schiller.[12] Die zweite List aber führt uns auf die andere Seite der Moderne. Diese List besteht darin, daß die Freiheit, die durch Entzauberung gewonnen wird, schließlich selbstbewußt auftritt. Sie erkennt zunächst, daß ihrem Freiraum recht enge Grenzen gesetzt sind, Grenzen, die inzwischen weniger natürliche, als vielmehr technische, ökonomische und soziale Ursachen haben. Die Freiheit befindet sich in einem verklemmten Zustand, eingeklemmt zwischen instrumentellen Sachzwängen einerseits und der „artifiziellen Wirklichkeit rationeller Institutionen" andererseits.[13]

Interesse einer begrifflich stringenten Darstellungsweise. In diesem Interesse wird auch im Hinblick auf Kant, Schiller und Schlegel an der Weberschen Terminologie festgehalten.
11 Ritter 1974 (wie Anm. 10), S. 162.
12 Vgl. Ritter 1974 (wie Anm. 10), S. 161.
13 Vgl. Ritter 1974 (wie Anm. 10), S. 155, 163.

Ritter variiert beziehungsweise hegelianisiert hier übrigens einen Gedanken, den Max Weber auf einen sehr prägnanten Begriff gebracht hat. Die entzauberte, „rationale Lebensführung", sagt Weber, umstellt das Leben mit „äußeren Gütern", die bald einen „überwältigenden Zwang" ausüben und das Leben wie ein „stahlhartes Gehäuse" umschließen.[14] Institutionen sind gleichsam die Spanischen Stiefel eines Rationalismus, der die Freiheit zwingt, statt phantastische Sprünge zu wagen, nur mehr kleine manierliche Runden zu drehen. Während aber Weber diesen „Abschied von einer Zeit vollen und schönen Menschentums" resigniert hinnimmt, baut Ritter auf eine dritte List der Vernunft: Dieselbe Zivilisation, die die Natur verdinglicht und das Leben umstellt, treibt gleichzeitig den Geist der Freiheit dazu, „Organe auszubilden, die den Reichtum des Menschseins lebendig gegenwärtig halten".[15] Diese Organe sind sozusagen die Mittler des Lebens. Sie verstehen es einerseits, aus denjenigen Quellen zu schöpfen, worin aller Sinn des Lebens seinen Ursprung hat; und sie verstehen es andererseits, diesen Sinn mitzuteilen und die Welt mit Leben zu erfüllen.

Damit aber sind wir auf der anderen Seite der Moderne angelangt. Hier geht es um das *Was* des Lebens, nicht um seine Form, sondern um seinen Inhalt. Die eine Seite der Moderne, die technische und soziale, produziert Ordnung und Sicherheit, die andere Seite aber produziert Sinn. In der Moderne fallen somit Sinn und Form, das Was und das Wie des Lebens auseinander und bilden zwei konträre Sphären mit je besonderer Vernunft. Das Wie des Lebens beruht auf instrumenteller Vernunft und Produktion; worauf aber beruht das Was des Lebens? Auf einer ganz eigenen Produktivität, antwortet Ritter und beruft sich vor allem auf Schiller und Hegel: Das Was des Lebens beruht auf „ästhetischer Produktion". Hier spielt der Weltgeist frei auf und setzt die Inhalte der Welt außer sich; und diese Inhalte besitzen ihre ganz eigene Wahrheit, die „ästhetische Wahrheit". Die andere Seite der Moderne, das ist die Ästhetik.[16] Diese Seite, sagt Ritter, führt in der Soziologie wie in allen Sozialwissenschaften bloß ein Schattendasein; sie kommt allenfalls im Modus individueller oder kunstsinniger Interessen, Sinn- oder Wertpräferenzen zur Sprache, aber nicht als modernes Äquivalent und echtes Gegengewicht zur technischen Vernunft und zum sozialen Formalismus. Was aber bedeutet Ästhetik? Was zeichnet sie aus? Welche Tragweite hat sie? Und was besagt sie über den Zauber der Natur?

Ritter legt den älteren und weiteren Ästhetik-Begriff zugrunde, der nicht auf schöne Kunst und Poesie hin zugespitzt ist, sondern der die ganze innere Welt des Menschen umfaßt, seine Gefühle und Empfindungen, seinen Leib und seine Psyche, seine ganze Schöpferkraft bis hin zur Genialität. Der lebendige, der ganze Mensch, wie er gewissermaßen a priori in „seinem eigenen Sein" da ist, bildet nach Ritter das „Organ", aus dem der Weltgeist spricht und überhaupt allen je denkbaren Sinn hervorbringt. Ästhetische Produktion ist nicht irgendeine kunterbunte Angelegenheit oder gar Nebensächlichkeit, sondern die ästhetische Produktion allein erzeugt denjenigen Sinn, ohne den die gesellschaftliche Maschinerie sich immer nur im Leerlauf drehen würde. Die Tragweite der Ästhetik ist unermeßlich, denn nur sie allein ist es, die „den Reichtum des Menschseins lebendig" erhält.[17]

Diese Theorie birgt nun eine ganze Menge Zündstoff. Entzünden ließen sich daran etwa Konzepte ‚autonomer' oder ‚souveräner Ästhetik', Konzepte ‚ästhetischer Erfah-

---

14 Vgl. Weber 1991 (wie Anm. 1), S. 187 f.
15 Ritter 1974 (wie Anm. 10), S. 163.
16 Vgl. Ritter 1974 (wie Anm. 10), S. 153-156.
17 Vgl. Ritter 1974 (wie Anm. 10), S. 162 f.

rung' und ‚leiblich-sinnlicher Erkenntnis', Konzepte also, die sowohl den aktuellen Ästhetik-Diskurs als auch den aktuellen Natur-Diskurs bestimmen. Ich beschränke mich jedoch auf die Frage nach der Initialzündung für den Zauber der Natur.

Im Gesamtzusammenhang „ästhetischer Produktion", sagt Ritter, befindet sich eine Richtung, die in besonderer Weise auf die ‚Entzauberung der Welt' reagiert, und das ist die Naturästhetik. In ihrem Gewand schlägt sich der absolute Geist gleichsam in die Bresche der Verluste, die durch technische Ausbeutung der Natur geschlagen wird und renaturiert den Kahlschlag beziehungsweise füllt die gerissenen Lücken mit neuem Sinn. Dieselbe Gesellschaft, die auf der einen Seite die Natur zum Ausbeutungsobjekt macht, hüllt sie auf der anderen Seite in die Aureole des schönen Scheins. Der Entzauberung folgt die Neubezauberung wie der Schweif dem Kometen.[18] Apolitische Weltflucht ist das nicht, wie Weber meint, im Gegenteil, Ästhetik und insbesondere Naturästhetik reagiert unmittelbar auf die soziale Realität und setzt sie in Relation zu dem, was verloren gegangen ist und zu dem, was anders sein könnte. Naturästhetik flieht nicht vor mannigfaltigen Interessenlagen und Konflikten, sondern sie setzt diese Pluralität und Relativität überhaupt erst in die Welt und in Bewegung, indem sie Alternativen schafft, sei es konservative, sei es utopische. Daraus resultiert eine beständige Provokation für die technische Welt, nämlich einerseits die Trauer um Verluste und Opfer, andererseits der Traum einer anderen Moderne.

Diese politische Brisanz der Naturästhetik verkannt zu haben, darin besteht der blinde Fleck im Fokus soziologischer Vernunft, aber an dessen Stelle tritt nun, bei Ritter, das Dunkel einer Dialektik, die offenkundig selbst an Irrationalismus und Geisterglauben grenzt[19]; denn mit dem Weltgeist ist kein Staat zu machen, zumal kein moderner, geschweige denn eine andere Moderne. Der Weltgeist ist, nach Weber zu urteilen, selbst der Ausbund und Inbegriff von Weltflucht, Weltfremdheit und Irrationalismus. Wie aber läßt sich Naturästhetik dann rational begründen?

4. Schöne Zustände I: Kant

Ritter hat zu Recht Schiller als Kronzeugen für eine andere Moderne benannt. Aber Ritter hat dabei alles unterschlagen, was sich nicht ohne weiteres in die Hegelsche Scheuer fahren läßt, und das ist nicht wenig, es ist sogar der Kern der Sache: die kritische Ästhetik. Schiller zieht einen ganz anderen Weltgeist zu Rate als den, den Ritter bemüht hat; Schiller beruft sich ausschließlich auf Kant, und zwar auf die „Kritik der Urteilskraft". Dort findet sich eine Konstellation von instrumenteller und ästhetischer Vernunft, die sich durchaus als Ansatz zu einer anderen Moderne lesen läßt.

Auf der einen Seite der Moderne herrscht nichts als Zwang, dieser Gedanke läßt sich mit Kant begründen: Zwang ist der große gemeinsame Nenner allen rationalen Denkens und Handelns, einerlei ob es aus theoretischen, praktischen oder sinnlichen Interessen heraus erfolgt. Zugrunde liegt die ohnehin schon alles zermalmende Erkenntnis, daß wir Menschen keinen Zugang haben zur Natur an sich selbst, sondern daß wir sie immer nur mit unseren Augen anschauen können. Schon bei der

---

18 Vgl. Ritter 1974 (wie Anm. 10), S. 162 f.
19 Naturästhetik ist „das Organ, das der Geist auf dem Boden der Gesellschaft ausbildet, um das, was die Gesellschaft in der für sie notwendigen Verdinglichung der Welt zu ihrem Objekt außer sich setzen muß, dem Menschen zurückzugeben und für ihn einzuholen". Ritter 1962 (wie Anm. 10), S. 162.

Wahrnehmung schneiden wir die Natur stets nach menschlichem Maß zu. Rationalität aber zeichnet sich dadurch aus, daß sie die Erscheinungswelt bewußt und absichtlich in zweckmäßige Ordnungen bringt, sei es aus naturwissenschaftlichen, sittlichen oder sinnlichen Interessen.

Naturwissenschaft verwandelt sogleich die ganze Natur in ein einziges gigantisches Zwangssystem, und das ist das Reich der Notwendigkeit. Physikalisch betrachtet erscheint die Natur als gesetzmäßige Ordnung, als mechanisches Getriebe, das kausal determiniert ist, also nach Ursache und Wirkung quasi automatisch funktioniert. Von Freiheit kann hier nirgendwo die Rede sein; die Notwendigkeit führt ein absolutes Regiment.[20] Demgegenüber geht die praktische Vernunft zwar auf Freiheit aus, aber sie verfolgt diesen Zweck mit äußerster Härte und Rigidität. Am Ende soll das Reich der Notwendigkeit in einem Reich der Freiheit aufgehen, aber der Weg dorthin ist von unzähligen Opfern gesäumt, denn die praktische Vernunft regiert imperativisch, das heißt, sie schlägt die Natur, und zwar zuerst die menschliche Natur, unerbittlich über den Leisten des Kategorischen Imperativs, wobei alles gebrochen wird oder herausfällt, was sich sperrt. Das moralische Interesse ist unvermeidlich mit Zwängen und Aufopferungen verbunden. Freiheit fällt schließlich sogar weitgehend in eins mit Notwendigkeit: „Denn wo das sittliche Gesetz spricht, da gibt es, objektiv, weiter keine freie Wahl in Ansehung dessen, was zu tun sei".[21] Freiheit ist die Einsicht in die Notwendigkeit, in das sittlich Notwendige. Aber auch dort, wo sich die Vernunft in den Dienst der Natur stellt, herrscht nichts als Zwang und Gewalt. Die Sinnlichkeit, als die innere Natur des Menschen, verhält sich rücksichtslos egoistisch. Sie geht stets nur auf Wohlbefinden und Vergnügen aus, und zwar erst recht, wenn ihr dafür rationale Mittel an die Hand gegeben sind. Solche sozusagen sinnliche Vernunft zwingt alle Erscheinungen der Welt dazu, der animalischen Bedürfnisnatur des Menschen zu dienen. Alles, was sich nicht auf diesen Zweck hinbiegen läßt, wird im Zweifelsfall ausgeschaltet oder aufgeopfert.[22]

Unter allen rationalen Perspektiven wird die empirische Erscheinungswelt nach Zwecken sortiert und entsprechend instrumentalisiert. Schon mit Kant ließe sich also vom Zwangscharakter der instrumentellen Vernunft sprechen, wie es später Adorno und Horkheimer getan haben. Die instrumentelle Vernunft richtet das, was sie in den Blick nimmt, entschieden nach den ihr aufgetragenen Zwecken zu. Ein etwaiger Zauber der Natur kommt überhaupt nicht in Betracht, im Gegenteil, alle Eigenheiten der Natur, und dazu gehören auch irritierende Zufälle, paradoxe Reaktionen und seltsame Ausstrahlungen, alle diese Absonderlichkeiten erscheinen als Problem für die reibungslose Interessenbefriedigung, denn wer weiß, ob so ein Zauber sich nicht kontraproduktiv verhält oder sogar Unheil und Schrecken verbreitet. Zweckrationalität ist deshalb prinzipiell auf Entzauberung der Welt angelegt, weil sie im Interesse ihrer Zwecke alle zweckwidrigen Momente und Unwägbarkeiten der Natur unnachsichtig bekämpfen und ausschalten muß. Zweckrationalität ist die Entzauberungsinstanz schlechthin.

Ist damit aber schon das letzte Wort über vernünftige Naturzugänge gesprochen? Gibt es nicht doch eine Form von Rationalität, die ein Organ für den Zauber der Natur besitzt? Ist das Gehäuse selbstreferentieller Zweckmäßigkeiten gleichsam schalldicht isoliert, oder weist es Zugänge auf für Klänge jenseits des Refrains? Die Vernunft

---

20 Vgl. Immanuel Kant: Kritik der Urteilskraft [A: 1790, B: 1793]. In: ders.: Werke in sechs Bänden. Bd. 5. Hg. von Wilhelm Weischedel. Darmstadt 1983, S. 233-620, hier S. 267-273 (A XLVII-LV), S. 469-620 (A 263-476).
21 Kant 1790/1793/1983 (wie Anm. 20), S. 287 (A 16). Vgl. auch ebda. S. 202-207 (A 142-151).
22 Vgl. Kant 1790/1793/1983 (wie Anm. 20), S. 281-283, 434 f. (A 7-10, 220, B 223 f.).

beurteilt die empirische Erscheinungswelt ausnahmslos im Hinblick auf Zweckmäßigkeiten, antwortet Kant; es gibt kein anderes Prinzip.[23] Was es aber gibt, das ist ein besonderer Zustand der Vernunft, und diesen Ausnahmezustand nennt Kant den „ästhetischen Zustand". Er ist dann gegeben, wenn wir die Erscheinungen der Welt nicht danach beurteilen, ob sie gut oder angenehm geordnet sind, sondern danach, ob wir sie als schön empfinden oder nicht.

Der Geschmack beziehungsweise das ästhetische Urteil stellt nach Kant eine ganz besondere Seite der Vernunft dar, eine so besondere, daß Schiller darauf alle freiheitlichen Hoffnungen gesetzt hat und daß noch Ritters Begriff der „ästhetischen Produktion" ursprünglich von dort inspiriert ist, wieviel Hegel auch immer darüber liegen mag. Was aber ist das Besondere am ästhetischen Zustand? Das Besondere ist, daß die Vernunft hier von allen eigenen Zwecken und Interessen absieht und den betreffenden Gegenstand um seiner selbst willen gelten läßt: „Geschmack ist das Beurteilungsvermögen [...] ohne alles Interesse". „Alles Interesse verdirbt das Geschmacksurteil".[24] Dennoch aber bleibt das Prinzip der Zweckmäßigkeit vollständig in Kraft, schließlich ist auch das Geschmacksurteil ein vollwertiges Vernunfturteil, das nicht anders kann, als Zweckmäßigkeiten festzustellen. Das geschieht in diesem Fall aber ohne bestimmte Vorgaben, ohne feste Ziele, die dem Gegenstand aufgezwungen würden. Ästhetisch zu urteilen, das bedeutet, daß wir an einer beliebigen Erscheinung „eine Zweckmäßigkeit der Form nach" beobachten, „ohne daß wir ihr einen Zweck (als die Materie des nexus finalis) zum Grunde legen".[25]

Der Geschmack begeistert sich für einen Gegenstand; er findet Gefallen an eigentümlichen Formen und Zweckmäßigkeiten, ohne daß ein Wofür oder Wohin, eine Funktion oder ein Ziel vorher ausgemacht wäre. Das ist der analytische Hintergrund der berühmten Kantischen Formel von der Schönheit als der „Zweckmäßigkeit ohne Zweck". Die ästhetische Vernunft urteilt ohne Leitbegriffe, ohne jedes erkenntnisleitende Interesse. Wie aber ist das möglich? Wie kann man ein Urteil fällen, ohne zu wissen, worauf es hinauslaufen soll, ohne wenigstens ein ungefähres Ziel vor Augen zu haben? Kant macht eine besondere Fügung der menschlichen Erkenntnisvermögen geltend: Während Einbildungskraft und Verstand, wenn sie unter sinnlicher oder sittlicher Ägide agieren, strikt darauf ausgerichtet sind, Vorstellungen und Ordnungen zu entwickeln, die einem vorgegebenen Zweck genügen, haben sie im ästhetischen Zustand jede Orientierung verloren. Sie sind plötzlich freigestellt von ihrem Dienst am Vaterland der Sinn- und Sittlichkeit. Es eröffnet sich ein herrschaftsfreier Raum, gleichsam der Sonntag unter der Woche der Geschäftsinteressen. Gelöst beginnt die Phantasie umherzuschweifen, während der Verstand Zweckmäßigkeiten bald hier, bald dort konstatiert, ohne noch im entferntesten auf Beute auszugehen.

Wenn die Interessen der Sinnlichkeit und der Sittlichkeit schweigen, dann beginnt der „ästhetische Zustand", das ist das „freie Spiel der Erkenntnisvermögen". Seine Freiheit zeichnet sich dadurch aus, daß die Erscheinungen der Welt betrachtet werden, ohne daß ein bestimmtes Erkenntnisziel oder eine „Erkenntnisregel" vorgegeben wäre.[26] Einbildungskraft und Verstand gewinnen Vorstellungen und Einheiten aus freier Wechselwirkung; und diese selbstregulierte Balance, diese „Einhelligkeit im Spiele der Gemütskräfte" führt zu ganz eigenartigen Ergebnissen, die dann im Urteil „schön" zum

---

23 Vgl. Kant 1790/1793/1983 (wie Anm. 20), S. 251-262 (A XXIII-XL).
24 Kant 1790/1793/1983 (wie Anm. 20), S. 288, 298-303 (A 16, 32-38).
25 Kant 1790/1793/1983 (wie Anm. 20), S. 288, 298-303 (A 16, 32-38).
26 Kant 1790/1793/1983 (wie Anm. 20), S. 296 (A 28).

Ausdruck kommen.²⁷ Die ästhetische Vernunft kommt ohne Kalkül und Kalkulationen aus; und eben weil sie keinerlei Voraussetzungen macht und allein spielerisch agiert, ist sie in ihren Urteilen ganz und gar ungebunden und frei. Das „Gefühl für das Schöne", sagt Kant, ist „das einzige freie Wohlgefallen". Demgegenüber lassen sinnliche oder sittliche Gefühle nicht ein Minimum an Freiheit in Ansehung dessen, was zu tun sei. Nur im Geschmack sind die Menschen „völlig frei". Keine Notwendigkeit, kein Zwang, kein Diktat reicht in diese Sphäre hinein. Hier herrscht absolute Freiheit.²⁸ Und dieses Wort Kants ist es, das Schiller nachhaltig in den Ohren geklungen hat: Nur im „ästhetischen Zustand" sind die Menschen „völlig frei"!

Kant hat die Natur ausdrücklich in diese Freiheit einbezogen. In der ästhetischen Beurteilung zerbrechen die Riegel, die eine asketische Vernunft vor die Natur mit ihren Kontingenzen gelegt hat. Es vergeht die uralte Angst vor etwaigem Schrecken. Diese Angst verwandelt sich in Achtung vor der Erhabenheit der Natur, in Ergriffenheit in Anbetracht ihres Zaubers. Die ästhetische Beurteilung kann die Natur in allen ihren Details als schön, erhaben und zauberhaft ansehen.²⁹ Dieser ästhetische Rationalismus läßt nun auch das letzte Argument Webers gegen die Naturästhetik hinfällig werden, und das ist das Verdikt des „Irrationalismus". Ästhetische Urteile sind nicht nur vollwertige Vernunfturteile, sondern sie entsprechen auch allen anderen formalen Finessen, die Weber angibt. Ästhetische Urteile folgen einerseits einem geregelten Urteilsverfahren, wenngleich die Regel darin besteht, keine Regeln aufzustellen, sondern alle Ergebnisse im freien Spiel zu erzielen. Andererseits hat Kant bestimmte Standards benannt, unter denen Geschmacksurteile sozusagen korrekt und legal und also rational im Sinne Webers mitzuteilen sind.

Geschmacksurteile gehören nämlich keineswegs in die Kategorie subjektiver Beliebigkeit, vielmehr wird ihre öffentliche und schließlich politische Tragweite schon durch die Begriffswahl deutlich: Kant spricht vom „ästhetischen Zustand" ausdrücklich als vom „gemeinschaftlichen Sinn", „Gemeinsinn", „sensus communis aestheticus". Das „freie Spiel der Erkenntniskräfte" besitzt „Allgemeingültigkeit", so daß auch die daraus resultierenden Urteile allgemeine Gültigkeit beanspruchen dürfen.³⁰ Im Gegensatz aber zu sittlichen Urteilen, die aufgrund des Sittengesetzes unbedingte Zustimmung verlangen und erzwingen können, beruht das Geschmacksurteil auf keinerlei Gesetz oder Regel, „nach der jemand genötigt werden sollte, etwas für schön anzuerkennen. Ob ein Kleid, ein Haus, eine Blume schön sei: dazu läßt man sich sein Urteil durch keine Gründe oder Grundsätze aufschwatzen."³¹

Geschmacksurteile stützen sich allein auf das „freie Spiel der Erkenntnisvermögen", und dieses Spiel ist jeder Verfügbarkeit, jedem Diktat, jedem Imperativ enthoben, sonst wäre es ja kein *freies* Spiel mehr. Ein Geschmacksurteil kann nicht als Pflicht auferlegt

---

27 Vgl. Kant 1790/1793/1983 (wie Anm. 20), S. 298-303 (A 32-38).
28 Kant 1790/1793/1983 (wie Anm. 20), S. 294 (A 25 f.).
29 Das Majestätische, ganz und gar Inkommensurable und Übermächtige solcher Erscheinungen wie der Berge und des Meeres, schreibt Kant, erschüttert unsere Sinnlichkeit zutiefst, aber nun nicht mehr aus Angst, sondern aus Achtung. Gerade durch diese „Erschütterung" aber gewinnen wir Achtung vor uns selbst, nämlich vor unserem eigenen übersinnlichen Vermögen, der Vernunft; und wir gewinnen furchtsamen Respekt vor uns selbst, nämlich vor der unermeßlichen Würde des Menschen, wie sie durch den Bannkreis des Kategorischen Imperativs geschützt wird. So korrespondieren ‚der bestirnte Himmel über mir und das moralische Gesetz in mir'. Vgl. Kant 1790/1793/1983 (wie Anm. 20), S. 335 f., 343-346 (A 83 f., 94-98).
30 Vgl. Kant 1790/1793/1983 (wie Anm. 20), S. 319-328, 379-392 (A 61-73, 141-159), insbesondere: 321f., 385 (A 64 f., 150).
31 Kant 1790/1793/1983 (wie Anm. 20), S. 294 (A 25: „beschwatzen", C: „aufschwatzen").

werden, das wäre absurd. Folglich „sinnet [das Geschmacksurteil] nur jedermann diese Einstimmung an". „Man wirbt um jedes andern Beistimmung", aber man schreibt nichts vor.[32] Somit impliziert der ästhetische Zustand zugleich eine „idealische Norm" der Mitteilung von Geschmacksurteilen, und diese Norm ist nichts anderes als die Regel des „freien Spiels", übertragen auf den öffentlichen Meinungsaustausch. Norm ist der herrschaftsfreie Diskurs über das Schöne. Mit anderen Worten: Über Geschmack muß gestritten werden, das aber in derselben freien Form, die schon den inneren ästhetischen Zustand auszeichnet. Kant erklärt schließlich den ästhetischen Zustand zu einer Art Gesellschaftsvertrag oder Grundgesetz. Das innere freie Spiel verwandelt sich in ein äußeres. Im öffentlichen Streit um das Schöne „erwartet und fordert ein jeder die Rücksicht auf allgemeine Mitteilung von jedermann aus einem ursprünglichen Vertrage, der durch die Menschheit selbst diktiert ist".[33]

Von Irrationalismus kann überhaupt keine Rede sein. Ästhetische Urteile, und darunter fällt selbstverständlich auch die Naturästhetik, unterliegen einem Standard des Zustandekommens, der Mitteilung und des öffentlichen Austrags, der zweifellos den Weberschen Kriterien für Rationalität und Modernität vollauf genügt. Das „freie Spiel" stellt sozusagen die legale Grundlage, die Satzung für alle ästhetischen Diskurse dar. Von der Schönheit und vom Zauber der Natur zu sprechen, das ist, mit Kant begründet, keine naive Weltflucht, keine blöde Sentimentalität, keine blumige Schwärmerei, sondern das ist ein Ausdruck der Freiheit, die nun auch die Natur einbegreift.

5. Schöne Zustände II: Schiller

Schiller ist es gewesen, der die Kantische Ästhetik ausdrücklich und nachdrücklich zum Politikum erhoben hat: Alles menschliche Zusammenleben, Gesellschaft und Staat, ja die ganze Welt, inklusive der Natur, soll nach dem Muster des „freien Spiels" umgebaut werden. Ich rekapituliere diese politische Ästhetik nur so weit, wie sie für die Natur von Belang ist.

Schiller radikalisiert zunächst das Rationalismus-Problem: Zweckrationalität ist grundsätzlich autoritär und diktatorisch, einerlei ob sie naturwissenschaftliche, sinnliche oder sittliche Interessen vertritt. Immer bleibt ihr Prinzip die Gewalt, die schließlich zur Struktur wird, und zwar in Gestalt der Naturgesetze nicht anders als in Gestalt des Sittengesetzes. Technische Instrumente und soziale Institutionen bilden gleichsam die Zwillingsgestalt moderner Herrschaft, nämlich einerseits der Herrschaft über die äußere Natur und andererseits der Herrschaft über die innere Natur des Menschen. So ist das Leben in jeder Beziehung überwältigenden Zwängen ausgesetzt, resümiert Schiller nicht anders, als es später Weber und dann Ritter getan haben.[34]

Schiller sieht in diesen Herrschaftsverhältnissen eine Notwendigkeit, nämlich einen notwendigen Reflex auf diejenige Gewalt, die in der Natur immer schon vorgefunden wird. Die Gewalt des Menschen spiegelt die Gewalt der Natur zurück. Der Mensch, der

---

32   Kant 1790/1793/1983 (wie Anm. 20), S. 320 (A 62f.). Vgl. auch ebd., S. 294 (A 25f.).
33   Kant 1790/1793/1983 (wie Anm. 20), S. 392-395 (A 160-163).
34   „Jede ausschließende Herrschaft eines der beyden Grundtriebe [Stofftrieb/Sinnlichkeit oder Formtrieb/Sittlichkeit] ist für ihn [den Menschen] ein Zustand des Zwanges und der Gewalt; und Freyheit liegt nur in der Zusammenwirkung seiner beyden Naturen." Friedrich Schiller: Über die ästhetische Erziehung des Menschen in einer Reihe von Briefen [1795]. In: Nationalausgabe Bd. 20. Weimar 1962, S. 309-412, hier S. 365 (im folgenden zitiert: Schiller 1795/1962 a).

die Natur beherrscht, ausbeutet und zerstört, verhält sich gewissermaßen ganz natürlich, indem er das Bewegungsprinzip der Natur an dieser selbst exekutiert. Technische und soziale Zwänge sind notwendig, damit aus dem „Sklaven der Natur" ihr „Gesetzgeber" werde.[35] Aber das kann nicht das letzte Wort sein, denn auf diese Weise wird lediglich die alte Sklaverei gegen eine neue ausgetauscht. Mag der Knecht zum Herrn werden, so ließe sich mit Hegel sagen, das Prinzip der Gewalt herrscht dennoch fort. Uns aber, antwortet Schiller, „denen Freiheit das höchste ist, empört [es grundsätzlich], das etwas dem andern aufgeopfert werden und zum Mittel dienen soll". „Wir wollen nun einmal nirgends Zwang sehen, auch nicht, wenn die Vernunft selbst ihn ausübt".[36] Wie aber kommen wir zur Zwanglosigkeit?

Der ästhetische Weg steht allein noch offen, antwortet Schiller; denn Kant hat gezeigt, daß alle anderen Wege auf Härte, Zwang und Gewalt hinauslaufen. Nur im ‚ästhetischen Zustand', im Zustand des ‚freien Spiels' ist der Mensch ‚völlig frei', und das heißt mit den vielzitierten Worten Schillers: „Denn, um es endlich auf einmal herauszusagen, der Mensch spielt nur, wo er in voller Bedeutung des Worts Mensch ist, und er ist nur da ganz Mensch, wo er spielt."[37] Aber ist das überhaupt sozial-politisch denkbar, so ein freies Spiel, in dem die Menschen mit ihrer ganzen Menschennatur auftreten und nicht als abstrakte Vernunftwesen? Ja, geht nicht die ganze reine Ästhetik völlig an der Wirklichkeit vorbei? Kommen wir nicht immer nur als Alltagsmenschen auf einen solchen Spielplatz, und das heißt, mit einem Kopf voller egoistischer Neigungen und Vorurteile? Und wissen wir nicht heute und seit Freud, daß selbst so schöne Gefühle, wie es die ästhetischen sein mögen, womöglich an der sublim langen Leine der Libido hängen? Darüber hinaus haben doch die Sozialwissenschaften gezeigt, daß auch das Ästhetische ein Sprachspiel ist, das auf feinen sozialen Unterschieden beruht. Läßt sich die reine Ästhetik Kants im sozialpolitischen Kontext überhaupt halten?

Dieses Kontext-Problem hat schon Schiller beschäftigt, und er hat eine Lösung vorgeschlagen, die den Kantischen Idealismus noch stärker formalisiert, um jeder Alltagssituation und am Ende der ganzen Materie gerecht werden zu können. Damit das ästhetische Programm kontextualisiert, d. h.: auf jede Situation übertragen werden kann, muß es restlos formalisiert und generalisiert werden, sagt Schiller. Das heißt, es darf keinerlei Angabe darüber gemacht werden, wer nun wann und mit wem ins Spiel kommt und um was gespielt wird. Das „freie Spiel" ist als reines Procedere aufzufassen, das jeden beliebigen Mitspieler aufnehmen und jeden beliebigen Inhalt austragen kann. Zugleich aber ist doch eine Angabe über Inhalte zu machen, allerdings wiederum eine formale. Wenn nämlich alle möglichen Inhalte frei ins Spiel kommen sollen, dann ist jedes Element als absolut selbständig, als autonom aufzufassen. Ästhetischer Zustand, das besagt nach Schiller, daß nichts mehr „dem andern aufgeopfert und zum Mittel dienen soll". Im Spiel begegnen sich alle Teilnehmer ‚völlig frei'. Sie treten als Zwecke an sich selbst auf und arrangieren sich nur mehr aus eigenem Willen und aus freien Stücken. Die ästhetische Vernunft fordert, alle nur erdenklichen Äußerungen des

---

35 Schiller 1795/1962 a (wie Anm. 34), S.394-398.
36 Schiller an Körner am 19.02.1793. In: ders.: Briefwechsel. Schillers Briefe 1.3.1790-17.5.1794. Nationalausgabe Bd. 26. Weimar 1992, S. 198f. Übrigens ist auch Max Weber solche Empörung durchaus anzumerken, wenn er vom „asketischen Rationalismus" als von der „organisierten Versteinerung" spricht, wenn er den „Fachmenschen ohne Geist, Genußmenschen ohne Herz" das Bild eines „vollen und schönen Menschentums" entgegenhält. Vgl. Weber 1991 (wie Anm. 1), S. 187-189.
37 Schiller 1795/1962 a (wie Anm. 34), S. 359. Vgl. auch ebda. S. 357.

Lebens in ihrem Selbstwert zu respektieren und sie in freie Wechselwirkung miteinander treten zu lassen.

Freies Spiel bildet somit die höchste Form von Pluralismus und Toleranz aus. Eine ordnende Hand greift nur ein, um Intoleranzen aufzuheben: Das ist der Weg der ästhetischen Erziehung des Menschen. Am Ende aber steht alles mit allem in fröhlicher Wechselwirkung, ein konstruktives Chaos, aus dem vollkommene Gestalten zwanglos, fast wie zufällig hervorgehen. „Schöne Seele" heißt eine dieser Gestalten, und das ist die Psyche des einzelnen Menschen, wenn sie ästhetisch ausbalanciert ist. „Ästhetischer Staat" heißt dann eine ganze Gesellschaft, die auf diese Weise verfaßt ist. Das freie Spiel im universalen Maßstab aber, das ist das „Elisium". Im Elysium ist endlich auch aus dem Reich der Notwendigkeit ein Reich der Freiheit geworden. Der ganze Zauber der Natur liegt nun offen dar.

6. Magischer Idealismus

Die ästhetische Vernunft erhebt das „freie Spiel" zum Prinzip aller Kommunikation und Verständigung, und das schließt die Natur ein. Wie jedes menschliche Individuum, so soll auch jeder einzelne Naturgegenstand in seiner Freiheit respektiert werden. Jedes Naturphänomen ist so anzusehen, als ob es einen „absoluten inneren Wert" (Kant) besitzen, als ob es einen Sinn und „Zweck an sich selbst" darstellen würde.[38] Über dieses Ursprüngliche und Eigentümliche der Natur darf niemals verfügt werden, es darf niemals nur zum Mittel gemacht werden, etwa zum Objekt ökonomischer Ausbeutung. Der „unbedingte innere Wert" der Natur, sagt Schiller, steht nicht zur Disposition, er ist Tabu.[39] So geht die Rede von der Natur auf sehr rationalem Wege in magische Kategorien über. Die oberste ästhetische Diskursregel selbst, die Norm und Form des „freien Spiels" ist es, die, wenn man so will, einen magischen Kreis um die Natur zieht. Das Innerste der Natur, ihr ureigener Wert, ist unantastbar, nicht anders als die Würde des Menschen. Solche Würdigung der Natur spottet natürlich jeder Erfahrung. Darüber läßt Schiller keinen Zweifel aufkommen. Naturwissenschaftlich und realistisch betrachtet bleibt die Natur ein mechanisches Getriebe der Not und Notwendigkeit. Dennoch ist derjenige, der von der Freiheit der Natur spricht, kein aberwitziger Phantast, sondern er ist ein konsequenter Rationalist. Solche Naturbeschönigung erfolgt aus reiner ästhetischer Vernunft, sie ist eine Idee, ein folgerichtiges Postulat, das bewußt wider alle Erfahrung aufgestellt wird, damit die Realität ihm nachkomme.[40]

Die Romantiker Novalis und Friedrich Schlegel sind es gewesen, die für diese Art der ästhetischen Naturbetrachtung und Naturbewertung den Begriff „magischer Idealismus" geprägt haben. Der Mensch beweist seine Herrschaft über die Natur, heißt es dort, indem er sie zur Freiheit hinaufläutert. Der Mensch erweist sich als „wahrer Magier", indem er den Sinn heraufbeschwört, die Idee hervorruft, die doch in jedem

---

38 Immanuel Kant: Die Metaphysik der Sitten [A: 1797]. In: ders.: Werke in sechs Bänden. Bd. 4. Hg. von Wilhelm Weischedel. Darmstadt 41983, S. 305-634, hier S. 529 (A 34), 539f. (A 49-50); Immanuel Kant: Grundlegung zur Metaphysik der Sitten [A: 1785]. In: ebda. S. 9-102, hier S. 59-74 (A 64-87); Immanuel Kant: Kritik der praktischen Vernunft [A: 1788]. In: ebda. S 107-352, hier S. 210 (A 155-156).
39 Vgl. Schiller 1795/1962 a (wie Anm. 34), S. 314-318.
40 Vgl. Schiller 1795/1962 a (wie Anm. 34), S. 314-318.

Detail der Natur stecken muß, letztendlich, wenn Freiheit sein soll.[41] „die Welt hebt an zu singen / triffst du nur das Zauberwort", hat Eichendorff diesen Gedanken verdichtet. Solches Sprachspiel mutet uns heute, wo wir uns dem Faktischen verschrieben haben (haben wir?), womöglich reichlich überspannt an; aber im Grunde steht eine durchaus aktuelle Frage zur Diskussion, eine Frage der Bioethik oder der Ethik der Natur, wie wir zeitgemäßer und sachlicher sagen könnten. Sie lautet: Wenn wir uns auf freiheitliche Diskursregeln einigen, warum sollte die Natur davon ausgenommen sein?[42] Und selbst wenn die Natur keine eigene Stimme hätte, warum sollten wir ihr dann nicht eine leihen? So lange die Realität dem Freiheitspostulat nicht nachkommt, solange müssen wir eben „dem Willenlosen in unseren Gedanken einen Willen leyhen".[43]

Der Magische Idealismus ist eine kritische Zauberkunst, denn er betreibt sein Spiel allein im Modus des ,Als-ob'; er tut so, aus Gründen der politischen Ästhetik, als ob der Natur ein Sinn und Wert innewohnen würde, der zu bergen und diskursethisch zu schützen sei. Das Kunststück besteht darin, gleichsam aus dem leeren Hut der Notwendigkeit eine Fülle von Sinn freizuzaubern. Der zauberhafte „Effekt" resultiert daraus, daß die Freiheitsidee „von dem Vernünftigen auf das Vernunftlose übertragen" wird.[44] Der magische Idealismus bezaubert und verzaubert die Welt. Das sind Projektionen um der Freiheit willen. Aber wie steht es mit der Natur selbst? Ist sie nur Projektionsfläche oder trägt sie an sich selbst Sinn und Bedeutungen, von denen ein Zauber ausgeht? Schläft wirklich ein Lied in allen Dingen?

Zauber ist Projektion in freiheitlicher Absicht, sagt Schiller; aber dahinter könnte Gewalt stecken, wenn Projektion als willkürliche Oktroyierung verstanden würde. Deshalb muß die ästhetische Vernunft ihren Projektionscharakter selbst in Frage stellen und die Natur so ansehen, als ob darin ein ganz eigener Sinn und Wille walten würde, der sich von sich aus äußert. Die von Sinn erfüllte und bewegte Natur ist eine ‚regulative Idee', die uns einen überzeugenden Grund dafür angibt, warum wir die Natur nicht zur Folie beliebiger Projektionen machen dürfen. Aus Ekel und Angst vor allen Gewaltverhältnissen fordert die ästhetische Vernunft nicht nur, daß die Natur mit Sinn und Bedeutung erfüllt sei, sondern sie fordert außerdem, daß die Natur sich nicht gleichgültig verhält gegenüber dem menschlichen Freiheitsverlangen.[45] Die Natur selbst steht in „utopischer Realdämmerung", um mit Ernst Bloch zu sprechen. Zaubern ist demnach ein Handeln, das natürliche Tendenzen freisetzt.[46] Der Zauber der Natur zeigt sich immer dann, wenn ein solcher latenter Sinn aufgegangen ist, überraschend, ungewöhnlich, zwanglos.

---

41 Vgl. Walter Benjamin: Der Begriff der Kunstkritik in der deutschen Romantik [1919]. In: ders.: Gesammelte Schriften. Bd. 1/1. Frankfurt/M. 31999, S. 7-122, hier S. 56-61.
42 Schon im eigenen Interesse, sagt Kant, müssen wir davon ausgehen, daß die Natur sich am Ende der Freiheit nicht verschließt, daß sie letztendlich mit einer der „moralischen Gesinnung gemäßen Kausalität" ausgestattet ist. Vgl. Kant 1788/1983 (wie Anm. 38), S. 254-259 (A 223-230). Vgl. auch Immanuel Kant: Idee zu einer allgemeinen Geschichte in weltbürgerlicher Absicht. In: ders.: Werke in sechs Bänden. Bd. 6. Hg. von Wilhelm Weischedel. Darmstadt 41983, S. 31-50, hier S. 34 (A 388).
43 Vgl. Friedrich Schiller: Über naive und sentimentalische Dichtung [1795]. In: Nationalausgabe. Bd. 20. Weimar 1962, S. 423-503, hier S. 427 (im folgenden zitiert: Schiller 1995/1962 b). Vgl. auch Schiller 1795/1962 a (wie Anm. 34), S. 327.
44 Vgl. Schiller 1995/1962 b (wie Anm. 43), 427.
45 Vgl. Schiller 1795/1962 b (wie Anm. 43), S. 427-430.
46 Ernst Bloch: Einzige Invariante: Tendenz auf Erscheinung des Wesens (1936). In: ders.: Tendenz-Latenz-Utopie. Werkausgabe, Ergänzungsband. Frankfurt/M. 1985, 260-264, hier S. 263 f.

Aber ist nicht auch diese Vorstellung noch ein letzter Ermächtigungsakt? Diese Frage hat Schiller nicht mehr gestellt. Sie könnte aber mit Adorno beantwortet werden: Am Ende müßte sich die „ästhetische Rationalität" konsequenterweise ganz zurücknehmen und sich nur mehr als Sensorium verstehen, als feines Gespür für das, was die Natur möglicherweise selbst zu sagen hat. Der Zauber der Natur, das ist am Ende nicht mehr und nicht weniger als eine auratische Erfahrung, gegründet auf eine rationale Sehnsucht, die „Sehnsucht nach dem ganz Anderen".[47]

Schluß

Gezeigt werden sollte, daß auch in der ‚entzauberten Welt' vom ‚Zauber der Natur' gesprochen werden kann und daß diese Rede alles andere ist als ‚weltflüchtig', ‚apolitisch' und ‚irrational'. Es handelt sich, so meine ich, um ein schönes humanes Gedankenspiel, das im Hinblick auf eine Ethik und Ästhetik der Natur von großer Aktualität und Relevanz ist. Herrschaft über die Natur auf der einen Seite, Beschönigung der Natur auf der anderen Seite, stehen nicht in einem unversöhnlichen Widerspruch, sondern sie bilden ein Ergänzungsverhältnis: Entzauberung und Wiederverzauberung der Welt sind zwei Seiten ein und derselben Moderne. Und manchmal fließen beide Seiten ineinander, etwa beim Panoramablick über das nächtliche Los Angeles, wie ihn die amerikanische Filmindustrie archetypisiert hat: Hier scheinen großstädtisches Lichtermeer und ‚mondbeglänzte Zaubernacht' zu konspirieren, als erneuerten sie eine alte Verabredung.

---

47 Vgl. Theodor W. Adorno: Ästhetische Theorie. Gesammelte Schriften. Bd. 7. Frankfurt/M. 1970.

Cornelia Brink

„Ein jeder Mensch stirbt als dann erst, wenn er lange zuvor schon gestorben zu seyn geschienen hat"[1]

Der Scheintod als Phänomen einer Grenzverschiebung zwischen Leben und Tod 1750-1810

> *„Der Gedanke der Ewigkeit hat von jeher seine stärkste Quelle im Tod gehabt. Wenn dieser Gedanke schwindet, so folgern wir, muß das Gesicht des Todes ein anderes geworden sein."*
> Walter Benjamin, Der Erzähler

Alle Menschen sind sterblich. Kaum etwas scheint gewisser und kaum etwas eindeutiger in der Biologie des menschlichen Körpers begründet zu sein: Der Tod ist ein physischer Sachverhalt. Er ist zugleich ein sozialer Sachverhalt. Wenn einer stirbt, betrifft das immer die Gemeinschaft, aus der er herausgerissen wird. Ein soziales Faktum ist der Tod aber auch insofern, als die Grenze, die ihn vom Leben trennt, keineswegs so eindeutig ist, wie man annehmen möchte. Im Gegenteil: Wiederholt ist neu entschieden worden, welcher physische Zustand als Indiz dafür gelten kann, ob jemand ein lebender Mensch ist oder nicht. Hier ist der physische Tod der soziale Tod. Um die Erkundung und Verschiebung der Grenze zwischen Leben und Tod soll es im folgenden gehen und darum, wie die Zurechnung des physischen Todes in den Bereich des Sozialen offen konflikthaft werden kann.[2]

---

1 D. J. G. Jancke: Vorrede. In: J. J. Bruhier, Abhandlungen von der Ungewißheit der Kennzeichen des Todes und dem Mißbrauche, der mit übereilten Beerdigungen und Einbalsamierungen vorgeht. Leipzig, Copenhagen 1754, o. S.
2 Ähnliche Fragen hat Gesa Lindemann in einem Vortrag über die Feststellung des Hirntods formuliert: Die Praxis des Hinsterbens. In: Claudia Honegger u.a. (Hg.): Grenzenlose Gesellschaft Tl. 2. Opladen 1999, S. 588-604. Zum Thema liegen einige medizinhistorische Arbeiten vor. In der Regel haben die Autoren die historischen Schriften unkritisch als Folie für gegenwärtige Probleme der Todesdefinition genutzt, sie in die Fortschrittsgeschichte medizinischer Entdeckungen eingereiht oder einseitig die Perspektive der Ärzte übernommen, die über die Borniertheit und Unaufgeklärtheit des Volkes stöhnten (stellvertretend für andere: Margrit Augener: Scheintod als medizinisches Problem im 18. Jahrhundert. Diss. med. Kiel 1965; Martin Patak: Die Angst vor dem Scheintod in der 2. Hälfte des 18. Jahrhunderts. Diss. med. Zürich 1967). Zu den Ausnahmen, die auf den gesellschaftlichen Kontext der Debatte, etwa das Zusammenspiel von Staatsökonomie, Philosophie und Religion eingehen, zählen Martin S. Pernick: Back from the Grave. Recurring Controversies over Defining and Diagnosing Death in History. In: Richart M. Zaner (ed.): Death. Beyond whole-brain criteria. Dordrecht 1988, S. 17-74; Daniel Krochmalnik: Scheintod und Emanzipation. Der Beerdigungsstreit in seinem historischen Kontext. In: Trumah 6/1997, S. 107-149. Peter Hanns Reill: Death, Dying, and Resurrection in late Enlightenment Science and Culture. In: Hans Erich Bödecker, Peter Hanns Reill, Jürgen Schlumbohm (Hg.): Wissenschaft als kulturelle Praxis 1750-1900. Göttingen 1999, S. 255-274. Umgekehrt haben Mentalitätsgeschichte (Philippe Ariès: Geschichte des Todes. München ⁶1993, S. 504-517) und Volkskunde den Zusammenhang mit medizinischen Fragen vernachlässigt und die Geschichten vom Scheintod vor allem als Gegenstand der Erzählforschung (Johannes Bolte: Die Sage von der erweckten Scheintoten. In: Zeitschrift für Volkskunde 20/1910, S. 353-381; Lutz Röhrich: Erzählungen des späten Mittelalters und ihr Weiterleben in Literatur und Volksdichtung bis zur Gegenwart Bd. 2. Bern, München 1967, S.

Cornelia Brink

Voraussetzungen

Bis ins 18. Jahrhundert galten Herz- und Atemstillstand als gültige Todeskriterien. Es bedurfte keines Arztes, um den Tod festzustellen, jeder konnte erkennen: Wessen Herz und Puls nicht mehr schlägt, wer nicht mehr atmet, ist tot. Eventuelle Zweifel ließen sich mit sogenannten Lebensproben beseitigten: Bewegte sich eine Flaumfeder, lief ein Spiegel an, wenn man sie vor Nase und Mund des Leblosen hielt? Im Laufe des 18. Jahrhunderts geriet die „böse Differenz" zwischen Toten und Lebenden in Bewegung. Die Anatomie hatte die Chronologie des Todes sichtbar gemacht und ihn kausal definiert. Der Tod war nicht länger Ereignis ohne Dauer, „nicht jener absolute und privilegierte Punkt, an dem die Zeiten anhalten und kehrtmachen; [...] noch lange nach dem Tod des Individuums kommen kleine und partielle ‚Tode', um die hartnäckigen Inselchen des Lebens aufzulösen."[3] Mit der Entdeckung und Beschreibung der künstlichen Beatmung, mit Maßnahmen, den Kreislauf, Empfindungen und Bewegungen scheinbar lebloser Menschen wieder anzuregen, begann die Unterscheidung zwischen Leben und Tod zu verschwimmen, mochten praktische Evidenz und theoretisches Verständnis der Wiederbelebungsmaßnahmen auch noch auseinander klaffen.

Mit der Debatte über die Ungewißheit des Todes und der Erörterung von Rettungsmaßnahmen an Scheintoten hatten Anatomen und Ärzte ein neues Problem benannt und es mit erheblichem publizistischen Aufwand unter das Volk gebracht. Rudolph Zacharias Becker formulierte es in seinem erfolgreichen „Noth- und Hülfsbüchlein für arme Leute, welche ertrunken, erfroren, erstickt oder sonst zu Schaden kommen sind, auch die sich aus Melancholie selbst erhenkt haben, wie man die wieder lebendig machen könne"[4] so: „Ein Mensch ist nähmlich nicht gleich todt, wenn er nicht mehr hört, nicht sieht, sich nicht bewegt, und nicht mehr Athem holt. Er kann ganz kalt, starr und steif seyn, und lebt doch noch. Er kann sogar blaue Flecken am Leibe haben und die Augen können ihm gebrochen seyn, und ist doch nicht todt."[5] Den Sinnen war nicht mehr zu trauen, mehr noch: Das Gewisseste und Unwiderruflichste, der Tod, der in der Hoffnung auf ein Weiterleben im Jenseits hingenommen wurde und für den gläubigen Christen nicht die endgültige Trennung von den Lebenden bedeutete, wurde bis zu einem gewissen Grad widerruflich; eine Ordnung, die zu den Grundüberzeugungen des Alltags gehörte, eindeutig und unverrückbar schien, massiv erschüttert und destabilisiert. Noch waren die Mediziner allerdings nicht in der Lage, die neue „Grenzlinie, die das Leben vom Tode trennt" (E.A. Poe), präzise zu bestimmen. Die Zeit allein sei der kompetente Richter über Leben und Tod, schrieb der Arzt und Aufklärer Christoph Wilhelm Hufeland, der wie die Mehrzahl seiner Kollegen allein die Fäulnis als sicheres Todeszeichen anerkannte.[6] Damit aber war eine Zone der Unbestimmtheit entstanden.

415-428), der populären Leseforschung und der „Volksaufklärung" behandelt (Reinhart Siegert: Aufklärung und Volkslektüre. Exemplarisch dargestellt an Rudoph Zacharias Becker und seinem Noth- und Hülfsbüchlein". Frankfurt/M. 1978; Rudolf Schenda: Volk ohne Buch. Studien zur Sozialgeschichte der populären Lesestoffe 1770-1910. Frankfurt/M. 1970).

3   Michel Foucault: Die Geburt der Klinik. Eine Archäologie des ärztlichen Blicks. Frankfurt/M. u.a. 1976, S. 156.

4   Aus der Ankündigung in der Deutschen Zeitung, Jahrgang 1784, zitiert nach Siegert (wie Anm. 2), S. 659.

5   Rudolph Zacharias Becker: Noth- und Hülfsbüchlein für Bauersleute. Nachdruck der Erstausgabe von 1788. Hg. und mit einem Nachwort von Reinhart Siegert. Dortmund 1980, S. 14.

6   Christoph Wilhelm Hufeland: Der Scheintod oder Sammlung der wichtigsten Thatsachen und Bemerkungen darüber in alphabetischer Ordnung (1808). Hg. und eingeleitet von Gerhard Köpf. Bern u.a. 1986 (Faksimile der Ausg. Berlin 1808), S. 301.

Sie durchzieht die Schriften über Scheintod und Rettungsmittel, die doch gerade Sicherheit im Umgang mit Ohnmächtigen, Verunglückten, Sterbenden und Toten bieten sollten und bot die Bruchstelle, in der sich kollektive Ängste und Gefühle ausagieren konnten.

Zu den Schriften

Das Schreckbild des Lebendigbegrabens war keineswegs – wie ein Zeitgenosse meinte – ein „Popanz der Unwissenden".[7] Im Gegenteil: Die Frage nach der Gewißheit oder Ungewißheit der Todeszeichen und der darauf sich gründenden Gefahr einer voreiligen Beerdigung sei eine der Lieblingsmaterien der Schriftsteller des laufenden Jahrzehnts, bemerkte 1792 der Arzt Johann Daniel Metzger. „Nicht nur Ärzte, sondern auch Welt- und Geschäftsmänner, Theologen und wer sich sonst zum Grundsatz ‚humani a me nihil alienum puto' bekennt, haben diesen Gegenstand ihrer Aufmerksamkeit und schriftstellerischen Bemühung würdig empfunden."[8] Ein Handbuch für Bücherfreunde und Bibliothekare von 1795 verzeichnete auf 41 Seiten – und keineswegs vollständig – 81 bibliographische Angaben sowie Rezensionen zum Stichwort „Begraben (Gefahr, es lebendig zu werden)".[9] Die Autoren, meist bürgerliche, akademisch gebildete Ärzte, gelegentlich auch Theologen, wandten sich an die „Kunstverständigen", ärztliche Kollegen oder staatliche Institutionen, deren Unterstützung sie erwarteten[10], in populärmedizinischen Zeitschriften und Wochenblättern schrieben sie für die gebildeten Laien, lesekundige Vermittler wie Pfarrer oder Beamte[11]. Die ökonomisch-technologische Encyklopädie des Johann Georg Krünitz behandelte das Problem unter dem Stichwort „Leiche" ausführlichst[12], Hufeland widmete ihm ein eigenes „Scheintodten-Wörterbuch"[13]. Predigten, Noth- und Hülfsbüchlein wie auch Rettungstafeln, die auf Jahrmärkten ausgehängt wurden[14], Gesundheitskatechismen[15] und Kalender[16] erreichten

---

7   Dr. Titius, zitiert nach Hufeland: Der Scheintod (wie Anm. 6), S. 269.
8   J. D. Metzger: Ueber die Kennzeichen des Todes, und den auf die Ungewißheit derselben begründeten Vorschlag, Leichenhäuser zu errichten. Königsberg, Weimar 1792, S. 49.
9   Heinrich Wilhelm Lawätz: Handbuch für Bücherfreunde und Bibliothekare Tl. 2, Bd. 2. Halle/S. 1795, S. 356-396. Weitere bibliographische Hinweise in: Sam. Chr. Wagener: Neue Gespenster. Kurze Erzählungen aus dem Reiche der Wahrheit 2. Tl., Bd. 1. Berlin 1801 sowie bei Pernick: Back from the Grave (wie Anm. 2).
10 Samuel Gottlieb Vogel: Medicinisch-politische Untersuchung der Ursachen, welche die Wiederherstellung Ertrunkener so selten machen. Hamburg 1791.
11 Dazu die Subskribentenliste bei Heinrich Friedrich Köppen: Nachricht von Menschen, welche lebendig begraben worden. Halle/S. 1799.
12 D. Johann Georg Krünitz: Ökonomisch-technologische Encyklopädie, oder allgemeines System der Staats- Stadt- Haus- und Landwirthschaft 34. Tl. Berlin 1798.
13 Hufeland: Der Scheintod (wie Anm. 6).
14 Becker: Noth- und Hülfsbüchlein (wie Anm. 5); Dietrich Tutzke: Die Rolle der Struveschen Noth- und Hilfstafeln in der hygienischen Volksaufklärung des ausgehenden 18. Jahrhunderts. In: Medizinische Monatsschrift 11/1954, S. 761-771.
15 Irmtraut Sahmland: Der Gesundheitskatechismus – ein spezifisches Konzept medizinischer Volksaufklärung. In: Sudhoffs Archiv 75:1/1991, S. 59-73; Jutta Dornheim: Zum Zusammenhang zwischen gegenwarts- und vergangenheitsbezogener Medikalkulturforschung. Argumente für einen erweiterten Volksmedizinbegriff. In: Hessische Blätter für Volks- und Kulturforschung 19/1989, S. 25-42.
16 Eduard Lombard: Der medizinische Inhalt der schweizerischen Volkskalender im 18. und 19. Jahrhundert. Zürich 1925.

ein Massenpublikum. In Sammlungen unterhaltsamer und aufklärender Gespenstergeschichten[17] fehlten die Scheintoten selten, Balladen besangen das große Unglück der voreilig Begrabenen oder ihre glückliche Rettung. So verschieden die einzelnen Genres und damit das Publikum auch sein mochten, ärztliche Schriften und Predigten, Noth- und Hülfsbüchlein zielten auf die Praxis: In der Absicht, die Leser und Zuhörer zum raschen und sachgemäßen Eingreifen in Unglücksfällen und bei plötzlichen „Zufällen" zu bewegen, säten sie den Zweifel, ob jemand, der tot zu sein scheint, auch wirklich tot war.

„Wer sein Gewissen verwahren will, muß es in solchen Fällen machen, wie der berühmte Doctor Bruhier in Frankreich that."[18] Mit Rudolph Zacharias Becker berief sich die wissenschaftliche wie populäre Scheintod-Literatur regelmäßig auf die „Abhandlungen von der Ungewißheit der Kennzeichen des Todes" des Arztes Jean-Jacques Bruhier d'Ablaincourts aus dem Jahr 1749, die seit 1754 in deutscher Übersetzung vorlag. Dabei handelte es sich um die aus dem Lateinischen übersetzte, kommentierte und um zahlreiche Fallgeschichten erweiterte Dissertation des Pariser Anatomen Jacques Bénigne Winslow „Am mortis Incertae signa Minus Incerta a Chirurgicis, quam ab Aliis Experimentis?" [ob die Kennzeichen eines ungewissen Todes durch chirurgische Versuche zuverläßiger bestimmt werden können als durch andere Proben?][19]. Mit Bruhiers Version löste sich die Scheintodgefahr von jenen besonderen Fällen, die auch in den Jahrhunderten zuvor – meist in Kriegs- und Seuchenzeiten – immer wieder Aufsehen erregt hatten und wurde zum ubiquitären Problem: Jedermann war fortan potentiell gefährdet, als Scheintoter vorzeitig beerdigt zu werden.

Bruhier hatte für das Problem die zeitgemäße Darstellungsform gefunden, an der unzählige Nachfolger sich orientierten. Ihre Schriften begannen mit einer bald mehr, bald weniger ausführlichen Darstellung zeitgenössischen medizinischen Wissens „von dem Leben des Menschen", „von dem Tode und desselben Zeichen", „von den verschiedenen Fällen, in welchen Menschen für todt können gehalten werden, die doch würcklich noch leben".[20] Breiten Raum nahmen Wiederbelebungsmaßnahmen an „unvollkommenen Toten" ein, selten fehlten Hinweise auf die vorbildlichen „Humanitäts-Gesellschaften" in Amsterdam, London und Hamburg, die vor allem Rettungsmittel für Ertrunkene erdachten und propagierten, Preise für Verbesserungen auf diesem Sektor ausschrieben und Rettungsversuche, gleich ob erfolgreich oder nicht, finanziell belohnten. Mechanische oder galvanische Prüfungsmittel, mit deren Hilfe sich der Tod sicher bestimmen lassen sollte, werden ebenso vorgestellt wie Klingelanlagen, die Rettung aus dem Grab versprachen oder Muster für „Familiencontracte", in denen man sich gegenseitig versicherte, dafür zu sorgen, daß kein Familienmitglied lebendig begraben wurde. Regelmäßig finden sich Forderungen an den Gesetzgeber, die üblichen Aufbahrungszeiten zu verlängern, Leichenhallen zu bauen, um den Fäulnisprozeß abwarten zu können, ohne die Lebenden zu gefährden, sowie in unklaren Fällen Sektionen durchführen zu lassen.

---

17 Wagener: Neue Gespenster (wie Anm. 9).
18 Becker: Noth- und Hülfsbüchlein (wie Anm. 5), S. 15.
19 Der deutsche Übersetzer, D. J. G. Jancke wiederum kommentierte die Exempel Bruhiers, setzte sich mit den Einwänden seiner Kritiker auseinander und fügte neue Fälle hinzu. Als „Bruhier der Deutschen" gilt gelegentlich der Arzt J. P. Brinckmann, dessen Schrift „Beweis von der Möglichkeit, daß einige Leute lebendig begraben werden können" 1772 (Cleve, Leipzig) in erster Auflage erschien.
20 Brinckmann: Beweis über die Möglichkeit (wie Anm. 19). Inhalt dieser Abhandlung, o. S.

Exempel oder Historien stellten das Thema in einen weiten zeitlichen und auch räumlichen Rahmen. Als historische Erörterung sollten diese Kompilationen von aktuellen Zeitungsmeldungen, antiker wie neuerer medizinischer Schriften, mündlich oder in Briefform überlieferter Berichte Wahrheit und Evidenz bezeugen.[21] Ebenso anschaulich wie schaudererregend führten sie dem Leser vor Augen, unter welchen Umständen für tot erklärte Menschen wieder erwacht sein sollten; er erfuhr von Scheintoten, die vor der Beerdigung durch Glockengeläut, Berührung, Besprengung mit kaltem Weihwasser oder das Seziermesser des Anatomen wieder zum Leben gebracht wurden, von solchen, die nach der Beerdigung bei der Wiederöffnung des Sarges durch Grabräuber oder Liebhaber gerettet wurden oder von den Unglücklichen, deren ungewöhnliche Haltungen, verrenkte oder zerfleischte Gliedmaßen, Tuchzipfel im Mund, gar Sarggeburten von einem verzweifelten Lebenskampf zeugten. Der Scheintote „erschien" dem Leser als entmystifizierte Form des „Untoten": Die Autoren und Herausgeber rekurrierten auf verbreitete Vorstellungen von Vampiren, Widergängern, Nachzehrern, für die sie rationale Erklärungen boten, um ein Problem zu diskutieren, das sich ihnen mit der Entdeckung medizinischer Wiederbelebungstechniken neu stellte.

Mochten auch sorgfältig Ort, Zeit, oft Name, Stand, Geschlecht, Alter der betroffenen Personen genannt, auf die Reputation der Zeugen wie auf die wohlwollenden Reaktionen angesehener Leser verwiesen werden – aufwendige Legitimationen belegen, daß manche Historie den Autoren selbst wie ein „Mährgen", eine „Fabel" erschien.[22] Der volkspädagogische Nutzen, ihr Unterhaltungswert wie die gute Absicht legitimierten die Mittel: „Gesetzt also, es wäre unter den schaudervollen Erzählungen von lebendig Begrabenen so manche Täuschung mit im Spiele, und man könnte mit Recht zweifeln, ob auch alle Geschichten der Wahrheit gemäß wären, so möchte hier, auf einer andern Seite die Sache betrachtet, die wichtige Frage doch entstehen: ob in dem Falle wenn ein Volk, eine Nation, wider Unglück gesichert werden kann, und höchst traurige Mißbräuche dadurch abgeschafft und unterdrückt werden können, nicht einige Täuschungen, deren Endzweck gut ist, sehr wohl statuirt werden könnten, um desto eher den Zweck zu erreichen?"[23] Am Schluß jedoch blieb stets die Ungewißheit: „Und so haben wir denn funfzig Histörgen gelesen, davon die mehresten nicht viel werth und zur Hauptsache selbst dienlich gewesen sind. Ausgenommen daß man sieht, wie viele Menschen lebendig hätten können begraben werden, und wie schädlich die Uebereilung bey den Begräbnissen sey."[24]

Mit Utz Jeggle lassen sich die medizinischen Schriften samt ihrer Scheintod-Historien als Darstellungsformen beschreiben, die etwas über die „Grauzone zwischen Realität und Imagination mitteilen können", als „Zwischenstücke", die unterrichten und unterhalten, aber ebenso eine Deutung von Unerklärlichem bieten, als Versuche, (noch) unverständliche, beunruhigende Erscheinungen und Erfahrungen in ein verständliches

---

21 Hermann Bausinger: Aufklärung und Aberglaube. In: Dietz-Rüdiger Moser (Hg.): Glaube im Abseits. Beiträge zur Erforschung des Aberglaubens. Darmstadt 1992, S. 269-290; hier S. 271.
22 Johann Peter Frank: System einer vollständigen medicinischen Polizey 4. Bd.: Von Sicherheitsanstalten insoweit sie das Gesundheitswesen angehen. Mannheim 1788, S. 697. Janckes Version der Bruhierschen Schrift liest sich wie eine imaginäre Disputation über den Wahrheitsgehalt der geschilderten Exempel, die der Übersetzer und Kommentator in seinen Fußnoten mit Winslow und Bruhier sowie dessen schärfstem Kritiker A. Louis führt.
23 Krünitz: Encyclopädie (wie Anm. 12), S. 169.
24 Bruhier: Abhandlungen (wie Anm. 1), S. 104.

System zu übersetzen.²⁵ Die bereits zu ihrer Zeit spektakulär anmutenden „Fallgeschichten", an denen Ärzte wie auch Prediger trotz ihrer Zweifel beharrlich festhielten, die sie als Beispiele einer differenzierten Diagnostik und der angezeigten Therapie anführten, um das Publikum über eine Gefahr und deren Prävention aufzuklären, nährten dessen Phantasien und Ängste. In der zweiten Hälfte des 18. Jahrhunderts wucherte der Scheintod-Diskurs. Wo genau lag das Problem?

Grenzverschiebungen

Seit Bruhier schien kein Leben zu existieren, das nicht in einen Mittelzustand zwischen Leben und Tod geraten konnte. Jedoch waren bestimmte Krankheitsbilder und Personengruppen in besonderem Maße betroffen, die Rudolph Zacharias Becker im Noth- und Hülfsbüchlein auflistete: „Schlagflüsse, Stickflüsse, Blutflüsse, fallende Sucht, Starrsucht, Schlafsucht, Mutterbeschwerung, Milzsucht, Darmgicht, Pest, so auch, wenn Mütter oder Kinder über der Geburt oder gleich darnach verscheiden, oder wenn die Mutter stirbt, ehe sie geboren hat, da das Kind noch leben kann. Am öftersten geschieht es aber, wenn Leute, die sonst gesund sind, plötzlich ums Leben kommen, es sey durch innerliche Zufälle, oder durch äußerliche. Daher denn auch Ertrunkene, Erhenkte, von bösen Dünsten Erstickte, vom Blitz getroffene, Erfrorene, vor Freuden oder Schrecken gestorbene, schwer gefallene, oder an einer Wunde verblutete nicht für todt, sondern nur für ohnmächtig zu halten sind: bis man ordentlich probirt hat, ob sie noch Leben in sich haben."²⁶ Dem Scheintod weniger unterworfen seien, so Hufeland, „die Alten, bey zähen, vertrocknenden Säften und mit abgenütztem, zerrüttetem Körper – diejenigen, welche an schweren langwierigen Krankheiten sterben, z.B. Schwind-, Lungen-, Wassersüchtigen – die Cholerischen und Sanguinischen und das männliche Geschlecht überhaupt"²⁷. Daß Frauen als besonders gefährdet galten, überrascht wenig in einer Zeit, welche die „Polarisierung der Geschlechtscharaktere" (K. Hausen) in der Biologie verortete: „Ueberhaupt kann man hier zur Regel annehmen, daß die Krankheiten des weiblichen Geschlechtes, eher als jene, womit das Mannsvolk befallen wird, den Tod vorlügen können. Der Nebenbau des schönen Geschlechtes ist weit empfindlicher und zu weit größeren Vorspiegelungen aufgelegt, als der unsrige, dessen höchsten Reiz die Maschine eher zertrümmern, als so außerordentlich nachgeben läßt."²⁸

Was einte die Krankheiten und Dispositionen zum Scheintod, deren Zusammenstellung heute so befremdlich heterogen wirkt? Der äußere Anschein von Leblosigkeit allein konnte es nicht sein. Die Epileptiker, Verzückten, Bewegungslosen, die Schlafsüchtigen oder Erfrorenen verloren nie alle Bewegung und Empfindung, sie atmeten noch und hatten ein den Lebenden ähnliches Gesicht, während die vom Schlag oder vom Blitz Getroffenen, die Erstickten, Erhängten oder Strangulierten äußerlich nicht von Toten zu unterscheiden waren. Die Gemeinsamkeiten sind eher in den medizinischen Vorstellungen der Zeit zu suchen. Die Medizinhistorikerin Esther Fischer-Homberger hat auf die Atmungs- und Erstickungslehre der Medizin bis zum ausgehenden 18. Jahrhundert aufmerksam gemacht, die den Kategorisierungen eine plausible

---

25 Utz Jeggle: Tödliche Gefahren. Ängste und ihre Bewältigung in der Sage. In: Zeitschrift für Volkskunde 86/ 1990, S. 53-66; hier S. 55, 56.
26 Becker: Noth- und Hülfsbüchlein (wie Anm. 5), S. 15.
27 Hufeland: Scheintod (wie Anm. 6), S. 233.
28 Frank: System (wie Anm. 23), S. 723.

Grundlage bot.²⁹ Danach waren der Stickfluß in der Lunge und der Schlagfluß im Gehirn, der nach heutigem Wissen nichts mit der Atemfunktion zu tun haben, Auswirkungen ein- und desselben erstickenden Kreislaufstockens. Der knappe Hinweis auf den damaligen medizinischen Wissensstand mag genügen; die populärmedizinischen Schriften waren selten so detailliert.

Dagegen zieht sich durch die gesamte Scheintodliteratur das vitalistische Gesundheits- und Krankheitskonzept von der „Lebenskraft". Es sei unmöglich, eine deutliche Erklärung vom Scheintod zu geben, ohne die Idee von der Lebenskraft zugrunde zu legen, schreibt 1797 der Arzt Christian August Struve.³⁰ Was bewegt den Körper, was erhält ihn am Leben? Die Seele? Von der weiß man wenig, im übrigen fällt sie nicht in die Zuständigkeit der Ärzte. Eine besondere Kraft also, die im Körper selbst liegt? Ist diese mechanisch, physikalisch, geistig oder eine Verbindung verschiedener Kräfte? Sitzt sie in den flüssigen oder festen Teilen des Körpers? „Lebenskraft", so der Arzt J. P. Brinckmann, sei „ein inneres, uns seiner eigentlichen Natur nach noch unbekanntes Principium, aus welchem alle Bewegungen des Körpers, auch selbst die Irritabilitaet ihr Daseyn bekommen"³¹. Diese Grundursache aller Lebensvorgänge kann in „gebundenem Zustand" erhalten bleiben, auch wenn der Mensch äußerlich tot scheint. Der Tod wird zum Prozeß: Zuerst hebt er alle Lebensbewegungen auf, – in diesem Grad ist Wiederbelebung möglich –, im zweiten Grad zerstört er die Organe, die zum Leben gehören, und erst im dritten löst sich der Körper vollständig auf.³² Zwischen dem ersten Grad, dem Scheintod, und dem dritten klafft ein unüberbrückbarer Riß. Hufeland hat den Unterschied anschaulich erläutert: „Es ist bekannt, daß das sinnliche Bild des Lebens, oder auch vielleicht sein Urstoff – das Feuer – in einem freyen, aber auch in gebundenem Zustande existiren kann. [...] Die Lebensflamme, das heißt, sein freyer, wirksamer Zustand, kann fehlen, und doch der Lebensstoff noch in reichem Maaße vorrätig seyn, immer bereit, wieder flammend und wirksam zu werden; wenn das Bindungsmittel gelöset oder die schlafende Kraft auf solche Art erweckt wird, daß sie selbst jenen Widerstand überwältigt und sich frey macht."³³

Die empfohlenen Wiederbelebungsmaßnahmen werfen Licht auf das ihnen zugrundeliegende Prinzip der „Lebenskraft" wie auf das Selbstverständnis der Ärzte. Man solle den Leblosen „frotieren, mit warmen Tüchern erwärmen, in der Nase mit einem Strohhalme einen Kitzel zu erreichen suchen, Salz auf die Zunge streuen, an mehreren Orten Visikator auflegen, vor selben Luftköpfe setzen, schröpfen, Tobackklystiere geben, Luft in die Lunge blasen"³⁴. Kurz: Wärme, Luftzufuhr, Reize sind die angezeigten Mittel, die „Lebensflamme" in Gang zu halten, sie wieder anzufachen, die „Lebenskraft", die sich in die innersten Teile des Körpers zurückgezogen haben könnte, wieder hervorzulocken. Dabei, so wird immer wieder betont, sei mit äußerster Behutsamkeit und Vorsicht vorzugehen, um die „schlafende Kraft" nicht vollends zu zerstören. „Man übereile sich nicht, ohne unthätig zu seyn, und überlasse auch etwas der

---

29 Esther Fischer-Homberger: Medizin vor Gericht. Gerichtsmedizin von der Renaissance bis zur Aufklärung. Bern u.a. 1983, S. 326. Hinzu kommt, daß es sich bei den Schriften vieler Ärzte um Kompilationen unterschiedlichster System- und Konzeptfragmente handelt.
30 Struve, zitiert nach Augener: Scheintod (wie Anm. 2), S. 101f.
31 Brinckmann: Beweis von der Möglichkeit (wie Anm. 19), S. 28.
32 Ebd., S. 91.
33 Hufeland: Scheintod (wie Anm. 6), S. 171.
34 Thomas Lechleitner: Kurzer Begriff einer ökonomisch-medizinischen Pastoral sowohl für Geistliche auf dem Lande, wo keine Aerzte sind, als auch für den Landmann... Augsburg 1791, S. 140.

Natur, von welcher sich oft mit Sicherheit vieles erwarten läßt"[35], dieses Motto stellte Samuel Gottlieb Vogel seiner „medicinisch-politischen Untersuchung der Ursachen, welche die Wiederherstellung Ertrunkener so selten machen" voran, und er beklagte, „wie stürmisch, ohne Ordnung und Vorsicht" Rettungsversuche Ertrunkener meist unternommen wurden. Gefragt war der kundige Arzt (allein, wenn der nicht rasch genug an Ort und Stelle sein konnte, sollte der Pfarrer oder ein Heilkundiger seine Aufgabe übernehmen), der „gottgleich" dem scheinbar Toten wieder Leben einzuhauchen vermochte. Daß Mediziner ernsthaft darüber debattierten, ob Jesus mit Lazarus einen Scheintoten oder einen tatsächlich Toten wiedererweckte, muß vor diesem Hintergrund plausibel scheinen.

Wie die Rede vom Scheintod in den Kontext zeitgenössischer Konzepte von Leben und „Lebenskraft" gehört, so liegt ihr auch eine bestimmte Todesvorstellung zugrunde. Zum einen impliziert die Annahme einer „Lebenskraft", daß der Tod als Prozeß verläuft. Zum anderen verweist der außergewöhnliche Tod, von dem die Exempel und Historien berichten, auf das Ideal eines „natürlichen Todes". Der Mensch häufe, so Brinckmann, in seinem Körper selbst die Ursache des Todes an. „Dieses ist der natürliche Tod, den so wenige erfahren, indem die mehreste sich ihr Ziel verkürzen. Es kömme derselbe ganz unmerklich, ohne sonderbare vorhergegangene Angst und Schmerzen; ‚Denn, so wie reife und mürbe Früchte, ohne das man sie berührt, herab von dem Baum auf die mütterliche Erde fallen; so sinket der rechtschaffene Alte friedlich in das Grab hinab'".[36] Der Gedanke, wie ein hohes Alter zu erreichen sei, ist historisch so neu wie die bürgerliche Kultur. Im bisher dominierenden religiösen Weltbild wurde Gesundheit als göttliche Fügung, als unveränderliches Schicksal angesehen. Heilung basierte viel eher auf Wundertätigkeit, Glauben oder göttlicher Weisheit als auf planvoller, selbstbewußter Tätigkeit der Menschen.[37] Erst in einem säkularisierten Weltbild, in dem die Lebensexistenz des einzelnen nicht mehr aus einem göttlichen Weltplan abgeleitet wurde, war eine Zielvorstellung wie das Erreichen eines hohen Alters möglich. Erst dann erschien ein solches Ziel mit praktischen Mitteln erreichbar und zu Recht der Selbstverantwortlichkeit überlassen.[38] Zudem müssen, um die von Natur gesetzte Lebensspanne zu realisieren, Krankheiten behandelt werden können, Risikofaktoren und –gruppen bestimmt, präventive wie Rettungsmaßnahmen gegen den vorzeitigen[39], zufälligen oder gewaltsamen Tod ergriffen werden – der, wie die Kindersterblichkeit, der Tod im Kindbett, auch das Ertrinken, lange Zeit der „gewöhnliche" Tod war. Der „natürliche Tod" ist nur als sozial produzierter zu denken. Er verlangt eine gesellschaftliche Verfassung, in der er die Regel ist oder mindestens zur Regel werden kann.[40]

Das Wissen vom Leben, von „Lebenskraft" und „natürlichem Tod" erforderte neue Praktiken im Umgang mit Kranken, Verunglückten, Sterbenden, Toten. Exemplarisch zeigt die Rede über den Scheintod, wie medizinische Kategorien und Normen die

---

35 Vogel: Medicinisch-politische Untersuchung (wie Anm. 10).
36 Brinckmann: Beweis von der Möglichkeit (wie Anm. 19), S. 89.
37 Das bedeutet nicht, man hätte darauf verzichtet, Schmerzen zu lindern und Krankheiten zu behandeln. Auch frühere Rettungsmaßnahmen an Ertrunkenen, wie das Rollen über Fässer, sind bekannt – allerdings erschienen sie nach neuerem medizinischen Wissen geradezu kontraindiziert.
38 Gerd Göckenjan: Kurieren und Staat machen. Gesundheit und Medizin in der bürgerlichen Welt. Frankfurt/M. 1985, S. 62.
39 Das ist etwas anderes als die Furcht vor einem „jähen Tod" und die damit verbundene Sorge, ohne die Gnadenmittel der Kirche sterben zu müssen.
40 Werner Fuchs: Todesbilder in der modernen Gesellschaft. Frankfurt/M. 1969, S. 72.

Wahrnehmung, das Denken und den Alltagsvollzug zu durchziehen begannen.[41] Die Historien vom Scheintod, die in der Absicht erzählt wurden, Leben zu retten, deuten auf die Vergesellschaftung des Todes, auf „die geschwinde Uebernahme der Todten durch eine sorgfältige Polizey"[42], die der Arzt Johann Peter Frank mit Nachdruck forderte. Die staatliche „Peuplierungspolitik" mit ihrem wachsenden Interesse am Einzelnen und dessen Gesundheit fand in einer sich professionalisierenden, akademisch ausgebildeten Ärzteschaft den geeigneten Bündnispartner. Die Ärzte begannen, Totenscheine auszufüllen, Beamte führten Leichenregister, Leichenhallen wurden gebaut, die Anfänge eines Versicherungssystems (gegen die Gefahr des Ertrinkens) zeichneten sich ab.[43] Noch über den Tod hinaus reichte der Zugriff auf den menschlichen Körper, der als anatomisches Forschungsobjekt von zentralem Interesse wurde – immer im Interesse des Lebens und der Lebenden. „Von jetzt an interveniert die Macht [in die Art und Weise des Lebens], um das Leben zu steigern, um dessen Unfälle, die Zufälle, die Schwächen, somit den Tod als Endpunkt des Lebens, der offenkundig der Endpunkt, die Grenze der Macht ist, zu kontrollieren."[44]

Die Scheintoddebatte reflektiert nicht nur die Vergesellschaftung von Sterben und Tod, sondern umgekehrt auch deren Intimisierung. Gegen den Strich gelesen, dokumentieren die ärztlichen Schriften, wie hier gegensätzliche Wirklichkeitsentwürfe aufeinanderstießen, wie die Todesvorstellung der Mediziner mit tradiertem Alltagswissen, mit Normen, Verhaltensweisen und sozialen Strukturen kollidierten. Bisher waren Sterben und Tod eingebettet in Religiosität. Ein christlicher Tod sollte dem Sterbenden den Weg ins Jenseits erleichtern; gleichzeitig waren Sterbe- und Begräbnisrituale stets von der Angst begleitet, die Seele des Toten könnte verharren, wo sie nichts mehr zu suchen hatte. In der Scheintodliteratur erfuhren die traditionellen Praktiken eine neue Deutung. Dem Toten – der ja ein Scheintoter sein konnte! – durften weder die Augen noch die Kinnlade geschlossen werden. Die Totenblicke drohten nicht mehr, den Lebenden, den sie trafen, nachzuholen; sie waren zu Lebensblicken erwachender Scheintoter geworden.[45] Schon gar nicht durfte der Tote gleich in einen kalten Raum geschafft, und – womöglich bereits in ein Leichentuch gewickelt – auf Stroh oder ein Totenbrett gelegt werden. Vielleicht hätte Wärme ihn ins Leben zurückgeholt. Auch Geräusche wie Seufzen oder Schmatzen, die aus dem Grab eines kürzlich Verstorbenen drangen, deuteten die medizinischen Aufklärer als Zeichen noch vorhandenen oder wieder erwachenden Lebens, die natürliche Ursachen hatten. Im besten Fall wurden die gängigen Handlungen und Vorstellungen als „unsinniges", abergläubisches Verhalten, als Hirngespinste und Gespensterfurcht entlarvt. Ebenso häufig bezichtigten Ärzte und

---

41 Dies im Gegensatz zu Siegert: Aufklärung und Volkslektüre (wie Anm. 2), der schreibt, Becker habe mit dem alten Sensationsthema ‚lebende Leichen' mit der Belehrung in einer Sache angefangen, die jeden anging und für die es keine traditionelle Haltung zu verdrängen galt (S. 956). Dazu auch Michel Vovelle (Mourir d-Autrefois. Attitudes collectives devant la mort aux XVII et XVIII siècles. Paris 1974), der an provençalischen Testamenten und Notariatsakten zeigen kann, wie sich seit der Mitte des 18. Jahrhunderts eine Laisierung der Testamente und gleichzeitig Veränderungen der Verhaltenseinstellungen und Sterbepraktiken erkennen lassen.
42 Frank: System (wie Anm. 23), S. 749.
43 Dazu Wim Cappers: Money and medals for saving the drowned. The financial factor in Dutch discourse on apparent death during the second half of the eighteenth century. In: Hans Binnefeld, Rudolf Dekker (Hg.): Curing and Insuring, Hilversum 1993, S. 83-94.
44 Michel Foucault: Leben machen und sterben lassen: Die Geburt des Rassismus. In: diskus 1/1992, S. 51-58; hier S. 53.
45 Hufeland: Scheintod (wie Anm. 6), S. 280.

Prediger die Angehörigen von Sterbenden aber auch der Rohheit und Unmenschlichkeit, sogar des Mordes. Die Menge menschlicher Schlachtopfer der Unwissenheit und Übereilung, so Frank, mache schaudern.[46] Der Jöllenbecker Pfarrer Schwager mahnte seine Gemeinde eindringlich, die Sterbenden „nicht etwa durch Unvorsichtigkeit ums Leben [zu] bringe[n]: So muß man ihnen, wenn es scheint, als wollten sie sterben, ja nicht das Kopfküssen wegziehen. Dieses ist eine sehr gottlose Gewohnheit. Denn mancher stirbt alsdann, weil das Blut mehr nach dem Kopfe zu treibe, an einem Schlagflusse, der sich wieder erholt hätte, wenn man ihm das Kopfküssen gelassen hätte."[47] Besonders heftigen Angriffen ausgesetzt sahen sich jetzt diejenigen, deren Aufgabe es lange war, die Toten herzurichten, die „dummste und vorurtheilsvollste Menschklasse", die Todtenweiber und Leichenfrauen, „die kaum einen Begriff davon haben, daß Scheintodte in's Leben zurückkehren können."[48]

Gewöhnlich verließ der Arzt, sofern er überhaupt gerufen wurde, das Krankenlager, sobald er Anzeichen des herannahenden Todes feststellte. Weil für ihn nichts mehr blieb, als die Verwandten darauf vorzubereiten, daß wenig Hoffnung zum „Aufkommen" sei, erklärte er sich für nicht weiter zuständig. Jede weitere Verschreibung oder Behandlung wäre ihm als unrechtmäßige Bereicherung ausgelegt worden. Die Rezepturen, die er noch verschrieb, waren Anleitungen für den Hausgebrauch. Sie sollten das Ableben erleichtern, nicht das Ringen um das Leben unterstützen.[49] Den Tod stellten dann die Anwesenden fest. Die Zuständigkeitsfrage mußte sich mit dem Procedere der Todesdiagnostik ändern, wenn es galt, Krankheitsbilder und Zustände zu definieren, bestimmte Lebens- und Todeszeichen zu überprüfen und einen Zeitraum bis zur endgültigen Todesfeststellung festzulegen. Die Existenz des Sachverhalts „Tod" wurde erstmals an dessen medizinische Feststellung gebunden – woran sich bis heute nichts geändert hat. „Deswegen muß man auch den Arzt oder Wundarzt nicht abweisen, wenn die Kranken todt zu seyn scheinen", erklärte Rudolph Zacharias Becker seinen Lesern, „sondern man muß ihn vielmehr nun erst herbey rufen, daß er zusehe, ob es der rechte Tod ist, und in zweifelhaften Fällen anordne, wie man die Proben machen soll."[50] Da konnten die zahlreichen Menschen, die sich üblicherweise beim Sterbenden aufhielten, die ärztliche Diagnosestellung nur behindern: „Hüthet euch, liebe Leute!" wies der Beuroner Stiftschorherr Thomas Lechleitner sie aus dem Sterbezimmer, „daß Niemand um den Sterbenden herumstehe, als allein wenige Leute, welche bloß nothwendig sind. Fort also mit allen übrigen Leuten, fort mit Jenen, welche um den Sterbenden weinen, jammern, und klagen; fort mit Jenen, welche laut reden, dem Sterbenden zurufen; fort mit Allen, welche ein Geräusch machen, oder ein Loretoglöckel läuten, und den Sterbenden nochmehr ängstigen und plagen."[51] Mit der Hinzuziehung des Arztes, mit dem Bau von Leichenhäusern, den die Scheintodliteratur propagierte, kündigte sich an, daß der Tod nicht länger eine der großartigen Zeremonien sein würde,

---

46 Frank: System (wie Anm. 23), S. 672.
47 Joh. Mor. Schwager: Daß man durch zu frühes Begraben lebende Menschen, die man für todt hielt, auf die schrecklichste Weise tödten könne. Berlin 1792, S. 45.
48 Hufeland: Scheintod (wie Anm. 6), S. 280. Auch die Juden wurden wegen ihrer Begräbnissitten attackiert. Zum Zusammenhang von Scheintoddebatte und Antisemitismus vgl. Krochmalnik: Scheintod und Emanzipation (wie Anm. 2).
49 Barbara Duden: Geschichte unter der Haut. Ein Eisenacher Arzt und seine Patientinnen um 1730. Stuttgart 1987, S. 158.
50 Becker: Noth- und Hülfsbüchlein (wie Anm. 5), S. 17.
51 Thomas Lechleitner: Katechismus der Gesundheit. Den Schulen und dem Landvolke gewidmet. Augsburg 1795, S. 33.

an der die Individuen, die Familie, die Gruppe, fast die gesamte Gesellschaft teilnahmen.[52]

Schlußbemerkung

Die Rede über den Scheintod gehört in den Kontext medizinischer Professionalisierung und staatlicher Bevölkerungspolitik. An ihr lassen sich Säkularisierungsprozesse ebenso aufzeigen wie Theorie und Praxis einer medizinischen „Volksaufklärung". Zugleich repräsentiert sie alles andere als nüchterne Politik, rationale Aufklärung, diesseitige Physik, im Gegenteil: Scheintod gerät als Thema immer rasch in die Nähe des anekdotisch Makabren, Skurrilen, Befremdlichen. So schauerlich die Historien auch klingen mögen, mehr als bloß unterhaltende Exempel sind sie in spezifischer Weise „mit der Wahrheit verwebt"[53]. Der Mann, der in tiefer Ohnmacht liegt, aber hört, wie um ihn herum die Vorbereitungen für sein Begräbnis oder eine Sektion getroffen werden, die Frau, die noch Stunden oder Tage nach der Bestattung vom Liebhaber lebendig aus dem Grab gerettet wird, das langsame Zerfallen des menschlichen Körpers unter der Erde – solche Erzählungen thematisierten auch die Fragen, mit denen sich die Mediziner befaßt haben: Welcher Sinn stirbt zuletzt? Was nimmt ein Sterbender wahr? Ist Luft lebensnotwendig, und wenn ja, wie lange kann ein Mensch ohne sie leben? Wie verwandeln sich Menschen in Leichen? Wie tot ist tot genug? Die Rede vom Scheintod zerriß die Diskursgrenze zwischen „Wissen" und „Glauben", zwischen „Natur" und „Kultur". Die Fragen und die damit verbundenen Ängste, die Bruhier und seine Nachfolger in der zweiten Hälfte des 18. Jahrhunderts erstmals für ein größeres Publikum formulierten, ohne eine Antwort geben zu können, sind noch heute virulent: Mit der neuen Verschiebung der Grenze zwischen Leben und Tod infolge des Konzepts vom „Hirntod" werden wieder Geschichten von Scheintoten erzählt.

---

52 Foucault: Leben machen (wie Anm. 45), S. 53; vgl. auch Norbert Elias: Über die Einsamkeit der Sterbenden in unseren Tagen. Frankfurt/M. 1982. Wie langwierig dieser Prozeß war, zeigt allein die Tatsache, daß Ärzte und Prediger sich über einen Zeitraum von mehr als hundert Jahren mit nicht nachlassender Vehemenz für die Veränderungen einsetzen mußten.
53 Krünitz: Encyklopädie (wie Anm. 12), S. 169.

Beatrice Tobler

Die DNA im Puppenhaus
Bilder des Lebens im Computerspiel

Wir stehen nicht nur auf der Schwelle ins nächste Jahrtausend, sondern der naturwissenschaftliche Fortschritt hat uns auf verschiedenen Gebieten an Grenzen gebracht, die uns veranlassen, über uns und unsere Umwelt auf eine neue Art nachzudenken. Ich nenne ein paar Beispiele:
- Im Internet setzen wir uns auf neue Weise mit unserer Identität und unserem Körper auseinander. Wir können unseren Körper für kurze Zeit vergessen und mit Identitäten spielen.[1]
- Die Technologie der Virtuellen Realität läßt uns über unsere Wahrnehmung von Wirklichkeit nachdenken.
- Die Entwicklung von künstlicher Intelligenz wirft die Frage auf, was das Leben ausmacht und worin wir uns von einer Maschine unterscheiden.
- Die Medizin verändert das Verhältnis zu unserem Körper, indem Technik unsere Körpergrenzen durchbricht (Implantate & Prothesen) und mit dem Körper verschmilzt, das Körperinnere sichtbar macht (Nanotechnologie, Ultraschall), und indem fremde Organe in unseren Körper eingepflanzt werden.[2]
- Die Gentechnologie erlaubt es, in die Erbmasse einzugreifen und dadurch Krankheiten zu kontrollieren, Lebewesen zu reproduzieren.

Alle diese Gebiete haben eines gemeinsam: Nicht mehr die Natur als etwas von uns Getrenntes (und ihre Beherrschung) ist Objekt der naturwissenschaftlichen Forschung und Auseinandersetzung, sondern wir selbst, das Leben an und für sich und unsere Identität.[3] Neue Technologien ermöglichen es, unser Selbst und unseren Körper neu wahrzunehmen. Einleuchtend ist dies der Fall bei der Erfindung des Ultraschalls: Es wird möglich, das Körperinnere abzubilden und damit auch den Embryo, der zuvor als Zellklumpen wahrgenommen wurde. Welchen Einfluß dies auf die Bewertung des ungeborenen Lebens vor allem in der Abtreibungsdebatte hatte, haben die Historikerin Barbara Duden und die Kulturwissenschaftlerin Michi Knecht herausgearbeitet.[4]

Die Gentechnologie veränderte den Blick auf das Leben ganz einschneidend: Nicht ein fotografischer Blick wie beim Ultraschall ermöglichte eine neue Sichtweise auf das Leben, sondern ein Modell – die DNA – wurde zum Symbol von Leben. Die Entdeckung der Gene allein veränderte noch nicht unser Bild von uns selbst. Es ist die Reduktion des Lebens auf diese Gene, der Gedanke, daß wir gleichsam in unseren Genen abgebildet sind zum einen, die Tatsache, daß wir mittels der Gentechnologie in

---

1 Sherry Turkle: Leben im Netz. Identität in Zeiten des Internet. Reinbek bei Hamburg 1998.
2 Vgl. Sibylle Obrecht: Fremdkörper: Die Darstellung der ersten 20 Herztransplantationen in der schweizerischen Boulevardpresse und den Illustrierten. Unpublizierte Lizentiatsarbeit Basel 1996.
3 Elisabeth List: Telenoia – Lust am Verschwinden? Technologie als Substitution des Lebendigen. In: Das Argument. Zeitschrift für Philosophie und Sozialwissenschaften 221:4/1997, S. 495.
4 Barbara Duden: Der Frauenleib als öffentlicher Ort. Vom Mißbrauch des Begriffs Leben. Hamburg, Zürich 1991 und München 1994; dies: Anatomie der guten Hoffnung. Zur Bildungsgeschichte des Ungeborenen. Stuttgart 1998; Michi Knecht: Reduktionismus und Kontinuität im öffentlichen Umgang mit „Ungeborenem": Diskursanalytische und symbol-ethnologische Zugänge. Rheinisches Jahrbuch für Volkskunde 29/1991/92, S. 189-204.

die Gene eingreifen können zum anderen. Wir haben das Leben scheinbar in den Griff bekommen – oder meinen es zumindest – indem wir mit der DNA ein Modell für das Leben geschaffen und indem wir mit der Genmanipulation den Regiestuhl gleich selbst eingenommen haben.

Das Bild von unserem *Körper* wurde durch die Entdeckung der DNA insofern verändert, als daß wir wissen, daß der genetische Code in jeder Zelle vorhanden ist. Er zieht sich wie eine Matrix über den ganzen Körper und verleiht ihm Kohärenz. So wie im christlichen Weltbild Gott ist nun der genetische Code allgegenwärtig und bestimmt das Leben. Biologen besitzen die Macht, ins Leben einzugreifen. Auch wenn es den Anschein macht, daß die Naturwissenschaften mehr Kontrolle über das Leben gewonnen haben als je zuvor, so werden wir gleichzeitig mit unberechenbaren Problemen wie ansteckenden Krankheiten, allen voran AIDS, konfrontiert.

Computerspiele als Forschungsgegenstand: „Creatures"

Computerspiele bilden fiktive, visuell dargestellte Welten ab. Sie sind Spiegel unserer Zeit, in ihnen werden Ängste und Hoffnungen der Gegenwart konkret darstell- und kontrollierbar. Der Feind wird personifiziert zum Monster, eine Bedrohung kann mit einfachen Mitteln bekämpft, das Weltgeschehen kann vom Spieler beeinflußt und kontrolliert werden. Es lohnt sich, diese Spiele zu spielen, die Welten und Figuren zu analysieren und mit Diskursen des richtigen Lebens zu vergleichen, weil wir dadurch viel über unser Weltbild erfahren. Ich werde im folgenden zeigen, wie die oben erwähnten Themen und Probleme im Computerspiel „Creatures" rezipiert werden, wie mit ihnen umgegangen wird. Oder anders ausgedrückt, welche Bilder unserer Welt, von uns selbst und von der Naturwissenschaft in diesem Spiel enthalten sind.

„Creatures" ist ein Spiel, welches im Computer künstliches Leben entstehen läßt. „Biologie und Computerwissenschaft haben gemeinsam versucht, das Problem der Erschaffung eines lebenden Organismus in einer Cyberwelt zu lösen", heißt es in der Einleitung zum Spiel. Es wurde in „vierjähriger wissenschaftlicher Forschung von einem Team aus Biologen, Experten für künstliche Lebensformen und Informatikern"[5] entwickelt. Die Firma heißt bezeichnenderweise Cyberlife. Was dabei herauskam, sind die Norns, virtuelle Haustiere mit jeweils einmaliger digitaler „genetischer" Struktur, die sich paaren und Eier legend fortpflanzen. Eine wohl ironische Aufschrift auf der Packung warnt, daß diese digitale DNA enthalte. Theoretisch sind unendlich viele Kombinationen von neuen Norns mit individuellem Code möglich. Der programmierte digitale Code entspricht hier den Genen, die Bits der DNA. Diese Gegenüberstellung ist nicht zufällig, fungiert doch der Computer als Modell für die Physiologie unseres eigenen Körpers: „Der durch menschlichen Erfindungsgeist konstruierte Apparat wurde zum Maßstab, an dem die geistigen Fähigkeiten lebendiger Individuen von nun an zu messen seien."[6]

Die Schachtel von „Creatures" I zeigt ein Nest aus Kabeln und elektronischen Bauteilen, welches drei Eier birgt. Es steht für den Computer, in welchem bald Leben entstehen soll, und symbolisch für die Verschmelzung von Technik und Leben. Mitgeliefert wird zur CD eine Diskette mit sechs digitalen Eiern, drei weiblichen und drei männlichen. Diese können per Mausklick ins Spiel importiert werden.

---

5   Text auf der Kartonschachtel des Spieles.
6   List (wie Anm. 3), S. 501.

Die DNA im Puppenhaus

Abb. 1:   Norns vor dem Lerncomputer, „Creatures 1"

Beim Starten des Spieles wird Albia, die Welt der Norns, geladen. Sie gleicht einem zweidimensionalen Puppenhaus mit verschiedenen Etagen in einem großen Garten. Darin verstreut befinden sich Nahrungsmittel, Kräuter und Kulturgüter – von Musikinstrumenten über Ball, Kreisel bis hin zu einer Halloween-Figur. Die ganze Welt ist verdrahtet: Von den Liften, welche die drei Stockwerke verbinden, über „Beamstationen" à la „Star Trek" bis hin zu einem Lerncomputer reagiert alles auf Knopfdruck.

Zu Beginn des Spiels leben hier aber – abgesehen von Pflanzen – nur Bienen, die unentwegt für Nahrung sorgen sowie – versteckt hinter Büschen lauernd – die „Grendels", Träger ansteckender Krankheiten und Feinde der Norns. Nun werden Eier ausgebrütet, und zwar im bereitstehenden Brutkasten. Die geschlüpften Norns sind so hybrid wie die mythische Eier legende Wollmilchsau: Ein Mischwesen aus Mensch, Hund und Vogel, das Käse ißt wie Jerry-Maus, Honig wie Winnie the Pooh und Möhren wie Bugs Bunny. Es hat am meisten Ähnlichkeit mit einem Säugetier, legt aber Eier wie ein Vogel. Kaum ist so ein Wesen geschlüpft, muß man seine Geburt im Besitzer-Set eintragen und ihm einen Namen geben. Nachdem die Geburtsurkunde ausgefüllt ist, will der Sprößling erzogen sein. Er muß lernen zu sprechen und gut von böse zu unterscheiden. Das Sprechen bringt man ihm am leichtesten bei, indem man ihn mit der Lernmaschine in Kontakt bringt. Der Norn lernt, bestimmten Grafiken, die z.B. eine Handlung darstellen, bestimmte Wörter zuzuordnen. Andere Wörter bringt man den Norns bei, indem man den Cursor – eine menschliche Hand – auf Gegenstände richtet und das entsprechende Wort in die Tastatur eingibt. Es erscheint eine Sprechblase mit dem eingegebenen Wort. Der Norn wiederholt dieses sofort. Relativ bald wird deutlich, daß das Sprachvermögen der Norns gering ist, und so lernt man, den eigenen Wortschatz auf Sprachfetzen wie „hol Honig" und „druck Lift" zu reduzieren. Die Aktionen gehen neben sprachlichen

Äußerungen selten über das Gehen, Drücken und Essen hinaus. Als Erziehungsmittel steht einem der Hand-Cursor zur Verfügung: Je nachdem, wohin man diesen führt, kann man den Norn streicheln oder ihm einen Klaps auf den Hintern geben. So soll er lernen, gut von böse, richtig von falsch zu unterscheiden. Auch das Essen will gelernt sein. Norns können verhungern, auch wenn Käse und Honig neben ihnen liegt. Sie müssen ständig aufgefordert werden, zu essen. Dagegen trinken sie nichts und scheiden auch nichts aus. Die Handlungen der Norns sind beschränkt auf das Essen, Reden, Umhergehen, Drücken von Knöpfen und die Paarung, die sich allerdings den Augen des Spielers / der Spielerin entzieht. Man fragt sich, wer eigentlich den Diaprojektor, die Jukebox hingestellt hat, wer die Möhren gepflanzt hat, wer die Dinge in Albia herstellt und pflegt.

Die Norns scheinen hier nur zu Besuch zu sein, wie Urlauber im Paradies. Sie verändern die Welt um sich herum nicht, sondern bewohnen sie lediglich als Lebewesen in einem rein biologischen Sinn. Insofern haben sie keine Kultur. Sie sind Kinder in einer fremden Welt, die sie nicht selber erschaffen haben, sondern nur mit ihrem Zeigefinger zu bedienen und konsumieren lernen. Hier können wir den Bogen wieder in die Realität zurückspannen: Auch in der Reduzierung des Lebens auf die DNA bleibt die Kultur, das soziale Handeln, das Interagieren mit der Umwelt außen vor. Leben wird rein biologisch definiert.

Die Firma Cyberlife, die 1998 die zweite, verbesserte Auflage ihres Spiels „Creatures" herausgebracht hat, verspricht, mit „Creatures 2" der Realität näher zu kommen: Albia ist größer geworden, Tages- und Jahreszeiten, Wetter und neue Lebewesen, die Ettins, sind dazugekommen. Alle Norns und Ettins haben eine verfeinerte Gesichtsgestik und somit Emotionen bekommen. Als wichtige Änderung ist nun eine Geschichte hinzugetreten. Auf der „Creatures 2"-Homepage wird sie folgendermaßen geschildert:

„The Norns relied on their creators – a highly advanced scientific race called the Shee – to look after them. Now that the Shee have departed to explore new planets, you are the Norns' only hope."[7]

Nun geht das Ziel über das Züchten von möglichst vielen Norns hinaus:

„You'll have to help the Norns find the Shee's secret underground laboratories and the gene splicing machine. With it, you'll be able to help rid Albia of the dangerous Grendels forever. It may take many generations, but it will be worth it."[8]

Albia, die Welt der Norns und Ettins, kann also nur mittels Gentechnologie gerettet werden.

Spiel und Wirklichkeit

Cyberlife präsentiert auf der Website nicht nur das Spiel, sondern liefert auch naturwissenschaftliche und sogar philosophische Hintergrundinformationen. Die Norns besitzen künstliche Intelligenz und sind realen Lebewesen nachgebildet, heißt es dort:

---

[7] http://www.creatures2.com/news/features.htm
[8] Ebda.

„The best, if not the only, way to create living systems is to create models of the building blocks from which existing life-forms are constructed."

Die Parallele zur Realität der Gentechnologie wird unter dem Stichwort Philosophie auf der Homepage von Cyberlife gezogen:

„We are now ready to return to the Garden of Eden, whence we came. However, this time we will not be mere produce of the garden, but gardeners ourselves. Human knowledge has brought us to the verge of being able to create life-forms of our own."

Das mag für die Gentechnologie stimmen, deswegen sind aber die „Creatures" noch lange keine Lebewesen. Die Entwicklung von künstlicher Intelligenz, hier Cyberbiology genannt, wird mit der Schaffung von Leben gleichgesetzt und als parallele Entwicklung zur Gentechnologie dargestellt. Die Grenzen zwischen Cyberbiology und Gentechnologie verfließen in der Darstellung von Cyberlife.

„Cyberbiology is all about the creation of whole, believable, rich, genuinely living things."

Ein Ergebnis der Cyberbiology sind die Norns, virtuelle Haustiere mit einer einzigartigen genetischen Struktur. Die DNA ist aber ein Modell, das es erlaubt, in Organismen einzugreifen. Wissenschaftliche Modelle machen die Komplexität der Realität begreifbar und faßbar und liefern uns Instrumente der Einflußnahme und Kontrolle über dieselbe. Ziel der Naturwissenschaften ist es, daß sich Modelle immer mehr der Wirklichkeit annähern. Das Nachbauen eines Modells ist aber noch lange kein Nachbauen dessen, was hinter dem Modell steht. Die „Creatures" sind die Nachbildung eines Denkmodells und nicht wirkliches Leben, genauso wenig wie ihre virtuellen Geschwister, die Sprößlinge der Forschung über künstliche Intelligenz.

Abb.2: Norn auf der Homepage von „Creatures 2"

„Spielen Sie mit den Bausteinen des Lebens!"[9], heißt es auf der Homepage von „Creatures 2". Die Abbildung zeigt einen Norn, der mit Legosteinen spielt. Hier wird der Gentechnologie-Diskurs zum zweiten Mal auf eine kindliche Stufe transferiert: In der Wirklichkeit experimentieren WissenschaftlerInnen mit unseren Genen. Im Spiel „Creatures" experimentieren wir mit den Creatures. In dieser Abbildung spielen die Norns selbst mit den Bausteinen des Lebens. Das Modell der DNA wird in der Abbildung auf Legosteine reduziert. Mit dieser Parallelisierung wird folgende vereinfachende Gleichsetzung suggeriert: Legosteine = DNA = Leben. Hier werden die Grenzen zwischen Spiel und Realität verwischt. Das, was uns in der Realität vielleicht Angst macht, wird zu unserem Spielball auf dem Computerbildschirm.

Körperbilder

In „Creatures" werden wir nun selbst zu Forschenden: Über die Norns sind in verschiedenen sogenannten ‚Sets' Daten abrufbar. Das Gesundheits-Set gibt Auskunft über die momentanen Bedürfnisse. Eine Anzeige mit Pegeln zeigt, welche Kriterien für das Wohlbefinden ausschlaggebend sind: Schmerz, Hunger, Erschöpfung, Schläfrigkeit, Langeweile. Im Gesundheits-Set wird ersichtlich, welcher Bereich des nornschen Gehirns gerade aktiv ist.

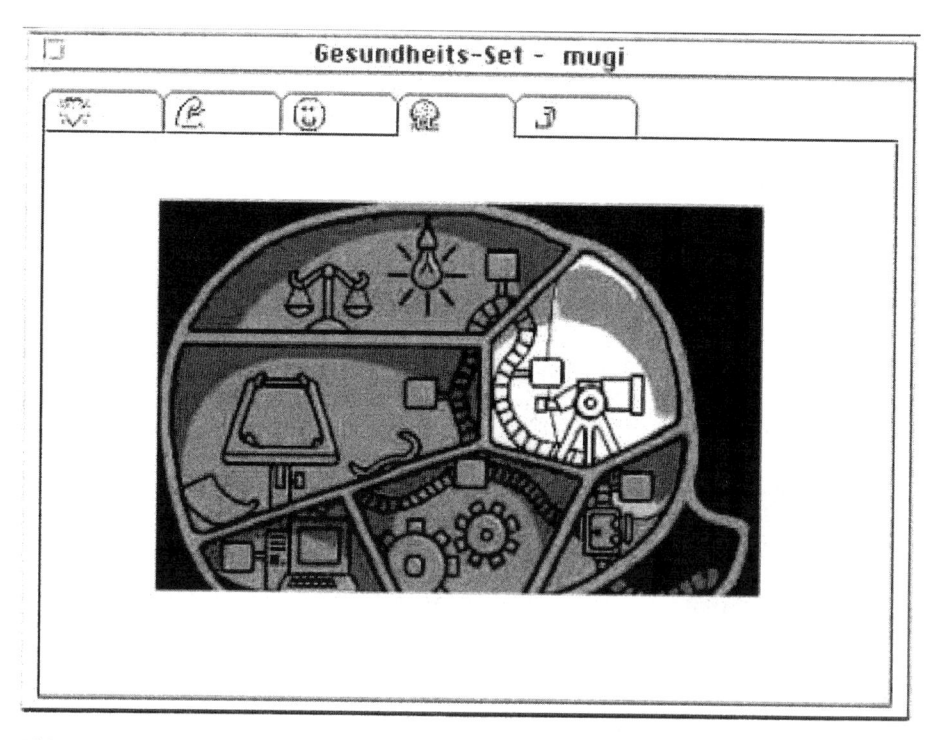

Abb. 3: Schematische Darstellung der Gehirnfunktionen, Gesundheitsset „Creatures 1"

---

9 „Enjoy playing with the building blocks of life", http://www.creatures2.com/index.htm

Die Grafik macht das dahinterstehende mechanistische Körperbild deutlich. Der hell markierte Bereich steht für das Schauen. Die Gehirnfunktionen sind schematisch auf sieben Aktivitäten reduziert. Im Forschungs-Set gibt es eine naturalistischere Abbildung des Gehirns. Hier ist die Aktivität an farbigen Punkten ablesbar. Hinter beiden Grafiken steht ein Körperverständnis, bei welchem das Gehirn das Zentrum, die Schaltzentrale und Sitz des Geistes darstellt. Der Körper ist eine Maschine, die vom Hirn aus gelenkt wird, eine Verlängerung desselben im kartesianischen Sinne. Dieses mechanistische und kartesianische Körperbild und die Reduzierung des Lebens auf die DNA schließen sich scheinbar gegenseitig nicht aus. Sie sind nicht nur in diesem Computerspiel nebeneinander anzutreffen, sondern durchziehen unsere alltäglichen Vorstellungen.

Der nornsche Körper ist vollends quantifizierbar. Alles ist ablesbar, regulierbar, durchleuchtbar. Alle Informationen sind jederzeit abrufbar, das Leben also im Griff. Ist es deswegen auch begreifbar, verständlich?

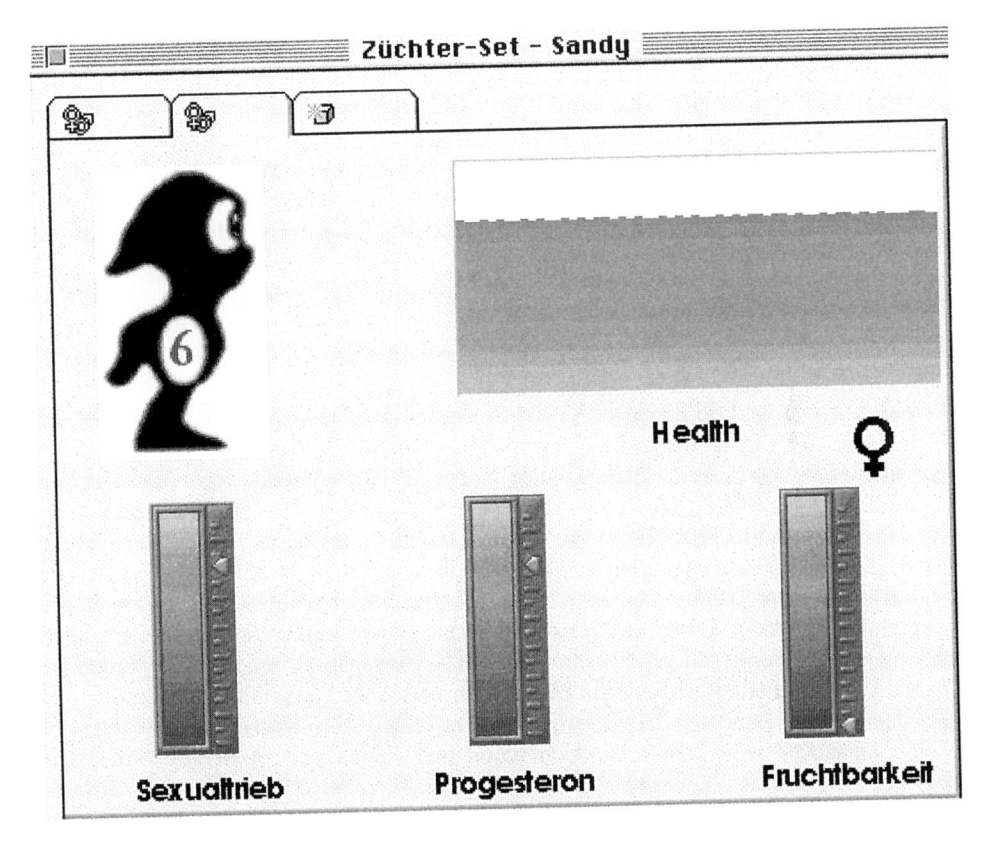

Abb. 4: Züchterset „Creatures 1"

Im Züchterset wird das Augenmerk ganz auf den weiblichen Körper gelegt. Die Körperfunktionen sind wiederum in Pegeln dargestellt: Gesundheit, Sexualtrieb, Progesteron und Fruchtbarkeit. Je höher alle Pegel, desto mehr Eier sind zu erwarten. Zwischen den einzelnen Pegeln besteht keine Kausalität, keine Verknüpfungen sind ablesbar. Das ungeborene Leben wird im durchsichtigen Körper als Zahl dargestellt. Der durchleuchtete Körper ist aber noch nicht der durchschaute, verstandene Körper.

Monster und Haustiere: Liebe Zwitter und gefährliche Monster

Die Norns haben keine Feinde, die sie auffressen oder gewaltsam umbringen. Ihre Feinde sind die Grendels, bedrohlich durch die ansteckenden Krankheiten, die sie in sich tragen. Grendels sehen aus wie kleine Ungeheuer. Ähnlich wie die Aliens stehen sie für das Andere, das Böse, das Unberechenbare. Hier sind sie gleichzeitig das Kranke. Sie sind wie die Aliens vieler Science Fiction-Geschichten grün, haben rote Augen und stehen irgendwo zwischen den Tiergattungen Reptil, Amphibie und Krustentier. Im Gegensatz zu den kindlichen Lauten der Norns geben die Grendels grunzende Töne von sich. Daß die Feinde der Norns nicht mit Pfeilen auf sie schießen, sondern Krankheiten übertragen, können wir wiederum auf uns übertragen: Nach dem Kalten Krieg gibt es keinen unheimlichen Feind mehr, der auf uns schießen könnte, sondern die Stelle des Unbekannten, Bedrohlichen hat im allgemeinen Diskurs AIDS eingenommen. Das Fremde ist auch in „Creatures" das nicht Zuordenbare, Bedrohliche, Böse. Das Bedrohliche ist ganz der Logik des Spiels entsprechend unsichtbar, während das Sichtbare unter Kontrolle ist. Aus dem selben Grund sind auch die Norns im Gegensatz zu den Grendels keine Monster, obwohl sie – weder Säugetier noch Vogel – ebenfalls zwischen den Gattungen stehen. Die Tatsache, daß sie kontrollierbar und manipulierbar sind, macht sie zu lieben Haustieren.

Kreuzungen: Experimentieren ohne Gefahr

Wer es mit viel Geduld und nach vielen Stunden einfachster Kommunikation mit den Norns geschafft hat, daß sich diese fortpflanzen, kann die einzigartigen Prachtkerlchen im Internet anbieten. Andernfalls können Norns ins Spiel importiert werden. Auf der „inoffiziellen deutschen „Creatures"-Homepage"[10] kann man Tips beziehen, Sorgen besprechen, in einem „Chat-Raum" live mit anderen Norn-Eltern kommunizieren und natürlich Norns austauschen. Diese werden beim „Up-" und „Downloaden" zu Klonen. Hat man es einmal gefunden, setzt das verborgene Genlabor in „Creatures 2" der Experimentierfreude keine Grenzen und läßt Tauschhomepages zu Kuriositätenkabinetten werden. Besonders begehrt sind dort Kreuzungen zwischen Norns, Ettins und Grendels, aber auch alle Arten von Mutationen und Abnormitäten, wie folgendes Zitat aus dem Gästebuch der inoffiziellen deutschen „Creatures"-Homepage zeigt:

> „Ja, ja, ich weiß, ich habe mich schon mal eingetragen, Aber auf dieser Seite scheint Betrieb zu sein, deshalb: Ich habe einen Gnadenhof für Creatures1-Norns und Grendels, und ich wäre froh, wenn mir jemand einen Norn oder wenigstens einen Grendel mailen könnte, der irgendwelche Probleme hat, lahm ist, nicht frißt, einen Erbfehler hat oder sonstwas. Ihr bekommt pro Monat einen Bericht über euer Tier, eine Liste mit allen neuen Gästen auf dem Hof und zwei Extras [...]. Es wäre echt toll, wenn der so individuell gestaltete Gnadenhof außer Mimiseycou (lahm), Britta (Schüttelfrost) und Tooney (Erbkrankheit) auch noch andere Be-

---

10 http://members.aol.com/hniessen/index.htm

wohner hätte!!! Ich habe auch Ettins in Lila als monatl. Extras! EURE MELLE. »[11]

Bei den Norns, Ettins und Grendels steht man einer Behinderung eben nicht ratlos und ohnmächtig gegenüber, sondern man hat Mittel zur Hand, etwas für sie zu tun, kann aber auch jederzeit den Computer ausschalten.

Kontrolle: Eine Zusammenfassung

Beim kurzen ethnographischen Streifzug durch Albia habe ich häufig Vergleiche zu Realitäten und Diskursen außerhalb des Spiels gezogen. Diese Gedanken will ich nun unter folgenden Begriffen nochmals aufgreifen:
Parallelen – Bipolaritäten – Gleichsetzungen – Verwischungen und Verwechslungen

1. Parallelen
Computerspiele sind Produkte ihrer jeweiligen Kultur. In ihnen sind Vorstellungen über unseren Alltag und uns selbst enthalten. Auch ein noch so fiktiver Entwurf einer fremden Welt ist immer Kind seiner Zeit und Kultur. Das Fremde hat das Vertraute als Maßstab. Was wir nicht zuordnen können, mit dem können wir uns auch nicht identifizieren. Soll ein Monster bedrohlich wirken, so muß es Attribute besitzen, die uns im realen Leben erschrecken. Ein Monster, das uns bloß aufzufressen droht, wirkt heute lächerlich gegenüber einem, das uns mit einer unheimlichen Krankheit ansteckt. Sollen Computerspiele uns packen, so müssen sie auf unsere alltäglichen Ängste und Hoffnungen zurückgreifen. Ihr Unterhaltungswert liegt gerade darin, daß Emotionen in einem geschützten und begrenzten Rahmen erlebt werden können.

2. Bipolaritäten
Der Spielrahmen setzt auch der Komplexität Grenzen, kann er doch selbst als Modell verstanden werden, das nach bestimmten Regeln funktioniert. Spielwelten sind einfache Welten. In ihnen treten Denkmodelle, mit denen wir unsere Wirklichkeit ordnen, plakativ zutage: Das beliebteste Deutungsmuster der Wirklichkeit ist das bipolare: gut und böse, weiblich – männlich, oben – unten, links und rechts.[12] In Albia gibt es keine Homosexualität, was im genetischen Code nicht programmiert ist, existiert nicht. Zentrale Gegensätze sind: Haustiere und Monster, Kontrolle und Bedrohung.

3. Gleichsetzungen
Die Vorstellung, daß wir das, was wir sichtbar machen können, auch verstehen werden und das, was wir messen können, in den Griff bekommen werden, ist Motivans für manche naturwissenschaftliche Forschung. In „Creatures" entspricht sie der Logik des Spiels, in der Realität dagegen wäre diese Vorstellung gefährlich.

---

11 Ebda., Gästebucheintrag vom 23.2.1999.
12 Mit der Überwindung des bipolaren Denkens setzten sich u.a. Elisabeth Grosz und Donna Haraway auseinander. Elisabeth Grosz, Volatile Bodies. Toward a Corporeal Feminism. Theories of Representation and Difference. Bloomington 1994; Donna Haraway: Ein Manifest für Cyborgs. Feminismus im Streit mit den Technowissenschaften. In: Carmen Hammer, Immanuel Stieß (Hg.): Die Neuerfindung der Natur. Primaten, Cyborgs und Frauen. Frankfurt/M., New York 1995, S. 33-72.

4. Verwischungen und Verwechslungen

In „Creatures" und auf der offiziellen „Creatures"-Homepage finden – wahrscheinlich bewußt aus Marketinggründen – folgende Verwechslungen und Verwischungen statt: Das Spiel beinhaltet haufenweise Bilder aus einem populären Wissenschaftsdiskurs, wird aber als Ganzes als Ergebnis der neuesten naturwissenschaftlichen Forschung verkauft. Dies entspricht einer Verwischung von populärem Wissenschaftsdiskurs und wissenschaftlichem Diskurs. Im selben Schachzug wird die Grenze zwischen Spiel und Wirklichkeit verwischt. Das heißt jedoch nicht, daß die SpielerInnen diese Ebenen auch verwechseln müssen.

Am irritierendsten bleibt bei „Creatures" und seiner Marketingstrategie die Verwechslung von Modell und Wirklichkeit: Die digitalen Geschöpfe werden als richtiges Leben ausgegeben, obwohl sie nur eine digitale Nachbildung des DNA-Modells in kindlichem Comicskleid sind. Diese Verwechslung meine ich auch in vielen wissenschaftlichen Forschungen und Medienberichten über künstliche Intelligenz und Robotik wiederzufinden. Das Weltbild, welches in „Creatures" vermittelt wird, beruht auf der Vorstellung, daß das Geheimnis des Lebens in einem Code liegt, den es zu ergründen gilt. Eine Regel für alles. Für diejenigen, die dieses Weltbild teilen, gibt es keine Verwechslung, sondern Modell und Wirklichkeit fallen zusammen. Es gibt in dieser Logik keinen Unterschied mehr zwischen Schöpfung und Kultur. Der Mensch wird selbst zum Schöpfer. An die Stelle von Natur und Kultur tritt das Natürliche und das Künstliche. Natur entspricht hier dem, was ohne menschliches Hinzutun aus seiner eigenen Regelhaftigkeit heraus entstanden ist.

An der Jahrtausendwende sind Utopien zu Gegenwartsentwürfen geworden. In Science Fiction-Geschichten hat sich die Distanz zwischen Erzählzeit und Handlungszeit immer mehr verkürzt. Die Naturwissenschaften haben sich dem früher nur Denkbaren angenähert und sind nun an dessen Umsetzung. Das Phantastische ist u.a. mit der Gentechnologie in die Gegenwart gerückt. Vielleicht schaffen wir deshalb künstliche Welten und „Lebewesen", um Distanz zum Phantastischen in der Gegenwart zu bekommen. Das, was uns bewegt und Angst macht, transponieren wir auf eine virtuelle und künstliche Ebene und geben ihm dort einen Rahmen, der uns Sicherheit und Kontrolle verspricht. Naturwissenschaftliche und medizinische Fortschritte werden im öffentlichen Diskurs der letzten Jahrzehnte häufig von entsprechenden Fiktionen begleitet.[13] Sie helfen mit, daß wir uns mit dem Undenkbaren anfreunden und werden so zu Katalysatoren bei der Veränderung unserer Wahrnehmung und Vorstellungen.

---

13 Sehr einleuchtend demonstriert dies Sibylle Obrecht in ihrer Lizensiatsarbeit über die ersten Herztransplantationen (vgl. Anm. 2).

Birgit Huber

Inselwelt und Genlabor
Naturbilder in Computerspielen

„God Games"

„All hell broke lose. The power of evolution had been unleashed inside the machine, but accelerated to the megahertz speed at which computers operate. My research program was suddenly converted from one of design, to one of observation. I was back in a jungle describing what evolution had created, but this time a digital jungle. There was an amazing menagerie of digital creatures, unfolding through the process of evolution."[1]

Als elektrisierenden Forschungsbericht aus dem Dschungel präsentiert 1992 der Biologe Thomas Ray die Ergebnisse seiner Computerexperimente. Stolz betitelt er ihn: „How I created life in a virtual universe". Ray gehört zu einer Gruppe innovativer Naturwissenschaftler, die sich dem Forschungsgebiet „Artificial Life" (AL) widmen. In einem Programm, dem er den programmatischen Namen „Tierra" gegeben hat, ist es ihm gelungen, mit Hilfe von Computerviren, die mutieren, sich fortpflanzen und gegenseitig ausrotten, Evolution auf dem Computer zu simulieren. In Rays wenigen hier zitierten Worten finden sich Begriffe wie „Evolutionsprozeß", „Naturbeobachtung", „Dschungel" und „Menagerie von Lebewesen", Begriffe, die man auf den ersten Blick dem Bereich „Natur"[2] zuordnen würde. Daß diese Zuordnung jedoch so gerade nicht mehr getroffen werden kann, wird aus Rays Begriffskombinationen deutlich und ist der rote Faden, dem dieser Beitrag folgen will. Wir haben es zu tun mit einem „digitalen Dschungel", der durchforstet wird, die Evolution findet im „Innern der Maschine" statt, der Forscher beobachtet ein Gewimmel „digitaler Lebewesen". Und der Forscher schafft selbst Leben in einem „digitalen Universum". Diese auf den ersten Blick irritierenden Kombinationen deuten hin auf eine Veränderung der Grenzziehung zwischen Natürlichkeit und Künstlichkeit, vielmehr noch auf ein Fraglichwerden dieser Begriffe durch die zunehmende Nutzung von Computertechnologie in Naturwissenschaft und Kriegsführung. Im Mittelpunkt der Spurensuche werden die digitalen Bilder der Computerspiele stehen, die jene Grenze auf populärkultureller Ebene verschieben. Aber auch der Gestus, in dem diese Grenzüberschreitungen explizit formuliert werden oder diese implizit begleiten, soll aufgedeckt werden: Der Gestus eines Gott-gleich-Seins.

---

1 Thomas S. Ray: How I created life in a virtual universe, zitiert in Steven Levy: KL – Künstliches Leben aus dem Computer, München 1993, S. 74.
2 Vgl. z.B. die Naturdefinition von Böhme: „Natur hat in der Alltagssprache wie auch in der philosophischen Terminologie eine doppelte Bedeutung. Spricht man etwa von der Natur der Sache, so meint man damit das, was die besprochene Sache zu dem macht, was sie ist, ihr Wesen. Sagt man dagegen, daß Tiere, Pflanzen und Berge zur Natur gehören, so ordnet man sie einem Bereich des Seins zu, der von selbst da ist, nicht vom Menschen gemacht." Gernot Böhme: Über die Natur des Menschen. Vortragsskript zur Tagung „Körper als Schnittstelle" des Graduiertenkollegs „Körper-Inszenierungen" an der FU Berlin, 1.-2.10.1999, S. 1.

Bereits Ray betonte, daß es sich bei „Tierra" keinesfalls um eine Simulation im herkömmlichen Sinne handle[3], die so genau wie möglich Merkmale bekannter, natürlicher lebender Systeme einfängt. Bei „Tierra" gehe es um „die Synthese neuer lebender Systeme", um „einzigartige neue Lebensformen mit eigenen, einzigartigen Merkmalen". Die Aussagen von Ray und anderer Vertreter der „Artificial-Life"-Forschung sind einerseits geprägt von der Überzeugung, daß es sich mit den Computerlebewesen nicht um etwas künstlich Nachgeahmtes, lediglich um eine Repräsentation von natürlichen Evolutionsprozessen handelt, sondern um eine autonome Schöpfung unabhängig von jedem Original, die dennoch gleichgesetzt werden kann mit Prozessen, die sich in der Natur beobachten lassen. Andererseits klingt in ihnen eine leidenschaftliche Abenteuer- und Eroberungslust an, ein Begehren nach dem (exotischen) Anderen. Die „Artificial Life"-Forschung bekommt es damit zu tun, das kreatürliche irdische Leben als nur eine unter mehreren, wenn nicht vielen möglichen Formen von Leben auffassen zu müssen. Die gleiche Selbsteinschränkung wurde bereits antizipiert in dem Begehren, außerirdisches Leben zu finden.[4] „Solches Begehren sucht nun seine Erfüllung nicht mehr draußen, im äußersten Außen des Raumes, sondern innen, im innersten Innen des Raumes, der jetzt Cyberspace heißt, [...] im symbolischen Raum."[5] Offiziell angetreten war die AL-Forschung mit dem Ziel aus der grundlagenbiologischen Forschung, ein besseres Verständnis der Evolution und dadurch einen allgemeineren Begriff von Leben zu gewinnen mit dem schöpferischen Ziel, künstliches Leben zu schaffen. Ergebnis ist zum einen ein Diskurs, der sich in den Absichtserklärungen der „Artificial Life"-Forscher ankündigt und im radikalen Gegensatz zur geläufigen wissenschaftlich-technischen Beherrschungs- und Kontrollattitüde steht sowie ein ganz neues Bild von Leben und Natur beinhaltet: Höheres Leben entwickelt sich demnach dann, wenn einige einfache Anfangsparameter gegeben sind und man diese unbehindert interagieren und sich ausbilden läßt. Diese Mechanismen müßten nicht zwangsläufig Bewußtsein hervorbringen, könnten dies jedoch durchaus, so die AL-Forscher. Naturphänomene, von der Evolution bis hin zum Schwarmverhalten von Tieren, wurden aufgrund ihrer digitalen Simulation mehr und mehr als dezentrale Phänomene betrachtet, bei denen das Gefühl, die Regeln zu kennen, mit dem Wissen einhergeht, daß man das Ergebnis nicht prognostizieren kann. Natürliches und Künstliches erscheinen dadurch immer weniger trennbar: „Erstens, von Menschen hergestellte Dinge verhalten sich immer lebensähnlicher und, zweitens, das Leben wird stärker technisch konstruiert. Der vermeintliche Schleier zwischen dem Organischen und dem Hergestellten hat sich gelüftet, und es zeigt sich, daß die beiden in Wirklichkeit immer eins sind und immer eins waren."[6]

Weiter verkündet Kevin Kelly, der als Chefredakteur von „WIRED" führende AL-Forscher interviewte und ihre Experimente einem Publikum außerhalb der Wissenschaftsgemeinde zugänglich machte, eine „gemeinsame Seele von organischen Einheiten, die wir als Organismen und Ökologien kennen, und ihren gefertigten Gegenstücken, den Robotern, Konzernen, Volkswirtschaften und Computernetzen".[7] Zum anderen gewann durch die Forschungserfolge ein Gestus des schöpferisch Gott-gleich-

---

3   Rays folgende Aussagen sind zitiert in Hans-Joachim Metzger: Genesis in Silico. In: Martin Warnke, Wolfgang Coy, Georg Christoph Tholen (Hg.): HyperKult. Geschichte, Theorie und Kontext digitaler Medien. Basel 1997, S. 461-510, hier S. 474.
4   Vgl. Metzger (wie Anm. 3), S. 463.
5   Ebda.
6   Kevin Kelly: Das Ende der Kontrolle. Die biologische Wende in Wirtschaft, Technik und Gesellschaft, Regensburg 1997, S. 10.
7   Kelly (wie Anm. 6), S. 10.

Seins an Bedeutung, den manche AL-Forscher ganz direkt thematisierten, so etwa W. Daniel Hillis, Leiter einer Gruppe, die am MIT den ersten Computer mit Parallelprozessor entwickelte:

„Wir alle empfinden die Programmierung als außerordentlich frustrierend. Es ist daher ein Traum, diese kleine Welt zu haben, in der wir Programme entwickeln können, die das tun, was wir wollen. Wir bestrafen sie und schmeißen sie hinaus, wenn sie nicht das machen, was wir von ihnen verlangen; und nach ungefähr einigen hunderttausend Generationen haben wir dann ein Programm, das sich genau so verhält, wie wir es möchten. Wir können Gott spielen, denn alles, was wir machen müssen, ist, ihnen eine Aufgabe zu stellen. Wir müssen nicht einmal klug genug sein, den Lösungsweg für die ihnen gestellte Aufgabe selbst zu finden."[8]

Und Ray schwärmt, im selben Duktus, über seine digitale „gesteuerte Evolution":

„Selbst wenn meine Welt so komplex wird wie die richtige Welt, bleibe ich doch Gott. Ich bin allwissend. Ich erhalte Informationen zu allem, was immer momentan meine Aufmerksamkeit auf sich zieht, ohne es zu stören, ohne herumzulaufen und Pflanzen zu zertreten. Das ist ein entscheidender Unterschied."[9]

Computerspiele als Transfermedium für Naturdiskurse

Beides, Inhalt und Gestus, blieb nicht auf einen wissenschaftlichen Zirkel beschränkt. Vor allem Rays Befunde waren eingängig und leicht vermittelbar. „Tierra" wurde in renommierten Medien wie „The New York Times", „The Economist", „Science" und „Nature" ausführlich gewürdigt. „Es war ein klassisches Beispiel für eine Computer-Mikrowelt, die sich in den gesellschaftlichen Diskurs integrieren ließ."[10] Entscheidend zur massenhaften Verbreitung dieses naturwissenschaftlichen Diskurses trug allerdings ein Bildmedium bei, das daher für die volkskundliche Bildforschung bzw. für eine digitale Sachkulturforschung von Interesse sein muß: Das Computerspiel mit seiner digitalen Bildtechnik. „Tierra" ließ sich über das Internet herunterladen, und es war damit einfach, mit dieser Mikrowelt und den ihr zugrundeliegenden Annahmen auf dem eigenen Heimcomputer zu spielen. Besonders gut läßt sich der Transfer dominanter wissenschaftlicher Naturdiskurse m. E. anhand der Computerspielveröffentlichungen der Firma Maxis analysieren. Sie baute die Forschung zu künstlichem Leben (AL), den Diskurs um die Gentechnik sowie die Gaia-Hypothese in ihre Spiele ein, die besagt, die ganze Weltkugel sei ein einziges dynamisches, hochempfindliches System, das Eigenschaften eines Lebewesens besitzt und bei dem natürliche Prozesse durch Einwirkungen des Menschen aus dem Gleichgewicht geraten. Als „Jahrzehnte des Genoms" bezeichnet Donna Haraway die Jahre von 1975 bis zum Ende der 90er. Das Genom fungiere in dieser Zeit als Schlüsselobjekt des naturwissenschaftlichen Diskurses.[11] Der Vater der Gaia-Hypothese, James Lovelock, gilt als einer der Revolutionäre des ökologischen Paradigmenwechsels, der Ende der 60er mit abnehmender Fortschrittsgläubigkeit ein-

---

8 Zitiert in Levy (wie Anm. 1), S. 74.
9 Zitiert in Kelly (wie Anm. 6), S. 413.
10 Sherry Turkle: Leben im Netz. Reinbek bei Hamburg 1998, S. 260. Auch Donna J. Haraway sieht Computerspiele als besonders prägend für die populäre Vorstellung von Natur an. Vgl. Donna J. Haraway: Modest_Witness@Second_Millennium . FemaleMan_Meets_OncoMouse. Feminism and Technoscience. New York 1997.
11 Vgl. Haraway (wie Anm. 10), S. 227.

setzte. Die Computerspiele „SimAnt", „SimEarth" und „SimLife", in denen Ameisenkolonien gemanagt werden müssen bzw. der globale Tierbestand und die Biosphäre manipuliert werden können, griffen damit die dominanten naturwissenschaftlichen Diskurse der letzten Jahrzehnte auf. Nach der explosionsartigen Entwicklung von Informationstechnologie und Biologie ist Simulation nicht länger eine untergeordnete und nachrangige Erkenntnismethode, sondern führend und naturwissenschaftliche Erkenntnisse kreierend. Andererseits sind populäre digitale Erzeugnisse geprägt von naturwissenschaftlichen Diskursen, ahmen diese nach in Struktur und Optik, simulieren also die Simulation. Die Spiele von Maxis etwa sind somit gleichzeitig Originale und Nachahmungen in einem.[12] Computerspiele führten Anfang der 90er zudem eine spezifische „Ästhetik der Simulation" in die Populärkultur ein.[13]

Bereits Bringéus formulierte in seiner volkskundlichen Bilderkunde, die für eine Analyse neuer Medien allerdings in Begrifflichkeit und Vorgehensweise erweitert werden muß: „Je größer die Auflage, d.h. die Einflußmöglichkeit eines Bildes, um so wichtiger ist es für die ethnologische Bildforschung."[14] Die Top Ten der beliebtesten PC-Spiele verkaufen sich in Deutschland in den ersten neun Monaten nach ihrem Erscheinen in der Regel zwischen 360.000 und 100.000 Mal pro Titel,[15] Top-Seller wie die Adventure „Myst" oder „Tomb Raider" erreichen Auflagen von mehr als drei Millionen Stück. Hermann Achilles, Geschäftsführer des Verbandes der Unterhaltungssoftware Deutschland, geht zusätzlich davon aus, daß pro Computerspiel-CD fünf Raubkopien angefertigt werden.[16]

Computerspiele sind zudem nicht mehr länger Kinderspiele, die mit dem Erreichen einer bestimmten Altersgrenze abgelegt werden. Aus spielenden Kindern werden spielende Erwachsene. Jüngste Erhebungen sowohl unter Computer- als auch unter Videospielern zeigen, daß mindestens die Hälfte der Spieler bereits volljährig ist.[17] Zieht man eine beliebige aktuelle Bestenliste der meistverkauften PC-Spiele zu Rate[18], sieht es auf den ersten Blick so aus, als käme Naturdarstellungen im Computerspiel nur marginale Relevanz zu. Bei der eingehenderen Betrachtung von Spielen, den zugehörigen Benutzerhandbüchern, den werbenden Aufschriften der Spieleverpackungen und dem Echo der Computerspiele in massenmedialen und populärwissenschaftlichen

---

12 Ebda. S. 134.
13 Vgl. Turkle (wie Anm. 10), S. 269. Turkle bleibt allerdings bei dieser Behauptung stehen und nimmt keine Analyse der Computerspielbilder vor, was somit noch aussteht. Auch in der Volkskunde gibt es bisher nur sehr vereinzelt Ansätze zu einer Analyse digitaler Medienprodukte und -produktion, so z. B. den Beitrag von Beatrice Tobler im vorliegenden Band sowie Andreas Wittel: Virtualisierung der Kultur? Neue Medien und ihre Produkte am Beispiel eines 3D-Chats. In: Irene Götz, Andreas Wittel (Hg.): Arbeitskulturen im Umbruch. Zur Ethnographie von Arbeit und Organisation. Münster 2000 (im Druck); außerdem Marius Risi, Beatrice Tobler u.a.: Das Hirn in der Kiste. Zum Verhältnis von Technik und Subjekt in der virtuellen Welt der Computerspiele. In: Technik-Kultur. Formen der Veralltäglichung von Technik – Technisches als Alltag. Zürich 1998, S. 263-291.
14 Nils-Arvid Bringéus: Volkstümliche Bilderkunde: formale Kennzeichen von Bildinhalten. München 1982, S. 16f.
15 Vgl. die Statistik in H. P. Canibol, E. Müller, J. Schuster: „Die Spaßmaschine". In: FOCUS 48/1998, S. 314.
16 Canibol, Müller, Schuster (wie Anm. 15), S. 307.
17 Vgl. Christoph Holowaty: Verkaufshits&Megatrends. Kennzeichen erfolgreicher Computer- und Videospiele. In: Jürgen Fritz, Wolfgang Fehr (Hg.): Handbuch Medien: Computerspiele. Bonn 1997, S. 157-165, hier S. 159.
18 Vgl. z.B. GfK Consumer Software mit ihren wöchentlichen Erhebungen der meistverkauften 20 Computerspiele, http://www.zdnet.de/spiele/top20/top20-wc.html.

Erzeugnissen erweist sich jedoch, daß die Frage nach der Natur gerade in den beliebtesten PC-Spielgenres[19] zu Ergebnissen führt, die nicht nur den direkten Bereich der Spiele, sondern auch den Bereich der digitalen Bilder im allgemeinen sowie unseren Umgang mit ihnen betreffen. Im weiteren werden daher jene beliebtesten Genres im Mittelpunkt stehen: die Simulationen bzw. Strategiesimulationen und die Adventures sowie deren Mischformen.[20]

Den vielfältigen theoretischen und erkenntnistheoretischen Diskussionen um den Naturbegriff will und muß sich dieser Beitrag enthalten. Die Begriffe Natur bzw. Natürlichkeit werden im folgenden auf zwei Ebenen verwendet:

Wenn von Natur in Computerspielen gesprochen wird, also die Ebene des Bildinhalts einer Analyse unterzogen wird, wird damit die dargestellte natürliche Umwelt fokussiert, also Bilder von der Erde und ihren Ökosystemen, Landschaften, Tiere und Pflanzen. Natur in diesem Sinne wird in den Spielen in verschiedenster Perspektive abgebildet: kartographiert, aus der Satellitenperspektive, in der Schrägaufsicht, als dreidimensionaler Naturraum, der in Echtzeit durchschritten werden kann. Diese Naturbilder beinhalten damit, selbst wenn sie sich als realistische, „objektive" Abbildung von Natur geben, etwa in Form von eingespeisten Satellitenbildern realer Landschaften, eine Ebene, die dem Nutzer in der Regel entgeht. Sie wird durch die Grammatik der Bilder erzeugt, die Konstruktionsregeln, die ihre Bedeutung und Wirkung bestimmen. Auf dieser Ebene wird, so meine These, dem Nutzer ‚Natürlichkeit' suggeriert, d.h., sie versucht, den Nutzer eine künstliche Welt erleben zu lassen, die immer mehr analog zur „realen" Lebenswelt[21] wirkt.

Simulation von Systemstrukturen

Mit verschiedenen Mitteln, die alle auf dasselbe Ergebnis abzielen, versuchen beispielsweise die Produzenten der Computerspiele „SimLife" und „SimEarth", dem Nutzer das Gefühl zu geben, daß sich die Struktur von Realität und Virtualität annähern und daß deshalb übertragbare Schlußfolgerungen zwischen beiden möglich seien – und

---

19 Bereits Fritz hat indes darauf hingewiesen, daß es angesichts der Diversifizierung auf dem Spielmarkt nicht mehr sinnvoll sei, noch von Genres zu reden. Er schlägt daher vor, anhand von drei Kriterien eine „Landschaft der Spiele" abzustecken, in der jedes einzelne Spiel verortet werden kann. Vgl. Jürgen Fritz: Zur ‚Landschaft' der Computerspiele. In: Fritz, Fehr: Handbuch Medien (wie Anm. 17), S. 87-98. Aus diesem Grund ist es in Bezug auf Computerspiele m.E. auch nicht mehr zweckdienlich, eine lineare Ikonographie zu betreiben. In der Marktforschung wird der Computerspielmarkt jedoch nach wie vor typologisch in Genres unterteilt.

20 „Seit den Anfängen der Computerspiele hat sich der Strategie- und Wirtschaftssimulationsbereich als die beliebteste Spielart bei PC-Software herausgestellt. Betrachtet man die Genreentwicklung in den Karstadt-Verkaufscharts, so steigt das bereits hohe Niveau der Strategiespiele seit Mitte des Jahres noch weiter an." Zu den Simulationen werden auch technische Simulationen wie z.B. Flug- und Fahrzeugsimulationen gerechnet. Vgl. Holowaty (wie Anm. 17), S. 162. Ausgewertet wurden die Spiele „Biosys", „Civilization – Call to Power", „Diver", „Force 21", „iF-333v.5", „Myst", „Populous – The Beginning," „Riven", „SimEarth", „SimLife", „Tomb-Raider 3" und „Trespasser" sowie Packungsaufschriften diverser anderer Spiele, die im ersten Halbjahr 1999 aktuell im Verkauf und Verleih waren.

21 Die Lebenswelt ist der für den Menschen faßliche und d.h. geordnete Wirkungsbereich, an dem er in unausweichlicher, regelmäßiger Wiederkehr teilnimmt, den er als schlicht gegeben vorfindet und als fraglos erlebt. Vgl. die umfassenden Untersuchungen zur Lebenswelt bei Alfred Schütz, Thomas Luckmann: Strukturen der Lebenswelt Bd. 1 und 2. Frankfurt/M. 1979.

vor allem zukünftig immer mehr möglich sein würden. Im Benutzerhandbuch von SimLife wird versucht, den Leser davon zu überzeugen, daß es wichtig sei, sich mit künstlichem Leben zu befassen. So heißt es z.B.: „Die Zukunft von A-Life ist äußerst vielversprechend. Es wird vielleicht eines Tages aus der experimentellen Phase in den praktischen Bereich des Designs übergehen. Die Instrumente und Verfahren, die sich heute in der Entwicklungsphase befinden, werden es uns eines Tages ermöglichen, komplexe Systeme zu entwerfen, die von Software über Flugzeuge bis zu Intelligenz reichen."[22] Der Begriff Spiel, „game", im Rahmen dessen es um Gewinnen bzw. Verlieren geht[23], wird entsprechend ausgeweitet: „you can just play with plants, animals and ecosystems" (Ebda., S. 2). „In SimLife, the ‚toy' is a biology laboratory in a computer. When you play with SimLife, or any of our other Software Toys, don't limit yourself to trying to ‚win'. Play with it. Experiment, try new things" (Ebda., S. 4).

Das Spiel ist ausgestattet mit Accessoires, die die Suggestion, daß es sich hier um ein naturwissenschaftliches Experiment handle, zusätzlich unterstützen. So ist ein sogenanntes „LabBook" beigegeben, und der Nutzer wird aufgefordert, seine Versuchsanordnungen darin einzutragen. Die einzelnen Übungskapitel tragen Titel wie „Design and Build the Subject Animal" oder „Modify The Climate For Optimum Control". Tiere („SimLife") und der Planet Erde („SimEarth") als das Lebendige werden durch die Wahl der Ausdruckscodes objektiviert, der Eindruck wird hervorgerufen, daß das Lebendige vollständig beherrschbar und manipulierbar ist: Anhand von Schaltflächen können in „SimLife" die Gene verschiedener Tierarten kombiniert und in „SimEarth" das Erdklima verändert werden, etwa durch Temperaturveränderungen oder die Regulation der Niederschlagsmenge.[24] Der Spieler kann unter verschiedenen Naturkatastrophen wählen (Kometeneinschlag, Waldbrand) und damit versuchen, die Biosphäre kollabieren zu lassen. Anhand von Graphen können die Veränderungen, z.B. des Tierbestands („SimLife"), abgelesen werden. Dadurch wird Wissenschaftlichkeit suggeriert. Diese spezifische Ästhetik ist charakteristisch für einen technokratischen Diskurs, nicht nur in Computerspielen.[25]

An einer dem Benutzerhandbuch von „SimLife" unterlegten Comicserie, die die lustigen Abenteuer einer genmanipulierten Familie schildert, wird deutlich, worauf diese Gestaltungsstrategie neben dem Bestreben, die virtuelle Welt als eigenständige, ernstzunehmende Parallelwelt zu etablieren, hinausläuft: Auf einen Abbau von Ängsten und einen Aufbau von Akzeptanz gegenüber gentechnischen Entwicklungen.[26] Der abstrakte Begriff Gentechnik wird konkretisiert in einem Gerät, das von Familienmitgliedern wie ein Haushaltsgerät verwendet wird. Mit ihm können Bedürfnisse befriedigt werden, die vorher unbefriedigt bleiben mußten. Während Vater und Kinder sich in kraftstrotzende Chimären verwandeln, um endlich Konkurrenten in Beruf und

---

22 Michael Bremer: SimLife – The Genetic Playground. User Manual. Orinda 1992, S. 2.
23 Vgl. Jan Huizinga: Homo Ludens. Vom Ursprung der Kultur im Spiel. Reinbek bei Hamburg 1991, S. 22: „Die Funktion des Spiels in den höheren Formen, um die es sich hier handelt, läßt sich zum allergrößten Teil direkt von zwei wesentlichen Aspekten herleiten, unter denen sie sich präsentiert. *Das Spiel ist ein Kampf um etwas oder eine Darstellung von etwas.*"
24 Siehe Abb. 4.
25 Vgl. Kathrin Oester: Unheimliche Idylle. Zur Rhetorik heimatlicher Bilder. Köln 1996, S. 51ff.
26 Siehe Abb. 1. Literaturwissenschaftliche Analysen von Komik im Drama haben darauf hingewiesen, daß das Komische eine versöhnende Funktion hat. Es kennt keine Gegensätze, die nicht aufgelöst werden könnten, keinen Unglücksfall, der nicht wiedergutgemacht werden könnte. Am Ende wird die Normalität wiederhergestellt, und Gegensätzliches wird versöhnt. In diesem Sinne funktioniert das Komische auch im vorliegenden Comic Strip.

Abb. 1: Abbau von Ängsten durch Konkretisierung (Bild 1 und 3 aus dem Comicstrip „The Adventures of the Genetic Family" in der Spielanleitung zu „SimLife – The Genetic Playground")

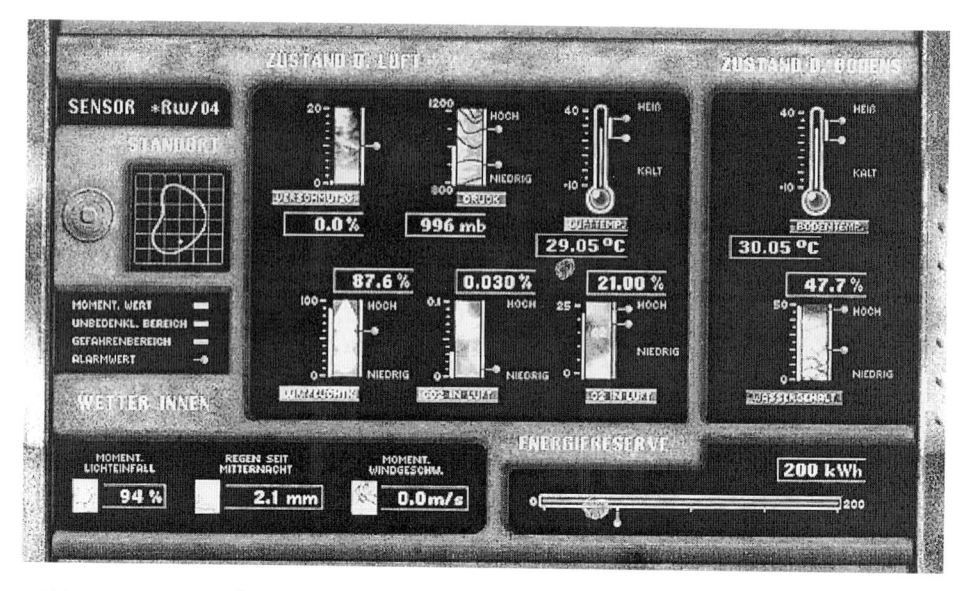

Abb. 2: Zustand des Ökosystems (Screenshot aus dem Simulations-Adventure „Biosys")

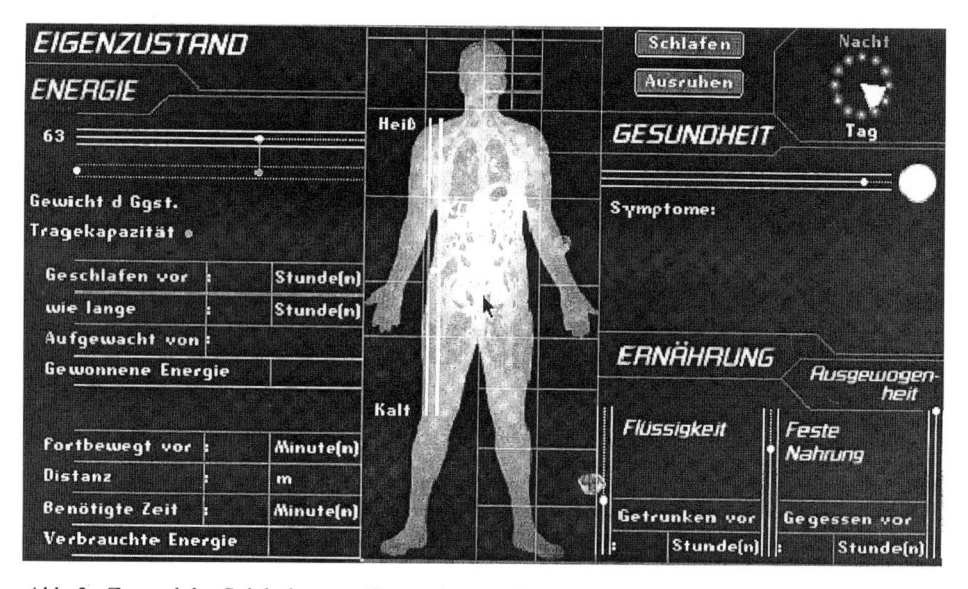

Abb. 3: Zustand des Spielerkörpers (Screenshot aus dem Simulations-Adventure „Biosys")

Sport in Schach halten zu können, benutzt die Frau des Hauses den „Home Gene Splicer-Dicer", um den traditionellen hausfraulichen Pflichten perfekter nachkommen zu können. Gentechnik wird in Form eines handlichen Apparats greifbar und steuerbar dargestellt, ist kein Gegensatz zum Familiären und Alltäglichen. Ihre Benutzung endet in der Herstellung einer perfektionierten Normalität.

Ikonographisch lassen sich den Graphen der „Sim"-Spiele von Anfang der 90er Jahre Darstellungen aus einem Simulations-Adventure von 1998 zuordnen, das „Biosys" heißt. In ihm vereinen sich Merkmale des technokratischen mit Merkmalen eines ökologischen Diskurses nach dem Motto „managen und schützen". Zwar muß der Spieler auch in „Biosys" ein Ökosystem, bestehend aus tropischem Regenwald, Savanne und Ozean, mit Hilfe technischer Apparaturen steuern, doch sind diese hier harmonisch in den Naturraum integriert. Mensch und Umwelt hängen außerdem für den Spieler unmittelbar erfahrbar voneinander ab. Beide befinden sich unter einer riesigen Glaskuppel innerhalb eines Versuchs mit einer künstlichen Biosphäre. Der Spieler muß Pflanzen pflücken und sich Kenntnisse über sie aneignen, um sich davon ernähren zu können. (Bestimmte Pflanzen müssen z.B. abgekocht werden, da sonst Vergiftungserscheinungen auftreten). Gesundheit und Wohlbefinden des Spielers sind unmittelbar von der Umwelt abhängig; stirbt der Urwald, stirbt der Spieler. Analog dazu ist die Spielperspektive gestaltet. Der Spieler hat die Sicht einer „subjektiven Kamera", d.h. er erlebt das Spielgeschehen aus der Ich-Perspektive. Er blickt sozusagen direkt in die Urwaldumgebung und bewegt sich darin, während er in „SimEarth" aus einer globalen Perspektive direkte Draufsicht auf die ganze Erdoberfläche hatte und die Vielzahl von Parametern dadurch ausbalancierte, daß er Einstellungen auf Schalttafeln veränderte.

Erfahren wird bei beiden Spielen, daß Entscheidungen in einem Bereich die Handlungsmöglichkeiten in anderen Bereichen beeinflussen und alles mit allem zusammenhängt. Trotz der Einsicht, daß der Mensch mit natürlichen Beständen und Abläufen in mannigfachen Systemzusammenhängen verkettet ist, die dem Spieler etwa in „Biosys" stärker nahegebracht wird, wird gerade mit dieser Perspektive die Technisierung der Natur, der menschlichen und der nichtmenschlichen, weiter vorangetrieben. Dies schlägt sich innerhalb des Spiels in der Art der Repräsentation von Spielerkörper und natürlicher Umwelt nieder. Beide sind als Systeme dargestellt, die beobachtet und gewartet werden müssen, damit ihr Funktionieren garantiert ist, die dabei aber dynamisch auf kleinste Einwirkungen von Außen reagieren können. Der Spielerkörper und die natürliche Umwelt sind definiert durch die Dateninformation, die man über sie hat.[27] Es ließe sich m.E. von einer kybernetischen Naturvorstellung sprechen, die hier zum Ausdruck kommt.

Auf der Ebene der Spielästhetik erfolgt eine Versöhnung von Technologie und Natur, die sich so auch in einem der populärsten Computerspiele der 90er Jahre, „Myst" sowie im „Myst"-Nachfolgespiel „Riven" findet. Die Inselwelt in „Myst" etwa ist mit Phantasie-Maschinen und Technik durchsetzt, die mit ihrem altmodischen Charme an die Anfänge der Industrialisierung gemahnen. Die technischen Anlagen wirken innerhalb der Landschaft weder zerstörerisch noch zerstörend. Gegensätzliche Bereiche des „Natürlichen" – reichhaltige Urwaldflora in „Biosys", exotische Inselwelt mit Eingeborenen in „Riven" – und des „Künstlich-Technischen" – z.B. Windmaschinen und Röhrensysteme in „Biosys" – werden miteinander verklammert und so die Industriekultur mythisiert und naturalisiert.[28]

---

27 Siehe Abb. 2 und 3. Zur Entwicklung der Vorstellung vom Menschen als Datenbündel, vollständig bestimmt von den Genen als Informationsträger im Laufe des 20. Jahrhundert vgl. ausführlich Marie-Anne Berr: Technik und Körper (=Historische Anthropologie; 11). Berlin 1990.
28 Auf diese spezifische Ästhetik wies zum ersten Mal Großklaus anhand von Werbephotos Ende der 70er Jahre hin: „Das Utopische dieser Bilder liegt wieder in der Aufhebung der Fremdheit: Alles ist ‚Natur' geworden: Die Industriekultur ist im Mythos naturalisiert." Götz Großklaus: Natur als Zeichenwelt: Sehnsucht und Vermarktung (1979). In: ders. (Hg.): Natur-Raum: Von der Utopie zur Simulation. München 1993, S. 165-178, hier S. 172.

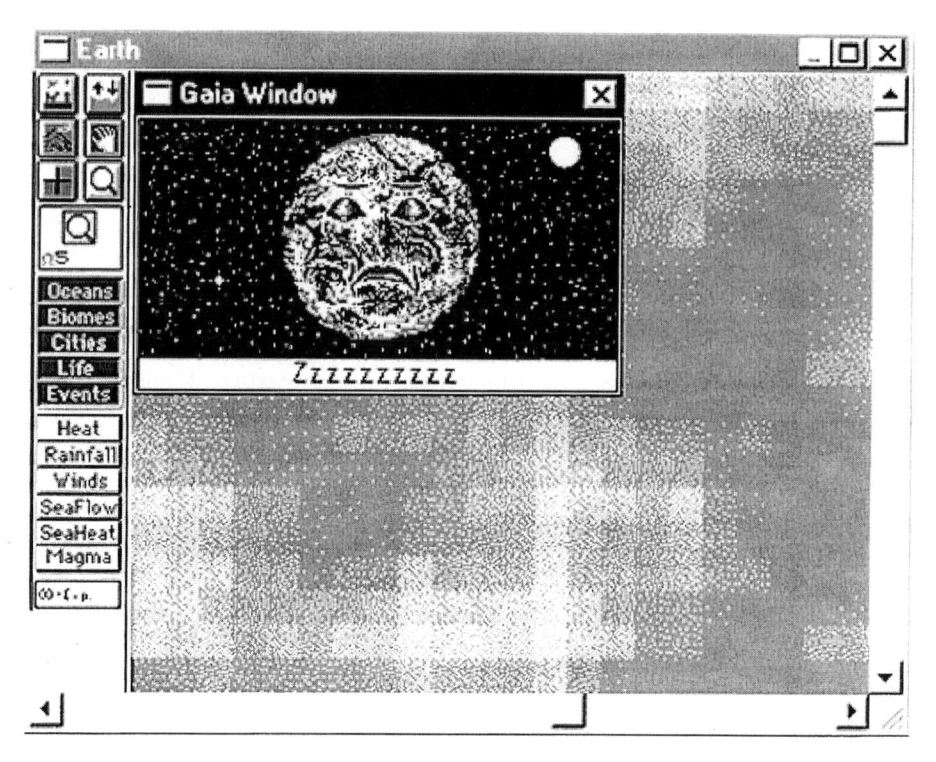

Abb. 4: Darstellung des Planeten Erde (Screenshot aus „SimEarth")

Wie Pörksen in einer Theorie der Visiotype darlegte, eignen sich bildhafte Darstellungen besonders gut für die Popularisierung von wissenschaftlichen Diskursen, denn: „Ein Bild wird erschlossen durch seine Gestalt, ein Satz verstanden aufgrund seines Sinns. Es sind zwei Weisen des Verstehens. Das Bildverstehen geht blitzschnell vor sich und allenfalls halb bewußt."[29] Bildhafte Darstellungen sind „stark in der Vermittlung eines Hofs von Gefühl und Wertung."[30] Computerspielbilder forcieren diesen unmittelbaren Zugang zum Bildmaterial noch zusätzlich. Einerseits sind sie interaktiv, die Bildwelt kann somit unmittelbar beeinflußt werden, was bisher in keinem Bildmedium möglich war. Eine Theorie zum Ökosystem wird sinnlich erfahrbar, indem man per Simulation Veränderungen in ihm vornimmt und daraufhin die vorher mühsam gezüchteten Lebewesen sterben. Zum anderen wird der „Hof von Gefühl und Wertung" intensiviert durch die Kombination disparater Darstellungstechniken, wie anhand eines Bildausschnitts aus „SimEarth" gezeigt werden soll[31]: Die Darstellung des Globus, in blaugrün gehalten und Prototyp des „blauen Planeten" Erde, entstammt ursprünglich einer Aufnahme der Erde vom Mond aus. Bereits dieses Bild der Erde, das grundsätzlich ikonisch ist, weist eine Reihe von Implikationen auf.[32] Gleichzeitig symbolisiert die

---

29 Uwe Pörksen: Logos, Kurven, Visiotype. Vortrag an der Hochschule für Grafik und Buchkunst, Leipzig 1998, S. 26.
30 Pörksen (wie Anm. 29), S. 27.
31 Siehe Abb. 4.
32 Vgl. dazu ausführlich Wolfgang Sachs: Der blaue Planet. Zur Zweideutigkeit einer modernen Ikone. In: Scheidewege 23/1993-94, S. 168-189. Das ikonische Bildmaterial, das in Computerspielen verarbeitet wird – in der Mehrzahl Satellitenbilder und Landkarten – ist selbstver-

Abbildung in diesem Computerspiel „Gaia", die „Mutter Erde", die alles Lebendige umfaßt und auf der alles Lebendige aufeinander angewiesen ist. Durch comicartige Überzeichnung ist sie hier zusätzlich personalisiert und kann den Betrachter noch stärker emotional ansprechen. Geht es dem Ökosystem im Spiel schlecht, blickt die Erde traurig drein, und der Spieler ist schuld daran bzw. kann dies ändern.

Es stellt sich im Anschluß die Frage, warum (naturwissenschaftliche) Naturbilder für die Verarbeitung in einem Medium attraktiv sind, das durch und durch kommerziell ist, so wie das Computerspiel.

Exkurs: Merkmalecocktail

Es handelt sich, das muß immer mitgedacht werden, bei Computerspielen nicht einfach um eine analoge Übertragung von naturwissenschaftlichen Diskursen, sondern um die Transformation von Diskursen eines ausdifferenzierten Systems in ein weniger komplexes System, das des Spiels, welches von der Leitdifferenz „Sieg-Niederlage" bestimmt ist.[33] Auf dieser Ebene, also für den konkreten Spieler, dem das Spielen Entlastung und Entspannung durch zweckfreie Spannung bietet, ist entscheidend, daß Naturdarstellungen Kriterien eines Merkmalecocktails erfüllen, der Spiele zum Verkaufserfolg macht.[34] Naturdarstellungen sind in Computerspielen zu finden, da durch sie bestimmte Strategien verfolgt werden können, die für die Nutzer befriedigend sind, weil ihre Thematisierung Besonderheiten bietet, die Nutzer auf dem Bildschirm sehen bzw. erleben wollen und die ihre Erwartungen, die sie an das neue Medium haben, erfüllen: Es sind dies Macht und Manipulationsmöglichkeiten auf der einen Seite und Präsenzgefühl im virtuellen (Bild-)Raum auf der anderen Seite. Das Ausleben von Machbarkeits- und Machtphantasien macht einen Großteil der Faszination von Computerspielen aus.[35] Ganz explizit existiert inzwischen die Bezeichnung „God Games", begründet durch die Systemsimulation „Populous". In ihr kann man Landstriche durch Naturkatastophen wie Wirbelstürme oder Vulkanausbrüche verwüsten und ganze Landschaften gestalterisch einebnen, der Spieler selbst wird als Gott bezeichnet. An den beschriebenen Systemsimulationen könnten für den Nutzer also die Macht zur Manipulation in Bereichen, die ihm ansonsten nicht zugänglich sind, reizvoll sein sowie der

---

ständlich schon vor seiner Verarbeitung im Spielkontext keineswegs metaphernfreie Repräsentation von Realität.
33 Siehe bereits Anm. 23.
34 Leu führte umfangreiche Befragungen in Familien durch und zweifelt infolgedessen am aufklärerischen Wert von Strategiespielen, bei denen bestimmte gesellschaftliche Konstellationen simuliert werden, die durch „richtige" Entscheidungen im Gleichgewicht gehalten werden müssen. „Ob in den simulierten Systemen [...] die Versorgung der Bevölkerung mit Nahrung gesichert, der Zusammenhang von Produktion und Ökologie dargestellt oder eine Seeräubercrew durch ausreichende Überfälle bei Laune gehalten werden sollen, dürfte das Bewußtsein der Spielenden nur am Rande tangieren." Hans Rudolf Leu: Wie Kinder mit Computern umgehen. Eine Studie zur Entzauberung einer neuen Technologie in der Familie. München 1993, S. 74. Weiter stellt Leu anhand von Interviews fest: „Wichtiger ist die Art der Anforderungen und eine immer wieder neuartige ‚gut gemachte' Präsentation in Grafik und Sound." Ebda. S. 76. Ähnliches ergaben eigene informelle Befragungen von Computerspielproduzenten, die zugleich selbst Computerspielnutzer sind, in der Firma „Glamus" in Bonn im Oktober 1998. „Glamus" produziert Computerspiele und andere digitale Produkte wie z.B. Werbebannerkonzepte für Web-Seiten.
35 Vgl. z.B. Jürgen Fritz: Macht, Herrschaft und Kontrolle im Computerspiel. In: Fritz, Fehr: Handbuch Medien (wie Anm. 17), S. 183-196.

Eindruck besonderer Relevanz der spielerischen Betätigung, die durch den Einbau von aktuellem naturwissenschaftlichem Forschungsstand suggeriert wird. In „SimLife" lassen sich verschiedene globale Umweltkatastrophen durchspielen und ihre Auswirkungen auf Ökosysteme und Lebewesen austesten. Ein Eingriff in die Genstrukturen verleiht Macht auf sonst unzugänglichen Gebieten, wobei dies bisher auffälligerweise nur an Tieren oder tierähnlichen Wesen („Creatures") durchgespielt wird und noch nicht an humanoiden Lebewesen. Wissenschaftliche Erkenntnisse zu künstlichem Leben und künstlicher Intelligenz bestimmen nicht nur die Spielgeschichte, sondern werden auch bei der Programmierung der Spielfiguren eingesetzt, um die Komplexität der Spiele zu steigern. Auch dies wird von Nutzern besonders geschätzt, worauf z.B. folgendes Zitat aus einem einschlägigen Spielemagazin hinweist: „Was können wir tun, um den Unterhaltungswert von künstlicher Intelligenz in unseren Lieblingsspielen nach oben zu treiben? Wie können wir die Hersteller zu Investitionen in realistischem, intelligentem Spielverhalten bewegen? Mit dem demokratischen Modell: Abstimmung an der Ladentheke."[36]

Aussagen von Nutzern in einer Befragung von Sherry Turkle unterstützen meine These, daß virtuelle Welten und das Handeln in ihnen durch die spezifische Konstruktion und Optik der Spiele als immer relevanter erlebt werden und dadurch auch immer reizvoller werden. Der dreizehnjährige Tim etwa berichtet über seine Erfahrungen mit „SimLife": „Man verwandelt Pflanzen und Tiere durch Mutation in neue Arten. Man muß das Gleichgewicht in einem Ökosystem bewahren. Man gehört zu etwas Wichtigem."[37] Tim ist überzeugt, daß die „Tiere, die im Computer heranwachsen, kaum von lebenden Tieren zu unterscheiden sind", aber findet das „irgendwie gespenstisch".[38] Kinder gehen laut Turkles Interviewergebnissen „im allgemeinen davon aus, daß die Kreaturen in Sim-Spielen den Wunsch haben, das System zu verlassen, um sich in eine umfassendere digitale Welt zu begeben."[39] Eine vierundzwanzigjährige Marktforscherin berichtete etwas verlegen, nachdem sie einen digitalen Schmetterling kreiert hatte, sie habe sich dabei gefühlt „wie Gott".[40]

Simulation von geschlossenen Naturräumen

Naturdarstellungen sind m.E. noch in anderer Hinsicht ein entscheidender Kauf- und Spielanreiz. Darauf weisen bereits die werbenden Packungsaufschriften hin, die den Nutzer als erstes ansprechen, sobald er einen Spieleladen oder -verleih betritt. Die Naturräume, für deren Entdeckung oder (Ver-)Nutzung dort geworben wird, sind entweder durch ihre besondere Abenteuerhaftigkeit und Gefährlichkeit, an der sich der Spieler messen muß, gekennzeichnet – dies garantiert die Spannung, die für die meisten Nutzer unabdingbar für Computerspiele ist – oder durch ihre Exotik und Mannigfaltigkeit. Sie weisen also durchgehend Merkmale auf, die die Natur westeuropäischer Alltagswelt nicht mehr bieten kann oder nie bieten konnte. Besonders beliebte Sujets sind dabei Wüsten, Regenwälder und Unterwasserwelten. Sie sollen mit Hilfe von Körper- und Maschinentechnologie erobert werden. In „Biosys" z.B. finden sich mehr

---

36 Fritz Effenberger: Künstliche Intelligenz. In: PowerPlay 4/98, S. 3.
37 Turkle (wie Anm. 10), S. 271.
38 Ebda.
39 Vgl. ebda. S. 273.
40 Ebda.

als 20 Pflanzen, die im Handbuch ausführlich beschrieben sind und die innerhalb des Spieles eingehend beobachtet werden können. Sie wachsen, tragen Früchte und sterben. Nachts wird es dunkel und kalt, Regen und Trockenheit wechseln sich ab. „Tomb Raider III" wirbt mit „realistischen Wasserwirkungen, Spiegelungen, Nebel und wechselnden Wetterbedingungen". Diese Art von Naturdarstellung wurde infolge zunehmender technischer Möglichkeiten hin zu einer photorealistischen Darstellung selbst völlig fiktiver Welten reizvoll, wie sich aus Rezensionen in Spielezeitschriften ableiten läßt.[41] Während der Betrachter bereits in Themenparks, vom Fremdheitsschock verschont, überhaupt nur noch die Schönheit der Kopie genießen konnte und der Rekurs auf ein bekanntes Original überflüssig wurde, erzeugen digitale Bilder darüber hinausgehend eigenständige Naturräume. Mediales Leitprinzip ist die Aktualisierung. Räumlich und zeitlich Entferntes wird dabei zugleich synchronisiert und vergegenwärtigt.[42] In „Trespasser" treten sechs Saurier aus einem Zeitraum von vor 76-68 Millionen Jahren auf, die anhand historischer Funde konstruiert sind. Sie können sich im Spiel aufgrund von programmierter künstlicher Intelligenz weiterentwickeln. Die Hyperrealität[43] der simulierten Natur ist realer als die Natur, mit der die Nutzer in ihrer Lebenswelt in der Regel konfrontiert sind, legt man die Kriterien zugrunde, nach denen die kognitiven Systeme des Menschen Wahrnehmungen als „wirklich" ansehen.[44] Sie ist artenreicher und bunter als die natürliche Umwelt der realen Lebenswelt, man kann mit ihr unmittelbarer interagieren und bekommt Einblicke in Mikroprozesse, die in der Weise ansonsten nicht möglich sind, in exotischen Ökosystemen, die man in der Regel nicht ohne weiteres aufsuchen kann. In Ästhetik und Interaktivität sind die simulierten Naturräume also überlegen.

Die Simulation geschlossener Naturräume hat m. E. zum einen die Funktion, den Nutzern zu ermöglichen, sich in den ihnen fremden virtuellen Welten innerhalb eines neuen Mediums orientieren und bewegen zu können. Naturdarstellungen bieten räumliche Orientierungsmöglichkeiten für Nutzer aus verschiedensten Sprachkreisen und ermöglichen so ein schnelleres Heimischwerden im virtuellen Raum. Nutzer berichten häufig von dem Gefühl, in den Bildraum hineinzugehen. Eine ähnliche Funktion könnten z.B. aber auch Großstadtwelten erfüllen, solange sie in Raumverhältnissen und Architektur realweltlichen Gegebenheiten ähnlich sind.

Zum anderen dient die Darstellung geschlossener Naturräume der Totalisierung der Simulation und dem Aufgehen des Nutzers im Bildraum. Der Bildraum der Computerspiele erweiterte sich im Laufe ihrer Geschichte über den zweidimensionalen hin zum dreidimensionalen Raum, in dem sich der Nutzer in Echtzeit bewegen und jeden beliebigen Blickwinkel einnehmen kann. Eine weitere Steigerung bieten inzwischen

---

41 Vgl. z.B. Spielbesprechung zu „Empire of Ants": „Mit einer hochaktuellen 3D-Engine ausgestattet, wirkt das Spiel auf den ersten Blick wie eine TV-Natursendung und erst beim zweiten Hinsehen wie eine Strategie". PowerPlay 10/98, S. 16.
42 Vgl. ausführlich Götz Großklaus: Medien-Zeit, Medien-Raum. Zum Wandel der raumzeitlichen Wahrnehmung in der Moderne. Frankfurt/M. 1997, S. 11-71 und 240-255.
43 In der Hyperrealität, wie Eco sie definierte, bietet sich die absolute Nicht-Realität als reale Gegenwart an. Vgl. Umberto Eco: Travels in Hyperreality, Harcourt 1986.
44 Objekte werden um so eher als real existierend angenommen, je reichhaltiger sie strukturell sind, z.B. im Hinblick auf die Oberfläche, die Farbe oder die Gestalt (syntaktisches Wirklichkeitskriterium). Außerdem werden Objekte, die spürbar auf die eigenen Handlungen reagieren und sich interaktiv zum Beobachter in Beziehung setzen, Körperlichkeit besitzen und sich anfassen und bewegen lassen, tendenziell der realen Welt zugeordnet (pragmatisches Wirklichkeitskriterium). Vgl. Jürgen Fritz: Lebenswelt und Wirklichkeit. In: Fritz, Fehr: Handbuch Medien (wie Anm. 17), S. 16.

Netzwerkspiele, bei denen die Bildschirme verschiedener Nutzer miteinander verbunden sind und diese auf die Weise gemeinsam in virtuellen Räumen handeln können. Unterstützt wird dieser Effekt durch akustische Reize. In „Tomb Raider" etwa verändern sich Lautstärke und Richtung von Tönen, wenn der Nutzer die Spielfigur Lara auf dem Bildschirm in Relation zur Geräuschquelle neu positioniert. Dieses Bestreben, den Betrachter im Bildraum aufgehen zu lassen und raumzeitliche Nahverhältnisse herzustellen, weist eine Kontinuität seit Ende des 18. Jahrhunderts auf. Bereits in Kunsttheorien formuliert, wurde es ab Ende des 18. Jahrhunderts in Panoramen, später in Dioramen, Daguerreotypie und Kinematographie technisch umgesetzt. Beliebtes Sujet war dabei immer wieder die Landschaft. Die Fähigkeiten dieser Seheinrichtungen, den Nutzer im Bildraum aufgehen zu lassen, blieben jedoch immer beschränkt. Teilweise schlossen sie die Sicht auf den eigenen Körper aus, der eine wichtige Komponente der direkten visuellen Wahrnehmung darstellt. Ein Panoramabild enthält diese Komponente, bringt aber notwendigerweise auch eine Verbindung mit dem Zimmer, in dem man sich befindet, mit sich, so daß zwei Räume anstatt einem erlebt werden. Das Präsenzgefühl, das hochsimulative 3D-Computerspiele vermitteln können, stellt technisch den vorläufigen Höhepunkt der Entwicklung dar: Die Anwesenheit in einem dreidimensionalen Raum ergibt sich durch die Beweglichkeit, d.h. die Navigationsmöglichkeiten in ihm und durch die Möglichkeit der Interaktion mit der virtuellen Umgebung. Computerspiele stellen Bildräume bereit, in denen beides in nie zuvor dagewesenem Maße gegeben ist. Zur Identifikation mit der virtuellen Welt aufgrund zunehmenden Präsenzgefühls trägt bedeutend die in aktuellen Spielen immer häufiger auftretende Repräsentation des Körpers im Bildraum bei.[45] So werden einerseits Teile des eigenen Körpers repräsentiert, die man auch sieht, wenn man in „real life" an sich herabblickt, in „Trespasser" sind dies z.B. die Brust und ein Arm, der bewegt werden und Gegenstände in der virtuellen Umgebung greifen und bewegen kann.[46] Die Reaktionen des eigenen Spielerkörpers, Gesundheit und Krankheit, sind häufig im Bild abzulesen – entweder anhand eines Symbols (z.B. in „Trespasser" anhand eines Herzens auf der Spielerbrust, das sich rötet, je näher man dem virtuellen Tod kommt) oder anhand technischer Daten (vgl. Körperrepräsentation in „Biosys", Abb. 3). Andererseits wird auch der realweltliche Körper zunehmend mit eingebunden, erschwingliche Peripheriegeräte werden auf den Markt gebracht, welche die taktile Wahrnehmung des Spielgeschehens ermöglichen. So bieten sogar einige Supermarktketten („Aldi", „Penny") inzwischen Joysticks mit Rückstoß und Steuerräder sowie Bremspedale für Rennsimulationen an.

Zu einer Verstärkung des Status simulierter (Natur-)welten als Parallelrealität tragen ganz besonders die Computerspiele bei, die auf optischer Ebene fiktionale und reale Objekte bzw. fiktionales und reales Bildmaterial verknüpfen. So präsentieren z.B. alle erhältlichen Flugsimulationen Satellitenbilder realer Landschaften, die eingespeist sind und im Spiel überflogen werden können. Die militärische Flugsimulation „iF-333v.5" etwa ist mit photorealistischem Terrain ausgestattet, das anhand von Satellitenphotos aus Bosnien, Ukraine und dem persischen Golf generiert wurde und das der Spieler im Cockpit seines virtuellen Kampfjets überfliegen kann. Dies ist m.E. als die Umkehr-

---

45 Erste sozialpsychologische Experimente in 3D-Umgebungen ergaben: „Ein Akteur in einer virtuellen Welt erfährt Präsenz, wenn er seinen eigenen Körper als in der virtuellen Welt befindlich und damit als Teil der virtuellen Welt auffaßt." Thomas Schubert, Frank Friedmann: Angst und Presence in virtuellen Räumen. Experiment zur Entwicklung von Höhenangst und Presence in einer virtuellen Realität, http://www.uni-jena.de/~sth/angst/bericht.htm, S. 3.
46 Siehe Abb. 5.

Inselwelt und Genlabor

Abb. 5: Hand und Arm als Repräsentation des Spielerkörpers im Bildraum
(Screenshot aus „Trespasser")

variante dessen zu sehen, was als „Virtualisierung des Krieges" seit dem Golfkrieg heftig diskutiert wurde: Der Bombenangriff auf die irakische Hauptstadt im Golfkrieg sei den Fernsehzuschauern in seiner Ästhetik wie ein Computerspiel erschienen. Die übermittelten Videobilder eines Raketenanfluges auf den Schacht der Klimaanlage des Luftfahrtministeriums in Bagdad etwa ähnelten in ihrer Erscheinungsform in der Tat bekannten Bildern aus Computerspielen. Die Bundeswehr führt Manöver zum Teil bereits virtuell, an Computerspielbildschirmen und mit Computerspieloptik, durch. Das Panzerkampfsimulationsspiel „Force 21" wird dadurch angepriesen, daß seine Einleitung von einem General der US-Army geschrieben ist, der beschreibt, daß es zukünftigen Manövern der Army bis ins Detail entspräche. Die beiden entscheidenden Kriterien für die Anerkennung der virtuellen Welt als ein der realen Alltagswelt gleichgesetzten Wirklichkeitsbereich – Präsenzgefühl durch spezifische Optik und die Suggestion von besonderer Relevanz der Spielwelt durch Simulation realweltlicher Strukturen – sind hier vereint. Zusammenfassend läßt sich sagen: Hochsimulativ orientierte Computerspiele legen es zunehmend nahe, ihre Inhalte, Prozesse und Strukturen als (spielbare) Abbilder der realen Welt zu verstehen und versuchen, den Nutzer ihren fiktionalen Charakter vergessen zu machen. Die Charakteristika, die zur eindeutigen Rahmung einer Situation, einer „Welt" als Realität führen und die Charakteristika virtueller Welten nähern sich zusehends aneinander an: Sei es durch die Verknüpfung von realem und virtuellem Bildmaterial oder dadurch, daß virtuelles Leben so programmiert wird, daß es strukturelle Ähnlichkeiten mit realem Leben aufweist (z.B. „Lebewesen" und Umwelt im Computerspiel können interaktiv manipuliert werden und reagieren auf die Manipulationen, sie durchlaufen evolutionäre Prozesse, nachdem der Nutzer die Anfangsparameter bestimmt hat, sie sind mit künstlicher Intelligenz ausgestattet etc.).

Birgit Huber

Totalität der Simulation?

Auch im Bereich der Computerspiele läßt sich also eine Entwicklung in folgender Richtung erkennen: „In der Totalität der Simulatio, im Raum der künstlich generierten sinnlichen Wahrnehmungserlebnisse, gibt es immer weniger Brüche, die die Erinnerung an ein natürliches Andres wachhalten werden."[47] Kritiker digitaler Medien gehen in ihren Prognosen häufig noch einen Schritt weiter: Mit der Integration der sinnlichen Wahrnehmung in die Geschlossenheit der symbolischen Formen würde auch die Instanz des Außen, der Körper und seine (vermutete) Natürlichkeit, aber auch seine Vermittlerrolle zum Natürlichen endgültig entfallen. Denn auch er würde über den Wahrnehmungsapparat mehr und mehr an künstliche Symbolisierungen gekoppelt sein.[48] Gerade Volkskundler betonten im Bezug auf neue Medien die Rolle der Volkskunde als kritischer Wissenschaft, verweigerten sich damit aber tendenziell den technischen Entwicklungen, die Ängste hervorrufen.[49] Bildkritik ist tatsächlich angebracht angesichts des „Weltmarkts der Bilder", der nicht nur die Darstellungen umfaßt, welche die Naturwissenschaft und die öffentliche Berichterstattung prägen[50], sondern gerade auch die vordergründig so privaten, so fiktionalen Bilder der hochtechnisierten Computerspiele der Gegenwart. Andreas Wittel hat eine Anbindung der Diskussion um virtuelle digitale Welten an volkskundliche Perspektiven und Konzepte vorgeschlagen[51], die im Moment in einer umfangreicheren Arbeit empirisch erweitert werden[52]: In qualitativen Interviews läßt sich bereits jetzt erkennen, daß sich vielfältige An- und Wiedereinbindungen der Nutzer in die alltägliche Lebenswelt entwickeln und der Körper auch in virtuellen Welten, allerdings auf ganz neue Weise, bedeutsam ist. Die Nutzer flüchten und verflüchtigen sich keineswegs auf Nimmerwiedersehen in virtuelle(n) Sphären. Die Volkskunde sollte die Chance nutzen, ihren Spuren zu folgen.[53]

---

47 Erwin Fiala: Symbolische Welten und Abstraktion. In: Elisabeth List, Erwin Fiala (Hg.): ‚LeibMaschineBild. Körperdiskurse der Moderne und Postmoderne. Wien 1997, S. 139-155, hier S.149.
48 Vgl. z.B. Fiala (wie Anm. 47), S. 150.
49 Andreas Schmidt etwa befüchtet in einem Aufsatz ein Verschwinden des Menschen in seinem „als-ob". Vgl. Andreas Schmidt: Das Verschwinden des Menschen im Spiel. Volkskunde in der Postmoderne. In: Michael Simon, Hildegard Frieß-Reimann (Hg.): Volkskunde als Programm: Updates zur Jahrtausendwende. Münster 1996, S. 27-38, hier S. 38. Ein anderes Beispiel dafür ist die Berichterstattung von Gabriele Mentges über die Tagung „Leibhaftig – Körperlos". Vgl. Gabriele Mentges: Leibhaftig – Körperlos. Neue Ansätze der kulturwissenschaftlichen Geschlechterforschung. Tagung des Ludwig-Uhland-Instituts am 24.-25. Nov. 1995. In: Zeitschrift für Volkskunde 92/1996, S. 89-91.
50 Diese Bilder hat neben Pörksen, der den Terminus „Weltmarkt der Bilder" prägte, auch Ivan Illich einer kritischen Analyse unterzogen. Vgl. Pörksen (wie Anm. 29), S. 25 sowie Ivan Illich: Die Askese des Blicks im Zeitalter der Show – Interface. In: Klaus P. Dencker (Hg.): Interface 2. Weltbilder – Bildwelten: computergestützte Visionen. Hamburg 1995, S. 206-223.
51 „Drei Konzepte erscheinen mir insbesondere relevant: (1) Erfahrung (Beispiel: Wie werden virtuelle Welten im Unterschied zu wirklichen Welten wahrgenommen, erfahren und konstruiert.) (2) Praxis (Beispiel: Was machen Menschen in virtuellen Räumen?), und (3) Repräsentation (Beispiel: Was konnotieren virtuelle Welten, was wird re-präsentiert?)." Wittel (wie Anm. 13), ohne Seitenzahl.
52 Vgl. Birgit Huber: Inszenierung und Erfahrung von Virtualität, Körper und Geschlecht – Nutzer textbasierter virtueller Räume (MUDs und MOOs) im Internet. Magisterarbeit Freiburg 1999/2000.
53 Für die inspirierenden Gespräche danke ich Sacha Szabo, Evelyn Teutsch und Beatrice Tobler.

Fritz Franz Vogel

Buchstäblich gegliedert
Menschenalphabete und Mnemotechnik
im typografischen Stellungsspiel

AaBbCcDdEeFfGgHhIiJjKkLlMmNnOoPpQqRrSsTtUuVvWwXxYyZz
(GOtt)

Das ABC, die DNS des Geistes

Das ABC ist die DNA des Geistes, ist Rückgrat, Nabelschnur, Faden der Erkenntnis, ist an sich die reine Mathesis, der (von GOtt gespendete) Logos in nuce. Mühsam lernen wir die Buchstaben. Mit dem Spracherwerb wächst parallel unser Weltbild. A und O als Lettern, staunende Aaahs und Ohhhs als Interjektionen, vom Laut zum Urlaut zur Lautmagie:

aa, abracadabra, auweia, auweh, autsch.
bä, bimbam, buh, bumbum.
chrasch.
dada, dideldum dudeldumdei.
ei ei, eiapopeia.
fifi, fick fack, flick flack.
gaga, gick gack, girrri gix.
hehe, heidi heida, heissa, hep hep, hokuspokus, hüahot, huschhusch.
ia, i-a.
ja ja, jemine, jesses, juchheia, juhui.
kack, kikerikii, kling klang, klipp klapp, knix, kusch.
lalalalala.
mä, mama, meck meck, miau, mucksmäuschen, muhh.
na na, nein.
o, oha, oho, ou, o weh.
papa, paperlappapapapapa, pflumps, pfui, plitschplatsch, potz, pum
pumpedibumpedibum.
quaaack, quatsch.
ritsch ratsch, rucks.
schnipps-schnapps, schtschutschutschu, schwups.
tick tack, trap trab trap.
uah, uhu.
wawa wei watsch, wauwau, wehe, wirrwarr, wumm.
x.
yeah.
zick zack zuck.

Fritz Franz Vogel

Lernen ist etwas Magisches. Akustische Ereignisse, wie dieses aus dem Grimmschen Wörterbuch gesammelte, onomatopoetische Abecedarium, sind nicht neu. Und auch im Bildsektor ist die Buchstabenperformance, also die Hervorhebungen einzelner Zeichen durch Dekor, Größe oder Form, bereits gut 1300 Jahre alt. Doch für diesen typografischen Appell braucht es zwei wesentliche Voraussetzungen.

Voraussetzungen für die Initialen

Erstens eine veränderte Einstellung zum Text: In der Antike ist weniger das Auge gefordert, sondern das Gehör; Text wird primär vorgelesen. Im Mittelalter beginnt man, die Sprache optisch zu vermitteln. Diese popularisierte Offenbarung des geschriebenen, christlichen Wortes, vor allem der Bibel, stellt das Erscheinungsbild als Gegenstand der Gestaltung ins Zentrum.

Eine zweite Voraussetzung betrifft den Personenkreis. In der Antike wird die Lesearbeit durch geschulte Sklaven übernommen. Im Mittelalter fällt der Besitz von Schriften mit der Rezeption zusammen. Die Identifikation zwischen Produzent und Rezipient zeitigt in der Folge ein hohes Auftragsvolumen an diversifizierten Fachleuten zur Bereitstellung individueller Bücher. Das Interesse an personalisierten und institutionsgebundenen Werken wächst.

Formal muß zudem die Beziehung zwischen verzierten und nicht verzierten Buchstaben geklärt werden. Denn jede Diversifikation, jede hierarchische Gliederung nach Inhalt, Form, Farbe, Veredlung oder Position an sich gleicher Buchstaben beeinträchtigt die Lisibilität bzw. verändert die Signalfunktion hinsichtlich Artikel oder Kapitel. Während die Antike und deren Renaissance eine tendenziell unabhängige und unveränderliche Buchstabenform bevorzugt, votiert das antiklassisch eingestellte Mittelalter für Veränderbarkeit und Fragmentierung der Buchstaben. In dieser Zeit muß auch die Triage von Klein- und Großbuchstaben angesiedelt werden. Weshalb sich vor allem im deutschsprachigen Raum diese formale Unterscheidung (bezüglich der Wortarten) durchsetzen kann, bleibt weitgehend rätselhaft. Eine Vermutung könnte sein, daß gemäß Volksglauben alle Dinge durch das Gottesauge erkennbar sind und deshalb dieser visuelle Weltteil GOtt seit der Genesis näher liegt als Tätigkeiten oder Eigenschaften, die lediglich als Attribute angesehen werden.

Geschichte der Bildbuchstaben anhand von Beispielen

• 8. Jahrhundert: Nebst Zierformen wie Füll- und Besatzornament kommen erste Figuren auf als Ersatzornament, schließlich Figuren als eigenständige Buchstaben (Merowinger in Frankreich). Initialen aus Fischen und Vögeln bedrängen die statischstarre Gestaltung. Im Gellone-Sakramentar des späten 8. Jahrhunderts aus dem nordfranzösischen Meaux/Marne bildet die Jungfrau Maria mit Weihrauchfaß und Kreuz die Letter I. Der Buchstabe ist frontal gezeigt, das Gewand besteht aus einem flächigen Muster. Weitere Buchstaben mit handelnden Personen und Tieren umspielen den Textinhalt. Buchstaben werden per se narrativ, weil sie Textfragmente als bildliche Illustration wiedergeben. Die besondere Schmückung von Initialen und Anfangstext unterliegt nicht nur der Aufmerksamkeit, sondern auch dem Kunstanspruch, Text als Naturabbild (Farbe, Form, vegetative Ressourcen) zu betrachten. Die eigentliche Entstehung der

Figureninitiale ist ungesichert. Sie findet eher im Norden Verbreitung: Deutschland, Dänemark; im Süden ist die lateinische Schrift, die später als Antiqua bezeichnet wird, maßgebend.

• 14./15. Jahrhundert: Weltliche und religiöse Szenen mit Personen, Tieren und Gegenständen werden in einem Buchstabenrahmen abgebildet. Aus den gotischen Vorlagen spricht eine Art paradiesischer Ruhe- und Friedenszustand. Einzelne Lettern werden von Buchmalern in höfischen und klösterlichen Skriptorien als Muster z.B. für das Stundenbuch von Angoulême 1480 («AVE MARIA GRACIA PLE...») oder für Schriftzüge (Missale etc.) verwendet. Architekten und Bildhauer verwenden in der Folge meist vereinfachte Entwürfe von Zierbuchstaben (Grobskizzen, z.T. in verschiedenen Schriftarten und Bearbeitungsgraden, Groß- und Kleinbuchstaben, Antiqua oder Unziale). Erste Anzeichen der Manufaktur im Schriften- und Reproduktionswesen sind festzustellen. Eine solche Unterweisung ins Handwerk der Sprach- und Ideologieaneignung findet sich 1490 in einem Buch des Gelehrten Geiler von Kaysersberg unter dem Titel «Ein heylsame lere und predig» ein von einem Mönch und zwei Schülern gesäumter Baum der Erkenntnis, an dessen sprießenden Ästen ein Minuskelalphabet hängt. Vertreter: Giovanni de Grassi 1390 (Vorlagen dazu unbekannt), Berliner Alphabet um 1400, Meister E. S. 146, Basler Alphabet 1464, Noël Garnier 1540.

• 16. Jahrhundert: Der Franzose Geofroy Tory schafft 1529 in seinem «Champ fleury» die theoretische Grundlage, die Zergliederung des Menschen – der Körper des Menschen ist mit seiner im Vergleich zu Tieren raffinierten Beweglichkeit vielfältiger als jedes andere Natursubjekt – als Simulakrum für die beweglichen Lettern zu betrachten. Der sog. Homo-mensura-Satz des Protagoras – «Der Mensch ist das Maß aller Dinge, der seienden, daß sie sind oder nicht sind und wie sie sind» – beeinflußt die Typografie der Renaissance nachdrücklich.

Die Weisheit des griechischen Sophisten begründet gleichsam angewandte Körperkultur und eine verdichtete KörperBildSprache und zwar unter Berücksichtigung des Menschen- und des Buchstabenkörpers. Das Maßnehmen am Menschenkörper ist die Definition einer Raumordnung für den Menschen und zugleich das Einpassen des Körpers in eine Sprache: eine Konstruktion, Verdichtung und Domestizierung des Körpers in sein sprachliches Konzept, Korsett, Konstrukt. Hier manifestiert sich eine offensichtliche Korrelation zwischen Text und Bild, zwischen einer bild- und einer textorientierten Schrift. Lesen soll Sehen sein und umgekehrt: ...ut pictura poesis, auf daß das Bild Dichtung sei, und Dichtung ein Bild.

Dürer, Holbein u. a. fassen die Initialbuchstaben mit kleinen Bildvignetten ein (Szenen, Putti etc.). Um 1535 zeichnet Peter Flötner ein rein anthropomorphes Alphabet, wobei die Buchstabenformen aufgrund des Blickwinkels oder aus der Körperhaltung nackter Männer- (16), Frauen- (11) und Kinderfiguren (5) entstehen. Die Bändigung durch einen Rahmen ist aufgehoben. Die Entfesselung aus einem typografischen Korsett verleitet zur Annahme einer Somatisierung des Sehens. Die Visualisierung der Anatomie der Letter und des Menschen verweist auf die Abbildungs- und Lernintention, zur Verbreitung anfänglich als Holzschnitt, später in Kupferstich ausgeführt. Das Alphabet mit seinen legendären Füßchen (Serifen) wird vielfach in gleicher grafischer Anordnung und geschlechtlicher Verteilung imitiert und erscheint in einem pädagogischen Umfeld. 1579 entwickelt Cosmas Rosselius auf der Basis der möglichen Finger-Hand-Konstellation für Gehörlose das erste wahrhaft digitale Alphabet.

Vertreter/Imitatoren: Martin Weigel 1560, Jost Amman 1567, Johann Theodor und Johann Israel de Bry 1596, Giacomo Franco 1596, Giovanni Battista Bracelli 1623 («Alfabeto figurato»), Richard Daniel 1663 («Copy-Book: or a Compendium of the most usual hands»), Joseph Balthazar Silvestre 1834 («Alphabet-Album»).

• 17. Jahrhundert: In der barocken Kalligrafie gibt es eine neue Dynamik aufgrund des popularisierten Druckbedarfs und erweiterter technischer Verfahren (Feder, Kupferstich, Ätzung). Inhaltlich gelingt mittels Metaphorik, Allegorie, Magie, Worträtsel etc. eine Verrätselung der Lettern. Der Kontext der Buchstaben mit Rankenwerk, Arabesken und Ornament gerinnt zu einer eigentlichen neuen literarischen Sparte, den Carmina abecedaria.

Vertreter: Paulini 1570, Johann Theodor de Bry 1595 («Neiw kunstliches Alphabet»), Lucas Kilian 1632 («Newes ABC Buechlein»), Herculanus 16??, Richard Blome 1673 («Britannia»), Guiseppe Maria Mitelli 1683 («Alfabeto in sogno»), John Seddon 1695 («The Penmans Paradise both Pleasant & Profitable»), Mauro Poggi 1730 («Alphabeto di Lettere Iniziali»), Giovanni Battista Betti 1779 («A' Dilettanti delle Bell'Arti»).

• 18. Jahrhundert: Im bürgerlichen Zeitalter der Klassik findet eher eine Vergeistigung des Textes statt. Nicht die Gestaltung des Alphabets steht im Vordergrund, sondern das Schreiben an sich und die Virtuosität in der Stiftführung (Schreiberhände, Schreibutensilien). Die Literatur verzichtet weitgehend auf eine illustrative, bildhafte Textur. Menschenalphabete, im Gegensatz zu klassischen Schreibschriften, finden sich kaum.

• 19. Jahrhundert: Durch Museumsgründungen, wiederentdeckte Relikte und durch Sammlungen wird das Verständnis zu Beginn des Jahrhunderts für ein weit gefächertes und popularisiertes enzyklopädisches Wissen gefördert. Alte Schriftfonts werden neu belebt und finden Eingang in populäre Bücher. Die Industrialisierung des Druckgewerbes fördert einerseits die Inflation neuer Schriften (Triage von Schrifttypen: Brotschriften, womit sich die Setzer ihr Brot verdienten, vor allem für das neu entstehende Zeitungswesen, Titelschriften für Werbung, Bildtexte als Illustration im noch weitgehend fotolosen Printwesen), anderseits popularisiert sie den Schriftenkonsum, was zu einer Trivialisierung der anthropomorphen Alphabete führt.

Im Zuge der flachen Bildverfahren (Lithografie mit Halbtonwiedergabe) finden Fibeln für Erstlesealter, Lehrbücher, Karikaturenmagazine, Schriftzüge etc. große Verbreitung (Beginn der Visualisierung von Text und Kontext). Auffälliges Merkmal ist im Hinblick auf ein neues Publikum die typografische, z.T. anbiedernde Komik, die einen erleichterten Einstieg ins lithografierte Lesevergnügen schafft.

Vertreter: Victor Adam 1820 («Alphabet en énigme»), Gottfried Schadow 1826, Joseph Balthazar Silvestre 1834 («Alphabet-Album»), Jean Midolle 1834/35, Honoré Daumier 1836 («Alphabet comique»), Zeitschrift «Punch» 1841–1992, Antonin Caulo 1856 («Alphabet de personnages»), Joseph Apoux 1888, Almanach des enfants 1886, François Maréchal 1896.

• 20. Jahrhundert: Zu Beginn leistet die Fotografie eine visuelle Erweiterung des Kanons typografischer Techniken. Die Ausweitung der Gestaltungs- und Druckmöglichkeiten verändern Konzeption und Konstruktion der Buchstaben im Einklang mit dem medialen Fortschritt. Titel-, Brot-, Schreibschriften, Letterformatierungen, Trägermaterialien, Papiersorten, Werkzeuge, Produktionsmittel und Distributionskanäle verhelfen dem anthropomorphen Alphabet als multioptionales Mittel in den Bereichen Kunst, Pädagogik, Kommunikation etc. zum internationalen Durchbruch in Büchern, auf Postkarten, Plakaten oder gar als Rechnungsbeispiele (russischer Suprematismus). Nicht nur die Sprachaneignung, sondern die Sprache an sich wird als Spiel verstanden. Im weiteren forciert der homo ludens die Parallelisierung von Bild- und Textalphabet, so daß am Ende des Jahrhunderts eine reiche Palette an Menschenalphabeten und deren Verwendungsmöglichkeiten vorhanden ist. Das ABC von A bis Z umfaßt in seiner vielfältigen Nomenklatur nicht nur mehrere Dutzend (literarische) Konstruktionen von Abecedarium, Akrostichon, Alliteration, Anagramm, ASCII-Code bis zu Zauberformel, Ziffer, Zungenbrecher und Zwiebelfisch, sondern auch eine Buchstabenwelt, die sich selbst auf dem typografischen Schlachtfeld feiert: werbewirksame Buchstaben und Wortbilder in Form von Menschen, Häusern, Blumen, Tieren, Gegenständen u. a. m.

Der Einbezug neuer Medien, die Fragmentierung der Schrift, der individuelle Spaß an der Letter, die Popularisierung der Gestaltungsvarianten und Produktionsmittel haben zu einer Entfesselung der Typografie geführt, wobei tanzende und animierte Buchstaben (animierte GIFs) mittlerweile durchs Internet sausen. Ihr Anspruch auf Aufmerksamkeit ist nach wie vor derselbe, sei die Schrift im Gewand des Holzschnitts oder der elektronischen Generierung mit variablen Parametern von «liquiden Fonts» gekleidet. Die Verfügbarkeit und der Fundus von Schriften haben zwar nicht unbedingt das typohistorische Bewußtsein geschärft, sondern eher eine ästhetische oder unbedarfte Ausbeutung erzeugt. So sehen wir uns im Moment einer unkontrollierten Vertextung von Bildern und einer Verbildung von Text(ur)en gegenüber (Logos, Schriftzüge, Symbolmarken, InBilder, Bildwörter). Vorläufer für die Wechselwirkung dieser amöbenhaften, bisweilen lust- und fantasievoll theatralisierten BildTextBuchstaben finden sich seit Beginn des 20. Jahrhunderts.

Vertreter: Christine Angus 1900, NPG 1905 (Postkartenserie der Neuen Photographischen Gesellschaft), Anonym 1910 («Alphabet érotique»), Karel Teige 1926, Erté 1927ff, Salvador Dali 1931 («Paul et Gala»), Alfred Kubin 1933 («Ein Bilder-ABC»), Alberto Martini 1947, D. L. May 1955 («The A–Z line»), Ursula Huber-Bavier 1960 («Bavier Show»), Roman Cieslewicz 1964 («Alphabet mystérieux»), Armin Haab 1967 («Photo Letter Leonor»), Friederike Mayröcker 1968 («ABC-thriller»), Zeitschrift «Plexus» 1969, Fritz Janschka 1969ff, Janosch 197? («Der kleine Bär lernt hier nämlich lesen und schreiben»), Anthon Beeke 1970, Thomas Bayerle 1970f, José Pla-Narbonas 1973f, Roland Topor 1975 («Le courrier des lettres»), Kaspar Fischer 1975 («Aff Bräzeli Chämifäger»), John Caldwell 1977 («Ugly Grotesk Outline Bold»), Susan Palamara 1979 («Literatura Caps»), Denise Brunkus 1980 («Mother Goose Alphabet»), Werner Lobegott Pirchner 1981, Suzanne Rozdilski 1981 («Lorelei bold»), Doug Keith 1981 («Elfabets»), Ella van de Klundert 1981, D. Hooker 1982, Wolfgang Sperzel 1982 («Alphaband»), Hrana Janto 1984 («Mythic, Medieval & Marvelous»), Leah Olivier 1985 («Kiddy Caps»), Tullio Pericoli 1986 («Woody, Freud und andere»), June Sidwell 1986 («Haute Couture Caps»), Raquel Jaramillo 1987 («Body Language»), Kurth Wirth 1988 («Letterheads»), Tanya Thomas 1989 («Alphabet People»), Tomasz Jura 1991, Nicoletta Filannino-Erdal 1991, IBM 1993, Schalmey 1994 («Schalmeys ABC»), Helmut Toischer 1994, Katrin Kremmler 1996…

Fazit: Durch die Ausgestaltung der Menschenlettern mit zeitgenössischen Moden, Requisiten und theatralischen Attitüden sind die Lettern Boten einer dem Visuell-Dekorativen verpflichteten ikonografischen Matrix. Damit sind Buchstaben nicht mehr bloß Kulturträger abstrakter, semantisch-begrifflicher Wortbedeutung, sondern auch sinnlichbildhafter oder kalligrafischer Ausdruck einer Epoche. Sie verdichten sich zu spezifischen Zeit-Zeichen. Das vermeintlich formale Korsett entpuppt sich als bisher kaum beachteter Mikrokosmos des Seins und Daseins, eine zwischen Bild und Text oszillierende Aneignung von Lebenswelt. Die Alltagsfiguren sind nach 1300 Jahren alphabetischer Bildwelt, wenn auch über zeitgeistige Umwege, noch immer vorhanden und erzählen (selbstreflexive) Geschichte(n).

Menschenalphabete (Körperalphabete)

Wie wir sehen, hat die Gestaltung des Alphabets mit dem menschlichen Körper eine erstaunliche Tradition und Konsistenz. Woran liegt es, den Körper als Mittel und Maß zu nehmen für die Findung der Sprache? Die Zergliederung des Menschen entspringt wohl einerseits dem Umstand, sich anzusehen, sich von verschiedenen Seiten sehen zu wollen, sich sichtbar zu machen und sich im andern zu vergegenwärtigen. Die Optik auf den eigenen und den anderen Körper (anatomischer Blick, fern von jedem sittlichen Kontext), generiert ein Bild, das in der Abstraktion (Gegenlicht, Grundform) zum Erkennungszeichen wird. Der Buchstabe als Erinnerungshilfe, das Schreiben als Gewahrwerdung von sich selbst, sind die Ingredienzien der Mnemotechnik, der Speicherung auf der Gehirnplatine. Anderseits ist der Mensch per se ganz allgemein ein eyecatcher, ein Augenhascher.

Durch das Lernen der KörperBildSprache wird die Welt angeeignet und interpretiert. Dieser pädagogische Zug, um eine vom Tier distinguierte Körperhaltung und bürgerliche Disziplin zu statuieren, ist auch in den Abecedarien und Merkversen abzulesen («Ein Affe gar possierlich ist, zumal wenn er vom Apfel frißt»), die durch das Einprägen des Schriftbildes bereits Bildungsfunktion ausüben. Die Buchstaben und deren Kontext sind eine Art Somatografie, eine Einverleibung, die den Körper zum Sprachrohr macht und gleichzeitig die Sprache verlebendigt, versinnlicht. Der Körper wird erfahrbar gemacht. Der Text wird Textur, die Textur ist Bild, die Vernetzung von Text und Bild ist Bildung.

Die Herausforderung für die Gestalter besteht darin, jeden Buchstaben mittels des Körpers auszudrücken, nicht nur einen einzelnen. Das kann ab und zu ganz schön knifflig werden. Das puppenhafte Gliederwerk des a(na)tomisierten Körpers ist zwar prädestiniert, die (notwendige) Mechanik der Letternkonstruktion zu repräsentieren. Doch bei näherer Betrachtung realisieren wir, daß gar nicht unbedingt die Beweglichkeit und Variabilität des Körpers im Vordergrund stehen, sondern die menschliche Typologie, seine Charakterzüge, seine Sinnbildhaftigkeit, sein enzyklopädischmodischer Lebensraum. Die Aufbereitung des Körpers als enzyklopädische Didaktik braucht den visuellen Kontext. Nicht nur die vom Körper abstrahierte Figur (letterheads, typefaces) ist prägend und vielfach erst im Kontext eines gesamten Bildalphabets als einzelner Buchstabe identifizierbar, sondern auch dessen Verkleidung.

Für die Darstellung ergeben sich verschiedene Stufen der Dynamik, die abhängig ist vom künstlerischen Zeitgeist (Spiegel der Gestaltungstechnik, der Trends, der medialen Vermittlung, der Akzeptanz in der Gesellschaft, der künstlerischen Optionen und Kunsttraditionen, der Kommunikations- und Feedback-Systeme, der Kompetenzen hinsichtlich Darstellungsproblemen von Raum und Fläche, der Verwendung der Produkte, der Intentionen der Auftraggeber etc.). Soweit die Geschichte der Menschenalphabete zu überblicken ist, sind zu allen Zeiten mehrere folgender visueller Optionen in Gebrauch:

- anatomische Positionierung: Menschen bilden Buchstaben, stehend, frontal, im Profil. Der Mensch als Naturwesen wird anatomisch realistisch abgebildet.
- geschlechtliche Typisierung: Einzelpersonen werden in Haltungen und Ausdruck als geschlechtsspezifisch charakterisiert. Der Dynamik von gedrehten, gekrümmten und beweglichen Körperteilen kommt besondere Beachtung zu.
- zeitimmanente Symbolisierung: Je nach Mode und Zeitgeist werden die Körper bekleidet. Die Zeichenhaftigkeit von Accessoires und Schmuck verstärkt einerseits den dreidimensionalen Eindruck, andererseits stärkt sie den Kontext. Buchstaben repräsentieren die Welt als Enzyklopädie.
- narrative Theatralisierung: Die Gestaltung eines Kontextes verleiht den Lettern eine szenische Darstellung. Die Gesamtaussage erzählt mehr als der Einzelbuchstabe.
- kommunikative Formatierung: Die Einbettung von Lettern als Bild oder Text, die Verwendung eines typografischen Dekors (Rahmen-, Flechtwerk, Ornament, Größe, Aufbereitung, teilweise verbunden mit dem akrophonetischen Prinzip, (ver)dichten die Aussage zu typografisch-visuellen Event.

Fragen aus volkskundlicher Sicht

Jenseits von Formatbeschreibung, Technikgeschichte und Autorenbiografien ergeben sich heute in diesem durchaus interdisziplinären Forschungsfeld (Kunstwissenschaft, Pädagogik) für den Volkskundler verschiedene Fragestellungen.
- Können ganz allgemein kulturelle Spezifika, Konnotationen und Prägungen an der Bildwelt von historischen und zeitgenössischen Alphabeten abgelesen werden?
- Existiert überhaupt so etwas wie eine Pflege der Bild- und Textschrift und Schriftlichkeit, ein Bewußtsein für Tradition und Veränderungen? Wird im Bildungsprozeß dieser visuellen Mnemotechnik Platz eingeräumt?
- Hat die Allverfügbarkeit von elektronisch-digitalen Produktionsmitteln neue spezifische Gebrauchs- und Handlungsweisen hinsichtlich SchriftBilder hervorgebracht? Haben wir das DIY (do-it-yourself) zur Behübschung des Alltags auf die Maschine ausgelagert (Sein im Design, Rezeption, Opulenz und Wirkmächtigkeit der Illustration)?
- Welchen Stellenwert mißt die Gesellschaft dem alphabetisch-enzyklopädischen System mit seiner optisch-virtuellen Simulation gegenüber komplexen, digitalen Datenbanken zu?

Semantik vs. Semiotik

Das A als erster Buchstabe hat für den ganzen Alphabetsatz, sofern er nicht auf einem Blatt gezeichnet ist (als Musterkollektion), eine wesentliche Signalfunktion. Es ist die Initiale des Alphabets, der Anfang, der das Bildprogramm vorgibt und es gleichzeitig verdichtend zusammenfaßt. Nebst der semantischen Bedeutung des Buchstabens wird dem Buchstabenkörper ein semiotischer Kontext als Bildzeichen zugewiesen. Dieses Bildzeichen kann wichtiger werden und den semantischen Anteil verdrängen. Dieser wird nur noch im ganzen Alphabetsatz erkennbar. Zeichenfunktion und -gebrauch werden doppeldeutig: imago und littera, Bild und Text, imagerie und poésie, Kunst und Literatur. Die Lesbarkeit tendiert mal auf die eine, mal auf die andere Seite. An dieser Stelle ließen sich auch die emoticons anführen, die, aus semantischen Satzzeichen und

Buchstaben zusammengesetzt sind und aufgrund der Zusammensetzung, Reihung und Drehung um 90° ein Gesicht mit einem bestimmten emotionalen Ausdruck ergeben und damit zu einer verklausulierten Mitteilung gefrieren.

«Was ist der Buchstabe A?» So fragt Douglas R. Hofstadter, Professor an der Universität Michigan und Autor des Weltbestsellers «Gödel, Escher, Bach». Und seine Antwort lautet: «Wenn ein Programm in der Lage wäre, As zu erkennen wie Menschen es tun (gedruckt, verschnörkelt, hingekritzelt), dann [...] wäre es vermutlich wirklich intelligent, denn dann könnte es nicht nur As von Bs unterscheiden, sondern auch ein Helvetica-A von einem Garamond-A.»

Damit ist das Problem umrissen, das sich bei der Bild- bzw. der Texterkennung stellt. Der Buchstabe als Schrift, als Lesetext, wird über den ASCII-Code als Gesamtzeichen erfaßt (ASCII-Code; 8 Bit =1 Byte, z.B. A=11000001, a=11100001). Die Buchstaben sind bestimmt über einen klaren Code. Die Semantik eines Textes folgt logischen, lernbaren Operatoren. Der Text hat deshalb einen eindeutigen Sinn.

Im Gegensatz dazu steht der Buchstabe als Bild, als Sehtext. Er wird über die Pixeldatei gespeichert (TIFF-Datei, je nach Größe, Farbe und Auflösung des Originals, mehrere Kilo- oder Megabyte). Die Kapazitäten, die es braucht, um ein Bild, also eine komplizierte Form, als Auflösung von weißen und schwarzen bzw. farbigen Bildpunkten zu erfassen, läßt erahnen, daß die Redundanz beim Bild (für die Unterscheidung eines As vom B) massiv höher ist als beim Text. Das allerdings muß das Programm nicht durch rechnerischen Overkill erreichen, sondern wie wir Menschen durch subtile Gruppierung (fuzzy logic), Analogie und Musterbildung.

Ein Kind, das ein A zu erkennen und zu schreiben lernt, lernt also viel mehr als bloß das Schriftmuster A; es lernt, das Bildmuster A und damit alle denkbaren Schrift- und Bildvarianten – von der einfachen geometrischen Strichform, über die kalligraphische Handschrift und die mnemotechnischen Erkennungshilfen (z.B. ein A in Form eines Affen) bis zur fein ziselierten barocken Initiale, den narrativen Dekors von Bildbuchstaben und hermeneutischen Wortmarken der Werbung – als A zu entziffern, kurz: den Metafont. Im Gedächtnis haftet also etwas wie eine etwas formelhafte Kurzbeschreibung: «Zwei Striche, rauf und runter, oben geschlossen, unten offen, ein Querbalken» – zumindest für den Großbuchstaben. Diese Meisterleistung der Erkenntnis, die Kombinatorik der reinen, willkürlich gereihten Mathesis, die lesende Verfolgung stets beweglicher Ziele und Inhalte, ist für jeden ABC-Schützen im wahrsten Sinne des Wortes das Finden des Ichs, also die eigene Mündig-, ja Menschwerdung.

Der Affe sagt zu allem Ja
Sein ganzes Wissen ist das A.

Literatur

ABC- und Buchstabierbücher des 18. Jahrhunderts. Herausgegeben von Josef Offermann. Köln, Wien 1990.
Damase, Jacques: Alphabets antropomorphes et alphabets à personnages. Paris 1983.
Firmage, Richard A.: The Alphabet Abecedarium. Some Notes on Letters. Boston 1993.
Funk, Doris: Visuelle Poesie für Kinder? In: Lypp, Maria (Hg.): Literatur für Kinder. Göttingen 1977, S. 46–93.
Glück, Helmut: Schrift und Schriftlichkeit. Eine sprach- und kulturwissenschaftliche Studie. Stuttgart 1987.
Harding, Alison: Ornamental Alphabets and Initials. New York 1984.

Hofstadter, Douglas R.: Metamagicum. Fragen nach der Essenz von Geist und Struktur. Stuttgart 1988.
Kiermeier-Debre, Joseph, Vogel, Fritz Franz: Poetisches Abracadabra. Neuestes ABC- und Lesebüchlein. München 1992.
Kiermeier-Debre, Joseph, Vogel, Fritz Franz: Das Alphabet. Die Bildwelt der Buchstaben von A bis Z. Ravensburg 1995.
Kiermeier-Debre, Joseph, Vogel, Fritz Franz: Johann Theodor de Bry: New kunstliches Alphabet (Frankfurt 1595). Ravensburg 1997.
Kiermeier-Debre, Joseph, Vogel, Fritz Franz: Letteratur. Von den Buchstaben. Wer A sagt, muß auch B, C, D, E, F, G, H, I, J, K, L, M, N, O, P, Q, R, S, T, U, V, W, X, Y, Z sagen. Chur/Flims 2000.
Massin, Robert: La lettre et l'image. Paris 1993.
Schabert, Ina: Körperalphabete, Modealphabete und die somatographische Kunst von Erté. In: Lehnert, Gertrud (Hg.): Mode, Weiblichkeit und Modernität. Dortmund 1998, S. 62-85.
Peignot, Jérôme: Calligraphie. Du trait de plume aux contre-écritures. Paris 1983.
Sauer, Wolfgang Werner: Bild-Wörter. In: Bauermann, Jürgen, Günther, Hartmut, Knoop, Ulrich (Hg.): homo scribens. Perspektiven der Schriftlichkeitsforschung. Tübingen 1993, S. 11-28.
Weidemann, Kurt: Wo der Buchstabe das Wort führt. Ansichten über Schrift und Typographie. Ostfildern 1994.

Namenregister

Adam, Barbara 404
Adamson, Ian 127
Adorno, Theodor W. 9, 246, 249, 461, 468
Agesen Nielsen, Axel 437
Åkesson, Lynn **47-55**, 159
Almas, Reidar 86
Ammermann, Monika 448
Angastiniotis, Michael 44
Anttonen, Pertti J. 90
Appel, Rosita 406
Arnold, Hermann 113, 116
Atzwanger, Klaus 7
Augé, Marc 94, 173, 203, 318, 325
Augener, Margrit 469, 475
Austermühle, Stefan 296, 297

Bachmann-Geiser, Brigitte 175
Bahro, Rudolf 95
Bancalari, Gustav 170
Barlösius, Eva 385
Bartels, Klaus 351
Barthes, Roland 60f., 198
Bathow, Monika 165
Baudrillard, Jean 5, 244f.
Bauer, Hermann 378
Baumann, Zygmunt 94
Baumann, Martin 386
Baumeister, Osswald 59f., 176
Baumgärtel-Fleischmann, Renate 377
Baumgartner, Judith 385
Bausinger, Hermann 6, 34, 93f, 147, 270, 300f., 473
Bayertz, Kurt 112
Bechstein, Johann Matthäus 219f.
Beck, Stefan **31-45**
Beck, Ulrich 94
Becker, Rudolph Zacharias 470f., 472, 474, 478
Becker, Siegfried **205-212**, 344
Beck-Gernsheim, Elisabeth 31f.
Begemann, Christian 354
Behrend, Hermann 366, 373
Bendix, Regina 9f., 77
Benjamin, Walter 467, 469
Benkert, Ulrike 366, 373

Berg, Eberhard 35
Berger, Peter L. 32
Bergmann, Klaus 386
Berking, Helmut 249
Bertogg, Hercli 112
Bertuck, Friedrich Justin 377
Bielefeld, Jürgen 277
Bimmer, Andreas C. 10, 205f.
Björnstad, Arne 205
Birnbacher, Dieter 337
Black, Annabel 77
Bloch, Ernst 467
Blumenberg, Hans 148, 151
Boas, Franz 140
Bockhorn, Elisabeth 176
Bockhorn, Olaf 2, 171, 176, 322, 392
Bode, Peter M. 59
Bode, Wilhelm 152, 341
Bödecker, Hans Erich 469
Boehncke, Heiner 115
Boer, Hans-Peter 398
Böhme, Gernot 59, 61, 63, 149, 239, 248, 275, 277ff., 439, 491
Böhme, Hartmut 452
Bohnke, Ben-Alexander 68
Bolte, Johannes 469
Borgeest, Claus 416
Borneman, John 82
Börnfors, Lennart 53
Borrmann, Norbert 420
Boulay, Juliet Du 41
Bourdieu, Pierre 199
Brednich, Rolf W. 95, 139, 357, 447, 451
Brehm, Alfred E. 213, 305
Brehm, Christian Ludwig 213
Bremer, Michael 496
Brenner, Peter J. 118
Brett, David 131, 134f.
Breuer, Stefan 94
Brink, Cornelia **469-479**
Brinckmann, J. P. 472ff.
Bringéus, Nils-Arvid 494
Brockhoff, Evamaria 398
Brückner, Wolfgang 6, 93
Bruder, Klaus-Jürgen 158

517

Namenregister

Brüggemeier, Franz-Josef 65
Brunner, Otto 112
Buchner, Jutta 205, **291-303**
Bunyan, John 135
Burckhardt, Titus 140
Burckhardt-Seebass, Christine 172, 176
Busch, Bernd 348, 444

Cappers, Wim 477
Carsson, Rachel 336
Carstensen, Jan 396
Cassia, Paul Sant 40
Cay, Christian 221
Certeau, Michel de 106, 327, 451
Christ, Lena 397f., 403
Christmann, Gabriela B. 151, 153
Claussen, Peter Cornelius 406
Clemens, Cornelia 432
Cole, John W. 173
Collier, Ute 79
Connelly, James 82
Conrad, Christoph 90
Conze, Werner 112
Corbin, Alain 398, 444
Cornelsen, Dirk 336
Coy, Wolfgang 492
Cunningham, Andrew 33

d'Ablaincourts, Jacques Bruhier 472
Dahlke, Rüdiger 410
Damsholt, Tine 440
Danker, Uwe 116
Dannhauser, Claudia 8
Daun, Åke 438
Davison, Charlie 43
Delors, Jacques 85
Dencker, Klaus P. 506
Descartes, René 13f., 16, 362, 364, 408
Descola, Philippe 18
Desvallées, André 281f.
Dettmar, Jörg 64
Dieckmann, Andreas 431
Dieterich, Albrecht 27
Dimt, Gunter 322, 392
Dinan, Desmond 86
Disko, Rüdiger 59
Dittrich, Eckhard I. 114, 116, 121
Dittrich, Lothar 292, 294, 297, 299, 301f., 305ff.
Doderer, Heimito von 90

Dohmen, Doris 129
Dohrn-van Rossum, Gerhard 396
Dornheim, Jutta 36, 471
Douglas, Mary 93, 218f., 240, 243, 270, 278
Dracklé, Dorle 81, 84, 90
Drascek, Daniel 91, **395-404**
Dröge, Kurt 101
Droste-Hülshoff, Ferdinand, Baron von 223
Drumm, Ursula 406
Duden, Barbara 19, 271, 279, 478, 481
Dülmen, Richard van 62, 385
Dünninger, Josef 7
During, Simon 451
Durrell, Lee 69
Dußel, Christian 391
Dux, Günter 26, 28

Eco, Umberto 503
Eder, Jens 354
Eder, Klaus 353
Edwards, Jeanette 38
Ehalt, Hubert Ch. 159
Eichhorn, Peter 429
Elias, Norbert 4, 6, 68, 106, 151, 240, 397, 444, 479
Elvert, Jürgen 138, 125
Emmerich, Wolfgang 2
Emmert, Elisabeth 341, 343
Engelhardt, Wolfgang 176
Čolović, Ivan 195
Erdmann-Ziegler, Ulf 94
Erlacher, Rudi 60, 176
Ermert, Karl 448
Escobar, Arturo 19f.
Etzersdorfer, Irene 7
Evans, Estyn 120, 125, 127, 129, 130, 137, 138
Evers, Adalbert 31
Ewert, Susanne 55

Faber, Richard 389
Fährmann, Sigrid **415-425**
Fél, Edit 62
Ferguson, Marylin 243
Fiala, Erwin 506
Fischer, Ludwig 163, **347-356**
Fischer, Norbert **317-326**
Fischer, Wolfram 117
Fischer-Homburger, Esther 475

Fischler, Franz 82, 85
Fitzpatrick, Rory 136
Fliege, Thomas 81
Forster, Georg 265
Foucault, Michel 118, 176, 202f., 243, 246, 271, 296, 470, 477, 479
Fowler, Bridget 353
Fowler, Nick 82
Fox Keller, Evelyn 42
Frank, Johann Peter 473, 477
Franklin, Sarah 38
Frecot, Janos 386, 390
Freudenthal, Herbert 3
Frevert, Walter 341f.
Freyer, Michael 358, 362
Freytag, Ludwig 170
Friedell, Egon 386f.
Friederich, Gerd 357ff.
Friedmann, Frank 504
Friedrichs, Jürgen 197
Frieß-Reimann, Hildegard 506
Fritz, Jürgen 494f., 501, 503
Fröhlich, Gerhard 354
Fröhlich, Hans 180
Fromme, Johannes 395, 401
Frühwald, Wolfgang 68
Frykman, Jonas 49, 55, 198, 203
Fuchs, Martin 35
Fuchs, Werner 476
Fuhs, Burkhard 451
Funke, Hajo 394

Galeski, Boguslaw 85
Ganert, Jan 401
Ganser, Karl 64f.
Gebauer, Gunter 387
Gehlen, Arnold 3, 28, 105f.
Gehrke, Claudia 245
Geisler, Hans 398
Geißler, Karlheinz A. 395, 404
Gérard, Marguerite 262
Geremek, Bronislaw 117
Gerhards, Jürgen 409
Gerndt, Helge **57-74**, 169
Gernhardt, Robert 70
Gestrich, Andreas 117
Giddens, Anthony 94, 150
Giordano, Christian 81
Girtler, Roland 115, 174
Glassie, Henry 125, **139-145**

Glauser, Peter 175
Gleiter, Jörg H. 160
Gloy, Karen 28, 61, 70, 363
Göbel, Andreas 363
Göckenjan, Gerd 476
Gockerell, Nina 395
Goddard, Victoria A. 77
Golub, Jonathan 79
Goody, Jack 37
Gorgus, Nina **281-289**
Görner, Karin 262, 267
Göttsch, Silke 419
Götz, Irene 139, 494
Gramsci, Antonio 162
Greverus, Ina-Maria 93, 299, 327
Grimm, Jacob 114, 169
Grisko, Michael 385, 389, 391
Groh, Dieter 350, 359
Groh, Ruth 350, 359
Gross, Alan G. 32
Großklaus, Götz 59, 352, 499, 503
Grosz, Elisabeth 489
Gruhl, Herbert 95
Günther, Dagmar 174
Gyr, Ueli 173

Haarhaus, Julius R. 296
Hacking, Ian 33f.
Hadjiminas, Minas 44
Hahne, Hans 2, 13
Haid, Hans 59, 174, 175
Haindl, Erika 3
Haitzinger, Horst 57, 60ff.., 66, 68, 70f., 74
Hall, Edward T. 396
Hamberger, Sylvia 59f., 95, 176
Hammer, Carmen 489
Haney, Emil B. 86
Hansen, Klaus P. 158
Hansjakob, Heinrich 7
Haraway, Donna 18, 33, 489, 493
Hard, Gerhard 347
Harris, Rosemary 128
Harris, Simon 83
Harten, Elke 296
Hartlieb von Wallthor, Alfred 347
Hartmann, Andreas **21-30**
Hartung, Gottfried 377
Hatzfeld, Walburga 395, 401
Hausen, Karin 271, 474

Namenregister

Hauser, Susanne 452
Hauser-Schäublin, Brigitta **11-22,** 37f., 163, 299
Hedegaard, Esben 436f.
Hegel, Georg Wilhelm Friedrich 241, 458f., 462, 465
Heiland, Stefan 61, 212, 335, 337
Heilborn, Adolf 291f.
Helbok, Adolf 171f.
Held, Martin 404
Helfer, Malte 329
Helmers, Hermann 357
Helmuth, Johann Heinrich 360
Henker, Michael 378, 381, 398
Hentschel, Willibald 389
Hermand, Jost 336, 387
Hermann, Alfred 406
Hermann, Ulrich 360
Hess, Oswald 211
Hewitt, John 129, 136
Hillemanns, Hans Günther 273f., 277
Hinz, Manfred O. 192
Hirsch, Eric 38, 89
Hirschfeld, Gerhard 117
Hirschfeld, Laurenz 221
Höber, Andrea 64
Hobsbawm, Eric J. 114f.
Hofer, Tamás 62
Hoffmann, Detlef 90, 448
Hofmann, Dieter 345
Hofmeister, Burkhard 197
Hofmeister, Sabine 404
Hogenauer, Emil 171
Hohenstein, Siglinde 377
Hohnhorst, Martin von 340
Hoinkes, Herfried 176
Höllbacher, Roman 179
Höllhumer, Christa 246
Holowaty, Christoph 494f.
Honegger, Claudia 469
Hopfmann, Jürgen 366
Hörandner, Edith 322, 392
Horkheimer, Max 461
Hörmann, Ludwig v. 170
Hover, Winfried 406
Howe, Ellic 393
Huber, Birgit **491-506**
Hufeland, Christoph Wilhelm 470f., 474f., 478
Hufford, Mary 328, 330

Hugger, Paul 100, 173
Huizinga, Jan 496
Hume, David 416

Ideland, Malin 53, 55
Ihde, Gösta B. 429, 433
Imhof, Arthur 96
Isermann, Gerhard 66

Jacobeit, Wolfgang 2, 171
Jaeger, Carlo C. 431, 434
Jahn, Ilse 29, 259
Jakesch, Kurt 176
Janich, Peter 59
Janssen, Gert 446
Jarchow, Klaas 3
Jeggle, Utz 63, 90, 95, 225, 243, 270, 277f., 302, 307, 335, 448, 473
Jeismann, Karl-Ernst 457
Jeudy, Henri Pierre 289
Johler, Reinhard **77-90**, 160, 163, 171, 173, 213
Jonas, Hans 95
Jones, Steve 52, 55
Jörger, Josef 107f.
Junker, Almut 268
Jütte, Robert 115, 117

Kaltbrunner, David 169
Kammerhofer-Aggermann, Ulrike 419
Kamper, Dietmar 240
Kania, Monika 296
Kant, Imanuel 3, 160, 303, 351, 455, 458, 460ff.
Kaschuba, Wolfgang 175
Kaser, Karl 173
Kaufmann, Eric 78
Kautsky, Karl 108
Katschnig-Fasch, Elisabeth **239-249**
Keller, Heinrich 178
Kelly, Kevin 492f.
Kemp, Wolfgang 315
Kerbs, Diethart 385, 390
Kerényi, Karl 66
Kerkhoff-Hader, Bärbel 63
Kessel, Martin 90
Kippenberg, Hans 386
Kirsch-Auwärter, Edit 242
Kläbe, Johann Gottlieb August 178
Klatt, Norbert 386

Kläy, Eva-Maria 210
Klein, Gabriele 246, 249, 385
Klein, Georg 48, 55
Kleinmanns, Joachim 180, 344
Kluckhohn, Clyde 14
Knaut, Andreas 417, 419
Knecht, Michi 240, 245, 481
Köck, Christoph 64, **91-106**, 161, 361
Kockel, Ullrich **125-138**, 160
Koebner, Thomas 386
Kokot, Waltraud 81, 84, 90, 197
Kölner, Otto 420, 424
Könenkamp, Wolf-Dieter 1
Konersmann, Ralf 156
König, Gudrun M. 416, 448
Korff, Gottfried 63, 225, 281, 289, 335
Koschorke, Albrecht 348, 352
Koselleck, Reinhart 112
Köstlin, Konrad **1-10**, 35, 95, 171, 247, 288, 299, 362
Krabbe, Wolfgang R. 385f.
Kramer, Dieter **155-165**, 429
Krause, Karl Christian Friedrich 418
Krauß, Werner 81
Krenzlin, Anneliese 347
Kriss-Rettenbeck, Lenz 62, 358
Kristoffersson, Ulf 53, 55
Krochmalnik, Daniel 469, 478
Kroeber, A. L. 14
Kroll, Jürgen 112
Krünitz, Johann Georg 471, 473, 479
Kubelka, Regina 197
Kuchenbuch, Ludolf 428
Kühn, Alfred 211
Kuhn, Thomas S. 174
Kuntz-Stahl, Andreas 396
Karl Theodor, Kurfürst 376
Küster, Hansjörg 323
Küther, Carsten 114
Kyriakidou, Sophia 44

Laermann, Klaus 396
Laistner, Ludwig 62, 153
Langbehn, Julius 390
Langen, August 444
Langenfeld, Hans 387
Latour, Bruno 33
Lechleitner, Thomas 475, 478
Lefèbvre, Henri 172, 200, 243

Lehmann, Albrecht 6, 66, **147-153**, 335, 344ff.
Lehmann, Herbert 347
Leibundgut, Hans 338
Leimgruber, Walter **107-124**
Lenz, Gerhard 318, 325
Lepenies, Wolf 5, 303
Lerjen, Hans-Peter 210
Leu, Hans Rudolf 501
Leupold, Eduard 119
Levine, Robert 396
Lévi-Strauss, Claude 14f., 29, 139, 270f.
Ley, Michael 7
Leyen, Friedrich von der 6
Lichtenberg, Georg Christoph 70
Lichtenberger, Elisabeth 197, 203
Liedke, Max 358
Lindemann, Gesa 469
Lindner, Kurt 215
Lindner, Martin 118
Lindner, Rolf 175
Linse, Ulrich 385, 392
List, Elisabeth 242, 244, 481, 506
Lixfeld, Hannjost 2, 271
Llobera, Josep R. 77
Loeper, E. von 210
Löfgren, Orvar 55, 63, 119, 198f., 203f., 225, 335, 438
Loftus, Belinda 136
Lohwasser, Uta 377
Loïzos, Peter 40
Lombard, Eduard 471
Lönnqvist, Bo **251-257**
Loon, Boris van 52, 55
Lorenz, Konrad 95
Lovejoy, Arthur O. 29, 439
Lovink, Geert 33
Löwenberg, Dieter 389
Luchesi, Brigitte 386
Luckmann, Thomas 32, 36, 38, 397, 495
Luhmann, Niklas 396f.
Lundgreen, Peter 357
Lundin, Susanne 48, 50f., 55

Maase, Kaspas 345
Maechler, Uwe 366, 373
Mägdefrau, Karl 259
Magner, Eduard 170
Mann Borghese, Elisabeth 349
Mannheim, Ernst 162

Namenregister

Mannheim, Kurt 152
Mannheims, Hildegard 429
Manning, Aubrey 205
Maresch, Rudolf 33
Marschall, Wolfgang 335
Marteau, Theresa 43
Martin Andreas **177-188**
Martin, Emily 45, 272
Matter, Max 210
Maurice, Klaus 395
Mäuser, Matthias 377
Mauss, Marcel 271
Max IV. Joseph 375, 378f., 382
Mayr, Otto 29, 395
McCormack, Carol 15
McCoy, Gordon 125
McDonald, Maryon 79
McKibben, Bill 68
Meier, Thomas D. 118
Meiners, Christoph 445
Mellemgaard, Signe 155, **435-442**
Merkel, Wolfgang 78
Merz, Peter-Ulrich 457
Messerli, Paul 210
Messner, Reinhold 348-356
Metscher, Thomas 159
Metz-Becker, Marita **259-268**
Metzger, Hans-Joachim 492
Metzger, Johann Daniel 471
Meuli, Karl 168
Meyer, Heinz 226
Michon, Maïté 111
Mielke, Robert 419
Mogelmog, Ilse 242
Möller, Helmut 393
Montgelas, Maximilian Joseph Freiherr von 378
Mormont, Marc 82
Mörth, Ingo 354
Moscovici, Serge 335
Moser, Dietz-Rüdiger 473
Moser, Hans 34
Mosse, George 387, 390, 392
Müllauer-Seichter, Waltraud **197-204**
Müller, Adolf 216
Müller, Karl 178, 216
Müller, Renate 347
Müller-Nienstedt, Hans-Rudolf 354, 406
Mumford, Lewis 395
Münch, Paul 205, 226, 297

Mutter, Christa 176

Nagel, Heinrich von 418
Nahrstedt, Wolfgang 401
Naumann, Johann Andreas 216f., 220f.
Nelkin, Dorothy 43, 52, 55
Newton, John Frank 386
Nicolai, Johann Christian Wilhelm 359
Nieden, Daniela 377
Niederer, Arnold 173, 176
Niehoff, Heinz Julius 2
Nielsen, Stefan 387
Nietzsche, Friedrich Wilhelm 3
Nikitsch, Herbert 35, 87, 173
Nipperdey, Thomas 385
Nogge, Gunther 297, 302, 307
Novalis (Friedrich von Hardenberg) 466
Nowotny, Helga 31

Oberem, Peter 429
Obrecht, Sybille 19, 481, 490
Odent, Michel 276, 279
Oester, Kathrin 496
Oettermann, Stephan 180, 299, 308, 448ff.
Offner, Herbert 78
Oldemeyer, Ernst 59, 352
Ortmayr, Norbert 173
Ortner, Sherry 15, 327
Osiander, Friedrich Benjamin 267
Ottenjann, Helmut 281, 437
Oxenius, Katharina 448

Pálsson, Gísli 18, 48, 555
Parman, Susan 90
Patak, Martin 469
Pauser, Wolfgang 246
Pellengahr, Astrid **269-279**
Peña Aguado, Maria Isabel 351
Penz, Otto 246
Pernick, Martin S. 469, 471
Petrella, Ricardo 165
Petzoldt, Leander 63
Piaget, Jean 151
Pickering, Andrew 33
Piepmeier, Rainer 148f., 448
Pina-Cabral, João de 38
Pinto, Louis 355
Plamper, Andrea 295
Plessen, Marie-Louise 177, 449
Plessner, Helmuth 241, 249, 329

Poe, Edgar A. 470
Poenicke, Klaus 351
Poley, Dieter 297
Pommer, Josef 170
Pongs, Armin 7
Popert, Hermann 388
Popper, Karl R. 74
Pöttler, Burkhard 419
Price, Frances 38
Pries, Christine 351, 354
Purin, Bernhard 172
Puschner, Uwe 387, 389f., 392

Quirin, Heinz 347

Rabinow, Paul 35, 48, 55
Radkau, Joachim 112
Radtke, Frank-Olaf 114, 116, 121
Raschke, Joachim 385
Ratzel, Friedrich 14
Ray, Thomas S. 491ff.
Reill, Peter Hanns 469
Reinhardt, Ludwig 213f.
Reinicke, Helmut 115
Reinke, Ulrich 396
Reulecke, Jürgen 385
Richard, Martin 43
Richter, Ludwig 178f., 183f.
Rickert, Heinrich 457
Rieder, Manfred Maximilian 179
Rieger, Elmar 80, 84
Riehl, Wilhelm Heinrich 2, 114, 147, 417
Rieke-Müller, Annelore 292ff., 297, 299, 301ff., 311ff.
Rinderspacher, Jürgen P. 395
Risi, Marius 494
Ritter, Joachim 4, 148, 151, 417, 448, 457f., 460, 462
Ritter, Robert 111ff.
Rittner, Volker 277
Rochholz, Ernst Ludwig 62
Röhrich, Lutz 357, 469
Rölleke, Heinz 66
Roller, Hans-Ulrich 6
Roodenburg, Herman 77
Roth, Klaus 91, 396
Roth, Martin 281
Rothschuh, Karl E. 385
Rousseau, Jean-Jacques 5, 12ff., 261f., 265, 386

Rückhardt, Chr. 59
Rüdiger, Klaus H. 193
Rudolph, Enno 162
Rudorff, Ernst 417, 419
Ruotsala, Helena **229-238**

Sachs, Wolfgang 157, 500
Sahlins, Marshall 16, 156, 162
Sahmland, Irmtraut 471
Said, Edward W. 51, 550
Salein, Kirsten **327-332**
Sandbothe, Mike 395
Sauermann, Dietmar 180
Schäfer, Dietrich 435f.
Schäffer, Karin 7
Schama, Simon 90, 138, 189, 193
Scharfe, Martin 35, 63, 95, 225, 335, 428, 434
Schenda, Rudolf 357, 360, 469
Scheper-Hughes, Nancy 45
Scherer, Burkhard 209
Scheurer, Hans J. 449
Schiller, Friedrich 2, 458, 464ff.
Schilling, Heinz 1, 299
Schindele, Eva 277
Schivelbusch, Wolfgang 401
Schlegel, Friedrich 458, 466
Schlumbohm, Jürgen 469
Schmidt, Andreas 358, 506
Schmidt, Aurel 176
Schmidt, Burghart 136
Schmidt, Leopold 93
Schmidt-Lauber, Brigitta **189-195**
Schmidt-Linsenhoff, Viktoria 262f.
Schmied, Gerhard 395
Schmitz, Walter 387
Schmoll, Friedemann **213-227**
Schnaars, Steven P. 47, 55
Schneider, Annette 2, **365-374**
Schneider, Helmut J. 452
Schneider, Manuel 404
Schneider, Uwe 389
Schnelle-Schneyder, Marlene 295
Schnurbein, Stefanie von 386, 392f., 394
Schoenberner, Gerhard 394
Schomann, Stefan 7
Schöttler, Peter 172
Schousboe, Karen 437
Schriewer, Klaus 147, **333-346**
Schrutka-Rechtenstamm, Adelheid **427-434**

Namenregister

Schubert, Thomas 504
Schulheis, Franz 355
Schultz, Irmgard 431, 433
Schultze-Naumburg, Paul 419f.
Schulz, Pit 33
Schulze Altcappenberg, Hein-Th. 178
Schulze, Gerhard 248
Schütz, Alfred 397, 495
Schwantes, Curt 388
Schwibbe, Gudrun 160, **443-453**
Schwingel, Markus 353f.
Seel, Martin 148f.
Segeberg, Harro 348
Segschneider, Ernst H. 430
Seidenspinner, Wolfgang 6, 115ff.
Seifert, Eberhard K. 395f.
Sennett, Richard 447
Seremetakis, Nadia 49, 55
Serpell, James 205
Sheeran, Patrick 125, 137
Shore, Cris 77
Shutes, Mark T. 84
Sickler, Johann Volkmar 377
Sieferle, Rolf Peter 90, 148, 336f., 386, 417, 423
Siegert, Reinhart 376, 469f.
Siegfried, Alfred 109ff.
Siegrist, Dominik 176
Silberzahn-Jandt, Gudrun 428, 430, 433
Silver, Lee 42
Simmel, Georg 200, 348
Simon, Michael 381, 506
Sloterdijk, Peter 159, 167, 407
Smith, Graham 82
Smith, M. Estellie 84, 90
Soeffner, Hans-Georg 407, 428
Sommer, Antje 112
Sonnabend, Holger 117
Spaemann, Robert 61
Spamer, Adolf 6
Spangenberg, Joachim H. 432
Spindler, Max 377, 379, 381
Spitzer, Giselher 389
Spitzner, Meike 404
Stanzel, Franz 350
Steinaecker-Kurt, Karola von 385
Steinert, Arne **305-316**
Stern, Horst 95
Sternberger, Dolf 188, 449
Stieß, Immanuel 489

Stocker, Karl 173
Stoklund, Bjarne 437f.
Stonus, Dagmar **375-383**
Strassel, Jürgen 446
Strathern, Marilyn 11, 15, 17, 19, 31, 37f., 41f., 53, 55
Strele, Richard 170
Strünckmann, Carl 387, 392
Struve, Christian August 475
Suhrbier, Birgit M. 155
Svilar, Miljar 335
Swinbank, Alan 83
Szeemann, Harald 386

Tacitus 390f.
Talos, Ion 211
Tancredi, Laurence 43
Theweleit, Klaus 149
Thiemeyer, Guido 83
Thienemann, Johannes 217f.
Tholen, Georg Christoph 492
Thomas, Keith 226, 438
Tjaden, Karl Hermann 155
Tobler, Beatrice **481-490**
Toepfer, Karl 494, 506
Tokarski, Walter 385
Tomkowiak, Ingrid 367, 395, 401
Toyka-Seid, Michael 35
Traweek, Sharon 33
Trömel-Plötz, Senta 410
Tschofen, Bernhard 87, 160, **167-176**
Tudge, Colin 297
Turkle, Sherry 481, 493, 502
Turner, Victor 204, 245

Ulbricht, Justus H. 387ff.
Ullrich, Bernd 406
Ungewitter, Richard 389ff.

Varga, Lucie 172
Veblen, Thorstein 416
Verheyen, Roda 432
Vester, Frederic 62
Vester, Heinz-Günther 94
Vierhaus, Rudolf 446
Virilio, Paul 242
Vogel Fritz Franz **507-515**
Vogel, Samuel Gottlieb 471, 476
Vondung, Klaus 386
Vossenkuhl, Wilhelm 94

Wagner, Monika 315, 352
Waiblinger, Susanne 208
Waldenfels, Bernhard 212
Walz, Rainer 297
Walzer, Albert 406
Warneken, Bernd Jürgen 112, 345
Warnke, Martin 492
Weber, Max 11, 16, 108, 455ff., 463, 465
Weber-Kellermann, Ingeborg 268
Wedemeyer, Bernd **385-394**
Wehler, Hans-Ulrich 302
Weigand, Kurt 12
Weingart, Peter 29, 112
Weinhäupl, Heidi 7
Weinich, Detlef 95f.
Weinitschke, Hugo 368
Weis, Eberhard 378
Weiss, Richard 168, 172
Weller, Ines 431
Welsch, Sabine 385
Welz, Gisela 10
Wendorff, Rudolf 395f., 402
Wentz, Martin 329
Werber, Nils 33
Westhoff, Hannelore 121
Westphal, Martin 430
Whitrow, Gerald J. 396
Wiegelmann, Günter 147, 173, 437
Wiebel-Fanderl, Oliva **405-413**
Wieland, Dieter 59
Wikdahl, Magnus 47, 55
Wilkening, Eugene 85
Wilkinson, Guy 83

Williams, Perry 33
Williams, Raymond 89
Wilser, Ludwig, Fidus 390
Wilson, Edward O. 29, 48, 550
Wilson, Thomas M. 84, 90
Winslow, Benigne Jacques 472
Wittel, Andreas 494, 506
Wittl, Herbert 428, 433
Wolf, Eric R. 173
Wolf, Klaus 197, 204
Wolfensberger, Rolf 118, 120
Wolff, Eberhard 42
Woolgar, Steve 33
Wulf, Christoph 240
Wunder, Heide 271
Wurzel, Rüdiger 79

Yanagisako, Sylvia 16

Zaner, Richard M. 469
Zängl, Wolfgang 59f., 176
Zelle, Carsten 351, 354
Zender, Matthias 120
Zentner, Georg Friedrich Freiherr von 379
Ziesemer, Bernd 431
Zimmer, Jochen 334
Zimmer, Oliver 78
Zimmermann, Jörg 148
Zimmermann, Harm-Peer **455-468**
Zippelius, Adelhart 302, 307
Zirnstein, Gottfried 429
Zweck, Albert 217

Sachregister

Aberglauben 33, 149, 217f., 359f.
Abfall 368, 427ff.
Abfälle 428, 430, 432f., 473
Abfallwirtschaft 428f., 432f.
Abgase 365, 367f., 370, 373
Agrarpolitik 80, 83ff.
Aggression 8
AIDS 482, 488
Allee, Alleen 198, 375, 377ff., 382f., 415, 423, 447f.
Alltag 1, 3f., 6f., 9, 11, 21, 26, 32, 36f., 42f., 61f., 64, 66, 72, 79, 91ff., 102f., 105f., 125, 135f., 138, 147ff., 156, 161ff., 165, 168f., 174f., 179, 181, 189f., 195, 199, 205, 212, 239, 241, 243ff., 269, 274, 281, 285f., 289, 298, 301, 307f., 315, 326ff., 331, 338, 395ff., 400ff., 408, 410f., 432, 434, 465, 470, 477, 489, 502, 505, 512f.
Alltagsbewußtsein 147, 149f., 152f., 163
Alpen 60, 91, 95ff., 99, 126, 160, 167ff., 182, 187, 214, 336, 348ff., 353f., 356
Alpinismus 160, 169, 171, 174, 349, 351, 353
Amme 207, 260ff., 264ff.
Angst 5f., 26, 57, 65, 99, 110, 119, 201, 222, 249, 275f., 298, 351, 360, 405, 463, 467, 476f., 486, 490
Annalisten 2
Anthropologie 14, 25ff., 32, 159, 200, 327
Arbeiterkultur 119
Arbeitsethos 113
Arier, arisch 389, 391
Arzt, Ärzte 36, 97, 251f., 256, 259, 262, 266, 269, 274, 301, 410f., 470f., 474f., 477
ärztliche Diagnosestellung 478
Ästhetik 150, 153, 160f., 175f., 197, 223f., 247, 316, 350ff., 378, 416, 456ff, 463ff., 467f., 494, 496, 499, 503, 505
Ästhetiktheorie 148f.
ästhetische Landschaftsdeutungen 347 ff.
Atem 33, 276, 385, 400, 475
Atemstillstand 470

Aufklärung 10, 160, 212, 219f., 224, 259, 264, 267f., 276, 279, 358, 386, 403, 416, 479
Aussichtstürme 177, 180, 185, 188, 415, 419, 421, 423
Authentizität 9, 255, 277

Bärenzwinger 306
Baudenkmäler 282
Baumkultur 376
Baumkulturverordnung 376
Beleibtheit 251 ff., 256
Bergbauern 172, 355f.
Bergsteigen 349, 352
Bergsteiger 169f., 174, 348f., 351, 353, 356
Berlin 3, 82, 88, 111, 291ff., 299, 303, 305, 308, 314, 365, 372, 509
Bewußtseinsanalyse 24, 147, 149, 345
Biobauern 285
biokulturelle Akkomodation 25f.
Biologie 3, 18, 21, 27, 38, 107f., 158, 165, 295, 365f., 371, 469, 474, 482, 494
Biomedizin 34, 36f., 39, 43
Biosphäre 156ff., 494, 499
Biosphärenreservat 95
Brauch, Bräuche 1f., 9, 21, 165, 169, 389, 411
Buchstaben 507ff.
bürgerliche Ordnung 118f

Computer 47, 143, 272, 482, 489, 491, 493f., 502
Computerspiel 481f., 487, 493f., 501, 505
Computertechnologie 491
Creatures 438, 482ff., 502
Cyberlife 482, 484f.
Cystische Fibrose 31, 33f., 39, 43

DDR-Schulbildung 365 ff.
DDR-Umweltpolitik 365
Definitionsmacht 17f., 120f., 163, 165, 350, 356
Denkweise 385, 407, 416
Dialekt 3

Dialektik 155, 245, 347f., 350, 353, 355f., 358, 460
Dienstleistungsunternehmen 288
Dilemma 11f., 25, 60, 404
Dingwelt 9
Diskurs 1, 3, 5, 22, 24, 36, 59, 72, 106, 120f., 125f., 130, 137, 150, 156, 159f., 161f., 164f., 167, 169, 174, 176, 220f., 233, 240, 251, 262, 267, 270, 344, 363, 416, 418, 427, 432, 434ff., 453, 456ff., 460, 464, 466f., 474, 479, 482, 486, 488ff., 493f., 499ff
DNA 23, 47, 50, 239, 481f., 484, 485ff., 490, 507
Domänen 35, 37, 41f.
Dorfentwicklung 89
Downcyceln 433
Dritte Welt 5

Écomusée 281 ff.
Eingeborene 126, 128ff., 218, 499
Einsamkeit 62, 190, 199, 202, 349
Emigration 131f., 135
Energie 57, 74, 156f., 336, 348, 371, 373, 382, 417, 430, 433
Enkulturation 93, 101, 271
Entfremdung 4, 68, 244, 249
Entzauberung 226, 455, 457f., 460f., 468
Entzauberungsprozeß 458
Erhabenheit 161, 349f., 463
Erhabenheits-Ästhetik 351, 355f
Erhabenheitserfahrung 350ff.
Erzählforschung 153, 357, 407, 411
Ethnie 14, 112, 115f., 121f.
Ethnisierung 111, 117, 120, 189, 191, 195
Ethnizität 120f., 189, 191, 193, 195
Eugenik 108f., 111f., 116, 121ff.
Europäische Union 77ff., 90, 230
Evolution 14, 16f., 22f., 25, 66, 95, 112, 122, 143, 212, 223, 227, 379, 438, 491ff.
Evolutionsbiologie 23, 159

Familie 21, 35f., 38ff., 84, 87, 107, 109f., 118, 120, 131f., 135f., 181, 206, 218, 223, 225, 231
Fäulnis 470, 472
Feldforschung 39, 190
Feminisierung 433
Fettsucht 251
Finnland 229, 231, 236, 238, 251

Fischzucht 286
Fleischproduktion 226, 231ff.
Forstbetrieb 334
Forstwirtschaft 80, 220, 229, 231, 284, 331, 339
Fortschrittsbegeisterung 385
Frankfurt am Main 305, 327f., 331
Frankreich 209, 281f., 285, 472, 508
Freiheit 5, 7, 15, 23, 123, 131, 159, 179, 206, 226, 252f., 256, 263, 275f., 291, 296, 308, 311, 378, 458f., 461ff.
Freilichtmuseum, Freilichtmuseen 130f., 283, 310

Garten 1, 67f., 91, 135, 187, 198, 301, 311, 313, 377, 379, 381, 417f., 446, 483
Gebetläuten 398, 400, 403
Geburt 10, 17, 19, 61, 171, 207, 211, 269f., 271
Geburtsvorstellungen 269 ff., 277
Gefühle/Empfindungen 7, 57, 61, 152, 192, 197, 201, 221, 223, 240, 243, 245, 277, 292, 299, 403, 408f., 431, 452, 459, 463, 465, 470, 471
Gegengesellschaft 114ff., 120f.
Geistesgeschichte 14
Gender 15
Genialität 459
Gentechnologie, Gen-Technologie 5, 122, 481, 484ff., 490
Genuß-Ästhetik 161
Germanisch 2, 62, 109, 387, 389, 391ff.
Geschlechterdichotomie 241
Geschlechterstereotypen 268
Geschmackserziehung 416
Geschmackslandschaft 217
Geschmacksurteil 416, 462ff.
Gesellschaft 10, 12ff., 16ff., 22f., 40, 59, 64, 86, 94, 101, 108f., 112ff., 116ff., 128, 144, 150f., 158, 164, 171f., 174f., 189f., 199, 205f., 209, 212, 224f., 237, 239f., 242, 246, 251f., 261, 268, 270, 282, 313, 318, 325f., 329, 334, 353, 367f., 370, 372, 378, 380, 383, 385, 387, 433, 452, 455, 458, 460, 464, 466, 479, 511ff.
Gestaltbarkeit des Körpers 239, 247
Gesundheit 12, 31f., 36f., 39f., 44, 205f., 212, 241, 244f., 252f., 256, 264, 358,

Sachregister

408, 410, 418, 445, 471, 475ff., 486f., 499, 504
Gewerbeflächen 318, 323
Glauben 84, 119, 249, 292, 391f., 476, 479
Globalisierung 3, 122
Göttingen 421ff., 443ff., 448ff.
Grausamkeit 214, 219, 221, 227
Grenzerfahrungen 349, 353
Grenzerkultur 126
Großstadt-Silhouetten 147
Grüngürtel 6, 328f., 331

Hamburg 91, 293, 305ff., 315ff., 336, 472
Haustiere 206, 208, 482, 485, 488, 489
Heilsplan 5
Heimat 7, 59
Heimatbild 191, 194
Heimatkunde 7, 365f., 368
Heimatliebe 189, 191, 368
Heimatlosengesetz 118f.
Heimatschutz 418ff.
Heimatschutzbewegung 87, 419f.
Herrschaft 17, 220, 244, 296f., 298, 395, 458, 464, 466, 468
Herz 65, 222, 251, 267, 364, 405ff., 470
Herztransplantation 406f., 411
historischer Prozeß 9
Holzverarbeitung 284
Humangenetik 26, 31, 42, 45
hybride Kultur 117
Hybriden 211

Idealismus 209, 455, 465ff.
Identität 5, 31, 78f., 87ff., 113, 116ff., 120ff., 125, 135ff., 153, 173, 195
Ideologiekritik 155, 160, 162, 465
Individuum 13, 22, 106, 225, 335, 380, 409, 411, 466, 470
Industrialisierung 122, 147, 283, 300, 316, 385, 397, 417, 419, 423, 499, 510
Industriekultur 64, 390, 499
Industrienatur 64
Informationsgesellschaft 64
internationaler Handel 293
Irrationalismus 1, 456f., 460, 463f.

Jagd 117, 199, 215f., 219, 221, 227, 234, 267, 309, 333, 335, 340ff.
Jahreszeiten 91ff., 161, 197, 201, 328, 342, 395, 402, 427, 484

Jenisch, Jenische 107, 109ff.

Käfighaltung 298
Kapitalismus 367, 385, 387, 389
Karneval 6
Katholisch 125, 127ff., 160, 227
Kinder 7, 19, 31, 33, 35ff., 39, 44, 57, 97, 101, 109ff., 116, 150, 152, 190, 198, 225, 260, 263ff., 267, 273, 299, 312, 315, 329, 364, 369, 371, 400, 474, 476, 484, 494, 496, 502, 509
Klima 5, 94f., 99, 157, 232, 309, 329, 366, 379, 445, 496, 505
Konstruktion von Minderheiten 107
Konstruktivismus, Konstruktivismen 26, 32f., 161, 239
konstruktivistische Sichtweise 26
Konsum 19, 40f., 85, 94, 103, 157, 163, 165, 212, 251, 317, 428, 430, 434, 484, 510
Konsumindustrie 63
Körperbewußtsein 239ff.
Körperbild 19, 239ff., 269, 271, 486ff., 509, 512
Körpergeschichte 241, 271
Körperindustrie 244
Körperkontrolle 256
Körpersymbolik 241
Krankheit 31ff., 211, 251f., 256, 269, 275, 385, 393, 405ff., 445, 474ff., 482, 488f., 504
Krankheitserlebnisse 407
Kreislaufprinzip 427 ff.
Kreislaufwirtschaft 427ff.
Kulturalisierung 8, 18f.
Kulturbäume 375 ff.
Kulturbund 366, 369, 372f.
kulturelle Ordnungen 93, 100, 395
kulturelle Praxis 10, 169
Kulturgeographie 348
Kulturindustrie 9, 131, 169, 174, 246
Kulturlandschaft 82, 86ff., 125ff., 236, 288, 342, 355
Kulturmilieu 234
Kulturtheorie 156
Kulturvölker 14, 17
künstliche Intelligenz 484, 490
Künstlichkeit 3, 242, 244, 248, 491
Kunststoffe 430, 432

Landeskultur 369f.
Ländlichkeit 12
Landschaft 12, 58, 65, 78ff., 91ff., 130, 135, 149ff., 164, 170, 177, 179ff., 225, 237, 258, 284, 287ff., 298, 319ff., 342, 349ff., 370, 391, 419ff., 445ff., 506
Landschaftsbewußtsein 147ff.
Landschaftsbild, Landschaftsbilder 60, 81, 179ff., 419, 450
Landschaftsdarstellung 180ff.
Landschaftsentwicklung 150
Landschaftserlebnis 154
Landschaftsgefühl 150, 153
Landschaftsgeschichte 150, 325
Landschaftsplaner 65, 100, 151
Landschaftstourismus 151
Landschaftstypen 87, 153, 238
Landwirtschaft 37, 40, 79f., 83ff., 190, 208ff., 224ff., 285f., 300, 326, 370, 375
Landwirtschaftpolitik 83
Lappland 229 ff.
Lebensform 89, 174, 246, 387
Lebensführung 271, 461
Lebensraum 162, 171, 202f., 226f., 262, 283, 310, 349, 391, 514
Lebensreform 215, 387, 444
Lebensreformbewegung 387ff.
Lebensstil 123, 192f., 245, 394
Lebenswelt 7, 58, 65ff., 159ff., 246, 279, 301, 409, 446, 497, 505, 508, 514
Lehrer 67, 359ff., 417
Lehrpfad 285f., 290, 371
Leiche 363, 473
Leichenhallen 474, 479
Leichenhäuser 478
Leichenregister 477
Lesen 357f., 509
Lesestoffforschung 357 ff.
Liebe 4, 9, 43f., 60f., 172, 191, 221, 223, 225, 227, 391, 410, 488
longue durée 2, 7
Loretoglöckel 478

Macht 17f., 24, 31, 35, 37, 65, 120, 198, 241, 245, 264, 301, 328, 331, 351, 354, 356, 455, 458, 477, 482, 501f.
Machtbegriffe 11, 16ff.
magischer Idealismus 466 ff.
Mammalia 259 ff.

Manipulation 19, 66, 142, 246, 482, 501, 505
Manipulationsstrategien 35
Märchen 6, 66ff., 147, 170, 299, 311f.
Maschinenkörper 239
Massenproduktion 317
Medien 26, 39, 97, 99ff., 152, 238, 357, 365, 372f., 406, 493f., 506, 511
Medikalisierungsprozeß 264
Medizin 269ff., 410f., 474, 481
Mediziner 187, 410, 470, 476f.
Menagerie 292ff., 491
Menschenalphabete 507 ff.
Menschheitsgeschichte 12, 61, 242, 343
menschliches Existenzrecht 194
Menschsein 8f., 240, 459
Mensch-Tier-Beziehung 208, 226
Mentalität 7, 153, 172, 415
Metaphern 9, 135, 277, 361, 407 ff.
Migration 113, 118, 136
Mobiliar 282, 286
modellierte Natur 106, 317 ff., 324
Moderne 1ff., 94, 148ff., 174, 176, 194, 210, 212ff., 223ff., 239ff., 316, 327f., 386, 456ff., 468
Modernisierung 2, 10, 32, 122, 157, 225, 235, 300, 313, 317ff., 325ff., 385
Modernisierungsprozeß 215, 317
Molekularbiologie 22
Moral 5, 23, 36, 99, 108, 119, 151, 153, 176, 213, 223, 391
Müll 165, 329, 428, 431ff.
Müllbeseitigung 372
Multioptionsgesellschaft 7
Museum 2, 126, 129ff., 281ff., 510
Mutation 25, 488, 502
Mutterliebe 267
Mythos 57f., 66ff., 129f., 195, 240

nachhaltige Entwicklung 95
Nackt, Nacktheit 390f.
Naherholung 318ff.
Naherholungslandschaften 320 ff.
Nahrung 214, 218ff., 232, 362, 483
Namibier 189ff.
Narzißmus 244
Naturästhetik 456 ff.
naturalistischer Fehlschluß 26
Naturbild 192, 427
Naturgefühl 63, 151f.

Sachregister

Naturgenuß 151, 446, 448
Naturgeschichte 2, 22, 217, 222, 291f., 295, 358f.
Natur-Gesetz 16, 359
Naturgewalten 1
Naturheilkunde 385, 387
Naturkonzepte 327 ff., 333ff.
Naturkundemuseum 293f.
Naturlehre 358ff.
Naturmythen 57 ff.
Naturpark 128, 229ff., 282, 288, 329f., 421
Natur-Rituale 3
Naturschutz 87, 230, 232ff., 288, 318f., 324f., 333ff., 366ff., 394
Naturschutzgebiet 57, 318, 323ff., 355
Naturstoffwechsel 155 ff.
Naturvolk, Naturvölker 1, 14, 17, 192f.
Naturwissenschaften 21, 32, 60, 73, 176, 236, 358f., 408, 411, 482, 485, 490
Netzwerkspiele 504
Neuland 134, 194
Neurobiologie 25, 49
Nicht-Orte 318, 325
Norwegen 229, 231

Obstbaumalleen 377 ff.
Obstbäume 375ff.
Ökologie 153ff., 176, 237, 282, 330, 334, 356, 367, 429
ökologische Ausgleichsflächen 319
ökologische Krise 175
ökologischer Rückbau 95
Ökonomie 4, 77, 282, 330, 334, 431, 455
Öko-Optimismus 157ff.
Organ 103, 229, 459, 461
Organspenden 405

Pädagogik 358, 511, 513
Panorama 23, 150, 175, 180, 308ff., 315, 449f., 458
Panoramabilder 96
Paradies 13, 67f., 311, 315, 484
Park 48, 130ff., 197 ff., 233f., 286ff., 299ff., 387, 417, 420
Pest 474
Pflanzen 18f., 62, 64, 70, 187, 233, 259, 282, 303, 337f., 344, 359, 362, 367, 483, 493, 495, 499, 502f.
Physikotheologie 220, 359
Piercing 246f.

Poesie 2, 170, 459
politics 82, 89f.
Politik des Blutes 38
Politisierung der Kulturlandschaft 125 ff.
Pomologie 375ff.
Populationsgenetik 22, 42
Praktiken 214, 246f., 355, 393, 476f.
Produktionslandschaft 367
Produktivität 83, 95, 383, 459
Produktzyklen 427
produzierte Landschaft 76 ff., 89
protestantisch 125ff., 160, 214
Puls 470

Randgruppen 108, 200
Rasse 17, 108, 113, 121f., 388f., 394
Rassenhygiene 108, 112, 121f.
Ratgeberliteratur 269, 275, 277f.
Raumplanung 318, 325
Recycling 64, 427f., 430ff.
reflexible Körper 31 ff.
Reformernährung 385
regionales Erbe 89
Regionalität 3, 7
Regionalplanung 163, 317ff.
Reisende 149, 170, 177, 179, 182ff., 445
Religion 18f., 113, 128, 138, 143, 259, 357f., 385, 387, 391f.
Religiösität 477
Renaturierung 64, 95
Rentiere 229 ff.
Replikation 25
Reproduktionstechnologie 19, 277
Ressourcen 18, 63, 120f., 137, 150, 157, 165, 210ff., 229, 240f., 244f., 249, 301, 331, 367, 370, 385, 427ff., 446, 508
Rettungsmaßnahme 97, 470, 476
Rettungsversuche 472, 476
Revolution 48, 113f., 172, 241, 245, 263, 296, 340, 386, 436f.
Risiko-Debatte 36
rite de passage 10
Romantik 61, 85, 92, 128, 148, 456
Rückkopplung 34
Rügen 327ff.
Runengymnastik 393

Saamen 229 ff.
Sagen 6, 62, 152, 170
Säuglingssterblichkeit 264, 267

Scheintod 469 ff.
Scheintote 473
Schhönheitsideal 241, 252
Schicksal 22, 36, 62, 100, 110, 165, 167, 206, 476
Schmerz 222, 242, 247, 271, 274ff., 362, 486
Schönheitsauffassungen 415 ff.
Schöpferkraft 459
Schulbücher 93, 100, 103, 357 ff., 365ff.
Schuldfrage 1
Schule 101ff., 174, 178, 215, 282, 357ff., 365ff., 381, 449
Schulmedizin 272ff., 387f.
Sekundärrohstoffgewinnung 371
Selektion 13, 25, 100, 209ff.
Semantik 36, 362, 513 f.
Semiotik 513 f.
Siedler 128f., 135f., 234
Simulation 241, 245, 492ff.
soziale Ungleichheit 12, 17
Soziobiologie 22, 26, 28, 156
Soziologie/Sozialwissenschaften 26, 31f., 108, 153, 162, 457ff.
Sprachdenkmäler 2
Sprachinsel 128
Stadt 3, 5f., 11, 64, 91, 134, 137, 148f., 163, 178, 197ff., 223, 293, 299, 305, 313ff., 328, 361ff., 387, 399, 417ff., 443ff.
Stadtanthropologie 197 ff.
Stadt-Land-Unterschied 148
Stammeskultur 1
Sterbe- und Begräbnisrituale 477
Sterben 61, 96, 218, 233, 240, 477
Subkultur 252
Sucht 177, 474
Symbolwelten 73, 154 ff.
Systemdenken 5

Tabuisierung 213, 215, 218ff., 243
Tabula rasa 22, 455
Technisierung 188, 385, 408, 410, 499
Technokultur 241, 246
Teleologie 358
Theologie 220, 359
Thermodynamik 432
Tier 3f., 13f., 22, 157, 159, 205ff., 215f., 234f., 278, 286, 291, 295, 297ff., 342f., 362, 391, 488, 512

Tierdressur 297, 307
Tierproduktion 205f., 209ff.
Tierschutzgesetz 207, 210, 212
Tierzucht 205 ff.
Tod 27, 35, 41, 61, 68, 96, 128, 218, 221f., 247, 267, 298, 352, 469ff., 504
Todesfeststellung 478
Todesgefahr 297, 351
Todesgrenze 351
Todeskriterien 470
Todesvorstellung 476f.
Todeszeichen 470f., 478
topographische Beschreibungen 444 ff.
Totenscheine 477
Totholz 338ff.
Tourismus 89, 95, 103, 160, 174f., 229, 231, 234f., 288, 349f., 352, 419
Transformationsprozesse 11, 18
Transplantationserlebnisse 405 ff.
Treibhauseffekt 94, 99
Trivialkunst 148, 152
Trophäe 342f.

Überfremdung 9
Umwelt 1f., 4, 11, 18, 23, 77, 79, 83, 86, 90, 100, 155, 201, 205, 233f., 236f., 243f., 282, 288, 321, 325, 337, 340, 347, 368, 370, 372, 386, 390, 394, 419, 427ff., 484, 495, 499, 503, 505
Umwelterziehung 95
Umweltpolitik 78, 365
unberührte Natur 160, 189, 236
Unmenschlichkeit 478
Urbanisierung 322, 385
Urwald 59, 132f., 135f., 330, 338, 366, 499
Usedom 327ff.

Vaganten 109f., 118
Vegetarismus 385, 390
Vereinsleben 188
Verhaltensforschung 22f., 26
Verkehrsachsen 318
Vernunft 13, 22, 203, 447, 458ff.
Verschönerungsverein 415 ff.
Versicherungssystem 477
Verstädterung 11, 316, 397
Verunglückte 471, 476
Verwandtschaft 37ff., 118
Viehzucht 189, 236
Virtuelle Welten 163, 502

531

Sachregister

Vogelfang 213ff.
Vogelliebe 213ff.
Vogelschutz 223f., 336
Vogelschutzverein 223
Volk 114, 118, 122, 302, 315, 360, 381, 387ff., 392, 418, 470, 473
Volkheitskunde 2
Volkskultur 1, 10, 122, 168, 170, 376
Volksliteratur 148, 152
Volksseele 2
Vorzeit 2, 127, 137
Vulkanausbruch 65

Wahrheit 88, 355, 459, 473, 479
Wahrnehmung 66, 80, 121, 127, 147, 151f., 163, 174, 177, 183, 187ff., 197, 200, 205, 242, 248, 270, 278, 345, 361, 404, 416f. 434, 444, 448f., 457, 461, 477, 481, 490, 504, 506
Wald 5f., 59, 63, 66, 68, 84, 101, 107, 132f., 134ff., 147, 150, 180, 182f., 215, 220f., 232, 234, 284, 322, 330, 333ff., 362, 365f., 369, 388, 392, 415, 420f., 423, 496, 499
Wegwerfen 427f., 430f.
Wegwerfgesellschaft 430
Weihrauch 74, 455, 508
Weihwasser 455, 473
Welt 4f., 7ff., 11, 14, 18, 22ff., 28, 32, 42, 57, 59f., 63f., 67ff., 87, 93, 96, 109ff., 128, 135f., 155, 158ff., 189, 226, 243f., 247, 249, 256f., 276, 291, 295, 299f., 303, 306f., 311, 315, 325, 328f., 331, 348ff., 359ff., 395, 399, 407ff., 430, 432, 452, 455ff., 467ff., 482ff., 489, 493ff., 502ff., 512f.
Weltanschauungen 385, 392

Weltauffassung 22, 151, 159, 385
Weltbild, Weltbilder 16, 151, 159, 161, 226, 337, 364, 367, 456, 476, 482, 490, 507
Weltflucht 455ff.
Weltgeist 459f.
Wertewandel 428, 430
Wertstoffe 427ff.
Widerstandskultur 244
Wiederbelebungsmaßnahme 470, 472, 475
Wildheit 6f., 216, 256, 291ff., 302, 417
Wildnis 6, 125, 128ff., 136f., 193, 229, 234f., 238, 298, 366
Wildtiere 206, 291ff.
Wilhelminismus 385
Wirklichkeitsentwürfe 477
Wirtschaftsliberalismus 385
Wundertätigkeit 476

Zauber 68, 226, 455ff., 511
Zauberwelt 456
Zeitkultur 270, 395 ff.
Zeitverständnis 395, 404
Zeremonien 478
Zivilisation 3f., 14, 19, 62, 70f., 94, 113, 168, 198, 239, 252, 255f., 278f., 300, 385, 387f., 434, 459
Zivilisationsgeschichte 239, 242
Zivilisationsgifte 385
Zivilisationspathologie 95
Zooarchitektur 298f., 305ff., 312
Zookonzept 302, 305ff.
Zoologische Gärten 291ff., 302, 305ff., 315
Zucht 5, 15, 109, 189, 205, 207ff, 229ff., 284, 286, 306, 379, 381, 390
Zukunftsfähigkeit 165